OK-128DA 키트

OK-128DA
키트 및 PCB 별매

8비트 MCU
AVR128DA64 정복

- 저 자 : 윤덕용 저
- ISBN : 978-89-7101-836-1
- 판 형 : B5
- 쪽 수 : 912
- 가 격 : 50,000원

OK-128DA 키트 V1.0의 설계 사양

항 목	사 양	비 고
1. CPU	AVR128DA64-I/PT 또는 E/PT(24 MHz)	24 MHz 오실레이터를 사용
2. ROM	MCU에 내장된 128KB의 플래시 메모리	프로그램 저장용
3. RAM	MCU에 내장된 16KB	스택 및 사용자 데이터 저장용
4. 프로그램 입력/실행	1. Atmel-ICE 에뮬레이터를 사용하는 방법 2. MPLAB PICkit 4 에뮬레이터를 사용하는 방법 3. MPLAB Snap 에뮬레이터를 사용하는 방법	Microchip Studio와 함께 사용함 주로 MPLAB X IDE와 함께 사용함 주로 MPLAB X IDE와 함께 사용함
5. I/O	1. 플래시 메모리 프로그램용 컨넥터 ① Atmel-ICE용 6핀 DIP 컨넥터(CN3) ② 2가지 MPLAB용 10핀 SIP 컨넥터(CN4) 2. MCU가 직접 제어하는 I/O ① 3.2인치 320×240 픽셀 TFT-LCD 모듈 ② 16×2 문자 텍스트 LCD 모듈 ③ 4개의 키입력 스위치(KEY1 ~ KEY4) ④ 4개의 터치패드 입력(PAD1 ~ PAD4) ⑤ 2개의 상태표시 LED(LED1 ~ LED2) 1개의 전원용 LED(LED3) ⑥ +5V용 버저 ⑦ 가변저항 VR1에 의한 전압 측정(ADC0) +5V 전원 전압 측정(ADC1) +3.3V 전원 전압 측정(ADC2) 외부 아날로그 입력 측정(ADC3) ⑧ 1채널 D/A 컨버터 출력(DAC0~DAC2) ⑨ RS-232C 및 RS-485 직렬통신 컨넥터(CN2) ⑩ SPI 접속형 DS3234 배터리 백업 RTC(U9) ⑪ I2C 접속형 SHT85 온습도 센서(U6) ⑫ 마이크로 SD 카드 컨넥터(CN5)	 2.54mm 간격의 박스 헤더 컨넥터 2.54mm 간격의 핀 헤더 컨넥터 터치 스크린 포함 화면밝기 조절 및 백라이트 포함 ☆ 이 책에서 사용하지 않음 -5V ~ +5V 범위의 아날로그 출력 3.6V의 충전식 NiMH 전지 사용 ☆ 이 책에서 사용하지 않음 ☆ 이 책에서 사용하지 않음
6. 전원	단상 교류 220V(CN1)	키트의 내부에서 +5V, +3.3V, -5V, +4.5V를 만들어 사용함
7. PCB 외형	160×130mm 양면 에폭시 기판	

구입문의 : 학습기기 R&C사 / 도서출판 Ohm사 ✆ 02) 776-4868-9 http://www.ohm.co.kr

고성능 AVR 정복 시리즈 ⑦

8비트 MCU

AVR128DA64 정복

(OK-128DA 키트)

工學博士 尹 德 鏞 著

AVR128DA64 MCU에 대한 철저한 분석 및 이해
많은 내장 I/O의 구조와 기능에 대한 자세한 설명
AVR128DA64 주변의 I/O 인터페이스 회로 설계

AVR128DA64의 기본적인 C언어 프로그래밍 기술
각종 내장 I/O를 사용하는 제어 프로그래밍 기술
인터럽트를 사용하는 다양한 응용 프로그래밍 기술
텍스트형 LCD 모듈의 출력 디스플레이 기술
TFT-LCD 모듈의 한글/영문/그래픽 디스플레이 기술
TFT-LCD 모듈의 터치스크린 입력 프로그래밍 기술

OK-128DA 키트를 사용한 113개의 예제 프로그램
C언어를 사용한 다양한 응용 프로그래밍 기술
(Microchip Studio에서 WinAVR 컴파일러 사용)
Atmel-ICE 에뮬레이터를 사용한 다운로드 및 실행
(MPLAB PICkit 4나 MPLAB Snap도 사용 가능)

OK-128DA 키트 V1.0 및 PCB 별매

Ohm사

이 책에서 사용하는 예제 프로그램은 본사의 인터넷 웹사이트나 저자의 네이버 카페 자료실에 제공합니다. 따라서, 독자 여러분께서는 이를 다운로드하여 퍼스널 컴퓨터에 설치, 사용하시기 바랍니다. 이 책과 키트를 가지고 공부하는데 필요한 소프트웨어는 다음과 같습니다.

◉ IDE 및 C컴파일러 Microchip Studio V7.0 (무료)
◉ C언어 예제 프로그램 OK-128DA.zip (저자 제공)

이 책의 내용 또는 *OK-128DA* 키트 V1.0에 관하여 기술적인 문의 사항이 있는 분은 본사의 인터넷 웹사이트 또는 저자의 네이버 카페에 공개적으로 질문하여 주시면 저자가 직접 신속하고 정확하게 답변해 드리겠습니다. 그러나, 어떤 경우에도 이 책 또는 키트에 관한 기술적인 문제를 저자에게 개인적으로 전화나 메일을 이용하여 질문하시는 것은 정중히 사절합니다.

◉ 본사 웹사이트 : http://www.ohm.co.kr/ 및 http://www.rnckit.com/
◉ 본사 E-mail : ohm@ohm.co.kr
◉ 저자 웹사이트 : https://cafe.naver.com/mcu32bit/
◉ 저자 E-mail : yoon3m@kongju.ac.kr

머 리 말

1984년에 설립된 미국의 Atmel사가 1997년에 처음 발표한 AVR 마이크로컨트롤러는 그 탁월한 성능 및 기능과 우수한 사용자 편의성 때문에 출시하자마자 손쉽게 8비트 마이크로컨트롤러 시장을 장악하였다. 특히 여러 가지의 AVR 모델 중에서 2001년에 발표된 ATmega128과 2008년에 발표된 ATmega128A는 한 시대의 마이크로컨트롤러를 대표할 정도로 큰 인기를 얻었다.

그러나, 승승장구할 줄 알았던 Atmel은 2016년에 경쟁사인 Microchip Technology사에게 인수합병되었다. Microchip Technology사는 Atmel사를 인수합병하고 나서 즉시 새로운 AVR 패밀리 제품을 출시하여 독자성을 강화하면서 우리가 우려하였던 것처럼 기존의 Atmel에서 보유하고 있던 AVR 제품은 모두 단종시키려는 듯한 의도를 숨기지 않고 있다. 이처럼 Microchip Technology에서 독자적으로 새로 출시한 AVR 제품은 몇 가지의 ATtiny 패밀리와 ATmega 패밀리 제품도 있지만, 핵심 제품은 AVR-DA 패밀리와 AVR-DB 패밀리 모델이라고 볼 수 있다. AVR-DA 및 AVR-DB 패밀리는 기본적으로 종전의 ATmega 패밀리를 더욱 고성능으로 개선한 것이지만, CPU 코어의 구조에도 적지 않은 변화가 있고 거의 모든 주변장치가 달라져서 완전히 새로운 AVR 제품이 되었다. 일부 주변장치에는 Microchip Technology사 고유의 PIC 시리즈 마이크로컨트롤러에서 사용하던 것과 유사한 기능을 가지고 있다. 이를 통하여 우리는 Microchip Technology사가 기존 Atmel사의 흔적을 철저하게 지우고 완전히 새로운 AVR 제품 라인업(line-up)을 갖추려는 의도를 가지고 있다는 것을 충분히 엿볼 수 있다. 소프트웨어 개발툴은 기존의 Microchip Studio 7을 계속 사용할 수도 있고 새롭게 MPLAB XC8을 사용할 수도 있다. 하드웨어 개발툴은 이제 AVR-ISP 방식의 다운로드 케이블을 더 이상 지원하지 않으며, UPDI 인터페이스를 지원하는 Atmel-ICE나 MPLAB PICkit 4 또는 MPLAB Snap 에뮬레이터를 사용한다.

저자는 그동안 여러 권의 Atmel사 AVR 마이크로컨트롤러에 관한 서적을 집필하였는데, 이 책에서는 Microchip Technology사가 Atmel을 인수합병한 이후에 새로 출시한 AVR128DA64 마이크로컨트롤러를 다루고자 한다. 여기서는 이 마이크로컨트롤러의 새로운 구조와 기능에 대하여 자세하게 공부하고, *OK-128DA* 키트를 사용하여 Microchip Studio 7에 맞춘 C언어로 사용자 프로그램을 작성하는 기술을 익히며, 하드웨어 개발 툴은 종래의 Atmel-ICE를 기본으로 사용하지만 MPLAB PICkit 4 또는 좀더 가격이 저렴한 MPLAB Snap도 사용할 수도 있도록 컨넥터를 설치하였다.

어려운 여건 속에서도 이 책을 출판해주신 Ohm사의 이상호 사장님과 직원 여러분에게 감사드리는 바이다.

2022년 2월 天安에서 저자 尹 德 鏞 씀

차 례

제1장 AVR128DA64의 구조와 기능

제2장 AVR128DA64의 내장 I/O 기능

제3장 *OK-128DA* 키트 및 개발 툴

제4장 C언어 프로그래밍 기술

제1장

AVR128DA64의 구조와 기능

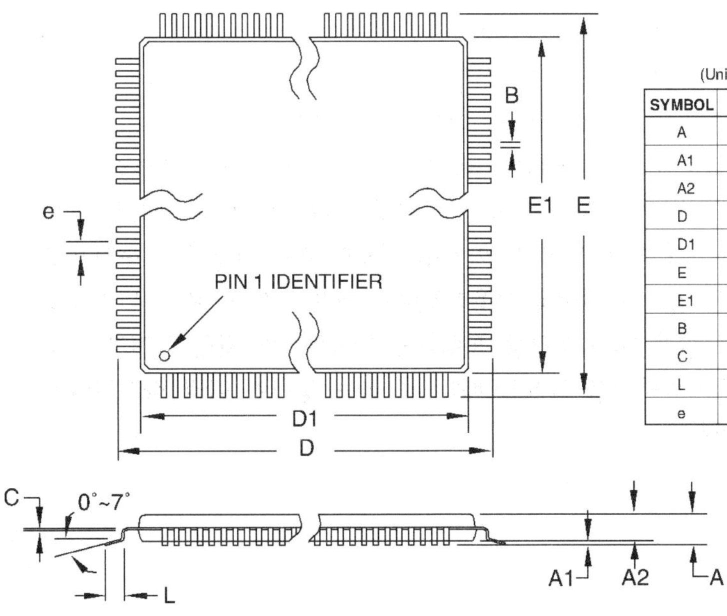

(Unit of Measure = mm)

SYMBOL	MIN	NOM	MAX
A	–	–	1.20
A1	0.05	–	0.15
A2	0.95	1.00	1.05
D	–	12.00	–
D1	–	10.00	–
E	–	12.00	–
E1	–	10.00	–
B	0.17	0.22	0.27
C	0.09	–	0.20
L	0.45	0.60	0.75
e	–	0.50	–

☞

이 장에서는 먼저 마이크로프로세서와 마이크로컨트롤러가 무엇인지부터 기초적으로 이해할 수 있도록 설명하고, 이것들을 공부하는데 필요한 여러 가지 잡다한 용어와 지식들을 요약한다.

그런 다음에 이제 본격적인 마이크로컨트롤러 공부는 Atmel에서부터 Microchip Technology에 이르기까지 발전되어 온 AVR 시리즈 마이크로컨트롤러의 종류 및 특성을 개괄적으로 살펴보고, 그중에서 성능이 가장 높고 기능이 다양한 고성능 모델에 해당하는 AVR128DA64에 대하여 심층적으로 공부를 하게 될 것이다.

이 책에서 우리가 목표로 하는 8비트 RISC 마이크로컨트롤러인 AVR128DA64에 대하여는 외부 및 내부 구조에서부터 주요 기능, 메모리 및 I/O 레지스터의 구조, 여러 가지 시스템 제어기에 대하여 자세히 공부한다. 단, 시대적으로 지금은 어셈블리 언어를 잘 사용하지 않으므로 이 소자의 어셈블리 명령어나 그에 관련된 사항들은 간단하게 설명하고 지나간다. AVR128DA64를 이용한 하드웨어 시스템을 설계하거나 이를 이용한 제어 프로그램을 작성하려면 이번 장에서 설명하는 내용을 철저히 이해하는 것이 중요하다.

AVR128DA64는 8비트급에서는 보기 드물게 매우 다양하고 우수한 I/O 기능을 내장하고 있는 마이크로컨트롤러인데, 이러한 I/O 기능에 대하여는 여기서 다루지 않고 제2장에서 별도로 설명한다.

대부분의 초보자들이 마이크로프로세서 또는 마이크로컨트롤러를 사용하는 기술이 어렵다고 말하는 것은 이러한 가장 기본적인 사항을 공부하는 것을 소홀히 하기 때문이다. 이처럼 정교한 첨단 제품을 기술적으로 충분히 이해하지 않고 무턱대고 사용하겠다는 것은 말이 안된다. 마이크로컨트롤러 응용기술은 MCU 소자를 포함하는 하드웨어에 관한 철저한 지식을 바탕으로 소프트웨어를 자유자재로 구사하는 능력에 따라 좌우된다는 사실을 명심하라.

1.1 마이크로컨트롤러란 무엇인가

이 절에서는 마이크로컨트롤러란 무엇이며 이것은 범용 마이크로프로세서와 어떻게 다른지를 알아보고, 이제부터 마이크로컨트롤러를 공부하기 위하여 기초적으로 알아야 하는 사항들을 요약하여 설명한다.

1. 마이크로프로세서란 무엇인가?

마이크로프로세서(microprocessor, 간단히 "μP"라고도 표기함)는 컴퓨터의 중앙처리장치(Central Processing Unit ; CPU)를 단 1개의 IC 칩에 집적시켜 만든 반도체 소자로서 흔히 MPU(MicroProcessor Unit)라고 부르기도 한다. 이것은 일반 컴퓨터의 중앙처리장치에서 주기억장치만을 제외한 연산장치, 제어장치 및 각종 레지스터들을 1개의 IC 소자 내부에 집적시킨 것이므로 연산, 제어, 판단, 기억, 마이크로프로그램(microprogram)에 의한 처리 등의 모든 기본적인 기능은 중·대형 컴퓨터의 CPU에 비하여 별로 다를 바가 없다.

한편, 이와 같은 마이크로프로세서를 CPU로 사용하여 만든 소형 컴퓨터를 **마이크로컴퓨터**(microcomputer)라고 한다. 단지 규모가 작은 소형의 컴퓨터라서 마이크로컴퓨터라고 부르는 것이 아니고, 컴퓨터의 핵심 부분인 중앙처리장치에 마이크로프로세서라는 1개의 반도체 소자를 사용하였기 때문에 마이크로컴퓨터라고 부르는 것이다. 이에 비하여 미니컴퓨터 이상의 중·대형 컴퓨터에서는 CPU를 많은 개별 반도체 소자를 사용하여 전용 회로로 설계하게 된다. 마이크로컴퓨터에서처럼 마이크로프로세서를 사용하여 컴퓨터를 설계하면 CPU가 하나의 소자로 간단히 구성되므로 전체 시스템이 **소형경량화**되고, **가격**이 낮아지며, **소비전력**이 적어질 뿐만 아니라 부품수가 매우 적어져서 시스템의 **신뢰성**이 높아지는 등의 장점을 갖는다.

이러한 마이크로프로세서 소자는 1971년에 미국의 조그만 반도체 회사였던 인텔(Intel)에 의해 세계 최초로 만들어졌다. 이것은 물론 1959년 Fairchild사에서 처음으로 IC(Integrated Circuit) 소자를 개발한 이후 1970년대에 이르기까지 LSI(Large-Scale Integrated Circuit)를 만들 수 있는 정도로 반도체 기술이 발전된 기술적 배경에 의하여 가능했던 것이지만, 하나의 반도체 소자로 컴퓨터의 CPU를 구현하였다는 것은 그 당시로서는 획기적인 일이었다. 그 이후 현재까지 불과 약 50년 정도의 세월이 흐르면서 마이크로프로세서는 엄청난 속도로 발전하여 컴퓨터 분야는 물론이고 산업기술 분야나 우리 인류의 모든 일상생활에 혁명적인 변화를 일으켜 왔다. 그 결과 지금은 마이크로프로세서를 사용한 마이크로컴퓨터가 없는 세상은 상상할 수도 없게 되었다.

(1) 마이크로프로세서의 내부 구조

마이크로프로세서의 내부 및 외부 구조는 마이크로프로세서의 종류에 따라 매우 다르지만 크게 보면 일반적인 구조가 거의 유사하다. 특히 내부 구조는 마이크로프로세서가 일반 컴퓨터의 중앙처리장치 기능을 단일 반도체 소자로 만든 것이므로 <그림 1.1.1>에서 보는 바와 같이 연산부, 제어부, 레지스터부로 구성된다.

대부분의 경우 마이크로프로세서의 사용자는 해당 마이크로프로세서의 자세한 내부 구조를 알 필요가 없고, 다만 전체적인 구조와 사용자가 사용할 수 있는 내부 레지스터의 종류 및 기능 정도를 이해하면 되며, 그 결과 이를 컴퓨터 언어로 프로그래밍하는데 적절히 활용할 수 있으면 충분하다.

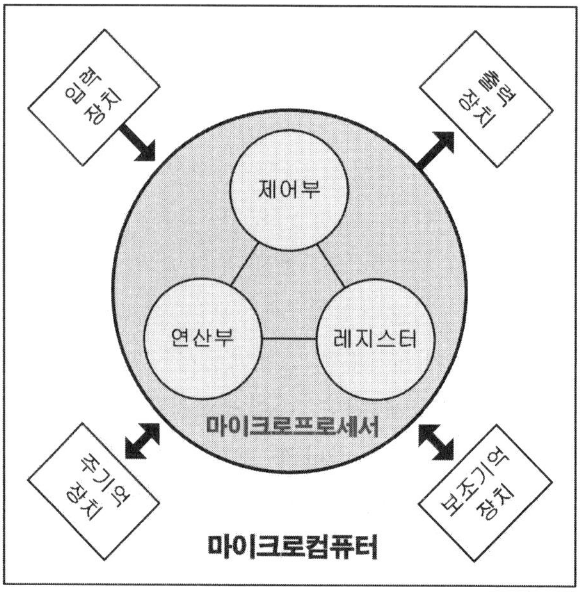

〈그림 1.1.1〉 마이크로프로세서와 마이크로컴퓨터의 개념도

▣ 연산부(ALU ; Arithmetic and Logic Unit)

이것은 산술연산 및 논리연산 등의 연산기능을 수행하는 회로로서 가산기(adder)나 곱셈기(multiplier)가 그 주요 구성요소이며, 때로는 누산기(accumulator)와 상태 레지

스터(status register)를 이 부분에 포함시키기도 한다.

■ **제어부(control unit)**

이것은 프로그램 명령을 주기억장치에서 **인출**하여 **해독**하고 이를 **실행**하기 위한 제어신호를 발생하는 등 마이크로프로세서 내부와 외부의 모든 제어기능을 수행하는 회로로서 명령 레지스터(IR ; Instruction Register), 명령 해독기(instruction decoder), 타이밍 및 제어신호 발생회로 등으로 구성된다.

■ **레지스터부(registers)**

레지스터는 마이크로프로세서 내부에서 메모리 기능을 수행하며, 프로그래머가 사용할 수 있는 범용 레지스터 및 시스템 레지스터와 프로그래머가 사용할 수 없는 시스템 레지스터가 있다. 범용 레지스터는 프로그래머에 의하여 주로 데이터 보관용으로 쓰이므로 일반적으로는 이것이 많을수록 마이크로프로세서의 성능이 좋아지며, 시스템 레지스터는 프로그래머가 사용할 수 있는 경우도 있으나 주로 마이크로프로세서가 내부의 특정한 용도로 사용하는 레지스터이다.

시스템 레지스터에는 산술 및 논리연산의 결과를 기억하는 연산 중심의 누산기와 이 연산결과의 상태를 표시하는 상태 레지스터도 있는데, 경우에 따라 이것들은 연산부에 포함시키기도 한다.

(2) 마이크로프로세서의 외부 구조

마이크로프로세서의 외부 구조는 단순히 IC 소자의 패키지 뿐만 아니라 각 핀의 이름 및 기능, 신호의 동작 타이밍까지를 의미한다. 어느 마이크로프로세서에서나 외부 핀은 기본적으로 다음과 같은 3가지의 버스와 전원 및 클록으로 구성된다.

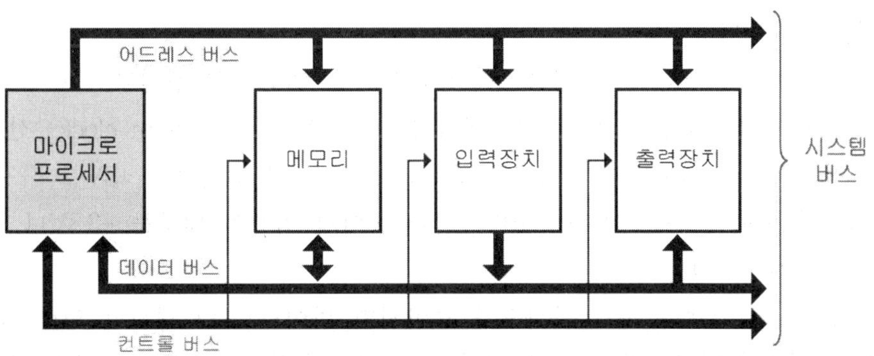

〈그림 1.1.2〉 마이크로컴퓨터에서의 버스

▣ 어드레스 버스(address bus)

마이크로프로세서가 외부의 메모리나 입·출력 장치의 번지를 지정할 때 사용하는 단방향 버스(unidirectional bus)이다. 마이크로프로세서에서 어드레스 버스 신호선의 수는 최대로 사용 가능한 **메모리 용량**이나 입·출력장치의 수를 결정한다.

초창기부터 Intel 계열의 범용 마이크로프로세서에서는 메모리 번지(memory address) 영역과 입·출력 번지(I/O port) 영역을 따로 구분하여 사용하는 isolated I/O 방식을 채택하고 있으며, Motorola 계열의 마이크로프로세서에서는 이를 서로 구분하지 않고 사용하는 memory-mapped I/O 방식을 주로 채택하고 있다. 그러나, 우리가 앞으로 공부할 AVR128DA64를 비롯한 대부분의 마이크로컨트롤러에서는 메모리 영역과 입·출력 영역을 구분하지 않는 memory-mapped I/O 방식을 널리 사용한다.

▣ 데이터 버스(data bus)

마이크로프로세서에서 메모리 또는 출력장치로 데이터를 출력하거나, 반대로 메모리나 입력장치로부터 데이터를 입력할 때 이들 데이터의 전송로로 사용되는 양방향 버스(bidirectional bus)이다.

일반적으로 데이터 버스 신호선의 수는 그 마이크로프로세서의 워드(word) 길이와 같으며, 이것은 마이크로프로세서의 **성능**을 결정하는 중요한 요소가 된다.

▣ 컨트롤 버스(control bus)

마이크로프로세서가 현재 수행중인 작업의 종류나 상태를 외부의 메모리나 입·출력 기기에게 알려 주는 출력신호와, 외부에서 마이크로프로세서에게 어떤 동작을 취하도록 요구하기 위한 입력신호 등으로 구성되는 단방향 버스이다. 마이크로프로세서의 주요 **기능**은 이들 컨트롤 버스의 신호의 종류 및 동작에 의하여 크게 좌우된다.

▣ 전원 및 클록

이들 단자에는 각각 마이크로프로세서의 동작을 위한 직류전원과 마이크로프로세서가 동작하는 기본적인 시간 단위를 결정짓는 시스템 클록(system clock) 신호가 입력된다. 전통적으로 대부분의 마이크로프로세서들은 동작 전원으로 +5V를 사용하였으나, 요즈음의 마이크로프로세서는 소비전력을 줄이기 위하여 대부분 +3.3V나 +1.8V의 낮은 전압을 사용한다.

일반적으로 시스템 클록의 주파수가 높아지면 마이크로프로세서의 명령처리 속도가 이에 비례하여 빨라지며, 초기의 마이크로프로세서들은 수 MHz 이하의 낮은 클록 주파수를 사용하였으나 현재는 보통 수십 MHz에서 수백 MHz를 사용하며, 수 GHz의 주파수로 동작하는 초고속형 마이크로프로세서 모델도 등장하고 있다.

2. 마이크로컨트롤러란 무엇인가?

(1) 마이크로컨트롤러의 정의 및 특징

1971년에 Intel사에 의하여 처음으로 마이크로프로세서가 발표된 이후로 많은 반도체 제조회사에서 마이크로프로세서를 개발하여 판매하게 되었고, 이를 퍼스널컴퓨터나 각종 자동제어 시스템에 응용하는 등 시장도 급격하게 확대되었다. 그러나, 특히 마이크로프로세서를 제어분야에서 컨트롤러로 사용하려는 엔지니어들은 각각의 응용 시스템에 적합하도록 외부에 메모리나 I/O 회로를 추가하여 설계하는 것이 매우 번거롭고, 또한 이러한 시스템은 퍼스널컴퓨터의 경우처럼 대량으로 생산되는 것도 아니어서 상당히 비경제적이라는 것을 깨닫게 되었다. 이러한 시장의 필요성에 따라 1970년대 중반에는 마이크로프로세서에 기본적인 메모리와 입출력 제어 기능까지를 내장시킨 모델들이 등장하였는데, Intel사의 MCS-48이나 MCS-51 시리즈가 이에 해당한다. 이후 오늘날에 이르기까지 이러한 제어용의 모델들은 범용 마이크로프로세서와 함께 이 분야 시장의 양대 주류를 형성하면서 비약적인 발전을 해오고 있다.

이와 같이 하나의 LSI 반도체 소자에 범용 마이크로프로세서의 **CPU 기능**과 함께 지정된 용량의 **주기억장치**(ROM, RAM)와 여러가지의 **입·출력 제어회로**를 내장시켜 1개의 반도체 소자가 기본적인 컴퓨터 시스템의 기능을 모두 내장하여 가지도록 만든 것을 **마이크로컨트롤러**(microcontroller)라고 한다. 이것은 최소의 부품으로 간단한 마이크로컴퓨터를 구성할 수 있으므로 시스템의 단순화 및 저가격화가 가능하고, 따라서 범용 컴퓨터보다는 기기제어용의 컨트롤러에 주로 사용되기 때문에 이렇게 부르며, 이는 단순히 IC 소자 1개로 완전한 형태의 컴퓨터를 구성하므로 단일칩 마이크로컴퓨터(single-chip microcomputer)라고도 한다. 또한 이러한 반도체 소자를 기존의 범용 마이크로프로세서와 구별하여 CPU나 MPU 대신에 MCU(Microcontroller Unit 또는 Microcomputer Unit)라고 축약어로 부르는 경우도 많이 있으며, 이것은 특정 기기에 내장하여 제어기로 사용하므로 내장형 제어기(embedded controller)라고 부르기도 한다.

제어 시스템에서 마이크로컨트롤러를 사용하여 설계하면 범용 마이크로프로세서나 하드웨어 논리를 사용하는 경우에 비하여 다음과 같은 장점을 얻을 수 있다.

① **제품이 소형경량화된다.** 시스템의 컨트롤러 부분이 1개의 마이크로컨트롤러 LSI 소자와 극히 소수의 외부 소자들도 간단하게 구성되므로 크기와 무게가 현저히 줄어들어 경박단소화된 제품을 만들 수 있다. 당연히 소비전력도 적어지며, 이에 따라 부수적으로 전원장치까지도 소형경량화된다.

② **제품의 가격이 싸진다.** 컨트롤러의 하드웨어 구성 부분이 크게 단순화됨에 따라 개발비, 부품비, 제작비가 감소되고, 당연히 개발기간도 단축된다.

③ **시스템의 신뢰성이 향상된다.** 컨트롤러가 단순화되어 부품수가 적어지고 신뢰도가 높은 소자를 사용하므로 고장률이 감소하며 유지보수가 용이해진다.

④ **시스템의 융통성이 커진다.** 하드웨어에 의존하는 부분을 소프트웨어로 처리할 수 있게 되므로 시스템 기능의 변경이나 확장에 보다 유연하게 대응할 수 있다.

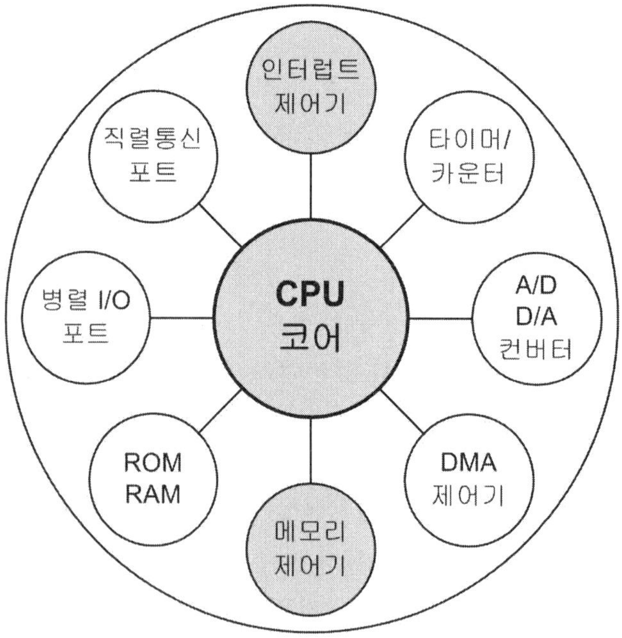

〈그림 1.1.3〉 마이크로컨트롤러의 기본 구성

종래의 마이크로컨트롤러는 <그림 1.1.3>과 같이 CPU 기능에 프로그램 메모리 및 데이터 메모리와 직렬 및 병렬 인터페이스, 카운터/타이머 등을 내장하는 정도에 불과하였으나, 최근에는 DMA 제어기와 같은 고성능의 I/O 기능, 다양한 고속의 직렬통신 기능, A/D 및 D/A 컨버터, PWM 제어신호 발생 회로 등을 내장하여 각종 제어 시스템에서 사용하기에 보다 편리해지고 있다. 현재의 마이크로컨트롤러 모델들은 프로그

램 메모리로서 대용량의 플래시 메모리를 내장하여 종래의 소용량 UV EPROM 또는 OTP ROM을 사용하던 제품에 비하여 매우 편리해졌으며, 데이터 메모리로서 대용량의 SRAM을 소자에 내장하고 있는 경우가 많다.

◀휴게실▶ **"마이컴"이라는 기술용어는 없다**

마이크로컨트롤러(microcontroller)를 MCU, 단일칩 마이크로컴퓨터, 임베디드 컨트롤러 등으로 부르는 것은 모두 그 나름의 의미와 타당성이 있다. 그런데, 요즈음 일부 웹사이트나 아마추어들 중에는 아무 근거도 없이 이를 "마이컴"이라고 부르는 경향이 있는데 이는 전혀 올바른 기술용어가 아니므로 이제부터는 사용하지 말았으면 한다. 이렇게 부르는 사람들은 아마도 마음속에 "마이크로컴퓨터"라는 용어를 연상하는 듯하지만 원래 마이크로컴퓨터는 마이크로컨트롤러와는 서로 전혀 다른 뜻을 가지는 용어이며, 또한 "마이컴"이 "단일칩 마이크로컴퓨터(single-chip microcomputer)"의 준말이라고 한다면 이는 지나친 비약이다.

이것을 좀더 따져보면 일본식 조어에서 왔을 가능성이 크다. 일본에서는 퍼스널컴퓨터(パーソナルコンピュータ)를 퍼스컴(パソコン)으로 줄여 사용했듯이 단일칩 마이크로컴퓨터(ワンチップ マイクロコンピュータ ; 완찌뿌 마이꾸로꼼쀼따) 또는 마이크로컨트롤러(マイクロコントローラ ; 마이꾸로꼰또로라)를 짧게 줄여서 マイコン이라고 사용하는 경우가 많은데, 일본어에서는 ㄴ받침과 ㅁ받침이 분명하게 구분되지 않으므로 이것이 "마이꼰" 또는 "마이꼼"에 가깝게 발음되며 이를 우리나라 사람들이 머리속에 마이크로컴퓨터라는 용어를 잘못 연상하면서 "마이컴"으로 받아들이게 된 것이 아닌가 추측된다. 참으로 안타까운 무지의 소치가 아닐 수 없다.

애써 선의로 해석하면 "마이크로컴퓨터"의 단축형으로 "마이컴"이라는 말을 사용할 수는 있을 것이다. 그러나, "단일칩 마이크로컴퓨터"의 단축형을 "마이컴"이라고 한다면 이것은 문제가 될 수 있다. 이렇게 하면 자칫 단일칩 마이크로컴퓨터라는 IC 소자가 이와는 전혀 다른 마이크로컴퓨터로 둔갑하는 혼동을 유발할 수 있기 때문이다. 한편으로 마이크로컨트롤러를 "마이컴"이라고 줄여서 부른다면 이는 억지이다. 우리말에서는 ㄴ받침과 ㅁ받침이 엄격히 다르므로 "마이크로컨트롤러"의 단축형이 "마이컨"은 될 수 있겠으나 "마이컴"이 될 수는 없다. 일본에서는 "마이꼰"과 "마이꼼"이 같은 것일 수 있지만, 한국에서 "마이컨"과 "마이컴"은 분명히 다르다. 이것은 "에어컨"이 "에어컴"으로 될 수 없으며, 또한 "리모컨"이 "리모컴"으로 될 수 없는 것과 같은 이치이다.

물론, 일본식 조어라고 하여 무조건 배척할 필요는 없을 것이다. 그것이 논리적 타당성을 갖추고 우리에게 편리함을 가져다 준다면 선별적으로 받아들일 수 있다고 본다. 예를 들어 텔레비전(television)을 "테레비"라고 부르는 일본식 표현은 우리에게 배척되었지만, 에어 컨디셔너(air conditioner)를 "에어컨"이라고 단축한 것이나 리모트 컨트롤러(remote controller)를 "리모컨"이라고 단축한 표현은 우리에게도 받아들여져서 자연스럽고 훌륭하게 정착되었다. 그러나, "마이컴"은 아무래도 아니다. 그 말의 근거나 의미도 확실하지 않은데다가 우리가 일본식의 조잡한 발음을 따라갈 필요는 전혀 없다고 본다. 차라리 긴 용어를 줄여서 부르려면 이처럼 일본을 거쳐서 "마이컴"으로 변형하지 말고 원어로부터 직접 합리적으로 줄여서 "마이컨"으로 부르는 것이 옳다고 할 것이다.

공학이나 기술 분야에서는 용어가 매우 중요하다. 그렇기 때문에 학술단체에서는 용어를 정리하고 바로 잡아 표준적인 학술용어나 기술용어를 정립하는데 많은 노력을 기울이고 있다. 물론 용어도 시대에 따라 변할 수는 있는 것이지만 합리적 근거를 갖지 않은 용어를 잘못 사용하면 서로 학술적으로나 기술적으로 의사소통에 문제가 발생할 수 있는 것은 물론이고, 자신의 무지를 외부에 드러내는 결과가 된다. 더구나 오늘날 우리나라와 일본의 관계를 생각하면 우리가 일본식의 천박한 조어를 받아들이고 왜곡하여 이를 스스럼없이 사용한다는 것이 어디 말이 되는 소리인가? 그것이 아니라도 얼마든지 좋은 용어들이 잘 만들어져 있어서 이를 사용할 수 있는데도...

(2) 마이크로컨트롤러의 발전

1970년대초 마이크로프로세서가 처음 탄생하여 기본적인 구조를 갖춘 이후로 현재까지 CISC(Complex Instruction Set Computer)형의 범용 마이크로프로세서들은 점점 더 많은 기능을 가지며, 또한 상위 모델은 하위 모델의 기능들을 대부분 그대로 유지하는 **상향 호환성**(upward compatibility)을 갖도록 발전해 왔다. 이 때문에 범용 마이크로프로세서들은 매우 많은 기능을 가지는 반면에 복잡한 내부 구조로 인하여 당연히 가격이 비싸지게 되었고, 그럼에도 불구하고 특정한 응용분야에 있어서는 기능이 부족하거나 만족할만한 성능을 갖지 못하는 경우가 많았다.

이러한 문제를 해결하려는 노력은 여러가지의 형태로 이루어졌다. 첫째로, 마이크로프로세서를 특정한 응용분야에 적용할 때 시스템의 가격이 너무 높거나 시스템 설계가 어렵다는 점 때문에 **마이크로컨트롤러**가 개발되었다. 저가격이 요구되는 단순제어 분야에 적합한 마이크로컨트롤러가 있는 반면에 특정한 응용 분야에 적합한 입출력 제어 기능을 내장하고 있는 마이크로컨트롤러도 있다.

둘째로, 전체적인 처리성능을 높이기 위하여 하드웨어적으로 명령을 해독하고 실행하는 **RISC형 마이크로프로세서**가 개발되었다. 그러나, RISC(Reduced Instruction Set Computer)형 마이크로프로세서는 종래의 마이크로프로그램 방식을 기반으로 하는 CISC형 마이크로프로세서와 소프트웨어의 호환성을 유지하기 어렵다는 치명적인 단점을 가지며, 훨씬 빨라진 처리속도에도 불구하고 어느 특정한 분야에서는 여전히 성능이 부족한 경우가 있었다. 대표적인 예가 **실시간**(real time)으로 디지털 신호를 처리하는 분야인데 여기서는 매우 많은 정수 및 부동소수점 수치 데이터의 연산이 필요하지만 종래의 마이크로프로세서들로는 이를 실시간으로 처리하기가 어려웠다.

셋째로, 다양한 고성능화 기술들이 개발 적용되었다. MOSFET 반도체 기술의 발전으로 수 GHz까지 시스템 클록의 **주파수**를 높일 수 있게 되었고, **파이프라인 처리** 기술로 명령의 인출, 해독, 실행을 더 빠르게 처리할 수 있게 하였으며, **캐시 메모리** 기술로 주기억장치에서 명령을 인출하는 속도를 더욱 향상시켰다. 오늘날은 하나의 마이크로프로세서 소자 내부에 여러 개의 CPU 코어를 넣어서 **병렬처리** 방식으로 프로그램의 실행 속도를 높이는 기술까지 널리 사용하고 있다.

DSP(Digital Signal Processor)는 디지털 신호처리 분야에서 실시간으로 매우 빠른 연산을 수행할 수 있도록 개발된 특별한 마이크로프로세서이다. DSP에서는 명령을 고속으로 처리하기 위하여 RISC 설계 및 파이프라인 처리, 캐시 메모리, **하버드 구조**(Harvard architecture) 등을 사용하고 있으며, 그 결과 정수 및 부동소수점 수치 데이터의 연산을 포함한 대부분의 명령을 1클록 사이클 정도에 실행할 수 있게 되었다. 대부분의 DSP도 RISC 마이크로프로세서에서처럼 데이터를 저장하기 위하여 메모리를 자주 액세스하면 명령처리 효율이 저하되므로 내부에 누산기가 없는 대신에 많은 범용 레지스터를 가지고 있고 대부분의 연산을 이들 범용 레지스터를 중심으로 수행하는 **레지스터 중심 구조**를 채택하고 있으며, 프로그램 메모리에서 명령을 인출하는 동작과 데이터 메모리를 액세스하는 동작이 서로 중복될 때 시스템 버스의 병목현상이 발생하는 것을 해결하기 위하여 하버드 구조를 채택하고 있다. 이와 같은 특성 때문에 DSP는 거의 RISC 마이크로프로세서와 그 역사를 같이 한다.

이상과 같이 오늘날의 마이크로프로세서를 그 응용분야에 따라 크게 분류하면 **범용 마이크로프로세서**와 **마이크로컨트롤러**로 나눌 수 있으며, RISC 마이크로프로세서와 DSP도 점점 고성능의 마이크로컨트롤러로 접근해가는 경향이 있다. 이들의 관계를 알기 쉽게 도시하면 <그림 1.1.4>와 같다.

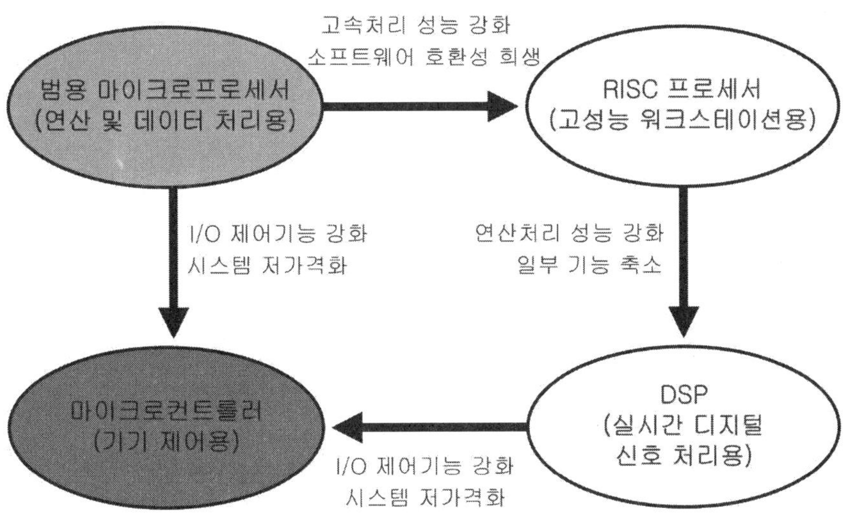

〈그림 1.1.4〉 마이크로프로세서의 용도별 발전 및 분화 과정

3. 마이크로컨트롤러를 공부하기 위한 기초 지식

여기서는 이제부터 우리가 마이크로컨트롤러를 공부하고 이를 실무에 적용하는데 필요한 용어와 기초 지식들을 모아서 정리한다.

(1) 10진수, 2진수, 16진수

숫자를 사용하여 여러 가지의 크기를 가지는 수를 표현하는 방법을 기수법(記數法)

또는 진법(進法)이라고 한다. 대표적인 진법에는 10진법, 2진법, 16진법이 있다.

▣ 10진수(decimal number)

우리는 일상 생활에서 아라비아 숫자 0~9를 사용하여 10진법으로 수를 표현한다. 이는 왼쪽으로 자리수가 올라갈 때마다 수의 크기가 10배씩 커지는 방식으로서, 사람의 손가락이 10개라는 것에서 시작되었다고 한다. 예를 들어서 1023은 다음과 같은 의미를 갖는 수이다.

$$1023 = \underset{\text{(1000자리)}}{1\times10^3} + \underset{\text{(100자리)}}{0\times10^2} + \underset{\text{(10자리)}}{2\times10^1} + \underset{\text{(1자리)}}{3\times10^0}$$

이처럼 10진수에서는 각 자리에 차례로 10의 누승(10^0, 10^1, 10^2, 10^3, ...)에 해당하는 가중치를 가지고 있다. 숫자의 위치에 따라 가중치를 갖는 표현 방식은 고대 인도에서 처음 시작되었으며, 아라비아의 상인들에 의하여 전세계에 널리 퍼졌다고 한다.

▣ 2진수(binary number)

반도체 회로로 만들어진 컴퓨터에서는 반도체 스위치의 ON/OFF 또는 출력전압 신호의 H(high)/L(low)에 의하여 수를 표현하므로 사람이 생각하는 것처럼 10진법으로 수를 나타내는 것은 곤란하며, 따라서 여기서는 기계적으로 편리한 2진법으로 수를 표현한다. 이는 왼쪽으로 자리수가 올라갈 때마다 수의 크기가 2배씩 커지는 방식으로서, 예를 들어서 0b1101은 다음과 같은 의미를 갖는 수이다.

$$\text{0b1101} = \underset{\text{(넷째 자리)}}{1\times2^3} + \underset{\text{(셋째 자리)}}{1\times10^2} + \underset{\text{(둘째 자리)}}{0\times10^1} + \underset{\text{(첫째 자리)}}{1\times10^0} = 13$$

이처럼 2진수에서는 각 자리에 차례로 2의 누승(2^0, 2^1, 2^2, 2^3, ...)에 해당하는 가중치를 가지고 있다. 10진수 이외의 수에서는 진법을 정확히 표시해주어야만 이를 정확히 알 수 있는데, 2진수는 앞에 0b를 붙여서 0b1101처럼 나타내거나 뒤에 B를 붙여서 1101B처럼 나타내는 경우가 많으며, C언어에서는 2진수를 나타내는 방법이 표준적으로 규정되어 있지 않다.

▣ 16진수(hexadecimal number)

컴퓨터에서는 반도체 스위치의 동작에 적합한 2진수를 사용하지만 이것은 수가 커져서 자릿수가 많아지면 사람이 알아보기도 어렵고 취급하기가 불편하게 된다. 이를 개선하기 위하여 컴퓨터 소프트웨어에서는 2진수를 16진수로 바꾸어 나타내는 경우가 많다. 이는 왼쪽으로 자리수가 올라갈 때마다 수의 크기가 16배씩 커지는 방식으로서, 예를 들어서 0x3A0C는 다음과 같은 의미를 갖는 수이다.

$$0x3A0C = 0b0011\ 1010\ 0000\ 1100 = 3\times16^3 + 10\times16^2 + 0\times16^1 + 12\times16^0 = 14860$$

이처럼 16진수에서는 각 자리에 차례로 16의 누승(16^0, 16^1, 16^2, 16^3, ...)에 해당하는 가중치를 가지고 있다. 16진수는 앞에 0x를 붙여서 0x3A0C처럼 나타내거나 뒤에 H를 붙여서 3A0CH처럼 나타내는 경우가 많으며, C언어에서는 앞에 0x를 붙이는 방법을 표준으로 사용한다.

〈표 1.1.1〉 10진수, 2진수, 16진수의 관계

10진수	2진수	16진수
0	0b0000	0x0
1	0b0001	0x1
2	0b0010	0x2
3	0b0011	0x3
4	0b0100	0x4
5	0b0101	0x5
6	0b0110	0x6
7	0b0111	0x7
8	0b1000	0x8
9	0b1001	0x9
10	0b1010	0xA
11	0b1011	0xB
12	0b1100	0xC
13	0b1101	0xD
14	0b1110	0xE
15	0b1111	0xF

여러 가지의 진법은 단지 어떤 수를 표현하는 방법일 뿐이며 어떤 진법으로 표시하더라도 그 수의 크기가 달라지는 것은 아니다. 10진수는 사람이 오랫동안 사용하여 왔으므로 우리에게 익숙한 표시법이고, 2진수는 컴퓨터의 기계적인 구조에 적합한 표시법이며, 16진수는 2진수의 몇가지 불편한 점을 보완하기 위하여 널리 사용하는 표시법이다. 10진수, 2진수, 16진수 사이의 관계를 정리하면 <표 1.1.1>과 같다.

수를 표시하는 진법에는 이밖에도 여러 가지가 있다. 예를 들면 연필 1다스는 12자루인 것처럼 12진법도 있으며, 1분은 60초인 것처럼 시간에서는 60진법을 사용한다.

(2) 데이터의 길이를 나타내는 단위

우리가 일상생활에서 사용하는 10진수는 필요에 따라서 1, 12, 123, 1234, 12345처럼 매우 다양한 크기를 사용할 수 있으나 컴퓨터에서 사용하는 숫자는 편의상 몇가지로 길이의 종류를 제한하여 사용한다.

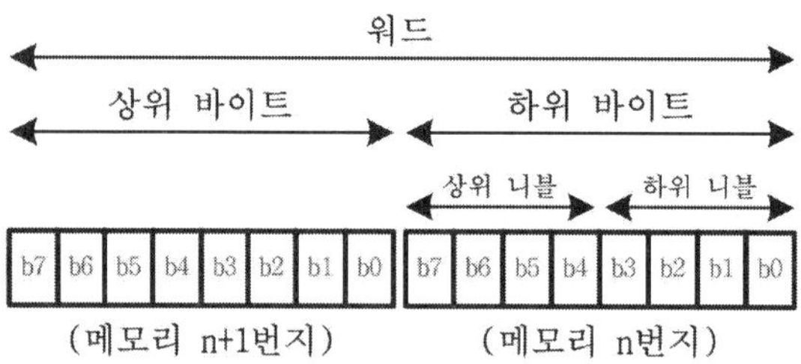

〈그림 1.1.5〉 컴퓨터에서 디지털 데이터의 길이

〈표 1.1.2〉 AVR128DA64의 소프트웨어에서 사용하는 데이터의 표현 형식

데이터의 형식		표현 범위	어셈블리 언어	C 언어
8비트	양의 정수 표현	0 ~ 255	BYTE	unsigned char
	2의 보수 표현	-128 ~ +127	BYTE	signed char
16비트	양의 정수 표현	0 ~ 65,535	WORD	unsigned int
	2의 보수 표현	-32,768 ~ +32,767	WORD	signed int
32비트	양의 정수 표현	0 ~ 4,294,967,295	DOUBLE WORD	unsigned long int
	2의 보수 표현	-2,147,483,648 ~ +2,147,483,647	DOUBLE WORD	signed long int
64비트	양의 정수 표현	0 ~ 1.844×10^19	QUAD WORD	unsigned long long int
	2의 보수 표현	-9.22×10^18 ~ +9.22×10^18	QUAD WORD	signed long long int

▣ 비트(bit)

비트는 디지털 컴퓨터에서 정보를 표현하는 최소 단위로서 0(false, OFF, low) 또는 1(true, ON, high)의 값을 가진다. 이러한 비트는 바이트나 워드 등과 같이 크기를 갖는 수치 데이터를 표시하는 최소 단위의 요소가 되기도 하며, ASCII(American Standard Code for Information Interchange) 코드나 상태 레지스터의 내용처럼 크기를 갖지 않는 기호의 역할을 수행하기도 한다.

비트(bit)라는 용어는 binary digit에서 만들어졌다. 이것은 뒤에서 설명하는 바이트와 똑같이 영문 알파벳 b로 시작하기 때문에 종종 혼란을 야기할 수 있다. 이를 방지하기 위하여 관행적으로 비트는 b로 표시하고, 바이트는 B로 표시하는 경우가 많다. 예를 들어 반도체 메모리 소자의 용량을 나타낼 때 4Mb라고 하면 이는 대부분 4 mega bit라는 뜻이다. 그러나, 4MB라고 하면 이는 4 mega byte인 경우가 많다.

▣ 니블(nibble)

니블은 연속된 4비트 길이를 가지는 데이터의 형식으로서 0b0000~0b1111에 해당한다. 이것은 2진수를 16진수로 바꾸어 표현하기 위하여 만들어진 개념으로서 4비트로 구성된 1니블이 16진수로 1자리가 된다. 또한, 10진수를 2진수의 형식으로 표시하기 위한 BCD(Binary-Coded Decimal) 표현법에서도 1니블이 10진수 1자리를 나타낸다. 1바이트는 상위 니블과 하위 니블로 나눌 수 있다.

▣ 바이트(byte)

바이트는 연속된 8비트 길이를 가지는 데이터의 형식으로서 부호가 없는 수의 경우에는 0~255 범위의 수를 표현할 수 있으며, 부호가 있어서 2의 보수 표현법으로 양수 및 음수를 나타내는 경우에는 -128~+127 범위의 수를 표현할 수 있다.

바이트가 크기를 갖는 수치 데이터가 아니라 문자를 나타내는 기호로 사용되는 경우도 있기 때문에 C언어에서는 이를 문자(character)라는 단위로 부른다. 예를 들어 영문 알파벳을 비롯한 각종 문자를 표시하는 ASCII 코드는 원래 7비트로 정의되어 있지만 최상위 비트에 0을 추가하여 8비트로 사용하는 경우가 많다.

컴퓨터에서 8비트로 구성되는 바이트는 수치 데이터의 기본이므로 모든 컴퓨터나 마이크로프로세서에서는 바이트를 기본적인 처리 단위로 사용한다. 8비트짜리 마이크로프로세서에서는 당연히 한번에 8비트씩 데이터를 처리하지만, 16비트나 32비트 또는 64비트 마이크로프로세서에서도 8비트 단위로 데이터를 처리하는 기능을 기본적으로 가지고 있다는 것이다.

▣ 워드(word)

워드는 연속된 16비트 길이를 가지는 데이터의 형식으로서 부호가 없는 수의 경우에는 0~65535 범위의 수를 표현할 수 있으며, 부호가 있어서 2의 보수 표현법으로 양수 및 음수를 나타내는 경우에는 -32768~+32767 범위의 수를 표현할 수 있다.

8비트 구조인 AVR128DA64 마이크로컨트롤러에서 16비트의 워드 데이터는 메모리에서 8비트씩 2개의 연속된 번지를 차지하며, 낮은 번지에 하위 바이트가 저장되고 높은 번지에 상위 바이트가 저장되는데 이를 역워드순(little endian)이라고 한다. 그러나, 어떤 마이크로프로세서에서는 이를 반대의 순서인 big endian 방식으로 저장하기도 한다. C언어에서는 16비트의 워드 데이터를 int(integer)라는 단위로 부른다.

◀참고▶ 여기서 말하는 워드는 마이크로프로세서가 한번에 기본적으로 처리하는 데이터의 길이라는 의미로 사용하는 워드와는 다른 뜻을 가지고 있다는데 주의해야 한다.

◀휴게실▶ **마이크로프로세서 및 컴퓨터에서의 워드**

우리가 8비트, 16비트, 32비트 또는 64비트 마이크로프로세서라고 할 때의 비트수를 “워드(word)”라고 부른다. 그러면 컴퓨터에서 이 워드란 무엇인가? 이를 한마디로 정의하면 “컴퓨터에 사용된 CPU가 한번에 기본적으로 처리할 수 있는 데이터의 길이”라고 말할 수 있다. 그런데 여기서 데이터를 처리한다는 것은 2가지의 측면에서 살펴볼 수 있다.

첫째로, CPU의 내부적인 처리는 산술 및 논리연산으로 대표된다. 즉, CPU가 한번에 기본적으로 연산처리하는 데이터의 길이가 워드이다.

둘째로, CPU의 외부적인 처리는 메모리 및 I/O 디바이스에 대한 데이터 액세스이다. 즉, CPU가 한번의 버스 사이클을 통하여 메모리나 입출력장치에서 액세스하는 데이터의 길이가 워드이다.

그러나 여기에는 적지 않은 예외가 있다. 예를 들어 AVR128DA64는 내부의 가감산 연산을 8비트 단위로 처리하고 외부 데이터 액세스도 8비트로 처리하므로 당연히 8비트 마이크로프로세서이다. 그러나, 마이크로프로세서에 따라서는 8비트 마이크로프로세서라도 명령의 일부에서 16비트 단위로 데이터를 처리하는 경우도 있다. 이러한 일부 예외적인 명령을 가지더라도 기본적으로는 8비트 단위로 연산을 수행한다면 이것은 당연히 8비트 마이크로프로세서로 분류된다.(단, AVR128DA64도 프로그램 메모리 구조는 16비트로 되어 있어서 한번에 16비트씩 명령을 읽어서 처리한다. 이는 명령처리 속도를 높이기 위하여 Atmel사에서 이와 같이 설계하였기 때문이다.)

오래 전에 8088과 같이 내부의 데이터 처리는 16비트로 수행하는데 비하여 외부 액세스는 항상 8비트 단위로 처리하는 모델도 있었으며, 80C196KC처럼 내부의 데이터 처리는 16비트로 수행하지만 외부 액세스는 사용자가 8비트 또는 16비트 중에서 임의로 선택 지정할 수 있는 모델들도 있었다. 그렇다면 이 8088이나 80C196KC는 8비트 마이크로프로세서인가? 아니면 16비트 마이크로프로세서인가? 이러한 경우에는 일반적으로 내부 데이터 처리를 기준으로 16비트 마이크로프로세서라고 본다. 이중에서 8088의 경우는 원래 16비트 모델(8086)이 먼저 개발되고 이를 외부 하드웨어 설계가 간단해지는 8비트 저가형(8088)으로 수정한 경우이며, 80C196KC의 경우는 기본적으로 16비트 구조로 설계하여 놓고 사용자가 필요할 경우에만 외부 액세스를 8비트로 간단히 처리할 수 있는 기능을 추가한 것이기 때문이다.

그러나, 이와는 반대의 경우도 있다. Intel의 Pentium 마이크로프로세서는 32비트 워드로 되어 있으나 외부 액세스는 64비트 단위로 수행한다. 이는 마이크로프로세서의 내부 처리속도가 빠른데 비하여 외부 액세스에는 많은 시간을 필요로 하므로 한번에 2개의 워드를 액세스함으로써 전체적인 처리 성능을 향상시키기 위한 방법의 일종이다.

일반적으로 CPU의 워드 길이가 길어지면 컴퓨터의 성능이 높아진다. 성능이 낮은 기종에서는 여러번 나누어 처리해야 할 것을 여기서는 한번에 처리할 수 있기 때문이다. 또한 명령의 종류나 처리방식이 다양해진다. 예를 들어 1개의 워드로 명령이 구성된다고 가정할 때 8비트에서는 256개의 명령을 정의할 수 있으나 16비트에서는 65536개의 명령을 정의할 수 있게 된다. 또한, 수치 데이터에서 표준적인 부동소수점 표현방식을 사용하려면 워드 길이가 최소한 32비트를 필요로 한다.

워드에 관하여 한가지 유의할 점은 어떤 워드 길이를 가지는 CPU라도 반드시 워드 단위로만 데이터를 처리하지는 않으며, 대부분의 마이크로프로세서에서는 바이트 단위로 데이터를 처리할 수 있는 기능을 부수적으로 가진다는 것인데, 이를 “바이트 머신(byte machine)”이라고 한다. 특히 입출력장치로 데이터를 전송하는 I/O 액세스에서는 반드시 8비트 단위의 처리기능을 함께 갖는다. 만약, 그렇게 하지 않으면 디스크 드라이브나 프린터와 같이 병렬로 접속하는 주변장치를 8비트 컴퓨터용, 16비트 컴퓨터용, 32비트 컴퓨터용, 64비트 컴퓨터용으로 따로 만들어야 하는 끔찍한 결과를 초래할 것이다.

▣ 더블 워드(double word) 및 쿼드 워드(quad word)

더블 워드는 연속된 32비트(4바이트) 길이를 가지는 데이터의 형식이며, 쿼드 워드는 64비트(8바이트) 길이를 가지는 데이터의 형식이다. 8비트 구조인 AVR128DA64 마이크로컨트롤러에서는 당연히 이런 데이터를 직접 처리하지 않으므로 이런 큰 데이터의 연산이 필요하면 사용자가 프로그램으로 작성해야 한다.

표준의 C언어에서는 더블 워드 데이터의 형을 long int로 정의하며, 쿼드 워드의 데이터 형을 long long int로 정의한다.

(3) 데이터의 표현법

마이크로프로세서의 어셈블리 연산 명령에서 사용하는 수치 데이터의 표현 방법에는 부호없는 정수 표현법과 2의 보수 표현법, 그리고 BCD 표현법 등이 있다. 8비트의 AVR128DA64에서는 부호없는 정수 표현법과 2의 보수 표현법을 지원하지만 BCD 표현법은 지원하지 않으므로 사용자가 어셈블리 언어로 프로그램할 때 다소 불편하다.

〈표 1.1.3〉 부호없는 8비트 정수의 표현

10진수	부호없는 8비트 정수	10진수	부호없는 8비트 정수
0	0b00000000	128	0b10000000
1	0b00000001	129	0b10000001
2	0b00000010	130	0b10000010
3	0b00000011	131	0b10000011
.	.	.	.
.	.	.	.
.	.	.	.
124	0b01111100	252	0b11111100
125	0b01111101	253	0b11111101
126	0b01111110	254	0b11111110
127	0b01111111	255	0b11111111

〈표 1.1.4〉 부호없는 16비트 정수의 표현

10진수	부호없는 16비트 정수	10진수	부호없는 16비트 정수
0	0b00000000 00000000	32768	0b10000000 00000000
1	0b00000000 00000001	32769	0b10000000 00000001
2	0b00000000 00000010	32770	0b10000000 00000010
3	0b00000000 00000011	32771	0b10000000 00000011
.	.	.	.
.	.	.	.
.	.	.	.
32764	0b01111111 11111100	65532	0b11111111 11111100
32765	0b01111111 11111101	65533	0b11111111 11111101
32766	0b01111111 11111110	65534	0b11111111 11111110
32767	0b01111111 11111111	65535	0b11111111 11111111

▣ 부호 없는 정수 표현법

이것은 데이터 전체가 부호없는 수의 크기를 2진수로 표현하는 방법으로서 0과 양

의 정수만 표현할 수 있으므로 **양의 정수 표현법**이라고도 한다.

8비트 길이의 데이터로 표현할 수 있는 수의 범위는 0~255(0x00~0xFF)이며, 16비트 데이터로는 0~65535(0x0000~0xFFFF) 범위의 수를 표현할 수 있다.

▣ 2의 보수 표현법

이것은 데이터에서 최상위 비트(8비트 길이에서는 b7, 16비트 길이에서는 b15)로는 부호를 표시(0은 양수의 +, 1은 음수의 -)하고, 나머지 비트들(8비트 길이에서는 b6~b0, 16비트 길이에서는 b14~b0)은 수의 크기를 표현하는 방법으로서, 이를 이용하면 0과 양의 정수는 물론이고 음의 정수까지도 표현할 수 있다. b6~b0 또는 b14~b0에 표시되는 수의 크기는 양수의 경우에는 절대값을 그대로 2진수로 표현하며, 음수의 경우에는 이를 2의 보수(2's complement)로 바꾸어 표현한다.

이 방법에 의해서 8비트 길이의 데이터로 표현할 수 있는 수의 범위는 -128~+127이며, 16비트 길이의 데이터로 표현할 수 있는 수의 범위는 -32768~+32767이다.

〈표 1.1.5〉 8비트 2의 보수 표현

양의 정수	8비트 2의 보수	음의 정수	8비트 2의 보수
+127	0b01111111	-1	0b11111111
+126	0b01111110	-2	0b11111110
+125	0b01111101	-3	0b11111101
·	·	·	·
·	·	·	·
·	·	·	·
+3	0b00000011	-125	0b10000011
+2	0b00000010	-126	0b10000010
+1	0b00000001	-127	0b10000001
0	0b00000000	-128	0b10000000

〈표 1.1.6〉 16비트 2의 보수 표현

양의 정수	16비트 2의 보수	음의 정수	16비트 2의 보수
+32767	0b01111111 11111111	-1	0b11111111 11111111
+32766	0b01111111 11111110	-2	0b11111111 11111110
+32765	0b01111111 11111101	-3	0b11111111 11111101
·	·	·	·
·	·	·	·
·	·	·	·
+3	0b00000000 00000011	-32765	0b10000000 00000011
+2	0b00000000 00000010	-32766	0b10000000 00000010
+1	0b00000000 00000001	-32767	0b10000000 00000001
0	0b00000000 00000000	-32768	0b10000000 00000000

▣ BCD 표현법

이것은 1개의 니블(4비트)을 BCD(Binary-Coded Decimal)로 사용하여 10진수 1자리씩을 표현하는 방법으로서, 만약 8비트의 길이라면 상위 니블과 하위 니블이 각각 10진수 1자리씩을 표현하므로 **밀집형 BCD**(packed BCD) **표현법**이라고도 한다. 그러나, 8비트 데이터에서 상위 니블의 4비트는 모두 0으로 채워두고 하위 니블로만 BCD로 0~9의 10진수를 표시하는 방법도 있는데 이것을 **비밀집형 BCD**(unpacked BCD) **표현법**이라고 한다.

밀집형 BCD 표현법에 의해서 8비트 길이의 데이터로 표현할 수 있는 수의 범위는 00~99이며, 16비트 길이의 데이터로는 0000~9999 범위의 수를 표현할 수 있다. 이처럼 BCD 표현법으로는 0 또는 양의 10진수만 표현할 수 있으며, 만약 부호가 필요하다면 별도의 위치에 표시하여 특별한 방법으로 처리하여야 한다. 각 니블은 0x0~0xF 범위의 16가지 수를 표현할 수 있으나, BCD 표현법에서는 10진수에 해당되는 0~9의 수만 사용하므로 비트 사용이 매우 비효율적이다.

AVR128DA64에서는 어셈블리 연산 명령이 BCD 표현법을 지원하지 않으므로 만약 이를 사용한 연산이 필요하다면 사용자가 프로그램으로 작성해야 한다.

〈표 1.1.7〉 8비트 밀집형 10진수의 표현

10진수	8비트 밀집형 10진수	10진수	8비트 밀집형 10진수
0	0b0000 0000	50	0b0101 0000
1	0b0000 0001	51	0b0101 0001
2	0b0000 0010	52	0b0101 0010
3	0b0000 0011	53	0b0101 0011
.	.	.	.
.	.	.	.
.	.	.	.
46	0b0100 0110	96	0b1001 0110
47	0b0100 0111	97	0b1001 0111
48	0b0100 1000	98	0b1001 1000
49	0b0100 1001	99	0b1001 1001

(4) 수의 크기를 나타내는 접두어

마이크로프로세서와 컴퓨터를 공부하다보면 많은 수를 접하게 되는데 이러한 수를 표현하는 외래어를 잘 정리하여 두지 않으면 상당히 혼란스러울 수 있다. 여기서는 이런 혼란을 겪지 않고 수치 데이터를 쉽게 이해하고 기억할 수 있도록 수치 데이터와 관련된 외래어 접두어를 정리한다.

1~10 범위의 정수를 표현하는 접두어를 정리하면 <표 1.1.8>과 같고, 10의 멱수로 표현되는 정수의 크기를 나타내는 SI단위계의 접두어 및 기호를 정리하면 <표 1.1.9>

와 같다. 이것들은 컴퓨터뿐만 아니라 현재 우리의 일상생활에서도 종종 사용된다.

〈표 1.1.8〉 1~10 범위의 정수를 나타내는 접두어

수	라틴어 어원	그리스어 어원	관련된 영어 표현
1	uni-	mono-	single
2	bi-	di-	dual
3	ter-	tri-	triple
4	quater-	tetra-	quad, quadruple
5	quinque-	penta-	
6	sexi-, sexa-	hexa-	hex
7	septi-, septa-	hepta-	
8	octi-, octa-	octa-	octal
9	novi-, novem-	nona-	
10	deci-, decem-	deca-, deka-	decade, decimal

〈표 1.1.9〉 10의 멱수를 나타내는 SI단위계의 접두어

수	접두어	기호
10^{24}	yotta-	*Y*
10^{21}	zetta-	*Z*
10^{18}	exa-	*E*
10^{15}	peta-	*P*
10^{12}	tera-	*T*
10^{9}	giga-	*G*
10^{6}	mega-	*M*
10^{3}	kilo-	*k*
10^{2}	hecto-	*h*
10^{1}	deca-	*da*
10^{-1}	deci-	*d*
10^{-2}	centi-	*c*
10^{-3}	milli-	*m*
10^{-6}	micro-	*μ*
10^{-9}	nano-	*n*
10^{-12}	pico-	*p*
10^{-15}	femto-	*f*
10^{-18}	atto-	*a*
10^{-21}	zepto-	*z*
10^{-24}	yocto-	*y*

(5) CISC 방식과 RISC 방식

▣ CISC 방식

1940년대에 처음으로 진공관을 사용한 디지털 컴퓨터가 만들어진 이후로 약 30년 동안은 컴퓨터의 하드웨어를 간단하게 설계하는 것이 중요한 사항이었다. 새로운 컴퓨터는 이전의 모델과 호환성을 유지하면서 새로운 기능과 명령어가 추가되어 점점 고성능화되어 가는데 하드웨어적인 복잡성이 폭발적으로 증가하는 것은 당시 기술로 감당하기 어려웠기 때문에 어셈블리 명령어를 내부의 마이크로 코드 또는 마이크로프로

그램(microprogram)으로 분해하여 단계적인 소프트웨어 방식으로 처리함으로써 하드웨어의 복잡성을 줄일 수 있었다. 이 때문에 시간이 지나면서 CPU는 점점 더 많은 명령을 가지게 되었고, 많은 명령들은 서로 다른 길이와 복잡한 포맷을 가지게 되었는데 이러한 방식의 CPU 또는 컴퓨터를 CISC(Complex Instruction Set Computer) 방식이라고 한다.

그러나, CISC 방식은 하드웨어의 복잡성을 최소한으로 줄이고 명령의 상향 호환성을 유지하면서 발전하는데는 유리하였지만, 어셈블리 명령어의 종류가 지나치게 많고 이것들의 길이와 포맷이 서로 다르므로 이를 고속으로 해독하고 실행하는데 불리하여 고성능 경쟁 시대에는 부적합하였다. 인텔의 범용 마이크로프로세서에서 초창기부터 80486까지는 CISC 방식으로 만들어졌다.

▣ RISC 방식

CISC 방식이 점점 고성능의 요구를 충족시키지 못하게 됨에 따라 1970년대 말에서 1980년대 초에는 어셈블리 명령어를 고속으로 하드웨어적으로 해독하고 실행하는 새로운 방식의 마이크로프로세서가 개발되었다. 그러나, 이렇게 하면 각 명령어를 해독하고 실행하는 하드웨어가 따로 만들어져야 하므로 CPU의 내부 하드웨어가 폭발적으로 증가하게 될 수밖에 없으며, 이때는 하드웨어 설계 기술과 반도체의 집적도가 매우 높아진 시대였으나 이를 모두 감당하기는 어렵기 때문에 명령어의 수를 대폭 줄이고 길이를 일정하게 하며 명령어 포맷을 몇가지로 단순화하여 이를 해독하고 실행하는 속도를 획기적으로 높였다. 대부분의 경우는 여기에 파이프라인 처리 기술과 캐시 메모리를 적용하여 1명령을 1클록 사이클에 실행한다. 이러한 이유로 이 방식의 CPU 또는 컴퓨터를 RISC(Reduced Instruction Set Computer) 방식이라고 한다.

RISC 방식은 명령 처리를 획기적으로 빠르게 하여 컴퓨터의 고성능화에 크게 기여하였으나 이전 모델과의 호환성을 유지하는데는 치명적인 약점이 있다. 인텔의 범용 마이크로프로세서에서 Pentium부터는 거의 RISC 방식으로 만들어졌으며, 현재는 AVR128DA64와 같은 8비트급의 마이크로컨트롤러도 RISC 방식으로 되어 있다.

(6) 폰노이만 구조와 하버드 구조

▣ 폰노이만 구조

초창기부터 1970년대 말까지 사용되던 CISC 방식의 컴퓨터는 모두 폰노이만(John von Neumann) 구조로 되어 있었다. 이 때문에 CISC 방식은 폰노이만 구조와 거의 유사한 의미로 간주할 수 있다.

폰노이만 구조에서는 사용자 프로그램을 내장된 마이크로프로그램에 의하여 소프트웨어적으로 해독하고 실행하므로 하드웨어를 간단하게 할 수 있다는 장점을 가지며, 새로운 기능이나 명령을 추가할 때 대부분 하드웨어의 변경이 없이 마이크로 프로그램으로 처리할 수 있으므로 상향 호환성을 유지하기 쉽다는 장점도 있다. 그러나, 폰노이만 구조에서는 프로그램을 항상 인출→해독→실행→저장이라는 단계로 순차적으로 처리하기 때문에 파이프라인 처리 기술을 적용하기 어렵고 실행 속도가 낮으며, 프로그램과 데이터를 동일한 메모리에 저장하기 때문에 명령을 읽어오는 동작과 데이터는 읽고 쓰는 동작이 겹쳐서 메모리 액세스의 병목현상(bottleneck effect)을 일으키므로 또 다시 프로그램의 실행속도가 낮아지는 단점이 있다.

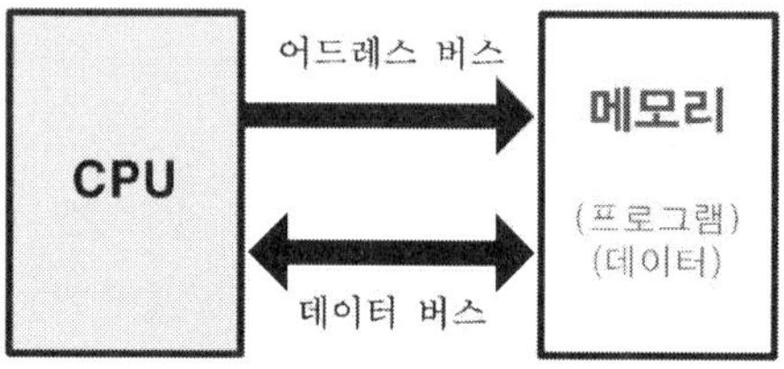

〈그림 1.1.6〉 폰노이만 구조

▣ 하버드 구조

하버드 구조(Harvard architecture)는 폰노이만 구조의 단점을 개선하기 위한 방식으로서 프로그램 메모리와 데이터 메모리를 서로 분리하고 이것들을 각각 다른 전용의 버스로 액세스하는 것이 가장 중요한 핵심이다. 이렇게 하면 명령을 읽어오는 동작과 데이터를 읽고 쓰는 동작이 겹치는 메모리 액세스의 병목현상이 없어서 프로그램의 실행 속도를 훨씬 빠르게 할 수 있다. 여기에 명령을 하드웨어적으로 해독하여 처리하는 RISC 기술과 파이프라인 처리 기술 및 캐시 메모리를 도입하여 종래의 폰노이만 방식의 컴퓨터보다 엄청나게 빠른 성능을 발휘한다. 이 때문에 RISC 방식과 하버드 구조는 매우 밀접한 관계에 있다.

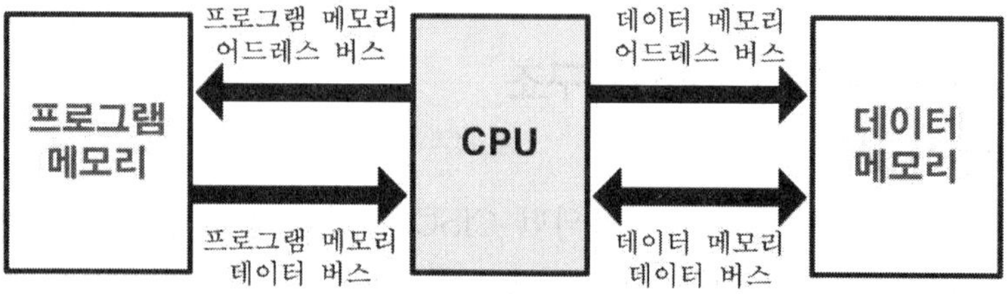

〈그림 1.1.7〉 하버드 구조

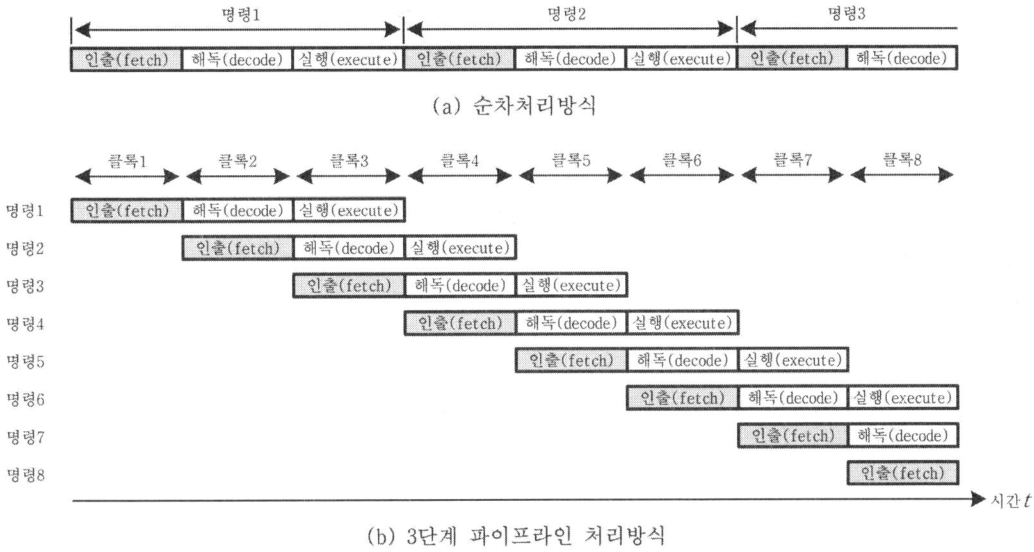

〈그림 1.1.8〉 순차처리방식과 파이프라인 처리방식의 비교

(7) 어셈블러와 컴파일러

▣ 어셈블, 어셈블러

어셈블리 언어(assembly language)로 작성된 소스 프로그램을 CPU가 실행할 수 있는 기계어 목적 파일(object file)로 번역하는 과정을 **어셈블**(assemble)이라고 하며, 이러한 기능을 수행하는 유틸리티 소프트웨어를 **어셈블러**(assembler)라고 한다. 현재 어셈블러 소프트웨어가 동작하고 있는 컴퓨터의 CPU가 아니라 제3의 다른 CPU 모델에서 실행하기 위한 어셈블리 언어 프로그램을 번역하는 어셈블러를 특별히 **크로스 어셈블러**(cross assembler)라고 부른다.

▣ 컴파일, 컴파일러

고급 언어(high-level language)로 작성된 소스 프로그램을 CPU가 실행할 수 있는 기계어 목적 파일로 번역하는 과정을 **컴파일**(compile)이라고 하며, 이러한 기능을 수행하는 유틸리티 소프트웨어를 **컴파일러**(compiler)라고 한다. 현재 컴파일러 소프트웨어가 동작하고 있는 컴퓨터의 CPU가 아니라 제3의 다른 CPU 모델에서 실행하기 위한 고급 언어 프로그램을 번역하는 컴파일러를 특별히 **크로스 컴파일러**라고 부른다. 예를 들어 현재 CPU가 Pentium인 퍼스널컴퓨터에서 AVR128DA64용의 C언어 소스 파일을 번역하는 컴파일러는 크로스 컴파일러이다.

1.2 AVR128DA64의 특징과 기본 구조

이 절에서는 먼저 8비트 RISC 마이크로컨트롤러인 Microchip Technology사 AVR 시리즈의 탄생에서부터 발전과정, 종류 및 특징을 알아보고, 이중에서 AVR128DA64 소자의 공부를 시작하기로 한다.

1. AVR 마이크로컨트롤러의 탄생 및 특징

AVR 시리즈 마이크로컨트롤러는 1984년에 창립된 미국의 Atmel사에서 1997년에 AT90S8515를 첫 모델로 발표하면서 시작된 8비트의 제어용 마이크로프로세서 시리즈로서, 이는 노르웨이의 Alf-Egil Bogen과 Vegard Wollan이 진보된 RISC 기술을 사용하여 설계하였다고 하여 이것들의 첫 글자를 따서 AVR이라고 명명된 것으로 알려져 있으며, 혹자는 Advanced Virtual RISC의 약어라고 말하기도 한다.

AVR은 프로그램 메모리와 데이터 메모리를 액세스하기 위한 버스를 독립적으로 사용하는 하버드 구조(Harvard Architecture)와 2단계의 파이프라인 처리를 기반으로 하는 RISC(Reduced Instruction Set Computer) 기술을 적용하여 8비트 제품에서는 비교할 수 없을 정도로 빠른 명령처리 속도를 자랑하였다. 뿐만 아니라 AVR은 이를 Atmel사의 장점인 플래시 메모리(flash memory) 기술과 접목시켜 칩의 내부에 프로그램용으로 플래시 메모리를 내장하고 여기에 사용자 프로그램을 쉽게 다운로드할 수 있는 ISP(In-System Programming) 방식을 적용하여 탁월한 사용자 편의성을 제공하였다. 이러한 장점 때문에 AVR은 가장 늦게 출시된 8비트 모델이었지만 그 당시 이미 시장을 거의 지배하고 있던 Intel사의 8051 시리즈나 Microchip Technology사의 PIC 시리즈 마이크로컨트롤러를 압도하면서 빠르게 8비트 MCU 시장을 장악하였다. 특히 2001년에 발표한 +5V용의 ATmega128과 이를 +3.3V/+5V 겸용으로 개선하여 2008년에 다시 발표한 ATmega128A는 AVR을 대표하는 모델로 자리 잡았다.

그러나, 이러한 AVR도 ARM Cortex-M 계열의 32비트 마이크로컨트롤러가 일으키는 엄청난 태풍에 의하여 시장에서 심각한 도전을 받고 있다. 이제 AVR은 성능과 가격에서 더 이상 압도적으로 우월하지 않으며, 수많은 반도체 회사들이 연합하고 경쟁하면서 발전하는 ARM Cortex-M 제품을 감당하기에는 역부족이다. 이러한 상황에서 Atmel은 2016년 1월에 경쟁사인 Microchip Technology사에 인수 합병되었다.

Atmel이 서로 치열한 경쟁 관계였던 Microchip Technology사에 인수 합병된 이후에 AVR 제품의 운명이 어떻게 될지는 이 제품을 사용하는 많은 사람들의 관심사였다. 지금까지 몇 년이 지나면서 보면 그동안 전문가들이 예상하고 우려했던 바와 같이 Microchip Technology사는 AVR 제품에 상당한 변화를 주고 있다. 현재까지 몇가지의 새로운 ATtiny 패밀리와 ATmega 패밀리 제품을 발표하였고, 또한 여기에 추가하여 전혀 새로워진 AVR DA 패밀리와 AVR DB 패밀리 제품을 출시하였다. 이처럼 Microchip Technology사에서 새로 발표한 독자 모델에는 과거의 AVR 구조를 고집하지 않고 여러 부분에서 새롭고 우수한 기능을 적용하고 있으며, 이제 기존의 Atmel사에서 개발 판매하던 모든 AVR 모델은 점차 단종시킬 것으로 전망된다.

소프트웨어 개발 툴과 하드웨어 개발 툴은 각각 기존의 AVR Studio를 Microchip Studio 7로 업그레이드하여 무료로 제공하고 여기에서 Atmel-ICE를 계속 사용할 수 있도록 지원하고 있으며, 이제 AVRISP mkII 다운로드 케이블이나 JTAGICE mkII 등의 에뮬레이터는 사용하지 못한다. 그런데, 기존의 PIC용이었던 MPLAB X IDE에서도 새로운 AVR 모델을 지원하고 여기서 MPLAB PICkit 4 및 MPLAB Snap을 사용할 수 있도록 지원하는 것을 보면 궁극적으로는 Microchip Studio와 Atmel-ICE를 단종하고 MPLAB 쪽의 소프트웨어와 에뮬레이터로 일원화하지 않을까 우려된다.

2. AVR 마이크로컨트롤러의 종류

8비트 AVR 시리즈의 마이크로컨트롤러는 적합한 응용분야에 사용될 수 있도록 기능 및 성능에 따라 다음과 같이 크게 3가지의 기본 패밀리(family)로 나누어지며, 여기에 2008년부터 ATxmega 패밀리가 추가되었다. 2016년에 Microchip Technology가 Atmel을 인수합병한 이후에 몇가지의 ATtiny, ATmega, AVR DA/DB 패밀리 모델들을 새로 발표하였는데, 이것들은 기존의 AVR 제품에 비하여 구조와 기능이 상당히 달라졌다.

▣ ATtiny 패밀리

이것들은 tiny 패밀리라고도 하며, 모든 모델명이 항상 ATtiny로 시작한다. 초소형 응용분야에 사용하는 것을 목표로 하므로 가격이 낮고 기능 및 성능도 가장 낮다. 초기에는 내부에 1KB~2KB의 플래시 메모리를 가지고 있으며 핀 수도 8핀~20핀 정도의 모델이 대부분이었으나, 지금은 32KB의 메모리 용량과 32핀의 외형을 가진 모델까지 있다. 이렇게 핀 수가 적고 패키지도 작으면 외부에 시스템 버스를 가지고 있지 않은 경우가 대부분이며, 외부에 수정발진자를 접속하는 것도 하드웨어적으로 부담이 되므로 클록 입력 단자가 없고 시스템 클록을 내부 발진회로에서 발생하여 사용하는 경우도 있다.

<표 1.2.1>에는 AVR 계열의 ATtiny 패밀리 모델을 요약하여 정리하였다.

〈그림 1.2.1〉 ATtiny 패밀리의 몇가지 모델

▣ AT90 패밀리

이것들은 classic 패밀리라고도 하며, 모든 모델명이 항상 AT90으로 시작한다. 내부에 1KB~8KB의 플래시 메모리를 가지고 있으므로 고급언어로도 프로그램이 가능한 수준이며, 비교적 큰 512바이트 이하 정도의 SRAM과 EEPROM을 내장하고 있다. 당연히 ATtiny 패밀리에 비하여 좀 더 규모가 큰 시스템에 적용하는 것을 겨냥하는 모델이며, 여기에 해당하는 모델들은 외형이 대체로 20핀에서 40핀 정도가 된다.

이 패밀리는 나머지 2가지 패밀리에 비하여 특징이나 장점이 뚜렷하지 않고 중간적이며, 따라서 시장성에서 확고한 지위를 차지하지 못하였으므로 현재는 대부분의 모델이 단종되었다. 지금은 <표 1.2.2>에 정리한 것처럼 AT90CANxx, AT90PWMxx, AT90USBxx처럼 몇가지의 특수 용도 모델이 남아서 명맥을 유지하고 있다.

〈그림 1.2.2〉 AT90 패밀리의 몇가지 모델

▣ ATmega 패밀리

이것들은 MEGA 패밀리라고도 하며, 모든 모델명이 항상 ATmega로 시작한다. 내부에 8KB~256KB의 플래시 메모리를 가지고 있으며, 가장 규모가 크고 성능이 높은 응용분야에 사용하는 것을 겨냥하고 있으므로 28~100핀 정도로 핀 수도 많고 기능 및 성능도 높다. 여기에 내장하고 있는 프로그램용 플래시 메모리의 용량에 따라 기본 모델이 ATmega8, ATmega16, ATmega32, ATmega64, ATmega128, ATmega256 등으로 발전하여 왔다. 나중에 개선형 모델 ATmega2561과 100핀짜리 기능 확장형 모델 ATmega640, ATmega1280, ATmega2560 등이 추가되었다.

<표 1.2.2>에 AVR ATmega 패밀리의 모델들을 요약하여 정리하였다.

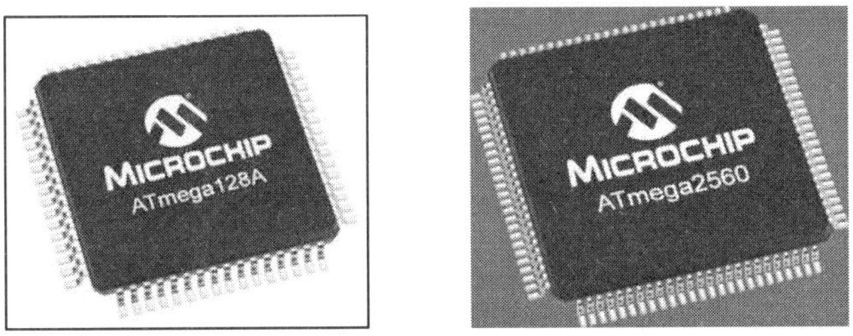

〈그림 1.2.3〉 ATmega 패밀리의 몇가지 모델

▣ ATxmega 패밀리

이것은 XMEGA 패밀리라고도 하며 모든 모델명이 항상 ATxmega로 시작하는데, 이는 Atmel에서 2008년에 기존의 AVR 마이크로컨트롤러를 다시 한 단계 업그레이드하여 발표한 패밀리이다.

이것을 발표할 당시 Atmel에서는 이를 8비트의 구조 및 가격에 16비트의 성능을 갖는 모델이라고 설명하였고 많은 사용자들의 큰 기대를 모으면서 출시되었으나, 초기의 높았던 기대와 다르게 시장에서 별로 성공하지 못하였다. 이처럼 ATxmega 패밀리와 그 상위 모델인 AVR32 시리즈가 시장에서 그다지 성공하지 못한 것은 아무래도 32비트 ARM Cortex-M 제품의 영향이 가장 컸던 것으로 보인다. 8비트 AVR의 성능에 만족하지 못하는 사용자는 이를 ATxmega 패밀리나 AVR32 시리즈로 바꾸어 사용하기 보다는 아예 이보다 가격 대 성능이 훨씬 우수하면서 호환성 측면에서 유리하다고 판단되는 32비트 ARM Cortex-M 제품으로 옮겨가는 방법을 선택한 것으로 분석된다.

〈표 1.2.1〉 AVR 마이크로컨트롤러 ATtiny 패밀리의 종류 및 특징

모델명	플래시 (KB)	SRAM (Bytes)	EEPROM (Bytes)	Vcc (V)	Fmax (MHz)	하드웨어 곱셈기	BOD	Max I/O (Pin)	인터럽트 /외부INT	8비트 타이머 /PWM	12비트 타이머 /PWM	16비트 타이머 /PWM	RTC	워치독
ATtiny4 ATtiny5 ATtiny9 ATtiny10	512B 512B 1 1	32	-	1.8-5.5	12	-	-	4	10/2 11/2 10/2 11/2	-/-	-/-	1/2	-	○
ATtiny102 ATtiny104	1	32	-	1.8-5.5	12	-	-	6 12	16/3	-/-	-/-	1/2	-	○
ATtiny13A	1	64	64	1.8-5.5	20	-	○	6	10/2	1/2	-/-	-/-	-	○
ATtiny2313A ATtiny4313	2 4	128 256	128 256	1.8-5.5	20	-	○	18	21/5	1/2	-/-	1/2	-	○
ATtiny20 ATtiny40	2 4	128 256	-	1.8-5.5	12	-	○	10/12 18	17/3 18/4	1/2 1/2	-/-	1/2 1/1	-	○
ATtiny26 ATtiny26L	2	128	128	4.5-5.5 2.7-5.5	16 8	-	○	16	12/2	2/2	-/-	-/-	-	○
ATtiny28L ATtiny28V	2	-	-	2.7-5.5 1.8-5.5	4 1.2	-	-	11	6/3	1/-	-/-	-/-	-	○
ATtiny43U	4	256	64	0.7-5.5	8	-	○	16	16/3	1/2	-/-	-/-	-	○
ATtiny24A ATtiny44A ATtiny84A	2 4 8	128 256 512	128 256 512	1.8-5.5	20	-	○	12	17/3	1/2	-/-	1/2	-	○
ATtiny25/25V ATtiny45/45V ATtiny85/85V	2 4 8	128 256 512	128 256 512	1.8-5.5	20	-	○	6	15/2	2/2	-/-	-/-	-	○
ATtiny261A ATtiny461A ATtiny861A	2 4 8	128 256 512	128 256 512	1.8-5.5	20	-	○	16	19/3	1/2	10bit 1/3	1/1	-	○
ATtiny48 ATtiny88	4 8	256 512	64 64	1.8-5.5	12	-	○	24/28	20/6	1/2	-/-	1/2	-	○
ATtiny441 ATtiny841	8	512	512	1.8-5.5	20	-	○	12	17/3	3	1	1	○	○
ATtiny87 ATtiny167	8 16	512 512	512 512	1.8-5.5	16	-	○	16	20/4	1/1	-/-	1/2	-	○
ATtiny1634	16	1024	256	1.8-5.5	12	-	○	18	28/4	1/2	-/-	1/2	-	○

▣ Microchip Technology에서 새로 발표한 AVR 모델

Microchip Technology사에서 Atmel을 인수 합병한 이후에 새로 발표한 AVR 모델을 정리하면 <표 1.2.3>과 같다. 이것들은 크게 ATtiny 패밀리, ATmega 패밀리, AVR DA/DB 패밀리의 3그룹으로 나눌 수 있는데, 모두 기존의 AVR 모델들과는 크게 달라져서 사실상 완전히 새로운 시리즈의 AVR 마이크로컨트롤러라고 볼 수 있다. 이러한 모델들은 CPU 코어의 기본 골격과 어셈블리 명령 세트가 AVR 마이크로컨트롤러에 해당할 뿐이고 전체적인 메모리 구조와 여기에 내장된 주변장치를 비롯한 많은 형태와 기능이 종래의 AVR과 상당히 달라졌다. 또한, 이것들은 종래의 AVR-ISP나 JTAG 인터페이스 기능을 지원하지 않으며, 오직 디버그 인터페이스로서 UPDI 규격만을 지원하고 있다.

〈표 1.2.1〉 AVR 마이크로컨트롤러 ATtiny 패밀리의 종류 및 특징(계속)

모델명	UART/ USART	SPI	I2C	USB CAN	10비트 A/D (채널)	아날로그 비교기	8비트 D/A (채널)	온도 센서	슬립 모드	LCD 컨트롤러	QTouch	핀수 및 패키지
ATtiny4 ATtiny5 ATtiny9 ATtiny10	-/-	-	-	-	- 8bit 4 - 8bit 4	○	-	-	4	-	○	6핀 SOT-23, 8핀 UDFN
ATtiny102 ATtiny104	-/1	-	-	-	5 8	○	-	-	4	-	-	8핀 UDFN, 8핀 SOIC150 14핀 SOIC150
ATtiny13A	-/-	-	-	-	4	○	-	-	3	-	-	8핀 DIP/SOIC, 10/20핀 MLF
ATtiny2313A ATtiny4313	-/1	USI	USI	-	-	○	-	-	3	-	-	20핀 DIP/SOIC, 20핀 VQFN/MLF
ATtiny20 ATtiny40	-/-	1	1	-	8 12	○	-	○	4	-	○	14핀 SOIC/TSSOP, 20핀 VQFN 20핀 SOIC/TSSOP, 20핀 VQFN
ATtiny26 ATtiny26L	-/-	USI	USI	-	11	○	-	-	4	-	-	20핀 DIP/SOIC, 32핀 QFN/MLF
ATtiny28L ATtiny28V	-/-	-	-	-	-	○	-	-	2	-	-	28핀 DIP, 32핀 TQFP/MLF
ATtiny43U	-/-	USI	USI	-	4	○	-	○	3	-	○	20핀 SOIC, 20핀 QFN/MLF
ATtiny24A ATtiny44A ATtiny84A	-/-	USI	USI	-	8	○	-	○	4	-	○	14핀 DIP/SOIC, 20핀 VQFN/MLF
ATtiny25/25V ATtiny45/45V ATtiny85/85V	-/-	USI	USI	-	4	○	-	○	3	-	○	8핀 DIP/SOIC, 20핀 QFN/MLF
ATtiny261A ATtiny461A ATtiny861A	-/-	USI	USI	-	11	○	-	○	4	-	○	20핀 DIP/SOIC/TSSOP, 32핀 MLF
ATtiny48 ATtiny88	-/-	1	1	-	6/8	○	-	○	3	-	○	28핀 DIP/QFN, 32핀 TQFP/MLF
ATtiny441 ATtiny841	-/-	USI	USI	-	8	○	-	○	4	-	○	14핀 DIP, 14핀 SOIC, 20핀 MLF
ATtiny87 ATtiny167	1/-	1	USI	-	11	○	-	○	4	-	○	20핀 SOIC/TSSOP, 32핀 VQFN
ATtiny1634	-/2	USI	1	-	12	○	-	○	4	-	○	20핀 SOIC, 20핀 QFN/MLF

ATtiny 패밀리 모델은 8핀~24핀의 소형 패키지로 구성되는 최저가의 제품으로서 메모리 용량이 적고 주변장치 기능도 최소한으로 줄였다. 시스템 클록의 최고 주파수는 20MHz이다. 아날로그 회로 주변장치는 대부분 10비트 A/D 컨버터와 1개 정도의 아날로그 비교기를 가지고 있고, 일부 모델에서는 8비트 D/A 컨버터를 가지고 있으며, 정전용량 방식의 터치 제어기를 가지는 모델도 있다.

ATmega 패밀리 모델은 중간 정도 가격의 제품으로서 메모리 용량이 증가하고 패키지가 28핀~48핀 범위로 커지면서 주변장치의 수가 다소 증가한 것을 제외하면 ATtiny 패밀리 제품과 상당히 유사한 특징을 갖는다.

AVR DA 및 DB 패밀리 모델은 시스템 클록 주파수가 24MHz로 높아지고, 메모리 용량이 가장 크며, 패키지가 28핀~64핀으로 커서 가장 고성능인 제품이다. 12비트 A/D 컨버터, 아날로그 비교기, 10비트 D/A 컨버터 등의 주변장치가 강화되었다.

〈표 1.2.2〉 AVR 마이크로컨트롤러 AT90 및 ATmega 패밀리의 종류 및 특징

모델명	플래시 (KB)	SRAM (Bytes)	EEPROM (Bytes)	Vcc (V)	Fmax (MHz)	하드웨어 곱셈기	BOD	Max I/O (Pin)	인터럽트 /외부INT	8비트 타이머 /PWM	12비트 타이머 /PWM	16비트 타이머 /PWM	RTC	워치독
AT90CAN32 AT90CAN64 AT90CAN128	32 64 128	2048 4096 4096	1024 2048 4096	2.7-5.5	16	○	○	53	37/8	2/2	-/-	2/6	○	○
AT90PWM1 AT90PWM2B AT90PWM3B	8	512	512	2.7-5.5	16	○	○	19 19 27	26/4 29/4 29/4	1/2	-/-	1/2+4 1/2+6 1/2+6	-	○
AT90PWM81 AT90PWM161	8 16	256 1024	512 512	2.7-5.5	16	○	○	16/20	20/3	-/-	-/-	1/0+4	-	○
AT90PWM216 AT90PWM316	16	1024	512	2.7-5.5	16	○	○	19/27	29/4	1/2	-/-	1/2+4 1/2+6	-	○
AT90USB82 AT90USB162	8 16	512	512	2.7-5.5	16	-	○	22	29/10	1/2	-/-	1/3	-	○
AT90USB646 AT90USB647 AT90USB1286 AT90USB1287	64 64 128 128	4096 4096 8192 8192	2048 2048 4096 4096	2.7-5.5	16	○	○	48	38/9	2/4	-/-	2/6	○	○
ATmega8A ATmega16A ATmega32A	8 16 32	1024 1024 2048	512 512 1024	2.7-5.5	16	○	○	23 32 32	19/2 21/3 21/3	2/1 2/2 2/2	-/- -/- -/-	1/2 1/2 1/2	○	○
ATmega8515	8	512	512	4.5-5.5	16	○	○	35	17/3	1/1	-/-	1/2	-	○
ATmega8535	8	512	512	4.5-5.5	16	○	○	32	21/3	2/2	-/-	1/2	○	○
ATmega162	16	1024	512	2.7-5.5	16	○	○	35	28/5	2/2	-/-	2/4	○	○
ATmega8U2 ATmega16U2 ATmega32U2	8 16 32	512 512 1024	512 512 1024	2.7-5.5	16	○	○	22	29/10	1/2	-/-	1/3	○	○
ATmega16U4 ATmega32U4	16 32	1280 2560	512 1024	2.7-5.5	16	○	○	26	43/6	1/2	-/-	2/6	○	○
ATmega32C1 ATmega64C1	32 64	2048 4096	1024 2048	2.7-5.5	16	○	○	27	29/8	1/2	-/-	1/2	-	○
ATmega16M1 ATmega32M1 ATmega64M1	16 32 64	1024 2048 4096	512 1024 2048	2.7-5.5	16	○	○	27	31/8	1/2	-/-	1/2+6	-	○
ATmega48PB ATmega88PB ATmega168PB ATmega328PB	4 8 16 32	512 1024 1024 2048	256 512 512 1024	1.8-5.5	20	○	○	27	27/5 27/5 27/5 45/5	2/4	-/-	1/2 1/2 1/2 3/6	○	○
ATmega164PA ATmega324PA ATmega644PA ATmega1284P	16 32 64 128	1024 2048 4096 16384	512 1024 2048 4096	1.8-5.5	20	○	○	32	31/7 31/7 31/7 35/7	2/4	-/-	1/2 1/2 1/2 2/4	○	○
ATmega165PA ATmega325PA ATmega645P	16 32 64	1024 2048 4096	512 1024 2048	1.8-5.5	16 20 16	○	○	54	25/5	2/2	-/-	1/2	○	○
ATmega3250PA ATmega6450P	32 64	2048 4096	1024 2048	1.8-5.5	20	○	○	69	25/5	2/2	-/-	1/2	○	○
ATmega169PA ATmega329PA ATmega649P	16 32 64	1024 2048 4096	512 1024 2048	1.8-5.5	16 20 16	○	○	54	23/3	2/2	-/-	1/2	○	○
ATmega3290PA ATmega6490P	32 64	2048 4096	1024 2048	1.8-5.5	20	○	○	69	25/5	2/2	-/-	1/2	○	○
ATmega64A ATmega128A	64 128	4096 4096	2048 4096	2.7-5.5	16	○	○	53	35/8	2/2	-/-	2/6	○	○
ATmega1281 ATmega2561	128 256	8192	4096	2.7-5.5	16	○	○	54	48/10	2/4	-/-	4/6	○	○
ATmega640 ATmega1280 ATmega2560	64 128 256	8192	4096	2.7-5.5 4.5-5.5 4.5-5.5	16	○	○	86	57/11	2/4	-/-	4/12	○	○

☞ 기본형 = 4.5~5.5V, L형 = 2.7~5.5V, V형 = 1.8~5.5V, A형 = 1.8~5.5V 또는 2.7~5.5V

〈표 1.2.2〉 AVR 마이크로컨트롤러 AT90 및 ATmega 패밀리의 종류 및 특징(계속)

모델명	UART/ USART	SPI	I2C	USB CAN	10비트 A/D (채널)	아날로그 비교기	8비트 D/A (채널)	온도 센서	슬립 모드	LCD 컨트롤러	QTouch	핀수 및 패키지
AT90CAN32 AT90CAN64 AT90CAN128	-/2	1	1	CAN	8	○	-	-	5	-	-	64핀 TQFP, 64핀 QFN
AT90PWM1 AT90PWM2B AT90PWM3B	-/- -/1 -/1	1	-	-	8 11 11	○	- 1 1	-	4	-	-	24핀 SOIC, 32핀 QFN 24핀 SOIC 32핀 SOIC, 32핀 QFN
AT90PWM81 AT90PWM161	-/-	1	-	-	8/11	○	10비트	○	4	-	-	20핀 SOIC, 32핀 QFN
AT90PWM216 AT90PWM316	-/1	1	-	-	8 11	○	10비트	-	4	-	-	24핀 SOIC 32핀 SOIC, 32핀 QFN
AT90USB82 AT90USB162	-/1	1	-	USB	-	○	-	-	5	-	-	32핀 TQFP, 32핀 QFN
AT90USB646 AT90USB647 AT90USB1286 AT90USB1287	-/1	1	1	USB	8	○	-	-	6	-	-	64핀 TQFP, 64핀 QFN
ATmega8A ATmega16A ATmega32A	-/1	1	1	-	8	○	-	-	5 6 6	-	○ - ○	28핀 DIP, 32핀 TQFP/QFN/MLF 40핀 DIP, 44핀 TQFP/QFN/MLF 40핀 DIP, 44핀 TQFP/QFN/MLF
ATmega8515	-/1	1	-	-	-	○	-	-	3	-	-	40핀 DIP, 44핀 TQFP/QFN/MLF ★
ATmega8535	-/1	1	1	-	8	○	-	-	6	-	-	40핀 DIP, 44핀 TQFP/QFN/MLF
ATmega162	-/2	1	-	-	-	○	-	-	5	-	-	40핀 DIP, 44핀 TQFP/MLF ★
ATmega8U2 ATmega16U2 ATmega32U2	-/1	1	-	USB	-	○	-	-	5	-	-	32핀 TQFP, 32핀 QFN
ATmega16U4 ATmega32U4	-/1	1	1	USB	12	○	-	○	6	-	-	44핀 TQFP, 44핀 QFN
ATmega32C1 ATmega64C1	1/-	1	-	CAN	11	○	10비트	○	4	-	-	32핀 TQFP, 32핀 QFN
ATmega16M1 ATmega32M1 ATmega64M1	1/-	1	-	CAN	11	○	10비트	○	4	-	-	32핀 TQFP, 32핀 QFN
ATmega48PB ATmega88PB ATmega168PB ATmega328PB	1 1 1 2	1 1 1 2	1 1 1 2	-	8	○	-	○	6	-	○	32핀 TQFP, 32핀 VFQFN 32핀 TQFP, 32핀 VFQFN 32핀 TQFP, 32핀 VFQFN 32핀 TQFP, 32핀 QFN/MLF
ATmega164PA ATmega324PA ATmega644PA ATmega1284P	-/2	1	1	-	8	○	-	-	6	-	○	40핀 DIP, 44핀 TQFP/QFN/MLF
ATmega165PA ATmega325PA ATmega645P	-/1	1	USI	-	8	○	-	-	5	-	○	64핀 TQFP, 64핀 QFN/MLF
ATmega3250PA ATmega6450P	-/1	1	USI	-	8	○	-	-	5	-	○	100핀 TQFP, 100핀 QFN/MLF
ATmega169PA ATmega329PA ATmega649P	-/1	1	USI	-	8	○	-	-	5	○	○	64핀 TQFP, 64핀 QFN/MLF
ATmega3290PA ATmega6490P	-/1	1	USI	-	8	○	-	-	5	○	○	100핀 TQFP, 100핀 QFN/MLF
ATmega64A ATmega128A	-/2	1	1	-	8	○	-	-	6	-	○	64핀 TQFP, 64핀 QFN/MLF ★
ATmega1281 ATmega2561	-/2	1	1	-	8	○	-	○	6	-	○	64핀 TQFP, 64핀 QFN/MLF ★
ATmega640 ATmega1280 ATmega2560	-/4	1	1	-	16	○	-	○	6	-	○	100핀 TQFP, 100핀 CBGA ★

★는 외부 시스템 버스를 통하여 데이터 메모리 및 I/O를 위한 어드레스 확장이 가능한 모델을 나타냄.

〈표 1.2.3〉 Microchip Technology사에서 새로 발표한 AVR 모델의 종류 및 특징

모델명	플래시 (KB)	SRAM (Bytes)	EEPROM (Bytes)	Vcc (V)	Fmax (MHz)	하드웨어 곱셈기	BOD	Max I/O (Pin)	인터럽트 /외부INT	8비트 타이머 /PWM	12비트 타이머 /PWM	16비트 타이머 /PWM	RTC	워치독
ATtiny202 ATtiny402	2 4	128 256	64 128	1.8-5.5	20	○	○	6	29/6	-/-	-/-	2/4	○	○
ATtiny204 ATtiny404 ATtiny804 ATtiny1604	2 4 8 16	128 256 512 1024	64 128 128 256	1.8-5.5	20	○	○	12	30/12	-/-	-/-	2/4	○	○
ATtiny406 ATtiny806 ATtiny1606	4 8 16	256 512 1024	128 128 256	1.8-5.5	20	○	○	18	31/18	-/-	-/-	2/4	○	○
ATtiny807 ATtiny1607	8 16	512 1024	128 256	1.8-5.5	20	○	○	22	31/22	-/-	-/-	2/4	○	○
ATtiny212 ATtiny412	2 4	128 256	64 128	1.8-5.5	20	○	○	6	24/6	-/-	1/4	2/4	○	○
ATtiny214 ATtiny414 ATtiny814 ATtiny1614	2 4 8 16	128 256 512 2048	64 128 128 256	1.8-5.5	20	○	○	12	25/12 25/12 25/12 30/12	-/-	1/4	2/4 2/4 2/4 3/5	○	○
ATtiny416 ATtiny816 ATtiny1616 ATtiny3216	4 8 16 32	256 512 2048 2048	128 128 256 256	1.8-5.5	20	○	○	18	26/18 26/18 31/18 31/18	-/-	1/4	2/4 2/4 3/5 3/5	○	○
ATtiny417 ATtiny817 ATtiny1617 ATtiny3217	4 8 16 32	256 512 2048 2048	128 128 256 256	1.8-5.5	20	○	○	22	26/22 26/22 31/22 31/22	-/-	1/4	2/4 2/4 3/5 3/5	○	○
ATtiny424 ATtiny824 ATtiny1624 ATtiny3224	4 8 16 32	512 1024 2048 3072	128 128 256 256	1.8-5.5	20	○	○	12	30/12	-/-	-/-	3/5 3/5 3/5 3/5	○	○
ATtiny426 ATtiny826 ATtiny1626 ATtiny3226	4 8 16 32	512 1024 2048 3072	128 128 256 256	1.8-5.5	20	○	○	18	30/18	-/-	-/-	3/5 3/5 3/5 3/5	○	○
ATtiny427 ATtiny827 ATtiny1627 ATtiny3227	4 8 16 32	512 1024 2048 3072	128 128 256 256	1.8-5.5	20	○	○	22	30/22	-/-	-/-	3/5 3/5 3/5 3/5	○	○
ATmega808 ATmega1608 ATmega3208 ATmega4808	8 16 32 48	1024 2048 4096 6144	256	1.8-5.5	20	○	○	23/27	34/6 34/7	-/-	-/-	4/6	○	○
ATmega809 ATmega1609 ATmega3209 ATmega4809	8 16 32 48	1024 2048 4096 6144	256	1.8-5.5	20	○	○	33/41	40/8 40/10	-/-	-/-	5/7	○	○
AVR32DA28 AVR64DA28 AVR128DA28	32 64 128	4096 8192 16384	512	1.8-5.5	24	○	○	23	41/23	-/-	1/4	4/6	○	○
AVR32DA32 AVR64DA32 AVR128DA32	32 64 128	4096 8192 16384	512	1.8-5.5	24	○	○	27	44/27	-/-	1/4	4/6	○	○
AVR32DA48 AVR64DA48 AVR128DA48	32 64 128	4096 8192 16384	512	1.8-5.5	24	○	○	41	58/41	-/-	1/4	6/10	○	○
AVR64DA64 AVR128DA64	64 128	8192 16384	512	1.8-5.5	24	○	○	55	64/55	-/-	1/4	7/11	○	○
AVR32DB28 AVR64DB28 AVR128DB28	32 64 128	4096 8192 16384	512	1.8-5.5	24	○	○	22/21	42/22	-/-	1/4	4/6	○	○
AVR32DB32 AVR64DB32 AVR128DB32	32 64 128	4096 8192 16384	512	1.8-5.5	24	○	○	26/25	44/26	-/-	1/4	4/6	○	○
AVR32DB48 AVR64DB48 AVR128DB48	32 64 128	4096 8192 16384	512	1.8-5.5	24	○	○	41/40	59/41	-/-	1/4	6/10	○	○
AVR64DB64 AVR128DB64	64 128	8192 16384	512	1.8-5.5	24	○	○	55/54	65/55	-/-	1/4	7/11	○	○

〈표 1.2.3〉 Microchip Technology사에서 새로 발표한 AVR 모델의 종류 및 특징(계속)

모델명	UART/ USART	SPI	I2C	USB CAN	10비트 A/D (채널)	아날로그 비교기	8비트 D/A (채널)	온도 센서	슬립 모드	LCD 컨트롤러	PTC	핀수 및 패키지
ATtiny202 ATtiny402	-/1	1	1	-	1/6	1	-	○	3	-	-	8핀 SOIC
ATtiny204 ATtiny404 ATtiny804 ATtiny1604	-/1	1	1	-	1/10	1	-	○	3	-	-	14핀 SOIC
ATtiny406 ATtiny806 ATtiny1606	-/1	1	1	-	1/12	1	-	○	3	-	-	20핀 SOIC/VQFN
ATtiny807 ATtiny1607	-/1	1	1	-	1/12	1	-	○	3	-	-	24핀 VQFN
ATtiny212 ATtiny412	-/1	1	1	-	1/6	1	1/1	○	3	-	- -	8핀 SOIC
ATtiny214 ATtiny414 ATtiny814 ATtiny1614	-/1	1	1	-	1/10 1/10 1/10 2/14	1 1 1 3	1/1 1/1 1/1 3/1	○	3	-	- - 6/9 6/9	14핀 SOIC
ATtiny416 ATtiny816 ATtiny1616 ATtiny3216	-/1	1	1	-	1/12 1/12 2/20 2/20	1 1 3 3	1/1 1/1 3/1 3/1	○	3	-	- 6/9 12/36 12/36	20핀 SOIC/VQFN
ATtiny417 ATtiny817 ATtiny1617 ATtiny3217	-/1	1	1	-	1/12 1/12 2/24 2/24	1 1 3 3	1/1 1/1 3/1 3/1	○	3	-	- 6/9 14/49 14/49	24핀 VQFN
ATtiny424 ATtiny824 ATtiny1624 ATtiny3224	-/2	1	1	-	12비트 1/9	1	-	○	3	-	-	14핀 SOIC/TSSOP
ATtiny426 ATtiny826 ATtiny1626 ATtiny3226	-/2	1	1	-	12비트 1/15	1	-	○	3	-	-	20핀 SOIC/SSOP/VQFN
ATtiny427 ATtiny827 ATtiny1627 ATtiny3227	-/2	1	1	-	12비트 1/15	1	-	○	3	-	-	24핀 VQFN
ATmega808 ATmega1608 ATmega3208 ATmega4808	-/3	1	1	-	1/8 1/12	1	-	○	3	-	-	28핀 SSOP, 32핀 TQFP/VQFN
ATmega809 ATmega1609 ATmega3209 ATmega4809	-/4	1	1	-	1/16	1	-	○	3	-	-	40핀 DIP, 48핀 TQFP/UQFN
AVR32DA28 AVR64DA28 AVR128DA28	-/3	2	1	-	12비트 1/10	3 ZCD 1	10비트 1/1	○	3	-	18/81	28핀 PDIP/SSOP/SOIC
AVR32DA32 AVR64DA32 AVR128DA32	-/3	2	2	-	12비트 1/14	3 ZCD 1	10비트 1/1	○	3	-	22/121	32핀 TQFP/VQFN
AVR32DA48 AVR64DA48 AVR128DA48	-/5	2	2	-	12비트 1/18	3 ZCD 2	10비트 1/1	○	3	-	32/256	48핀 TQFP/VQFN
AVR64DA64 AVR128DA64	-/6	2	2	-	12비트 1/22	3 ZCD 3	10비트 1/1	○	3	-	46/529	64핀 TQFP/VQFN
AVR32DB28 AVR64DB28 AVR128DB28	-/3	2	1	-	12비트 1/9	3 ZCD 1	10비트 1/1	○	3	-	-	28핀 PDIP/SSOP/SOIC
AVR32DB32 AVR64DB32 AVR128DB32	-/3	2	2	-	12비트 1/13	3 ZCD 1	10비트 1/1	○	3	-	-	32핀 TQFP/VQFN
AVR32DB48 AVR64DB48 AVR128DB48	-/5	2	2	-	12비트 1/18	3 ZCD 1	10비트 1/1	○	3	-	-	48핀 TQFP/VQFN
AVR64DB64 AVR128DB64	-/6	2	2	-	12비트 1/22	3 ZCD 1	10비트 1/1	○	3	-	-	64핀 TQFP/VQFN

AVR DA 패밀리와 AVR DB 패밀리는 서로 매우 유사하여 그다지 뚜렷한 차이는 없는데, AVR DA는 정전용량 방식의 터치 제어기(PTC)를 가지고 있는데 비하여 AVR DB는 2~3개의 Op Amp를 내장하여 아날로그 회로 인터페이스를 필요로 하는 용도에 더 편리하게 적용될 수 있을 것으로 사료된다.

3. AVR128DA64의 특징

8비트 AVR 계열에 속하는 마이크로컨트롤러 중에서 이제부터 우리가 공부하려는 AVR128DA64의 특징을 요약하면 다음과 같다.

① 고성능이면서 저소비전력형의 8비트 AVR 계열 마이크로컨트롤러이다.
② 진보된 RISC 구조와 2단계의 파이프라인 처리 기술 및 하버드 구조를 사용하여 24MHz에서 평균적으로 24MIPS의 빠른 명령처리 속도를 나타낸다.
③ 총 133종의 명령 세트를 가지며, 이것들 중의 대부분은 1클록 사이클에 실행된다. 빠른 곱셈 연산을 위하여 2사이클에 실행되는 하드웨어 곱셈기를 가지고 있다. 8비트 마이크로프로세서지만 프로그램 메모리는 한번에 16비트씩 액세스한다.
④ 32개의 8비트 범용 레지스터를 가지며, 이밖에도 많은 주변장치를 제어하기 위한 I/O 제어용 레지스터를 가지고 있다.
⑤ 128KB의 ISP 방식 프로그램용 플래시 메모리를 가지고 있으며, 이것은 10,000번까지 지우고 쓸 수 있으며, 55℃에서 40년간 데이터가 유지된다. ISP를 수행하기 위하여 1개의 UPDI(Unified Program and Debug Interface) 통신 인터페이스 핀 UPDI를 가지고 있다.
⑥ 16KB의 데이터 저장용 SRAM을 가지고 있으며, 이것은 항상 8비트 단위로 액세스한다.
⑦ 512바이트의 백업 데이터 저장용 불휘발성 메모리인 EEPROM을 가지고 있으며, 이것은 100,000번까지 지우고 쓸 수 있고, 55℃에서 40년간 데이터가 유지된다.
⑧ 시스템 기능 설정용의 불휘발성 메모리인 7바이트의 퓨즈(FUSE)와 메모리 액세스 보호용의 불휘발성 메모리인 4바이트의 록(LOCK)을 가지고 있다.
⑨ 하버드 구조를 갖는 프로그램 액세스용 버스와 데이터 액세스용 버스는 모두 소자의 내부에만 있으므로 외부에 프로그램용 메모리나 데이터용 메모리를 확장할 수 없다.
⑩ 전원 투입 리셋 회로를 내장하고 있다.

⑪ 디폴트 상태에서 4MHz로 동작하지만 1MHz~24MHz 범위에서 설정을 변경할 수 있는 시스템 클록 발생용의 내부 오실레이터를 가지고 있으며, 이 발진 주파수는 수동 또는 자동 방식으로 캘리브레이션할 수 있다.

⑫ 소비전력을 절약하기 위한 3가지의 슬립 모드(sleep mode)를 가지고 있다.

⑬ 리셋 벡터와 총 64개의 인터럽트 벡터를 가지고 있으며, 55개의 병렬 I/O 포트를 모두 인터럽트 단자로 사용할 수 있다.

⑭ 6개의 8비트 병렬 I/O 포트(PA0~7, PB0~7, PC0~7, PD0~7, PE0~7, PG0~7) 및 1개의 7비트 병렬 I/O 포트(PF0~6)를 가지고 있어서 총 55비트의 병렬 입출력이 가능하다.

⑮ 2개의 16비트 A형 타이머/카운터(TCA0~1), 그리고 5개의 16비트 B형 타이머/카운터(TCB0~4) 및 1개의 12비트 D형 타이머/카운터(TCD0)를 가지고 있다.

⑯ 22채널의 외부 아날로그 입력 단자에 연결할 수 있는 12비트 분해능의 A/D 컨버터(ADC0)를 가지고 있다. 여기에 추가적인 내부 채널로는 GND, 온도 센서, D/A 컨버터 출력전압을 읽을 수 있다.

⑰ 3개의 아날로그 비교기(AC0~2)와 3개의 영전압 검출기(ZCD0~2)를 가지고 있다.

⑱ 1개의 10비트 분해능 D/A 컨버터(DAC0)를 가지고 있다.

⑲ 6개의 전이중 통신이 가능한 USART 직렬통신 포트(USART0~5)를 가지고 있다.

⑳ 2개의 SPI(SPI0~1) 및 2개의 TWI(TWI0~1) 동기식 근거리 직렬통신 포트를 가지고 있다.

㉑ 정전용량 방식의 터치 제어기(PTC)를 가지고 있다.

㉒ 약 8ms~8s의 범위에서 타임아웃 주기를 설정할 수 있는 워치독 타이머(WDT)를 가지고 있다.

㉓ 그밖에 플래시 메모리 CRC 검사기(CRCSCAN), 사용자 맞춤형 로직(CCL), 이벤트 시스템(EVSYS) 등의 주변장치를 가지고 있다.

㉔ 내부에서 1.024V, 2.048V, 2.500V, 4.096V 등 4가지의 기준전압을 발생하여 이를 A/D 컨버터, D/A 컨버터, 아날로그 비교기 등에 공급할 수 있다.

㉕ 64핀 TQFP(Thin Quad Flat Package)와 64핀 VQFN(Very Thin Quad Flat No-Lead)의 2가지 패키지가 있다.

㉖ 1.8V~5.5V의 전원 전압에서 최고 24MHz의 시스템 클록으로 동작한다.

㉗ -40℃~+85℃의 동작 온도 범위를 갖는 산업용(Industrial) 버전과 -40℃~+125℃의 동작 온도 범위를 갖는 확장용(Extended) 버전이 있다.

4. AVR128DA64의 외부 구조

AVR128DA64 소자에는 64핀의 TQFP 패키지와 64핀의 VQFN 패키지가 있다. 이것들의 외부 핀 배열은 <그림 1.2.4>에 보였고, 각 핀의 기능을 요약하면 <표 1.2.4>와 같다. 또한, TQFP형 AVR128DA64 소자의 정확한 외부 패키지 구조와 각 부분의 기계적 치수는 9페이지의 그림에 보였다.

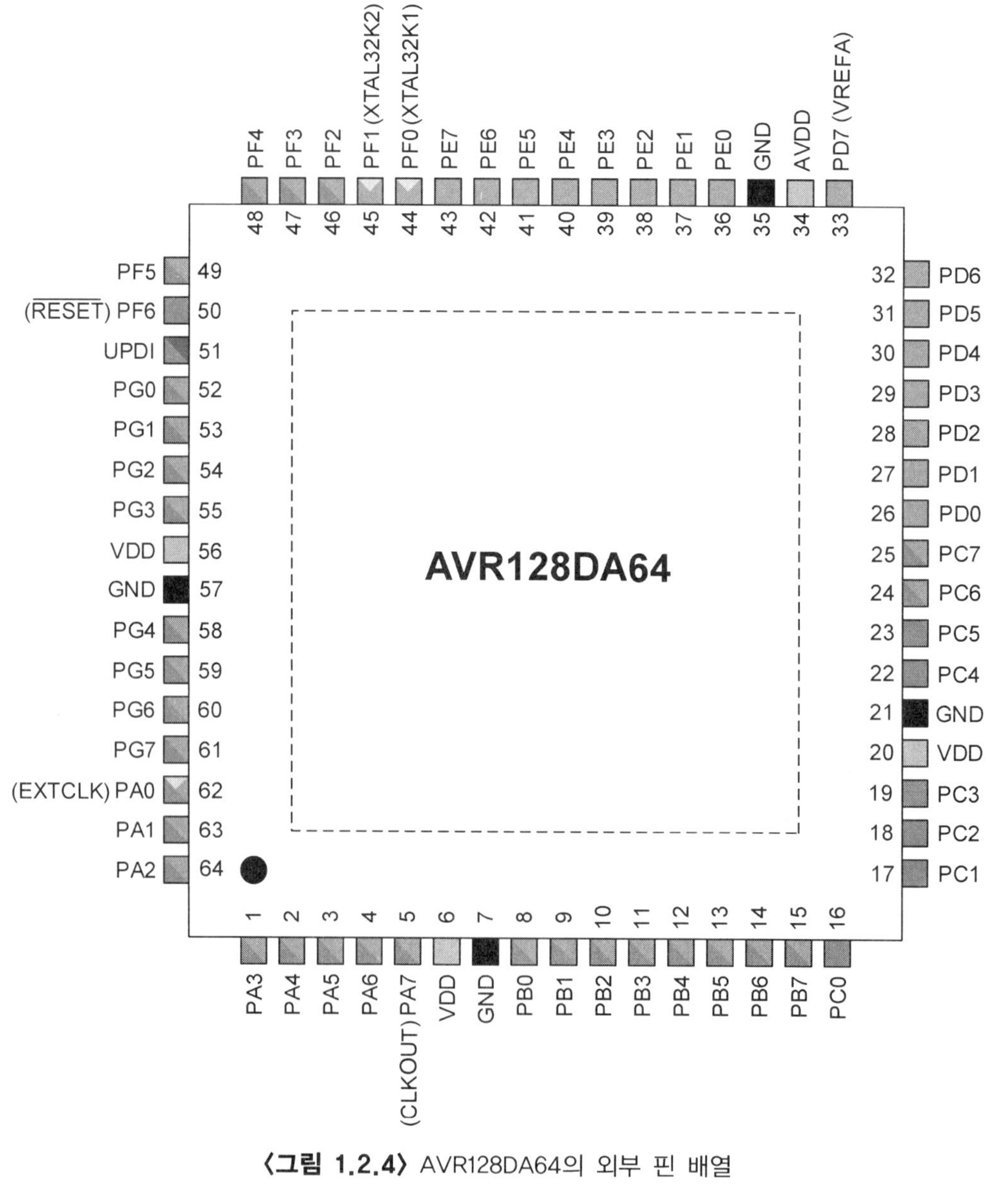

〈그림 1.2.4〉 AVR128DA64의 외부 핀 배열

〈표 1.2.4〉 AVR128DA64 외부 핀의 기능 요약

신호 이름	핀번호	기 능
PA0~PA7	62~64 1~5	Port A : 내부적으로 풀업저항(20kΩ~50kΩ)을 사용할 수 있는 8비트 양방향 병렬 포트이다. PORTA_DIR 레지스터로 입력 또는 출력 방향을 설정하며, 출력 데이터는 PORTA_OUT 레지스터를 통하여 출력하고 입력 데이터는 PORTA_IN 레지스터를 통하여 읽는다.
PB0~PB7	8~15	Port B : 내부적으로 풀업저항(20kΩ~50kΩ)을 사용할 수 있는 8비트 양방향 병렬 포트이다. PORTB_DIR 레지스터로 입력 또는 출력 방향을 설정하며, 출력 데이터는 PORTB_OUT 레지스터를 통하여 출력하고 입력 데이터는 PORTB_IN 레지스터를 통하여 읽는다.
PC0~PC7	16~19 22~25	Port C : 내부적으로 풀업저항(20kΩ~50kΩ)을 사용할 수 있는 8비트 양방향 병렬 포트이다. PORTC_DIR 레지스터로 입력 또는 출력 방향을 설정하며, 출력 데이터는 PORTC_OUT 레지스터를 통하여 출력하고 입력 데이터는 PORTC_IN 레지스터를 통하여 읽는다.
PD0~PD7	26~33	Port D : 내부적으로 풀업저항(20kΩ~50kΩ)을 사용할 수 있는 8비트 양방향 병렬 포트이다. PORTD_DIR 레지스터로 입력 또는 출력 방향을 설정하며, 출력 데이터는 PORTD_OUT 레지스터를 통하여 출력하고 입력 데이터는 PORTD_IN 레지스터를 통하여 읽는다. ※ PD0~PD7 단자는 특이하게 VDD가 아니라 AVDD 전원으로 동작한다.
PE0~PE7	36~43	Port E : 내부적으로 풀업저항(20kΩ~50kΩ)을 사용할 수 있는 8비트 양방향 병렬 포트이다. PORTE_DIR 레지스터로 입력 또는 출력 방향을 설정하며, 출력 데이터는 PORTE_OUT 레지스터를 통하여 출력하고 입력 데이터는 PORTE_IN 레지스터를 통하여 읽는다. ※ PE0~PE7 단자는 특이하게 VDD가 아니라 AVDD 전원으로 동작한다.
PF0~PF6	44~50	Port F : 내부적으로 풀업저항(20kΩ~50kΩ)을 사용할 수 있는 8비트 양방향 병렬 포트이다. PORTF_DIR 레지스터로 입력 또는 출력 방향을 설정하며, 출력 데이터는 PORTF_OUT 레지스터를 통하여 출력하고 입력 데이터는 PORTF_IN 레지스터를 통하여 읽는다. 모든 병렬 포트 중에서 유일하게 PF6 단자는 입력 기능으로만 동작한다. ※ PF0~PF1 단자는 특이하게 VDD가 아니라 AVDD 전원으로 동작한다.
PG0~PG7	52~55 58~61	Port G : 내부적으로 풀업저항(20kΩ~50kΩ)을 사용할 수 있는 8비트 양방향 병렬 포트이다. PORTG_DIR 레지스터로 입력 또는 출력 방향을 설정하며, 출력 데이터는 PORTG_OUT 레지스터를 통하여 출력하고 입력 데이터는 PORTG_IN 레지스터를 통하여 읽는다.
$\overline{\text{RESET}}$	50	Reset : CPU를 리셋한다. 내부에서 35kΩ의 저항으로 풀업되어 있으며, 올바른 리셋 동작을 위해서는 최소 2.5μs 이상의 low enable 신호가 입력되어야 한다. 이 신호는 PF6 단자의 부수적인 기능으로 되어 있는데, 이를 $\overline{\text{RESET}}$ 단자로 사용하려면 퓨즈의 FUSE_SYSCFG0 레지스터를 사용하여 이 핀이 $\overline{\text{RESET}}$으로 동작하도록 설정을 변경해야 한다.
EXTCLK	62	External Clock : 최고 24MHz까지 사용할 수 있는 외부 클록 입력. 이 소자는 디폴트로 내부의 오실레이터 OSCHF를 사용하여 4MHz로 동작하는데, 사용자 프로그램에서 이 주파수를 변경하거나 EXTCLK을 사용하도록 설정을 변경할 수 있다. 이 신호는 PA0 단자의 부수적인 기능으로 되어 있는데, 특별한 설정 없이 필요하면 그냥 EXTCLK 신호를 연결하여 사용할 수 있다.
XTAL32K1 XTAL32K2	44 45	X-tal Input and Output : XOSC32K 오실레이터에 32.768kHz의 크리스털 소자를 연결하는 단자. 만약 외부에서 32.768kHz의 구형파 주파수 신호를 직접 입력하려면 이를 XTAL32K1 단자에 연결해야 한다. 이 신호들은 각각 PF0 및 PF1 단자의 부수적인 기능으로 되어 있는데, 이 클록을 사용하려면 CLKCTRL_XOSC32KCTRLA 레지스터를 사용하여 XOSC32K 오실레이터의 동작을 인에이블하고 크리스털을 연결할 것인지 또는 외부에서 클록 신호를 직접 입력할지 선택해 주어야 한다.
CLKOUT	5	Clock Output : 내부에서 사용하는 주변장치 클록 신호 CLK_PER를 외부로 출력하는 단자. 이 신호는 PA7 단자의 부수적인 기능으로 되어 있는데, 이 단자를 통하여 클록 신호를 출력하려면 CLKCTRL_MCLKCTRLA 레지스터를 사용하여 이 단자를 CLKOUT 기능으로 설정해 주어야 한다.
UPDI	51	Unified Program and Debug Interface : 내부의 불휘발성 메모리를 프로그래밍하거나 온칩 디버깅을 수행하기 위한 직렬통신 단자. 이 단자를 통하여 Atmel-ICE나 MPLAB PICkit 4, MPLAB Snap 등의 에뮬레이터를 연결한다.
VDD GND	6,20,56 7,21,35,57	Digital Supply Voltage : 회로의 디지털 전원(+1.8V~+5.5V). Ground : 회로의 전원 접지.
AVDD VREFA	34 33	Analog Supply Voltage : A/D 컨버터, 아날로그 비교기, D/A 컨버터, XOSC32K 오실레이터, PD0~PD7 단자, PE0~PE7 단자, PF0~PF1 단자의 전원(+1.8V~+5.5V). Analog Reference Voltage : A/D 컨버터, 아날로그 비교기, D/A 컨버터에 사용되는 기준 전압(+1.024V~+AVDD).

마이크로컨트롤러를 사용한 컨트롤 보드를 설계할 때 전원의 중요성은 아무리 강조해도 지나치지 않다. A/D 컨버터를 내장하고 있는 대부분의 마이크로컨트롤러에서 그렇게 하듯이 AVR128DA64 소자에서도 디지털 전원 VDD와 아날로그 전원 AVDD를 구분하여 사용하며, 이 각각의 전원은 <그림 1.2.5>에 보인 것처럼 내부의 기능을 나누고 분담하여 동작한다. 즉, 대부분의 디지털 회로 기능은 VDD 전원이 수행하지만, A/D 컨버터, 아날로그 비교기, D/A 컨버터, XOSC32K 오실레이터 등의 아날로그 회로 전원과 PD0~PD7 단자, PE0~PE7 단자, PF0~PF1 단자를 동작시키는 전원으로는 AVDD를 사용하고 있다. 그러나, AVR128DA64의 데이터 시트에서는 이들 2개의 전원을 소자 내부에서 서로 연결하여 놓았다고 설명함으로써 그렇다면 왜 굳이 이렇게 2가지의 전원으로 소자의 동작 영역을 나누어 설계하였는지 의문을 가지게 한다.

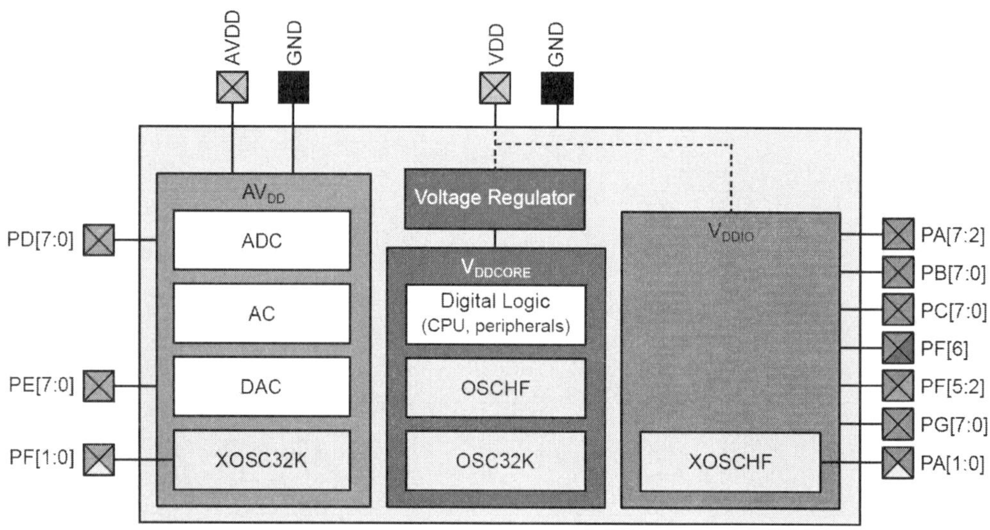

〈그림 1.2.5〉 AVR128DA64에서 VDD 전원과 AVDD 전원의 동작 영역

AVR128DA64에서 모든 병렬 I/O 포트의 단자에는 여러 가지의 부수적인 기능을 설정하여 사용할 수 있는데 이를 I/O 멀티플렉싱(multiplexing) 기능이라고 한다. 종래의 모든 AVR 모델에서는 부수적인 기능의 핀 배열 방법이 1가지로 고정되어 있었지만, AVR128DA64에서는 부수적인 기능으로서 동일한 주변장치의 I/O 핀을 여러 곳으로 분산시켜 배치할 수 있게 함으로써 사용자가 하드웨어를 설계할 때 핀 사용의 선택 폭이 넓어져서 좀더 유연성을 갖게 되었다. AVR128DA64에서 모든 병렬 I/O 포트 단자들의 I/O 멀티플렉싱 기능을 정리하면 <표 1.2.5>와 같다.

<표 1.2.5> AVR128DA64 외부 핀의 I/O Multiplexing 기능 요약

핀번호	핀이름	Special	ADC0	DAC0	ACn	PTC	ZCDn	USARTn	SPIn	TWIn	TCA0	TCA1	TCBn	TCDn	EVSYS	CCL-LUTn
62	PA0	EXTCLK				X0/Y0		0.TxD			WO0					0.IN0
63	PA1					X1/Y1		0.RxD			WO1					0.IN1
64	PA2					X2/Y2		0.XCK		0.SDA	WO2		0.WO		EVOUTA	0.IN2
1	PA3					X3/Y3		0.XDIR		0.SCL	WO3		1.WO			0.OUT
2	PA4					X4/Y4		0.TxD*	0.MOSI		WO4			0.WOA		
3	PA5					X5/Y5		0.RxD*	0.MISO		WO5			0.WOB		
4	PA6					X6/Y6		0.XCK*	0.SCK					0.WOC		0.OUT*
5	PA7	CLKOUT			0.OUT 1.OUT 2.OUT	X7/Y7	0.OUT 1.OUT 2.OUT	0.XDIR*	0.-SS					0.WOD	EVOUTA*	
8	PB0					X8/Y8		3.TxD			WO0*	WO0				4.IN0
9	PB1					X9/Y9		3.RxD			WO1*	WO1				4.IN1
10	PB2					X10/Y10		3.XCK		1.SDA*	WO2*	WO2			EVOUTB	4.IN2
11	PB3					X11/Y11		3.XDIR		1.SCL*	WO3*	WO3				4.OUT
12	PB4					X12/Y12		3.TxD*	1.MOSI*		WO4*	WO4	2.WO*	0.WOA*		
13	PB5					X13/Y13		3.RxD*	1.MISO*		WO5*	WO5	3.WO	0.WOB*		
14	PB6					X14/Y14		3.XCK*	1.SCK*	1.SDA(C)*				0.WOC*		4.OUT*
15	PB7					X15/Y15		3.XDIR*	1.-SS*	1.SCL(C)*				0.WOD*	EVOUTB*	
16	PC0							1.TxD	1.MOSI		WO0*		2.WO			1.IN0
17	PC1							1.RxD	1.MISO		WO1*		3.WO*			1.IN1
18	PC2							1.XCK	1.SCK	0.SDA*	WO2*				EVOUTC	1.IN2
19	PC3							1.XDIR	1.-SS	0.SCL*	WO3*					1.OUT
22	PC4							1.TxD*	1.MOSI*		WO4*	WO0*				
23	PC5							1.RxD*	1.MISO*		WO5*	WO1*				
24	PC6				0.OUT* 1.OUT* 2.OUT*			1.XCK*	1.SCK*	0.SDA(C)*		WO2*	4.WO*			1.OUT*
25	PC7						0.OUT* 1.OUT* 2.OUT*	1.XDIR*	1.-SS*	0.SCL(C)*					EVOUTC*	
26	PD0		AIN0		0.AINN1 1.AINN1 2.AINN1	X16/Y16					WO0*					2.IN0
27	PD1		AIN1			X17/Y17	0.ZCIN				WO1*					2.IN1
28	PD2		AIN2		0.AINP0 1.AINP0 2.AINP0	X18/Y18					WO2*				EVOUTD	2.IN2

주) *가 없는 것은 주변장치를 초기화하면 기본적으로 사용하는 단자이며, *가 붙은 것은 포트 멀티플렉서를 사용하여 재배치해야 하는 단자를 나타낸다.

<표 1.2.5> AVR128DA64 외부 핀의 I/O Multiplexing 기능 요약(계속)

핀번호	핀이름	Special	ADC0	DAC0	ACn	PTC	ZCDn	USARTn	SPIn	TWIn	TCA0	TCA1	TCBn	TCDn	EVSYS	CCL-LUTn
29	PD3		AIN3		0.AINN0 1.AINP1	X19/Y19					WO3*					2.OUT
30	PD4		AIN4		1.AINP2 2.AINP1	X20/Y20					WO4*					
31	PD5		AIN5		1.AINN0	X21/Y21					WO5*					
32	PD6		AIN6	VOUT	0.AINP3 1.AINP3 2.AINP3	X22/Y22										2.OUT*
33	PD7	VREFA	AIN7		2.AINN0 0.AINN2 1.AINN2 2.AINN2	X23/Y23									EVOUTD*	
36	PE0		AIN8		0.AINP1	X24/Y24		4.TxD	0.MOSI*		WO0*					
37	PE1		AIN9		2.AINP2	X25/Y25		4.RxD	0.MISO*		WO1*					
38	PE2		AIN10		0.AINP2	X26/Y26		4.XCK	0.SCK*		WO2*				EVOUTE	
39	PE3		AIN11			X27/Y27	1.ZCIN	4.XDIR	0.-SS*		WO3*					
40	PE4		AIN12			X28/Y28		4.TxD*			WO4*	WO0*				
41	PE5		AIN13			X29/Y29		4.RxD*			WO5*	WO1*				
42	PE6		AIN14			X30/Y30		4.XCK*				WO2*				
43	PE7		AIN15			X31/Y31	2.ZCIN	4.XDIR*							EVOUTE*	
44	PF0	XTAL32K1	AIN16			X32/Y32		2.TxD			WO0*			0.WOA*		3.IN0
45	PF1	XTAL32K2	AIN17			X33/Y33		2.RxD			WO1*			0.WOB*		3.IN1
46	PF2		AIN18			X34/Y34		2.XCK		1.SDA	WO2*			0.WOC*	EVOUTF	3.IN2
47	PF3		AIN19			X35/Y35		2.XDIR		1.SCL	WO3*			0.WOD*		3.OUT
48	PF4		AIN20			X36/Y36		2.TxD*			WO4*		0.WO*			
49	PF5		AIN21			X37/Y37		2.RxD*			WO5*		1.WO*			
50	PF6	-RESET														
52	PG0					X40/Y40		5.TxD			WO0*	WO0*				5.IN0
53	PG1					X41/Y41		5.RxD			WO1*	WO1*				5.IN1
54	PG2					X42/Y42		5.XCK			WO2*	WO2*			EVOUTG	5.IN2
55	PG3					X43/Y43		5.XDIR			WO3*	WO3*	4.WO			5.OUT
58	PG4					X44/Y44		5.TxD*	0.MOSI*		WO4*	WO4*		0.WOA*		
59	PG5					X45/Y45		5.RxD*	0.MISO*		WO5*	WO5*		0.WOB*		
60	PG6					X46/Y46		5.XCK*	0.SCK*					0.WOC*		5.OUT*
61	PG7					X47/Y47		5.XDIR*	0.-SS*					0.WOD*	EVOUTG*	

주) *가 없는 것은 주변장치를 초기화하면 기본적으로 사용하는 단자이며, *가 붙은 것은 포트 멀티플렉서를 사용하여 재배치해야 하는 단자를 나타낸다.

5. AVR128DA64의 내부 구조

AVR128DA64 소자의 내부 구조를 전체적인 구성 블록도로 보이면 <그림 1.2.6>과 같다.

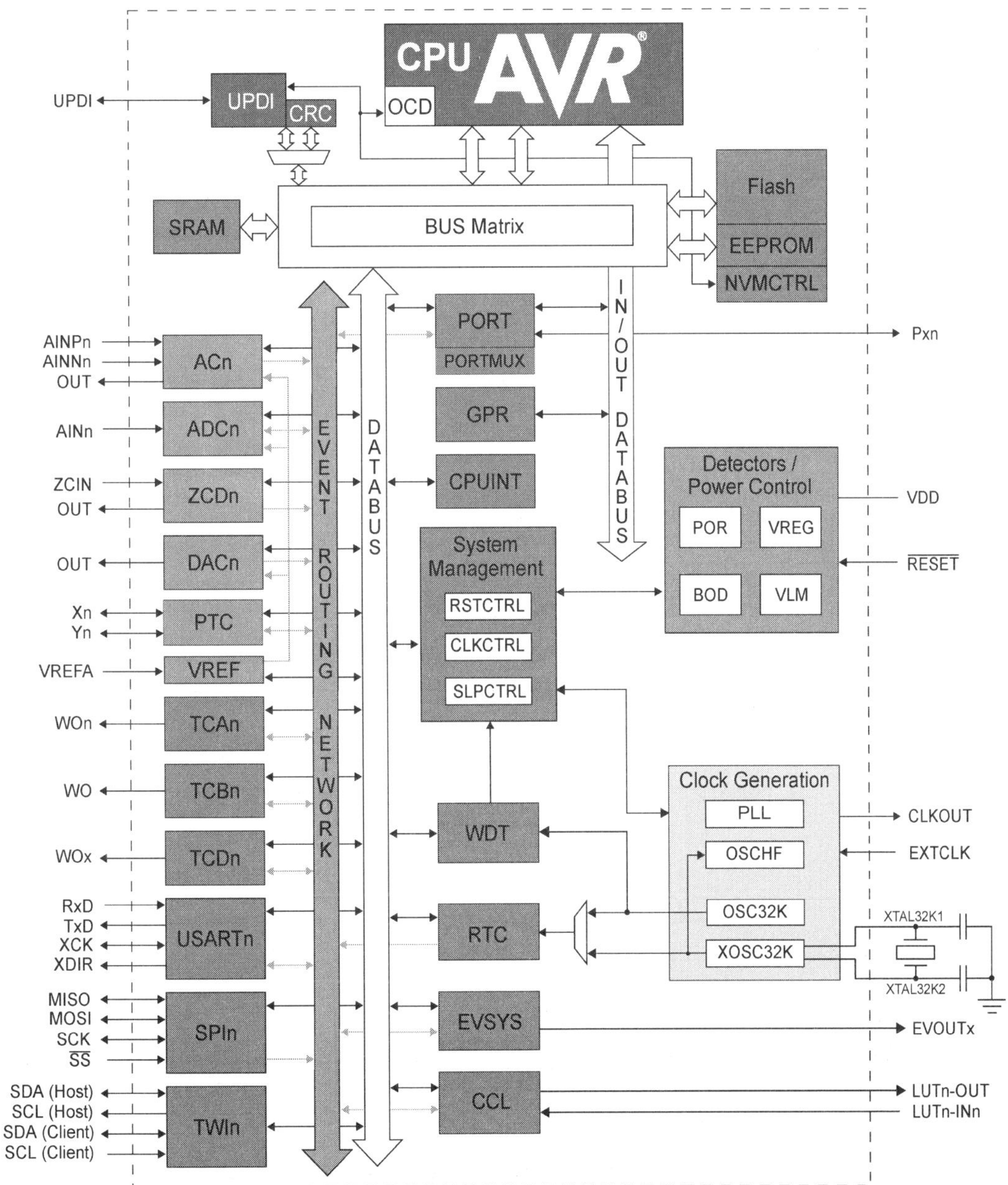

<그림 1.2.6> AVR128DA64의 내부 구조

이 그림으로는 뚜렷하게 확인하기가 어렵지만 이 마이크로컨트롤러는 하버드 구조(Harvard Architecture)로 만들어져 있으므로 내부 버스가 프로그램 메모리인 플래시 메모리를 액세스하는 것과 데이터 메모리를 액세스하는 것의 2가지로 분리되어 구성된다. AVR128DA64의 프로그램 메모리와 데이터 메모리는 모두 소자의 내부에만 존재하고 따라서 이것들을 액세스하기 위한 버스도 내부에만 있으므로 소자의 외부에는 프로그램 메모리와 데이터 메모리를 확장할 수 없다.

또한, AVR128DA64의 CPU 코어는 <그림 1.2.7>에 보인 것처럼 2단계의 파이프라인 처리 방식으로 프로그램 명령을 인출하고 실행한다. 이러한 하버드 구조와 2단계 파이프라인 처리 등의 우수한 기술을 적용하여 이 소자는 대부분의 명령을 1클록 사이클에 수행하므로 24MHz의 시스템 클록에서 약 24MIPS(Million Instructions per Second)의 실행 속도를 나타낸다. 이는 8비트급의 마이크로컨트롤러에서는 매우 탁월한 성능이라고 볼 수 있다. CPU 코어의 ALU가 1클록 사이클 동안에 1개의 명령에서 2개의 레지스터 오퍼랜드를 읽어서 연산을 수행하고 그 연산 결과를 다시 데스티네이션 레지스터(destination register)에 저장하는 명령 처리 과정을 동작 타이밍으로 보이면 <그림 1.2.8>과 같다.

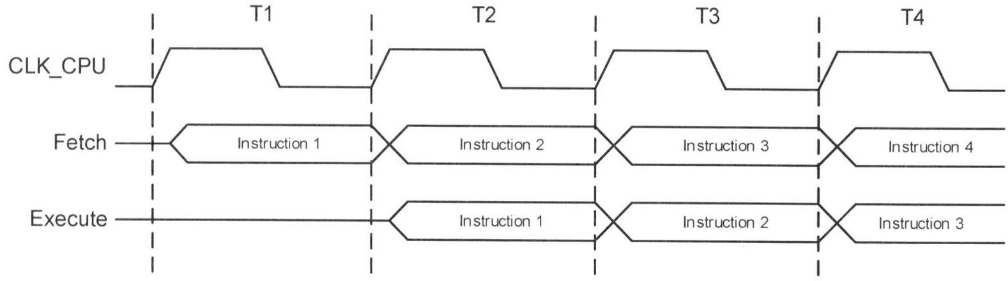

〈그림 1.2.7〉 AVR128DA64의 2단계 파이프라인 처리 동작

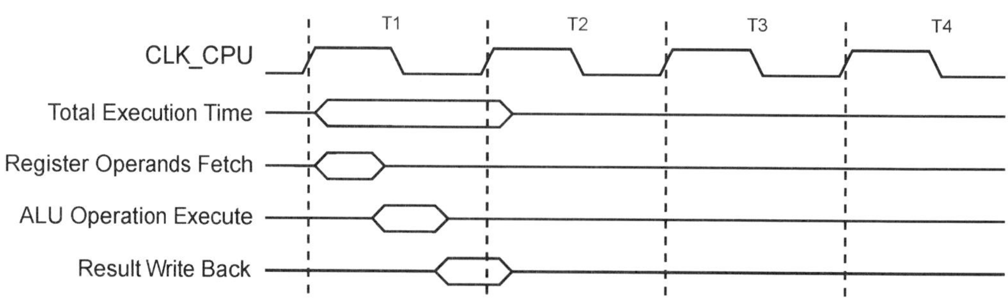

〈그림 1.2.8〉 1 클록 사이클에 처리되는 ALU의 연산처리 동작

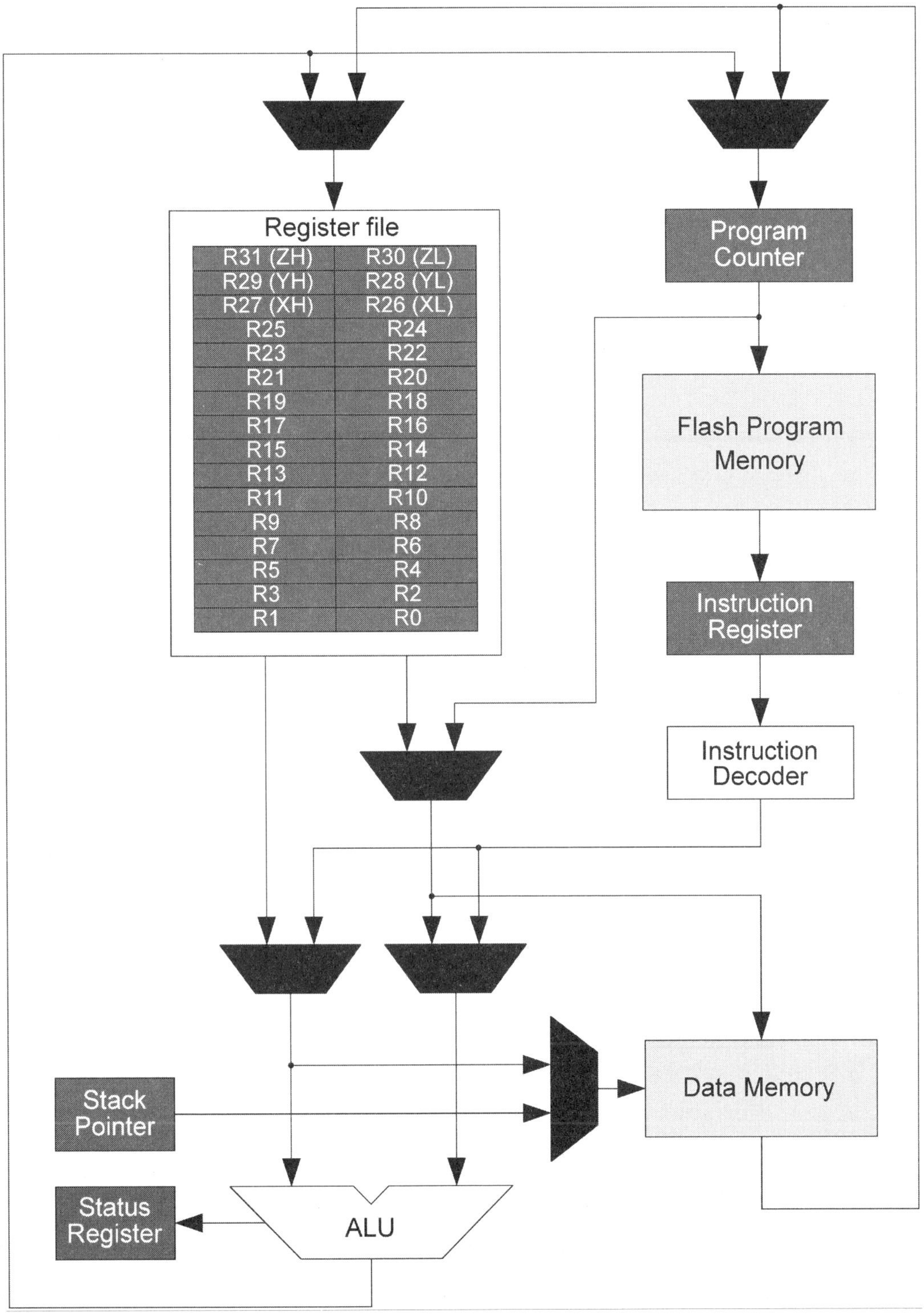

〈그림 1.2.9〉 AVR128DA64의 CPU 코어에서 명령을 처리하는 개념도

AVR128DA64의 CPU 코어에서 프로그램 명령을 인출하여 해독하고 실행하는 부분을 확대하여 개념도로 그리면 <그림 1.2.9>와 같다. 이 그림에서 프로그램 카운터(Program Counter), 플래시 프로그램 메모리, 명령 레지스터(Instruction Register), 명령 해독기(Instruction Decoder) 등을 연결하는 버스가 바로 프로그램 메모리를 액세스하기 위한 명령 페치용 버스에 해당한다. 그 나머지 버스가 데이터 액세스용 버스인데, 이것은 내부에서 범용 레지스터 R0~R31, SRAM이나 EEPROM과 같은 데이터 메모리는 물론이고 각종 내장 주변장치 I/O들을 모두 연결하고 있다.

CPU 코어를 구성하는 요소에는 이밖에도 ALU(Arithmetic and Logical Unit), 상태 레지스터(Status Register), 스택 포인터(Stack Pointer) 등이 있다. ALU는 산술연산, 논리연산, 비트 처리 등의 기능을 수행하는데, 여기서는 대부분의 연산을 1클록 사이클에 처리하며, 강력한 하드웨어 곱셈기를 가지고 있어서 부호있는 정수나 부호없는 정수의 곱셈연산을 2클록 사이클에 빠르게 수행한다.

(1) CPU 코어의 범용 레지스터 R0~R31

AVR128DA64의 CPU 코어 내부에는 CPU의 기본 동작을 수행하는데 사용되는 범용 레지스터와 시스템 레지스터를 가지고 있다. C언어로 사용자 프로그램을 작성하는 경우에는 C컴파일러가 내부적으로 이것들을 사용할 뿐이고 사용자가 프로그램에서 직접 이것들을 직접 지정하여 사용하는 경우는 매우 드물지만, 이 마이크로컨트롤러의 기본적인 동작과 기능을 이해하려면 이러한 레지스터들이 중요하기 때문에 이 정도의 사항은 알아 두는 것이 좋다.

AVR128DA64는 레지스터 중심형의 진보된 RISC 마이크로프로세서이므로 별도로 누산기(accumulator)를 가지고 있지 않으며 <그림 1.2.10>에 보인 바와 같이 총 32개의 8비트 범용 레지스터(General Purpose Register File) R0~R31을 가지고 있다. 종래의 AVR 모델에서는 이들 범용 레지스터가 데이터 메모리의 0x00~0x1F 번지에 위치하였으나 AVR128DA64에서는 이를 데이터 메모리 영역에 두지 않고 별도로 독립적인 어드레스 영역을 설정하여 0x00~0x1F 번지에 위치시키고 사용한다. 그러나, 나머지의 시스템 레지스터들은 종래의 AVR에서처럼 데이터 메모리 영역에 위치한다.

이들 32개의 범용 레지스터는 모두 대등한 자격으로 누산기처럼 기본적인 산술연산 및 논리연산을 수행할 수 있으며, 오퍼랜드에 즉치 데이터를 사용하는 일부의 연산 명령은 R16~R31에서만 수행된다. 32개의 범용 레지스터 중에서 마지막의 6개인 R26~R31은 <그림 1.2.11>에 보인 것처럼 각각 2개씩 합해져서 3개의 16비트 레지스터인 X 레지스터, Y 레지스터, Z 레지스터로 사용될 수도 있다. 이러한 16비트 레지스터들은 데이터 메모리의 16비트 어드레스를 간접 지정하는 어드레스 포인터(address pointer)로 사용된다. 또한, 특별히 Z 레지스터는 프로그램 메모리를 액세스할 때의 어드레스 포인터로 사용되며, 명령에 따라서는 여기에 시스템 레지스터의 CPU_RAMPZ 레지스터가 보조적으로 함께 사용되기도 한다.

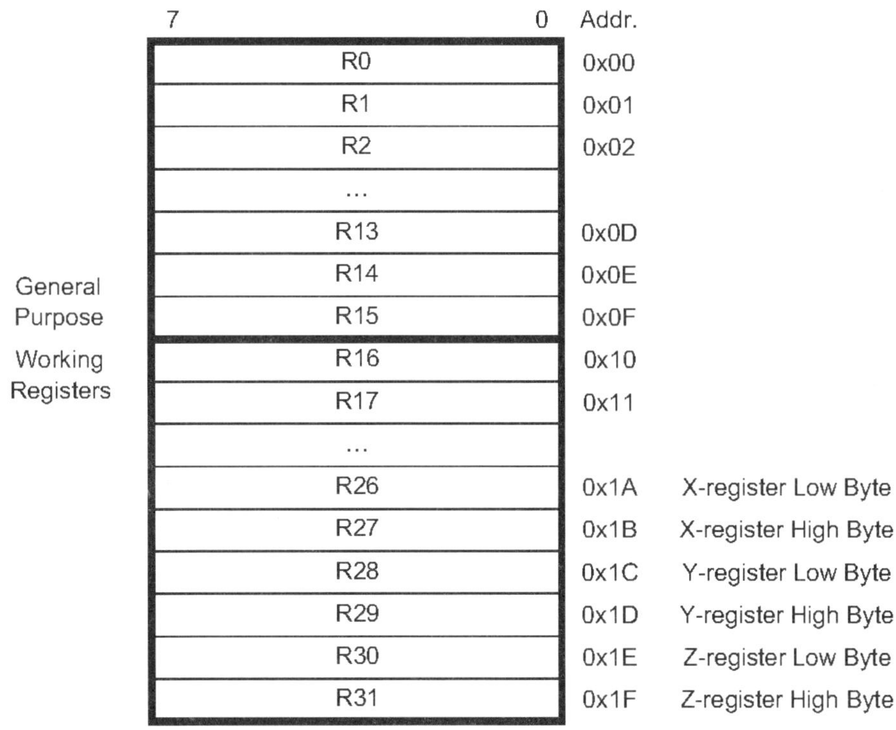

〈그림 1.2.10〉 AVR128DA64의 범용 레지스터 R0~R31

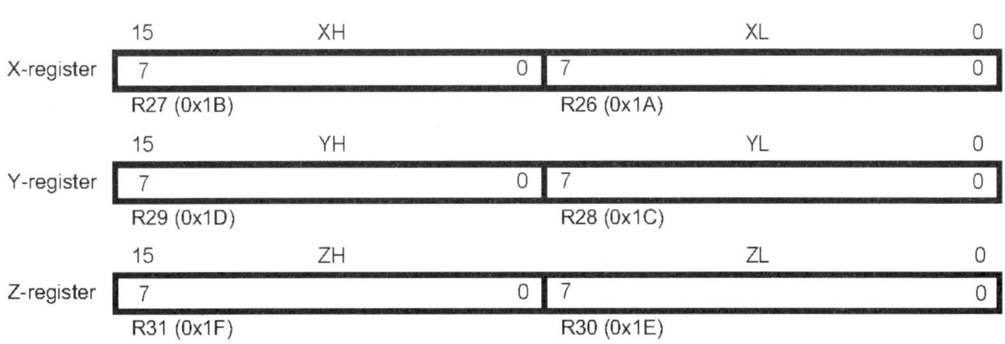

〈그림 1.2.11〉 어드레스 포인터로 사용되는 X, Y, Z 레지스터

(2) CPU 코어의 시스템 레지스터

AVR128DA64의 CPU 코어를 구성하는 몇가지의 시스템 레지스터는 주변장치에 들어있는 I/O 제어 레지스터들처럼 데이터 메모리 영역에 위치하는데, 이것들은 뒤의 <표 1.3.1>에서 보이듯이 0x0030 번지에서 시작하는 CPU 코어에 포함되어 관리된다. CPU 코어에 포함되어 있는 시스템 레지스터를 정리하면 <표 1.2.6>과 같다.

〈표 1.2.6〉 AVR128DA64의 CPU 코어와 관련된 시스템 레지스터 요약

어드레스	레지스터 이름	풀어 쓴 레지스터 이름	리셋 후 초기값
0x0030 ~ 0x0033		(reserved)	
0x0034	CPU_CCP	CPU Configuration Change Protection Register ☆★	0x00
0x0035 ~ 0x003A		(reserved)	
0x003B	CPU_RAMPZ	CPU Extended Z-Pointer Register	0x00
0x003C		(reserved)	
0x003D	CPU_SP	CPU Stack Pointer Register (L)	0xFF
0x003E		CPU Stack Pointer Register (H)	0x7F
0x003F	CPU_SREG	CPU Status Register	0x00

▣ 설정 변경 보호 레지스터 CPU_CCP (리셋후 디폴트값 : 0x00)

CPU가 오류로 플래시 메모리 또는 EEPROM을 self-programming하거나 보호된 I/O 제어 레지스터가 변경되는 것을 방지하기 위하여 사용하는 보호용 레지스터이다. 이것들을 액세스하는 동작을 안전하게 수행하려면 먼저 CPU_CCP 레지스터에 지정된 값(signature)을 써주는 절차가 필요하다. 여기에 지정된 값을 쓰고 나서 보호된 동작을 수행하는 기간은 다음에 이어지는 4개의 명령을 수행하는 시간인데, 이러한 CCP 주기 동안에는 모든 인터럽트가 대기상태로 된다.

b7	b6	b5	b4	b3	b2	b1	b0
CCP7	CCP6	CCP5	CCP4	CCP3	CCP2	CCP1	CCP0
R/W	R/W	R/W	R/W	R/W	R/W	R/W	R/W

- CCP[7:2] : write 동작은 다음과 같고 이 값을 읽으면 항상 0x00으로 읽힌다.
  0x9D = 플래시 메모리나 EEPROM을 self-programming하는 것이 가능하도록 한다. (☆)
  0xD8 = 보호된 I/O 제어 레지스터의 값을 변경하는 것이 가능하도록 한다. (★)
- CCP1 : 0x9D를 사용한 CCP 주기 동안에 이 비트를 읽으면 1로 읽힌다.
- CCP0 : 0xD8을 사용한 CCP 주기 동안에 이 비트를 읽으면 1로 읽힌다.

▣ Z포인터 확장 레지스터 CPU_RAMPZ (리셋후 디폴트값 : 0x00)

3개의 16비트 레지스터인 X 레지스터, Y 레지스터, Z 레지스터는 모두 메모리 번지를 가리키는 포인터로 사용된다. 그런데, 64KB의 용량을 넘는 메모리 영역을 액세스하

려면 16비트 번지로는 불가능하다. 그러므로 64KB를 넘는 플래시 메모리나 데이터 메모리를 액세스하려는 경우에는 Z 레지스터의 상위에 8비트인 RAMPZ 레지스터를 연결하여 총 24비트로 메모리 번지를 가리키도록 한다.

b7	b6	b5	b4	b3	b2	b1	b0
RAMPZ7	RAMPZ6	RAMPZ5	RAMPZ4	RAMPZ3	RAMPZ2	RAMPZ1	RAMPZ0
R/W	R/W	R/W	R/W	R/W	R/W	R/W	R/W

- RAMPZ[7:0] : 이 비트들은 ELPM/SPM 명령을 사용하여 64KB를 넘는 영역의 플래시 메모리를 액세스하거나, LD/LDD/ST/STD 명령을 사용하여 64KB를 넘는 영역의 데이터 메모리를 액세스할 때 16비트인 Z 레지스터의 상위 바이트로 연결되어 <그림 1.2.12>에서처럼 총 24비트의 어드레스값을 만든다.

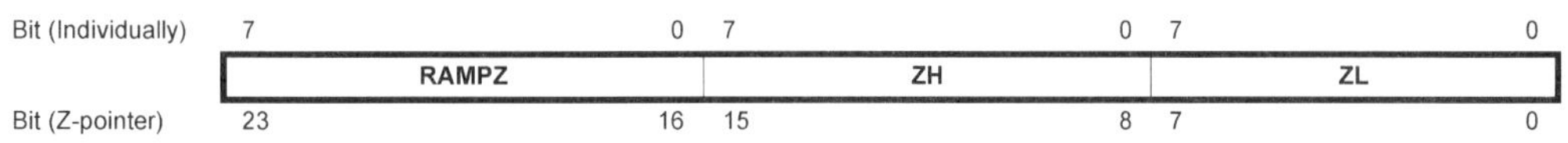

〈그림 1.2.12〉 RAMPZ 레지스터와 Z 레지스터를 연결하여 24비트 어드레스 만들기

▣ 스택 포인터 CPU_SPL, CPU_SPH (리셋후 디폴트값 : 0x7FFF)

스택(stack)은 서브루틴을 호출하거나 인터럽트가 발생하였을 때 별도의 처리 루틴을 실행하고 다시 되돌아올 **복귀주소**(return address)를 저장하며, C언어 프로그램에서 지역변수(local variable)를 저장하거나 어셈블리 언어 프로그램에서 임시 데이터를 저장하는 용도로도 사용되는 특별한 SRAM 데이터 메모리이다. 이 메모리가 특별하다는 것은 다른 SRAM 데이터 메모리처럼 임의접근(random access) 방식으로 원하는 번지를 즉시 읽거나 쓰지 못하고 반드시 **후입선출**(LIFO ; Last-In First-Out) 방식으로만 이를 액세스할 수 있기 때문이다.

스택 포인터(Stack Pointer) SP는 2개의 8비트 레지스터 SPH와 SPL로 구성되는 16비트 레지스터로서, 이것은 항상 스택 메모리의 상단(top of stack)을 가리키는데 이 번지는 현재 데이터 저장이 가능한 스택의 번지를 의미한다. 어셈블리 언어로 PUSH 명령을 사용하면 1바이트의 데이터를 SP가 가리키는 스택 메모리 번지에 저장하고 나서 SP값을 1만큼 감소(post-decrement)시키며, 반대로 POP 명령을 사용하면 먼저 SP값을 1만큼 증가(pre-increment)시킨 후에 SP가 가리키는 스택 메모리 번지에서 1바이트의 데이터를 꺼낸다. 그러나, 서브루틴을 호출하거나 인터럽트가 발생하면 16비트의 복귀주소를 스택에 저장하고 SP 레지스터의 값이 2만큼 감소하며, 처리 루틴을 종료하기 위하여 RET 또는 RETI 명령을 수행하면 스택에서 복귀주소를 읽은 후에 SP 레지스터의 값이 2만큼 증가한다. AVR128DA64의 스택 포인터 SP는 디폴트로 이 소자에 내장된 16KB SRAM의 끝 번지인 0x7FFF를 가리킨다.

b15	b14	b13	b12	b11	b10	b9	b8	
SP15	SP14	SP13	SP12	SP11	SP10	SP9	SP8	**SPH**
R/W	R/W	R/W	R/W	R/W	R/W	R/W	R/W	

b7	b6	b5	b4	b3	b2	b1	b0	
SP7	SP6	SP5	SP4	SP3	SP2	SP1	SP0	**SPL**
R/W	R/W	R/W	R/W	R/W	R/W	R/W	R/W	

- SP[15:0] : SRAM으로 된 스택 메모리의 상단을 가리키는 번지가 저장되어 있다.

예 어셈블리 언어 프로그램에서 스택 포인터의 초기값을 설정하는 방법

```
LDI     R16,0xFF            ; SP ← 0x7FFF
LDI     R17,0x7F
OUT     SPL,R16
OUT     SPH,R17
```

예 C언어 프로그램에서 스택 포인터의 초기값을 설정하는 방법

```
CPU_SPL = 0xFF;             // SPL ← 0xFF
CPU_SPH = 0x7F;             // SPH ← 0x7F
```

■ 상태 레지스터 SREG (리셋후 디폴트값 : 0x00)

AVR128DA64의 상태 레지스터(Status Register) SREG는 프로그램에서 가장 최근에 실행된 산술연산 명령이나 비교명령의 결과에 따른 상태를 표시하는 비트와 인터럽트 제어 비트를 가지고 있다. 여기에 저장된 CPU의 상태 정보는 이후에 조건부 분기명령에 의하여 프로그램의 흐름을 변경하는데 사용될 수 있다.

상태 레지스터는 인터럽트를 처리할 때 자동으로 스택에 저장되거나 복구되지 않으므로 필요할 경우에는 사용자가 직접 이를 소프트웨어로 저장 및 복구를 수행하도록 처리해주어야 한다.

b7	b6	b5	b4	b3	b2	b1	b0
I	T	H	S	V	N	Z	C
R/W	R/W	R/W	R/W	R/W	R/W	R/W	R/W

- I : Global Interrupt Enable Bit
  0 = 인터럽트가 요청되더라도 무시한다. 이 비트를 1로 클리어하려면 CLI 명령을 수행한다.
  1 = 인터럽트가 요청되면 이를 받아서 처리한다. 이 비트를 1로 셋트하려면 SEI 명령을 수행한다.
- T : Transfer Bit
  1비트의 데이터를 저장할 수 있는 특별한 메모리 공간. BST 명령을 사용하여 어느 레지스터의 지정된 비트를 여기에 저장하거나. BLD 명령을 사용하여 이 비트를 어느 레지스터의 지정된 비트로 읽어낼 수 있다.
- H : Half Carry Flag Bit
  0 = 이전의 산술연산 명령에서 half carry가 발생하지 않았다.
  1 = 이전의 산술연산 명령에서 half carry가 발생하였다.
- S : Sign Flag Bit
  0 = 현재의 플래그 N과 플래그 V를 exclusive OR한 값이 0이다.
  1 = 현재의 플래그 N과 플래그 V를 exclusive OR한 값이 1이다.

- V : Two's Complement Overflow Flag Bit
  0 = 이전의 2의 보수 연산에서 overflow가 발생하지 않았다.
  1 = 이전의 2의 보수 연산에서 overflow가 발생하였다.
- N : Negative Flag Bit
  0 = 이전의 산술연산 및 논리연산 결과 최상위 비트가 0으로서 양수가 되었다.
  1 = 이전의 산술연산 및 논리연산 결과 최상위 비트가 1로서 음수가 되었다.
- Z : Zero Flag Bit
  0 = 이전의 산술연산 및 논리연산 결과가 0으로 되지 않았다.
  1 = 이전의 산술연산 및 논리연산 결과가 0으로 되었다.
- C : Carry Flag Bit
  0 = 이전의 산술연산에서 carry 또는 borrow가 발생하지 않았다.
  1 = 이전의 산술연산에서 carry 또는 borrow가 발생하였다.

6. AVR128DA64의 어셈블리 명령 세트

이 책에서는 AVR128DA64의 사용자 프로그램을 모두 C언어로 작성하기 때문에 사용자가 직접 어셈블리 명령을 사용하는 경우는 거의 없지만, AVR128DA64의 세부적인 기능과 동작을 이해하려면 많은 도움이 되므로 이것이 가지고 있는 어셈블리 명령 세트를 정리하여 보기로 한다. 이러한 어셈블리 명령들을 제대로 이해하려면 마이크로프로세서의 기본적인 구조와 동작에 대한 이해는 물론이고, CPU 코어의 모든 레지스터 구조와 메모리 구조를 잘 알아두어야 한다.

AVR128DA64 마이크로컨트롤러는 종래의 ATmega128A와 동일하게 총 133종의 명령을 가지고 있으며, 제조사에서 제공하는 명령표를 보이면 <표 1.2.7>과 같다.

대부분의 어셈블리 명령은 16비트의 길이를 가지고 있지만 예외적으로 4개의 명령 LDS, STS, JMP, CALL은 32비트로 되어 있으며, 실행시간은 각 명령에 따라 1~4클록 사이클로 다르다. 대부분의 명령에서 실행시간은 종래의 AVR과 같지만 몇가지의 명령에서는 실행시간이 1클록 사이클이 짧아졌다. 예를 들면 CALL, RCALL, ICALL, LDS, ST, STD 명령은 실행시간이 1클록 사이클만큼 짧아졌다. 그러나, LDS 명령은 오히려 실행시간이 1클록 사이클만큼 길어졌다.

OK-128DA 키트에서처럼 AVR128DA64 마이크로컨트롤러가 24MHz의 시스템 클록으로 동작한다면 1클록 사이클의 주기는 41.67[ns]가 된다. 그러므로 각 명령의 실행시간은 이것의 1~4배가 된다.

(1) AVR128DA64에서 수치 데이터의 표현

AVR128DA64는 8비트 마이크로프로세서이므로 기본적으로 데이터를 8비트 단위로 처리한다. 그러나, 일부의 명령에서는 예외적으로 16비트 데이터를 사용한다.

〈표 1.2.7〉 AVR128DA64의 어셈블리 명령 세트

Mnemonics	Operands	Description	Operation	Flags	#Clocks
ARITHMETIC AND LOGIC INSTRUCTIONS					
ADD	Rd, Rr	Add two Registers	Rd ← Rd + Rr	Z,C,N,V,H	1
ADC	Rd, Rr	Add with Carry two Registers	Rd ← Rd + Rr + C	Z,C,N,V,H	1
ADIW	Rdl,K	Add Immediate to Word	Rdh:Rdl ← Rdh:Rdl + K	Z,C,N,V,S	2
SUB	Rd, Rr	Subtract two Registers	Rd ← Rd - Rr	Z,C,N,V,H	1
SUBI	Rd, K	Subtract Constant from Register	Rd ← Rd - K	Z,C,N,V,H	1
SBC	Rd, Rr	Subtract with Carry two Registers	Rd ← Rd - Rr - C	Z,C,N,V,H	1
SBCI	Rd, K	Subtract with Carry Constant from Reg.	Rd ← Rd - K - C	Z,C,N,V,H	1
SBIW	Rdl,K	Subtract Immediate from Word	Rdh:Rdl ← Rdh:Rdl - K	Z,C,N,V,S	2
AND	Rd, Rr	Logical AND Registers	Rd ← Rd • Rr	Z,N,V	1
ANDI	Rd, K	Logical AND Register and Constant	Rd ← Rd • K	Z,N,V	1
OR	Rd, Rr	Logical OR Registers	Rd ← Rd v Rr	Z,N,V	1
ORI	Rd, K	Logical OR Register and Constant	Rd ← Rd v K	Z,N,V	1
EOR	Rd, Rr	Exclusive OR Registers	Rd ← Rd ⊕ Rr	Z,N,V	1
COM	Rd	One's Complement	Rd ← $FF – Rd	Z,C,N,V	1
NEG	Rd	Two's Complement	Rd ← $00 – Rd	Z,C,N,V,H	1
SBR	Rd,K	Set Bit(s) in Register	Rd ← Rd v K	Z,N,V	1
CBR	Rd,K	Clear Bit(s) in Register	Rd ← Rd • ($FF - K)	Z,N,V	1
INC	Rd	Increment	Rd ← Rd + 1	Z,N,V	1
DEC	Rd	Decrement	Rd ← Rd – 1	Z,N,V	1
TST	Rd	Test for Zero or Minus	Rd ← Rd • Rd	Z,N,V	1
CLR	Rd	Clear Register	Rd ← Rd ⊕ Rd	Z,N,V	1
SER	Rd	Set Register	Rd ← $FF	None	1
MUL	Rd, Rr	Multiply Unsigned	R1:R0 ← Rd x Rr	Z,C	2
MULS	Rd, Rr	Multiply Signed	R1:R0 ← Rd x Rr	Z,C	2
MULSU	Rd, Rr	Multiply Signed with Unsigned	R1:R0 ← Rd x Rr	Z,C	2
FMUL	Rd, Rr	Fractional Multiply Unsigned	R1:R0 ← (Rd x Rr) << 1	Z,C	2
FMULS	Rd, Rr	Fractional Multiply Signed	R1:R0 ← (Rd x Rr) << 1	Z,C	2
FMULSU	Rd, Rr	Fractional Multiply Signed with Unsigned	R1:R0 ← (Rd x Rr) << 1	Z,C	2
BRANCH INSTRUCTIONS					
RJMP	k	Relative Jump	PC ← PC + k + 1	None	2
IJMP		Indirect Jump to (Z)	PC ← Z	None	2
JMP	k	Direct Jump	PC ← k	None	3
RCALL	k	Relative Subroutine Call	PC ← PC + k + 1	None	2
ICALL		Indirect Call to (Z)	PC ← Z	None	2
CALL	k	Direct Subroutine Call	PC ← k	None	3
RET		Subroutine Return	PC ← STACK	None	4
RETI		Interrupt Return	PC ← STACK	I	4
CPSE	Rd,Rr	Compare, Skip if Equal	if (Rd = Rr) PC ← PC + 2 or 3	None	1 / 2 / 3
CP	Rd,Rr	Compare	Rd – Rr	Z, N,V,C,H	1
CPC	Rd,Rr	Compare with Carry	Rd – Rr – C	Z, N,V,C,H	1
CPI	Rd,K	Compare Register with Immediate	Rd – K	Z, N,V,C,H	1
SBRC	Rr, b	Skip if Bit in Register Cleared	if (Rr(b)=0) PC ← PC + 2 or 3	None	1 / 2 / 3
SBRS	Rr, b	Skip if Bit in Register is Set	if (Rr(b)=1) PC ← PC + 2 or 3	None	1 / 2 / 3
SBIC	P, b	Skip if Bit in I/O Register Cleared	if (P(b)=0) PC ← PC + 2 or 3	None	1 / 2 / 3
SBIS	P, b	Skip if Bit in I/O Register is Set	if (P(b)=1) PC ← PC + 2 or 3	None	1 / 2 / 3
BRBS	s, k	Branch if Status Flag Set	if (SREG(s) = 1) then PC←PC+k + 1	None	1 / 2
BRBC	s, k	Branch if Status Flag Cleared	if (SREG(s) = 0) then PC←PC+k + 1	None	1 / 2
BREQ	k	Branch if Equal	if (Z = 1) then PC ← PC + k + 1	None	1 / 2
BRNE	k	Branch if Not Equal	if (Z = 0) then PC ← PC + k + 1	None	1 / 2
BRCS	k	Branch if Carry Set	if (C = 1) then PC ← PC + k + 1	None	1 / 2
BRCC	k	Branch if Carry Cleared	if (C = 0) then PC ← PC + k + 1	None	1 / 2
BRSH	k	Branch if Same or Higher	if (C = 0) then PC ← PC + k + 1	None	1 / 2
BRLO	k	Branch if Lower	if (C = 1) then PC ← PC + k + 1	None	1 / 2
BRMI	k	Branch if Minus	if (N = 1) then PC ← PC + k + 1	None	1 / 2
BRPL	k	Branch if Plus	if (N = 0) then PC ← PC + k + 1	None	1 / 2
BRGE	k	Branch if Greater or Equal, Signed	if (N ⊕ V= 0) then PC ← PC + k + 1	None	1 / 2
BRLT	k	Branch if Less Than Zero, Signed	if (N ⊕ V= 1) then PC ← PC + k + 1	None	1 / 2
BRHS	k	Branch if Half Carry Flag Set	if (H = 1) then PC ← PC + k + 1	None	1 / 2
BRHC	k	Branch if Half Carry Flag Cleared	if (H = 0) then PC ← PC + k + 1	None	1 / 2
BRTS	k	Branch if T Flag Set	if (T = 1) then PC ← PC + k + 1	None	1 / 2
BRTC	k	Branch if T Flag Cleared	if (T = 0) then PC ← PC + k + 1	None	1 / 2
BRVS	k	Branch if Overflow Flag is Set	if (V = 1) then PC ← PC + k + 1	None	1 / 2
BRVC	k	Branch if Overflow Flag is Cleared	if (V = 0) then PC ← PC + k + 1	None	1 / 2
BRIE	k	Branch if Interrupt Enabled	if (I = 1) then PC ← PC + k + 1	None	1 / 2
BRID	k	Branch if Interrupt Disabled	if (I = 0) then PC ← PC + k + 1	None	1 / 2

Mnemonics	Operands	Description	Operation	Flags	#Clocks
DATA TRANSFER INSTRUCTIONS					
MOV	Rd, Rr	Move Between Registers	Rd ← Rr	None	1
MOVW	Rd, Rr	Copy Register Word	Rd+1:Rd ← Rr+1:Rr	None	1
LDI	Rd, K	Load Immediate	Rd ← K	None	1
LD	Rd, X	Load Indirect	Rd ← (X)	None	2
LD	Rd, X+	Load Indirect and Post-Inc.	Rd ← (X), X ← X + 1	None	2
LD	Rd, - X	Load Indirect and Pre-Dec.	X ← X - 1, Rd ← (X)	None	2
LD	Rd, Y	Load Indirect	Rd ← (Y)	None	2
LD	Rd, Y+	Load Indirect and Post-Inc.	Rd ← (Y), Y ← Y + 1	None	2
LD	Rd, - Y	Load Indirect and Pre-Dec.	Y ← Y - 1, Rd ← (Y)	None	2
LDD	Rd,Y+q	Load Indirect with Displacement	Rd ← (Y + q)	None	2
LD	Rd, Z	Load Indirect	Rd ← (Z)	None	2
LD	Rd, Z+	Load Indirect and Post-Inc.	Rd ← (Z), Z ← Z+1	None	2
LD	Rd, -Z	Load Indirect and Pre-Dec.	Z ← Z - 1, Rd ← (Z)	None	2
LDD	Rd, Z+q	Load Indirect with Displacement	Rd ← (Z + q)	None	2
LDS	Rd, k	Load Direct from SRAM	Rd ← (k)	None	3
ST	X, Rr	Store Indirect	(X) ← Rr	None	1
ST	X+, Rr	Store Indirect and Post-Inc.	(X) ← Rr, X ← X + 1	None	1
ST	- X, Rr	Store Indirect and Pre-Dec.	X ← X - 1, (X) ← Rr	None	1
ST	Y, Rr	Store Indirect	(Y) ← Rr	None	1
ST	Y+, Rr	Store Indirect and Post-Inc.	(Y) ← Rr, Y ← Y + 1	None	1
ST	- Y, Rr	Store Indirect and Pre-Dec.	Y ← Y - 1, (Y) ← Rr	None	1
STD	Y+q,Rr	Store Indirect with Displacement	(Y + q) ← Rr	None	1
ST	Z, Rr	Store Indirect	(Z) ← Rr	None	1
ST	Z+, Rr	Store Indirect and Post-Inc.	(Z) ← Rr, Z ← Z + 1	None	1
ST	-Z, Rr	Store Indirect and Pre-Dec.	Z ← Z - 1, (Z) ← Rr	None	1
STD	Z+q,Rr	Store Indirect with Displacement	(Z + q) ← Rr	None	1
STS	k, Rr	Store Direct to SRAM	(k) ← Rr	None	2
LPM		Load Program Memory	R0 ← (Z)	None	3
LPM	Rd, Z	Load Program Memory	Rd ← (Z)	None	3
LPM	Rd, Z+	Load Program Memory and Post-Inc	Rd ← (Z), Z ← Z+1	None	3
ELPM		Extended Load Program Memory	R0 ← (RAMPZ:Z)	None	3
ELPM	Rd, Z	Extended Load Program Memory	Rd ← (RAMPZ:Z)	None	3
ELPM	Rd, Z+	Extended Load Program Memory and Post-Inc	Rd ← (RAMPZ:Z), RAMPZ:Z ← RAMPZ:Z+1	None	3
SPM		Store Program Memory	(Z) ← R1:R0	None	-
IN	Rd, P	In Port	Rd ← P	None	1
OUT	P, Rr	Out Port	P ← Rr	None	1
PUSH	Rr	Push Register on Stack	STACK ← Rr	None	2
POP	Rd	Pop Register from Stack	Rd ← STACK	None	2
BIT AND BIT-TEST INSTRUCTIONS					
SBI	P,b	Set Bit in I/O Register	I/O(P,b) ← 1	None	2
CBI	P,b	Clear Bit in I/O Register	I/O(P,b) ← 0	None	2
LSL	Rd	Logical Shift Left	Rd(n+1) ← Rd(n), Rd(0) ← 0	Z,C,N,V	1
LSR	Rd	Logical Shift Right	Rd(n) ← Rd(n+1), Rd(7) ← 0	Z,C,N,V	1
ROL	Rd	Rotate Left Through Carry	Rd(0)←C,Rd(n+1)← Rd(n),C←Rd(7)	Z,C,N,V	1
ROR	Rd	Rotate Right Through Carry	Rd(7)←C,Rd(n)← Rd(n+1),C←Rd(0)	Z,C,N,V	1
ASR	Rd	Arithmetic Shift Right	Rd(n) ← Rd(n+1), n=0..6	Z,C,N,V	1
SWAP	Rd	Swap Nibbles	Rd(3..0)←Rd(7..4),Rd(7..4)←Rd(3..0)	None	1
BSET	s	Flag Set	SREG(s) ← 1	SREG(s)	1
BCLR	s	Flag Clear	SREG(s) ← 0	SREG(s)	1
BST	Rr, b	Bit Store from Register to T	T ← Rr(b)	T	1
BLD	Rd, b	Bit load from T to Register	Rd(b) ← T	None	1
SEC		Set Carry	C ← 1	C	1
CLC		Clear Carry	C ← 0	C	1
SEN		Set Negative Flag	N ← 1	N	1
CLN		Clear Negative Flag	N ← 0	N	1
SEZ		Set Zero Flag	Z ← 1	Z	1
CLZ		Clear Zero Flag	Z ← 0	Z	1
SEI		Global Interrupt Enable	I ← 1	I	1
CLI		Global Interrupt Disable	I ← 0	I	1
SES		Set Signed Test Flag	S ← 1	S	1
CLS		Clear Signed Test Flag	S ← 0	S	1
SEV		Set Twos Complement Overflow.	V ← 1	V	1
CLV		Clear Twos Complement Overflow	V ← 0	V	1
SET		Set T in SREG	T ← 1	T	1
CLT		Clear T in SREG	T ← 0	T	1
SEH		Set Half Carry Flag in SREG	H ← 1	H	1
CLH		Clear Half Carry Flag in SREG	H ← 0	H	1
MCU CONTROL INSTRUCTIONS					
NOP		No Operation		None	1
SLEEP		Sleep	(see specific descr. for Sleep function)	None	1
WDR		Watchdog Reset	(see specific descr. for WDR/timer)	None	1
BREAK		Break	For On-chip Debug Only	None	N/A

▣ 비트

비트(bit)는 디지털 정보 표현의 최소 단위로서 0(false) 또는 1(true)의 값을 가진다. 이러한 비트는 바이트나 워드 등의 데이터를 구성하는 최소 단위의 요소가 되며, AVR128DA64에는 비트 단위로 처리하는 명령도 있다. 즉, SBI 명령은 I/O 메모리 영역의 0x0000~0x001F 번지에 있는 32개 레지스터에서 임의의 1비트를 지정하여 세트시킬 수 있고, CBI 명령은 반대로 1비트를 리셋시키는데 사용된다.

또한, SBIC/SBIS 명령은 각각 이 I/O 레지스터들의 지정된 특정 비트를 조사하여 클리어/세트되어 있을 경우 다음 1개의 명령을 실행하지 않고 건너뛰도록 하는 명령이며, SBRC/SBRS 명령은 범용 레지스터들의 특정 비트를 조사하여 클리어/세트되어 있을 경우 다음 1개의 명령을 건너뛰도록 하는 명령이다.

예 어셈블리 언어에서 비트 단위의 처리 예

```
SBI  VPORTA,0              ; (VPORTA)0 ← 1
CBI  VPORTA,7              ; (VPORTA)7 ← 0
```

예 C언어에서 비트 단위의 처리 예(1)

```
VPORTA = VPORTA | 0x01;   // (VPORTA)0 ← 1
VPORTA = VPORTA & 0x7F;   // (VPORTA)7 ← 0
```

예 C언어에서 비트 단위의 처리 예(2)

```
#define BV(bit)           (1<<(bit))

VPORTA = VPORTA | BV(0);  // (VPORTA)0 ← 1
VPORTA = VPORTA & ~BV(7); // (VPORTA)7 ← 0
```

예 C언어에서 비트 단위의 처리 예(3)

```
#define BV(bit)           (1<<(bit))
#define sbi(reg,bit)      reg |= (BV(bit))
#define cbi(reg,bit)      reg &= ~(BV(bit))

sbi(VPORTA,0);            // (VPORTA)0 ← 1
cbi(VPORTA,7);            // (VPORTA)7 ← 0
```

▣ 바이트

바이트(byte)는 8비트 길이를 가지는 데이터의 형식으로서 부호가 없는 수의 경우에는 0~255 범위의 수를 표현할 수 있으며, 부호가 있어서 2의 보수 표현법으로 양수 및 음수를 나타내는 경우에는 -128~+127 범위의 수를 표현할 수 있다. 8비트 2의 보수 표현법에서는 부호를 최상위 비트(b7)로 표시하며, 양수인 경우에는 부호를 0으로 나타내고 음수인 경우에는 1로 나타낸다. 그 나머지의 7비트(b6~b0)로는 수의 크기를 표현하는데, 양수인 경우는 그대로 표시하지만 음수인 경우에는 2의 보수로 변환하여 표시한다.

AVR128DA64에서 8비트의 바이트 데이터는 모든 데이터 메모리에서 1개의 번지를 차지하므로 내부 SRAM이나 EEPROM 등 어느 곳에라도 쉽게 저장할 수 있다. 그러나, 프로그램 메모리는 16비트 구조를 가지므로 2개의 바이트가 1개의 번지에 저장된다. 이때 첫번째 바이트가 16비트의 하위 바이트에 저장되고, 두번째 바이트가 상위 바이트에 저장되며, 전체적으로 홀수개의 바이트 데이터를 정의하는 경우에는 마지막에 8비트가 남게 되는데 여기에는 디폴트값인 0x00으로 채워진다.

어셈블리 언어 프로그램에서 프로그램 메모리에 8비트의 바이트 상수 데이터를 정의할 때는 지시어 DB를 사용한다.

예
```
Const1:  .DB  10,20,-10,-20
Const2:  .DB  0b01010101,0x3F,$5A
```

Microchip Studio의 C언어 프로그램에서 프로그램 메모리에 8비트의 부호있는 바이트 상수 데이터를 정의할 때는 다음과 같은 형식으로 정의하면 된다. 여기서 const는 읽기 전용의 상수 데이터를 의미하고, PROGMEM은 이것이 프로그램 메모리인 플래시 메모리에 저장되어야 한다는 것을 의미한다.

이 상수를 읽을 때는 각각 pgm_read_byte(&Const1[i]) 및 pgm_read_byte(&Const2[i]) 형식을 사용하면 된다. 여기서 i는 각 상수 배열의 인덱스를 나타낸다.

예
```
const signed char Const1[4] PROGMEM = { 10,20,-10,-20 };
const unsigned char Const2[3] PROGMEM = { 0x55,0x3F,0x5A };
```

■ 워드

워드(word)는 16비트 길이를 가지는 데이터의 형식으로서 부호가 없는 수의 경우에는 0~65535 범위의 수를 표현할 수 있으며, 부호가 있어서 2의 보수 표현법으로 양수 및 음수를 나타내는 경우에는 -32768~+32767 범위의 수를 표현할 수 있다. 16비트 2의 보수 표현법에서는 부호를 최상위 비트(b15)로 표시하며, 양수인 경우에는 부호를 0으로 나타내고 음수인 경우에는 1로 나타낸다. 그 나머지의 15비트(b14~b0)로는 수의 크기를 표현하는데, 양수인 경우는 그대로 표시하지만 음수인 경우에는 2의 보수로 변환하여 표시한다.

AVR128DA64에서 16비트의 워드 데이터는 모든 데이터 메모리에서 8비트씩 2개의 번지를 차지하며, 낮은 번지에 하위 바이트가 저장되고 높은 번지에 상위 바이트가 저장되는데 이를 역워드순(little endian)이라고 한다.(☞ 어떤 마이크로프로세서에서는 이를 반대의 순서인 big endian 방식으로 저장하기도 한다.) 그러나, 프로그램 메모리는 16비트의 구조를 가지므로 1워드가 1개의 번지에 저장된다.

어셈블리 언어 프로그램에서 프로그램 메모리에 16비트의 워드 상수 데이터를 정의할 때는 지시어 DW를 사용한다.

예
```
Const1:  .DW  1000,2000,-1000,-2000
Const2:  .DW  0b0000111100001111,0xFFFF,$5A6B
```

Microchip Studio의 C언어 프로그램에서 프로그램 메모리에 16비트의 부호있는 워드 상수 데이터를 정의할 때는 다음과 같은 형식으로 정의하면 된다. 이 상수를 읽을 때는 각각 pgm_read_word(&Const1[i]) 및 pgm_read_word(&Const2[i]) 형식을 사용하면 된다. 여기서 i는 각 상수 배열의 인덱스를 나타낸다.

예
```
const signed int Const1[4] PROGMEM = { 1000,2000,-1000,-2000 };
const unsigned int Const2[3] PROGMEM = { 0x0F0F,0xFFFF,0x5A6B };
```

(2) 논리연산 명령을 이용한 프로그래밍 기법

대부분의 8비트 마이크로프로세서가 그렇듯이 AVR128DA64에서도 8비트 데이터에 대하여 AND, OR, EOR 등의 논리연산 명령을 지원한다. 사용자 프로그램에서 이들 논리연산 명령은 각각 다음과 같은 프로그래밍 기법으로 많이 응용된다.

이것은 어느 마이크로프로세서에서나 보편적으로 사용할 수 있는 프로그래밍 기법이다. 그러나, AVR128DA64의 경우에는 특별히 상태 레지스터 SREG와 0x00~0x31 번지의 I/O 레지스터에 대하여는 비트 단위의 처리 기능이 있어서 이 프로그래밍 기법보다도 더 편리하게 사용할 수도 있다.

▣ AND Masking 기법

처리하고자 하는 데이터와 마스크 워드(mask word)를 AND시켜서 어떤 데이터로부터 특정한 비트들을 리셋하여 제거하는 기법으로 **선택적 리셋**(selected reset)이라고도 한다. AVR128DA64의 경우는 2개의 범용 레지스터끼리 또는 범용 레지스터와 8비트 즉치 데이터 사이에 AND 연산을 수행하는 명령을 가지고 있다.

예 영문 알파벳의 소문자를 대문자로 변환하는 경우

```
        0b01100001  = "a"
AND )   0b11011111  (mask word)
      ─────────────
        0b01000001  = "A"
```

■ OR Masking 기법

처리하고자 하는 데이터와 마스크 워드를 OR시켜서 어떤 데이터로부터 특정한 비트들을 세트시키는 기법으로 **선택적 세트**(selected set)라고도 한다. AVR128DA64의 경우는 2개의 범용 레지스터끼리 또는 범용 레지스터와 8비트 즉치 데이터 사이에 OR 연산을 수행하는 명령을 가지고 있다.

예 영문 알파벳의 대문자를 소문자로 변환하는 경우

```
       0b01000001  = "A"
OR )   0b00100000  (mask word)
     ─────────────
       0b01100001  = "a"
```

■ EOR Masking 기법

처리하고자 하는 데이터와 마스크 워드를 EOR시켜서 어떤 데이터로부터 특정한 비트들의 값을 반전시키는 기법으로 **선택적 반전**(selected complement)이라고도 한다. AVR128DA64의 경우는 2개의 범용 레지스터끼리 EOR 연산을 수행하는 명령을 가지고 있다.

예 프로그램으로 LED를 점멸시키는 경우(b_3과 b_0에 LED가 접속된 것으로 가정.)

```
        0b00001100  = LED 입력 데이터
XOR )   0b00001001  (mask word)
      ─────────────
        0b00000101  = LED 출력 데이터
```

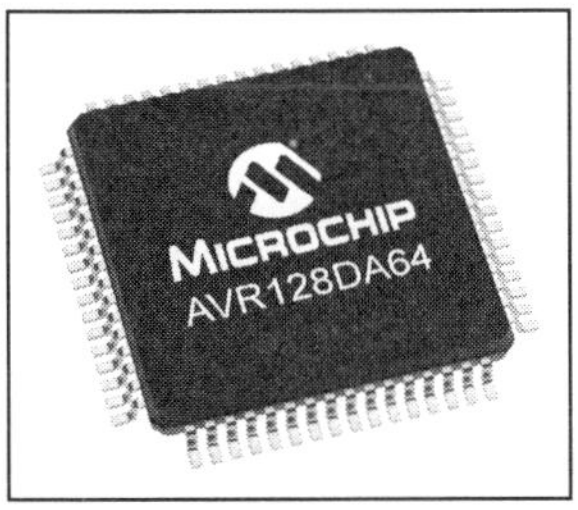

1.3 AVR128DA64의 메모리 구조

이 절에서는 AVR128DA64 소자의 내부 메모리 구조를 설명한다. 이 소자는 하버드 구조로 되어 있으므로 종래의 AVR 모델처럼 메모리는 크게 프로그램 메모리와 데이터 메모리로 나눌 수 있으나, 세부적으로는 종래의 AVR 소자에 비하여 메모리 구조가 많이 달라졌다.

1. AVR128DA64의 메모리 맵

AVR128DA64의 내부 메모리는 크게 16비트 구조의 프로그램 저장용 메모리(Code space)와 8비트 구조의 데이터 저장용 메모리(Data space)로 나눌 수 있는데, 이중에서 프로그램 메모리는 128KB의 용량을 갖는 불휘발성의 플래시 메모리로 되어 있으며, 데이터 메모리는 다시 16KB의 SRAM 메모리와 512바이트의 EEPROM, 그리고 I/O 메모리 영역 등으로 나눌 수 있다.

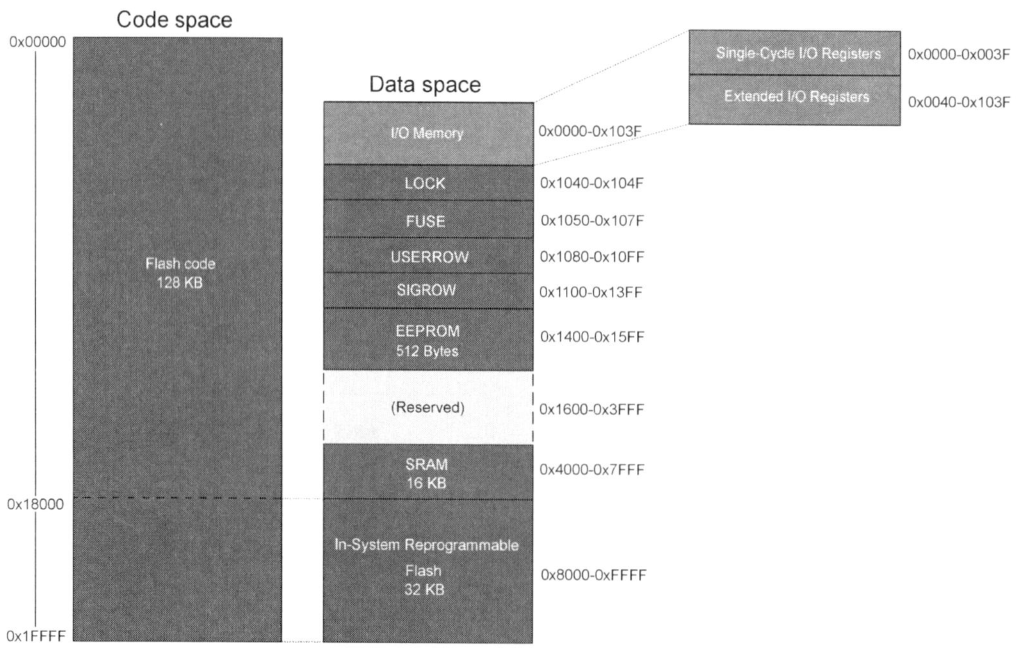

〈그림 1.3.1〉 AVR128DA64의 전체 메모리 맵

〈표 1.3.1〉 AVR128DA64의 데이터 메모리 영역에 있는 주변장치의 어드레스 맵

베이스 번지	주변장치 이름	설 명	AVR128 DA28	AVR128 DA32	AVR128 DA48	AVR128 DA64
0x0000	VPORTA	Virtual Port A	○	○	○	○
0x0004	VPORTB	Virtual Port B			○	○
0x0008	VPORTC	Virtual Port C	○	○	○	○
0x000C	VPORTD	Virtual Port D	○	○	○	○
0x0010	VPORTE	Virtual Port E			○	○
0x0014	VPORTF	Virtual Port F	○	○	○	○
0x0018	VPORTG	Virtual Port G				○
0x001C	GPR	General Purpose Registers	○	○	○	○
0x0030	CPU	CPU	○	○	○	○
0x0040	RSTCTRL	Reset Controller	○	○	○	○
0x0050	SLPCTRL	Sleep Controller	○	○	○	○
0x0060	CLKCTRL	Clock Controller	○	○	○	○
0x0080	BOD	Brown-Out Detector	○	○	○	○
0x00A0	VREF	Voltage Reference	○	○	○	○
0x0100	WDT	Watchdog Timer	○	○	○	○
0x0110	CPUINT	Interrupt Controller	○	○	○	○
0x0120	CRCSCAN	Cyclic Redundancy Check Memory Scan	○	○	○	○
0x0140	RTC	Real-Time Counter	○	○	○	○
0x01C0	CCL	Configurable Custom Logic	○	○	○	○
0x0200	EVSYS	Event System	○	○	○	○
0x0400	PORTA	Port A Configuration	○	○	○	○
0x0420	PORTB	Port B Configuration			○	○
0x0440	PORTC	Port C Configuration	○	○	○	○
0x0460	PORTD	Port D Configuration	○	○	○	○
0x0480	PORTE	Port E Configuration			○	○
0x04A0	PORTF	Port F Configuration	○	○	○	○
0x04C0	PORTG	Port G Configuration				○
0x05E0	PORTMUX	Port Multiplexer	○	○	○	○
0x0600	ADC0	Analog-to-Digital Converter 0	○	○	○	○
0x0680	AC0	Analog Comparator 0	○	○	○	○
0x0688	AC1	Analog Comparator 1	○	○	○	○
0x0690	AC2	Analog Comparator 2	○	○	○	○
0x06A0	DAC0	Digital-to-Analog Converter 0	○	○	○	○
0x06C0	ZCD0	Zero-Cross Detector 0	○	○	○	○
0x06C8	ZCD1	Zero-Cross Detector 1			○	○
0x06D0	ZCD2	Zero-Cross Detector 2				○
0x07C0	PTC	Peripheral Touch Controller	○	○	○	○
0x0800	USART0	Universal Synchronous Asynchronous Receiver Transmitter 0	○	○	○	○
0x0820	USART1	Universal Synchronous Asynchronous Receiver Transmitter 1	○	○	○	○
0x0840	USART2	Universal Synchronous Asynchronous Receiver Transmitter 2	○	○	○	○
0x0860	USART3	Universal Synchronous Asynchronous Receiver Transmitter 3			○	○
0x0880	USART4	Universal Synchronous Asynchronous Receiver Transmitter 4			○	○
0x08A0	USART5	Universal Synchronous Asynchronous Receiver Transmitter 5				○

〈표 1.3.1〉 AVR128DA64의 데이터 메모리 영역에 있는 주변장치의 어드레스 맵(계속)

베이스 번지	주변장치 이름	설 명	AVR128 DA28	AVR128 DA32	AVR128 DA48	AVR128 DA64
0x0900	TWI0	Two-Wire Interface 0	○	○	○	○
0x0920	TWI1	Two-Wire Interface 1		○	○	○
0x0940	SPI0	Serial Peripheral Interface 0	○	○	○	○
0x0960	SPI1	Serial Peripheral Interface 1	○	○	○	○
0x0A00	TCA0	Timer/Counter Type A instance 0	○	○	○	○
0x0A40	TCA1	Timer/Counter Type A instance 1			○	○
0x0B00	TCB0	Timer/Counter Type B instance 0	○	○	○	○
0x0B10	TCB1	Timer/Counter Type B instance 1	○	○	○	○
0x0B20	TCB2	Timer/Counter Type B instance 2	○	○	○	○
0x0B30	TCB3	Timer/Counter Type B instance 3			○	○
0x0B40	TCB4	Timer/Counter Type B instance 4				○
0x0B80	TCD0	Timer/Counter Type D instance 0	○	○	○	○
0x0F00	SYSCFG	System Configuration	○	○	○	○
0x1000	NVMCTRL	Novolatile Memory Controller	○	○	○	○
0x1040	LOCK	Lock Bits	○	○	○	○
0x1050	FUSE	User Configuration	○	○	○	○
0x1080	USERROW	User Row	○	○	○	○
0x1100	SIGROW	Signature Row	○	○	○	○

AVR128DA64의 데이터 메모리 영역에 있는 주변장치들의 어드레스 맵을 요약하여 정리하면 <표 1.3.1>과 같다. 이 표에서는 AVR128DA64보다 소자의 핀 수가 적은 AVR128DA28/32/48의 주변장치에 대해서도 비교하여 함께 표시하였다. 이들 각 주변장치의 내부에는 많은 I/O 제어 레지스터들을 가지고 있는데 그에 대해서는 해당 주변장치를 공부하는 부분에서 설명한다.

종래의 AVR에서는 CPU 코어의 범용 레지스터 R0~R31이 데이터 메모리의 0번지부터 32개의 번지에 위치하였으나, AVR128DA64에서는 이것들이 특별한 별도의 어드레스 영역으로 처리되고 그 나머지의 시스템 레지스터나 주변장치를 제어하는 I/O 제어 레지스터들은 이 어드레스 맵에서 보는 것처럼 데이터 메모리 공간에 위치한다.

데이터 메모리 영역의 이 어드레스 맵에서 0x0000~0x003F의 64개 번지에 있는 주변장치들은 IN/OUT 명령을 사용하여 1클록 사이클의 시간에 빠르게 액세스할 수 있고, 그 나머지의 주변장치들은 LD/LDD/LDS/ST/STD/STS 명령을 사용하여 2~3클록 사이클의 시간에 좀 더 느리게 액세스된다.

◀참고▶ AVR128DA64의 데이터 시트에서는 I/O 제어 레지스터의 이름을 부를 때 주변장치 이름과 레지스터의 이름을 점(.)으로 연결하여 나타낸다. 예를 들어 PORTA의 OUT 레지스터는 PORTA.OUT으로 부른다. 그러나, Microchip Studio 7 컴파일러에서는 주변장치마다 이들 레지스터를 구조체로 만들어 놓고 주변장치와 레지스터 이름 사이에 밑줄(_)을 사용하여 PORTA_OUT처럼 표시한다.

2. 플래시 메모리

AVR128DA64는 내부에 프로그램 저장용으로 128KB 용량의 플래시 메모리를 가지고 있다. 이 소자는 8비트 마이크로컨트롤러지만 플래시 메모리는 각 번지가 16비트 구조로 되어 있어서 64K×16비트 = 128KB의 용량을 갖는다. 모든 어셈블리 명령은 16비트 또는 32비트 길이로 되어 있으므로 각 명령은 플래시 메모리에서 1~2개의 번지를 차지하게 되며, AVR128DA64의 CPU가 이 프로그램 메모리에서 명령을 인출할 때는 한 번에 16비트씩 읽어오게 된다. 따라서, 이러한 프로그램용 플래시 메모리의 구조와 동작만을 놓고 보면 AVR128DA64가 16비트 마이크로컨트롤러인 것처럼 느껴질 수도 있다. 그러나, 여기에 저장된 상수를 읽을 때는 각 번지가 바이트 단위로 2개씩 분할되어 총 128K 번지로 늘어나고 한 번에 8비트씩을 읽게 되며, 이때는 어드레스 포인터로서 Z 레지스터와 함께 CPU_RAMPZ 레지스터가 사용된다.

이 플래시 메모리에는 UPDI(Unified Program and Debug Interface) 직렬통신으로 동작하는 에뮬레이터를 사용하여 ISP(In-System Programming) 방식으로 프로그램 또는 상수 데이터를 저장할 수 있다. 10000번까지 재기입하는 것이 보증된다.

(1) 플래시 메모리의 3가지 영역

플래시 메모리는 각각 512바이트의 길이를 갖는 256개의 페이지로 구성되어 있다. 플래시 메모리를 삭제할 때는 페이지 단위로만 가능하여 한번에 1개 또는 여러 개의 페이지를 삭제하는 것이 가능하다. 그러나, 플래시 메모리에 내용을 쓸 때는 바이트(8비트) 단위나 워드(16비트) 단위로 작업하는 것이 가능하다.

플래시 메모리는 쓰기 보호기능을 위하여 부트로더 코드 영역(Boot Loader Code section), 응용프로그램 코드 영역(Application Code section), 응용프로그램 데이터 영역(Application Data section)의 3부분으로 나눌 수 있다. 이들 영역의 크기는 사용자가 퓨즈에서 설정하며, 디폴트로는 전체 128KB가 모두 부트로더 코드 영역으로 설정되어 있다.

부트로더 코드 영역은 부트로더 프로그램이 들어가는 플래시 메모리 영역으로서 나머지 2개의 영역을 모두 라이트 액세스(write access)할 수 있는 권한을 가진다. 또한, 응용프로그램 코드 영역은 사용자 프로그램이 들어가는 플래시 메모리 영역으로서 응용프로그램 데이터 영역만 라이트 액세스할 수 있다. 부트로더 코드 영역이나 응용프로그램 코드 영역은 모두 자기가 속한 영역은 라이트 액세스하지 못한다. 마지막으로 응용프로그램 데이터 영역은 실행 코드가 아니라 상수 데이터를 저장하는 영역이다.

128KB의 플래시 메모리 공간에서 이들 각각의 영역 크기는 퓨즈에서 부트 사이즈(BOOTSIZE)와 코드 사이즈(CODESIZE)로 설정한다. 부트 사이즈와 코드 사이즈는 항상 512바이트로 구성되는 페이지의 수를 나타내며, 이것은 <그림 1.3.2>에 보인 것처럼 코드 사이즈로 전체 코드 영역을 지정하고 그 내부에 부트 사이즈로 부트로더 코드 영역이 지정되도록 하며, 코드 사이즈를 제외한 나머지는 응용프로그램 데이터 영역이 된다.

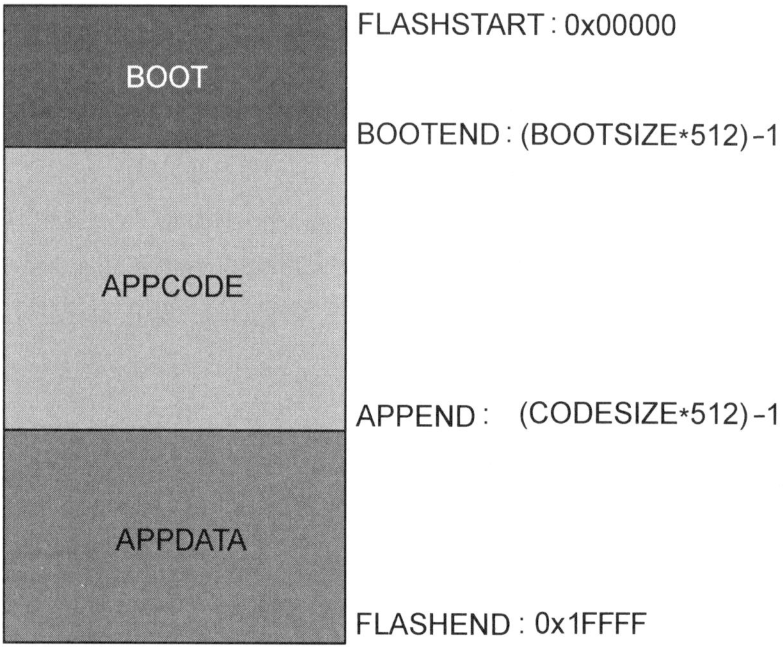

〈그림 1.3.2〉 AVR128DA64에서 플래시 메모리의 3가지 영역

〈표 1.3.2〉 AVR128DA64의 플래시 메모리를 3개의 영역으로 설정하는 방법

BOOTSIZE	CODESIZE	부트로더 코드 영역	응용프로그램 코드 영역	응용프로그램 데이터 영역
0	-	0 ~ FLASHEND	-	-
> 0	0	0 ~ BOOTEND	BOOTEND ~ FLASHEND	-
> 0	≤ BOOTSIZE	0 ~ BOOTEND	-	BOOTEND ~ FLASHEND
> 0	≥ BOOTSIZE	0 ~ BOOTEND	BOOTEND ~ APPEND	APPEND ~ FLASHEND

퓨즈에서 부트 사이즈와 코드 사이즈를 설정하는 방법을 요약하면 <표 1.3.2>와 같다. AVR128DA64는 퓨즈에서 디폴트로 부트 사이즈가 0으로 되어 있어서 128KB의

플래시 메모리 전체가 부트로더 코드 영역으로 동작하는데 부트로더를 필요로 하지 않는 경우에는 대부분 그냥 이렇게 사용하는 것이 권장되며, 이런 상태에서 여기에 사용자의 응용 프로그램을 다운로드하여 사용해도 아무 문제가 없다.

플래시 메모리를 이처럼 2~3가지 영역으로 나누어 사용할 때 디폴트로 인터럽트 벡터 테이블은 응용프로그램 코드 영역에 위치하므로 어떤 경우에는 CPUINT_CTRLA 레지스터에서 IVSEL=1로 설정하여 인터럽트 벡터 테이블을 응용프로그램 코드 영역에서 부트로더 코드 영역으로 옮겨서 재배치(relocate)해 주어야 한다. 그러나, 플래시 메모리 전체를 부트로더 코드 영역으로 사용하는 경우에는 인터럽트 벡터 테이블도 여기에 존재하게 되어 있으므로 그렇게 해줄 필요가 없다.

(2) 플래시 메모리의 쓰기 및 읽기 보호 기능

플래시 메모리에서는 현재 프로그램이 실행되는 영역에 쓰기 동작을 수행하는 것이 불가능하므로 부트로더 코드 영역에서 부트로더 코드 영역을 쓰는 것은 안되며 또한 응용프로그램 코드 영역에서 응용프로그램 코드 영역을 쓰는 것도 불가능하다.

영역 사이에서도 라이트 액세스 기능에 제한이 있어서 부트로더 코드 영역에서 응용프로그램 코드 영역과 응용프로그램 데이터 영역에 쓰는 것은 가능하지만, 응용프로그램 코드 영역에서는 응용프로그램 데이터 영역에만 쓰기 동작이 가능하다.

이와 같이 영역 사이의 쓰기 동작에서 기본적인 제한이 있는 것에 추가하여 사용자가 이들 사이의 액세스 동작에 제한을 둘 수 있다. 만약, 부트로더 코드 영역을 읽지 못하도록 하려면 NVMCTRL_CTRLB 레지스터에서 BOOTRP=1로 설정하면 되는데, 이렇게 하면 부트로더 코드 영역에서 이를 읽어서 실행하는 것이 불가능하게 되며 다른 영역에서 부트로더 코드 영역을 읽는 것도 불가능해진다. 또한, NVMCTRL_CTRLB 레지스터에서 APPCODEWP 비트와 APPDATAWP 비트를 사용하여 각각 응용프로그램 코드 영역과 응용프로그램 데이터 영역에 더 이상 쓰기 동작이 불가능하도록 설정할 수 있다.

(3) 플래시 메모리의 쓰기 및 읽기 동작

플래시 메모리를 읽거나 쓸 때는 코드 메모리 영역의 경우와 데이터 메모리 영역의 경우가 다르다. 첫째로, 코드 메모리 영역에 해당하는 플래시 메모리를 쓸 때는 SPM 명령을 사용하여 한번에 16비트씩 쓰며, 플래시 메모리를 읽을 때는 LPM/ELPM 명령을 사용하여 한번에 8비트씩 읽는다. 이때는 어드레스 포인터로 Z 레지스터와 함께 RAMPZ 레지스터가 사용되는데 이러한 동작을 <그림 1.3.3>에 도시하였다. 16비트 단위로 플래시 메모리를 쓸 때는 RAMPZ:Z 어드레스에서 최하위 비트가 무조건 0으로 사용되고, 8비트 단위로 플래시 메모리를 읽을 때는 RAMPZ:Z 어드레스의 최하위 비트가 0이면 낮은 바이트가 읽혀지고 1이면 높은 바이트가 읽혀진다.

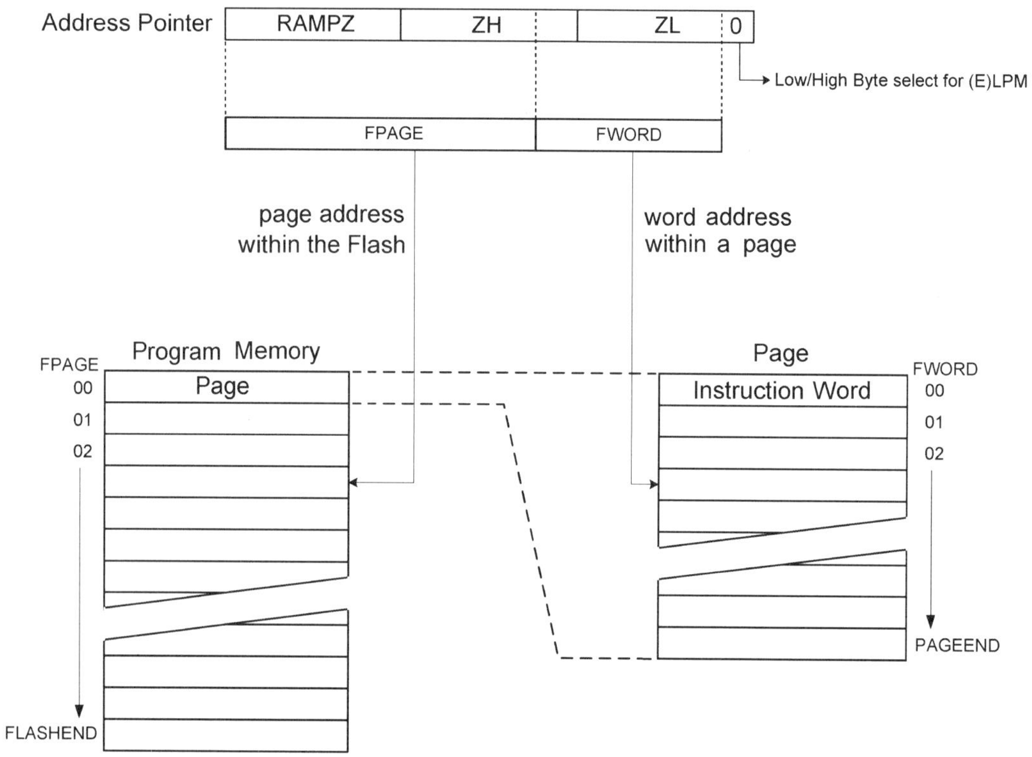

〈그림 1.3.3〉 AVR128DA64의 코드 영역에서 플래시 메모리의 액세스 동작

둘째로, 데이터 메모리 영역에 해당하는 플래시 메모리에 데이터를 읽거나 쓸 때는 LD/LDD/LDS 및 ST/STD/STS 명령을 사용하여 한번에 8비트씩 액세스하며, 이때는 어드레스 포인터로 X, Y, Z 레지스터가 사용된다. 플래시 메모리를 읽을 때는 SRAM처럼 LD/LDD/LDS 명령을 사용하여 원하는 번지를 쉽게 읽으면 된다. 그러나, 플래시 메모리를 쓰거나 지울 때는 NVM 제어기 NVMCTRL을 사용하여 특별한 방법으로 처리해야 한다. 쓰는 동작은 한번에 1바이트씩만 가능한데, NVMCTRL_CTRLA 레지스터를 0x02로 설정한 상태에서 ST/STD/STS 명령을 사용하여 필요한 횟수만큼 플래시 메모리 번지에 데이터를 쓰면 된다. 물론 이처럼 쓰려는 플래시 메모리의 번지는 미리 지워져 있어야 한다.

이처럼 플래시 메모리를 데이터 메모리 영역으로 액세스하는 것은 플래시 메모리를 데이터 메모리의 0x8000~0xFFFF 번지로 맵핑하기 때문에 가능한 것이다. 128KB의 플래시 메모리를 4개의 32KB 영역으로 분할하여 그중의 하나를 데이터 메모리 영역으로 맵핑하는데, 이는 NVMCTRL_CTRLB 레지스터에서 FLMAP[1:0] 비트로 설정한다.(☞ 이처럼 플래시 메모리를 데이터 메모리 영역으로 맵핑하여 액세스하는 기능은 종래의 AVR 모델에는 없었다.)

3. SRAM

AVR128DA64의 SRAM은 데이터 메모리 영역의 0x4000~0x7FFF 번지에 위치하는 16KB 용량의 8비트 휘발성 메모리로서 프로그램의 데이터 변수를 저장하거나 스택으로 사용된다. SRAM에서는 프로그램 코드가 실행될 수 없다.

SRAM을 액세스할 때는 LD 및 ST 명령을 사용하여 한번에 8비트씩 읽거나 쓰며, 이때는 어드레스 포인터로 X, Y, Z 레지스터가 사용된다.

4. EEPROM

AVR128DA64의 EEPROM은 데이터 메모리 영역의 0x1400~0x15FF 번지에 위치하는 512바이트 용량의 8비트 불휘발성 메모리로서 전원을 꺼도 내용이 지워지지 않아야 하는 고정 데이터를 저장하는데 사용된다. 여기에는 100000번까지 재기입하는 것이 보증된다.

EEPROM을 읽을 때는 SRAM처럼 LD/LDD/LDS 명령을 사용하여 원하는 번지를 쉽게 읽으면 된다. 그러나, EEPROM을 쓰거나 지울 때는 NVM 제어기 NVMCTRL을 사용하여 특별한 방법으로 처리해야 한다. 쓰는 동작은 한번에 1바이트씩만 가능한데, NVMCTRL_CTRLA 레지스터에서 EEWR 모드 또는 EEERWR 모드를 지정한 상태에서 ST/STD/STS 명령을 사용하여 필요한 횟수만큼 EEPROM 번지에 데이터를 쓰면 된다. 물론 이처럼 쓰려는 EEPROM의 번지는 미리 지워져 있어야 한다.

EEPROM을 지우는 것은 한번에 1바이트 또는 2~32개의 바이트가 가능한데, 지우려는 EEPROM 영역의 시작 번지를 NVMCTRL_ADDR 레지스터의 ADDR[15:0] 비트에 써놓고 NVMCTRL_CTRLA 레지스터에서 적절한 지우기 명령을 지시하면 된다.

512바이트의 EEPROM 전체를 한번에 지우려면 NVMCTRL_CTRLA 레지스터를 사용하여 EECHER 명령을 주면 되는데, 이렇게 지우는 동작을 수행할 때는 CPU가 정지

(halt)한다.

EEPROM의 동작 상태는 NVMCTRL_STATUS 레지스터의 EEBUSY 비트로 표시된다. 만약 현재 EEBUSY=1 상태일 때 EEPROM에 대하여 새로운 쓰기나 지우기 명령을 수행하려고 시도하면 현재 수행 중인 EEPROM 액세스 동작이 완료될 때까지 CPU는 정지(halt)된다.

EEPROM에 1바이트의 데이터를 쓰려면 다음과 같은 절차로 단계적인 동작을 수행해야 한다.

① 현재 플래시 메모리나 EEPROM에 대하여 쓰기 또는 삭제 동작을 수행하는 상태가 아닌지 NVMCTRL_STATUS 레지스터의 FBUSY 및 EEBUSY 비트로 확인한다.

② CPU_CCP 레지스터에 0x9D를 써서 NVM의 self-programming에 대한 보호 기능을 풀어준다.

③ NVMCTRL_CTRLA 레지스터에서 EEWR 또는 EEERWR 명령을 써서 EEPROM의 쓰기가 가능한 모드를 설정한다.

④ ST/STD/STS 명령을 사용하여 필요한 횟수만큼 EEPROM 번지에 원하는 데이터를 쓴다.

⑤ EEPROM 쓰기 동작을 종료하려면 NVMCTRL_CTRLA 레지스터에 NOOP 또는 NOCMD 명령을 준다.

AVR128DA64의 EEPROM에 새로운 데이터를 쓰기 위해서는 해당 번지를 미리 지워두어야 한다. 이런 불편을 없애려면 위의 ③에서 EEERWR 모드를 설정하여 지우기 동작과 쓰기 동작을 연속으로 수행하면 된다.

5. SIGROW

AVR128DA64의 시그너쳐 로우(Signature Row) SIGROW는 0x1100~0x13FF 번지에 위치하는 읽기 전용(read-only)의 불휘발성 메모리로서, 여기에는 제조사에서 이를 생산할 때 소자의 종류를 나타내는 device ID, 시리얼 넘버, 그리고 온도센서를 위한 보정값(calibration value) 등을 저장하여 놓았다.

device ID는 3바이트로 구성되는데, 첫번째 바이트는 AVR 마이크로컨트롤러를 나타내는 0x1E이고, 두번째 바이트는 128KB의 플래시 메모리를 갖는 모델이라는 것을 나타내는 0x97이며, 세 번째 바이트는 모델에 고유한 일련번호로서 0x07이다. 이러한 규칙은 종래의 AVR 모델에서부터 이어오던 것이며 이를 요약하면 아래와 같다.

ATmega103	= 0x1E 0x97 0x01		
ATmega128A	= 0x1E 0x97 0x02		
ATmega1280	= 0x1E 0x97 0x03		
ATmega1281	= 0x1E 0x97 0x04		
ATmega1284	= 0x1E 0x97 0x06		
AVR128DA64	= 0x1E 0x97 0x07	AVR128DB64	= 0x1E 0x97 0x0B
AVR128DA48	= 0x1E 0x97 0x08	AVR128DB48	= 0x1E 0x97 0x0C
AVR128DA32	= 0x1E 0x97 0x09	AVR128DB32	= 0x1E 0x97 0x0D
AVR128DA28	= 0x1E 0x97 0x0A	AVR128DB28	= 0x1E 0x97 0x0E

이에 비추어보면 AVR128DA64는 종래의 128KB짜리 플래시 메모리를 내장하는 ATmega 패밀리 모델의 뿌리를 이어받은 후속 제품이라는 것을 충분히 알 수 있다.

AVR128DA64의 SIGROW를 구성하는 I/O 제어 레지스터를 정리하면 <표 1.3.3>과 같다.

〈표 1.3.3〉 AVR128DA64의 SIGROW와 관련된 I/O 제어 레지스터 요약

어드레스	레지스터 이름	풀어 쓴 레지스터 이름	리셋 후 초기값
0x1100	SIGROW_DEVICEID0	SIGROW Device ID 0	0x1E
0x1101	SIGROW_DEVICEID1	SIGROW Device ID 1	0x97
0x1102	SIGROW_DEVICEID2	SIGROW Device ID 2	0x07
0x1103		(reserved)	
0x1104	SIGROW_TEMPSENSE0	SIGROW Temperature Sensor Calibration 0 (L)	0x??
0x1105		SIGROW Temperature Sensor Calibration 0 (H)	0x??
0x1106	SIGROW_TEMPSENSE1	SIGROW Temperature Sensor Calibration 1 (L)	0x??
0x1107		SIGROW Temperature Sensor Calibration 1 (H)	0x??
0x1108 ~ 0x110F		(reserved)	
0x1110 ~ 0x111F	SIGROW_SERNUM0 ~ SIGROW_SERNUM15	SIGROW Serial Number Byte 0~15	0x??

■ **Device ID 레지스터 SIGROW_DEVICEIDn** (리셋후 디폴트값 : 0x1E 0x97 0x07)

마이크로컨트롤러 소자마다 가지는 고유한 특성을 나타내는 ID 값이다.(n = 0~2) 이 값을 읽어보면 AVR 소자의 종류를 알 수 있다. AVR128DA64의 경우 이 값은 0x1E 0x97 0x07이다.

b7	b6	b5	b4	b3	b2	b1	b0
DEVICEIDn7	DEVICEIDn6	DEVICEIDn5	DEVICEIDn4	DEVICEIDn3	DEVICEIDn2	DEVICEIDn1	DEVICEIDn0
R	R	R	R	R	R	R	R

■ **온도센서 캘리브레이션 레지스터 SIGROW_TEMPSENSEn** (리셋후 디폴트값 : 0x??)

소자에 내장된 온도센서를 A/D 컨버터로 읽어서 온도값으로 환산할 때 보정값을 나타낸다.(n = 0~1) 2개의 레지스터 중에서 0번 레지스터는 부호 없는 정수로 gain/slope 값을 저장하며, 1번 레지스터는 부호 있는 정수로 offset을 저장한다.

b15	b14	b13	b12	b11	b10	b9	b8
TEMPSENSEn[15:8]							
R	R	R	R	R	R	R	R

b7	b6	b5	b4	b3	b2	b1	b0
TEMPSENSEn[7:0]							
R	R	R	R	R	R	R	R

■ **시리얼 넘버 바이트 레지스터 SIGROW_SERNUMn** (리셋후 디폴트값 : 0x??)

AVR128DA64 소자마다 고유하게 부여된 시리얼 넘버를 16바이트 숫자로 나타낸다.(n = 0~15)

b7	b6	b5	b4	b3	b2	b1	b0
SERNUMn[7:0]							
R	R	R	R	R	R	R	R

6. USERROW

AVR128DA64의 유저 로우(User Row) USERROW는 0x1080~0x10FF 번지에 위치하는 32바이트의 불휘발성 메모리로서, 사용자가 UPDI를 통하여 여기에 원하는 제품 정보를 저장할 수 있다.

만약, 소자가 lock되어 있으면 UPDI를 사용하여 여기에 값을 쓸 수는 있으나 읽지는 못한다. 그러나, 사용자 프로그램에서는 언제나 이것을 읽거나 쓸 수 있다. 칩 삭제 명령을 수행하더라도 USERROW는 지워지지 않는다.

7. FUSE

AVR128DA64의 퓨즈(Configuration and User Fuse) FUSE는 0x1050~0x107F 번지에 위치하는 불휘발성 메모리로서, 여기에는 시스템 설정용 데이터를 가지고 있는데 초기에는 공장에서 생산할 때 설정한 디폴트값으로 되어 있으나 이것의 대부분은 사용자가 필요하면 변경할 수 있다.

FUSE는 UPDI를 사용하여 읽거나 쓸 수 있으며, 사용자 프로그램에서는 이를 읽는 것만 가능하다. FUSE에서 사용하지 않는 비트는 항상 0으로 처리된다.

FUSE에 설정되어 있는 값은 시스템 리셋이 발생하고 나서 소자의 부팅이 수행될 때 해당되는 주변장치의 레지스터로 복사되어 설정된 동작이 수행된다. 이와 같이 해당 레지스터로 복사되고 나면 대부분의 경우 사용자 프로그램으로 해당 레지스터 값을 변경할 수 있게 되어 있다.

AVR128DA64의 FUSE를 구성하는 I/O 제어 레지스터는 <표 1.3.4>와 같다.

〈표 1.3.4〉 AVR128DA64의 FUSE와 관련된 I/O 제어 레지스터 요약

어드레스	레지스터 이름	풀어 쓴 레지스터 이름	리셋 후 초기값
0x1050	FUSE_WDTCFG	Watchdog Timer Configuration Fuse	0x00
0x1051	FUSE_BODCFG	Brown-Out Detector Configuration Fuse	0x00
0x1052	FUSE_OSCCFG	Oscillator Configuration Fuse	0x00
0x1053 0x1054		(reserved)	
0x1055	FUSE_SYSCFG0	System Configuration 0 Fuse	0xC0
0x1056	FUSE_SYSCFG1	System Configuration 1 Fuse	0x00
0x1057	FUSE_CODESIZE	Code Size Fuse	0x00
0x1058	FUSE_BOOTSIZE	Boot Size Fuse	0x00

▣ 워치독 타이머 설정 퓨즈 FUSE_WDTCFG (리셋후 디폴트값 : 0x00)

b7	b6	b5	b4	b3	b2	b1	b0
WINDOW[3:0]				PERIOD[3:0]			
R	R	R	R	R	R	R	R

- WINDOW[3:0] : Watchdog Window Time-Out Period
  시스템 리셋 후에 이것이 WDT_CTRLA 레지스터의 WINDOW[3:0] 비트로 로드되어 윈도우 모드에서 닫힌 타임아웃 주기를 설정하는데 사용된다.
  0000 = 윈도우 모드를 사용하지 않음.
  0001 = 타임아웃 주기를 8클록 7.8125ms로 설정함.
  0010 = 타임아웃 주기를 16클록 15.625ms로 설정함.
  0011 = 타임아웃 주기를 32클록 31.25ms로 설정함.
  0100 = 타임아웃 주기를 64클록 62.5ms로 설정함.
  0101 = 타임아웃 주기를 128클록 125ms로 설정함.
  0110 = 타임아웃 주기를 256클록 250ms로 설정함.
  0111 = 타임아웃 주기를 512클록 500ms로 설정함.
  1000 = 타임아웃 주기를 1024클록 1.0s로 설정함.
  1001 = 타임아웃 주기를 2048클록 2.0s로 설정함.
  1010 = 타임아웃 주기를 4096클록 4.0s로 설정함.
  1011 = 타임아웃 주기를 8192클록 8.0s로 설정함.
  1100~1111 = (reserved)
- PERIOD[3:0] : Watchdog Time-Out Period
  시스템 리셋 후에 이것이 WDT_CTRLA 레지스터의 PERIOD[3:0] 비트로 로드되어 일반 모드에서는 타임아웃 주기를 설정하고, 윈도우 모드에서는 열린 타임아웃 주기를 설정하는데 사용된다.
  0000 = 워치독 타이머를 사용하지 않음.
  0001 = 타임아웃 주기를 8클록 7.8125ms로 설정함.
  0010 = 타임아웃 주기를 16클록 15.625ms로 설정함.
  0011 = 타임아웃 주기를 32클록 31.25ms로 설정함.
  0100 = 타임아웃 주기를 64클록 62.5ms로 설정함.

0101 = 타임아웃 주기를 128클록 125ms로 설정함.
0110 = 타임아웃 주기를 256클록 250ms로 설정함.
0111 = 타임아웃 주기를 512클록 500ms로 설정함.
1000 = 타임아웃 주기를 1024클록 1.0s로 설정함.
1001 = 타임아웃 주기를 2048클록 2.0s로 설정함.
1010 = 타임아웃 주기를 4096클록 4.0s로 설정함.
1011 = 타임아웃 주기를 8192클록 8.0s로 설정함.
1100~1111 = (reserved)

▣ 정전 검출기 설정 퓨즈 FUSE_BODCFG (리셋후 디폴트값 : 0x00)

b7	b6	b5	b4	b3	b2	b1	b0
LVL[2:0]			SAMPFREQ	ACTIVE[1:0]		SPEEP[1:0]	
R	R	R	R	R	R	R	R

- LVL[2:0] : BOD Threshold Voltage Level
  시스템 리셋 후에 이것이 BOD_CTRLB 레지스터의 LVL[2:0] 비트로 로드되어 BOD 문턱전압을 설정하는데 사용된다.
  000 = 1.90V
  001 = 2.45V
  010 = 2.70V
  011 = 2.85V
  100~111 = (reserved)
- SAMPFREQ : BOD Sample Frequency
  시스템 리셋 후에 이것이 BOD_CTRLA 레지스터의 SAMPFREQ 비트로 로드되어 샘플 모드에서 샘플링 주파수를 설정하는데 사용된다.
  0 = BOD의 샘플 모드에서 샘플링 주파수를 128Hz로 설정함.
  1 = BOD의 샘플 모드에서 샘플링 주파수를 32Hz로 설정함.
- ACTIVE[1:0] : BOD Operation Mode in Active and Idle
  시스템 리셋 후에 이것이 BOD_CTRLA 레지스터의 ACTIVE[1:0] 비트로 로드되어 소자가 액티브 모드 또는 아이들 모드에 있을 때 BOD의 동작 모드를 설정하는데 사용된다.
  00 = BOD를 사용하지 않음. 이에 따라 VLM의 기능도 금지됨.
  01 = BOD를 연속 모드(Continuous mode)로 사용함.
  10 = BOD를 샘플 모드(Sampled mode)로 사용함.
  11 = BOD를 연속 모드(Continuous mode)로 사용함. BOD가 동작할 때까지 프로그램 실행이 wake-up 상태로 정지함.
- SLEEP[1:0] : BOD Operation Mode in Sleep
  시스템 리셋 후에 이것이 BOD_CTRLA 레지스터의 SLEEP[1:0] 비트로 로드되어 소자가 스탠바이 모드 또는 파워다운 모드일 때 BOD의 동작 모드를 설정하는데 사용된다.
  00 = BOD를 사용하지 않음. 이에 따라 VLM의 기능도 금지됨.
  01 = BOD를 연속 모드(Continuous mode)로 사용함.
  10 = BOD를 샘플 모드(Sampled mode)로 사용함.
  11 = (reserved)

▣ 오실레이터 설정 퓨즈 FUSE_OSCCFG (리셋후 디폴트값 : 0x00)

b7	b6	b5	b4	b3	b2	b1	b0
-	-	-	-	CLKSEL[3:0]			
-	-	-	-	R	R	R	R

- CLKSEL[3:0] : Clock Select
  시스템 리셋 후에 디폴트 상태에서 메인 클록 소스로 동작할 내부 오실레이터를 설정한다. 이것은 부팅 후에 CLKCTRL_MCLKCTRLA 레지스터의 CLKSEL[3:0] 비트를 사용하여 4가지의 클록 소스로 설정이 변경될 수 있다.
  0000 = 디폴트로 내부의 고주파 발진기 OSCHF를 4MHz로 발진시켜 사용한다.
  0001 = 디폴트로 내부의 저주파 발진기 OSC32K를 32.768kHz로 발진시켜 사용한다.
  0010~1111 = (reserved)

▣ 시스템 설정 0 퓨즈 FUSE_SYSCFG0 (리셋후 디폴트값 : 0xC0)

b7	b6	b5	b4	b3	b2	b1	b0
CRCSRC[1:0]		CRCSEL	-	RSTPINCFG[1:0]		-	EESAVE
R	R	R	-	R	R	-	R

- CRCSRC[1:0] : CRC Source
  시스템 리셋이 수행될 때 CRCSCAN에 의하여 플래시 메모리의 어느 영역을 스캔할지 설정한다. 이것은 부팅 후에 CRCSCAN_CTRLB 레지스터의 SRC[1:0] 비트를 사용하여 설정이 변경될 수 있다.
  00 = 플래시 메모리의 부트로더 코드 영역, 응용프로그램 코드 영역, 응용프로그램 데이터 영역을 모두 CRC 스캔한다.
  01 = 플래시 메모리의 부트로더 코드 영역만 CRC 스캔한다.
  10 = 플래시 메모리의 부트로더 코드 영역과 응용프로그램 코드 영역만 CRC 스캔한다.
  11 = CRC를 사용하지 않는다.(default)
- CRCSEL : CRC Mode Selection
  사용할 CRC의 형식을 설정한다.
  0 = CRC-16-CCITT를 사용한다.
  1 = CRC-32(IEEE 802.3)를 사용한다.
- RSTPINCFG[1:0] : Reset Pin Configuration
  병렬 I/O 포트의 PF6 단자에 부수적인 기능으로 되어 있는 리셋 핀의 기능을 설정한다.
  00 = PF6 단자를 병렬 I/O 포트 PF6 입력 핀으로 사용한다.(default)
  01 = (reserved)
  10 = PF6 단자를 외부 리셋 핀 $\overline{\text{RESET}}$으로 사용한다.
  11 = (reserved)
- EESAVE : EEPROM Save during Chip Erase
  칩 삭제 명령을 수행할 때 EEPROM도 함께 지울 것인지 말 것인지를 설정한다.
  0 = 칩 삭제 명령을 수행할 때 EEPROM도 지운다.
  1 = 칩 삭제 명령을 수행할 때 EEPROM은 지우지 않는다.

▣ 시스템 설정 1 퓨즈 FUSE_SYSCFG1 (리셋후 디폴트값 : 0x00)

b7	b6	b5	b4	b3	b2	b1	b0
-	-	-	-	-	SUT[2:0]		
-	-	-	-	-	R	R	R

- SUT[2:0] : Start-Up Time
  이 소자에 전원이 투입되고 나서 프로그램 명령의 실행이 시작될 때까지의 기동시간을 설정한다.
  000 = 0 ms
  001 = 1 ms
  010 = 2 ms
  011 = 4 ms
  100 = 8 ms
  101 = 16 ms
  110 = 32 ms
  111 = 64 ms

▣ 코드 영역 사이즈 설정 퓨즈 FUSE_CODESIZE (리셋후 디폴트값 : 0x00)

b7	b6	b5	b4	b3	b2	b1	b0
CODESIZE[7:0]							
R	R	R	R	R	R	R	R

- CODESIZE[7:0] : Code Section Size
  플래시 메모리에서 부트로더 코드 영역과 응용프로그램 코드 영역을 합한 전체 코드 영역의 크기를 512바이트의 페이지 수로 설정한다.

■ **부트로더 영역 사이즈 설정 퓨즈 FUSE_BOOTSIZE** (리셋후 디폴트값 : 0x00)

b7	b6	b5	b4	b3	b2	b1	b0
BOOTSIZE[7:0]							
R	R	R	R	R	R	R	R

- BOOTSIZE[7:0] : Boot Section Size
  플래시 메모리에서 부트로더 코드 영역의 크기를 512바이트의 페이지 수로 설정한다. 이 값이 0x00이면 256개의 페이지로 간주되므로 플래시 메모리 전체를 부트로더 코드 영역으로 사용한다.

8. LOCK

AVR128DA64의 메모리 보호 기능(Memory Sections Access Protection) LOCK은 0x1040~0x104F 번지에 위치하는 불휘발성 메모리로서, 메모리를 읽거나 쓰는데 관련된 보호기능을 사용할지 여부를 설정하는 4바이트의 값이 저장된다. LOCK은 UPDI를 사용하여 읽거나 쓸 수 있으며, 사용자 프로그램에서는 이를 읽는 것만 가능하다.

LOCK은 3가지 영역의 플래시 메모리는 물론이고, EEPROM이나 SRAM과 같이 데이터 메모리 영역에 있는 모든 메모리를 UPDI로 읽을 수 없도록 보호하는 것이 목적이다. 그러나, 프로그램 메모리에서 이것들을 읽거나 쓰는 동작은 LOCK의 설정 여부에 영향을 받지 않는다.

LOCK을 사용하여 메모리 보호 기능을 설정하지 않았을 때(unlock)와 설정하였을 때(lock)의 기능 변화를 비교하여 정리하면 <표 1.3.5>와 같다. 여기서 ○는 해당 액세스가 가능함을 나타내고, ×는 해당 액세스가 불가능함을 나타낸다.

〈표 1.3.5〉 AVR128DA64에서 메모리 unlock/lock 상태에서의 액세스 기능 비교

메모리 영역	CPU 프로그램에서 액세스할 경우		UPDI 인터페이스로 액세스할 경우	
	읽기	쓰기	읽기	쓰기
플래시 메모리	○ / ○	○ / ○	○ / ×	○ / ×
SRAM	○ / ○	○ / ○	○ / ×	○ / ×
EEPROM	○ / ○	○ / ○	○ / ×	○ / ×
SIGROW	○ / ○	× / ×	○ / ×	× / ×
USERROW	○ / ○	○ / ○	○ / ×	○ / ○
FUSE	○ / ○	× / ×	○ / ×	○ / ×
LOCK	○ / ○	× / ×	○ / ×	○ / ×
I/O 레지스터	○ / ○	○ / ○	○ / ×	○ / ×

AVR128DA64의 LOCK을 구성하는 I/O 제어 레지스터를 정리하면 <표 1.3.6>과 같다. 이 소자는 디폴트로 unlock 상태에 있으며, 메모리에 록(lock)을 걸어서 보호기능을 설정하려면 UPDI로 칩 삭제 명령을 주는 것 이외에는 방법이 없다. 당연히 이 경

우 모든 불휘발성 메모리의 내용은 보존되지 않는다.

〈표 1.3.6〉 AVR128DA64의 LOCK과 관련된 I/O 제어 레지스터 요약

어드레스	레지스터 이름	풀어 쓴 레지스터 이름	리셋 후 초기값
0x1040	LOCK_KEY	Lock Key Byte 0	0x5C
0x1041		Lock Key Byte 1	0xC5
0x1042		Lock Key Byte 2	0xC5
0x1043		Lock Key Byte 3	0x5C

▣ 메모리 보호 기능 키 LOCK_KEY (리셋후 디폴트값 : 0x5CC5C55C)

b31	b30	b29	b28	b27	b26	b25	b24
KEY[31:24]							
R	R	R	R	R	R	R	R

b23	b22	b21	b20	b19	b18	b17	b16
KEY[23:16]							
R	R	R	R	R	R	R	R

b15	b14	b13	b12	b11	b10	b9	b8
KEY[15:8]							
R	R	R	R	R	R	R	R

b7	b6	b5	b4	b3	b2	b1	b0
KEY[7:0]							
R	R	R	R	R	R	R	R

- KEY[31:0] : Lock Key
  0x5CC5C55C = 현재 메모리 보호 기능이 설정되어 있지 않다.(unlock 상태)
  그 외의 값 = 현재 메모리 보호 기능이 설정되어 있다.(lock 상태)

9. I/O 메모리 영역

AVR128DA64의 I/O 메모리 영역은 데이터 메모리 영역의 0x0000~0x103F 번지로서 여기에는 CPU 코어의 시스템 레지스터나 각종 주변장치를 관리하는 I/O 제어 레지스터들이 들어있다. 이 영역의 전체 어드레스 맵은 이미 앞의 <표 1.3.1>에서 보인 바가 있다.

(1) 16비트 레지스터의 액세스 방법

AVR128DA64에서 I/O 메모리 영역의 주변장치에는 종종 16비트 I/O 레지스터를 가지고 있다. 스택 포인터 SP나 B형 타이머/카운터의 TCB0_CNT, TCB0_CCMP, TCB1_CNT, TCB1_CCMP 등이 그러한 16비트 I/O 레지스터의 예이다.

그런데 AVR128DA64는 근본적으로 8비트 데이터 버스를 가지는 8비트 마이크로프

로세서이기 때문에 이러한 16비트 레지스터들을 액세스하려면 이를 1번에 수행하지 못하고 8비트씩 2차례로 나누어 리드(read) 또는 라이트(write) 동작을 수행해야 한다. 이 때문에 이들 각각의 레지스터들은 상위 바이트와 하위 바이트가 따로 I/O 메모리 영역을 차지하고 있으며, 상위 바이트에 해당하는 레지스터의 이름에는 마지막에 H자가 붙어 있고, 하위 바이트에 해당하는 레지스터의 이름에는 마지막에 L자가 붙어 있다. 예를 들어 스택 포인터 SP는 실제로는 SPH와 SPL처럼 2개의 8비트 레지스터로 구성되어 있으며, B형 타이머/카운터 레지스터 TCB0_CNT는 실제로는 TCB0_CNTH와 TCB0_CNTL처럼 2개의 8비트 레지스터로 구성되어 있다.

그러나, 이러한 16비트 레지스터는 시간차를 두고 상위 바이트와 하위 바이트를 각각 액세스할 경우 그 사이에 이들 레지스터의 데이터 값이 변동하여 전혀 잘못된 데이터로 처리되는 글리치(glitch) 현상이 발생할 수 있기 때문에 AVR128DA64에서는 이를 방지하기 위하여 특별한 방법을 사용하고 있다. 즉, 임시 레지스터(Temporary Register)를 사용하여 16비트 데이터가 액세스되도록 함으로써 사용자는 실제로 8비트씩 2차례에서 걸쳐서 순차적으로 이것들을 리드 또는 라이트하지만 AVR128DA64의 CPU는 16비트 레지스터의 값을 순간적으로 한 번에 동시에 액세스하도록 동작하게 되어 데이터 처리의 오류를 방지하는 것이다.

예를 들면 <그림 1.3.4>의 (a)에 보인 것처럼 16비트 I/O 레지스터를 리드(read)할 때는 반드시 하위 바이트를 먼저 리드하여 이를 CPU가 읽어들이는 동시에 상위 바이트를 임시 레지스터 TEMP에 옮겨서 저장하고, 이어서 상위 바이트를 리드하면 이렇게 임시 레지스터에 저장되어 있던 값이 읽혀진다. 이렇게 하면 AVR128DA64 CPU는 16비트 레지스터의 값을 소프트웨어적으로 8비트씩 2차례로 나누어 읽었지만 실제 하드웨어적으로는 16비트 레지스터의 값을 한 번에 동시에 읽은 것이 된다.

또한, <그림 1.3.4>의 (b)에 보인 것처럼 반대로 16비트 I/O 레지스터에 데이터를 라이트(write)할 때도 하위 바이트를 먼저 라이트하여 그것을 임시 레지스터에 저장하고, 이어서 상위 바이트를 라이트하면 이 상위 바이트와 임시 레지스터에 저장되어 있던 하위 바이트가 동시에 16비트 레지스터에 써진다. 이렇게 하면 CPU는 16비트 레지스터의 값을 소프트웨어적으로 8비트씩 2차례로 나누어 썼지만 실제 하드웨어적으로는 16비트 레지스터의 값을 한 번에 동시에 쓴 것이 된다.

이와 같이 AVR128DA64의 사용자 프로그램에서 모든 16비트 레지스터를 리드하거나 라이트할 때는 **항상 하위 바이트를 먼저 액세스**하고 이어서 상위 바이트를 액세스해야 한다. 이러한 16비트 레지스터의 액세스 순서는 종래의 AVR 모델에서와 달라졌으므로 혼동하지 않도록 주의해야 한다.

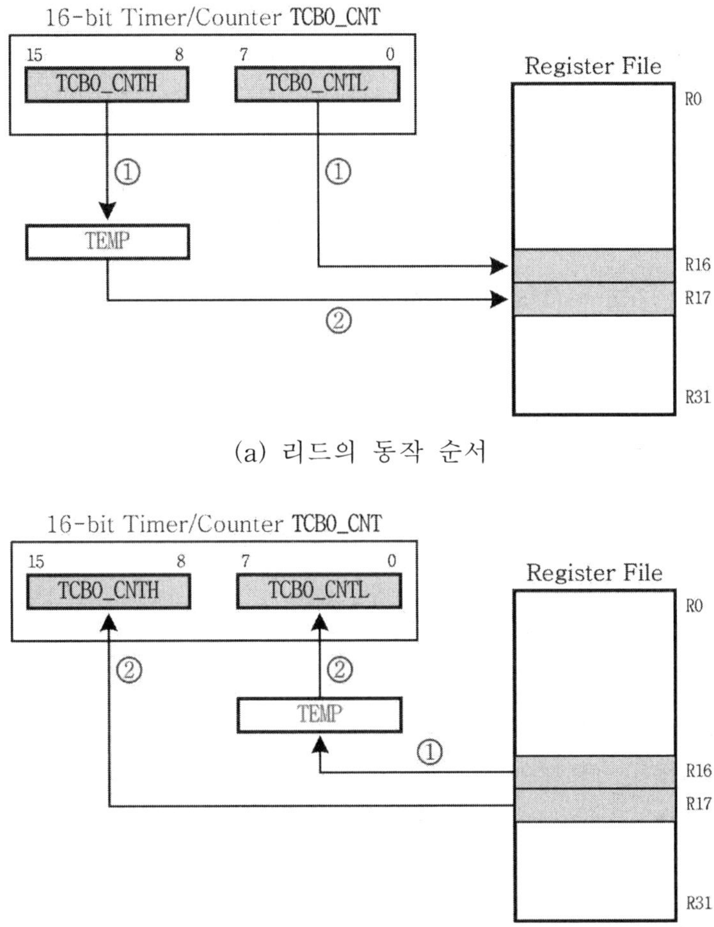

(a) 리드의 동작 순서

(b) 라이트의 동작 순서

〈그림 1.3.4〉 AVR128DA64에서 16비트 레지스터 TCB0_CNT의 리드 및 라이트 동작

B형 타이머/카운터 레지스터 TCB0_CNT를 TCB0_CNTH와 TCB0_CNTL로 나누고 순서를 지켜서 어셈블리 언어로 액세스하는 예는 다음과 같다.

예 16비트 레지스터 TCB0_CNT를 리드하는 경우

```
LDS     R16, TCB0_CNTL      ; R16 ← TCB0_CNTL(read low byte first)
LDS     R17, TCB0_CNTH      ; R17 ← TCB0_CNTH
```

예 16비트 레지스터 TCB0_CNT를 라이트하는 경우

```
LDI     R16, low(10000)     ; R17:R16 ← 10000
LDI     R17, high(10000)
STS     TCB0_CNTL, R16      ; TCB0_CNTL ← R16(write low byte first)
STS     TCB0_CNTH, R17      ; TCB0_CNTH ← R17
```

C언어의 경우에도 이러한 16비트 레지스터의 액세스 순서는 지켜져야 한다. 그러나, C언어에서는 8비트 레지스터를 2개 합하여 16비트 레지스터를 정의하고 있으므로 그것을 1번에 액세스하도록 프로그램할 수 있도록 하였으며, 이렇게 하면 내부적으로 C컴파일러가 이를 올바르게 순서대로 액세스하도록 번역하여 처리해준다.

예 16비트 레지스터 TCB0_CNT를 리드하는 경우

```
unsigned int x;
x = TCB0_CNTL + (TCB0_CNTH << 8);  // 8-bit access(read low byte first)

x = TCB0_CNT;                      // 16-bit access
```

예 16비트 레지스터 TCB0_CNT를 라이트하는 경우

```
TCB0_CNTL = 10000 & 0x00FF;        // 8-bit access(write low byte first)
TCB0_CNTH = (10000 >> 8);

TCB0_CNT = 10000;                  // 16-bit access
```

AVR128DA64에서 이처럼 16비트 레지스터를 가지고 있는 주변장치는 반드시 임시 레지스터 TEMP를 1개씩 가지고 있다. 그런데, 이처럼 16비트 레지스터를 액세스하는 동안에 인터럽트가 발생하고 인터럽트 처리 루틴에서 동일한 16비트 레지스터를 액세스한다면 임시 레지스터 TEMP의 값이 변경되므로 문제가 발생할 수 있다. 이러한 문제가 발생하는 것을 방지하려면 16비트 레지스터를 액세스하는 동안에는 인터럽트를 잠시 금지시켜 두거나, 또는 인터럽트 처리 루틴의 시작 부분에서 임시 레지스터 TEMP를 저장하고 인터럽트 처리 루틴의 끝 부분에서 이 값을 복구하면 된다.

(2) 싱글 사이클 I/O 레지스터 영역

이 I/O 메모리 영역에서 가장 낮은 번지인 0x0000~0x003F의 64개 주변장치 레지스터(single-cycle I/O register)들은 IN/OUT 명령을 사용하여 1클록 사이클의 시간에 빠르게 액세스할 수 있고, 그 나머지의 확장 I/O 영역에 있는 주변장치의 레지스터(extended I/O register)들은 LD/LDD/LDS/ST/STD/STS 명령을 사용하여 2~3클록 사이클의 시간에 좀 더 느리게 액세스된다.

이처럼 빠른 처리 영역에 포함되는 장치에는 가상 병렬 포트 VPORTA~VPORTG, GPR 레지스터, CPU 코어 등의 3가지가 있다. 따라서, 이 영역에 포함되어 있는 가상 병렬포트 VPORTA~VPORTG를 사용하면 실제의 병렬포트 PORTA~PORTG를 사용하는 것보다 더 빠르게 병렬 입출력 동작을 수행할 수 있다. 가상 병렬포트에 대해서는 제2.2절에서 병렬 I/O 포트를 설명할 때 함께 설명하기로 한다.

CPU 코어는 AVR128DA64의 CPU가 기본적인 동작을 수행하는데 사용하는 시스템 레지스터들을 관리하는 장치인데, 이에 대해서는 제1.2절에서 설명한 바 있다.

GPR 장치에는 AVR128DA64에서 새롭게 사용하는 4개의 범용 레지스터(General Purpose Register) GPR0~GPR3이 들어있다. 이것들은 사용자 프로그램에서 임의의 정보를 저장하는데 사용할 수 있는데, 특히 전역변수나 인터럽트 플랙을 저장하는 용도로 사용하면 좋으며 SBI/CBI/SBIS/SBIC 명령에서 비트 어드레싱으로 기능을 처리하는데도 유용하다. AVR128DA64의 GPR을 구성하는 레지스터를 정리하면 <표 1.3.7>과 같다.

〈표 1.3.7〉 AVR128DA64의 GPR과 관련된 레지스터 요약

어드레스	레지스터 이름	풀어 쓴 레지스터 이름	리셋 후 초기값
0x001C	GPR_GPR0	General Purpose Register 0	0x00
0x001D	GPR_GPR1	General Purpose Register 1	0x00
0x001E	GPR_GPR2	General Purpose Register 2	0x00
0x001F	GPR_GPR3	General Purpose Register 3	0x00

■ 범용 레지스터 GPR_GPRn (리셋후 디폴트값 : 0x00)

b7	b6	b5	b4	b3	b2	b1	b0
GPRn[7:0]							
R/W	R/W	R/W	R/W	R/W	R/W	R/W	R/W

- GPRn[7:0] : General Purpose Register Byte

(3) 시스템 설정 레지스터 SYSCFG

I/O 메모리 영역 0x0000~0x103F의 거의 끝부분에 시스템 설정 레지스터(System Configuration Register) SYSCFG가 있다. 여기에는 AVR128DA64 소자를 생산할 때 하드웨어가 변경되는 경우 revision ID를 기록하기 위한 SYSCFG_REVID 레지스터를 가지고 있다. AVR128DA64의 SYSCFG를 구성하는 I/O 제어 레지스터를 정리하면 <표 1.3.8>과 같다.

〈표 1.3.8〉 AVR128DA64의 SYSCFG와 관련된 I/O 제어 레지스터 요약

어드레스	레지스터 이름	풀어 쓴 레지스터 이름	리셋 후 초기값
0x0F01		(reserved)	
0x0F02	SYSCFG_REVID	SYSCFG Device Revision ID Register	0x??
0x0F03 ~ 0x0FFF		(reserved)	

■ 소자 수정 번호 레지스터 SYSCFG_REVID (리셋후 디폴트값 : 0x??)

b7	b6	b5	b4	b3	b2	b1	b0
MAJOR[3:0]				MINOR[3:0]			
R	R	R	R	R	R	R	R

- MAJOR[3:0] : Major Revision (0x01=A, 0x02=B, 0x03=C, and so on)
- MINOR[3:0] : Minor Revision (0x00=0, 0x01=1, 0x02=2, and so on)

10. 불휘발성 메모리 제어기(NVMCTRL)

AVR128DA64의 NVM(Nonvolatile Memory) 제어기 NVMCTRL은 <그림 1.3.5>에 보였듯이 이 소자에 내장된 불휘발성 메모리인 플래시 메모리, EEPROM, SIGROW, USERROW, FUSE를 관리하는 장치이다. 여기서 플래시 메모리는 프로그램과 데이터를 저장할 수 있으나, 나머지의 모든 메모리는 데이터만을 저장할 수 있다.

NVMCTRL의 메모리 관리 기능에는 UPDI 인터페이스를 이용하여 외부에서 프로그램이나 데이터를 다운로드 하는 ISP(In-System Programming) 기능, 사용자 프로그램에서 이들 불휘발성 메모리를 직접 프로그램하는 Self-Programming 기능, 읽기 및 쓰기 동작에 대한 보호기능 등이 있다. 각각의 메모리에 대한 이러한 기능은 이미 앞에서 모두 설명하였다.

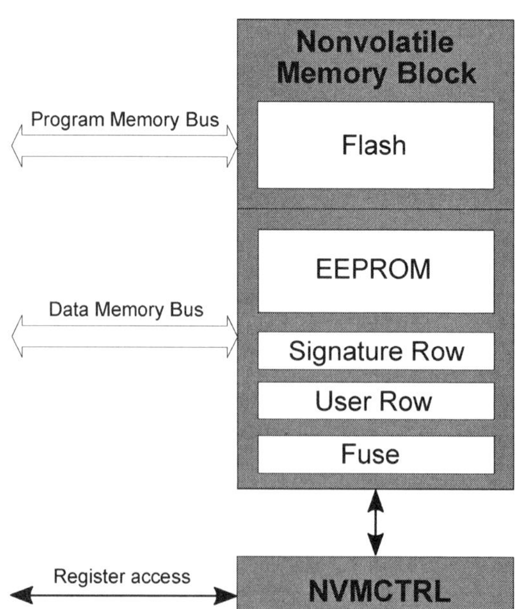

〈그림 1.3.5〉 AVR128DA64에서 NVM 제어기 NVMCTRL의 구조

AVR128DA64 소자에 너무 낮은 전원 전압이 공급되는 상태에서 플래시 메모리나 EEPROM의 쓰기 또는 삭제 동작을 수행하는 경우에는 이들 메모리의 내용이 깨지는 사고(memory corruption)가 발생할 수 있다. 이런 문제를 방지하려면 BOD 기능을 설정하여 소자가 너무 낮은 전압에서는 동작하지 않도록 하는 것이 좋다.

AVR128DA64의 NVM 제어기 NVMCTRL을 구성하는 I/O 제어 레지스터를 정리하면 <표 1.3.9>와 같다.

〈표 1.3.9〉 AVR128DA64의 NVMCTRL과 관련된 I/O 제어 레지스터 요약

어드레스	레지스터 이름	풀어 쓴 레지스터 이름		리셋 후 초기값
0x1000	NVMCTRL_CTRLA	NVMCTRL Control A Register	☆	0x00
0x1001	NVMCTRL_CTRLB	NVMCTRL Control B Register	★	0x30
0x1002	NVMCTRL_STATUS	NVMCTRL Status Register		0x00
0x1003	NVMCTRL_INTCTRL	NVMCTRL Interrupt Control Register		0x00
0x1004	NVMCTRL_INTFLAGS	NVMCTRL Interrupt Flags Register		0x00
0x1005		(reserved)		
0x1006	NVMCTRL_DATA	NVMCTRL Data Register (L)		0x00
0x1007		NVMCTRL Data Register (H)		0x00
0x1008	NVMCTRL_ADDR	NVMCTRL Address Register (Low)		0x00
0x1009		NVMCTRL Address Register (High)		0x00
0x100A		NVMCTRL Address Register (Extended)		0x00

▣ 제어 레지스터 A NVMCTRL_CTRLA (리셋후 디폴트값 : 0x00)

이 레지스터는 CCP로 보호받고 있으므로 여기에 값을 쓰려면 먼저 CPU_CCP 레지스터에 0x9D를 써서 불휘발성 메모리의 Self-Programming이 가능하도록 설정해 주어야 한다.

b7	b6	b5	b4	b3	b2	b1	b0
–	CMD[6:0]						
–	R/W	R/W	R/W	R/W	R/W	R/W	R/W

- CMP[6:0] : Command

아래에서 0x20(칩 삭제)과 0x30(EEPROM 삭제) 명령은 즉시 실행되지만, 나머지 명령들은 동작 모드를 설정하며 실제의 동작은 후속으로 이어지는 CPU의 ST/STD/STS 명령에 의하여 시작된다. 아래 명령을 바꾸어 지시하려면 명령 충돌 에러를 피하기 위하여 그 사이에 0x00 또는 0x01 명령을 주어야 한다.

0x00 = NOCMD. No command
0x01 = NOOP. No operation
0x02 = FLWR. Flash Write Enable
0x08 = FLPER. Flash Page Erase Enable
0x09 = FLMPER2. Flash 2-page Erase Enable
0x0A = FLMPER4. Flash 4-page Erase Enable
0x0B = FLMPER8. Flash 8-page Erase Enable
0x0C = FLMPER16. Flash 16-page Erase Enable
0x0D = FLMPER32. Flash 32-page Erase Enable
0x12 = EEWR. EEPROM Write Enable
0x13 = EEERWR. EEPROM Erase and Write Enable
0x18 = EEBER. EEPROM Byte Erase Enable
0x19 = EEMBER2. EEPROM 2-byte Erase Enable

0x1A = EEMBER4. EEPROM 4-byte Erase Enable
0x1B = EEMBER8. EEPROM 8-byte Erase Enable
0x1C = EEMBER16. EEPROM 16-byte Erase Enable
0x1D = EEMBER32. EEPROM 32-byte Erase Enable
0x20 = CHER. Erase Chip(Flash and EEPROM). 그러나, FUSE에서 EESAVE=1로 설정되어 있으면 EEPROM은 삭제되지 않는다. 이 명령은 UPDI로만 사용할 수 있다.
0x30 = EECHER. Erase EEPROM

▣ 제어 레지스터 B NVMCTRL_CTRLB (리셋후 디폴트값 : 0x30)

이 레지스터는 CCP로 보호받고 있으므로 여기에 값을 쓰려면 먼저 CPU_CCP 레지스터에 0xD8을 써서 보호된 I/O 레지스터를 풀어 주어야 한다.

b7	b6	b5	b4	b3	b2	b1	b0
FLMAPLOCK	-	FLMAP[1:0]		-	APPDATAWP	BOOTRP	APPCODEWP
R/W	-	R/W	R/W	-	R/W	R/W	R/W

- FLMAPLOCK : Flash Mapping Lock
  0 = FLMAP[1:0] 비트의 내용을 변경할 수 있다. 이 비트는 시스템 리셋에 의해서만 0으로 클리어된다.
  1 = FLMAP[1:0] 비트의 내용을 변경하지 못하도록 lock을 설정한다.
- FLMAP[1:0] : Flash Section Mapped into Data Space
  128KB의 플래시 메모리를 32KB 용량의 4개 영역으로 나누어 이중에 하나를 데이터 메모리의 0x8000 ~0xFFFF 번지로 맵핑하고 LD/LDD/LDS 명령으로 이를 읽거나 ST/STD/STS 명령으로 이를 쓰는 것이 가능하게 한다. 이 비트는 CCP 레지스터와 관계없이 변경 가능하다.
  00 = 플래시 메모리의 0~32KB 영역을 데이터 메모리의 0x8000~0xFFFF 번지로 맵핑한다.
  01 = 플래시 메모리의 32KB~64KB 영역을 데이터 메모리의 0x8000~0xFFFF 번지로 맵핑한다.
  10 = 플래시 메모리의 64KB~96KB 영역을 데이터 메모리의 0x8000~0xFFFF 번지로 맵핑한다.
  11 = 플래시 메모리의 96KB~128KB 영역을 데이터 메모리의 0x8000~0xFFFF 번지로 맵핑한다.
- APPDATAWP : Application Data Section Write Protection
  0 = 플래시 메모리의 응용프로그램 데이터 영역에 쓰는 동작이 가능하다. 이 비트는 시스템 리셋에 의해서만 0으로 클리어된다.
  1 = 플래시 메모리의 응용프로그램 데이터 영역에 쓰는 동작을 금지한다.
- BOOTRP : Boot Section Read Protection
  0 = 부트로더 코드 영역을 읽는 동작이 가능하다.
  1 = 부트로더 코드 영역이나 다른 영역에서 부트로더 코드 영역을 읽는 동작을 금지한다.
- APPCODEWP : Application Code Section Write Protection
  0 = 플래시 메모리의 응용프로그램 코드 영역에 쓰는 동작이 가능하다. 이 비트는 시스템 리셋에 의해서만 0으로 클리어된다.
  1 = 플래시 메모리의 응용프로그램 코드 영역에 쓰는 동작을 금지한다.

▣ 상태 레지스터 NVMCTRL_STATUS (리셋후 디폴트값 : 0x00)

b7	b6	b5	b4	b3	b2	b1	b0
-	ERROR[2:0]			-	-	EEBUSY	FBUSY
-	R/W	R/W	R/W	-	-	R	R

- ERROR[2:0] : Error Code
  가장 최근에 발생한 NVM 에러를 보여준다. 이 비트는 000을 쓰면 지워진다.
  000 = 에러가 발생하지 않았다.(No error)
  001 = 지시된 명령(command)이 유효하지 않다.
  010 = 쓰고자 하는 메모리 영역이 보호되어 있다.
  011 = 현재 쓰기 또는 삭제 명령이 수행되고 있는데 새로운 쓰기 또는 삭제 명령이 지시되었다.
- EEBUSY : EEPROM Busy
  0 = 현재 EEPROM에 쓰기/지우기 동작이 수행 중인 상태가 아니다.
  1 = 현재 EEPROM에 쓰기/지우기 동작이 수행 중인 상태이다.

• FBUSY : Flash Busy
0 = 현재 플래시 메모리에 쓰기/지우기 동작이 수행 중인 상태가 아니다.
1 = 현재 플래시 메모리에 쓰기/지우기 동작이 수행 중인 상태이다.

▣ 인터럽트 제어 레지스터 NVMCTRL_INTCTRL (리셋후 디폴트값 : 0x00)

b7	b6	b5	b4	b3	b2	b1	b0
–	–	–	–	–	–	–	EEREADY
–	–	–	–	–	–	–	R/W

• EEREADY : EEPROM Ready Interrupt
0 = EEPROM Ready 인터럽트의 발생을 금지한다.
1 = EEPROM Ready 인터럽트의 발생을 허용한다.

▣ 인터럽트 플랙 레지스터 NVMCTRL_INTFLAGS (리셋후 디폴트값 : 0x00)

b7	b6	b5	b4	b3	b2	b1	b0
–	–	–	–	–	–	–	EEREADY
–	–	–	–	–	–	–	R/W

• EEREADY : EEPROM Ready Interrupt
0 = EEPROM is busy. 이 비트를 0으로 클리어하려면 여기에 1을 써주어야 한다.
1 = EEPROM is not busy.

▣ 데이터 레지스터 NVMCTRL_DATA (리셋후 디폴트값 : 0x0000)

	b15	b14	b13	b12	b11	b10	b9	b8
DATAH	DATA[15:7]							
	R/W	R/W	R/W	R/W	R/W	R/W	R/W	R/W

	b7	b6	b5	b4	b3	b2	b1	b0
DATAL	DATA[7:0]							
	R/W	R/W	R/W	R/W	R/W	R/W	R/W	R/W

• DATA[15:0] : Data
플래시 메모리나 EEPROM을 읽는 동작에서 마지막으로 읽은 데이터를 가지고 있다. 단, EEPROM을 읽는 동작을 수행하는 경우에는 하위 8비트인 DATA[7:0]만을 사용한다.

▣ 어드레스 레지스터 NVMCTRL_ADDR (리셋후 디폴트값 : 0x000000)

	b23	b22	b21	b20	b19	b18	b17	b16
ADDR2	ADDR[23:16]							
	R/W	R/W	R/W	R/W	R/W	R/W	R/W	R/W

	b15	b14	b13	b12	b11	b10	b9	b8
ADDR1	ADDR[15:7]							
	R/W	R/W	R/W	R/W	R/W	R/W	R/W	R/W

	b7	b6	b5	b4	b3	b2	b1	b0
ADDR0	ADDR[7:0]							
	R/W	R/W	R/W	R/W	R/W	R/W	R/W	R/W

• ADDR[23:0] : Address
플래시 메모리나 EEPROM을 액세스하는 동작에서 사용할 메모리 어드레스를 가지고 있다. 데이터 메모리 영역을 액세스할 때는 하위 16비트인 ADDR[15:0]만을 사용한다.

1.4 AVR128DA64의 시스템 제어 기능

이 절에서는 AVR128DA64의 주변장치 중에서 일반적인 다른 주변장치와는 다르게 CPU 코어의 기본 기능에 가까운 특성을 갖는 시스템 제어기들을 모아서 설명한다. 이러한 AVR128DA64의 시스템 제어기는 이 마이크로컨트롤러의 기본 동작을 이해하거나 응용 시스템을 설계할 때 꼭 필요하므로 잘 알아두어야 한다.

1. 리셋 제어기(RSTCTRL)

시스템 리셋은 AVR128DA64 마이크로컨트롤러 소자를 무조건 전원 투입 직후의 초기 상태로 만들고 사용자 프로그램을 리셋 벡터로부터 다시 실행하기 시작하도록 하는 기능이다. 이러한 시스템 리셋을 발생하는 소스는 총 6가지가 있는데, 전원 투입 리셋(POR), 정전 검출(BOD) 리셋, 외부 리셋($\overline{\text{RESET}}$), 워치독 타이머(WDT) 리셋, 소프트웨어 리셋(SWRST), UPDI 리셋 등이다. 리셋 제어기 RSTCTRL은 이들 리셋 신호를 관리하고 이 신호를 받아서 리셋 기능을 처리하는 역할을 수행한다.

(1) 전원 투입 리셋(POR)

전원투입 리셋(POR ; Power-on Reset)은 소자에 전원이 투입되었을 때 마이크로컨트롤러 내부에 있는 전압 검출회로가 전원전압 V_{DD}를 검출하여 이 소자의 동작에 필요한 전압을 확인하였을 때 내부의 제어회로와 메모리가 안전하게 동작을 시작하도록 하는 기능이다.

이 리셋은 전원전압이 상승하여 지정된 문턱전압 V_{POR}에 도달할 때까지 유효하며, 전원전압이 V_{POR} 이상으로 높아지면 다시 기동시간 t_{SUT}와 리셋 초기화 시간 t_{INIT}가 경과한 후에 리셋이 해제되면서 마이크로컨트롤러의 프로그램 실행이 시작된다. 그러다가 만약 전원전압이 하강하여 V_{PORR} 이하로 낮아지면 다시 리셋이 발생한다.

AVR128DA64에서 전원전압의 상승 문턱전압 V_{POR}은 1.6V로 되어 있으며 하강 문턱전압 V_{PORR}은 1.25V이므로 전원전압에 의한 리셋 동작의 히스테리시스 폭은 0.35V이다. 또한, 기동시간(start-up time) t_{SUT}는 전원 투입 이후에 시스템 클록을 발생하는 오실레이터가 안정된 동작을 수행할 때까지 기다려주기 위한 것인데, 이 값은 퓨즈

FUSE_SYSCFG1에서 0~64ms의 범위로 설정한다. $\overline{\text{RESET}}$ 단자를 전원전압 V_{DD}에 연결하고 전원을 투입하였을 때의 리셋 동작을 <그림 1.4.1>에 보였다.

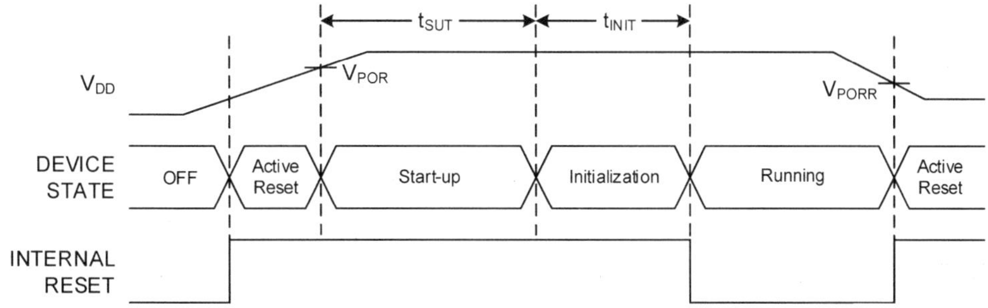

〈그림 1.4.1〉 전원 투입 리셋의 동작

(2) 정전 검출(BOD) 리셋

정전 검출 리셋(Brown-Out Detector Reset)은 마이크로컨트롤러 내부에 있는 전압 검출회로가 전원전압 V_{DD}를 검출하여 이것이 미리 설정된 BOD 문턱전압 이하로 낮아지면 리셋이 발생함으로써 프로그램의 실행을 정지시키는 기능이다.

BOD 기능의 사용 여부는 FUSE_BODCFG에서 설정한다. BOD 리셋이 발생하려면 전원전압이 BOD 하강 문턱전압 V_{BOD-} 이하로 t_{BOD} = 3μs 이상 동안 지속되어야 하며, 전원전압이 다시 BOD 상승 문턱전압 V_{BOD+} 이상으로 높아지면 BOD 리셋이 해제된다. BOD 문턱전압 V_{BOD}는 당연히 전원투입 리셋 전압 V_{PORR} = 1.25V보다는 높아야하는데, 이것은 퓨즈의 FUSE_BODCFG에서 LVL[2:0] 비트를 사용하여 1.90V, 2.45V, 2.70V, 2.85V로 설정할 수 있으며, BOD 문턱전압의 히스테리시스 폭은 44mV이다. BOD 리셋이 해제될 때의 기동시간 t_{BODSUT}는 1.9μs로 짧다.

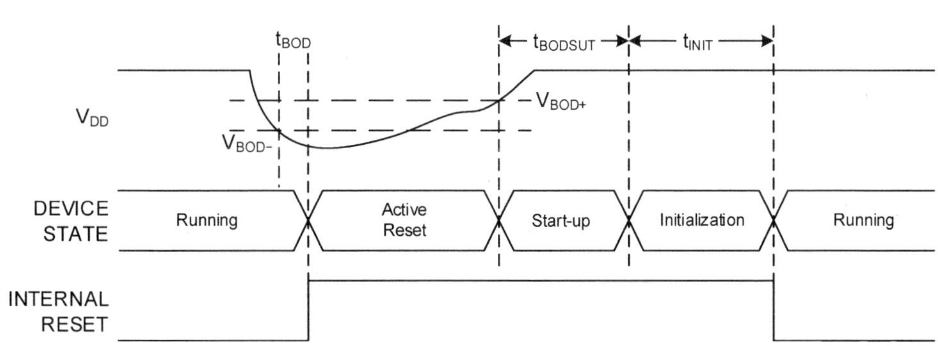

〈그림 1.4.2〉 정전 검출 리셋의 동작

(3) 외부 리셋

외부 리셋(External Reset)은 마이크로컨트롤러의 외부에서 $\overline{RESET}$ 핀을 통해서 입력된 리셋 신호에 의하여 동작하는데, 이 리셋 신호는 노이즈 필터(noise filter)를 거치고 하강 문턱전압 $V_{RST-} = 0.2 \times V_{DD}$ 이하의 레벨이 최소 시간 $t_{RST} = 2.5\mu s$ 이상 동안 입력되면 시스템 리셋 동작이 시작된다. 이 리셋 신호가 다시 상승 문턱전압 $V_{RST+} = 0.8 \times V_{DD}$ 이상으로 올라가면 초기화 시간을 지나서 리셋이 해제된다.

AVR128DA64에서 리셋 신호 $\overline{RESET}$은 병렬 I/O 포트 PF6에 부수적인 기능으로 되어 있어서 이 단자를 PF6으로 사용할 것인지 또는 $\overline{RESET}$으로 사용할 것인지는 퓨즈의 FUSE_SYSCFG0에서 RSTPINCFG[1:0] 비트로 설정해 주어야 한다.

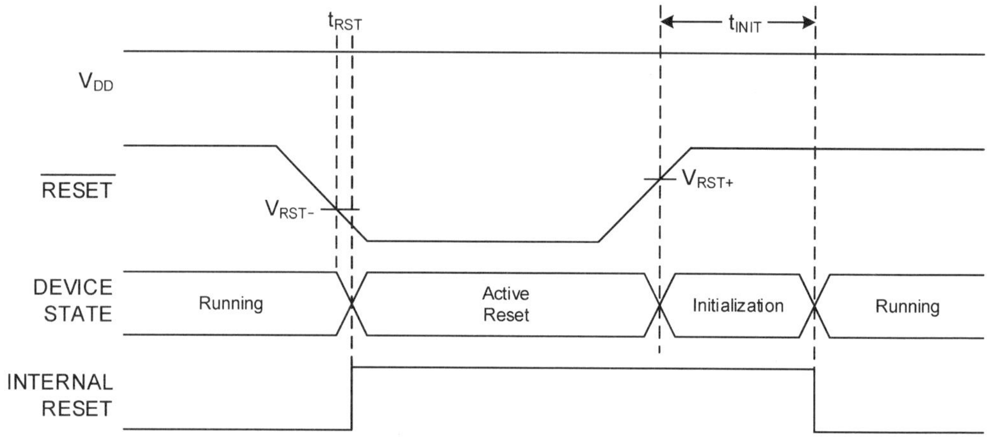

〈그림 1.4.3〉 외부 리셋의 동작

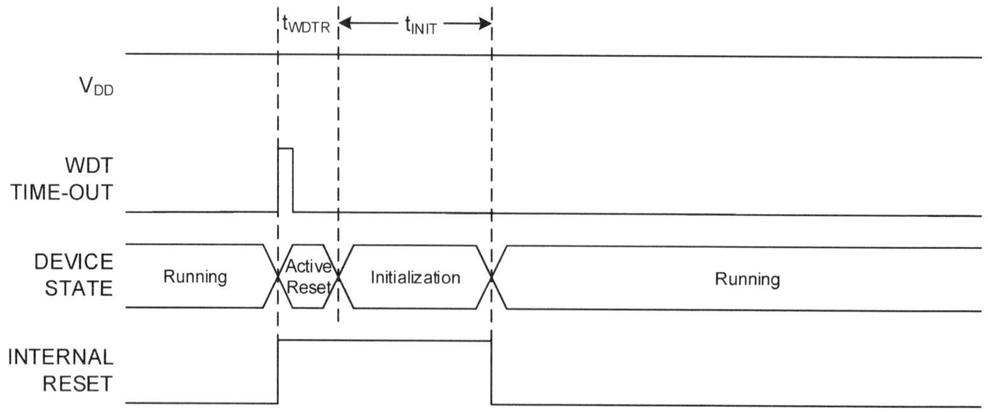

〈그림 1.4.4〉 워치독 타이머 리셋의 동작

(4) 워치독 타이머(WDT) 리셋

워치독 타이머(Watchdog Timer) WDT는 프로그램이 정상적으로 실행되고 있는지를 감시하는 시스템 기능인데, 사용자가 지정한 타임아웃(timeout) 주기 이상으로 오동작 상황이 지속되면 WDT가 타임아웃 신호를 출력한다. 이 타임아웃 신호에 의하여 t_{WDTR} = 150ns 동안 시스템 리셋이 발생하고 초기화 시간을 거쳐서 해제된다.

(5) 소프트웨어 리셋(SWRST)

소프트웨어 리셋(Software Reset) SWRST는 사용자가 원할 때 프로그램 명령으로 시스템 리셋을 발생하는 것이다. 이것은 사용자가 RSTCTRL_SWRR 레지스터에 있는 SWRST 비트에 1을 써주면 즉시 발생한다. 이러한 SWRST는 t_{SWR} = 150ns 동안 시스템 리셋을 발생하고 초기화 시간을 거쳐서 해제된다.

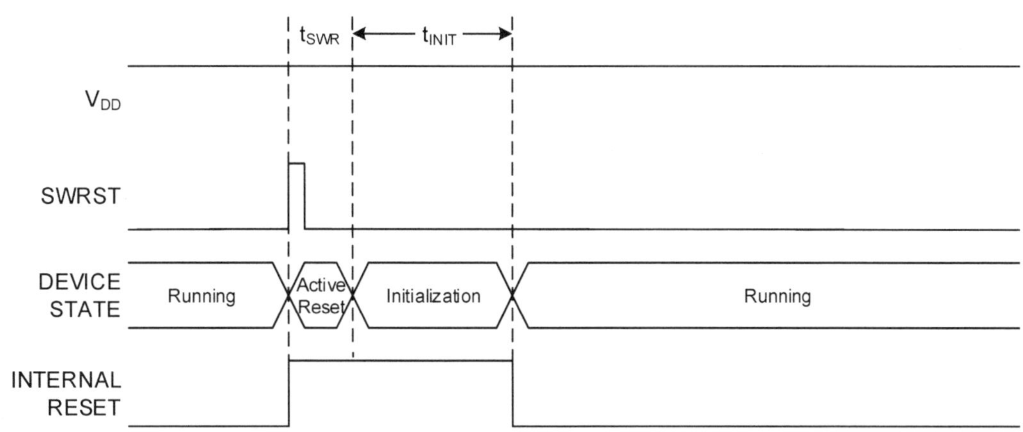

〈그림 1.4.5〉 소프트웨어 리셋의 동작

(6) UPDI 리셋

UPDI는 외부에서 소자 내부의 불휘발성 메모리를 프로그램하거나 프로그램 실행 중에 디버깅 기능을 수행하기 위한 1선 방식의 직렬통신 인터페이스인데, 여기서는 필요할 때 소자를 시스템 리셋하는 기능을 가지고 있다.

AVR128DA64의 리셋 제어기 RSTCTRL을 구성하는 I/O 제어 레지스터를 정리하면 <표 1.4.1>과 같다.

〈표 1.4.1〉 AVR128DA64의 RSTCTRL과 관련된 I/O 제어 레지스터 요약

어드레스	레지스터 이름	풀어 쓴 레지스터 이름	리셋 후 초기값
0x0040	RSTCTRL_RSTFR	RSTCTRL Reset Flag Register	0x??
0x0041	RSTCTRL_SWRR	RSTCTRL Software Reset Register ★	0x00

▣ 리셋 플랙 레지스터 RSTCTRL_RSTFR (리셋후 디폴트값 : 0x??)

b7	b6	b5	b4	b3	b2	b1	b0
–	–	UPDIRF	SWRF	WDRF	EXTRF	BORF	PORF
–	–	R/W	R/W	R/W	R/W	R/W	R/W

- UPDIRF : UPDI Reset Flag
  UPDI 리셋이 발생하였음을 나타낸다.
- SWRF : Software Reset Flag
  소프트웨어 리셋이 발생하였음을 나타낸다.
- WDRF : Watchdog Timer Reset Flag
  워치독 타이머 리셋이 발생하였음을 나타낸다.
- EXTRF : External Reset Flag
  외부 리셋이 발생하였음을 나타낸다.
- BORF : Brown-Out Reset Flag
  정전 검출기 리셋이 발생하였음을 나타낸다.
- PORF : Power-On Reset Flag
  전원 투입 리셋이 발생하였음을 나타낸다.

▣ 소프트웨어 리셋 레지스터 RSTCTRL_SWRR (리셋후 디폴트값 : 0x00)

이 레지스터는 CCP로 보호받고 있으므로 여기에 값을 쓰려면 먼저 CPU_CCP 레지스터에 0xD8을 써서 보호된 I/O 레지스터를 풀어 주어야 한다.

b7	b6	b5	b4	b3	b2	b1	b0
–	–	–	–	–	–	–	SWRST
–	–	–	–	–	–	–	R/W

- SWRST : Software Reset
  0 = 이 비트를 읽으면 항상 0으로 읽혀진다.
  1 = 이 비트에 1을 쓰면 즉시 소프트웨어 리셋이 발생한다.

2. 클록 제어기(CLKCTRL)

AVR128DA64의 클록 제어기 CLKCTRL은 이 소자에 내장된 발진기(oscillator) 및 클록 소스(clock source)를 제어하고 주파수를 분주하거나 이 클록 소스들을 각 장치에 선택하여 공급하는 등의 관리를 수행한다. 이 소자의 클록 소스는 총 4가지를 사용할 수 있는데, 내부 발진기에는 1~24MHz의 고주파 발진기 OSCHF, 32.768kHz의 저주파 발진기 OSC32K의 2가지가 있고, 외부 발진기에는 32.768kHz의 크리스털을 사용하는 XOSC32K와 외부 클록 입력 EXTCLK이 있다.

각종 발진기의 종류 및 이것들이 발생하는 클록 소스와 이 클록 신호들을 사용하는 장치들의 관계를 그림 <1.4.6>에 보였다.

메인 클록(main clock)은 FUSE_OSCCFG를 사용하여 내부 오실레이터인 OSCHF와 OSC32K 중에서 하나를 선택하여 동작할 수 있으며, 이것은 다시 사용자 프로그램에서 CLKCTRL_MCLKCTRLA 레지스터를 사용하여 OSC32K, XOSC32K, OSCHF, 외부 클록 중에서 하나를 선택되어 사용할 수 있다.(AVR128DA64는 디폴트로 내부 고주파 발진기 OSCHF에서 4MHz를 발생하고 이를 메인 클록으로 선택하여 동작한다. 그러나, 필요하면 사용자가 이 OSCHF의 출력을 1~24MHz의 범위에서 선택할 수 있다.)

이렇게 선택된 메인 클록은 CLKCTRL_MCLKCTRLB 레지스터를 사용하여 1~64로 분주된 후에 CPU, 플래시 메모리, SRAM 및 대부분의 주변장치에 공급된다. 그러나, 타이머 TCD0는 이 주변장치 클록을 사용할 수도 있고 다른 클록 소스를 사용할 수도 있으며, 특별히 BOD와 WDT는 OSC32K를 분주하여 사용한다.

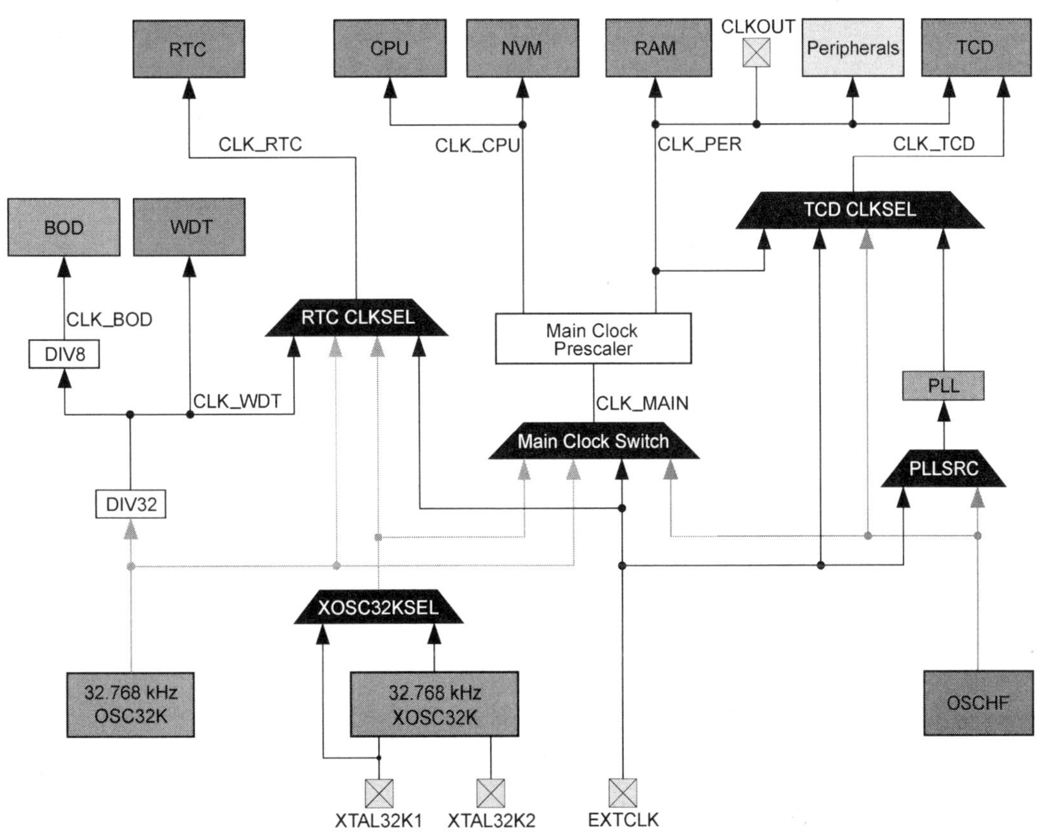

〈그림 1.4.6〉 AVR128DA64 클록 제어기의 구성 블록도

클록 소스를 변경하기 위하여 CLKCTRL_MCLKCTRLA 레지스터에 값을 쓰는 동작은 CPU_CCP의 보호를 받아 안전하게 수행한다. 이 레지스터에 새로 값을 써서 클록 소스를 외부 클록으로 변경하고자 할 때는 즉시 클록 소스가 변경되지 않고 외부 클록 소스에서 몇 개의 클록 에지를 검출하여 외부 클록이 충분히 안정적이라고 판단되어야만 클록 소스 변경이 수행된다. 이처럼 현재 클록 소스 변경이 수행 중이라면 이는 CLKCTRL_MCLKSTATUS 레지스터의 SOSC 비트에 표시된다. 클록 제어기에서는 그 이외의 여러 레지스터들도 CPU_CCP의 보호를 받아 안전하게 동작한다.

AVR128DA64에서 클록 소스가 사용되지도 않고 다른 주변장치에서 이 클록을 요청하지도 않으면 이 클록 소스는 동작하지 않고 멈춘다. 그러나, 각 클록 소스별로 해당 제어 레지스터에서 RUNSTDBY 비트를 1로 설정하면 그 클록 소스를 요청함으로써 파워 다운 모드가 아니라면 이것이 상시로 동작 상태에 있게 된다. 이렇게 하면 평소에 클록 소스가 동작 상태로 대기하게 되므로 소비전력은 증가하지만 주변장치에서 이 클록 소스를 사용하고자 할 때 기동 시간(syart-up time)이 필요 없게 되는 장점이 있다. 메인 클록은 액티브 모드와 아이들 모드에서는 항상 동작하고 있으며, 스탠바이 모드에서는 어느 주변장치의 요청이 있거나 RUNSTDBY 비트를 1로 설정한 경우에만 동작하고, 파워다운 모드에서는 메인 클록이 정지하여 동작하지 않는다.

(1) 내부 고주파 발진기(OSCHF)

내부 고주파 발진기 OSCHF는 1, 2, 3, 4, 8, 12, 16, 20, 24MHz의 주파수 신호를 발생할 수 있는 발진기로서, 이것은 메인 클록이나 타이머 TCD0 클록으로 사용될 수 있으며, PLL 회로에서 2배 또는 3배로 주파수가 체배되어 타이머 TCD0 클록으로 사용될 수도 있다.

OSCHF는 별도의 외부 하드웨어를 사용하지 않고 발진 주파수를 얻을 수 있다는 것이 장점이지만 발진 주파수의 정밀도가 낮다는 단점이 있다. 이 때문에 OSCHF는 수동 튜닝 또는 자동 튜닝에 의하여 발진 주파수를 캘리브레이션하는 기능을 가지고 있는데, 이렇게 캘리브레이션을 수행하더라도 25℃에서 최대 ±2% 이내의 발진 주파수 오차를 가질 수 있으므로 타이머나 직렬통신 포트에서 정밀한 클록 주파수가 요구되는 응용 시스템에서는 OSCHF를 사용하지 않는 것이 좋다.

(2) 내부 저주파 발진기(OSC32K)

내부 저주파 발진기 OSC32K는 32.768kHz의 주파수 신호를 발생할 수 있는 발진기로서, 이를 메인 클록으로 사용한다면 이 소자의 소비전력을 극소로 낮출 수 있다. 그러나, 이 발진기도 역시 25℃에서 최대 ±2% 이내의 발진 주파수 오차를 가질 수 있다는 것이 단점이다.

OSC32K는 메인 클록으로 사용될 수도 있고, 32.768kHz의 주파수 또는 이를 32분주한 1.024kHz의 주파수로 RTC에서 사용될 수 있으며, 또한 WDT나 BOD의 클록 소스로 사용되기도 한다.

(3) 32.768kHz 크리스털 발진기(XOSC32K)

32.768kHz 크리스털 발진기 XOSC32K는 XTAL32K1 및 XTAL32K2 핀에 32.768kHz의 크리스털을 연결하여 사용하는 발진기이며, 만약 외부에서 32.768kHz의 클록 신호를 입력하려면 XTAL32K1 단자에 연결한다. XTAL32K1 및 XTAL32K2 핀에 크리스털을 연결할 때는 <그림 1.4.7>처럼 각 단자에서 접지쪽으로 커패시터를 연결해야 하는데, 이 커패시터의 용량은 CLKCTRL_XOSC32KCTRLA 레지스터에서 LPMODE=0으로 설정한 경우에는 18pF가 적합하고 LPMODE=1로 설정한 경우에는 8pF가 적합하다.

XOSC32K는 메인 클록으로 사용할 수도 있고 RTC에서 사용할 수도 있다. 또한, 이것은 OSCHF 클록을 자동 튜닝할 때 기준 클록으로 사용되기도 한다.

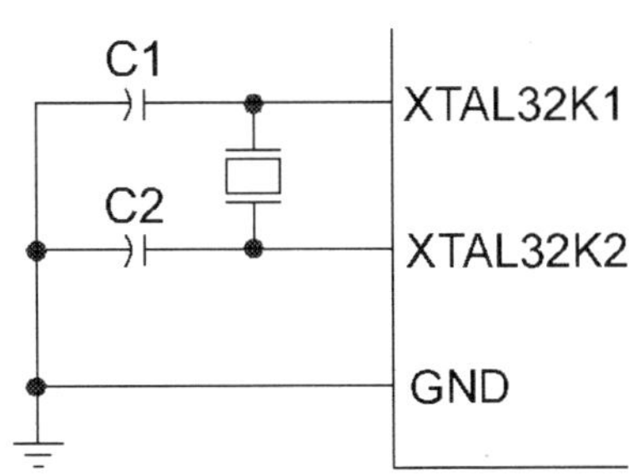

〈그림 1.4.7〉 XOSC32K에서 외부 크리스털의 접속 방법

(4) 외부 클록

외부 클록은 EXTCLK 단자를 통하여 최고 24MHz의 클록을 입력받아 시스템 클록으로 사용하는 것이다. EXTCLK 단자는 PA0의 부수적인 기능으로 되어 있는데 클록 소스를 EXTCLK으로 선택하면 이 단자는 자동으로 EXTCLK 단자로 동작하게 된다.

EXTCLK 신호는 외부에서 크리스털 오실레이터로 발진한 주파수를 사용할 수 있으므로 주파수 정밀도를 높게 할 수 있는 장점을 가지며, WDT과 BOD를 제외한 모든 장치의 클록 소스로 사용될 수 있다.

(5) PLL을 사용한 주파수 체배

AVR128DA64의 PLL(Phase-Locked Loop) 회로는 입력 주파수를 2배 또는 3배로 체배하여 16비트 타이머 TCD0의 클록 입력으로 공급한다.

PLL의 클록 소스는 CLKCTRL_PLLCTRLA 레지스터에서 OSCHF 또는 EXTCLK으로 선택하는데, 이것들을 PLL에서 사용하려면 주파수가 16MHz～24MHz여야 하며, PLL의 출력 주파수는 32MHz～48MHz이어야 한다. PLL은 다음과 같은 절차로 사용해야 한다.

① PLL의 클록 소스로 사용할 클록을 준비한다.
② CLKCTRL_PLLCTRLA 레지스터에서 SOUCE 비트로 클록 소스를 선택한다.
③ CLKCTRL_PLLCTRLA 레지스터에서 MULFAC 비트로 2배 또는 3배를 설정한다.
④ CLKCTRL_MCLKSTATUS 레지스터에서 PLLS 비트로 PLL이 안정적으로 동작하는 것을 확인하였으면 PLL 출력을 사용해도 된다.

(6) OSCHF의 주파수 튜닝

내부 고주파 발진기 OSCHF는 크리스털을 사용한 발진기에 비하여 주파수의 정밀도가 그다지 높지 않으므로 필요한 경우에는 주파수의 정밀도를 높이기 위한 캘리브레이션(calibartion) 또는 튜닝(tuning)을 수행할 수 있다. 이러한 캘리브레이션이나 튜닝 방법에는 2가지가 있다.

첫째로, 수동 튜닝(Manual Tuning) 방법은 CLKCTRL_OSCHFTUNE 레지스터에서 TUNE[7:0] 값을 사용자 프로그램으로 증가시키거나 감소시켜서 OSCHF의 적절한 발진 주파수를 찾는 것이다. 당연히 이 과정은 최적의 주파수를 찾을 때까지 여러차례의 시행착오를 거쳐야 한다.

둘째로, 자동 튜닝(Auto-Tune) 방법은 CLKCTRL_OSCHFCTRLA 레지스터에서 AUTOTUNE 비트를 1로 설정하면 클록 제어기가 XOSC32K의 주파수 32.768kHz를 기준으로 OSCHF의 주파수를 자동으로 최적화하는 것이다. 이렇게 자동 튜닝이 완료되면 AUTOTUNE 비트가 다시 0으로 되고, CLKCTRL_OSCHFTUNE 레지스터에서 최적의 TUNE[7:0] 값이 자동으로 저장된다.

(7) 클록 제어기의 I/O 제어 레지스터

AVR128DA64의 클록 제어기 CLKCTRL을 구성하는 I/O 제어 레지스터를 정리하면 <표 1.4.2>와 같다.

〈표 1.4.2〉 AVR128DA64의 CLKCTRL과 관련된 I/O 제어 레지스터 요약

어드레스	레지스터 이름	풀어 쓴 레지스터 이름	리셋 후 초기값
0x0060	CLKCTRL_CTRLA	CLKCTRL Control A Register ★	0x00
0x0061	CLKCTRL_CTRLB	CLKCTRL Control B Register ★	0x00
0x0062	CLKCTRL_MCLKLOCK	CLKCTRL Main Clock Lock Register ★	0x00
0x0063	CLKCTRL_MCLKSTATUS	CLKCTRL Main Clock Status Register	0x00
0x0064 ~ 0x0067		(reserved)	
0x0068	CLKCTRL_OSCHFCTRLA	CLKCTRL OSCHF Control A Register ★	0x0C
0x0069	CLKCTRL_OSCHFTUNE	CLKCTRL OSCHF Frequency Tune Register	0x00
0x006A ~ 0x006F		(reserved)	
0x0070	CLKCTRL_PLLCTRLA	CLKCTRL PLL Control A Register ★	0x00
0x0071 ~ 0x0077		(reserved)	
0x0078	CLKCTRL_OSC32KCTRLA	CLKCTRL OSC32K Control A Register ★	0x00
0x0079 ~ 0x007B		(reserved)	
0x007C	CLKCTRL_XOSC32KCTRLA	CLKCTRL XOSC32K Control A Register ★	0x00

▣ 메인 클록 제어 레지스터 A CLKCTRL_MCLKCTRLA (리셋후 디폴트값 : 0x00)

이 레지스터는 CCP로 보호받고 있으므로 여기에 값을 쓰려면 먼저 CPU_CCP 레지스터에 0xD8을 써서 보호된 I/O 레지스터를 풀어 주어야 한다.

b7	b6	b5	b4	b3	b2	b1	b0
CLKOUT	-	-	-	CLKSEL[3:0]			
R/W	-	-	-	R/W	R/W	R/W	R/W

- CLKOUT : Peripheral Clock Out
  0 = PA7/CLKOUT 단자를 PA7로 사용한다.
  1 = PA7/CLKOUT 단자를 CLKOUT으로 사용하여 여기에 주변장치 클록 CLK_PER를 출력한다.
- CLKSEL[3:0] : Clock Select
  0000 = 메인 클록으로 OSCHF를 사용한다.
  0001 = 메인 클록으로 OSC32K를 사용한다.
  0010 = 메인 클록으로 XOSC32K를 사용한다.
  0011 = 메인 클록으로 외부 클록 EXTCLK을 사용한다.

▣ 메인 클록 제어 레지스터 B CLKCTRL_MCLKCTRLB (리셋후 디폴트값 : 0x00)

이 레지스터는 CCP로 보호받고 있으므로 여기에 값을 쓰려면 먼저 CPU_CCP 레지스터에 0xD8을 써서 보호된 I/O 레지스터를 풀어 주어야 한다.

b7	b6	b5	b4	b3	b2	b1	b0
–	–	–	PDIV[3:0]				PEN
–	–	–	R/W	R/W	R/W	R/W	R/W

- PDIV[3:0] : Prescaler Division
  0000 = 메인 클록을 2로 나누어 CLK_CPU와 CLK_PER를 만든다.
  0001 = 메인 클록을 4로 나누어 CLK_CPU와 CLK_PER를 만든다.
  0010 = 메인 클록을 8로 나누어 CLK_CPU와 CLK_PER를 만든다.
  0011 = 메인 클록을 16으로 나누어 CLK_CPU와 CLK_PER를 만든다.
  0100 = 메인 클록을 32로 나누어 CLK_CPU와 CLK_PER를 만든다.
  0101 = 메인 클록을 64로 나누어 CLK_CPU와 CLK_PER를 만든다.
  0110~0111 = (reserved)
  1000 = 메인 클록을 6으로 나누어 CLK_CPU와 CLK_PER를 만든다.
  1001 = 메인 클록을 10으로 나누어 CLK_CPU와 CLK_PER를 만든다.
  1010 = 메인 클록을 12로 나누어 CLK_CPU와 CLK_PER를 만든다.
  1011 = 메인 클록을 24로 나누어 CLK_CPU와 CLK_PER를 만든다.
  1100 = 메인 클록을 48로 나누어 CLK_CPU와 CLK_PER를 만든다.
- PEN : Prescaler Enable
  0 = 분주기를 사용하지 않고 메인 클록을 그대로 CLK_CPU와 CLK_PER로 사용한다.
  1 = 분주기를 사용하여 메인 클록을 2~64로 분주하여 CLK_CPU와 CLK_PER로 사용한다.

▣ 메인 클록 잠금 레지스터 CLKCTRL_MCLKLOCK (리셋후 디폴트값 : 0x00)

이 레지스터는 CCP로 보호받고 있으므로 여기에 값을 쓰려면 먼저 CPU_CCP 레지스터에 0xD8을 써서 보호된 I/O 레지스터를 풀어 주어야 한다.

b7	b6	b5	b4	b3	b2	b1	b0
–	–	–	–	–	–	–	LOCKEN
–	–	–	–	–	–	–	R/W

- LOCKEN : Lock Enable
  0 = 현재 메인 클록의 잠금 기능이 사용되지 않는 상태이다.
  1 = CLKCTRL_MCLKCTRLA 및 CLKCTRL_MCLKCTRLB 레지스터의 값을 변경하거나 메인 클록을 캘리브레이션 하지 못하도록 잠근다. 이 비트를 0으로 하여 잠금을 해제하는 것은 하드웨어 리셋으로만 가능하다.

▣ 메인 클록 상태 레지스터 CLKCTRL_MCLKSTATUS (리셋후 디폴트값 : 0x00)

b7	b6	b5	b4	b3	b2	b1	b0
–	–	PLLS	EXTS	XOSC32KS	OSC32KS	OSCHFS	SOSC
–	–	R	R	R	R	R	R

- PLLS : PLL Status
  0 = PLL이 안정 상태가 아니다.
  1 = PLL이 안정 상태로 정상 동작하고 있다.
- EXTS : External Clock Status
  0 = 외부 클록이 안정 상태가 아니다.
  1 = 외부 클록이 안정 상태로 정상 동작하고 있다.
- XOSC32KS : XOSC32K Status
  0 = XOSC32K가 안정 상태가 아니다.
  1 = XOSC32K가 안정 상태로 정상 동작하고 있다.
- OSC32KS : OSC32K Status
  0 = OSC32K가 안정 상태가 아니다.
  1 = OSC32K가 안정 상태로 정상 동작하고 있다.
- OSCHFS : OSCHF Status

0 = OSCHF가 안정 상태가 아니다.
1 = OSCHF가 안정 상태로 정상 동작하고 있다.

- SOSC : Main Clock Oscillator Changing

0 = 현재 메인 클록의 클록 소스를 변경하는 동작을 수행하지 않고 있다.
1 = 현재 메인 클록의 클록 소스를 변경하는 동작을 수행 중이다. 새로운 클록 소스가 안정 상태로 확인되면 즉시 변경이 이루어진다.

▣ OSCHF 제어 레지스터 A CLKCTRL_OSCHFCTRLA (리셋후 디폴트값 : 0x0C)

이 레지스터는 CCP로 보호받고 있으므로 여기에 값을 쓰려면 먼저 CPU_CCP 레지스터에 0xD8을 써서 보호된 I/O 레지스터를 풀어 주어야 한다.

b7	b6	b5	b4	b3	b2	b1	b0
RUNSTDBY	-	FRQSEL[3:0]				-	AUTOTUNE
R/W	-	R/W	R/W	R/W	R/W	-	R/W

- RUNSTDBY : Run Standby

0 = 메인 클록으로 사용되거나 주변장치의 요청이 있을 때만 OSCHF가 동작한다.
1 = 액티브 모드와 아이들 모드에서 OSCHF가 항상 동작한다. 스탠바이 모드에서는 요청이 있을 때만 동작한다.

- FRQSEL[3:0] : Frequency Select

0000 = OSCHF가 1MHz의 주파수를 출력한다.
0001 = OSCHF가 2MHz의 주파수를 출력한다.
0010 = OSCHF가 3MHz의 주파수를 출력한다.
0011 = OSCHF가 4MHz의 주파수를 출력한다.(default)
0100 = (reserved)
0101 = OSCHF가 8MHz의 주파수를 출력한다.
0110 = OSCHF가 12MHz의 주파수를 출력한다.
0111 = OSCHF가 16MHz의 주파수를 출력한다.
1000 = OSCHF가 20MHz의 주파수를 출력한다.
1001 = OSCHF가 24MHz의 주파수를 출력한다.

- AUTOTUNE : Auto-Tune Enable

0 = OSCHF의 자동 튜닝 동작을 금지한다.
1 = OSCHF의 자동 튜닝 동작을 허용한다.

▣ OSCHF 튜닝값 레지스터 CLKCTRL_OSCHFTUNE (리셋후 디폴트값 : 0x00)

b7	b6	b5	b4	b3	b2	b1	b0
TUNE[7:0]							
R/W	R/W	R/W	R/W	R/W	R/W	R/W	R/W

- TUNE[7:0] : User Frequency Tuning

수동 튜닝에서 이 레지스터의 8비트 중에서 b7과 b6을 제외한 아래쪽 6비트를 2의 보수로 사용하여 -32~+31의 범위에서 OSCHF의 출력 주파수를 증가 또는 감소시키면서 튜닝한다. 자동 튜닝에서는 튜닝이 완료되면 튜닝한 결과값이 이 레지스터에 저장된다.

▣ PLL 제어 레지스터 A CLKCTRL_PLLCTRLA (리셋후 디폴트값 : 0x00)

이 레지스터는 CCP로 보호받고 있으므로 여기에 값을 쓰려면 먼저 CPU_CCP 레지스터에 0xD8을 써서 보호된 I/O 레지스터를 풀어 주어야 한다.

b7	b6	b5	b4	b3	b2	b1	b0
RUNSTDBY	SOURCE	–	–	–	–	MULFAC[1:0]	
R/W	R/W	–	–	–	–	R/W	R/W

- RUNSTDBY : Run Standby
  0 = 주변장치의 요청이 있을 때만 PLL이 동작한다.
  1 = 액티브 모드와 아이들 모드에서 PLL이 항상 동작한다. 스탠바이 모드에서는 요청이 있을 때만 동작한다.
- SOURCE : Select Source for PLL
  0 = PLL이 OSCHF를 클록 입력 소스로 사용한다.
  1 = PLL이 EXTCLK을 클록 입력 소스로 사용한다.
- MULFAC[1:0] : Multiplication Factor
  00 = PLL을 사용하지 않는다.
  01 = PLL에서 주파수를 2배로 체배한다.
  10 = PLL에서 주파수를 3배로 체배한다.
  11 = (reserved)

▣ OSC32K 제어 레지스터 A CLKCTRL_OSC32KCTRLA (리셋후 디폴트값 : 0x00)

이 레지스터는 CCP로 보호받고 있으므로 여기에 값을 쓰려면 먼저 CPU_CCP 레지스터에 0xD8을 써서 보호된 I/O 레지스터를 풀어 주어야 한다.

b7	b6	b5	b4	b3	b2	b1	b0
RUNSTDBY	–	–	–	–	–	–	–
R/W	–	–	–	–	–	–	–

- RUNSTDBY : Run Standby
  0 = 메인 클록으로 사용되거나 주변장치의 요청이 있을 때만 OSC32K가 동작한다.
  1 = 액티브 모드와 아이들 모드에서 OSC32K가 항상 동작한다. 스탠바이 모드와 파워다운 모드에서는 요청이 있을 때만 동작한다.

▣ XOSC32K 제어 레지스터 A CLKCTRL_XOSC32KCTRLA (리셋후 디폴트값 : 0x00)

이 레지스터는 CCP로 보호받고 있으므로 여기에 값을 쓰려면 먼저 CPU_CCP 레지스터에 0xD8을 써서 보호된 I/O 레지스터를 풀어 주어야 한다.

b7	b6	b5	b4	b3	b2	b1	b0
RUNSTDBY	–	CSUT[1:0]		–	SEL	LPMODE	ENABLE
R/W	–	R/W	R/W	–	R/W	R/W	R/W

- RUNSTDBY : Run Standby
  0 = 메인 클록으로 사용되거나 주변장치의 요청이 있을 때만 XOSC32K가 동작한다.
  1 = 액티브 모드와 아이들 모드에서 XOSC32K가 항상 동작한다. 스탠바이 모드와 파워다운 모드에서는 요청이 있을 때만 동작한다.
- CSUT[1:0] : Crystal Start-Up Time
  이 레지스터에서 SEL=0으로 설정되어 XTAL32K1과 XTAL32K2 단자에 크리스털을 사용하는 경우 기동시간을 클록 사이클 수로 나타낸다.
  00 = XOSC32K의 기동시간은 1024사이클이다.
  01 = XOSC32K의 기동시간은 16384사이클이다.
  10 = XOSC32K의 기동시간은 32768사이클이다.
  11 = XOSC32K의 기동시간은 65536사이클이다.
- SEL : Source Select
  0 = XOSC32K의 소스로 XTAL32K1과 XTAL32K2 단자에 연결된 크리스털을 사용한다.
  1 = XOSC32K의 소스로 XTAL32K1 단자에 연결된 외부 클록 신호를 사용한다.

- LPMODE : Low-Power Mode
  0 = XOSC32K를 저전력 모드로 사용하는 것이 금지된다.
  1 = XOSC32K를 저전력 모드로 사용하는 것이 허용된다.
- ENABLE : Enable
  0 = XOSC32K의 동작을 금지한다.
  1 = XOSC32K의 동작을 허용한다. PF0/XTAL32K1과 PF1/XTAL32K2 단자를 부수적인 기능 XTAL32K1 및 XTAL32K2로 사용한다.

3. 슬립 제어기(SLPCTRL)

슬립 모드(Sleep mode)는 마이크로컨트롤러의 클록 소스와 사용하지 않는 주변장치의 동작을 정지(shut down)시켜서 이 반도체 소자의 소비전력을 절감하기 위한 기능이다. AVR128DA64에는 프로그램이 모두 정상적으로 동작하는 액티브 모드(Active mode)와 소비전력 절감을 위한 3가지의 슬립 모드를 가지고 있다. 슬립 제어기 SLPCTRL은 액티브 모드와 슬립 모드의 전환을 비롯하여 여러 가지 습립 모드의 기능을 제어한다. 슬립 모드에서도 마이크로컨트롤러 내부의 범용 레지스터, SRAM, 각종 I/O 제어 레지스터의 내용은 그대로 보존된다.

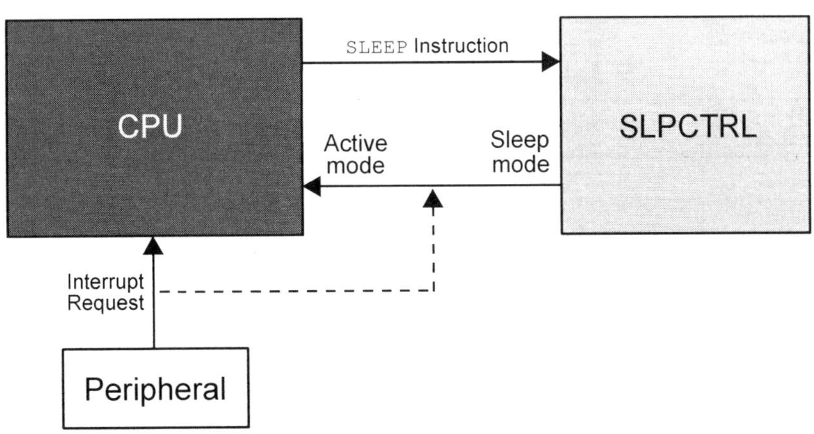

〈그림 1.4.8〉 AVR128DA64에서 슬립 모드 동작의 개념도

AVR128DA64의 슬립 모드에는 아이들 모드(Idle mode), 스탠바이 모드(Standby mode), 파워다운 모드(Power-down mode) 등의 3가지가 있는데, 이것들은 모두 액티브 모드에서 직접 전환되어 수행될 수 있으며, 모든 슬립 모드에서는 프로그램의 실행이 정지된다. 슬립 모드로 들어가려면 CPU에서 SLEEP 명령이 실행되어야 하고, 슬립 모드에서 깨어나서(wake-up) 액티브 모드로 돌아가려면 인터럽트나 시스템 리셋이 발생되어야 한다. 슬립 모드에서 깨어나기 위한 인터럽트가 발생하면 먼저 해당 인터럽

트가 처리되고 나서 SLEEP 명령의 다음 번지로 복귀하여 프로그램이 정상적으로 계속 수행된다.

슬립 모드를 사용하려면 다음과 같은 절차로 수행해야 한다.

① 소자를 슬립 모드에서 깨어나게 할 인터럽트를 설정하여 허용 상태로 한다.

② SLPCTRL_CTRLA 레지스터에서 SMODE[2:0] 비트로 슬립 모드를 선택하고, SEN 비트로 슬립 모드를 허용 상태로 한다.

③ CPU에서 SLEEP 명령을 실행한다.

(1) 전압 레귤레이터의 설정

AVR128DA64의 내부에는 CPU 코어에 전압을 공급하기 위한 전압 레귤레이터(voltage regulator)를 가지고 있는데, 이것의 동작은 소비전력, 슬립 모드에서 깨어나는 시간(wake-up time), 최고 클록 주파수 등을 종합적으로 고려하여 적절하게 설정할 수 있다. 전압 레귤레이터는 SLPCTRL_VREGCTRL 레지스터에서 PMODE[2:0] 비트를 사용하여 <표 1.4.3>처럼 2가지로 설정할 수 있다.

〈표 1.4.3〉 전압 레귤레이터의 2가지 설정 기능

전압 레귤레이터의 전력 모드	기능 설명	클록 조건	액티브 모드 아이들 모드	스탠바이 모드 파워다운 모드
Normal mode (AUTO)	액티브 모드와 아이들 모드에서 고성능으로 동작함. 그러나, 32.768kHz의 클록으로 동작하거나 스탠바이/파워다운 모드에서는 저소비전력형으로 동작함.	OSCHF 외부 클록	고성능 동작	저소비전력 동작
		OSC32K XOSC32K	저소비전력 동작	저소비전력 동작
Performance mode (FULL)	액티브 모드와 모든 슬립 모드에서 항상 고성능으로 동작함. 슬립 모드에서 깨어나는 시간이 빠름.		고성능 동작	고성능 동작

(2) 슬립 모드의 종류

AVR128DA64에서 3가지 슬립 모드의 종류별로 그것의 주요 기능을 요약 정리하면 다음과 같다.

① 아이들 모드(Idle mode) : CPU의 프로그램 실행이 정지되고, 모든 주변장치들은 정상적으로 동작하며, 모든 인터럽트 소스가 이 슬립 모드를 깨울 수 있다.

② 스탠바이 모드(Standby mode) : CPU의 프로그램 실행이 정지되고, 해당 클록

제어 레지스터에서 RUNSTDBY 비트를 1로 설정하지 않으면 모든 고주파 클록이 정지한다. 일부의 주변장치도 동작을 멈추며, 일부의 지정된 인터럽트 소스만이 이 슬립 모드를 깨울 수 있다.

③ 파워다운 모드(Power-Down mode) : CPU의 프로그램 실행이 정지되고, 모든 고주파 클록이 정지하여 소비전력이 가장 많이 절감된다. 대부분의 주변장치도 동작을 멈추며, 몇가지의 지정된 인터럽트 소스만이 이 슬립 모드를 깨울 수 있다. 소자가 70℃를 넘어서 동작할 때 SLPCTRL_VREGCTRL 레지스터에서 HTLLEN 비트를 1로 설정하면 소비전력을 더 절감할 수 있다.

AVR128DA64에서 3가지 슬립 모드에서 동작하는 주변장치와 동작하지 않는 주변장치를 비교하여 정리하면 <표 1.4.4>와 같다. 또한, 각 슬립 모드별로 동작하는 클록 소스와 동작하지 않는 클록 소스를 비교하여 정리하면 <표 1.4.5>와 같다. 그리고, 각 슬립 모드에서 이를 깨워서(wake-up) 액티브 모드로 되돌릴 수 있는 인터럽트의 종류를 정리하면 <표 1.4.6>과 같다.

〈표 1.4.4〉 각 슬립 모드에서 동작하는 주변장치(○)와 동작하지 않는 주변장치(×)

주변장치	Idle mode	Standby mode	Power-Down mode	
			HTLLEN = 0	HTLLEN = 1
CPU	×	×	×	×
RTC	○	○(1)(2)	○(2)	○(2)
WDT	○	○	○	○
BOD	○	○	○	○
EVSYS	○	○	○	○
CCL	○	○(1)	×	×
ACn	○	○(1)	×	×
ADC0	○	○(1)	×	×
DAC0	○	○(1)	×	×
PTC	○	○(1)	×	×
ZCDn	○	○(1)	×	×
TCAn	○	○(1)	×	×
TCBn	○	○(1)	×	×
기타 모든 주변장치	○	×	×	×

☞ (1) 스탠바이 모드에서 해당 주변장치를 동작시키려면 그 주변장치의 제어 레지스터에서 RUNSTDBY 비트를 1로 설정해야 한다.

(2) 스탠바이 모드에서 오직 RTC 기능만이 RUNSTDBY 비트를 1로 하면 동작한다. 파워다운 모드에서는 RTC의 PIT 기능만이 유효하다.

〈표 1.4.5〉 각 슬립 모드에서 동작하는 클록 소스(○)와 동작하지 않는 클록 소스(×)

클록 소스	Idle mode	Standby mode	Power-Down mode	
			HTLLEN = 0	HTLLEN = 1
Main clock source	○	○(1)	×	×
RTC clock source	○	○(1)(2)	○(2)	○(2)
WDT clock source	○	○	○	○
BOD clock source(3)	○	○	○	○
CCL clock source	○	○(1)	×	×
TCD clock source	○	×	×	×

☞ (1) 스탠바이 모드에서 해당 클록 소스를 동작시키려면 그 주변장치의 제어 레지스터에서 RUNSTDBY 비트를 1로 설정해야 한다.
(2) 스탠바이 모드에서 오직 RTC 기능만이 RUNSTDBY 비트를 1로 하면 동작한다. 파워다운 모드에서는 RTC의 PIT 기능만이 유효하다.
(3) Sampled mode에서만 적용된다.

〈표 1.4.6〉 각 슬립 모드를 깨울 수 있는 인터럽트 소스

클록 소스	Idle mode	Standby mode	Power-Down mode	
			HTLLEN = 0	HTLLEN = 1
PORT Pin interrupt	○	○	○(1)	○(1)
BOD VLM interrupt	○	○	○	○
RTC interrupt	○	○(2)(3)	○(3)	○(3)
TWI Address Match interrup	○	○	○	×
CCL interrupt	○	○	○(4)	×
USART Start-Of-Frame interrupt	×	○	×	×
TCAn interrupt	○	○	×	×
TCBn interrupt	○	○	×	×
ACn interrupt	○	○	×	×
ADC0 interrupt	○	○	×	×
PTC interrupt	○	○	×	×
ZCD interrupt	○	○	×	×
기타 모든 인터럽트	○	×	×	×

☞ (1) 비동기로 동작하는 핀(모든 포트의 Px2 및 Px6)만이 슬립 모드를 깨울 수 있다.
(2) 스탠바이 모드에서 해당 주변장치를 동작시키려면 그 주변장치의 제어 레지스터에서 RUNSTDBY 비트를 1로 설정해야 한다.
(3) 스탠바이 모드에서 오직 RTC 기능만이 RUNSTDBY 비트를 1로 하면 동작한다. 파워다운 모드에서는 RTC의 PIT 기능만이 유효하다.
(4) CCL은 LUTn이 비동기로 동작할 때만 적용된다.

(3) 슬립 제어기의 I/O 제어 레지스터

AVR128DA64의 슬립 제어기 SLPCTRL을 구성하는 I/O 제어 레지스터를 정리하면 <표 1.4.7>과 같다.

〈표 1.4.7〉 AVR128DA64의 SLPCTRL과 관련된 I/O 제어 레지스터 요약

어드레스	레지스터 이름	풀어 쓴 레지스터 이름	리셋 후 초기값
0x0050	SLPCTRL_CTRLA	SLPCTRL Control A Register	0x00
0x0051	SLPCTRL_VREGCTRL	SLPCTRL Voltage Regulator Control Register ★	0x00

▣ 제어 레지스터 A SLPCTRL_CTRLA (리셋후 디폴트값 : 0x00)

b7	b6	b5	b4	b3	b2	b1	b0
-	-	-	-	SMODE[2:0]			SEN
-	-	-	-	R/W	R/W	R/W	R/W

- SMODE[2:0] : Sleep Mode
  000 = 아이들 모드(Idle mode)
  001 = 스탠바이 모드(Standby mode)
  010 = 파워다운 모드(Power-Down mode)
  011~111 = (reserved)
- SEN : Sleep Mode Enable
  0 = 슬립 모드를 금지한다.
  1 = 슬립 모드를 허용 상태로 하여 CPU가 SLEEP 명령을 실행하면 슬립 모드로 진입하게 된다.

▣ 전압 레귤레이터 제어 레지스터 SLPCTRL_VREGCTRL (리셋후 디폴트값 : 0x00)

이 레지스터는 CCP로 보호받고 있으므로 여기에 값을 쓰려면 먼저 CPU_CCP 레지스터에 0xD8을 써서 보호된 I/O 레지스터를 풀어 주어야 한다.

b7	b6	b5	b4	b3	b2	b1	b0
-	-	-	HTLLEN	-	PMODE[2:0]		
-	-	-	R/W	-	R/W	R/W	R/W

- HTLLEN : High-Temperature Low Leakage Enable
  0 = 70℃ 이상의 고온에서 동작할 때 전압 레귤레이터에서 누설전류 저감 기능을 금지한다. 스탠바이 모드에서는 무조건 이 비트를 0으로 해야 한다.
  1 = 70℃ 이상의 고온에서 동작할 때 전압 레귤레이터에서 누설전류 저감 기능을 허용한다. 이것은 파워다운 모드에서 PMODE[2:0]을 000(AUTO)으로 설정했을 때만 유효하다.
- PMODE[2:0] : Power Mode Select
  000 = AUTO. 클록 소스가 32.768kHz로 선택되지 않았다면 액티브 모드와 아이들 모드에서 전압 레귤레이터가 최대 성능(maximum performance)으로 동작한다. 그러나, 클록 소스가 32.768kHz이거나 스탠바이 모드 또는 파워다운 모드에서는 전압 레귤레이터가 저전력 출력으로 동작한다.
  001 = FULL. 모든 동작 모드에서 전압 레귤레이터가 최대 성능으로 동작한다. 이처럼 저소비 전력으로 동작하지 않는 대신에 슬립 모드에서 깨어나 기동하는 속도가 빨라진다.
  010~111 = (reserved)

4. 인터럽트 제어기(CPUINT)

AVR128DA64의 인터럽트 제어기 CPUINT는 리셋과 NMI를 포함하여 총 64종의 인터럽트가 요청되고 이를 처리하는 전체 과정을 관리한다. 주변장치에서 인터럽트를 요청할 조건이 충족되면 그 주변장치의 인터럽트 플랙 레지스터 XXX_INTFLAGS에서 해당 플랙 비트가 1로 셋트되며, 이 비트가 실제로 CPU에게 인터럽트를 요청할지는 그

주변장치의 인터럽트 제어 레지스터 XXX_INTCTRL에서 인터럽트 허용 비트를 설정하는데 달렸다. 리셋과 NMI를 제외한 나머지 62개의 인터럽트가 요청되었을 때 이것이 허용되어 처리되려면 CPU_SREG 레지스터에서 글로벌 인터럽트 허용 비트 I를 1로 셋트시켜야 한다.

AVR128DA64에서 64종의 모든 인터럽트는 각각 고유한 인터럽트 벡터가 정해져 있어서 인터럽트가 발생되면 즉시 해당 번지로 점프하여 프로그램이 실행된다. 인터럽트 벡터는 부트로더 코드 영역에 배치할 수도 있고, 응용프로그램 코드 영역에 배치할 수도 있다. 여러 개의 인터럽트가 동시에 중복하여 요청되는 경우에 대비하여 우선순위 제어기능을 가진다. 인터럽트 처리루틴을 실행이 종료되면 프로그램의 실행은 인터럽트 발생 전의 위치로 되돌아가는데, 이때 만약 대기중인 인터럽트(pending interrupt)가 있다면 적어도 1개의 명령이 실행된 후에 그 인터럽트가 처리된다.

모든 인터럽트 요청 신호는 슬립 제어기 SLPCTRL으로도 전달되어 슬립 모드를 깨우는(wake-up) 기능을 수행할 수 있다.

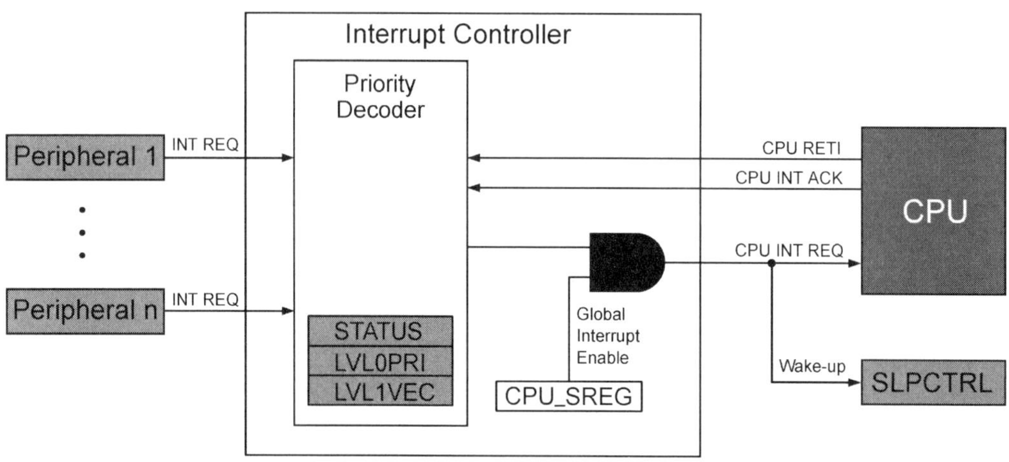

〈그림 1.4.9〉 AVR128DA64에서 인터럽트 제어기 CPUINT의 구조

(1) 인터럽트의 종류 및 인터럽트 벡터

AVR128DA64에서 리셋과 NMI를 포함하는 총 64종의 인터럽트와 그것들의 인터럽트 벡터를 정리하면 <표 1.4.8>과 같다. 병렬 I/O 포트의 모든 55핀은 외부 인터럽트 단자로 사용할 수 있지만, 인터럽트 벡터는 포트 PORTA~PORTG에 각각 1개씩만 가지는데 유의해야 한다.

〈표 1.4.8〉 AVR128DA64의 인터럽트 종류와 인터럽트 벡터 요약

인터럽트 번호	인터럽트 벡터 어드레스	C언어에서 사용하는 인터럽트 벡터 이름	설 명	AVR 128 DA28	AVR 128 DA32	AVR 128 DA48	AVR 128 DA64
0	0x0000	RESET_vect	System Reset	○	○	○	○
1	0x0002	NMI_vect	NMI available for CRCSCAN	○	○	○	○
2	0x0004	BOD_VLM_vect	BOD Voltage Level Monitor Interrupt	○	○	○	○
3	0x0006	RTC_CNT_vect	RTC Overflow or Compare Match Interrupt	○	○	○	○
4	0x0008	RTC_PIT_vect	RTC Periodic Interrupt	○	○	○	○
5	0x000A	CCL_CCL_vect	CCL Interrupt	○	○	○	○
6	0x000C	PORTA_PORT_vect	PORTA External Interrupt	○	○	○	○
7	0x000E	TCA0_OVF_vect TCA0_LUNF_vect	Normal : TCA0 Overflow Interrupt Split : TCA0 Low Underflow Interrupt	○	○	○	○
8	0x0010	TCA0_HUNF_vect	Normal : unused Split : TCA0 High Underflow Interrupt	○	○	○	○
9	0x0012	TCA0_CMP0_vect TCA0_LCMP0_vect	Normal : TCA0 Compare 0 Interrupt Split : TCA0 Low Compare 0 Interrupt	○	○	○	○
10	0x0014	TCA0_CMP1_vect TCA0_LCMP1_vect	Normal : TCA0 Compare 1 Interrupt Split : TCA0 Low Compare 1 Interrupt	○	○	○	○
11	0x0016	TCA0_CMP2_vect TCA0_LCMP2_vect	Normal : TCA0 Compare 2 Interrupt Split : TCA0 Low Compare 2 Interrupt	○	○	○	○
12	0x0018	TCB0_INT_vect	TCB0 Capture/Overflow Interrupt	○	○	○	○
13	0x001A	TCB1_INT_vect	TCB1 Capture/Overflow Interrupt	○	○	○	○
14	0x001C	TCD0_OVF_vect	TCD0 Overflow Interrupt	○	○	○	○
15	0x001E	TCD0_TRIG_vect	TCD0 Trigger Interrupt	○	○	○	○
16	0x0020	TWI0_TWIS_vect	TWI0 Client Interrupt	○	○	○	○
17	0x0022	TWI0_TWIM_vect	TWI0 Host Interrupt	○	○	○	○
18	0x0024	SPI0_INT_vect	SPI0 Interrupt	○	○	○	○
19	0x0026	USART0_RXC_vect	USART0 Receive Complete Interrupt	○	○	○	○
20	0x0028	USART0_DRE_vect	USART0 Data Register Empty Interrupt	○	○	○	○
21	0x002A	USART0_TXC_vect	USART0 Transmit Complete Interrupt	○	○	○	○
22	0x002C	PORTD_PORT_vect	PORTD External Interrupt	○	○	○	○
23	0x002E	AC0_AC_vect	AC0 Interrupt	○	○	○	○
24	0x0030	ADC0_RESRDY_vect	ADC0 Result Ready Interrupt	○	○	○	○
25	0x0032	ADC0_WCMP_vect	ADC0 Window Compare Interrupt	○	○	○	○
26	0x0034	ZCD0_ZCD_vect	ZCD0 Interrupt	○	○	○	○
27	0x0036	PTC_PTC_vect	PTC Interrupt	○	○	○	○
28	0x0038	AC1_AC_vect	AC1 Interrupt	○	○	○	○
29	0x003A	PORTC_PORT_vect	PORTC External Interrupt	○	○	○	○
30	0x003C	TCB2_INT_vect	TCB2 Capture/Overflow Interrupt	○	○	○	○
31	0x003E	USART1_RXC_vect	USART1 Receive Complete Interrupt	○	○	○	○
32	0x0040	USART1_DRE_vect	USART1 Data Register Empty Interrupt	○	○	○	○
33	0x0042	USART1_TXC_vect	USART1 Transmit Complete Interrupt	○	○	○	○
34	0x0044	PORTF_PORT_vect	PORTF External Interrupt	○	○	○	○
35	0x0046	NVMCTRL_EE_vect	NVMCTRL EEPROM Ready Interrupt	○	○	○	○
36	0x0048	SPI1_INT_vect	SPI1 Interrupt	○	○	○	○
37	0x004A	USART2_RXC_vect	USART2 Receive Complete Interrupt	○	○	○	○
38	0x004C	USART2_DRE_vect	USART2 Data Register Empty Interrupt	○	○	○	○
39	0x004E	USART2_TXC_vect	USART2 Transmit Complete Interrupt	○	○	○	○
40	0x0050	AC2_AC_vect	AC2 Interrupt	○	○	○	○
41	0x0052	TCB3_INT_vect	TCB3 Capture/Overflow Interrupt			○	○
42	0x0054	TWI1_TWIS_vect	TWI1 Client Interrupt		○	○	○
43	0x0056	TWI1_TWIM_vect	TWI1 Host Interrupt		○	○	○

〈표 1.4.8〉 AVR128DA64의 인터럽트 종류와 인터럽트 벡터 요약(계속)

인터럽트 번호	인터럽트 벡터 어드레스	C언어에서 사용하는 인터럽트 벡터 이름	설 명	AVR 128 DA28	AVR 128 DA32	AVR 128 DA48	AVR 128 DA64
44	0x0058	PORTB_PORT_vect	PORTB External Interrupt			○	○
45	0x005A	PORTE_PORT_vect	PORTE External Interrupt			○	○
46	0x005C	TCA1_OVF_vect TCA1_LUNF_vect	Normal : TCA1 Overflow Interrupt Split : TCA1 Low Underflow Interrupt			○	○
47	0x005E	TCA1_HUNF_vect	Normal : unused Split : TCA1 High Underflow Interrupt			○	○
48	0x0060	TCA1_CMP0_vect TCA1_LCMP0_vect	Normal : TCA1 Compare 0 Interrupt Split : TCA1 Low Compare 0 Interrupt			○	○
49	0x0062	TCA1_CMP1_vect TCA1_LCMP1_vect	Normal : TCA1 Compare 1 Interrupt Split : TCA1 Low Compare 1 Interrupt			○	○
50	0x0064	TCA1_CMP2_vect TCA1_LCMP2_vect	Normal : TCA1 Compare 2 Interrupt Split : TCA1 Low Compare 2 Interrupt			○	○
51	0x0066	ZCD1_ZCD_vect	ZCD1 Interrupt			○	○
52	0x0068	USART3_RXC_vect	USART3 Receive Complete Interrupt			○	○
53	0x006A	USART3_DRE_vect	USART3 Data Register Empty Interrupt			○	○
54	0x006C	USART3_TXC_vect	USART3 Transmit Complete Interrupt			○	○
55	0x006E	USART4_RXC_vect	USART4 Receive Complete Interrupt			○	○
56	0x0070	USART4_DRE_vect	USART4 Data Register Empty Interrupt			○	○
57	0x0072	USART4_TXC_vect	USART4 Transmit Complete Interrupt			○	○
58	0x0074	PORTG_PORT_vect	PORTG External Interrupt				○
59	0x0076	ZCD2_ZCD_vect	ZCD2 Interrupt				○
60	0x0078	TCB4_INT_vect	TCB4 Capture/Overflow Interrupt				○
61	0x007A	USART5_RXC_vect	USART5 Receive Complete Interrupt				○
62	0x007C	USART5_DRE_vect	USART5 Data Register Empty Interrupt				○
63	0x007E	USART5_TXC_vect	USART5 Transmit Complete Interrupt				○

AVR128DA64는 FUSE_BOOTSIZE에서 디폴트로 부트 사이즈가 0으로 되어 있어서 128KB의 플래시 메모리 전체가 부트로더 코드 영역으로 동작하는데, 부트로더를 필요로 하지 않는 경우에는 대부분 그냥 이렇게 사용하는 것이 권장되며, 이런 상태에서 여기에 사용자의 응용 프로그램을 다운로드하여 사용해도 아무 문제가 없다. 이때 디폴트로 인터럽트 벡터 테이블도 부트로더 코드 영역에 위치하게 되어 있으므로 인터럽트가 처리되는데도 아무 문제가 없다.

그러나, 플래시 메모리를 부트로더 코드 영역과 응용프로그램 코드 영역으로 나누어 사용하는 경우에는 CPUINT_CTRLA 레지스터에서 IVSEL 비트를 사용하여 인터럽트 벡터 테이블을 각 영역으로 적절하게 재배치(relocate)하면서 사용하기도 한다.

(2) 인터럽트 기능의 설정

AVR128DA64에서 인터럽트 기능을 사용하려면 다음과 같은 절차로 초기화를 수행해야 한다.

① 인터럽트 제어기를 바르게 설정한다. 인터럽트 제어 레지스터 CPUINT_CTRLA에

서 IVSEL 비트를 사용하여 인터럽트 벡터 테이블을 어느 메모리 영역에 둘 것인지 설정하고, CPUINT_CTRLA와 CPUINT_LVL1VEC 레지스터를 사용하여 우선순위 처리 방식을 설정한다.

② 주변장치에서 인터럽트 발생 조건을 올바르게 설정하고, 인터럽트를 요청하도록 허용한다.

③ 상태 레지스터 CPU_SREG에서 글로벌 인터럽트 허용 비트 I를 1로 셋트시켜서 인터럽트가 요청되면 CPU가 이를 받아서 처리할 수 있도록 한다.

(3) 인터럽트의 처리 기능

주변장치에서 인터럽트를 요청할 조건이 충족되면 그 주변장치의 인터럽트 플랙 레지스터 XXX_INTFLAGS에서 해당 플랙 비트가 1로 셋트되며, 그 주변장치의 인터럽트 제어 레지스터 XXX_INTCTRL에서 인터럽트를 허용 상태로 설정하여 두었다면 해당 주변장치가 인터럽트를 요청한다.

인터럽트가 요청되면 CPU는 각 명령을 실행할 때마다 1번씩 인터럽트 요청을 확인하여 인식하고 상태 레지스터 CPU_SREG에서의 글로벌 인터럽트 허용 여부와 인터럽트 우선순위 설정에 따라 이 인터럽트를 처리할지를 판단한다. 인터럽트 벡터에 따라 인터럽트 함수가 수행되더라도 주변장치의 XXX_INTFLAGS 레지스터에서 해당 인터럽트를 요청하였던 플랙 비트는 자동으로 0이 되지 않으므로 반드시 인터럽트 처리 함수에서 사용자가 이 플랙 비트에 1을 써서 0으로 클리어시켜 주어야 한다.

AVR128DA64에서 64종의 모든 인터럽트는 <표 1.4.8>에 보였듯이 각각 고유한 인터럽트 벡터 어드레스가 정해져 있어서 인터럽트 벡터 테이블을 구성하는데, 이 인터럽트 벡터 테이블은 CPUINT_CTRLA 레지스터에서 IVSEL과 CVT 비트를 사용하여 부트로더 코드 영역에 배치할 수도 있고 응용프로그램 코드 영역에 배치할 수도 있다. 만약 인터럽트를 사용하지 않는다면 인터럽트 벡터 테이블 영역에는 프로그램 명령 코드를 놓을 수 있다.

AVR128DA64에서 최소의 인터럽트 응답 시간(interrupt response time)은 총 6개의 클록 사이클로서 매우 빠르다. 인터럽트가 요청되는 순간에 실행하고 있던 명령을 완료하는데 1클록 사이클, 현재의 프로그램 카운터 PC값을 스택에 저장하는데 2클록 사이클, 인터럽트 벡터 어드레스로 점프하는데 3클록 사이클이 소요되어 총 6클록 사이클이 된다. 이와 관련된 동작 타이밍을 <그림 1.4.10>에 보였다.

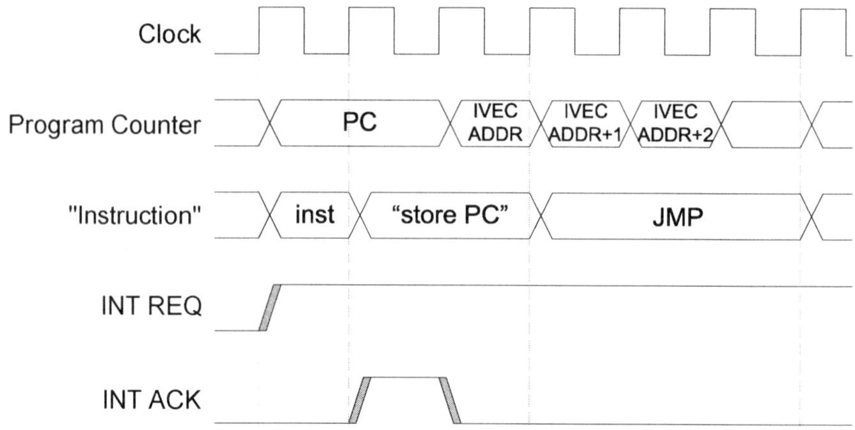

〈그림 1.4.10〉 1클록 사이클 명령이 실행되는 순간에 인터럽트가 발생하는 경우

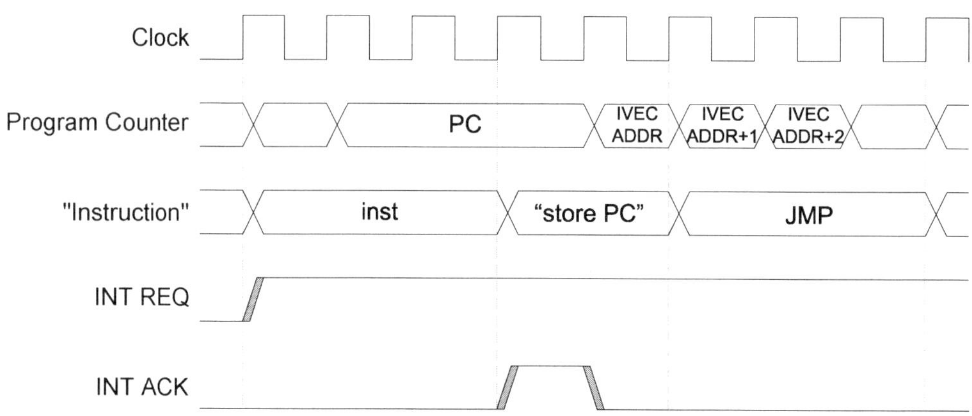

〈그림 1.4.11〉 여러 클록 사이클 명령이 실행되는 순간에 인터럽트가 발생하는 경우

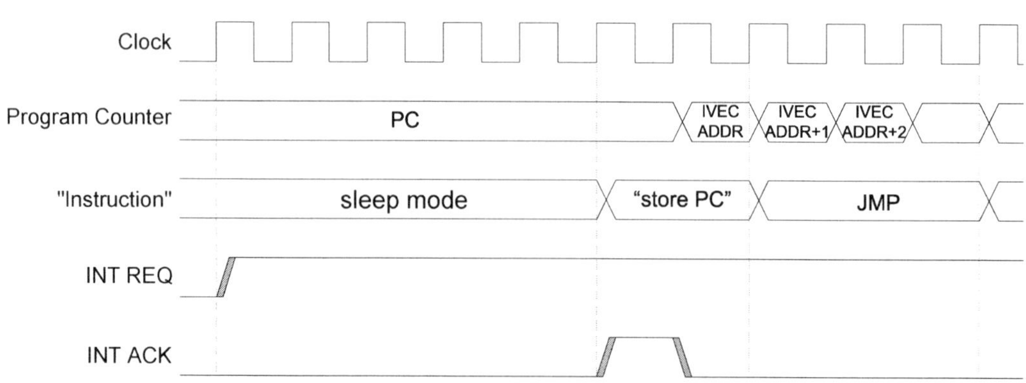

〈그림 1.4.12〉 인터럽트가 발생하여 슬립을 깨우는 동작

그러나, 인터럽트가 요청되는 순간 실행하던 명령이 여러 클록 사이클 명령이라면 이를 완료하는데 더 시간이 필요하므로 <그림 1.4.11>에 보인 것처럼 인터럽트 응답 시간은 6클록 사이클보다 조금 더 길어질 수도 있다. 또한, 슬립 모드에서 깨어나서 인터럽트가 처리되는 동작 타이밍은 좀더 길어서 총 10클록 사이클에 처리되는데 이를 그림으로 보이면 <그림 1.4.12>와 같다.

인터럽트가 종료되고 다시 원래의 위치로 되돌아오는 RETI 명령을 실행하는 시간은 4~5클록 사이클이다.

(4) 인터럽트의 우선순위 제어

AVR128DA64의 모든 인터럽트는 <표 1.4.9>처럼 3가지의 인터럽트 우선순위에서 어느 하나를 가지도록 할당된다. NMI 인터럽트는 1가지로 고정되어 있으며, 우선순위가 가장 높다. 그 나머지의 인터럽트 중에서 1개는 사용자가 CPUINT_LVL1VEC 레지스터를 사용하여 우선순위 레벨을 1로 지정할 수 있으며, 나머지의 모든 인터럽트는 우선순위 레벨이 0으로 된다.

레벨1의 인터럽트는 모든 레벨0의 인터럽트에 대하여 우선순위가 높다. 따라서, 레벨0의 인터럽트가 처리되고 있는 동안에 레벨1의 인터럽트가 요청되면 레벨0의 인터럽트 처리가 중단되고 레벨1의 인터럽트를 먼저 처리하며, 레벨1의 인터럽트 처리가 종료되면 다시 레벨0의 인터럽트 처리가 수행된다. 마찬가지로 레벨0이나 레벨1의 인터럽트가 처리되는 동안에 NMI 인터럽트가 발생하면 레벨0이나 레벨1의 인터럽트가 처리가 중단되고 무조건 NMI를 먼저 처리한다.

〈표 1.4.9〉 AVR128DA64의 인터럽트 우선순위 레벨

우선순위	우선순위 레벨의 종류	설 명
가장 높다	NMI	고유하게 정해져 있는 인터럽트이다.
	레벨1 (high priority)	사용자가 1개의 인터럽트를 지정한다.
가장 낮다	레벨0 (normal priority)	그 나머지의 모든 인터럽트는 여기에 해당한다.

AVR128DA64에서 인터럽트 우선순위를 제어하는 방법에는 다음의 3가지가 있다.

▣ 정적 제어 방식(Static Scheduling)

이것은 특별히 우선순위를 인위적으로 제어하지 않고 AVR128DA64에서 하드웨어적으로 정해져 있는 우선순위를 그대로 사용하는 방법이다. 앞의 <표 1.4.8>에 보였던

인터럽트의 종류에서 IVEC 0에 해당하는 시스템 리셋, IVEC 1에 해당하는 NMI, 그리고 레벨1로 지정한 1개의 인터럽트를 제외한 나머지 인터럽트들은 모두 레벨0으로서 이것들은 인터럽트 번호가 낮을수록 높은 순위를 갖도록 정해져 있다. 그러므로 이것들 중에서 여러개의 인터럽트가 동시에 요청된다면 가장 낮은 번호의 인터럽트가 먼저 처리된다.

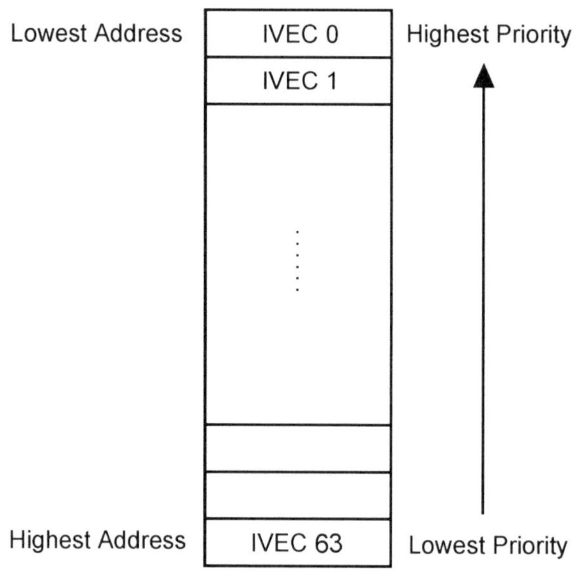

〈그림 1.4.13〉 정적 제어 방식의 인터럽트 우선순위 제어

▣ 수정된 정적 제어 방식(Modified Static Scheduling)

이것은 정적 제어 방식을 약간 수정한 방식으로서, 하나의 인터럽트를 지정하여 그것을 기준으로 인터럽트 우선순위를 재배열하는 하는 것이다. 즉, CPUINT_LVL0PRI 레지스터를 사용하여 하나의 레벨0 인터럽트를 지정하면 모든 레벨0 인터럽트 중에서 그것이 가장 낮은 우선순위를 갖게 되고 그 다음의 인터럽트가 가장 높은 우선순위를 갖는 방법으로 우선순위가 재배열된다.

예를 들어 <그림 1.4.14>처럼 CPUINT_LVL0PRI 레지스터에 IVEC Y를 지정하였다면 그것이 가장 낮은 순위가 되고, 그 다음의 IVEC Y+1이 가장 높은 인터럽트가 된다. 우선순위는 IVEC Y+1의 아래로 가면서 차례로 낮아지다가 63번 인터럽트에 도달하면 다시 가장 위의 IVEC 2 인터럽트로 이어져서(wrap) 우선순위가 낮아지다가 IVEC Y에 도달하면 이것이 가장 낮은 우선순위로 된다. 여기서 당연히 시스템 리셋과 NMI는 제외되며, 레벨1 인터럽트가 설정되어 있다면 이것도 제외된다.

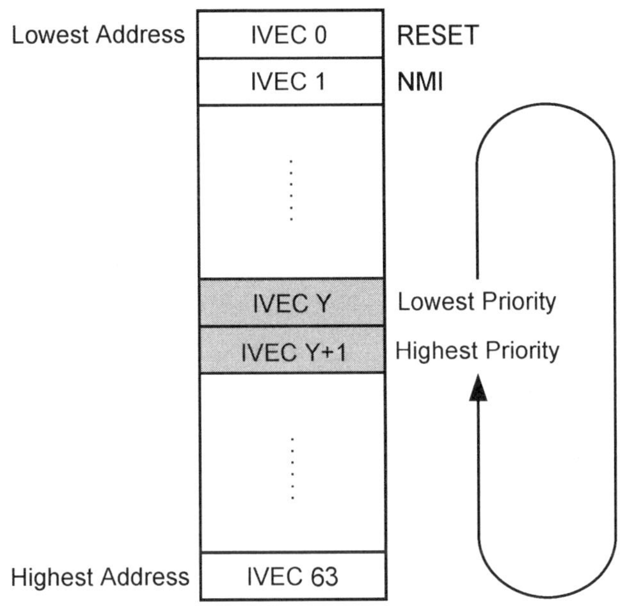

〈그림 1.4.14〉 수정된 정적 제어 방식의 인터럽트 우선순위 제어

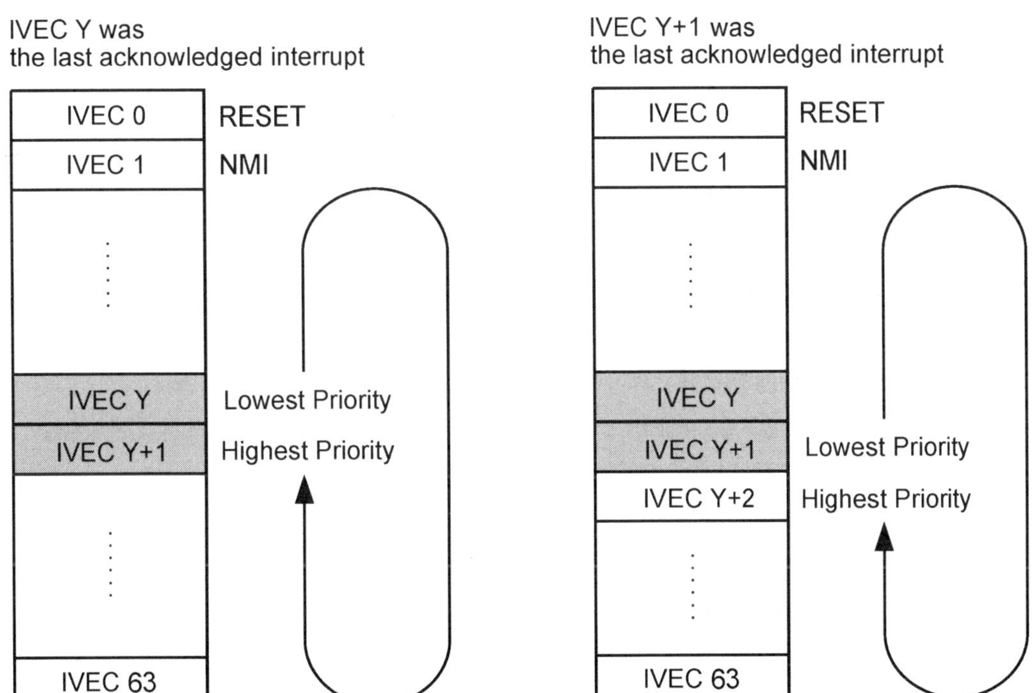

〈그림 1.4.15〉 라운드로빈 방식의 인터럽트 우선순위 제어

■ 라운드로빈 제어 방식(Round Robin Scheduling)

이것은 낮은 순위의 인터럽트는 항상 뒤로 밀려서 인터럽트 처리의 기회가 너무 적어지는 단점을 보완하기 위한 방식으로서, 모든 레벨0의 인터럽트에게 우선순위를 차례로 번갈아서 높게 부여하는 것이다. 이 방식을 사용하려면 CPUINT_CTRLA 레지스터에서 LVL0RR 비트를 1로 설정해야 한다.

예를 들어 <그림 1.4.15>처럼 CPUINT_LVL0PRI 레지스터에 IVEC Y를 지정하여 그것이 가장 낮은 순위가 되고 그 다음의 IVEC Y+1이 가장 높은 인터럽트가 되었는데, 만약 이후에 IVEC Y+1의 인터럽트가 발생하여 처리되었다면 이번에는 마지막으로 처리된 IVEC Y+1의 인터럽트가 가장 낮은 순위로 변경되고 그 다음에 있는 IVEC Y+2의 인터럽트가 가장 높은 순위로 변경된다. 이렇게 하나의 인터럽트가 발생하여 처리될 때마다 우선순위가 계속하여 달라지며, 이때마다 가장 낮은 순위의 인터럽트를 나타내는 CPUINT_LVL0PRI 레지스터의 값이 하드웨어적으로 자동 갱신된다.

(5) 인터럽트 제어기의 I/O 제어 레지스터

AVR128DA64의 인터럽트 제어기 CPUINT를 구성하는 I/O 제어 레지스터를 정리하면 <표 1.4.10>과 같다.

〈표 1.4.10〉 AVR128DA64의 CPUINT와 관련된 I/O 제어 레지스터 요약

어드레스	레지스터 이름	풀어 쓴 레지스터 이름	리셋 후 초기값
0x0110	CPUINT_CTRLA	CPUINT Control A Register ★	0x00
0x0111	CPUINT_STATUS	CPUINT Status Register	0x00
0x0112	CPUINT_LVL0PRI	CPUINT Interrupt Priority Level 0 Register	0x00
0x0113	CPUINT_LVL1VEC	CPUINT Interrupt Vector with Priority Level 1 Register	0x00

■ 인터럽트 제어 레지스터 A CPUINT_CTRLA (리셋후 디폴트값 : 0x00)

이 레지스터는 CCP로 보호받고 있으므로 여기에 값을 쓰려면 먼저 CPU_CCP 레지스터에 0xD8을 써서 보호된 I/O 레지스터를 풀어 주어야 한다.

b7	b6	b5	b4	b3	b2	b1	b0
-	IVSEL	CVT	-	-	-	-	LVL0RR
-	R/W	R/W	-	-	-	-	R/W

- IVSEL : Interrupt Vector Select
  0 = 인터럽트 벡터 테이블을 플래시 메모리에서 부트로더 코드 영역의 다음 영역에 둔다. 그러나, 플래시 메모리 전체를 부트로더 코드 영역으로 사용하는 경우에는 그렇지 아니하다.
  1 = 인터럽트 벡터 테이블을 플래시 메모리에서 부트로더 코드 영역에 둔다.
- CVT : Compact Vector Table
  0 = 컴팩트한 인터럽트 벡터 테이블을 사용하지 않는다.
  1 = 컴팩트한 인터럽트 벡터 테이블을 사용한다. 이 방식에서는 모든 레벨0의 인터럽트들이 동일한 인터럽트 벡터 번호를 공유하며 동일한 처리 루틴에 의하여 인터럽트 처리가 수행된다.

- LVL0RR : Round Robin Priority Enable
  이 비트는 CCP로 보호받지 않는다.
  0 = 모든 우선순위 레벨0의 인터럽트에 대하여 우선순위가 번호순으로 고정되는 정적 제어 방식이나, 이를 약간 수정한 정적 제어 방식을 사용한다.
  1 = 모든 우선순위 레벨0의 인터럽트에 대하여 라운드로빈 방식으로 우선순위를 제어한다.

▣ 인터럽트 상태 레지스터 CPUINT_STATUS (리셋후 디폴트값 : 0x00)

b7	b6	b5	b4	b3	b2	b1	b0
NMIEX	-	-	-	-	-	LVL1EX	LVL0EX
R	-	-	-	-	-	R	R

- NMIEX : NMI Executing
  0 = 현재 NMI 인터럽트가 실행되는 상태가 아니다.
  1 = 현재 NMI 인터럽트가 실행되는 상태이다. 이 인터럽트 처리가 종료되고 RETI 명령을 실행하면 이 비트는 다시 0으로 클리어된다.
- LVL1EX : Level 1 Interrupt Executing
  0 = 현재 우선순위 레벨1의 인터럽트가 실행되는 상태가 아니다.
  1 = 현재 수선순위 레벨1의 인터럽트가 실행되는 상태이다. 이 인터럽트 처리가 종료되고 RETI 명령을 실행하면 이 비트는 다시 0으로 클리어된다.
- LVL0EX : Level 1 Interrupt Executing
  0 = 현재 우선순위 레벨0의 인터럽트가 실행되는 상태가 아니다.
  1 = 현재 수선순위 레벨0의 인터럽트가 실행되는 상태이다. 이 인터럽트 처리가 종료되고 RETI 명령을 실행하면 이 비트는 다시 0으로 클리어된다.

▣ 우선순위 레벨0 레지스터 CPUINT_LVL0PRI (리셋후 디폴트값 : 0x00)

b7	b6	b5	b4	b3	b2	b1	b0
LVL0PRI[7:0]							
R/W	R/W	R/W	R/W	R/W	R/W	R/W	R/W

- LVL0PRI[7:0] : Interrupt Priority Level 0
  이 레지스터는 우선순위의 정적 제어 방식을 수정하기 위하여 가장 낮은 우선순위를 갖는 인터럽트 번호를 지정하는데 사용한다. 라운드로빈 제어 방식에서는 1개의 인터럽트가 발생하여 처리될 때마다 이 레지스터의 값이 자동으로 갱신되면서 가장 낮은 우선순위를 갖는 인터럽트 번호를 나타낸다.

▣ 우선순위 레벨1 인터럽트 벡터 레지스터 CPUINT_LVL1VEC (리셋후 디폴트값 : 0x00)

b7	b6	b5	b4	b3	b2	b1	b0
LVL1VEC[7:0]							
R/W	R/W	R/W	R/W	R/W	R/W	R/W	R/W

- LVL1VEC[7:0] : Interrupt Vector with Priority Level 1
  우선순위 레벨을 1로 지정할 1개의 인터럽트를 선정하여 그 인터럽트의 번호를 이 레지스터에 써 준다. 이 레지스터의 값이 0x00이면 우선순위 레벨1인 인터럽트를 지정하지 않는다는 의미이다.

5. 정전 검출기(BOD)

AVR128DA64의 정전 검출기 BOD(Brown-Out Detector)는 전원전압이 너무 낮아져서 이 소자가 오동작하는 것을 방지하기 위하여 전원전압을 감시하는 장치이다.

(1) 정전 검출기의 동작

AVR128DA64에서 BOD의 전원전압 감시 기능은 <그림 1.4.16>에 보인 것처럼 크게 2가지로 나누어지는데, 첫째는 소자의 전원전압이 사용자가 설정한 BOD 문턱전압(threshold voltage level)의 이하로 떨어져서 시스템 리셋을 발생하는 기능이고, 둘째는 전원전압이 사용자가 설정한 좀더 높은 문턱전압 이하로 떨어지면 인터럽트를 발생하여 정전이 되기 전에 사전 조치를 할 수 있도록 하는 전압 감시기 VLM(Voltage Level Monitor) 기능이다.

VLM의 동작은 BOD_INTCTRL 레지스터에서 VLMIE=1로 설정하면 허용된다. 그러나, VLM의 동작은 BOD의 동작을 따르게 되어 있으므로 BOD를 사용하지 않는다면 BOD_INTCTRL 레지스터에서 VLMIE=1로 설정하더라도 VLM이 동작하지 않는다.

BOD 문턱전압은 FUSE_BODCFG에서 설정하며, 리셋 후에 부팅 과정에서 이것이 BOD_CTRLB 레지스터에 로드되어 동작한다. 당연히 VLM의 문턱전압은 BOD 문턱전압보다 높아야 하며 BOD 문턱전압보다 몇 %만큼 높게 지정할 것인지로 설정하는데, 이것은 BOD_VLMCTRLA 레지스터에서 BOD 문턱전압보다 5%, 15%, 25% 높게 설정할 수 있다.

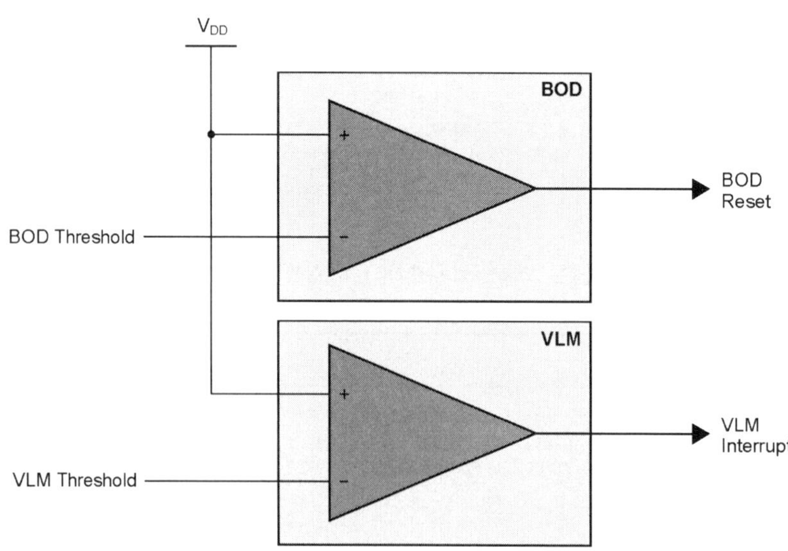

〈그림 1.4.16〉 정전 검출기 BOD의 구성 블록도

BOD는 연속 모드(Continuous mode)와 샘플 모드(Sampled mode)로 동작할 수 있다. 연속 모드에서는 BOD의 전원전압 검출 동작이 연속적으로 이루어지지만, 샘플 모

드에서는 BOD의 전원전압 검출 동작이 일정한 주기로 이루어진다. 이러한 BOD의 동작 주기는 FUSE_BODCFG에서 32Hz와 128Hz의 주파수로 설정할 수 있다.

액티브 모드와 아이들 모드에서의 BOD 동작은 FUSE_BODCFG로 설정하는데, 이것은 부팅 과정에서 BOD_CTRLA 레지스터에 로드된 이후에 변경이 불가능하다. 스탠바이 모드와 파워다운 모드에서의 BOD 동작도 FUSE_BODCFG로 설정하는데, 이것은 부팅 과정에서 BOD_CTRLA 레지스터에 로드된 이후에 변경이 가능하다.

(2) 정전 검출기의 I/O 제어 레지스터

AVR128DA64의 정전 검출기 BOD를 구성하는 I/O 제어 레지스터를 정리하면 <표 1.4.11>과 같다.

〈표 1.4.11〉 AVR128DA64의 BOD와 관련된 I/O 제어 레지스터 요약

어드레스	레지스터 이름	풀어 쓴 레지스터 이름	리셋 후 초기값
0x0080	BOD_CTRLA	BOD Control A Register ★	0x??
0x0081	BOD_CTRLB	BOD Control B Register	0x??
0x0082 ~ 0x0087		(reserved)	
0x0088	BOD_VLMCTRLA	BOD VLM Control A Register	0x00
0x0089	BOD_INTCTRL	BOD VLM Interrupt Control Register	0x00
0x008A	BOD_INTFLAGS	BOD VLM Interrupt Flag Register	0x00
0x008B	BOD_STATUS	BOD VLM Status Register	0x00

▣ 제어 레지스터 A BOD_CTRLA (리셋후 디폴트값 : 0x??)

이 레지스터는 CCP로 보호받고 있으므로 여기에 값을 쓰려면 먼저 CPU_CCP 레지스터에 0xD8을 써서 보호된 I/O 레지스터를 풀어 주어야 한다.

b7	b6	b5	b4	b3	b2	b1	b0
–	–	–	SAMPFREQ	ACTIVE[1:0]		SLEEP[1:0]	
–	–	–	R	R	R	R/W	R/W

- SAMPFREQ : Sample Frequency
  0 = 샘플 모드에서 샘플링 주파수를 128Hz로 설정함.
  1 = 샘플 모드에서 샘플링 주파수를 32Hz로 설정함.
- ACTIVE[1:0] : Operation Mode in Active and Idle
  00 = BOD를 사용하지 않음. 이에 따라 VLM의 기능도 금지됨.
  01 = BOD를 연속 모드(Continuous mode)로 사용함.
  10 = BOD를 샘플 모드(Sampled mode)로 사용함.
  11 = BOD를 연속 모드(Continuous mode)로 사용함. BOD가 동작할 때까지 프로그램 실행이 wake-up 상태로 정지함.
- SLEEP[1:0] : Operation Mode in Sleep
  00 = BOD를 사용하지 않음. 이에 따라 VLM의 기능도 금지됨.
  01 = BOD를 연속 모드(Continuous mode)로 사용함.
  10 = BOD를 샘플 모드(Sampled mode)로 사용함.
  11 = (reserved)

▣ 제어 레지스터 B BOD_CTRLB (리셋후 디폴트값 : 0x??)

b7	b6	b5	b4	b3	b2	b1	b0
-	-	-	-	-	LVL[2:0]		
-	-	-	-	-	R	R	R

- LVL[2:0] : BOD Threshold Voltage Level

000 = 1.90V
001 = 2.45V
010 = 2.70V
011 = 2.85V
100~111 = (reserved)

▣ VLM 제어 레지스터 A BOD_VLMCTRLA (리셋후 디폴트값 : 0x00)

b7	b6	b5	b4	b3	b2	b1	b0
-	-	-	-	-	-	VLMLVL[1:0]	
-	-	-	-	-	-	R/W	R/W

- VLMLVL[1:0] : VLM Threshold Voltage Level

00 = VLM을 사용하지 않음.
01 = VLM의 문턱전압을 BOD의 문턱전압보다 5% 높게 설정함.
10 = VLM의 문턱전압을 BOD의 문턱전압보다 15% 높게 설정함.
11 = VLM의 문턱전압을 BOD의 문턱전압보다 25% 높게 설정함.

▣ VLM 인터럽트 제어 레지스터 BOD_INTCTRL (리셋후 디폴트값 : 0x00)

b7	b6	b5	b4	b3	b2	b1	b0
-	-	-	-	-	VLMCFG[1:0]		VLMIE
-	-	-	-	-	R/W	R/W	R/W

- VLMCFG[1:0] : VLM Configuration

00 = 전원전압이 VLM 문턱전압의 아래로 하강할 때 인터럽트가 발생한다.
01 = 전원전압이 VLM 문턱전압의 위로 상승할 때 인터럽트가 발생한다.
10 = 전원전압이 VLM 문턱전압의 아래로 하강하거나 위로 상승할 때 인터럽트가 발생한다.
11 = (reserved)

- VLMIE : VLM Interrupt Enable

0 = VLM 기능을 금지한다.
1 = VLM 기능 및 VLM 인터럽트를 허용한다. 그러나, BOD 기능을 금지하면 VLM 기능도 금지된다.

▣ VLM 인터럽트 플랙 레지스터 BOD_INTFLAGS (리셋후 디폴트값 : 0x00)

b7	b6	b5	b4	b3	b2	b1	b0
-	-	-	-	-	-	-	VLMIF
-	-	-	-	-	-	-	R/W

- VLMIF : VLM Interrupt Flag

0 = BOD_INTCTRL 레지스터의 VLMCFG[1:0] 비트로 지정한 VLM 인터럽트 조건이 발생하지 않았다.
1 = BOD_INTCTRL 레지스터의 VLMCFG[1:0] 비트로 지정한 VLM 인터럽트 조건이 발생하였다.

■ VLM 상태 레지스터 BOD_STATUS (리셋후 디폴트값 : 0x00)

b7	b6	b5	b4	b3	b2	b1	b0
-	-	-	-	-	-	-	VLMS
-	-	-	-	-	-	-	R/W

• VLMS : VLM Status
0 = 현재 전원전압이 VLM 문턱전압보다 높다.
1 = 현재 전원전압이 VLM 문턱전압보다 낮다.

6. 워치독 타이머(WDT)

AVR128DA64의 워치독 타이머(Watchdog Timer) WDT는 타임아웃 주기(time-out period) 이내에 반복적으로 사용자의 소프트웨어 명령 WDR을 실행하여 그것의 카운터 값을 0으로 클리어시켜 주지 않으면 타임아웃이 발생하여 시스템 리셋을 발생하는 장치이다. 이것은 BOD와 함께 현재 CPU가 정상적으로 프로그램을 실행하면서 동작하고 있는지를 감시하여 프로그램이 오동작하는 상태에 머물러 있거나 잘못된 무한 루프를 반복하는 것을 방지하는 마이크로컨트롤러의 중요한 신뢰성 향상 기술이다.

(1) 워치독 타이머의 동작

AVR128DA64에서 WDT의 내부 구조는 <그림 1.4.17>과 같다. 여기서 클록 입력 CLK_WDT는 내부 저주파 오실레이터 OSC32K를 32분주하여 만든 1.024kHz를 사용한다. OSC32K의 발진 주파수 오차에 따라 WDT의 타임아웃 주기도 오차를 갖게 되므로 타임아웃 주기는 조금 여유 있는 값으로 설계하는 것이 좋다.

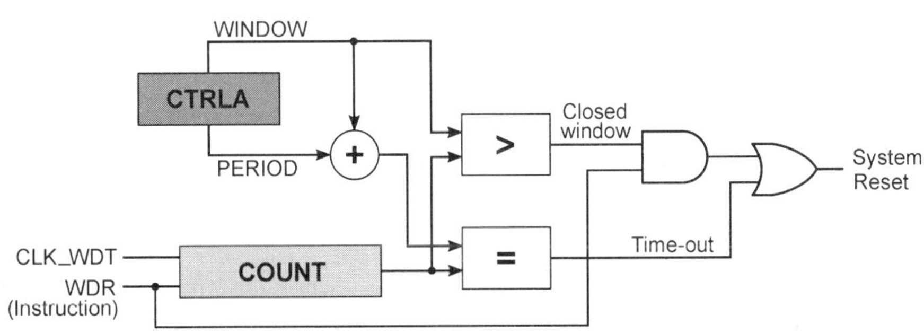

〈그림 1.4.17〉 워치독 타이머 WDT의 구성 블록도

AVR128DA64에서 WDT의 기능은 크게 2가지 동작 모드로 나누어진다. 첫째는 일반 모드(Normal mode)로서 이것은 타임아웃 주기 이내에 소프트웨어적으로 워치독

타이머를 클리어시켜 주지 않으면 시스템 리셋이 발생되는 것이다. 여기서 타임아웃 주기는 FUSE_WDTCFG의 PERIOD[3:0] 비트를 사용하여 7.8125ms에서 8.0s까지 11단계로 설정하면 부팅 과정에서 이것이 WDT_CTRLA 레지스터의 PERIOD[3:0] 비트에 로드되어 동작한다.

만약 FUSE_WDTCFG에서 PERIOD[3:0] 비트를 0000으로 설정하면 WDT의 동작이 금지되며, 0000이 아닌 값으로 설정하면 WDT가 일반 모드로 동작한다.

<그림 1.4.18>은 WDT에서 타임아웃 주기를 16ms로 설정하였을 때 일반 모드의 동작을 보였다.

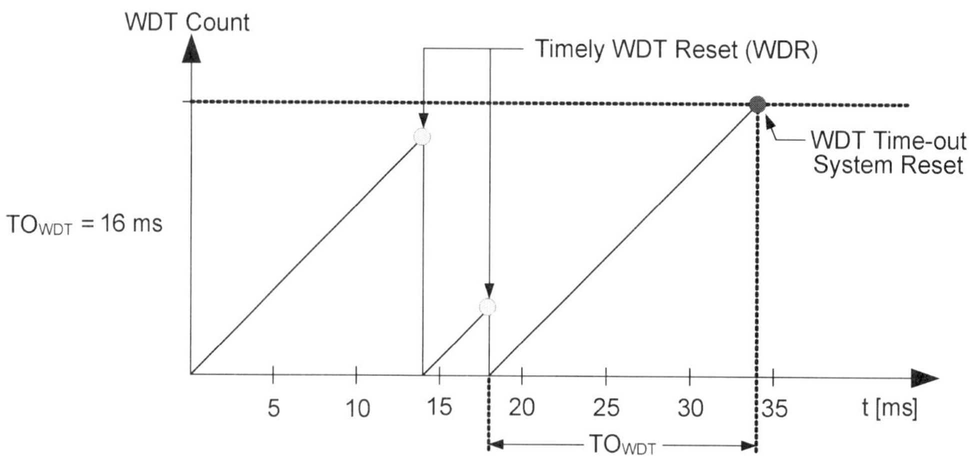

〈그림 1.4.18〉 WDT에서 일반 모드의 동작

둘째는 윈도우 모드(Window mode)로서 이것은 워치독 타이머를 클리어시켜 주기 위한 시간이 최소값과 최대값의 범위로 정해져 있어서 이 시간 구간에서 워치독 타이머를 클리어시키지 않으면 시스템 리셋이 발생되는 것이다.

클리어 시간 구간의 최소값은 닫힌 윈도우 타임아웃 주기(closed window time-out period)라고 하며 FUSE_WDTCFG의 WINDOW[3:0] 비트를 사용하여 7.8125ms에서 8.0s까지 11단계로 설정하면 초기의 부팅 과정에서 이것이 WDT_CTRLA 레지스터의 WINDOW[3:0] 비트에 로드되어 동작한다. 클리어 시간 구간의 최대값은 닫힌 윈도우 타임아웃 주기에 열린 윈도우 타임아웃 주기(open window time-out period)를 더한 값이 되는데, 열린 윈도우 타임아웃 주기는 FUSE_WDTCFG의 PERIOD[3:0] 비트를 사용하여 7.8125ms에서 8.0s까지 11단계로 설정하면 부팅 과정에서 이것이 WDT_CTRLA 레지스터의 PERIOD[3:0] 비트에 로드되어 동작한다.

만약 FUSE_WDTCFG에서 WINDOW[3:0] 비트를 0000으로 설정하면 윈도우 모드가 아닌 일반 모드가 되며, 그 외의 값으로 설정하면 WDT가 윈도우 모드로 동작한다.

<그림 1.4.19>는 WDT에서 열린 타임아웃 주기와 닫힌 타임아웃 주기를 각각 8ms로 설정하여 8ms~16ms의 구간에서 타이머를 클리어시켜야 하는 윈도우 모드의 동작을 보였다.

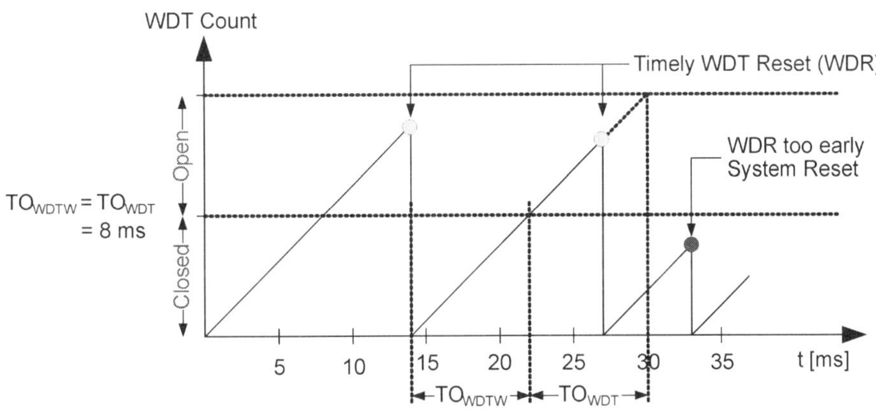

〈그림 1.4.19〉 WDT에서 윈도우 모드의 동작

AVR128DA64의 워치독 타이머는 액티브 모드는 물론이고 모든 슬립 모드에서도 정상적으로 동작한다.

(2) 워치독 타이머의 I/O 제어 레지스터

AVR128DA64의 워치독 타이머 WDT를 구성하는 I/O 제어 레지스터를 정리하면 <표 1.4.12>와 같다.

〈표 1.4.12〉 AVR128DA64의 WDT와 관련된 I/O 제어 레지스터 요약

어드레스	레지스터 이름	풀어 쓴 레지스터 이름		리셋 후 초기값
0x0100	WDT_CTRLA	WDT Control A Register	★	0x??
0x0101	WDT_STATUS	WDT Status Register	★	0x00

■ **제어 레지스터 A WDT_CTRLA** (리셋후 디폴트값 : 0x??)

이 레지스터는 CCP로 보호받고 있으므로 여기에 값을 쓰려면 먼저 CPU_CCP 레지스터에 0xD8을 써서 보호된 I/O 레지스터를 풀어 주어야 한다.

b7	b6	b5	b4	b3	b2	b1	b0
WINDOW[3:0]				PERIOD[3:0]			
R/W	R/W	R/W	R/W	R/W	R/W	R/W	R/W

- WINDOW[3:0] : Watchdog Window Time-Out Period
  윈도우 모드에서 닫힌 타임아웃 주기를 설정하는데 사용된다. 이 비트의 설정값을 변경하려면 먼저 WDT_STATUS 레지스터에서 LOCK=0으로 해야 한다.
  0000 = 윈도우 모드를 사용하지 않음.
  0001 = 타임아웃 주기를 8클록 7.8125ms로 설정함.
  0010 = 타임아웃 주기를 16클록 15.625ms로 설정함.
  0011 = 타임아웃 주기를 32클록 31.25ms로 설정함.
  0100 = 타임아웃 주기를 64클록 62.5ms로 설정함.
  0101 = 타임아웃 주기를 128클록 125ms로 설정함.
  0110 = 타임아웃 주기를 256클록 250ms로 설정함.
  0111 = 타임아웃 주기를 512클록 500ms로 설정함.
  1000 = 타임아웃 주기를 1024클록 1.0s로 설정함.
  1001 = 타임아웃 주기를 2048클록 2.0s로 설정함.
  1010 = 타임아웃 주기를 4096클록 4.0s로 설정함.
  1011 = 타임아웃 주기를 8192클록 8.0s로 설정함.
  1100~1111 = (reserved)
- PERIOD[3:0] : Watchdog Time-Out Period
  일반 모드에서는 타임아웃 주기를 설정하고, 윈도우 모드에서는 열린 타임아웃 주기를 설정하는데 사용된다. 이 비트의 설정값을 변경하려면 먼저 WDT_STATUS 레지스터에서 LOCK=0으로 해야 한다.
  0000 = 워치독 타이머를 사용하지 않음.
  0001 = 타임아웃 주기를 8클록 7.8125ms로 설정함.
  0010 = 타임아웃 주기를 16클록 15.625ms로 설정함.
  0011 = 타임아웃 주기를 32클록 31.25ms로 설정함.
  0100 = 타임아웃 주기를 64클록 62.5ms로 설정함.
  0101 = 타임아웃 주기를 128클록 125ms로 설정함.
  0110 = 타임아웃 주기를 256클록 250ms로 설정함.
  0111 = 타임아웃 주기를 512클록 500ms로 설정함.
  1000 = 타임아웃 주기를 1024클록 1.0s로 설정함.
  1001 = 타임아웃 주기를 2048클록 2.0s로 설정함.
  1010 = 타임아웃 주기를 4096클록 4.0s로 설정함.
  1011 = 타임아웃 주기를 8192클록 8.0s로 설정함.
  1100~1111 = (reserved)

▣ 상태 레지스터 WDT_STATUS (리셋후 디폴트값 : 0x00)

이 레지스터는 CCP로 보호받고 있으므로 여기에 값을 쓰려면 먼저 CPU_CCP 레지스터에 0xD8을 써서 보호된 I/O 레지스터를 풀어 주어야 한다.

b7	b6	b5	b4	b3	b2	b1	b0
LOCK	-	-	-	-	-	-	SYNCBUSY
R/W	-	-	-	-	-	-	R

- LOCK : Lock
  0 = WDT_CTRLA 레지스터를 변경하는 것을 허용한다.
  1 = WDT_CTRLA 레지스터를 변경하는 것을 금지한다. 사용자 프로그램에서 이 비트에 1을 쓰는 것이 가능하지만, 이 비트를 0으로 클리어하는 것은 디버그 모드(Debug mode)에서만 가능하다.
- SYNCBUSY : Synchronization Busy
  이 비트는 WDT_CTRLA 레지스터를 변경하면 그 데이터가 주변장치 클록에서 WDT 클록으로 동기가 수행되는 동안에 1로 되었다가 이 동기가 완료되면 다시 0으로 된다.

7. 기준전압 발생기(VREF)

AVR128DA64의 기준전압(Voltage Reference) 발생기 VREF는 A/D 컨버터 ADC0, D/A 컨버터 DAC0, 그리고 3개의 아날로그 비교기 AC0~AC2에서 사용하기 위한 기준전압을 발생한다. 여기서 발생하는 기준전압의 값은 총 6가지로서 1.024V, 2.048V, 4.096V, 2.500V, 전원전압 AVDD, 그리고 VREFA 단자로 입력된 외부 기준전압 등이다. 이처럼 내부에서 발생하는 기준전압의 최대 오차는 ±4%이다.

VREF에서 각 장치를 위하여 선택된 기준전압은 해당 주변장치에서 요구되는 경우에만 전압을 발생하도록 설정할 수도 있고, 항상 출력전압을 발생하도록 설정할 수도 있다. VREF에서 선택된 기준전압이 항상 출력전압을 발생하도록 설정하면 소자의 소비전력이 커지는 단점이 있으나 해당 주변장치의 기동시간이 감소된다.

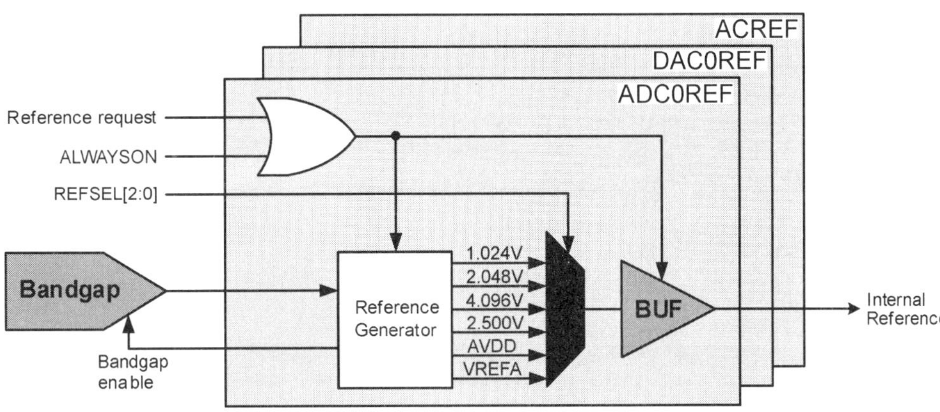

〈그림 1.4.20〉 기준전압 발생기 VREF의 구성 블록도

AVR128DA64의 기준전압 발생기 VREF를 구성하는 I/O 제어 레지스터를 정리하면 <표 1.4.13>과 같다.

〈표 1.4.13〉 AVR128DA64의 VREF와 관련된 I/O 제어 레지스터 요약

어드레스	레지스터 이름	풀어 쓴 레지스터 이름	리셋 후 초기값
0x00A0	VREF_ADC0REF	VREF ADC0 Voltage Reference Register	0x00
0x00A1		(reserved)	
0x00A2	VREF_DAC0REF	VREF DAC0 Voltage Reference Register	0x00
0x00A3		(reserved)	
0x00A4	VREF_ACREF	VREF AC0 Voltage Reference Register	0x00

▣ ADC0 기준전압 레지스터 VREF_ADC0REF (리셋후 디폴트값 : 0x00)

b7	b6	b5	b4	b3	b2	b1	b0
ALWAYSON	–	–	–	–	REFSEL[2:0]		
R/W	–	–	–	–	R/W	R/W	R/W

- ALWAYSON : Reference Always On
  0 = ADC0의 기준전압이 요청될 때만 이를 ON시킨다.
  1 = ADC0의 기준전압을 항상 ON 상태로 설정한다.
- REFSEL[2:0] : Reference Select
  000 = ADC0의 기준전압을 1.024V로 발생한다.
  001 = ADC0의 기준전압을 2.048V로 발생한다.
  010 = ADC0의 기준전압을 4.096V로 발생한다.
  011 = ADC0의 기준전압을 2.500V로 발생한다.
  100 = (reserved)
  101 = ADC0의 기준전압으로 AVDD를 사용한다.
  110 = ADC0의 기준전압으로 VREFA 단자의 입력전압을 사용한다.
  111 = (reserved)

▣ DAC0 기준전압 레지스터 VREF_DAC0REF (리셋후 디폴트값 : 0x00)

b7	b6	b5	b4	b3	b2	b1	b0
ALWAYSON	–	–	–	–	REFSEL[2:0]		
R/W	–	–	–	–	R/W	R/W	R/W

- ALWAYSON : Reference Always On
  0 = DAC0의 기준전압이 요청될 때만 이를 ON시킨다.
  1 = DAC0의 기준전압을 항상 ON 상태로 설정한다.
- REFSEL[2:0] : Reference Select
  000 = DAC0의 기준전압을 1.024V로 발생한다.
  001 = DAC0의 기준전압을 2.048V로 발생한다.
  010 = DAC0의 기준전압을 4.096V로 발생한다.
  011 = DAC0의 기준전압을 2.500V로 발생한다.
  100 = (reserved)
  101 = DAC0의 기준전압으로 AVDD를 사용한다.
  110 = DAC0의 기준전압으로 VREFA 단자의 입력전압을 사용한다.
  111 = (reserved)

▣ AC 기준전압 레지스터 VREF_ACREF (리셋후 디폴트값 : 0x00)

b7	b6	b5	b4	b3	b2	b1	b0
ALWAYSON	–	–	–	–	REFSEL[2:0]		
R/W	–	–	–	–	R/W	R/W	R/W

- ALWAYSON : Reference Always On
  0 = AC0~AC2의 기준전압이 요청될 때만 이를 ON시킨다.
  1 = AC0~AC2의 기준전압을 항상 ON 상태로 설정한다.
- REFSEL[2:0] : Reference Select
  000 = AC0~AC2의 기준전압을 1.024V로 발생한다.
  001 = AC0~AC2의 기준전압을 2.048V로 발생한다.
  010 = AC0~AC2의 기준전압을 4.096V로 발생한다.
  011 = AC0~AC2의 기준전압을 2.500V로 발생한다.
  100 = (reserved)
  101 = AC0~AC2의 기준전압으로 AVDD를 사용한다.
  110 = AC0~AC2의 기준전압으로 VREFA 단자의 입력전압을 사용한다.
  111 = (reserved)

◀휴게실▶ ATmega128A와 AVR128DA64의 비교

2016년 1월에 Microchip Technology가 Atmel을 인수 합병하고 나서 <표 1.2.3>에 보인 것처럼 새로운 ATtiny 패밀리 모델과 새로운 ATmega 패밀리 모델을 적극적으로 발표하더니, 2020년 5월에는 완전히 새로운 AVR-DA 및 AVR-DB 패밀리 모델을 발표함으로써 이제 종래에 Atmel사에서 가지고 있던 구형의 AVR 모델들은 더 이상 지원하지 않고 단종시키겠다는 의지를 분명하게 드러냈다.

이에 여기서는 종래의 AVR 모델을 대표하던 ATmega128A와 새로운 AVR 모델을 대표한다고 볼 수 있는 AVR128DA64의 주요 사양 및 특징을 비교하여 보고자 한다. 우선 새로운 AVR-DA 패밀리가 자랑하는 주요 특징을 요약하면 다음과 같다.

첫째, 시스템 클록의 최고 주파수가 종래에는 16MHz였으나 AVR-DA 패밀리에서는 24MHz로 높아져서 프로그램의 처리속도가 약 50% 정도 향상되었다. 내부의 발진회로도 종래에는 최고 8MHz까지 가능하였으나 AVR-DA 패밀리에서는 24MHz까지 발진이 가능하다.

둘째, 종래의 AVR에서는 JTAG 또는 ISP 방식으로 내부 플래시 메모리에 프로그램을 수행하였으나 AVR-DA 패밀리에서는 UPDI라는 인터페이스 방식으로 프로그래밍한다. UPDI는 1개의 직렬통신 신호와 GND 및 VDD를 포함하여 총 3개의 핀으로 보다 간편하게 사용할 수 있다.

셋째, 내부 RAM의 용량이 크게 증가하였다. ATmega128A는 4KB의 SRAM을 내장하고 있었으나 AVR128DA64는 이보다 4배 커진 16KB의 SRAM을 내장하고 있다.

넷째, 주변장치의 개수가 많이 증가하거나 추가되고 성능이 향상되었다. 예를 들어 ATmega128A에는 USART를 2개 가지고 있었으나 AVR128DA64의 경우에는 이것이 6개로 늘어났고, ATmega128A는 10비트 A/D 컨버터를 가지고 있었으나 AVR128DA64에서는 12비트 A/D 컨버터로 향상되었고 여기에 10비트의 D/A 컨버터까지 추가되었다.

다섯째, 하드웨어적으로 동작하는 터치 제어기 PTC를 가지고 있어서 최대 46개의 self-capacitance channel과 529개의 mutual-capacitance channel을 사용할 수 있다.

여섯째, 가격이 훨씬 저렴해졌다. ATmega128A의 경우 5000개 기준으로 단가가 3.97~4.22$ 정도였으나 AVR128DA64는 1.53~1.67$로서 약 1/3 정도의 수준에 불과하다.

ATmega128A과 AVR128DA64의 주요 특징을 항목별로 비교하여 정리하면 다음과 같다.

항목	ATmega128A	AVR128DA64	비고
출시 연도	2008년	2020년	ATmega128은 2001년에 출시됨
CPU 코어	8비트 AVR	8비트 AVR	
시스템 클록 최고 주파수	16MHz	24MHz	
플래시 메모리	128KB	128KB	
SRAM	4KB	16KB	
EEPROM	4KB	512바이트	
GPIO	53개	55개	
외부 인터럽트	8개	55개	
타이머	8비트 2개, 16비트 2개	12비트 1개, 16비트 7개	
PWM 채널	8개	13개	
RTC	-	1개	
USART	2개	6개	
SPI	1개	2개	
TWI/I^2C	1개	2개	
내부 기준전압 발생기	1.23V, 2.56V, AVCC, AREF	1.024V, 2.048V, 4.096V, 2.500V, AVDD, VREFA	A/D 컨버터, D/A 컨버터, 아날로그 비교기 등에서 사용함
A/D 컨버터(ADC)	10비트/8채널	12비트/22채널	내부 온도센서 채널 별도
D/A 컨버터(DAC)	-	10비트/1채널	
아날로그 비교기(AC)	1개	3개	윈도우 모드 동작 가능
영전압 검출기(ZCD)	-	3개	고압의 교류전압 파형 입력 가능
터치 제어기(PTC)	-	하드웨어 터치 제어 엔진	46개의 self-capacitance 채널 529개의 mutual-capacitance 채널
CCL LUT	-	6 port	logic gate를 사용자가 구성함
동작 온도	-40~+85℃	-40~+85℃, -40~+125℃	
동작 전압	2.7~5.5V	1.8~5.5V	
패키지	64핀 TQFP, QFN, MLF	64핀 TQFP, VQFN	패키지 크기가 더 작아짐

ATmega128A와 AVR128DA64에서 TQFP 패키지 모델의 경우 64개의 외부 핀 배열을 비교하면 다음과 같다.

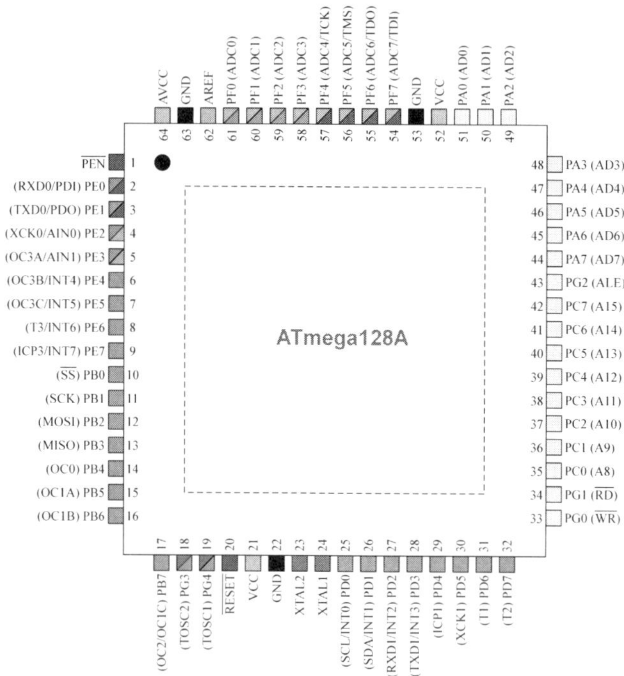

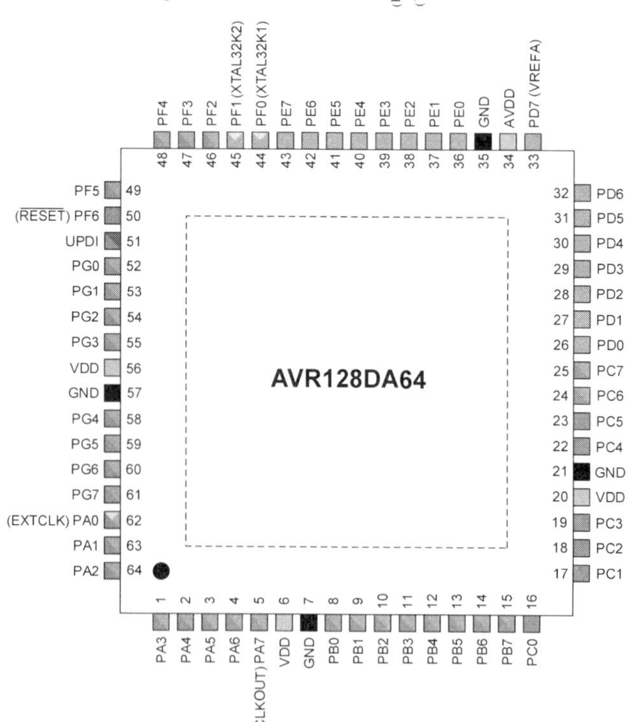

제2장

AVR128DA64의 내장 I/O 기능

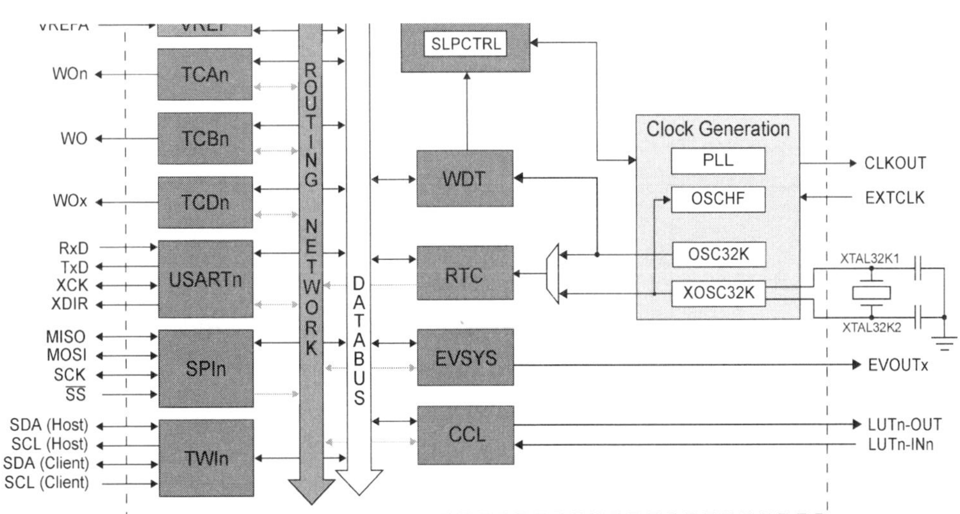

☞

이 장에서는 AVR128DA64 마이크로컨트롤러에 내장되어 있는 여러 가지 주변장치의 I/O 기능을 이해하고 이를 사용자 프로그램으로 충분히 활용하는 기술에 대하여 공부한다.

따지고 보면 우리가 AVR128DA64와 같은 MCU를 배우고자 하는 것은 빠른 명령처리 속도와 함께 이러한 다양한 I/O 기능을 내장하고 있기 때문이다. 이처럼 마이크로컨트롤러에는 많은 I/O 기능을 가지고 있으며 사용자는 이에 관해 기본적인 사항부터 정확히 이해하고 활용하는 것이 중요하므로 이것들을 제2장에서 별도로 취급하는 것이다.

대부분의 초보자들이 마이크로프로세서 또는 마이크로컨트롤러를 사용하는 기술이 어렵다고 말하는 것은 이러한 소자의 구조와 기능을 제대로 공부하지 않고 그냥 무턱대고 프로그램하려고 달려들기 때문이다. 대상을 알지 못하는데 이를 잘 사용할 수는 없다. 마이크로컨트롤러 응용기술은 MCU 소자를 포함하는 하드웨어에 관하여 충분히 공부하고 이것들을 제어하는 소프트웨어를 자유자재로 구사하는 능력에 따라 좌우된다는 사실을 다시 한번 명심하라.

그러나, 마이크로컨트롤러가 가지고 있는 하드웨어 기능을 제대로 공부하지 않고 자신의 근거 없는 선입견과 얕은 경험으로 이렇게 정교한 첨단제품을 사용하려는 사람이 의외로 많다는 것이 슬픈 현실이다. 첨단제품을 사용하려면 사용자의 생각도 첨단이어야 한다.

2.1 이벤트 시스템(EVSYS)

이 절에서는 AVR128DA64에 내장되어 있는 이벤트 시스템의 구조와 기능을 알아보고, 이를 활용하는 기술에 대하여 설명한다.

1. 이벤트 시스템의 동작

(1) 이벤트 시스템의 기본 개념

AVR128DA64의 이벤트 시스템(Event System) EVSYS는 <그림 2.1.1>에 보인 것처럼 CPU에 의한 프로그램을 거치지 않고 주변장치와 주변장치 사이에 하드웨어 신호를 사용하여 매우 빠르게 직접 정보를 전달하는 방법이다. 이것은 이벤트 발생기(event generator)라고 불리는 한쪽 주변장치에서의 상태 변화가 이벤트 사용자(event user)라고 불리는 다른 쪽 주변장치에서 동작(action)을 일으키는데, 그 사이를 연결하는 통로를 이벤트 채널(event channel)이라고 한다.

AVR128DA64의 이벤트 시스템 EVSYS는 총 10개의 이벤트 채널을 가지고 있어서 이것이 총 112개의 이벤트 발생기와 총 43개의 이벤트 사용자를 연결한다. 이벤트 시스템은 액티브 모드, 아이들 모드, 스탠바이 모드에서 모두 정상적으로 동작한다.

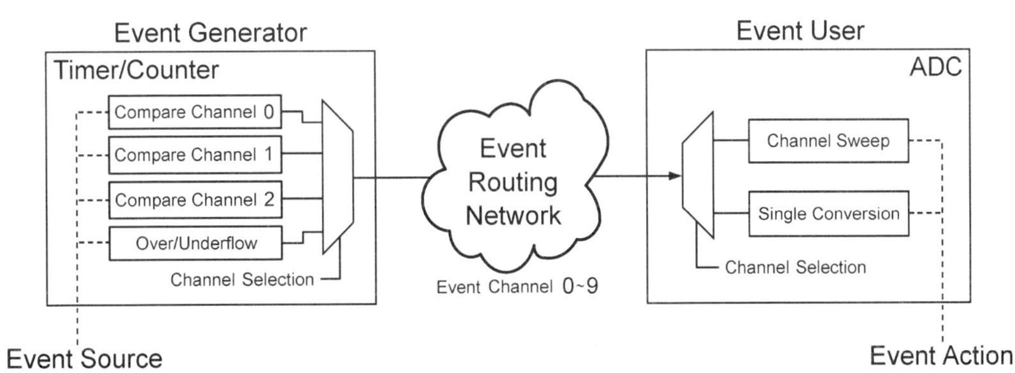

〈그림 2.1.1〉 이벤트 시스템의 개념도

이벤트 발생기로 사용되는 주변장치에서의 상태 변화는 주로 인터럽트를 발생시키는데, 대부분의 이벤트 신호는 이러한 인터럽트와 동시에 발생된다. 각 이벤트 채널에는 이벤트 발생기에서 출력되는 오직 1개의 이벤트 소스만 선택하여 할당할 수 있으며, 이 이벤트 채널의 신호는 여러 개의 이벤트 사용자가 선택적으로 수신하여 사용할 수 있다. 즉, 각 채널에 이벤트 소스는 1개만 할당할 수 있으나 이 채널을 수신하여 동작하는 이벤트 사용자는 하나의 채널에 여러 개를 연결할 수 있다는 것이다.

(2) 이벤트 채널의 동작

AVR128DA64의 이벤트 시스템에서 이벤트 채널의 구조와 동작을 그림으로 설명하면 <그림 2.1.2>와 같다. 10개의 이벤트 채널 0~9에 대하여 각각 어떤 이벤트 소스를 할당(route)한 것인지는 EVSYS_CHANNELn 레지스터에 112개의 이벤트 번호를 0x01~0xB3으로 설정하면 된다. 여기서 이벤트 번호를 0x00으로 설정하면 이 채널에 어떤 이벤트 소스도 할당하지 않겠다는 의미이다. 각 이벤트 채널에서는 동기 이벤트 출력과 비동기 이벤트 출력을 발생하는데, 동기 이벤트 사용자는 동기 이벤트 신호를 받아서 사용하게 되고 비동기 이벤트 사용자는 비동기 이벤트 신호를 받아서 사용하게 된다. 비동기 이벤트는 주변장치 클록 CLK_PER이 동작하지 않는 슬립 모드에서도 이벤트 신호를 발생할 수 있다는 것이 장점이다. 이들 동기 및 비동기 이벤트 신호는 EVSYS_SWEVENTA 및 EVSYS_SWEVENTB 레지스터를 사용하여 소프트웨어적으로 발생할 수도 있다.

이벤트 사용자가 10개의 이벤트 채널 중에서 어떤 채널의 이벤트 신호를 선택하여 수신할지는 43개의 EVSYS_USERx 레지스터에 각각 해당하는 채널의 번호를 설정하면 된다. 여기서 0x00을 설정하면 어떤 채널도 수신하지 않겠다는 의미이며, 채널을 수신하려면 해당 채널의 번호 0~9에 1을 더하여 0x01~0x0A로 설정한다.

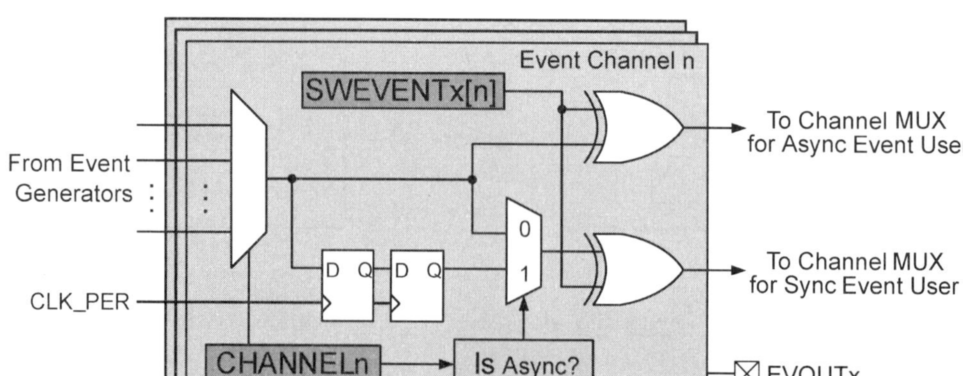

〈그림 2.1.2〉 이벤트 채널의 구조와 동작

(3) 이벤트 시스템의 초기화

AVR128DA64에서 이벤트를 사용하려면 다음과 같이 이벤트 시스템 EVSYS, 이벤트 발생기에 해당하는 주변장치, 이벤트 사용자에 해당하는 주변장치를 모두 초기화해야 한다.

① 이벤트 발생기에 해당하는 주변장치를 초기화하여 이벤트 신호를 발생할 수 있도록 한다.

② 이벤트 사용자에 해당하는 주변장치를 초기화하여 수신되는 이벤트 신호를 사용할 수 있도록 한다.

③ 이벤트 시스템을 초기화하여 10개의 이벤트 채널 0~9중에서 하나에 이벤트 신호를 할당한다. 이벤트 소스를 할당하는 방법은 사용하고자 하는 이벤트 채널 레지스터 EVSYS_CHANNELn에 원하는 이벤트 번호를 0x01~0xB3으로 설정하면 된다. 만약, 여기서 이벤트 번호를 0x00으로 설정하면 어떤 이벤트 소스도 할당하지 않겠다는 의미이다.

④ 이벤트 시스템을 초기화하여 이벤트 사용자에 해당하는 주변장치가 어떤 이벤트 채널을 수신할지 설정한다. 수신할 이벤트 채널의 번호는 EVSYS_USERx 레지스터에서 0x01~0x0A로 설정하면 된다. 여기서 설정하는 값은 수신하는 이벤트 채널 번호 0~9에 1을 더한 값이며, 만약 채널 번호를 0x00으로 설정하면 어떤 이벤트 채널도 수신하지 않겠다는 의미이다.

(4) 이벤트 발생기

AVR128DA64에서 이벤트 발생기로 동작하는 주변장치에서 이벤트 신호를 발생하는 이벤트 소스는 <표 2.1.1>과 같이 총 112개가 있다. 이 112개의 이벤트 소스는 모두 EVSYS_CHANNELn 레지스터(n = 0~9)를 사용하여 10개 중에서 어느 하나의 이벤트 채널에 할당하기 위하여 소스 번호(Source #)를 가지고 있다. 그러나, 이들 112개의 이벤트 소스를 임의로 아무 이벤트 채널에나 사용자가 마음대로 할당할 수 있는 것은 아니어서, 예를 들어 RTC의 이벤트 소스 중에서 일부는 짝수 번호의 이벤트 채널에만 할당할 수 있고 일부는 홀수 번호의 이벤트 채널에만 할당할 수 있으며, PORTA~PORTG의 이벤트 소스는 각각 그것들을 할당할 수 있는 이벤트 채널 번호가 정해져 있다.

〈표 2.1.1〉 AVR128DA64에서 이벤트 발생기의 이벤트 소스 요약

Event Generator			Description	Event Type	Sync/ Async	Channel Availability
Source #	Source Name					
	Peripheral	Output				
0x01	UPDI	SYNCH	SYNCH character detection	Level	Sync	All channels
0x06	RTC	OVF	Counter overflow	Pulse	Async	All channels
0x07		CMP	Compare match			
0x08		PIT_DIV8192	Prescaled RTC clock divided by 8192	Level		Even numbered channels only
0x09		PIT_DIV4096	Prescaled RTC clock divided by 4096			
0x0A		PIT_DIV2048	Prescaled RTC clock divided by 2048			
0x0B		PIT_DIV1024	Prescaled RTC clock divided by 1024			
0x08		PIT_DIV512	Prescaled RTC clock divided by 512			Odd numbered channels only
0x09		PIT_DIV256	Prescaled RTC clock divided by 256			
0x0A		PIT_DIV128	Prescaled RTC clock divided by 128			
0x0B		PIT_DIV64	Prescaled RTC clock divided by 64			
0x10	CCL	LUT0	LUT output level	Level	Async	All channels
0x11		LUT1				
0x12		LUT2				
0x13		LUT3				
0x14		LUT4				
0x15		LUT5				
0x20	AC0	OUT	Comparator output level	Level	Async	All channels
0x21	AC1	OUT				
0x22	AC2	OUT				
0x24	ADC0	RESRDY	Result ready	Pulse	Sync	All channels
0x28	PTC	RESRDY	Result ready	Pulse	Sync	All channels
0x30	ZCD0	OUT	ZCD output level	Level	Async	All channels
0x31	ZCD1	OUT				
0x32	ZCD2	OUT				
0x40 ~ 0x47	PORTA	PIN0 ~ PIN7	Pin level	Level	Async	Channel 0 and 1
0x48 ~ 0x4F	PORTB					
0x40 ~ 0x47	PORTC	PIN0 ~ PIN7	Pin level	Level	Async	Channel 2 and 3
0x48 ~ 0x4F	PORTD					
0x40 ~ 0x47	PORTE	PIN0 ~ PIN7	Pin level	Level	Async	Channel 4 and 5
0x48 ~ 0x4E	PORTF	PIN0 ~ PIN6				
0x40 ~ 0x47	PORTG	PIN0 ~ PIN7	Pin level	Level	Async	Channel 6 and 7
0x60	USART0	XCK	Baudrate clock signal in SPI Host mode and synchronous USART Host mode	Level	Sync	All channels
0x61	USART1	XCK				
0x62	USART2	XCK				
0x63	USART3	XCK				
0x64	USART4	XCK				
0x65	USART5	XCK				
0x68	SPI0	SCK	SPI Host clock signal	Level	Sync	All channels
0x69	SPI1	SCK				
0x80	TCA0	OVF_LUNF	Overflow/Low byte timer underflow	Pulse	Sync	All channels
0x81		HUNF	High byte timer underflow			
0x84		CMP0_LCMP0	Compare channel n match/ Low byte timer compare channel n match			
0x85		CMP1_LCMP1				
0x86		CMP2_LCMP2				
0x88	TCA1	OVF_LUNF	Overflow/Low byte timer underflow	Pulse	Sync	All channels
0x89		HUNF	High byte timer underflow			
0x8C		CMP0_LCMP0	Compare channel n match/ Low byte timer compare channel n match			
0x8D		CMP1_LCMP1				
0x8E		CMP2_LCMP2				
0xA0	TCB0	CAPT	CAPT interrupt flag set	Pulse	Sync	All channels
0xA1		OVF	Counter overflow			
0xA2	TCB1	CAPT	CAPT interrupt flag set	Pulse	Sync	All channels
0xA3		OVF	Counter overflow			
0xA4	TCB2	CAPT	CAPT interrupt flag set	Pulse	Sync	All channels
0xA5		OVF	Counter overflow			
0xA6	TCB3	CAPT	CAPT interrupt flag set	Pulse	Sync	All channels
0xA7		OVF	Counter overflow			
0xA8	TCB4	CAPT	CAPT interrupt flag set	Pulse	Sync	All channels
0xA9		OVF	Counter overflow			
0xB0	TCD0	CMPBCLR	Counter matches CMPBCLR	Pulse	Async	All channels
0xB1		CMPASET	Counter matches CMPASET			
0xB2		CMPBSET	Counter matches CMPBSET			
0xB3		PROGEV	Programmable event output			

〈표 2.1.2〉 AVR128DA64에서 이벤트 사용자의 특성 요약

User #	Event Generator		Description	Input Detection	Sync/ Async
	User Name				
	Peripheral	Input			
0x00	CCL	LUT0A	CCL LUT0 event input A	No detection	Async
0x01		LUT0B	CCL LUT0 event input B		
0x02		LUT1A	CCL LUT1 event input A		
0x03		LUT1B	CCL LUT1 event input B		
0x04		LUT2A	CCL LUT2 event input A		
0x05		LUT2B	CCL LUT2 event input B		
0x06		LUT3A	CCL LUT3 event input A		
0x07		LUT3B	CCL LUT3 event input B		
0x08		LUT4A	CCL LUT4 event input A		
0x09		LUT4B	CCL LUT4 event input B		
0x0A		LUT5A	CCL LUT5 event input A		
0x0B		LUT5B	CCL LUT5 event input B		
0x0C	ADC0	START	ADC0 start conversion on event	Edge	Async
0x0D	PTC	START	PTC start on event	Edge	Async
0x0E	EVSYS	EVOUTA	EVSYS pin output A	No detection	Async
0x0F		EVOUTB	EVSYS pin output B		
0x10		EVOUTC	EVSYS pin output C		
0x11		EVOUTD	EVSYS pin output D		
0x12		EVOUTE	EVSYS pin output E		
0x13		EVOUTF	EVSYS pin output F		
0x14		EVOUTG	EVSYS pin output G		
0x15	USART0	IRDA	USART0 IrDA event input	Level	Sync
0x16	USART1	IRDA	USART1 IrDA event input		
0x17	USART2	IRDA	USART2 IrDA event input		
0x18	USART3	IRDA	USART3 IrDA event input		
0x19	USART4	IRDA	USART4 IrDA event input		
0x1A	USART5	IRDA	USART5 IrDA event input		
0x1B	TCA0	CNTA	Count on event or control count direction	Level or edge	Sync
0x1C		CNTB	Restart on event or control count direction		
0x1D	TCA1	CNTA	Overflow/Low byte timer underflow	Level or edge	Sync
0x1E		CNTB	Low byte timer compare channel n match		
0x1F	TCB0	CAPT	Start, stop, capture, restart or clear counter	Edge	Both
0x20		COUNT	Count on event	Edge	Sync
0x21	TCB1	CAPT	Start, stop, capture, restart or clear counter	Edge	Both
0x22		COUNT	Count on event	Edge	Sync
0x23	TCB2	CAPT	Start, stop, capture, restart or clear counter	Edge	Both
0x24		COUNT	Count on event	Edge	Sync
0x25	TCB3	CAPT	Start, stop, capture, restart or clear counter	Edge	Both
0x26		COUNT	Count on event	Edge	Sync
0x27	TCB4	CAPT	Start, stop, capture, restart or clear counter	Edge	Both
0x28		COUNT	Count on event	Edge	Sync
0x29	TCD0	INPUTA	Fault or capture	Level or edge	Async
0x2A		INPUTB	Fault or capture		

(5) 이벤트 사용자

AVR128DA64에서 이벤트 사용자로 동작하는 주변장치에서 이벤트 입력은 <표 2.1.2>와 같이 총 43개가 있다. 이 43개의 이벤트 입력은 각각 EVSYS_USERx 레지스터를 사용하여 10개 중에서 어느 하나의 이벤트 채널을 수신하기 위하여 채널 번호를 설정한다. 여기서 x는 총 43가지인데, <표 2.1.2>에서 Peripheral과 Input으로 표시된 이벤트 사용자의 이름을 합한 것이다. 예를 들어 0x00으로 표시되는 CCL LUT0A가 이

벤트 사용자로 동작할 때 이것이 수신하려는 이벤트 채널의 번호는 x = CCLLUT0A가 되므로 EVSYS_USERCCLLUT0A 레지스터에 설정한다. 또한, 0x0C로 표시되는 A/D 컨버터가 이벤트 사용자로 동작할 때 이것이 수신하려는 이벤트 채널의 번호는 x = ADC0START가 되므로 EVSYS_USERADC0START 레지스터에 설정한다. 이들 레지스터에 이벤트 채널의 번호를 설정할 때는 이벤트 채널의 번호에 1을 더한 값으로 설정해야 한다. 만약, 0x00을 설정하면 그 이벤트 사용자는 어떤 이벤트 채널도 수신하지 않겠다는 것을 의미한다.

2. 이벤트 시스템의 I/O 제어 레지스터

AVR128DA64의 이벤트 시스템 EVSYS를 구성하는 I/O 제어 레지스터를 정리하면 <표 2.1.3>과 같다.

〈표 2.1.3〉 AVR128DA64의 EVSYS와 관련된 I/O 제어 레지스터 요약

어드레스	레지스터 이름	풀어 쓴 레지스터 이름	리셋 후 초기값
0x0200	EVSYS_SWEVENTA	EVSYS Software Event Register A	0x00
0x0201	EVSYS_SWEVENTB	EVSYS Software Event Register B	0x00
0x0202 ~ 0x020F		(reserved)	
0x0210	EVSYS_CHANNEL0	EVSYS Channel 0 Generator Selection Register	0x00
0x0211	EVSYS_CHANNEL1	EVSYS Channel 1 Generator Selection Register	0x00
...	...	...	...
0x0218	EVSYS_CHANNEL8	EVSYS Channel 8 Generator Selection Register	0x00
0x0219	EVSYS_CHANNEL9	EVSYS Channel 9 Generator Selection Register	0x00
0x021A ~ 0x021F		(reserved)	
0x0220	EVSYS_USERCCLLUT0A	EVSYS User 0x00 Chanel MUX Register	0x00
0x0221	EVSYS_USERCCLLUT0B	EVSYS User 0x01 Chanel MUX Register	0x00
...	...	...	...
0x0249	EVSYS_USERTCD0INPUTA	EVSYS User 0x29 Chanel MUX Register	0x00
0x024A	EVSYS_USERTCD0INPUTB	EVSYS User 0x2A Chanel MUX Register	0x00

▣ 소프트웨어 이벤트 레지스터 A EVSYS_SWEVENTA (리셋후 디폴트값 : 0x00)

b7	b6	b5	b4	b3	b2	b1	b0
SWEVENT7	SWEVENT6	SWEVENT5	SWEVENT4	SWEVENT3	SWEVENT2	SWEVENT1	SWEVENT0
W	W	W	W	W	W	W	W

- SWEVENT[7:0] : Software EVENT Channel Select
  0 = 해당되는 채널에 소프트웨어 이벤트 신호를 출력하지 않는다.
  1 = 해당되는 채널에 1클록 주기의 소프트웨어 이벤트 신호 펄스를 출력한다.

▣ 소프트웨어 이벤트 레지스터 B EVSYS_SWEVENTB (리셋후 디폴트값 : 0x00)

b7	b6	b5	b4	b3	b2	b1	b0
-	-	-	-	-	-	SWEVENT9	SWEVENT8
-	-	-	-	-	-	W	W

- SWEVENT[9:8] : Software EVENT Channel Select
  0 = 해당되는 채널에 소프트웨어 이벤트 신호를 출력하지 않는다.
  1 = 해당되는 채널에 1클록 주기의 소프트웨어 이벤트 신호 펄스를 출력한다.

▣ 채널 n 발생기 선택 레지스터 EVSYS_CHANNELn (리셋후 디폴트값 : 0x00)

b7	b6	b5	b4	b3	b2	b1	b0
SOURCE[7:0]							
R/W	R/W	R/W	R/W	R/W	R/W	R/W	R/W

- SOURCE[7:0] : Event Generator Source Selection (n = 0~9)
  0x00 = 이벤트 채널 n에 어떤 이벤트 소스도 할당하지 않는다.
  0x01~0xB3 = 이벤트 채널 n에 <표 2.1.1>의 인터럽트 소스(Source #)를 할당한다.

▣ 이벤트 사용자 x 채널 선택 레지스터 EVSYS_USERx (리셋후 디폴트값 : 0x00)

b7	b6	b5	b4	b3	b2	b1	b0
CHANNEL[7:0]							
R/W	R/W	R/W	R/W	R/W	R/W	R/W	R/W

여기서, 레지스터 이름의 x는 <표 2.1.2>에 표시된 Peripheral과 Input을 합쳐서 만든 이벤트 사용자의 이름으로서 총 43가지가 있다.

- CHANNEL[7:0] : Event User Channel Selection
  0x00 = 이벤트 사용자 x가 어떤 이벤트 채널도 수신하지 않는다.
  0x01~0x0A = 사용자 x가 이 값에서 1을 뺀 번호의 이벤트 채널을 수신한다.

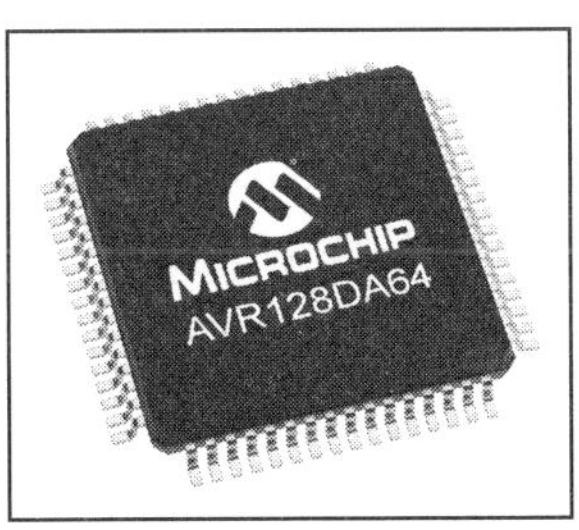

2.2 병렬 I/O 포트(PORTx)

모든 마이크로컨트롤러에는 병렬 데이터(parallel data) 입출력 장치로서 많은 범용 병렬 I/O 포트(GPIO ; General-Purpose Input/Output controller)를 가지고 있다. 이 절에서는 AVR128DA64에 내장되어 있는 병렬 I/O 포트의 구조와 기능에 대하여 알아보기로 한다. AVR128DA64는 8비트 마이크로컨트롤러이므로 병렬 I/O 포트도 당연히 8비트 구조를 가지고 있다.

1. 병렬 I/O 포트의 구조 및 특징

(1) 특징

AVR128DA64의 병렬 I/O 포트는 병렬로 8비트씩 데이터를 입출력할 수 있는 가장 기본적인 주변장치이다. 이것의 특징을 요약하면 다음과 같다.

① 8비트 입출력이 가능한 병렬 I/O 포트 A, B, C, D, E, F, G를 가지고 있어서 총 55비트의 병렬 입출력이 가능하다. 이중에서 포트 A~E와 G는 8비트의 구조를 가지고 있으나, 포트 F는 7비트의 구조로 되어 있다. 이들 모든 비트는 디지털 입출력이 가능하지만, 단 1개의 예외로서 PF6은 디지털 입력만 가능하다.

② 병렬 I/O 포트의 각 비트들은 개별적으로 입력 모드나 출력 모드로 설정하여 동작할 수 있다. 시스템 리셋 직후에 모든 병렬 I/O 포트는 플로팅(floating) 상태의 입력 모드로 동작한다.

③ 포트를 입력 모드로 설정할 경우에는 입력 단자를 플로팅 상태로 동작하도록 지정할 수도 있고, 약 35kΩ(20kΩ~50kΩ)의 저항으로 풀업(pull-up)하여 동작하도록 지정할 수도 있다.

④ 모든 입출력 비트의 논리값을 반전(inverted I/O)시켜서 입력하거나 출력할 수 있다.

⑤ 포트를 출력 모드로 설정할 경우에는 출력 단자가 푸시풀(push-pull)형으로 동작한다. 각 포트에서 H상태의 출력전류 드라이브(source drive) 능력이나 L상태의 출력전류 드라이브(sink drive) 능력이 최대 50mA로 대칭적이며, 이는 LED를 직접 구동

하여 점등하는데 충분한 정도의 전류이다. 그러나, 이러한 출력전류를 모두 합한 V_{DD} 단자의 전류는 -40℃~+85℃에서 350mA를 넘지 말아야 한다.

⑥ 병렬 I/O 포트의 입출력 방향은 PORTx_DIR 레지스터로 설정하고, 출력 데이터는 PORTx_OUT 레지스터로 내보내며, 입력 데이터는 CLK_PER 클록으로 동기되어 PORTx_IN 레지스터를 통하여 읽어들인다.

⑦ 모든 병렬 I/O 포트의 핀들은 비동기적인 인터럽트 단자로 사용할 수 있다. 인터럽트 신호는 상승 에지, 하강 에지, 모든 에지, 저전압 레벨 등에서 1가지를 선택하여 사용할 수 있다.

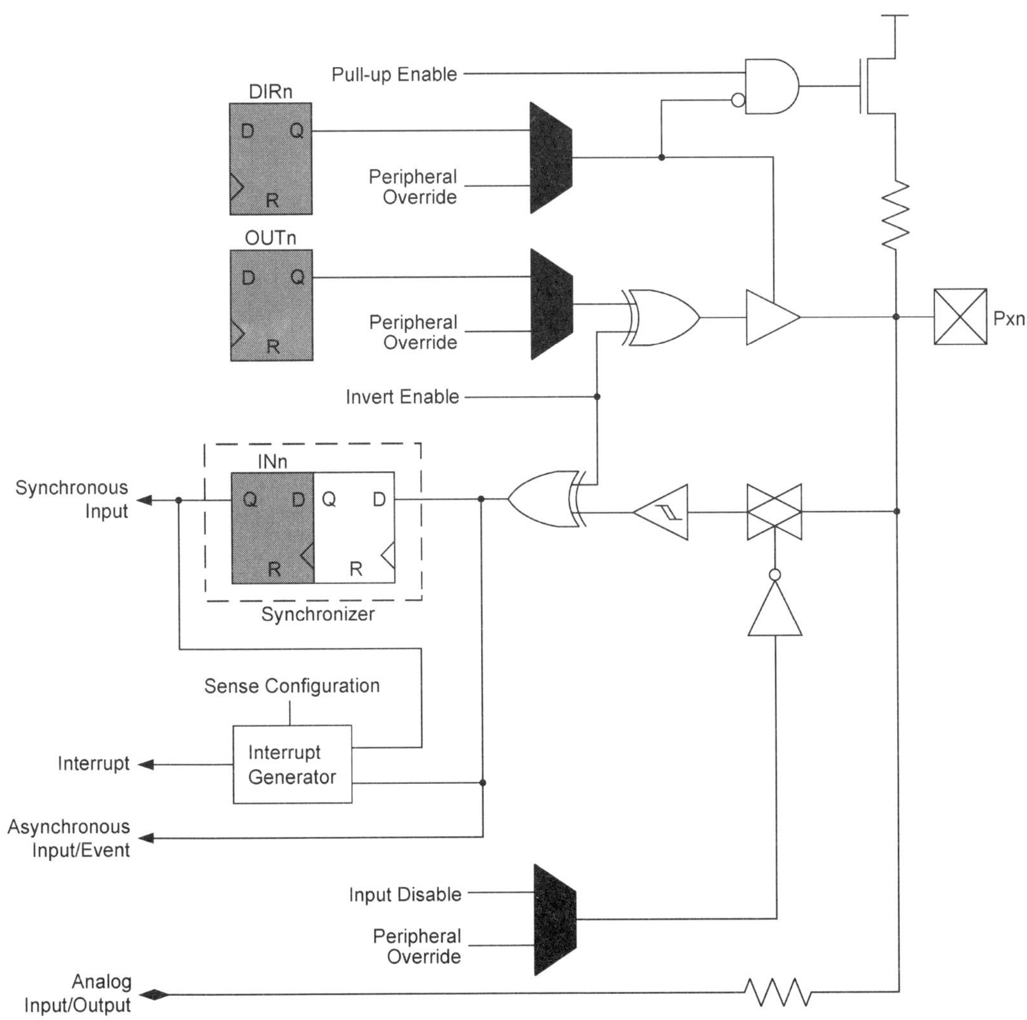

〈그림 2.2.1〉 병렬 I/O 포트의 내부 구조

⑧ 모든 병렬 I/O 포트의 핀들은 소자를 슬립 모드에서 깨어나게(wake-up) 하기 위하여 비동기로 핀 변경 검출 기능을 가진다.

⑨ 병렬 I/O 포트 각 비트의 효율적이고 안전한 액세스를 위하여 비트 값을 셋트/클리어/토글할 수 있는 하드웨어 RMW(Read-Modify-Write) 기능을 가진다.

⑩ 병렬 I/O 포트의 각 비트들은 여러가지의 부수적인 기능을 가지고 있다. 각 단자를 부수적인 기능으로 설정하면 해당 단자는 병렬 I/O 포트로 동작할 수 없다. 부수적인 기능 중에서 아날로그 입력 또는 출력으로 설정된 단자는 하이 임피던스의 플로팅 상태로 동작한다.

(2) 부수적인 기능

각의 병렬 I/O 포트 핀은 여러 가지의 주변장치를 위한 부수적인 기능 단자로 할당하여 사용할 수 있는데, 그 내용은 이미 <표 1.2.5>에서 보인 바가 있다.

각 주변장치와 관련된 신호는 병렬 I/O 포트 핀의 여러 곳에 복수로 배열되어 있으므로 하드웨어 설계 과정에서 1가지를 선택해야 한다. 이러한 부수적인 기능을 기본 핀 위치(default pin position)에 할당할 것인지 또는 옵션 핀 위치(alternate pin position)에 할당할 것인지는 포트 멀티플렉서 PORTMUX를 사용하여 설정한다.

이렇게 PORTMUX를 사용하여 부수적인 기능으로 사용할 핀 위치가 선택되고 나서 해당 주변장치를 초기화하면 그 핀의 기본적인 병렬 I/O 포트 기능은 무시되고 부수적인 기능의 핀으로 동작하게 된다.

2. 병렬 I/O 포트의 기능 요약

(1) 기본 기능

시스템 리셋 후에 모든 병렬 I/O 포트는 출력은 차단되고 입력 버퍼가 허용되어 디지털 입력 모드로 동작한다. 이 상태에서 데이터 방향 레지스터 PORTx_DIR을 사용하여 0으로 설정한 비트에 대응하는 핀은 디지털 입력으로 동작하고, 1로 설정한 비트에 대응하는 핀은 디지털 출력으로 동작한다. 각 비트에 대하여 독립적으로 입출력 방향을 설정하려면 PORTx_DDRCLR, PORTx_DDRSET 또는 PORTx_DDRTGL 레지스터를 사용하는 것이 편리하다.

출력으로 설정된 핀에 데이터를 출력하려면 데이터 출력 레지스터 PORTx_OUT을 사용한다. 그러나, 여러개의 출력 핀을 서로 독립적으로 제어하려면 PORTx_OUTCLR, PORTx_OUTSET 또는 PORTx_OUTTGL 레지스터를 사용하는 것이 편리하다.

입력으로 설정된 핀에서 데이터를 입력하려면 데이터 입력 레지스터 PORTx_IN을 사용한다. 그러나, PORTx_PINnCTRL 레지스터에서 디지털 입력 버퍼를 금지시킨 비트에서는 데이터를 입력할 수 없다.

병렬 I/O 포트에서 논리값의 반전 여부, 입력 핀에서 풀업저항의 사용 여부, 인터럽트와 웨이크업 신호의 인식 방법 등과 같은 각 핀의 성격은 PORTx_PINnCTRL 레지스터를 사용하여 설정한다. 그러나, 이 작업은 PORTx_PINCONFIG 레지스터와 PORTx_PINCTRLCLR, PORTx_PINCTRLSET, PORTx_PINCTRLUPD 레지스터를 사용하면 여러 개의 핀을 더욱 편리하게 설정할 수 있다.

(2) 가상 포트

모든 병렬 I/O 포트와 관련된 레지스터들은 데이터 메모리 영역의 0x0040 번지 이후에 위치하므로 LD/LDD/LDS 및 ST/STD/STS 명령을 사용하여 액세스해야 한다. 이 명령들의 실행시간은 2~3 클록 사이클로서 좀 느린 편이다.

AVR128DA64에서는 병렬 I/O 포트를 사용한 데이터 입출력 동작을 조금이라도 더 빠르게 수행하기 위하여 가상 포트(Virtual Port)를 사용하는 것이 가능하다. 즉, PORTA~PORTG에 대응되는 가상 포트 VPORTA~VPORTG를 데이터 메모리 영역의 0x0000~0x003F 번지 부분에 만들어 놓고 이를 1클록 사이클에 실행되는 IN/OUT 명령으로 액세스할 수 있게 한 것이다. 그러나, 이러한 작은 실행 속도의 차이가 문제되지 않는다면 가상 포트를 무시하고 그냥 정상적인 병렬 I/O 포트를 사용하면 된다. 각 가상 포트에는 이에 대응되는 병렬 I/O 포트의 많은 I/O 제어 레지스터 중에서 데이터 방향 레지스터 DIR, 데이터 출력 레지스터 OUT, 데이터 입력 레지스터 IN, 인터럽트 플래그 레지스터 INTFLAGS의 4개만 가진다.

그러나, 병렬 I/O 포트를 액세스한 직후에는 이에 대응되는 가상 포트를 액세스하지 말아야 한다. 먼저 지시한 병렬 I/O 포트의 액세스 명령은 느리게 실행되고, 나중에 지시한 가상 포트의 액세스 명령은 빠르게 실행되기 때문에 메모리 충돌(memory collision)이 발생할 우려가 있다.

(3) 인터럽트

모든 병렬 I/O 포트의 핀은 인터럽트 신호로 사용될 수 있으며, 신호의 인식 방법은 PORTx_PINnCTRL 레지스터를 사용하여 상승 에지, 하강 에지, 모든 에지, 저전압 레벨 중에서 1가지로 설정한다.

인터럽트 신호가 인식되면 PORTx_INTFLAGS 레지스터의 해당 비트가 1로 셋트되면서 인터럽트가 요청된다. 각 병렬 I/O 포트의 8개 핀에서 인터럽트가 요청되더라도 이것들은 모두 1개의 동일한 인터럽트 벡터로 처리된다. 그러므로 AVR128DA64의 외부 인터럽트 벡터는 PORTA~PORTG에 대하여 각 1개씩 총 8개가 사용된다.

3. 병렬 I/O 포트의 I/O 제어 레지스터

AVR128DA64의 병렬 I/O 포트 PORTx를 구성하는 I/O 제어 레지스터를 정리하면 <표 2.2.1>과 같다. 여기서 어드레스는 PORTA에 대하여 표시하였으며, 나머지의 포트 PORTB~PORTG에 대해서는 이것보다 어드레스가 각각 0x0020씩 차례로 증가한다. 즉, PORTB는 0x0420에서 시작하고, PORTC는 0x0440에서 시작한다.

〈표 2.2.1〉 AVR128DA64의 PORTx와 관련된 I/O 제어 레지스터 요약

어드레스	레지스터 이름	풀어 쓴 레지스터 이름	리셋 후 초기값
0x0400	PORTx_DIR	PORTx Data Direction Register	0x00
0x0401	PORTx_DIRSET	PORTx Data Direction Set Register	0x00
0x0402	PORTx_DIRCLR	PORTx Data Direction Clear Register	0x00
0x0403	PORTx_DIRTGL	PORTx Data Direction Toggle Register	0x00
0x0404	PORTx_OUT	PORTx Output Value Register	0x00
0x0405	PORTx_OUTSET	PORTx Output Value Set Register	0x00
0x0406	PORTx_OUTCLR	PORTx Output Value Clear Register	0x00
0x0407	PORTx_OUTTGL	PORTx Output Value Toggle Register	0x00
0x0408	PORTx_IN	PORTx Input Value Register	0x00
0x0409	PORTx_INTFLAGS	PORTx Interrupt Flags Register	0x00
0x040A	PORTx_PORTCTRL	PORTx Port Control Register	0x00
0x040B	PORTx_PINCONFIG	PORTx Multi-Pin Configuration Register	0x00
0x040C	PORTx_PINCTRLUPD	PORTx Multi-Pin Control Update Mask Register	0x00
0x040D	PORTx_PINCTRLSET	PORTx Multi-Pin Control Set Mask Register	0x00
0x040E	PORTx_PINCTRLCLR	PORTx Multi-Pin Control Clear Mask Register	0x00
0x040F		(reserved)	
0x0410	PORTx_PIN0CTRL	PORTx Pin 0 Control Register	0x00
0x0411	PORTx_PIN1CTRL	PORTx Pin 1 Control Register	0x00
0x0412	PORTx_PIN2CTRL	PORTx Pin 2 Control Register	0x00
0x0413	PORTx_PIN3CTRL	PORTx Pin 3 Control Register	0x00
0x0414	PORTx_PIN4CTRL	PORTx Pin 4 Control Register	0x00
0x0415	PORTx_PIN5CTRL	PORTx Pin 5 Control Register	0x00
0x0416	PORTx_PIN6CTRL	PORTx Pin 6 Control Register	0x00
0x0417	PORTx_PIN7CTRL	PORTx Pin 7 Control Register	0x00

▣ 데이터 방향 레지스터 PORTx_DIR (리셋후 디폴트값 : 0x00)

b7	b6	b5	b4	b3	b2	b1	b0
DIR[7:0]							
R/W	R/W	R/W	R/W	R/W	R/W	R/W	R/W

- DIR[7:0] : Data Direction
  0 = 출력 드라이버를 금지하고 입력 핀으로 동작함. 이 비트가 디지털 입력 버퍼를 제어하는 것은 아니므로 이것은 PORTx_PINxCTRL 레지스터에서 ISC[2:0] 비트로 별도 제어해 주어야 한다.
  1 = 출력 드라이버를 허용하고 출력 핀으로 동작함.

▣ 데이터 방향 셋트 레지스터 PORTx_DIRSET (리셋후 디폴트값 : 0x00)

b7	b6	b5	b4	b3	b2	b1	b0
DIRSET[7:0]							
R/W	R/W	R/W	R/W	R/W	R/W	R/W	R/W

- DIRSET[7:0] : Data Direction Set
  0 = 해당 비트의 데이터 방향을 변경하지 않음.
  1 = PORTx_DIR 레지스터의 해당 비트를 1로 셋트하여 데이터 방향을 출력으로 설정함.

☞ 이 레지스터를 읽으면 PORTx_DIR 레지스터의 값이 읽혀진다.

▣ 데이터 방향 클리어 레지스터 PORTx_DIRCLR (리셋후 디폴트값 : 0x00)

b7	b6	b5	b4	b3	b2	b1	b0
DIRSET[7:0]							
R/W	R/W	R/W	R/W	R/W	R/W	R/W	R/W

- DIRCLR[7:0] : Data Direction Clear
  0 = 해당 비트의 데이터 방향을 변경하지 않음.
  1 = PORTx_DIR 레지스터의 해당 비트를 0으로 클리어하여 데이터 방향을 입력으로 설정함.

☞ 이 레지스터를 읽으면 PORTx_DIR 레지스터의 값이 읽혀진다.

▣ 데이터 방향 토글 레지스터 PORTx_DIRTGL (리셋후 디폴트값 : 0x00)

b7	b6	b5	b4	b3	b2	b1	b0
DIRTGL[7:0]							
R/W	R/W	R/W	R/W	R/W	R/W	R/W	R/W

- DIRTGL[7:0] : Data Direction Toggle
  0 = 해당 비트의 데이터 방향을 변경하지 않음.
  1 = PORTx_DIR 레지스터의 해당 비트를 토글하여 데이터 방향을 반전시킴.

☞ 이 레지스터를 읽으면 PORTx_DIR 레지스터의 값이 읽혀진다.

▣ 데이터 출력 레지스터 PORTx_OUT (리셋후 디폴트값 : 0x00)

b7	b6	b5	b4	b3	b2	b1	b0
OUT[7:0]							
R/W	R/W	R/W	R/W	R/W	R/W	R/W	R/W

- OUT[7:0] : Output Value
  0 = 해당 비트의 핀이 출력 방향으로 설정되어 있으면 0(L)을 출력함.
  1 = 해당 비트의 핀이 출력 방향으로 설정되어 있으면 1(H)을 출력함.

▣ 데이터 출력 셋트 레지스터 PORTx_OUTSET (리셋후 디폴트값 : 0x00)

b7	b6	b5	b4	b3	b2	b1	b0
OUTSET[7:0]							
R/W	R/W	R/W	R/W	R/W	R/W	R/W	R/W

• OUTSET[7:0] : Output Value Set
0 = 해당 비트의 데이터 출력에 영향을 주지 않음.
1 = PORTx_OUT 레지스터의 해당 비트를 1로 셋트하여 해당 비트의 핀이 출력 방향으로 설정되어 있으면 1(H)을 출력함.
☞ 이 레지스터를 읽으면 PORTx_OUT 레지스터의 값이 읽혀진다.

▣ 데이터 출력 클리어 레지스터 PORTx_OUTCLR (리셋후 디폴트값 : 0x00)

b7	b6	b5	b4	b3	b2	b1	b0
OUTCLR[7:0]							
R/W	R/W	R/W	R/W	R/W	R/W	R/W	R/W

• OUTCLR[7:0] : Output Value Clear
0 = 해당 비트의 데이터 출력에 영향을 주지 않음.
1 = PORTx_OUT 레지스터의 해당 비트를 0으로 클리어하여 해당 비트의 핀이 출력 방향으로 설정되어 있으면 0(L)을 출력함.
☞ 이 레지스터를 읽으면 PORTx_OUT 레지스터의 값이 읽혀진다.

▣ 데이터 출력 토글 레지스터 PORTx_OUTTGL (리셋후 디폴트값 : 0x00)

b7	b6	b5	b4	b3	b2	b1	b0
OUTTGL[7:0]							
R/W	R/W	R/W	R/W	R/W	R/W	R/W	R/W

• OUTTGL[7:0] : Output Value Toggle
0 = 해당 비트의 데이터 출력에 영향을 주지 않음.
1 = PORTx_OUT 레지스터의 해당 비트를 토글하여 해당 비트의 핀이 출력 방향으로 설정되어 있으면 출력 상태를 반전시킴.
☞ 이 레지스터를 읽으면 PORTx_OUT 레지스터의 값이 읽혀진다.

▣ 데이터 입력 레지스터 PORTx_IN (리셋후 디폴트값 : 0x00)

b7	b6	b5	b4	b3	b2	b1	b0
IN[7:0]							
R/W	R/W	R/W	R/W	R/W	R/W	R/W	R/W

• IN[7:0] : Input Value
<읽기 기능>
0 = 디지털 입력 버퍼가 허용되어 있다면 입력으로 설정된 핀에서 0(L)이 입력됨.
1 = 디지털 입력 버퍼가 허용되어 있다면 입력으로 설정된 핀에서 1(H)이 입력됨.
<쓰기 기능>
0 = 해당 비트에 아무런 영향을 주지 않음.
1 = PORTx_OUT 레지스터의 해당 비트를 반전시킴.

▣ 인터럽트 플랙 레지스터 PORTx_INTFLAGS (리셋후 디폴트값 : 0x00)

b7	b6	b5	b4	b3	b2	b1	b0
INT[7:0]							
R/W	R/W	R/W	R/W	R/W	R/W	R/W	R/W

• INT[7:0] : Pin Interrupt Flag
0 = 해당 비트의 핀에서 인터럽트 신호가 검출되지 않았음.
1 = 해당 비트의 핀에서 인터럽트 신호가 검출되었음. 이 비트에 1을 쓰면 0으로 클리어된다.

▣ 포트 제어 레지스터 PORTx_PORTCTRL (리셋후 디폴트값 : 0x00)

b7	b6	b5	b4	b3	b2	b1	b0
–	–	–	–	–	–	–	SRL
–	–	–	–	–	–	–	R/W

- SRL : Slew Rate Limit Enable
  0 = PORTx의 모든 핀에 슬루레이트 제한을 금지한다.
  그러면 신호의 상승 및 하강시간이 각각 22ns, 16ns로 빠르게 동작한다.
  1 = PORTx의 모든 핀에 슬루레이트 제한을 허용한다.
  그러면 신호의 상승 및 하강시간이 각각 45ns, 30ns로 느리게 동작한다.

▣ 복수의 핀 설정 레지스터 PORTx_PINCONFIG (리셋후 디폴트값 : 0x00)

이 레지스터는 병렬 I/O 포트의 여러 개 핀을 빠르게 설정하기 위하여 사용한다. 이 레지스터를 먼저 설정하고 이어서 PORTx_PINCTRLUPD/SET/CLR 레지스터를 사용하면 여러 개의 핀이 한번에 이 레지스터의 값으로 설정된다.

b7	b6	b5	b4	b3	b2	b1	b0
INVEN	–	–	–	PULLUPEN	ISC[2:0]		
R/W	–	–	–	R/W	R/W	R/W	R/W

- INVEN : Inverted I/O Enable
  0 = 입력 데이터와 출력 데이터를 정상적으로 처리한다.
  1 = 입력 데이터와 출력 데이터를 반전시켜 처리한다.
- PULLUPEN : Pull-Up Enable
  0 = 디지털 입력 동작에서 풀업 저항을 사용하지 않는다.
  1 = 디지털 입력 동작에서 35kΩ의 풀업 저항을 사용한다.
- ISC[2:0] : Input/Sense Configuration
  000 = 인터럽트 신호의 입력을 금지하지만, 디지털 입력 버퍼의 동작은 허용한다.
  001 = 인터럽트 신호를 상승 에지와 하강 에지에서 모두 인식한다.
  010 = 인터럽트 신호를 상승 에지에서 인식한다.
  011 = 인터럽트 신호를 하강 에지에서 인식한다.
  100 = 인터럽트 신호의 입력을 금지하고, 디지털 입력 버퍼의 동작도 금지한다.
  101 = 인터럽트 신호를 저전압 레벨에서 인식한다.
  110~111 = (reserved)

▣ 복수의 핀 설정 업데이트 마스크 레지스터 PORTx_PINCTRLUPD (리셋후 디폴트값 : 0x00)

b7	b6	b5	b4	b3	b2	b1	b0
PINCTRLUPD[7:0]							
R/W	R/W	R/W	R/W	R/W	R/W	R/W	R/W

- PINCTRLUPD[7:0] : Multi-Pin Control Update Mask
  0 = 해당 비트의 데이터 출력에 영향을 주지 않음.
  1 = PORTx_PINCONFIG 레지스터의 내용을 이와 대응되는 PORTx_PINnCTRL 레지스터로 복사한다.

☞ 이 레지스터를 읽으면 항상 0으로 읽혀진다.

▣ 복수의 핀 설정 셋트 마스크 레지스터 PORTx_PINCTRLSET (리셋후 디폴트값 : 0x00)

b7	b6	b5	b4	b3	b2	b1	b0
PINCTRLSET[7:0]							
R/W	R/W	R/W	R/W	R/W	R/W	R/W	R/W

- PINCTRLSET[7:0] : Multi-Pin Control Set Mask
  0 = 해당 비트의 데이터 출력에 영향을 주지 않음.

1 = PORTx_PINCONFIG 레지스터에서 1로 셋트되어 있는 비트에 대하여 이와 대응되는 PORTx_PINnCTRL 레지스터의 비트를 세트한다.
☞ 이 레지스터를 읽으면 항상 0으로 읽혀진다.

▣ 복수의 핀 설정 클리어 마스크 레지스터 PORTx_PINCTRLCLR (리셋후 디폴트값 : 0x00)

b7	b6	b5	b4	b3	b2	b1	b0
PINCTRLCLR[7:0]							
R/W	R/W	R/W	R/W	R/W	R/W	R/W	R/W

- PINCTRLCLR[7:0] : Multi-Pin Control Clear Mask
  0 = 해당 비트의 데이터 출력에 영향을 주지 않음.
  1 = PORTx_PINCONFIG 레지스터에서 1로 셋트되어 있는 비트에 대하여 이와 대응되는 PORTx_PINnCTRL 레지스터의 비트를 클리어한다.

☞ 이 레지스터를 읽으면 항상 0으로 읽혀진다.

▣ 핀 n 제어 레지스터 PORTx_PINnCTRL (리셋후 디폴트값 : 0x00)

이 레지스터는 PORTx 의 n번 핀의 성격을 설정하기 위하여 사용된다. 따라서, 8개 핀을 모두 설정하려면 이런 방식으로 8개의 핀에 대하여 모두 이런 설정을 해주어야 한다. 그러나, PORTx_PINCONFIG 레지스터와 PORTx_PINCTRLUPD/SET/CLR 레지스터를 사용하면 여러 개 핀을 한 번에 빠르게 설정할 수 있다.

b7	b6	b5	b4	b3	b2	b1	b0
INVEN	-	-	-	PULLUPEN	ISC[2:0]		
R/W	-	-	-	R/W	R/W	R/W	R/W

- INVEN : Inverted I/O Enable
  0 = 입력 데이터와 출력 데이터를 정상적으로 처리한다.
  1 = 입력 데이터와 출력 데이터를 반전시켜 처리한다.
- PULLUPEN : Pull-Up Enable
  0 = 디지털 입력 동작에서 풀업 저항을 사용하지 않는다.
  1 = 디지털 입력 동작에서 35kΩ의 풀업 저항을 사용한다.
- ISC[2:0] : Input/Sense Configuration
  000 = 인터럽트 신호의 입력을 금지하지만, 디지털 입력 버퍼의 동작은 허용한다.
  001 = 인터럽트 신호를 상승 에지와 하강 에지에서 모두 인식한다.
  010 = 인터럽트 신호를 상승 에지에서 인식한다.
  011 = 인터럽트 신호를 하강 에지에서 인식한다.
  100 = 인터럽트 신호의 입력을 금지하고, 디지털 입력 버퍼의 동작도 금지한다.
  101 = 인터럽트 신호를 저전압 레벨에서 인식한다.
  110~111 = (reserved)

4. 가상 포트의 I/O 제어 레지스터

AVR128DA64의 가상 포트 VPORTx를 구성하는 I/O 제어 레지스터를 정리하면 <표 2.2.2>와 같다. 여기서 어드레스는 VPORTA에 대하여 표시하였으며, 나머지의 포트 VPORTB~VPORTG에 대해서는 이것보다 어드레스가 각각 0x0004씩 차례로 증가한다. 즉, VPORTB는 0x0004에서 시작하고, VPORTC는 0x0008에서 시작한다.

<표 2.2.2> AVR128DA64의 VPORTx와 관련된 I/O 제어 레지스터 요약

어드레스	레지스터 이름	풀어 쓴 레지스터 이름	리셋 후 초기값
0x0000	VPORTx_DIR	VPORTx Data Direction Register	0x00
0x0001	VPORTx_OUT	VPORTx Output Value Register	0x00
0x0002	VPORTx_IN	VPORTx Input Value Register	0x00
0x0003	VPORTx_INTFLAGS	VPORTx Interrupt Flags Register	0x00

▣ 데이터 방향 레지스터 VPORTx_DIR (리셋후 디폴트값 : 0x00)

b7	b6	b5	b4	b3	b2	b1	b0
DIR[7:0]							
R/W	R/W	R/W	R/W	R/W	R/W	R/W	R/W

- DIR[7:0] : Data Direction
  0 = 출력 드라이버를 금지하고 입력 핀으로 동작함. 이 비트가 디지털 입력 버퍼를 제어하는 것은 아니므로 이것은 PORTx_PINxCTRL 레지스터에서 ISC[2:0] 비트로 별도 제어해 주어야 한다.
  1 = 출력 드라이버를 허용하고 출력 핀으로 동작함.

▣ 데이터 출력 레지스터 VPORTx_OUT (리셋후 디폴트값 : 0x00)

b7	b6	b5	b4	b3	b2	b1	b0
OUT[7:0]							
R/W	R/W	R/W	R/W	R/W	R/W	R/W	R/W

- OUT[7:0] : Output Value
  0 = 해당 비트의 핀이 출력 방향으로 설정되어 있으면 0(L)을 출력함.
  1 = 해당 비트의 핀이 출력 방향으로 설정되어 있으면 1(H)을 출력함.

▣ 데이터 입력 레지스터 VPORTx_IN (리셋후 디폴트값 : 0x00)

b7	b6	b5	b4	b3	b2	b1	b0
IN[7:0]							
R/W	R/W	R/W	R/W	R/W	R/W	R/W	R/W

- IN[7:0] : Input Value
  <읽기 기능>
  0 = 디지털 입력 버퍼가 허용되어 있다면 입력으로 설정된 핀에서 0(L)이 입력됨.
  1 = 디지털 입력 버퍼가 허용되어 있다면 입력으로 설정된 핀에서 1(H)이 입력됨.
  <쓰기 기능>
  0 = 해당 비트에 아무런 영향을 주지 않음.
  1 = PORTx_OUT 레지스터의 해당 비트를 반전시킴.

▣ 인터럽트 플랙 레지스터 VPORTx_INTFLAGS (리셋후 디폴트값 : 0x00)

b7	b6	b5	b4	b3	b2	b1	b0
INT[7:0]							
R/W	R/W	R/W	R/W	R/W	R/W	R/W	R/W

- INT[7:0] : Pin Interrupt Flag
  0 = 해당 비트의 핀에서 인터럽트 신호가 검출되지 않았음.
  1 = 해당 비트의 핀에서 인터럽트 신호가 검출되었음. 이 비트에 1을 쓰면 0으로 클리어된다.

5. 포트 멀티플렉서의 I/O 제어 레지스터

AVR128DA64의 포트 멀티플렉서 PORTMUX를 구성하는 I/O 제어 레지스터를 정리하면 <표 2.2.3>과 같다. 이처럼 PORTMUX를 사용하여 부수적인 기능의 핀을 배치하는 모든 내용을 표로 정리하면 <표 1.2.5>와 같다.

〈표 2.2.3〉 AVR128DA64의 PORTMUX와 관련된 I/O 제어 레지스터 요약

어드레스	레지스터 이름	풀어 쓴 레지스터 이름	리셋 후 초기값
0x05E0	PORTMUX_EVSYSROUTEA	PORTMUX EVSYS Pin Position Register A	0x00
0x05E1	PORTMUX_CCLROUTEA	PORTMUX CCL LUTn Pin Position Register A	0x00
0x05E2	PORTMUX_USARTROUTEA	PORTMUX USARTn Pin Position Register A	0x00
0x05E3	PORTMUX_USARTROUTEB	PORTMUX USARTn Pin Position Register B	0x00
0x05E4	PORTMUX_SPIROUTEA	PORTMUX SPIn Pin Position Register A	0x00
0x05E5	PORTMUX_TWIROUTEA	PORTMUX TWIn Pin Position Register A	0x00
0x05E6	PORTMUX_TCAROUTEA	PORTMUX TCAn Pin Position Register A	0x00
0x05E7	PORTMUX_TCBROUTEA	PORTMUX TCBn Pin Position Register A	0x00
0x05E8	PORTMUX_TCDROUTEA	PORTMUX TCD0 Pin Position Register A	0x00
0x05E9	PORTMUX_ACROUTEA	PORTMUX ACn Pin Position Register A	0x00
0x05EA	PORTMUX_ZCDROUTEA	PORTMUX ZCDn Pin Position Register A	0x00

▣ EVSYS 핀 배치 레지스터 PORTMUX_EVSYSROUTEA (리셋후 디폴트값 : 0x00)

b7	b6	b5	b4	b3	b2	b1	b0
-	EVOUTG	EVOUTF	EVOUTE	EVOUTD	EVOUTC	EVOUTB	EVOUTA
-	R/W	R/W	R/W	R/W	R/W	R/W	R/W

- EVOUTG : Event Output G
  0 = 디폴트로 EVOUTG 신호를 PG2 핀에 배치함.
  1 = 옵션1로 EVOUTG 신호를 PG7 핀에 배치함.
- EVOUTF : Event Output F
  0 = 디폴트로 EVOUTF 신호를 PF2 핀에 배치함.
  1 = 옵션1은 없음.(디폴트와 핀 배치가 같음)
- EVOUTE : Event Output E
  0 = 디폴트로 EVOUTE 신호를 PE2 핀에 배치함.
  1 = 옵션1로 EVOUTE 신호를 PE7 핀에 배치함.
- EVOUTD : Event Output D
  0 = 디폴트로 EVOUTD 신호를 PD2 핀에 배치함.
  1 = 옵션1로 EVOUTD 신호를 PD7 핀에 배치함.
- EVOUTC : Event Output C
  0 = 디폴트로 EVOUTC 신호를 PC2 핀에 배치함.
  1 = 옵션1로 EVOUTC 신호를 PC7 핀에 배치함.
- EVOUTB : Event Output B
  0 = 디폴트로 EVOUTB 신호를 PB2 핀에 배치함.
  1 = 옵션1로 EVOUTB 신호를 PB7 핀에 배치함.
- EVOUTA : Event Output A
  0 = 디폴트로 EVOUTA 신호를 PA2 핀에 배치함.
  1 = 옵션1로 EVOUTA 신호를 PA7 핀에 배치함.

▣ CCL LUTn 핀 배치 레지스터 PORTMUX_CCLROUTEA (리셋후 디폴트값 : 0x00)

b7	b6	b5	b4	b3	b2	b1	b0
–	–	LUT5	LUT4	LUT3	LUT2	LUT1	LUT0
–	–	R/W	R/W	R/W	R/W	R/W	R/W

- LUT5 : CCL LUT5 Signals
  0 = 디폴트로 신호를 IN0→PG0, IN1→PG1, IN2→PG2, OUT→PG3에 배치함.
  1 = 옵션1은 신호를 IN0→PG0, IN1→PG1, IN2→PG2, OUT→PG6에 배치함.
- LUT4 : CCL LUT4 Signals
  0 = 디폴트로 신호를 IN0→PB0, IN1→PB1, IN2→PB2, OUT→PB3에 배치함.
  1 = 옵션1은 신호를 IN0→PB0, IN1→PB1, IN2→PB2, OUT→PB6에 배치함.
- LUT3 : CCL LUT3 Signals
  0 = 디폴트로 신호를 IN0→PF0, IN1→PF1, IN2→PF2, OUT→PF3에 배치함.
  1 = 옵션1은 신호를 IN0→PF0, IN1→PF1, IN2→PF2, OUT→PF3에 배치함.(디폴트 핀 배치와 같음)
- LUT2 : CCL LUT2 Signals
  0 = 디폴트로 신호를 IN0→PD0, IN1→PD1, IN2→PD2, OUT→PD3에 배치함.
  1 = 옵션1은 신호를 IN0→PD0, IN1→PD1, IN2→PD2, OUT→PD6에 배치함.
- LUT1 : CCL LUT1 Signals
  0 = 디폴트로 신호를 IN0→PC0, IN1→PC1, IN2→PC2, OUT→PC3에 배치함.
  1 = 옵션1은 신호를 IN0→PC0, IN1→PC1, IN2→PC2, OUT→PC6에 배치함.
- LUT0 : CCL LUT0 Signals
  0 = 디폴트로 신호를 IN0→PA0, IN1→PA1, IN2→PA2, OUT→PA3에 배치함.
  1 = 옵션1은 신호를 IN0→PA0, IN1→PA1, IN2→PA2, OUT→PA6에 배치함.

▣ USARTn 핀 배치 레지스터 PORTMUX_USARTROUTEA (리셋후 디폴트값 : 0x00)

b7	b6	b5	b4	b3	b2	b1	b0
USART3[1:0]		USART2[1:0]		USART1[1:0]		USART0[1:0]	
R/W	R/W	R/W	R/W	R/W	R/W	R/W	R/W

- USART3[1:0] : USART3 Signals
  00 = 디폴트로 신호를 TXD→PB0, RXD→PB1, XCK→PB2, XDIR→PB3에 배치함.
  01 = 옵션1은 신호를 TXD→PB4, RXD→PB5, XCK→PB6, XDIR→PB7에 배치함.
  10 = (reserved)
  11 = 부수적인 기능의 핀을 사용하지 않음.
- USART2[1:0] : USART2 Signals
  00 = 디폴트로 신호를 TXD→PF0, RXD→PF1, XCK→PF2, XDIR→PF3에 배치함.
  01 = 옵션1은 신호를 TXD→PF4, RXD→PF5, XCK→PF2, XDIR→PF3에 배치함.
  10 = (reserved)
  11 = 부수적인 기능의 핀을 사용하지 않음.
- USART1[1:0] : USART1 Signals
  00 = 디폴트로 신호를 TXD→PC0, RXD→PC1, XCK→PC2, XDIR→PC3에 배치함.
  01 = 옵션1은 신호를 TXD→PC4, RXD→PC5, XCK→PC6, XDIR→PC7에 배치함.
  10 = (reserved)
  11 = 부수적인 기능의 핀을 사용하지 않음.
- USART0[1:0] : USART0 Signals
  00 = 디폴트로 신호를 TXD→PA0, RXD→PA1, XCK→PA2, XDIR→PA3에 배치함.
  01 = 옵션1은 신호를 TXD→PA4, RXD→PA5, XCK→PA6, XDIR→PA7에 배치함.
  10 = (reserved)
  11 = 부수적인 기능의 핀을 사용하지 않음.

▣ USARTn 핀 배치 레지스터 PORTMUX_USARTROUTEB (리셋후 디폴트값 : 0x00)

b7	b6	b5	b4	b3	b2	b1	b0
–	–	–	–	USART5[1:0]		USART4[1:0]	
–	–	–	–	R/W	R/W	R/W	R/W

- USART5[1:0] : USART5 Signals
  00 = 디폴트로 신호를 TXD→PG0, RXD→PG1, XCK→PG2, XDIR→PG3에 배치함.
  01 = 옵션1은 신호를 TXD→PG4, RXD→PG5, XCK→PG6, XDIR→PG7에 배치함.
  10 = (reserved)
  11 = 부수적인 기능의 핀을 사용하지 않음.
- USART4[1:0] : USART4 Signals
  00 = 디폴트로 신호를 TXD→PE0, RXD→PE1, XCK→PE2, XDIR→PE3에 배치함.
  01 = 옵션1은 신호를 TXD→PE4, RXD→PE5, XCK→PE6, XDIR→PE7에 배치함.
  10 = (reserved)
  11 = 부수적인 기능의 핀을 사용하지 않음.

▣ SPIn 핀 배치 레지스터 PORTMUX_SPIROUTEA (리셋후 디폴트값 : 0x00)

b7	b6	b5	b4	b3	b2	b1	b0
–	–	–	–	SPI1[1:0]		SPI0[1:0]	
–	–	–	–	R/W	R/W	R/W	R/W

- SPI1[1:0] : SPI1 Signals
  00 = 디폴트로 신호를 MOSI→PC0, MISO→PC1, SCK→PC2, -SS→PC3에 배치함.
  01 = 옵션1은 신호를 MOSI→PC4, MISO→PC5, SCK→PC6, -SS→PC7에 배치함.
  10 = 옵션2는 신호를 MOSI→PB4, MISO→PB5, SCK→PB6, -SS→PB7에 배치함.
  11 = 부수적인 기능의 핀을 사용하지 않음.
- SPI0[1:0] : SPI0 Signals
  00 = 디폴트로 신호를 MOSI→PA4, MISO→PA5, SCK→PA6, -SS→PA7에 배치함.
  01 = 옵션1은 신호를 MOSI→PE0, MISO→PE1, SCK→PE2, -SS→PE3에 배치함.
  10 = 옵션2는 신호를 MOSI→PG4, MISO→PG5, SCK→PG6, -SS→PG7에 배치함.
  11 = 부수적인 기능의 핀을 사용하지 않음.

▣ TWIn 핀 배치 레지스터 PORTMUX_TWIROUTEA (리셋후 디폴트값 : 0x00)

b7	b6	b5	b4	b3	b2	b1	b0
–	–	–	–	TWI1[1:0]		TWI0[1:0]	
–	–	–	–	R/W	R/W	R/W	R/W

- TWI1[1:0] : TWI1 Signals
  00 = 디폴트로 호스트/클라이언트 신호를 SDA→PF2, SDL→PF3에 배치하고
  듀얼모드의 클라이언트 신호는 SDA→PB2, SCL→PB3에 배치함.
  01 = 옵션1은 호스트/클라이어트 신호를 SDA→PF2, SDL→PF3에 배치하고
  듀얼모드의 클라이언트 신호는 SDA→PB6, SCL→PB7에 배치함.
  10 = 옵션2는 호스트/클라이언트 신호를 SDA→PB2, SDL→PB3에 배치하고
  듀얼모드의 클라이언트 신호는 SDA→PB6, SCL→PB7에 배치함.
  11 = (reserved)
- TWI0[1:0] : TWI0 Signals
  00 = 디폴트로 호스트/클라이언트 신호를 SDA→PA2, SDL→PA3에 배치하고
  듀얼모드의 클라이언트 신호는 SDA→PC2, SCL→PC3에 배치함.
  01 = 옵션1은 호스트/클라이언트 신호를 SDA→PA2, SDL→PA3에 배치하고
  듀얼모드의 클라이언트 신호는 SDA→PB6, SCL→PB7에 배치함.
  10 = 옵션2는 호스트/클라이언트 신호를 SDA→PC2, SDL→PC3에 배치하고
  듀얼모드의 클라이언트 신호는 SDA→PC6, SCL→PC7에 배치함.
  11 = (reserved)

▣ TCAn 핀 배치 레지스터 PORTMUX_TCAROUTEA (리셋후 디폴트값 : 0x00)

b7	b6	b5	b4	b3	b2	b1	b0
–	–	TCA1[2:0]			TCA0[2:0]		
–	–	R/W	R/W	R/W	R/W	R/W	R/W

- TCA1[2:0] : TCA1 Signals
  000 = 디폴트로 WO0→PB0, WO1→PB1, WO2→PB2, WO3→PB3, WO4→PB4, WO5→PB5에 배치함.
  001 = 옵션1은 WO0→PC4, WO1→PC5, WO2→PC6에 배치함.
  010 = 옵션2는 WO0→PE4, WO1→PE5, WO2→PE6에 배치함.
  011 = 옵션3은 WO0→PG0, WO1→PG1, WO2→PG2, WO3→PG3, WO4→PG4, WO5→PG5에 배치함.
  100~111 = (reserved)
- TCA0[2:0] : TCA0 Signals
  000 = 디폴트로 WO0→PA0, WO1→PA1, WO2→PA2, WO3→PA3, WO4→PA4, WO5→PA5에 배치함.
  001 = 옵션1은 WO0→PB0, WO1→PB1, WO2→PB2, WO3→PB3, WO4→PB4, WO5→PB5에 배치함.
  010 = 옵션2는 WO0→PC0, WO1→PC1, WO2→PC2, WO3→PC3, WO4→PC4, WO5→PC5에 배치함.
  011 = 옵션3은 WO0→PD0, WO1→PD1, WO2→PD2, WO3→PD3, WO4→PD4, WO5→PD5에 배치함.
  100 = 옵션4은 WO0→PE0, WO1→PE1, WO2→PE2, WO3→PE3, WO4→PE4, WO5→PE5에 배치함.
  101 = 옵션5은 WO0→PF0, WO1→PF1, WO2→PF2, WO3→PF3, WO4→PF4, WO5→PF5에 배치함.
  110 = 옵션6은 WO0→PG0, WO1→PG1, WO2→PG2, WO3→PG3, WO4→PG4, WO5→PG5에 배치함.
  111 = (reserved)

▣ TCBn 핀 배치 레지스터 PORTMUX_TCBROUTEA (리셋후 디폴트값 : 0x00)

b7	b6	b5	b4	b3	b2	b1	b0
–	–	–	TCB4	TCB3	TCB2	TCB1	TCB0
–	–	–	R/W	R/W	R/W	R/W	R/W

- TCB4 : TCB4 Output
  0 = 디폴트로 WO 신호를 PG3 핀에 배치함.
  1 = 옵션1은 WO 신호를 PC6 핀에 배치함.
- TCB3 : TCB3 Output
  0 = 디폴트로 WO 신호를 PB5 핀에 배치함.
  1 = 옵션1은 WO 신호를 PC1 핀에 배치함.
- TCB2 : TCB2 Output
  0 = 디폴트로 WO 신호를 PC0 핀에 배치함.
  1 = 옵션1은 WO 신호를 PB4 핀에 배치함.
- TCB1 : TCB1 Output
  0 = 디폴트로 WO 신호를 PA3 핀에 배치함.
  1 = 옵션1은 WO 신호를 PF5 핀에 배치함.
- TCB0 : TCB0 Output
  0 = 디폴트로 WO 신호를 PA2 핀에 배치함.
  1 = 옵션1은 WO 신호를 PF4 핀에 배치함.

▣ TCD0 핀 배치 레지스터 PORTMUX_TCDROUTEA (리셋후 디폴트값 : 0x00)

b7	b6	b5	b4	b3	b2	b1	b0
–	–	–	–	–	TCD0[2:0]		
–	–	–	–	–	R/W	R/W	R/W

- TCD0[2:0] : TCD0 Signals
  000 = 디폴트로 WOA→PA4, WOB→PA5, WOC→PA6, WOD→PA7에 배치함.
  001 = 옵션1은 WOA→PB4, WOB→PB5, WOC→PB6 WOD→PB7에 배치함.
  010 = 옵션2는 WOA→PF0, WOB→PF1, WOC→PF2, WOD→PF3에 배치함.
  011 = 옵션3은 WOA→PG4, WOB→PG5, WOC→PG6, WOD→PG7에 배치함.
  100~111 = (reserved)

▣ ACn 핀 배치 레지스터 PORTMUX_ACROUTEA (리셋후 디폴트값 : 0x00)

b7	b6	b5	b4	b3	b2	b1	b0
–	–	–	–	–	AC2	AC1	AC0
–	–	–	–	–	R/W	R/W	R/W

- AC2 : AC2 Output
  0 = 디폴트로 OUT 신호를 PA7 핀에 배치함.
  1 = 옵션1은 OUT 신호를 PC6 핀에 배치함.
- AC1 : AC1 Output
  0 = 디폴트로 OUT 신호를 PA7 핀에 배치함.
  1 = 옵션1은 OUT 신호를 PC6 핀에 배치함.
- AC0 : AC0 Output
  0 = 디폴트로 OUT 신호를 PA7 핀에 배치함.
  1 = 옵션1은 OUT 신호를 PC6 핀에 배치함.

▣ ZCDn 핀 배치 레지스터 PORTMUX_ZCDROUTEA (리셋후 디폴트값 : 0x00)

b7	b6	b5	b4	b3	b2	b1	b0
-	-	-	-	-	ZCD2	ZCD1	ZCD0
-	-	-	-	-	R/W	R/W	R/W

- ZCD2 : ZCD2 Output
  0 = 디폴트로 OUT 신호를 PA7 핀에 배치함.
  1 = 옵션1은 OUT 신호를 PC7 핀에 배치함.
- ZCD1 : ZCD1 Output
  0 = 디폴트로 OUT 신호를 PA7 핀에 배치함.
  1 = 옵션1은 OUT 신호를 PC7 핀에 배치함.
- ZCD0 : ZCD0 Output
  0 = 디폴트로 OUT 신호를 PA7 핀에 배치함.
  1 = 옵션1은 OUT 신호를 PC7 핀에 배치함.

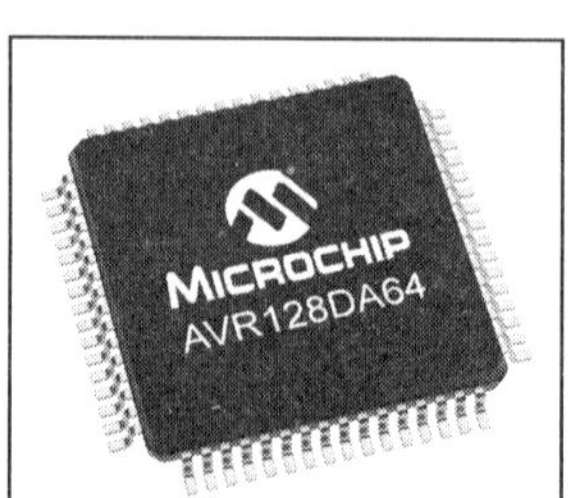

2.3 A/D 컨버터(ADC0)

이 절에서는 AVR128DA64에 내장되어 있는 12비트 A/D 컨버터의 구조와 기능을 알아보고, 이를 활용하는 기술에 대하여 설명한다.

1. A/D 컨버터의 동작

AVR128DA64는 22채널 12비트 분해능의 축차비교형(successive approximation) A/D 컨버터를 가지고 있다. 이들 22채널의 아날로그 입력신호는 병렬 I/O 포트 D~F와 핀을 겸용으로 사용하고 있으며, 내부의 아날로그 멀티플렉서(analog multiplexer)에 의하여 선택된다. A/D 컨버터의 앞단에는 <그림 2.3.1>과 같은 샘플/홀드(sample and hold) 회로를 가지고 있어서 A/D 변환이 수행되고 있는 동안에 아날로그 입력신호의 전압이 변하지 않고 일정하게 유지되도록 한다.

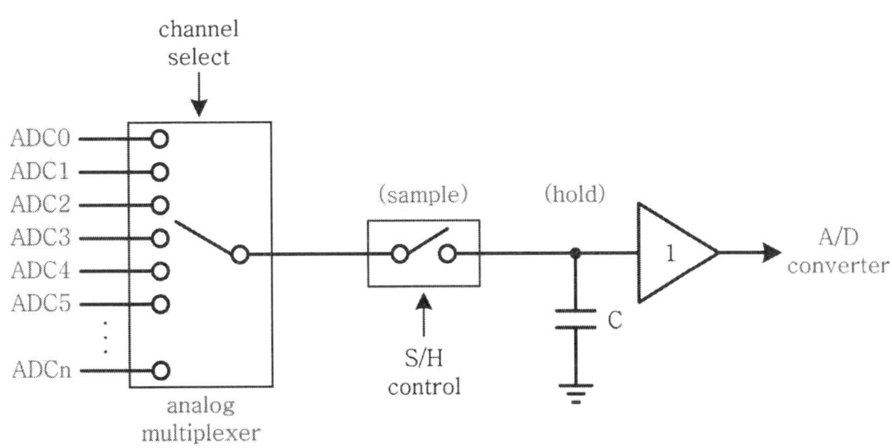

〈그림 2.3.1〉 A/D 컨버터의 아날로그 멀티플렉서와 샘플/홀드 회로

축차비교형의 A/D 컨버터는 <그림 2.3.2>에 보인 바와 같이 내부에 카운터 및 D/A 컨버터를 가지고 있어서 클록 신호에 따라 점차로 증가하는 아날로그 전압을 발생하고, 이 아날로그 전압을 외부 아날로그 입력신호와 비교하는 방법으로 A/D 변환을 수행한다.

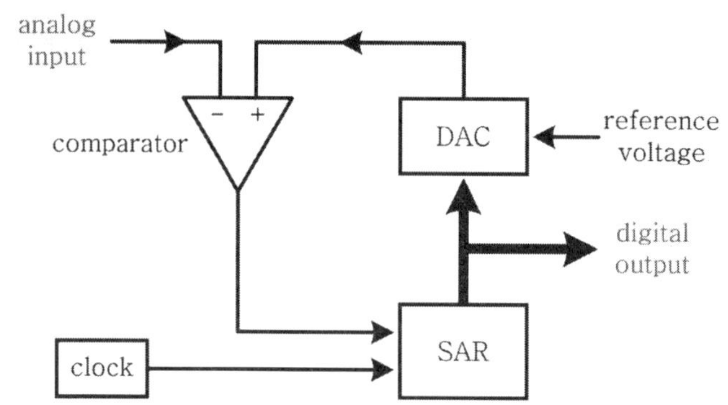

〈그림 2.3.2〉 축차비교형 A/D 컨버터의 기본 구조

AVR128DA64에서 A/D 컨버터의 구조는 <그림 2.3.3>과 같다. 아날로그 입력으로는 양극성 입력(외부 22개, 내부 6개 채널)과 음극성 입력(외부 16개, 내부 2개 채널)이 있으며, 출력으로는 A/D 변환 결과 레지스터 및 2종의 인터럽트 신호가 있다.

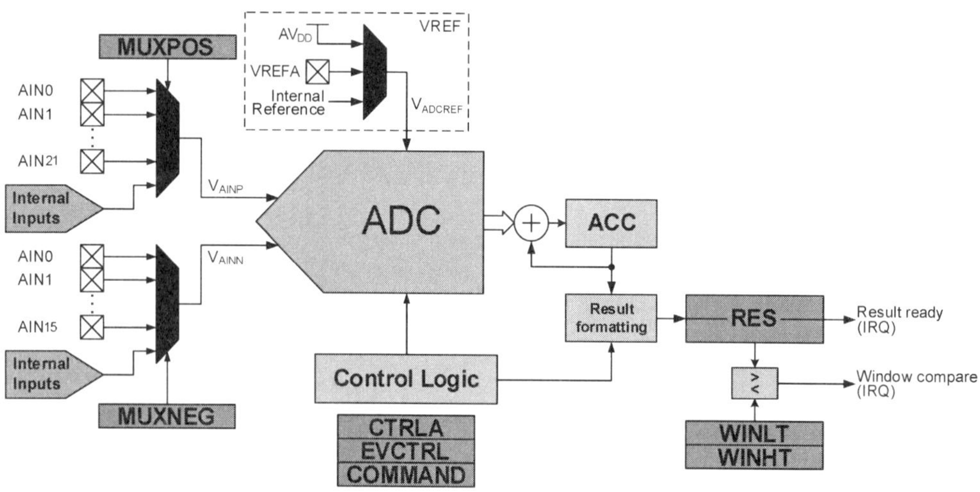

〈그림 2.3.3〉 AVR128DA64에서 A/D 컨버터의 구성 블록도

(1) AVR128DA64 A/D 컨버터의 특징

AVR128DA64에 내장된 12비트 A/D 컨버터의 기능과 동작 특성을 요약하면 다음과 같다.

① 22채널 12비트 분해능의 축차비교형 A/D 컨버터를 가지고 있다. 아날로그 입력 채널은 멀티플렉서에 의하여 선택된다.

② 모든 아날로그 입력 신호의 전압은 rail-to-rail형으로 동작하며, 각 신호에 따라 2개 단자 사이의 전압을 측정하는 차동 입력(differential input)과 GND를 기준으로 신호의 전압을 측정하는 단극성 입력(single-ended input)으로 사용될 수 있다.

③ 22개의 외부 아날로그 입력 핀에서 AIN0~AIN15는 단극성 입력으로 사용하는 것은 물론이고 차동 입력의 양극성 단자 또는 음극성 단자로 선택하여 사용할 수도 있으며, AIN16~AIN21은 단극성 입력 단자로만 사용할 수 있다.

④ 내부 입력 GND와 DAC0는 차동 입력의 양극성 단자 또는 음극성 단자로 선택하여 사용할 수 있으며, 내부 입력 TEMPSENSE와 DACREF0~DACREF2는 단극성 입력 단자로만 사용할 수 있다.

⑤ 5V 및 2MHz의 CLK_ADC 클록에서 A/D 변환의 최고 속도는 130ksps이다.

⑥ A/D 변환 방법에는 프리 런닝 모드(Free-Running mode)와 단일 변환 모드(Single Conversion mode)가 있다.

⑦ 2~128개의 A/D 변환 결과를 결과 레지스터 ADC0_RES에 누적하여 저장하는 기능을 가지고 있다.

⑧ A/D 변환 시작은 소프트웨어에 의한 트리거 방법과 이벤트 시스템 EVSYS을 사용한 트리거 방법이 있다.

⑨ A/D 변환이 완료되면 변환 결과가 결과 레지스터 ADC0_RES에 저장되며 인터럽트를 요청할 수 있다. A/D 변환 결과는 16비트의 결과 레지스터에 우측 정렬 또는 좌측 정렬로 저장할 수 있다.

⑩ 윈도우 비교기(Window Comparator) 기능을 사용하여 A/D 변환 결과가 지정된 윈도우 범위의 이내에 있거나 또는 이 윈도우 아래에 있는지 위에 있는지를 판단하여 인터럽트를 요청할 수 있다.

⑪ A/D 컨버터에는 보다 안정된 동작을 위하여 마이크로컨트롤러의 디지털 전원과 별도로 아날로그 회로의 전원 단자 AVDD를 통하여 전압을 인가한다.

⑫ A/D 변환을 위한 기준 전압은 기준전압 발생기 VREF에서 설정하며, 여기서는 내부에서 만든 1.024V, 2.048V, 4.096V, 2.500V의 전압과 아날로그 전원단자 AVDD로 입력된 전압, 그리고 외부 기준전압 단자 VREFA로 입력된 전압 등 6가지에서 1개를 선택하여 사용할 수 있다.

(2) A/D 컨버터의 초기화 순서

AVR128DA64의 A/D 컨버터는 다음과 같은 순서로 초기화하여 사용하는 것이 바람직하다.

① 기준전압 발생기의 레지스터 VREF_ADC0REF에서 기준전압을 설정한다. 기준전압으로는 1.024V, 2.048V, 4.096V, 2.500V와 아날로그 전원단자 AVDD로 입력된 전압, 그리고 기준전압 단자 VREFA로 입력된 전압 등 6가지에서 선택하여 사용할 수 있다. 모든 아날로그 입력 신호는 0에서 기준전압까지의 범위로 사용할 수 있다.

② ADC0_CTRLA 레지스터에서 CONVMODE 비트를 사용하여 단극성 모드 또는 차동 모드를 설정한다. 단극성 모드는 GND를 기준으로 아날로그 입력의 전압을 측정하며, 차동 모드는 음극성 입력을 기준으로 양극성 입력의 전압을 측정한다.

③ ADC0_CTRLA 레지스터에서 RESSEL[1:0] 비트를 사용하여 분해능을 12비트 또는 10비트로 설정한다.

④ ADC0_CTRLA 레지스터에서 LEFTADJ 비트를 사용하여 결과 레지스터 저장 방법을 우측 정렬 또는 좌측 정렬로 설정한다.

⑤ ADC0_CTRLA 레지스터에서 FREERUN 비트를 사용하여 단일 변환 모드 또는 프리 런닝 모드를 설정한다.

⑥ ADC0_CTRLB 레지스터에서 SAMPNUM[2:0] 비트를 사용하여 연속적인 A/D 변환 결과를 몇 번 누적시켜 결과 레지스터에 저장할 것인지 설정한다. 변환 결과 누적을 사용하지 않는다면 이 비트를 0으로 한다.

⑦ ADC0_CTRLC 레지스터에서 PRESC[3:0] 비트를 사용하여 A/D 컨버터 클록 CLK_ADC를 125kHz~2MHz 범위로 만들기 위한 분주비를 설정한다.

⑧ ADC0_MUXPOS 레지스터를 사용하여 양극성 입력을 선택한다.

⑨ ADC0_MUXNEG 레지스터를 사용하여 음극성 입력을 선택한다. 위의 ②에서 단극성 모드로 설정하였다면 이 과정은 필요 없다.

⑩ ADC0_EVCTRL 레지스터를 사용하여 A/D 변환의 시작을 이벤트 시스템으로 하드웨어 트리거할 것이지 설정한다. 만약, 이벤트 시스템을 사용하지 않는다면 나중에 A/D 변환을 시작할 때 ADC0_COMMAND 레지스터의 STCONV 비트를 사용하여 소프트웨어로 트리거한다.

⑪ ADC0_CTRLA 레지스터에서 ENABLE 비트에 1을 써서 A/D 컨버터의 동작을 허용 상태로 한다. 그러면 A/D 컨버터가 안정적으로 동작할 때까지 t_{ADC_INIT} = 6μs만큼의 시간 지연이 필요한데, 이러한 시간 지연은 사용자가 소프트웨어로 구현할 수도 있고, ADC0_CTRLD 레지스터에서 INITDLY[2:0] 비트를 사용하여 첫번째 A/D 변환에서 시간 지연을 줄 수도 있다.

A/D 컨버터가 현재 변환 동작을 수행하고 있는 동안에 ADC0_CTRLA 레지스터의 CONVMODE, LEFTADJ, RESSEL 비트값을 수정하거나, ADC0_CTRLB 레지스터의 SAMPNUM 비트값을 수정하거나, ADC0_CTRLC 레지스터의 PRESC 비트값을 수정하면 A/D 변환 결과에 예측할 수 없는 결과를 초래할 수 있다.

(3) A/D 변환의 시작

A/D 변환을 시작하는 것은 <그림 2.3.4>에 보인 것처럼 ADC0_COMMAND 레지스터에서 STCONV=1로 하여 소프트웨어로 트리거하는 방법도 있고, ADC0_EVCTRL 레지스터에서 STARTEI=1로 설정한 상태에서 주변장치의 이벤트 신호를 받아서 하드웨어로 트리거 하는 방법도 있다. 소프트웨어 트리거 방식에서 A/D 변환이 수행되는 동안에는 STCONV 비트가 1로 유지되다가 A/D 변환이 완료되면 다시 0으로 바뀐다. 하드웨어 트리거 방식에서도 주변장치의 이벤트가 발생하여 A/D 변환이 수행되기 시작하면 STCONV 비트가 1로 되었다가 A/D 변환이 완료되면 다시 0으로 바뀐다.

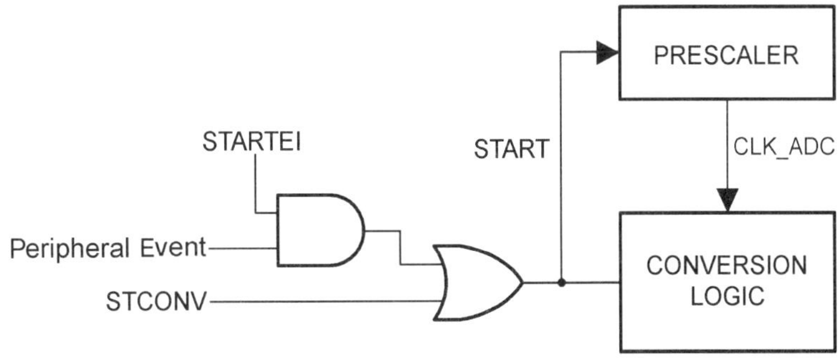

〈그림 2.3.4〉 AVR128DA64에서 A/D 컨버터의 변환 시작 방법

(4) 아날로그 입력 채널의 선택

A/D 컨버터를 단극성 모드로 사용하는 경우에는 ADC0_MUXPOS 레지스터를 사용하여 양극성 입력 채널만을 선택한다. 그러나, A/D 컨버터를 차동 모드로 사용하는 경우에는 ADC0_MUXPOS 레지스터와 ADC0_MUXNEG 레지스터를 사용하여 각각 양극성 입력 채널 및 음극성 입력 채널을 선택해야 한다.

병렬 I/O 핀의 기능을 무효로 하고 아날로그 입력단자 AIN0~AIN21이나 기준전압 단자 VREFA를 사용할 때 PORTx_PINnCTRL 레지스터에서 해당 핀의 디지털 입력 버퍼를 금지시키면 소비전력을 절감하는 효과가 있다.

(5) 클록의 설정

AVR128DA64의 A/D 컨버터는 <그림 2.3.5>에서처럼 주변장치 클록 CLK_PER을 분주하여 A/D 컨버터 클록 CLK_ADC를 만든다. A/D 컨버터 클록 CLK_ADC의 주파수 범위는 125kHz~2MHz로 되어야 하는데, 이를 위한 분주비는 ADC0_CTRLC 레지스터를 사용하여 2, 4, 8, 12, 16, 20, 24, 28, 32, 48, 64, 96, 128, 256 중에서 하나를 설정할 수 있다. 이렇게 주파수를 분주하는 프리스케일러(prescaler)는 A/D 변환이 스타트할 때마다 리셋되고 다시 카운팅을 시작한다.

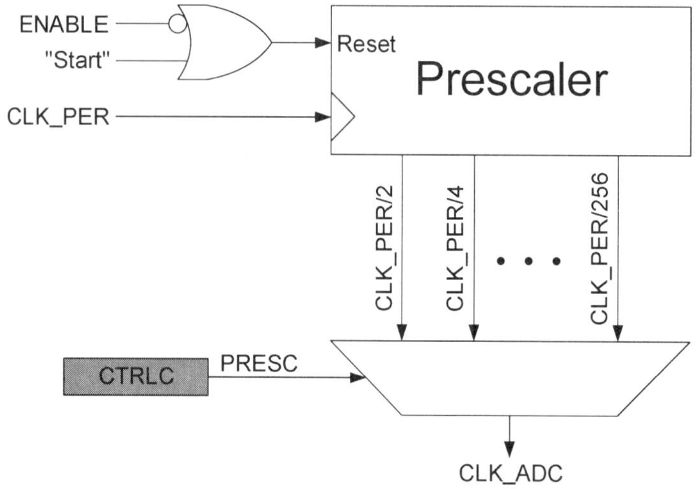

〈그림 2.3.5〉 A/D 컨버터의 클록 CLK_ADC를 발생하는 과정

(6) 변환 시간

AVR128DA64의 A/D 컨버터가 12비트의 단일 변환 모드(single conversion mode)로 동작하는 경우의 타이밍도 <그림 2.3.6>에 보인 것과 같다. 즉, A/D 변환이 시작되면 먼저 아날로그 입력이 샘플링되고, 이어서 A/D 변환이 수행되며, A/D 변환이 완료되면 ADC0_INTFLAGS 레지스터에서 RESRDY=1로 되면서 변환 완료 이벤트 및 인터럽트가 요청된다. 여기서 샘플링 시간으로 2개의 CLK_ADC 클록 주기가 소요되고 변환 시간으로 13.5개의 CLK_ADC 클록 주기가 소요되며, 여기에 A/D 변한이 시작될 때 기동 시간으로 2개의 CLK_PER 주기와 마지막에 A/D 변환이 끝나고 변환 결과를 포맷팅하는데 2개의 CLK_PER 주기만큼 추가로 시간이 필요하다. 그러므로 전체 A/D 변환 시간은 15.5개의 CLK_ADC 클록 주기에 4개의 CLK_PER 클록 주기가 더해진 값이 되는데, CLK_ADC 클록에 비하면 CLK_PER 클록은 상당히 높은 주파수이므로 4개

의 CLK_PER 클록 주기는 거의 무시할 수 있는 시간이다.

$$\text{전체 A/D 변환 시간} = \frac{2+13.5}{f_{CLK\_ADC}} + \frac{4}{f_{CLK\_PER}}$$

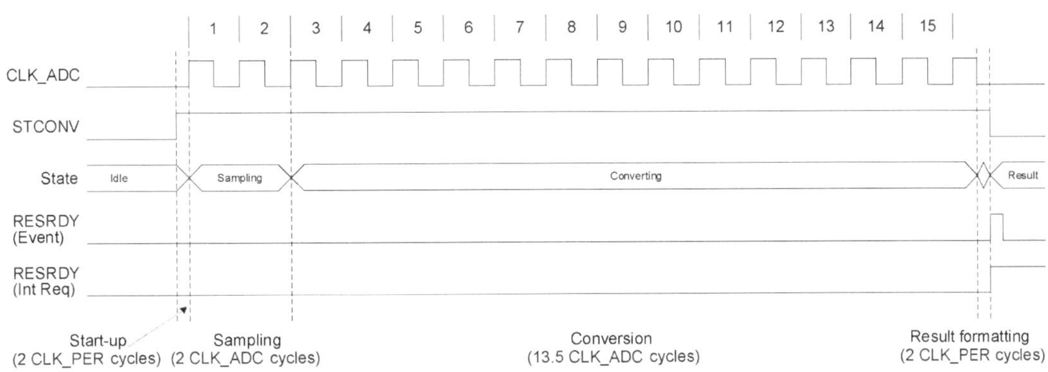

<그림 2.3.6> A/D 컨버터에서 단일 변환 모드의 동작 타이밍

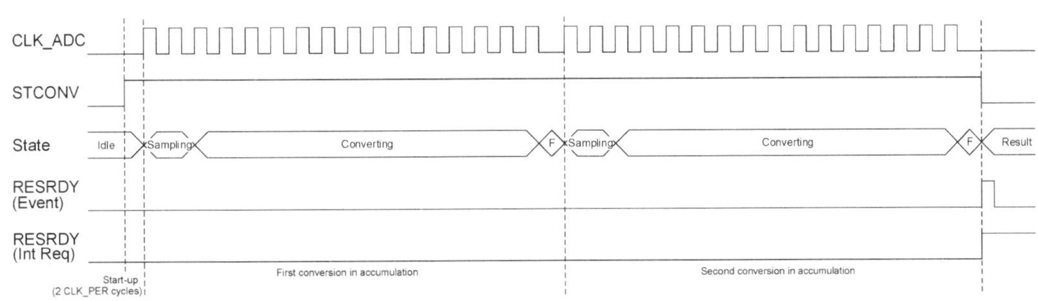

<그림 2.3.7> A/D 컨버터에서 누적 변환 모드의 동작 타이밍

AVR128DA64의 A/D 컨버터가 12비트의 누적 변환 모드(accumulated conversion mode)로 n(=2)번 A/D 변환을 수행하는 경우의 타이밍도 <그림 2.3.7>에 보인 것과 같다. 즉, A/D 변환이 시작되면 n번 반복하여 아날로그 입력의 샘플링과 A/D 변환이 반복적으로 수행되어 변환 결과가 ADC0_RES 레지스터에 누적되며, n번의 A/D 변환이 모두 완료되면 ADC0_INTFLAGS 레지스터에서 RESRDY=1로 되면서 변환 완료 이벤트 및 인터럽트가 요청된다.

이처럼 n번 연속적인 A/D 변환을 반복하는 누적 변환 모드를 사용한다면 처음에 기동 시간을 제외한 나머지 소요 시간이 n번 반복되므로 총 A/D 변환 시간은 다음과 같이 된다.

$$\text{전체 A/D 변환 시간} = \frac{2}{f_{CLK\_PER}} + n\left(\frac{2+13.5}{f_{CLK\_ADC}} + \frac{2}{f_{CLK\_PER}}\right)$$

그런데, 누적 변환 모드에서는 기본 2클록 사이클의 샘플링 시간에 0~255개 클록 주기만큼 샘플링 시간을 더하여 추가할 수 있는데, 이를 위해서는 ADC0_SAMPCTRL 레지스터의 SAMPLEN[7:0] 비트를 사용한다. 또한, 신호의 잡음을 제거할 목적으로 연속적인 A/D 변환 동작의 사이에 0~15 클록 주기만큼 시간 간격을 줄 수 있는데 이는 ADC0_CTRLD 레지스터의 SAMPDLY[3:0] 비트를 사용한다. 이처럼 추가적인 클록 주기를 부여하였을 경우에는 그만큼 전체 A/D 변환 시간도 달라진다.

$$\text{전체 A/D 변환 시간} = \frac{2}{f_{CLK\_PER}} + n\left(\frac{2+SAMPLEN+13.5+SAMPDLY}{f_{CLK\_ADC}} + \frac{2}{f_{CLK\_PER}}\right)$$

프리런닝 모드가 단일 변환 모드로 수행되는 경우에는 매번 A/D 변환이 완료될 때마다 ADC0_INTFLAGS 레지스터에서 RESRDY 비트가 1로 셋트된다. 그러나, 프리런닝 모드가 누적 변환 모드와 결합되어 수행되는 경우에는 n번의 A/D 변환이 모두 완료되어 누적된 결과가 ADC0_RES 레지스터에 저장될 때 ADC0_INTFLAGS 레지스터에서 RESRDY 비트가 1로 셋트된다.

(7) A/D 변환 결과

A/D 컨버터가 변환을 완료하면 그 변환 결과는 12비트 길이의 데이터가 되지만 A/D 컨버터의 데이터 레지스터 ADC0_RES에는 16비트 형식으로 포맷팅(formatting) 되어 저장된다. 만약 단극성 모드를 사용하여 A/D 변환을 수행하였다면 그 결과는 다음과 같이 16비트 양의 정수로 표시된다.

$$\text{12비트 분해능의 단극성 모드일 경우} = \frac{V_{AINP}}{V_{ADCREF}} \times 4096 = 0 \sim 4095$$

$$\text{10비트 분해능의 단극성 모드일 경우} = \frac{V_{AINP}}{V_{ADCREF}} \times 1024 = 0 \sim 1023$$

그러나, 차동 모드를 사용하여 A/D 변환을 수행하였다면 그 결과는 다음과 같이 부호 확장된 16비트 2의 보수로 표시된다.

$$\text{12비트 분해능의 차동 모드일 경우} = \frac{V_{AINP} - V_{AINN}}{V_{ADCREF}} \times 2048 = -2048 \sim +2047$$

$$10\text{비트 분해능의 차동 모드일 경우} = \frac{V_{AINP} - V_{AINN}}{V_{ADCREF}} \times 512 = -512 \sim +511$$

여기서 V_{ADCREF}는 A/D 컨버터의 기준전압이며, V_{AINP}와 V_{AINN}은 각각 양극성 입력과 음극성 입력의 전압이다. 내부 기준전압 1.024V, 2.048V, 4.096V, 2.500V는 모두 최대 오차범위가 ±4%이므로 좀더 정밀한 A/D 변환 결과를 필요로 한다면 외부 기준전압 단자 VREFA에 정밀한 기준전원을 연결하여 사용하는 것이 바람직하다.

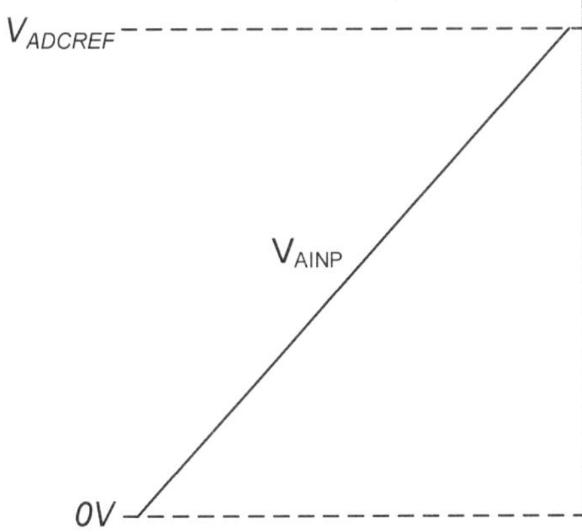

Dec	Hex	16-bit result
4095	FFF	0x0FFF
4094	FFE	0x0FFE
4093	FFD	0x0FFD
...	...	...
2049	801	0x0801
2048	800	0x0800
2047	7FF	0x07FF
2046	7FE	0x07FE
...	...	...
2	2	0x0002
1	1	0x0001
0	0	0x0000

〈그림 2.3.8〉 A/D 컨버터의 단극성 모드에서 16비트 양의 정수로 표시되는 결과값

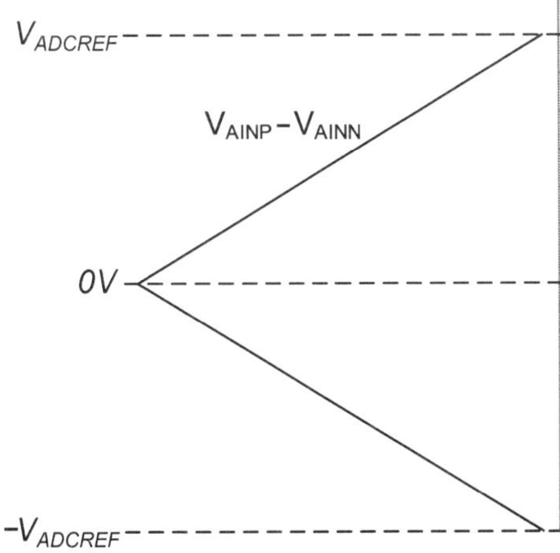

Dec	Hex	16-bit result
2047	7FF	0x07FF
2046	7FE	0x07FE
2045	7FD	0x07FD
...	...	...
2	2	0x0002
1	1	0x0001
0	0	0x0000
-1	FFF	0xFFFF
-2	FFE	0xFFFE
...	...	...
-2046	802	0xF802
-2047	801	0xF801
-2048	800	0xF800

〈그림 2.3.9〉 A/D 컨버터의 차동 모드에서 16비트 2의 보수로 표시되는 결과값

<table>
<tr><th rowspan="2">누적 횟수</th><th rowspan="2">LEFTADJ</th><th colspan="8">RES[15:8]</th><th colspan="8">RES[7:0]</th></tr>
<tr><th>b15</th><th>b14</th><th>b13</th><th>b12</th><th>b11</th><th>b10</th><th>b9</th><th>b8</th><th>b7</th><th>b6</th><th>b5</th><th>b4</th><th>b3</th><th>b2</th><th>b1</th><th>b0</th></tr>
<tr><td rowspan="2">1</td><td>0</td><td>0</td><td>0</td><td>0</td><td>0</td><td colspan="12">Conversion[11:0]</td></tr>
<tr><td>1</td><td colspan="12">Conversion[11:0]</td><td>0</td><td>0</td><td>0</td><td>0</td></tr>
<tr><td rowspan="2">2</td><td>0</td><td>0</td><td>0</td><td>0</td><td colspan="13">Accumulation[12:0]</td></tr>
<tr><td>1</td><td colspan="13">Accumulation[12:0]</td><td>0</td><td>0</td><td>0</td></tr>
<tr><td rowspan="2">4</td><td>0</td><td>0</td><td>0</td><td colspan="14">Accumulation[13:0]</td></tr>
<tr><td>1</td><td colspan="14">Accumulation[13:0]</td><td>0</td><td>0</td></tr>
<tr><td rowspan="2">8</td><td>0</td><td>0</td><td colspan="15">Accumulation[14:0]</td></tr>
<tr><td>1</td><td colspan="15">Accumulation[14:0]</td><td>0</td></tr>
<tr><td rowspan="2">16</td><td>0</td><td colspan="16">Accumulation[15:0]</td></tr>
<tr><td>1</td><td colspan="16">Accumulation[15:0]</td></tr>
<tr><td rowspan="2">32, 64, 128</td><td>0</td><td colspan="16">Truncated accumulation[15:0]</td></tr>
<tr><td>1</td><td colspan="16">Truncated accumulation[15:0]</td></tr>
</table>

(a) 단극성 모드의 경우

<table>
<tr><th rowspan="2">누적 횟수</th><th rowspan="2">LEFTADJ</th><th colspan="8">RES[15:8]</th><th colspan="8">RES[7:0]</th></tr>
<tr><th>b15</th><th>b14</th><th>b13</th><th>b12</th><th>b11</th><th>b10</th><th>b9</th><th>b8</th><th>b7</th><th>b6</th><th>b5</th><th>b4</th><th>b3</th><th>b2</th><th>b1</th><th>b0</th></tr>
<tr><td rowspan="2">1</td><td>0</td><td>S</td><td>S</td><td>S</td><td>S</td><td colspan="12">Signed conversion[11:0]</td></tr>
<tr><td>1</td><td colspan="12">Signed conversion[11:0]</td><td>0</td><td>0</td><td>0</td><td>0</td></tr>
<tr><td rowspan="2">2</td><td>0</td><td>S</td><td>S</td><td>S</td><td colspan="13">Signed accumulation[12:0]</td></tr>
<tr><td>1</td><td colspan="13">Signed accumulation[12:0]</td><td>0</td><td>0</td><td>0</td></tr>
<tr><td rowspan="2">4</td><td>0</td><td>S</td><td>S</td><td colspan="14">Signed accumulation[13:0]</td></tr>
<tr><td>1</td><td colspan="14">Signed accumulation[13:0]</td><td>0</td><td>0</td></tr>
<tr><td rowspan="2">8</td><td>0</td><td>S</td><td colspan="15">Signed accumulation[14:0]</td></tr>
<tr><td>1</td><td colspan="15">Signed accumulation[14:0]</td><td>0</td></tr>
<tr><td rowspan="2">16</td><td>0</td><td colspan="16">Signed accumulation[15:0]</td></tr>
<tr><td>1</td><td colspan="16">Signed accumulation[15:0]</td></tr>
<tr><td rowspan="2">32, 64, 128</td><td>0</td><td colspan="16">Signed truncated accumulation[15:0]</td></tr>
<tr><td>1</td><td colspan="16">Signed truncated accumulation[15:0]</td></tr>
</table>

(b) 차동 모드의 경우

〈그림 2.3.10〉 ADC0_RES 레지스터에 A/D 변환 결과를 저장하는 형식

A/D 변환 결과 데이터는 ADC0_RES 레지스터에 우측 정렬로 저장할 수도 있고, 좌측 정렬로 저장할 수도 있다. 1회의 A/D 변환 결과는 12비트 길이로 되어 있으므로 이를 16회까지 누적한 경우에는 16비트 길이의 ADC0_RES 레지스터에 저장하는데 아무런 문제가 없다. 그러나, A/D 변환 결과를 32회나 64회 또는 128회 누적하는 경우에는 ADC0_RES 레지스터의 크기를 넘을 수 있으므로 이때는 레지스터 크기에 맞도록 데이터 우측의 LSB를 잘라버림으로써 오버플로우가 발생하는 것을 방지한다.

이러한 데이터 저장 방법을 정리하여 <그림 2.3.10>에 보였다. 여기서 conversion은 1회의 A/D 변환 결과를 나타내고, accumulation은 누적된 A/D 변환 결과를 나타내며, Truncated accumulation은 누적된 A/D 변환 결과의 크기를 줄인 것을 나타낸다. 차동 모드의 경우에는 정수를 2의 보수 표현법으로 나타내고 있으므로 모든 데이

터에 Signed를 붙여서 표시하였으며, 또한 남는 상위 비트의 S는 부호 확장(Sign extension)된 비트를 나타낸다.

(8) 윈도우 비교기

AVR128DA64의 A/D 컨버터는 윈도우 비교기 기능을 가지고 있어서 A/D 변환 결과가 윈도우 비교기의 상위 문턱전압이나 하위 문턱전압과 비교되어 지정된 조건을 충족하면 윈도우 비교기 인터럽트를 요청한다. 상위 문턱전압과 하위 문턱전압은 각각 ADC0_WINHT 및 ADC0_WINLT 레지스터로 설정하고, 비교 조건은 ADC0_CTRLE 레지스터에서 WINCM[2:0] 비트로 설정한다.

누적 변환 모드를 사용할 때는 n번째의 마지막 A/D 변환이 완료되어 최종적인 누적된 결과가 ADC0_RES 레지스터에 저장되는 순간에 비교가 수행된다. 물론 이때는 ADC0_WINHT 및 ADC0_WINLT 레지스터에도 누적값으로 문턱전압을 설정해야 한다.

(9) 내장 온도센서의 사용

AVR128DA64에는 온도센서를 내장하고 있어서 이를 A/D 컨버터의 양극성 입력으로 읽어들일 수 있다. 이를 수행하는 절차는 다음과 같다.

① 기준전압 발생기의 VREF_ADC0REF 레지스터에서 A/D 컨버터의 기준전압을 내부 기준전압 2.048V로 선택한다.

② ADC0_MUXPOS 레지스터에서 아날로그 입력으로 온도센서를 선택한다.

③ ADC0_CTRLD 레지스터에서 INITDLY[2:0] 비트를 사용하여 초기화 시간 지연을 25클록 사이클 이상으로 설정한다.

④ ADC0_SAMPCTRL 레지스터에서 SAMPLEN[7:0] 비트를 28클록 사이클 이상으로 설정하여 샘플링 시간을 길게 한다.

⑤ 12비트 분해능의 단극성 모드로 A/D 변환을 설정하고 결과 레지스터는 우측 정렬을 사용한다.

⑥ A/D 변환 결과를 온도값으로 환산한다.

AVR128DA64의 온도센서는 개별 소자마다 특성이 조금씩 다르기 때문에 소자의 제조사에서는 기준전압 2.048V를 사용하는 경우에 SIGROW_TEMPSENSE0에 온도센서의 기울기(Slope)를 저장하고, SIGROW_TEMPSENSE1에 온도센서의 오프셋(Offset) 값을 저장하여 놓았다. 이를 사용하여 온도값을 아래와 같이 켈빈(Kelvin) 온도로 계산할 수 있다.

$$K = \frac{(Offset - A/DResult) \times Slope}{4096}$$

이를 다시 섭씨 온도로 환산하려면 다음과 같이 계산한다.

$$T = K - 273.15\ [℃]$$

만약 기준전압으로 2.048V가 아닌 임의의 V_{ADCREF}로 사용한다면 기울기와 오프셋 값을 다음과 같이 환산해주어야 한다.

$$Slope = TEMPSENSE0 \times \frac{V_{ADCREF}}{2.048\,V}$$
$$Offset = TEMPSENSE1 \times \frac{2.048\,V}{V_{ADCREF}}$$

(10) 인터럽트 발생

AVR128DA64의 ADC0에서 인터럽트를 발생하는 기능은 다음과 같다.

- A/D 변환 완료 인터럽트 : A/D 변환이 완료되어 변환 결과가 ADC0_RES 레지스터에 저장될 때
- 윈도우 비교기 인터럽트 : 윈도우 비교기가 ADC0_CTRLE 레지스터의 WINCM[2:0]에 지정된 조건을 만족할 때

(11) 이벤트 입력 및 출력

ADC0는 Event User로서 이벤트 입력 신호를 <표 2.3.1>과 같이 사용할 수 있으며, Event Generator로서 이벤트 출력 신호를 <표 2.3.2>와 같이 발생할 수 있다.

〈표 2.3.1〉 ADC0에서 이벤트 입력의 사용(Event User)

User Name		Description	Input Detection	Sync/Async
Peripheral	Input			
ADC0	START	ADC0 start conversion	Edge	Async

〈표 2.3.2〉 ADC0에서 이벤트 출력의 발생(Event Generator)

User Name		Description	Event Type	Generating Clock Domain
Peripheral	Event			
ADC0	RESRDY	Result ready	Pulse	CLK_PER

2. A/D 컨버터의 I/O 제어 레지스터

AVR128DA64의 A/D 컨버터 ADC0를 구성하는 I/O 제어 레지스터를 정리하면 <표 2.3.3>과 같다.

〈표 2.3.3〉 AVR128DA64의 ADC0와 관련된 I/O 제어 레지스터 요약

어드레스	레지스터 이름	풀어 쓴 레지스터 이름	리셋 후 초기값
0x0600	ADC0_CTRLA	ADC0 Control Register A	0x00
0x0601	ADC0_CTRLB	ADC0 Control Register B	0x00
0x0602	ADC0_CTRLC	ADC0 Control Register C	0x00
0x0603	ADC0_CTRLD	ADC0 Control Register D	0x00
0x0604	ADC0_CTRLE	ADC0 Control Register E	0x00
0x0605	ADC0_SAMPCTRL	ADC0 Sample Control Register	0x00
0x0606 0x0607		(reserved)	
0x0608	ADC0_MUXPOS	ADC0 MUX Selection Register for Positive ADC Input	0x00
0x0609	ADC0_MUXNEG	ADC0 MUX Selection Register for Negative ADC Input	0x00
0x060A	ADC0_COMMAND	ADC0 Command Register	0x00
0x060B	ADC0_EVCTRL	ADC0 Event Control Register	0x00
0x060C	ADC0_INTCTRL	ADC0 Interrupt Control Register	0x00
0x060D	ADC0_INTFLAGS	ADC0 Interrupt Flag Register	0x00
0x060E	ADC0_DBGCTRL	ADC0 Debug Control Register	0x00
0x060F	ADC0_TEMP	ADC0 Temporary Register	0x00
0x0610	ADC0_RES	ADC0 Result Register Low	0x00
0x0611		ADC0 Result Register High	0x00
0x0612	ADC0_WINLT	ADC0 Window Comparator Low Threshold Register (L)	0x00
0x0613		ADC0 Window Comparator Low Threshold Register (H)	0x00
0x0614	ADC0_WINHT	ADC0 Window Comparator High Threshold Register (L)	0x00
0x0615		ADC0 Window Comparator High Threshold Register (H)	0x00

▣ 제어 레지스터 A ADC0_CTRLA (리셋후 디폴트값 : 0x00)

b7	b6	b5	b4	b3	b2	b1	b0
RUNSTDBY	-	CONVMODE	LEFTADJ	RESSEL[1:0]		FREERUN	ENABLE
R/W	-	R/W	R/W	R/W	R/W	R/W	R/W

- RUNSTDBY : Run in Standby
  0 = A/D 컨버터가 스탠바이 모드에서는 동작하지 않는다. 스탠바이 모드로 들어가면 ADC0의 동작이 종료한다.
  1 = A/D 컨버터가 스탠바이 모드에서도 동작한다.
- CONVMODE : Conversion Mode
  0 = A/D 컨버터가 단극성 모드(single-ended mode)로 동작한다. 이 경우에는 양극성 입력만 사용되며, 변환 결과를 부호 없는 정수로 표시한다.
  1 = A/D 컨버터가 차동 모드(differential mode)로 동작한다. 이 경우에는 양극성 입력과 음극성 입력이 모두 사용되며, 변환 결과를 부호 있는 정수(2의 보수)로 표시한다.
- LEFTADJ : Left Adjust Result
  0 = A/D 변환 결과를 우측 정렬하여 저장한다.
  1 = A/D 변환 결과를 좌측 정렬하여 저장한다.
- RESSEL[1:0] : Resolution Selection
  00 = 12비트로 A/D 변환한다. 이때 변환 시간은 13.5클록 사이클이다.
  01 = 10비트로 A/D 변환한다. 이때 변환 시간은 11.5클록 사이클이다.

10~11 = (reserved)

- REERUN : Free-Running
  0 = A/D 컨버터가 단일 변환 모드(single-conversion mode)로 동작한다.
  1 = A/D 컨버터가 프리 러닝 모드(free-running mode)로 동작한다. 이 경우에도 최초에 한번은 ADC0_COMMAND 레지스터의 STCONV 비트에 1을 써서 동작을 스타트시켜 주어야만 A/D 변환 동작이 수행된다.
- ENABLE : ADC Enable
  0 = A/D 컨버터의 동작을 금지한다.
  1 = A/D 컨버터의 동작을 허용한다.

▣ 제어 레지스터 B ADC0_CTRLB (리셋후 디폴트값 : 0x00)

b7	b6	b5	b4	b3	b2	b1	b0
–	–	–	–	–	SAMPNUM[2:0]		
–	–	–	–	–	R/W	R/W	R/W

- SAMPNUM[2:0] : Sample Accumulation Number Select
  000 = ADC0_RES 레지스터에 A/D 변환 결과를 누적하지 않는다.
  001 = 연속적으로 2회의 A/D 변환 결과를 ADC0_RES 레지스터에 누적하여 저장한다.
  010 = 연속적으로 4회의 A/D 변환 결과를 ADC0_RES 레지스터에 누적하여 저장한다.
  011 = 연속적으로 8회의 A/D 변환 결과를 ADC0_RES 레지스터에 누적하여 저장한다.
  100 = 연속적으로 16회의 A/D 변환 결과를 ADC0_RES 레지스터에 누적하여 저장한다.
  101 = 연속적으로 32회의 A/D 변환 결과를 ADC0_RES 레지스터에 누적하여 저장한다.
  110 = 연속적으로 64회의 A/D 변환 결과를 ADC0_RES 레지스터에 누적하여 저장한다.
  111 = 연속적으로 128회의 A/D 변환 결과를 ADC0_RES 레지스터에 누적하여 저장한다.

▣ 제어 레지스터 C ADC0_CTRLC (리셋후 디폴트값 : 0x00)

b7	b6	b5	b4	b3	b2	b1	b0
–	–	–	–	PRESC[3:0]			
–	–	–	–	R/W	R/W	R/W	R/W

- PRESC[3:0] : Prescaler
  0000 = 주변장치 클록 CLK_PER를 2분주하여 A/D 컨버터 클록 CLK_ADC를 만든다.
  0001 = 주변장치 클록 CLK_PER를 4분주하여 A/D 컨버터 클록 CLK_ADC를 만든다.
  0010 = 주변장치 클록 CLK_PER를 8분주하여 A/D 컨버터 클록 CLK_ADC를 만든다.
  0011 = 주변장치 클록 CLK_PER를 12분주하여 A/D 컨버터 클록 CLK_ADC를 만든다.
  0100 = 주변장치 클록 CLK_PER를 16분주하여 A/D 컨버터 클록 CLK_ADC를 만든다.
  0101 = 주변장치 클록 CLK_PER를 20분주하여 A/D 컨버터 클록 CLK_ADC를 만든다.
  0110 = 주변장치 클록 CLK_PER를 24분주하여 A/D 컨버터 클록 CLK_ADC를 만든다.
  0111 = 주변장치 클록 CLK_PER를 28분주하여 A/D 컨버터 클록 CLK_ADC를 만든다.
  1000 = 주변장치 클록 CLK_PER를 32분주하여 A/D 컨버터 클록 CLK_ADC를 만든다.
  1001 = 주변장치 클록 CLK_PER를 48분주하여 A/D 컨버터 클록 CLK_ADC를 만든다.
  1010 = 주변장치 클록 CLK_PER를 64분주하여 A/D 컨버터 클록 CLK_ADC를 만든다.
  1011 = 주변장치 클록 CLK_PER를 96분주하여 A/D 컨버터 클록 CLK_ADC를 만든다.
  1100 = 주변장치 클록 CLK_PER를 128분주하여 A/D 컨버터 클록 CLK_ADC를 만든다.
  1101 = 주변장치 클록 CLK_PER를 256분주하여 A/D 컨버터 클록 CLK_ADC를 만든다.
  1110~1111 = (reserved)

▣ 제어 레지스터 D ADC0_CTRLD (리셋후 디폴트값 : 0x00)

b7	b6	b5	b4	b3	b2	b1	b0
INITDLY[2:0]			–	SAMPDLY[3:0]			
R/W	R/W	R/W	–	R/W	R/W	R/W	R/W

- INITDLY[2:0] : Initialization Delay

A/D 컨버터의 동작을 허용하거나 기준전압을 변경하고 나서 첫번째 변환까지 얼마의 초기화 시간 지연을 둘지를 설정한다.
000 = 초기화 시간 지연을 두지 않는다.
001 = 16클록 사이클의 초기화 시간 지연을 둔다.
010 = 32클록 사이클의 초기화 시간 지연을 둔다.
011 = 64클록 사이클의 초기화 시간 지연을 둔다.
100 = 128클록 사이클의 초기화 시간 지연을 둔다.
101 = 256클록 사이클의 초기화 시간 지연을 둔다.
110~111 = (reserved)

- SAMPDLY[3:0] : Sampling Delay

0000 = 누적 변환 모드에서 A/D 변환 사이에 시간 지연을 두지 않는다.
0001 = 누적 변환 모드에서 A/D 변환 사이에 1클록 사이클의 시간 지연을 둔다.
0010 = 누적 변환 모드에서 A/D 변환 사이에 2클록 사이클의 시간 지연을 둔다.
0011 = 누적 변환 모드에서 A/D 변환 사이에 3클록 사이클의 시간 지연을 둔다.
0100 = 누적 변환 모드에서 A/D 변환 사이에 4클록 사이클의 시간 지연을 둔다.
0101 = 누적 변환 모드에서 A/D 변환 사이에 5클록 사이클의 시간 지연을 둔다.
0110 = 누적 변환 모드에서 A/D 변환 사이에 6클록 사이클의 시간 지연을 둔다.
0111 = 누적 변환 모드에서 A/D 변환 사이에 7클록 사이클의 시간 지연을 둔다.
1000 = 누적 변환 모드에서 A/D 변환 사이에 8클록 사이클의 시간 지연을 둔다.
1001 = 누적 변환 모드에서 A/D 변환 사이에 9클록 사이클의 시간 지연을 둔다.
1010 = 누적 변환 모드에서 A/D 변환 사이에 10클록 사이클의 시간 지연을 둔다.
1011 = 누적 변환 모드에서 A/D 변환 사이에 11클록 사이클의 시간 지연을 둔다.
1100 = 누적 변환 모드에서 A/D 변환 사이에 12클록 사이클의 시간 지연을 둔다.
1101 = 누적 변환 모드에서 A/D 변환 사이에 13클록 사이클의 시간 지연을 둔다.
1110 = 누적 변환 모드에서 A/D 변환 사이에 14클록 사이클의 시간 지연을 둔다.
1111 = 누적 변환 모드에서 A/D 변환 사이에 15클록 사이클의 시간 지연을 둔다.

▣ 제어 레지스터 E ADC0_CTRLE (리셋후 디폴트값 : 0x00)

b7	b6	b5	b4	b3	b2	b1	b0
-	-	-	-	-	WINCM[2:0]		
-	-	-	-	-	R/W	R/W	R/W

- WINCM[2:0] : Window Comparator Mode

A/D 변환 결과와 윈도우 비교기 문턱전압을 비교하는 방법을 설정하고 그 결과 조건이 충족되면 ADC0_INTFLAGS 레지스터에서 WCMP 비트가 1로 셋트된다. 연속적인 A/D 변환 결과를 결과 레지스터에 누적하는 동작에서는 마지막 A/D 변환 결과가 나와서 최종적인 누적 데이터가 만들어졌을 때 비교가 수행된다.
000 = 윈도우 비교기를 사용하지 않는다.
001 = ADC0_RES < ADC0_WINLT 인가?
010 = ADC0_RES > ADC0_WINHT 인가?
011 = ADC0_WINLT ≤ ADC0_RES ≤ ADC0_WINHT 인가?
100 = ADC0_RES < ADC0_WINLT 또는 ADC0_RES > ADC0_WINHT 인가?
101~111 = (reserved)

▣ 샘플 제어 레지스터 ADC0_SAMPCTRL (리셋후 디폴트값 : 0x00)

b7	b6	b5	b4	b3	b2	b1	b0
SAMPLEN[7:0]							
R/W	R/W	R/W	R/W	R/W	R/W	R/W	R/W

- SAMPLEN[7:0] : Sample Length

A/D 컨버터의 아날로그 입력 신호를 샘플링하는 시간을 CLK_ADC 클록 사이클 수로 설정한다. 디폴트로 샘플링 시간은 2클록 사이클이며, 이 레지스터를 0이 아닌 값으로 설정하면 기본 2클록 사이클에 그 설정값을 더한 값이 전체 샘플링 시간이 된다.

▣ 양극성 입력 선택 레지스터 ADC0_MUXPOS (리셋후 디폴트값 : 0x00)

b7	b6	b5	b4	b3	b2	b1	b0
–	MUXPOS[6:0]						
–	R/W	R/W	R/W	R/W	R/W	R/W	R/W

- MUXPOS[7:0] : MUX Selection for Positive ADC Input

  0x00～0x0F = 각각 AIN0～AIN15를 선택한다. 이것은 단극성 모드와 차동 모드에서 모두 사용된다.
  0x10～0x15 = 각각 AIN16～AIN21을 선택한다. 이것은 단극성 모드에서만 사용된다.
  0x16～0x3F = (reserved)
  0x40 = GND를 선택한다.
  0x41 = (reserved)
  0x42 = 내부의 온도 센서를 선택한다.
  0x43～0x47 = (reserved)
  0x48 = D/A 컨버터 DAC0의 출력 전압을 선택한다.
  0x49 = 아날로그 비교기 AC0에서 VREF_ACREF 전압으로 만든 DACREF0 전압을 선택한다.
  0x4A = 아날로그 비교기 AC1에서 VREF_ACREF 전압으로 만든 DACREF1 전압을 선택한다.
  0x4B = 아날로그 비교기 AC2에서 VREF_ACREF 전압으로 만든 DACREF2 전압을 선택한다.
  0x4C～0x7F = (reserved)

▣ 음극성 입력 선택 레지스터 ADC0_MUXNEG (리셋후 디폴트값 : 0x00)

b7	b6	b5	b4	b3	b2	b1	b0
–	MUXNEG[6:0]						
–	R/W	R/W	R/W	R/W	R/W	R/W	R/W

- MUXNEG[7:0] : MUX Selection for Negative ADC Input

  차동 모드에서 음극성 입력을 지정하는데 사용한다. 단극성 모드에서는 이를 사용하지 않는다.
  0x00～0x0F = 각각 AIN0～AIN15를 선택한다.
  0x10～0x3F = (reserved)
  0x40 = GND를 선택한다.
  0x41 = (reserved)
  0x42～0x47 = (reserved)
  0x48 = DAC0의 출력 전압을 선택한다.
  0x49～0x7F = (reserved)

▣ 커맨드 레지스터 ADC0_COMMAND (리셋후 디폴트값 : 0x00)

b7	b6	b5	b4	b3	b2	b1	b0
–	–	–	–	–	–	SPCONV	STCONV
–	–	–	–	–	–	R/W	R/W

- SPCONV : Stop Conversion

  0 = 아무 영향이 없다.
  1 = 현재의 A/D 변환 동작을 중단한다. 이 비트는 SPCONV 비트에 우선한다.

- STCONV : Start Conversion

  0 = 아무 영향이 없다.
  1 = A/D 변환을 시작한다. A/D 변환이 수행 중인 동안에는 이 비트가 1로 유지되다가 A/D 변환이 완료되고 변환 결과가 ADC0_RES 레지스터에 저장되면 이 비트는 자동으로 다시 0이 된다.

▣ 이벤트 제어 레지스터 ADC0_EVCTRL (리셋후 디폴트값 : 0x00)

b7	b6	b5	b4	b3	b2	b1	b0
–	–	–	–	–	–	–	STARTEI
–	–	–	–	–	–	–	R/W

- STARTEI : Start Event Input

0 = 이벤트 입력을 A/D 변환의 트리거로 사용하지 않는다.
1 = 이벤트 입력의 상승 에지가 A/D 변환을 시작하도록 트리거한다.

▣ 인터럽트 제어 레지스터 ADC0_INTCTRL (리셋후 디폴트값 : 0x00)

b7	b6	b5	b4	b3	b2	b1	b0
-	-	-	-	-	-	WCMP	RESRDY
-	-	-	-	-	-	R/W	R/W

- WCMP : Window Comparator Interrupt Enable
  0 = 윈도우 비교기의 인터럽트를 요청하는 것을 금지한다.
  1 = 윈도우 비교기의 인터럽트를 요청하는 것을 허용한다.
- RESRDY : Result Ready Interrupt Enable
  0 = A/D 변환 완료 인터럽트를 요청하는 것을 금지한다.
  1 = A/D 변환 완료 인터럽트를 요청하는 것을 허용한다.

▣ 인터럽트 플랙 레지스터 ADC0_INTFLAGS (리셋후 디폴트값 : 0x00)

b7	b6	b5	b4	b3	b2	b1	b0
-	-	-	-	-	-	WCMP	RESRDY
-	-	-	-	-	-	R/W	R/W

- WCMP : Window Comparator Interrupt Flag
  0 = A/D 컨버터가 윈도우 비교기 인터럽트 조건을 만족하지 않는다.
  1 = A/D 변환이 완료되고 그 결과가 ADC0_CTRLE 레지스터에서 지정한 비교 조건에 따라 윈도우 비교기 인터럽트 조건을 만족한다. 이 비트에 1을 쓰거나 ADC0_RES 레지스터를 읽으면 0으로 클리어된다.
- RESRDY : Result Ready Interrupt Flag
  0 = A/D 컨버터가 변환 완료 인터럽트 조건을 만족하지 않는다.
  1 = A/D 변환이 완료되어 인터럽트 조건을 만족한다. 단일 변환 모드에서는 1번의 A/D 변환이 완료되면 이 비트가 1로 되고, 누적 변환 모드에서는 지정된 n번의 A/D 변환이 모두 완료되고 누적된 변환 결과가 ADC0_RES 레지스터에 저장되어야 이 비트가 1로 된다. 이 비트에 1을 쓰거나 ADC0_RES 레지스터를 읽으면 0으로 클리어된다.

▣ 디버그 제어 레지스터 ADC0_DBGCTRL (리셋후 디폴트값 : 0x00)

b7	b6	b5	b4	b3	b2	b1	b0
-	-	-	-	-	-	-	DBGRUN
-	-	-	-	-	-	-	R/W

- DBGRUN : Run in Debug Mode
  0 = 디버그 모드에서 A/D 컨버터 ADC0의 동작이 정지한다.
  1 = CPU가 정지하고 디버그 모드에 있어도 A/D 컨버터 ADC0가 동작을 계속한다.

▣ 임시 레지스터 ADC0_TEMP (리셋후 디폴트값 : 0x00)

b7	b6	b5	b4	b3	b2	b1	b0
TEMP[7:0]							
R/W	R/W	R/W	R/W	R/W	R/W	R/W	R/W

- TEMP[7:0] : Temporary
  A/D 컨버터의 16비트 레지스터를 읽거나 쓸 때 사용하는 임시 레지스터이다.

▣ 결과 레지스터 ADC0_RES (리셋후 디폴트값 : 0x0000)

	b15	b14	b13	b12	b11	b10	b9	b8
RESH	RES[15:8]							
	R	R	R	R	R	R	R	R

	b7	b6	b5	b4	b3	b2	b1	b0
RESL	RES[7:0]							
	R	R	R	R	R	R	R	R

- RES[15:0] : Result
  A/D 변환의 결과 값이 저장된다.

▣ 윈도우 비교기 하위 문턱전압 레지스터 ADC0_WINLT (리셋후 디폴트값 : 0x0000)

	b15	b14	b13	b12	b11	b10	b9	b8
WINLTH	WINLT[15:8]							
	R	R	R	R	R	R	R	R

	b7	b6	b5	b4	b3	b2	b1	b0
WINLTL	WINLT[7:0]							
	R	R	R	R	R	R	R	R

- WINLT[15:0] : Window Comparator Low Threshold
  A/D 컨버터에서 윈도우 비교기의 하위 문턱전압을 설정하는 값이다.

▣ 윈도우 비교기 상위 문턱전압 레지스터 ADC0_WINHT (리셋후 디폴트값 : 0x0000)

	b15	b14	b13	b12	b11	b10	b9	b8
WINHTH	WINHT[15:8]							
	R	R	R	R	R	R	R	R

	b7	b6	b5	b4	b3	b2	b1	b0
WINHTL	WINHT[7:0]							
	R	R	R	R	R	R	R	R

- WINHT[15:0] : Window Comparator High Threshold
  A/D 컨버터에서 윈도우 비교기의 상위 문턱전압을 설정하는 값이다.

Microchip Studio

2.4 D/A 컨버터(DAC0)

이 절에서는 AVR128DA64에 내장되어 있는 10비트 D/A 컨버터의 구조와 기능을 알아보고, 이를 활용하는 기술에 대하여 설명한다.

1. D/A 컨버터의 동작

AVR128DA64의 D/A 컨버터는 <그림 2.4.1>에 보인 것처럼 10비트 분해능의 1채널 구조로 되어 있으며, 출력은 버퍼를 거쳐서(Buffered Output) VOUT 단자로 출력되는 것과 출력 버퍼를 거치지 않고(Unbuffered Output) 내부의 A/D 컨버터 양극성 입력으로 연결되는 것이 있다.

D/A 컨버터의 기준전압은 VREF_DAC0REF 레지스터에서 내부 기준전압 1.024V, 2.048V, 4.096V, 2.500V나 전원전압 AVDD 또는 기준전압 단자의 입력전압 VREFA 중에서 하나를 선택하여 사용할 수 있으며, 이에 따라 출력전압의 범위는 GND에서부터 기준전압까지로 된다. 내부 기준전압의 오차 범위는 ±4%이다.

D/A 컨버터는 별도로 트리거 기능이 없으며 출력 데이터 레지스터인 DAC0_DATA에 출력할 데이터를 쓰면 곧바로 이것의 D/A 변환이 시작된다.

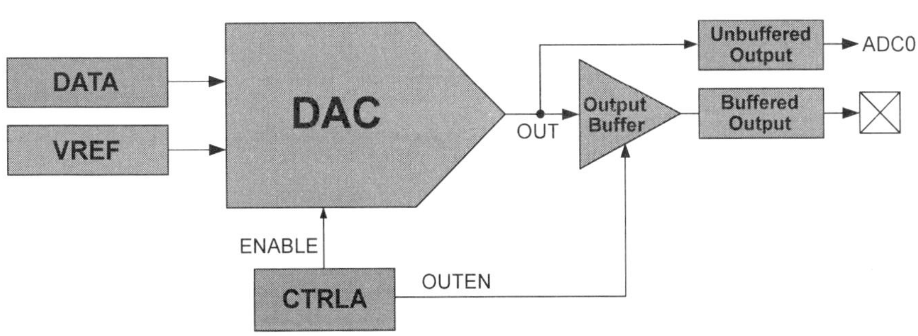

〈그림 2.4.1〉 D/A 컨버터의 구성 블록도

AVR128DA64의 D/A 컨버터를 사용하려면 다음과 같은 절차로 초기화하여 사용하는 것이 바람직하다.

① 기준전압 발생기의 VREF_DAC0REF 레지스터에서 기준전압을 설정한다.

② D/A 컨버터의 출력을 설정한다. 만약, 아날로그 전압을 외부로 출력할 것이라면 DAC0_CTRLA 레지스터에서 OUTEN=1로 설정하여 PD6 단자를 부수적인 기능 VOUT으로 동작시키고, PORTD_PIN6CTRL 레지스터에서 ISC[2:0]=100으로 설정하여 PD6 단자의 디지털 입력 버퍼를 금지시켜야 한다. 그러나, 내부에서 D/A 컨버터의 출력전압을 A/D 컨버터의 입력으로 사용한다면 이러한 설정은 필요 없다.

③ DAC0_DATA 레지스터에 출력할 데이터의 초기값을 써준다.

④ DAC0_CTRLA 레지스터에서 ENABLE=1로 설정하여 D/A 컨버터를 허용한다.

액티브 모드와 아이들 모드에서는 D/A 컨버터가 정상적으로 동작한다. 그러나, 스탠바이 모드에서는 사용자가 DAC0_CTRLA 레지스터에서 RUNSTDBY 비트로 D/A 컨버터의 동작 여부를 설정할 수 있다. 파워다운 모드에서는 무조건 D/A 컨버터의 동작이 금지된다.

2. D/A 컨버터의 I/O 제어 레지스터

AVR128DA64의 D/A 컨버터 DAC0를 구성하는 I/O 제어 레지스터를 정리하면 <표 2.4.1>과 같다.

〈표 2.4.1〉 AVR128DA64의 DAC0와 관련된 I/O 제어 레지스터 요약

어드레스	레지스터 이름	풀어 쓴 레지스터 이름	리셋 후 초기값
0x06A0	DAC0_CTRLA	DAC0 Control Register A	0x00
0x06A1		(reserved)	
0x06A2	DAC0_DATA	DAC0 Data Register (L)	0x00
0x06A3		DAC0 Data Register (H)	0x00

▣ 제어 레지스터 A DAC0_CTRLA (리셋후 디폴트값 : 0x00)

b7	b6	b5	b4	b3	b2	b1	b0
RUNSTDBY	OUTEN	–	–	–	–	–	ENABLE
R/W	R/W	–	–	–	–	–	R/W

- RUNSTDBY : Run in Standby Mode
  0 = 스탠바이 모드에서는 D/A 컨버터가 동작하지 않는다.
  1 = 소자가 스탠바이 모드에 들어가도 D/A 컨버터의 동작을 계속한다.
- OUTEN : Output Enable Buffer
  0 = 출력 버퍼를 금지하여 D/A 컨버터의 출력전압을 단자로 내보내지 않는다.
  1 = 출력 버퍼를 허용하여 D/A 컨버터의 출력전압을 VOUT 단자로 내보낸다.
- ENABLE : DAC Enable
  0 = D/A 컨버터의 동작을 금지한다.
  1 = D/A 컨버터의 동작을 허용한다.

▣ 데이터 레지스터 DAC0_DATA (리셋후 디폴트값 : 0x0000)

b15	b14	b13	b12	b11	b10	b9	b8	
DATA[9:2]								**DATAH**
R/W	R/W	R/W	R/W	R/W	R/W	R/W	R/W	

b7	b6	b5	b4	b3	b2	b1	b0	
DATA[1:0]		–	–	–	–	–	–	**DATAL**
R/W	R/W	–	–	–	–	–	–	

• DATA[9:0] : Output Data

D/A 변환하여 아날로그 전압으로 출력할 디지털 값이다. 데이터를 좌측 정렬하여 최상위의 10비트를 사용하는 것에 유의하라.

2.5 아날로그 비교기(ACn)

이 절에서는 AVR128DA64에 내장되어 있는 아날로그 비교기(Analog Comparator) AC0, AC1, AC2의 구조와 기능을 알아보고, 이를 활용하는 기술에 대하여 설명한다.

아날로그 비교기는 A/D 컨버터에 비하여 매우 빠르게 출력값을 얻을 수 있으며, A/D 컨버터에서처럼 아날로그 입력 신호의 크기를 정확하게 알 필요는 없고 단지 아날로그 입력 신호가 어떤 기준 전압 신호와 비교하여 이것보다 큰지 작은지의 대소관계를 알면 되는 경우에 유용하게 사용할 수 있다.

1. 아날로그 비교기의 동작

AVR128DA64의 아날로그 비교기는 <그림 2.5.1>에서 보인 것처럼 양극성 입력(positive input) 전압과 음극성 입력(negative input) 전압을 비교하여 만약 양극성 입력의 전압이 더 높으면 비교기 출력을 1로 하고, 음극성 입력의 전압이 더 높으면 비교기 출력을 0으로 한다. 양극성 입력으로는 4개의 외부 단자 AINP0~AINP3을 사용할 수 있고, 음극성 입력으로는 3개의 외부 단자 AINN0~AINN2나 내부에서 발생한 기준 전압 DACREFn을 사용할 수 있다. 또한, 2개의 전압을 비교할 때 적절한 단계의 히스테리시스(hysteresis) 특성을 갖도록 설정할 수 있다.

이와 같은 아날로그 비교기의 비교 결과는 출력 단자 OUT으로 내보낼 수도 있고 내부적으로 아날로그 비교기 인터럽트나 이벤트 출력 신호를 발생시킬 수도 있다.

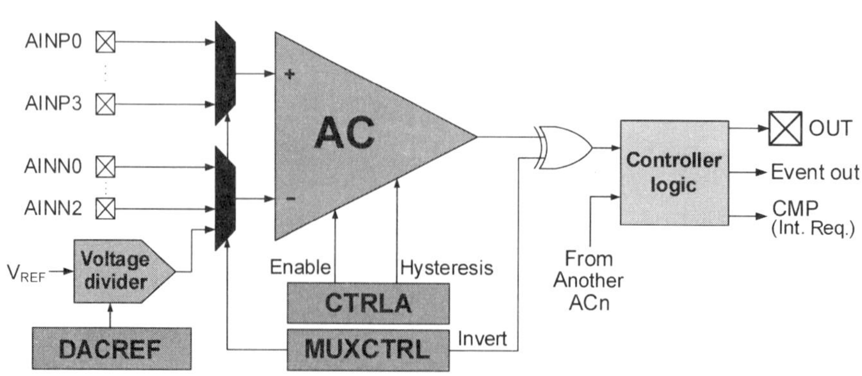

〈그림 2.5.1〉 아날로그 비교기의 구성 블록도

AVR128DA64에는 아날로그 비교기를 AC0, AC1, AC2의 3개 가지고 있는데, 이것들의 기능은 완전히 동일하며, 3개 중에서 임의로 2개를 결합하여 아날로그 비교기를 윈도우 모드로 사용할 수도 있다.

(1) 아날로그 비교기의 초기화 순서

아날로그 비교기를 사용하려면 다음과 같은 절차로 초기화를 수행하는 것이 바람직하다.

① 외부 또는 내부에서 공급될 아날로그 입력 신호를 준비한다. 유일한 내부 신호는 음극성 입력으로 사용할 수 있는 DACREFn인데, 이것은 기준전압 발생기에서 VREF_ACREF 레지스터로 발생한 기준전압을 다시 ACn_DACREF 레지스터를 사용하여 원하는 값으로 분압한 것이다.

② ACn_MUXCTRL 레지스터의 MUXPOS[2:0] 및 MUXNEG[2:0] 비트를 사용하여 아날로그 입력을 선택한다.

③ 아날로그 비교기가 허용된 후 이것이 정상적으로 동작하기 전의 기동 시간에 아날로그 비교기가 출력할 초기값은 ACn_MUXCTRL 레지스터에서 INITVAL 비트로 설정한다.

④ 출력 신호 OUT을 내보려는 경우에는 ACn_CTRLA 레지스터에서 OUTEN=1로 설정한다.

⑤ ACn_CTRLA 레지스터에서 ENABLE=1로 설정하여 아날로그 비교기의 동작을 허용한다.

(2) 아날로그 비교기의 동작

아날로그 비교기의 양극성 입력에는 4개의 외부 단자 AINP0~AINP3을 사용할 수 있고, 음극성 입력에는 3개의 외부 단자 AINN0~AINN2나 내부에서 발생한 기준전압 DACREFn을 사용할 수 있다. 내부의 기준전압은 기준전압 발생기에서 VREF_ACREF 레지스터로 발생한 기준전압 V_{REF}를 다시 ACn_DACREF 레지스터의 DACREF[7:0]으로 다음과 같이 분압하여 만든다.

$$V_{DACREFn} = \frac{DACREF[7:0]}{256} \times V_{REF}$$

2개의 전압을 비교할 때 적절한 단계의 히스테리시스(hysteresis) 특성을 갖도록 설정할 수 있다. 이와 같이 히스테리시스 기능을 사용하면 아날로그 비교기의 입력에 잡음이 포함되더라도 출력이 심하게 진동하는 것을 방지할 수 있다.

또한, 아날로그 비교기는 출력의 응답 시간과 소비전력의 밸런싱을 위하여 3가지의 파워 프로파일(Power Profile)을 선택할 수 있다. 응답 시간을 빠르게 하면 그만큼 소비전력은 커진다.

(3) 일반 모드와 윈도우 모드

아날로그 비교기의 출력은 2가지 모드로 사용할 수 있는데, 일반 모드에서는 아날로그 비교기의 출력이 2가지 입력의 대소 관계만 표시한다. 즉, 양극성 입력의 전압이 음극성 입력의 전압보다 크면 출력은 1이고, 그 반대의 경우에는 출력이 0으로 된다. 만약, ACn_MUXCTRL 레지스터에서 INVERT=1로 설정하면 출력의 상태는 반전되어 동작한다. 아날로그 비교기가 허용된 후 이것이 정상적으로 동작하기 전의 기동 시간에는 아날로그 비교기의 출력이 불확정 상태에 있게 되는데, 이때는 ACn_MUXCTRL 레지스터에서 INITVAL 비트로 설정한 초기값을 출력한다

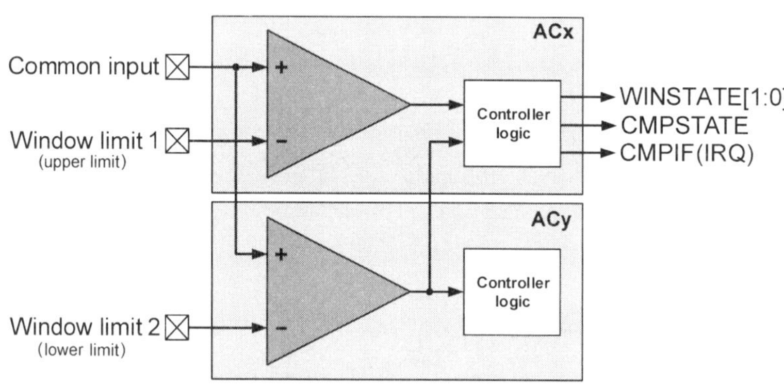

〈그림 2.5.2〉 아날로그 비교기의 윈도우 모드 동작

윈도우 모드는 2개의 아날로그 비교기를 결합하여 아날로그 입력전압이 지정된 범위의 내부 또는 외부에 있는지를 측정하는 것이 가능하다. <그림 2.5.2>처럼 2개의 아날로그 비교기를 각각 ACx와 ACy라고 하면 현재의 아날로그 비교기 ACx에 어떤 아날로그 비교기를 결합할지는 ACn_CTRLB 레지스터에서 WINSEL[1:0] 비트로 설정한다. ACx와 ACy의 양극성 입력은 동일한 아날로그 입력 신호를 지정해야 하며, ACx의 음극성 입력에는 윈도우의 상위 리미트(upper limit) 전압을 인가하고 ACy의 음극성 입

력에는 윈도우의 하위 리미트(lower limit) 전압을 인가한다.

윈도우 모드에서 아날로그 입력 전압의 범위가 어떻게 되는지는 ACn_STATUS 레지스터의 WINSTATE 비트에 윈도우 영역의 위, 아래, 내부로 표시된다. 이러한 전압 범위에 따라 인터럽트를 발생하는 조건은 ACn_INTCTRL 레지스터의 INTMODE[1:0] 비트로 설정한다.

(4) 인터럽트 발생

AVR128DA64의 ACn에서 인터럽트는 아날로그 비교기의 출력이 ACn_INTCTRL 레지스터의 INTMODE[1:0]에 지정된 조건으로 변동할 때 발생한다.

(5) 이벤트 출력

AVR128DA64의 ACn은 Event Generator로서 이벤트 출력 신호를 <표 2.5.1>과 같이 발생할 수 있다.

〈표 2.5.1〉 ACn에서 이벤트 출력의 발생(Event Generator)

User Name		Description	Event Type	Generating Clock Domain
Peripheral	Event			
ACn	OUT	Comparator output level	Level	Asynchronous

2. 아날로그 비교기의 I/O 제어 레지스터

AVR128DA64의 아날로그 비교기 ACn을 구성하는 I/O 제어 레지스터를 정리하면 <표 2.5.2>와 같다. 여기서 어드레스는 AC0에 대하여 표시하였으며, 나머지의 아날로그 비교기 AC1~AC2에 대해서는 이것보다 어드레스가 각각 0x0008씩 차례로 증가한다. 즉, AC1은 0x0688에서 시작하고, AC2는 0x0690에서 시작한다.

〈표 2.5.2〉 AVR128DA64의 ACn과 관련된 I/O 제어 레지스터 요약

어드레스	레지스터 이름	풀어 쓴 레지스터 이름	리셋 후 초기값
0x0680	ACn_CTRLA	ACn Control Register A	0x00
0x0681	ACn_CTRLB	ACn Control Register B	0x00
0x0682	ACn_MUXCTRL	ACn MUX Control Register	0x00
0x0683 0x0684		(reserved)	
0x0685	ACn_DACREF	ACn DAC Voltage Reference Register	0xFF
0x0686	ACn_INTCTRL	ACn Interrupt Control Register	0x00
0x0687	ACn_STATUS	ACn Status Register	0x00

▣ 제어 레지스터 A ACn_CTRLA (리셋후 디폴트값 : 0x00)

b7	b6	b5	b4	b3	b2	b1	b0
RUNSTDBY	OUTEN	-	POWER[1:0]		HYSMODE[1:0]		ENABLE
R/W	R/W	-	R/W	R/W	R/W	R/W	R/W

- RUNSTDBY : Run in Standby
  0 = 아날로그 비교기가 스탠바이 모드에서는 동작하지 않는다. 스탠바이 모드로 들어가면 ACn의 동작이 종료한다.
  1 = 아날로그 비교기가 스탠바이 모드에서도 동작한다.
- OUTEN : Output Pin Enable
  0 = 아날로그 비교기의 출력 신호 OUT을 단자로 내보내지 않는다.
  1 = 아날로그 비교기의 출력 신호 OUT을 단자로 내보낸다.
- POWER[1:0] : Power Profile
  00 = 응답시간이 상승 에지 85ns, 하강 에지 85ns로 가장 빠르며 소비전력은 가장 크다.
  01 = 응답시간이 상승 에지 250ns, 하강 에지 220ns이다.
  10 = 응답시간이 상승 에지 460ns, 하강 에지 430ns로 가장 느리며 소비전력은 가장 작다.
  11 = (reserved)
- HSMODE[1:0] : Hysteresis Mode
  00 = 히스테리시스 기능을 사용하지 않는다.
  01 = 히스테리시스 전압 폭을 10mV로 가장 작게 설정한다.
  10 = 히스테리시스 전압 폭을 25mV로 중간 정도로 설정한다.
  11 = 히스테리시스 전압 폭을 50mV로 가장 크게 설정한다.
- ENABLE : ACn Enable
  0 = 아날로그 비교기 ACn의 동작을 금지한다.
  1 = 아날로그 비교기 ACn의 동작을 허용한다.

▣ 제어 레지스터 B ACn_CTRLB (리셋후 디폴트값 : 0x00)

b7	b6	b5	b4	b3	b2	b1	b0
-	-	-	-	-	-	WINSEL[1:0]	
-	-	-	-	-	-	R/W	R/W

- WINSEL[1:0] : Window Selection Mode
  00 = 윈도우 기능을 사용하지 않는다.
  01 = AC_n을 AC_{n+1}과 결합하여 윈도우 모드로 동작한다.
  10 = AC_n을 AC_{n+2}와 결합하여 윈도우 모드로 동작한다.
  11 = (reserved)

▣ MUX 제어 레지스터 ACn_MUXCTRL (리셋후 디폴트값 : 0x00)

b7	b6	b5	b4	b3	b2	b1	b0
INVERT	INITVAL	MUXPOS[2:0]			MUXNEG[2:0]		
R/W	R/W	R/W	R/W	R/W	R/W	R/W	R/W

- INVERT : Invert ACn Output
  0 = 아날로그 비교기의 출력값을 그대로 사용한다.
  1 = 아날로그 비교기의 출력값을 반전시켜 사용한다.
- INITVAL : ACn Output Initial Value
  0 = 아날로그 비교기 출력의 초기값으로 0을 출력한다.
  1 = 아날로그 비교기 출력의 초기값으로 1을 출력한다.
- MUXPOS[2:0] : Positive Input MUX Selection
  000 = AINP0 단자를 아날로그 비교기의 양극성 입력으로 사용한다.
  001 = AINP1 단자를 아날로그 비교기의 양극성 입력으로 사용한다.
  010 = AINP2 단자를 아날로그 비교기의 양극성 입력으로 사용한다.
  011 = AINP3 단자를 아날로그 비교기의 양극성 입력으로 사용한다.
  100~111 = (reserved)

• MUXNEG[2:0] : Negative Input MUX Selection
000 = AINN0 단자를 아날로그 비교기의 음극성 입력으로 사용한다.
001 = AINN1 단자를 아날로그 비교기의 음극성 입력으로 사용한다.
010 = AINN2 단자를 아날로그 비교기의 음극성 입력으로 사용한다.
011 = ACn에서 만든 DACREFn 전압을 아날로그 비교기의 음극성 입력으로 사용한다.
100~111 = (reserved)

▣ DAC 기준전압 레지스터 ACn_DACREF (리셋후 디폴트값 : 0xFF)

b7	b6	b5	b4	b3	b2	b1	b0
DACREF[7:0]							
R/W	R/W	R/W	R/W	R/W	R/W	R/W	R/W

• DACREF[7:0] : DACREF Data Value
이 비트는 VREF_ACREF 레지스터로 발생하여 아날로그 비교기에 공급한 전압 V_{REF}를 다시 분압하여 아날로그 비교기의 음극성 입력으로 사용하기 위한 전압 발생기를 제어한다.

$$V_{DACREFn} = \frac{DACREF[7:0]}{256} \times V_{REF}$$

이처럼 전압 $DACREF_n$을 만들기 위하여 V_{REF}를 분압하는 비율은 DACREF[7:0]/256이므로 최소 전압은 V_{REF}의 0/256이며, 최대 전압은 V_{REF}의 255/256이다.

▣ 인터럽트 제어 레지스터 ACn_INTCTRL (리셋후 디폴트값 : 0x00)

b7	b6	b5	b4	b3	b2	b1	b0
-	-	INTMODE[1:0]		-	-	-	CMP
-	-	R/W	R/W	-	-	-	R/W

• INTMODE[1:0] : Interrupt Mode
<일반 모드의 경우>
00 = 아날로그 비교기 출력의 상승 에지 또는 하강 에지에서 인터럽트를 요청한다.
01 = (reserved)
10 = 아날로그 비교기 출력의 하강 에지에서 인터럽트를 요청한다.
11 = 아날로그 비교기 출력의 상승 에지에서 인터럽트를 요청한다.
<윈도우 모드의 경우>
00 = 아날로그 입력 전압이 윈도우 범위의 위에 있으면 인터럽트를 요청한다.
01 = 아날로그 입력 전압이 윈도우 범위의 내부에 있으면 인터럽트를 요청한다.
10 = 아날로그 입력 전압이 윈도우 범위의 아래에 있으면 인터럽트를 요청한다.
11 = 아날로그 입력 전압이 윈도우 전압의 외부에 있으면 인터럽트를 요청한다.
• CMP : ACn Interrupt Enable
0 = 아날로그 비교기의 인터럽트를 요청하지 않는다.
1 = INTMODE[1:0]의 조건이 충족되어 ACn_STATUS 레지스터에서 CMPIF=1로 되었으면 아날로그 비교기의 인터럽트를 요청한다.

▣ 상태 레지스터 ACn_STATUS (리셋후 디폴트값 : 0x00)

b7	b6	b5	b4	b3	b2	b1	b0
WINSTATE[1:0]		-	CMPSTATE	-	-	-	CMPIF
R	R	-	R	-	-	-	R/W

• WINSTATE[1:0] : Window State
00 = 윈도우 모드에서 현재 아날로그 입력 전압이 윈도우 범위의 위에 있다.
01 = 윈도우 모드에서 현재 아날로그 입력 전압이 윈도우 범위의 내부에 있다.
10 = 윈도우 모드에서 현재 아날로그 입력 전압이 윈도우 범위의 아래에 있다.
11 = (reserved)

- CMPSTATE : ACn State
  <일반 모드의 경우>
  0 = 현재 아날로그 비교기의 출력이 0(low) 상태이다.
  1 = 현재 아날로그 비교기의 출력이 1(high) 상태이다.
  <윈도우 모드의 경우>
  0 = 현재 아날로그 비교기의 출력이 ACn_INTCTRL 레지스터에서 INTMODE[1:0] 비트로 지정한 조건을 만족하고 있지 않다.
  1 = 현재 아날로그 비교기의 출력이 ACn_INTCTRL 레지스터에서 INTMODE[1:0] 비트로 지정한 조건을 만족하고 있다.
- CMPIF : ACn Interrupt Flag
  0 = 현재 아날로그 비교기의 출력이 ACn_INTCTRL 레지스터에서 INTMODE[1:0] 비트로 지정한 인터럽트 발생 조건을 만족하지 않는다.
  1 = 현재 아날로그 비교기의 출력이 ACn_INTCTRL 레지스터에서 INTMODE[1:0] 비트로 지정한 인터럽트 발생 조건을 만족한다. 이 비트에 1을 쓰면 0으로 클리어된다.

2.6 영전압 검출기(ZCDn)

이 절에서는 AVR128DA64에 내장되어 있는 3개의 영전압 검출기(Zero-Cross Detector) ZCD0, ZCD1, ZCD2의 구조와 기능을 알아보고, 이를 활용하는 기술에 대하여 설명한다. 영전압 검출기는 다른 회사의 마이크로컨트롤러에서 모델에서는 찾아보기 힘든 AVR128DA64의 매우 독특한 기능이다.

1. 영전압 검출기의 동작

AVR128DA64의 영전압 검출기는 <그림 2.6.1>에서 보인 것처럼 외부의 높은 교류전압을 마이크로컨트롤러에 연결하여 이 전압이 0V(ground potential)를 지나가는 순간을 찾아내는 주변장치이다. 여기에 입력하는 교류전압 신호에는 기본적으로 1개의 전류 제한용 직렬저항을 사용하며, 만약 필요하다면 적절한 풀업 저항이나 풀다운 저항을 사용할 수도 있다. 교류 인가전압이 내부 기준전압 Z_{CPINV}(≒ 0V)보다 클 때는 영전압 검출기에서 입력단자 ZCIN을 통하여 싱크 전류(sink current)가 흘러 들어가고, 교류 인가전압이 내부 기준전압 Z_{CPINV}보다 작을 때는 입력단자 ZCIN을 통하여 소스 전류(source current)가 흘러나간다.

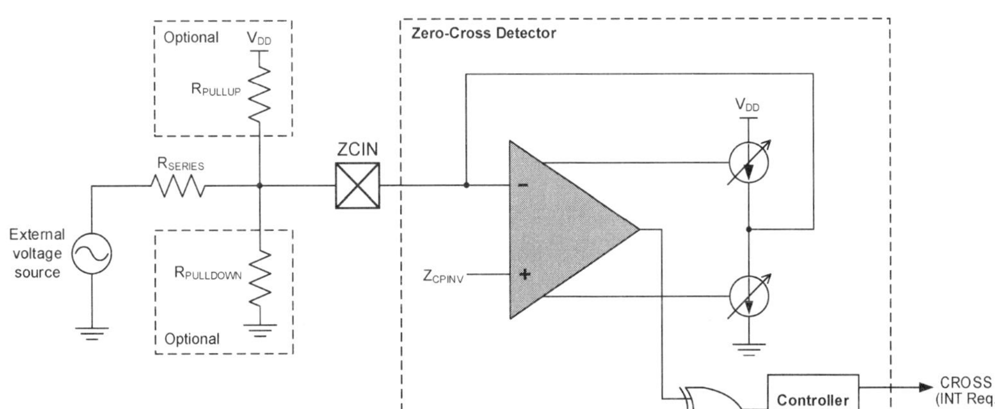

〈그림 2.6.1〉 영전압 검출기의 구성 블록도

영전압 검출기의 출력은 디지털값이 되는데, 필요한 경우에는 이를 반전시키도록 설정할 수도 있다. 이 출력 신호는 OUT 단자로 내보낼 수도 있고, 신호의 상승 에지 또는 하강 에지에서 인터럽트와 이벤트 신호를 발생할 수 있다.

이러한 영전압 검출기는 교류전압 파형의 주기 측정, 긴 시간의 측정, 위상제어 회로, EMI가 적은 사이클 스위칭(cycle switching)에 의한 교류전압 제어 등에 사용할 수 있다.

(1) 영전압 검출기의 초기화 순서

영전압 검출기를 사용하려면 다음과 같은 절차로 초기화를 수행하는 것이 바람직하다.

① 교류전압 입력단자 ZCIN으로 사용할 병렬 I/O 포트를 초기화한다. 이 단자는 디지털 입력 버퍼를 금지하고, 내부의 풀업 저항이나 풀다운 저항도 금지해야 한다.

② 영전압 검출기의 출력을 OUT 단자로 내보내려면 ZCDn_CTRLA 레지스터에서 OUTEN=1로 설정한다.

③ ZCDn_CTRLA 레지스터에서 ENABLE=1로 설정하여 영전압 검출기의 동작을 허용한다.

(2) 외부 직렬 저항의 선정

영전압 검출기의 교류전압 입력 단자 ZCIN에는 1개의 전류 제한용 직렬저항을 사용해야 하는데, 이 저항은 교류전압의 피크값에서 입력 단자에 허용된 최대 소스/싱크 전류 I_{ZCD_MAX}의 1/2이 흐르도록 선정하는 것이 좋다. 데이터 시트에 보면 최대 소스/싱크 전류 I_{ZCD_MAX}는 0.6mA이므로 직렬 저항값은 다음과 같이 선정한다.

$$R_{SERIES} = \frac{V_{PEAK}}{0.6mA/2} = \frac{V_{PEAK}}{3 \times 10^{-4}} [\Omega]$$

그런데, 교류전압의 피크치가 일정하지 않고 계속 변동하는 경우에는 피크치의 최대값이 피크치 최소값의 6배를 넘지 않도록 해야 한다. 그래서 이 경우에는 입력전류의 최대값이 I_{ZCD_MAX}를 초과하지 않도록 하고, 입력전류의 최소값이 $I_{ZCD_MAX}/6$보다 작아지지 않도록 해야 하는데, 그러려면 직렬 저항을 다음과 같이 선정한다.

$$R_{SERIES} = \frac{V_{MAXPEAK} + V_{MINPEAK}}{7 \times 10^{-4}} [\Omega]$$

직렬 저항을 선정할 때는 이와 같이 저항값을 계산하며, 이밖에도 적절한 소비전력 용량(power rating)을 가지는 저항으로 선정해야 한다.

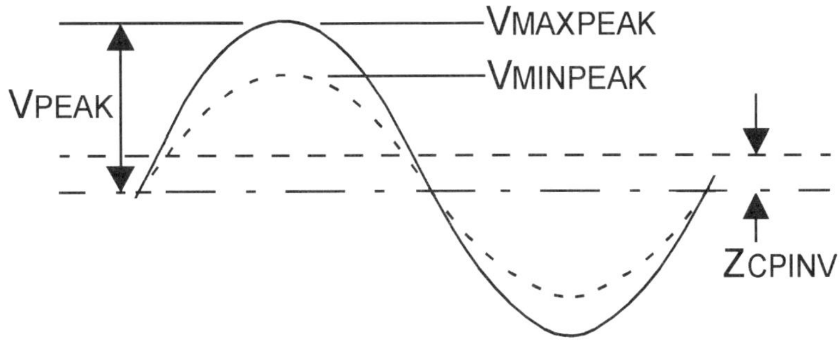

〈그림 2.6.2〉 영전압 검출기에 인가되는 교류전압

(3) 영전압 검출기의 출력

영전압 검출기의 입력 단자 ZCIN에 인가되는 교류전압의 극성은 ZCDn_STATUS 레지스터의 STATE 비트에 표시된다. 만약 교류 입력전압이 기준전압 Z_{CPINV}보다 크다면 STATE 비트는 1이 되고, 교류 입력전압이 기준전압 Z_{CPINV}보다 작다면 STATE 비트는 0으로 된다. 그러나, ZCDn_CTRLA 레지스터에서 INVERT=1로 설정하면 이 STATE 비트의 값은 반전되고, 그에 따라 인터럽트를 요청하는 동작도 달라진다.

(4) 영전압 검출기의 오프셋 보상

영전압 검출기에서 ZCIN에 인가되는 교류전압은 원칙적으로 비교기에서 접지 전위(ground potential)를 기준으로 전압을 비교하여 출력이 바뀐다. 그러나, 실제로는 이 기준전압에 오프셋(offset)이 존재하여 접지 전위가 아니라 Z_{CPINV}로 동작하기 때문에 <그림 2.6.3>의 (a)에 보인 것처럼 교류전압이 증가하는 경우에는 이론적인 제로 크로싱(zero-crossing) 시점보다 약간 늦게 출력이 변화하고, 교류전압이 감소하는 경우에는 이론적인 제로 크로싱 시점보다 약간 일찍 출력이 변화한다. 그런데, 교류전압을 <그림 2.6.1>처럼 GND와 직렬저항 R_{SERIES}의 사이에 연결하지 말고 디지털 회로의 전원 V_{DD}와 직렬저항 R_{SERIES}의 사이에 연결한다면 제로 크로싱 동작이 <그림 2.6.3>의 (b)와 같게 된다. 즉, V_{DD}를 기준으로 교류전압을 인가하면 교류전압이 증가하는 경우에는 이론적인 제로 크로싱 시점보다 약간 일찍 출력이 변화하고, 교류전압이 감소하는 경우에는 이론적인 제로 크로싱 시점보다 약간 늦게 출력이 변화하여 GND를 기준으로 하는 경우와 반대로 된다.

GND를 기준으로 입력되는 정현파 전압이 오프셋 전압 때문에 제로 크로싱이 늦어지거나 빨라지는 오차 시간은 다음과 같이 계산된다.

$$T_{offset} = \frac{\sin^{-1}(\frac{Z_{CPINV}}{V_{PEAK}})}{2\pi f} [s]$$

또한, V_{DD}를 기준으로 입력되는 정현파 전압이 오프셋 전압 때문에 제로 크로싱이 늦어지거나 빨라지는 오차 시간은 다음과 같이 계산된다.

$$T_{offset} = \frac{\sin^{-1}(\frac{V_{DD} - Z_{CPINV}}{V_{PEAK}})}{2\pi f} [s]$$

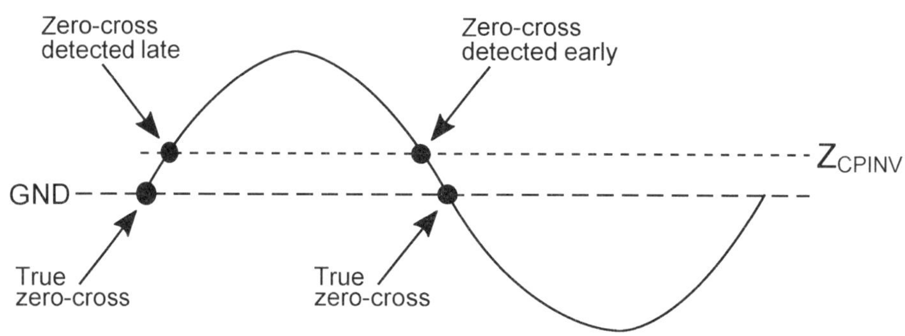

(a) 정현파 전압이 GND를 기준으로 입력되는 경우

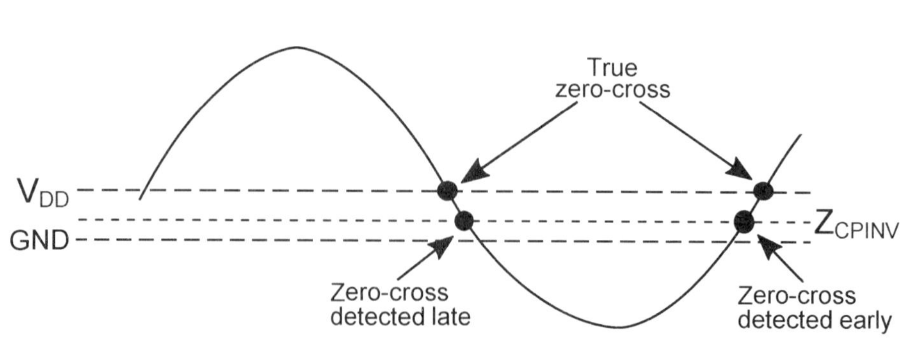

(b) 정현파 전압이 V_{DD}를 기준으로 입력되는 경우

〈그림 2.6.3〉 영전압 검출기에서 정현파 입력전압의 제로 크로싱 동작

영전압 검출기의 이러한 오차 시간을 보상하려면 풀업 저항 또는 풀다운 저항을 사용하면 된다. 즉, GND를 기준으로 하는 교류전압의 경우에는 <그림 2.6.1>에서처럼 풀업 저항 R_{PULLUP}을 사용하면 ZCIN에 인가되는 교류전압에 바이어스(bias) 전압이 더해져서 오프셋 전압 쪽으로 끌어 올려진다. 이러한 풀업 저항은 다음과 같이 계산하여 선정할 수 있다.

$$R_{PULLUP} = R_{SERIES} \times \frac{V_{DD} - Z_{CPINV}}{Z_{CPINV}} \; [\Omega]$$

또한, V_{DD}를 기준으로 하는 교류전압의 경우에는 <그림 2.6.1>에서처럼 풀다운 저항 $R_{PULLDOWN}$을 사용하면 ZCIN에 인가되는 교류전압에 바이어스(bias) 전압이 빼져서 오프셋 전압 쪽으로 끌어 내려진다. 이러한 풀다운 저항은 다음과 같이 계산하여 선정할 수 있다.

$$R_{PULLDOWN} = R_{SERIES} \times \frac{Z_{CPINV}}{V_{DD} - Z_{CPINV}} \; [\Omega]$$

오프셋 전압에 의한 영전압 검출기의 오차를 보상하는 방법에는 위에서 설명한 풀업 저항 또는 풀다운 저항을 사용하는 방법 이외에 직렬 저항 R_{SERIES}에 직렬로 커패시터 C_{SERIES}를 추가하여 사용하는 방법도 있다. 이러한 직렬 커패시터는 0.1μF의 세라믹 커패시터를 사용하면 무난한데, 직렬 저항 R_{SERIES}와 직렬 커패시터 C_{SERIES}의 정확한 값을 계산하는 방법에 관해서는 AVR128DA64의 데이터 시트를 참조하라.

(5) 인터럽트 발생

AVR128DA64의 ZCDn에서 인터럽트는 영전압 검출기의 출력이 ZCDn_INTCTRL 레지스터의 INTMODE[1:0]에 지정된 조건으로 변동할 때 발생한다.

(6) 이벤트 출력

AVR128DA64의 ZCDn은 Event Generator로서 이벤트 출력 신호를 <표 2.6.1>과 같이 발생할 수 있다.

〈표 2.6.1〉 ZCDn에서 이벤트 출력의 발생(Event Generator)

User Name		Description	Event Type	Generating Clock Domain
Peripheral	Event			
ZCDn	OUT	ZCDn output level	Level	Asynchronous

2. 영전압 검출기의 I/O 제어 레지스터

AVR128DA64의 영전압 검출기 ZCDn을 구성하는 I/O 제어 레지스터를 정리하면 <표 2.6.2>와 같다. 여기서 어드레스는 ZCD0에 대하여 표시하였으며, 나머지의 영전압 검출기 ZCD1~ZCD2에 대해서는 이것보다 어드레스가 각각 0x0008씩 차례로 증가한다. 즉, ZCD1은 0x06C8에서 시작하고, ZCD2는 0x06D0에서 시작한다.

〈표 2.6.2〉 AVR128DA64의 ZCDn과 관련된 I/O 제어 레지스터 요약

어드레스	레지스터 이름	풀어 쓴 레지스터 이름	리셋 후 초기값
0x06C0	ZCDn_CTRLA	ZCDn Control Register A	0x00
0x06C1		(reserved)	
0x06C2	ZCDn_INTCTRL	ZCDn Interrupt Control Register	0x00
0x06C3	ZCDn_STATUS	ZCDn Status Register	0x00

▣ 제어 레지스터 A ZCDn_CTRLA (리셋후 디폴트값 : 0x00)

b7	b6	b5	b4	b3	b2	b1	b0
RUNSTDBY	OUTEN	–	–	INVERT	–	–	ENABLE
R/W	R/W	–	–	R/W	–	–	R/W

- RUNSTDBY : Run in Standby
  0 = 영전압 검출기가 스탠바이 모드에서는 동작하지 않는다. 스탠바이 모드로 들어가면 ZCDn의 동작이 종료한다.
  1 = 영전압 검출기가 스탠바이 모드에서도 동작한다.
- OUTEN : Output Pin Enable
  0 = 영전압 검출기의 출력 신호 OUT을 단자로 내보내지 않는다.
  1 = 영전압 검출기의 출력 신호 OUT을 단자로 내보낸다.
- INVERT : Invert Enable
  0 = 영전압 검출기의 출력을 반전시키지 않는다.
  1 = 영전압 검출기의 출력을 반전시킨다.
- ENABLE : ZCDn Enable
  0 = 영전압 검출기의 동작을 금지한다.
  1 = 영전압 검출기의 동작을 허용한다.

▣ 인터럽트 제어 레지스터 ZCDn_INTCTRL (리셋후 디폴트값 : 0x00)

b7	b6	b5	b4	b3	b2	b1	b0
–	–	–	–	–	–	INTMODE[1:0]	
–	–	–	–	–	–	R/W	R/W

- INTMODE[1:0] : Interrupt Mode
  00 = 영전압 검출기가 인터럽트를 요청하지 않는다.
  01 = OUT 신호의 상승 에지에서 인터럽트를 요청한다.
  10 = OUT 신호의 하강 에지에서 인터럽트를 요청한다.
  11 = OUT 신호의 상승 에지와 하강 에지에서 모두 인터럽트를 요청한다.

■ 상태 레지스터 ZCDn_STATUS (리셋후 디폴트값 : 0x00)

b7	b6	b5	b4	b3	b2	b1	b0
–	–	–	STATE	–	–	–	CROSSIF
–	–	–	R	–	–	–	R/W

- STATE : ZCDn State
  0 = 현재 ZCDn의 입력전압이 기준전압 Z_{CPINV}보다 작아서 출력신호 OUT이 0(low) 상태이다. 만약 INVERT=1로 설정하면 이 출력값은 반전된다.
  1 = 현재 ZCDn의 입력전압이 기준전압 Z_{CPINV}보다 커서 출력신호 OUT이 1(high) 상태이다. 만약 INVERT=1로 설정하면 이 출력값은 반전된다.
- CROSSIF : Cross Interrupt Flag
  0 = 현재 영전압 검출기의 인터럽트 요청 조건이 충족되지 않았다. 이 비트에 0을 쓰면 아무 영향이 없다.
  1 = 현재 영전압 검출기의 인터럽트 요청 조건이 충족되었다. 이 비트에 1을 쓰면 0으로 클리어된다.

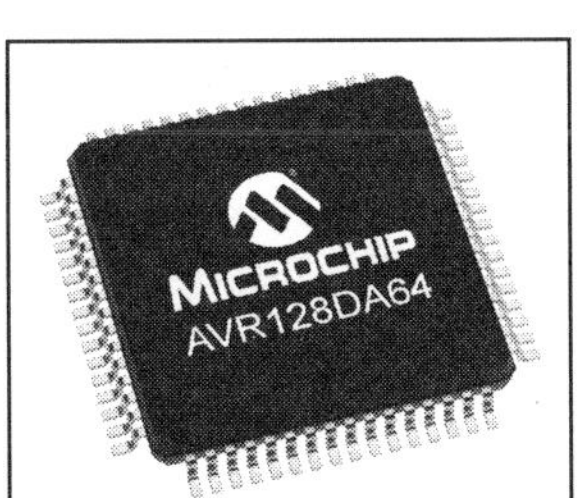

2.7 16비트 A형 타이머/카운터(TCAn)

이 절에서는 AVR128DA64에 내장되어 있는 16비트 A형 타이머/카운터인 TCA0, TCA1의 구조와 기능을 알아보고, 이를 활용하는 기술에 대하여 설명한다.

AVR128DA64의 일반 타이머/카운터는 16비트 A형, 16비트 B형, 12비트 D형 등 3가지 종류가 있는데, 이것들의 주요 특징을 비교하여 정리하면 <표 2.7.1>과 같다.

〈표 2.7.1〉 AVR128DA64에서 3가지 타이머/카운터의 특징 비교

	TCAn (n=0,1)	TCBn (n=0,1,2,3,4)	TCD0
기본 구조	16비트	16비트	12비트
클록 소스	CLK_PER, event	CLK_PER, CLK_TCAn, Event	CLK_PER, OSCHF, PLL, EXTCLK
클록 프리스케일러	/1, 2, 4, 8, 16, 64, 256, 1024	/1, 2	동기 : /1, 2, 4, 8 카운터 : /1, 4, 32
이벤트 입력 기능	이벤트 A - 클록, 방향, 인에이블 이벤트 B - 방향, restart	클록, 캡쳐 트리거	파형 발생, 캡쳐 트리거
관련 레지스터	CTRLA~CTRLF, EVCTRL, INTCTRL, INTFLAGS, CNT, PER, CMPn, PERBUF, CMPnBUF, HCNT, LCNT, HPER, LPER, HCMPn, LCMPn	CTRLA, CTRLB, EVCTRL, INTCTRL, INTFLAGS, STATUS, CNT, CCMP	CTRLA~CTRLE, EVCTRLA, EVCTRLB, INTCTRL, INTFLAGS, STATUS, FAULTCTRL, INPUTCTRLA, INPUTCTRLB, CAPTUREA, CAPTUREB, CMPASET, CMPACLR, CMPBSET, CMPBCLR
동작 모드	Normal, Frequency Generation, Single-Slope PWM, Dual-Slope PWM	Periodic Interrupt, Timeout Check, Input Capture Frequency, Input Capture Pulse-Width, Single-Shot, 8-bit PWM	One Ramp, Two Ramp, Four Ramp, Dual Slope
입력신호 단자	병렬 I/O 핀을 event로 입력하는 것이 가능	병렬 I/O 핀을 event로 입력하는 것이 가능	-
출력신호 단자	WO0, WO1, WO2, WO3, WO4, WO5	WO	WOA, WOB, WOC, WOD
일반 모드의 인터럽트	Overflow, Compare Channel 0~2	Overflow, Capture	Overflow, Trigger A, Trigger B
분할 모드의 인터럽트	Low-Byte Underflow, High-Byte Underflow, Compare Channel 0~5	Overflow, Capture	-
기타 특징	분할 모드에서는 3개의 16비트 비교 채널이 6개의 8비트 비교 채널로 나누어짐	8비트 PWM 모드에서는 CCMPL이 주기를 제어하고 CCMPH가 듀티비를 제어함.	유닛 A와 유닛 B에서 각각 캡쳐 기능이 있음.

1. A형 타이머/카운터의 동작

(1) 특징 및 기본 구조

AVR128DA64의 A형 타이머/카운터는 TCA0과 TCA1의 2개가 있는데, 이것들의 특징을 요약하면 다음과 같다.

① 동일한 기능을 갖는 2개의 16비트 타이머/카운터 TCA0~TCA1이다.

② 3개의 비교 채널을 가지고 있으며, 각 채널에는 1개씩의 출력 단자 WOn을 가지고 있다.

③ 주기 레지스터 TCAn_PER와 3개의 비교 레지스터 TCAn_CMPn은 2중 버퍼 구조를 가지고 있다. 이들 레지스터 값을 갱신할 때는 해당 레지스터에 부속되어 있는 버퍼 레지스터에 새로운 값을 쓰며, 동작 모드에 따라 카운터가 BOTTOM 또는 TOP에 도달하는 순간에 버퍼 레지스터의 값이 주기 레지스터나 비교 레지스터로 옮겨져서 갱신된다.

④ 주파수 출력 모드, 단일 경사 PWM 모드, 이중 경사 PWM 모드 등 3가지의 파형 출력 모드를 가지고 있다.

⑤ 주변장치 클록 CLK_PER을 분주하여 클록 입력으로 사용하면 타이머 동작이고, 외부에서 이벤트 신호를 받아서 카운트하면 카운터 동작이 된다.

⑥ 이벤트 신호는 클록 입력으로 사용할 수도 있고, 카운터의 증가 또는 감소 방향을 제어하는 신호로 사용할 수도 있다.

⑦ 카운터는 동작 모드에 따라 증가형 또는 감소형으로 동작할 수 있다.

⑧ 타이머 오버플로우 인터럽트나 각 채널의 비교 매치 인터럽트 기능을 가지고 있다.

⑨ 16비트 구조의 카운터를 2개의 8비트 카운터로 나누어 동작시키는 분할 모드(Split Mode)로 사용할 수 있다. 분할 모드에서는 총 6개의 8비트 비교 채널을 가지게 되므로 비교 출력 단자도 6개가 된다.

AVR128DA64에서 TCAn의 내부 구성 블록도를 <그림 2.7.1>에 보였다. 이제부터 16비트 카운터 TCAn_CNT가 이론적으로 가질 수 있는 최소값 0x0000을 BOTTOM이라고 하고, 최대값 0xFFFF를 MAX라고 부른다. 그런데 동작 모드에 따라서 카운터는 MAX보다 작은 값에서 0x0000으로 바뀔 수도 있는데, 이처럼 각 모드에서 최대로 도달하는 값을 TOP이라고 한다.

카운터 레지스터 TCAn_CNT의 값이 TOP 또는 BOTTOM에 도달하였는지를 판단하기 위하여 이것은 항상 0 또는 주기 레지스터의 값과 비교되며, 또한 출력 PWM 파형을 발생하기 위하여 이것은 늘 비교 레지스터와 비교된다. 카운터의 값이 TOP, BOTTOM, 또는 주기 레지스터와 같아지면 인터럽트 및 이벤트를 발생하거나 출력 파형의 변동이 발생한다. 카운터에 입력되는 클록 신호는 주변장치 클록을 분주한 것이나 또는 이벤트 입력이 된다.

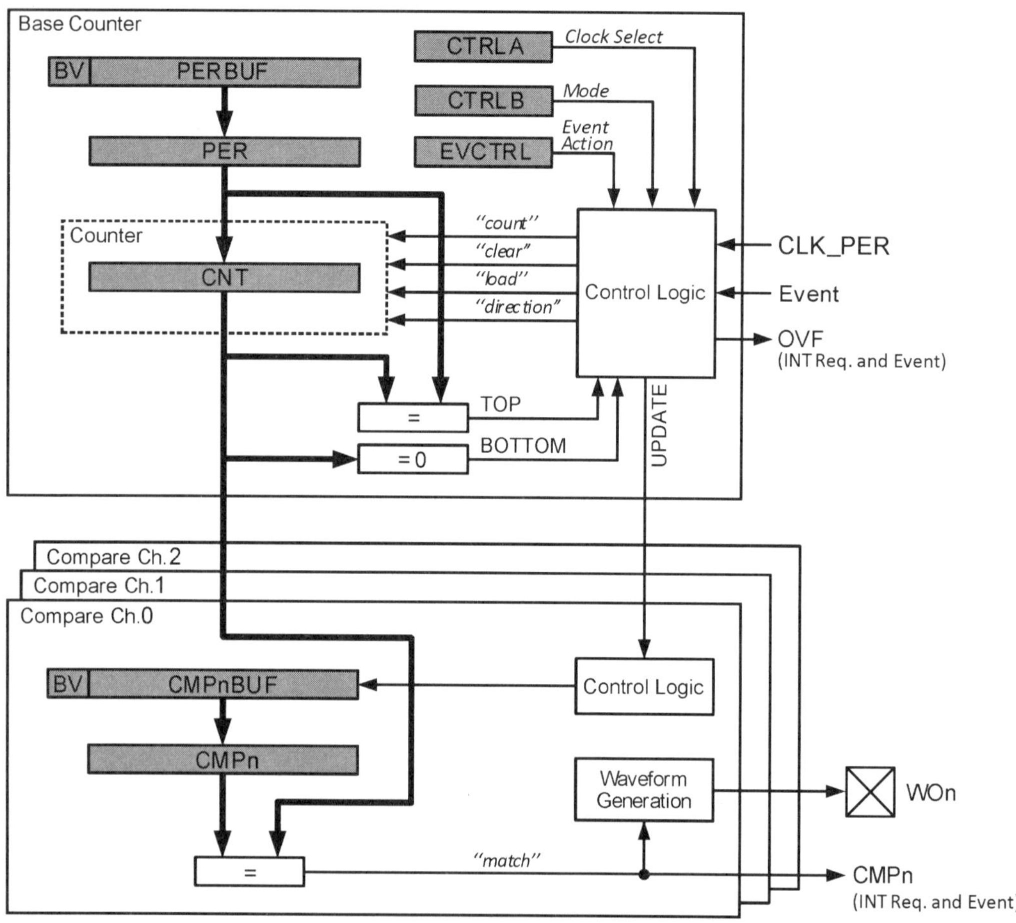

〈그림 2.7.1〉 A형 타이머/카운터 TCAn의 하드웨어 구성 블록도

(2) 하드웨어 구조

AVR128DA64의 A형 타이머/카운터 TCAn을 자세하게 이해하려면 이것의 내부에서 몇가지 부분의 하드웨어 구조를 살펴보는 것이 필요하다.

▣ 클록 입력부

16비트 A형 타이머/카운터 TCAn의 클록 입력부는 <그림 2.7.2>와 같은데, 여기서 사용하는 클록 소스는 크게 주변장치 클록 CLK_PER과 이벤트 신호의 2가지로 나눌 수 있다. 정확한 주파수를 알고 있는 이 마이크로컨트롤러의 주변장치 클록을 소스로 받아서 동작하는 것은 타이머 기능에 해당하고, 이 TCAn의 외부에서 이벤트 신호를 받아서 동작하는 것은 카운터 기능에 해당한다고 볼 수 있다. 이벤트 신호는 카운터의 클록 소스로 사용할 수도 있고, 카운터의 증가(increment) 또는 감소(decrement) 동작을 제어하는 용도로 사용할 수도 있다.

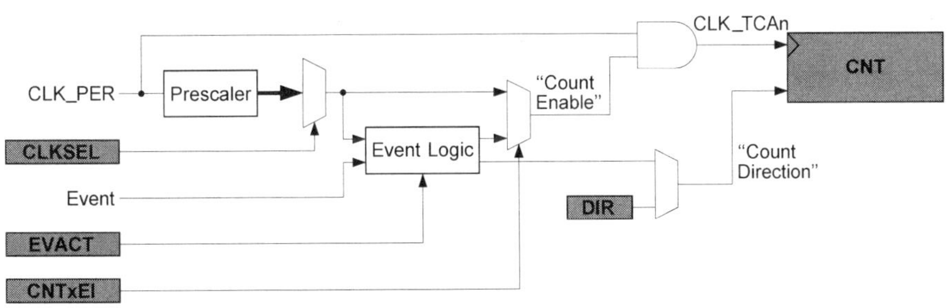

〈그림 2.7.2〉 TCAn의 클록 입력부

▣ 이중 버퍼링 레지스터

TCAn에서 주기 레지스터와 비교 레지스터는 모두 2중 버퍼링 구조로 되어 있다. 즉, 주기 레지스터 TCAn_PER에는 주기 버퍼 레지스터 TCAn_PERBUF가 부속되어 있고, 비교 레지스터 TCAn_CMPn에는 비교 버퍼 레지스터 TCAn_CMPnBUF가 부속되어 있다.

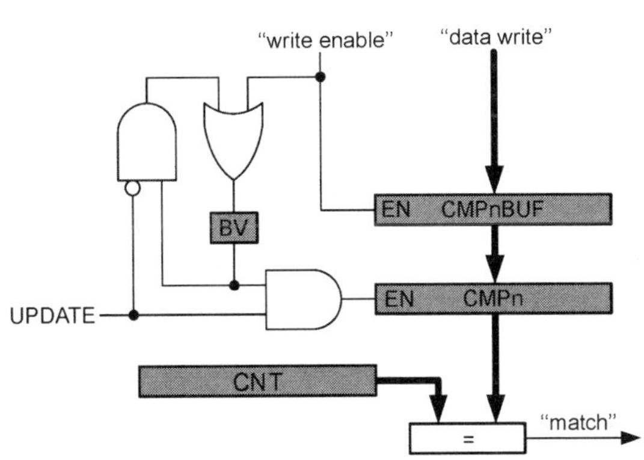

〈그림 2.7.3〉 TCAn에서 비교 레지스터의 이중 버퍼링 구조

이들 레지스터에 값을 갱신하려면 해당 레지스터에 부속된 버퍼 레지스터에 값을 쓰는데, 그러면 TCAn_CTRLF 레지스터의 해당 버퍼 유효 비트가 1로 셋트되며, 이 상태에서 갱신 조건이 발생하면 버퍼 레지스터의 값이 주 레지스터로 옮겨지면서 유효 비트가 0으로 클리어된다. 만약, 이중 버퍼링 구조가 필요 없는 경우라면 주 레지스터에 값을 직접 쓰는 것도 가능하다.

<그림 2.7.3>에 비교 레지스터 TCAn_CMPn의 이중 버퍼링 구조를 그림으로 보였으며, 주기 레지스터 TCAn_PER도 이와 동일한 방식으로 되어 있다.

▣ 파형 출력 단자

TCAn에는 각 비교 채널에 파형 출력 단자 WOn을 가지고 있는데, 이를 사용하려면 병렬 I/O 포트에서 이 단자를 출력 방향으로 설정하고 TCAn_CTRLB 레지스터에서 CMPnEN=1로 설정해야 한다.

<그림 2.7.4>에 출력 단자 WOn의 그림으로 보였는데, 여기서 보듯이 만약 이 신호를 반전시켜 출력하려면 병렬 I/O 포트에서 해당 비트의 출력을 INVEN=1로 설정하면 된다.

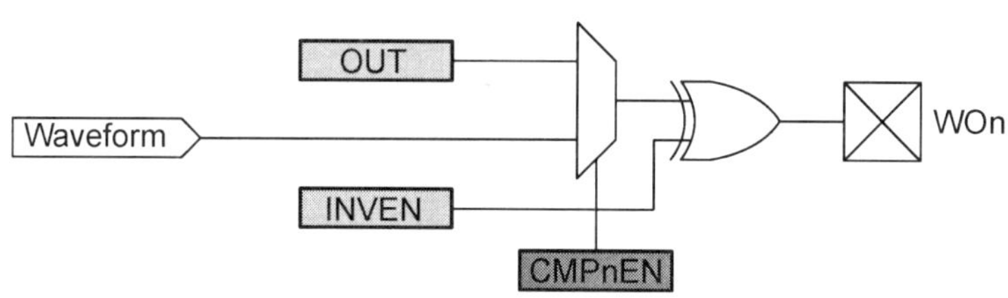

〈그림 2.7.4〉 TCAn에서 출력 단자의 구조

(3) 일반 모드

TCAn에서는 TCAn_CTRLB 레지스터의 WGMODE[2:0] 비트를 사용하여 <표 2.7.2>와 같은 동작 모드를 설정할 수 있다. 이중에서 일반 모드(Normal mode)를 제외한 나머지 모드에서는 모두 WOn 단자를 사용하여 출력 파형을 발생할 수 있다.

일반 모드는 주변장치 클록 CLK_PER를 분주한 신호를 클록 소스로 받아서 카운터 값이 BOTTOM에서 TOP 사이에서 증가 또는 감소하면서 변하는 단순한 동작을 수행하는 모드이다. BOTTOM은 0x0000이고 TOP은 주기 레지스터 TCAn_PER가 된다. 카운터의 계수 방향은 TCAn_CTRLE 레지스터의 DIR 비트로 사용하여 증가형 또는 감소형으로 설정할 수 있다.

카운터가 증가형으로 동작하는 경우에는 클록 입력에 따라 계수값이 BOTTOM에서 TCAn_PER 레지스터인 TOP까지 증가하며, TOP에서 클록 입력이 들어오면 카운터는 다시 BOTTOM으로 된다. 반대로, 카운터가 감소형으로 동작하는 경우에는 클록 입력에 따라 계수값이 TOP에서 BOTTOM까지 감소하며, BOTTOM에서 클록 입력이 들어오면 카운터는 다시 TOP으로 된다.

카운터가 동작하는 중에 언제나 카운터 레지스터의 값을 읽거나 쓸 수 있다. 카운터가 동작하는 중에 주기 버퍼 레지스터에 새로운 값을 쓰면 이것은 카운터가 TOP에 도달하는 순간에 업데이트되며, 카운터 값이 TOP으로 될 때 오버플로우 인터럽트가 발생한다.

〈표 2.7.2〉 TCAn의 동작 모드

번호	WGMODE [2]	WGMODE [1]	WGMODE [0]	동작 모드	TOP	업데이트 조건	OVF 인터럽트 발생
0	0	0	0	Normal	FER	TOP	TOP
1	0	0	1	Frequency Generation	CMP0	TOP	TOP
2	0	1	0	(reserved)	-	-	-
3	0	1	1	Single-slope PWM	PER	BOTTOM	BOTTOM
4	1	0	0	(reserved)	-	-	-
5	1	0	1	Dual-slope PWM	PER	BOTTOM	TOP
6	1	1	0	Dual-slope PWM	PER	BOTTOM	TOP/BOTTOM
7	1	1	1	Dual-slope PWM	PER	BOTTOM	BOTTOM

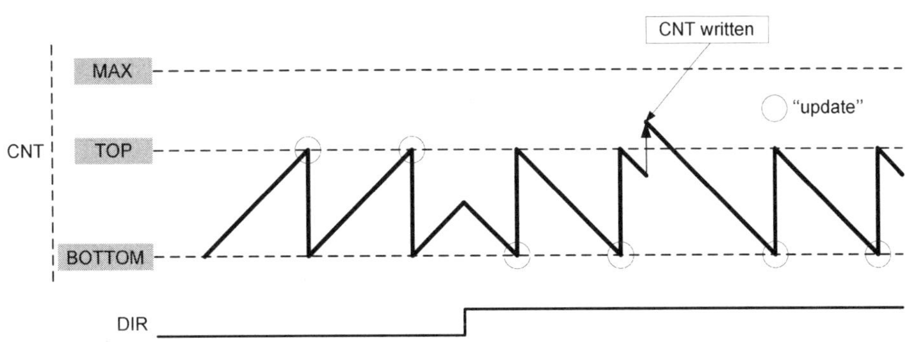

〈그림 2.7.5〉 TCAn에서 일반 모드의 동작

(4) 주파수 발생 모드

주파수 발생 모드(Frequency Generation mode)는 일반 모드에서처럼 카운터 값이 BOTTOM에서 TOP 사이에서 변하는데, 여기서는 주기 레지스터 TCAn_PER가 아니라 TCAn_CMP0 레지스터를 TOP으로 사용한다. <그림 2.7.6>에 보였듯이 이 모드의

출력 신호는 WO0 단자로 출력되는데, 증가형 카운터로 동작하는 경우에는 카운터 값이 TOP에서 BOTTOM으로 바뀌는 순간에 출력 신호가 토글(toggle)되고, 감소형 카운터로 동작하는 경우에는 카운터 값이 BOTTOM에서 TOP으로 바뀌는 순간에 출력 신호가 토글(toggle)된다. 따라서, WO0 단자로 출력되는 신호의 주파수는 다음과 같이 계산된다. 여기서, N은 프리스케일러(prescaler)가 주변장치 클록 CLK_PER를 분주하는 분주비로서 TCAn_CTRLA 레지스터의 CLK_SEL[2:0] 비트를 사용하여 1, 2, 4, 8, 16, 64, 256, 1024 중에서 하나로 설정한다.

$$f_{\mathrm{FRQ}} = \frac{f_{\mathrm{CLK\_PER}}}{2 \times \mathrm{N} \times (\mathrm{CMP0}+1)}$$

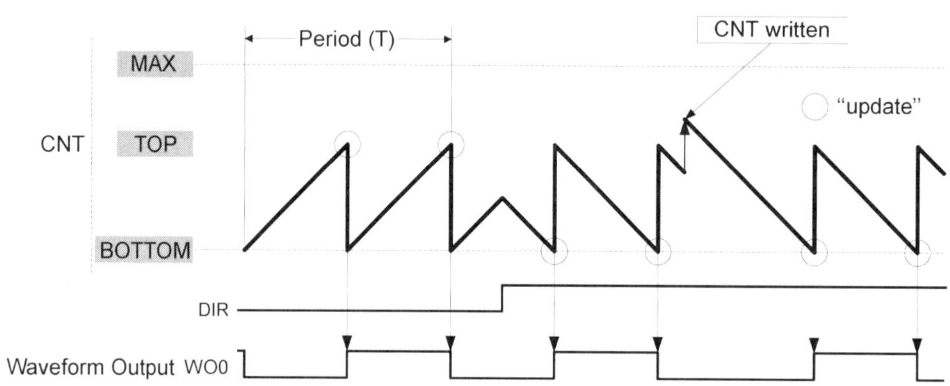

〈그림 2.7.6〉 TCAn에서 주파수 발생 모드의 동작(1)

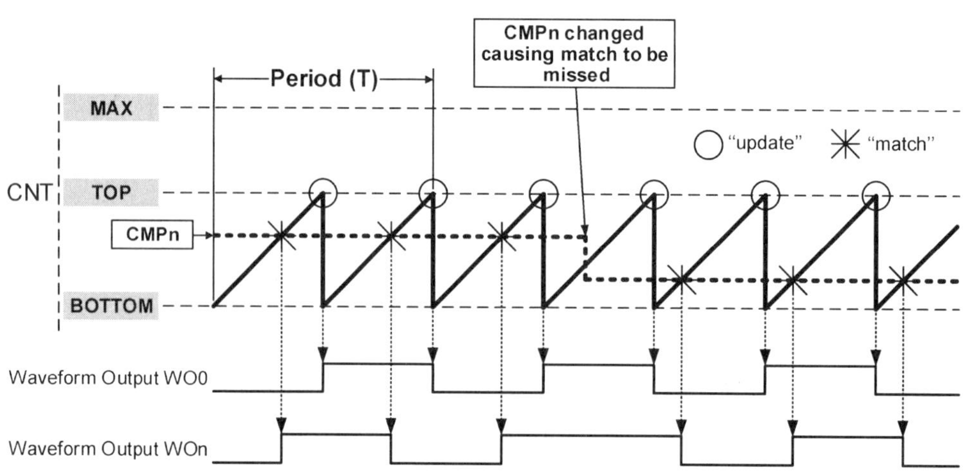

〈그림 2.7.7〉 TCAn에서 주파수 발생 모드의 동작(2)

이처럼 주파수 발생 모드에서는 TCAn_CMP0 레지스터를 TOP으로 사용하고 주파수 출력 신호는 WO0 단자로 출력된다. 그런데, 이때 TCAn_CMP1과 TCAn_CMP2 레지스터는 <그림 2.7.7>에서 보인 것처럼 비교 동작을 수행하여 WO0 신호에 비해 시간 오프셋이 있는 주파수 파형을 각각 WO1 및 WO2 단자로 출력한다. 주파수 발생 모드에서 이러한 출력 신호는 상황에 따라 <그림 2.7.7>에 보듯이 WOn(n=1~2)이 WO0에 비하여 진상(leading)일 수도 있고 지상(trailing)이 될 수도 있다.

(5) 단일 경사 PWM 모드

단일 경사 PWM 모드(Single-slope PWM mode)는 카운터가 BOTTOM에서 주기 레지스터 TCAn_PER에 해당하는 TOP까지 증가형으로 동작하고, 3개의 비교 레지스터 TCAn_CMPn에 의하여 각각의 PWM 출력 신호가 WOn 단자로 출력되는 동작 모드이다. <그림 2.7.8>에 보였듯이 이 모드에서의 PWM 출력 파형은 항상 BOTTOM에서 1로 셋트되고, 카운터 레지스터의 값과 비교 레지스터의 값이 같아지는 비교 매치(compare match)가 발생할 경우 0으로 리셋된다. 따라서, 비교 레지스터의 값을 증가시키면 PWM 신호의 듀티비도 증가한다. 만약 비교 레지스터를 0x0000으로 설정하면 PWM 신호의 듀티비는 0%가 되며, 비교 레지스터를 TOP보다 크거나 같게 설정하면 듀티비는 100%가 된다.

단일 경사 PWM 모드에서 주기는 TCAn_PER 레지스터로 설정하는데, 이것의 최소값은 0x0003이며 최대값은 MAX인 0xFFFF가 된다. 여기서 PWM의 주파수는 다음과 같이 계산되는데, N은 프리스케일러가 주변장치 클록 CLK_PER를 분주하는 분주비로서 1, 2, 4, 8, 16, 64, 256, 1024이다.

$$f_{\mathrm{PWM\_SS}} = \frac{f_{\mathrm{CLK\_PER}}}{N \times (PER+1)}$$

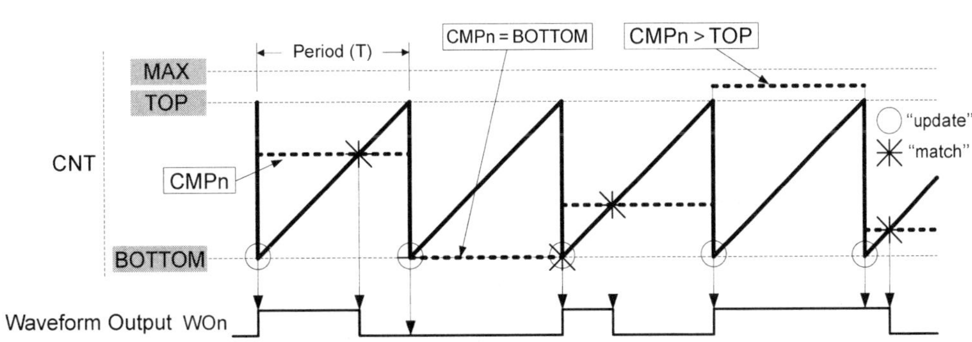

〈그림 2.7.8〉 TCAn에서 단일 경사 PWM 모드의 동작

(6) 이중 경사 PWM 모드

이중 경사 PWM 모드(Dual-slope PWM mode)는 카운터가 BOTTOM에서 주기 레지스터 TCAn_PER에 해당하는 TOP까지 증가하였다가 다시 BOTTOM까지 감소하는 방법으로 동작하고, 3개의 비교 레지스터 TCAn_CMPn에 의하여 각각의 PWM 출력 신호가 WOn 단자로 출력되는 동작 모드이다. <그림 2.7.9>에 보였듯이 이 모드에서의 PWM 출력 파형은 항상 카운터가 증가형으로 동작할 때 발생하는 비교 매치에서 0으로 리셋되고, 감소형으로 동작할 때 발생하는 비교 매치에서 1로 셋트된다. 따라서, 비교 레지스터의 값을 증가시키면 PWM 신호의 듀티비도 증가한다. 만약 비교 레지스터를 0x0000으로 설정하면 PWM 신호의 듀티비는 0%가 되며, 비교 레지스터를 TOP보다 크거나 같게 설정하면 듀티비는 100%가 된다.

이중 경사 PWM 모드에서 주기는 TCAn_PER 레지스터로 설정하는데, 이것의 최소값은 0x0003이며 최대값은 MAX인 0xFFFF가 된다. 여기서 PWM의 주파수는 다음과 같이 계산되는데, N은 프리스케일러가 주변장치 클록 CLK_PER를 분주하는 분주비로서 1, 2, 4, 8, 16, 64, 256, 1024이다.

$$f_{\mathrm{PWM\_DS}} = \frac{f_{\mathrm{CLK\_PER}}}{2N \times PER}$$

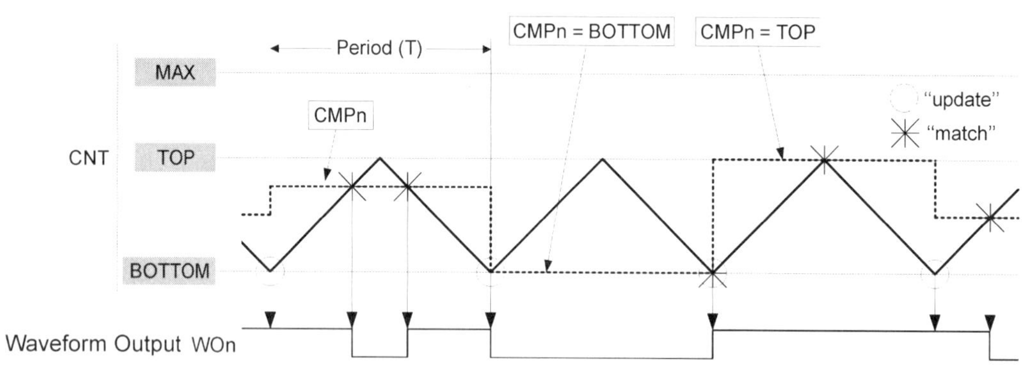

〈그림 2.7.9〉 TCAn에서 이중 경사 PWM 모드의 동작

(7) 주기 레지스터의 변경

주기 레지스터 TCAn_PER와 비교 레지스터 TCAn_CMPn은 모두 이중 버퍼링 구조를 가지고 있어서 버퍼 레지스터에 새로운 데이터를 써놓으면 이것이 대기 상태로 있다가 업데이트 조건이 발생하였을 때 이 값이 해당되는 주 레지스터로 옮겨진다. 그러

나, 버퍼 레지스터를 사용하지 않고 주기 레지스터나 비교 레지스터에 새로운 값을 직접 쓰면 이들 레지스터가 즉시 업데이트된다.

<그림 2.7.10>에 주파수 발생 모드에서 주기 버퍼 레지스터를 사용하지 않고 주기 레지스터를 직접 변경하는 동작을 보였다. 여기서 주기 레지스터를 현재의 카운터보다 큰 값으로 변경하는 경우에는 아무 문제가 없이 데이터가 업데이트되지만, 주기 레지스터를 현재의 카운터보다 작은 값으로 변경하는 경우에는 카운터에서 비교 매치가 발생하지 않으므로 이번 사이클에서는 카운터가 MAX인 0xFFFF까지 증가하였다가 BOTTOM으로 떨어지는 현상(wrap-around)이 발생한다. 이처럼 데이터를 변경하고자 하는 현재의 주기에서 비교 매치가 발생하지 않는 문제를 해결하려면 새로운 데이터를 직접 주기 레지스터에 쓰지 말고 주기 버퍼 레지스터에 쓰면 되는데, 이렇게 하면 주기 버퍼 레지스터에 대기하던 데이터가 카운터가 TOP에 도달할 때 주기 레지스터로 옮겨지므로 현재의 사이클에서는 변경 전의 주기 값이 적용되고 다음 사이클부터는 새로 변경된 주기 값이 적용된다.

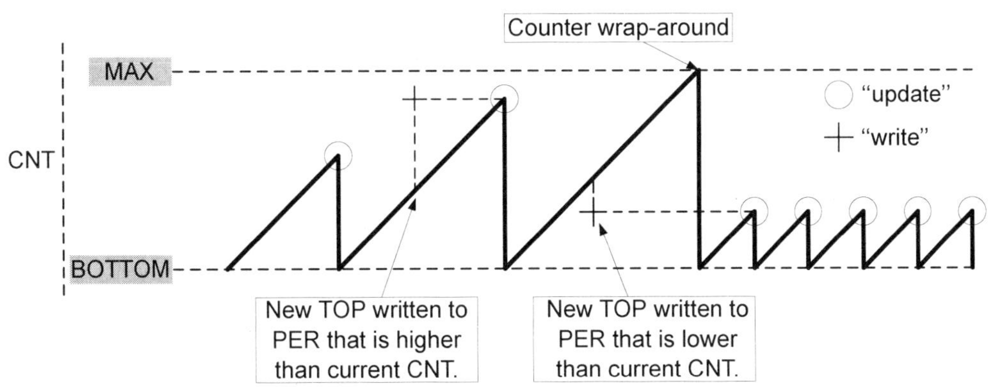

〈그림 2.7.10〉 주파수 발생 모드에서 버퍼를 사용하지 않는 주기 레지스터의 변경

<그림 2.7.11>에는 이중 경사 PWM 모드에서 주기 레지스터를 변경하는 2가지 방법을 비교하여 보였다. (a)는 주기 버퍼 레지스터를 사용하지 않고 주기 레지스터를 직접 변경하는 경우인데, 여기서 주기 레지스터를 현재의 카운터보다 큰 값으로 변경하는 경우에는 아무 문제가 없이 데이터가 업데이트되지만, 주기 레지스터를 현재의 카운터보다 작은 값으로 변경하는 경우에는 카운터에서 비교 매치가 발생하지 않으므로 이번 사이클에서는 카운터가 MAX인 0xFFFF까지 증가하였다가 BOTTOM으로 떨어지는 현상이 발생하는 것을 볼 수 있다. (b)는 주기 버퍼 레지스터를 사용하여 주기 레지스터를 변경하는 경우인데, 여기서는 주기 버퍼 레지스터에 대기하던 값이 카운터

가 BOTTOM에 도달하였을 때 업데이트되므로 현재의 사이클에서는 변경 전의 주기 값이 적용되고 다음 사이클부터는 변경된 주기 값이 적용되어 어떤 경우에도 아무 문제가 발생하지 않는 것을 볼 수 있다.

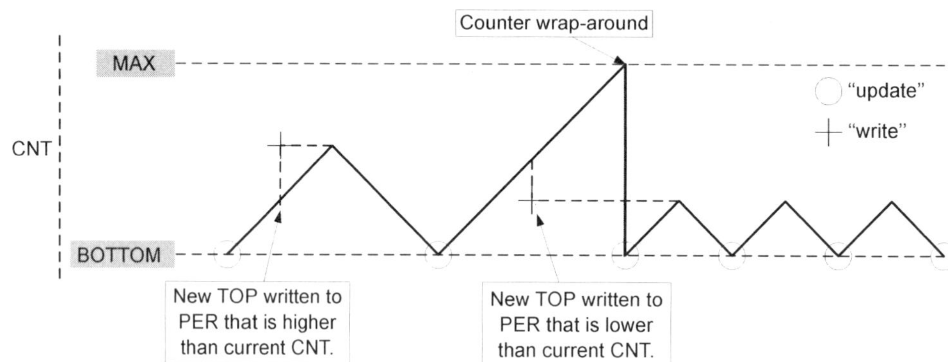

(a) 주기 버퍼 레지스터를 사용하지 않는 경우

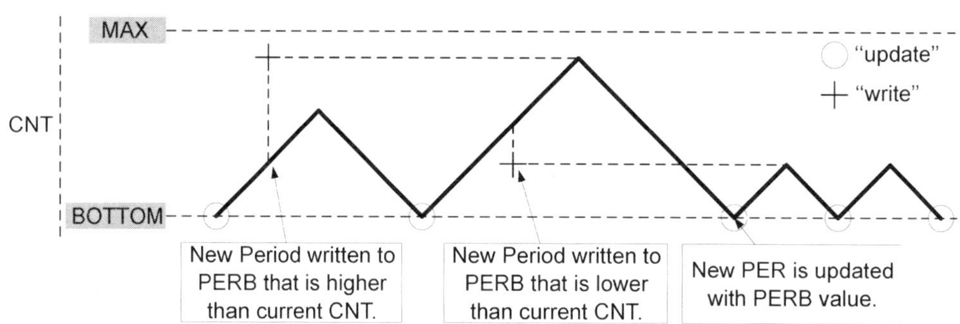

(b) 주기 버퍼 레지스터를 사용하는 경우

〈그림 2.7.11〉 이중 경사 PWM 모드에서 주기 레지스터의 변경

(8) 타이머/카운터 커맨드

타이머/카운터 TCAn에서는 TCAn_CTRLESET 레지스터의 CMD[1:0] 비트를 사용하여 이 카운터의 동작을 강제로 업데이트하거나, 새로 스타트하거나, 리셋시킬 수 있다. 이 명령으로 업데이트하는 동작은 하드웨어적으로 업데이트 조건이 충족되어 업데이트가 수행되는 것과 동일한 효과가 있다. 이 명령으로 새로 스타트하면 카운터의 값이나 카운터의 방향이 0으로 되고 출력 신호도 0이 되면서 파형의 주기가 다시 시작된다. 리셋 명령은 이 타이머/카운터의 모든 레지스터를 초기 상태로 만드는데, 이 명령은 TCAn_CTRLA 레지스터에서 ENABLE=0으로 하였을 때만 동작한다.

(9) 분할 모드

분할 모드(Split mode)는 TCAn의 16비트 타이머/카운터를 2개의 8비트 타이머로 분리하여 동작하는 모드이다. 여기서는 당연히 3개의 16비트 비교 채널도 각각 2개로 분할되므로 총 6개의 8비트 비교 채널을 가지게 되며, 따라서 분할 모드에서는 파형 출력 단자도 2배로 증가하여 WO0~WO5의 6개가 된다. 각 비교 채널 0~2의 하위 8비트가 만드는 PWM 출력 신호가 WO0~WO2가 되고, 상위 8비트가 만드는 PWM 출력 신호는 WO3~WO5가 된다.

분할 모드에서는 카운터가 항상 8비트 감소형 카운터로 동작하며, 이벤트 입력이나 버퍼 레지스터는 사용하지 않는다. 타이머/카운터 TCAn이 분할 모드로 동작할 때의 내부 구조는 <그림 2.7.12>와 같다.

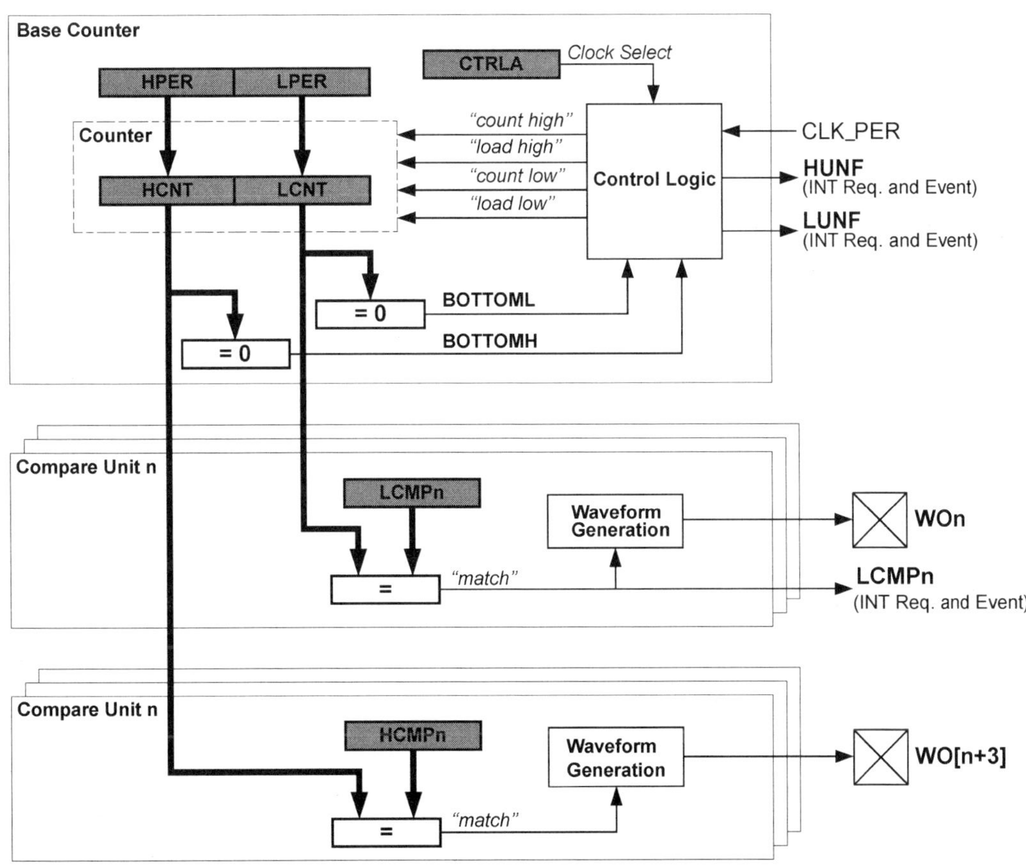

〈그림 2.7.12〉 TCAn이 분할 모드로 동작할 때의 내부 구조

분할 모드는 TCAn_CTRLD 레지스터에서 SPLITM=1로 설정한다. 16비트 구조의 일반 모드에 비하여 8비트 구조의 분할 모드는 다음과 같은 차이점이 있다.

- 하위 바이트 타이머/카운터와 상위 바이트 타이머/카운터는 서로 독립적으로 동작한다.
- 카운터가 감소형으로만 동작한다.
- PWM 동작은 단일 경사 PWM 모드만 가진다.
- 하위 바이트 타이머/카운터에는 비교 매치 인터럽트가 있지만 상위 바이트에서는 없다.
- 상위 바이트와 하위 바이트 타이머/카운터에 각각 언더플로우 인터럽트 기능이 있다.
- 이벤트 입력을 사용하지 않는다.
- 버퍼 레지스터를 사용하지 않는다.

분할 모드에서 단일 경사 PWM 모드의 동작을 그림으로 보이면 <그림 2.7.13>과 같다. 여기서 듀티비의 최대값은 TOP/(TOP+1)이다.

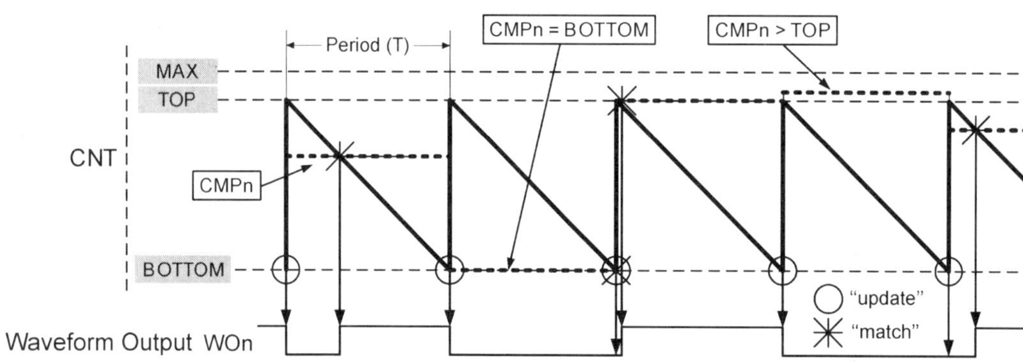

〈그림 2.7.13〉 TCAn의 분할 모드에서 단일 경사 PWM 모드의 동작

(10) 인터럽트 발생

16비트 A형 타이머/카운터 TCAn이 일반 모드로 동작할 때의 인터럽트 발생 기능은 다음과 같다.

- 오버플로우/언더플로우 인터럽트 : 카운터가 TOP 또는 BOTTOM에 도달할 때
- 비교 채널0 인터럽트 : 카운터 값이 비교 레지스터 0의 값과 일치할 때
- 비교 채널1 인터럽트 : 카운터 값이 비교 레지스터 1의 값과 일치할 때
- 비교 채널2 인터럽트 : 카운터 값이 비교 레지스터 2의 값과 일치할 때

16비트 A형 타이머/카운터 TCAn이 분할 모드로 동작할 때의 인터럽트 발생 기능은 다음과 같다.

- 하위 바이트 언더플로우 인터럽트 : 하위 바이트 카운터가 BOTTOM에 도달할 때
- 상위 바이트 언더플로우 인터럽트 : 상위 바이트 카운터가 BOTTOM에 도달할 때
- 비교 채널0 인터럽트 : 하위 바이트 카운터 값이 하위 바이트 비교 레지스터 0의 값과 일치할 때
- 비교 채널1 인터럽트 : 하위 바이트 카운터 값이 하위 바이트 비교 레지스터 1의 값과 일치할 때
- 비교 채널2 인터럽트 : 하위 바이트 카운터 값이 하위 바이트 비교 레지스터 2의 값과 일치할 때

(11) 이벤트 입력 및 출력

16비트 A형 타이머/카운터 TCAn은 Event User로서 이벤트 입력 신호를 <표 2.7.3>과 같이 사용할 수 있다. 이러한 이벤트 신호는 일반 모드에서만 사용하고 분할 모드에서는 사용하지 않는다. 이벤트 신호의 사용 방법은 TCAn_EVCTRL 레지스터로 설정한다.

〈표 2.7.3〉 TCAn에서 이벤트 입력의 사용(Event User)

User Name		Description	Input Detection	Sync/Async
Peripheral	Input			
TCAn	CNTA	Count on a positive event edge	Edge	Sync
		Count on any event edge	Edge	Sync
		Count while the event signal is high	Level	Sync
		The event level controls the count direction (up when low and down when high)	Level	Sync
	CNTB	The event level controls the count direction (up when low and down when high)	Level	Sync
		Restart counter on a positive event edge	Edge	Sync
		Restart counter on any event edge	Edge	Sync
		Restart counter while the event signal is high	Level	Sync

〈표 2.7.4〉 TCAn에서 이벤트 출력의 발생(Event Generator)

User Name		Description	Event Type	Generating Clock Domain
Peripheral	Event			
TCAn	OVF_LUNF	Normal mode : Overflow Split mode : Low byte timer undeflow	Pulse	CLK_PER
	HUNF	Normal mode : Not available Split mode : High byte timer undeflow	Pulse	CLK_PER
	CMP0_LCMP0	Normal mode : Compare channel 0 match Split mode : Low byte Compare channel 0 match	Pulse	CLK_PER
	CMP1_LCMP1	Normal mode : Compare channel 1 match Split mode : Low byte Compare channel 1 match	Pulse	CLK_PER
	CMP2_LCMP2	Normal mode : Compare channel 2 match Split mode : Low byte Compare channel 2 match	Pulse	CLK_PER

16비트 A형 타이머/카운터 TCAn은 Event Generator로서 이벤트 출력 신호를 <표 2.7.4>와 같이 발생할 수 있다. 이들 모든 이벤트 신호의 길이는 1주기의 CLK_PER 신호에 해당한다.

〈표 2.7.5〉 AVR128DA64의 TCAn과 관련된 I/O 제어 레지스터 요약 - 일반 모드

어드레스	레지스터 이름	풀어 쓴 레지스터 이름	리셋 후 초기값
0x0A00	TCAn_CTRLA	TCAn Control Register A	0x00
0x0A01	TCAn_CTRLB	TCAn Control Register B	0x00
0x0A02	TCAn_CTRLC	TCAn Control Register C	0x00
0x0A03	TCAn_CTRLD	TCAn Control Register D	0x00
0x0A04	TCAn_CTRLECLR	TCAn Control Register E Clear	0x00
0x0A05	TCAn_CTRLESET	TCAn Control Register E Set	0x00
0x0A06	TCAn_CTRLFCLR	TCAn Control Register F Clear	0x00
0x0A07	TCAn_CTRLFSET	TCAn Control Register F Set	0x00
0x0A08		(reserved)	
0x0A09	TCAn_EVCTRL	TCAn Event Control Register	0x00
0x0A0A	TCAn_INTCTRL	TCAn Interrupt Control Register	0x00
0x0A0B	TCAn_INTFLAGS	TCAn Interrupt Flag Register	0x00
0x0A0C 0x0A0D		(reserved)	
0x0A0E	TCAn_DBGCTRL	TCAn Debug Control Register	0x00
0x0A0F	TCAn_TEMP	TCAn Temporary Register	0x00
0x0A10 ~ 0x0A1F		(reserved)	
0x0A20	TCAn_CNT	TCAn Counter Register (L)	0x00
0x0A21		TCAn Counter Register (H)	0x00
0x0A22 ~ 0x0A25		(reserved)	
0x0A26	TCAn_PER	TCAn Period Register (L)	0xFF
0x0A27		TCAn Period Register (H)	0xFF
0x0A28	TCAn_CMP0	TCAn Compare 0 Register (L)	0x00
0x0A29		TCAn Compare 0 Register (H)	0x00
0x0A2A	TCAn_CMP1	TCAn Compare 1 Register (L)	0x00
0x0A2B		TCAn Compare 1 Register (H)	0x00
0x0A2C	TCAn_CMP2	TCAn Compare 2 Register (L)	0x00
0x0A2D		TCAn Compare 2 Register (H)	0x00
0x0A2E ~ 0x0A35		(reserved)	
0x0A36	TCAn_PERBUF	TCAn Period Buffer Register (L)	0xFF
0x0A37		TCAn Period Buffer Register (H)	0xFF
0x0A38	TCAn_CMP0BUF	TCAn Compare 0 Buffer Register (L)	0x00
0x0A39		TCAn Compare 0 Buffer Register (H)	0x00
0x0A3A	TCAn_CMP1BUF	TCAn Compare 1 Buffer Register (L)	0x00
0x0A3B		TCAn Compare 1 Buffer Register (H)	0x00
0x0A3C	TCAn_CMP2BUF	TCAn Compare 2 Buffer Register (L)	0x00
0x0A3D		TCAn Compare 2 Buffer Register (H)	0x00

2. TCAn의 I/O 제어 레지스터 – 일반 모드

AVR128DA64의 16비트 A형 타이머/카운터 TCAn을 일반 모드(Normal Mode)로 사용할 때 I/O 제어 레지스터를 정리하면 <표 2.7.5>와 같다. 여기서 어드레스는 TCA0에 대하여 표시하였으며, 나머지의 타이머/카운터 TCA1에 대해서는 이것보다 어드레스가 0x0040 높은 0x0A40에서 시작한다.

▣ 제어 레지스터 A TCAn_CTRLA (리셋후 디폴트값 : 0x00)

b7	b6	b5	b4	b3	b2	b1	b0
RUNSTDBY	–	–	–	CLKSEL[2:0]			ENABLE
R/W	–	–	–	R/W	R/W	R/W	R/W

- RUNSTDBY : Run in Standby
  0 = TCAn이 스탠바이 모드에서는 동작하지 않는다. 스탠바이 모드로 들어가면 TCAn의 동작이 종료한다.
  1 = TCAn이 스탠바이 모드에서도 동작한다.
- CLKSEL[2:0] : Clock Select
  000 = TCAn의 클록을 $f_{TCA} = f_{CLK_PER}/1$로 사용한다.
  001 = TCAn의 클록을 $f_{TCA} = f_{CLK_PER}/2$로 사용한다.
  010 = TCAn의 클록을 $f_{TCA} = f_{CLK_PER}/4$로 사용한다.
  011 = TCAn의 클록을 $f_{TCA} = f_{CLK_PER}/8$로 사용한다.
  100 = TCAn의 클록을 $f_{TCA} = f_{CLK_PER}/16$으로 사용한다.
  101 = TCAn의 클록을 $f_{TCA} = f_{CLK_PER}/64$로 사용한다.
  110 = TCAn의 클록을 $f_{TCA} = f_{CLK_PER}/256$으로 사용한다.
  111 = TCAn의 클록을 $f_{TCA} = f_{CLK_PER}/1024$로 사용한다.
- ENABLE : TCAn Enable
  0 = TCAn의 동작을 금지한다.
  1 = TCAn의 동작을 허용한다.

▣ 제어 레지스터 B TCAn_CTRLB (리셋후 디폴트값 : 0x00)

b7	b6	b5	b4	b3	b2	b1	b0
–	CMP2EN	CMP1EN	CMP0EN	ALUPD	WGMODE[2:0]		
–	R/W	R/W	R/W	R/W	R/W	R/W	R/W

- CMP2EN : Compare 2 Enable
  0 = 주파수 발생 모드와 PWM 발생 모드에서 비교기 2를 사용하지 않는다.
  1 = 주파수 발생 모드와 PWM 발생 모드에서 비교기 2를 사용하며 WO2 단자가 유효하다.
  이를 위해서는 병렬 I/O 포트에서 해당 단자를 출력 방향으로 설정해야 한다.
- CMP1EN : Compare 1 Enable
  0 = 주파수 발생 모드와 PWM 발생 모드에서 비교기 1을 사용하지 않는다.
  1 = 주파수 발생 모드와 PWM 발생 모드에서 비교기 1을 사용하며 WO1 단자가 유효하다.
  이를 위해서는 병렬 I/O 포트에서 해당 단자를 출력 방향으로 설정해야 한다.
- CMP0EN : Compare 0 Enable
  0 = 주파수 발생 모드와 PWM 발생 모드에서 비교기 0을 사용하지 않는다.
  1 = 주파수 발생 모드와 PWM 발생 모드에서 비교기 0을 사용하며 WO0 단자가 유효하다.
  이를 위해서는 병렬 I/O 포트에서 해당 단자를 출력 방향으로 설정해야 한다.
- ALUPD : Auto-Lock Update
  0 = TCAn_CTRLE 레지스터의 LUPD 비트를 컨트롤하지 않는다.
  1 = 평소에 TCAn_CTRLE 레지스터에서 LUPD=1로 유지하다가, 동작이 허용된 모든 비교 채널의 CMPnBV 비트가 1이 될 때만 LUPD=0으로 하여 각 버퍼를 해당 비교 레지스터로 옮기도록 한다.
- WGMODE[2:0] : Waveform Generation Mode

TCAn의 동작 모드를 설정한다. 일반 모드를 제외한 나머지는 모두 출력 파형을 발생하는데, 이를 위해서는 대응되는 단자에서 CMPnEN=1로 설정하고, 병렬 I/O 포트에서 해당 단자를 출력 방향으로 설정해야 한다.

000 = 일반 모드. TOP = TCAn_PER UPDATE = TOP OVF = TOP
001 = 주파수 발생 모드. TOP = TCAn_CMP0 UPDATE = TOP OVF = TOP
010 = (reserved)
011 = 단일 경사 PWM 모드. TOP = TCAn_PER UPDATE = BOTTOM OVF = BOTTOM
100 = (reserved)
101 = 이중 경사 PWM 모드. TOP = TCAn_PER UPDATE = BOTTOM OVF = TOP
110 = 이중 경사 PWM 모드. TOP = TCAn_PER UPDATE = BOTTOM OVF = TOP/BOTTOM
111 = 이중 경사 PWM 모드. TOP = TCAn_PER UPDATE = BOTTOM OVF = BOTTOM

▣ 제어 레지스터 C TCAn_CTRLC (리셋후 디폴트값 : 0x00)

b7	b6	b5	b4	b3	b2	b1	b0
-	-	-	-	-	CMP2OV	CMP1OV	CMP0OV
-	-	-	-	-	R/W	R/W	R/W

- CMP2OV : Compare 2 Output Value
  0 = TCAn의 동작이 허용되지 않은 상태에 있을 때 WO2 출력을 0으로 한다.
  1 = TCAn의 동작이 허용되지 않은 상태에 있을 때 WO2 출력을 1로 한다.
- CMP1OV : Compare 1 Output Value
  0 = TCAn의 동작이 허용되지 않은 상태에 있을 때 WO1 출력을 0으로 한다.
  1 = TCAn의 동작이 허용되지 않은 상태에 있을 때 WO1 출력을 1로 한다.
- CMP0OV : Compare 0 Output Value
  0 = TCAn의 동작이 허용되지 않은 상태에 있을 때 WO0 출력을 0으로 한다.
  1 = TCAn의 동작이 허용되지 않은 상태에 있을 때 WO0 출력을 1로 한다.

▣ 제어 레지스터 D TCAn_CTRLD (리셋후 디폴트값 : 0x00)

b7	b6	b5	b4	b3	b2	b1	b0
-	-	-	-	-	-	-	SPLITM
-	-	-	-	-	-	-	R/W

- SPLITM : Enable Split Mode
  0 = TCAn을 일반 모드로 설정하여 16비트 타이머/카운터로 동작하게 한다.
  1 = TCAn을 분할 모드로 설정하여 2개의 8비트 타이머/카운터로 동작하게 한다.

▣ 제어 레지스터 E 클리어 TCAn_CTRLECLR (리셋후 디폴트값 : 0x00)

b7	b6	b5	b4	b3	b2	b1	b0
-	-	-	-	CMD[1:0]		LUPD	DIR
-	-	-	-	R/W	R/W	R/W	R/W

이 레지스터는 해당 비트에 1을 써줌으로써 클리어시킬 수 있다.

- CMD[1:0] : Command
  이 비트를 읽으면 항상 00으로 읽혀진다.
  00 = 아무 것도 수행하지 않는다.
  01 = TCAn을 강제로 업데이트한다.
  10 = TCAn을 강제로 새로 스타트(restart)한다.
  11 = TCAn을 강제로 리셋한다. (TCAn의 동작이 금지 상태일 때만 유효함)
- LUPD : Lock Update
  0 = 업데이트 조건이 발생하면 곧바로 버퍼 레지스터를 업데이트한다.
  1 = 업데이트 조건이 발생하더라도 버퍼 레지스터를 업데이트하지 않는다. 그러나, 여기서도 CMD[1:0] 비트에 의한 업데이트 명령은 수행된다.
- DIR : Counter Direction

이 비트는 파형 발생 모드에 따라 자동으로 제어되지만 아래처럼 소프트웨어적으로 변경할 수도 있다.
0 = TCAn의 카운터가 증가형 카운터로 동작한다.
1 = TCAn의 카운터가 감소형 카운터로 동작한다.

■ 제어 레지스터 E 셋트 TCAn_CTRLESET (리셋후 디폴트값 : 0x00)

b7	b6	b5	b4	b3	b2	b1	b0
-	-	-	-	CMD[1:0]		LUPD	DIR
-	-	-	-	R/W	R/W	R/W	R/W

이 레지스터는 해당 비트에 1을 써줌으로써 셋트시킬 수 있다.

- CMD[1:0] : Command
  이 비트를 읽으면 항상 00으로 읽혀진다.
  00 = 아무 것도 수행하지 않는다.
  01 = TCAn에서 업데이트 조건을 발생하여 강제로 업데이트한다.
  10 = TCAn을 강제로 새로 스타트(restart)한다. 이것은 카운터와 모든 비교 출력을 0으로 만든다.
  11 = TCAn을 강제로 리셋하여 초기 상태로 만든다. (TCAn의 동작이 금지 상태일 때만 유효함)
- LUPD : Lock Update
  0 = 업데이트 조건이 발생하면 곧바로 버퍼 레지스터를 업데이트한다.
  1 = 업데이트 조건이 발생하더라도 버퍼 레지스터를 업데이트하지 않는다. 그러나, 여기서도 CMD[1:0] 비트에 의한 업데이트 명령은 수행된다.
- DIR : Counter Direction
  이 비트는 파형 발생 모드에 따라 자동으로 제어되지만 아래처럼 소프트웨어적으로 변경할 수도 있다.
  0 = TCAn의 카운터가 증가형 카운터로 동작한다.
  1 = TCAn의 카운터가 감소형 카운터로 동작한다.

■ 제어 레지스터 F 클리어 TCAn_CTRLFCLR (리셋후 디폴트값 : 0x00)

b7	b6	b5	b4	b3	b2	b1	b0
-	-	-	-	CMP2BV	CMP1BV	CMP0BV	PERBV
-	-	-	-	R/W	R/W	R/W	R/W

이 레지스터는 해당 비트에 1을 써줌으로써 클리어시킬 수 있다.

- CMP2BV : Compare 2 Buffer Valid
  TCAn_CMP2BUF 레지스터에 새로운 값을 쓰면 이 비트가 1로 되며, 이 레지스터가 업데이트되고 나면 즉시 자동으로 0이 된다.
- CMP1BV : Compare 1 Buffer Valid
  TCAn_CMP1BUF 레지스터에 새로운 값을 쓰면 이 비트가 1로 되며, 이 레지스터가 업데이트되고 나면 즉시 자동으로 0이 된다.
- CMP0BV : Compare 0 Buffer Valid
  TCAn_CMP0BUF 레지스터에 새로운 값을 쓰면 이 비트가 1로 되며, 이 레지스터가 업데이트되고 나면 즉시 자동으로 0이 된다.
- PERBV : Period Buffer Valid
  TCAn_PERBUF 레지스터에 새로운 값을 쓰면 이 비트가 1로 되며, 이 레지스터가 업데이트되고 나면 즉시 자동으로 0이 된다.

■ 제어 레지스터 F 셋트 TCAn_CTRLFSET (리셋후 디폴트값 : 0x00)

b7	b6	b5	b4	b3	b2	b1	b0
-	-	-	-	CMP2BV	CMP1BV	CMP0BV	PERBV
-	-	-	-	R/W	R/W	R/W	R/W

이 레지스터는 해당 비트에 1을 써줌으로써 셋트시킬 수 있다.

- CMP2BV : Compare 2 Buffer Valid
  TCAn_CMP2BUF 레지스터에 새로운 값을 쓰면 이 비트가 1로 되며, 이 레지스터가 업데이트되고 나면 즉시 자동으로 0이 된다.

- CMP1BV : Compare 1 Buffer Valid
  TCAn_CMP1BUF 레지스터에 새로운 값을 쓰면 이 비트가 1로 되며, 이 레지스터가 업데이트되고 나면 즉시 자동으로 0이 된다.
- CMP0BV : Compare 0 Buffer Valid
  TCAn_CMP0BUF 레지스터에 새로운 값을 쓰면 이 비트가 1로 되며, 이 레지스터가 업데이트되고 나면 즉시 자동으로 0이 된다.
- PERBV : Period Buffer Valid
  TCAn_PERBUF 레지스터에 새로운 값을 쓰면 이 비트가 1로 되며, 이 레지스터가 업데이트되고 나면 즉시 자동으로 0이 된다.

▣ 이벤트 제어 레지스터 TCAn_EVCTRL (리셋후 디폴트값 : 0x00)

b7	b6	b5	b4	b3	b2	b1	b0
EVACTB[2:0]			CNTBEI	EVACTA[2:0]			CNTAEI
R/W	R/W	R/W	R/W	R/W	R/W	R/W	R/W

- EVACTB[2:0] : Event Action B
  000 = 아무 동작도 수행하지 않는다.
  001 = (reserved)
  010 = (reserved)
  011 = 이벤트 신호가 low이면 카운터가 증가형으로 동작하고, 이벤트 신호가 high면 카운터가 감소형으로 동작한다.
  100 = 이벤트 신호의 상승 에지에서 카운터를 restart한다.
  101 = 이벤트 신호의 상승 에지 및 하강 에지에서 카운터를 restart한다.
  110 = 이벤트 신호가 high로 있는 동안 카운터를 restart한다.
  111 = (reserved)
- CNTBEI : Enable Counter Event Input B
  0 = 카운터 이벤트 입력 B를 금지한다.
  1 = 카운터 이벤트 입력 B를 허용하여 EVACTB[2:0]에 따라 동작하도록 한다.
- EVACTA[2:0] : Event Action A
  000 = 이벤트의 상승 에지에서 카운트된다.
  001 = 이벤트의 상승 에지 및 하강 에지에서 카운트된다.
  010 = 이벤트 신호가 high로 되어 있는 동안에만 카운트가 수행된다.
  011 = 이벤트 신호가 low이면 카운터가 증가형으로 동작하고, 이벤트 신호가 high면 카운터가 감소형으로 동작한다.
  100～111 = (reserved)
- CNTAEI : Enable Counter Event Input A
  0 = 카운터 이벤트 입력 A를 금지한다.
  1 = 카운터 이벤트 입력 A를 허용하여 EVACTA[2:0]에 따라 동작하도록 한다.

▣ 인터럽트 제어 레지스터 TCAn_INTCTRL (리셋후 디폴트값 : 0x00)

b7	b6	b5	b4	b3	b2	b1	b0
–	CMP2	CMP1	CMP0	–	–	–	OVF
–	R/W	R/W	R/W	–	–	–	R/W

- CMP2 : Compare Channel 2 Interrupt Enable
  0 = 비교 채널 2의 인터럽트를 금지한다.
  1 = 비교 채널 2의 인터럽트를 허용한다.
- CMP1 : Compare Channel 1 Interrupt Enable
  0 = 비교 채널 1의 인터럽트를 금지한다.
  1 = 비교 채널 1의 인터럽트를 허용한다.
- CMP0 : Compare Channel 0 Interrupt Enable
  0 = 비교 채널 0의 인터럽트를 금지한다.
  1 = 비교 채널 0의 인터럽트를 허용한다.
- OVF : Timer Overflow/Underflow Interrupt Enable
  0 = 오버플로우/언더플로우 인터럽트를 금지한다.

1 = 오버플로우/언더플로우 인터럽트를 허용한다.

▣ 인터럽트 플랙 레지스터 TCAn_INTFLAGS (리셋후 디폴트값 : 0x00)

b7	b6	b5	b4	b3	b2	b1	b0
–	CMP2	CMP1	CMP0	–	–	–	OVF
–	R/W	R/W	R/W	–	–	–	R/W

- CMP2 : Compare Channel 2 Interrupt Flag
  0 = 비교 채널 2에서 비교 매치가 발생하지 않았다.
  1 = 비교 채널 2에서 비교 매치가 발생하였다. 이 비트에 1을 쓰면 0으로 클리어된다.
- CMP1 : Compare Channel 1 Interrupt Flag
  0 = 비교 채널 1에서 비교 매치가 발생하지 않았다.
  1 = 비교 채널 1에서 비교 매치가 발생하였다. 이 비트에 1을 쓰면 0으로 클리어된다.
- CMP0 : Compare Channel 0 Interrupt Flag
  0 = 비교 채널 0에서 비교 매치가 발생하지 않았다.
  1 = 비교 채널 0에서 비교 매치가 발생하였다. 이 비트에 1을 쓰면 0으로 클리어된다.
- OVF : Timer Overflow/Underflow Interrupt Flag
  이 비트는 현재의 동작 모드에 따라 증가형 카운터로 동작할 때 TOP에 도달하여 오버플로우가 되거나, 감소형 카운터로 동작할 때 BOTTOM에 도달하여 언더플로우가 되면 1로 셋트된다. 이 비트에 1을 쓰면 0으로 클리어된다.

▣ 디버그 제어 레지스터 TCAn_DBGCTRL (리셋후 디폴트값 : 0x00)

b7	b6	b5	b4	b3	b2	b1	b0
–	–	–	–	–	–	–	DBGRUN
–	–	–	–	–	–	–	R/W

- DBGRUN : Run in Debug Mode
  0 = 디버그 모드에서 TCAn의 동작이 정지한다.
  1 = CPU가 정지하고 디버그 모드에 있어도 TCAn이 동작을 계속한다.

▣ 임시 레지스터 TCAn_TEMP (리셋후 디폴트값 : 0x00)

b7	b6	b5	b4	b3	b2	b1	b0
TEMP[7:0]							
R/W	R/W	R/W	R/W	R/W	R/W	R/W	R/W

- TEMP[7:0] : Temporary
  TCAn의 16비트 레지스터를 읽거나 쓸 때 사용하는 임시 레지스터이다.

▣ 카운터 레지스터 TCAn_CNT (리셋후 디폴트값 : 0x0000)

b15	b14	b13	b12	b11	b10	b9	b8	
CNT[15:8]								CNTH
R/W	R/W	R/W	R/W	R/W	R/W	R/W	R/W	

b7	b6	b5	b4	b3	b2	b1	b0	
CNT[7:0]								CNTL
R/W	R/W	R/W	R/W	R/W	R/W	R/W	R/W	

- CNT[15:0] : Counter Data
  TCAn에 있는 16비트 카운터 레지스터의 값이다.

▣ 주기 레지스터 TCAn_PER (리셋후 디폴트값 : 0xFFFF)

b15	b14	b13	b12	b11	b10	b9	b8	
PER[15:8]								PERH
R/W	R/W	R/W	R/W	R/W	R/W	R/W	R/W	

b7	b6	b5	b4	b3	b2	b1	b0	
PER[7:0]								PERL
R/W	R/W	R/W	R/W	R/W	R/W	R/W	R/W	

- PER[15:0] : Period Data
  TCAn에 있는 16비트 주기 레지스터의 값이다.

▣ 비교 0 레지스터 TCAn_CMP0 (리셋후 디폴트값 : 0x0000)

b15	b14	b13	b12	b11	b10	b9	b8	
CMP[15:8]								CMP0H
R/W	R/W	R/W	R/W	R/W	R/W	R/W	R/W	

b7	b6	b5	b4	b3	b2	b1	b0	
CMP[7:0]								CMP0L
R/W	R/W	R/W	R/W	R/W	R/W	R/W	R/W	

- CMP[15:0] : Compare Data of Channel 0
  TCAn에 있는 16비트 비교 0 레지스터의 값이다.

▣ 비교 1 레지스터 TCAn_CMP1 (리셋후 디폴트값 : 0x0000)

b15	b14	b13	b12	b11	b10	b9	b8	
CMP[15:8]								CMP1H
R/W	R/W	R/W	R/W	R/W	R/W	R/W	R/W	

b7	b6	b5	b4	b3	b2	b1	b0	
CMP[7:0]								CMP1L
R/W	R/W	R/W	R/W	R/W	R/W	R/W	R/W	

- CMP[15:0] : Compare Data of Channel 1
  TCAn에 있는 16비트 비교 1 레지스터의 값이다.

▣ 비교 2 레지스터 TCAn_CMP2 (리셋후 디폴트값 : 0x0000)

b15	b14	b13	b12	b11	b10	b9	b8	
CMP[15:8]								CMP2H
R/W	R/W	R/W	R/W	R/W	R/W	R/W	R/W	

b7	b6	b5	b4	b3	b2	b1	b0	
CMP[7:0]								CMP2L
R/W	R/W	R/W	R/W	R/W	R/W	R/W	R/W	

- CMP[15:0] : Compare Data of Channel 2
  TCAn에 있는 16비트 비교 2 레지스터의 값이다.

▣ 주기 버퍼 레지스터 TCAn_PERBUF (리셋후 디폴트값 : 0xFFFF)

b15	b14	b13	b12	b11	b10	b9	b8	
PERBUF[15:8]								PERBUFH
R/W	R/W	R/W	R/W	R/W	R/W	R/W	R/W	

b7	b6	b5	b4	b3	b2	b1	b0	
PERBUF[7:0]								PERBUFL
R/W	R/W	R/W	R/W	R/W	R/W	R/W	R/W	

- PERBUF[15:0] : Period Buffer Data
  TCAn에 있는 16비트 주기 버퍼 레지스터의 값이다.

▣ 비교 0 버퍼 레지스터 TCAn_CMP0BUF (리셋후 디폴트값 : 0x0000)

b15	b14	b13	b12	b11	b10	b9	b8	
CMPBUF[15:8]								CMP0BUFH
R/W	R/W	R/W	R/W	R/W	R/W	R/W	R/W	

b7	b6	b5	b4	b3	b2	b1	b0	
CMPBUF[7:0]								CMP0BUFL
R/W	R/W	R/W	R/W	R/W	R/W	R/W	R/W	

- CMPBUF[15:0] : Compare Buffer Data of Channel 0
  TCAn에 있는 16비트 비교 0 버퍼 레지스터의 값이다.

▣ 비교 1 버퍼 레지스터 TCAn_CMP1BUF (리셋후 디폴트값 : 0x0000)

b15	b14	b13	b12	b11	b10	b9	b8	
CMPBUF[15:8]								CMP1BUFH
R/W	R/W	R/W	R/W	R/W	R/W	R/W	R/W	

b7	b6	b5	b4	b3	b2	b1	b0	
CMPBUF[7:0]								CMP1BUFL
R/W	R/W	R/W	R/W	R/W	R/W	R/W	R/W	

- CMPBUF[15:0] : Compare Buffer Data of Channel 1
  TCAn에 있는 16비트 비교 1 버퍼 레지스터의 값이다.

▣ 비교 2 버퍼 레지스터 TCAn_CMP2BUF (리셋후 디폴트값 : 0x0000)

b15	b14	b13	b12	b11	b10	b9	b8	
CMPBUF[15:8]								CMP2BUFH
R/W	R/W	R/W	R/W	R/W	R/W	R/W	R/W	

b7	b6	b5	b4	b3	b2	b1	b0	
CMPBUF[7:0]								CMP2BUFL
R/W	R/W	R/W	R/W	R/W	R/W	R/W	R/W	

- CMPBUF[15:0] : Compare Buffer Data of Channel 2
  TCAn에 있는 16비트 비교 2 버퍼 레지스터의 값이다.

3. TCAn의 I/O 제어 레지스터 - 분할 모드

AVR128DA64의 16비트 A형 타이머/카운터 TCAn을 분할 모드(Split Mode)로 사용할 때 I/O 제어 레지스터를 정리하면 <표 2.7.6>과 같다. 여기서 어드레스는 TCA0에 대하여 표시하였으며, 나머지의 타이머/카운터 TCA1에 대해서는 이것보다 어드레스가 0x0040 높은 0x0A40에서 시작한다.

〈표 2.7.6〉 AVR128DA64의 TCAn과 관련된 I/O 제어 레지스터 요약 - 분할 모드

어드레스	레지스터 이름	풀어 쓴 레지스터 이름	리셋 후 초기값
0x0A00	TCAn_CTRLA	TCAn Control Register A	0x00
0x0A01	TCAn_CTRLB	TCAn Control Register B	0x00
0x0A02	TCAn_CTRLC	TCAn Control Register C	0x00
0x0A03	TCAn_CTRLD	TCAn Control Register D	0x00
0x0A04	TCAn_CTRLECLR	TCAn Control Register E Clear	0x00
0x0A05	TCAn_CTRLESET	TCAn Control Register E Set	0x00
0x0A06 ~ 0x0A09		(reserved)	
0x0A0A	TCAn_INTCTRL	TCAn Interrupt Control Register	0x00
0x0A0B	TCAn_INTFLAGS	TCAn Interrupt Flag Register	0x00
0x0A0C 0x0A0D		(reserved)	
0x0A0E	TCAn_DBGCTRL	TCAn Debug Control Register	0x00
0x0A0F ~ 0x0A1F		(reserved)	
0x0A20	TCAn_LCNT	TCAn Low Byte Counter Register	0x00
0x0A21	TCAn_HCNT	TCAn High Byte Counter Register	0x00
0x0A22 ~ 0x0A25		(reserved)	
0x0A26	TCAn_LPER	TCAn Low Byte Period Register	0xFF
0x0A27	TCAn_HPER	TCAn High Byte Period Register	0xFF
0x0A28	TCAn_LCMP0	TCAn Compare 0 Low Byte Register	0x00
0x0A29	TCAn_HCMP0	TCAn Compare 0 High Byte Register	0x00
0x0A2A	TCAn_LCMP1	TCAn Compare 1 Low Byte Register	0x00
0x0A2B	TCAn_HCMP1	TCAn Compare 1 High Byte Register	0x00
0x0A2C	TCAn_LCMP2	TCAn Compare 2 Low Byte Register	0x00
0x0A2D	TCAn_HCMP2	TCAn Compare 2 High Byte Register	0x00

▣ 제어 레지스터 A TCAn_CTRLA (리셋후 디폴트값 : 0x00)

b7	b6	b5	b4	b3	b2	b1	b0
RUNSTDBY	-	-	-	CLKSEL[2:0]			ENABLE
R/W	-	-	-	R/W	R/W	R/W	R/W

- RUNSTDBY : Run in Standby
  0 = TCAn이 스탠바이 모드에서는 동작하지 않는다. 스탠바이 모드로 들어가면 TCAn의 동작이 종료한다.
  1 = TCAn이 스탠바이 모드에서도 동작한다.

• CLKSEL[2:0] : Clock Select
000 = TCAn의 클록을 f_{TCA} = $f_{CLK_PER}/1$로 사용한다.
001 = TCAn의 클록을 f_{TCA} = $f_{CLK_PER}/2$로 사용한다.
010 = TCAn의 클록을 f_{TCA} = $f_{CLK_PER}/4$로 사용한다.
011 = TCAn의 클록을 f_{TCA} = $f_{CLK_PER}/8$로 사용한다.
100 = TCAn의 클록을 f_{TCA} = $f_{CLK_PER}/16$으로 사용한다.
101 = TCAn의 클록을 f_{TCA} = $f_{CLK_PER}/64$로 사용한다.
110 = TCAn의 클록을 f_{TCA} = $f_{CLK_PER}/256$으로 사용한다.
111 = TCAn의 클록을 f_{TCA} = $f_{CLK_PER}/1024$로 사용한다.
• ENABLE : TCAn Enable
0 = TCAn의 동작을 금지한다.
1 = TCAn의 동작을 허용한다.

▣ 제어 레지스터 B TCAn_CTRLB (리셋후 디폴트값 : 0x00)

b7	b6	b5	b4	b3	b2	b1	b0
-	HCMP2EN	HCMP1EN	HCMP0EN	-	LCMP2EN	LCMP1EN	LCMP0EN
-	R/W	R/W	R/W	-	R/W	R/W	R/W

• HCMP2EN : High Byte Compare 2 Enable
0 = 주파수 발생 모드와 PWM 발생 모드에서 상위 비교기 2를 사용하지 않는다.
1 = 주파수 발생 모드와 PWM 발생 모드에서 상위 비교기 2를 사용하며 WO5 단자가 유효하다. 이를 위해서는 병렬 I/O 포트에서 해당 단자를 출력 방향으로 설정해야 한다.
• HCMP1EN : High Byte Compare 1 Enable
0 = 주파수 발생 모드와 PWM 발생 모드에서 상위 비교기 1을 사용하지 않는다.
1 = 주파수 발생 모드와 PWM 발생 모드에서 상위 비교기 1을 사용하며 WO4 단자가 유효하다. 이를 위해서는 병렬 I/O 포트에서 해당 단자를 출력 방향으로 설정해야 한다.
• HCMP0EN : High Byte Compare 0 Enable
0 = 주파수 발생 모드와 PWM 발생 모드에서 상위 비교기 0을 사용하지 않는다.
1 = 주파수 발생 모드와 PWM 발생 모드에서 상위 비교기 0을 사용하며 WO3 단자가 유효하다. 이를 위해서는 병렬 I/O 포트에서 해당 단자를 출력 방향으로 설정해야 한다.
• LCMP2EN : Low Byte Compare 2 Enable
0 = 주파수 발생 모드와 PWM 발생 모드에서 하위 비교기 2를 사용하지 않는다.
1 = 주파수 발생 모드와 PWM 발생 모드에서 하위 비교기 2를 사용하며 WO2 단자가 유효하다. 이를 위해서는 병렬 I/O 포트에서 해당 단자를 출력 방향으로 설정해야 한다.
• LCMP1EN : Low Byte Compare 1 Enable
0 = 주파수 발생 모드와 PWM 발생 모드에서 하위 비교기 1을 사용하지 않는다.
1 = 주파수 발생 모드와 PWM 발생 모드에서 하위 비교기 1을 사용하며 WO1 단자가 유효하다. 이를 위해서는 병렬 I/O 포트에서 해당 단자를 출력 방향으로 설정해야 한다.
• LCMP0EN : Low Byte Compare 0 Enable
0 = 주파수 발생 모드와 PWM 발생 모드에서 하위 비교기 0을 사용하지 않는다.
1 = 주파수 발생 모드와 PWM 발생 모드에서 하위 비교기 0을 사용하며 WO0 단자가 유효하다. 이를 위해서는 병렬 I/O 포트에서 해당 단자를 출력 방향으로 설정해야 한다.

▣ 제어 레지스터 C TCAn_CTRLC (리셋후 디폴트값 : 0x00)

b7	b6	b5	b4	b3	b2	b1	b0
-	HCMP2OV	HCMP1OV	HCMP0OV	-	LCMP2OV	LCMP1OV	LCMP0OV
-	R/W	R/W	R/W	-	R/W	R/W	R/W

• HCMP2OV : High Byte Compare 2 Output Value
0 = TCAn의 동작이 허용되지 않은 상태에 있을 때 WO5 출력을 0으로 한다.
1 = TCAn의 동작이 허용되지 않은 상태에 있을 때 WO5 출력을 1로 한다.
• HCMP1OV : High Byte Compare 1 Output Value
0 = TCAn의 동작이 허용되지 않은 상태에 있을 때 WO4 출력을 0으로 한다.
1 = TCAn의 동작이 허용되지 않은 상태에 있을 때 WO4 출력을 1로 한다.
• HCMP0OV : High Byte Compare 0 Output Value

0 = TCAn의 동작이 허용되지 않은 상태에 있을 때 WO3 출력을 0으로 한다.
1 = TCAn의 동작이 허용되지 않은 상태에 있을 때 WO3 출력을 1로 한다.

- LCMP2OV : Low Byte Compare 2 Output Value

0 = TCAn의 동작이 허용되지 않은 상태에 있을 때 WO2 출력을 0으로 한다.
1 = TCAn의 동작이 허용되지 않은 상태에 있을 때 WO2 출력을 1로 한다.

- LCMP1OV : Low Byte Compare 1 Output Value

0 = TCAn의 동작이 허용되지 않은 상태에 있을 때 WO1 출력을 0으로 한다.
1 = TCAn의 동작이 허용되지 않은 상태에 있을 때 WO1 출력을 1로 한다.

- LCMP0OV : Low Byte Compare 0 Output Value

0 = TCAn의 동작이 허용되지 않은 상태에 있을 때 WO0 출력을 0으로 한다.
1 = TCAn의 동작이 허용되지 않은 상태에 있을 때 WO0 출력을 1로 한다.

▣ 제어 레지스터 D TCAn_CTRLD (리셋후 디폴트값 : 0x00)

b7	b6	b5	b4	b3	b2	b1	b0
–	–	–	–	–	–	–	SPLITM
–	–	–	–	–	–	–	R/W

- SPLITM : Enable Split Mode

0 = TCAn을 일반 모드로 설정하여 16비트 타이머/카운터로 동작하게 한다.
1 = TCAn을 분할 모드로 설정하여 2개의 8비트 타이머/카운터로 동작하게 한다.

▣ 제어 레지스터 E 클리어 TCAn_CTRLECLR (리셋후 디폴트값 : 0x00)

b7	b6	b5	b4	b3	b2	b1	b0
–	–	–	–	CMD[1:0]		CMDEN[1:0]	
–	–	–	–	R/W	R/W	R/W	R/W

이 레지스터는 해당 비트에 1을 써줌으로써 클리어시킬 수 있다.

- CMD[1:0] : Command

이 비트를 읽으면 항상 00으로 읽혀진다.
00 = 아무 것도 수행하지 않는다.
01 = (reserved)
10 = TCAn을 강제로 새로 스타트(restart)한다.
11 = TCAn을 강제로 리셋한다. (TCAn의 동작이 금지 상태일 때만 유효함)

- CMDEN[1:0] : Command Enable

00 = 아무 것도 수행하지 않는다.
01 = (reserved)
10 = (reserved)
11 = CMD[1:0]으로 지정한 명령을 상위 바이트 카운터와 하위 바이트 카운터에 모두 적용한다.

▣ 제어 레지스터 E 셋트 TCAn_CTRLESET (리셋후 디폴트값 : 0x00)

b7	b6	b5	b4	b3	b2	b1	b0
–	–	–	–	CMD[1:0]		CMDEN[1:0]	
–	–	–	–	R/W	R/W	R/W	R/W

이 레지스터는 해당 비트에 1을 써줌으로써 셋트시킬 수 있다.

- CMD[1:0] : Command

이 비트를 읽으면 항상 00으로 읽혀진다.
00 = 아무 것도 수행하지 않는다.
01 = (reserved)
10 = TCAn을 강제로 새로 스타트(restart)한다.
11 = TCAn을 강제로 리셋한다. (TCAn의 동작이 금지 상태일 때만 유효함)

- CMDEN[1:0] : Command Enable

00 = 아무 것도 수행하지 않는다.

01 = (reserved)
10 = (reserved)
11 = CMD[1:0]으로 지정한 명령을 상위 바이트 카운터와 하위 바이트 카운터에 모두 적용한다.

▣ 인터럽트 제어 레지스터 TCAn_INTCTRL (리셋후 디폴트값 : 0x00)

b7	b6	b5	b4	b3	b2	b1	b0
-	LCMP2	LCMP1	LCMP0	-	-	HUNF	LUNF
-	R/W	R/W	R/W	-	-	R/W	R/W

- LCMP2 : Low Byte Compare Channel 2 Interrupt Enable
  0 = 하위 바이트 비교 채널 2의 인터럽트를 금지한다.
  1 = 하위 바이트 비교 채널 2의 인터럽트를 허용한다.
- LCMP1 : Low Byte Compare Channel 1 Interrupt Enable
  0 = 하위 바이트 비교 채널 1의 인터럽트를 금지한다.
  1 = 하위 바이트 비교 채널 1의 인터럽트를 허용한다.
- LCMP0 : Low Byte Compare Channel 0 Interrupt Enable
  0 = 하위 바이트 비교 채널 0의 인터럽트를 금지한다.
  1 = 하위 바이트 비교 채널 0의 인터럽트를 허용한다.
- HUNF : High Byte Underflow Interrupt Enable
  0 = 상위 바이트 언더플로우 인터럽트를 금지한다.
  1 = 상위 바이트 언더플로우 인터럽트를 허용한다.
- LUNF : Low Byte Underflow Interrupt Enable
  0 = 하위 바이트 언더플로우 인터럽트를 금지한다.
  1 = 하위 바이트 언더플로우 인터럽트를 허용한다.

▣ 인터럽트 플랙 레지스터 TCAn_INTFLAGS (리셋후 디폴트값 : 0x00)

b7	b6	b5	b4	b3	b2	b1	b0
-	LCMP2	LCMP1	LCMP0	-	-	HUNF	LUNF
-	R/W	R/W	R/W	-	-	R/W	R/W

- LCMP2 : Low Byte Compare Channel 2 Interrupt Flag
  0 = 하위 바이트 비교 채널 2에서 비교 매치가 발생하지 않았다.
  1 = 하위 바이트 비교 채널 2에서 비교 매치가 발생하였다. 이 비트에 1을 쓰면 0으로 클리어된다.
- LCMP1 : Low Byte Compare Channel 1 Interrupt Flag
  0 = 하위 바이트 비교 채널 1에서 비교 매치가 발생하지 않았다.
  1 = 하위 바이트 비교 채널 1에서 비교 매치가 발생하였다. 이 비트에 1을 쓰면 0으로 클리어된다.
- LCMP0 : Low Byte Compare Channel 0 Interrupt Flag
  0 = 하위 바이트 비교 채널 0에서 비교 매치가 발생하지 않았다.
  1 = 하위 바이트 비교 채널 0에서 비교 매치가 발생하였다. 이 비트에 1을 쓰면 0으로 클리어된다.
- HUNF : High Byte Underflow Interrupt Flag
  0 = 상위 바이트 카운터가 BOTTOM에 도달하지 않았다.
  1 = 상위 바이트 카운터가 BOTTOM에 도달하여 언더플로우가 되었다. 이 비트에 1을 쓰면 0으로 클리어된다.
- LUNF : Low Byte Underflow Interrupt Flag
  0 = 하위 바이트 카운터가 BOTTOM에 도달하지 않았다.
  1 = 하위 바이트 카운터가 BOTTOM에 도달하여 언더플로우가 되었다. 이 비트에 1을 쓰면 0으로 클리어된다.

▣ 디버그 제어 레지스터 TCAn_DBGCTRL (리셋후 디폴트값 : 0x00)

b7	b6	b5	b4	b3	b2	b1	b0
-	-	-	-	-	-	-	DBGRUN
-	-	-	-	-	-	-	R/W

- DBGRUN : Run in Debug Mode
  0 = 디버그 모드에서 TCAn의 동작이 정지한다.
  1 = CPU가 정지하고 디버그 모드에 있어도 TCAn이 동작을 계속한다.

▣ 하위 바이트 카운터 레지스터 TCAn_LCNT (리셋후 디폴트값 : 0x00)

b7	b6	b5	b4	b3	b2	b1	b0
LCNT[7:0]							
R/W	R/W	R/W	R/W	R/W	R/W	R/W	R/W

- LCNT[7:0] : Low Byte Counter Value
  TCAn의 8비트 하위 바이트 카운터 레지스터의 값이다.

▣ 상위 바이트 카운터 레지스터 TCAn_HCNT (리셋후 디폴트값 : 0x00)

b7	b6	b5	b4	b3	b2	b1	b0
HCNT[7:0]							
R/W	R/W	R/W	R/W	R/W	R/W	R/W	R/W

- HCNT[7:0] : High Byte Counter Value
  TCAn의 8비트 상위 바이트 카운터 레지스터의 값이다.

▣ 하위 바이트 주기 레지스터 TCAn_LPER (리셋후 디폴트값 : 0xFF)

b7	b6	b5	b4	b3	b2	b1	b0
LPER[7:0]							
R/W	R/W	R/W	R/W	R/W	R/W	R/W	R/W

- LPER[7:0] : Low Byte Period Value
  TCAn의 8비트 하위 바이트 주기 레지스터의 값이다.

▣ 상위 바이트 주기 레지스터 TCAn_HPER (리셋후 디폴트값 : 0xFF)

b7	b6	b5	b4	b3	b2	b1	b0
HPER[7:0]							
R/W	R/W	R/W	R/W	R/W	R/W	R/W	R/W

- HPER[7:0] : High Byte Period Value
  TCAn의 8비트 상위 바이트 주기 레지스터의 값이다.

▣ 하위 바이트 비교 0 레지스터 TCAn_LCMP0 (리셋후 디폴트값 : 0x00)

b7	b6	b5	b4	b3	b2	b1	b0
LCMP[7:0]							
R/W	R/W	R/W	R/W	R/W	R/W	R/W	R/W

- LCMP[7:0] : Low Byte Compare Value of Channel 0
  TCAn의 8비트 하위 바이트 비교 0 레지스터의 값이다.

▣ 상위 바이트 비교 0 레지스터 TCAn_HCMP0 (리셋후 디폴트값 : 0x00)

b7	b6	b5	b4	b3	b2	b1	b0
HCMP[7:0]							
R/W	R/W	R/W	R/W	R/W	R/W	R/W	R/W

- HCMP[7:0] : High Byte Compare Value of Channel 0
  TCAn의 8비트 상위 바이트 비교 0 레지스터의 값이다.

▣ 하위 바이트 비교 1 레지스터 TCAn_LCMP1 (리셋후 디폴트값 : 0x00)

b7	b6	b5	b4	b3	b2	b1	b0
LCMP[7:0]							
R/W	R/W	R/W	R/W	R/W	R/W	R/W	R/W

- LCMP[7:0] : Low Byte Compare Value of Channel 1
  TCAn의 8비트 하위 바이트 비교 1 레지스터의 값이다.

▣ 상위 바이트 비교 1 레지스터 TCAn_HCMP1 (리셋후 디폴트값 : 0x00)

b7	b6	b5	b4	b3	b2	b1	b0
HCMP[7:0]							
R/W	R/W	R/W	R/W	R/W	R/W	R/W	R/W

- HCMP[7:0] : High Byte Compare Value of Channel 1
  TCAn의 8비트 상위 바이트 비교 1 레지스터의 값이다.

▣ 하위 바이트 비교 2 레지스터 TCAn_LCMP2 (리셋후 디폴트값 : 0x00)

b7	b6	b5	b4	b3	b2	b1	b0
LCMP[7:0]							
R/W	R/W	R/W	R/W	R/W	R/W	R/W	R/W

- LCMP[7:0] : Low Byte Compare Value of Channel 2
  TCAn의 8비트 하위 바이트 비교 2 레지스터의 값이다.

▣ 상위 바이트 비교 2 레지스터 TCAn_HCMP2 (리셋후 디폴트값 : 0x00)

b7	b6	b5	b4	b3	b2	b1	b0
HCMP[7:0]							
R/W	R/W	R/W	R/W	R/W	R/W	R/W	R/W

- HCMP[7:0] : High Byte Compare Value of Channel 2
  TCAn의 8비트 상위 바이트 비교 2 레지스터의 값이다.

2.8 16비트 B형 타이머/카운터(TCBn)

이 절에서는 AVR128DA64에 내장되어 있는 16비트 B형 타이머/카운터인 TCB0~TCB4의 구조와 기능을 알아보고, 이를 활용하는 기술에 대하여 설명한다.

1. B형 타이머/카운터의 동작

(1) 특징 및 기본 구조

AVR128DA64의 B형 타이머/카운터는 TCB0~TCB4의 5개가 있는데, 이것들의 특징을 요약하면 다음과 같다.

① 동일한 기능을 갖는 5개의 16비트 타이머/카운터 TCB0~TCB4이다.
② 클록 소스로 CLK_PER, CLK_TCAn, 이벤트 입력 신호 등을 사용할 수 있다.
③ 주기적인 인터럽트 발생 기능 등 총 8가지의 동작 모드를 가지고 있다.
④ 타임아웃 체크 기능이 있다.
⑤ 이벤트 입력을 사용한 입력 캡처를 사용하여 주파수 측정, 펄스폭 측정, 주파수 및 펄스폭 측정이 가능하다.
⑥ 2개의 TCBn을 캐스케이드 접속하여 32비트 구조로 사용할 수 있다.
⑦ 싱글 샷 기능이 있어서 WO 단자로 신호를 출력할 수 있다.
⑧ 8비트 PWM 출력 기능이 있어서 WO 단자로 신호를 출력할 수 있다.
⑨ 이벤트 입력 신호에 노이즈 제거 필터를 사용할 수 있다.
⑩ TCAn과 동기 동작이 가능하다.

이제부터 16비트 카운터 TCBn_CNT가 이론적으로 가질 수 있는 최소값 0x0000을 BOTTOM이라고 하고, 최대값 0xFFFF를 MAX라고 부른다. 그런데 동작 모드에 따라서 카운터는 MAX보다 작은 값에서 0x0000으로 바뀔 수도 있는데, 이처럼 각 모드에서 최대로 도달하는 값을 TOP이라고 한다.

AVR128DA64이 가지고 있는 TCBn의 내부 구성 블록도는 <그림 2.8.1>에 보였으며, 또한 클록 입력부는 <그림 2.8.2>와 같다. 여기서 보듯이 TCBn의 클록 소스는 크게 주변장치 클록 CLK_PER과 16비트 A형 타이머/카운터의 클록 신호 CLK_TCAn, 그리고 이벤트 신호의 3가지로 나눌 수 있다. 주변장치 클록 CLK_PER은 그냥 사용할 수도 있고 이를 2분주하여 사용할 수도 있으며, 이벤트 신호는 클록 소스 이외에도 동작 모드에 따라 다양한 용도로 사용할 수 있다.

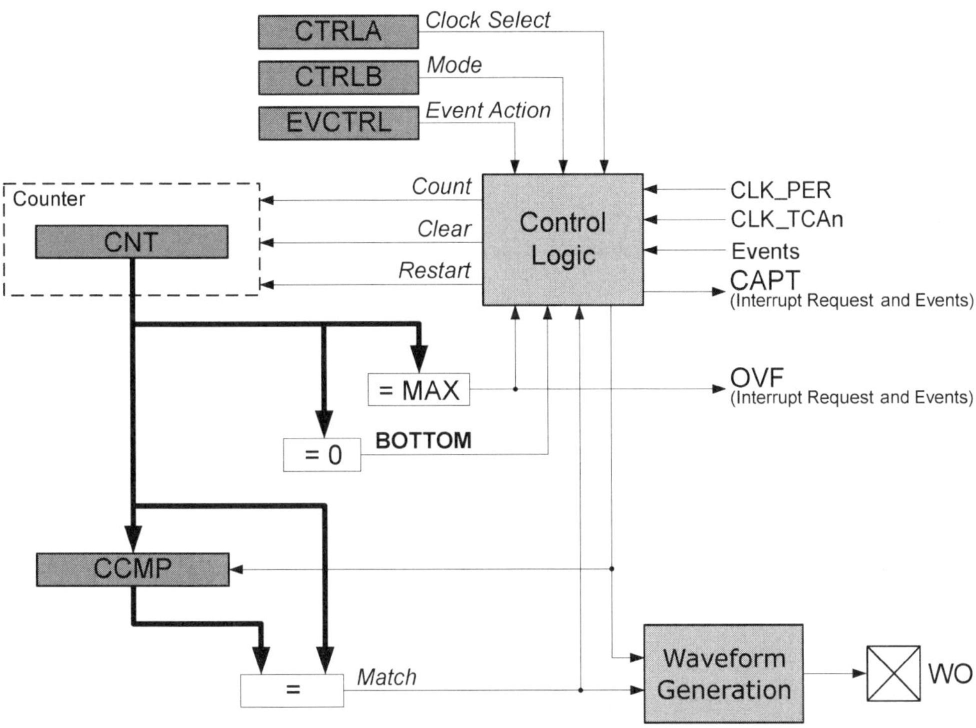

〈그림 2.8.1〉 B형 타이머/카운터 TCBn의 하드웨어 구성 블록도

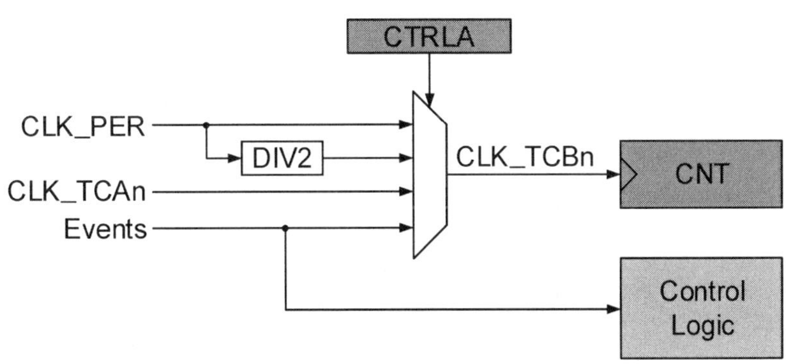

〈그림 2.8.2〉 B형 타이머/카운터 TCBn의 클록 입력부

(2) 초기화 절차

예를 들어 B형 타이머/카운터 TCBn을 주기적인 인터럽트 모드(Periodic Interrupt mode)로 사용한다면 이를 초기화하는 절차는 다음과 같다.

① TCBn_CCMP 레지스터를 사용하여 TOP 값을 설정한다.

② 필요하면 TCBn_CTRLB 레지스터에서 CCMPEN=1로 설정하여 파형 출력 단자 WO를 허용한다.

③ TCBn_CTRLA 레지스터에서 CLKSEL[2:0] 비트로 클록 소스를 설정한다.

④ TCBn_CTRLA 레지스터에서 ENABLE=1로 설정하여 TCBn의 동작을 허용한다.

⑤ 카운터 레지스터 TCBn_CNT의 값이 증가하여 TOP에 이르면 CAPT 인터럽트가 요청된다.

⑥ 동작 중에 TOP을 현재의 카운터 레지스터보다 작게 변경하면 카운터가 MAX까지 증가하여 OVF 인터럽트를 요청하고 카운터가 다시 BOTTOM으로 떨어지는 문제가 발생한다.

(3) 주기적인 인터럽트 발생 모드

주기적인 인터럽트 발생 모드(Periodic Interrupt mode)는 카운터가 BOTTOM에서부터 증가하다가 TCBn_CCMP 레지스터로 설정한 TOP 값에 이르면 CAPT 인터럽트 및 이벤트를 발생하면서 BOTTOM에서 다시 시작하는 동작을 수행한다.

만약, TOP 값을 현재의 카운터 값보다 작게 변경하면 현재의 주기에서는 비교 매치(compare match)가 발생하지 않으므로 카운터가 MAX까지 증가하면서 OVF 인터럽트와 이벤트를 발생하게 된다.

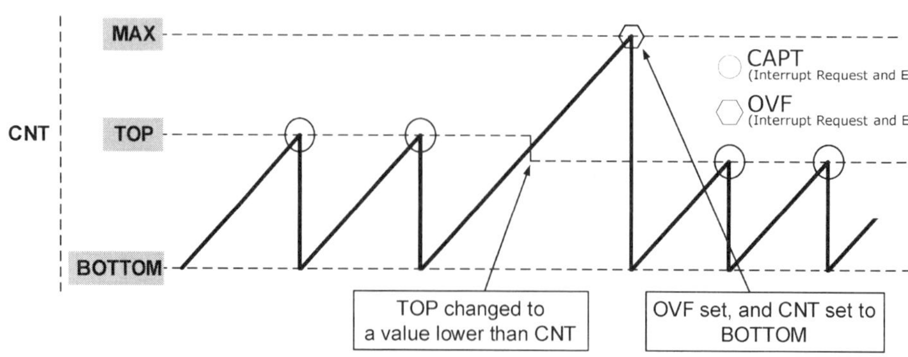

〈그림 2.8.3〉 TCBn에서 주기적인 인터럽트 발생 모드의 동작

(4) 타임아웃 체크 모드

타임아웃 체크 모드(Timeout Check mode)는 이벤트 입력 신호에 의하여 카운터를 스타트하거나 스톱시켜서 시간을 측정하는 기능이다. TCBn_EVCTRL 레지스터에서 EDGE=0으로 설정하면 이벤트 신호의 상승 에지에서 카운터를 리셋하고 카운트를 시작하며, 하강 에지에서 카운트 동작을 멈춘다. 그러나, 여기서 EDGE=1로 설정하면 반대로 이벤트 신호의 하강 에지에서 카운터를 리셋하고 카운트를 시작하며, 상승 에지에서 카운트 동작을 멈춘다.

만약, 카운트 도중에 카운터 값이 TCBn_CCMP 레지스터로 설정된 TOP 값에 도달하면 CAPT 인터럽트와 이벤트를 발생하며, 카운터 값이 MAX에 도달하면 OVF 인터럽트와 이벤트를 발생하면서 카운터가 BOTTOM에서 다시 시작한다. <그림 2.8.4>에는 TCBn_EVCTRL 레지스터에서 EDGE=0으로 설정한 경우 타임아웃 체크 모드의 동작을 보였다.

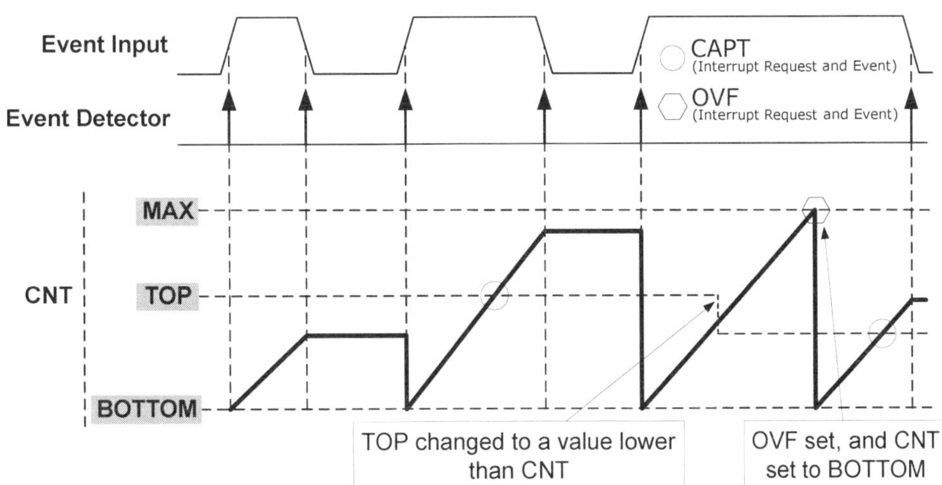

〈그림 2.8.4〉 TCBn에서 타임아웃 체크 모드의 동작

(5) 이벤트에 의한 입력 캡쳐 모드

이벤트에 의한 입력 캡쳐 모드(Input Capture on Event mode)는 카운터가 무조건 BOTTOM에서 MAX까지의 계수 동작을 반복하는 동안에 이벤트 입력 신호에 의하여 현재의 카운터 값을 캡쳐하여 TCBn_CCMP 레지스터에 저장하면서 CAPT 인터럽트와 이벤트를 발생하는 기능이다. TCBn_EVCTRL 레지스터에서 EDGE=0으로 설정하면 이벤트 신호의 상승 에지가 사용되며, EDGE=1로 설정하면 이벤트 신호의 하강 에지가

사용된다. TCBn_CCMP 레지스터의 하위 바이트를 읽으면 CAPT 인터럽트 플랙이 0으로 클리어된다.

만약, 카운터 값이 MAX에 도달하면 OVF 인터럽트와 이벤트를 발생하면서 카운터가 BOTTOM에서 다시 시작한다. <그림 2.8.5>에는 TCBn_EVCTRL 레지스터에서 EDGE=1로 설정한 경우 이벤트에 의한 입력 캡처 모드의 동작을 보였다.

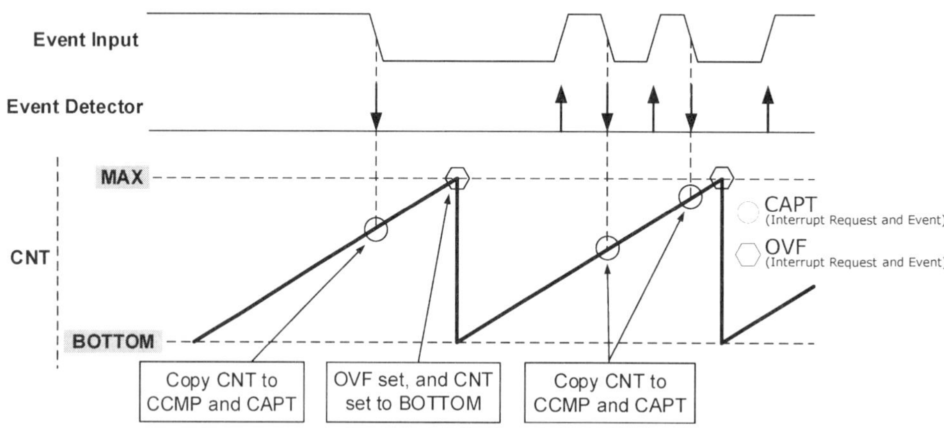

〈그림 2.8.5〉 TCBn에서 이벤트에 의한 입력 캡쳐 모드의 동작

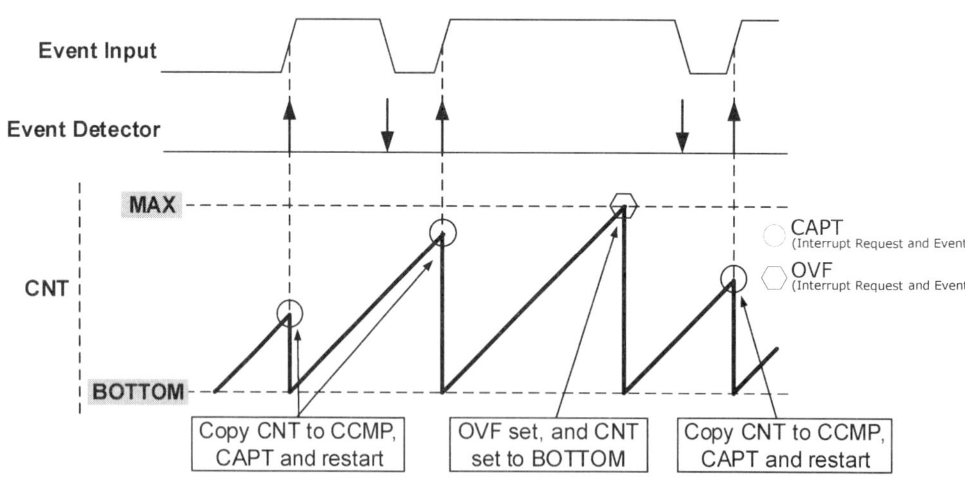

〈그림 2.8.6〉 TCBn에서 입력 캡쳐 주파수 측정 모드의 동작

(6) 입력 캡쳐 주파수 측정 모드

입력 캡쳐 주파수 측정 모드(Input Capture Frequency Measurement mode)는 이벤트 입력 신호에 의하여 현재의 카운터 값을 캡처하여 TCBn_CCMP 레지스터에 저장하

면서 CAPT 인터럽트와 이벤트를 발생하고, 동시에 카운터를 BOTTOM에서 다시 시작함으로써 캡쳐한 값으로부터 이벤트 신호의 주파수를 계산할 수 있도록 한다. TCBn_EVCTRL 레지스터에서 EDGE=0으로 설정하면 이벤트 신호의 상승 에지가 사용되며, EDGE=1로 설정하면 이벤트 신호의 하강 에지가 사용된다. TCBn_CCMP 레지스터의 하위 바이트를 읽으면 CAPT 인터럽트 플랙이 0으로 클리어된다.

만약, 카운터 값이 MAX에 도달하면 OVF 인터럽트와 이벤트를 발생하면서 카운터가 BOTTOM에서 다시 시작한다. <그림 2.8.6>에는 TCBn_EVCTRL 레지스터에서 EDGE=0으로 설정한 경우 입력 캡처 주파수 측정 모드의 동작을 보였다.

(7) 입력 캡쳐 펄스폭 측정 모드

입력 캡쳐 펄스폭 측정 모드(Input Capture Pulse-Width Measurement mode)는 이벤트 입력 신호의 시작 에지에서 카운터를 BOTTOM에서 다시 시작하도록 하고, 이벤트 입력 신호의 종료 에지에서 현재의 카운터 값을 캡쳐하여 TCBn_CCMP 레지스터에 저장하면서 CAPT 인터럽트와 이벤트를 발생함으로써 캡쳐한 값으로부터 이벤트 신호의 펄스폭을 계산할 수 있도록 한다. TCBn_EVCTRL 레지스터에서 EDGE=0으로 설정하면 이벤트 신호의 상승 에지를 시작 에지로 사용하고 하강 에지를 종료 에지로 사용하며, EDGE=1로 설정하면 이벤트 신호의 에지를 이와 반대로 사용한다.

만약, 카운터 값이 MAX에 도달하면 OVF 인터럽트와 이벤트를 발생하면서 카운터가 BOTTOM에서 다시 시작한다. TCBn_EVCTRL 레지스터에서 EDGE=0으로 설정한 경우 입력 캡쳐 펄스폭 측정 모드의 동작을 <그림 2.8.7>에 보였다.

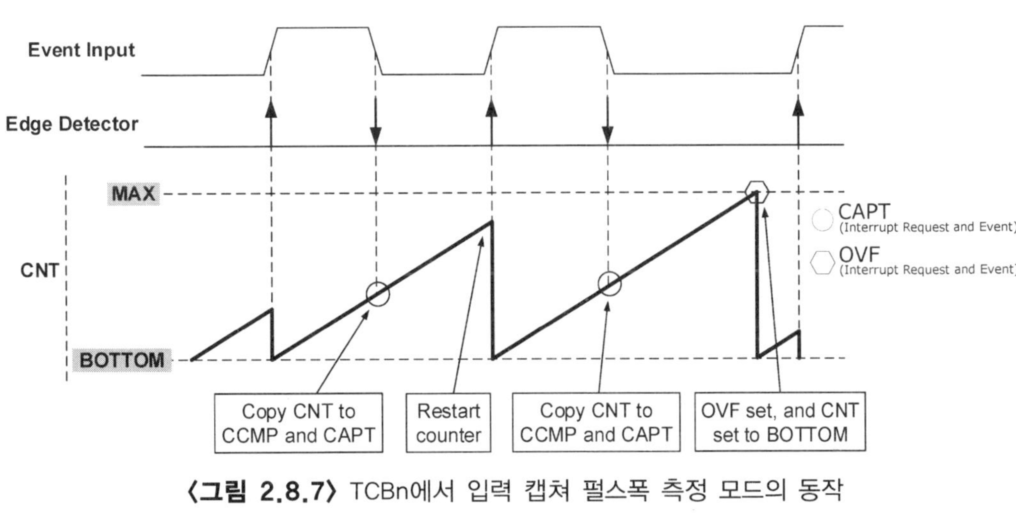

〈그림 2.8.7〉 TCBn에서 입력 캡쳐 펄스폭 측정 모드의 동작

(8) 입력 캡쳐 주파수 및 펄스폭 측정 모드

입력 캡쳐 주파수 및 펄스폭 측정 모드(Input Capture Frequency and Pulse-Width Measurement mode)는 TCBn_EVCTRL 레지스터에서 EDGE=0으로 설정하였을 경우 이벤트 입력 신호의 첫번째 상승 에지에서 카운터를 BOTTOM에서 다시 시작하도록 하고, 그 다음의 하강 에지에서 현재의 카운터 값을 캡쳐하여 TCBn_CCMP 레지스터에 저장하며, 두번째의 상승 에지에서 카운터의 동작을 정지시키면서 CAPT 인터럽트와 이벤트를 발생한다. 그 이후에는 이러한 정지 상태가 계속 유지되다가 CPU가 TCBn_CCMP 레지스터의 하위 바이트를 읽으면 CAPT 인터럽트 플랙이 0으로 클리어 되면서 카운터가 새로운 캡쳐 동작을 수행하기 위한 대기 상태로 되고, 그 다음 이벤트 신호의 첫번째 상승 에지에서 카운터가 BOTTOM에서 다시 시작한다.

만약, TCBn_EVCTRL 레지스터에서 EDGE=1로 설정하면 이벤트 신호의 에지가 위의 설명과 반대로 동작한다. 카운터 값이 계속 증가하여 MAX에 도달하면 OVF 인터럽트와 이벤트를 발생하면서 카운터가 BOTTOM에서 다시 시작한다. TCBn_EVCTRL 레지스터에서 EDGE=0으로 설정한 경우 입력 캡쳐 펄스폭 측정 모드의 동작을 <그림 2.8.8>에 보였다.

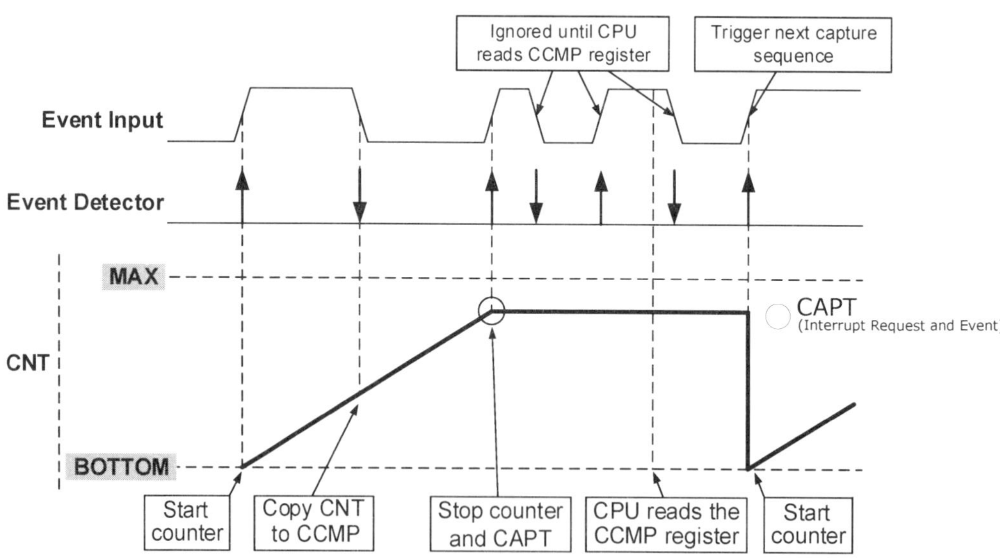

〈그림 2.8.8〉 TCBn에서 입력 캡쳐 주파수 및 펄스폭 측정 모드의 동작

(9) 싱글 샷 모드

싱글 샷 모드(Single-Shot mode)는 입력된 이벤트 신호의 지정된 에지에서 시작되

고 TCBn_CCMP 레지스터에서 지정한 폭을 갖는 1개의 펄스를 발생하는 기능이다. TCBn_EVCTRL 레지스터 EDGE=0으로 설정한 경우에는 이벤트 입력 신호의 상승 에지에서 펄스가 시작되고, EDGE=1로 설정하면 이벤트 입력 신호의 상승 에지 또는 하강 에지가 모두 펄스를 시작하도록 한다.

유효한 이벤트 신호가 입력되면 출력 단자 WO가 1로 되어 펄스가 시작되고, 카운터는 BOTTOM에서 증가하기 시작한다. 그러다가 카운터 값이 TCBn_CCMP 레지스터로 지정한 TOP에 도달하면 출력 단자 WO가 0으로 되어 펄스가 종료되면서 카운터는 다시 BOTTOM으로 된다. 만약, TCBn_CTRLB 레지스터 ASYNC=1로 설정하면 이벤트 입력을 CLK_TCB 클록과 동기시키지 않기 때문에 이벤트 입력이 검출되면 즉시 펄스 출력이 시작되도록 한다.

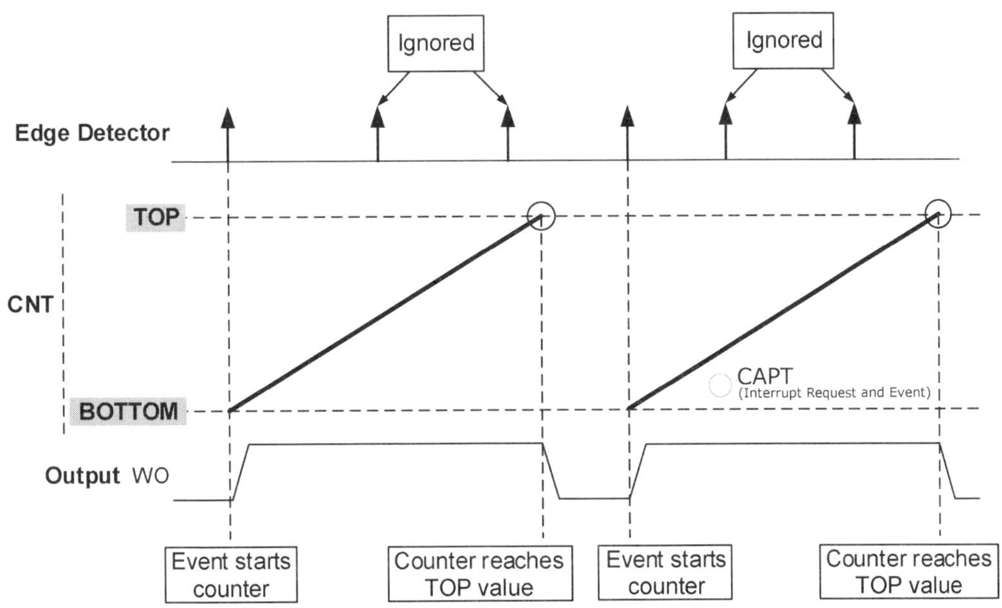

〈그림 2.8.9〉 TCBn에서 싱글 샷 모드의 동작

(10) 8비트 PWM 모드

8비트 PWM 모드(8-Bit PWM mode)는 비교/캡쳐 레지스터 TCBn_CCMP를 2개의 8비트 레지스터로 나누어 TCBn_CCMPL은 주기를 제어하고 TCBn_CCMPH는 듀티비를 제어하는 기능이다. 카운터는 BOTTOM에서부터 TCBn_CCMPL로 지정한 TOP까지 증가하는 동작을 반복적으로 수행하며, 출력 신호 WO는 카운터가 BOTTOM일 때 1로 셋트되고 TCBn_CCMPH와 같아지면 0으로 클리어된다.

카운터가 TCBn_CCMPH 레지스터 값과 같아지면 CAPT 인터럽트 및 이벤트가 발생하고, 카운터가 TCBn_CCMPL 레지스터 값에 해당하는 TOP에 도달하면 OVF 인터럽트 및 이벤트가 발생한다.

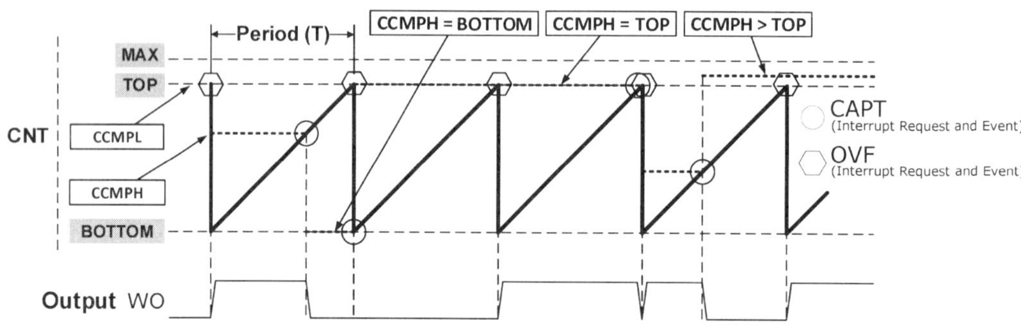

〈그림 2.8.10〉 TCBn에서 8비트 PWM 모드의 동작

(11) 32비트 입력 캡쳐 기능

16비트 B형 타이머/카운터 TCBn을 2개 연결하여 32비트 구조로 사용할 수 있다. 여기서 하위 16비트로 사용되는 TCBn의 카운터가 MAX에 도달하여 OVF 이벤트를 발생하면 상위 16비트로 사용되는 TCBn의 카운터가 이 OVF 이벤트를 카운트함으로써 32비트 구조의 카운터가 실현된다.

32비트 카운터를 구현하기 위하여 하위 16비트로 사용되는 TCBn은 다음과 같이 설정해야 한다.

- TCBn_CTRLA 레지스터에서 CLKSEL[2:0] 비트를 사용하여 원하는 클록 소스를 선택한다.
- TCBn_CTRLB 레지스터에서 CNTMODE[2:0]=010으로 설정하여 이벤트에 의한 입력 캡쳐 모드로 동작하도록 한다.
- TCBn_CTRLA 레지스터에서 CASCADE=0으로 설정한다.

또한, 32비트 카운터를 구현하기 위하여 상위 16비트로 사용되는 TCBn은 다음과 같이 설정해야 한다.

- TCBn_CTRLA 레지스터에서 CASCADE=1로 설정한다.
- TCBn_CTRLA 레지스터에서 CLKSEL[2:0] 비트를 111로 설정하여 클록 소스를 이

벤트 입력의 상승 에지로 선택한다.

- TCBn_CTRLB 레지스터에서 CNTMODE[2:0]=010으로 설정하여 이벤트에 의한 입력 캡쳐 모드로 동작하도록 한다.

이와 같이 하위 16비트의 TCBn에서 OVF 이벤트를 발생하여 이것을 상위 16비트의 TCBn에서 사용할 수 있도록 이벤트 시스템을 설정해야 하고, 2개의 TCBn에서 모두 CAPT 이벤트가 동작하도록 해야 한다. 32비트 카운터 값을 캡쳐하기 위하여 2개의 카운터에 모두 CAPT 이벤트 신호를 보내면 각각의 TCBn은 자신의 캡쳐/비교 레지스터 TCBn_CCMP에 캡쳐한 카운터 값을 저장한다.

예를 들어 TCB0을 하위 16비트 타이머/카운터로 사용하고 TCB1을 상위 16비트 타이머/카운터로 사용하도록 32비트 구조로 연계 동작시키는 경우를 그림으로 설명하면 <그림 2.8.11>과 같다.

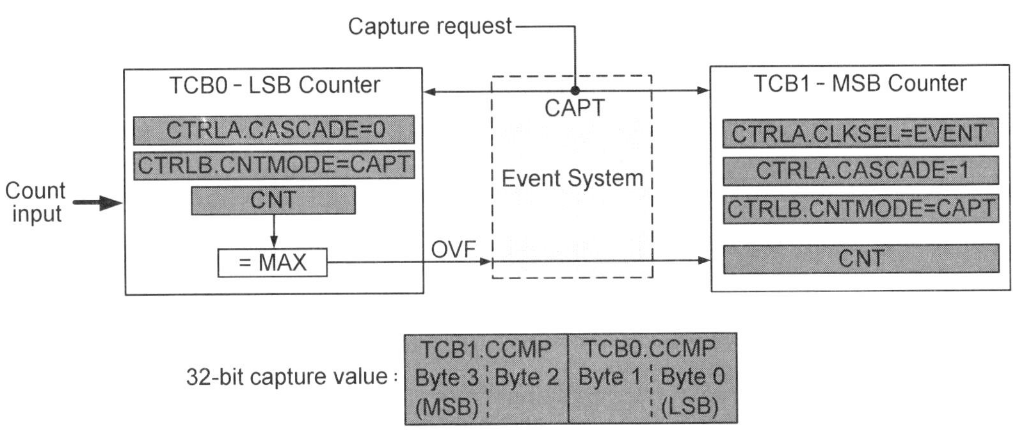

〈그림 2.8.11〉 TCB1:TCB0를 연계하여 32비트 입력 캡쳐를 수행하는 동작

(12) 인터럽트 발생

16비트 B형 타이머/카운터 TCBn의 인터럽트 발생 기능은 다음과 같이 2가지가 있다.

- CAPT 인터럽트 : 동작 모드에 따라 다른데, 예를 들어 카운터가 TOP에 도달하거나 이벤트 신호에 의하여 카운터 값의 캡쳐 동작이 수행될 때 발생함.
- OVF 인터럽트 : 카운터 값이 MAX에서 BOTTOM으로 바뀌는 오버플로우가 될 때 발생함.

(13) 이벤트 입력 및 출력

16비트 B형 타이머/카운터 TCBn은 Event User로서 이벤트 입력 신호를 <표 2.8.1>과 같이 사용할 수 있다. 이벤트 신호로 유효한 동작 에지는 TCAn_EVCTRL 레지스터에서 EDGE 비트로 설정한다.

〈표 2.8.1〉 TCBn에서 이벤트 입력의 사용(Event User)

User Name		Description	Input Detection	Sync/Async
Peripheral	Input			
TCBn	CAPT	Timeout Check mode	Edge	Sync
		Input Capture on Event mode		
		Input Capture Frequency Measurement mode		
		Input Capture Pulse-Width Measurement mode		
		Input Capture Frequency and Pulse-Width Measurement mode		
		Single-Shot mode		Both
	COUNT	Event as clock source in combination with a count mode	Edge	Sync

16비트 B형 타이머/카운터 TCBn은 Event Generator로서 이벤트 출력 신호를 <표 2.8.2>와 같이 발생할 수 있다. 이들 모든 이벤트 신호의 길이는 1주기의 CLK_PER 신호에 해당한다.

〈표 2.8.2〉 TCBn에서 이벤트 출력의 발생(Event Generator)

User Name		Description	Event Type	Generating Clock Domain
Peripheral	Event			
TCBn	CAPT	CAPT flag set	Pulse	CLK_PER
	OVF	OVF flag set	Pulse	CLK_PER

2. TCBn의 I/O 제어 레지스터

AVR128DA64의 16비트 B형 타이머/카운터 TCBn에서 사용하는 I/O 제어 레지스터를 정리하면 <표 2.8.3>과 같다. 여기서 어드레스는 TCB0에 대하여 표시하였으며, 나머지의 타이머/카운터 TCB1~TCB4에 대해서는 이것보다 어드레스가 0x0010 높은 어드레스에서 시작한다. 예를 들어 TCB1은 0x0B10에서 시작하며, TCB2는 0x0B20에서 시작한다.

〈표 2.8.3〉 AVR128DA64의 TCBn과 관련된 I/O 제어 레지스터 요약

어드레스	레지스터 이름	풀어 쓴 레지스터 이름	리셋 후 초기값
0x0B00	TCBn_CTRLA	TCBn Control Register A	0x00
0x0B01	TCBn_CTRLB	TCBn Control Register B	0x00
0x0B02 0x0B03		(reserved)	
0x0B04	TCBn_EVCTRL	TCBn Event Control Register	0x00
0x0B05	TCBn_INTCTRL	TCBn Interrupt Control Register	0x00
0x0B06	TCBn_INTFLAGS	TCBn Interrupt Flag Register	0x00
0x0B07	TCBn_STATUS	TCBn Status Register	0x00
0x0B08	TCBn_DBGCTRL	TCBn Debug Control Register	0x00
0x0B09	TCBn_TEMP	TCBn Temporary Register	0x00
0x0B0A	TCBn_CNT	TCBn Counter Register (L)	0x00
0x0B0B		TCBn Counter Register (H)	0x00
0x0B0C	TCBn_CCMP	TCBn Capture/Compare Register (L)	0x00
0x0B0D		TCBn Capture/Compare Register (H)	0x00

▣ 제어 레지스터 A TCBn_CTRLA (리셋후 디폴트값 : 0x00)

b7	b6	b5	b4	b3	b2	b1	b0
–	RUNSTDBY	CASCADE	SYNCUPD	CLKSEL[2:0]			ENABLE
–	R/W	R/W	R/W	R/W	R/W	R/W	R/W

- RUNSTDBY : Run in Standby
  0 = TCBn이 스탠바이 모드에서는 동작하지 않는다. 스탠바이 모드로 들어가면 TCBn의 동작이 종료한다.
  1 = TCBn이 스탠바이 모드에서도 동작한다.
- CASCADE : Cascade Two Timer/Counters
  0 = 2개의 TCBn을 캐스케이드로 연결하지 않는다.
  1 = 32비트로 사용하기 위하여 현재의 TCBn이 상위 16비트로 동작하도록 캐스케이드로 연결한다.
- SYNCUPD : Synchronous Update
  0 = 동기 업데이트 기능을 사용하지 않는다.
  1 = CLK_TCAn을 클록 소스로 설정한 경우에는 동기로 동작하는 TCAn이 restart하거나 overflow가 발생할 때마다 TCBn이 restart한다. 클록 소스를 CLK_TCAn의 이외로 설정한 경우에는 TCA0와 연계되어 restart한다.
- CLKSEL[2:0] : Clock Select
  000 = TCBn의 클록 소스를 CLK_PER/1로 사용한다.
  001 = TCBn의 클록 소스를 CLK_PER/2로 사용한다.
  010 = TCBn의 클록 소스를 CLK_TCA0으로 사용한다. (TCA0와 동기로 동작)
  011 = TCBn의 클록 소스를 CLK_TCA1로 사용한다. (TCA1과 동기로 동작)
  100~110 = (reserved)
  111 = TCBn의 클록 소스로 이벤트 입력의 상승 에지를 사용한다.
- ENABLE : TCBn Enable
  0 = TCBn의 동작을 금지한다.
  1 = TCBn의 동작을 허용한다.

▣ 제어 레지스터 B TCBn_CTRLB (리셋후 디폴트값 : 0x00)

b7	b6	b5	b4	b3	b2	b1	b0
–	ASYNC	CCMPINIT	CCMPEN	–	CNTMODE[2:0]		
–	R/W	R/W	R/W	–	R/W	R/W	R/W

- ASYNC : Asynchronous Enable
  0 = 싱글 샷 모드에서 TCBn의 출력 신호 WO가 클록과 동기되어 카운터가 스타트할 때 1이 된다.

1 = 싱글 샷 모드에서 TCBn의 출력 신호 WO가 클록과 비동기로 즉시 1이 된다.

- CCMPINIT : Capture/Compare Pin Initial Value
  0 = 8비트 PWM 모드와 싱글 샷 모드 이외의 모드에서 WO 단자의 초기값을 0으로 출력한다.
  1 = 8비트 PWM 모드와 싱글 샷 모드 이외의 모드에서 WO 단자의 초기값을 1로 출력한다.
- CCMPEN : Capture/Compare Output Enable
  0 = 파형 출력 핀 WO의 출력을 금지한다.
  1 = 파형 출력 핀 WO의 출력을 허용한다. 이때는 병렬 I/O 포트에서 해당 핀을 출력 방향으로 설정해야 한다.
- CNTMODE[2:0] : Timer Mode
  000 = Periodic Interrupt mode
  001 = Timeout Check mode
  010 = Input Capture on Event mode
  011 = Input Capture Frequency Measurement mode
  100 = Input Capture Pulse-Width Measurement mode
  101 = Input Capture Frequency and Pulse-Width Measurement mode
  110 = Single-Shot mode
  111 = 8-bit PWM mode

▣ 이벤트 제어 레지스터 TCBn_EVCTRL (리셋후 디폴트값 : 0x00)

b7	b6	b5	b4	b3	b2	b1	b0
-	FILTER	-	EDGE	-	-	-	CAPTEI
-	R/W	-	R/W	-	-	-	R/W

- FILTER : Input Capture Noise Cancellation Filter
  0 = 입력 캡처의 이벤트 신호에 잡음 제거 필터를 금지한다.
  1 = 입력 캡처의 이벤트 신호에 잡음 제거 필터를 허용한다. 그러면 주변장치 클록으로 4주기동안 연속으로 이벤트 신호를 검출하여 이벤트 신호가 4번 모두 동일한 값일 경우에만 이를 정상적인 이벤트 신호로 인식한다.
- EDGE : Event Edge
  이벤트 신호의 에지에서 어떤 기능을 수행하는지 설정한다. 각 동작 모드에서 이벤트 신호 에지의 동작은 다음과 같다.

동작 모드	EDGE 설정	상승 에지	하강 에지
Periodic Interrupt mode	0	-	-
	1	-	-
Timeout Check mode	0	Start counter	Stop counter
	1	Stop counter	Start counter
Input Capture on Event mode	0	Input Capture, interrupt	-
	1	-	Input Capture, interrupt
Input Capture Frequency Measurement mode	0	Input Capture, clear and restart counter, interrupt	-
	1	-	Input Capture, clear and restart counter, interrupt
Input Capture Pulse-Width Measurement mode	0	Clear and restart counter	Input Capture, interrupt
	1	Input Capture, interrupt	Clear and restart counter
Input Capture Frequency and Pulse-Width Measurement mode	0	• On the 1st positive edge : Clear and restart counter • On the following negative edge : Input Capture • On the 2nd positive edge : Stop counter, interrupt	
	1	• On the 1st negative edge : Clear and restart counter • On the following positive edge : Input Capture • On the 2nd negative edge : Stop counter, interrupt	
Single-Shot mode	0	Start counter	-
	1	Start counter	Start counter
8-bit PWM mode	0	-	-
	1	-	-

- CAPTEI : Capture Event Input Enable
  0 = 입력 캡쳐 이벤트를 금지한다.
  1 = 입력 캡쳐 이벤트를 허용한다.

▣ 인터럽트 제어 레지스터 TCBn_INTCTRL (리셋후 디폴트값 : 0x00)

b7	b6	b5	b4	b3	b2	b1	b0
-	-	-	-	-	-	OVF	CAPT
-	-	-	-	-	-	R/W	R/W

- OVF : Overflow Interrupt Enable
  0 = 오버플로우 인터럽트를 금지한다.
  1 = 오버플로우 인터럽트를 허용한다.
- CAPT : Capture Interrupt Enable
  0 = 캡쳐 인터럽트를 금지한다.
  1 = 캡쳐 인터럽트를 허용한다.

▣ 인터럽트 플랙 레지스터 TCBn_INTFLAGS (리셋후 디폴트값 : 0x00)

b7	b6	b5	b4	b3	b2	b1	b0
-	-	-	-	-	-	OVF	CAPT
-	-	-	-	-	-	R/W	R/W

- OVF : Overflow Interrupt Flag
  0 = 카운터에서 오버플로우가 발생하지 않았다.
  1 = 카운터가 MAX에서 BOTTOM으로 바뀌는 오버플로우가 발생하였다. 이 비트에 1을 쓰면 0으로 클리어된다.
- CAPT : Capture Interrupt Flag
  0 = 캡쳐 인터럽트 조건이 발생하지 않았다.
  1 = 캡쳐 인터럽트 조건이 발생하였다. 캡쳐 모드에서 캡쳐 레지스터를 읽거나, 이 비트에 1을 쓰면 0으로 클리어된다. 각 동작 모드에서 CAPT=1로 되는 조건을 요약하면 다음과 같다.

동작 모드	CAPT=1이 되는 조건	TOP 값
Periodic Interrupt mode	TCBn_CNT가 TOP과 같아짐	TCBn_CCMP
Timeout Check mode	TCBn_CNT가 TOP과 같아짐	TCBn_CCMP
Input Capture on Event mode	이벤트 신호로 캡쳐 동작을 수행할 때	-
Input Capture Frequency Measurement mode	이벤트 신호로 캡쳐 동작을 수행할 때	-
Input Capture Pulse-Width Measurement mode	두번째 이벤트 신호로 캡쳐 동작을 수행할 때	-
Input Capture Frequency and Pulse-Width Measurement mode	세번째 이벤트 신호로 카운터의 동작을 정지시킬 때	-
Single-Shot mode	TCBn_CNT가 TOP과 같아짐	TCBn_CCMP
8-bit PWM mode	TCBn_CNT가 TOP과 같아짐	TCBn_CCMPL

▣ 상태 레지스터 TCBn_STATUS (리셋후 디폴트값 : 0x00)

b7	b6	b5	b4	b3	b2	b1	b0
-	-	-	-	-	-	-	RUN
-	-	-	-	-	-	-	R

- RUN : Run
  0 = 현재 카운터가 정지하고 있는 상태이다.
  1 = 현재 카운터가 동작하고 있는 상태이다.

■ 디버그 제어 레지스터 TCBn_DBGCTRL (리셋후 디폴트값 : 0x00)

b7	b6	b5	b4	b3	b2	b1	b0
–	–	–	–	–	–	–	DBGRUN
–	–	–	–	–	–	–	R/W

- DBGRUN : Run in Debug Mode
  0 = 디버그 모드에서 TCBn의 동작이 정지한다.
  1 = CPU가 정지하고 디버그 모드에 있어도 TCBn이 동작을 계속한다.

■ 임시 레지스터 TCBn_TEMP (리셋후 디폴트값 : 0x00)

b7	b6	b5	b4	b3	b2	b1	b0
TEMP[7:0]							
R/W	R/W	R/W	R/W	R/W	R/W	R/W	R/W

- TEMP[7:0] : Temporary
  TCBn의 16비트 레지스터를 읽거나 쓸 때 사용하는 임시 레지스터이다.

■ 카운터 레지스터 TCBn_CNT (리셋후 디폴트값 : 0x0000)

b15	b14	b13	b12	b11	b10	b9	b8	
CNT[15:8]								
R/W	R/W	R/W	R/W	R/W	R/W	R/W	R/W	**CNTH**

b7	b6	b5	b4	b3	b2	b1	b0	
CNT[7:0]								
R/W	R/W	R/W	R/W	R/W	R/W	R/W	R/W	**CNTL**

- CNT[15:0] : Counter Data
  TCBn에 있는 16비트 카운터 레지스터의 값이다.

■ 캡쳐/비교 레지스터 TCBn_CCMP (리셋후 디폴트값 : 0x0000)

b15	b14	b13	b12	b11	b10	b9	b8	
CCMP[15:8]								
R/W	R/W	R/W	R/W	R/W	R/W	R/W	R/W	**CCMPH**

b7	b6	b5	b4	b3	b2	b1	b0	
CCMP[7:0]								
R/W	R/W	R/W	R/W	R/W	R/W	R/W	R/W	**CCMPL**

- CCMP[15:0] : Capture/Compare Value
  TCBn에 있는 16비트 캡쳐/비교 레지스터 또는 TOP으로 사용되는 값이다. 캡쳐 동작에서는 이 레지스터에 캡쳐된 카운터 값이 저장된다. 그러나, 주기적인 인터럽트 발생 모드, 타임아웃 체크 모드, 싱글샷 모드에서는 이 레지스터가 TOP으로 사용된다. 한편, 8비트 PWM 모드에서는 이 레지스터가 2개의 8비트 레지스터로 분할되어 CCMPL은 PWM 주기를 제어하고 CCMPH는 PWM 듀티비를 제어한다.

2.9 12비트 D형 타이머/카운터(TCD0)

이 절에서는 AVR128DA64에 내장되어 있는 12비트 D형 타이머/카운터인 TCD0의 구조와 기능을 알아보고, 이를 활용하는 기술에 대하여 설명한다.

1. D형 타이머/카운터의 동작

(1) 특징 및 기본 구조

AVR128DA64의 D형 타이머/카운터는 TCD0 1개가 있는데, 이것들의 특징을 요약하면 다음과 같다.

① 12비트의 타이머/카운터이다.

② 클록 소스로 CLK_PER 뿐만 아니라 OSCHF, PLL, EXTCLK 중의 하나를 사용할 수 있다.

③ 분주비를 몇가지로 설정할 수 있는 프리스케일러(prescaler)를 가지고 있다.

④ 전체 구조가 비동기 카운터와 비교/캡쳐 유닛 A 및 비교/캡쳐 유닛 B의 3부분으로 나누어진다.

⑤ 2개의 유닛(unit)은 기능이 서로 거의 유사하며, 각각 비교 세트 레지스터, 비교 클리어 레지스터, 캡쳐 레지스터, 출력 파형 발생기 등으로 구성된다.

⑥ 카운터 값이 비교 세트 레지스터와 같아지면 출력 신호 WOx가 1로 세트되며, 카운터 값이 비교 클리어 레지스터와 같아지면 출력 신호 WOx가 0으로 리셋된다.

⑦ 출력 파형 발생기는 1램프 모드, 2램프 모드, 4램프 모드, 이중 경사 모드로 동작할 수 있다.

⑧ 각 유닛에는 필터 기능이 있는 이벤트 입력을 사용할 수 있으며, 이것의 기능에 따라 10가지의 동작 모드가 있다.

⑨ 각 유닛에서는 소프트웨어적으로 또는 외부 이벤트 입력에 따라서 카운터 값을 캡쳐할 수 있다.

⑩ 출력 신호를 사용하여 하프 브리지(half-bridge) 또는 풀 브리지(full-bridge) 회로를 구동할 수 있다.

⑪ 카운터 오버플로우가 발생하거나 각 유닛에서 캡쳐 트리거가 발생할 때 인터럽트를 요청할 수 있다.

⑫ 각 유닛에서 비교 셋트 매치 또는 비교 클리어 매치가 되는 경우에 이벤트 출력을 발생할 수 있다.

AVR128DA64이 가지고 있는 TCD0의 내부 구성 블록도는 <그림 2.9.1>에 보였다. 여기서 보듯이 TCD0는 전체적으로 12비트 카운터와 2개의 비교/캡쳐 유닛으로 구성되어 있으며, 각 유닛에는 비교 세트 레지스터, 비교 클리어 레지스터, 캡쳐 레지스터를 가지고 있다.

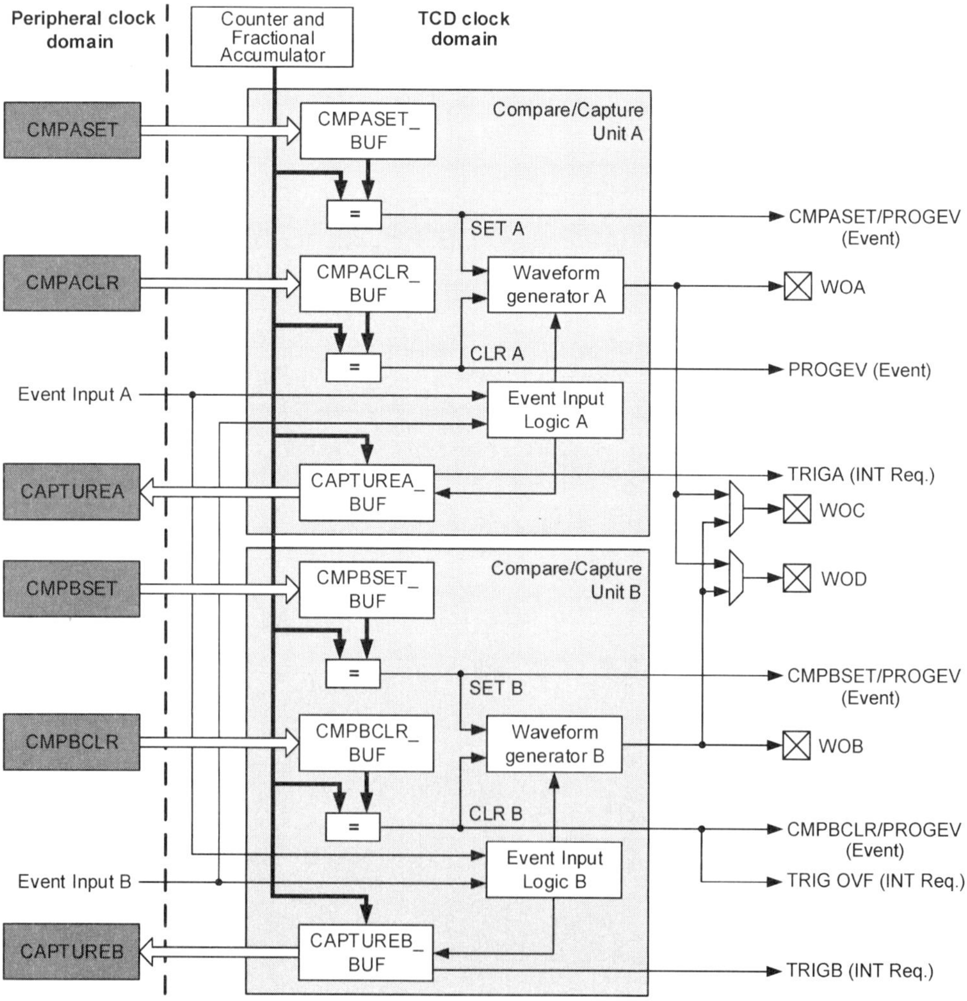

〈그림 2.9.1〉 D형 타이머/카운터 TCD0의 하드웨어 구성 블록도

(2) 클록 소스의 사용

타이머/카운터 TCD0에서 클록 소스를 선택하고 이를 프리스케일러로 분주하는 과정은 <그림 2.9.2>에 보였다. 클록 소스는 TCD0_CTRLA 레지스터의 CLKSEL[1:0] 비트로 선택하며, 12비트의 카운터는 선택된 클록 소스를 동기 프리스케일러를 사용하여 1, 2, 4, 8로 분주하고, 다시 카운터 프리스케일러를 사용하여 1, 4, 32로 분주한 카운터 클록(Counter clock) 신호를 입력 받아서 비동기로 동작한다.

동기화 클록(Synchronizer clock) 신호는 비동기로 동작하는 TCD0를 주변장치 클록으로 동작하는 다른 주변장치와 동기시키는데 내부적으로 사용된다. 또한, 지연 클록(Delay clock)은 이벤트 입력을 차단하거나 이벤트 출력을 지연시키는데 사용된다.

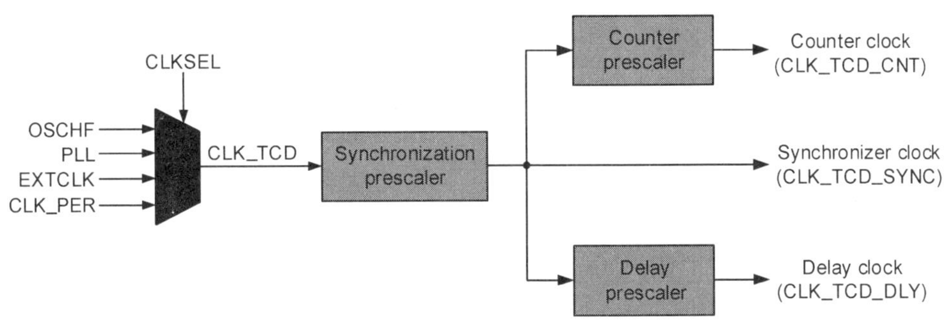

<그림 2.9.2> TCD0의 클록 소스 선택 및 프리스케일러 사용

(3) 초기화 절차

D형 타이머/카운터 TCD0을 일반적으로 초기화하는 절차는 다음과 같다.

① TCD0_CTRLA 레지스터에서 클록 소스와 프리스케일러를 설정한다.

② TCD0_CTRLB 레지스터에서 파형 발생 모드를 설정한다.

③ 사용자가 원하는 동작에 따라 기타 필요한 직접 액세스하는(static) 레지스터를 초기화한다.

④ 비교 레지스터 TCD0_CMPxSET 및 TCD0_CMPxCLR을 설정한다.

⑤ 사용자가 원하는 동작에 따라 기타 필요한 이중 버퍼링 기능이 있는(double-buffered) 레지스터를 설정한다.

⑥ TCD0_STATUS 레지스터에서 ENRDY=1 상태인지 확인한다.

⑦ TCD0_CTRLA 레지스터에서 ENABLE=1로 설정하여 동작을 시작한다.

타이머/카운터 TCD0의 I/O 제어 레지스터들을 성격에 따라 분류해 보면 <표 2.9.1>과 같다. 이중에서 TCD0_CTRLA 레지스터의 ENABLE 비트를 제외한 나머지 비트들은 enable-protected로 되어 있어서 ENABLE=0인 상태에서만 설정할 수 있다. 또한, TCD0_FAULTCTRL 레지스터는 CCP로 보호받고 있으므로 여기에 값을 쓰려면 먼저 CPU_CCP 레지스터에 0xD8을 써서 보호된 I/O 레지스터를 풀어 주어야 한다.

이 표에서 Static Register로 분류된 모든 레지스터는 TCD0_CTRLA 레지스터에서 ENABLE=1인 상태에서는 업데이트가 불가능하다. 그러나, 나머지 레지스터들은 이러한 TCD0 허용 상태에서도 액세스가 가능하다.

〈표 2.9.1〉 TCD0에서 레지스터의 분류

Command Register	Double-Buffered Register	Static Register	Read-Only Register	Normal I/O Register
TCD0_CTRLA (ENABLE bit)	TCD0_DLYCTRL TCD0_DLYVAL	TCD0_CTRLA (all bits except ENABLE bit)	TCD0_STATUS	TCD0_INTCTRL TCD0_INTFLAGS
TCD0_CTRLE	TCD0_DITCTRL TCD0_DITVAL	TCD0_CTRLB TCD0_CTRLC TCD0_CTRLD	TCD0_CAPTUREA TCD0_CAPTUREB	
	TCD0_DBGCTRL	TCD0_EVCTRLA TCD0_EVCTRLB		
	TCD0_CMPASET TCD0_CMPACLR	TCD0_INPUTCTRLA TCD0_INPUTCTRLB		
	TCD0_CMPBSET TCD0_CMPBCLR	TCD0_FAULTCTRL		

(4) 출력 파형의 발생

TCD0는 TCD0_CTRLB 레지스터의 WGMODE[1:0] 비트를 사용하여 다음과 같은 4가지 모드의 출력 파형을 발생할 수 있다.

① 1램프 모드(One Ramp mode) - 1개의 TCD 사이클에 1주기의 증가형 파형을 포함한다.
② 2램프 모드(Two Ramp mode) - 1개의 TCD 사이클에 2주기의 증가형 파형을 포함한다.
③ 4램프 모드(Four Ramp mode) - 1개의 TCD 사이클에 4주기의 증가형 파형을 포함한다.
④ 이중 경사 모드(Dual Slope mode) - 1개의 TCD 사이클에 1주기의 증가/감소형 파형을 포함한다.

이들 모든 출력 파형에서 1개의 TCD 사이클은 데드 타임 A(Dead-time A ; DTA), 온 타임 A(On-time A ; OTA), 데드 타임 B(Dead-time B ; DTB), 온 타임 B(On-time B ; OTB) 등의 4가지 부분으로 구성된다. 이러한 출력 파형을 발생하기 위하여 4개의 제어 레지스터 TCD0_CMPASET, TCD0_CMPACLR, TCD0_CMPBSET, TCD0_CMPBCLR가 사용된다.

■ **1램프 모드**(One-Ramp mode)

1램프 모드에서 카운터는 0x0000부터 시작하여 TCD0_CMPBCLR 레지스터와 같아질 때까지 계속하여 증가하며, 1개의 TCD 사이클이 종료되면 카운터는 다시 0x0000부터 시작한다. TCD 사이클 1개의 주기는 다음과 같이 계산된다.

$$T_{\text{TCD\_cycle}} = \frac{1}{f_{\text{CLK\_TCD\_CNT}}} \times (\text{CMPBCLR} + 1)$$

각 레지스터의 크기가 CMPASET < CMPACLR < CMPBSET < CMPBCLR일 경우에 1램프 모드의 동작 및 출력 파형을 보이면 <그림 2.9.3>과 같다. 1램프 모드에서는 카운터가 항상 CMPBCLR 값과 같아질 때 사이클을 종료하고 출력 파형을 클리어하므로 나머지 3개의 레지스터에 비하여 CMPBCLR의 값이 가장 커야 한다. 또한 CMPxCLR 값은 항상 CMPxSET 값보다 커야 한다.

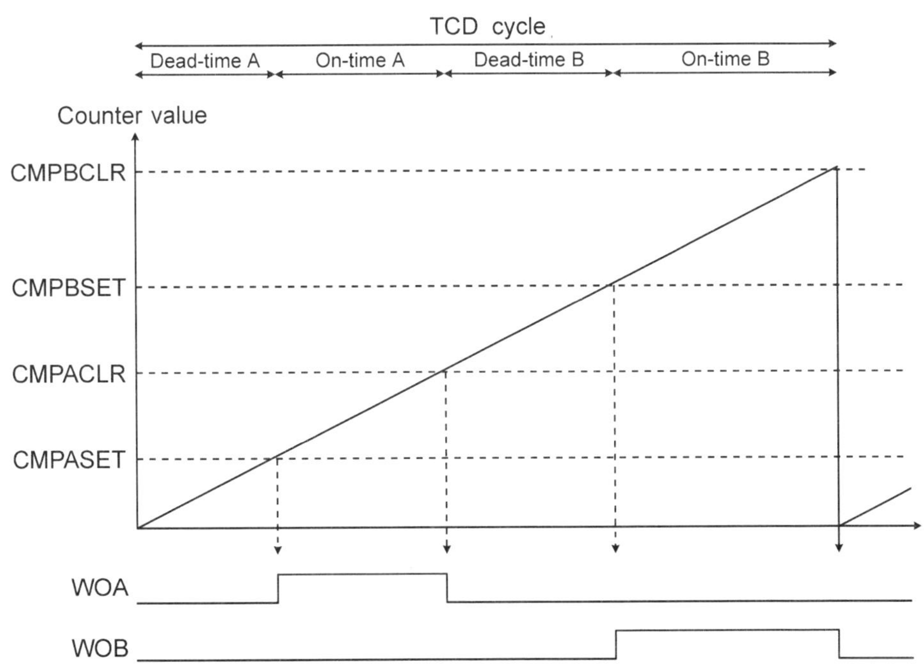

〈그림 2.9.3〉 TCD0에서 1램프 모드의 동작

■ **2램프 모드**(Two-Ramp mode)

2램프 모드에서 카운터는 0x0000부터 시작하여 TCD0_CMPACLR 레지스터와 같아질 때까지 계속하여 증가하다가 클리어되며, 다시 TCD0_CMPBCLR 레지스터와 같아질

때까지 계속하여 증가하다가 클리어되어 1개의 TCD 사이클을 종료한다. TCD 사이클 1개의 주기는 다음과 같이 계산된다.

$$T_{\mathrm{TCD\_cycle}} = \frac{1}{f_{\mathrm{CLK\_TCD\_CNT}}} \times (\mathrm{CMPACLR} + 1 + \mathrm{CMPBCLR} + 1)$$

레지스터의 크기가 CMPASET < CMPACLR 이고 CMPBSET < CMPBCLR일 경우에 2램프 모드의 동작 및 출력 파형을 보이면 <그림 2.9.4>와 같다.

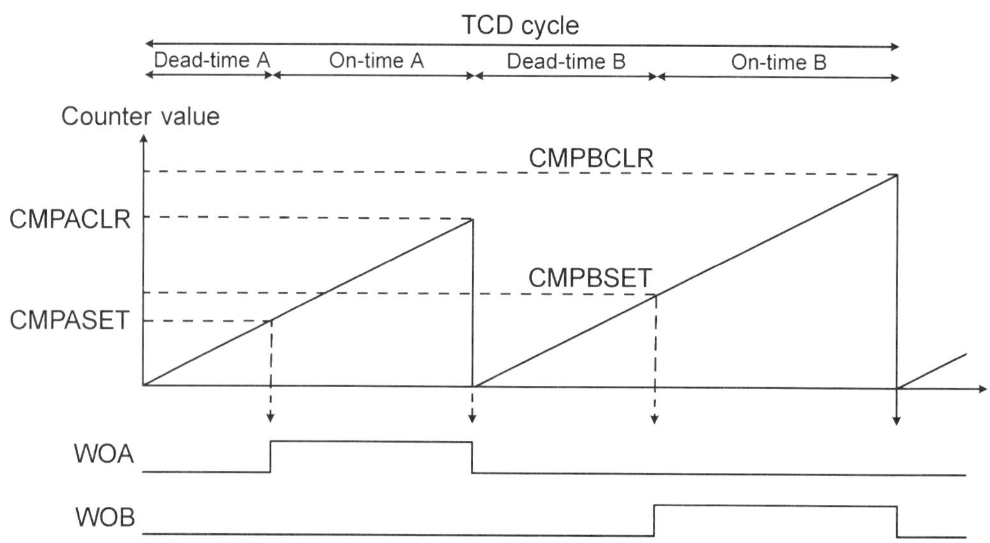

〈그림 2.9.4〉 TCD0에서 2램프 모드의 동작

▣ **4램프 모드**(Four-Ramp mode)

4램프 모드에서 카운터는 0x0000부터 시작하여 증가하다가 차례로 CMPASET, CMPACLR, CMPBSET, CMPBCLR와 같아질 때마다 리셋되었다가 다시 증가하는 동작을 반복하여 1개의 TCD 사이클을 완성한다. TCD 사이클 1개의 주기는 다음과 같이 계산된다.

$$T_{\mathrm{TCD\_cycle}} = \frac{(CMPASET+1) + (CMPACLR+1) + (CMPBSET+1) + (CMPBCLR+1)}{f_{\mathrm{CLK\_TCD\_CNT}}}$$

레지스터의 크기가 CMPASET < CMPACLR = CMPBSET < CMPBCLR일 경우에 4램프 모드의 동작 및 출력 파형을 보이면 <그림 2.9.5>와 같다.

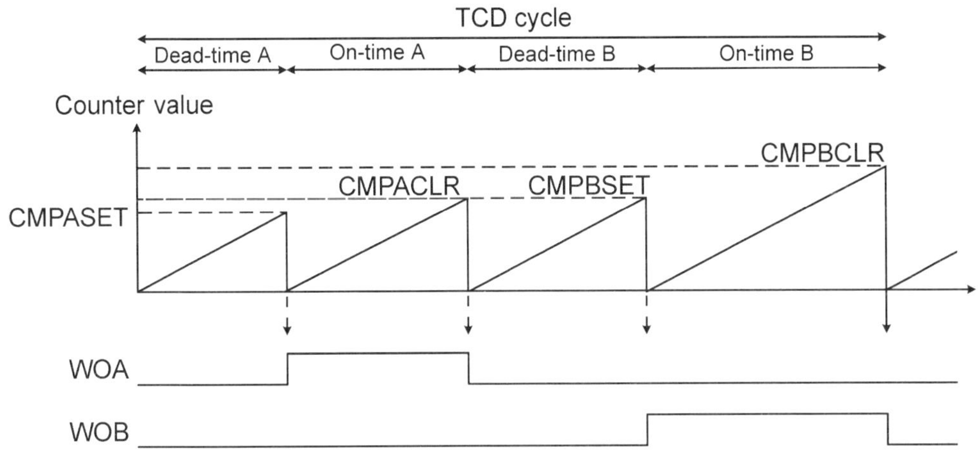

〈그림 2.9.5〉 TCD0에서 4램프 모드의 동작

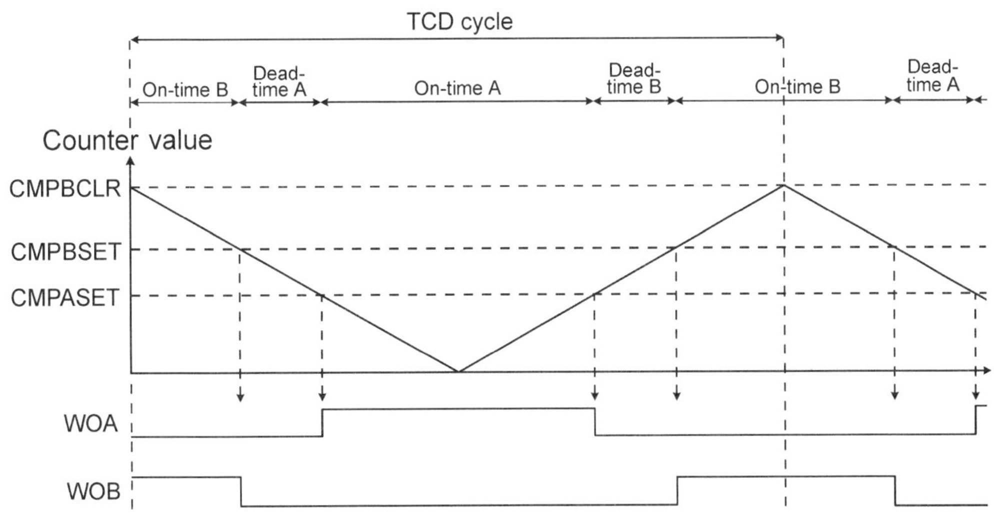

〈그림 2.9.6〉 TCD0에서 이중 경사 모드의 동작

▣ **이중 경사 모드**(Dual Slope mode)

이중 경사 모드에서 카운터는 TCD0_CMPBCLR 레지스터에서 시작하여 0까지 감소하였다가 다시 증가하여 TCD0_CMPBCLR 레지스터에 이르는 동작으로 1개의 TCD 사이클을 종료한다. 그 사이에 출력 신호 WOA는 카운터가 감소하다가 CMPASET와 같아질 때 1로 셋트되고 다시 증가하다가 CMPASET와 만날 때 0으로 클리어되며, 출력 신호 WOB는 카운터가 감소하다가 CMPBSET와 같아질 때 0으로 클리어되고 다시 증가하다가 CMPBSET와 만날 때 1로 셋트된다. 이중 경사 모드에서 CMPACLR 레지스터는 사용되지 않는다. TCD 사이클 1개의 주기는 다음과 같이 계산된다.

$$T_{\text{TCD\_cycle}} = \frac{2}{f_{\text{CLK\_TCD\_CNT}}} \times (\text{CMPBCLR} + 1)$$

레지스터의 크기가 CMPASET < CMPBSET일 경우에 이중 경사 모드의 동작 및 출력 파형을 보이면 <그림 2.9.6>과 같다.

이상의 모든 동작 모드에서 TCD0의 동작과 출력 신호의 발생을 금지하는 방법에는 2가지가 있다. 첫째, TCD0_CTRLA 레지스터에서 ENABLE=0으로 설정하면 동작이 즉시 정지한다. 둘째, TCD0_CTRLE 레지스터에서 DISEOC=1로 설정하면 현재의 TCD 사이클을 종료하고 동작이 정지한다.

(5) 이벤트 입력 신호의 동작

TCD0에서는 이벤트 입력 신호 A, B를 각 유닛에 연결하여 사용할 수 있는데, 이를 위해서는 TCD0_EVCTRLx 레지스터에서 TRIGEI=1로 설정해야 한다. 이들 각각의 이벤트 입력 신호는 기본적으로 Fault 검출에 사용되지만, TCD0_EVCTRLx 레지스터에서 ACTION=1로 설정하면 캡쳐 트리거 신호로 사용할 수도 있다. 이벤트 입력이 실제 동작으로 이어지려면 동기화를 위하여 2~3클록 사이클의 지연이 발생한다. 그러나, 비동기 동작을 선택하면 시간 지연 없이 즉시 이벤트 동작이 수행된다.

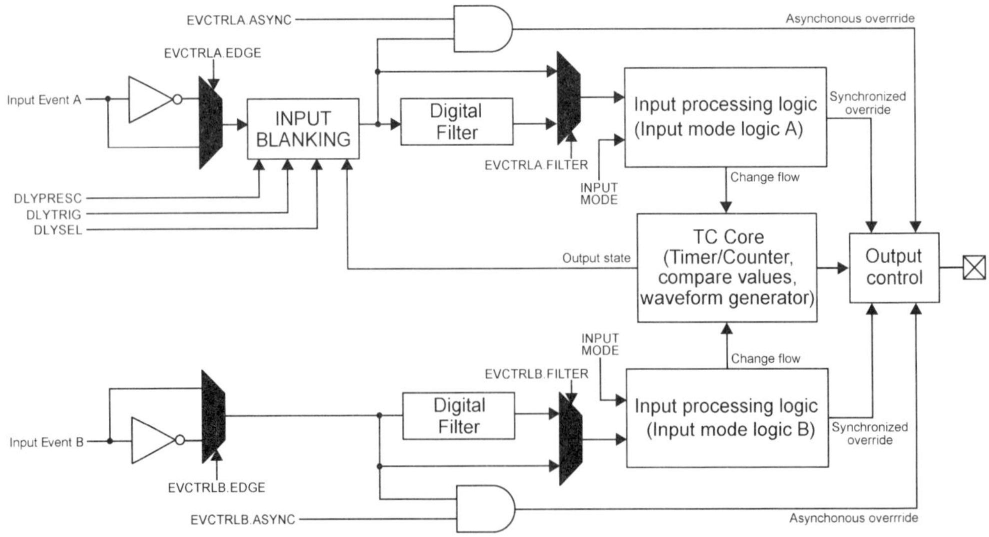

〈그림 2.9.7〉 TCD0에서 이벤트 입력 신호 A, B의 동작

Fault 검출 기능을 금지하려면 TCD0_INPUTCTRLx 레지스터에서 INPUTMODE[3:0] 비트를 0000으로 설정해야 한다. Fault 검출 기능에는 10가지의 입력 모드가 있는데 입력 차단(input blanking) 기능이 이벤트 입력 A에만 있는 것을 제외하면 2개의 이벤트 입력에 대한 기능이 모두 동일하다.

입력 차단 기능은 이벤트 입력 A에만 적용되는데, 이것은 TCD 사이클의 선택된 일부분에서 지정된 시간동안 이벤트 입력을 차단하는 기능으로서 TCD0_DLYCTRL 레지스터에서 DLYSEL[1:0] 및 DLYTRIG[1:0] 비트로 설정한다. 입력 차단 기능은 동기화 클록을 분주하여 만든 지연 클록 CLK_TCD_DLY로 동작한다. 입력 차단이 트리거되면 카운터는 0부터 TCD0_DLYVAL 레지스터로 지정한 DLYVAL[7:0] 값까지 증가하고 입력 차단 기능을 해제한다. 입력 차단이 수행되는 시간은 다음과 같이 계산된다.

$$t_{\mathrm{BLANK}} = \frac{DLYPRESC\_division\_factor \times DLYVAL}{f_{\mathrm{CLK\_TCD\_SYNC}}}$$

TCD0_EVCTRLx 레지스터에서 CFG[1:0]=01로 설정하면 해당 유닛의 이벤트 입력 신호에 디지털 필터를 사용할 수 있다. 디지털 필터가 허용되면 4개의 카운터 클록 사이클 미만의 짧은 이벤트 입력 펄스는 무시된다. 이 제어 비트 CFG[1:0]는 입력 디지털 필터나 비동기 이벤트 출력을 선택하는데 사용되므로 이들 2가지 기능을 동시에 사용할 수는 없다.

TCD0_CTRLE 레지스터에서는 TCD0를 제어하는 몇가지의 명령을 지정할 수 있는데, 이를 요약하면 다음과 같다.

① SYNCEOC - TCD 사이클의 끝에서 이중 버퍼 레지스터를 업데이트한다.
② SYNC - 이중 버퍼 레지스터를 즉시 업데이트한다.
③ RESTART - TCD0 카운터를 0x0000부터 다시 시작한다.
④ SCAPTUREA - TCD0_CAPTUREAL/TCD0_CAPTUREAH 레지스터를 캡쳐한다.
⑤ SCAPTUREB - TCD0_CAPTUREBL/TCD0_CAPTUREBH 레지스터를 캡쳐한다.

이벤트 신호의 입력 모드는 TCD0_INPUTCTRLx 레지스터에서 INPUTMODE[3:0] 비트로 설정하는 10가지가 있는데, 이것들의 동작을 비교하여 정리하면 <표 2.9.2>와 같다. 그런데, 이들 입력 모드가 4가지의 출력 파형 발생 모드에 모두 적용되는 것은 아니며 이벤트 입력 모드와 출력 파형 발생 모드의 관계를 요약하면 <표 2.9.3>과 같다. 이들 각 입력 모드의 동작을 파형으로 설명하면 다음과 같다.

〈표 2.9.2〉 TCD0에서 이벤트 신호 입력 모드 동작의 요약

입력 모드	트리거 입력이 출력 파형에 주는 영향	Fault 동작의 시작	Fault 동작의 종료
0	-	No action	No action
1	Input A → WOA Input B → WOB	End the on-time and wait	Start with dead-time for the other compare
2	Input A → WOA Input B → WOB	End the on-time, execute the other compare cycle and wait	Start with dead-time for the current compare
3	Input A → WOA Input B → WOB	Execute the current on-time, then execute the other compare cycle repetitively	Re-enable the current compare cycle
4	Input A → WOA, WOB Input B → WOA, WOB	Deactivate the outputs	
5	Input A → WOA, WOB Input B → WOA, WOB	Execute dead-time only	
6	Input A → WOA, WOB Input B → WOA, WOB	End on-time and wait	Start with dead-time for the other compare
7	Input A → WOA, WOB Input B → WOA, WOB	End on-time and wait for software action	Start with dead-time for the current compare
8	Input A → WOA Input B → WOB	End the current on-time and continue with the other off-time	
9	Input A → WOA Input B → WOB	Block the current on-time and continue the sequence	
10	Input A → WOA Input B → WOB	Deactivate on-time until the end of the sequence while the trigger is active	

〈표 2.9.3〉 TCD0에서 입력 모드 유효성의 요약 (○ = 적용됨)

입력 모드	1램프 모드	2램프 모드	4램프 모드	이중 경사 모드
0	○	○	○	○
1	○	○	○	×
2	×	○	○	×
3	×	○	○	×
4	○	○	○	○
5	×	○	○	×
6	×	○	○	×
7	○	○	○	○
8	○	○	○	×
9	○	○	○	×
10	○	○	○	×

▣ 입력 모드 0

입력 모드 0에서는 이벤트 입력이 출력 파형 발생에 아무 영향을 주지 않는다. 그러나, 이벤트 입력이 캡쳐 동작을 트리거하거나 인터럽트를 발생하는 것은 가능하다.

▣ 입력 모드 1

입력 모드 1에서는 이벤트 입력이 출력 파형을 중지(stop)시켜서 반대편 유닛의 데드 타임으로 넘어가게 만들며, 이벤트 신호가 끝날 때까지 기다렸다가 카운터의 동작

이 계속된다.

예를 들어 이벤트 입력 A에서 입력 모드 1이 사용된다면 이벤트 입력 A는 TCD 사이클이 데드 타임 A 또는 온 타임 A에 있을 때만 영향을 주어 출력 파형 WOA만 달라지게 되며, 이벤트 신호가 끝나면 카운터는 데드 타임 B에서 다시 시작한다.

또한, 이벤트 입력 B에서 입력 모드 1이 사용된다면 이벤트 입력 B는 TCD 사이클이 데드 타임 B 또는 온 타임 B에 있을 때만 영향을 주어 출력 파형 WOB만 달라지게 되며, 이벤트 신호가 끝나면 카운터는 데드 타임 A에서 다시 시작한다.

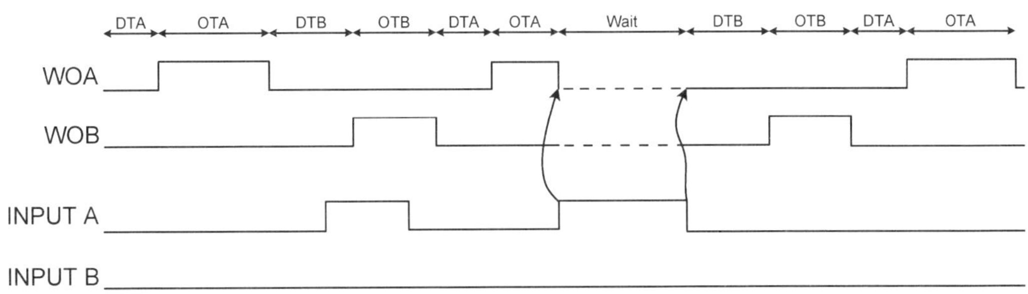

(a) 이벤트 입력 A에 적용된 경우

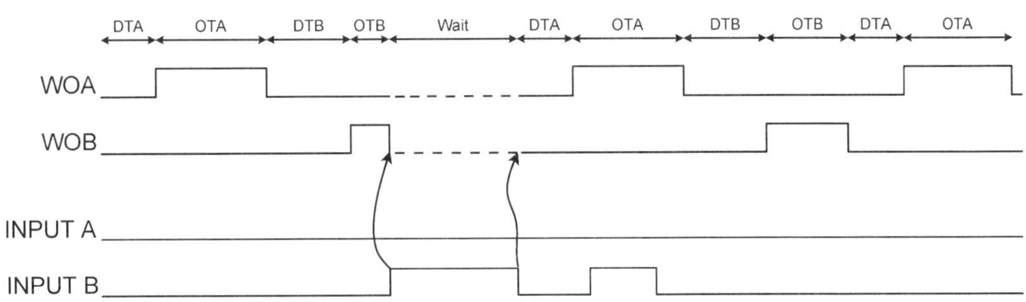

(b) 이벤트 입력 B에 적용된 경우

〈그림 2.9.8〉 TCD0에서 입력 모드 1의 동작

▣ 입력 모드 2

입력 모드 2에서는 이벤트 입력이 들어오면 출력 파형을 중지하고 반대편 유닛의 데드 타임과 온 타임을 실행하고 나서, 이벤트 신호가 끝날 때까지 기다렸다가 카운터의 동작이 계속된다. 만약 반대편 유닛의 데드 타임과 온 타임이 종료되기 전에 이벤트 신호가 끝나면 기다리지 않고 그 반대편의 데드 타임과 온 타임을 계속한다.

예를 들어 이벤트 입력 A에서 입력 모드 2가 사용된다면 이벤트 입력 A는 TCD 사이클이 출력 파형 A를 중지하고 데드 타임 B와 온 타임 B를 정상적으로 수행하고 나서 이벤트 신호가 끝나기를 기다리므로 출력 파형 WOA만 달라지게 되며, 이벤트 신호가 끝나면 카운터는 데드 타임 A에서 다시 시작한다.

또한, 이벤트 입력 B에서 입력 모드 2가 사용된다면 이벤트 입력 B는 TCD 사이클이 출력 파형 B를 중지하고 데드 타임 A와 온 타임 A를 정상적으로 수행하고 나서 이벤트 신호가 끝나기를 기다리므로 출력 파형 WOB만 달라지게 되며, 이벤트 신호가 끝나면 카운터는 데드 타임 B에서 다시 시작한다.

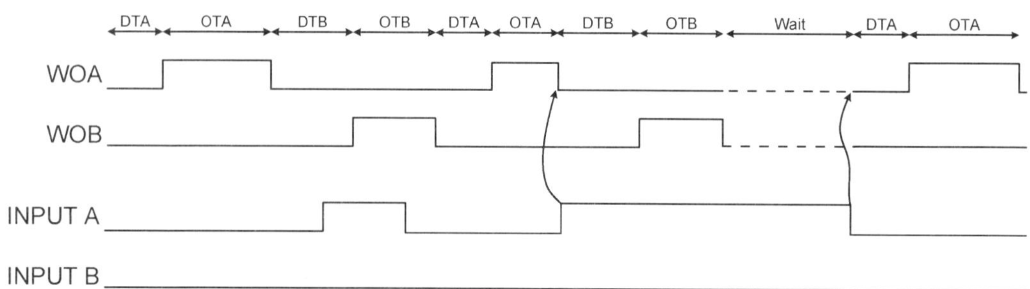

(a) 이벤트 입력 A에 적용된 경우

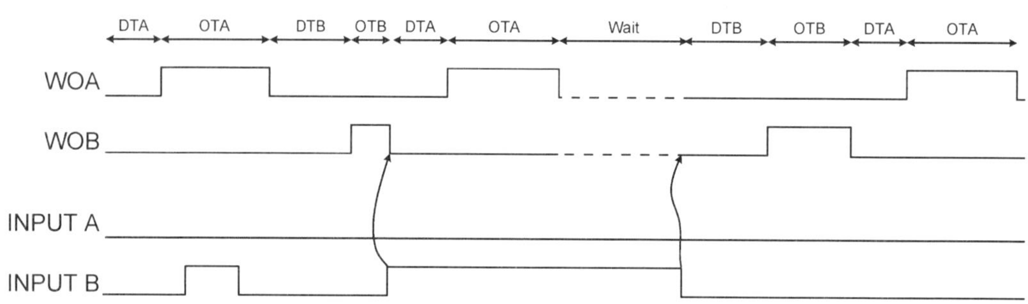

(b) 이벤트 입력 B에 적용된 경우

〈그림 2.9.9〉 TCD0에서 입력 모드 2의 동작

■ 입력 모드 3

입력 모드 3에서는 이벤트 입력이 출력 파형을 중지하고 이벤트 신호가 계속되는 동안 반대편 유닛의 데드 타임과 온 타임을 반복적으로 실행하다가, 이벤트 신호가 끝나면 이 데드 타임이나 온 타임을 완료하고 나서 카운터의 동작이 계속된다.

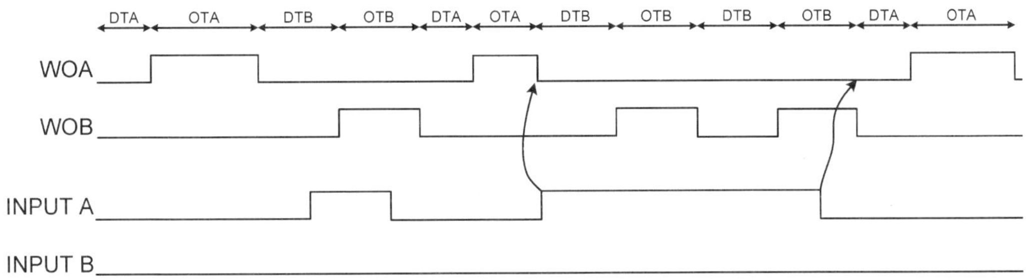

(a) 이벤트 입력 A에 적용된 경우

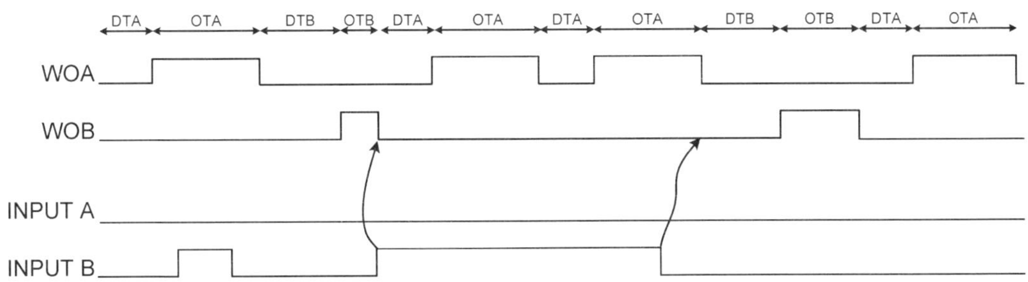

(b) 이벤트 입력 B에 적용된 경우

〈그림 2.9.10〉 TCD0에서 입력 모드 3의 동작

▣ 입력 모드 4

입력 모드 4에서는 이벤트 입력 A와 B가 동일한 기능을 수행하는데, 이벤트 입력이 유효한 동안에는 무조건 출력 신호를 중지시킨다. 그러나, 카운터는 이벤트 입력과 무관하게 동작을 계속하므로 출력 파형의 주파수가 일정하게 유지된다.

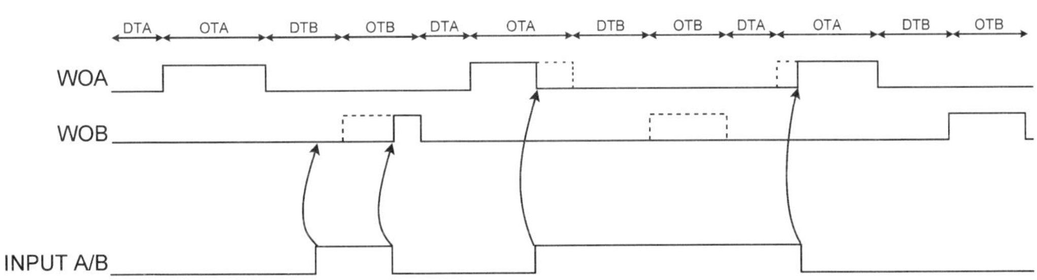

〈그림 2.9.11〉 TCD0에서 입력 모드 4의 동작

▣ 입력 모드 5

입력 모드 5에서는 이벤트 입력 A와 B가 동일한 기능을 수행하는데, 이벤트 입력

이 온 타임에 발생하였다면 출력 신호를 중지시키고 반대편 유닛의 데드 타임으로 간다. 그러나, 이벤트 입력이 데드 타임에 발생하였다면 이 데드 타임을 완료하고 나서 반대편 유닛의 데드 타임으로 간다. 카운터는 이벤트 입력과 무관하게 동작을 계속하며 이벤트 입력이 종료되면 이후에 만나는 상대편 유닛의 데드 타임을 완료하고 나서 정상적인 동작을 수행한다.

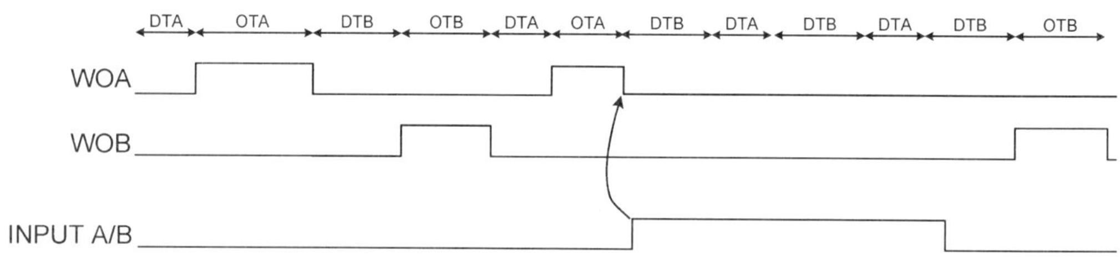

〈그림 2.9.12〉 TCD0에서 입력 모드 5의 동작

▣ 입력 모드 6

입력 모드 6에서는 이벤트 입력 A와 B가 동일한 기능을 수행하는데, 이벤트 입력이 출력 신호를 중지시키고 반대편 유닛의 데드 타임으로 간다. 이벤트 신호가 지속되는 동안 기다리다가 이벤트 신호가 끝나면 반대편 유닛의 데드 타임에서 동작이 재개된다.

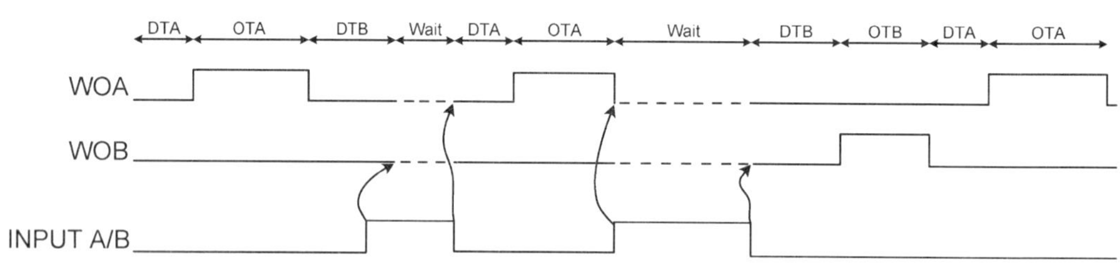

〈그림 2.9.13〉 TCD0에서 입력 모드 6의 동작

▣ 입력 모드 7

입력 모드 6에서는 이벤트 입력 A와 B가 동일한 기능을 수행하는데, 이벤트 입력이 출력 신호와 카운터를 모두 중지시키고 기다린다. 그러다가 이벤트 신호가 끝나고 TCD0_CTRLE 레지스터에서 다시 시작(restart)하라는 명령이 주어지면 카운터의 동작이 재개되며 출력 파형은 데드 타임 A부터 시작한다.

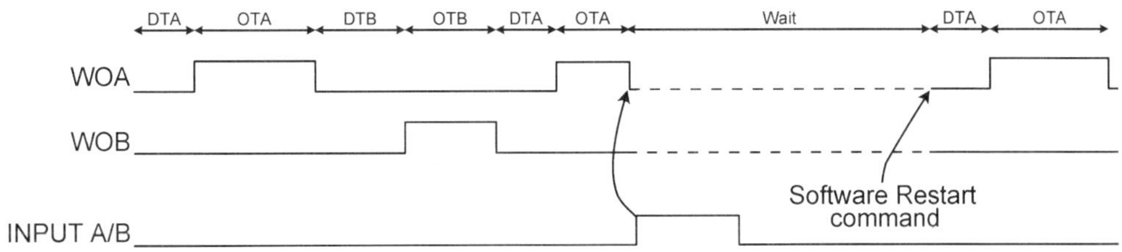

〈그림 2.9.14〉 TCD0에서 입력 모드 7의 동작

▣ 입력 모드 8

입력 모드 8에서는 출력이 온 타임일 때 이벤트 입력의 상승 에지가 들어오면 출력 파형을 중지하고 카운터가 반대편 유닛의 데드 타임으로 점프한다.

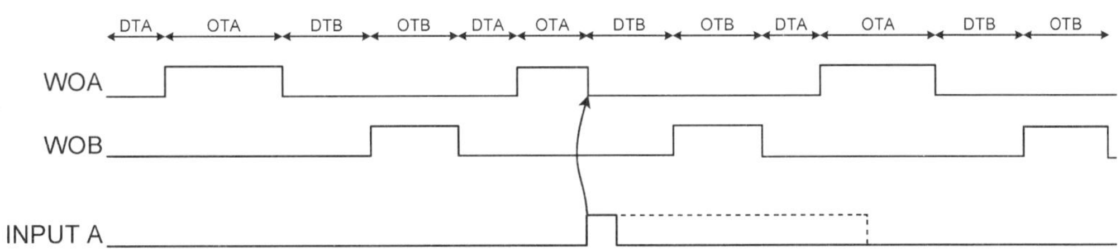

(a) 이벤트 입력 A에 적용된 경우

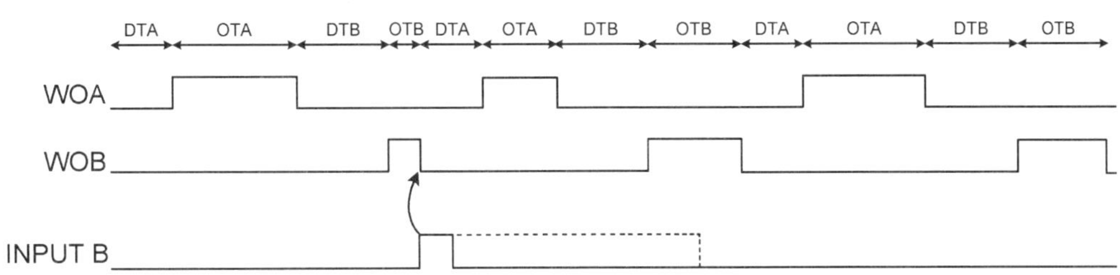

(b) 이벤트 입력 B에 적용된 경우

〈그림 2.9.15〉 TCD0에서 입력 모드 8의 동작

▣ 입력 모드 9

입력 모드 9에서는 출력이 온 타임일 때 이벤트 입력의 상승 에지가 들어오면 온 타임에서 나머지 부분의 출력 파형을 중지하고 카운터가 반대편 유닛의 데드 타임으로 점프한다. 출력 파형이 중지되는 동안에도 카운터는 정상적으로 동작하므로 출력 파형의 주파수가 일정하게 유지된다.

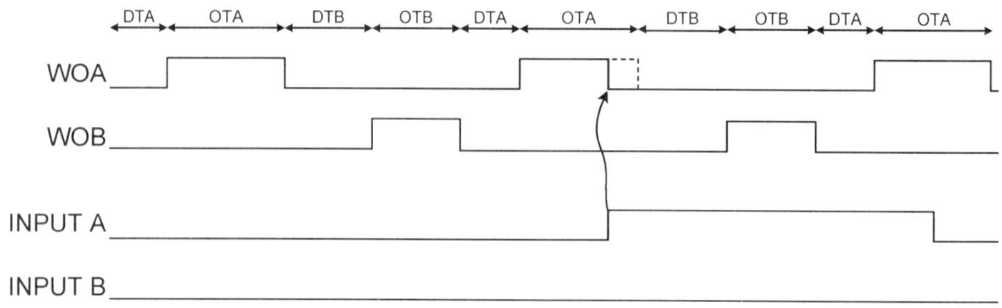

(a) 이벤트 입력 A에 적용된 경우

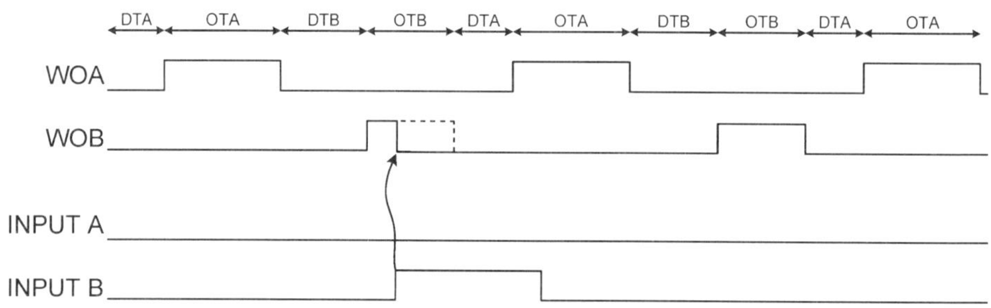

(b) 이벤트 입력 B에 적용된 경우

<그림 2.9.16> TCD0에서 입력 모드 9의 동작

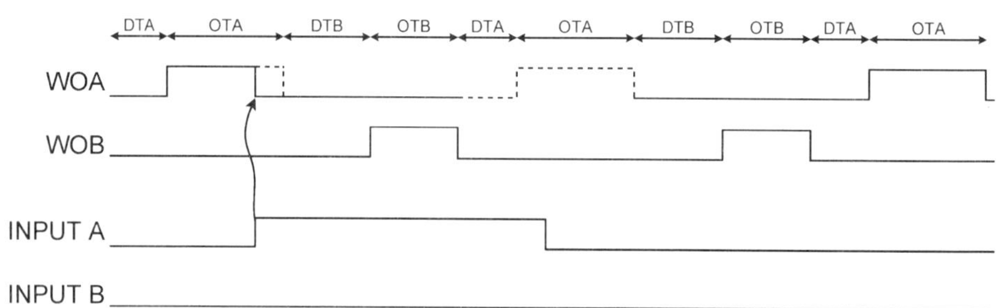

(a) 이벤트 입력 A에 적용된 경우

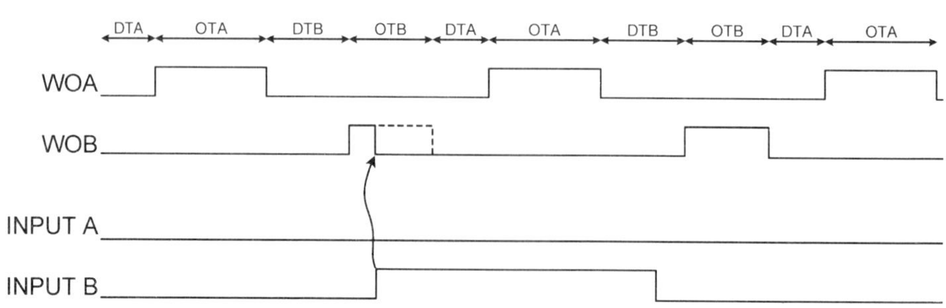

(b) 이벤트 입력 B에 적용된 경우

〈그림 2.9.17〉 TCD0에서 입력 모드 10의 동작

▣ 입력 모드 10

입력 모드 10에서는 이벤트 입력이 해당되는 유닛의 출력을 중지하며, 이벤트 신호가 끝나더라도 현재 중지하고 있던 온 타임 구간은 끝까지 차단되었다가 동작이 재개된다. 출력 파형이 중지되는 동안에도 카운터는 정상적으로 동작하므로 출력 파형의 주파수가 일정하게 유지된다.

(6) 디더링

TCD0에서 프리스케일러와 카운터의 분주 주기를 가변하더라도 사용자가 원하는 주파수의 출력 신호를 얻는 것이 불가능하다면 TCD 사이클에 추가적인 클록 사이클을 부여하는 디더링(dithering) 기법을 사용하여 출력 파형의 주파수를 조절할 수 있다. 이것은 각 TCD 사이클에서 얼마의 오차가 발생하는지를 누적하였다가 누적 오차에 오버플로우가 발생하면 TCD 사이클에 추가적인 클록 사이클을 더해주는 방법으로 출력 신호의 주파수 오차를 보정한다.

디더링 클록을 데드 타임 A, 온 타임 A, 데드 타임 B, 온 타임 B 중에서 어느 부분에 추가할지는 TCD0_DITCTRL 레지스터에서 DITHERSEL[1:0] 비트로 설정한다. 또한, 몇 개의 TCD 사이클이 경과할 때마다 디더링 클록을 추가할지는 TCD0_DITVAL 레지스터에서 DITHER[3:0] 비트로 설정한다. 이와 같은 디더링은 1램프 모드, 2램프 모드, 4램프 모드에서만 적용되며, 이중 경사 모드에는 적용되지 않는다.

(7) 카운터 캡쳐 기능

TCD0 카운터는 주변장치 클록 CLK_PER에 대하여 비동기적으로 동작하기 때문에 카운터의 값을 직접 읽는 것은 불가능하다. 그러나, 이 카운터의 값을 주변장치 클록에 동기시켜서 캡쳐(capture)하는 것은 가능한데, 이러한 캡쳐 동작은 비교/캡쳐 유닛 A와 비교/캡쳐 유닛 B에서 각각 독립적으로 이벤트 입력 신호나 소프트웨어에 의하여 트리거될 수 있다. 캡쳐된 값을 읽을 때는 반드시 TCD0_CAPTURExL 레지스터를 먼저 읽고 TCD0_CAPTURExH 레지스터를 나중에 읽어야 한다.

▣ 이벤트 입력으로 트리거하는 캡쳐 동작

이벤트 입력을 사용하여 캡쳐 동작을 트리거하려면 TCD0_EVCTRLx 레지스터에서 ACTION=1로 설정해야 한다. 이에 따라 캡쳐 동작이 수행되면 TCD0_INTFLAGS 레지스터에서 TRIGx=1로 되면서 인터럽트가 요청된다. 그러면 이들 TRIGx 비트를 폴링으로 확인하여 셋트된 비트에 해당하는 TCD0_CAPTURExL 및 TCD0_CAPTURExH 레지스터를 차례로 읽으면 된다.

▣ 소프트웨어로 트리거하는 캡쳐 동작

소프트웨어를 사용하여 캡쳐 동작을 트리거하려면 TCD0_CTRLE 레지스터에서 SCAPTUREx=1로 설정해야 한다. 이에 따라 캡쳐 동작이 수행되고 TCD0_STATUS 레지스터에서 CMDRDY=1로 되면 캡쳐된 데이터가 유효하게 된다. 그러면 이 비교/캡쳐 유닛에 해당하는 TCD0_CAPTURExL 및 TCD0_CAPTURExH 레지스터를 차례로 읽으면 된다.

(8) 출력 제어 기능

TCD0 카운터의 출력 신호는 TCD0_FAULTCTRL 레지스터를 사용하여 설정한다. 이 레지스터에서 CMPxEN=1로 설정하면 각각 WOx 단자의 출력을 허용하며, CMPx 비트는 각각 WOx 단자의 디폴트 값을 지정한다.

비교/캡쳐 유닛 A, B는 각각 출력 신호 WOA와 WOB를 만들며, 이들 신호로부터 또 다른 출력 신호 WOC와 WOD를 만드는 것은 TCD0_CTRLC 레지스터의 CMPCSEL 및 CMPDSEL 비트로 설정한다.

사용자는 TCD0_CTRLC 레지스터에서 CMPOVR=1로 설정하고 TCD0_CTRLD 레지스터의 CMPAVAL[3:0] 및 CMPBVAL[3:0] 비트를 사용하여 TCD0 카운터의 상태에 의하여 만들어지는 출력값을 변경(override)할 수 있다. 1램프 모드에서는 DTA나 OTA 동안에 출력 신호를 만드는데 WOA가 사용되고, DTB나 OTB 동안에 출력 신호를 만드는데 WOB가 사용된다.

(9) 인터럽트 발생

12비트 D형 타이머/카운터 TCD0의 인터럽트 발생 기능은 다음과 같이 2가지가 있다.

- OVF 인터럽트 : TCD0가 1개의 TCD 사이클을 종료할 때 발생함.
- TRIGA, TRIGB 인터럽트 : 이벤트 입력 신호 A 또는 B가 트리거 동작을 수행할 때 발생함.

(10) 이벤트 입력 및 출력

12비트 D형 타이머/카운터 TCD0은 Event User로서 이벤트 입력 신호를 <표

2.9.4>와 같이 사용할 수 있다. 이벤트 신호로 유효한 동작 에지는 TCD0_EVCTRLx 레지스터에서 EDGE 비트로 설정한다.

〈표 2.9.4〉 TCD0에서 이벤트 입력의 사용(Event User)

User Name		Description	Input Detection	Sync/ Async
Peripheral	Input			
TCD0	Input A/ Input B	Stop the output, jump to the opposite compare cycle and wait	Level	Both
		Stop the output, execute the opposite compare cycle and wait	Level	
		Stop the output, execute the opposite compare cycle while the Fault is active	Level	
		Stop all outputs, maintain the frequency	Level	
		Stop all outputs, execute dead-time while the Fault is active	Level	
		Stop all outputs, jump to the next compare cycle and wait	Level	
		Stop all outputs, wait for software action	Level	
		Stop the output on the edge, jump to the next compare cycle	Edge	
		Stop the output on the edge, maintain the frequency	Edge	
		Stop the output at level, maintain the frequency	Level	

12비트 D형 타이머/카운터 TCD0은 Event Generator로서 이벤트 출력 신호를 <표 2.9.5>와 같이 발생할 수 있다. 이들 모든 이벤트 신호의 길이는 처음 3가지의 경우 1주기의 카운터 클록 신호에 해당하며, 나머지 1가지의 경우에는 1주기의 동기화 클록 신호에 해당한다.

〈표 2.9.5〉 TCD0에서 이벤트 출력의 발생(Event Generator)

User Name		Description	Event Type	Generating Clock Domain
Peripheral	Event			
TCD0	CMPASET	The counter matches CMPASET	Pulse	CLK_TCD_CNT
	CMPBSET	The counter matches CMPBSET	Pulse	CLK_TCD_CNT
	CMPBCLR	The counter matches CMPBCLR	Pulse	CLK_TCD_CNT
	PROGEV	Programmable event output	Pulse	CLK_TCD_SYNC

2. TCD0의 I/O 제어 레지스터

AVR128DA64의 12비트 D형 타이머/카운터 TCD0에서 사용하는 I/O 제어 레지스터를 정리하면 <표 2.9.6>과 같다.

〈표 2.9.6〉 AVR128DA64의 TCD0과 관련된 I/O 제어 레지스터 요약

어드레스	레지스터 이름	풀어 쓴 레지스터 이름	리셋 후 초기값
0x0B80	TCD0_CTRLA	TCD0 Control Register A	0x00
0x0B81	TCD0_CTRLB	TCD0 Control Register B	0x00
0x0B82	TCD0_CTRLC	TCD0 Control Register C	0x00
0x0B83	TCD0_CTRLD	TCD0 Control Register D	0x00
0x0B84	TCD0_CTRLE	TCD0 Control Register E	0x00
0x0B85 ~ 0x0B87		(reserved)	
0x0B88	TCD0_EVCTRLA	TCD0 Event Control Register A	0x00
0x0B89	TCD0_EVCTRLB	TCD0 Event Control Register B	0x00
0x0B8A 0x0B8B		(reserved)	
0x0B8C	TCD0_INTCTRL	TCD0 Interrupt Control Register	0x00
0x0B8D	TCD0_INTFLAGS	TCD0 Interrupt Flag Register	0x00
0x0B8E	TCD0_STATUS	TCD0 Status Register	0x00
0x0B8F		(reserved)	
0x0B90	TCD0_INPUTCTRLA	TCD0 Input Control Register A	0x00
0x0B91	TCD0_INPUTCTRLB	TCD0 Input Control Register B	0x00
0x0B92	TCD0_FAULTCTRL	TCD0 Fault Control Register	0x00
0x0B93		(reserved)	
0x0B94	TCD0_DLYCTRL	TCD0 Delay Control Register	0x00
0x0B95	TCD0_DLYVAL	TCD0 Delay Value Register	0x00
0x0B96 0x0B97		(reserved)	
0x0B98	TCD0_DITCTRL	TCD0 Dither Control Register	0x00
0x0B99	TCD0_DITVAL	TCD0 Dither Value Register	0x00
0x0B9A ~ 0x0B9D		(reserved)	
0x0B9E	TCD0_DBGCTRL	TCD0 Debug Control Register	0x00
0x0B9F ~ 0x0BA1		(reserved)	
0x0BA2	TCD0_CAPTUREA	TCD0 Capture Register A (L)	0x00
0x0BA3		TCD0 Capture Register A (H)	0x00
0x0BA4	TCD0_CAPTUREB	TCD0 Capture Register B (L)	0x00
0x0BA5		TCD0 Capture Register B (H)	0x00
0x0BA6 0x0BA7		(reserved)	
0x0BA8	TCD0_CMPASET	TCD0 Compare Set Register A (L)	0x00
0x0BA9		TCD0 Compare Set Register A (H)	0x00
0x0BAA	TCD0_CMPACLR	TCD0 Compare Clear Register A (L)	0x00
0x0BAB		TCD0 Compare Clear Register A (H)	0x00
0x0BAC	TCD0_CMPBSET	TCD0 Compare Set Register B (L)	0x00
0x0BAD		TCD0 Compare Set Register B (H)	0x00
0x0BAE	TCD0_CMPBCLR	TCD0 Compare Clear Register B (L)	0x00
0x0BAF		TCD0 Compare Clear Register B (H)	0x00

▣ 제어 레지스터 A TCD0_CTRLA (리셋후 디폴트값 : 0x00)

b7	b6	b5	b4	b3	b2	b1	b0
–	CLKSEL[1:0]		CNTPRES[1:0]		SYNCPRES[1:0]		ENABLE
–	R/W	R/W	R/W	R/W	R/W	R/W	R/W

- CLKSEL[1:0] : Clock Select
  00 = TCD0의 클록 소스로 OSCHF를 사용한다.
  01 = TCD0의 클록 소스로 PLL을 사용한다.
  10 = TCD0의 클록 소스로 EXTCLK을 사용한다.
  11 = TCD0의 클록 소스로 CLK_PER를 사용한다.
- CNTPRES[1:0] : Counter Prescaler
  00 = TCD0의 카운터 프리스케일러를 /1로 한다.
  01 = TCD0의 카운터 프리스케일러를 /4로 한다.
  10 = TCD0의 카운터 프리스케일러를 /32로 한다.
  11 = (reserved)
- SYNCPRES[1:0] : Synchronization Prescaler
  00 = TCD0의 동기 프리스케일러를 /1로 한다.
  01 = TCD0의 동기 프리스케일러를 /2로 한다.
  10 = TCD0의 동기 프리스케일러를 /4로 한다.
  11 = TCD0의 동기 프리스케일러를 /8로 한다.
- ENABLE : Enable
  0 = TCD0의 동작을 금지한다.
  1 = TCD0의 동작을 허용한다.

▣ 제어 레지스터 B TCD0_CTRLB (리셋후 디폴트값 : 0x00)

b7	b6	b5	b4	b3	b2	b1	b0
-	-	-	-	-	-	WGMODE[1:0]	
-	-	-	-	-	-	R/W	R/W

- WGMODE[1:0] : Waveform Generation Mode
  00 = 1램프 모드(One Ramp mode)로 출력 파형을 발생한다.
  01 = 2램프 모드(Two Ramp mode)로 출력 파형을 발생한다.
  10 = 4램프 모드(Four Ramp mode)로 출력 파형을 발생한다.
  11 = 이중 경사 모드(Dual Slope mode)로 출력 파형을 발생한다.

▣ 제어 레지스터 C TCD0_CTRLC (리셋후 디폴트값 : 0x00)

b7	b6	b5	b4	b3	b2	b1	b0
CMPDSEL	CMPCSEL	-	-	FIFTY	-	AUPDATE	CMPOVR
R/W	R/W	-	-	R/W	-	R/W	R/W

- CMPDSEL : Compare D Output Select
  0 = 출력 단자 WOD에 유닛 A의 WOA 신호를 출력한다.
  1 = 출력 단자 WOD에 유닛 B의 WOB 신호를 출력한다.
- CMPCSEL : Compare C Output Select
  0 = 출력 단자 WOC에 유닛 A의 WOA 신호를 출력한다.
  1 = 출력 단자 WOC에 유닛 B의 WOB 신호를 출력한다.
- FIFTY : Fifty Percent Waveform
  유닛 A와 유닛 B의 파형이 유사한 특성을 가진다면 이 비트를 1로 설정한다. 그러면 TCD0_CMPBSET 및 TCD0_CMPBCLR 레지스터에 설정한 값이 TCD0_CMPASET/TCD0_CMPACLR 레지스터에도 써진다.
- AUPDATE : Automatically Update
  이 비트를 1로 설정하였을 때 TCD0_CMPBCLRH 레지스터에 값을 쓰고 나면 TCD 사이클의 끝에서 동기가 요청된다..
- CMPOVR : Compare Output Value Override
  이 비트를 1로 설정하면 WOA와 WOB의 디폴트 값이 무시되고 TCD0_CTRLD 레지스터에서 지정된 값으로 변경되어 출력된다.

■ 제어 레지스터 D TCD0_CTRLD (리셋후 디폴트값 : 0x00)

b7	b6	b5	b4	b3	b2	b1	b0
CMPBVAL[3:0]				CMPAVAL[3:0]			
R/W	R/W	R/W	R/W	R/W	R/W	R/W	R/W

- CMPBVAL[3:0] : Compare B Value in Active State
  TCD0_CTRLC 레지스터에서 CMPOVR=1로 설정하였을 때 유닛 B의 각 상태에서 출력할 값을 무시하고 강제로 변경할 값을 다음과 같이 지정한다.
  DTA = - , 2/4램프 모드에서 CMPBVAL[0]
  OTA = - , 2/4램프 모드에서 CMPBVAL[1]
  DTB = 1램프 모드에서 CMPBVAL[3], 2/4램프 모드에서 CMPBVAL[2]
  OTB = 1램프 모드에서 CMPBVAL[2], 2/4램프 모드에서 CMPBVAL[3]
- CMPAVAL[3:0] : Compare A Value in Active State
  TCD0_CTRLC 레지스터에서 CMPOVR=1로 설정하였을 때 유닛 A의 각 상태에서 출력할 값을 무시하고 강제로 변경할 값을 다음과 같이 지정한다.
  DTA = 1램프 모드에서 CMPAVAL[1], 2/4램프 모드에서 CMPAVAL[0]
  OTA = 1램프 모드에서 CMPAVAL[0], 2/4램프 모드에서 CMPAVAL[1]
  DTB = - , 2/4램프 모드에서 CMPAVAL[2]
  OTB = - , 2/4램프 모드에서 CMPAVAL[3]

■ 제어 레지스터 E TCD0_CTRLE (리셋후 디폴트값 : 0x00)

b7	b6	b5	b4	b3	b2	b1	b0
DISEOC	-	-	SCAPTUREB	SCAPTUREA	RESTART	SYNC	SYNCEOC
R/W	-	-	R/W	R/W	R/W	R/W	R/W

- DISEOC : Disable at End of TCD Cycle Strobe
  이 비트에 1을 쓰면 현재의 TCD 사이클을 종료하고 TCD0의 동작이 금지된다. 동작이 금지될 때까지 TCD0_STATUS 레지스터에서 ENRDY=0으로 유지된다.
- SCAPTUREB : Software Capture B Strobe
  이 비트에 1을 쓰면 유닛 B의 TCD0_CAPTUREB 레지스터에 대한 소프트웨어 캡처가 트리거된다.
- SCAPTUREA : Software Capture A Strobe
  이 비트에 1을 쓰면 유닛 A의 TCD0_CAPTUREA 레지스터에 대한 소프트웨어 캡처가 트리거된다.
- RESTART : Restart Strobe
  이 비트에 1을 쓰면 카운터의 동작이 0x0000부터 다시 시작된다.
- SYNC : Synchronize Strobe
  이 비트에 1을 쓰면 동기가 취해지면서 모든 이중 버퍼 레지스터의 값이 업데이트된다.
- SYNCEOC : Synchronize End of TCD Cycle Strobe
  이 비트에 1을 쓰면 다음의 TCD 사이클이 종료될 때 모든 이중 버퍼 레지스터의 값이 업데이트된다.

■ 이벤트 제어 레지스터 A TCD0_EVCTRLA (리셋후 디폴트값 : 0x00)

b7	b6	b5	b4	b3	b2	b1	b0
CFG[1:0]		-	EDGE	-	ACTION	-	TRIGEI
R/W	R/W	-	R/W	-	R/W	-	R/W

- CFG[1:0] : Event Configuration
  00 = 이벤트 입력 A의 노이즈 필터와 비동기 이벤트 출력을 모두 금지한다.
  01 = 이벤트 입력 A의 노이즈 필터를 허용한다.
  10 = 비동기 이벤트 출력을 허용한다.
  11 = (reserved)
- EDGE : Edge Selection
  0 = 이벤트 입력 신호 A의 하강 에지 또는 L레벨이 캡처 또는 Fault 동작을 트리거한다.
  1 = 이벤트 입력 신호 A의 상승 에지 또는 H레벨이 캡처 또는 Fault 동작을 트리거한다.
- ACTION : Event Action
  0 = 이벤트 입력 A가 Fault 동작을 트리거한다.

1 = 이벤트 입력 A가 Fault 동작 또는 캡쳐를 트리거한다.
- TRIGEI : Trigger Event Input Enable
  0 = 이벤트 입력 A의 트리거 기능을 금지한다.
  1 = 이벤트 입력 A의 트리거 기능을 허용한다.

▣ 이벤트 제어 레지스터 B TCD0_EVCTRLB (리셋후 디폴트값 : 0x00)

b7	b6	b5	b4	b3	b2	b1	b0
CFG[1:0]		–	EDGE	–	ACTION	–	TRIGEI
R/W	R/W	–	R/W	–	R/W	–	R/W

- CFG[1:0] : Event Configuration
  00 = 이벤트 입력 B의 노이즈 필터와 비동기 이벤트 출력을 모두 금지한다.
  01 = 이벤트 입력 B의 노이즈 필터를 허용한다.
  10 = 비동기 이벤트 출력을 허용한다.
  11 = (reserved)
- EDGE : Edge Selection
  0 = 이벤트 입력 신호 B의 하강 에지 또는 L레벨이 캡쳐 또는 Fault 동작을 트리거한다.
  1 = 이벤트 입력 신호 B의 상승 에지 또는 H레벨이 캡쳐 또는 Fault 동작을 트리거한다.
- ACTION : Event Action
  0 = 이벤트 입력 B가 Fault 동작을 트리거한다.
  1 = 이벤트 입력 B가 Fault 동작 또는 캡쳐를 트리거한다.
- TRIGEI : Trigger Event Input Enable
  0 = 이벤트 입력 B의 트리거 기능을 금지한다.
  1 = 이벤트 입력 B의 트리거 기능을 허용한다.

▣ 인터럽트 제어 레지스터 TCD0_INTCTRL (리셋후 디폴트값 : 0x00)

b7	b6	b5	b4	b3	b2	b1	b0
–	–	–	–	TRIGB	TRIGA	–	OVF
–	–	–	–	R/W	R/W	–	R/W

- TRIGB : Trigger B Interrupt Enable
  0 = 트리거 입력 B가 입력되었을 때 인터럽트를 금지한다.
  1 = 트리거 입력 B가 입력되었을 때 인터럽트를 허용한다.
- TRIGA : Trigger A Interrupt Enable
  0 = 트리거 입력 A가 입력되었을 때 인터럽트를 금지한다.
  1 = 트리거 입력 A가 입력되었을 때 인터럽트를 허용한다.
- OVF : Overflow Interrupt Enable
  0 = 오버플로우 인터럽트 또는 restart-of-sequence 인터럽트를 금지한다.
  1 = 오버플로우 인터럽트 또는 restart-of-sequence 인터럽트를 허용한다.

▣ 인터럽트 플랙 레지스터 TCD0_INTFLAGS (리셋후 디폴트값 : 0x00)

b7	b6	b5	b4	b3	b2	b1	b0
–	–	–	–	TRIGB	TRIGA	–	OVF
–	–	–	–	R/W	R/W	–	R/W

- TRIGB : Trigger B Interrupt Flag
  0 = 트리거 B 또는 캡쳐 B 조건에서 트리거 입력 신호 B가 입력되지 않았다.
  1 = 트리거 B 또는 캡쳐 B 조건에서 트리거 입력 신호 B가 입력되었다. 이 비트에 1을 쓰면 0으로 클리어된다.
- TRIGA : Trigger A Interrupt Flag
  0 = 트리거 A 또는 캡쳐 A 조건에서 트리거 입력 신호 A가 입력되지 않았다.
  1 = 트리거 A 또는 캡쳐 A 조건에서 트리거 입력 신호 A가 입력되었다. 이 비트에 1을 쓰면 0으로 클리어된다.

- OVF : Overflow Interrupt Flag
  0 = TCD 사이클의 끝에서 오버플로우가 발생하지 않았다.
  1 = TCD 사이클의 끝에서 오버플로우가 발생하였다. 이 비트에 1을 쓰면 0으로 클리어된다.

▣ 상태 레지스터 TCD0_STATUS (리셋후 디폴트값 : 0x00)

b7	b6	b5	b4	b3	b2	b1	b0
PWMACTB	PWMACTA	-	-	-	-	CMDRDY	ENRDY
R/W	R/W	-	-	-	-	R	R

- PWMACTB : PWM Activity on B
  출력 신호 WOB가 0에서 1로 또는 1에서 0으로 토글되면 이 비트가 1로 셋트된다. 이 비트에 1을 쓰면 0으로 클리어된다.
- PWMACTA : PWM Activity on A
  출력 신호 WOA가 0에서 1로 또는 1에서 0으로 토글되면 이 비트가 1로 셋트된다. 이 비트에 1을 쓰면 0으로 클리어된다.
- CMDRDY : Command Ready
  이 비트가 1이면 명령이 TCD0 클록 도메인에 동기되어 있어서 새로운 명령을 받을 준비가 되어 있다는 것을 나타낸다. 다음과 같은 동작은 이 비트를 0으로 클리어한다.
  ① TCD0_CTRLE 레지스터에서 SYNCEOC 비트에 1을 씀
  ② TCD0_CTRLE 레지스터에서 SYNC 비트에 1을 씀
  ③ TCD0_CTRLE 레지스터에서 RESTART 비트에 1을 씀
  ④ TCD0_CTRLE 레지스터에서 SCAPTUREA 비트에 1을 씀
  ⑤ TCD0_CTRLE 레지스터에서 SCAPTUREB 비트에 1을 씀
  ⑥ TCD0_CTRLC 레지스터에서 AUPDATE 비트에 1을 쓰고 TCD0_CMPBCLRH 레지스터에 값을 씀
- ENRDY : Enable Ready
  이 비트가 1이면 TCD0_CTRLA 레지스터에서 ENABLE 비트가 TCD0 클록 도메인에 동기되어 있어서 값을 변경할 수 있는 상태라는 것을 나타낸다. 다음과 같은 동작은 이 비트를 0으로 클리어한다.
  ① TCD0_CTRLA 레지스터의 ENABLE 비트에 값을 씀
  ② TCD0_CTRLE 레지스터에서 DISEOC 비트에 1을 씀
  ③ 디버그 모드에서 BREAK로 들어감

▣ 입력 제어 레지스터 A TCD0_INPUTCTRLA (리셋후 디폴트값 : 0x00)

b7	b6	b5	b4	b3	b2	b1	b0
-	-	-	-	INPUTMODE[3:0]			
-	-	-	-	R/W	R/W	R/W	R/W

- INPUTMODE[3:0] : Input Mode
  유닛 A에서 이벤트 신호의 동작 모드를 설정한다.
  0000 = 모드0. The input has no action.
  0001 = 모드1. Stop the output, jump to the opposite compare cycle, and wait.
  0010 = 모드2. Stop the output, execute the opposite compare cycle, and wait.
  0011 = 모드3. Stop the output, execute the opposite compare cycle while the Fault is active.
  0100 = 모드4. Stop all outputs, maintain the frequency.
  0101 = 모드5. Stop all outputs, execute dead-time while the Fault is active.
  0110 = 모드6. Stop all outputs, jump to the next compare cycle, and wait.
  0111 = 모드7. Stop all outputs, wait for software action.
  1000 = 모드8. Stop the output on the edge, jump to the next compare cycle.
  1001 = 모드9. Stop the output on the edge, maintain the frequency.
  1010 = 모드10. Stop the output at level, maintain the frequency.
  1011~1111 = (reserved)

▣ 입력 제어 레지스터 B TCD0_INPUTCTRLB (리셋후 디폴트값 : 0x00)

b7	b6	b5	b4	b3	b2	b1	b0
-	-	-	-	INPUTMODE[3:0]			
-	-	-	-	R/W	R/W	R/W	R/W

- INPUTMODE[3:0] : Input Mode
  유닛 B에서 이벤트 신호의 동작 모드를 설정한다.
  0000 = 모드0. The input has no action.
  0001 = 모드1. Stop the output, jump to the opposite compare cycle, and wait.
  0010 = 모드2. Stop the output, execute the opposite compare cycle, and wait.
  0011 = 모드3. Stop the output, execute the opposite compare cycle while the Fault is active.
  0100 = 모드4. Stop all outputs, maintain the frequency.
  0101 = 모드5. Stop all outputs, execute dead-time while the Fault is active.
  0110 = 모드6. Stop all outputs, jump to the next compare cycle, and wait.
  0111 = 모드7. Stop all outputs, wait for software action.
  1000 = 모드8. Stop the output on the edge, jump to the next compare cycle.
  1001 = 모드9. Stop the output on the edge, maintain the frequency.
  1010 = 모드10. Stop the output at level, maintain the frequency.
  1011~1111 = (reserved)

▣ 오류 제어 레지스터 TCD0_FAULTCTRL (리셋후 디폴트값 : 0x00)

이 레지스터는 CCP로 보호받고 있으므로 여기에 값을 쓰려면 먼저 CPU_CCP 레지스터에 0xD8을 써서 보호된 I/O 레지스터를 풀어 주어야 한다.

b7	b6	b5	b4	b3	b2	b1	b0
CMPDEN	CMPCEN	CMPBEN	CMPAEN	CMPD	CMPC	CMPB	CMPA
R/W	R/W	R/W	R/W	R/W	R/W	R/W	R/W

- CMPxEN : Compare x Enable (x = A~D)
  0 = WOx 신호를 해당 단자로 출력하지 않는다.
  1 = WOx 신호를 해당 단자로 출력한다.
- CMPx : Compare x Value
  0 = WOx 신호의 디폴트 값을 0으로 출력한다.
  1 = WOx 신호의 디폴트 값을 1로 출력한다.

▣ 지연 제어 레지스터 TCD0_DLYCTRL (리셋후 디폴트값 : 0x00)

b7	b6	b5	b4	b3	b2	b1	b0
-	-	DLYPRESC[1:0]		DLYTRIG[1:0]		DLYSEL[1:0]	
-	-	R/W	R/W	R/W	R/W	R/W	R/W

- DLYPRESC[1:0] : Delay Prescaler
  00 = 이벤트 입력 차단 또는 출력 이벤트 지연을 위한 프리스케일러의 분주비가 1이다.
  01 = 이벤트 입력 차단 또는 출력 이벤트 지연을 위한 프리스케일러의 분주비가 2이다.
  10 = 이벤트 입력 차단 또는 출력 이벤트 지연을 위한 프리스케일러의 분주비가 4이다.
  11 = 이벤트 입력 차단 또는 출력 이벤트 지연을 위한 프리스케일러의 분주비가 8이다.
- DLYTRIG[1:0] : Delay Trigger
  00 = CMPASET triggers delay.
  01 = CMPACLR triggers delay.
  10 = CMPBSET triggers delay.
  11 = CMPBCLR triggers delay.
- DLYSEL[1:0] : Delay Select
  00 = 출력 이벤트 지연을 사용하지 않는다.

01 = 이벤트 입력 차단을 허용한다.
10 = 출력 이벤트 지연을 허용한다.
11 = (reserved)

▣ 지연 값 레지스터 TCD0_DLYVAL (리셋후 디폴트값 : 0x00)

b7	b6	b5	b4	b3	b2	b1	b0
DLYVAL[7:0]							
R/W	R/W	R/W	R/W	R/W	R/W	R/W	R/W

• DLYVAL[7:0] : Delay Value
이벤트 입력을 차단하거나 출력 이벤트를 지연하는 시간을 설정한다.

▣ 대기 제어 레지스터 TCD0_DITCTRL (리셋후 디폴트값 : 0x00)

b7	b6	b5	b4	b3	b2	b1	b0
–	–	–	–	–	–	DITHERSEL[1:0]	
–	–	–	–	–	–	R/W	R/W

• DITHERSEL[1:0] : Dither Select
00 = TCD 사이클의 온타임 B에 디더링 클록을 추가한다.
01 = TCD 사이클의 온타임 A와 온타임 B에 디더링 클록을 추가한다.
10 = TCD 사이클의 데드타임 B에 디더링 클록을 추가한다.
11 = TCD 사이클의 데드타임 A와 데드타임 B에 디더링 클록을 추가한다.

각 파형 발생 모드에 따라 디더링을 위하여 추가하는 클록 수를 요약하면 다음 표와 같다.

파형 발생 모드	TCD0_DITCTRL 레지스터의 DITHERSEL[1:0] 비트로 설정한 디더링 방법	TCD 사이클에 추가하는 클록 수
1램프 모드	온타임 B	1
	온타임 A와 온타임 B	1
	데드타임 B	0
	데드타임 A와 데드타임 B	0
2램프 모드	온타임 B	1
	온타임 A와 온타임 B	2
	데드타임 B	0
	데드타임 A와 데드타임 B	0
4램프 모드	온타임 B	1
	온타임 A와 온타임 B	2
	데드타임 B	1
	데드타임 A와 데드타임 B	2
이중 경사 모드	온타임 B	(not suppoted)
	온타임 A와 온타임 B	(not suppoted)
	데드타임 B	(not suppoted)
	데드타임 A와 데드타임 B	(not suppoted)

▣ 대기 값 레지스터 TCD0_DITVAL (리셋후 디폴트값 : 0x00)

b7	b6	b5	b4	b3	b2	b1	b0
–	–	–	–	DITHER[3:0]			
–	–	–	–	R/W	R/W	R/W	R/W

• DITHER[3:0] : Dither Value
몇 개의 TCD 사이클마다 디더링 기능을 수행할지를 설정하는 4비트 값이다.

▣ 디버그 제어 레지스터 TCD0_DBGCTRL (리셋후 디폴트값 : 0x00)

b7	b6	b5	b4	b3	b2	b1	b0
-	-	-	-	-	FAULTDET	-	DBGRUN
-	-	-	-	-	R/W	-	R/W

- FAULTDET : Fault Detection
  0 = 디버그 모드에서 TCD0의 동작이 정지하면 어떤 Fault도 발생하지 않는다.
  1 = CPU가 정지하고 디버그 모드에 있어도 TCD0에서 Fault를 발생한다.
- DBGRUN : Run in Debug Mode
  0 = 디버그 모드에서 TCD0의 동작이 정지한다.
  1 = CPU가 정지하고 디버그 모드에 있어도 TCD0이 동작을 계속한다.

▣ 캡쳐 레지스터 A TCD0_CAPTUREA (리셋후 디폴트값 : 0x0000)

	b15	b14	b13	b12	b11	b10	b9	b8
CAPTUREAH	-	-	-	-	CAPTUREA[11:8]			
	-	-	-	-	R	R	R	R

	b7	b6	b5	b4	b3	b2	b1	b0
CAPTUREAL	CAPTUREA[7:0]							
	R	R	R	R	R	R	R	R

- CAPTUREA[11:0] : Capture A Value
  TCD0에 있는 12비트 카운터의 유닛 A 캡쳐 값이다. 이 값을 읽을 때는 반드시 하위 바이트를 먼저 읽고 상위 바이트를 나중에 읽어야 한다. 상위 바이트를 읽기 전에는 새로운 캡쳐 값이 업데이트되어 저장되지 않는다.

▣ 캡쳐 레지스터 B TCD0_CAPTUREB (리셋후 디폴트값 : 0x0000)

	b15	b14	b13	b12	b11	b10	b9	b8
CAPTUREBH	-	-	-	-	CAPTUREB[11:8]			
	-	-	-	-	R	R	R	R

	b7	b6	b5	b4	b3	b2	b1	b0
CAPTUREBL	CAPTUREB[7:0]							
	R	R	R	R	R	R	R	R

- CAPTUREB[11:0] : Capture B Value
  TCD0에 있는 12비트 카운터의 유닛 B 캡쳐 값이다. 이 값을 읽을 때는 반드시 하위 바이트를 먼저 읽고 상위 바이트를 나중에 읽어야 한다. 상위 바이트를 읽기 전에는 새로운 캡쳐 값이 업데이트되어 저장되지 않는다.

▣ 비교 설정 레지스터 A TCD0_CMPASET (리셋후 디폴트값 : 0x0000)

	b15	b14	b13	b12	b11	b10	b9	b8
CMPASETH	-	-	-	-	CMPASET[3:0]			
	-	-	-	-	R/W	R/W	R/W	R/W

	b7	b6	b5	b4	b3	b2	b1	b0
CMPASETL	CMPASET[7:0]							
	R/W	R/W	R/W	R/W	R/W	R/W	R/W	R/W

- CMPASET[11:0] : Compare A Set
  TCD0에 있는 12비트 비교 레지스터의 유닛 A 설정 값이다.

▣ 비교 설정 레지스터 B TCD0_CMPBSET (리셋후 디폴트값 : 0x0000)

	b15	b14	b13	b12	b11	b10	b9	b8
CMPBSETH	–	–	–	–	CMPBSET[3:0]			
	–	–	–	–	R/W	R/W	R/W	R/W

	b7	b6	b5	b4	b3	b2	b1	b0
CMPBSETL	CMPBSET[7:0]							
	R/W	R/W	R/W	R/W	R/W	R/W	R/W	R/W

- CMPBSET[11:0] : Compare B Set
  TCD0에 있는 12비트 비교 레지스터의 유닛 B 설정 값이다.

▣ 비교 클리어 레지스터 A TCD0_CMPACLR (리셋후 디폴트값 : 0x0000)

	b15	b14	b13	b12	b11	b10	b9	b8
CMPACLRH	–	–	–	–	CMPACLR[3:0]			
	–	–	–	–	R/W	R/W	R/W	R/W

	b7	b6	b5	b4	b3	b2	b1	b0
CMPACLRL	CMPACLR[7:0]							
	R/W	R/W	R/W	R/W	R/W	R/W	R/W	R/W

- CMPACLR[11:0] : Compare A Clear
  TCD0에 있는 12비트 비교 레지스터의 유닛 A 설정 값이다.

▣ 비교 클리어 레지스터 B TCD0_CMPBCLR (리셋후 디폴트값 : 0x0000)

	b15	b14	b13	b12	b11	b10	b9	b8
CMPBCLRH	–	–	–	–	CMPBCLR[3:0]			
	–	–	–	–	R/W	R/W	R/W	R/W

	b7	b6	b5	b4	b3	b2	b1	b0
CMPBCLRL	CMPBCLR[7:0]							
	R/W	R/W	R/W	R/W	R/W	R/W	R/W	R/W

- CMPBCLR[11:0] : Compare B Clear
  TCD0에 있는 12비트 비교 레지스터의 유닛 B 설정 값이다.

Microchip Studio

2.10 실시간 카운터(RTC)

이 절에서는 AVR128DA64에 내장되어 있는 실시간 카운터(Real-Time Counter) RTC의 구조와 기능을 알아보고, 이를 활용하는 기술에 대하여 설명한다.

1. 실시간 카운터의 동작

AVR128DA64에 내장된 실시간 카운터 RTC는 <그림 2.10.1>에 보인 것처럼 크게 RTC(Real-Time Counter) 부분과 PIT(Periodic Interrupt Timer) 부분으로 나누어지는데, RTC 부분은 CLK_RTC를 프리스케일러로 분주한 클록 신호를 16비트 카운터로 계수하여 이 카운터의 값과 비교 레지스터나 주기 레지스터의 값을 비교함으로써 이것이 일치(match)할 때 인터럽트 또는 이벤트 신호를 발생하고, PIT 부분은 CLK_RTC 클록을 프리스케일러로 분주한 클록 신호로 여러 가지 주기의 인터럽트 또는 이벤트 신호를 발생하는 기능을 수행한다.

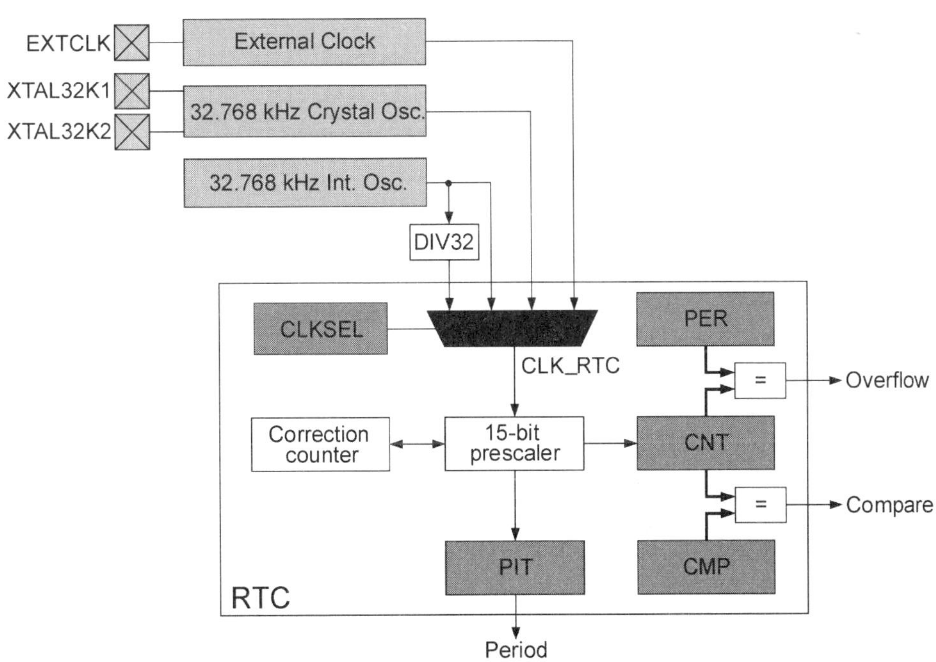

〈그림 2.10.1〉 실시간 카운터의 구성 블록도

실시간 카운터의 RTC와 PIT는 모두 주변장치 클록 CLK_PER가 아니라 별도의 클록 CLK_RTC에 의하여 비동기적으로 동작한다. 이 때문에 레지스터 값이 업데이트되거나 제어 레지스터의 설정이 유효하게 되는데 몇 클록 주기의 동기화 시간이 소요되며, 이러한 동기화 과정이 수행되는 동안에는 이것이 RTC_STATUS 레지스터 또는 RTC_PITSTATUS 레지스터에 상태 비트로 표시된다.

(1) RTC 기능

실시간 카운터의 RTC 부분은 CLK_RTC를 프리스케일러로 분주한 클록 신호를 16비트 카운터로 계수하여 이 카운터의 값과 비교 레지스터나 주기 레지스터의 값을 비교함으로써 이것들이 서로 같아서 일치할 때 각각 비교 인터럽트 및 오버플로우 인터럽트 신호를 발생하거나 이벤트 신호를 발생한다. 실시간 카운터를 RTC 기능으로 사용하고자 하면 다음과 같은 절차로 초기화한다.

① 클록 제어기 CLKCTRL에서 필요한 클록을 발생시킨다.

② RTC_CLKSEL 레지스터에서 CLKSEL[1:0] 비트를 사용하여 4가지의 클록 종류(OSC32K=32.768kHz, OSC32K/32=1.024kHz, XOSC32K=32.768kHz, EXTCLK) 중에서 하나의 클록 신호를 선택한다.

③ 실시간 카운터의 사용 목적에 따라 비교 레지스터 RTC_CMP 또는 주기 레지스터 RTC_PER를 설정한다.

④ RTC_INTCTRL 레지스터에서 비교 인터럽트 또는 오버플로우 인터럽트를 허용하도록 설정한다.

⑤ RTC_CTRLA 레지스터에서 PRESCALER[3:0] 비트를 사용하여 CLK_RTC를 분주하기 위한 분주비를 1~32768의 범위에서 설정한다.

⑥ RTC_CTRLA 레지스터에서 RTCEN=1로 하여 실시간 카운터가 동작하도록 허용한다.

RTC 기능의 비교 인터럽트나 이벤트는 16비트 카운터 RTC_CNT의 값이 16비트 비교 레지스터 RTC_CMP의 값과 일치하면 발생한다. 또한, 오버플로우 인터럽트나 이벤트는 16비트 카운터 RTC_CNT의 값이 16비트 주기 레지스터 RTC_PER의 값에 도달하면 그 다음의 클록 입력에서 카운터가 0으로 되면서 발생한다.

(2) PIT 기능

실시간 카운터의 PIT 부분은 CLK_RTC를 프리스케일러로 분주하여 발생한 클록 신호를 사용하여 여러 가지의 시간 주기로 인터럽트 및 이벤트 신호를 발생한다. PIT에서 프리스케일러의 분주비는 RTC_CTRLA 레지스터에서 PRESCALER[3:0] 비트가 아니라 RTC_PITCTRLA 레지스터에서 PERIOD[3:0] 비트로 설정한다. 실시간 카운터를 PIT 기능으로 사용하고자 하면 다음과 같은 절차로 초기화한다.

① 클록 제어기 CLKCTRL에서 필요한 클록을 발생시킨다.

② RTC_CLKSEL 레지스터에서 CLKSEL[1:0] 비트를 사용하여 4가지의 클록 종류(OSC32K=32.768kHz, OSC32K/32=1.024kHz, XOSC32K=32.768kHz, EXTCLK) 중에서 하나의 클록 신호를 선택한다.

③ RTC_PITINTCTRL 레지스터에서 PI=1로 하여 PIT 인터럽트를 허용하도록 설정한다.

④ RTC_PITCTRLA 레지스터에서 PERIOD[3:0] 비트를 사용하여 프리스케일러에 의한 PIT 인터럽트 주기를 설정한다.

⑤ RTC_PITCTRLA 레지스터에서 PITEN=1로 하여 PIT가 동작하도록 허용한다.

PIT 기능의 주기적인 인터럽트는 한번 설정하여 놓으면 계속하여 반복적으로 발생한다. 이러한 PIT 인터럽트는 CLK_RTC의 4, 8, 16, 32, 64, 128, 256, 512, 1024, 2048, 4096, 8192, 16384, 32768 사이클 주기로 발생할 수 있지만, PIT 이벤트는 CLK_RTC의 64, 128, 256, 512, 1024, 2048, 4096, 8192 사이클 주기로 발생할 수 있다.

(3) 주파수 교정 기능

실시간 카운터에서 CLK_RTC의 주파수가 부정확하여 인터럽트 발생 주기가 부정확해진다면 이는 프리스케일러의 동작을 교정하여 보상할 수 있다. 이러한 주파수 교정 기능을 사용하려면 RTC_CTRLA 레지스터에서 CORREN=1로 설정하고 RTC_CALIB 레지스터에 값을 설정하여 수행한다.

즉, 이 레지스터에서 SIGN=0으로 하고 ERROR[6:0] 비트로 클록 사이클의 수를 설정하면 프리스케일러가 지정된 분주비로 동작을 하면서 이 클록수만큼 분주비를 증가시켜서 출력 주파수를 낮추게 되고, SIGN=1로 하고 ERROR[6:0] 비트로 클록 사이클의 수를 설정하면 프리스케일러가 지정된 분주비로 동작을 하면서 이 클록수만큼 분주비를 감소시켜서 출력 주파수를 높이게 된다. 그러나, 출력 주파수를 높이기 위하여 분주비를 감소시킬 때 분주비를 /2보다 더 작게 할 수는 없다.

(4) 동기화 기능

실시간 카운터에서 RTC 모드와 PIT 모드는 모두 CLK_RTC의 클록 소스를 사용하기 때문에 주변장치 클록 CLK_PER와는 비동기적으로 동작하게 된다. 이 때문에 실시간 카운터의 제어 레지스터와 카운터 레지스터를 업데이트할 때는 어느 정도의 동기화 시간이 경과해야만 해당 레지스터의 업데이트된 값이 유효하게 된다. 이들 레지스터가 업데이트되기 위하여 동기화가 진행되는 동안에는 RTC_STATUS 레지스터의 해당 비트(CMPBUSY, PERBUSY, CNTBUSY, CTRLABUSY)가 1로 표시된다.

(5) 인터럽트 발생

실시간 카운터 RTC의 인터럽트 발생 기능은 다음과 같이 2가지가 있다.

- 오버플로우 및 비교 매치 인터럽트 : 카운터가 RTC_PER 레지스터의 값에 도달하는 오버플로우가 발생하거나 RTC_CMP 레지스터의 값과 같아지는 비교 매치가 될 때 발생함.
- 주기적인 타이머 인터럽트 : 카운터 값이 RTC_PITCTRLA 레지스터의 PERIOD[3:0] 비트로 지정한 시간 간격에 의하여 주기적으로 발생함.

(6) 이벤트 출력

실시간 카운터 RTC는 Event Generator로서 이벤트 출력 신호를 <표 2.10.1>과 같이 발생할 수 있다.

〈표 2.10.1〉 RTC에서 이벤트 출력의 발생(Event Generator)

User Name		Description	Event Type	Generating Clock Domain
Peripheral	Event			
RTC	OVF	Counter overflow	Pulse	CLK_RTC
	CMP	Compare match	Pulse	CLK_RTC
	PIT_DIV8192	Prescaled RTC clock divided by 8192	Level	CLK_RTC
	PIT_DIV4096	Prescaled RTC clock divided by 4096	Level	CLK_RTC
	PIT_DIV2048	Prescaled RTC clock divided by 2048	Level	CLK_RTC
	PIT_DIV1024	Prescaled RTC clock divided by 1024	Level	CLK_RTC
	PIT_DIV512	Prescaled RTC clock divided by 512	Level	CLK_RTC
	PIT_DIV256	Prescaled RTC clock divided by 256	Level	CLK_RTC
	PIT_DIV128	Prescaled RTC clock divided by 128	Level	CLK_RTC
	PIT_DIV64	Prescaled RTC clock divided by 64	Level	CLK_RTC

2. 실시간 카운터의 I/O 제어 레지스터

AVR128DA64의 실시간 카운터 RTC를 구성하는 I/O 제어 레지스터를 정리하면 <표 2.10.2>와 같다.

〈표 2.10.2〉 AVR128DA64의 RTC와 관련된 I/O 제어 레지스터 요약

어드레스	레지스터 이름	풀어 쓴 레지스터 이름	리셋 후 초기값
0x0140	RTC_CTRLA	RTC Control Register A	0x00
0x0141	RTC_STATUS	RTC Status Register	0x00
0x0142	RTC_INTCTRL	RTC Interrupt Control Register	0x00
0x0143	RTC_INTFLAGS	RTC Interrupt Flag Register	0x00
0x0144	RTC_TEMP	RTC Temporary Register	0x00
0x0145	RTC_DBGCTRL	RTC Debug Control Register	0x00
0x0146	RTC_CALIB	RTC Crystal Frequency Calibration Register	0x00
0x0147	RTC_CLKSEL	RTC Clock Selection Register	0x00
0x0148	RTC_CNT	RTC Count Register (L)	0x00
0x0149		RTC Count Register (H)	0x00
0x014A	RTC_PER	RTC Period Register (L)	0xFF
0x014B		RTC Period Register (H)	0xFF
0x014C	RTC_CMP	RTC Compare Register (L)	0x00
0x014D		RTC Compare Register (H)	0x00
0x014E 0x014F		(reserved)	
0x0150	RTC_PITCTRLA	RTC PIT Control Register A	0x00
0x0151	RTC_PITSTATUS	RTC PIT Status Register	0x00
0x0152	RTC_PITINTCTRL	RTC PIT Interrupt Control Register	0x00
0x0153	RTC_PITINTFLAGS	RTC PIT Interrupt Flag Register	0x00
0x0154		(reserved)	0x00
0x0155	RTC_PITDBGCTRL	RTC PIT Debug Control Register	0x00

▣ 제어 레지스터 A RTC_CTRLA (리셋후 디폴트값 : 0x00)

b7	b6	b5	b4	b3	b2	b1	b0
RUNSTDBY	PRESCALER[3:0]				CORREN	-	RTCEN
R/W	R/W	R/W	R/W	R/W	R/W	-	R/W

이 레지스터에 새로운 값을 쓰려면 먼저 RTC_STATUS 레지스터에서 CTRLABUSY 플랙이 0으로 되어 있는지를 체크해야 한다.

- RUNSTDBY : Run in Standby

  0 = 실시간 카운터가 스탠바이 모드에서는 동작하지 않는다. 스탠바이 모드로 들어가면 RTC의 동작이 종료한다.

  1 = 실시간 카운터가 스탠바이 모드에서도 동작한다.

- PRESCALER[3:0] : Prescaler

  0000 = CLK_RTC를 분주하지 않고 카운터에 공급한다.
  0001 = CLK_RTC를 2로 분주하여 카운터에 공급한다.
  0010 = CLK_RTC를 4로 분주하여 카운터에 공급한다.
  0011 = CLK_RTC를 8로 분주하여 카운터에 공급한다.
  0100 = CLK_RTC를 16으로 분주하여 카운터에 공급한다.
  0101 = CLK_RTC를 32로 분주하여 카운터에 공급한다.
  0110 = CLK_RTC를 64로 분주하여 카운터에 공급한다.
  0111 = CLK_RTC를 128로 분주하여 카운터에 공급한다.

1000 = CLK_RTC를 256으로 분주하여 카운터에 공급한다.
1001 = CLK_RTC를 512로 분주하여 카운터에 공급한다.
1010 = CLK_RTC를 1024로 분주하여 카운터에 공급한다.
1011 = CLK_RTC를 2048로 분주하여 카운터에 공급한다.
1100 = CLK_RTC를 4096으로 분주하여 카운터에 공급한다.
1101 = CLK_RTC를 8192로 분주하여 카운터에 공급한다.
1110 = CLK_RTC를 16384로 분주하여 카운터에 공급한다.
1111 = CLK_RTC를 32768로 분주하여 카운터에 공급한다.

- CORREN : Frequency Correction Enable
  0 = 실시간 카운터의 주파수 교정을 금지한다.
  1 = 실시간 카운터의 주파수 교정을 허용한다.
- RTCEN : RTC Enable
  0 = 실시간 카운터 RTC의 동작을 금지한다.
  1 = 실시간 카운터 RTC의 동작을 허용한다.

▣ 상태 레지스터 RTC_STATUS (리셋후 디폴트값 : 0x00)

b7	b6	b5	b4	b3	b2	b1	b0
-	-	-	-	CMPBUSY	PERBUSY	CNTBUSY	CTRLABUSY
-	-	-	-	R	R	R	R

- CMPBUSY : Compare Synchronization Busy
  0 = 현재 RTC 클록 영역에서 RTC_CMP 레지스터를 동기시키기 위한 작업이 busy 상태가 아니다.
  1 = 현재 RTC 클록 영역에서 RTC_CMP 레지스터를 동기시키기 위한 작업이 busy 상태이다.
- PERBUSY : Period Synchronization Busy
  0 = 현재 RTC 클록 영역에서 RTC_PER 레지스터를 동기시키기 위한 작업이 busy 상태가 아니다.
  1 = 현재 RTC 클록 영역에서 RTC_PER 레지스터를 동기시키기 위한 작업이 busy 상태이다.
- CNTBUSY : Counter Synchronization Busy
  0 = 현재 RTC 클록 영역에서 RTC_CNT 레지스터를 동기시키기 위한 작업이 busy 상태가 아니다.
  1 = 현재 RTC 클록 영역에서 RTC_CNT 레지스터를 동기시키기 위한 작업이 busy 상태이다.
- CTRLABUSY : Control A Synchronization Busy
  0 = 현재 RTC 클록 영역에서 RTC_CTRLA 레지스터를 동기시키기 위한 작업이 busy 상태가 아니다.
  1 = 현재 RTC 클록 영역에서 RTC_CTRLA 레지스터를 동기시키기 위한 작업이 busy 상태이다.

▣ 인터럽트 제어 레지스터 RTC_INTCTRL (리셋후 디폴트값 : 0x00)

b7	b6	b5	b4	b3	b2	b1	b0
-	-	-	-	-	-	CMP	OVF
-	-	-	-	-	-	R/W	R/W

- CMP : Compare Match Interrupt Enable
  0 = RTC_CNT 레지스터의 값이 RTC_CMP 레지스터의 값과 같아져도 인터럽트를 요청하지 않는다.
  1 = RTC_CNT 레지스터의 값이 RTC_CMP 레지스터의 값과 같아지면 인터럽트를 요청한다.
- OVF : Overflow Interrupt Enable
  0 = RTC_CNT 레지스터의 값이 RTC_PER 레지스터의 값에 도달하였다가 0으로 떨어져도 인터럽트를 요청하지 않는다.
  1 = RTC_CNT 레지스터의 값이 RTC_PER 레지스터의 값에 도달하였다가 0으로 떨어지면 인터럽트를 요청한다.

▣ 인터럽트 플랙 레지스터 RTC_INTFLAGS (리셋후 디폴트값 : 0x00)

b7	b6	b5	b4	b3	b2	b1	b0
-	-	-	-	-	-	CMP	OVF
-	-	-	-	-	-	R/W	R/W

- CMP : Compare Match Interrupt Flag

0 = RTC_CNT 레지스터의 값이 RTC_CMP 레지스터의 값과 같아지지 않았다.
1 = RTC_CNT 레지스터의 값이 RTC_CMP 레지스터의 값과 같아졌다. 이 비트에 1을 쓰면 0으로 클리어된다.

• OVF : Overflow Interrupt Flag
0 = RTC_CNT 레지스터의 값이 RTC_PER 레지스터의 값에 도달하였다가 0으로 떨어지지 않았다.
1 = RTC_CNT 레지스터의 값이 RTC_PER 레지스터의 값에 도달하였다가 0으로 떨어졌다. 이 비트에 1을 쓰면 0으로 클리어된다.

▣ 임시 레지스터 RTC_TEMP (리셋후 디폴트값 : 0x00)

b7	b6	b5	b4	b3	b2	b1	b0
TEMP[7:0]							
R/W	R/W	R/W	R/W	R/W	R/W	R/W	R/W

• TEMP[7:0] : Temporary
실시간 카운터의 16비트 레지스터를 읽거나 쓸 때 사용하는 임시 레지스터이다.

▣ 디버그 제어 레지스터 RTC_DBGCTRL (리셋후 디폴트값 : 0x00)

b7	b6	b5	b4	b3	b2	b1	b0
-	-	-	-	-	-	-	DBGRUN
-	-	-	-	-	-	-	R/W

• DBGRUN : Debug Run
0 = 디버그 모드에서 실시간 카운터 RTC의 동작이 정지한다.
1 = CPU가 정지하고 디버그 모드에 있어도 실시간 카운터 RTC가 동작을 계속한다.

▣ 크리스털 주파수 캘리브레이션 레지스터 RTC_CALIB (리셋후 디폴트값 : 0x00)

b7	b6	b5	b4	b3	b2	b1	b0
SIGN	ERROR[6:0]						
R/W	R/W	R/W	R/W	R/W	R/W	R/W	R/W

• SIGN : Error Correction Sign Bit
0 = 좀더 느리게 카운트하도록 프리스케일러에게 +방향으로 클록 사이클을 늘리는 교정을 수행한다.
1 = 좀더 빠르게 카운트하도록 프리스케일러에게 -방향으로 클록 사이클을 줄이는 교정을 수행한다. 단, 프리스케일러가 분주할 수 있는 최소값은 /2이다.

• ERROR[6:0] : Error Correction Value
1백만개의 RTC 클록 사이클에 대하여 몇 개의 클록 사이클만큼 교정할 것인지를 표시한다.

▣ 클록 선택 레지스터 RTC_CLKSEL (리셋후 디폴트값 : 0x00)

b7	b6	b5	b4	b3	b2	b1	b0
-	-	-	-	-	-	CLKSEL[1:0]	
-	-	-	-	-	-	R/W	R/W

• CLKSEL[1:0] : Clock Select
00 = 32.768kHz의 OSC32K를 CLK_RTC로 사용한다.
01 = 1.024kHz의 OSC32K/32를 CLK_RTC로 사용한다.
10 = 32.768kHz의 XOSC32K 또는 XTAL32K1 단자로 입력된 외부 클록을 CLK_RTC로 사용한다.
11 = EXTCLK 단자로 입력된 외부 클록을 CLK_RTC로 사용한다.

▣ 카운트 레지스터 RTC_CNT (리셋후 디폴트값 : 0x0000)

	b15	b14	b13	b12	b11	b10	b9	b8
CNTH	CNT[15:8]							
	R	R	R	R	R	R	R	R

	b7	b6	b5	b4	b3	b2	b1	b0
CNTL	CNT[7:0]							
	R	R	R	R	R	R	R	R

이 레지스터에 새로운 값을 쓰려면 먼저 RTC_STATUS 레지스터에서 CNTBUSY 플랙이 0으로 되어 있는지를 체크해야 한다.

- CNT[15:0] : Counter Value
16비트 카운터의 값이 저장된다.

▣ 주기 레지스터 RTC_PER (리셋후 디폴트값 : 0xFFFF)

	b15	b14	b13	b12	b11	b10	b9	b8
PERH	PER[15:8]							
	R	R	R	R	R	R	R	R

	b7	b6	b5	b4	b3	b2	b1	b0
PERL	PER[7:0]							
	R	R	R	R	R	R	R	R

이 레지스터에 새로운 값을 쓰려면 먼저 RTC_STATUS 레지스터에서 PERBUSY 플랙이 0으로 되어 있는지를 체크해야 한다.

- PER[15:0] : Period Value
오버플로우 인터럽트를 발생하기 위한 16비트의 주기 값이 저장된다. 이것에 의한 인터럽트 발생 주파수는 f = CLK_RTC/prescaler/(RTC_PER+1)이 된다.

▣ 비교 레지스터 RTC_CMP (리셋후 디폴트값 : 0x0000)

	b15	b14	b13	b12	b11	b10	b9	b8
CMPH	CMP[15:8]							
	R	R	R	R	R	R	R	R

	b7	b6	b5	b4	b3	b2	b1	b0
CMPL	CMP[7:0]							
	R	R	R	R	R	R	R	R

이 레지스터에 새로운 값을 쓰려면 먼저 RTC_STATUS 레지스터에서 CMPBUSY 플랙이 0으로 되어 있는지를 체크해야 한다.

- CMP[15:0] : Compare Value
비교 인터럽트를 발생하기 위한 16비트의 비교 값이 저장된다.

▣ PIT 제어 레지스터 A RTC_PITCTRLA (리셋후 디폴트값 : 0x00)

b7	b6	b5	b4	b3	b2	b1	b0
–	PERIOD[3:0]				–	–	PITEN
–	R/W	R/W	R/W	R/W	–	–	R/W

- PERIOD[3:0] : Period
프리스케일러를 사용하여 PIT 인터럽트 발생 주기를 설정한다.
0000 = PIT 인터럽트를 사용하지 않는다.
0001 = PIT 인터럽트 주기를 CLK_RTC의 4클록 사이클로 설정한다.
0010 = PIT 인터럽트 주기를 CLK_RTC의 8클록 사이클로 설정한다.

0011 = PIT 인터럽트 주기를 CLK_RTC의 16클록 사이클로 설정한다.
0100 = PIT 인터럽트 주기를 CLK_RTC의 32클록 사이클로 설정한다.
0101 = PIT 인터럽트 주기를 CLK_RTC의 64클록 사이클로 설정한다.
0110 = PIT 인터럽트 주기를 CLK_RTC의 128클록 사이클로 설정한다.
0111 = PIT 인터럽트 주기를 CLK_RTC의 256클록 사이클로 설정한다.
1000 = PIT 인터럽트 주기를 CLK_RTC의 512클록 사이클로 설정한다.
1001 = PIT 인터럽트 주기를 CLK_RTC의 1024클록 사이클로 설정한다.
1010 = PIT 인터럽트 주기를 CLK_RTC의 2048클록 사이클로 설정한다.
1011 = PIT 인터럽트 주기를 CLK_RTC의 4096클록 사이클로 설정한다.
1100 = PIT 인터럽트 주기를 CLK_RTC의 8192클록 사이클로 설정한다.
1101 = PIT 인터럽트 주기를 CLK_RTC의 16384클록 사이클로 설정한다.
1110 = PIT 인터럽트 주기를 CLK_RTC의 32768클록 사이클로 설정한다.
1111 = (reserved)

- PITEN : PIT Enable
  0 = PIT의 동작을 금지한다.
  1 = PIT의 동작을 허용한다.

▣ PIT 상태 레지스터 RTC_PITSTATUS (리셋후 디폴트값 : 0x00)

b7	b6	b5	b4	b3	b2	b1	b0
-	-	-	-	-	-	-	CTRLBUSY
-	-	-	-	-	-	-	R

- CTRLBUSY : PIT Control A Synchronization Busy
  0 = 현재 RTC 클록 영역에서 RTC_PITCTRLA 레지스터를 동기시키기 위한 작업이 busy 상태가 아니다.
  1 = 현재 RTC 클록 영역에서 RTC_PITCTRLA 레지스터를 동기시키기 위한 작업이 busy 상태이다.

▣ PIT 인터럽트 제어 레지스터 RTC_PITINTCTRL (리셋후 디폴트값 : 0x00)

b7	b6	b5	b4	b3	b2	b1	b0
-	-	-	-	-	-	-	PI
-	-	-	-	-	-	-	R/W

- PI : PIT Interrupt Enable
  0 = PIT의 주기적인 인터럽트를 금지한다.
  1 = PIT의 주기적인 인터럽트를 허용한다.

▣ PIT 인터럽트 플랙 레지스터 RTC_PITINTFLAGS (리셋후 디폴트값 : 0x00)

b7	b6	b5	b4	b3	b2	b1	b0
-	-	-	-	-	-	-	PI
-	-	-	-	-	-	-	R/W

- PI : PIT Interrupt Flag
  0 = 현재 PIT의 주기적인 인터럽트를 요청하는 상태가 아니다.
  1 = 현재 PIT의 주기적인 인터럽트를 요청하는 상태이다. 이 비트에 1을 쓰면 0으로 클리어된다.

2.11 USART 직렬통신 포트(USARTn)

이 절에서는 AVR128DA64에 내장되어 있는 총 6개의 동기 및 비동기 직렬통신 포트 USART0~USART5의 구조와 기능을 알아보고, 이를 활용하는 기술에 대하여 설명한다.

1. USART 직렬통신 포트의 구조 및 특징

AVR128DA64에 내장된 6개 USART(Universal Synchronous and Asynchronous Receiver and Transmitter) 직렬통신 포트의 기능과 특징을 요약하면 다음과 같다.

① 동일한 기능을 수행하는 6개의 USART 직렬통신 포트 USART0~USART5를 가지고 있다.

② 동기(synchronous) 또는 비동기(asynchronous) 전송 모드를 사용할 수 있다.

③ 전이중(full-duplex) 통신 및 반이중(half-duplex) 통신이 가능하다.

④ 비동기 전송 모드에서 데이터 포맷은 1문자를 5~9비트 범위에서 설정하고 스톱 비트는 1~2비트로 설정할 수 있으며, 전송 중에 패리티 비트를 사용하지 않을 수도 있고 짝수 또는 홀수 패리티(even or odd parity)를 선택하여 사용할 수도 있다.

⑤ 주변장치 클록 CLK_PER로부터 전송속도 레지스터 USARTn_BAUD를 사용하여 원하는 전송속도를 설정할 수 있다.

⑥ 송신부는 2레벨 쓰기 버퍼(2-level write buffer)와 송신 시프트 레지스터로 구성되고, 수신부는 2레벨 수신 버퍼(2-level receive buffer)와 수신 시프트 레지스터로 구성된다.

⑦ 송신 완료(TX Complete) 인터럽트, 송신 데이터 레지스터 준비완료(TX Data Register Empty) 인터럽트, 수신 완료(RX Complete) 인터럽트 등 3가지의 인터럽트를 사용할 수 있다.

⑧ 비동기 전송 모드의 수신 동작에서는 패리티 에러(parity error), 수신 버퍼 오버플로우 에러(buffer overflow error) 및 프레임 에러(frame error)를 검출하는 기능을 가지고 있다.

⑨ Host SPI 모드와 적외선 통신 모드를 사용할 수 있다.

⑩ 멀티프로세서 통신 모드를 사용할 수 있다.
⑪ LIN 클라이언트로 사용할 수 있다.
⑫ Start-of-Frame 검출 기능을 가진다.

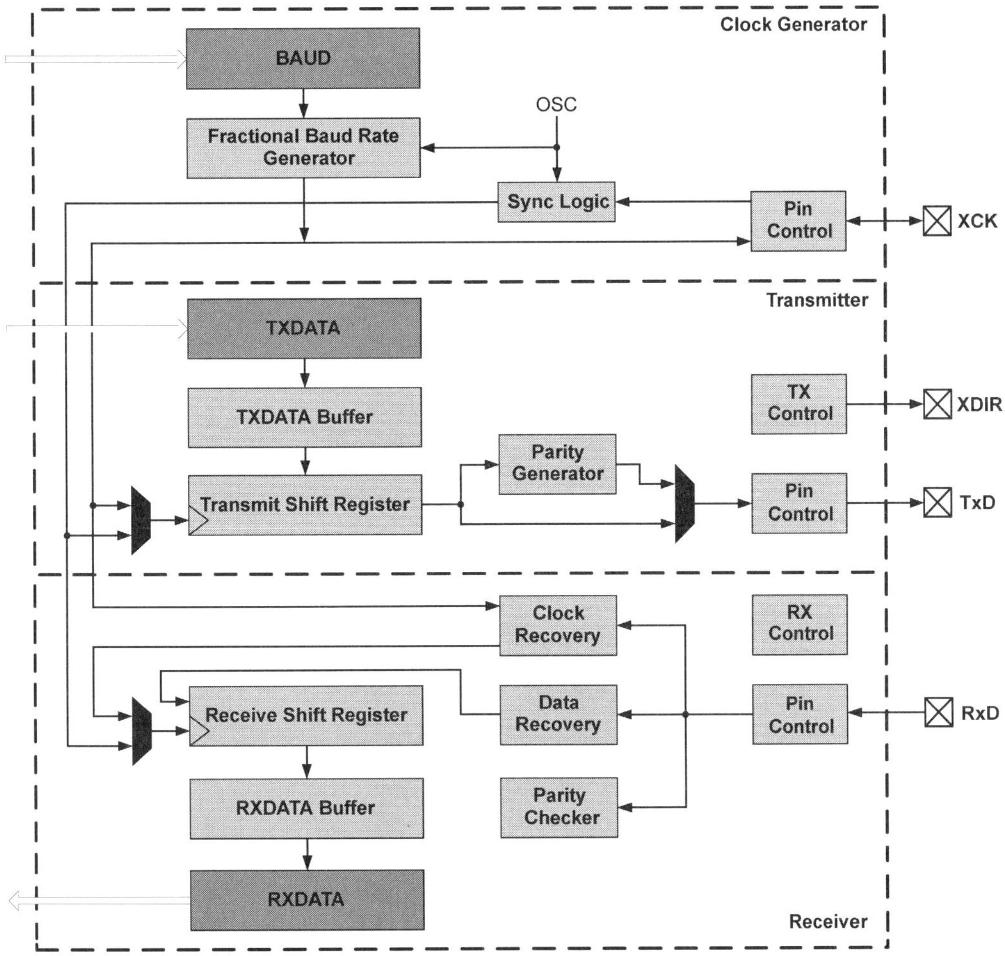

〈그림 2.11.1〉 USARTn 직렬통신 포트의 하드웨어 구성 블록도

AVR128DA64의 USART 직렬통신 포트의 내부 하드웨어에 관한 구성 블록도를 <그림 2.11.1>에 보였는데, 각 포트는 크게 나누어 클록 발생부(clock generator), 송신부(transmitter), 수신부(receiver)의 3가지 구성 부분으로 이루어진다. 비동기 모드에서는 송신 단자 TXD 및 수신 단자 RXD만을 사용하여 통신을 수행한다. 그러나, RS-485 모드로 통신을 수행할 경우에는 송신이나 수신 방향을 제어하기 위하여 추가로 XDIR 단자를 사용한다. 동기 모드에서 호스트로 동작하는 경우에는 클록 신호 XCK를 만들

어 클라이언트에게 출력하며, USART가 클라이언트로 동작하는 경우에는 외부에서 받은 클록 신호 XCK를 사용하여 통신을 수행한다.

2. 비동기 통신 모드의 동작

(1) 초기화 절차

직렬통신 포트 USARTn을 비동기(asynchronous) 모드로 사용하여 통신하려면 다음과 같이 초기화하는 것이 권장된다.

① 병렬 I/O 포트에서 TXD에 해당하는 단자를 출력 방향으로 설정하고, RXD에 해당하는 단자를 입력으로 설정한다.

② USARTn_BAUD 레지스터를 사용하여 원하는 표준 전송 속도를 설정한다.

③ USARTn_CTRLC 레지스터에서 MODE[1:0]=00으로 하여 비동기 모드를 설정하고, 이 레지스터에서 1문자의 데이터 비트수(5~9), 패리티 비트의 사용 여부, 스톱 비트수(1~2) 등을 함께 설정한다.

④ USARTn_CTRLB 레지스터에서 TXEN=RXEN=1로 하여 송신부와 수신부의 동작을 허용한다.

(2) 데이터 송수신 동작의 개요

직렬통신 포트 USARTn의 비동기 전송 모드에서 데이터를 송수신하는 동작의 개요를 요약하여 설명하면 다음과 같다.

▣ 송신 동작

송신 동작을 위해서는 송신 데이터 신호를 출력할 단자 TXD에 해당하는 병렬 I/O 포트를 출력 방향으로 설정하고, USARTn_CTRLB 레지스터에서 TXEN=1로 설정하여 이 단자가 TXD로 동작하도록 해야 한다.

비동기 전송 모드에서 송신 동작은 송신 데이터 레지스터 USARTn_DATAL 및 USARTn_DATAH에 송신할 데이터를 쓰는 것으로 시작된다. 만약 현재 송신 버퍼(TX Buffer)가 비어있다면 이 데이터는 즉시 송신 버퍼로 옮겨지며, 또한 송신 시프트 레지스터가 비어있다면 이 데이터가 송신 시프트 레지스터로 옮겨져서 곧바로 LSB부터 1비트씩 송신을 시작한다.

송신할 문자의 길이는 USARTn_CTRLC 레지스터에서 CHSIZE[2:0] 비트로 설정하며,

1문자의 길이가 9비트인 경우에는 상위 바이트 USARTn_TXDATAH와 하위 바이트 USARTn_TXDATAL의 레지스터에 대하여 반드시 지정된 쓰기 순서를 지켜야 한다. 그러나, 1문자의 길이가 5~8비트인 경우에는 송신 데이터를 USARTn_TXDATAL에 쓴다.

송신측의 버퍼 구조는 <그림 1.11.1>에서 보였듯이 2레벨로 되어 있으며, 상태 레지스터 USARTn_STATUS에서 DREIF=1로 표시되어 현재 송신 데이터 레지스터가 비어있을 때만 여기에 송신 데이터를 쓸 수 있다. 데이터가 모두 송신되어 송신 데이터 레지스터, 송신 버퍼, 송신 시프트 레지스터의 3가지가 모두 비어있는 상태가 되면 USARTn_STATUS에서 TXCIF=1로 표시되면서 송신 완료 인터럽트를 요청한다.

▣ 수신 동작

수신 동작을 위해서는 수신 데이터 신호를 입력할 단자 RXD에 해당하는 병렬 I/O 포트를 입력 방향으로 설정하고, USARTn_CTRLB 레지스터에서 RXEN=1로 설정하여 이 단자가 RXD로 동작하도록 해야 한다.

수신부에서는 설정된 전송속도에 따라 16배 또는 8배의 클록으로 비트를 검출하며, 첫번째의 스톱 비트가 검출되었으면 지금까지 시프트 레지스터에 수신된 1문자의 데이터는 수신 버퍼(RX Buffer)로 옮겨지고 USARTn_STATUS에서 RXCIF=1로 표시되면서 수신 완료 인터럽트를 요청한다.

수신측의 버퍼 구조도 2레벨로 되어 있으며, 수신 데이터 레지스터와 수신 버퍼에는 2개의 수신 데이터가 차례로 저장되어 FIFO 방식으로 동작한다. 이 경우 상태 레지스터 USARTn_STATUS에서 RXCIF=1로 표시된 것을 확인하고 데이터를 읽으면 수신 데이터 레지스터에서 더 먼저 수신된 문자를 읽게 되며, 여전히 RXCIF=1로 표시된 것을 확인하고 두번째로 수신 데이터 레지스터를 읽으면 나중에 수신된 문자를 읽게 된다. 1문자의 길이가 9비트인 경우에는 상위 바이트 USARTn_RXDATAH와 하위 바이트 USARTn_RXDATAL의 레지스터에 대하여 반드시 지정된 읽기 순서를 지켜야 한다. 그러나, 1문자의 길이가 5~8비트인 경우에는 USARTn_RXDATAL만 읽으면 된다.

수신부에서 데이터를 수신할 때는 3가지의 에러 검출 기능을 갖는다. 만약 스톱 비트가 0으로 검출되면 1프레임의 데이터 전송 포맷이 잘못된 것이므로 데이터 레지스터의 상위 바이트 USARTn_RXDATAH에서 FERR=1로 표시되면서 프레임 에러가 된다. 현재 수신 데이터 레지스터와 수신 버퍼에 먼저 수신된 데이터가 가득 차 있는(full) 상태에서와 그 다음의 데이터가 수신되면 수신 버퍼의 용량을 초과한 것이므로 데이터 레지스터의 상위 바이트 USARTn_RXDATAH에서 BUFOVF=1로 표시되면서 버퍼 오버플로우 에러가 된다. 또한, 수신측에서 계산한 패리티 비트와 수신된 패리티 비트가 일치하지 않으면 수신 데이터 레지스터의 상위 바이트 USARTn_RXDATAH에서 PERR=1로 표시되면서 패리티 에러가 된다.

이처럼 수신 동작에서 에러 발생 여부를 표시하는 상태 비트가 수신 데이터 레지스터의 상위 바이트 USARTn_RXDATAH에 표시되어 있으므로 수신 데이터를 읽기 전에 항상 이것을 먼저 읽어서 확인하는 것이 좋으며, 따라서 데이터 길이가 9비트인 경우에는 USARTn_CTRLC 레지스터에서 CHSIZE[2:0]=111로 설정하여 상위 바이트를 먼저 읽거나 쓰는 것이 바람직하다.

〈표 2.11.1〉 USARTn 포트에 대한 전송속도 설정 공식

동작 모드	전송속도[bps]의 계산	USARTn_BAUD 레지스터 값의 계산
비동기 일반 모드 (RXMODE[1:0]=00)	$f_{BAUD} = \dfrac{64 \times f_{CLK\_PER}}{16 \times USARTn\_BAUD}$	$USARTn\_BAUD = \dfrac{64 \times f_{CLK\_PER}}{16 \times f_{BAUD}}$
비동기 2배속 모드 (RXMODE[1:0]=01)	$f_{BAUD} = \dfrac{64 \times f_{CLK\_PER}}{8 \times USARTn\_BAUD}$	$USARTn\_BAUD = \dfrac{64 \times f_{CLK\_PER}}{8 \times f_{BAUD}}$
동기 모드(호스트)	$f_{BAUD} = \dfrac{f_{CLK\_PER}}{2 \times USARTn\_BAUD[15:6]}$	$USARTn\_BAUD[15:6] = \dfrac{f_{CLK\_PER}}{2 \times f_{BAUD}}$

〈표 2.11.2〉 표준 전송속도에 따른 USARTn_BAUD 레지스터의 설정(f_{CLK_PER} = 24MHz)

표준 전송속도 [bps]	비동기 일반 모드(RXMODE[1:0]=00)		비동기 2배속 모드(RXMODE[1:0]=01)	
	USARTn_BAUD	전송속도 오차	USARTn_BAUD	전송속도 오차
2400	40000	0.000%	-	-
4800	20000	0.000%	40000	0.000%
9600	10000	0.000%	20000	0.000%
14,400	6667	-0.005%	13333	+0.003%
19,200	5000	0.000%	10000	0.000%
28,800	3333	+0.010%	6667	-0.005%
38,400	2500	0.000%	5000	0.000%
57,600	1667	-0.020%	3333	+0.010%
76,800	1250	0.000%	2500	0.000%
115,200	833	+0.040%	1667	-0.020%
230,400	417	-0.080%	833	+0.040%
250,000	384	0.000%	768	0.000%
500,000	192	0.000%	384	0.000%
1M	96	0.000%	192	0.000%
2M	-	-	96	0.000%

(3) 전송속도의 설정

직렬통신 포트 USARTn의 비동기 전송 모드에서 전송속도(baud rate)는 bps(bits per second) 단위로 지정된 표준 전송속도를 사용하는데, 이러한 전송속도를 구현하기 위하여 <표 2.11.1>과 같이 주변장치 클록 CLK_PER를 USARTn_BAUD 레지스터 값으로 나눈다. 이 공식에서 분자에 64를 곱하고 분모에 나누는 USARTn_BAUD 레지스터

의 값을 64~65535의 범위에서 설정하도록 함으로써 정수가 아니라 실수의 연산을 적용하는 효과를 가지게 되어 보다 정확한 전송속도를 설정할 수 있다.

여러 가지의 표준 전송속도에 대하여 이렇게 USARTn_BAUD 레지스터에 설정할 값을 계산하여 보면 <표 2.11.2>와 같다. 여기서 주변장치 클록 CLK_PER은 24MHz인 경우를 사용하였으며, 전송속도 오차가 양(+)이면 실제보다 더 높은 전송속도로 동작하는 것을 의미하고, 전송속도 오차가 음(-)이면 실제보다 더 낮은 전송속도로 동작하는 것을 의미한다. 이 표에서 보듯이 USARTn_BAUD 레지스터를 사용하여 설정할 수 있는 전송속도의 오차는 매우 작아서 거의 무시해도 좋은 수준이다.

(4) 데이터 전송 포맷

직렬통신 포트 USARTn의 비동기 전송 모드에서 1프레임(frame)의 데이터 전송 포맷(format)은 <그림 2.11.2>에 보인 것처럼 1 스타트 비트(start bit), 5~9 데이터 비트(data bit), 1 패리티 비트(parity bit), 1~2 스톱 비트(stop bit)로 구성된다. 이와 같이 데이터 비트와 스톱 비트의 길이는 사용자가 설정할 수 있으며, 패리티 비트는 사용하지 않을 수도 있고, 만약 사용한다면 짝수 패리티(even parity) 방식 또는 홀수 패리티(odd parity) 방식으로 지정할 수 있다. 결국 1문자의 전송 프레임은 최소 7비트에서 최대 13비트로 구성된다.

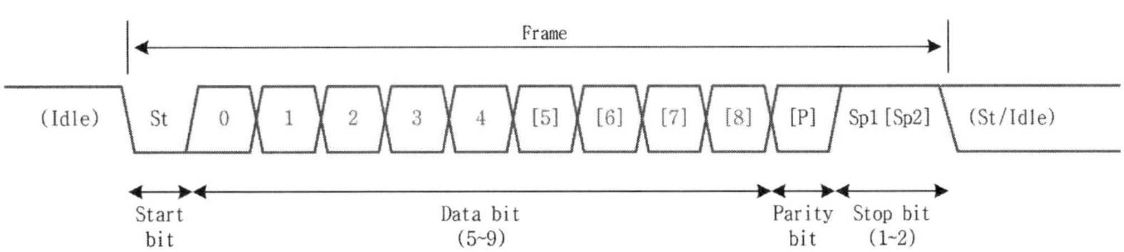

〈그림 2.11.2〉 비동기 전송에서 1프레임을 구성하는 전송 데이터의 포맷

USART가 데이터를 전송하지 않고 대기 상태(idle state)에 있을 때 TXD와 RXD 단자는 high 상태로 유지된다. 그러다가 이 신호가 low로 떨어지면 1개의 전송 프레임이 시작되는 스타트 비트로 인식된다.

데이터 전송 포맷에 패리티 비트를 사용하도록 설정한 경우에는 송신측에서 패리티 비트를 계산하여 전송하고, 수신측에서 패리티 비트를 계산하여 수신된 패리티 비트와 비교함으로써 패리티 에러(parity error)를 체크한다. 송신부와 수신부에서의 이러한 패리티 처리는 모두 USARTn의 하드웨어에 의하여 자동적으로 수행된다.

전송 데이터가 n개의 비트로 구성되는 경우 짝수 패리티 비트와 홀수 패리티 비트를 계산하는 공식은 각각 다음과 같다.

$$P_{even} = d_{n-1} \oplus d_{n-2} \oplus \cdots \oplus d_3 \oplus d_2 \oplus d_1 \oplus d_0 \oplus 0$$

$$P_{odd} = d_{n-1} \oplus d_{n-2} \oplus \cdots \oplus d_3 \oplus d_2 \oplus d_1 \oplus d_0 \oplus 1$$

스톱 비트는 무조건 high 상태의 비트 값을 갖는데, 만약 수신부에서 첫번째의 스톱 비트까지 프레임을 체크하여 이 비트가 low로 수신되면 프레임 에러(frame error)가 된다. 2개의 스톱 비트를 사용하도록 설정된 경우에 2번째의 스톱 비트는 수신부에 의하여 무시되는데, 이렇게 추가된 스톱 비트는 데이터 수신측 CPU의 처리 동작이 느릴 경우에 데이터 송신측에서 다음 문자를 전송하는 동작을 시간적으로 약간 지연시킴으로써 수신부에서 버퍼 오버플로우 에러(buffer overflow error)가 발생하는 것을 방지하는 효과가 있다.

마지막 스톱 비트가 전송된 이후에 그 다음의 전송 문자가 있는 경우에는 곧바로 다음 프레임의 스타트 비트로 이어지며, 그렇지 않은 경우에는 대기 상태가 된다.

(5) 1비트 신호의 샘플링 동작

직렬통신 포트 USARTn의 비동기 전송 모드에서는 수신 데이터의 정확한 검출을 위하여 16배 주파수 또는 8배 주파수를 사용하여 데이터의 각 비트를 샘플링한다. 즉, 일반 모드에서는 데이터 샘플링에 사용되는 주파수를 보레이트의 16배 주파수로 사용하고, 2배속 모드에서는 8배 주파수로 사용한다. 이렇게 하면 수신측에서 1비트의 신호를 샘플링할 때 16개 또는 8개의 클록 주기에서 각 비트의 중앙부를 검출함으로써 클록 주파수에 어느 정도의 오차가 있더라도 검출의 정확도를 높일 수 있게 된다.

그런데, AVR128DA64의 USARTn에서는 이러한 1비트 신호의 샘플링 기능 이외에도 전압 스파이크(spike) 잡음에 의하여 데이터 수신에 오류가 발생하는 것을 방지하기 위하여 1비트를 3차례 검출하는 방법을 사용한다. 즉, <그림 2.11.3> (a)에서 보면 스타트 비트를 검출할 때 일반 모드에서는 16개의 샘플링 클록 주기중에 8~10번째 주기에서 각각 1번씩 신호를 샘플링하고 이중에서 2차례 이상 검출된 논리값을 검출 결과로 처리한다. 2배속 모드에서는 8개의 샘플링 클록 주기중에 4~6번째 주기에서 각각 1번씩 신호를 샘플링하고 이중에서 2번 이상 검출된 값을 검출 결과로 처리한다. 그림에서 검출 순서를 0으로 표시한 것은 직렬전송 동작이 수행되지 않는 아이들 상태(idle state)를 나타낸다.

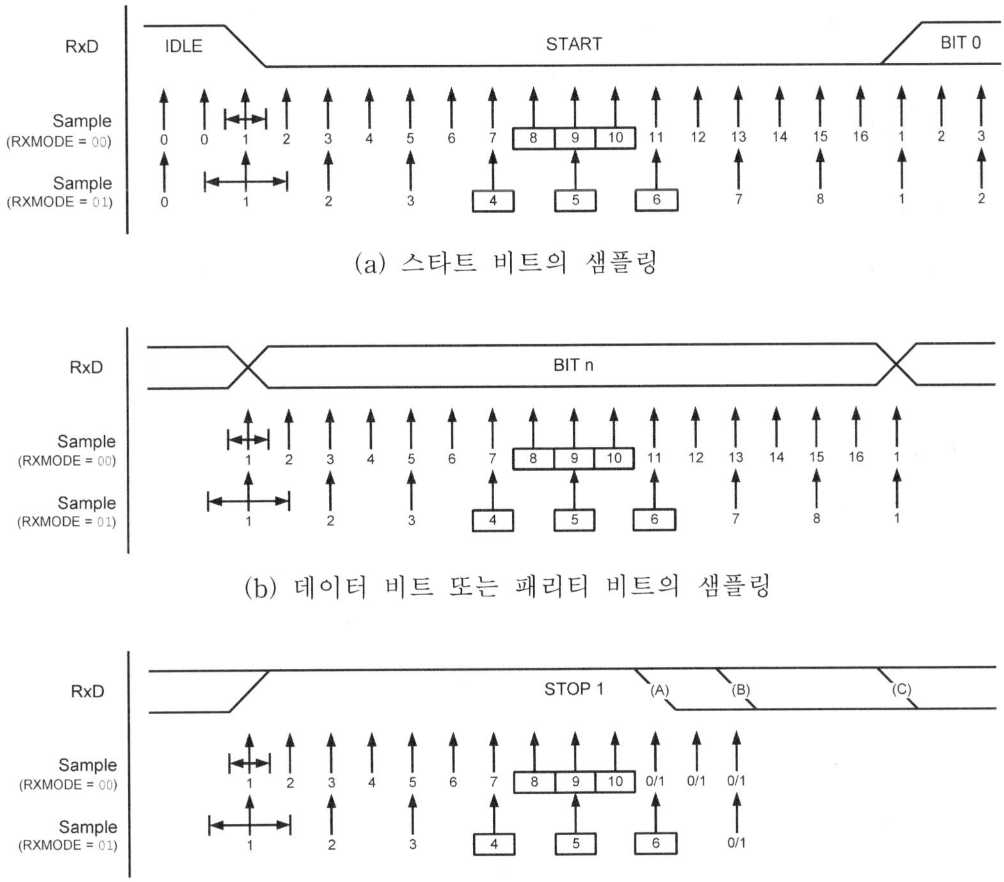

(a) 스타트 비트의 샘플링

(b) 데이터 비트 또는 패리티 비트의 샘플링

(c) 스톱 비트의 샘플링

〈그림 2.11.3〉 수신측의 비동기 모드에서 1비트의 샘플링 동작

이와 같이 스타트 비트가 검출되면 총 16개(2배속 모드에서는 8개)의 클록 주기가 지난 후에 데이터 비트가 시작되는 것으로 동기를 취하여 n개의 데이터 비트를 차례로 수신한다. 데이터 비트나 패리티 비트의 수신 동작도 <그림 2.11.3> (b)와 같이 1비트 길이의 중앙부에서 3차례 샘플링된다.

그러나, 스톱 비트의 수신 동작은 이와 조금 다르다. 이것은 <그림 2.11.3> (c)에 보였는데, 1비트 길이의 중앙부에서 3차례 샘플링되는 것은 앞에서와 같지만, 일단 스톱 비트가 검출되고 나면 그 이후에 이어지는 스톱 비트 지속시간은 수신부에 의해 무시된다. 즉, 스톱 비트가 high로 검출된 이후에는 <그림 2.11.3> (c)에서 (A)~(C)의 경우처럼 아무 때나 하강 에지가 발생하더라도 이것은 그 다음에 이어지는 프레임의 스타트 비트로 간주된다.

(6) 클록 주파수 허용 오차

비동기 전송 모드에서 송신부와 수신부가 처리하는 1비트 데이터의 시간 주기는 동일해야 한다. 만약, 데이터가 실제로 수신부에 입력되는 전송속도에 비하여 수신부가 내부적으로 동작하는 클록 속도가 너무 빠르거나 느리다면 1비트의 시간 주기가 달라지므로 올바른 데이터의 수신을 기대할 수 없다. 수신부의 동작에 비하여 허용 범위에서 가장 느리게 입력되는 데이터의 전송속도 비율은 다음과 같이 표현된다.

$$R_{slow} = \frac{S(D+1)}{S-1+D\times S+S_F} = \frac{S(D+1)}{S(D+1)+S_F-1}$$

또한, 수신부의 동작에 비하여 허용 범위에서 가장 빠르게 입력되는 데이터의 전송속도 비율은 다음과 같이 표현된다.

$$R_{fast} = \frac{S(D+2)}{S(D+1)+S_M}$$

여기서, D는 데이터 비트와 패리티 비트를 합한 비트수로서 5~10으로 되며, S는 비트당 샘플링 횟수로서 일반 모드에서는 16이고 2배속 모드에서는 8이다. 또한, S_F는 비트를 검출하기 위하여 샘플링하는 횟수의 첫번째 순서값으로서 일반 모드에서는 8이고 2배속 모드에서는 4이며, S_M은 비트를 검출하기 위하여 샘플링하는 횟수의 중간 순서값으로서 일반 모드에서는 9이고 2배속 모드에서는 5이다.

결국 이 공식에 의한 비율은 데이터 비트와 패리티 비트를 합한 비트수 D에 따라 변하는데, 이를 모두 계산하여 보면 <표 2.11.3>과 같다. 여기서 보듯이 일반 모드에 비하여 2배속 모드는 좀더 정확한 클록 주파수와 전송속도를 필요로 한다. 올바르고 안정적인 직렬 데이터 전송이 보장되려면 직렬통신 포트의 전송속도를 설정할 때 이 표에 제시된 권장 허용오차의 범위 이내가 되도록 설정하는 것이 바람직하다.

이처럼 비동기 직렬통신 방식은 송신측과 수신측의 클록 주파수에 다소 차이가 있더라도 무난하게 통신이 수행된다는 것이 큰 장점이다. 예를 들어 가장 널리 사용하는 비동기 전송 포맷 중의 하나인 데이터 비트가 8이고 패리티 비트를 사용하지 않는 경우에 D=8이므로 <표 2.11.3>에서 보면 클록 주파수의 권장 허용오차는 일반 모드에서 ±2% 이내, 2배속 모드에서 ±1.5% 이내이다. 그런데, 24MHz의 주변장치 클록을 사용하는 경우 <표 2.11.2>에서 보면 설정할 수 있는 보레이트가 모두 이 권장 허용오차 한계를 충분히 만족하고 있다는 것을 알 수 있다. 이 때문에 AVR128DA64에서 시스템 클록 및 주변장치 클록으로 정확한 24MHz를 사용하면 직렬통신을 수행하는데 아무 문제가 없다. 그러나, 시스템 클록과 주변장치 클록으로 내부 고주파 발진기 OSCHF를 사용하면 클록 주파수 오차가 이 허용오차를 초과할 수 있으므로 주의가 필요하며, 내부 고주파 발진기를 캘리브레이션하지 않고 사용한다면 더욱 문제가 될 수 있다.

〈표 2.11.3〉 비동기 수신측에서 전송속도 오차의 허용 범위

(a) 일반 모드의 경우

D의 값 (데이터 비트 + 패리티 비트)	Rslow [%]	Rfast [%]	최대 허용오차 [%]	권장 허용오차 [%]
5	93.20	106.67	-6.80/+6.67	±3.0
6	94.12	105.79	-5.88/+5.79	±2.5
7	94.81	105.11	-5.19/+5.11	±2.0
8	95.36	104.58	-4.64/+4.58	±2.0
9	95.81	104.14	-4.19/+4.14	±1.5
10	96.17	103.78	-3.83/+3.78	±1.5

(b) 2배속 모드의 경우

D의 값 (데이터 비트 + 패리티 비트)	Rslow [%]	Rfast [%]	최대 허용오차 [%]	권장 허용오차 [%]
5	94.12	105.66	-5.88/+5.66	±2.5
6	94.92	104.92	-5.08/+4.92	±2.5
7	95.52	104.35	-4.48/+4.35	±1.5
8	96.00	103.90	-4.00/+3.90	±1.5
9	96.39	103.53	-3.61/+3.53	±1.5
10	96.70	103.23	-3.30/+3.23	±1.0

(7) Auto-Baud 기능

Auto-Baud는 통신의 상대방으로부터 받은 신호로부터 전송속도에 관련된 정보를 측정하여 전송속도 레지스터 USARTn_BAUD의 값을 자동으로 저장하는 기능이다. 여기에는 Generic Auto-Baud mode와 LIN Auto-Baud mode의 2가지가 있다. (☞ 이 Auto-Baud에 대해서는 Microchip Technology사 데이터 시트의 설명이 매우 부실하여 더 이상 자세한 사항을 알 수 없다.)

Generic Auto-Baud mode는 USARTn_CTRLB 레지스터에서 RXMODE[1:0]=10으로 설정하는데, 여기서는 <그림 2.11.4>에 보인 것처럼 주변장치 클록으로 12사이클 이상의 시간동안 low로 입력되는 브레이크 필드(break field)를 수신하며, 곧바로 이어지는 동기 필드(synchronization field)의 스타트 비트가 시작되면 내부에서 카운터가 증가하기 시작하여 8개의 T_{bit}가 지나갈 때까지 카운트한다. 만약 이 카운트 값이 0x0064~0xFFFF 범위로 유효하면 이 값을 USARTn_BAUD 레지스터에 자동 저장하며, 그렇지

않으면 USARTn_STATUS 레지스터에서 ISFIF=1로 되면서 Auto-Baud 에러 인터럽트를 요청한다. 이처럼 브레이크 필드는 12클록 사이클 이상이어야 하지만, 만약 USARTn_STATUS 레지스터에서 WFB=1로 설정하면 12클록 사이클 미만으로도 가능하다.

LIN Auto-Baud mode는 USARTn_CTRLB 레지스터에서 RXMODE[1:0]=11로 설정하는데, 여기서는 주변장치 클록으로 12사이클 이상의 시간동안 low로 입력되는 브레이크 필드(break field)를 수신하며, 곧바로 이어지는 동기 필드(synchronization field)의 값이 0x55이어야 한다. 이것이 수신되는 동안의 카운트 값이 0x0064~0xFFFF 범위로 유효하면 이 값을 USARTn_BAUD 레지스터에 자동 저장하며, 그렇지 않으면 USARTn_STATUS 레지스터에서 ISFIF=1로 되면서 Auto-Baud 에러 인터럽트를 요청한다.

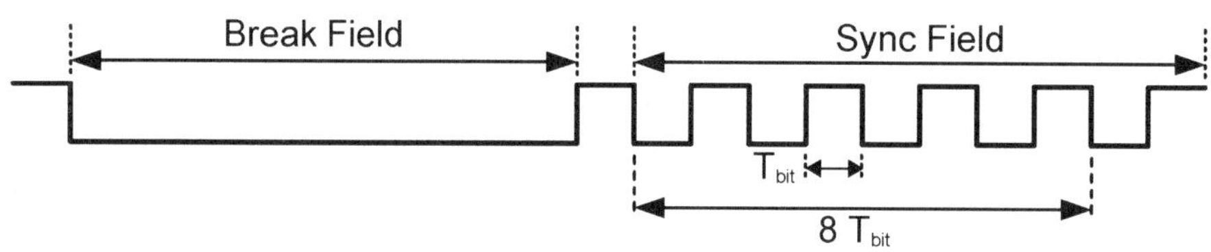

〈그림 2.11.4〉 Auto-Baud 동작의 타이밍

(8) 1선 통신 모드

1선 통신 모드(One-Wire mode)는 TXD 신호선 1개만을 가지고 반이중 통신으로 양방향의 비동기 통신을 수행하는 방식이다. 이렇게 하면 RXD 신호선에 해당하는 단자를 다른 목적으로 사용할 수 있는 장점이 있다. 1선 통신 모드는 USARTn_CTRLA 레지스터에서 LBME=1로 설정한다.

1선 통신 모드에서 TXD 단자를 통하여 데이터를 송신하면 이 신호는 내부에서 수신 신호로 루프백되어 즉시 수신부에서 수신하게 된다. 이를 사용하여 송신부와 수신부의 기능을 체크하는 루프백 테스트(loop-back test)에 사용할 수 있다.

1선 통신 모드에서는 송신측과 수신측의 장치가 TXD 신호선을 공유하므로 만약 한쪽 장치가 이 신호를 high로 출력하고 다른 장치가 이 신호를 low로 출력하는 상황이 되면 전원 단락이 발생하게 된다. 이러한 사고를 방지하기 위하여 USARTn_CTRLB 레지스터에서 ODME=1로 설정하고, PORTx_PINnCTRL 레지스터에서 PULLUPEN=1로 설정함으로써 TXD 단자를 오픈 드레인 구조로 하여 풀업시켜 주어야 한다.

(9) RS-485 통신 모드

RS-485 통신은 2개의 차동신호를 사용하여 송수신을 수행하기 때문에 잡음에 강한 특성이 있지만, 전이중 통신을 사용하지 못하고 반이중 통신으로만 사용해야 하는 단점이 있다. 여기서는 송신 동작을 위하여 TXD 신호를 차동 신호로 변환하는 TX Driver와 수신 동작을 위하여 차동 신호를 RXD 신호로 변환하는 RX Driver를 선택적으로 사용해야 하므로 이를 위한 제어 신호 XDIR가 추가로 필요하다. RS-485 통신 모드는 USARTn_CTRLA 레지스터에서 RS485=1로 설정한다.

RS-485 통신 모드를 사용하기 위한 송수신 드라이브 회로는 <그림 2.11.5>의 (a)와 같다. RS-485 통신 모드에서는 이 그림의 (b)에 보인 것처럼 USARTn이 송신 동작을 수행할 때 자동적으로 XDIR 신호가 1로 출력되고, 송신 동작이 완료되면 이 XDIR 신호가 다시 0으로 출력되어 수신 동작을 수행할 수 있는 상태가 된다. 이러한 XDIR 신호의 동작이 안정적으로 수행될 수 있도록 데이터 송신을 시작하기 전에 1주기의 baud clock 시간만큼 시간 여유(Guard time)가 주어지며, 송신을 끝낸 후에도 같은 길이의 시간(Stop bit time)이 주어진다.

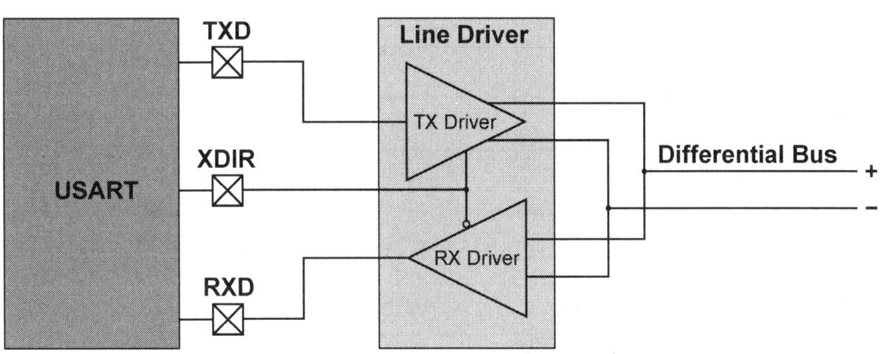

(a) 회로 구성

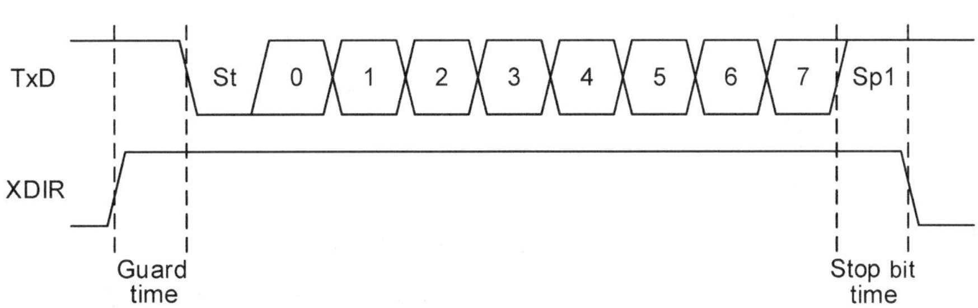

(b) XDIR 신호의 동작

〈그림 2.11.5〉 USARTn에서 RS-485 통신 모드의 동작

(10) 적외선 통신 모드

AVR128DA64의 USARTn 통신 포트는 최고 전송속도 115.2kbps의 IrDA 1.4 규격을 지원하는 적외선 통신 모드(Infrared Communication mode)로 동작할 수 있다. 적외선 통신 모드를 사용하려면 USARTn_CTRLC 레지스터에서 CMODE[1:0]=10으로 설정한다.

적외선 통신 모드에서는 <그림 2.11.6>에 보인 것처럼 TXD 신호를 적외선 펄스로 인코딩(encoding)하여 출력하고, 수신된 RXD 신호는 적외선 펄스를 제거하는 디코딩(decoding)을 수행하여 사용한다. 적외선 펄스로 송신하거나 수신할 때는 TXD 및 RXD 신호의 데이터 값을 반전시킨다. RXD 신호는 외부의 RXD 단자 뿐만 아니라 이벤트 시스템으로부터 입력될 수도 있다.

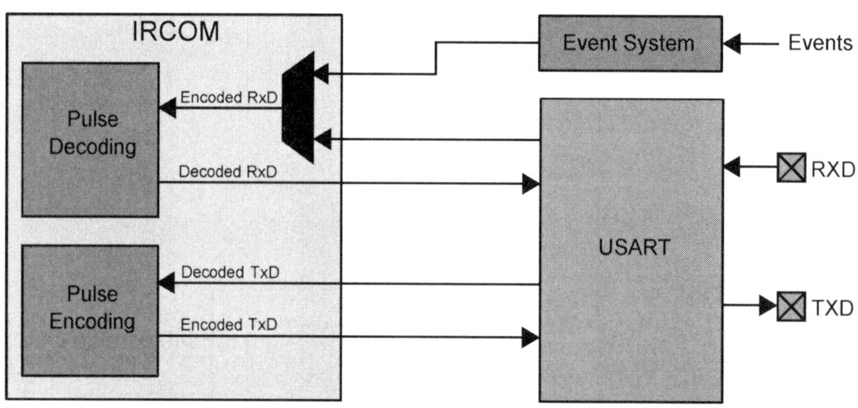

〈그림 2.11.6〉 USARTn에서 적외선 통신 모드의 동작

(11) Start-of-Frame 검출

USARTn 통신 포트의 Start-of-Frame 검출 기능은 이 마이크로컨트롤러가 스탠바이 모드에 있을 때 비동기 모드에서 RXD 신호의 하강 에지가 발생하여 스타트 비트로 검출되면 슬립 모드에서 깨어나게 하는(wake-up) 기능이다. 이는 USARTn_CTRLB 레지스터에서 SFDEN=1로 설정한다.

Start-of-Frame이 검출된 이후에 스타트 비트가 올바르게 검출되지 않았다면 이 마이크로컨트롤러는 다시 스탠바이 모드로 돌아간다. 그러나, Start-of-Frame과 스타트 비트가 올바르게 검출되면 오실레이터가 동작을 시작하고 해당 USARTn 통신 포트에 클록이 공급되면서 전체 데이터 프레임의 수신 동작이 이루어지며, 상태 레지스터 USARTn_STATUS에서 RXSIF=1로 되면서 인터럽트가 요청된다. 이 데이터 프레임의 수신이 완료되면 RXCIF=1로 되면서 데이터 수신 완료 인터럽트가 요청된다. 이들 2가지의 인터럽트 허용 여부에 따라 <표 1.11.4>와 같이 기능이 달라진다.

〈표 2.11.4〉 Start-of-Frame 검출 기능

SFDEN 비트	RXSIF 인터럽트	RXCIF 인터럽트	동작
0	×	×	Start-of-Frame 검출 기능을 사용하지 않음.
1	금지	금지	Start-of-Frame이 검출되면 오실레이터만 살아나며, 이후에 수신되는 모든 데이터 프레임이 소실된다.
1	금지	허용	수신 완료 인터럽트에 의하여 시스템과 모든 클록이 슬립 모드에서 깨어난다.
1	허용	×	스타트 비트의 검출에 의하여 모든 클록이 슬립 모드에서 깨어난다.

(12) 멀티프로세서 통신 모드

USARTn 통신 포트를 비동기 모드로 사용할 경우에는 하나의 직렬통신 버스에 여러개의 마이크로프로세서를 연결하여 다중 통신을 수행할 수 있다. 이러한 멀티프로세서 통신을 수행하려면 USARTn_CTRLB 레지스터에서 MPCM=1로 설정한다.

멀티프로세서 통신 모드에서는 통신 버스에 연결되는 여러개의 프로세서가 1개의 호스트(host)와 여러개의 클라이언트(client)로 나누어지는데, 호스트는 이것이 전송하는 프레임의 특정 비트를 사용하여 이것이 어드레스 프레임인지 데이터 프레임인지를 표시한다. 멀티프로세서 통신 모드에서 1개의 프레임에 5~8개의 데이터 비트를 포함하는 경우에는 2개의 스톱 비트를 사용하도록 설정하고 첫번째의 스톱 비트를 프레임 구별 신호로 사용하여 이것이 1이면 어드레스 프레임을 표시하고 0이면 데이터 프레임을 표시한다. 그러나, 1개의 프레임에 9개의 데이터 비트를 포함하는 경우에는 9번째 데이터 비트를 프레임 구별 신호로 사용하여 이것이 1이면 어드레스 프레임을 표시하고 0이면 데이터 프레임을 표시한다.

처음에는 호스트가 어드레스 프레임을 전송하는데, 모든 클라이언트는 이를 수신하여 자신의 어드레스에 해당하는지를 확인한다. 어드레스로 선택된 클라이언트는 MPCM=0으로 하여 멀티프로세서 통신 모드를 해제하고 그 다음부터 호스트가 전송하는 모든 데이터 프레임을 수신하며, 마지막 데이터 프레임을 수신하고 나면 MPCM=1로 되돌아 간다. 그러나, 어드레스가 일치하지 않아서 선택되지 못한 나머지의 클라이언트는 새로운 어드레스 프레임을 수신할 때까지 호스트가 보내는 모든 데이터 프레임을 무시한다.

3. 동기 통신 모드의 동작

(1) 동기 통신 모드의 개요

직렬통신 포트 USARTn의 동기 전송 모드에서는 통신 버스에 연결된 모든 장치들이 하나의 클록 신호 XCK에 동기되어 송신 또는 수신 동작을 수행하는 특징이 있다. 즉, 비동기 통신에서는 송신 데이터 신호 TXD 및 수신 데이터 신호 RXD 단자만 사용하지만, 동기 통신에서는 여기에 클록 신호 XCK를 추가로 사용하며, 이 클록 신호 XCK를 출력하는 장치를 호스트(host)라고 부르고 이 클록 신호를 입력으로 받아서 사용하는 나머지 장치들을 클라이언트(client)라고 부른다.

호스트는 <그림 2.11.7>에 보인 것처럼 클록 발생기에서 CLK_PER 신호로부터 송수신 클록을 발생하여 이를 송신 동작에 사용하고 동시에 XCK 단자로 출력하여 클라이언트에게 보내준다. 클라이언트는 XCK 단자에서 입력한 클록 신호를 사용하여 수신 동작을 수행한다. 따라서, 호스트에서는 PORTx_DIR 레지스터를 사용하여 XCK 신호로 사용하는 병렬 I/O 포트 단자를 출력 방향으로 설정해야 하며, 클라이언트에서는 이 단자를 입력 방향으로 설정해야 한다.

<그림 2.11.8>에 보인 것처럼 PORTx_PINnCTRL 레지스터에서 INVEN=0으로 설정한 경우에는 클록 신호 XCK의 상승 에지에서 송신 데이터가 시작되고 하강 에지에서 수신 데이터를 샘플링하며, INVEN=1로 설정한 경우에는 클록 신호 XCK의 하강 에지에서 송신 데이터가 시작되고 상승 에지에서 수신 데이터를 샘플링한다.

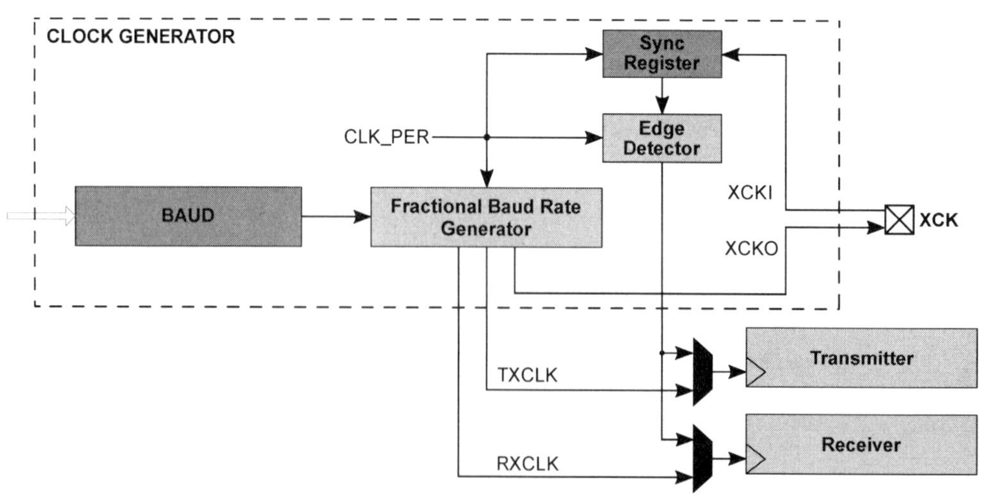

〈그림 2.11.7〉 USARTn에서 송수신 클록의 발생

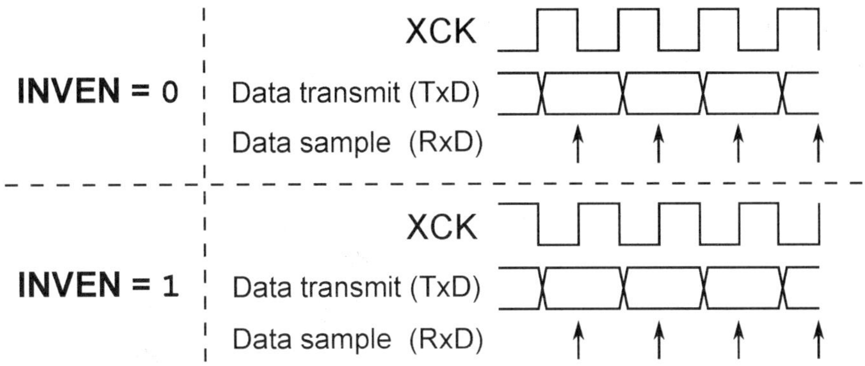

<그림 2.11.8> USARTn의 동기 통신 모드에서 XCK 신호의 동작

USARTn이 동기 모드의 클라이언트로 사용되는 경우에는 이처럼 XCK 단자를 통하여 외부에서 클록 신호를 받아 동작하므로 클라이언트 내부에서 설정하는 클록은 전송 속도에 영향을 주지 않는다. 그러나, 클라이언트의 올바른 데이터 수신 동작을 위하여 클록 주파수는 CLK_PER/4의 클록 주파수 미만으로 설정되어야 한다.

(2) 호스트 SPI 모드의 동작

직렬통신 포트 USARTn은 SPI 통신 모드의 호스트로서 동작할 수 있다. 이때는 데이터 전송 포맷은 항상 1문자가 8 데이터 비트로 구성되며, 동기 모드이므로 스타트 비트, 스톱 비트, 패리티 비트 등은 사용하지 않는다. USARTn_CTRLC 레지스터의 UDORD 비트에 따라 LSB부터 전송할 수도 있고 MSB부터 전송할 수도 있다.

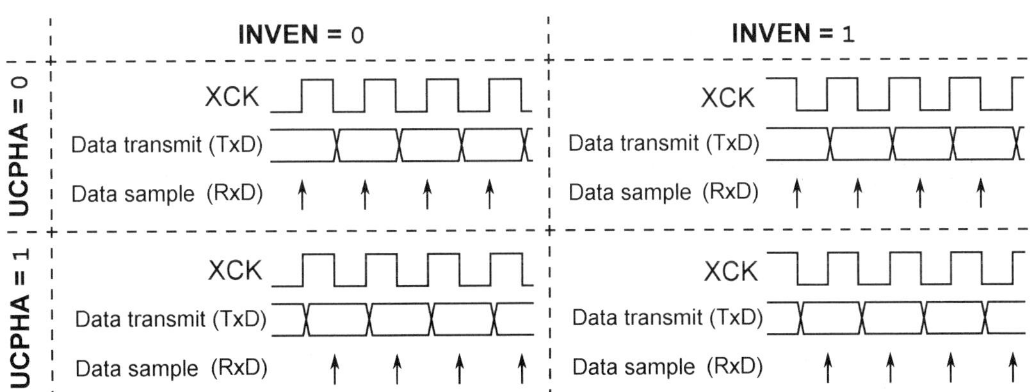

<그림 2.11.9> USARTn의 호스트 SPI 모드에서 XCK 신호의 동작

호스트 SPI 모드에서는 <표 2.11.1>에서 설명한 것처럼 클록 발생기에서 클록 신호를 발생하여 송신 동작을 수행하고 이를 XCK 단자로도 출력하여 클라이언트에게 보내준다. 이 XCK 클록 신호의 동작은 USARTn_CTRLC 레지스터의 UCPHA 비트와 PORTx_PINnCTRL 레지스터의 INVEN 비트에 따라 <그림 2.11.9>처럼 동작한다.

호스트 SPI 모드에서의 TXD, RXD, XCK 신호는 각각 SPI 통신 포트에서의 MOSI, MISO, XCK 신호에 대응되며, 호스트로만 동작하기 때문에 $\overline{SS}$에 대응되는 신호는 없다. 호스트가 클라이언트를 선택하는 신호는 SPI 통신에서처럼 사용자가 병렬 I/O 포트의 단자를 임의로 정하여 사용하면 된다. 호스트 SPI 모드의 데이터 송수신 동작은 대부분 비동기 전송 모드와 유사하며, 송신 완료 인터럽트와 수신 완료 인터럽트도 유사하게 동작한다. 그러나, 호스트 SPI 모드에서는 SPI 통신 모듈의 데이터 충돌 플랙, 2배속 모드, 멀티 호스트 기능 등을 지원하지 않는다.

(3) 인터럽트 발생

USARTn의 비동기 모드 및 동기 모드에서 인터럽트 발생 기능은 다음과 같이 3가지가 있다.

- 수신 완료 인터럽트(RXC) : 수신 버퍼에 읽지 않은 데이터가 있거나(RXCIE), Start-of-Frame이 검출되었거나(RXSIE), 수신 버퍼에 읽지 않은 데이터가 있거나(RXCIE), Auto-Baud 동작에서 에러가 발생한(ABEIE) 경우에 인터럽트가 요청됨.
- 데이터 레지스터 비어있음 인터럽트(DRE) : 송신 버퍼가 비어 새로운 송신 데이터를 받을 준비가 된 경우(DREIE)에 인터럽트를 요청함.
- 송신 완료 인터럽트(TXC) : 모든 데이터가 송신 완료되어 송신 버퍼와 송신 시프트 레지스터가 비어 있을 경우(TXCIE)에 인터럽트를 요청함.

(4) 이벤트 입력 및 출력

직렬통신 포트 USARTn은 Event User로서 이벤트 입력 신호를 <표 2.11.5>와 같이 사용할 수 있다.

〈표 2.11.5〉 USARTn에서 이벤트 입력의 사용(Event User)

User Name		Description	Input Detection	Sync/Async
Peripheral	Input			
USARTn	IREI	USARTn IrDA event input	Pulse	Sync

또한 USARTn은 Event Generator로서 이벤트 출력 신호를 <표 2.11.6>과 같이 발생할 수 있다.

〈표 2.11.6〉 USARTn에서 이벤트 출력의 발생(Event Generator)

User Name		Description	Event Type	Generating Clock Domain
Peripheral	Event			
USARTn	XCK	Clock signal in SPI Host mode and synchronous USART Host mode	Pulse	CLK_PER

4. USART 직렬통신 포트의 I/O 제어 레지스터

AVR128DA64의 USART 직렬통신 포트 USARTn을 구성하는 I/O 제어 레지스터를 정리하면 <표 2.11.7>과 같다. 여기서 어드레스는 USART0에 대하여 표시하였으며, 나머지의 통신포트 USART1~USART5에 대해서는 이것보다 어드레스가 각각 0x0020씩 차례로 증가한다. 예를 들어 USART1은 0x0820에서 시작하고, USART2는 0x0840에서 시작한다.

〈표 2.11.7〉 AVR128DA64의 USARTn과 관련된 I/O 제어 레지스터 요약

어드레스	레지스터 이름	풀어 쓴 레지스터 이름	리셋 후 초기값
0x0800	USARTn_RXDATA	USARTn Receiver Data Register (L)	0x00
0x0801		USARTn Receiver Data Register (H)	0x00
0x0802	USARTn_TXDATA	USARTn Transmit Data Register (L)	0x00
0x0803		USARTn Transmit Data Register (H)	0x00
0x0804	USARTn_STATUS	USARTn Status Register	0x00
0x0805	USARTn_CTRLA	USARTn Control Register A	0x00
0x0806	USARTn_CTRLB	USARTn Control Register B	0x00
0x0807	USARTn_CTRLC	USARTn Control Register C	0x03/0x00
0x0808	USARTn_BAUD	USARTn Baud Register (L)	0x00
0x0809		USARTn Baud Register (H)	0x00
0x080A	USARTn_CTRLD	USARTn Control Register D	0x00
0x080B	USARTn_DBGCTRL	USARTn Debug Control Register	0x00
0x080C	USARTn_EVCTRL	USARTn IrDA Control Register	0x00
0x080D	USARTn_TXPLCTRL	USARTn IRCOM Transmitter Pulse Length Control Register	0x00
0x080E	USARTn_RXPLCTRL	USARTn IRCOM Receiver Pulse Length Control Register	0x00

■ 수신 데이터 레지스터 USARTn_RXDATA (리셋후 디폴트값 : 0x0000)

b7	b6	b5	b4	b3	b2	b1	b0	
RXCIF	BUFOVF	-	-	-	FERR	PERR	DATA[8]	**RXDATAH**
R	R	-	-	-	R	R	R	

b7	b6	b5	b4	b3	b2	b1	b0	
DATA[7:0]								**RXDATAL**
R	R	R	R	R	R	R	R	

- RXCIF : Receive Complete Interrupt Flag
  0 = 수신 버퍼에 읽지 않은 데이터가 없어서 수신 버퍼가 비어있는 상태이다.
  1 = 수신 버퍼에 1문자가 수신되어 있고 아직 이를 읽지 않은 상태이다. 수신 데이터 레지스터를 읽으면 이 비트가 0으로 클리어된다.
- BUFOVF : Buffer Overflow
  0 = 수신 버퍼에서 오버플로우가 발생하지 않았다.
  1 = 수신 버퍼에 아직 읽지 않은 데이터가 있는 상태에서 그 다음 문자가 수신되어 수신 버퍼에 저장됨으로써 버퍼 오버플로우가 발생하였다. 수신 데이터 레지스터를 읽으면 이 비트가 0으로 클리어된다.
  ☞ Host SPI mode에서는 이 비트를 사용하지 않는다.
- FERR : Frame Error
  0 = 스톱 비트가 1로 검출되어 프레임 에러가 발생하지 않았다.
  1 = 스톱 비트가 0으로 검출되어 프레임 에러가 발생하였다.
  ☞ Host SPI mode에서는 이 비트를 사용하지 않는다.
- PERR : Parity Error
  0 = 수신 데이터에서 패리티 에러가 발생하지 않았다.
  1 = 수신 데이터에서 패리티 에러가 발생하였다.
  ☞ Host SPI mode에서는 이 비트를 사용하지 않는다.
- DATA[8:0] : Receiver Data
  이중 버퍼 구조로 되어 있는 수신 버퍼의 수신 데이터를 나타낸다. USARTn_CTRLC 레지스터에서 CHSIZE[2:0] 비트로 지정된 문자 사이즈에 따라 5~9비트가 사용되며, 데이터가 9비트 길이의 경우 반드시 지정된 바이트 순서로 읽어야 한다. 그러나, 1문자의 길이가 5~8비트인 경우에는 RXDATAL 레지스터만 읽으면 된다.

▣ 송신 데이터 레지스터 USARTn_TXDATA (리셋후 디폴트값 : 0x0000)

	b7	b6	b5	b4	b3	b2	b1	b0
TXDATAH	–	–	–	–	–	–	–	DATA[8]
	–	–	–	–	–	–	–	R/W

	b7	b6	b5	b4	b3	b2	b1	b0
TXDATAL	DATA[7:0]							
	R/W	R/W	R/W	R/W	R/W	R/W	R/W	R/W

- DATA[8:0] : Transmit Data
  이중 버퍼 구조로 되어 있는 송신 버퍼의 송신 데이터를 나타낸다. USARTn_CTRLC 레지스터에서 CHSIZE[2:0] 비트로 지정된 문자 사이즈에 따라 5~9비트가 사용되며, 데이터가 9비트 길이의 경우 반드시 지정된 바이트 순서로 써야 한다. 그러나, 1문자의 길이가 5~8비트인 경우에는 TXDATAL 레지스터에만 송신 데이터를 쓰면 된다.
  USARTn_STATUS 레지스터에서 DREIF=1로 되어 있어서 송신 버퍼가 비어 있을(empty) 경우에만 이 레지스터에 데이터를 써야 한다.

▣ 상태 레지스터 USARTn_STATUS (리셋후 디폴트값 : 0x00)

b7	b6	b5	b4	b3	b2	b1	b0
RXCIF	TXCIF	DREIF	RXSIF	ISFIF	–	BDF	WFB
R	R/W	R	R/W	R/W	–	R/W	R/W

- RXCIF : Receive Complete Interrupt Flag
  0 = 수신 버퍼에 읽지 않은 데이터가 없어서 수신 버퍼가 비어있는 상태이다.
  1 = 수신 버퍼에 1문자가 수신되어 있고 아직 이를 읽지 않은 상태이다. 수신 데이터 레지스터를 읽으면 이 비트가 0으로 클리어된다.
- TXCIF : Transmit Complete Interrupt Flag
  0 = 송신 버퍼나 송신 시프트 레지스터에 송신할 데이터가 남아있는 상태이다.
  1 = 송신 버퍼와 송신 시프트 레지스터에 송신할 데이터가 남아있지 않은 상태이다. 이 비트에 1을 쓰거나 송신 데이터 레지스터에 송신할 데이터를 쓰면 이 비트가 0으로 클리어된다.
- DREIF : Data Register Empty Interrupt Flag
  0 = 송신 버퍼에 송신할 데이터가 남아있는 상태이다.

1 = 송신 버퍼에 송신할 데이터가 남아있지 않은 상태이다. 송신 데이터 레지스터에 송신할 데이터를 쓰면 이 비트가 0으로 클리어된다.

- RXSIF : Receive Start Interrupt Flag
USARTn_CTRLB 레지스터에서 SFDEN=1로 설정되어 있고 스탠바이 모드에 있을 때 스타트 비트가 검출되면 이 비트가 1로 셋트된다. 이 비트에 1을 쓰면 0으로 클리어된다.
☞ Host SPI mode에서는 이 비트를 사용하지 않는다.
- ISFIF : Inconsistent Synchronization Field Interrupt Flag
Generic Auto-Baud mode에서 동기 필드가 너무 짧기나 길어서 유효한 값을 찾지 못했을 경우 이 비트가 1로 셋트된다. 또한, LIN Auto-Baud mode에서 동기 문자가 0x55와 다를 경우에도 이 비트가 1로 셋트된다. 이 비트에 1을 쓰면 0으로 클리어된다.
- BDF : Break Detected Flag
Auto-Baud mode에서 유효한 브레이크 문자와 동기 문자가 검출되면 이 비트가 1로 셋트되며, 그 다음 문자가 수신되면 다시 0으로 클리어된다. 이 비트에 1을 쓰면 0으로 클리어된다.
- WFB : Wait For Break
이 비트는 상태 비트가 아니라 Auto-Baud mode에서 아래와 같이 기능을 설정하는 제어 비트이다.
0 = Wait For Break 기능을 금지한다.
1 = Wait For Break 기능을 허용한다. 그러면 12 클록 사이클 미만의 짧은 브레이크 필드의 검출도 가능하다.

▣ 제어 레지스터 A USARTn_CTRLA (리셋후 디폴트값 : 0x00)

b7	b6	b5	b4	b3	b2	b1	b0
RXCIE	TXCIE	DREIE	RXSIE	LBME	ABEIE	-	RS485
R/W	R/W	R/W	R/W	R/W	R/W	-	R/W

- RXCIE : Receive Complete Interrupt Enable
0 = 상태 레지스터에서 RXCIF=1일 때 수신 완료 인터럽트를 금지한다.
1 = 상태 레지스터에서 RXCIF=1일 때 수신 완료 인터럽트를 허용한다.
- TXCIE : Transmit Complete Interrupt Enable
0 = 상태 레지스터에서 TXCIF=1일 때 송신 완료 인터럽트를 금지한다.
1 = 상태 레지스터에서 TXCIF=1일 때 송신 완료 인터럽트를 허용한다.
- DREIE : Data Register Empty Interrupt Enable
0 = 상태 레지스터에서 DREIF=1일 때 데이터 레지스터 비어 있음 인터럽트를 금지한다.
1 = 상태 레지스터에서 DREIF=1일 때 데이터 레지스터 비어 있음 인터럽트를 허용한다.
- RXSIE : Receive Start Interrupt Enable
0 = 상태 레지스터에서 RXSIF=1일 때 수신 스타트 프레임 인터럽트를 금지한다.
1 = 상태 레지스터에서 RXSIF=1일 때 수신 스타트 프레임 인터럽트를 허용한다.
- LBME : Loop-Back Mode Enable
0 = 루프백 모드를 금지한다.
1 = 루프백 모드를 허용한다. 그러면 1선 통신 모드가 된다.
- ABEIE : Auto-Baud Error Interrupt Enable
0 = 상태 레지스터에서 ISFIF=1일 때 자동 보드 검출 에러 인터럽트를 금지한다.
1 = 상태 레지스터에서 ISFIF=1일 때 자동 보드 검출 에러 인터럽트를 허용한다.
- RS485 : RS-485 Mode
0 = RS-485 모드를 금지한다.
1 = RS-485 모드를 허용한다. 그러면 XDIR 신호를 사용하게 된다. 비동기 통신에만 적용된다.

▣ 제어 레지스터 B USARTn_CTRLB (리셋후 디폴트값 : 0x00)

b7	b6	b5	b4	b3	b2	b1	b0
RXEN	TXEN	-	SFDEN	ODME	RXMODE[1:0]		MPCM
R/W	R/W	-	R/W	R/W	R/W	R/W	R/W

- RXEN : Receiver Enable
0 = USARTn의 수신부 동작을 금지한다.
1 = USARTn의 수신부 동작을 허용한다.
- TXEN : Transmitter Enable

0 = USARTn의 송신부 동작을 금지한다.
1 = USARTn의 송신부 동작을 허용한다.

- SFDEN : Start-of-Frame Detection Enable
  0 = USARTn의 Start-of-Frame Detection mode 동작을 금지한다.
  1 = USARTn의 Start-of-Frame Detection mode 동작을 허용한다. 비동기 통신에만 적용된다.
- ODME : Open Drain Mode Enable
  0 = TXD 단자를 오픈 드레인 모드로 사용하지 않는다.
  1 = TXD 단자를 오픈 드레인 모드로 사용한다. 1선 통신 모드에서는 반드시 이렇게 설정해야 한다.
- RXMODE[1:0] : Receiver Mode
  00 = Normal-Speed mode.
  ☞ 동기 통신 모드나 적외선 통신 모드에서는 항상 이 비트를 00으로 설정해야 한다.
  01 = Double-Speed mode.
  10 = Generic Auto-Baud mode
  11 = LIN Auto-Baud mode.
- MPCM : Multi-Processor Communication Mode
  0 = 멀티프로세서 통신 모드를 금지한다.
  1 = 멀티프로세서 통신 모드를 허용한다. 비동기 통신에만 적용된다.

▣ 제어 레지스터 C USARTn_CTRLC (리셋후 디폴트값 : 0x03) – 일반 모드

b7	b6	b5	b4	b3	b2	b1	b0
CMODE[1:0]		PMODE[1:0]		SBMODE	CHSIZE[2:0]		
R/W	R/W	R/W	R/W	R/W	R/W	R/W	R/W

- CMODE[1:0] : USARTn Communication Mode
  00 = 비동기(asynchronous) 모드.
  01 = 동기(synchronous) 모드.
  10 = 적외선 통신(infrared communication) 모드.
  11 = Host SPI 모드. ☞ 이 모드로 설정하는 경우에는 아래 나머지 비트들의 기능이 바뀐다.
- PMODE[1:0] : USARTn Parity Mode
  00 = 패리티 비트를 사용하지 않음.
  01 = (reserved)
  10 = 짝수 패리티(even parity)를 사용함.
  11 = 홀수 패리티(odd parity)를 사용함.
- SBMODE : Stop Bit Mode
  0 = 1스톱 비트.
  1 = 2스톱 비트.
- CHSIZE[2:0] : Character Size
  전송 문자 1개의 길이를 지정한다. 9비트 길이의 경우 송수신 데이터 레지스터의 상위 바이트와 하위 바이트를 읽거나 쓰는 순서도 지정한다.
  000 = 5비트.
  001 = 6비트.
  010 = 7비트.
  011 = 8비트. (default)
  100 = (reserved)
  101 = (reserved)
  110 = 9비트(하위 바이트를 먼저 읽거나 써야 함).
  111 = 9비트(상위 바이트를 먼저 읽거나 써야 함).

▣ 제어 레지스터 C USARTn_CTRLC (리셋후 디폴트값 : 0x00) – Host SPI 모드

b7	b6	b5	b4	b3	b2	b1	b0
CMODE[1:0]		-	-	-	UDORD	UCPHA	-
R/W	R/W	-	-	-	R/W	R/W	-

- CMODE[1:0] : USARTn Communication Mode
  00 = 비동기(asynchronous) 모드.

01 = 동기(synchronous) 모드.
10 = 적외선 통신(infrared communication) 모드.
11 = Host SPI 모드. ☞ 이 모드로 설정하는 경우에만 아래 나머지 비트들이 유효하다.

- UDORD : USARTn Data Order
  0 = 1문자의 MSB부터 전송된다.
  1 = 1문자의 LSB부터 전송된다.
- UCPHA : USARTn Clock Phase
  0 = 클록 신호의 리딩 에지(leading edge)에서 데이터를 샘플링한다.
  1 = 클록 신호의 트레일링 에지(trailing edge)에서 데이터를 샘플링한다.

▣ 전송속도 레지스터 USARTn_BAUD (리셋후 디폴트값 : 0x0000)

b15	b14	b13	b12	b11	b10	b9	b8	
BAUD[15:8]								**BAUDH**
R/W	R/W	R/W	R/W	R/W	R/W	R/W	R/W	

b7	b6	b5	b4	b3	b2	b1	b0	
BAUD[7:0]								**BAUDL**
R/W	R/W	R/W	R/W	R/W	R/W	R/W	R/W	

- BAUD[15:0] : Baud Rate
  전송 속도를 결정하는데 사용하는 16비트 데이터이다. 반드시 64~65536 범위의 값을 설정해야 한다.

▣ 제어 레지스터 D USARTn_CTRLD (리셋후 디폴트값 : 0x00)

b7	b6	b5	b4	b3	b2	b1	b0
ABW[1:0]		–	–	–	–	–	–
R/W	R/W	–	–	–	–	–	–

- ABW[1:0] : Auto-Baud Window Size
  00 = 32±6 (18.8% tolerance)
  01 = 32±5 (15.6% tolerance)
  10 = 32±7 (21.9% tolerance)
  11 = 32±8 (25.0% tolerance)

▣ 디버그 제어 레지스터 USARTn_DBGCTRL (리셋후 디폴트값 : 0x00)

b7	b6	b5	b4	b3	b2	b1	b0
–	–	–	–	–	–	–	DBGRUN
–	–	–	–	–	–	–	R/W

- DBGRUN : Run in Debug Mode
  0 = 디버그 모드에서 USARTn의 동작이 정지한다.
  1 = CPU가 정지하고 디버그 모드에 있어도 USARTn이 동작을 계속한다.

▣ IrDA 제어 레지스터 USARTn_EVCTRL (리셋후 디폴트값 : 0x00)

b7	b6	b5	b4	b3	b2	b1	b0
–	–	–	–	–	–	–	IREI
–	–	–	–	–	–	–	R/W

- IREI : IrDA Event Input Enable
  0 = IrDA 이벤트 입력을 금지한다.
  1 = IrDA 이벤트 입력을 허용한다.

■ IRCOM 송신 펄스 길이 제어 레지스터 USARTn_TXPLCTRL (리셋후 디폴트값 : 0x00)

b7	b6	b5	b4	b3	b2	b1	b0
TXPL[7:0]							
R/W	R/W	R/W	R/W	R/W	R/W	R/W	R/W

이 레지스터 값은 USARTn의 적외선 통신 모드에서만 유효한 것으로 송신부를 위한 펄스 모듈레이션 (pulse modulation) 방법을 설정한다.

- TXPL[7:0] : Transmitter Pulse Length
  0x00 = 보레이트 주기의 3/16 펄스 모듈레이션을 사용한다.
  0x01~0xFE = 펄스로 사용할 주변장치 클록 주기의 수를 설정한다.
  0xFF = 펄스 모듈레이션을 사용하지 않고 송수신 신호를 그냥 통과시킨다.

■ IRCOM 수신 펄스 길이 제어 레지스터 USARTn_RXPLCTRL (리셋후 디폴트값 : 0x00)

b7	b6	b5	b4	b3	b2	b1	b0
-	RXPL[6:0]						
-	R/W	R/W	R/W	R/W	R/W	R/W	R/W

이 레지스터 값은 USARTn의 적외선 통신 모드에서만 유효한 것으로 수신부를 위한 필터 계수(filter coefficient)를 설정한다.

- RXPL[6:0] : Receiver Pulse Length
  0x00 = 수신부 필터를 사용하지 않는다.
  0x01~0xFF = 수신부 필터가 신호로 인식하기 위한 샘플의 수보다 1 작게 설정한다.

◀휴게실▶

ASCII 코드

일반적인 ASCII(American Standard Code for Information Interchange) 코드는 국제표준기구(ISO, International Standard Organization)에서 제정한 국제표준의 문자 데이터 표현을 위한 코드로서 컴퓨터 내부에서의 문자표현은 물론 컴퓨터와 컴퓨터 사이의 정보교환 또는 컴퓨터와 주변장치 사이의 정보교환에 가장 일반적으로 사용된다.

이 ASCII 코드는 7비트로 표현되므로 모두 128문자를 나타낼 수 있는데, 이중에서 20H~7EH(총95자)는 도형문자로서 영문의 대/소문자, 아라비아 숫자, 각종 문장부호 등을 표현하는데 사용되고, 00H~1FH 및 7FH(총33자)는 기능제어문자로서 주변장치의 제어, 직렬통신제어 등에 사용된다.

그러나, IBM PC에서는 ASCII 코드를 8비트로 정의하며, 표준 ASCII 문자의 경우에는 최상위 비트인 b7을 0으로 하여 128문자를 수용하고, b7=1인 128문자를 추가하여 확장 ASCII 코드(Extended ASCII code)라 한다. 확장 ASCII 코드에는 각종 외래어 문자나 세미 그래픽 문자 등이 정의되어 있으며, 우리 나라의 경우에는 KS 규격에서 이 확장 ASCII 코드 영역을 이용하여 한글이나 한자 코드를 정의하고 있다.

(1) 전체 ASCII 코드표

코드값	문자	코드값	문자	코드값	문자	코드값	문자
0x00	NUL	0x20	space	0x40	@	0x60	`
0x01	SOH	0x21	!	0x41	A	0x61	a
0x02	STX	0x22	"	0x42	B	0x62	b
0x03	ETX	0x23	#	0x43	C	0x63	c
0x04	EOT	0x24	$	0x44	D	0x64	d
0x05	ENQ	0x25	%	0x45	E	0x65	e
0x06	ACK	0x26	&	0x46	F	0x66	f
0x07	BEL	0x27	'	0x47	G	0x67	g
0x08	BS	0x28	(	0x48	H	0x68	h
0x09	HT	0x29	)	0x49	I	0x69	i
0x0A	LF	0x2A	*	0x4A	J	0x6A	j
0x0B	VT	0x2B	+	0x4B	K	0x6B	k
0x0C	FF	0x2C	,	0x4C	L	0x6C	l
0x0D	CR	0x2D	-	0x4D	M	0x6D	m
0x0E	SO	0x2E	.	0x4E	N	0x6E	n
0x0F	SI	0x2F	/	0x4F	O	0x6F	o
0x10	DLE	0x30	0	0x50	P	0x70	p
0x11	DC1	0x31	1	0x51	Q	0x71	q
0x12	DC2	0x32	2	0x52	R	0x72	r
0x13	DC3	0x33	3	0x53	S	0x73	s
0x14	DC4	0x34	4	0x54	T	0x74	t
0x15	NAK	0x35	5	0x55	U	0x75	u
0x16	SYN	0x36	6	0x56	V	0x76	v
0x17	ETB	0x37	7	0x57	W	0x77	w
0x18	CAN	0x38	8	0x58	X	0x78	x
0x19	EM	0x39	9	0x59	Y	0x79	y
0x1A	SUB	0x3A	:	0x5A	Z	0x7A	z
0x1B	ESC	0x3B	;	0x5B	[	0x7B	{
0x1C	FS	0x3C	<	0x5C	\	0x7C		
0x1D	GS	0x3D	=	0x5D	]	0x7D	}
0x1E	RS	0x3E	>	0x5E	^	0x7E	~
0x1F	US	0x3F	?	0x5F	_	0x7F	DEL

(2) 기능제어문자

ASCII 코드값	기능제어문자	의 미
00H(0)	NUL	null(all zeros)
01H(1)	SOH	start of heading
02H(2)	STX	start of text
03H(3)	ETX	end of text
04H(4)	EOT	end of transmission
05H(5)	ENQ	enquiry
06H(6)	ACK	acknowledge
07H(7)	BEL	bell(beep)
08H(8)	BS	backspace
09H(9)	HT	horizontal tabulation
0AH(10)	LF	line feed
0BH(11)	VT	vertical tabulation
0CH(12)	FF	form feed
0DH(13)	CR	carriage return
0EH(14)	SO	shift out
0FH(15)	SI	shift in
10H(16)	DLE	data link escape
11H(17)	DC1	device control 1
12H(18)	DC2	device control 2
13H(19)	DC3	device control 3
14H(20)	DC4	device control 4
15H(21)	NAK	negative acknowledge
16H(22)	SYN	synchronous idle
17H(23)	ETB	end of transmission block
18H(24)	CAN	cancel
19H(25)	EM	end of medium
1AH(26)	SUB	substitute
1BH(27)	ESC	escape
1CH(28)	FS	file separator
1DH(29)	GS	group separator
1EH(30)	RS	record separator
1FH(31)	US	unit separator
7FH(127)	DEL	delete

(3) 특수 기호의 명칭

ASCII 코드 중에서 특수한 기호들의 정확한 명칭을 요약하면 다음 표와 같다.

문자	명 칭	문자	명 칭
!	exclamation mark	:	colon
"	quotation mark	;	semicolon
#	number sign(sharp sign)	< >	less than / greater than
$	dollar sign	=	equal sign
%	percent	?	question mark
&	ampersand(and mark)	@	commercial at mark
'	apostrophe(acute accent)	[ ]	opening/closing bracket
( )	opening/closing parenthesis	\	backslash
*	asterisk	^	circumflex(circumflex accent)
+	plus sign	_	underscore(underline)
,	comma	`	single quotation mark(grave accent)
-	minus sign(hyphen, dash)	{ }	opening/closing brace
.	period	|	vertical bar
/	slash(slant)	~	tilde

2.12 SPI 직렬통신 포트(SPIn)

이 절에서는 AVR128DA64에 내장되어 있는 2개의 SPI 동기식 직렬통신 포트 SPI0, SPI1의 구조와 기능을 알아보고, 이것의 프로그래밍 기술에 대하여 설명한다.

1. SPI 직렬통신 포트의 동작

(1) SPI 직렬통신 포트의 개요

SPI(Serial Peripheral Interface)는 1979년에 Motorola사에 의하여 개발되고 지금은 국제적으로 표준화되어 널리 사용되는 단거리용 직렬통신 규격으로서, MOSI, MISO, SCK, $\overline{\text{SS}}$ 등 4개의 통신선을 사용하는 고속 동기식 직렬통신 방식이다. 이것은 항상 전이중(full-duplex) 통신 방식으로 동작하며, 동일한 기판에 가깝게 배치되어 있는 마이크로컨트롤러와 여러 개의 주변장치 사이에서 또는 2개 이상의 마이크로컨트롤러 사이에서 데이터 전송을 수행한다.

SPI 통신은 항상 기본적으로 1개의 마스터(master)와 여러 개의 슬레이브(slave) 사이에 전송을 수행하며, 모든 통신 동작을 마스터가 주관하고 제어하기 때문에 마스터를 경유하지 않고 슬레이브끼리 직접 통신하는 것은 불가능하다. AVR128DA64에서는 몇년 전부터 마스터를 호스트(host)라고 바꾸고, 슬레이브를 클라이언트(client)라고 바꾸어 부른다. AVR128DA64의 SPI 직렬통신 포트는 다음과 같은 특징을 가진다.

- 2개의 동일한 SPI 직렬통신 포트 SPI0, SPI1을 가지고 있다.
- 3선($\overline{\text{SS}}$까지 4선)을 사용하여 전이중 통신 방식으로 데이터 전송을 수행한다.
- 호스트로 동작할 수도 있고 클라이언트로 동작할 수도 있다.
- 1문자를 전송할 때 LSB부터 전송하거나 MSB부터 전송할 수 있다.
- 주변장치 클록 CLK_PER를 7가지로 분주하여 전송속도를 설정할 수 있다.
- 클록 신호 SCK의 데이터 샘플링 동작에 따라 4가지 데이터 전송 모드가 있다.
- 일반 모드와 버퍼 모드로 데이터를 전송할 수 있다.
- 일반 모드에서 송신 데이터 레지스터에 데이터가 남아있을 때 새로운 데이터를 쓰면 데이터 충돌이 발생하고 상태 레지스터에 표시되며 인터럽트를 요청할 수 있다.
- 버퍼 모드에서 수신 버퍼에 1문자가 수신되어 있을 때 이를 읽지 않은 상태에서 다음 문자가 수신되면 버퍼 오버플로우가 발생하고 상태 레지스터에 표시된다.

AVR128DA64의 SPI 직렬통신 포트는 <그림 2.12.1>과 같은 구조를 가지며, 이 그림에서처럼 호스트와 클라이언트가 연결되어 동작한다. 그러나, 1개의 호스트에 여러 개의 클라이언트를 연결하는 경우에는 <그림 2.12.2>와 같이 각 클라이언트마다 하드웨어적으로 클라이언트 선택 신호를 사용한다.

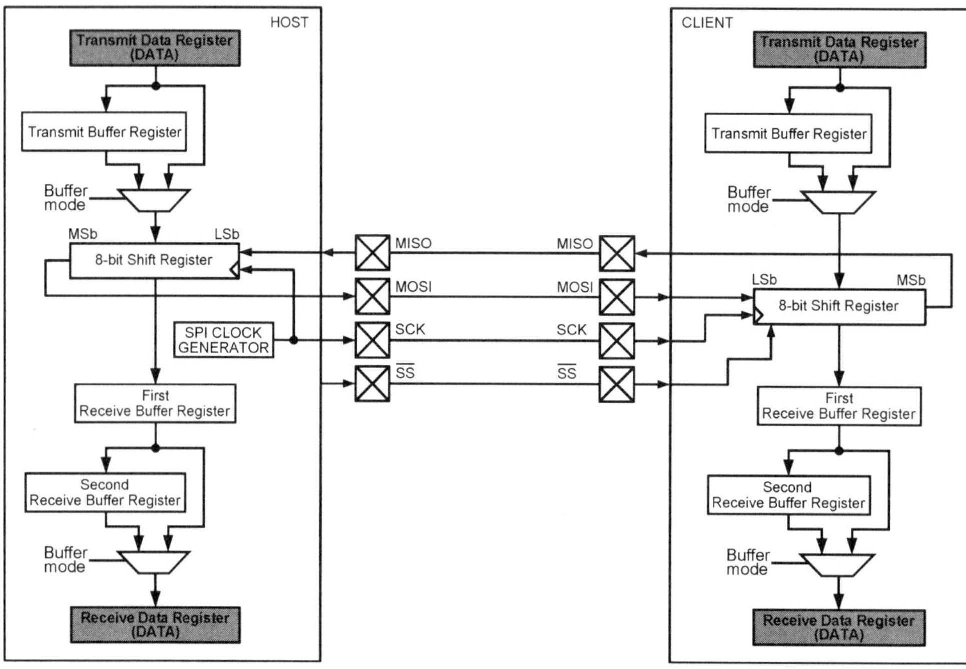

〈그림 2.12.1〉 SPI 직렬통신 포트의 구성 블록도 및 통신 연결도

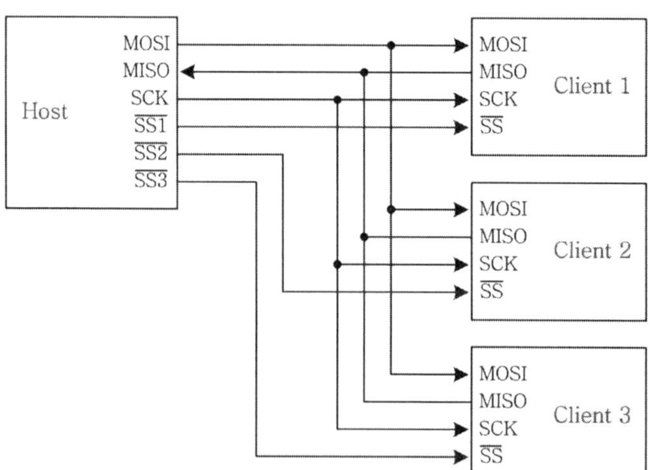

〈그림 2.12.2〉 1개의 호스트에 여러 개의 클라이언트가 연결될 때의 하드웨어 구성도

호스트가 클라이언트 선택 신호를 $\overline{SS}$=0으로 출력하여 통신 상대방을 선택하고 시프트 레지스터에 송신할 데이터를 로드하면 호스트가 클록 신호 SCK를 발생하여 데이터를 클라이언트로 송신하면서 동시에 클라이언트로부터 데이터를 수신한다. 물론 이를 위해서는 클라이언트에서도 데이터를 미리 시프트 레지스터에 로드하여 준비해놓아야 한다. 이와 같이 전송이 완료되면 인터럽트를 요청하고, 호스트가 다시 $\overline{SS}$=1로 출력하여 클라이언트의 선택을 해제한다.

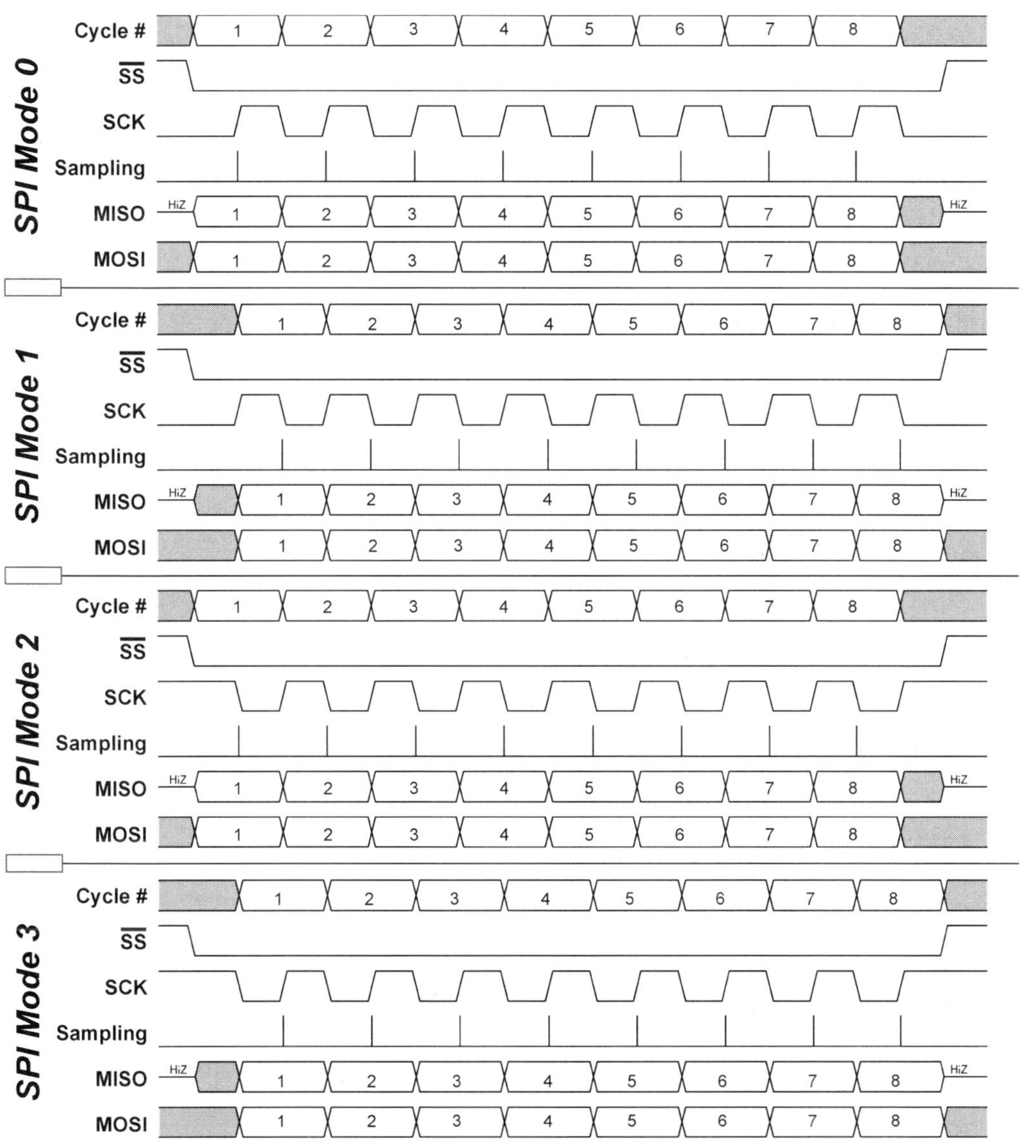

〈그림 2.12.3〉 클록 신호 SCK에 따른 4가지의 데이터 전송 모드

클록 신호 SCK의 데이터 샘플링 동작에 따라 4가지 데이터 전송 모드가 있는데 이를 그림으로 설명하면 <그림 2.12.3>과 같다.

(2) SPI 직렬통신 포트의 초기화

AVR128DA64의 SPI 직렬통신 포트는 다음과 같은 절차로 초기화하여 사용하는 것이 바람직하다.

① 병렬 I/O 포트에서 $\overline{SS}$ 신호로 사용할 단자를 출력 핀으로 설정하고 $\overline{SS}$=1로 출력한다.

② SPIn_CTRLA 레지스터에서 MASTER 비트를 사용하여 호스트 또는 클라이언트를 설정한다.

③ 호스트로 동작하는 경우라면 SPIn_CTRLA 레지스터에서 PRESC[1:0] 및 CLK2X 비트를 사용하여 SCK 클록 주파수를 설정한다.

④ SPIn_CTRLB 레지스터에서 MODE[1:0] 비트를 사용하여 SCK 클록 신호의 동작 모드를 설정한다.

⑤ SPIn_CTRLA 레지스터에서 DORD 비트를 사용하여 1문자를 전송하는 비트의 순서를 설정한다.

⑥ SPIn_CTRLB 레지스터에서 BUFEN 및 BUFWR 비트를 사용하여 일반 모드를 사용할지 또는 버퍼 모드를 사용할지 설정한다.

⑦ 만약 호스트 모드에서 멀티 호스트 기능을 지원하지 않겠다면 SPIn_CTRLB 레지스터에서 SSD=1로 설정한다.

⑧ SPIn_CTRLA 레지스터에서 ENABLE=1로 설정하여 SPI 직렬통신 포트의 동작을 허용한다.

(3) 호스트 모드의 동작

AVR128DA64의 SPI 직렬통신 포트를 호스트 모드로 사용하려면 SPIn_CTRLA 레지스터에서 MASTER=1로 설정한다. 여기서는 호스트가 전송할 클라이언트를 선택하는 신호를 $\overline{SS}$=0으로 출력하고 데이터 레지스터 SPIn_DATA에 전송할 데이터를 쓰는 것으로 전송 동작이 시작된다. 호스트 모드에서는 다음과 같이 일반 모드와 버퍼 모드를 사용할 수 있다.

▣ 일반 모드

AVR128DA64의 SPI 직렬통신 포트를 호스트 모드에서 일반 모드로 사용하려면 SPIn_CTRLB 레지스터에서 BUFEN=0으로 설정한다. 일반 모드에서는 송신측이 단일 버퍼(single-buffered)로 동작하고, 수신측이 2중 버퍼(double-buffered)로 동작한다.

따라서, 송신의 경우에는 데이터 레지스터 SPIn_DATA가 곧 시프트 레지스터이므로 현재 송신 중인 문자가 있을 때 데이터 레지스터에 새로운 송신 문자를 쓰면 데이터 충돌이 발생하여 SPIn_INTFLAGS 레지스터에서 WRCOL=1로 표시되면서 인터럽트를 요청한다.

수신의 경우에는 2중 버퍼로 되어 있어서 수신된 문자가 시프트 레지스터에서 데이터 레지스터 SPIn_DATA로 옮겨져 저장되어 있으므로 그 다음의 문자가 수신되기 전까지 이를 읽으면 된다.

여기서는 1문자의 전송이 완료되면 SPIn_INTFLAGS 레지스터에서 IF=1로 표시되면서 전송 완료 인터럽트를 요청한다.

▣ 버퍼 모드

AVR128DA64의 SPI 직렬통신 포트를 호스트 모드에서 버퍼 모드로 사용하려면 SPIn_CTRLB 레지스터에서 BUFEN=1로 설정한다. 버퍼 모드에서는 송신측이 2중 버퍼(double-buffered)로 동작하고, 수신측이 3중 버퍼(triple-buffered)로 동작한다.

따라서, 송신의 경우에는 데이터 레지스터 SPIn_DATA가 송신 버퍼로 사용되고 시프트 레지스터는 이와 별도이므로 SPIn_INTFLAGS 레지스터에서 DREIF=1로 표시되어 송신 버퍼가 비어 있다면 데이터 레지스터에 송신할 문자를 쓸 수 있다. 송신 버퍼와 송신 시프트 레지스터가 모두 비었을 때는 SPIn_INTFLAGS 레지스터에서 TXCIF=1로 표시된다.

수신의 경우에는 3중 버퍼로 되어 있어서 시프트 레지스터와 별도로 2개의 수신 버퍼를 가지고 있으며 이것들이 FIFO(First-In First-Out) 방식으로 동작한다. 여기에 수신된 문자가 하나라도 존재하면 SPIn_INTFLAGS 레지스터에 RXCIF=1로 표시되며 이때 데이터 레지스터 SPIn_DATA를 읽으면 수신 버퍼가 순서대로 읽혀진다.

▣ 호스트 모드에서 $\overline{\text{SS}}$ 단자의 기능

호스트 모드에서 호스트가 외부에 있는 여러 개의 클라이언트 중에서 하나를 선택하려면 병렬 I/O 핀을 사용하여 호스트에서 각 클라이언트마다 하드웨어적으로 1개씩의 $\overline{\text{SS}}$ 단자를 연결해 주어야 한다. 당연히 이 단자들은 병렬 I/O 포트에서 출력신호로 설정되어야 한다.

그러나, SPI 직렬통신 모듈에서 MOSI, MISO, SCK 신호와 $\overline{SS}$ 신호로 사용하도록 지정된 전용의 단자는 좀더 복잡한 용도를 가지고 있다. 만약, SPIn_CTRLB 레지스터에서 SSD=1로 설정하였다면 이것은 $\overline{SS}$ 신호를 사용하지 않겠다는 의미이므로 해당 단자를 병렬 I/O 포트나 다른 주변장치의 부수적인 기능 단자로 사용할 수 있다. 또한, SPIn_CTRLB 레지스터에서 SSD=0으로 설정하고 병렬 I/O 포트에서 해당 단자를 출력으로 설정하였다면 마찬가지로 이를 병렬 I/O 포트나 다른 주변장치의 부수적인 기능 단자로 사용할 수 있다. 그러나, SPIn_CTRLB 레지스터에서 SSD=0으로 설정하고 병렬 I/O 포트에서 해당 단자를 입력으로 설정하였다면 이는 외부에서 SPI 직렬통신 모듈을 클라이언트로 지정하는 용도의 단자로 사용되어, $\overline{SS}$=1로 입력되는 경우에는 계속하여 호스트 모드로 동작하지만 $\overline{SS}$=0으로 입력되는 경우에는 SPI 직렬통신 모듈이 강제로 클라이언트 모드가 되면서 인터럽트를 요청한다. 이러한 외부 제어 기능은 멀티 호스트 시스템(multi-host system)에서 다른 호스트가 SPI 버스의 제어권을 갖고자 하는 상황일 때 사용된다.

〈표 2.12.1〉 호스트 모드에서 $\overline{SS}$ 단자의 기능 요약

SSD 비트	$\overline{SS}$ 단자의 방향 설정	$\overline{SS}$ 단자의 논리 레벨	기능 설명
1	출력	1	병렬 I/O 포트로 사용함
		0	
	입력	1	
		0	
0	출력	1	병렬 I/O 포트로 사용함
		0	
	입력	1	호스트 모드를 유지함
		0	호스트 모드에서 클라이언트 모드로 바뀜

(4) 클라이언트 모드의 동작

AVR128DA64의 SPI 직렬통신 포트를 클라이언트 모드로 사용하려면 SPIn_CTRLA 레지스터에서 MASTER=0으로 설정한다. 여기서는 클라이언트가 클록 신호 SCK와 클라이언트를 선택하는 신호 $\overline{SS}$를 호스트로부터 받아서 동작한다. 클라이언트 모드에서도 다음과 같이 일반 모드와 버퍼 모드를 사용할 수 있다.

▣ 일반 모드

AVR128DA64의 SPI 직렬통신 포트가 클라이언트 모드에 있다면 $\overline{SS}$=1인 경우에는 호스트로부터 클라이언트가 선택되지 않은 것이므로 아무 동작도 하지 않고 대기

하는(idle) 상태로 된다. 이때 소프트웨어는 클라이언트의 데이터 레지스터에 송신할 데이터를 써놓을 수 있다. 이 데이터는 나중에 호스트에서 $\overline{SS}$=0으로 하여 클라어언트를 선택하고 클록 신호 SCK를 보내면 호스트에게 전송하게 된다. 이 데이터의 전송이 완료되면 SPIn_INTFLAGS 레지스터에서 IF=1로 표시되면서 인터럽트를 요청한다.

만약, 데이터 레지스터에 아직 송신이 완료되지 않은 데이터가 남아있는 상태에서 여기에 새로운 데이터를 쓰려고 시도하면 데이터 충돌이 발생하여 SPIn_INTFLAGS 레지스터에서 WRCOL=1로 표시되면서 인터럽트를 요청하고 새로 쓰려는 데이터는 무시된다. <그림 2.12.4>에서 데이터 0x45가 이런 경우이다.

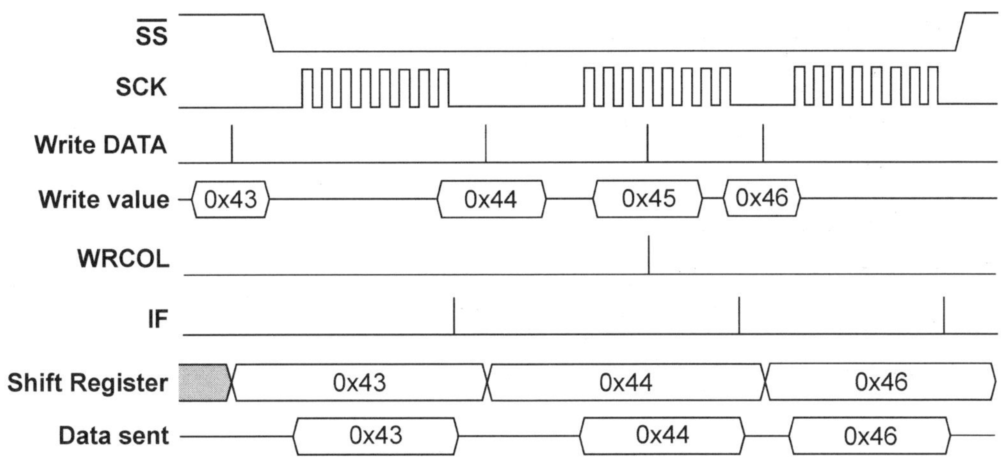

〈그림 2.12.4〉 클라이언트 모드의 일반 모드에서 동작 타이밍

▣ 버퍼 모드

AVR128DA64의 SPI 직렬통신 포트를 클라이언트 모드에서 송신 데이터 충돌을 피하려면 SPIn_CTRLB 레지스터에서 BUFEN=1로 설정하여 버퍼 모드로 사용하면 된다. 버퍼 모드는 다시 SPIn_CTRLB 레지스터에서 BUFWR 비트의 설정에 따라 2가지로 나누어지는데, BUFWR=0으로 설정한 경우에는 사용자가 송신하도록 데이터 레지스터에 첫번째 데이터를 쓰게 되면 <그림 2.12.5>의 (a)에 보인 것처럼 선두에 먼저 더미 데이터(dummy data) 1문자를 전송하게 된다. 이 더미 데이터는 현재 상태에서 송신 시프트 레지스터에 저장되어 있던 의미 없는 값이다.

이 그림에서처럼 시프트 레지스터에서 0x43이 송신되는 동안에 송신 데이터 버퍼는 비어있게 되고 이 상태는 SPIn_INTFLAGS 레지스터에서 DREIF=1로 표시되므로 이를 확인하고 다음 데이터인 0x44를 데이터 버퍼에 쓰게 되면 데이터의 충돌을 방지할 수 있다. 그러나, 이렇게 하여 DREIF=0으로 된 상태에서 송신 데이터 버퍼에 새로운 데이터 0x45를 쓰게 되면 데이터 충돌이 발생하며 데이터 0x45는 무시된다.

시프트 레지스터에서 1문자의 송신이 완료되고 송신 데이터 버퍼에 있던 문자가 시프트 레지스터로 옮겨지면 SPIn_INTFLAGS 레지스터에서 DREIF=1로 표시되고, 1클록 사이클 후에 RXCIF=1로 된다. 또한, 이때 만약 송신 데이터 버퍼에 대기하던 문자가 없었다면 TXCIF=1로 된다.

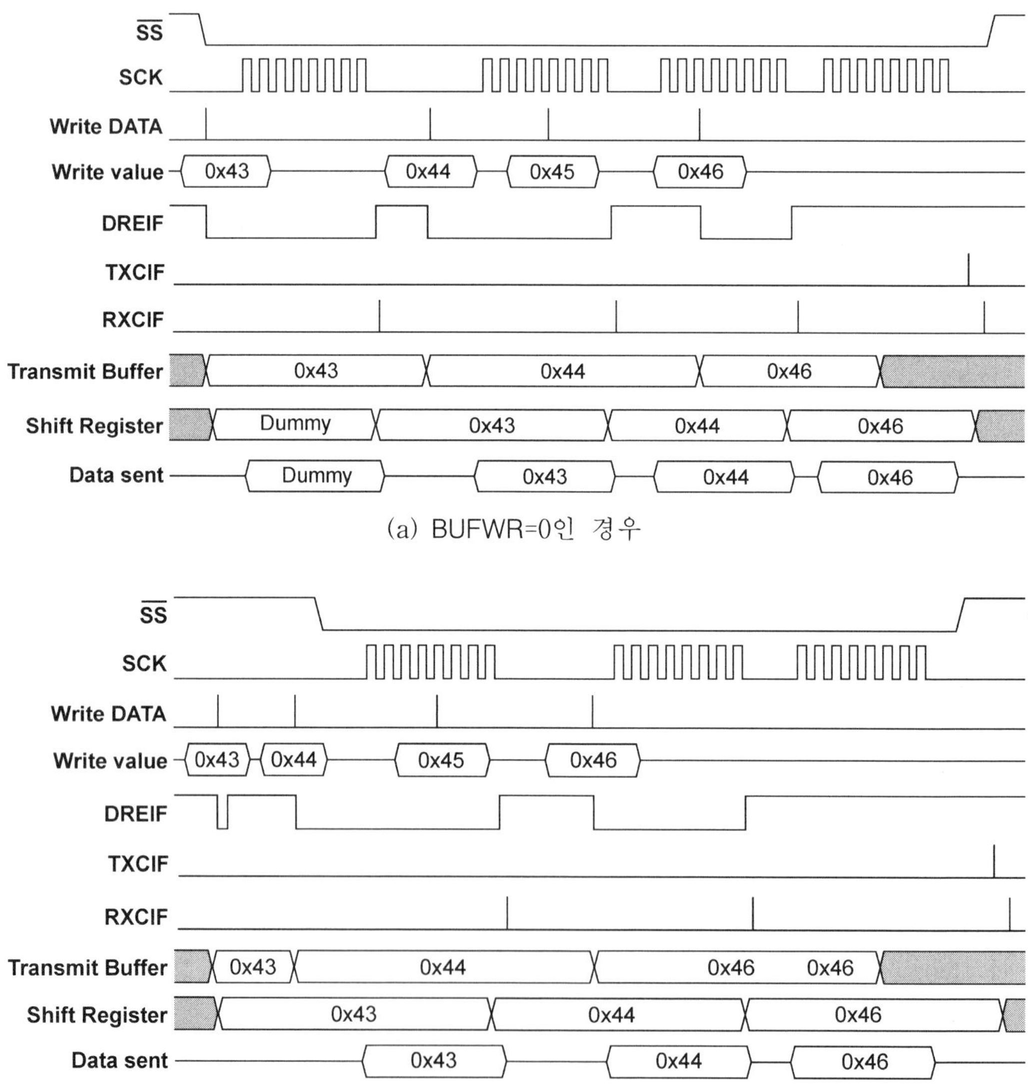

〈그림 2.12.5〉 클라이언트 모드의 버퍼 모드에서 동작 타이밍

클라이언트 모드의 버퍼 모드에서 BUFWR=1로 설정한 경우에는 사용자가 송신하도록 데이터 레지스터에 첫번째 데이터를 쓰게 되면 <그림 2.12.5>의 (b)에 보인 것처럼 이것이 송신 데이터 버퍼를 거쳐서 시프트 레지스터로 옮겨지고, 호스트에서 $\overline{SS}$=0 신호와 클록 신호 SCK를 받게 되면 이 첫번째 데이터부터 전송하게 된다. 이처럼 더미 데이터를 사용하지 않고 처음부터 지시한 데이터를 송신한다는 것 이외에는 BUFWR=0의 경우와 동일하게 동작한다.

▣ 클라이언트 모드에서 $\overline{SS}$ 단자의 기능

클라이언트 모드에서는 MOSI, SCK 신호와 함께 $\overline{SS}$ 신호가 모두 입력 신호로 사용되며, 특히 $\overline{SS}$는 외부에서 호스트가 클라이언트를 선택하여 동작하게 하거나 선택하지 않아서 동작을 금지시키는 중요한 신호이다.

만약 외부에서 $\overline{SS}$=1로 입력되면 클라이언트는 선택되지 않으며 SPI 직렬통신 기능을 전혀 수행하지 못한다. 그러나, 외부에서 $\overline{SS}$=0으로 입력되면 클라이언트가 액드브되고 외부에서 들어오는 SCK 신호에 따라 MOSI 단자로 들어오는 데이터를 수신하며, 동시에 송신 시프트 레지스터의 데이터가 MISO 단자를 통하여 송신된다.

(5) 인터럽트 발생 조건

AVR128DA64의 SPI 직렬통신 포트에서의 인터럽트 발생은 일반 모드에서와 버퍼 모드에서 다르기 때문에 인터럽트 플래 레지스터 SPIn_INTFLAGS도 이들 2가지 모드에서 서로 다르게 동작한다.

SPI 직렬통신 포트가 일반 모드로 동작하는 경우의 인터럽트는 SPIn_INTFLAGS 레지스터에 IF와 WRCOL의 2가지 인터럽트 플래으로 표시되며, 버퍼 모드로 동작하는 경우의 인터럽트는 SPIn_INTFLAGS 레지스터에 RXCIF, TXCIF, DREIF, SSIF 등 4가지의 인터럽트 플래으로 표시된다.

(6) 이벤트 출력

직렬통신 포트 SPIn은 Event Generator로서 이벤트 출력 신호를 <표 2.12.2>와 같이 발생할 수 있다.

〈표 2.12.2〉 SPIn에서 이벤트 출력의 발생(Event Generator)

User Name		Description	Event Type	Generating Clock Domain
Peripheral	Event			
SPIn	SCK	SPI Host clock signal	Level	CLK_PER

2. SPI 직렬통신 포트의 I/O 제어 레지스터

AVR128DA64의 SPI 직렬통신 포트 SPIn을 구성하는 I/O 제어 레지스터를 정리하면 <표 2.12.3>과 같다. 여기서 어드레스는 SPI0에 대하여 표시하였으며, 다른 통신 포트 SPI1에 대해서는 이보다 어드레스가 0x0020만큼 증가하여 0x0960에서 시작한다.

〈표 2.12.3〉 AVR128DA64의 SPIn과 관련된 I/O 제어 레지스터 요약

어드레스	레지스터 이름	풀어 쓴 레지스터 이름	리셋 후 초기값
0x0940	SPIn_CTRLA	SPIn Control Register A	0x00
0x0941	SPIn_CTRLB	SPIn Control Register B	0x00
0x0942	SPIn_INTCTRL	SPIn Interrupt Control Register	0x00
0x0943	SPIn_INTFLAGS	SPIn Interrupt Flag Register (Normal Mode)	0x00
0x0943	SPIn_INTFLAGS	SPIn Interrupt Flag Register (Buffer Mode)	0x00
0x0944	SPIn_DATA	SPIn Data Register	0x00

▣ 제어 레지스터 A SPIn_CTRLA (리셋후 디폴트값 : 0x00)

b7	b6	b5	b4	b3	b2	b1	b0
–	DORD	MASTER	CLK2X	–	PRESC[1:0]		ENABLE
–	R/W	R/W	R/W	–	R/W	R/W	R/W

- DORD : Data Order
  0 = 1문자 데이터의 MSB부터 전송한다.
  1 = 1문자 데이터의 LSB부터 전송한다.
- MASTER : Host/Client Select
  0 = SPIn 포트가 Client mode(또는 Slave mode)로 동작한다.
  1 = SPIn 포트가 Host mode(또는 Master mode)로 동작한다. 그러나, 만약 이 상태일 때 외부에서 $\overline{SS}$=0으로 구동되면 이 비트가 0으로 클리어되면서 SPIn_INTFLAGS 레지스터에서 IF=1로 된다.
- CLK2X : Clock Double
  0 = 호스트 모드에서 SCK 클록을 정상 주파수로 발생한다.
  1 = 호스트 모드에서 SCK 클록을 2배의 주파수로 발생한다.
- PRESC[1:0] : Prescaler
  00 = 호스트 모드에서 SCK 클록 주파수를 CLK_PER/4로 한다. CLK2X=1이면 주파수가 2배로 된다.
  01 = 호스트 모드에서 SCK 클록 주파수를 CLK_PER/16으로 한다. CLK2X=1이면 주파수가 2배로 된다.
  10 = 호스트 모드에서 SCK 클록 주파수를 CLK_PER/64로 한다. CLK2X=1이면 주파수가 2배로 된다.
  11 = 호스트 모드에서 SCK 클록 주파수를 CLK_PER/128로 한다. CLK2X=1이면 주파수가 2배로 된다.
- ENABLE : SPIn Enable
  0 = SPIn 포트의 동작을 금지한다.
  1 = SPIn 포트의 동작을 허용한다.

▣ 제어 레지스터 B SPIn_CTRLB (리셋후 디폴트값 : 0x00)

b7	b6	b5	b4	b3	b2	b1	b0
BUFEN	BUFWR	–	–	–	SSD	MODE[1:0]	
R/W	R/W	–	–	–	R/W	R/W	R/W

- BUFEN : Buffer Mode Enable
  0 = SPIn 포트가 일반 모드(Normal mode)로 동작하여 이중 수신 버퍼가 사용된다.
  1 = SPIn 포트가 버퍼 모드(Buffer mode)로 동작하여 3중 수신 버퍼와 이중 송신 버퍼가 사용된다.
- BUFWR : Buffer Mode Wait for Receive

0 = 클라이언트 모드에서 $\overline{SS}$=1인 상태일 때 데이터 레지스터에 송신할 데이터를 쓰면 첫번째로 현재 시프트 레지스터에 있던 더미 데이터를 보내고 나서 그 송신 데이터를 송신한다.
1 = 클라이언트 모드에서 $\overline{SS}$=1인 상태일 때 데이터 레지스터에 송신할 데이터를 쓰면 첫번째 데이터는 즉시 시프트 레지스터로 옮겨져서 이것이 송신된다.

- SSD : Client Select Disable

0 = SPIn 포트가 호스트 모드로 동작하고 있을 때 $\overline{SS}$=0으로 구동되면 클라이언트 모드로 바뀐다.
1 = SPIn 포트가 호스트 모드로 동작하고 있을 때 $\overline{SS}$=0으로 구동되더라도 클라이언트 모드로 바뀌지 않는다.

- MODE[1:0] : SCK Clock Mode

00 = 클록 모드0. SCK 클록의 leading edge에서 이것이 상승 에지일 때 데이터 비트가 샘플링된다.
01 = 클록 모드1. SCK 클록의 trailing edge에서 이것이 하강 에지일 때 데이터 비트가 샘플링된다.
10 = 클록 모드2. SCK 클록의 leading edge에서 이것이 하강 에지일 때 데이터 비트가 샘플링된다.
11 = 클록 모드3. SCK 클록의 trailing edge에서 이것이 상승 에지일 때 데이터 비트가 샘플링된다.

▣ 인터럽트 제어 레지스터 SPIn_INTCTRL (리셋후 디폴트값 : 0x00)

b7	b6	b5	b4	b3	b2	b1	b0
RXCIE	TXCIE	DREIE	SSIE	-	-	-	IE
R/W	R/W	R/W	R/W	-	-	-	R/W

- RXCIE : Receive Complete Interrupt Enable

0 = 수신 완료 인터럽트를 허용하지 않는다.
1 = 버퍼 모드로 동작할 때 SPIn_INTFLAGS 레지스터에서 RXCIF=1로 되면 수신 완료 인터럽트를 요청하도록 허용한다.

- TXCIE : Transfer Complete Interrupt Enable

0 = 송신 완료 인터럽트를 허용하지 않는다.
1 = 버퍼 모드로 동작할 때 SPIn_INTFLAGS 레지스터에서 TXCIF=1로 되면 송신 완료 인터럽트를 요청하도록 허용한다.

- DREIE : Data Register Empty Interrupt Enable

0 = 송신 버퍼 비워짐 인터럽트를 허용하지 않는다.
1 = 버퍼 모드로 동작할 때 SPIn_INTFLAGS 레지스터에서 DREIF=1로 되면 송신 버퍼 비워짐 인터럽트를 요청하도록 허용한다.

- SSIE : Client Select Trigger Interrupt Enable

0 = 클라이언트 선택 인터럽트를 허용하지 않는다.
1 = 버퍼 모드로 동작할 때 SPIn_INTFLAGS 레지스터에서 SSIF=1로 되면 클라이언트 선택 인터럽트를 요청하도록 허용한다.

- IE : Interrupt Enable

0 = 일반 모드에서 인터럽트를 허용하지 않는다.
1 = 일반 모드로 동작할 때 SPIn_INTFLAGS 레지스터에서 IF=1로 되면 인터럽트를 요청하도록 허용한다.

▣ 인터럽트 상태 레지스터 SPIn_INTFLAGS (리셋후 디폴트값 : 0x00) – 일반 모드

b7	b6	b5	b4	b3	b2	b1	b0
IF	WRCOL	-	-	-	-	-	-
R/W	R/W	-	-	-	-	-	-

이 레지스터는 일반 모드에서의 인터럽트 발생 조건 2가지를 표시한다.

- IF : Interrupt Flag

0 = 데이터 레지스터의 문자를 송신 완료하지 않았다.
1 = 데이터 레지스터의 문자를 송신 완료하면 이 비트가 1로 세트된다. 또한, 호스트 모드에 있을 때 외부에서 $\overline{SS}$=0으로 구동되면 호스트 모드가 클라이언트 모드로 바뀌면서 이 비트가 1로 된다. 인터럽트가 처리되기 시작하면 이 비트가 0으로 클리어되며, 상태 레지스터 SPIn_INTFLAGS와 데이터 레지스터 SPIn_DATA를 차례로 읽어도 이 비트가 0으로 클리어된다.

- WRCOL : Write Collision

0 = 일반 모드에서 데이터 레지스터에서 데이터 충돌이 발생하지 않았다.
1 = 일반 모드에서 데이터 레지스터에 송신하지 않은 문자가 남아있는 경우에 새로운 데이터를 쓰면

데이터 충돌이 발생하여 이 비트가 1로 된다. 상태 레지스터 SPIn_INTFLAGS와 데이터 레지스터 SPIn_DATA를 차례로 읽으면 이 비트가 0으로 클리어된다.

▣ 인터럽트 상태 레지스터 SPIn_INTFLAGS (리셋후 디폴트값 : 0x00) – 버퍼 모드

b7	b6	b5	b4	b3	b2	b1	b0
RXCIF	TXCIF	DREIF	SSIF	–	–	–	BUFOVF
R/W	R/W	R/W	R/W	–	–	–	R/W

이 레지스터는 버퍼 모드에서의 인터럽트 발생 조건 4가지와 버퍼 오버플로우 발생 여부를 표시한다.

- RXCIF : Receive Complete Interrupt Flag
  0 = 수신 버퍼에 읽지 않은 데이터가 남아있지 않아서 수신 버퍼가 비어있는 상태이다.
  1 = 수신 버퍼에 1문자가 수신되어 있고 아직 이를 읽지 않은 상태이다. 데이터 레지스터를 읽거나 이 비트에 1을 쓰면 0으로 클리어된다.
- TXCIF : Transfer Complete Interrupt Flag
  0 = 송신 버퍼나 송신 시프트 레지스터에 데이터가 남아있는 상태이다.
  1 = 송신 버퍼와 시프트 레지스터에 송신하지 않은 데이터가 남아있지 않아서 모두 비어 있는 상태이다. 송신 버퍼에 새로운 데이터를 쓰거나 이 비트에 1을 쓰면 0으로 클리어된다.
- DREIF : Data Register Empty Interrupt Flag
  0 = 송신 버퍼가 비어있지 않은 상태이다.
  1 = 송신 버퍼가 비어 있어서 새로운 데이터를 쓸 수 있는 상태이다. 송신 버퍼에 새로운 데이터를 쓰거나 이 비트에 1을 쓰면 0으로 클리어된다.
- SSIF : Client Select Trigger Interrupt Flag
  0 = 호스트 모드에 있을 때 외부의 $\overline{SS}$=0에 의하여 클라이언트 모드로 바뀌는 일이 발생하지 않았다.
  1 = 호스트 모드에 있을 때 외부에서 $\overline{SS}$=0으로 구동되면 호스트 모드가 클라이언트 모드로 바뀌면서 이 비트가 1로 된다. 이렇게 되는 것을 방지하려면 SPIn_CTRLB 레지스터에서 SSD=1로 설정해야 한다. 이 비트에 1을 쓰면 0으로 클리어된다.
- BUFOVF : Buffer Overflow
  0 = 수신 버퍼에서 오버플로우가 발생하지 않았다.
  1 = 수신 버퍼에 아직 읽지 않은 데이터가 남아있는 상태에서 그 다음 문자가 수신되어 수신 버퍼에 저장됨으로써 버퍼 오버플로우가 발생하였다. 이 비트에 1을 쓰면 0으로 클리어된다.

▣ 데이터 레지스터 SPIn_DATA (리셋후 디폴트값 : 0x00)

b7	b6	b5	b4	b3	b2	b1	b0
DATA[7:0]							
R/W	R/W	R/W	R/W	R/W	R/W	R/W	R/W

- DATA[7:0] : SPI Data
  송신 문자 및 수신 문자를 저장한다. 호스트 모드에서는 데이터 레지스터에 문자를 쓰면 송신이 시작되며, 클라이언트 모드에서는 문자를 써놓고 기다리면 나중에 호스트에 의하여 전송이 시작된다.
  <일반 모드의 경우>
  데이터 레지스터에 송신 문자를 쓰면 이것이 곧바로 송신 시프트 레지스터에 써진다.
  데이터 레지스터에서 수신 문자를 읽으면 이것이 곧바로 수신 데이터 레지스터를 읽는다.
  <버퍼 모드의 경우>
  데이터 레지스터에 송신 문자를 쓰면 이것이 곧바로 송신 데이터 버퍼에 써진다.
  데이터 레지스터에서 수신 문자를 읽으면 이것이 곧바로 수신 데이터 버퍼를 읽는다.

2.13 TWI 직렬통신 포트(TWIn)

이 절에서는 AVR128DA64에 내장되어 있는 2개의 TWI 동기식 직렬통신 포트 TWI0, TWI1의 구조와 기능을 알아보고, 이를 활용하는 기술에 대하여 설명한다.

1. TWI 직렬통신 포트의 동작

(1) TWI 직렬통신 포트의 개요

TWI(Two-Wire Interface)는 1982년에 Philips사에 의하여 개발되어 지금은 국제적으로 표준화된 단거리용 직렬통신 규격으로서, SDA와 SCL 2개의 통신선을 사용하는 고속 동기식 직렬통신 방식이다. 원래는 이 직렬통신 방식의 이름이 IIC 또는 I2C, I^2C(Inter-Integrated Circuit)인데 왜 그런지 Atmel 시절부터 그랬듯이 AVR128DA64에서는 이를 TWI라는 자체적인 이름으로 부르고 있다. 이것은 반이중(half-duplex) 통신 방식으로서 동일한 기판에 가깝게 배치되어 있는 1개 또는 복수의 마이크로컨트롤러와 여러 개의 주변장치 사이에서 데이터 전송을 수행한다.

TWI 통신은 항상 기본적으로 1개의 마스터(master)와 여러 개의 슬레이브(slave) 사이에 전송을 수행하며, 모든 통신 동작을 마스터가 주관하고 제어하기 때문에 마스터를 경유하지 않고 슬레이브끼리 직접 통신하는 것은 불가능하다. AVR128DA64에서는 최근에 마스터를 호스트(host)라고 바꾸고, 슬레이브를 클라이언트(client)라고 바꾸어 부른다. AVR128DA64의 TWI 직렬통신 포트는 다음과 같은 특징을 가진다.

- 2개의 동일한 TWI 직렬통신 포트 TWI0, TWI1을 가지고 있다.
- 2선을 사용하여 반이중 통신 방식으로 데이터 전송을 수행한다.
- 호스트로 동작할 수도 있고 클라이언트로 동작할 수도 있다.
- 주변장치 클록 CLK_PER를 기본으로 사용하여 100kHz의 표준 모드(Standard mode), 400kHz의 고속 모드(Fast mode), 1MHz의 고속 모드+(Fast mode Plus)의 3가지 전송 속도를 설정할 수 있다.
- 멀티 호스트 버스 동작을 버스 조정(bus arbitration) 기능을 지원한다.
- 클라이언트에서 어드레스 매치를 검색할 때 7비트 어드레스를 사용하고, 전체 호출을 지원하며, 어드레스 마스크 기능을 가진다.
- 버스 잡음을 억제하기 위하여 입력 필터를 사용하고 있다.
- 스마트 모드(Smart Mode)를 지원한다.
- SMBus 2.0을 지원한다.

앞에서 설명한 AVR128DA64의 SPI 직렬통신 포트와 TWI 직렬통신 포트의 특징 및 동작을 비교하여 보면 <표 2.13.1>과 같다. 이것들은 모두 하나의 제품 안에서 마이크로컨트롤러와 주변장치 사이의 초단거리 직렬통신용으로 개발된 통신 방식이지만 여러 가지 측면에서 서로 대조적인 특성을 가지고 있다.

〈표 2.13.1〉 SPI 직렬통신 포트와 TWI 직렬통신 포트의 특징 및 동작 비교

비교 항목	SPI 직렬통신 포트	TWI 직렬통신 포트
명칭	Serial Peripheral Interface	Inter-Integrated Circuit
제안사	1979년 Motorola	1982년 Philips
기본 성격	클록 신호를 포함하는 동기식. 마스터가 클록 신호를 슬레이브에게 보내줌. 기본적으로 전이중 통신(full duplex) 방식.	클록 신호를 포함하는 동기식. 마스터가 클록 신호를 슬레이브에게 보내줌. 기본적으로 반이중 통신(half duplex) 방식.
용도	초단거리에서 CPU와 주변장치 사이의 통신	초단거리에서 CPU와 주변장치 사이의 통신.
신호선	3선(MOSI, MISO, SCK) + 1선($\overline{\text{SSn}}$)	2선(SDA, SCL).
전송속도	정해져 있지 않으며, 최고 25MHz까지 사용. 클록 주파수도 높고 프로토콜이 간단하여 매우 고속의 데이터 전송이 가능함.	3가지(100kHz, 400kHz, 3.4MHz)에서 선택. 클록 주파수도 낮고 핸드셰이킹을 포함하는 프로토콜이 복잡하여 데이터 전송이 느림.
프로토콜	정해져 있지 않음.	START 조건에서 STOP 조건까지 기본적인 프로토콜이 정해져 있음.
1문자 길이	정해져 있지 않음(4~16비트 가능)	8비트
비트 순서	MSB부터 전송 또는 LSB부터 전송을 선택.	MSB부터 전송.
마스터 수	1개.	멀티마스터를 사용하는 것이 가능.
슬레이브 수	여러 개. (슬레이브 수만큼의 $\overline{\text{SSn}}$ 신호를 사용함)	여러 개. (슬레이브 수에 관계 없이 2선으로 통신)
슬레이브 선택	$\overline{\text{SSn}}$ 신호를 사용하여 하드웨어적으로 선택.	소프트웨어로 슬레이브 어드레스를 전송.
장점	전송 속도가 빠르다. 프로토콜이 간단하여 프로그램 작성이 쉽다. 하드웨어 동작을 디버깅하는 것이 쉽다.	마스터나 슬레이브 수가 늘어나도 항상 2선으로 통신을 수행한다. 기본적으로 핸드셰이킹 제어를 수행한다.
단점	슬레이브 수가 증가하면 신호선의 수도 증가한다. 하드웨어적으로 핸드셰이킹 제어를 수행하지 못한다.	전송 속도가 느리다. 프로토콜이 복잡하여 프로그램 작성이 어렵다. 핸드셰이킹 제어가 잘못되면 프로그램이 무한루프에 빠질 우려가 있다.
결론 요약	슬레이브의 수가 몇 개 이내로 적고 고속의 데이터 전송이 중시되는 용도에는 SPI가 유리하다.	슬레이브의 수가 수십 개 정도로 많고 하드웨어적으로 신호선의 수가 적은 것이 중시되는 용도에는 I^2C가 유리하다.

(2) TWI 직렬통신 포트의 구조

AVR128DA64에서 TWI 통신 포트의 구조는 <그림 2.13.1>과 같이 되어 있다. 호스트는 항상 TWI 버스와 전체적인 통신 동작을 제어하는데, 내부의 보레이트 발생기(Baud Rate Generator)에서 클록 신호 SCL을 발생시키고 이를 사용하여 직렬로 데이터를 송신하거나 수신하며, 동시에 이 클록 신호를 클라이언트에게 보내어 클라이언트도 이 클록 신호를 사용하여 데이터를 출력하거나 입력할 수 있도록 한다. 따라서, 호스트 측에서 클록 신호 SCL은 출력 신호이고 데이터 신호 SDA는 입출력이 모두 가능

한 양방향 신호이며, 반대로 클라이언트 측에서는 클록 신호 SCL이 입력 신호이고 데이터 신호 SDA는 입출력이 모두 가능한 양방향 신호이다.

TWI의 SCL과 SDA 신호 단자는 오픈 드레인 구조로 되어 있어서 항상 외부에 수 kΩ 정도의 저항으로 풀업해 주어야 한다. 통신을 수행하지 않는 대기 상태에서 이들 신호는 모두 H 상태를 유지하고 있다.

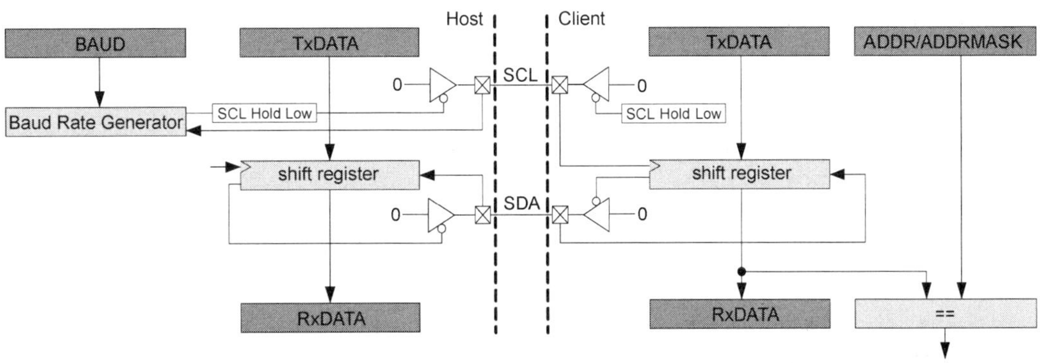

〈그림 2.13.1〉 TWI 직렬통신 포트의 구조

(3) TWI 직렬통신의 기본 동작

TWI 통신은 기본적으로 1개의 호스트에 통신 버스를 통하여 1개 또는 여러개의 클라이언트가 연결되지만, 버스 조정(bus arbitration) 방식을 사용하여 호스트가 여러 개 사용될 수도 있다. 호스트는 항상 통신의 상대로서 1개의 클라이언트를 지정하는 어드레스를 전송하는 것으로 모든 동작을 시작한다. 어드레스는 각 클라이언트마다 고유하게 지정되어 있는데, 이 어드레스 값은 7비트로 사용할 수도 있고 10비트로 사용할 수도 있다.

TWI 직렬 통신의 기본 동작을 좀더 세부적으로 설명하면 <그림 2.13.2>와 같다. 모든 TWI 통신 동작은 여기서 보듯이 START 조건에서 시작하여 STOP 조건으로 마무리되는데, 이 구간을 트랜잭션(transaction)이라고 한다.

START 조건으로 1개의 트랜잭션이 시작되면 첫번째로 전송하는 내용은 7비트의 어드레스(10비트 어드레스 방식에서는 어드레스의 상위 2비트)와 이 트랜잭션이 데이터를 쓰기($\overline{W}$=0) 위한 것인지 또는 읽기(R=1) 위한 것인지를 나타내는 1비트를 합한 8비트이다. 클라이언트는 이를 수신하면 확인 신호(A=0)로 응답하며, 호스트가 이 확인 신호를 수신하면 어드레스 패킷(address packet)이 완성된다.

하나의 트랜잭션에서 2번째 이후의 패킷인 데이터 패킷(data packet)은 읽기 동작이냐 쓰기 동작이냐에 따라 달라진다. 만약 쓰기 동작을 위한 트랜잭션이라면 데이터 패킷은 호스트가 클록 신호와 함께 데이터를 클라이언트에게 출력하고 마지막에 클라이언트가 응답하는 확인 신호(A=0)를 체크하며, 읽기 동작을 위한 트랜잭션이라면 데이터 패킷은 호스트가 클록 신호를 출력하면서 클라이언트로부터 데이터를 입력하고 마지막에 클라이언트에게 확인 신호(A=0)를 출력한다. 그러나, 1개의 트랜잭션에 여러 개의 데이터 패킷이 포함되는 경우에 마지막 데이터 패킷의 확인 신호는 A=0 보다는 $\overline{A}$=1을 사용하는 경우가 많다.

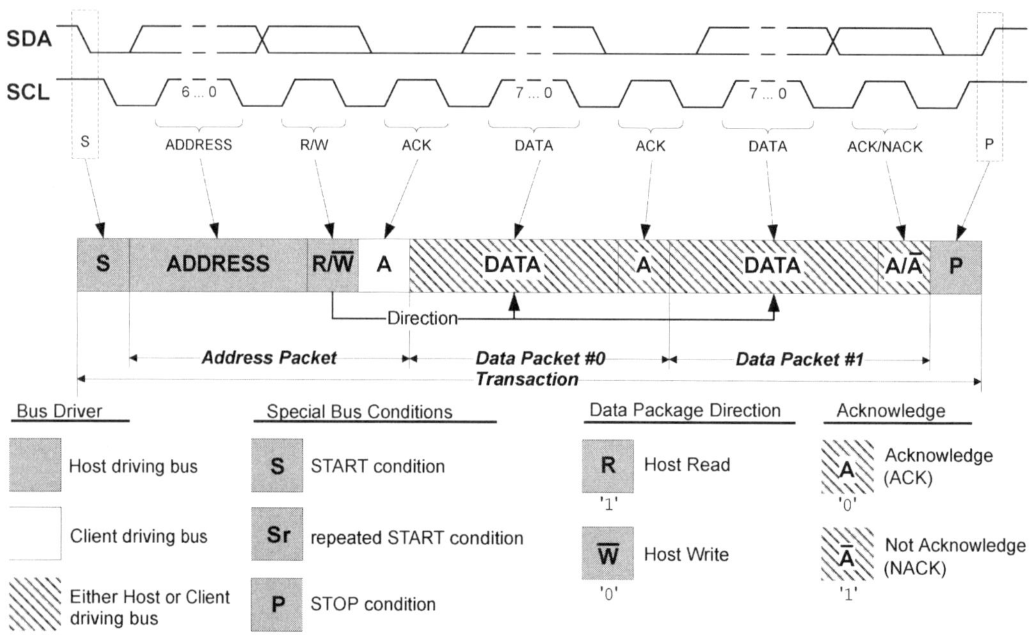

〈그림 2.13.2〉 7비트 어드레스를 사용하는 TWI 직렬통신 포트의 기본 동작

(4) TWI 직렬통신의 동작 타이밍

TWI 통신에서 클록 신호 SCL과 데이터 신호 SDA의 자세한 동작 타이밍은 <그림 2.13.3>에 보였다. 여기서는 START 조건과 STOP 조건은 물론이고, 특히 클록 신호 SCL의 타이밍에 주목해야 한다. 통신을 수행하지 않는 대기 상태에서 SCL과 SDA는 모두 H값을 출력하고 있는데, START 조건은 이처럼 SCL=SDA=1인 상태에서 SDA 신호의 하강 에지(falling edge)가 발생하는 것이다. 반대로 STOP 조건은 모든 트랜잭션 동작이 마무리되고 미리 SCL=1로 되어 있는 상태에서 SDA 신호의 상승 에지(rising edge)가 발생하는 것이다.

TWI 통신에서 1비트의 전송은 항상 SDA 신호에 의한 데이터 비트가 시작되고 나서 지정된 데이터 셋업 시간(setup time) $t_{SU:DAT}$의 이상이 경과한 후에 클록 신호 SCL의 상승 에지가 발생해야 하고, 이 클록 신호는 최소한의 시간 t_{HIGH}동안 H상태로 유지되다가 하강 에지가 발생하며, 지정된 데이터 홀드 시간(hold time) $t_{HD:DAT}$의 이상이 경과한 후에 데이터 신호 SDA가 종료되어야 한다. TWI 통신에서 데이터 셋업 시간과 데이터 홀드 시간은 매우 중요하기 때문에 TWIn_CTRLA 레지스터를 사용하여 사용자가 적절하게 설정해야 한다. 그러나, 클록 신호의 t_{HIGH} 및 t_{LOW} 시간은 데이터 시트에서 상승 시간과 하강 시간을 알게 되면 다음과 같은 클록 주파수 식으로부터 자동 결정된다.

$$f_{SCL} = \frac{1}{t_{HIGH} + t_{LOW} + t_R + t_{OF}} \ [Hz]$$

클록 신호의 주파수는 100kHz의 표준 모드, 400kHz의 고속 모드, 1MHz의 고속 모드+ 중에서 1가지를 설정하여 사용할 수 있다.

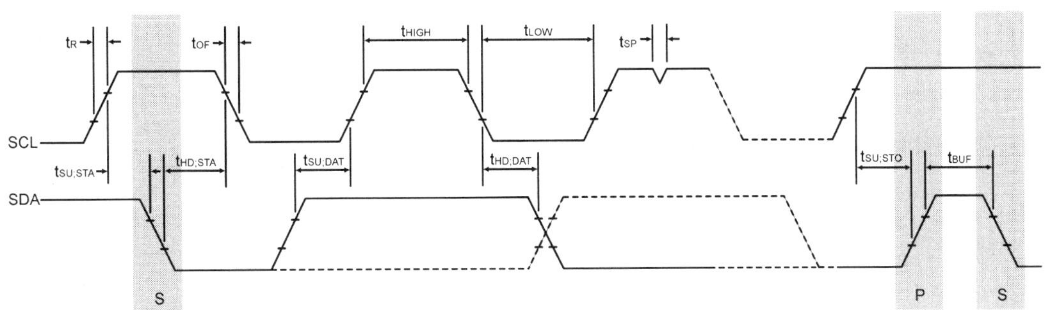

〈그림 2.13.3〉 TWI 직렬통신에서 SCL 신호의 동작 타이밍

AVR128DA64의 데이터 시트에는 <그림 2.13.3>에 표시한 모든 동작 타이밍의 사양이 지정되어 있는데 이를 요약하면 <표 2.13.2>와 같다. 여기서 사용자가 TWI 통신 포트를 초기화하여 설정할 때 주의할 것은 전송속도와 데이터 셋업 시간, 데이터 홀드 시간, STOP 조건과 다음 START 조건 사이의 공백 시간이며, 그 나머지의 터이밍은 전송속도를 설정하면 대부분 그 사양을 만족하여 동작하므로 문제가 없다.

데이터 셋업 시간은 전송속도가 100kHz, 400kHz, 1MHz로 설정됨에 따라 각각 적어도 250ns, 100ns, 50ns 이상으로 되어야 하는데, 이것은 TWIn_CTRLA 레지스터의 SDASETUP 비트를 사용하여 주변장치 클록의 4클록 또는 8클록 사이클로 설정할 수 있으며 클록 주파수에 따라 이를 만족하도록 적절하게 설정하면 된다.

데이터 홀드 시간은 TWIn_CTRLA 레지스터의 SDAHOLD[1:0] 비트를 사용하여 4가지로 설정할 수 있는데, 대부분의 경우는 이를 0ns로 설정해도 문제 없지만 조금 여유를 두어 SDAHOLD[1:0]=01로 설정하여 50ns 정도로 부여하는 것이 무난하다.

그리고, STOP 조건과 다음 START 조건 사이의 공백 시간을 고려하여 400kHz의 경우라면 트랜잭션 사이에 적어도 2μs 이상의 시간 간격을 주는 것이 좋다.

〈표 2.13.2〉 AVR128DA64에서 TWI 통신 파형의 동작 타이밍 사양

표시 기호	기능	값			단위	조건
		Min.	Typ.	Max.		
f_{SCL}	SCL 클록 주파수	-	-	1000	kHz	
t_R	SCL과 SDA의 상승 시간	-	-	1000	ns	$f_{SCL} \le$ 100kHz
		20	-	300		$f_{SCL} \le$ 400kHz
		-	-	120		$f_{SCL} \le$ 1MHz
t_{OF}	SCL과 SDA의 하강 시간	-	-	250	ns	$f_{SCL} \le$ 100kHz
		20×(V_{DD}/5.5V)	-	250		$f_{SCL} \le$ 400kHz
		20×(V_{DD}/5.5V)	-	120		$f_{SCL} \le$ 1MHz
t_{SP}	입력 필터로 억제할 수 있는 스파이크 펄스의 폭	0	-	50	ns	
$t_{SU:STA}$	START 조건의 셋업 시간	4.7	-	-	μs	$f_{SCL} \le$ 100kHz
		0.6	-	-		$f_{SCL} \le$ 400kHz
		0.26	-	-		$f_{SCL} \le$ 1MHz
$t_{HD:STA}$	START 조건의 홀드 시간	4.0	-	-	μs	$f_{SCL} \le$ 100kHz
		0.6	-	-		$f_{SCL} \le$ 400kHz
		0.26				$f_{SCL} \le$ 1MHz
$t_{SU:STO}$	STOP 조건의 셋업 시간	4.0	-	-	μs	$f_{SCL} \le$ 100kHz
		0.6	-	-		$f_{SCL} \le$ 400kHz
		0.26	-	-		$f_{SCL} \le$ 1MHz
t_{HIGH}	SCL의 High 구간	4.0	-	-	μs	$f_{SCL} \le$ 100kHz
		0.6	-	-		$f_{SCL} \le$ 400kHz
		0.26	-	-		$f_{SCL} \le$ 1MHz
t_{LOW}	SCL의 Low 구간	4.7	-	-	μs	$f_{SCL} \le$ 100kHz
		0.6	-	-		$f_{SCL} \le$ 400kHz
		0.35	-	-		$f_{SCL} \le$ 1MHz
$t_{SU:DAT}$	데이터 셋업 시간	250	-	-	ns	$f_{SCL} \le$ 100kHz
		100	-	-		$f_{SCL} \le$ 400kHz
		50	-	-		$f_{SCL} \le$ 1MHz
$t_{HD:DAT}$	데이터 홀드 시간	-	0	-	ns	SDAHOLD[1:0]=00
		-	50	-		SDAHOLD[1:0]=01
		-	300	-		SDAHOLD[1:0]=10
		300	500	900		SDAHOLD[1:0]=11
t_{BUF}	STOP 조건과 다음 START 조건 사이의 공백 시간	4.7	-	-	μs	$f_{SCL} \le$ 100kHz
		1.3	-	-		$f_{SCL} \le$ 400kHz
		0.5	-	-		$f_{SCL} \le$ 1MHz

(5) TWI 직렬통신의 호스트 동작

▣ 초기화 절차

TWI 직렬통신 포트를 호스트(host)로 사용하려면 이를 다음과 같이 초기화하는 것이 바람직하다.

① TWIn_CTRLA 레지스터에서 SDASETUP 비트로 데이터 셋업 시간을 설정하고, SDAHOLD[1:0] 비트로 데이터 홀드 시간을 설정한다.

② TWIn_CTRLA 레지스터에서 FMPEN 비트로 주파수가 표준 모드(100kHz) 또는 고속 모드(400kHz)를 사용하지 아니면 고속 모드+(1MHz)를 사용할지 설정한다.

③ TWIn_MBAUD 레지스터를 사용하여 SCL 클록 주파수를 설정한다.

④ TWIn_MCTRLA 레지스터에서 ENABLE=1로 하여 호스트의 동작을 허용한다.

⑤ 이후 TWI 버스의 동작 상태는 TWIn_MSTATUS 레지스터에서 BUSSTATE[1:0] 비트에 표시된다.

AVR128DA64의 데이터 시트에서 제공하는 TWI의 보레이트 레지스터를 설정하는 공식은 다음과 같다.

$$\mathrm{BAUD} = f_{\mathrm{CLK\_PER}} \times (t_{\mathrm{LOW}} + t_{\mathrm{OF}}) - 5$$

여기서 $f_{\mathrm{CLK_PER}}$은 24MHz의 주변장치 클록이고, t_{LOW}는 SCL 클록 신호의 Low인 구간으로서 400kHz의 경우에 0.6μs~1.25μs의 범위로 선정하며, t_{OF}는 SCL 클록 신호의 하강 시간으로서 400kHz의 경우에 20ns~250ns의 범위로 선정한다. 따라서, 만약 400kHz의 클록 주파수를 사용하고자 한다면 TWIn_MBAUD 레지스터의 설정값은 다음과 같이 계산할 수 있다.

$$\mathrm{BAUD} = 24 \times 10^{6} \times (1.2 \times 10^{-6} + 100 \times 10^{-9}) - 5 = 26.2 \fallingdotseq 26$$

TWI의 호스트 모드는 바이트 단위로 데이터를 쓰거나 읽는 동작을 수행하는데, 1바이트를 쓰거나 읽을 때마다 TWIn_MSTATUS 레지스터에서 WIF 또는 RIF 비트가 1로 셋트되면서 인터럽트를 요청하거나 이를 폴링으로 사용할 수 있다. 또한 이 레지스터에서는 RXACK 비트를 통하여 클라이언트로부터 ACK(0) 응답을 수신하였는지 NACK(1) 응답을 수신하였는지 확인할 수 있고, 여러 가지의 동작 상태나 에러 발생 여부를 확인할 수도 있다.

▣ TWI 버스 상태 로직

TWI 직렬통신 포트는 호스트 모드에서 항상(슬립 모드에 있는 경우를 포함하여) 실시간으로 버스의 상태를 모니터하여 TWIn_MSTATUS 레지스터의 BUSSTATE[1:0] 비트에 표시하므로 사용자는 언제든지 이를 읽어서 확인할 수 있다.

TWI 버스의 상태는 <그림 2.13.4>에 보인 것처럼 4가지가 있다. 이들 4가지의 상태는 통신 버스의 동작에 따라 하드웨어적으로 결정되며, 이중에서 오직 IDLE 상태만이 BUSSTATE[1:0]=01를 써주는 것으로 강제할 수 있다.

UNKOWN은 호스트의 동작이 유효하고 상태 로직이 액티브한 상태인데, 시스템 리셋이 발생한 직후나 호스트 모드를 해제하면 이 상태에 있게 된다.

IDLE은 TWIn_MSTATUS 레지스터에서 BUSSTATE[1:0]=01로 써주면 이 상태가 되어 새로운 트랜잭션을 수행하기 위하여 대기한다. 어떤 트랜잭션 동작이 종료되고 STOP 조건이 수행되거나 타임 아웃이 발생하는 경우에도 이 상태가 된다.

OWNER는 어드레스를 송신하는 경우처럼 내부적으로 START 조건이 검출되면 이 상태가 되며, 동작이 완료되고 STOP 조건이 수행되면 다시 IDLE 상태로 돌아간다. 그러나, 버스 조정에 실패하면 BUSY 상태로 바뀌어 STOP 조건이 검출될 때까지 머무른다.

BUSY는 IDLE 상태에서 외부적으로 START 조건이 검출되면 이 상태로 들어가며, STOP 조건이 검출되거나 타임 아웃이 발생하면 다시 IDLE 상태로 돌아간다.

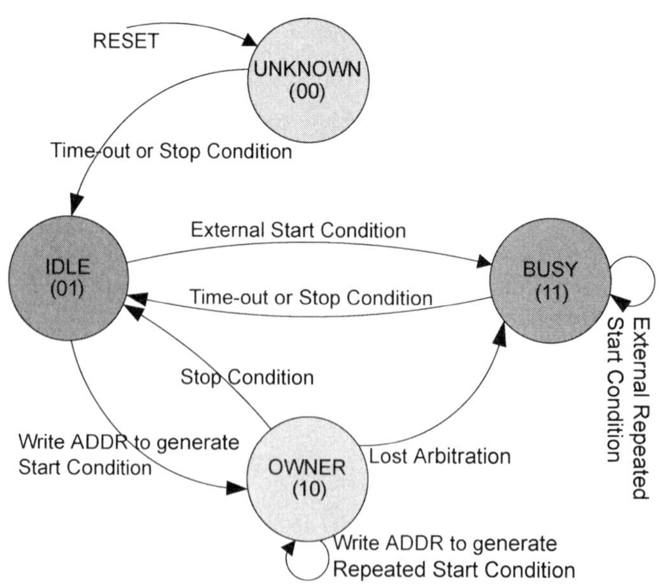

<그림 2.13.4> TWI 직렬통신 버스의 상태 변화

■ 어드레스 송신 패킷

TWI 직렬통신 포트가 호스트로 설정되어 어드레스 전송 패킷과 데이터 전송 패킷을 연속으로 수행하여 주변장치에 데이터를 송신하거나 주변장치에서 데이터를 읽어 수신하는 전체의 동작 시퀀스를 도시하면 <그림 2.13.5>와 같다.

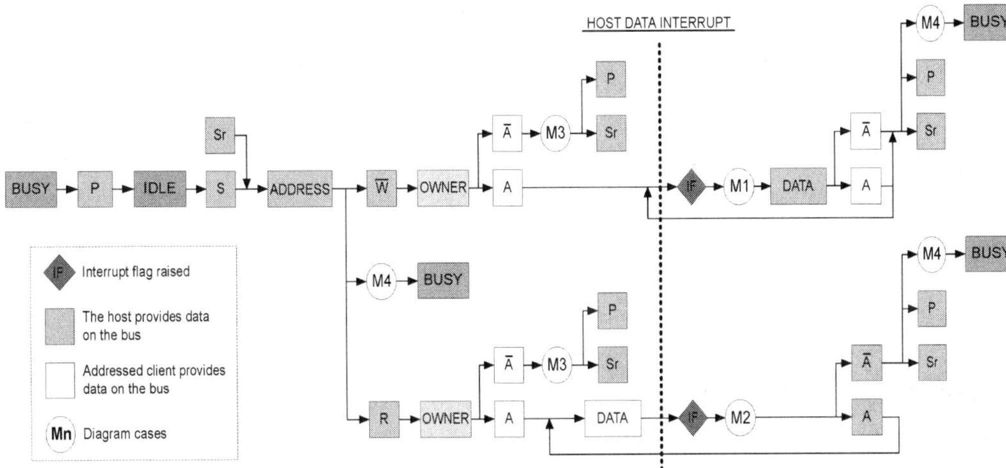

〈그림 2.13.5〉 TWI 직렬통신에서 호스트의 동작 시퀀스

먼저 어드레스 송신 패킷이 수행되는 과정을 보면, 호스트는 클라이언트를 지정하는 어드레스와 R/$\overline{W}$ 비트를 TWIn_MADDR 레지스터에 써주는 것으로 하나의 트랜잭션 동작을 시작한다. 그러면 이 어드레스값은 즉시 TWIn_MDATA 레지스터로 복사되어 전송되며, TWI 포트의 상태는 OWNER로 된다. 어드레스 패킷의 송신이 끝나면 버스 조정 및 R/$\overline{W}$ 비트에 따라 다음과 같이 M1~M4의 4가지 경우가 발생한다.

첫번째로 M1은 R/$\overline{W}$=0일 때 어드레스 패킷의 송신이 완료되는 경우이다. 호스트가 보낸 어드레스를 클라이언트가 수신하고 이에 대하여 ACK로 응답하면 호스트에서는 TWIn_MSTATUS 레지스터에 WIF=1 및 RXACK=0으로 표시하면서 CLKHOLD=0으로 되고 SCL 신호가 Low 상태로 유지된다. 이렇게 되면 SCL 신호가 Low 상태로 길게 연장되면서 클록 주파수가 낮아지는 결과가 되므로 이 상태에서 즉시 클라이언트에게 데이터를 전송하는 패킷이 이어져야 한다.

두번째로 M2는 R/$\overline{W}$=1일 때 어드레스 패킷의 송신이 완료되는 경우이다. 클라이언트가 어드레스를 수신하고 ACK로 응답하면 호스트에서는 TWIn_MSTATUS 레지스터에 WIF=1 및 RXACK=0으로 표시되고 클라이언트는 즉시 데이터 전송을 시작한다. 이렇게 하여 호스트가 클라이언트로부터 데이터를 읽어들이게 된다.

세번째로 M3는 어드레스 패킷의 송신이 완료되었으나 클라이언트로부터 ACK의 응답이 없는 경우이다. 어드레스 전송 후에 클라이언트의 ACK 응답이 없으면 호스트에서는 TWIn_MSTATUS 레지스터에 WIF=1 및 RXACK=1로 표시되면서 SCL 신호가 Low 상태로 유지된다. 이런 경우에는 호스트가 어드레스를 다시 전송하거나 또는 TWIn_MCTRLB 레지스터를 사용하여 STOP 조건을 출력함으로써 현재의 트랜잭션을 종료할 수 있다.

네번째로 M4는 버스 조정에 실패하거나 버스 에러가 발생하는 경우이다. 버스 조정에 실패하면 TWIn_MSTATUS 레지스터에 WIF=1 및 ARBLOST=1로 표시된다. 그러면 통신 버스의 상태는 BUSY로 되면서 대기하게 되고, 이후에는 호스트의 상태가 다시 IDLE로 변경되지 않으면 아무 동작도 수행하지 못한다.

▣ 데이터 송신 패킷

호스트가 R/$\overline{W}$=0 비트와 함께 어드레스를 송신하는 패킷을 완료하고 M1 상태에 있다면 TWIn_MDATA 레지스터에 송신 데이터를 쓰는 것으로 데이터 송신 패킷을 시작하게 된다. 그러면 WIF=0이 되고 호스트는 데이터 송신 중에 버스의 상태를 계속 모니터링하며, 다시 WIF=1 및 RXACK=0이 되면 데이터 패킷의 동작이 완료되고 클라이언트로부터 ACK 응답을 받은 것이다. 그러면, 호스트는 추가로 다음의 데이터 송신 패킷을 시작하거나, 새로운 어드레스 전송 패킷을 시작하거나, TWIn_MCTRLB 레지스터를 사용하여 STOP 조건을 출력함으로써 현재의 트랜잭션을 종료할 수 있다.

만약 데이터 패킷의 송신 후에 클라이언트로부터 NACK 응답을 받았다면 이는 RXACK=1로 표시되며, 이것은 클라이언트가 더 이상 데이터를 수신할 수 없다는 것이다. 그러면, 호스트는 추가로 다음의 데이터 송신 패킷을 시작하거나, TWIn_MCTRLB 레지스터를 사용하여 STOP 조건을 출력함으로써 현재의 트랜잭션을 종료할 수 있다.

TWIn_MSTATUS 레지스터의 RXACK 비트는 WIF=1이고 ARBLOST=BUSERR=0인 경우에만 유효하다.

▣ 데이터 수신 패킷

호스트가 R/$\overline{W}$=1 비트와 함께 어드레스 전송 패킷을 완료하고, 1바이트 수신에 필요한 클록 신호를 발생하면서 클라이언트가 보낸 데이터를 수신하게 되면 호스트는 M2 상태에 있게 된다. 이처럼 1바이트의 수신이 완료되면 TWIn_MSTATUS 레지스터에 RIF=1 및 CLKHOLD=1로 표시된다. 그러면 호스트는 수신된 데이터를 읽고나서 TWIn_MCTRLB 레지스터의 ACKACT 비트와 함께 MCMD[1:0] 비트를 사용한 적절한 커맨드를 수행하여 클라이언트에게 ACK 응답을 보낼 수 있다.

호스트가 소프트웨어로 이렇게 데이터 수신 패킷을 종료하는 방법은 다음과 같이 3가지가 있다.

① TWIn_MCTRLB 레지스터에 ACKACT=0으로 써줌으로써 ACK를 응답하고 그 다음의 데이터 수신 패킷을 준비하는 방법

② TWIn_MCTRLB 레지스터에 ACKACT=1로 써줌으로써 NACK를 응답하고 새로운 어드레스 패킷을 시작하는 방법

③ TWIn_MCTRLB 레지스터에 ACKACT=1로 써줌으로써 NACK를 응답하고 STOP 커맨드를 실행하여 트랜잭션을 종료하는 방법

(6) TWI 직렬통신의 클라이언트 동작

▣ 초기화 절차

TWI 직렬통신 포트를 클라이언트(client)로 사용하려면 이를 다음과 같이 초기화하는 것이 바람직하다.

① TWIn_CTRLA 레지스터에서 SDASETUP 비트로 데이터 셋업 시간을 설정하고, SDAHOLD[1:0] 비트로 데이터 홀드 시간을 설정한다.

② TWIn_SADDR 레지스터에 클라이언트의 어드레스 값을 설정한다.

③ TWIn_SCTRLA 레지스터에서 ENABLE=1로 하여 클라이언트의 동작을 허용한다.

④ 이후 클라이언트는 호스트로부터 START 조건이 출력될 때까지 무한정 기다리며, 자신의 클라이언트 어드레스가 지정될 때만 그에 맞는 동작을 수행한다.

TWI의 클라이언트 모드는 바이트 단위로 데이터를 쓰거나 읽는 동작을 수행하는데, 1바이트를 쓰거나 읽을 때마다 TWIn_SSTATUS 레지스터에서 DIF 또는 APIF 비트가 1로 셋트되면서 인터럽트를 요청하거나 이를 폴링으로 사용할 수 있다. 또한 이 레지스터에서는 RXACK 비트를 통하여 호스트로부터 ACK(0) 응답을 수신하였는지 NACK(1) 응답을 수신하였는지 확인할 수 있고, 여러 가지의 동작 상태나 에러 발생 여부를 확인할 수도 있다.

▣ 어드레스 수신 패킷

TWI 직렬통신 포트가 클라이언트로 설정되어 어드레스 수신 패킷과 데이터 전송 패킷으로 호스트에게 데이터를 송신하거나 호스트에서 데이터를 수신하는 전체의 동

작 시퀀스를 도시하면 <그림 2.13.6>과 같다.

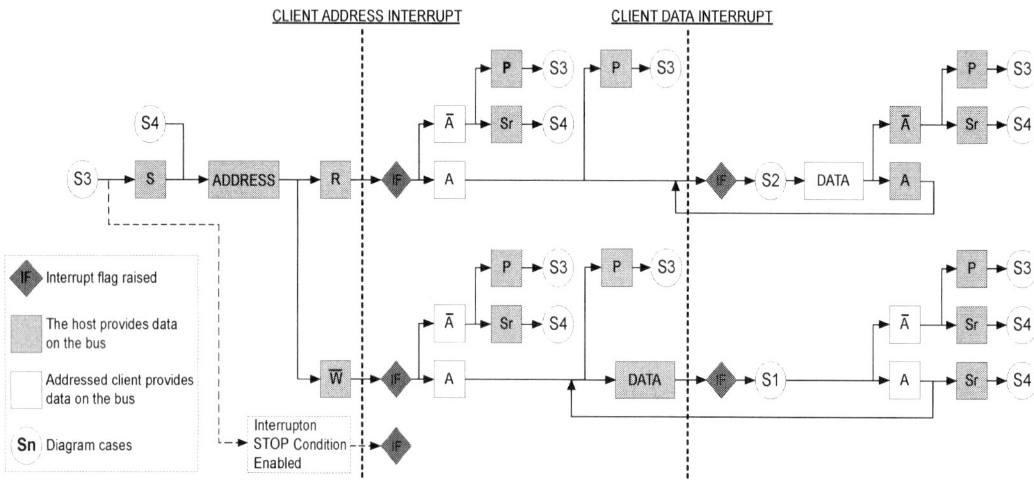

〈그림 2.13.6〉 TWI 직렬통신에서 클라이언트의 동작 시퀀스

TWI 통신 포트가 클라이언트로 설정되면 이것은 통신 버스에서 START 조건이 검출되기를 기다리며, START 조건이 검출되고 나면 곧바로 이어서 어드레스 수신 패킷이 수행되고 이 어드레스가 클라이언트 어드레스와 일치하는지 검사한다. 만약 수신된 어드레스가 클라이언트 어드레스와 일치한다면 클라이언트는 ACK로 응답하고, 이 어드레스가 일치하지 않는다면 클라이언트는 응답하지 않으며 새로운 START 조건이 검출되기를 기다린다. 위에서 설명한 바와 같이 START 조건에 이어서 다음 중의 1가지 상황이 발생하면 TWIn_SSTATUS 레지스터에서 APIF=1로 된다.

① 수신된 어드레스가 TWIn_SADDR 레지스터에 저장된 클라이언트 어드레스와 일치하는 경우

② 수신된 어드레스가 전체 호출 어드레스 0x00이고 TWIn_SADDR 레지스터의 최하위 비트가 1로 설정되어 있는 경우

③ 수신된 어드레스가 TWIn_SADDRMASK 레지스터에 지정된 어드레스와 일치하고 여기서 ADDREN=1로 설정되어 있는 경우

④ TWIn_SCTRLA 레지스터에서 PMEN=1로 설정되어 있고 임의의 어드레스가 수신된 경우

어드레스 패킷이 수신되고 나면 TWIn_SSTATUS 레지스터의 DIR 비트와 통신 버스의 상태에 따라 다음과 같이 S1~S4의 4가지 경우가 발생한다.

첫번째로 S1은 어드레스 패킷의 수신이 완료되고 TWIn_SSTATUS 레지스터에서 DIR=0으로 표시된 경우이다. 호스트가 보낸 어드레스를 클라이언트가 수신하고 이에 대하여 ACK로 응답하면 호스트가 데이터를 송신하겠다는 것을 의미하므로 이어서 클라이언트는 호스트로부터 수신되는 데이터를 읽으면 된다.

두번째로 S2는 어드레스 패킷의 수신이 완료되고 TWIn_SSTATUS 레지스터에서 DIR=1로 표시된 경우이다. 호스트가 보낸 어드레스를 클라이언트가 수신하고 이에 대하여 ACK로 응답하면 호스트가 데이터를 수신하겠다는 것을 의미하므로 이어서 클라이언트는 호스트에게 데이터를 송신하면 된다.

세번째로 S3는 호스트로부터 STOP 조건이 수신되어 TWIn_SSTATUS 레지스터에 AP=0으로 표시되는 경우이다. 이런 경우에는 현재의 트랜잭션이 종료된 것이므로 클라이언트가 새로운 어드레스 패킷의 수신을 기다려야 한다.

네번째로 S4는 버스 충돌이 발생하여 클라이언트가 High 레벨 데이터나 NACK을 송신하지 못하고 TWIn_SSTATUS 레지스터에 COLL=1로 표시되는 경우이다. 이 상황은 START 조건이나 repeated START 조건이 수신되어야 해제된다.

▣ 데이터 수신 패킷

클라이언트가 어드레스 패킷을 수신하고 나서 S1 상태에 있다면 데이터 수신 패킷을 수행하게 된다. 데이터가 수신되면 TWIn_SSTATUS 레지스터에 DIF=1로 표시되고, 이때 클라이언트는 TWIn_SCTRLB 레지스터의 SCMD[1:0] 및 ACKACT 비트를 사용하여 호스트에게 ACK 또는 NACK 응답을 보내면 된다.

▣ 데이터 송신 패킷

클라이언트가 어드레스 패킷을 수신하고 나서 S2 상태에 있다면 클라이언트는 TWIn_SDATA 레지스터에 데이터를 쓰는 것으로 데이터 송신 패킷을 시작한다. 데이터 패킷의 송신이 완료되면 TWIn_SSTATUS 레지스터에 DIF=1로 표시되는데, 이때 호스트로부터 ACK 응답이 수신되어 TWIn_SSTATUS 레지스터의 RXACK 비트에 표시되면 그 다음의 새로운 데이터 송신 패킷을 수행하게 되며, 호스트로부터 NACK 응답이 수신되었다면 데이터 송신 패킷을 종료하고 이어서 호스트로부터 STOP 조건이나 repeated START 조건을 수신하게 된다.

(7) 그밖의 추가적인 기능

▣ 10비트 어드레스의 사용

TWI 직렬통신 포트의 호스트가 어드레스 송신 패킷을 수행할 때는 7비트의 클라이언트 어드레스와 R/$\overline{W}$ 비트를 합하여 8비트로 전송하며, 클라이언트는 이를 수신하고 나서 TWIn_SADDR 레지스터 및 TWIn_SADDRMASK 레지스터에 설정된 어드레스와 비교하여 일치되는지 여부를 체크한다.

그러나, 10비트의 클라이언트 어드레스를 사용하는 경우에는 <그림 2.13.7>처럼 첫 번째 바이트에 11110과 어드레스의 상위 2비트인 A9~A8 그리고 R/$\overline{W}$=0 비트를 합하여 총 8비트를 어드레스 패킷으로 전송하고, 두번째 바이트에 어드레스의 나머지 8비트인 A7~A0을 데이터 패킷으로 전송한다. 그러면 클라이언트는 이를 수신하여 TWIn_SADDR 레지스터나 TWIn_SADDRMASK 레지스터로 일치 여부를 비교하지 못하기 때문에 소프트웨어로 처리해야 한다. 이러한 어드레스 패킷과 데이터 패킷에서 수신된 값은 모두 클라이언트의 데이터 레지스터 TWIn_SDATA에 저장되어 있으므로 이를 차례로 읽어서 소프트웨어적으로 비교하면 된다.

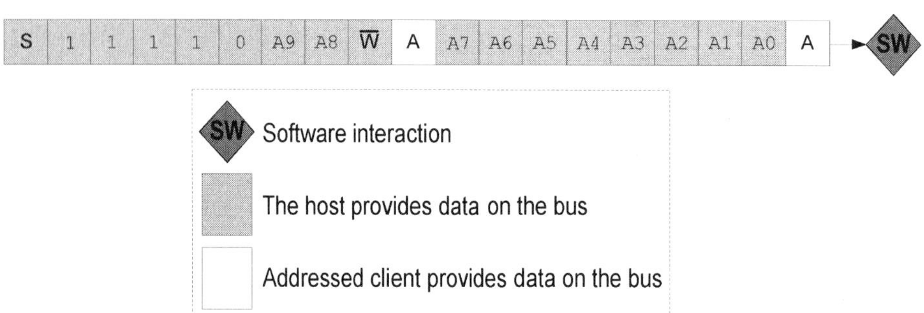

〈그림 2.13.7〉 TWI 직렬통신에서 10비트 어드레스의 전송 방법

▣ SMBus 동작

TWI 직렬통신 포트가 SMBus 환경에서 동작한다면 먼저 TWIn_MBAUD 레지스터를 설정하고 나서 TWIn_MCTRLA 레지스터에서 TIMEOUT[1:0] 비트를 설정해야 한다. 이 경우에는 또한 TWIn_CTRLA 레지스터에서 SDAHOLD[1:0] 비트를 사용하여 홀드 시간을 좀더 길게 설정한다.

▣ 스마트 모드

TWI 직렬통신 포트가 TWIn_MCTRLA 레지스터에서 SMEN=1로 설정되어 스마트 모드로 동작한다면 필요할 때 ACK 응답을 자동으로 보내게 되므로 프로그램 작성이 더 간편해지는 장점이 있다. 예를 들어 호스트가 TWIn_MDATA 레지스터를 읽고나면 TWIn_MCTRLB 레지스터에 미리 설정되어 있던 ACTACK 비트를 사용하여 자동으로 ACK 응답을 보낸다. 그러나, 이때 TWIn_MCTRLB 레지스터의 ACTACK 비트에 ACK가 아니라 NACK가 설정되어 있었다면 이처럼 자동 응답을 보내지 않는다.

클라이언트의 경우에도 스마트 모드에서는 TWIn_SDATA 레지스터를 읽고나면 TWIn_SCTRLB 레지스터에 미리 설정되어 있던 ACTACK 비트를 사용하여 자동으로 ACK 응답을 보내며, 이때 TWIn_SSTATUS 레지스터의 DIF 비트도 자동으로 0으로 클리어된다.

▣ 퀵 커맨드 모드

TWI 직렬통신 포트가 TWIn_MCTRLA 레지스터에서 QCEN=1로 설정되어 퀵 커맨드 모드로 동작하는 경우에는 어드레스 패킷에 포함된 $R/\overline{W}$ 비트를 클라이언트에 대한 커맨드로 전송하는 것이 목적이므로 더 이상 데이터를 송신하거나 수신하지 않는다. 퀵 커맨드 모드에서는 클라이언트가 어드레스 패킷을 수신하고 나서 ACK로 응답하면 이 어드레스 패킷의 $R/\overline{W}$ 비트에 따라서 호스트의 TWIn_MSTATUS 레지스터에서 RIF 또는 WIF 비트가 1로 셋트되며, 이어서 호스트에서는 TWIn_MCTRLB 레지스터의 MCMD[1:0] 비트를 사용하여 STOP 조건을 보낸다.

퀵 커맨드 모드에서는 $R/\overline{W}$ 비트가 클라이언트로 사용되는 주변장치의 어떤 기능을 on/off하거나 스탠바이 모드를 enable/disable하는 등의 용도로 사용될 수 있다.

▣ 듀얼 모드

TWIn_DUALCTRL 레지스터에서 ENABLE=1로 하여 듀얼 모드로 설정되면 1개의 TWI 직렬통신 포트에서 호스트와 클라이언트가 동시에 독립적으로 동작하게 된다. 그러면 TWIn_CTRLA 레지스터는 호스트를 설정하는데 사용되고 TWIn_DUALCTRL 레지스터는 클라이언트를 설정하는데 사용된다. 듀얼 모드에서 호스트와 클라이언트를 각각 사용하는 방법은 앞에서 설명한 그것들의 사용법과 동일하다.

(8) 인터럽트 발생

AVR128DA64의 TWIn이 호스트와 클라이언트로 동작하는 각각의 경우에 인터럽트를 발생하는 기능은 다음과 같다.

- TWI 호스트 인터럽트 : TWIn_MSTATUS 레지스터에서 RIF=1이 될 때
  TWIn_MSTATUS 레지스터에서 WIF=1이 될 때
- TWI 클라이언트 인터럽트 : TWIn_SSTATUS 레지스터에서 DIF=1이 될 때
  TWIn_SSTATUS 레지스터에서 APIF=1이 될 때

2. TWI 직렬통신 포트의 I/O 제어 레지스터

AVR128DA64의 TWI 직렬통신 포트 TWIn을 구성하는 I/O 제어 레지스터를 정리하면 <표 2.13.3>과 같다. 여기서 어드레스는 TWI0에 대하여 표시하였으며, 다른 통신 포트 TWI1에 대해서는 이보다 어드레스가 0x0020만큼 증가하여 0x0920에서 시작한다.

〈표 2.13.3〉 AVR128DA64의 TWIn과 관련된 I/O 제어 레지스터 요약

어드레스	레지스터 이름	풀어 쓴 레지스터 이름	리셋 후 초기값
0x0900	TWIn_CTRLA	TWIn Control Register A	0x00
0x0901	TWIn_DUALCTRL	TWIn Dual Mode Control Register	0x00
0x0902	TWIn_DBGCTRL	TWIn Debug Control Register	0x00
0x0903	TWIn_MCTRLA	TWIn Host Control Register A	0x00
0x0904	TWIn_MCTRLB	TWIn Host Control Register B	0x00
0x0905	TWIn_MSTATUS	TWIn Host Status Register	0x00
0x0906	TWIn_MBAUD	TWIn Host Baud Rate Register	0x00
0x0907	TWIn_MADDR	TWIn Host Address Register	0x00
0x0908	TWIn_MDATA	TWIn Host Data Register	0x00
0x0909	TWIn_SCTRLA	TWIn Client Control Register A	0x00
0x090A	TWIn_SCTRLB	TWIn Client Control Register B	0x00
0x090B	TWIn_SSTATUS	TWIn Client Status Register	0x00
0x090C	TWIn_SADDR	TWIn Client Address Register	0x00
0x090D	TWIn_SDATA	TWIn Client Data Register	0x00
0x090E	TWIn_SADDRMASK	TWIn Client Address Mask Register	0x00

▣ 제어 레지스터 A TWIn_CTRLA (리셋후 디폴트값 : 0x00)

b7	b6	b5	b4	b3	b2	b1	b0
-	INPUTLVL	-	SDASETUP	SDAHOLD[1:0]		FMPEN	-
-	R/W	-	R/W	R/W	R/W	R/W	-

- INPUTLVL : Input Voltage Transition Level
  0 = 입력 신호를 I^2C 전압 레벨로 인식한다.
  1 = 입력 신호를 SMBus 3.0 전압 레벨로 인식한다.
- SDASETUP : SDA Setup Time
  0 = SDA 셋업 시간을 주변장치 클록의 4클록 사이클(167ns)로 준다.
  1 = SDA 셋업 시간을 주변장치 클록의 8클록 사이클(333ns)로 준다.
- SDAHOLD[1:0] : SDA Hold Time
  00 = SDA 홀드 타임을 주지 않는다.
  01 = SDA 홀드 타임을 50ns로 짧게 준다.
  10 = SDA 홀드 타임을 SMBus 2.0이 만족되도록 300ns로 준다.
  11 = SDA 홀드 타임을 SMBus 2.0이 만족되도록 500ns로 준다.

- FMPEN : FM Plus Enable
  0 = SCL 클록이 100kHz인 표준 모드 또는 400kHz인 FM 모드로 동작한다.
  1 = SCL 클록이 1MHz인 FM+ 모드로 동작한다.

▣ 듀얼 모드 제어 레지스터 TWIn_DUALCTRL (리셋후 디폴트값 : 0x00)

b7	b6	b5	b4	b3	b2	b1	b0
-	INPUTLVL	-	-	SDAHOLD[1:0]		FMPEN	ENABLE
-	R/W	-	-	R/W	R/W	R/W	R/W

- INPUTLVL : Input Voltage Transition Level
  0 = 듀얼 모드에서 입력 신호를 I^2C 전압 레벨로 인식한다.
  1 = 듀얼 모드에서 입력 신호를 SMBus 3.0 전압 레벨로 인식한다.
- SDAHOLD[1:0] : SDA Hold Time
  00 = 듀얼 모드에서 SDA 홀드 타임을 주지 않는다.
  01 = 듀얼 모드에서 SDA 홀드 타임을 50ns로 짧게 준다.
  10 = 듀얼 모드에서 SDA 홀드 타임을 SMBus 2.0이 만족되도록 300ns로 준다.
  11 = 듀얼 모드에서 SDA 홀드 타임을 SMBus 2.0이 만족되도록 500ns로 준다.
- FMPEN : FM Plus Enable
  0 = 듀얼 모드에서 SCL 클록이 100kHz인 표준 모드 또는 400kHz인 FM 모드로 동작한다.
  1 = 듀얼 모드에서 SCL 클록이 1MHz인 FM+ 모드로 동작한다.
- ENABLE : Dual Control Enable
  0 = TWIn 직렬통신 포트의 듀얼 모드를 금지한다.
  1 = TWIn 직렬통신 포트의 듀얼 모드를 허용한다.

▣ 디버그 제어 레지스터 TWIn_DBGCTRL (리셋후 디폴트값 : 0x00)

b7	b6	b5	b4	b3	b2	b1	b0
-	-	-	-	-	-	-	DBGRUN
-	-	-	-	-	-	-	R/W

0 = 디버그 모드에서 TWI 직렬통신 포트 TWIn의 동작이 정지한다.
1 = CPU가 정지하고 디버그 모드에 있어도 TWI 직렬통신 포트 TWIn이 동작을 계속한다.

▣ 호스트 제어 레지스터 A TWIn_MCTRLA (리셋후 디폴트값 : 0x00)

b7	b6	b5	b4	b3	b2	b1	b0
RIEN	WIEN	-	QCEN	TIMEOUT[1:0]		SMEN	ENABLE
R/W	R/W	-	R/W	R/W	R/W	R/W	R/W

- RIEN : Read Interrupt Enable
  0 = 호스트 읽기 완료 인터럽트를 허용하지 않는다.
  1 = TWIn_MSTATUS 레지스터에서 RIF=1로 되면 호스트 읽기 완료 인터럽트를 요청하도록 허용한다.
- WIEN : Write Interrupt Enable
  0 = 호스트 쓰기 완료 인터럽트를 허용하지 않는다.
  1 = TWIn_MSTATUS 레지스터에서 WIF=1로 되면 호스트 쓰기 완료 인터럽트를 요청하도록 허용한다.
- QCEN : Quick Command Enable
  0 = 호스트가 퀵 커맨드 모드로 동작하는 것을 금지한다.
  1 = 호스트가 퀵 커맨드 모드로 동작하는 것을 허용한다.
- TIMEOUT[1:0] : Inactive Bus Timeout
  00 = TWI 버스의 타임아웃 기능을 사용하지 않는다.
  01 = TWI 버스가 50μs 이상 inactive 상태에 있으면 idle state로 된다.(100kHz의 경우)
  10 = TWI 버스가 100μs 이상 inactive 상태에 있으면 idle state로 된다.(100kHz의 경우)
  11 = TWI 버스가 200μs 이상 inactive 상태에 있으면 idle state로 된다.(100kHz의 경우)
- SMEN : Smart Mode Enable
  0 = 호스트가 스마트 모드로 동작하는 것을 금지한다.

1 = 호스트가 스마트 모드로 동작하는 것을 허용한다. 스마트 모드에서는 호스트 데이터 레지스터 TWIn_MDATA를 읽으면 즉시 TWIn_MCTRLB 레지스터의 ACKACT 비트값을 자동으로 전송한다.

- ENABLE : Enable TWI Host
  0 = TWIn 직렬통신 포트가 호스트 모드로 동작하는 것을 금지한다.
  1 = TWIn 직렬통신 포트가 호스트 모드로 동작하는 것을 허용한다.

▣ 호스트 제어 레지스터 B TWIn_MCTRLB (리셋후 디폴트값 : 0x00)

b7	b6	b5	b4	b3	b2	b1	b0
-	-	-	-	FLUSH	ACKACT	MCMD[1:0]	
-	-	-	-	R/W	R/W	R/W	R/W

- FLUSH : Flush
  0 = 아무 동작도 수행하지 않는다.
  1 = 호스트의 내부 상태를 클리어하고 TWI 버스를 idle state로 하여 호스트의 동작을 초기화한다.
- ACKACT : Acknowledge Action
  0 = 스마트 모드에서 호스트가 TWIn_MDATA 레지스터를 읽고 나면 즉시 ACK 신호를 보낸다.
  1 = 스마트 모드에서 호스트가 TWIn_MDATA 레지스터를 읽고 나면 즉시 NACK 신호를 보낸다.
- MCMD[1:0] : Host Command
  00 = (reserved)
  01 = ACKACT 비트로 지정한 동작을 실행하고 repeated START 조건을 출력한다.
  10 = (쓰기 동작의 경우) ACKACT 비트로 지정한 동작을 하지 않고 바이트 쓰기 동작을 수행한다.
  (읽기 동작의 경우) ACKACT 비트로 지정한 동작을 실행하고 바이트 읽기 동작을 수행한다.
  11 = ACKACT 비트로 지정한 동작을 실행하고 STOP 조건을 출력한다.

▣ 호스트 상태 레지스터 TWIn_MSTATUS (리셋후 디폴트값 : 0x00)

b7	b6	b5	b4	b3	b2	b1	b0
RIF	WIF	CLKHOLD	RXACK	ARBLOST	BUSERR	BUSSTATE[1:0]	
R/W	R/W	R/W	R	R/W	R/W	R/W	R/W

- RIF : Read Interrupt Flag
  0 = 바이트 읽기 동작을 완료하지 않았다.
  1 = 호스트 모드에서 바이트 읽기 동작을 완료하면 이 비트가 1로 되어 인터럽트를 요청한다. 이 비트에 1을 쓰거나, 어드레스 레지스터 TWIn_MADDR에 값을 쓰거나, 데이터 레지스터 TWIn_MDATA에 값을 쓰기 또는 읽기 하거나, TWIn_MCTRLB 레지스터에서 MCMD[1:0] 비트에 커맨드를 쓰면 이 비트가 0으로 클리어된다.
- WIF : Write Interrupt Flag
  0 = 어드레스나 바이트의 쓰기 동작을 완료하지 않았다.
  1 = 호스트 모드에서 어드레스나 바이트의 쓰기 동작을 완료하면 이 비트가 1로 되어 인터럽트를 요청한다. 이 비트를 0으로 클리어하는 방법은 RIF에서와 같다.
- CLKHOLD : Clock Hold
  0 = 클록 주기 확장을 수행하지 않고 있다.
  1 = 현재 호스트가 클록 신호 SCL을 0으로 구동하며 클록 주기를 확장(stretch)하고 있음을 나타낸다. 이 비트를 0으로 클리어하는 방법은 RIF에서와 같다.
- RXACK : Received Acknowledge
  0 = 클라이언트로부터 ACK를 수신하였다.
  1 = 클라이언트로부터 NACK를 수신하였다.
- ARBLOST : Arbitration Lost
  0 = 버스 조정에 실패하지 않았다.
  1 = 호스트 모드에서 버스 조정에 실패하였다. 이 비트를 0으로 클리어하는 방법은 RIF에서와 같다.
- BUSERR : Bus Error
  0 = 버스 에러가 발생하지 않았다.
  1 = 호스트 모드에서 버스 에러가 발생하였다. 예를 들어 START 조건, repeated START 조건, STOP 조건의 규칙이 지켜지지 않으면 버스 에러가 발생한다. 이 비트에 1을 쓰거나 어드레스 레지스터 TWIn_MADDR에 값을 쓰면 0으로 클리어된다.
- BUSSTATE[1:0] : Bus State

00 = UNKOWN. 현재 Unkown bus state에 있음
01 = IDLE. 현재 Idle bus state에 있음
(만약 이 비트에 01을 쓰면 강제로 버스를 idle state로 만들 수 있음)
10 = OWNER. 현재 TWIn이 버스를 제어하고 있는 상태에 있음
11 = BUSY. 현재 Busy bus state에 있음

▣ 호스트 보레이트 레지스터 TWIn_MBAUD (리셋후 디폴트값 : 0x00)

b7	b6	b5	b4	b3	b2	b1	b0
BAUD[7:0]							
R/W	R/W	R/W	R/W	R/W	R/W	R/W	R/W

• BAUD[7:0] : Baud Rate
이 값을 사용하여 클록 신호 SCL의 동작 주파수를 결정한다. 이 값은 TWIn_MCTRLA 레지스터에서 ENABLE=0으로 하여 호스트가 허용되지 않은 상태에서 설정해야 한다.

▣ 호스트 어드레스 레지스터 TWIn_MADDR (리셋후 디폴트값 : 0x00)

b7	b6	b5	b4	b3	b2	b1	b0
ADDR[7:0]							
R/W	R/W	R/W	R/W	R/W	R/W	R/W	R/W

• ADDR[7:0] : Address
이 값은 외부에 있는 클라이언트의 어드레스를 나타낸다. 최하위 비트에는 $R/\overline{W}$ 비트가 들어간다. 여기에 값을 쓰면 START 조건이 먼저 출력되고 곧바로 이 값이 시프트 레지스터를 통하여 출력된다.

▣ 호스트 데이터 레지스터 TWIn_MDATA (리셋후 디폴트값 : 0x00)

b7	b6	b5	b4	b3	b2	b1	b0
DATA[7:0]							
R/W	R/W	R/W	R/W	R/W	R/W	R/W	R/W

• DATA[7:0] : Data
이 값은 호스트가 클라이언트로 송신할 데이터 또는 클라이언트로부터 수신한 데이터를 나타낸다. 여기서 유효한 데이터를 읽거나 여기에 전송할 데이터를 쓰는 것은 CLKHOLD=1일 때만 가능하다.

▣ 클라이언트 제어 레지스터 A TWIn_SCTRLA (리셋후 디폴트값 : 0x00)

b7	b6	b5	b4	b3	b2	b1	b0
DIEN	APIEN	PIEN	-	-	PMEN	SMEN	ENABLE
R/W	R/W	R/W	-	-	R/W	R/W	R/W

• DIEN : Data Interrupt Enable
0 = 클라이언트 데이터 인터럽트를 허용하지 않는다.
1 = TWIn_SSTATUS 레지스터에서 DIF=1로 되면 클라이언트 데이터 인터럽트를 요청하도록 허용한다.
• APIEN : Address or Stop Interrupt Enable
0 = 어드레스 또는 Stop 인터럽트를 허용하지 않는다.
1 = TWIn_SSTATUS 레지스터에서 APIF=1로 되면 어드레스 또는 Stop 인터럽트를 요청하도록 허용한다.
• PIEN : Stop Interrupt Enable
0 = Stop 인터럽트를 허용하지 않는다.
1 = TWIn_SSTATUS 레지스터에서 APIF=1로 되면 Stop 인터럽트를 요청하도록 허용한다.
• PMEN : Address Recognition Mode
0 = 클라이언트가 어드레스 레지스터 TWIn_SADDR에 지정된 어드레스에 대해서만 반응한다.
1 = 클라이언트가 모든 어드레스에 대하여 반응한다.

• SMEN : Smart Mode Enable
 0 = 클라이언트가 스마트 모드로 동작하는 것을 금지한다. 스마트 모드를 금지하면 클라이언트는 동작을 계속하기 전에 항상 새로운 클라이언트 명령을 기다린다.
 1 = 클라이언트가 스마트 모드로 동작하는 것을 허용한다. 스마트 모드에서는 TWIn_MCTRLB 레지스터의 SCMD[1:0] 비트에 명령을 쓰거나 클라이언트 데이터 레지스터 TWIn_SDATA를 액세스하면 인터럽트를 리셋하고 다음 동작을 계속한다.
• ENABLE : Enable TWI Client
 0 = TWIn 직렬통신 포트가 클라이언트 모드로 동작하는 것을 금지한다.
 1 = TWIn 직렬통신 포트가 클라이언트 모드로 동작하는 것을 허용한다.

▣ 클라이언트 제어 레지스터 B TWIn_SCTRLB (리셋후 디폴트값 : 0x00)

b7	b6	b5	b4	b3	b2	b1	b0
-	-	-	-	-	ACKACT	SCMD[1:0]	
-	-	-	-	-	R/W	R/W	R/W

• ACKACT : Acknowledge Action
 0 = 스마트 모드에서 클라이언트가 TWIn_SDATA 레지스터를 읽고 나면 즉시 ACK 신호를 보낸다.
 1 = 스마트 모드에서 클라이언트가 TWIn_SDATA 레지스터를 읽고 나면 즉시 NACK 신호를 보낸다.
• SCMD[1:0] : Client Command
 00 = 응답하지 않는다.
 01 = (reserved)
 10 = (쓰기 동작의 경우) ACKACT 비트로 지정한 동작을 실행하고 나서 START 조건 또는 repeated START 조건을 기다린다.
  (읽기 동작의 경우) START 조건 또는 repeated START 조건을 기다린다.
 11 = (쓰기 동작의 경우) ACKACT 비트로 지정한 동작을 실행하고 나서 다음 바이트의 수신을 기다린다.
  (읽기 동작의 경우) APIF 인터럽트에 대한 응답일 경우에는 ACKACT 비트로 지정한 동작을 실행하고 나서 인터럽트가 발생한다. DIF 인터럽트에 대한 응답일 경우에는 바이트 읽기를 수행하고 나서 ACKACT 비트로 지정한 동작을 실행한다.

▣ 클라이언트 상태 레지스터 TWIn_SSTATUS (리셋후 디폴트값 : 0x00)

b7	b6	b5	b4	b3	b2	b1	b0
DIF	APIF	CLKHOLD	RXACK	COLL	BUSERR	DIR	AP
R/W	R/W	R	R	R/W	R/W	R	R

• DIF : Data Interrupt Flag
 0 = 바이트 송신 또는 수신 동작을 완료하지 않았다.
 1 = 클라이언트가 버스 에러 없이 바이트 송신 또는 수신을 완료하면 이 비트가 1로 되어 인터럽트를 요청한다. 데이터 레지스터 TWIn_SDATA에 값을 쓰기 또는 읽기 하거나, TWIn_SCTRLB 레지스터에서 MCMD[1:0] 비트에 명령을 쓰면 이 비트가 0으로 클리어된다.
• APIF : Address or Stop Interrupt Flag
 0 = 바이트 쓰기 동작을 완료하지 않았다.
 1 = 지정된 클라이언트 어드레스를 수신하거나 STOP 조건을 수신하면 이 비트가 1로 되어 인터럽트를 요청한다. 이 비트를 0으로 클리어하는 방법은 DIF에서와 같다.
• CLKHOLD : Clock Hold
 0 = 클록 주기 확장을 수행하지 않고 있다.
 1 = 현재 클라이언트가 클록 신호 SCL을 0으로 구동하며 클록 주기를 확장(stretch)하고 있음을 나타낸다.
• RXACK : Received Acknowledge
 0 = 호스트로부터 ACK를 수신하였다.
 1 = 호스트로부터 NACK를 수신하였다.
• COLL : Collision
 0 = 버스 충돌이 발생하지 않았다.
 1 = 버스 충돌이 발생하여 클라이언트가 High 레벨 데이터나 NACK을 송신하지 못한다. 이 비트에 1을 쓰거나 START 조건 또는 repeated START 조건을 수신하면 0으로 클리어된다.

- BUSERR : Bus Error
  0 = 버스 에러가 발생하지 않았다.
  1 = 클라이언트에서 버스 에러가 검출되었다. 예를 들어 START 조건, repeated START 조건, STOP 조건의 규칙이 지켜지지 않으면 버스 에러가 발생한다. 이 비트에 1을 쓰면 0으로 클리어된다.
- DIR : Read/Write Direction
  이 비트는 호스트로부터 수신한 어드레스 패킷에 포함된 $R/\overline{W}$ 비트의 데이터 전송 방향 정보를 나타낸다.
  0 = 호스트가 데이터를 쓰는 동작이 수행 중이다.
  1 = 호스트가 데이터를 읽는 동작이 수행 중이다.
- AP : Address or Stop
  이 비트는 APIF=1이 되었을 때 그것의 원인이 어드레스 검출인지 STOP 조건 수신인지 나타낸다.
  0 = APIF 인터럽트 요청의 원인이 STOP 조건의 수신이다.
  1 = APIF 인터럽트 요청의 원인이 어드레스 검출이다.

▣ 클라이언트 어드레스 레지스터 TWIn_SADDR (리셋후 디폴트값 : 0x00)

b7	b6	b5	b4	b3	b2	b1	b0
ADDR[7:0]							
R/W	R/W	R/W	R/W	R/W	R/W	R/W	R/W

- ADDR[7:0] : Address
  이것은 클라이언트의 어드레스 검출을 위하여 어드레스 값을 저장하는 레지스터이다. 호스트로부터 이 값의 어드레스가 수신되어 어드레스가 검출되면 APIF=AP=1로 된다. 상위 7비트에는 클라이언트 어드레스가 저장되며, 최하위 비트는 보통 0으로 설정하는데 만약 이것을 1로 설정하면 전체 호출 어드레스(General Call Address) 0x00을 수신하였을 경우에도 APIF=AP=1로 된다.

▣ 클라이언트 데이터 레지스터 TWIn_SDATA (리셋후 디폴트값 : 0x00)

b7	b6	b5	b4	b3	b2	b1	b0
DATA[7:0]							
R/W	R/W	R/W	R/W	R/W	R/W	R/W	R/W

- DATA[7:0] : Data
  이 값은 호스트로 송신할 데이터 또는 호스트로부터 수신한 데이터를 나타낸다. 여기서 유효한 데이터를 읽거나 여기에 전송할 데이터를 쓰는 것은 CLKHOLD=1일 때만 가능하다.

▣ 클라이언트 어드레스 마스크 레지스터 TWIn_SADDRMASK (리셋후 디폴트값 : 0x00)

b7	b6	b5	b4	b3	b2	b1	b0
ADDRMASK[6:0]							ADDREN
R/W	R/W	R/W	R/W	R/W	R/W	R/W	R/W

- ADDRMASK[6:0] : Address Mask
  이 값은 클라이언트가 어드레스 매치(match)를 조사하는데 사용하는 값을 저장한다. ADDREN=0으로 설정되면 TWIn_SADDR 레지스터에 TWIn_SADDRMASK 레지스터의 값을 마스크하여 동작하는데, 이때는 마스크 레지스터에서 1로 지정된 비트는 어드레스 매치를 조사할 때 무시한다. 그러나, ADDREN=1로 설정되면 TWIn_SADDR 레지스터에 저장된 어드레스와 TWIn_SADDRMASK 레지스터에 저장된 어드레스의 2가지를 모두 클라이언트 어드레스로 사용한다.
- ADDREN : Address Mask Enable
  0 = 클라이언트가 TWIn_SADDR 레지스터의 어드레스를 TWIn_SADDRMASK 레지스터의 값으로 마스크하여 사용한다. 즉, TWIn_SADDRMASK 레지스터에서 1로 지정된 비트는 무시하고 어드레스 일치 여부를 판단하지 않는다.
  1 = 클라이언트가 TWIn_SADDR 레지스터 또는 TWIn_SADDRMASK 레지스터의 어드레스와 일치하는 경우에 반응한다.

2.14 사용자 맞춤형 로직(CCL)

이 절에서는 AVR128DA64에 내장되어 있는 독특한 기능인 사용자 맞춤형 로직(Configurable Custom Logic) CCL의 구조와 기능을 알아보고, 이를 활용하는 기술에 대하여 설명한다.

1. CCL의 동작

(1) 특징 및 기본 구조

AVR128DA64의 사용자 맞춤형 로직 CCL은 주변장치의 신호들을 사용자가 원하는 대로 묶어서 외부 핀 또는 이벤트 신호로 출력하거나 다른 주변장치에게 보내는 기능을 수행할 수 있다. 이러한 사용자 맞춤형의 glue logic을 사용하면 하드웨어적인 시스템 설계에서 논리 처리를 위하여 외부에 추가적으로 논리소자 IC를 사용하는 것을 절약하고, 마이크로컨트롤러 내부에서 사용자가 원하는 하드웨어적인 논리 처리를 실시간으로 수행할 수 있다. CCL의 특징을 요약하면 다음과 같다.

① 사용자 맞춤형으로 조합논리 또는 순서논리 방식의 디지털 로직 회로를 구성할 수 있다.

② 6개의 프로그램 가능한 조견표(Look-Up Table) LUT0~LUT5를 가지고 있다.

③ 최대 3개까지의 입력 신호를 결합할 수 있는 조합논리 함수(combinational logic function)가 가능하다.

④ 시퀀서 로직으로 D 플립플롭, JK 플립플롭, D 래치, RS 래치 등 4가지의 순서논리 회로를 사용할 수 있다.

⑤ 클록 신호로 내부의 CLK_PER, OSCHF, OSC32K, OSC1K나 또는 외부 클록을 사용할 수 있다.

⑥ 입력 신호로 병렬 I/O 포트, 이벤트 신호, 타이머 카운터, 아날로그 비교기, USART, SPI 등의 출력을 사용할 수 있다.

⑦ 출력 신호의 글리치를 억제하기 위한 필터 회로를 사용할 수 있다.

⑧ 출력 신호의 상승 에지 또는 하강 에지에서 인터럽트를 요청할 수 있다.

CCL은 사용자 맞춤형 로직을 구현하는 기본적인 하드웨어 단위로서 6개의 LUT0~LUT5를 가지고 있으며, 이것들은 2개씩 나뉘어 총 3개의 시퀀서(Sequencer)를 구성한다. 즉, 시퀀서 SEQ0은 LUT0/LUT1로 구성되고, 시퀀서 SEQ1은 LUT2/LUT3으로 구성되며, 시퀀서 SEQ2는 LUT4/LUT5로 구성된다. 각각의 LUT는 <그림 2.14.1>에 보인 것처럼 3개의 입력, 진리표, 동기회로/필터, 에지 검출기 등으로 이루어져 있다. 입력 신호들은 조합논리를 사용하여 출력 신호를 생성하며, 이 과정에서 동기화 과정을 거치거나 잡음을 제거하기 위하여 필터를 사용할 수 있다. 2개의 인접한 LUT를 결합하여 시퀀서 단위로 새로운 출력 신호를 만들 수도 있다.

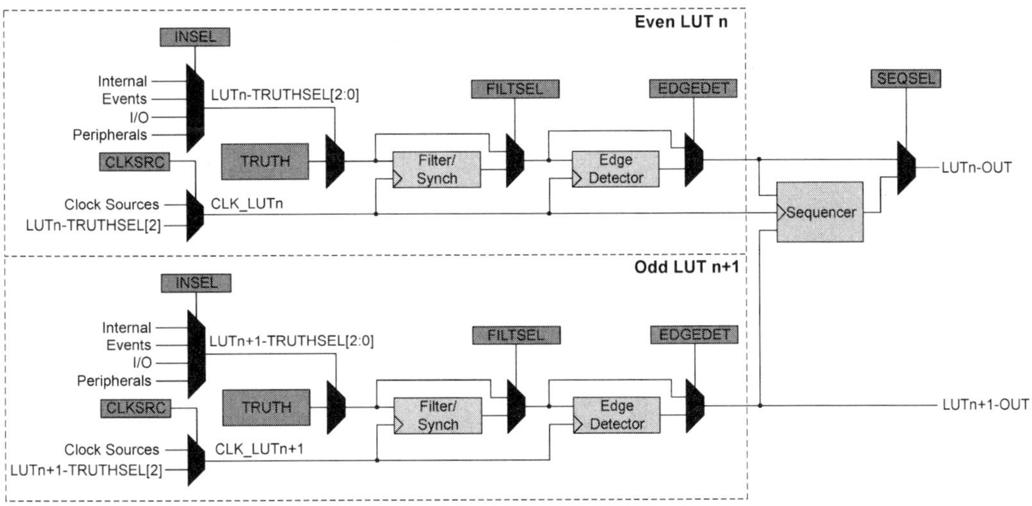

〈그림 2.14.1〉 CCL의 구성 블록도

(2) CCL LUTn의 설정 및 기본 동작

CCL은 설정 과정에서 일시적으로 원하지 않는 출력이 발생하는 것을 방지하기 위하여 반드시 CCL_LUTnCTRLA 레지스터에서 ENABLE=0으로 하여 놓은 상태에서만 LUTn을 초기화하든지 설정을 변경할 수 있다. 이처럼 enable-protected된 레지스터의 비트는 다음과 같다.

- CCL_SEQCTRLn 레지스터의 SEQSELn[3:0] 비트
- CCL_LUTnCTRLx 레지스터
  (단, 여기서 CCL_LUTnCTRLA 레지스터의 ENABLE 비트는 제외)
- CCL_TRUTHn 레지스터

이처럼 LUTn의 초기화를 수행하고 CCL_LUTnCTRLA 레지스터에서 ENABLE=1로 설정하면 해당 LUTn이 동작한다. 그러나, 전체적으로 CCL이 동작하도록 설정하려면 CCL_CTRLA 레지스터에서 ENABLE=1로 해야 한다.

각 LUTn에서는 임의의 3개 입력을 조합논리(combinational logic)로 결합하여 출력 신호를 선택하도록 할 수 있다. LUTn에서 출력할 데이터는 <그림 2.14.2>처럼 CCL_TRUTHn 레지스터로 설정하며, 이중에서 어느 비트를 출력으로 내보낼지는 멀티플렉서 선택 신호 LUTn-TRUTHSEL[2:0] 비트로 설정한다. 이 선택 신호는 다음과 같이 만든다.

- CCL_LUTnCTRLB 레지스터에서 INSEL0[3:0] 비트로 선택한 신호 → LUTn-TRUTHSEL[0]
- CCL_LUTnCTRLB 레지스터에서 INSEL1[3:0] 비트로 선택한 신호 → LUTn-TRUTHSEL[1]
- CCL_LUTnCTRLC 레지스터에서 INSEL2[3:0] 비트로 선택한 신호 → LUTn-TRUTHSEL[2]

이렇게 만든 3비트의 선택 신호는 <표 1.14.1>의 진리표처럼 CCL_TRUTHn 레지스터의 지정된 1비트를 출력 신호로 선택한다.

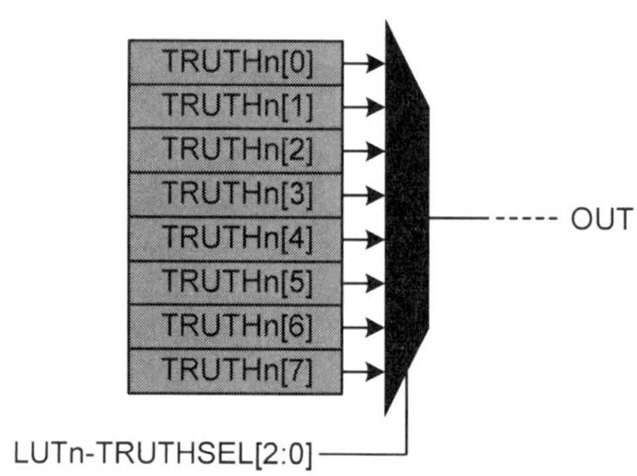

〈그림 2.14.2〉 LUTn의 출력 신호를 선택하는 하드웨어 구조

〈표 2.14.1〉 LUTn의 출력 신호를 선택하는 진리표

LUTn-TRUTHSEL[2]	LUTn-TRUTHSEL[1]	LUTn-TRUTHSEL[0]	OUT 신호
0	0	0	CCL_TRUTHn[0]
0	0	1	CCL_TRUTHn[1]
0	1	0	CCL_TRUTHn[2]
0	1	1	CCL_TRUTHn[3]
1	0	0	CCL_TRUTHn[4]
1	0	1	CCL_TRUTHn[5]
1	1	0	CCL_TRUTHn[6]
1	1	1	CCL_TRUTHn[7]

〈표 2.14.2〉 입력 신호를 선택하여 LUTn-TRUTHSEL[2:0] 신호를 만드는 멀티플렉서

비트 값	Input Source	INSEL2[3:0]	INSEL1[3:0]	INSEL0[3:0]
0000	mask	none	none	none
0001	feedback	LUTn	LUTn	LUTn
0010	link	LUTn+1	LUTn+1	LUTn+1
0011	EVENTA	EVENTA	EVENTA	EVENTA
0100	EVENTB	EVENTB	EVENTB	EVENTB
0101	I/O	IN2 pin	IN1 pin	IN0 pin
0110	AC	AC2 OUT	AC1 OUT	AC0 OUT
0111	ZCD	ZCD2 OUT	ZCD1 OUT	ZCD0 OUT
1000	USART	USART2 TXD	USART1 TXD	USART0 TXD
1001	SPI	SPI0 SCK	SPI0 MOSI	SPI0 MOSI
1010	TCA0	WO2	WO1	WO0
1011	TCA1	WO2	WO1	WO0
1100	TCB	TCB2 WO	TCB1 WO	TCB0 WO
1101	TCD0	WOC	WOB	WOA
1110	-	-	-	-
1111	-	-	-	-

3개의 선택 신호 LUTn-TRUTHSEL[2:0]를 만들기 위해서는 여러 가지의 입력 신호가 사용되는데, 이들 입력 신호는 <표 2.14.2>에 보인 것처럼 CCL_LUTnCTRLB 및 CCL_LUTnCTRLC 레지스터에서 INSEL0[3:0], INSEL1[3:0], INSEL2[3:0] 비트로 지정하여 선택한다. 여기서 입력 소스로 feedback이 선택된 것은 <그림 2.14.3>에 보인 것처럼 LUTn과 LUTn+1을 결합한 시퀀서의 출력을 피드백하여 입력 소스로 사용하는 것이다. 또한, 입력 소스로 link가 선택된 것은 <그림 2.14.4>에 보인 것처럼 LUTn+1의 출력을 LUTn의 입력 소스로 사용하는 것이다.

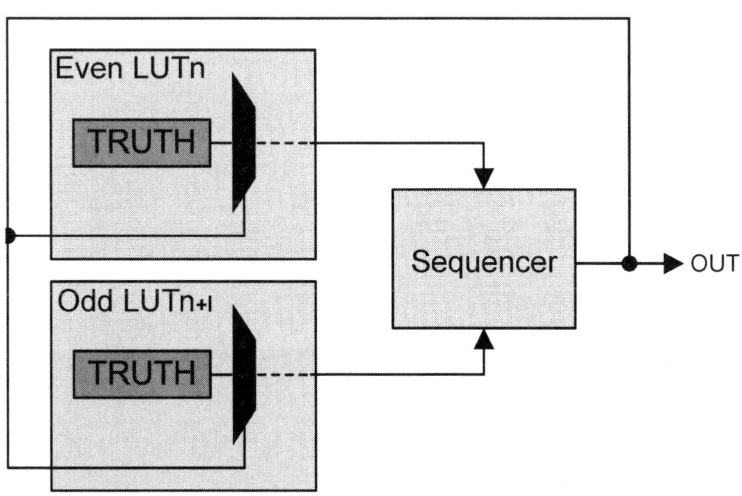

〈그림 2.14.3〉 입력 신호로 피드백(feeback)을 선택하는 경우

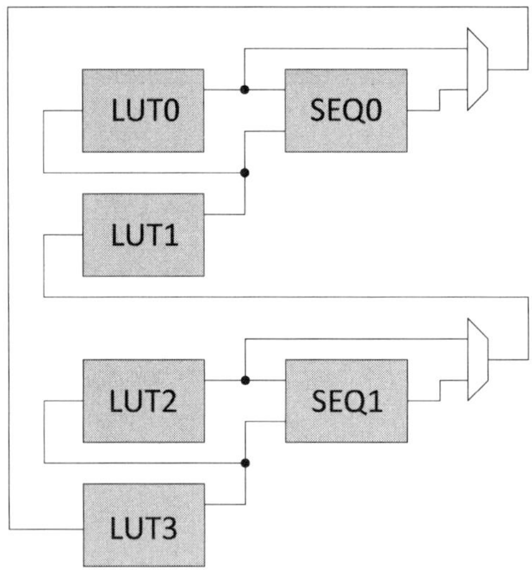

〈그림 2.14.4〉 입력 신호로 링크(link)를 선택하는 경우

(3) LUTn 출력 신호의 처리

기본적으로 LUTn의 출력은 입력 신호들을 조합논리로 결합하여 발생하는 것이므로 입력이 변할 때 짧은 시간의 스파이크 전압인 글리치(glitch)가 출력될 수도 있는데, 이러한 글리치는 필터를 사용하여 제거할 수 있다. 또한, LUTn의 출력 신호를 만드는 과정에서 플립플롭이나 래치와 같은 순서논리 게이트를 사용할 수도 있는데, 이를 위해서는 신호의 에지 검출이 필요하다. 필터나 에지 검출기가 동작하려면 클록 신호가 필요한데, 이를 위한 클록 신호는 <그림 2.14.5>와 같은 회로로 얻는다.

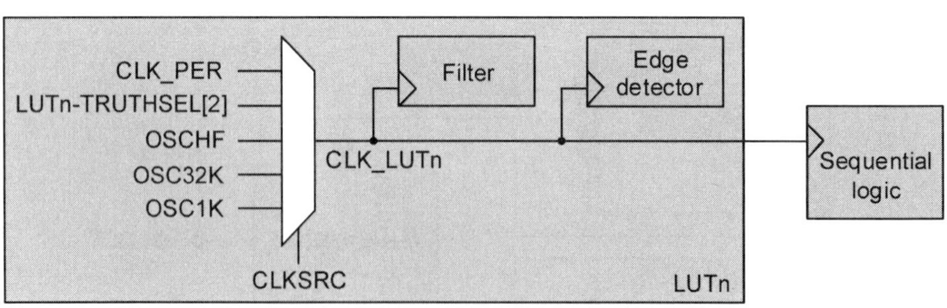

〈그림 2.14.5〉 LUTn의 클록 신호 CLK_LUTn을 얻는 회로

클록 신호를 사용한 필터 회로의 구조는 <그림 2.14.6>과 같다. CCL_LUTnCTRLA 레지스터에서 FILTSEL[1:0] 비트를 사용하여 필터를 사용할 것인지 여부를 설정할 수

있다. 또한, 에지 검출기 회로의 구조는 <그림 2.14.7>과 같다. CCL_LUTnCTRLA 레지스터에서 EDGEDET 비트를 사용하여 에지 검출기를 사용할 것인지 여부를 설정할 수 있다.

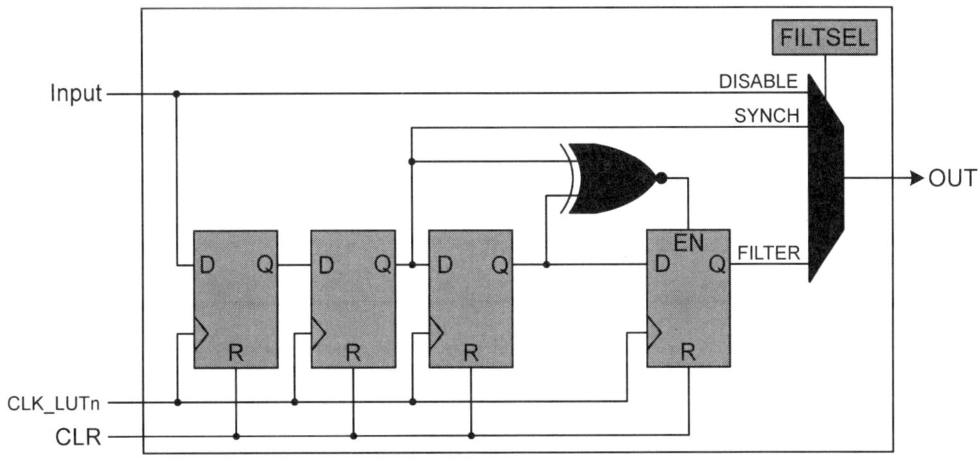

〈그림 2.14.6〉 LUTn의 필터 회로

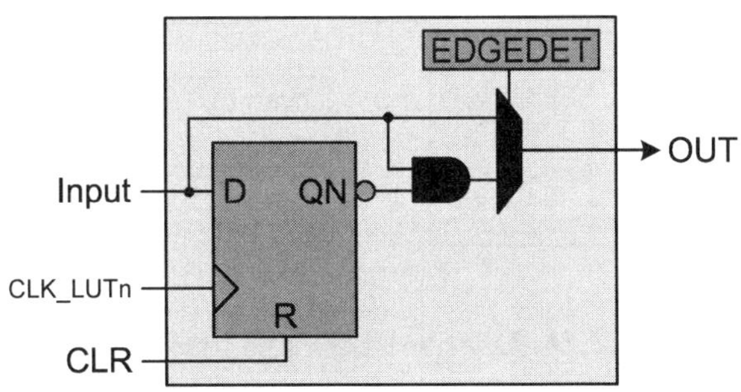

〈그림 2.14.7〉 LUTn의 에지 검출기 회로

(4) 시퀀서 로직

연속으로 된 짝수 LUTn과 홀수 LUTn+1의 쌍은 하나의 시퀀서(Sequencer)에 연결되어 새로운 함수 출력을 생성한다. 이러한 시퀀서 로직으로 만들 수 있는 함수는 순서논리(sequential logic)로서 <그림 2.14.8>에 보였듯이 D 플립플롭, JK 플립플롭, D 래치, RS 래치 등인데, 이는 CCL_SEQCTRLx 레지스터에서 SEQSELx[3:0] 비트를 사용하여 설정한다.

R	G	D	OUT
1	X	X	clear
0	1	1	set
0	1	0	clear
0	0	X	no change

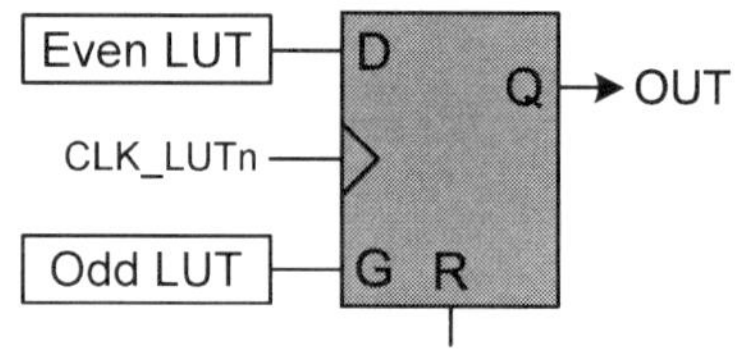

(a) D 플립플롭

R	J	K	OUT
1	X	X	clear
0	0	0	no change
0	0	1	clear
0	1	0	set
0	1	1	toggle

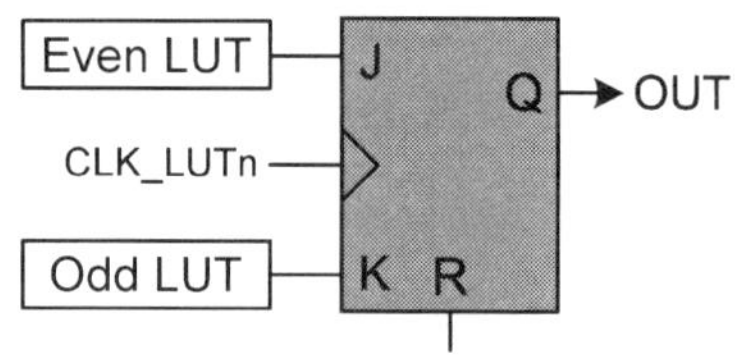

(b) JK 플립플롭

G	D	OUT
0	X	no change
1	0	clear
1	1	set

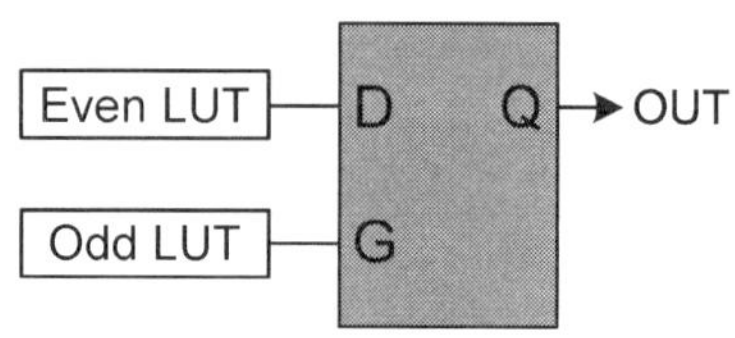

(c) D 래치

S	R	OUT
0	0	no change
0	1	clear
1	0	set
1	1	forbidden state

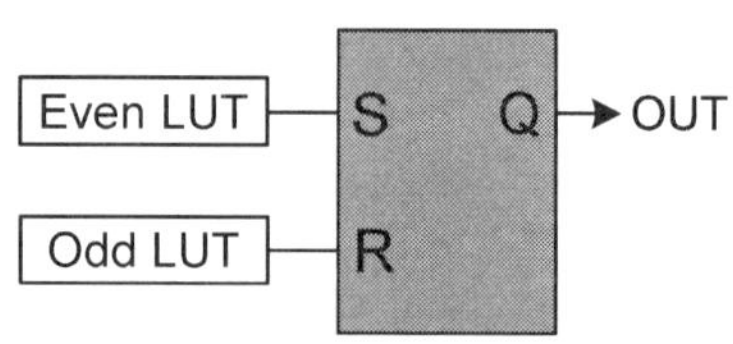

(d) RS 래치

〈그림 2.14.8〉 시퀀서에서 사용 가능한 로직 회로

시퀀서의 입력 신호는 LUTn과 LUTn+1의 각각에서 입력 소스를 선택하고, 이 입력 소스를 멀티플렉서 선택 신호로 사용하여 CCL_TRUTHn 레지스터의 출력 비트를 선택하며, 이 출력 신호를 다시 필터 및 에지 검출기를 거쳐서 만든 신호이다. 이 필터 및 에지 검출기를 위하여 여러 가지의 클록 소스 중에서 <그림 2.14.5>처럼 선택된 CLK_LUTn 신호 및 CLK_LUTn+1 신호가 사용되었다.

이 클록 신호는 시퀀서에서도 클록 입력 신호로 사용되는데, 플립플롭의 출력은 이 클록의 상승 에지에서 바뀐다. 만약, 짝수의 LUTn이 금지되면 래치는 비동기적으로 클리어되며, 플립플롭의 리셋 신호는 1클록 주기동안 허용된다.

LUTn의 출력 또는 시퀀서의 출력은 CCL_SEQCTRLx 레지스터의 SEQSELx[3:0] 비트로 선택되어 LUTn-OUT 신호로 출력되며, 이것은 외부 단자로 출력할 수도 있고 내부로 피드백하여 LUTn 또는 LUTn+1의 입력 신호로 사용할 수도 있다. 그리고, 이때 CCL_INTCTRLx 레지스터를 사용하여 6개의 LUTn-OUT 신호 각각에 대하여 이것의 상승 에지 또는 하강 에지에 인터럽트를 요청하도록 설정할 수 있다.

(5) 인터럽트 발생

사용자 맞춤형 로직 CCL은 6개의 각 LUTn에 대하여 CCL_INTCTRLx 레지스터의 INTMODEn[1:0] 비트에서 지정하는 것처럼 출력 신호 LUTn-OUT의 상승 에지나 하강 에지에서 인터럽트를 요청할 수 있다.

(6) 이벤트 입력 및 출력

CCL은 Event User로서 이벤트 입력 신호를 <표 2.14.3>과 같이 사용할 수 있다. 이벤트 신호를 LUTn의 입력으로 사용하려면 CCL_LUTnCTRLB 및 CCL_LUTnCTRLC 레지스터에서 INSEL0[3:0], INSEL1[3:0], INSEL2[3:0] 비트로 지정하여 선택한다.

〈표 2.14.3〉 CCL에서 이벤트 입력의 사용(Event User)

User Name		Description	Input Detection	Sync/Async
Peripheral	Input			
CCL	LUTnx	LUTn input x	No detection	Async

또한 CCL은 Event Generator로서 이벤트 출력 신호를 <표 2.14.4>와 같이 발생할 수 있다.

〈표 2.14.4〉 CCL에서 이벤트 출력의 발생(Event Generator)

User Name		Description	Event Type	Generating Clock Domain
Peripheral	Event			
CCL	LUTn	LUTn output level	Level	Async

2. CCL의 I/O 제어 레지스터

AVR128DA64의 사용자 맞춤형 로직 CCL에서 사용하는 I/O 제어 레지스터를 정리하면 <표 2.14.5>와 같다.

〈표 2.14.5〉 AVR128DA64의 CCL과 관련된 I/O 제어 레지스터 요약

어드레스	레지스터 이름	풀어 쓴 레지스터 이름	리셋 후 초기값
0x01C0	CCL_CTRLA	CCL Control Register A	0x00
0x01C1	CCL_SEQCTRL0	CCL Sequencer Control Register 0	0x00
0x01C2	CCL_SEQCTRL1	CCL Sequencer Control Register 1	0x00
0x01C3	CCL_SEQCTRL2	CCL Sequencer Control Register 2	0x00
0x01C4		(reserved)	
0x01C5	CCL_INTCTRL0	CCL Interrupt Control Register 0	0x00
0x01C6	CCL_INTCTRL1	CCL Interrupt Control Register 1	0x00
0x01C7	CCL_INTFLAGS	CCL Interrupt Flag Register	0x00
0x01C8	CCL_LUT0CTRLA	CCL LUT0 Control Register A	0x00
0x01C9	CCL_LUT0CTRLB	CCL LUT0 Control Register B	0x00
0x01CA	CCL_LUT0CTRLC	CCL LUT0 Control Register C	0x00
0x01CB	CCL_TRUTH0	CCL TRUTH0 Register	0x00
0x01CC	CCL_LUT1CTRLA	CCL LUT1 Control Register A	0x00
0x01CD	CCL_LUT1CTRLB	CCL LUT1 Control Register B	0x00
0x01CE	CCL_LUT1CTRLC	CCL LUT1 Control Register C	0x00
0x01CF	CCL_TRUTH1	CCL TRUTH1 Register	0x00
0x01D0	CCL_LUT2CTRLA	CCL LUT2 Control Register A	0x00
0x01D1	CCL_LUT2CTRLB	CCL LUT2 Control Register B	0x00
0x01D2	CCL_LUT2CTRLC	CCL LUT2 Control Register C	0x00
0x01D3	CCL_TRUTH2	CCL TRUTH2 Register	0x00
0x01D4	CCL_LUT3CTRLA	CCL LUT3 Control Register A	0x00
0x01D5	CCL_LUT3CTRLB	CCL LUT3 Control Register B	0x00
0x01D6	CCL_LUT3CTRLC	CCL LUT3 Control Register C	0x00
0x01D7	CCL_TRUTH3	CCL TRUTH3 Register	0x00
0x01D8	CCL_LUT4CTRLA	CCL LUT4 Control Register A	0x00
0x01D9	CCL_LUT4CTRLB	CCL LUT4 Control Register B	0x00
0x01DA	CCL_LUT4CTRLC	CCL LUT4 Control Register C	0x00
0x01DB	CCL_TRUTH4	CCL TRUTH4 Register	0x00
0x01DC	CCL_LUT5CTRLA	CCL LUT5 Control Register A	0x00
0x01DD	CCL_LUT5CTRLB	CCL LUT5 Control Register B	0x00
0x01DE	CCL_LUT5CTRLC	CCL LUT5 Control Register C	0x00
0x01DF	CCL_TRUTH5	CCL TRUTH5 Register	0x00

▣ 제어 레지스터 A CCL_CTRLA (리셋후 디폴트값 : 0x00)

b7	b6	b5	b4	b3	b2	b1	b0
-	RUNSTDBY	-	-	-	-	-	ENABLE
-	R/W	-	-	-	-	-	R/W

- RUNSTDBY : Run in Standby Mode
  0 = 스탠바이 모드에서는 CCL이 동작하지 않는다.
  1 = 소자가 스탠바이 모드에 들어가도 CCL이 동작을 계속한다.
- ENABLE : CCL Enable
  0 = CCL의 동작을 금지한다.
  1 = CCL의 동작을 허용한다.

▣ 시퀀서 제어 레지스터 0 CCL_SEQCTRL0 (리셋후 디폴트값 : 0x00)

b7	b6	b5	b4	b3	b2	b1	b0
-	-	-	-	SEQSEL0[3:0]			
-	-	-	-	R/W	R/W	R/W	R/W

- SEQSEL0[3:0] : Sequencer Selection
  0000 = LUT0/LUT1의 시퀀서를 사용하지 않고 LUT0의 출력을 LUT0-OUT으로 내보낸다.
  0001 = LUT0/LUT1의 시퀀서에서 D 플립플롭을 사용하고 이 출력을 LUT0-OUT으로 내보낸다.
  0010 = LUT0/LUT1의 시퀀서에서 JK 플립플롭을 사용하고 이 출력을 LUT0-OUT으로 내보낸다.
  0011 = LUT0/LUT1의 시퀀서에서 D 래치를 사용하고 이 출력을 LUT0-OUT으로 내보낸다.
  0100 = LUT0/LUT1의 시퀀서에서 RS 래치를 사용하고 이 출력을 LUT0-OUT으로 내보낸다.
  0101~1111 = (reserved)

▣ 시퀀서 제어 레지스터 1 CCL_SEQCTRL1 (리셋후 디폴트값 : 0x00)

b7	b6	b5	b4	b3	b2	b1	b0
-	-	-	-	SEQSEL1[3:0]			
-	-	-	-	R/W	R/W	R/W	R/W

- SEQSEL1[3:0] : Sequencer Selection
  0000 = LUT2/LUT3의 시퀀서를 사용하지 않고 LUT2의 출력을 LUT2-OUT으로 내보낸다.
  0001 = LUT2/LUT3의 시퀀서에서 D 플립플롭을 사용하고 이 출력을 LUT2-OUT으로 내보낸다.
  0010 = LUT2/LUT3의 시퀀서에서 JK 플립플롭을 사용하고 이 출력을 LUT2-OUT으로 내보낸다.
  0011 = LUT2/LUT3의 시퀀서에서 D 래치를 사용하고 이 출력을 LUT2-OUT으로 내보낸다.
  0100 = LUT2/LUT3의 시퀀서에서 RS 래치를 사용하고 이 출력을 LUT2-OUT으로 내보낸다.
  0101~1111 = (reserved)

▣ 시퀀서 제어 레지스터 2 CCL_SEQCTRL2 (리셋후 디폴트값 : 0x00)

b7	b6	b5	b4	b3	b2	b1	b0
-	-	-	-	SEQSEL2[3:0]			
-	-	-	-	R/W	R/W	R/W	R/W

- SEQSEL2[3:0] : Sequencer Selection
  0000 = LUT4/LUT5의 시퀀서를 사용하지 않고 LUT4의 출력을 LUT4-OUT으로 내보낸다.
  0001 = LUT4/LUT5의 시퀀서에서 D 플립플롭을 사용하고 이 출력을 LUT4-OUT으로 내보낸다.
  0010 = LUT4/LUT5의 시퀀서에서 JK 플립플롭을 사용하고 이 출력을 LUT4-OUT으로 내보낸다.
  0011 = LUT4/LUT5의 시퀀서에서 D 래치를 사용하고 이 출력을 LUT4-OUT으로 내보낸다.
  0100 = LUT4/LUT5의 시퀀서에서 RS 래치를 사용하고 이 출력을 LUT4-OUT으로 내보낸다.
  0101~1111 = (reserved)

▣ 인터럽트 제어 레지스터 0 CCL_INTCTRL0 (리셋후 디폴트값 : 0x00)

b7	b6	b5	b4	b3	b2	b1	b0
INTMODE3[1:0]		INTMODE2[1:0]		INTMODE1[1:0]		INTMODE0[1:0]	
R/W	R/W	R/W	R/W	R/W	R/W	R/W	R/W

- INTMODEn[1:0] : Interrupt Mode of LUTn-OUT
  00 = LUTn-OUT의 인터럽트를 금지한다.
  01 = LUTn-OUT의 상승 에지에서 인터럽트를 발생한다.
  10 = LUTn-OUT의 하강 에지에서 인터럽트를 발생한다.
  11 = LUTn-OUT의 상승 에지와 하강 에지에서 모두 인터럽트를 발생한다.

▣ 인터럽트 제어 레지스터 1 CCL_INTCTRL1 (리셋후 디폴트값 : 0x00)

b7	b6	b5	b4	b3	b2	b1	b0
-	-	-	-	INTMODE5[1:0]		INTMODE4[1:0]	
-	-	-	-	R/W	R/W	R/W	R/W

- INTMODEn[1:0] : Interrupt Mode of LUTn-OUT

00 = LUTn-OUT의 인터럽트를 금지한다.
01 = LUTn-OUT의 상승 에지에서 인터럽트를 발생한다.
10 = LUTn-OUT의 하강 에지에서 인터럽트를 발생한다.
11 = LUTn-OUT의 상승 에지와 하강 에지에서 모두 인터럽트를 발생한다.

▣ 인터럽트 플랙 레지스터 CCL_INTFLAGS (리셋후 디폴트값 : 0x00)

b7	b6	b5	b4	b3	b2	b1	b0
–	–	INT5	INT4	INT3	INT2	INT1	INT0
–	–	R/W	R/W	R/W	R/W	R/W	R/W

- INTn : LUTn Interrupt Flag
  0 = LUTn-OUT 신호에서 지정된 에지가 발생하지 않았다.
  1 = LUTn-OUT 신호에서 지정된 에지가 발생하였다. 이 비트에 1을 쓰면 0으로 클리어된다.

▣ LUTn 제어 레지스터 A CCL_LUTnCTRLA (리셋후 디폴트값 : 0x00)

b7	b6	b5	b4	b3	b2	b1	b0
EDGEDET	OUTEN	FILTSEL[1:0]		CLKSRC[2:0]			ENABLE
R/W	R/W	R/W	R/W	R/W	R/W	R/W	R/W

- EDGEDET : Edge Detection
  0 = LUTn의 에지 검출기를 금지한다.
  1 = LUTn의 에지 검출기를 허용한다.
- OUTEN : Output Enable
  0 = LUTn-OUT의 신호를 외부 핀으로 출력하는 것을 금지한다.
  1 = LUTn-OUT의 신호를 외부 핀으로 출력하는 것을 허용한다.
- FILTSEL[1:0] : Filter Selection
  00 = LUTn의 출력 신호를 만드는 필터를 금지한다.
  01 = LUTn의 출력 신호를 만드는 Synchronizer를 허용한다.
  10 = LUTn의 출력 신호를 만드는 필터를 허용한다.
  11 = (reserved)
- CLKSRC[2:0] : Clock Source Selection
  000 = LUTn의 클록 소스로 CLK_PER를 사용한다.
  010 = LUTn의 클록 소스로 LUTn-TRUTHSEL[2]를 사용한다.
  011 = (reserved)
  100 = (reserved)
  100 = LUTn의 클록 소스로 OSCHF를 사용한다.
  101 = LUTn의 클록 소스로 OSC32K를 사용한다.
  110 = LUTn의 클록 소스로 OSC1K를 사용한다.
  111 = (reserved)
- ENABLE : LUTn Enable
  0 = LUTn의 동작을 금지한다.
  1 = LUTn의 동작을 허용한다.

▣ LUTn 제어 레지스터 B CCL_LUTnCTRLB (리셋후 디폴트값 : 0x00)

b7	b6	b5	b4	b3	b2	b1	b0
INSEL1[3:0]				INSEL0[3:0]			
R/W	R/W	R/W	R/W	R/W	R/W	R/W	R/W

SPI는 Host SPI mode일 경우에만 CCL에서 사용할 수 있다. 또한, USART는 비동기 모드나 동기 모드의 호스트로 동작할 경우에만 CCL에서 사용할 수 있다.

- INSEL1[3:0] : LUTn Input 1 Source Selection
  아래와 같이 선택된 입력 소스는 LUTn-TRUTHSEL[1] 신호를 만든다.
  0000 = LUTn에서 입력1의 소스를 차단하여 항상 0이 되도록 한다.

0001 = LUTn에서 입력1의 소스로 LUTn의 피드백 입력을 사용한다.
0010 = LUTn에서 입력1의 소스로 LUT[n+1]의 출력을 링크하여 사용한다.
0011 = LUTn에서 입력1의 소스로 EVENTA를 사용한다.
0100 = LUTn에서 입력1의 소스로 EVENTB를 사용한다.
0101 = LUTn에서 입력1의 소스로 IN1을 사용한다.
0110 = LUTn에서 입력1의 소스로 AC1의 출력을 사용한다.
0111 = LUTn에서 입력1의 소스로 ZCD1의 출력을 사용한다.
1000 = LUTn에서 입력1의 소스로 USART1의 TXD를 사용한다.
1001 = LUTn에서 입력1의 소스로 SPI0의 MOSI를 사용한다.
1010 = LUTn에서 입력1의 소스로 TCA0의 WO1을 사용한다.
1011 = LUTn에서 입력1의 소스로 TCA1의 WO1을 사용한다.
1100 = LUTn에서 입력1의 소스로 TCB1의 WO를 사용한다.
1101 = LUTn에서 입력1의 소스로 TCD0의 WOB를 사용한다.
1110~1111 = (reserved)

- INSEL0[3:0] : LUTn Input 0 Source Selection

아래와 같이 선택된 입력 소스는 LUTn-TRUTHSEL[0] 신호를 만든다.
0000 = LUTn에서 입력0의 소스를 차단하여 항상 0이 되도록 한다.
0001 = LUTn에서 입력0의 소스로 LUTn의 피드백 입력을 사용한다.
0010 = LUTn에서 입력0의 소스로 LUT[n+1]의 출력을 링크하여 사용한다.
0011 = LUTn에서 입력0의 소스로 EVENTA를 사용한다.
0100 = LUTn에서 입력0의 소스로 EVENTB를 사용한다.
0101 = LUTn에서 입력0의 소스로 IN0을 사용한다.
0110 = LUTn에서 입력0의 소스로 AC0의 출력을 사용한다.
0111 = LUTn에서 입력0의 소스로 ZCD0의 출력을 사용한다.
1000 = LUTn에서 입력0의 소스로 USART0의 TXD를 사용한다.
1001 = LUTn에서 입력0의 소스로 SPI0의 MOSI를 사용한다.
1010 = LUTn에서 입력0의 소스로 TCA0의 WO0을 사용한다.
1011 = LUTn에서 입력0의 소스로 TCA1의 WO0을 사용한다.
1100 = LUTn에서 입력0의 소스로 TCB0의 WO를 사용한다.
1101 = LUTn에서 입력0의 소스로 TCD0의 WOA를 사용한다.
1110~1111 = (reserved)

▣ LUTn 제어 레지스터 C CCL_LUTnCTRLC (리셋후 디폴트값 : 0x00)

b7	b6	b5	b4	b3	b2	b1	b0
-	-	-	-	INSEL2[3:0]			
-	-	-	-	R/W	R/W	R/W	R/W

- INSEL2[3:0] : LUTn Input 2 Source Selection

아래와 같이 선택된 입력 소스는 LUTn-TRUTHSEL[2] 신호를 만든다.
0000 = LUTn에서 입력2의 소스를 차단하여 항상 0이 되도록 한다.
0001 = LUTn에서 입력2의 소스로 LUTn의 피드백 입력을 사용한다.
0010 = LUTn에서 입력2의 소스로 LUT[n+1]의 출력을 링크하여 사용한다.
0011 = LUTn에서 입력2의 소스로 EVENTA를 사용한다.
0100 = LUTn에서 입력2의 소스로 EVENTB를 사용한다.
0101 = LUTn에서 입력2의 소스로 IN2를 사용한다.
0110 = LUTn에서 입력2의 소스로 AC2의 출력을 사용한다.
0111 = LUTn에서 입력2의 소스로 ZCD2의 출력을 사용한다.
1000 = LUTn에서 입력2의 소스로 USART2의 TXD를 사용한다.
1001 = LUTn에서 입력2의 소스로 SPI0의 SCK를 사용한다.
1010 = LUTn에서 입력2의 소스로 TCA0의 WO2를 사용한다.
1011 = LUTn에서 입력2의 소스로 TCA1의 WO2를 사용한다.
1100 = LUTn에서 입력2의 소스로 TCB2의 WO를 사용한다.
1101 = LUTn에서 입력2의 소스로 TCD0의 WOC를 사용한다.
1110~1111 = (reserved)

■ TRUTHn 레지스터 CCL_TRUTHn (리셋후 디폴트값 : 0x00)

b7	b6	b5	b4	b3	b2	b1	b0
TRUTHn7	TRUTHn6	TRUTHn5	TRUTHn4	TRUTHn3	TRUTHn2	TRUTHn1	TRUTHn0
R/W	R/W	R/W	R/W	R/W	R/W	R/W	R/W

- TRUTHn0 : Truth Table 0
  0 = LUTn-TRUTHSEL[2:0]의 값이 000일 때 LUTn의 출력을 0으로 내보낸다.
  1 = LUTn-TRUTHSEL[2:0]의 값이 000일 때 LUTn의 출력을 1로 내보낸다.
- TRUTHn1 : Truth Table 1
  0 = LUTn-TRUTHSEL[2:0]의 값이 001일 때 LUTn의 출력을 0으로 내보낸다.
  1 = LUTn-TRUTHSEL[2:0]의 값이 001일 때 LUTn의 출력을 1로 내보낸다.
- TRUTHn2 : Truth Table 2
  0 = LUTn-TRUTHSEL[2:0]의 값이 010일 때 LUTn의 출력을 0으로 내보낸다.
  1 = LUTn-TRUTHSEL[2:0]의 값이 010일 때 LUTn의 출력을 1로 내보낸다.
- TRUTHn3 : Truth Table 3
  0 = LUTn-TRUTHSEL[2:0]의 값이 011일 때 LUTn의 출력을 0으로 내보낸다.
  1 = LUTn-TRUTHSEL[2:0]의 값이 011일 때 LUTn의 출력을 1로 내보낸다.
- TRUTHn4 : Truth Table 4
  0 = LUTn-TRUTHSEL[2:0]의 값이 100일 때 LUTn의 출력을 0으로 내보낸다.
  1 = LUTn-TRUTHSEL[2:0]의 값이 100일 때 LUTn의 출력을 1로 내보낸다.
- TRUTHn5 : Truth Table 5
  0 = LUTn-TRUTHSEL[2:0]의 값이 101일 때 LUTn의 출력을 0으로 내보낸다.
  1 = LUTn-TRUTHSEL[2:0]의 값이 101일 때 LUTn의 출력을 1로 내보낸다.
- TRUTHn6 : Truth Table 6
  0 = LUTn-TRUTHSEL[2:0]의 값이 110일 때 LUTn의 출력을 0으로 내보낸다.
  1 = LUTn-TRUTHSEL[2:0]의 값이 110일 때 LUTn의 출력을 1로 내보낸다.
- TRUTHn7 : Truth Table 7
  0 = LUTn-TRUTHSEL[2:0]의 값이 111일 때 LUTn의 출력을 0으로 내보낸다.
  1 = LUTn-TRUTHSEL[2:0]의 값이 111일 때 LUTn의 출력을 1로 내보낸다.

3. CCL의 실제 사용 예

여기서는 CCL을 사용하여 몇가지의 신호를 조합한 출력 신호를 얻어내는 방법을 구체적인 예를 통하여 알아보기로 한다.

(1) 조합 논리 회로의 구성 방법

■ 3입력 AND 게이트

CCL의 LUT1을 사용하여 3입력 AND 게이트를 구현한 예를 <그림 2.14.9>에 보였다. 여기서 3개의 입력은 AVR128DA64의 병렬 I/O 포트 PC0~PC2 단자에 LUT1의 입력 신호 IN0~IN2를 부수적인 기능으로 할당하여 사용하며, 출력은 PC3 단자에 LUT1-OUT 신호를 부수적인 기능으로 할당하여 사용한다.

이와 같이 구현하려면 먼저 INSEL0 멀티플렉서에서 입력 소스로 IN0을 선택하여 LUT1-TRUTHSEL[0] 신호를 만들고, INSEL1 멀티플렉서에서 입력 소스로 IN1을 선택하여 LUT1-TRUTHSEL[1] 신호를 만들며, INSEL2 멀티플렉서에서 입력 소스로 IN2를 선택하여 LUT1-TRUTHSEL[2] 신호를 만들어야 한다. 이를 위해서는 CCL_LUT1CTRLB 레지스터는 0x55로 설정하고, CCL_LUT1CTRLC 레지스터는 0x05로 설정한다.

그리고, 이렇게 만든 LUT1-TRUTHSEL[2:0] 신호를 사용하여 <그림 2.14.9>의 진리표처럼 111일 때만 출력 신호가 1이 되고 나머지의 경우에는 모두 0이 되도록 해야 하므로 CCL_TRUTH1 레지스터를 0x80으로 설정한다.

PC2/IN2	PC1/IN1	PC0/IN0	PC3/OUT
0	0	0	0
0	0	1	0
0	1	0	0
0	1	1	0
1	0	0	0
1	0	1	0
1	1	0	0
1	1	1	1

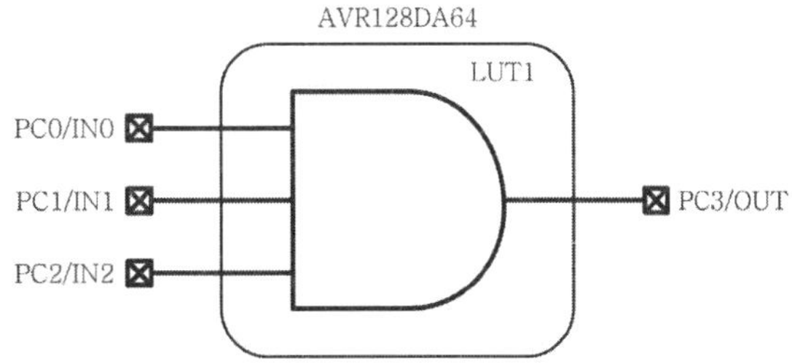

〈그림 2.14.9〉 3입력 AND 게이트의 구현

▣ 2입력 OR 게이트

CCL의 LUT2를 사용하여 2입력 OR 게이트를 구현한 예를 <그림 2.14.10>에 보였다. 여기서 2개의 입력은 AVR128DA64의 병렬 I/O 포트 PD0~PD1 단자에 LUT2의 입력 신호 IN0~IN1을 부수적인 기능으로 할당하여 사용하며, 출력은 PD3 단자에 LUT2-OUT 신호를 부수적인 기능으로 할당하여 사용한다.

이와 같이 구현하려면 먼저 INSEL0 멀티플렉서에서 입력 소스로 IN0을 선택하여 LUT2-TRUTHSEL[0] 신호를 만들고, INSEL1 멀티플렉서에서 입력 소스로 IN1을 선택하여 LUT2-TRUTHSEL[1] 신호를 만들며, INSEL2 멀티플렉서에서 입력 소스를 차단하여 LUT2-TRUTHSEL[2] 신호를 항상 0이 되도록 만들어야 한다. 이를 위해서는 CCL_LUT2CTRLB 레지스터는 0x55로 설정하고, CCL_LUT2CTRLC 레지스터는 0x00으로 설정한다.

PD1/IN1	PD0/IN0	PD3/OUT
0	0	0
0	1	1
1	0	1
1	1	1

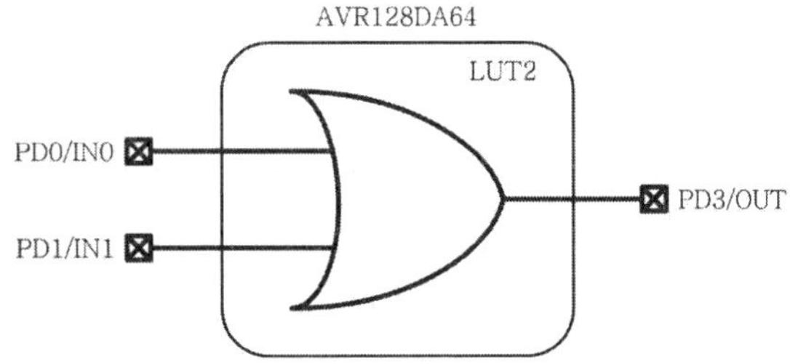

〈그림 2.14.10〉 2입력 OR 게이트의 구현

그리고, 이렇게 만든 LUT2-TRUTHSEL[2:0] 신호를 사용하여 <그림 2.14.10>의 진리표처럼 001, 010, 011일 때는 출력 신호가 1이 되고 000일 경우에는 출력이 0이 되도록 해야 하므로 CCL_TRUTH2 레지스터를 0x0E로 설정한다.

▣ 2개의 3입력 AND 게이트를 조합한 회로

CCL의 LUT1을 사용한 3입력 AND 게이트와 LUT0을 사용한 3입력 AND 게이트를 조합하여 구현한 회로의 예를 <그림 2.14.11>에 보였다.

여기서 LUT1의 3개 입력은 AVR128DA64의 병렬 I/O 포트 PC0~PC2 단자에 LUT1의 입력 신호 IN0~IN2를 부수적인 기능으로 할당하여 사용하며, 이것의 출력 신호 LUT1-OUT은 내부에서 LUT0의 입력 소스로 link하여 사용한다. 이와 같이 LUT1을 구현하려면 먼저 LUT1의 INSEL0 멀티플렉서에서 입력 소스로 IN0을 선택하여 LUT1-TRUTHSEL[0] 신호를 만들고, INSEL1 멀티플렉서에서 입력 소스로 IN1을 선택하여 LUT1-TRUTHSEL[1] 신호를 만들며, INSEL2 멀티플렉서에서 입력 소스로 IN2를 선택하여 LUT1-TRUTHSEL[2] 신호를 만들어야 한다. 이를 위해서는 CCL_LUT1CTRLB 레지스터는 0x55로 설정하고, CCL_LUT1CTRLC 레지스터는 0x00으로 설정한다. 그리고, 이렇게 하여 만든 LUT1-TRUTHSEL[2:0] 신호를 사용하여 110일 때만 출력 신호가 1이 되고 나머지의 경우는 모두 출력이 0이 되도록 해야 하므로 CCL_TRUTH1 레지스터를 0x40으로 설정한다.

또한, LUT0의 3개 입력 중에서 첫번째는 LUT1의 출력을 link하여 사용하고, 나머지 2개는 AVR128DA64의 병렬 I/O 포트 PA1~PA2 단자에 LUT0의 입력 신호 IN1~IN2를 부수적인 기능으로 할당하여 사용하며, 이것의 출력은 PA3 단자에 LUT0-OUT 신호를 부수적인 기능으로 할당하여 사용한다. 이와 같이 구현하려면 먼저 LUT0의 INSEL0 멀티플렉서에서 입력 소스로 LUT2의 출력을 링크하여 LUT0-TRUTHSEL[0] 신호를 만들고, INSEL1 멀티플렉서에서 IN1을 선택하여 LUT0-TRUTHSEL[1] 신호를 만들며, INSEL2 멀티플렉서에서 IN2를 선택하여 LUT0-TRUTHSEL[2] 신호를 만들어야 한다. 이를 위해서 CCL_LUT0CTRLB 레지스터는 0x52로 설정하고, CCL_LUT0CTRLC 레지스터는 0x05로 설정한다. 그리고, 이렇게 하여 만든 LUT0-TRUTHSEL[2:0] 신호를 사용하여 011일 때만 출력 신호가 1이 되고 나머지의 경우는 모두 출력이 0이 되도록 해야 하므로 CCL_TRUTH0 레지스터를 0x08로 설정한다.

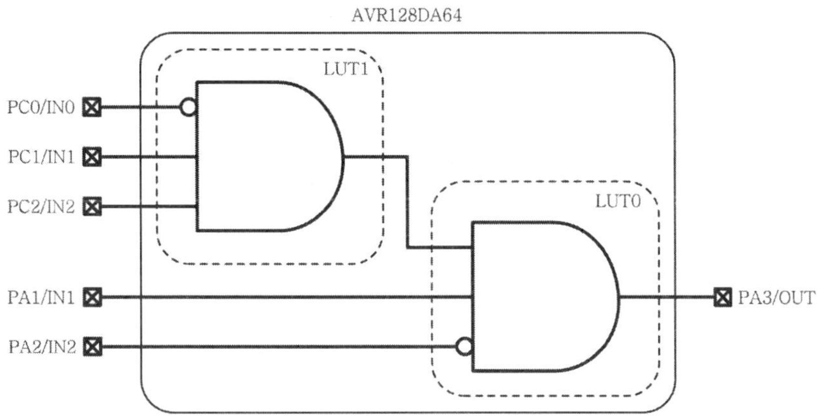

〈그림 2.14.11〉 AND 게이트 2개를 조합한 회로 구현

이상으로 CCL을 사용한 3가지의 조합논리(combinational logic) 회로 예를 소개하였는데, 이밖에도 LUTn의 시퀀서를 사용하면 플립플롭이나 래치와 같은 순서논리(sequential logic) 회로도 쉽게 구현할 수 있다. 이에 관하여는 더 이상 설명하지 않고 독자 여러분의 몫으로 남겨둔다.

(2) *OK-128DA* 키트에서의 사용

OK-128DA 키트에서는 CCL을 위하여 병렬 I/O 포트의 PC0~PC3 단자를 각각 LUT1의 IN0~IN2 및 LUT1-OUT으로 사용할 수 있도록 할당하고, 이 단자들을 각각 테스트 핀 TP2~TP5로 연결하여 놓았다. 제4.18절에서는 이를 사용하여 3입력 AND 및 OR 게이트와 2입력 AND 및 OR 게이트를 구현하는 프로그램을 작성할 것이다.

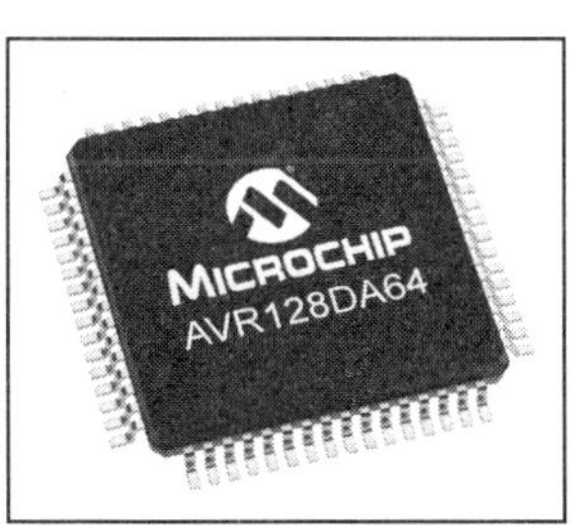

2.15 터치 제어기(PTC)

이 절에서는 AVR128DA64에 내장되어 있는 정전용량 방식의 터치 제어기 PTC의 구조와 기능을 알아보고, 이를 활용하는 기술에 대하여 설명한다.

1. PTC에 대하여

AVR128DA64는 정전용량 방식의 터치 제어기(Peripheral Touch Controller) PTC를 가지고 있다. 이것은 주변에 어떤 하드웨어 소자도 추가하지 않고 오직 마이크로컨트롤러의 외부 단자에 연결하는 전극(electrode)만을 사용하여 정전용량 방식으로 터치 여부를 검출할 수 있다.

현재 각종 마이크로컨트롤러에서 지원하는 터치 제어기는 대부분 정전용량 방식으로 되어 있으나 세부적인 동작 원리는 소자마다 상당히 다르며 해당 반도체 회사의 독자적인 특허 기술로 되어 있는 경우가 많다. AVR128DA64의 PTC도 제조사의 데이터 시트의 설명을 참고하여 짐작하면 독자적인 기술로 구현하였고, 매우 다양한 기능을 가지고 있을 것으로 짐작된다. 그러나, 왜 그러는지 이 반도체 제조사는 PTC에 대한 내부 구조나 동작 원리 및 사용 방법에 대하여 전혀 밝히지를 않고 철저하게 감추고 있기 때문에 사용자가 이것의 구조와 기능을 이해하거나 소프트웨어적으로 이를 사용하는 기술을 익히기가 매우 어려운 실정이다.

AVR128DA64의 PTC는 X방향으로 X0~37 및 X40~47 등 총 46개의 터치 입력용 외부 단자를 가지며, Y방향으로 Y0~37 및 Y40~47 등 총 46개의 터치 입력/출력용 외부 단자를 가지고 있다. 이 단자들을 사용하여 외부에 터치 입력용의 전극을 설치하는 방법에는 2가지가 있는데, 첫째로 셀프 커패시턴스 모드(Self-Capacitance Mode)에서는 <그림 2.15.1>과 같이 Y0~Ym 단자에 최대 46개의 전극을 연결하여 터치 입력을 구현할 수 있다. 이 방법을 사용하면 최대로 사용할 수 있는 전극의 수는 적지만 전체적으로 회로가 간단하다는 장점이 있다.

둘째로 상호 커패시턴스 모드(Mutual-Capacitance Mode)에서는 <그림 2.15.2>와 같이 Xn 단자와 Ym 단자가 만나는 곳에 최대 23×23 = 529개의 전극을 연결하여 매우 많은 터치 입력을 구현할 수 있다.

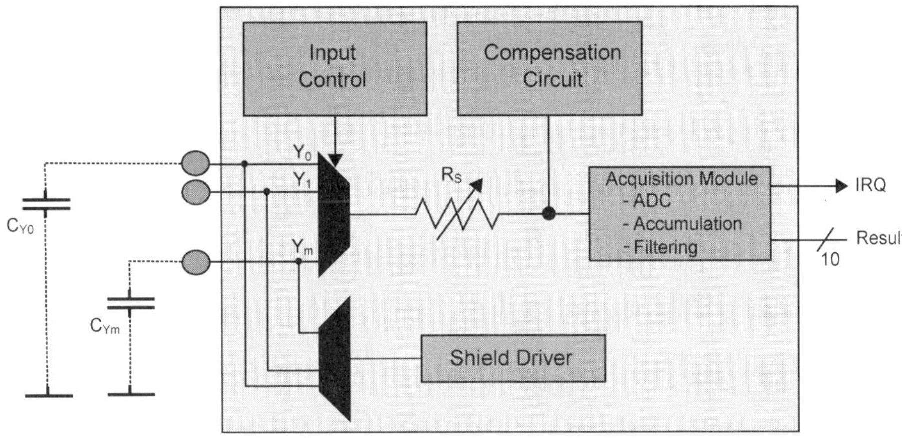

(a) 제어 블록도

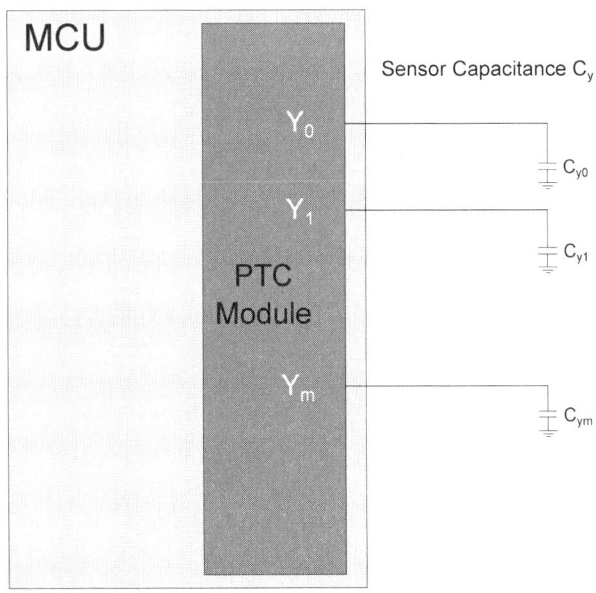

(b) 실제 사용하는 회로도

〈그림 2.15.1〉 PTC에서 셀프 커패시턴스 모드의 하드웨어 구성

AVR128DA64의 PTC에 관해서는 Microchip Technology에서 아무런 자료도 제공하기 않기 때문에 여기서 기술적으로 설명할 내용이 더 이상 없다. 본 저자는 이 회사의 한국 지사를 통하여 PTC에 관한 추가 자료를 요청하였지만 아무 자료도 얻을 수 없었다. 이 회사는 AVR128DA64의 주요 특징으로 PTC를 한참 자랑해놓고는 왜 사용자에게 필요한 기술자료는 철저하게 감추고 있는지 참으로 납득하기 어렵다.

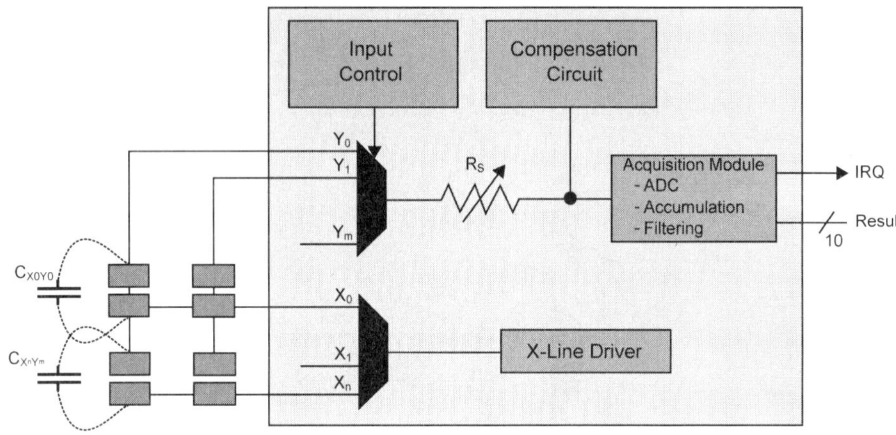

(a) 제어 블록도

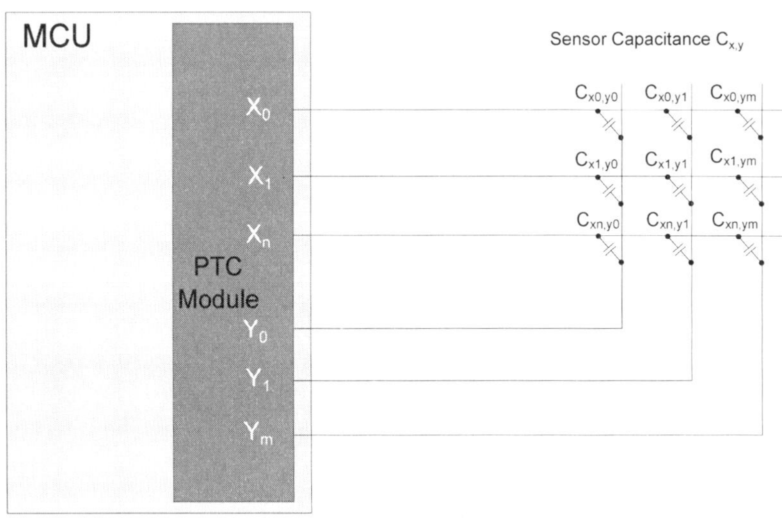

(b) 실제 사용하는 회로도

〈그림 2.15.2〉 PTC에서 상호 커패시턴스 모드의 하드웨어 구성

OK-128DA 키트에서는 <그림 2.15.1> (b)처럼 셀프 커패시턴스 모드로 Y12~Y15 단자에 각각 4개의 터치 패드 PAD1~PAD4를 연결하는 하드웨어를 제공한다. 그런데, 이 단자들은 키 입력 KEY1~KEY4와 기능을 겸하고 있으며 평소에 약 35kΩ의 내부 풀업 저항을 설정하여 사용하고 있으므로 키 입력 대신에 터치 패드를 사용하려면 먼저 PORTB_PIN4CTRL~PORTB_PIN7CTRL 레지스터를 통하여 내부의 풀업 저항을 사용하지 않는 것으로 설정을 변경하는 것이 바람직하다.

제3장

OK-128DA 키트 및 개발 툴

3.1 *OK-128DA* 키트의 구조와 기능

3.2 AVR128DA64의 개발 툴

3.3 WinAVR C컴파일러의 기능 요약

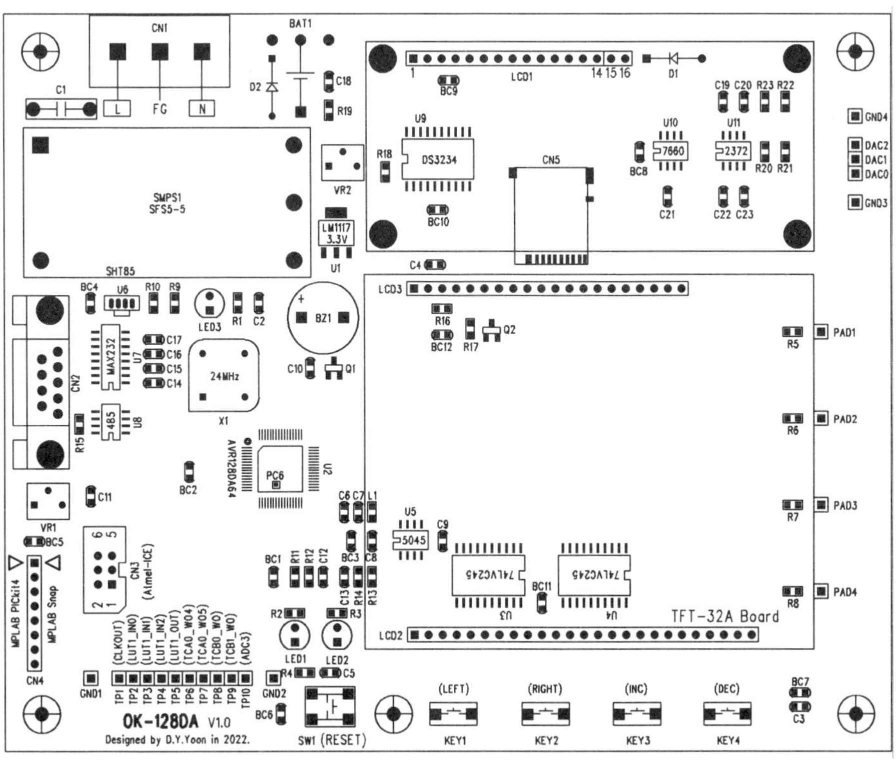

☞

이 장에서는 먼저 저자가 설계한 AVR128DA64 마이크로컨트롤러의 트레이닝 키트 OK-128DA V1.0의 구조와 기능을 살펴보고, 여기에 사용자가 프로그램을 작성하여 다운로드하고 실행하는 방법을 설명한다. 이 키트에 사용된 회로 및 설계 개념들을 철저히 분석하여 이해하는 것은 이 키트를 올바르게 사용하는데 필수적일 뿐만 아니라 앞으로 독자 여러분이 자신에게 필요한 AVR128DA64 마이크로컨트롤러의 응용 시스템을 설계하는 능력을 기르는 데에도 크게 도움이 될 것이다.

또한, 이 장에서는 AVR128DA64 마이크로컨트롤러를 사용하는데 필요한 각종 하드웨어 개발 툴 및 소프트웨어 개발 툴을 소개하고, 본서와 키트에서 기본적으로 사용하는 C컴파일러에 대하여 자세히 설명한다. 본서에서는 Microchip Technology에서 무료로 제공하는 Microchip Studio V7.0에 포함된 WinAVR C컴파일러를 기본으로 사용한다. 이 소프트웨어들은 모두 무료이며, 전 세계적으로 가장 사랑받는 소프트웨어 중의 하나이므로 성능면에서도 독자 여러분이 사용하는데 아무런 불편이 없을 것이다.

하드웨어 개발 툴은 기본적으로 Atmel에서부터 표준으로 지원하던 Atmel-ICE 에뮬레이터를 사용한다. 그러나, 소프트웨어 개발 툴로서 MPLAB X IDE를 선택한다면 MPLAB PICkit 4나 이보다 훨씬 저렴한 가격의 MPLAB Snap 에뮬레이터를 사용할 수도 있으며, Microchip Studio에서 이들 에뮬레이터를 사용하는 것은 아직 안정성이 낮으므로 추천하지 않는다.

이 장에서 설명하는 내용들은 제4장의 C언어 프로그래밍 실습에서 중요하게 사용되니 잘 익혀두기 바란다.

3.1 *OK-128DA* 키트의 구조와 기능

1. *OK-128DA* 키트의 개요 및 사양

OK-128DA 키트는 Microchip Technology사에서 새로 개발하여 출시한 AVR 시리즈의 8비트 마이크로컨트롤러인 AVR128DA64의 하드웨어 및 소프트웨어 학습용으로 설계된 아주 작은 규모의 단일 보드 컴퓨터 시스템(training kit)으로서 그 기본 구조는 <그림 3.1.1>과 같고, 이에 대한 자세한 기술적인 사양은 <표 3.1.1>과 같다.

〈표 3.1.1〉 *OK-128DA* 키트 V1.0의 설계 사양

항 목	사 양	비 고
1. MCU	AVR128DA64-I/PT 또는 E/PT(24 MHz)	24 MHz 오실레이터를 사용
2. ROM	MCU에 내장된 128KB의 플래시 메모리	프로그램 저장용
3. RAM	MCU에 내장된 16KB	스택 및 사용자 데이터 저장용
4. 프로그램 입력/실행	1. Atmel-ICE 에뮬레이터를 사용하는 방법 2. MPLAB PICkit 4 에뮬레이터를 사용하는 방법 3. MPLAB Snap 에뮬레이터를 사용하는 방법	Microchip Studio와 함께 사용함 주로 MPLAB X IDE와 함께 사용함 주로 MPLAB X IDE와 함께 사용함
5. I/O	1. 플래시 메모리 프로그램용 컨넥터 ① Atmel-ICE용 6핀 DIP 컨넥터(CN3) ② 2가지 MPLAB용 10핀 SIP 컨넥터(CN4) 2. MCU가 직접 제어하는 I/O ① 3.2인치 320×240 픽셀 TFT-LCD 모듈 ② 16×2 문자 텍스트 LCD 모듈 ③ 4개의 키입력 스위치(KEY1~KEY4) ④ 4개의 터치패드 입력(PAD1~PAD4) ⑤ 2개의 상태표시 LED(LED1~LED2) 1개의 전원용 LED(LED3) ⑥ +5V용 버저 ⑦ 가변저항 VR1에 의한 전압 측정(ADC0) +5V 전원 전압 측정(ADC1) +3.3V 전원 전압 측정(ADC2) 외부 아날로그 입력 측정(ADC3) ⑧ 1채널 D/A 컨버터 출력(DAC0~DAC2) ⑨ RS-232C 및 RS-485 직렬통신 컨넥터(CN2) ⑩ SPI 접속형 DS3234 배터리 백업 RTC(U9) ⑪ I2C 접속형 SHT85 온습도 센서(U6) ⑫ 마이크로 SD 카드 컨넥터(CN5)	 2.54mm 간격의 박스 헤더 컨넥터 2.54mm 간격의 핀 헤더 컨넥터 터치 스크린 포함 화면밝기 조절 및 백라이트 포함 ☆ 이 책에서 사용하지 않음 -5V ~ +5V 범위의 아날로그 출력 3.6V의 충전식 NiMH 전지 사용 ☆ 이 책에서 사용하지 않음 ☆ 이 책에서 사용하지 않음
6. 전원	단상 교류 220V(CN1)	키트의 내부에서 +5V, +3.3V, -5V, +4.5V를 만들어 사용함
7. PCB 외형	160×130mm 양면 에폭시 기판	

OK-128DA 키트는 <그림 3.1.1>에서 보는 것처럼 8비트의 마이크로컨트롤러인 AVR128DA64(24MHz)를 중심으로 하여 여기에 내장된 여러 가지 기본 I/O 기능과 다양한 외부 확장 I/O를 사용하고 있다. 키트의 기본 출력장치로서 3.2인치 320×240 픽셀의 65536 컬러 TFT-LCD 모듈과 16×2자의 텍스트 LCD 모듈을 장착하고 있어서 영문 ASCII 문자는 물론이고 상당히 미려한 글씨체의 한글과 다양한 그래픽 화면을 표시할 수 있다. TFT-LCD 모듈에는 저항막 방식의 터치 스크린이 포함되어 있다.

마이크로컨트롤러의 병렬포트에 접속된 I/O 기능에는 4개의 키입력 스위치와 4개의 터치패드 입력, 2개의 LED, 버저(buzzer) 등이 있다. 내장된 12비트 A/D 컨버터의 아날로그 입력으로는 가변저항에서의 전압 측정, +5V 전원 전압의 측정, +3.3V 전원 전압의 측정이 가능하며, 1채널의 10비트 D/A 컨버터 출력을 가지고 있다. 마이크로컨트롤러에 내장된 직렬통신 포트를 사용하여 RS-232C, RS-485, SPI, TWI 통신을 수행할 수 있는데, SPI 직렬통신 포트에는 TFT-LCD 모듈의 터치 스크린 및 SD 카드 컨넥터 또는 마이크로 SD 카드 컨넥터와 DS3234 RTC 등을 접속하였고, TWI 직렬통신 포트에는 온습도 센서인 SHT85를 접속하였다.

사용자는 이러한 많은 하드웨어 및 I/O 인터페이스 기능을 통하여 다양한 하드웨어 응용 설계 기술을 공부할 수 있으며, C언어를 사용하여 이 하드웨어를 제어하는 프로그램 작성 기술을 익힐 수 있다.

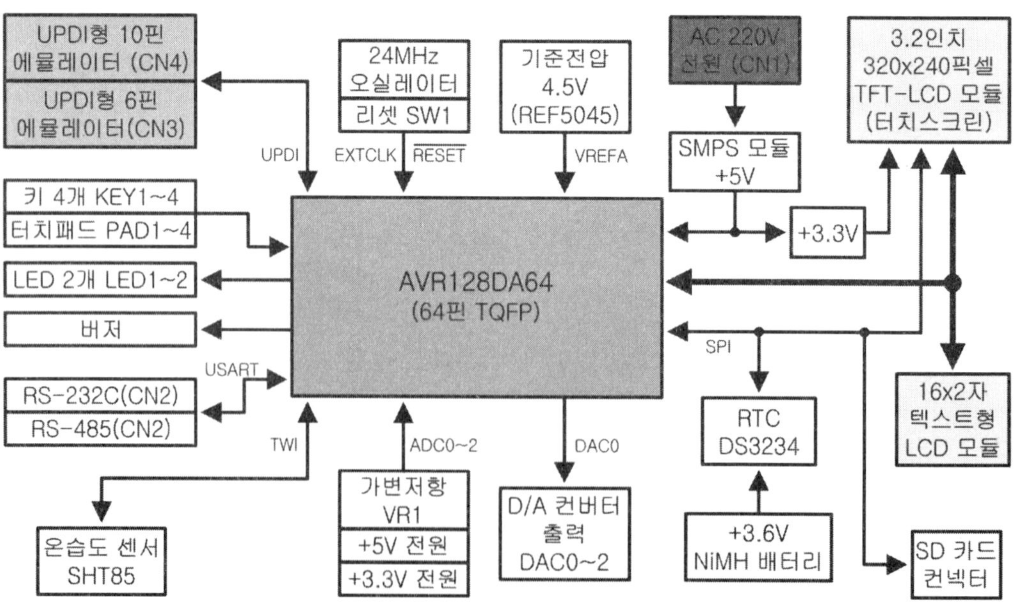

〈그림 3.1.1〉 OK-128DA 키트 V1.0의 하드웨어 구성 블록도

OK-128DA 키트는 이처럼 매우 다양한 기능을 내장하고 있으면서도 PCB 기판을 양면으로 하고 크기가 약 16×13cm에 불과하도록 설계하여 상당히 저렴한 비용으로 제작할 수 있으며, 아마추어를 위한 마이크로컨트롤러 트레이닝 키트로서는 물론 이를 약간 수정하면 각종 자동제어 분야의 응용 시스템에까지 무리 없이 적용될 수 있을 것이다. 특히, 이 키트를 실무적인 분야에 직접 적용하고자 할 때 종종 필수적으로 요구되는 한글/영문 표시용 TFT-LCD 모듈과 배터리 백업형의 실시간 시계 소자를 내장하였다. 또한, 이 키트를 설계할 때 사용자가 쉽게 조립하여 사용할 수 있도록 시장에서 용이하게 구입할 수 있는 저가의 부품들을 사용하도록 최대한 고려하였다.

OK-128DA 키트는 AVR 시리즈의 마이크로컨트롤러를 공부하고자 하는 아마추어, 공업고등학교 학생, 대학 학부생 정도의 마이크로프로세서 초보 입문자 교육용에 적합하도록 설계하는 것을 기본적인 목표로 하였으나, 이 마이크로컨트롤러를 특정 분야의 응용 시스템에 적용하려는 현장의 엔지니어, 연구원, 대학원생, 관련분야의 교수와 같은 분들에게도 유용하도록 설계하였다. 특히, 여기에서 사용한 AVR128DA64 마이크로컨트롤러는 128KB의 대용량 프로그램용 메모리인 플래시 메모리와 16KB의 SRAM을 내장하고 있어서 상당히 다양한 응용 프로그램을 사용하는 것이 가능하며, 에뮬레이터를 사용하여 손쉽게 프로그램을 다운로드할 수 있으므로 초보자라도 큰 어려움이 없이 단계적으로 이 마이크로컨트롤러의 기능을 익혀 나갈 수 있다.

또한, 이 책에서는 초보자들이 재미있게 이를 따라 익히며, 여러 응용 분야에 종사하는 사용자들이 각각 자신의 분야에 필요한 응용 기술을 실무적으로 배우고 연마할 수 있도록 여러 가지의 매우 다양한 응용 프로그램을 C언어로 제시하여 이를 공부하며 실행하여 볼 수 있도록 하였다.

2. *OK-128DA* 키트의 하드웨어 구조

이제 사용자가 *OK-128DA* 키트의 기능들을 충분히 활용하고 나아가 이를 응용하는 능력을 기르기 위해서는 이 키트의 구조 및 기능을 자세히 이해하여야 한다. 여기서는 *OK-128DA*의 전체적인 하드웨어 구조 및 시스템 설계자의 의도를 설명하고자 한다.

OK-128DA 키트 V1.0의 전체 회로도는 <그림 3.1.2>에 보인 바와 같고, 실제 키트의 PCB(Printed Circuit Board) 모양 및 부품 배치도는 <그림 3.1.3>에 보였으며, 여기에서 사용하는 모든 부품의 리스트를 <표 3.1.2>에 정리하였다.

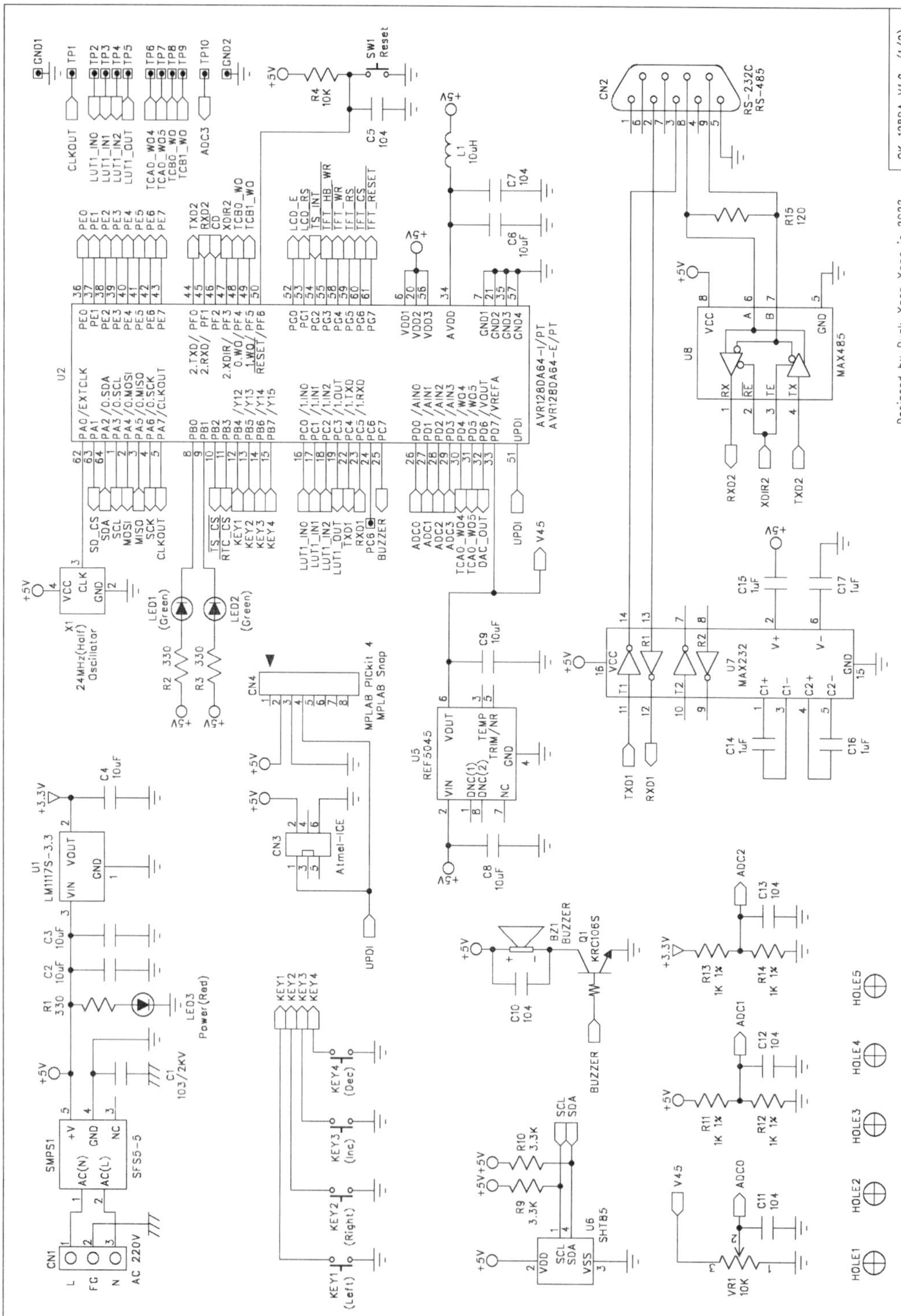

〈그림 3.1.2〉 *OK-128DA* 키트 V1.0의 전체 회로도(1/2)

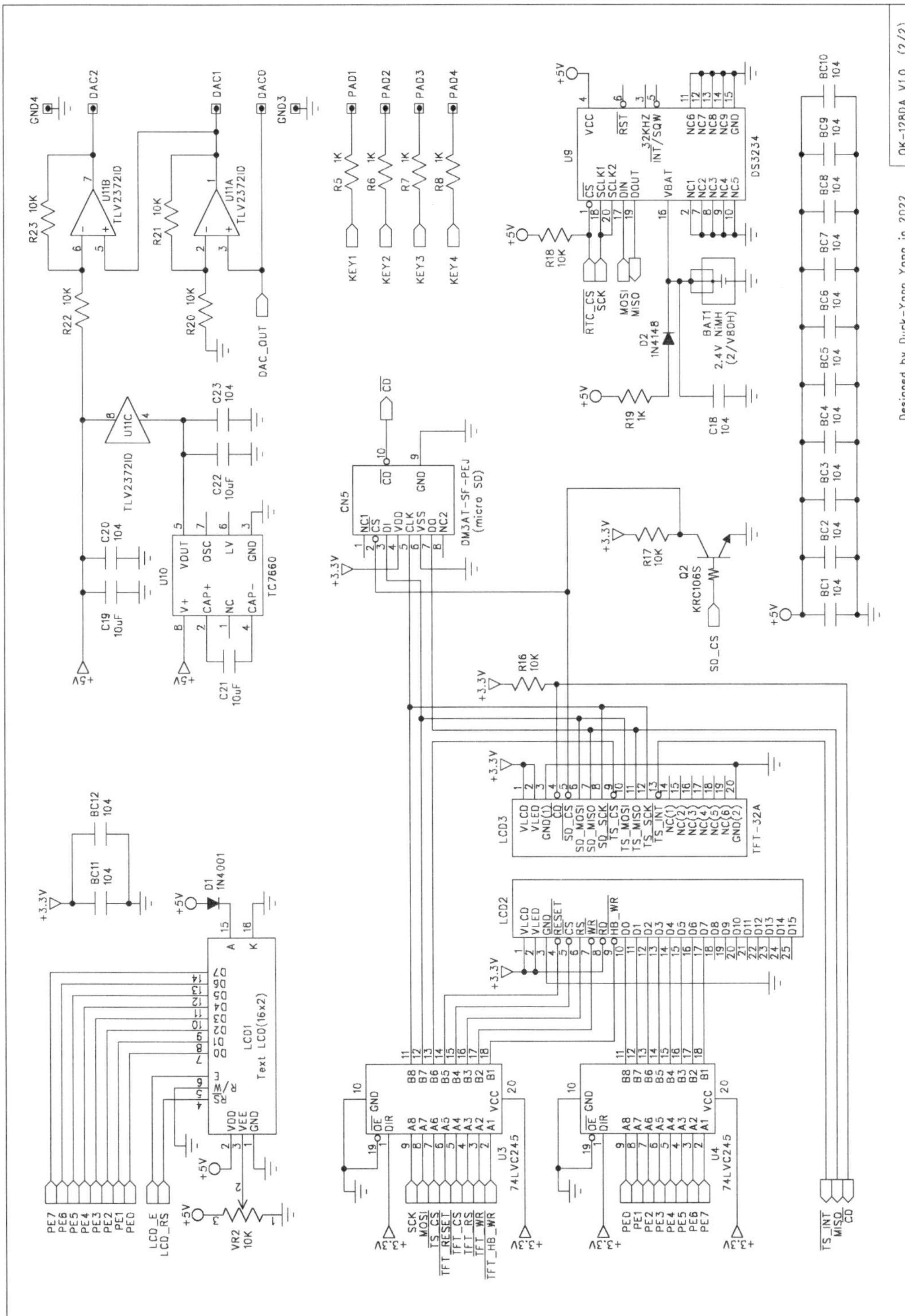

〈그림 3.1.2〉 *OK-128DA* 키트 V1.0의 전체 회로도(2/2)

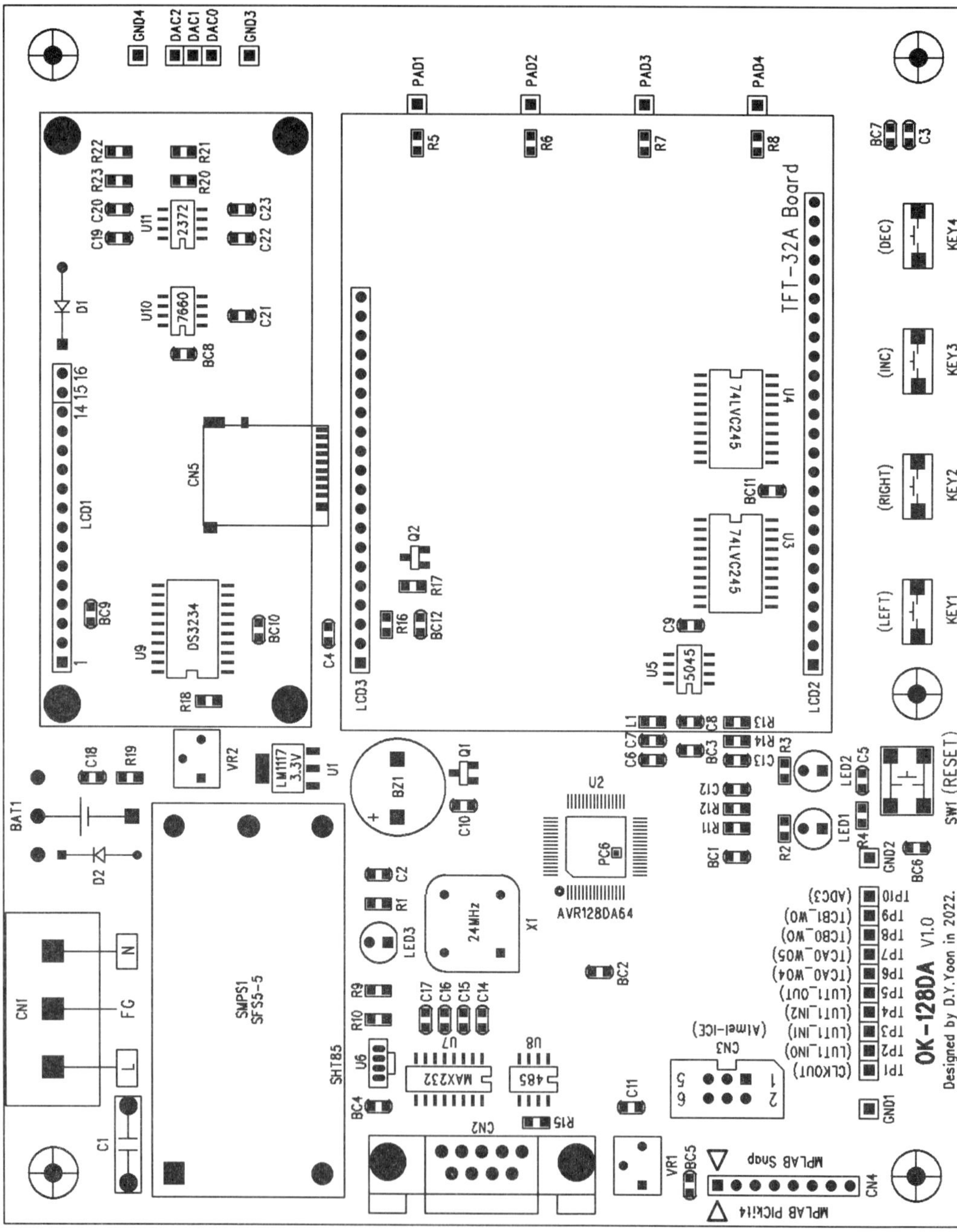

〈그림 3.1.3〉 *OK-128DA* 키트 V1.0의 PCB 모양 및 부품 배치도

◀**참고**▶ 이 키트에서 상황에 따라 필요 없는 부분은 조립하지 않아도 된다. 예를 들어 전원 입력에서 FG 단자를 사용하지 않는다면 C1은 조립하지 않아도 되며, 이 책에서는 지원하지 않고 저자가 특별한 용도로 사용하기 위하여 넣어놓은 소자인 U6, R9, R10, CN5 등은 조립하지 않아도 된다.

〈표 3.1.2〉 *OK-128DA* 키트 V1.0의 전체 부품 리스트

부품 번호	수량	부품명 및 규격	비 고
SMPS1	1	SFS5-5 (5V/1A PCB 장착형 SMPS)	POWERPLAZA 제품
U1	1	LM1117S-3.3 (정전압 레귤레이터)	SOT-223형
U2	1	AVR128DA64-I/PT 또는 AVR128DA64-E/PT (마이크로컨트롤러)	64핀 LQFP형
U3, 4	2	74LVC245	20핀 300MIL wide SOIC형
U5	1	REF5045 (voltage reference)	16핀 150MIL narrow SOIC형
U6	1	SHT85 (반도체 온습도 센서)	☆ 이 책에서 사용하지 않음
U7	1	MAX232 (RS-232C 통신 인터페이스)	16핀 150MIL narrow SOIC형
U8	1	MAX485 (RS-485 통신 인터페이스)	8핀 150MIL narrow SOIC형
U9	1	DS3234 (SPI 통신형 RTC)	20핀 300MIL wide SOIC형
U10	1	TC7660 (voltage inverter)	8핀 150MIL narrow SOIC형
U11	1	TLV2372ID (I/O rail-to-rail형 OP Amp)	8핀 150MIL narrow SOIC형
X1	1	24MHz (오실레이터)	half size
D1	1	1N4001 (정류용 다이오드)	
D2	1	1N4148 (신호용 다이오드)	
LED1, 2	2	5AG3HD00 (5Φ 녹색 LED)	
LED3	1	5AR3PD00 (5Φ 적색 LED)	
Q1, 2	2	KRC106S (NPN형 트랜지스터)	
LCD1	1	LC1621-SMLYH6 텍스트형 LCD 모듈	좌측 상단 커넥터형
	1	16핀(1x16) 핀 헤더 소켓(straight형)	40핀(1x40)짜리를 잘라서 사용
	1	16핀(1x16) 핀 헤더(straight형)	40핀(1x40)짜리를 잘라서 사용
	2	F-10mm (PCB 서포트, 금속, 3Φ)	
	4	M3x5 (둥근 머리 볼트, 3Φ, 5mm)	
LCD2, 3	1 1	25핀(1x25) 핀 헤더 소켓(straight형) 20핀(1x20) 핀 헤더 소켓(straight형)	40핀(1x40)짜리를 잘라서 사용
R1, 2, 3	3	2012형 330Ω 칩 저항	
R4, 16~18, 20~23	8	2012형 10K 칩 저항	
R5~8, 19	5	2012형 1K 칩 저항	
R9, 10	2	2012형 3.3K 칩 저항	☆ 이 책에서 사용하지 않음
R11~14	4	2012형 1% 1K 칩 저항	정밀 저항을 사용하는 것이 바람직함
R15	1	2012형 120Ω 칩 저항	
VR1, 2	2	GF063P 10K 반고정 저항	
L1	1	2012형 10μH 칩 인덕터	
C1	1	1kV 0.01μF 고압 세라믹 커패시터	
C2~4, 6, 8, 9, 19, 21, 22	10	2012형 10μF 칩 세라믹 커패시터	
C5, 7, 10~13, 18, 20, 23, BC1~12	21	2012형 0.1μF 칩 세라믹 커패시터	
C14~17	4	2012형 1μF 칩 세라믹 커패시터	
BAT1	1	2/V80H (2.4V 70mAh NiMH 전지)	
BZ1	1	SM-1205C 또는 KPX-1205 (+5V용 버저)	
SW1	1	ITS-1102T (4핀 택트 스위치)	
KEY1~4	4	ITS-1107 (2핀 택트 스위치)	
TP1~10, DAC0~2, GND1~4	1	14핀(1x14) 핀 헤더(straight형) 7핀(1x7) 핀 헤더(straight형)	40핀(1x40)짜리를 잘라서 사용
CN1	1	BR-762C(3핀) 전원 커넥터	
CN2	1	DS1037-09M (9핀 D형 커넥터, 수컷)	
CN3	1	6핀(2x3) 박스 헤더(2.54mm, straight형)	BHS-01-6P 또는 3FB-6P-S/T
CN4	1	10핀(1x10) 핀 헤더(straight형)	40핀(1x40)짜리를 잘라서 사용
CN5	1	DM3AT-SF 마이크로 SD 카드 컨넥터	☆ 이 책에서 사용하지 않음

(1) AVR128DA64 마이크로컨트롤러 주변의 기본회로

AVR128DA64의 주변회로는 <그림 3.1.2>에서 보는 바와 같이 마이크로컨트롤러와 이에 기본적으로 추가되는 직류전원 회로, 시스템 클록 발생회로, 시스템 리셋 회로, UPDI 에뮬레이터 인터페이스 회로, 기타 MCU 소자에 내장된 I/O 관련 회로 등으로 구성된다.

▣ 직류전원 회로

AVR128DA64는 +5V의 직류전원으로 동작하는 소자이다. 이를 위해 *OK-128DA* 키트에는 AC 220V를 받아서 +5V를 공급하는 PCB 장착형 SMPS 모듈을 사용하고 있으며, AVR128DA64의 아날로그 전원에는 L1, C6, C7 소자로 구성되는 LC 필터를 사용하여 잡음이나 리플을 깨끗하게 제거한 +5V 전압을 공급한다. 특별히 TFT-LCD는 +3.3V를 사용하므로 LM1117S-3.3 LDO 소자를 사용하여 +5V 전압을 +3.3V로 낮추어 공급한다.

AVR128DA64 내부의 A/D 컨버터, D/A 컨버터, 아날로그 비교기, XOSC32K 오실레이터 등에서 사용하는 기준전압으로 +4.5V를 공급하기 위하여 REF5045 소자를 사용하였다. 또한, D/A 컨버터 출력회로에서 증폭용 Op Amp에 ±5V의 전원을 공급하기 위하여 TC7660 소자를 사용하여 +5V 전압으로부터 -5V 전압을 만든다.

▣ 시스템 클록 발생회로

AVR128DA64에서는 최고 24MHz까지의 시스템 클록을 사용하는 것이 가능하므로 *OK-128DA* 키트에서는 최고 주파수에 해당하는 24MHz의 오실레이터를 EXTCLK 단자에 연결하여 사용한다. 이 마이크로컨트롤러는 디폴트로 4MHz의 내부 발진주파수로 동작하며 사용자가 이를 24MHz로 변경하여 사용할 수도 있으나, 이것은 발진주파수의 정밀도가 낮으므로 *OK-128DA* 키트에서는 외부에 수정발진자를 이용한 24MHz의 하프 사이즈(half size) 오실레이터를 접속하여 사용한다.

▣ 시스템 리셋 회로

AVR128DA64에는 내부에 전원 투입 리셋(power-on reset) 회로를 가지고 있으므로 외부의 시스템 리셋회로는 스위치 SW1과 R4, C5의 소자로 간단히 구성된다. 이러한 리셋 스위치는 키트의 사용자가 매우 빈번하게 사용하므로 PCB를 설계할 때 사용하기 편리하도록 입력 키와 함께 앞쪽에 배치하였다.

〈표 3.1.3〉 *OK-128DA* 키트 V1.0에서 MCU의 병렬 I/O 포트에 접속된 기능

병렬 I/O 포트		부수적인 기능	*OK-128DA* 키트에서 사용하는 기능
포트A	PA0	EXTCLK	외부의 24MHz 클록 주파수 입력 신호
	PA1		(SD_CS) SD 카드와 SPI 통신을 위한 칩선택 신호
	PA2	0.SDA	(SDA) SHT85 온습도 센서와 TWI 통신을 위한 SDA 신호
	PA3	0.SCL	(SCL) SHT85 온습도 센서와 TWI 통신을 위한 SCL 신호
	PA4	0.MOSI	(MOSI) 터치 스크린, SD 카트, DS3234와 SPI 통신을 위한 MOSI 신호
	PA5	0.MISO	(MISO) 터치 스크린, SD 카트, DS3234와 SPI 통신을 위한 MISO 신호
	PA6	0.SCK	(SCK) 터치 스크린, SD 카트, DS3234와 SPI 통신을 위한 SCK 신호
	PA7	CLKOUT	(CLKOUT) 클록 제어기에서 주변장치 클록 CLK_PER를 출력하는 신호
포트B	PB0		LED1을 점등하기 위한 출력 신호
	PB1		LED2를 점등하기 위한 출력 신호
	PB2		($\overline{\text{TS\_CS}}$) TFT-LCD 모듈의 터치 스크린과 SPI 통신을 위한 칩선택 신호
	PB3		($\overline{\text{RTC\_CS}}$) DS3234와 SPI 통신을 위한 칩선택 신호
	PB4	Y12	(KEY1) KEY1 입력 신호 또는 PTC를 위한 Y12 터치 입력 신호
	PB5	Y13	(KEY2) KEY2 입력 신호 또는 PTC를 위한 Y13 터치 입력 신호
	PB6	Y14	(KEY3) KEY3 입력 신호 또는 PTC를 위한 Y14 터치 입력 신호
	PB7	Y15	(KEY4) KEY4 입력 신호 또는 PTC를 위한 Y15 터치 입력 신호
포트C	PC0	1.IN0	(LUT1_IN0) CCL에서 LUT1의 IN0 입력 신호
	PC1	1.IN1	(LUT1_IN1) CCL에서 LUT1의 IN1 입력 신호
	PC2	1.IN2	(LUT1_IN2) CCL에서 LUT1의 IN2 입력 신호
	PC3	1.OUT	(LUT1_OUT) CCL에서 LUT1의 OUT 출력 신호
	PC4	1.TXD	(TXD1) RS-232C 통신을 위한 USART1 포트의 TXD 신호
	PC5	1.RXD	(RXD1) RS-232C 통신을 위한 USART1 포트의 RXD 신호
	PC6		(PC6) 사용하지 않음. 필요할 때 사용하도록 테스트 핀 PC6으로 연결함.
	PC7		(BUZZER) 버저를 구동하기 위한 출력 신호
포트D	PD0	AIN0	(ADC0) A/D 컨버터를 위한 아날로그 입력 신호(VR1)
	PD1	AIN1	(ADC1) A/D 컨버터를 위한 아날로그 입력 신호(+5V 전압)
	PD2	AIN2	(ADC2) A/D 컨버터를 위한 아날로그 입력 신호(+3.3V 전압)
	PD3	AIN3	(ADC3) A/D 컨버터를 위한 아날로그 입력 신호(외부 아날로그 입력)
	PD4	WO4	(TCA0_WO4) 타이머 TCA0의 WO4 출력 신호
	PD5	WO5	(TCA0_WO5) 타이머 TCA0의 WO5 출력 신호
	PD6	VOUT	(DAC_OUT) D/A 컨버터 DAC0의 아날로그 출력 신호
	PD7	VREFA	(V45) A/D 컨버터 등의 아날로그 회로를 위한 +4.5V의 기준전압 입력
포트E	PE0		(PE0) TFT-LCD 모듈 및 텍스트 LCD 모듈의 데이터 버스 D0
	PE1		(PE1) TFT-LCD 모듈 및 텍스트 LCD 모듈의 데이터 버스 D1
	PE2		(PE2) TFT-LCD 모듈 및 텍스트 LCD 모듈의 데이터 버스 D2
	PE3		(PE3) TFT-LCD 모듈 및 텍스트 LCD 모듈의 데이터 버스 D3
	PE4		(PE4) TFT-LCD 모듈 및 텍스트 LCD 모듈의 데이터 버스 D4
	PE5		(PE5) TFT-LCD 모듈 및 텍스트 LCD 모듈의 데이터 버스 D5
	PE6		(PE6) TFT-LCD 모듈 및 텍스트 LCD 모듈의 데이터 버스 D6
	PE7		(PE7) TFT-LCD 모듈 및 텍스트 LCD 모듈의 데이터 버스 D7
포트F	PF0	2.TXD	(TXD2) RS-485 통신을 위한 USART2 포트의 TXD 신호
	PF1	2.RXD	(RXD2) RS-485 통신을 위한 USART2 포트의 RXD 신호
	PF2		($\overline{\text{CD}}$) SD 카드를 검출하기 위한 Card Detect 신호
	PF3	2.XDIR	(XDIR2) RS-485 통신을 위한 USART2 포트의 XDIR 신호
	PF4	0.WO	(TCB0_WO) 타이머 TCB0의 WO 출력 신호
	PF5	1.WO	(TCB1_WO) 타이머 TCB1의 WO 출력 신호
	PF6	$\overline{\text{RESET}}$	외부 시스템 리셋 입력 신호
포트G	PG0		(LCD_E) 텍스트 LCD 모듈의 E 신호
	PG1		(LCD_RS) 텍스트 LCD 모듈의 RS 신호
	PG2		($\overline{\text{TS\_INT}}$) TFT-LCD 모듈에서 터치 스크린의 인터럽트 입력 신호
	PG3		($\overline{\text{TFT\_HB\_WR}}$) TFT-LCD 모듈의 상위 바이트 데이터 라이트 신호
	PG4		($\overline{\text{TFT\_WR}}$) TFT-LCD 모듈의 하위 바이트 데이터 라이트 신호
	PG5		(TFT_RS) TFT-LCD 모듈의 레지스터 선택 신호
	PG6		($\overline{\text{TFT\_CS}}$) TFT-LCD 모듈의 칩선택 신호
	PG7		($\overline{\text{TFT\_RESET}}$) TFT-LCD 모듈의 리셋 신호

■ UPDI 에뮬레이터 인터페이스 회로

Microchip Technology사가 Atmel을 인수 합병한 이후에는 AVR-ISP 다운로드 케이블이나 JTAG 에뮬레이터와 같은 기존의 하드웨어 개발 툴을 대부분 단종하고 UPDI 방식의 에뮬레이터만 표준으로 지원한다. 이 때문에 *OK-128DA* 키트에서도 Atmel-ICE 에뮬레이터를 사용할 수 있는 6핀 컨넥터 CN3와 MPLAB PICkit 4 또는 MPLAB Snap 에뮬레이터를 사용할 수 있는 8핀 컨넥터 CN4를 제공한다. 그러나, 실제로 이들 컨넥터에서는 UPDI 신호와 +5V, GND 등의 3개 핀만 사용한다.

(2) AVR128DA64에 내장된 I/O 관련 회로 요약

AVR128DA64 마이크로컨트롤러에는 여러 가지의 I/O 디바이스를 내장하고 있는데 *OK-128DA* 키트에서는 이것들을 최대한 활용할 수 있도록 고려하여 하드웨어를 설계하였다. *OK-128DA* 키트에서 사용하는 AVR128DA64 마이크로컨트롤러의 I/O 기능을 요약하면 <표 3.1.3>과 같다.

(3) *OK-128DA* 키트 V1.0의 컨넥터 요약

OK-128DA 키트에는 외부로 접속하기 위한 컨넥터가 모두 4개 있는데 이를 요약하면 <표 3.1.4>와 같다.

〈표 3.1.4〉 *OK-128DA* 키트 V1.0의 외부 접속 컨넥터 요약

컨넥터		기능			
CN1	교류 전원 컨넥터 (BR-762B/C)	1 2 3	교류 220V 전원의 L 단자 교류 220V 전원의 FG 단자 교류 220V 전원의 N 단자		
CN2	RS-232C 및 RS-485 통신용 (DS1037-09M, 수컷)	1 2 3 4 5	(사용 안함) RxD TxD (사용 안함) GND	6 7 8 9	(사용 안함) (사용 안함) A B
CN3	Atmel-ICE용 (BHS-01-6P, 2.54mm)	1 2 3	UPDI VTG (사용 안함)	4 5 6	(사용 안함) (사용 안함) GND
CN4	MPLAB PICkit 4 및 Snap 접속용 (8핀 SIP male header)	1 2 3 4	(사용 안함) VTG GND UPDI	5 6 7 8	(사용 안함) (사용 안함) (사용 안함) (사용 안함)

3. *TFT-32A* 보드의 하드웨어 구조

TFT-32A 보드 V1.0은 320x240 픽셀의 해상도와 터치 스크린을 가지고 있는 3.2인치 262,144 컬러의 TFT-LCD 모듈 FL320QVC18-A0에 사용자가 이를 사용하기 쉽도록 8/16비트 병렬 인터페이스 회로와 터치 스크린 컨트롤러 및 SD 카드를 포함하는 PCB를 부착하여 TFT-LCD 응용 보드로 만든 것이다.

이 TFT-LCD 모듈은 원래 16비트 병렬 인터페이스만 가능하도록 만들어져 있어서 8비트 마이크로컨트롤러에서는 사용하기가 불편하였으나 TFT-LCD 모듈을 이처럼 전용 보드에 장착하여 만들면 이를 편리하게 8비트 또는 16비트 인터페이스 방법을 사용자가 임의로 선택하여 사용할 수 있으며, 커넥터를 사용하여 쉽게 마이크로프로세서에 접속할 수 있다. 74HC574 8비트 래치를 사용하여 사용자는 이와 같이 8비트 또는 16비트로 편리하게 인터페이스할 수 있으나 TFT-LCD 모듈의 입장에서 보면 항상 데이터 액세스는 16비트 단위로 수행된다.

OK-128DA 키트에서는 AVR128DA64 마이크로컨트롤러가 항상 8비트씩 데이터를 입출력하므로 *TFT-32A* 보드에서 반드시 U2(74HC574)와 R3(1K)을 조립하고, J1=ON으로 설정하여 사용해야 한다.

TFT-32A 보드에서는 터치 스크린 컨트롤러로서 ADS7846을 사용하여 SPI 직렬통신으로 터치 좌표값을 읽어들인다. 그러나, *TFT-32A* 보드에서는 사용하고 있지 않지만 만약 필요하다면 터치 스크린에서 나오는 X+, Y+, X-, Y- 신호를 직접 마이크로컨트롤러에서 A/D 변환하는 방법으로 터치 좌표값을 읽어들일 수도 있다.

TFT-32A 보드 V1.0의 주요 사양을 요약하면 <표 3.1.5>와 같다.

〈표 3.1.5〉 *TFT-32A* 보드 V1.0의 사양

항 목	사 양	비 고
1. TFT-LCD 모듈	FL320QVC18-A0(CN4) 3.2인치, 320×240 픽셀, 터치 스크린 내장형	컨트롤러 HX8347-A
2. 인터페이스 방식	① 8비트 인터페이스 방식 (J1 = ON) ② 16비트 인터페이스 방식(J1 = OFF)	*OK-128DA* 키트에서는 8비트 방식을 사용함
3. 터치 스크린	SPI 인터페이스(ADS7846N 또는 ADS7846E 사용)	
4. SD 카드	SD 카드 (CN3)	
5. 접속 커넥터	CN1(25핀) 및 CN2(20핀)	
6. 백라이트	TFT-LCD 소자 내부에 5개의 LED 내장	
7. 전원	① LCD 전원 : +3.3V(+2.8V도 사용 가능) ② LED 전원 : +3.3V(백라이트용)	*OK-128DA* 키트에서는 모두 +3.3V를 사용함
8. PCB 크기	66×80mm 양면 에폭시 기판	

(1) *TFT-32A* 보드의 구조

TFT-32A 보드 V1.0의 PCB 외형 및 부품 배치도는 <그림 3.1.4>와 같다. 또한, 이것의 회로도는 <그림 3.1.5>와 같고, 부품 리스트는 <표 3.1.6>과 같다. 외부 접속 커넥터 CN1과 CN2의 각 핀 기능을 요약하면 <표 3.1.7>과 같다.

이러한 확장 보드를 연결할 때는 보드의 상하 방향을 반대로 하거나 커넥터의 핀을 하나씩 시프트하여 잘못 꽂는 사고가 종종 발생하는데, 이렇게 되면 키트의 하드웨어에 치명적인 고장을 일으킬 수 있다. *TFT-32A* 보드에서는 이러한 사고를 예방하기 위하여 커넥터 CN1과 CN2의 핀 개수를 25개와 20개로 서로 다르게 하였는데, 이렇게 하면 이 보드를 메인 PCB와 접속할 때 방향을 반대로 잘못 꽂거나 커넥터 위치가 어긋나도록 잘못 꽂는 사고를 훨씬 줄일 수 있다.

TFT-LCD 모듈을 조립할 때는 FPCB의 37개 핀을 *TFT-32A* 보드의 PCB 패턴과 정확하게 일치시키고, FPCB에 붙어있는 양면 접착 테이프로 위치를 잘 고정시킨 후에 납땜하는 것이 좋다. 납땜 후에는 TFT-LCD 패널의 뒷면에 붙어있는 양면 접착 테이프를 이용하여 TFT-LCD 모듈의 패널을 *TFT-32A* 보드의 PCB에 붙여주면 되는데, 이때 TFT-LCD 모듈의 3군데 모서리에 있는 돌기가 PCB의 구멍에 일치하도록 위치를 정확히 잘 맞추어야 한다.

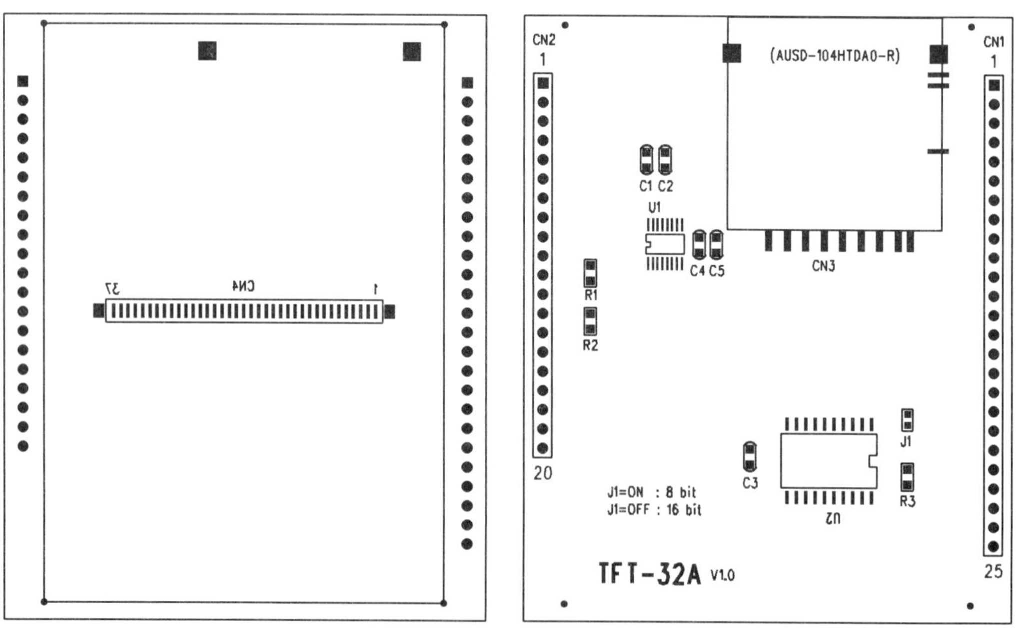

(a) 보드의 앞면(TFT-LCD 모듈 부착면) (b) 보드의 뒷면

〈그림 3.1.4〉 *TFT-32A* 보드 V1.0의 PCB 부품배치도

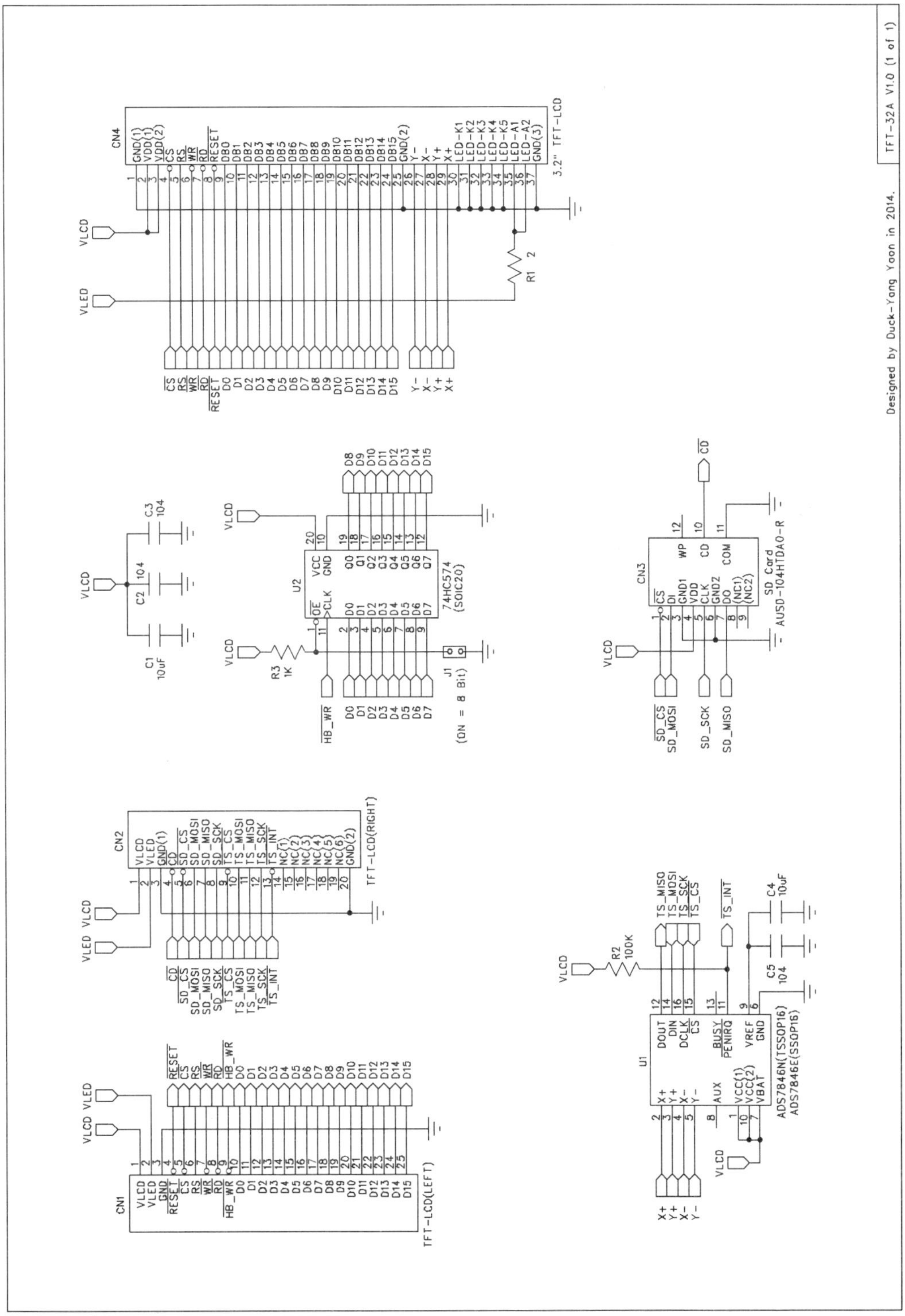

〈그림 3.1.5〉 *TFT-32A* 보드 V1.0의 회로도

〈표 3.1.6〉 *TFT-32A* 보드 V1.0의 부품 리스트

부품 번호	수량	부품명 및 규격	대표적인 구입처
CN4	1	FL320QVC18-A0 (3.2인치 HX8347-A 컨트롤러형)	http://www.ohm.co.kr
U1	1	ADS7846N(16핀 TSSOP형) 또는 ADS7846E(16핀 SSOP형)	http://www.findlcd.com http://www.devicemart.co.kr
U2	1	74HC574 (20핀 wide SOIC형)	
R1	1	2012형 2Ω 칩 저항	
R2	1	2012형 100K 칩 저항	
R3	1	2012형 1K 칩 저항	
C1, 4	2	2012형 10μF 칩 세라믹 커패시터	
C2, 3, 5	3	2012형 0.1μF 칩 세라믹 커패시터	
CN1	1	25핀(1x25) 핀 헤더(straight형)	
CN2	1	20핀(1x20) 핀 헤더(straight형)	
CN3	1	AUSD-104HTDA0-R (SD 카드 커넥터)	
PCB	1	*TFT-32A* V1.0(66×80mm 양면 에폭시)	http://www.ohm.co.kr

〈표 3.1.7〉 *TFT-32A* 보드 V1.0의 외부 접속 커넥터 핀 기능

커넥터	신호명	핀번호	기 능
CN1	VLCD	1	TFT-LCD 모듈 전원(3.3V 사용 권장)
	VLED	2	LED 백라이트 전원(3.3V 사용 권장)
	GND	3	전원 VLCD 및 VLED의 접지 단자
	-RESET	4	TFT-LCD 모듈 리셋 신호(최소 10μs 이상의 펄스로 리셋 동작)
	-CS	5	TFT-LCD 모듈 칩선택 신호
	RS	6	커맨드와 파라미터를 구분하는 신호(0=커맨드, 1=파라미터)
	-WR	7	TFT-LCD 모듈의 라이트 스트로브 신호
	-RD	8	TFT-LCD 모듈의 리드 스트로브 신호
	-HB_WR	9	8비트 인터페이스 방식에서 상위 바이트를 라이트하는 스트로브 신호
	D0~D7	10~17	16비트 데이터 버스의 하위 바이트
	D8~D15	18~25	16비트 데이터 버스의 상위 바이트(사용하지 않음)
CN2	VLCD	1	TFT-LCD 모듈 전원(모듈 내부에서 커넥터 CN1의 1번 핀과 연결됨)
	VLED	2	LED 백라이트 전원(모듈 내부에서 커넥터 CN1의 2번 핀과 연결됨)
	GND	3	전원의 접지 단자(모듈 내부에서 커넥터 CN1의 3번 핀과 연결됨)
	-CD	4	(사용하지 않음) ☞ 이 *TFT-32A* 보드 V1.0에 있는 SD 카드 컨넥터는 단종되어 현재 구입하기 어렵다. 이 때문에 메인 보드에 마이크로 SD 카드 컨넥터를 CN5에 하나 더 설치하였다. 이것들은 이 책에서 사용하지 않는다.
	-SD_CS	5	(사용하지 않음)
	SD_MOSI	6	(사용하지 않음)
	SD_MISO	7	(사용하지 않음)
	SD_SCK	8	(사용하지 않음)
	-TS_CS	9	터치 스크린 컨트롤러 ADS7846의 칩선택 신호
	TS_MOSI	10	터치 스크린 컨트롤러 ADS7846의 SPI 통신 데이터 입력 신호
	TS_MISO	11	터치 스크린 컨트롤러 ADS7846의 SPI 통신 데이터 출력 신호
	TS_SCK	12	터치 스크린 컨트롤러 ADS7846의 SPI 통신 클록 입력 신호
	-TS_INT	13	터치 스크린 컨트롤러 ADS7846의 인터럽트 출력 신호
	NC(1)	14	(사용하지 않음)
	NC(2)	15	(사용하지 않음)
	NC(3)	16	(사용하지 않음)
	NC(4)	17	(사용하지 않음)
	NC(5)	18	(사용하지 않음)
	NC(6)	19	(사용하지 않음)
	GND	20	전원의 접지 단자(모듈 내부에서 커넥터 CN1의 3번 핀과 연결됨)

만약 TFT-LCD 모듈에 붙어있는 양면 테이프로 이것을 *TFT-32A* 보드의 PCB에 접착시키는데 부족함이 있다면 TFT-LCD와 PCB 사이에 강력 본드를 1~2방울 떨어뜨려 보다 확실하게 접착시켜주는 방법도 있다.

TFT-LCD 모듈을 먼저 조립하고 나면 커넥터 CN1과 CN2를 납땜하는 것이 불편하므로, 가급적이면 커넥터 CN1과 CN2를 가장 먼저 납땜하고 그 이후에 나머지 부품들을 조립하는 것이 바람직하다.

(2) *TFT-32A* 보드의 동작 타이밍

3.2인치 TFT-LCD 모듈 FL320QVC18-A0에 사용된 컨트롤러 HX8347-A의 동작 타이밍은 <그림 3.1.6>과 같다. 따라서, 이를 컨트롤러로 사용한 *TFT-32A* 보드 V1.0의 동작 타이밍도 이와 동일하다.

만약, *TFT-32A* 보드를 마이크로컨트롤러에 8비트 인터페이스 방식으로 접속하려면 74HC574를 사용한다. 8비트 방식에서는 74HC574의 클록 입력 신호인 -HB_WR를 사용하여 먼저 16비트 데이터의 상위 바이트를 D7~D0에 라이트하고, 다음에는 -CS, RS, -WR 신호를 사용하여 16비트 데이터의 하위 바이트를 D7~D0에 라이트한다. 그러면 실제로 TFT-LCD 모듈에는 이렇게 하위 바이트를 라이트하는 순간에 74HC574에 미리 저장되어 있던 8비트를 포함한 16비트의 데이터 전체가 동시에 라이트된다. 이때 *TFT-32A* 보드의 D15~D8 신호는 74HC574의 출력신호 Q7~Q0에 해당하므로 사용하지 말고 오픈시켜 놓아야 한다.

마이크로컨트롤러와 *TFT-32A* 보드를 8비트 인터페이스 방식 및 16비트 인터페이스 방식으로 사용하는 방법을 요약하면 <표 3.1.8>과 같다. *OK-128DA* 키트에서는 8비트 인터페이스 방식으로 사용하므로 점퍼 스위치 J1을 ON시켜야 한다.

〈표 3.1.8〉 *TFT-32A* 보드 V1.0의 외부 인터페이스 방식 요약

인터페이스	점퍼 스위치 J1	사용 방법
8비트 방식	J1 = ON	① 점퍼 스위치 J1을 ON시킴. ② D7~D0 버스를 통하여 상위 바이트를 -HB_WR 신호로 라이트하고, 하위 바이트를 -CS, RS, -WR 신호로 라이트함. ③ 사용하지 않는 -RD 신호는 +3.3V에 접속함. ④ 사용하지 않는 D15~D8은 오픈시켜두어야 함.
16비트 방식	J1 = OFF	① 점퍼 스위치 J1을 OFF시킴. ② D15~D8에 상위 바이트, D7~D0에 하위 바이트를 접속하고 -CS, RS, -WR 신호로 라이트함. ③ 사용하지 않는 -RD 및 -HB_WR 신호는 +3.3V에 접속함. ④ U2와 R3을 조립하지 않아도 됨.

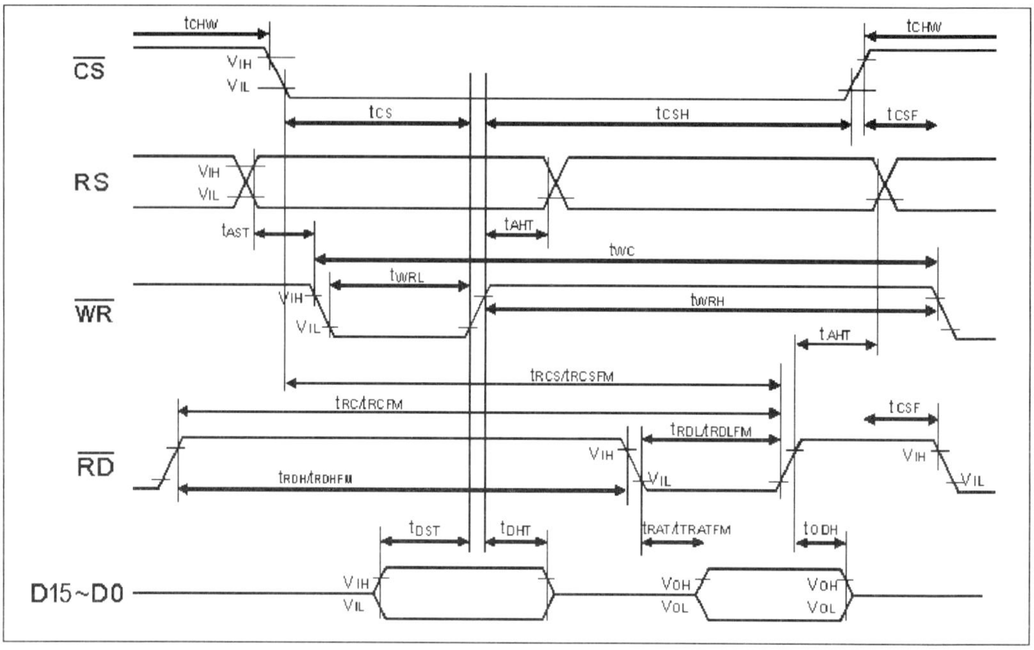

(VCC=1.65V to 2.9V, Ta = -30 to 70°C)

Signal	Symbol	Parameter	Min.	Max.	Unit	Description
RS	tAST	Address setup time	10	-	ns	-
	tAHT	Address hold time (Write/Read)	10	-		
$\overline{CS}$	tCHW	Chip select "H" pulse width	0	-	ns	-
	tCS	Chip select setup time (Write)	35	-		
	tRCSFM	Chip select setup time	355	-		
	tCSF	Chip select wait time (Write/Read)	10	-		
	tCSH	Chip select hold time	10	-		
$\overline{WR}$	tWC	Write cycle	100	-	ns	-
	tWRH	Control pulse "H" duration	35	-		
	tWRL	Control pulse "L" duration	35	-		
$\overline{RD}$	tRCFM	Read cycle	450	-	ns	When read from GRAM
	tRDHFM	Control pulse "H" duration	90	-		
	tRDLFM	Control pulse "L" duration	355	-		
D15~D0	tDST	Data setup time	15	-	ns	For maximum CL=30pF For minimum CL=8pF
	tDHT	Data hold time	10	-		
	tRATFM	Read access time	-	340		
	tODH	Output disable time	20	80		

〈그림 3.1.6〉 HX8347-A의 동작 타이밍

◀**참고**▶ TFT-LCD 모듈의 화면은 유리로 덮여 있는데 이 유리는 생각보다 매우 약하여 깨지기 쉬우니 주의가 필요하다. 사용 중에 이를 떨어뜨리거나 충격을 주지 말아야 하는 것은 물론이고, *TFT-32A* 보드를 *OK-128DA* 키트에 끼우거나 뺄 때도 주의가 필요하다. 특히 *TFT-32A* 보드를 *OK-128DA* 키트에 끼울 때 TFT-LCD의 화면을 누르는 것은 매우 위험하므로 반드시 화면의 좌우 외곽 부분 즉, CN1과 CN2 컨넥터가 있는 부분의 PCB를 손가락으로 눌러서 끼워야 한다.

4. *OK-128DA* 키트의 조립 및 테스트

이제 만약 *OK-128DA* 키트 V1.0을 사용자 자신이 직접 납땜하여 조립하고자 한다면 <그림 3.1.2>의 회로도와 <그림 3.1.3>의 PCB 부품 배치도, 그리고 <표 3.1.2>의 전체 부품 리스트를 참고하면서 반드시 다음 설명을 읽고 작업하라.

(1) *OK-128DA* 키트를 조립할 때의 유의 사항

이 키트를 납땜 및 조립할 때의 주의 사항들을 요약하면 다음과 같다. 납땜 작업에서는 기술보다 정성이 중요하다.

① 납땜에 자신이 없다면 납땜 기술을 충분히 연습하고 작업하거나 전문가에게 납땜을 부탁하라. 납땜 작업 중에 부품이나 PCB가 손상되면 이를 다시 복구하기가 어려우니 충분히 자신감이 있을 때 납땜을 실시하는 것이 바람직하다.

② 납땜은 신속하고 확실히 하라. 1개의 핀을 납땜하는데 수초 이상이 걸리면 부품이 과열되어 손상될 수 있다. 또한, IC 소자의 경우 같은 소자에 있는 여러 개의 핀들을 연속하여 납땜하지 말고, 다른 소자를 번갈아 돌아가면서 납땜하라. 이와 같이 하면 납땜 중에 부품의 온도가 높아졌던 것이 다른 부품을 납땜하는 동안에 냉각되므로 다시 돌아와서 납땜하더라도 보다 안전해진다.

③ 부품이 서로 바뀌지 않도록 철저히 체크하며, PCB에 표시되어 있는 부품의 방향이나 극성 표시를 올바르게 확인하고 삽입하라. 만약, 방향이나 극성이 잘못되어 조립되면 키트가 정상적으로 동작하지 않음은 물론이고 부품이 소손될 수 있으며, 나중에 이를 교체하려면 부품은 물론 PCB를 망가뜨릴 우려가 있다. 특히, RS-232C용의 컨넥터처럼 모양이 비슷한 부품이라도 핀의 암수를 올바르게 구분하여 선정하는 등 정확한 부품을 사용해야 한다는 점을 다시 한번 확인하라.

④ 부품을 PCB 홀에 삽입할 때는 이를 PCB의 바닥면에 완전히 밀착시킨 후에 납땜하라. 부품이 PCB의 바닥면에 밀착되지 않고 위로 들떠 있으면 부품이 기계적으로 단단히 고정되지 않을 수도 있으며, 기능적으로나 미관상으로도 좋지 않다.

⑤ AVR128DA64 MCU를 가장 먼저 조립하라. 이것은 핀 간격이 매우 좁은 QFP형의 소자이므로 전용의 솔더 크림과 정밀한 인두를 사용하여 납땜하는 것이 좋으며, 상

당히 숙달된 납땜 기술을 필요로 한다. 납땜이 부실하면 자칫 기판을 망가뜨리거나 나중에 키트가 오동작하는 가장 큰 원인이 되므로 주의해야 한다.

⑥ 텍스트 LCD와 TFT-LCD 모듈은 직접 기판에 고정하여 조립하지 말고 지정된 컨넥터를 사용하여 착탈식으로 처리하라. 이것은 이와 같이 착탈식으로 처리해야만 필요에 따라서 이를 붙이거나 뗄 수 있다. 가능하면 메인 보드 쪽을 암컷 컨넥터인 헤더 소켓(female header socket)으로 조립하고, 텍스트 LCD와 TFT-LCD 쪽을 수컷 컨넥터인 핀 헤더(male pin header)로 조립하는 것이 좋다.

⑦ 테스트 핀 GND1, TP1~TP10, GND2는 12개의 핀을 하나씩 낱개로 조립하면 불편하므로 40핀짜리 수컷 핀 헤더에서 14핀을 잘라서 사용하고, 중간에 건너뛴 부분은 핀을 뽑아버리고 조립하면 된다. 마찬가지로 테스트 핀 GND3, DAC0~2, GND4는 40핀짜리 수컷 핀 헤더에서 7핀을 잘라서 사용하면 편리하다.

⑧ 키트의 입력전원은 220V 교류를 사용하므로 감전 사고에 주의하라. 이 키트에는 PCB 장착형 SMPS를 사용하고 있다. SMPS의 출력전압 +5.0V와 이를 이용하여 만든 -5.0V 및 +3.3V는 사람이 손으로 만져도 문제가 없지만, 220V의 교류 입력전원은 손으로 만지면 감전 사고를 일으킬 수 있다.

(2) 조립하지 않아도 되거나 대체품을 사용하는 경우

이 키트는 매우 많은 기능을 가지고 있으므로 경우에 따라서는 다음과 같이 일부 부품을 조립하지 않고 비워두거나 대체품으로 사용해도 무방하다.

① 이 키트에 교류 220V의 전원을 공급할 때 FG(Frame Ground)선을 연결하지 않는다면 커패시터 C1은 조립하지 않아도 된다. 이것은 정전기에 의하여 직류전원의 접지와 교류전원의 FG 단자 사이에 과도한 전위차가 발생하지 않도록 하는 소자인데, 키트에 FG선을 연결하지 않는다면 이 소자는 아무 소용이 없기 때문이다.

② Atmel-ICE를 사용하기 위한 6핀 컨넥터 CN3과 MPLAB PICkit 4 또는 MPLAB Snap을 사용하기 위한 8핀 컨넥터 CN4는 자신이 사용할 것을 선택하여 1가지만 조립해도 된다. 물론 이 2가지 컨넥터를 모두 조립하여 두면 필요할 때 어느 것이라도 즉시 쉽게 사용할 수 있다.

③ *OK-128DA* 키트에서는 AVR128DA64의 시스템 클록이 정확하게 24MHz로 동작하

도록 오실레이터 소자 X1을 사용한다. 시스템 클록 주파수의 정확성은 주기적인 인터럽트 발생이나 RS-232C 또는 RS-485와 같은 비동기 직렬통신을 위해서 매우 중요하다. 그러나, 이러한 사항들이 그다지 문제가 되지 않는 사용자라면 이 소자를 조립하지 않고 내부의 OSCHF를 24MHz로 설정하여 사용할 수도 있는데, 이때는 당연히 MCU_initialize() 함수에서 시스템 클록의 설정 부분을 그에 맞도록 수정해야 한다.

④ 이 키트의 부품 중에서 L1과 C6, C7은 마이크로컨트롤러의 아날로그 회로에 디지털 전원 +5V보다 더욱 안정된 직류 +5V 전원을 공급하기 위한 저역통과 필터 기능을 수행한다. 그러나, 만약 이러한 인덕터 소자를 가지고 있지 않은 상태에서 불가피하게 이 키트를 사용해야 하는 입장이라면 A/D 컨버터와 같은 아날로그 회로가 다소 불안정한 동작을 하는 것을 감수하겠다는 조건에서 L1을 그냥 점퍼선으로 연결하여 단락시켜도 된다.

⑤ 이 책에서는 온습도 센서 SHT85를 사용하지 않으므로 U6, R9, R10은 조립하지 않아도 된다.

⑥ 이 책에서는 마이크로 SD 카드나 SD 카드를 사용하지 않으므로 메인 보드의 컨넥터 CN5와 *TFT-32A* 보드에서 컨넥터 CN3을 조립할 필요가 없으며, 또한 메인 보드에서 R16, R17, Q2도 조립할 필요가 없다.

(3) *OK-128DA* 키트를 조립하고 나서 동작을 테스트하는 방법

이제 *OK-128DA* 키트의 조립이 모두 끝났으면 이것이 잘 동작하는지 테스트해야 한다. 여러분이 올바른 부품을 사용하여 제대로 납땜하였다면 틀림없이 잘 동작할 것이니 걱정할 필요는 없다. "잘 동작하도록 설계해 놓은 것을 동작하지 않게 조립하는 것도 보통 능력이 아니다!"라는 점을 상기하고, "남들은 이를 설계하고 만들기도 하는데 단지 조립하여 사용하라는 것을 못하랴!"라고 자신의 오기를 자극하시라.

이제 주변을 깨끗하게 정리한 후에 다음과 같은 순서로 테스트를 시작한다.

① 조립이 끝났으면 작업하던 테이블 위를 깨끗이 청소하고 다시 한번 조립상태를 세밀하게 점검하라. 부품이 바뀌지 않고 올바르게 선정되었는지, 극성이 바르게 조립되었는지, 납땜 상태는 양호한지 등을 중점적으로 체크한다.

② 이 키트에서 전원을 넣은 상태에서 PCB를 함부로 만지면 220V 교류전원에 감전될

수 있다는 점에 주의하라. PCB 기판의 모든 납땜이나 수정 작업은 반드시 전원을 끄고 실시하라.

③ 조립이 끝나면 *OK-128DA* 키트에는 아무 프로그램도 들어있지 않으므로 전원을 넣어봐야 아무 동작도 수행되지 않는다. 그러나, 전원을 투입하고 나서 LED3이 점등되는지, 텍스트 LCD와 TFT-LCD 화면에 백라이트 조명이 들어오는지 그리고 심하게 열이 나거나 연기가 나는 소자는 없는지 주의하여 관찰하는 것이 좋다.

④ 아직은 사용자가 직접 프로그램을 작성하는 것은 어려우므로 이 책의 예제 프로그램에 함께 제공되는 kit_test.hex 파일을 다운로드하여 실행한다. 그러기 위해서는 먼저 제3.2절에서 설명하는 것처럼 해당 소프트웨어를 설치하고 적절한 에뮬레이터의 사용 방법을 익혀야 한다.

⑤ 위의 ④에서 수행한 테스트 프로그램이 모두 올바르게 실행된다면 이제 여러분이 조립한 *OK-128DA* 키트는 거의 정상적으로 동작하는 것으로 봐도 좋다. 그러나, 동작에 문제가 있으면 회로도를 보면서 해당 부분의 하드웨어를 체크하여 수리해야 한다. 만약, 키트가 올바르게 동작하지 않고 스스로 이 문제를 해결할 능력이 부족하다면 전문가의 도움을 받는 것이 좋다.

예제 프로그램에 함께 제공되는 kit_test.hex 프로그램은 *OK-128DA* 키트의 각 부분 하드웨어 동작을 점검하기 위한 8가지의 테스트 프로그램으로서 이것을 실행하는 방법과 실행하였을 경우의 동작은 다음과 같다. 이 테스트 프로그램의 소스는 C언어로 작성하였으며 이 키트의 예제 프로그램과 함께 제공된다.

① 제3.2절의 설명에 따라 Microchip Studio 프로그램을 설치하고 기본적인 설정을 완료하라.

② 제3.2절의 설명에 따라 에뮬레이터를 사용하여 AVR128DA64의 퓨즈 비트를 아래와 같이 설정하라.

- 워치독 타이머 설정 퓨즈 FUSE_WDTCFG : 0x00
- 정전 검출기 설정 퓨즈 FUSE_BODCFG : 0x64
- 오실레이터 설정 퓨즈 FUSE_OSCCFG : 0x00
- 시스템 설정 0 퓨즈 FUSE_SYSCFG0 : 0xC9
- 시스템 설정 1 퓨즈 FUSE_SYSCFG1 : 0x07
- 코드 영역 사이즈 설정 퓨즈 FUSE_CODESIZE : 0x00
- 부트로더 영역 사이즈 설정 퓨즈 FUSE_BOOTSIZE : 0x00

③ 제3.2절의 설명에 따라 예제 프로그램을 설치하고, 에뮬레이터를 사용하여 지정된 폴더에서 kit_test.hex 파일을 찾아 키트에 다운로드하고 실행한다.

④ 이 프로그램을 실행하면 TFT-LCD의 화면에 8가지의 테스트 메인 메뉴가 나타난다. 그러면 KEY3과 KEY4로 테스트 메뉴를 선택하기 위하여 이동하고 KEY1로 현재의 메뉴를 선택하여 테스트 기능을 실행한다. 모든 테스트 결과는 화면에 표시되며, 각 테스트가 자동으로 종료되거나 또는 KEY4를 누르면 화면은 다시 테스트 메인 메뉴로 돌아온다.

⑤ 테스트 (1)은 TFT-LCD 모듈의 화면 표시 동작을 테스트하는 메뉴이다. 먼저 TFT-LCD 화면에 한글 및 영문 메시지를 출력하여 동작을 확인하고, 이어서 화면에 수평의 컬러 바(bar)를 출력하여 색깔이 올바르게 되는지 확인하며, 마지막으로 여러 가지의 수학적인 그래픽 함수 파형을 표시한다.

⑥ 테스트 (2)는 터치 스크린 테스트로서 사용자가 화면을 터치하면 그 좌표값이 화면에 표시되며, 4개의 지정된 아이콘을 누르면 지정된 기능이 수행된다.

⑦ 테스트 (3)은 LED1~2, 버저, CLKOUT의 출력 테스트로서 화면에 메시지를 표시하면서 이 3가지의 테스트를 차례로 수행한다. CLKOUT으로 출력되는 클록 주파수 신호는 테스트 단자 TP1에서 오실로스코프로 관측할 수 있다.

⑧ 테스트 (4)는 A/D 컨버터 테스트로서 AVR128DA64에 내장된 A/D 컨버터를 사용하여 ADC0(VR1 가변저항), ADC1(+5V 전원), ADC2(+3.3V 전원), 내부 채널 GND, 내부 온도센서 등을 A/D 변환하여 읽어들인다. 이렇게 읽어들인 전압값과 온도값은 소수점 아래 3째 자리까지 표시한다.

⑨ 테스트 (5)는 D/A 컨버터 출력 테스트로서 DAC0의 출력 단자를 통하여 1kHz의 삼각파와 정현파를 각각 10초씩 교대로 출력한다.

⑩ 테스트 (6)은 RS-232C 직렬통신 테스트로서 19200 bps로 송신한 데이터 문자열을 루프백 방법으로 수신하여 송신 데이터와 수신 데이터가 일치하는지를 확인하는 방법으로 직렬통신이 정상적으로 수행되는지 테스트한다. 이 테스트를 수행하려면 사용자가 <그림 3.1.8>과 같은 루프백 회로를 구성해 주어야 한다.

⑪ 테스트 (7)은 디지털 시계 프로그램 예제로서 DS3234 RTC를 사용하여 디지털 시

계를 구현한다. 이 디지털 시계에는 캘린더를 포함하며, 현재 시각을 설정하는 기능을 가지고 있다.

⑫ 테스트 (8)은 아날로그 시계 프로그램 예제로서 DS3234 RTC를 사용하여 아날로그 시계를 구현한다. 이 정도의 작은 화면에 멋지게 디스플레이되는 아날로그 시계를 감상할 수 있다. 아날로그 시계에도 캘린더와 디지털 시계가 포함되며, 현재 시각을 설정하는 기능을 가지고 있다.

◀휴게실▶ 전자 제품의 회로도와 PCB에서 유의할 사항

우리가 전자 제품의 회로도에서는 일반적으로 생략하지만 PCB 기판을 설계할 때는 다음과 같은 사항이 고려된다. 따라서, 이들 사항은 PCB를 조립하는 경우에도 충분히 알아두는 것이 좋다.

① 회로도에서 특히 IC 소자의 경우에는 전원 및 GND 단자가 생략되는 경우가 많다. 그러나, 기판 설계시에는 반드시 이를 각각 전원선 및 접지선에 연결해 주어야 한다. 따라서, 사용자가 조립후에 이를 계측기로 측정하거나 하드웨어 디버깅을 실시할 경우에는 해당 IC의 데이터 시트를 참고해야 한다.
② 기판 설계시에 전원선은 신호선과 달리 충분히 굵게 배선한다. 각 전원선의 굵기는 전류용량에 따라 상식적으로 판단하여 적절히 사용하면 된다.
③ 전원이 기판으로 공급되는 입구 부근에는 반드시 수십 μF 이상의 벌크 커패시터(bulk capacitor)를 설치한다. 기판이 크고 IC 논리소자가 많을 경우에는 IC 소자 10~30개 정도에 1개씩의 벌크 커패시터를 기판에 분포시켜 추가하는 것이 바람직하다. 벌크 커패시터는 먼 거리의 전원장치로부터 전원이 공급됨으로써 발생할 수 있는 전원선에서의 전압강하를 방지하거나, 부하에서 순간적으로 대전류를 필요로 할 때 이 커패시터에서 전류를 공급하는 역할을 수행함으로써 회로의 안정된 동작을 유지한다. 벌크 커패시터로는 대부분 수십 μF 이상의 전해 커패시터 또는 탄탈 커패시터를 사용한다. 탄탈 커패시터가 성능이 더 우수하지만 가격이 비싸다. 따라서, 사용자가 기판을 납땜하여 조립할 경우에도 이들 벌크 커패시터는 생략하지 말고 반드시 조립하는 것이 좋으며, 이들 커패시터의 극성 및 내압에도 주의해야 한다.
④ IC 논리소자는 ON, OFF의 스위칭 동작시에 순간적으로 꽤 큰 전류가 흐르거나 이 원인으로 전원에 서지(surge)성 잡음을 발생시켜 전원선으로 널리 퍼뜨림으로써 다른 회로의 동작에 나쁜 영향을 준다. 특히 디지탈 소자와 전원을 함께 사용하는 아날로그 회로가 있을 경우 이 아날로그 회로는 이러한 잡음에 의하여 나쁜 영향을 더 쉽게 더 많이 받는다. 이러한 디지털 회로의 전원 잡음 영향을 제거하기 위하여 사용하는 커패시터를 바이패스 커패시터(bypass capacitor) 또는 디커플링 커패시터(decoupling capacitor)라고 한다.(*OK-128DA* 키트 V1.0의 경우에는 이 바이패스 커패시터를 회로도에 소자 번호 BC1~BC12로 표시하였지만, 많은 회로도에는 바이패스 커패시터를 표시하지 않고 생략하기도 한다. 기판에서 이들 바이패스 커패시터에는 부품번호를 표시하지 않는 경우도 있다.) 바이패스 커패시터로는 0.01~0.1[μF]의 고주파 특성이 좋은 세라믹 커패시터 또는 필름 커패시터를 사용한다. 이들 바이패스 커패시터는 IC 소자 2~3개에 1개 정도씩 가급적이면 많이 배치할수록 동작이 안정되며, 해당 소자들에서 가장 가까운 곳에 설치하여 PCB 전체에 널리 골고루 분포시킨다. 따라서, 사용자가 기판을 납땜하여 조립할 경우에도 이들 바이패스 커패시터는 생략하지 말고 반드시 조립하는 것이 좋다.
⑤ 기판상에서 부품간의 배선은 최단거리 배선을 원칙으로 하며, 특히 동작 주파수가 높은 신호의 배선이나 굵기가 가는 신호선의 배선은 90°로 꺾지 않고 45°정도로 처리한다.

이상의 테스트를 실시하면서 정상 동작 여부를 확인하여 만약 *OK-128DA* 키트의 동작에 문제가 있다면 원인을 찾아 조치해야 한다. 마이크로프로세서의 초보자거나 AVR128DA64 마이크로컨트롤러에 익숙하지 않은 사용자라면 키트를 점검하는 일은 쉽지 않지만, 자신의 실제 키트와 책의 회로도를 대조하면서 원리적으로 차분히 접근하면 꼭 어려운 것만도 아니어서 대부분의 오류는 무난하게 찾아낼 수가 있다.

하드웨어를 디버깅할 때는 적절한 계측기가 필요하며, 자신의 눈이나 감각으로 직접 부품의 납땜 상태나 소자의 핀 접속 상태 또는 동작중 과열 여부 등 여러 가지의 상태를 확인하는 것이 중요하다. 키트 동작의 오류는 거의 대부분 납땜 불량이나 부품의 오삽 등과 같은 작업자의 실수에 의하여 발생하므로 자신의 눈이나 확대경 등을 사용하여 키트를 세밀하게 관찰하면서 문제의 원인이나 오류를 찾아내야 한다.

5. RS-232C 직렬통신 케이블의 제작

OK-128DA 키트에서는 컨넥터 CN5를 통하여 외부와 RS-232C 직렬통신을 수행할 수 있다. 이에 사용되는 통신 케이블은 시중에서 구입할 수도 있지만, 만약 필요하다면 <그림 3.1.7>을 보면서 사용자가 이를 직접 만들 수도 있다.

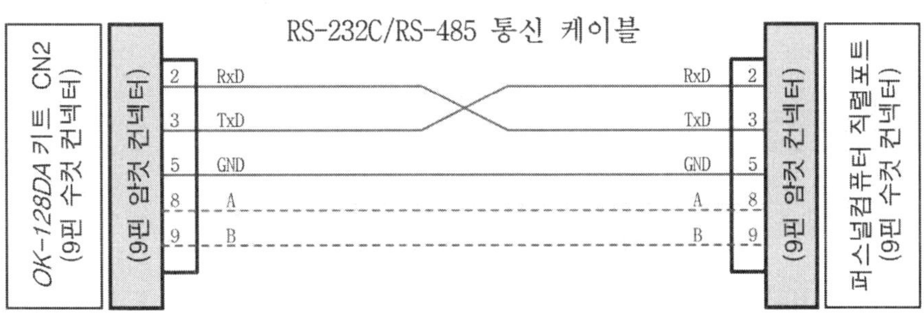

〈그림 3.1.7〉 RS-232C 및 RS-485 직렬통신용 케이블의 결선도

RS-232C의 컨넥터는 컴퓨터와 같은 DTE(Data Terminal Equipment, 데이터 단말장치)측에 D형 컨넥터의 수컷을 사용하고, 모뎀과 같은 DCE(Data Communication Equipment 또는 Data Circuit-Terminating Equipment, 회선 종단장치)측에 D형 컨넥터의 암컷을 사용하도록 되어 있다. 그러나, *OK-128DA* 키트는 DTE로서 퍼스널컴퓨터와 직접 즉, DTE끼리 직접 통신을 수행하므로 RS-232C 통신 케이블의 양쪽에는 모두 암컷 컨넥터를 사용해야 한다. 그러므로 키트의 컨넥터 CN2는 당연히 수컷으로 되어 있다. 흔히 마이크로프로세서 트레이닝 키트의 직렬통신 포트에 암컷 컨넥터를

사용하는 경우가 있으나 이는 잘못된 것이다.

일부의 통신 프로그램에서는 RS-232C 통신 케이블에서 TxD 및 RxD 신호는 물론이고 $\overline{RTS}$, $\overline{CTS}$, $\overline{DTR}$, $\overline{DSR}$과 같은 모뎀제어 신호를 사용하여 핸드세이킹 제어를 수행하는 경우도 있지만 대부분의 마이크로컨트롤러에서는 TxD 및 RxD 신호만을 사용하여 간단히 RS-232C 규격의 비동기 직렬통신을 수행한다. 따라서, 이런 경우에는 퍼스널컴퓨터측의 직렬통신 프로그램에서도 핸드세이킹 제어를 사용하지 않도록 설정해야만 정상적으로 통신을 수행할 수 있다.

RS-232C 통신 케이블의 길이는 규격상 최대 15m까지 사용할 수 있다. 그러나, 우리의 경우처럼 가까운 거리에서 퍼스널컴퓨터와 *OK-128DA* 키트 사이에 통신할 것이라면 1m 정도의 길이로 만들면 충분하다.

이 케이블은 2개의 *OK-128DA* 키트 사이에 RS-485 통신을 수행하는데도 사용할 수 있도록 컨넥터의 8번 및 9번 핀에 각각 A, B 신호를 연결한다. RS-485 통신에서는 사용하는 컨넥터의 모양이나 핀 배열 등과 같은 물리적인 규격이 정해져 있지 않으므로 이처럼 사용자가 임의로 정하여 사용할 수 있다.

◀참고▶ 시중에서 상업용으로 판매하는 RS-232C 직렬통신 케이블을 구입할 경우에는 이를 직렬포트 연장 케이블과 혼동하면 안된다. **RS-232C 직렬통신 케이블**은 양쪽 모두 9핀 암컷 컨넥터로 되어 있지만, **직렬포트 연장 케이블**은 한쪽이 9핀 암컷 컨넥터로 되어 있고 다른 한쪽은 9핀 수컷 컨넥터로 되어 있다.

나중에 *OK-128DA* 키트에서 USART 포트의 동작을 확인하기 위한 루프백 테스트(loopback test)를 실시할 경우에는 RS-232C 직렬통신 케이블을 <그림 3.1.8>과 같이 결선하면 된다.

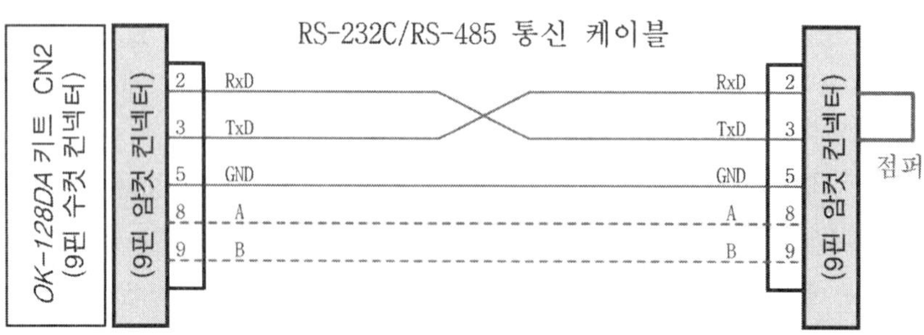

〈그림 3.1.8〉 RS-232C 직렬통신의 루프백 테스트 결선도

3.2 AVR128DA64의 개발 툴

여기서는 AVR 계열의 AVR128DA64 마이크로컨트롤러를 사용하여 응용 시스템을 개발하는데 필요한 여러 가지 하드웨어 및 소프트웨어 개발 툴(development tool)을 소개하고 설명한다. AVR128DA64에서는 이제는 더 이상 AVRISP mkII 다운로드 케이블을 지원하지 않으며, 오직 UPDI(Unified Program and Debug Interface) 규격을 지원하는 에뮬레이터만을 사용해야 한다.

1. 하드웨어 및 소프트웨어 개발 툴

Atmel사의 AVR 마이크로컨트롤러가 그 역사가 매우 짧은데도 불구하고 오늘날처럼 많은 사용자를 확보하면서 크게 인기를 얻게 된 것은 소자의 성능이 뛰어나고 편리한 ISP(In-System Programming) 기능을 가지는 등의 장점 때문이며, 또 한편으로는 여기에서 필요로 하는 개발 툴을 대부분 무료 또는 매우 저가격으로 사용할 수 있다는 점 때문이기도 하다.

소프트웨어 개발 툴은 여러 회사에서 상업적으로 판매하는 것도 많지만, Atmel사에서 무료로 제공하는 AVR Studio와 매크로 어셈블러 및 GCC 계열의 공개 C컴파일러인 WinAVR을 사용할 수 있었다. 이것들은 모두 무료로 제공되지만 한정된 기능을 가지는 데모 버전(demonstration version) 또는 평가용 버전(evaluation version)이 아니라 이른바 풀 버전(full version)의 정품이었다. Atmel사가 Microchip Technology에 인수 합병된 이후에도 현재까지 이들 소프트웨어는 Microchip Studio V7이라는 소프트웨어 패키지로 계속 지원되고 있다. 또한, Microchip Technology사에서는 기존의 PIC 전용이었던 MPLAB XC8 컴파일러에서 AVR 마이크로컨트롤러도 지원하게 됨으로써 현재는 이들 2가지의 C 컴파일러를 모두 사용할 수 있다. 그러나, 이 회사에서 그동안 펼쳐왔던 여러 가지의 정책과 상황으로 미루어 보면 아마 불행하게도 궁극적으로는 Microchip Studio V7을 단종하고 MPLAB XC8로 단일화되지 않을까 하는 우려가 된다. 그러나, 그럼에도 불구하고 이 책에서는 그동안 우리가 오랫동안 익숙하게 사용해왔던 WinAVR 계열의 Microchip Studio V7를 기본으로 사용한다.

하드웨어 개발 툴의 경우 기존의 AVR에서는 퍼스널컴퓨터의 직렬포트형 ISP 다운로드 케이블과 병렬포트형 ISP 다운로드 케이블에 이어서 USB형 다운로드 케이블이 널리 사용되어 왔고, 이것들은 많은 업체에서 저렴한 호환 기종으로 제조 판매하였으며 사용자가 어렵지 않게 이를 직접 만들어서 사용할 수도 있었다. 그러나, 이제 AVR128DA64와 같이 Microchip Technology사에서 새로 개발하여 출시한 AVR 모델에서는 더 이상 AVR ISP를 사용하지 못하며 오직 UPDI 규격을 지원하는 에뮬레이터만을 사용해야 한다.

(1) 소프트웨어 개발 툴

AVR의 소프트웨어 개발 툴은 어셈블러, C컴파일러, IDE 소프트웨어, AVR ISP 다운로드 프로그램 등으로 나눌 수 있다.

▣ 어셈블러

AVR용의 크로스 어셈블러(cross assembler)에는 여러 가지가 있으나 가장 대표적인 것은 Atmel사의 매크로 어셈블러 AVRASM2.EXE이다. 이것은 IDE 소프트웨어인 AVR Studio에 기본으로 포함되어 제공되었으며, 현재의 Microchip Studio V7에 이르기까지 지속적으로 사용되고 있다.

오늘날의 개발자들은 어셈블리 언어보다는 C언어를 훨씬 더 많이 사용하는 경향이 있으며, 더구나 AVR은 처음부터 C언어를 사용하는데 적합하도록 최적화되어 개발된 마이크로컨트롤러이므로 여기서 어셈블리 언어를 사용하여 프로그램을 작성하는 개발자는 더욱 적어졌다. 그러나, 그래도 역시 어셈블리 언어는 임베디드 시스템 분야에서 세밀한 하드웨어적인 동작에 관하여 훨씬 뛰어난 장점을 가지고 있으며 이는 여전히 C언어가 도저히 따라올 수 없는 영역이라는 점을 부정하기는 어렵다.

▣ C 컴파일러

현재까지 가장 널리 사용되어 온 AVR을 위한 상업용 크로스 C컴파일러는 IAR사의 IAR Embedded Workbench for AVR이라는 C컴파일러로 알려져 있다. 이는 AVR 마이크로컨트롤러를 개발할 때 처음부터 Atmel사의 AVR 개발팀과 IAR사의 C컴파일러 개발팀이 기술적으로 긴밀한 협조 속에서 작업을 수행하였기 때문에 AVR용 C컴파일러 중에서 가장 먼저 출시되었다는 점은 물론이고 그만큼 AVR 마이크로컨트롤러의 특성을 잘 이용하도록 만들어진 C컴파일러라는 장점을 가지고 있기 때문이다.

이밖에도 AVR용 C컴파일러에는 여러 가지가 있으나, 적어도 AVR에 관한한 우리는 이런 상업용 C컴파일러를 구입하여 사용할 필요가 별로 없다. 그것은 무료 소프트웨어의 대명사인 GNU 그룹에서 개발한 GCC 계열의 WinAVR C컴파일러를 무료로 사용할 수 있기 때문이다. 현재의 WinAVR은 매우 개선되고 안정되어 어느 상업용 C컴파일러와 비교하더라도 거의 손색이 없는 정도이며, 필요할 때마다 지속적으로 버전업되고 있고 또한 새로운 AVR 모델이 출시될 때마다 이를 빠르게 지원하기 위한 기능이 추가되고 있다.

초창기의 WinAVR 소프트웨어 패키지에는 만족할만한 IDE를 가지고 있지 않아서 사용자에게 다소 불편함이 있었지만, 나중에는 이것이 내부적으로 WinAVR과 연계되어 편리하게 사용할 수 있게 되었고 결국에는 이 WinAVR C컴파일러를 Atmel사에서 직접 관리하면서 버전업하여 제공하였다. Microchip Technology에서 Atmel을 인수 합병한 이후에도 계속하여 Microchip Studio에서 직접 WinAVR을 관리하고 있으므로 현재도 우리는 이 C컴파일러를 무료로 안정되게 사용할 수 있다. 따라서, 이 책에서는 Microchip Studio V7에 기본으로 포함되어 제공되는 WinAVR 컴파일러를 사용하여 프로그램할 것이며, 이것을 설치하는 방법은 뒤에서 곧 설명할 것이고, 이 C컴파일러의 기능이나 문법은 제3.3절에서 요약하여 설명한다.

▣ IDE 및 디버거 소프트웨어

IDE(Integrated Development Environment)는 에디터, 어셈블러, C컴파일러, 링커, 다운로더, 디버거 등 사용자가 프로그램 개발에 필요한 모든 소프트웨어를 종합적으로 사용할 수 있는 통합 관리 프로그램이라고 할 수 있다. IDE는 에디터와 디버거를 포함하는 경우가 많으며, 독립적인 제품으로 판매되기도 하지만 대부분의 경우에는 기본적으로 매크로 어셈블러, C컴파일러와 함께 패키지로 제공된다. Microchip Studio는 IDE와 에디터, 매크로 어셈블러, C컴파일러, 디버거를 모두 포함하고 있는 종합적인 마이크로컨트롤러용 소프트웨어 패키지이다.

디버거(debugger) 소프트웨어는 에뮬레이터를 그림자처럼 따라다니며 함께 사용된다. 디버거 소프트웨어와 에뮬레이터 장비를 사용하면 어셈블리 언어 또는 C언어 레벨에서 프로그램을 실행하면서 사용자가 실시간으로 디버깅을 수행할 수 있다. 이러한 디버깅을 위한 기능에는 사용자 프로그램의 다운로드 및 실행, 싱글 스텝 트레이스(single-step trace), 브레이크 포인트, 메모리 액세스, 레지스터 및 변수값의 실시간 워치(watch) 등이 있다.

(2) 하드웨어 개발 툴

AVR의 하드웨어 개발 툴은 평가용 보드와 에뮬레이터 그리고 이것들에 관련된 소프트웨어 등으로 나눌 수 있다. 종래의 AVR 마이크로컨트롤러에서는 AVR ISP 다운로드 케이블도 중요한 하드웨어 개발 툴이었으나 이제 AVR128DA64에서는 더 이상 사용하지 못한다.

▣ 평가용 보드

평가용 보드(evaluation board 또는 evaluation kit)는 마이크로컨트롤러를 사용하여 기본적인 하드웨어 설계 기술을 배우고 이를 직접 사용해 봄으로써 마이크로컨트롤러의 하드웨어 또는 소프트웨어 성능이나 응용 분야를 평가해 볼 수 있도록 해당 마이크로컨트롤러의 제조사 또는 협력사에서 개발 판매하는 간단한 트레이닝 보드이다. 이 마이크로컨트롤러를 처음 익히는 사람은 평가용 보드를 사용하여 짧은 시간에 저렴한 비용으로 많은 경험을 쌓을 수 있으므로 이를 스타터 키트(starter kit)라고 부르는 경우도 있다.

그러나, 해당 마이크로컨트롤러 모델이 출시된지 얼마 되지 않아서 이를 이용한 응용설계 기술이 널리 소개되지 않았거나 또는 개발 툴을 구하기 어려운 경우라면 모르지만, 오늘날처럼 관련 정보의 획득이 용이하고 AVR을 사용하기 쉬운 환경에서는 평가용 보드나 스타터 키트의 필요성이 상당히 적어졌다.

▣ 에뮬레이터

사용자가 작성한 프로그램을 타겟 보드(target board)로 다운로드하여 실시간으로 실행하면서 하드웨어나 소프트웨어의 오류를 쉽게 디버깅(debugging)할 수 있도록 도와주는 하드웨어 장비를 에뮬레이터(emulator)라고 한다. 일반적으로 에뮬레이터에는 타겟 보드에 사용자 프로그램을 다운로드(In-Circuit Programming)할 수 있고, 다운로드한 프로그램을 1개의 명령어씩 실행하는 싱글 스텝(single step) 또는 트레이스(trace) 기능, 사용자가 원하는 위치까지 프로그램을 실행한 후에 정지시키는 브레이크 포인트(break point) 기능, 프로그램의 실행 상황을 실시간으로 화면에 보여주는 윈도우 워치(window watch) 기능 등을 가지고 있다.

초창기의 마이크로프로세서에서는 CPU 소켓에 직접 포드(pod)를 접속하여 사용하는 ICE(In-Circuit Emulator) 형태의 에뮬레이터가 많았으나, 그 이후 현재까지는 IEEE 1149.1 표준의 JTAG(Joint Test Access Group) 인터페이스를 사용하는 방식이 널리 사용되어 왔다. 그러나, 최근의 마이크로컨트롤러에서는 독자적인 통신 규격을 가지는 전용의 에뮬레이터를 사용하는 경우가 많은데, 아마 이것은 기술 보안상의 문제나 가격적인 문제 때문일 것으로 추측된다. AVR128DA64에서도 독자적인 UPDI 인터페이스 방식의 에뮬레이터를 사용한다.

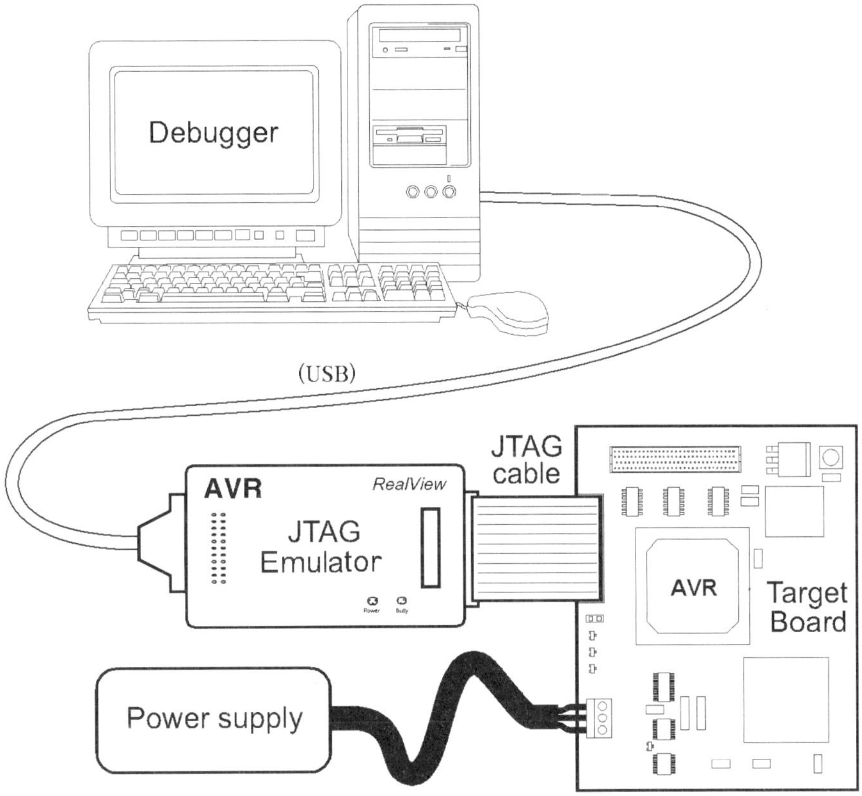

〈그림 3.2.1〉 JTAG 에뮬레이터와 디버거를 사용한 AVR 개발 시스템의 구성

2. Atmel-ICE 에뮬레이터

Atmel-ICE는 종래에 Atmel사에서 출시하였던 8비트 AVR 마이크로컨트롤러와 32비트 AVR32 계열 마이크로컨트롤러, 그리고 32비트 ARM Cortex-M 계열의 Atmel SAM 마이크로컨트롤러는 물론이고, Microchip Technology에서 새로 개발하여 출시한 AVR 모델에서의 UPDI 인터페이스까지 모두 지원하는 에뮬레이터(emulator)이다. 여기에 AVR 마이크로컨트롤러를 접속하여 사용하려면 모델에 따라 JTAG 또는 PDI (Program and Debug Interface) 인터페이스로 연결하고, ARM Cortex-M 마이크로컨트롤러를 접속하여 사용할 때는 JTAG 또는 SWD(Serial Wire Debug) 인터페이스로 연결하며, AVR128DA64에서는 UPDI 인터페이스로 연결한다.

이를 위해 Atmel-ICE는 <그림 3.2.2>의 (b)에 보인 것처럼 2개의 타겟 보드용 컨넥터를 가지고 있는데, 왼쪽은 ARM Cortex-M 마이크로컨트롤러 SAM 시리즈에 연결하기 위한 50MIL(=1.27mm) 간격의 10핀 컨넥터이고, 오른쪽은 AVR 마이크로컨트롤러에 연결하기 위한 50MIL 간격의 10핀 컨넥터이다. 퍼스널컴퓨터와 이 에뮬레이터 본체는 USB 케이블로 연결된다.

(a) 전체 구성

(b) 에뮬레이터 본체

〈그림 3.2.2〉 Atmel-ICE 에뮬레이터의 구성품

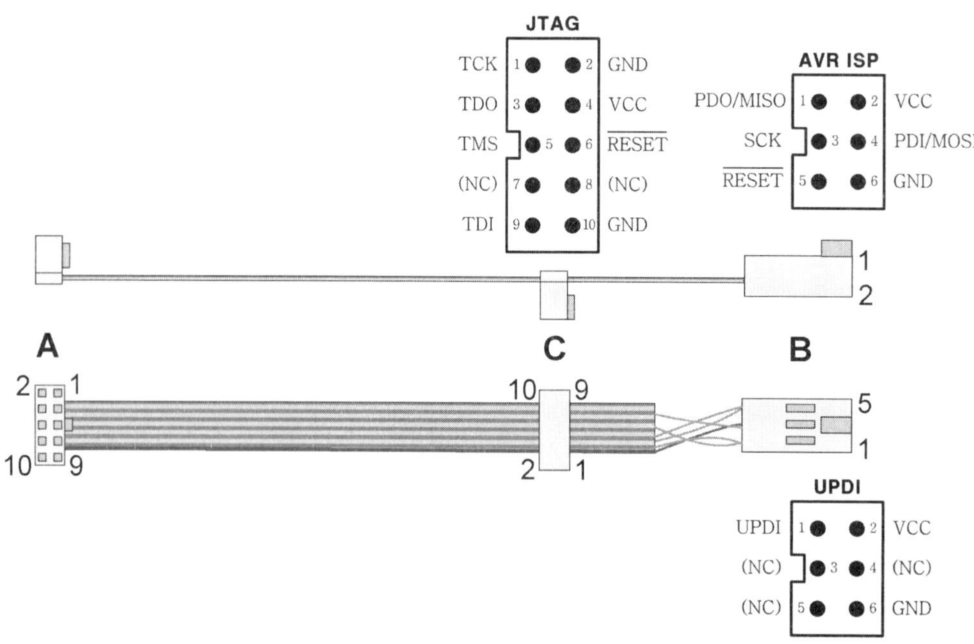

〈그림 3.2.3〉 Atmel-ICE 에뮬레이터에서 타겟 보드 접속용의 플랫 케이블 및 컨넥터

우리의 경우처럼 AVR 마이크로컨트롤러만을 사용하려는 사람이 <그림 3.2.2>와 같은 Atmel-ICE 제품 전체를 구입하려면 가격도 비싸지며 사용하지 않는 액세서리가 몇가지 존재한다. 이런 경우에는 축소된 에뮬레이터 모델 Atmel-ICE-BASIC을 구입하는 것이 바람직한데, 여기에는 AVR을 사용하는데 필요없는 액세서리가 제외되어 가격이 훨씬 저렴해진다.

Atmel-ICE-BASIC 모델은 에뮬레이터 본체와 USB 케이블, 그리고 <그림 3.2.3>과 같은 타겟 보드 접속용의 플랫 케이블 등 3가지의 하드웨어로 구성된다. 종래의 AVR 모델에서는 이 케이블의 A로 표시한 컨넥터를 에뮬레이터 본체의 오른쪽 AVR 컨넥터에 연결하고, B컨넥터와 C컨넥터를 각각 AVR ISP 다운로드 케이블과 JTAG 에뮬레이터 연결용으로 사용하였다. 그러나, 이 책과 *OK-128DA* 키트 V1.0에서는 이 케이블의 A컨넥터를 에뮬레이터 본체의 오른쪽 AVR 컨넥터에 연결하고, B컨넥터를 UPDI 연결용으로 사용하여 *OK-128DA* 키트의 6핀 컨넥터 CN3에 연결한다.

Atmel-ICE 에뮬레이터의 내부 구조는 <그림 3.2.4>의 블록도와 같다. 이 회로는 퍼스널컴퓨터에 연결된 USB 2.0 케이블의 +5V 전원으로 동작하며, 전체의 기능을 제어하는 제어기로는 AT32UC3A4256 마이크로컨트롤러를 사용하고 있다. AVR 또는 SAM 계열의 타겟 보드와 연결되는 신호의 전압 레벨은 1.62~5.5V 범위에서 동작할 수 있으므로 이 에뮬레이터는 3.3V 회로와 5V 회로에서 모두 사용할 수 있다.

에뮬레이터 본체에는 3개의 LED가 있는데, 가운데의 적색 LED는 에뮬레이터의 전원이 정상인지를 표시하는 LED이고, 왼쪽의 녹색 LED는 타겟 보드의 전원이 정상인지를 표시하는 LED이며, 오른쪽의 녹색 LED는 타겟 보드의 프로그램이 정상적으로 실행되고 있을 때 깜빡이는 상태 표시 LED이다.

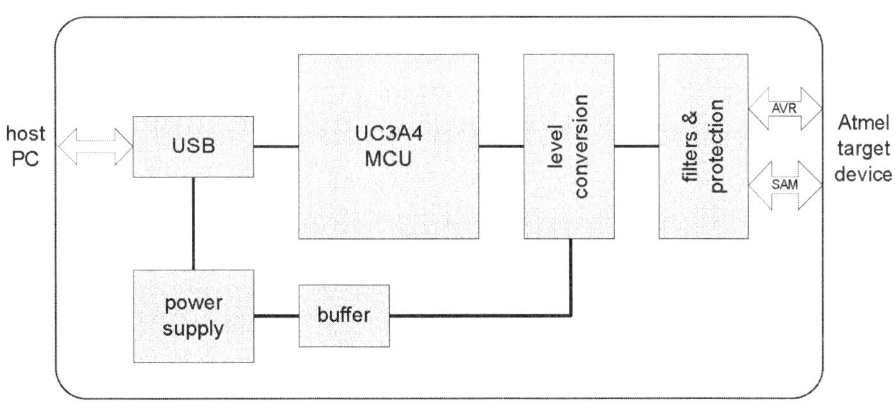

〈그림 3.2.4〉 Atmel-ICE 에뮬레이터의 내부 구성 블록도

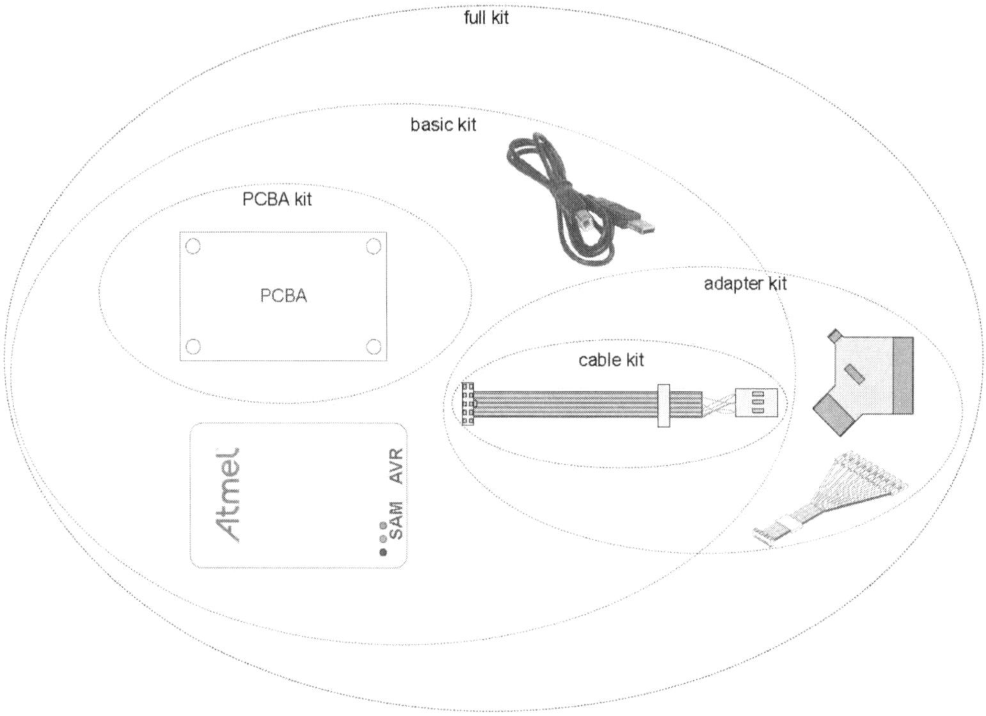

PCBA Kit	Atmel-ICE BASIC	Atmel-ICE
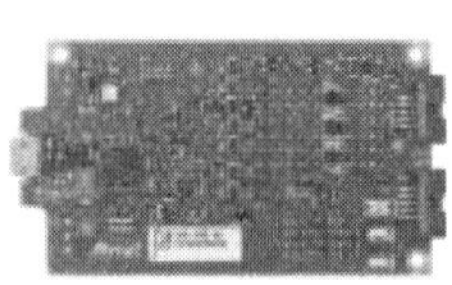	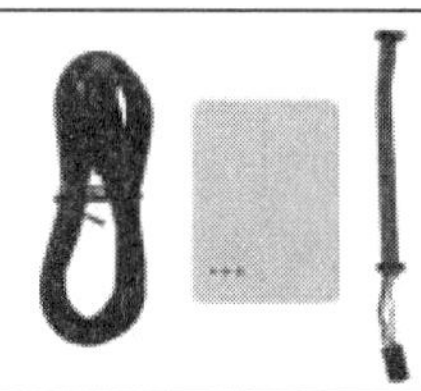	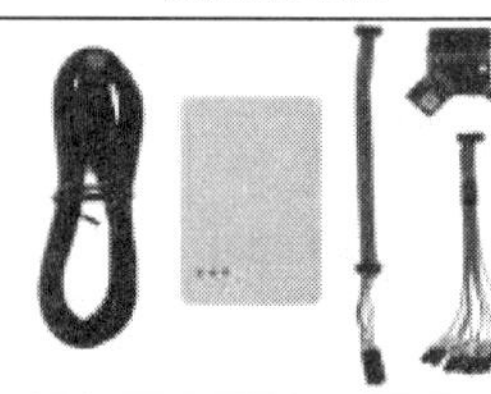

〈그림 3.2.5〉 Atmel-ICE 에뮬레이터의 3가지 구입 방법

Atmel-ICE 에뮬레이터는 <그림 3.2.5>에 보인 것처럼 3가지의 형태로 구입할 수 있다. 첫째는 Atmel-ICE-PCBA로서 본체의 케이스를 사용하지 않고 내부 컨트롤 보드만 구입하는 것이며, 당연히 가장 저렴한 구성이다. 둘째는 Atmel-ICE-BASIC으로서 본체와 USB 케이블, 그리고 타겟 보드 연결 케이블 1개 등 가장 실용적인 3가지로 구성되며, 이 책에서는 이를 구입하도록 권장한다. 세번째는 Atmel-ICE로서 이는 모든 구성품을 포함하는 full kit이며, 당연히 가격이 가장 높다. 그밖에 cable kit나 adapter kit와 같은 액세서리만 별도로 구입할 수도 있다.

3. MPLAB PICkit 4 에뮬레이터

MPLAB PICkit 4는 원래 Microchip Technology사의 PIC 및 dsPIC 마이크로컨트롤러를 위한 에뮬레이터였으나, 소프트웨어 개발 툴 MPLAB X IDE V4.15에서부터는 이전에 Atmel사에서 출시하였던 8비트 AVR 모델과 Microchip Technology에서 새로 출시한 모든 AVR 마이크로컨트롤러까지 사용할 수 있도록 지원하는 에뮬레이터이다. 이것은 JTAG, SWD, UPDI, PDI, SPI, TPI, debugWIRE 등의 인터페이스를 모두 지원한다. 타겟 보드의 전원은 3.3V와 5V를 모두 사용할 수 있다. 호스트 컴퓨터와는 micro-B형의 컨넥터를 사용하여 USB V2.0으로 연결된다.(☞ Microchip Studio에서는 이 에뮬레이터가 아직 불안정하여 사용을 권장하지 않는다.)

MPLAB PICkit 4는 USB 케이블과 본체로 간단하게 구성되며, <그림 3.2.6>과 같이 2.54mm 8핀의 female header를 사용하여 타겟 보드와 연결한다. 이 컨넥터로 타겟 보드와 직접 연결하는 것이 불편한 경우에는 Microchip Technology에서 제공하는 adapter를 사용하기도 하고, 이 그림에 보인 것처럼 적절한 길이의 8핀 male header를 사용하기도 하며, 사용자가 원하는대로 전용의 접속 케이블을 만들어 사용하는 경우도 있다. *OK-128DA* 보드에서는 직접 연결하는 것으로 한다.

MPLAB PICkit 4의 8핀 female header는 단순하게 일직선으로 배열된 컨넥터이므로 물리적으로 정방향으로 꽂을 수도 있고 역방향으로 꽂을 수도 있으므로 이를 타겟 보드와 연결할 때 방향에 매우 주의해야 한다. 이를 역방향으로 잘못 꽂는 사고를 방지하기 위하여 에뮬레이터 및 *OK-128DA* 보드에서는 1번 핀에 ▶ 및 ◀ 표시를 해놓았으므로 항상 이 표시가 있는 방향이 서로 일치하도록 연결하면 된다.

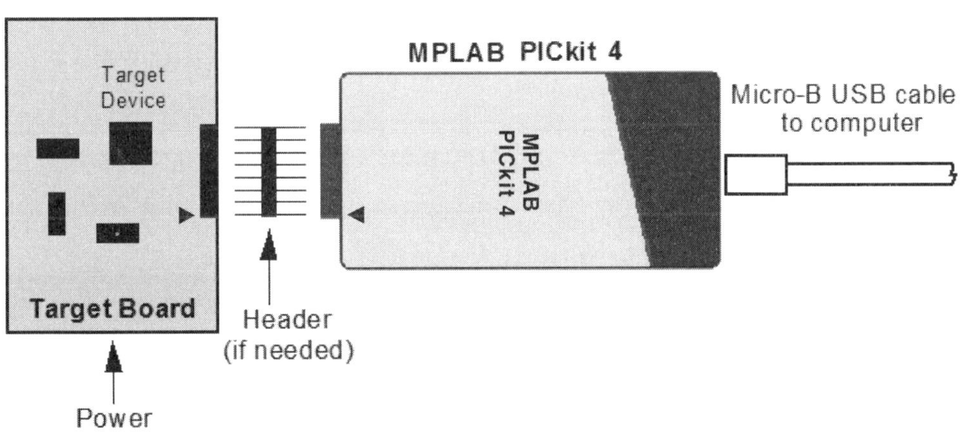

〈그림 3.2.6〉 MPLAB PICkit 4 에뮬레이터의 구성 및 연결 방법

MPLAB PICkit 4 에뮬레이터에서 타겟 보드를 연결하기 위한 8핀 컨넥터의 핀 번호와 이름을 요약하면 <표 3.2.1>과 같다. AVR128DA64와 *OK-128DA* 키트는 이중에서 UPDI 인터페이스를 사용한다.

〈표 3.2.1〉 MPLAB PICkit 4 에뮬레이터의 컨넥터 기능

핀 번호	핀 이름	Cortex-M SWD	AVR JTAG	AVR ISP	TPI	debug WIRE	PDI	UPDI
1 ◀	TVPP	$\overline{\text{MCLR}}$						
2	TVDD	VTG	VTG	VTG	VTG	VTG	VTG	VTG
3	GND	GND	GND	GND	GND	GND	GND	GND
4	PGD	SWO	TDO	MISO	DAT		DAT	DAT
5	PGC	SWCLK	TCK	SCK	CLK			
6	TAUX		$\overline{\text{RESET}}$	$\overline{\text{RESET}}$	RST	dW	CLK	
7	TTDI		TDI	MOSI				
8	TTMS	SWDIO	TMS					

4. MPLAB Snap 에뮬레이터

MPLAB Snap은 MPLAB PICkit 4 에뮬레이터의 저가격형으로 나온 제품이다. MPLAB PICkit 4가 10만원을 넘는 가격인데 비하여 MPLAB Snap은 그 절반 정도의 가격이다. 그러나, 이것은 소프트웨어 개발 툴 MPLAB X IDE V5.05 이상에서만 사용할 수 있으며, Microchip Studio에서는 이 에뮬레이터의 사용을 권장하지 않는다.

MPLAB Snap은 저가격형이라서 달랑 본체 1개만으로 구성되며, 여기서는 USB 케이블조차 제공하지 않으므로 사용자가 MPLAB PICkit 4에서와 같은 micro-B형 USB 케이블을 구하여 사용해야 한다. 이것은 <그림 3.2.7>과 같이 케이스가 없는 PCB 형태의 본체로 되어 있으며, 타겟 보드를 연결하는 컨넥터는 MPLAB PICkit 4와 동일한 2.54mm 8핀의 female header로 되어 있다. 이 컨넥터의 핀 번호 및 기능도 <표 3.2.1>에서의 UPDI 인터페이스를 그대로 사용한다. 따라서 이를 *OK-128DA* 보드에서 사용하려면 컨넥터를 역방향으로 잘못 꽂지 않도록 에뮬레이터와 키트 컨넥터 CN4의 1번 핀에 ▶ 및 ◀ 표시가 서로 일치하도록 연결하여 사용해야 한다.

Microchip Technology에서는 MPLAB Snap을 AVR 마이크로컨트롤러에서 사용하려면 특별히 본체에서 풀다운 저항 R48을 제거한 후에 사용하라고 권장하고 있다.

MPLAB Snap에는 녹색과 황색인 2개의 LED를 가지고 있는데, 이 에뮬레이터에 전원이 투입되어 동작 대기 상태일 때는 녹색 LED만 켜져 있고, 정상적으로 동작 중

일 경우에는 황색 LED가 켜져 있거나 빠르게 점멸한다. 그러나, 에뮬레이터에서 에러가 발생하면 에러의 종류에 따라 이들 LED가 여러 가지 방법으로 에러를 표시한다.

MPLAB Snap은 저가격형 제품인만큼 MPLAB PICkit 4에 비하여 일부 기능이 축소 또는 생략되어 있는데, 이 2가지 제품의 차이점을 요약하면 <표 3.2.2>와 같다.

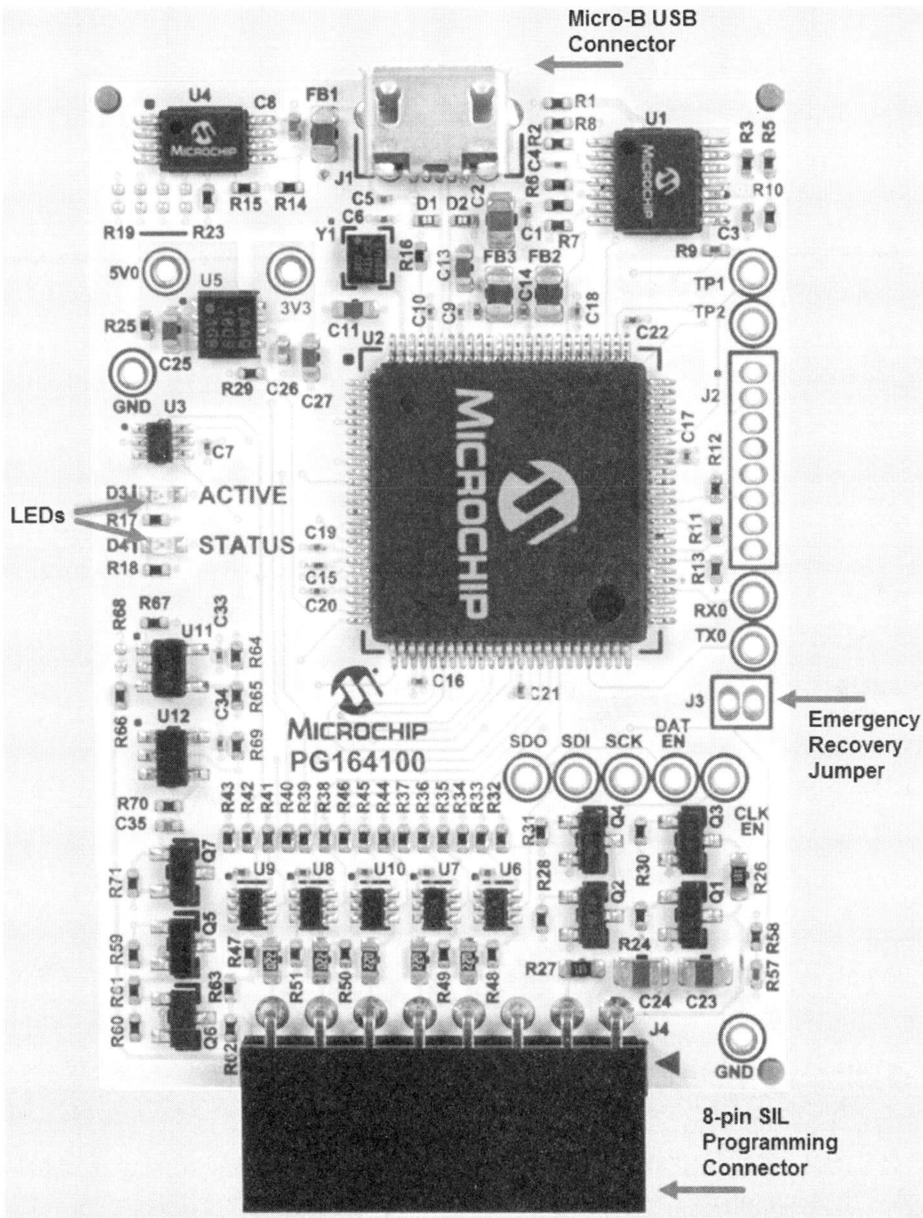

〈그림 3.2.7〉 MPLAB Snap 에뮬레이터의 구성 및 연결 방법

〈표 3.2.2〉 MPLAB Snap이 MPLAB PICkit 4에 비하여 달라진 사항 요약

항목	MPLAB Snap	MPLAB PICkit 4
소프트웨어 지원	MPLAB X IDE V5.05 이상	MPLAB X IDE V4.15 이상
케이스(enclosure)	×	○
USB 케이블 제공	×	○
USB Speed	High	High
Target power	○	○
Voltage monitoring	×	○
Current sensing	×	○
동작 상태 표시	LED 2개	RGB indicator
ARM Cortex-M SWD	○	○
ARM Cortex-M JTAG	○	○
AVR JTAG	○	○
AVR ISP	○	○
TPI	○	○
debugWIRE	○	○
PDI	○(low voltage only)	○
UPDI	○(low voltage only)	○
Software breakpoints	○	○
Buffered pin drivers	○	○
Products supported	Most flash MCUs	All flash MCUs
Programmer-to-Go mode	×	○
Production programmer	×	○(Micro SD card)

◀휴게실▶ **에뮬레이터를 사용할 때 유의할 사항**

① 모든 에뮬레이터를 사용할 때 타겟 보드(*OK-128DA* 키트)의 전원이 켜져 있는 상태에서는 절대로 에뮬레이터와 타겟 보드 사이의 컨넥터를 연결하거나 제거하지 말아야 한다. 타겟 보드의 전원을 끈 상태에서만 이 컨넥터를 연결하거나 제거할 수 있다.

② 가끔 에뮬레이터가 정상적으로 동작하지 않는 경우가 발생하면 이는 USB 통신의 문제일 경우가 많으므로 컴퓨터와 타겟 보드의 전원이 모두 켜져 있는 상태에서 USB 케이블을 뺐다가 다시 꽂으면 대부분 정상으로 돌아온다.

③ USB 케이블의 길이는 최소한으로 짧은 것을 사용하는 것이 좋다.

④ MPLAB PICkit 4 또는 MPLAB Snap 에뮬레이터는 *OK-128DA* 키트의 컨넥터 CN4에 직접 세워 꽂고 사용하게 되므로 자칫하면 이 컨넥터를 부러뜨릴 수 있으니 주의해야 한다. 이것이 우려된다면 에뮬레이터와 키트 사이에 이것들을 연결하는 어댑터 케이블을 만들어 사용하는 것이 좋다.

⑤ 이 책에서는 에뮬레이터를 다운로드 케이블처럼 사용자 프로그램을 키트에 다운로드하는 용도로 주로 사용한다. 그러나, 사용자 프로그램을 실행하면서 디버깅하는 용도로 에뮬레이터를 사용하고자 하면 자신이 직접 에뮬레이터의 매뉴얼을 읽고 그 기능을 익혀서 사용하면 된다.

⑥ Microchip Studio에서는 가급적이면 Atmel-ICE 에뮬레이터를 사용하고, MPLAB X IDE에서는 가급적이면 MPLAB PICkit 4나 MPLAB Snap 에뮬레이터를 사용하라. 이것들을 서로 교차하여 사용하는 것도 가능하다고는 하지만 현재는 아직 안정성이 낮으므로 그다지 권장하지 않는다.

5. Microchip Studio와 예제 파일의 설치

(1) Microchip Studio와 WinAVR의 설치

이제 Microchip Technology사에서 무료로 제공하는 IDE 소프트웨어인 Microchip Studio V7.0과 여기에 포함된 매크로 어셈블러 및 GCC 계열의 C컴파일러 WinAVR을 설치하는 방법을 설명한다. 여기서는 Microchip Studio V7.0과 Windows 10 운영체제를 기준으로 설명하지만, 나중에는 이들 소프트웨어의 버전이 달라질 수도 있다.

이것은 Microchip Technology사의 홈페이지에서 온라인으로 설치하는 방법도 있고, 설치 원본 파일을 다운로드하여 자신의 컴퓨터에 저장하고 설치하는 방법도 있다.

① 컴퓨터에 C:\AVR 폴더를 미리 만들어 두고, Microchip Technology사의 홈페이지에서 Microchip Studio V7.0의 설치 원본 파일 as-installer-7.0.2542.exe를 검색하여 이 폴더에 다운로드한다.

② 퍼스널컴퓨터에서 C:\AVR\as-installer-7.0.2542.exe 파일을 더블 클릭하여 실행하면 스스로 압축을 풀면서 곧바로 프로그램이 설치되기 시작한다.

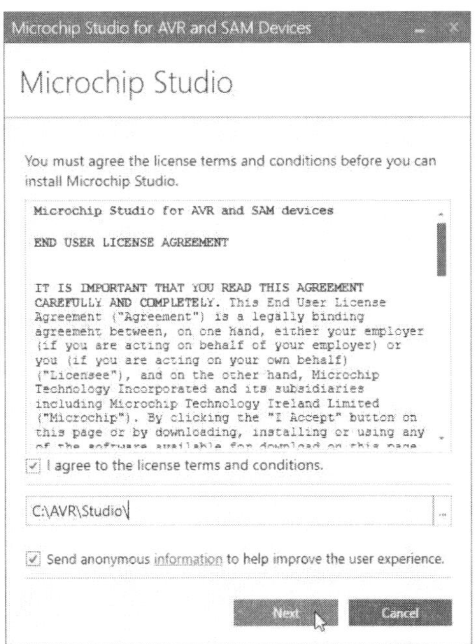

〈그림 3.2.8〉 Microchip Studio를 설치할 폴더를 지정하는 화면

③ 첫번째로 <그림 3.2.8>과 같은 화면이 나타나면 I agree to the license terms

and conditions. 항목을 체크하고, **설치할 폴더명**을 반드시 C:\AVR\Studio\로 수정한 후에 Next 버튼을 누른다.

④ 다음에 <그림 3.2.9>와 같은 화면이 나타나면 AVR 항목만 선택하고 Next 버튼을 누른다.(그러나, 만약 다른 마이크로컨트롤러를 사용하려면 이것들도 선택한다.)

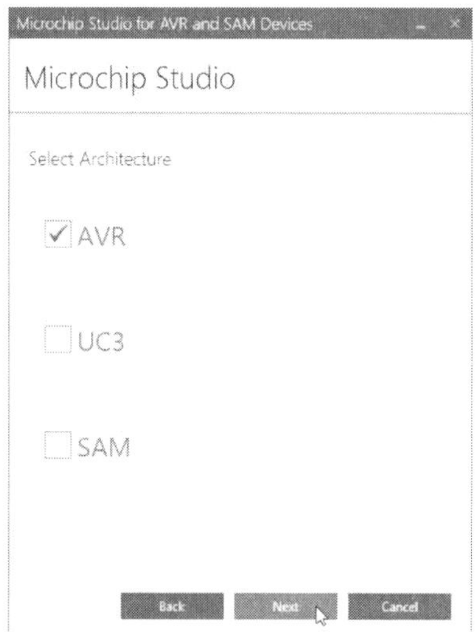

〈그림 3.2.9〉 Microchip Studio를 설치할 범위를 지정하는 화면

⑤ 다음에 <그림 3.2.10>과 같은 화면이 차례로 나타나면 그냥 Next 버튼을 눌러서 기본 설정을 유지하고 지나간다.

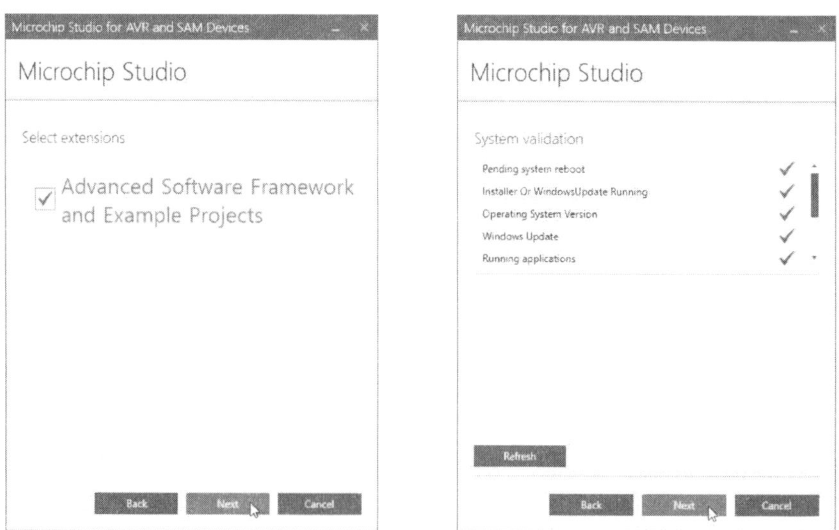

〈그림 3.2.10〉 Microchip Studio를 설치할 때 나타나는 화면

⑥ 이제 모든 설정이 끝나고 <그림 3.2.11>의 (a)와 같은 화면이 나타나면 Install 버튼을 눌러서 설치를 시작한다. 그러면 (b)처럼 설치가 진행된다.

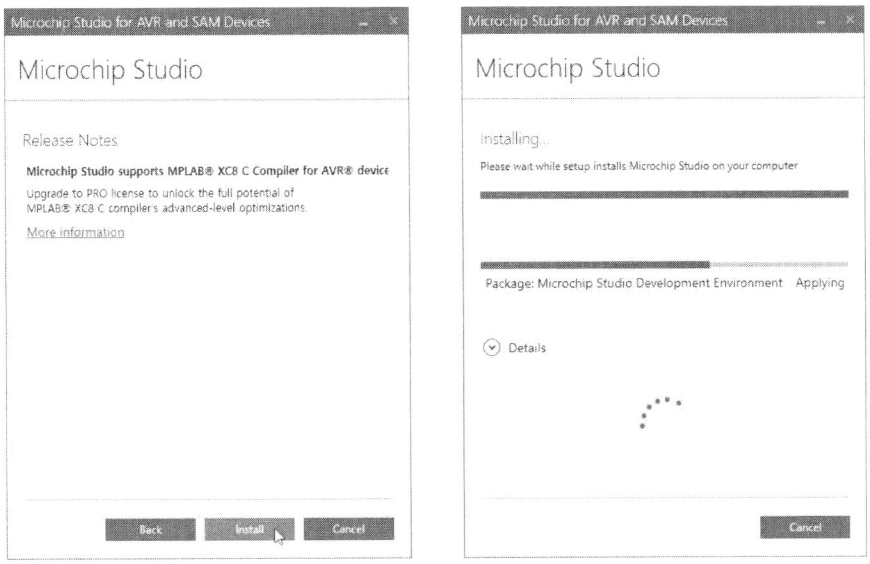

(a) (b)

〈그림 3.2.11〉 Microchip Studio의 설치를 시작하고 진행하는 화면

⑦ 설치 작업이 끝나고 <그림 3.2.12>와 같은 종료 화면이 나타나면 Launch Microchip Studio 항목을 해제하고 Close 버튼을 누른다.

〈그림 3.2.12〉 Microchip Studio의 설치를 종료하는 화면

⑧ Microchip Studio를 설치하고 나서 제어판에서 확인하여 보면 <그림 3.2.13>처럼 이 소프트웨어와 함께 여러 가지의 드라이버 파일이 설치되었음을 알 수 있다.

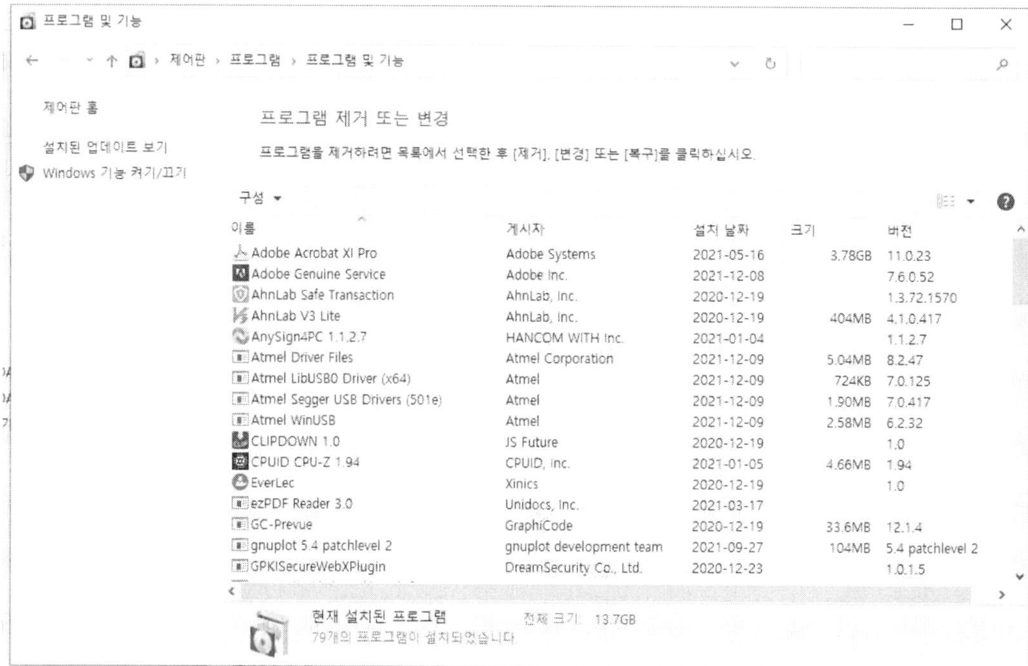

〈그림 3.2.13〉 Microchip Studio가 설치된 결과를 확인하는 화면

⑨ 이와 같이 Microchip Studio 프로그램을 설치하고 나면 바탕화면에 이것의 바로가기 아이콘이 자동적으로 생성되어 있으므로 이를 사용하면 편리하다. 만약, 필요하다면 사용자가 직접 C:\AVR\Studio\7.0\AtmelStudio.exe 프로그램의 바로가기 아이콘을 바탕화면에 만들어도 된다.

(2) *OK-128DA* 키트에서 사용할 예제 프로그램의 설치

이 책과 키트에서 제공하는 *OK-128DA* 키트용의 C언어 예제 프로그램은 프로젝트 폴더를 통째로 압축하여 OK-128DA.zip으로 제공된다. 이를 설치하려면 이 파일을 C:\AVR\OK-128DA.zip에 복사하여 놓고 여기에서 그대로 압축을 풀면 된다.

이렇게 하여 모두 설치된 Microchip Studio V7.0 소프트웨어와 *OK-128DA* 키트용의 C언어 예제 프로그램의 폴더를 도시하면 <그림 3.2.14>와 같다. 여기서 모든 예제 프로그램이 저장되어 있는 작업 폴더는 C:\AVR\OK-128DA\AVR128DA64\이다.

```
C:\─┬─・・・
    ├─・・・
    ├─AVR─┬─OK-128DA──AVR128DA64──Debug
    │     │
    │     └─Studio─┬─7.0────┬─1033
    │              │        ├─atbackend
    │              │        ├─atpackmanager
    │              │        ・・・
    │              │        ├─packs──atmel───┬─ATautomotive_DFP
    │              │        │                ├─ATmega_DFP
    │              │        │                ├─ATtiny_DFP
    │              │        │                ├─AVR-DX_DFP──1.6.76─┬─atdf
    │              │        │                │                    ├─avrasm
    │              │        │                │                    ├─gcc
    │              │        │                │                    ├─include──avr (★)
    │              │        │                │                    ├─templates
    │              │        │                │                    └─xc8
    │              │        │                ・・・
    │              │        │                ├─XMEGAD_DFP
    │              │        │                └─XMEGAE_DFP
    │              │        ├─Profiles
    │              │        ├─ProjectTemplates────┬─Assembler──1033
    │              │        │                     └─CandCPP────1033
    │              │        ├─ProjectTemplatesCache
    │              │        ├─shellutils
    │              │        ├─Snippets──GCCLanguage
    │              │        ├─toolchain──avr8─┬─avr-gnu-toolchain─┬─avr─┬─bin
    │              │        │                 │                   │     ├─include─┬─avr (★)
    │              │        │                 │                   │     │         ├─compat
    │              │        │                 │                   │     │         ├─sys
    │              │        │                 │                   │     │         └─util
    │              │        │                 │                   │     └─lib─────┬─avr3
    │              │        │                 │                   │               ├─avr4
    │              │        │                 │                   │               ・・・
    │              │        │                 │                   │               ├─ldscripts
    │              │        │                 │                   │               └─tiny-stack
    │              │        │                 │                   ├─bin
    │              │        │                 │                   ├─doc─────┬─avr-libc
    │              │        │                 │                   │         └─binutils
    │              │        │                 │                   ├─i686-w64-mingw32
    │              │        │                 │                   ├─include─┬─gdb
    │              │        │                 │                   │         └─libiberty
    │              │        │                 │                   ├─info
    │              │        │                 │                   ├─lib───────gcc──avr
    │              │        │                 │                   ├─libexec──gcc──avr
    │              │        │                 │                   ├─man
    │              │        │                 │                   └─share
    │              │        │                 └─avrassembler
    │              │        ├─tools────┬─Atmel-ICE
    │              │        │          ├─AVRDragon
    │              │        │          ├─AVRISPmkII
    │              │        │          ・・・
    │              │        │          ├─PICkit4
    │              │        │          ・・・
    │              │        │          ├─Snap
    │              │        │          ├─STK500
    │              │        │          └─STK600
    │              │        └─Vs
    │              └─Drivers──inf──────┬─libusb0──atmel_usb_dfu
    │                                  ├─ports──┬─atmel_debuggers_cdc
    │                                  │        └─atmel_devices_cdc
    │                                  └─winusb──atmel_winusb
```

〈그림 3.2.14〉 Microchip Studio와 예제 파일을 모두 설치한 후의 컴퓨터 폴더 구조

6. Microchip Studio의 환경 설정 및 사용 방법

이제 Microchip Studio를 사용하여 사용자가 C언어 프로그램을 개발하려면 먼저 프로젝트(project)를 만들고 모든 작업을 이 프로젝트 내에서 수행해야 한다. 그리고, 이러한 작업을 올바르게 수행하려면 프로젝트 내부에서 동작하는 텍스트 에디터(text editor), C컴파일러, 매크로 어셈블러(macro assembler), 링커(linker) 등의 소프트웨어가 동작하기 위한 환경을 적절하게 설정해 주어야 한다.

여기서는 이와 같이 새로운 프로젝트를 만들거나, 프로젝트에서 필요한 여러 가지의 환경을 설정하는 방법에 대하여 구체적으로 설명한다. 그러나, 이 책에서 제공하는 *OK-128DA* 키트용의 C언어 예제 프로그램 OK-128DA.zip은 사용자 프로젝트 폴더를 통째로 압축하여 제공하고 있으므로 이것의 압축을 풀어 <그림 3.2.14>와 같이 설치하면 사용자가 이러한 프로젝트를 만들거나 새로운 환경을 설정할 필요가 없다.

◀참고▶ Microchip Studio를 설치하거나 사용할 때 폴더 이름이나 프로젝트 이름에는 절대로 **한글**을 사용하지 않는 것이 좋으며, 중간에 **띄어쓰기**를 하는 것도 바람직하지 않다. 이것들은 영문 전용 소프트웨어이기 때문에 폴더명이나 파일명에 한글을 사용하게 되면 정상적인 동작을 수행하지 않는 경우가 많다.

(1) 새로운 프로젝트 만들기

먼저 사용자가 C언어 프로그램을 개발하기 위한 C언어 프로젝트를 작성하는 방법에 대하여 설명한다.

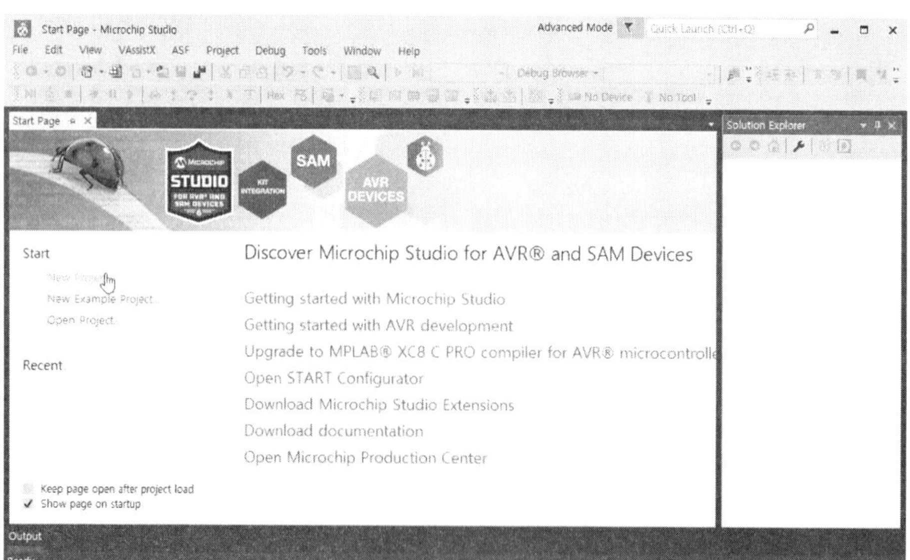

〈그림 3.2.15〉 Microchip Studio를 처음으로 실행한 화면

① 바탕 화면에 있는 Microchip Studio 7.0의 바로가기 아이콘을 눌러서 이 소프트웨어를 실행한다. 그러면 <그림 3.2.15>와 같은 화면이 나타나는데, 여기서 Start → New Project... 메뉴를 선택하여 새로운 프로젝트를 만드는 화면으로 들어간다.

② 프로젝트를 만드는 화면에서는 <그림 3.2.16>과 같이 Installed → C/C++ → GCC C Executable Project 메뉴를 선택한다. 여기서 프로젝트 Name은 AVR128DA64로 입력하고, Location은 Browse... 버튼을 눌러서 C:\AVR\ 폴더로 선택하며, Solution name은 OK-128DA로 입력한 후에 OK 버튼을 누른다. 솔류션이란 프로젝트의 상위 개념으로서 여러 개의 프로젝트를 하나로 묶어서 관리하는 것이다.

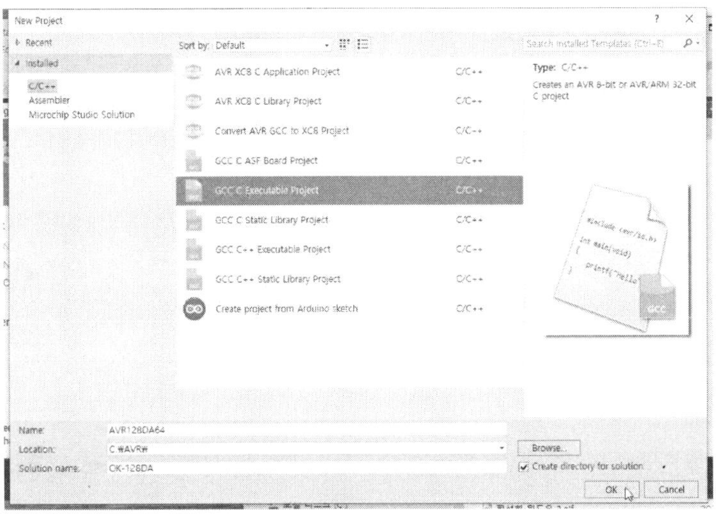

〈그림 3.2.16〉 새로 만들 프로젝트의 성격과 이름을 지정하는 화면

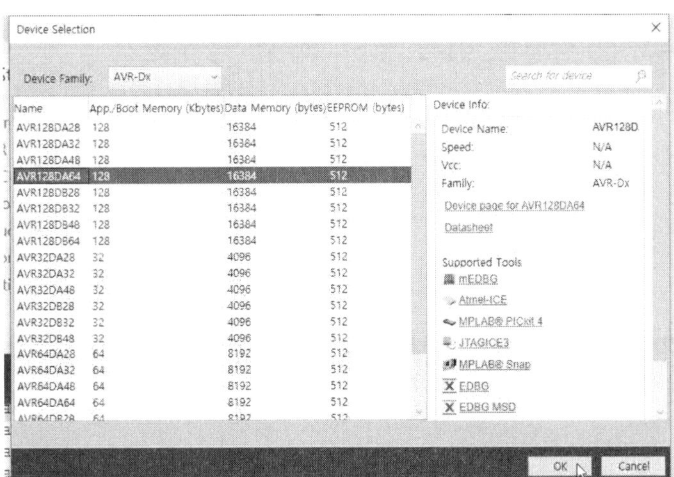

〈그림 3.2.17〉 프로젝트에서 사용할 AVR 마이크로컨트롤러의 모델을 지정하는 화면

③ 다음에는 <그림 3.2.17>과 같이 Device Family를 AVR-Dx로 선택하고, Name은 AVR128DA64를 선택한 후에 OK 버튼을 누른다.

④ 그러면 새로운 솔류션 OK-128DA의 아래에 프로젝트 AVR128DA64가 만들어지며, 그 프로젝트 안에 기본적인 C언어 파일 main.c가 자동으로 만들어지고 등록되어 <그림 3.2.18>과 같이 편집창에 나타난다. 사용자가 이 프로젝트에서 새로운 C언어 프로그램을 작성하려면 이 main.c 파일을 사용하면 된다.

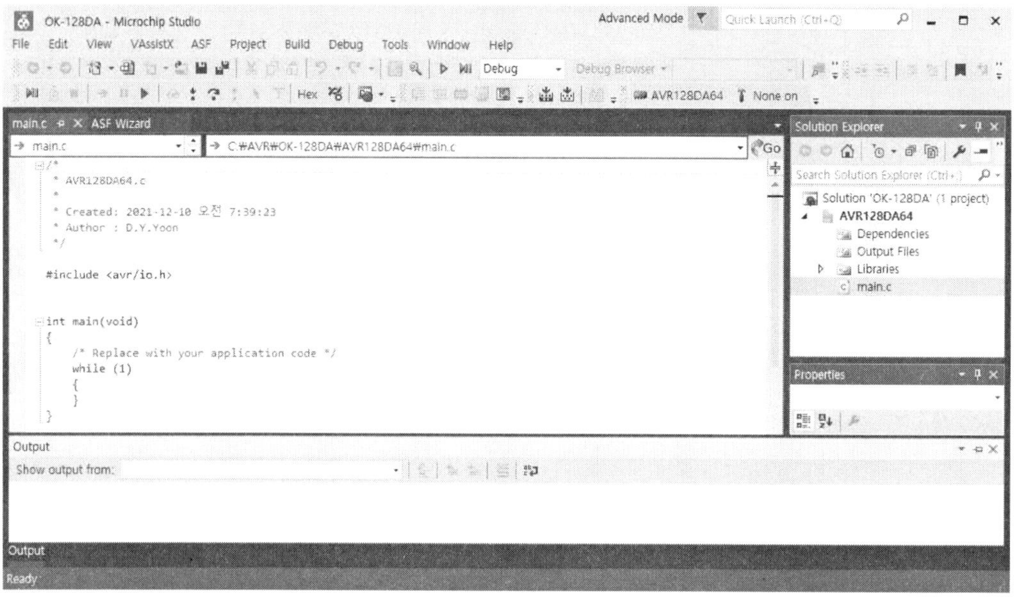

〈그림 3.2.18〉 새로운 프로젝트가 만들어지고 편집창에 main.c 파일이 표시된 화면

(2) 프로젝트에 새로운 예제 프로그램을 등록하기

그러나, 이 책의 예제 파일을 설치하면 이미 C:\AVR\OK-128DA\AVR128DA64\ 폴더가 만들어져서 그 안에 모든 예제 파일이 저장되어 있으므로 위와 같이 다시 프로젝트를 만들 필요는 없다. 또한, 이 예제 프로젝트에는 저자가 모든 필요한 환경을 설정해 놓았으므로 여러분이 이를 다시 수행할 필요는 없다. 그래도 여러분이 만약 새로운 프로젝트를 만들 필요가 있는 경우에는 무엇을 어떻게 설정해야 하는지 알아야 하므로 아래에서 새로운 프로젝트에서 필요한 환경 설정 방법을 요약하여 설명한다. 여기서 사용자 프로젝트 C:\AVR\OK-128DA\AVR128DA64\에는 미리 모든 예제 파일을 복사하여 저장해 두었다고 가정한다.

① 화면 오른쪽의 Solution Explorer 창에서 현재의 프로젝트 이름 AVR128DA64의

위에 마우스 커서를 두고 오른쪽 버튼을 누르면 팝업창이 나타나는데, 여기서 Add → Existing item... 메뉴를 선택하면 <그림 3.2.19>처럼 현재의 프로젝트에 있는 파일을 보여주는 화면이 나타난다. 여기서 예제 소스 파일 Exp01_1.c를 선택하면 이 파일이 프로젝트에 등록되고 <그림 3.2.20>처럼 Solution Explorer 창에 이 파일이 나타난다.

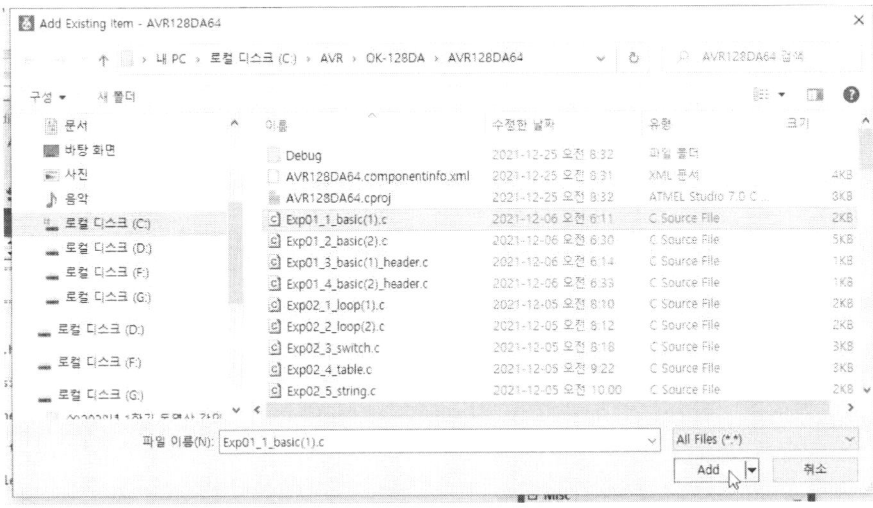

〈그림 3.2.19〉 프로젝트에 새로운 파일을 등록하기 위한 화면

② Solution Explorer 창에서 예제 소스 파일 Exp01_1.c를 클릭하면 이 파일이 다음 그림처럼 편집창에 보이게 된다.

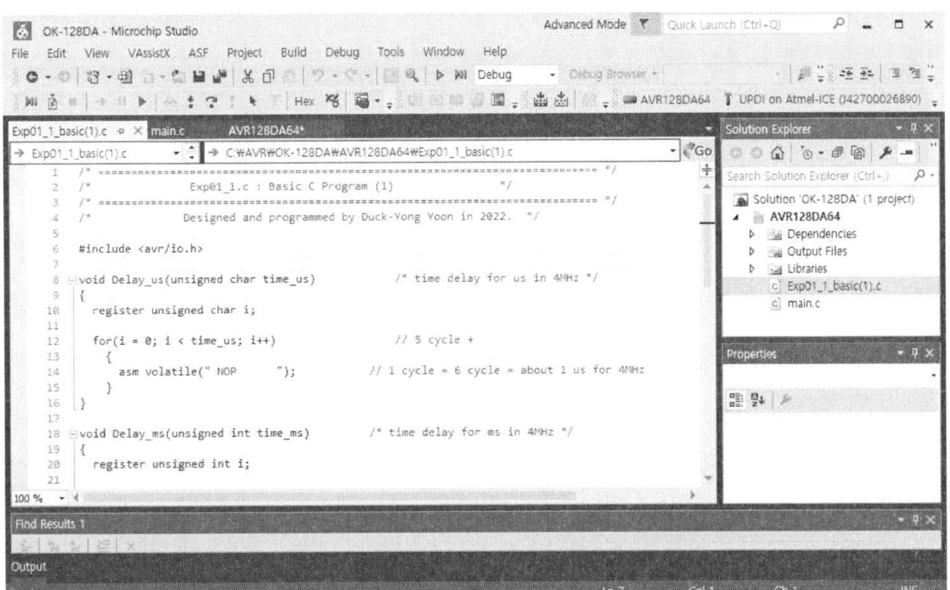

〈그림 3.2.20〉 프로젝트에 새로 등록한 파일이 편집창에 보이도록 나타내기

③ 이제 기존의 소스 파일 main.c를 프로젝트에서 제거하려면 Solution Explorer 창에서 이 파일의 이름 main.c의 위에 마우스 커서를 두고 오른쪽 버튼을 누르면 메뉴 선택창이 나타나는데, 여기서 Remove 메뉴를 선택하면 <그림 3.2.21>처럼 팝업창이 나타나고 여기서 다시 Remove 버튼을 눌러서 확인하면 해당 파일이 프로젝트에서 등록 해제되어 없어진다.

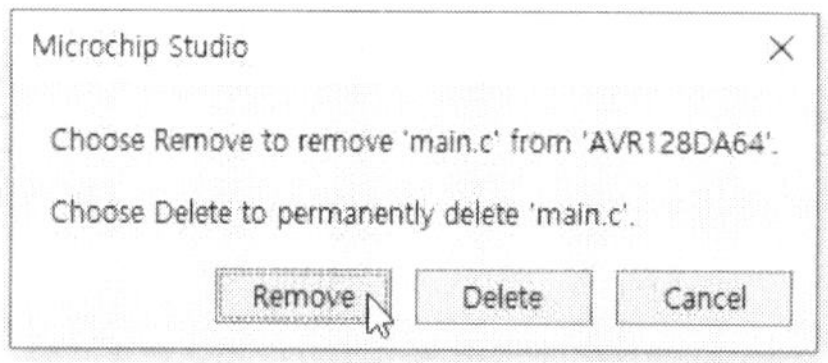

〈그림 3.2.21〉 프로젝트에서 기존 파일의 등록을 해제하기

(3) 편집창의 환경 설정

앞에서 설명한 것처럼 프로젝트에 이 책에서 제공하는 예제 파일을 등록하고 이를 편집창에 보이면 <그림 3.2.20>처럼 나타난다. 그런데, 이 편집창을 보면 소스 파일의 내용이 깔끔하게 정돈되어 보이지 않고 내용이 이리저리 흐트러져 있음을 알게 된다. 이는 편집창의 환경을 이 소스 파일에 맞도록 제대로 설정하지 않았기 때문이다.

여기서는 편집창의 환경을 설정하는 방법을 설명한다. 이것은 한번만 설정하면 퍼스널컴퓨터에서 Microchip Studio 소프트웨어가 이를 저장하여 기억하므로 소스 파일이 바뀌더라도 다시 설정할 필요가 없다.

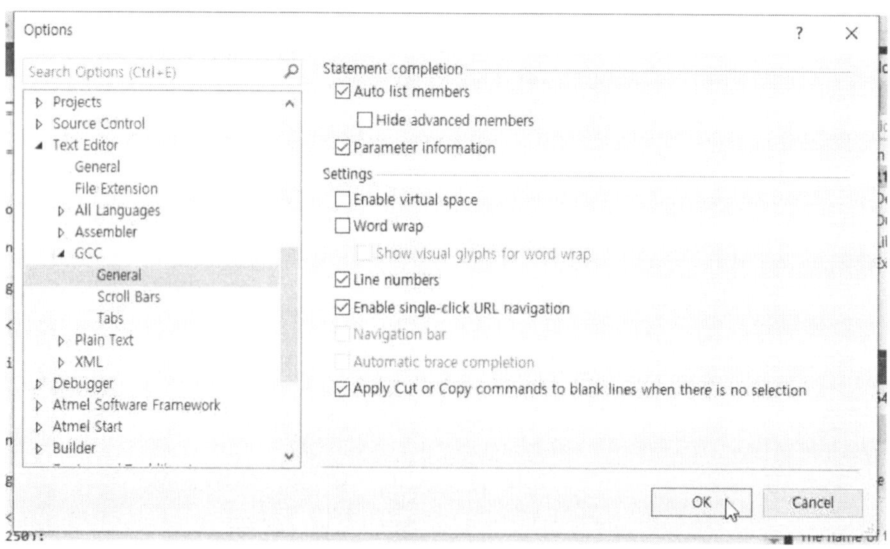

〈그림 3.2.22〉 편집창의 General 환경 설정하기

① 화면의 메뉴에서 Tools → Options... → Text Editor → GCC → General 메뉴를 선택하면 <그림 3.2.22>와 같은 화면이 나타나는데, 여기서 Line numbers 항목을 체크하고 OK 버튼을 누른다.

② 이번에는 화면의 메뉴에서 Tools → Options... → Text Editor → GCC → Tabs 메뉴를 선택하면 <그림 3.2.23>처럼 Tab을 설정하는 화면이 나타나는데, 여기서 Tab size = 8, Indent size = 2로 설정하고 OK 버튼을 누른다.

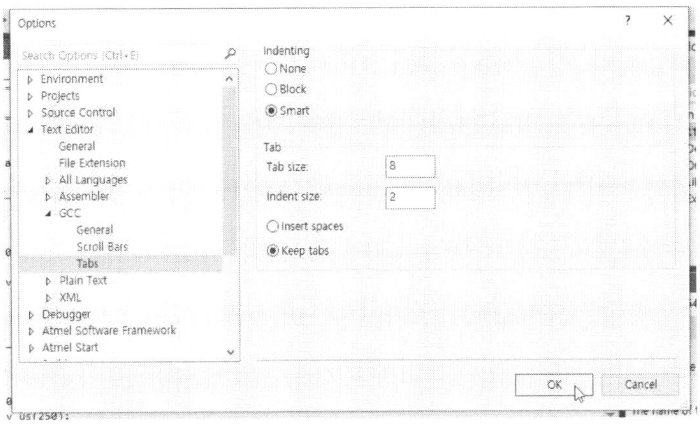

<그림 3.2.23> 편집창의 Tab 환경 설정하기

③ 이제 예제 소스 파일 Exp01_1.c를 편집창에서 다시 확인하면 이제는 예제 파일이 다음 그림처럼 잘 정돈되어 편집창에 나타나게 된다.

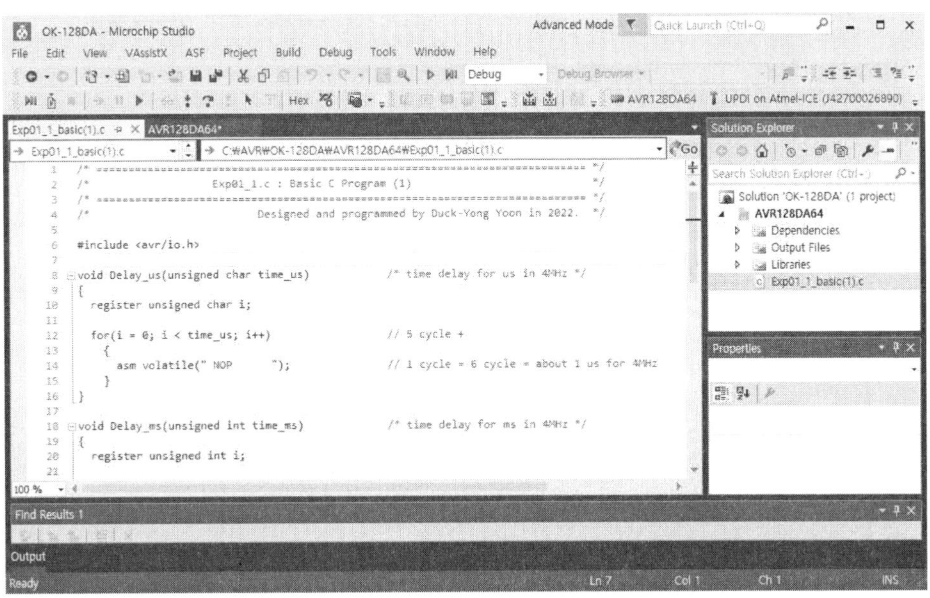

<그림 3.2.24> 편집창의 환경이 올바르게 설정되어 예제 소스가 제대로 보이는 화면

(4) 컴파일러/어셈블러/링커의 환경 설정

사용자가 C언어로 프로그램을 개발하려면 컴파일러, 어셈블러, 링커 등의 소프트웨어가 모두 자신이 원하는 조건으로 프로그램을 번역하도록 환경을 올바르게 설정해야 한다. 여기서는 이에 관하여 설명한다.

① 화면에서 Project → AVR128DA64 Properties... → Toolchain 메뉴를 선택하면 <그림 3.2.25>와 같은 화면이 나타나며, 여기서 자신이 원하는 항목을 설정하면 된다.

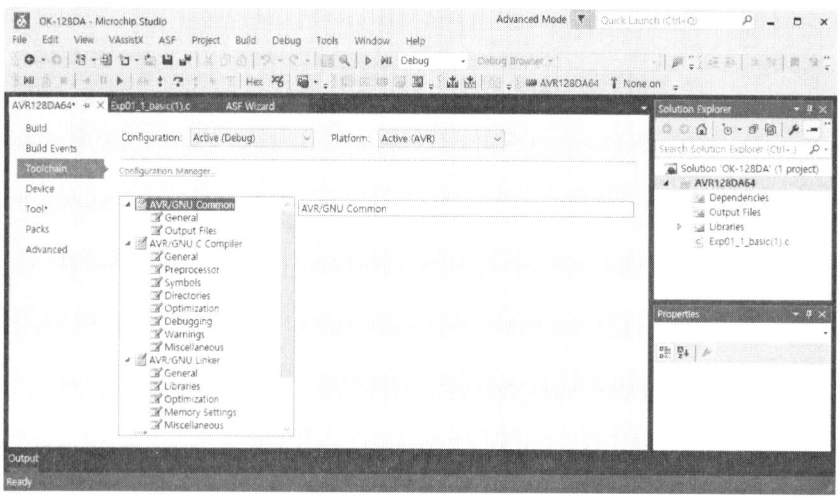

〈그림 3.2.25〉 컴파일러/어셈블러/링커의 환경을 설정하는 화면

② 여기서 <그림 3.2.26>과 같이 AVR/GNU C Compiler → Optimization 메뉴에서 최적화 옵션 레벨을 Optimize for size (-Os)로 설정한다.

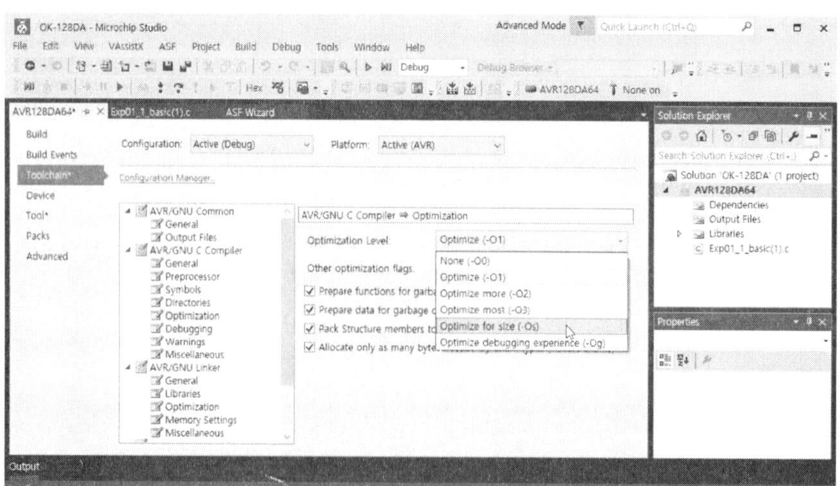

〈그림 3.2.26〉 컴파일러의 최적화 옵션을 -Os로 설정하는 화면

③ C언어 표준의 printf() 함수에서 실수 데이터를 % 서식으로 출력하려면 컴파일 및 링크 과정에서 별도의 라이브러리 파일 libprintf_flt.a를 링크하도록 설정해야 한다. 이를 위해서는 먼저 Project → AVR128DA64 Properties... → Toolchain → AVR/GNU Linker → General 메뉴를 선택하면 <그림 3.2.27>과 같은 화면이 나타나는데, 여기서 Use vprintf library(-Wl,-u,vprintf) 항목을 체크한다.

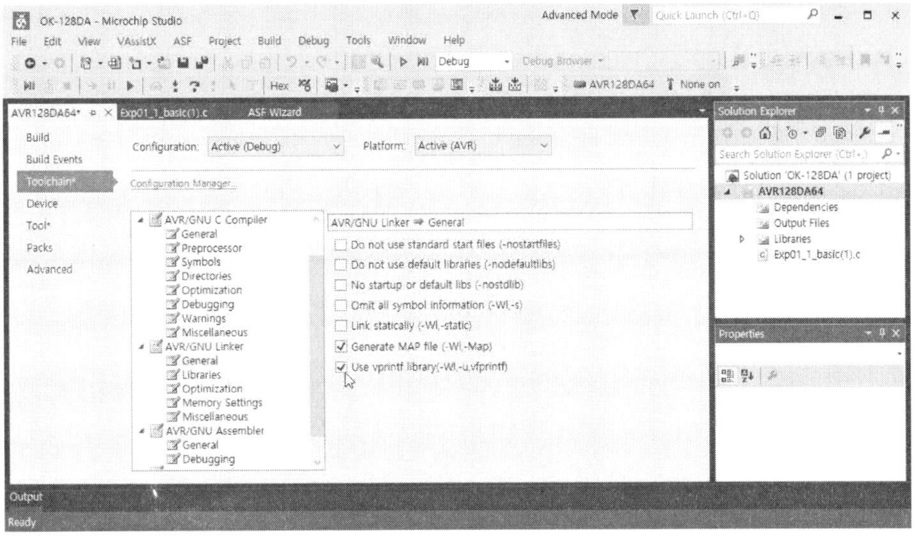

〈그림 3.2.27〉 printf() 함수에서 % 서식으로 실수 데이터를 출력하기 위한 설정(1)

④ 다음에 AVR/GNU Linker → Miscellaneous 메뉴를 선택하면 <그림 3.2.28>의 화면이 나타나는데, 여기서 Other Linker Flags: 설정 창에 -lprintf_flt -lm을 입력한다.

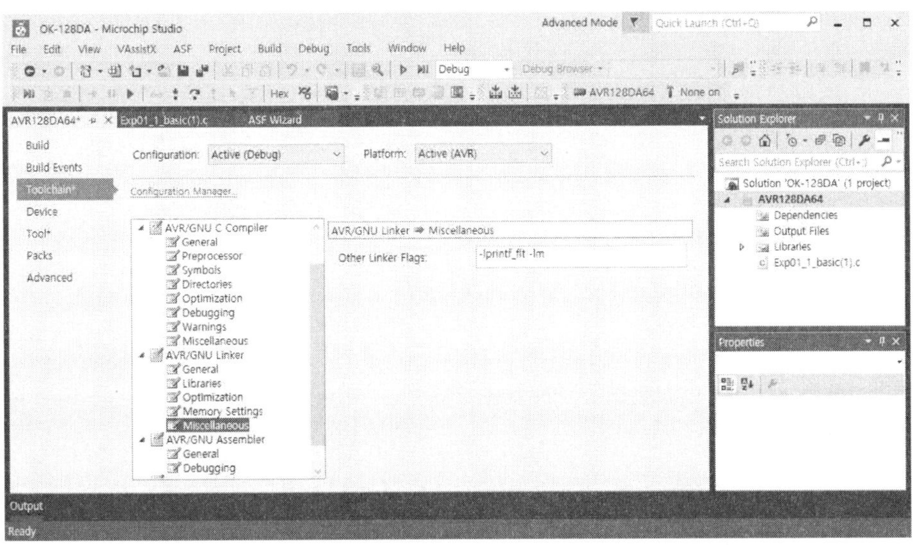

〈그림 3.2.28〉 printf() 함수에서 % 서식으로 실수 데이터를 출력하기 위한 설정(2)

(5) 사용자 프로그램을 컴파일하여 빌드하기

사용자가 C언어로 프로그램을 작성하여 프로젝트에 등록한 모든 파일을 컴파일하고 링크하여 실행 파일로 만드는 것을 빌드(build)라고 한다. 여기서는 프로그램을 빌드하는 방법을 설명한다.

① 첫번째 방법은 다음 그림처럼 화면의 메뉴에서 Build → Build AVR128DA64 메뉴를 선택하여 빌드하는 것이다.

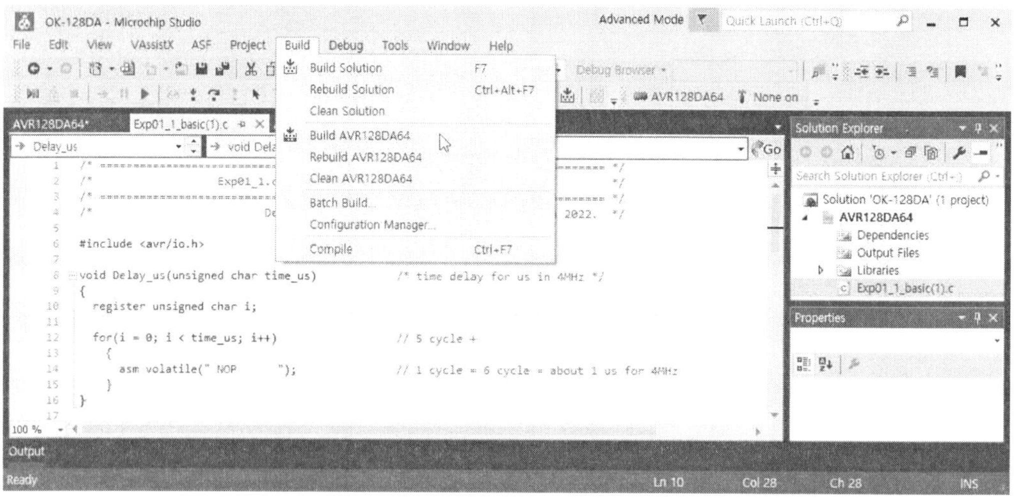

〈그림 3.2.29〉 메뉴를 실행하는 방법으로 사용자 프로그램을 빌드하기

② 두번째 방법은 다음 그림처럼 화면의 상단에 마련되어 있는 단축 버튼을 눌러서 빌드하는 것이다.

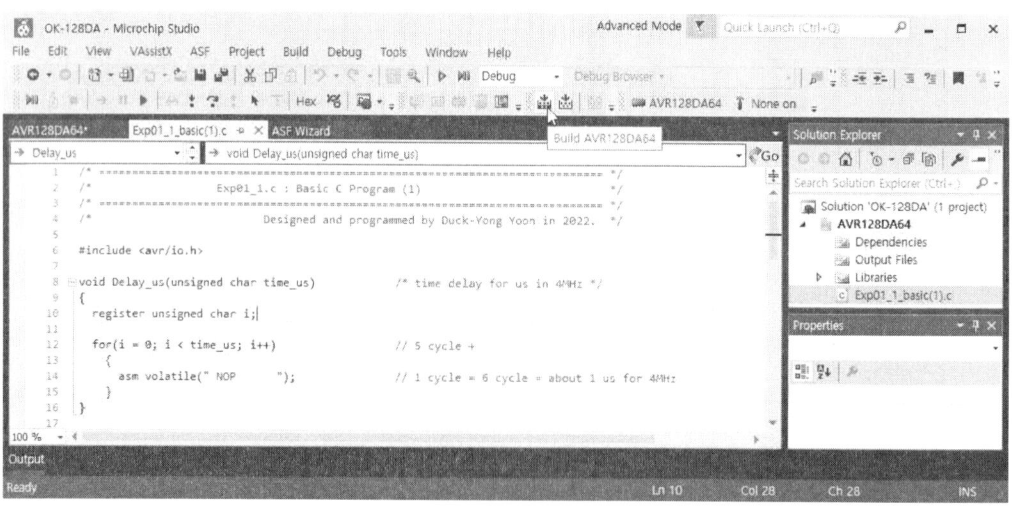

〈그림 3.2.30〉 단축 버튼을 누르는 방법으로 사용자 프로그램을 빌드하기

(6) Atmel-ICE 에뮬레이터를 사용하여 프로그램을 다운로드하기

이제 앞에서 C언어로 작성하고 빌드한 프로그램을 Atmel-ICE 에뮬레이터를 사용하여 *OK-128DA* 키트에 다운로드하고 실행하는 방법을 설명한다.

① 현재 퍼스널컴퓨터의 USB 컨넥터와 *OK-128DA* 키트의 사이에 Atmel-ICE 에뮬레이터를 연결한 상태에서 화면의 Project → AVR128DA64 Properties... → Tool 메뉴를 선택하면 <그림 3.2.31>의 화면이 나타나는데, Selected debugger/programmer 선택 창에서 Atmel-ICE를 선택한다.

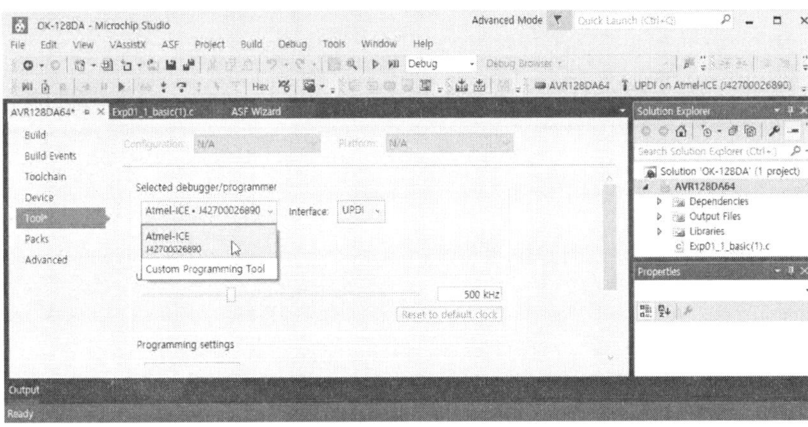

〈그림 3.2.31〉 하드웨어 개발 툴로서 Atmel-ICE를 사용하도록 설정하는 화면

② 이처럼 하드웨어 개발 툴을 Atmel-ICE로 지정하였으면 <그림 3.2.32>에서처럼 인터페이스는 UPDI로 고정되며, UPDI 클록 주파수는 디폴트로 500kHz로 설정된다.

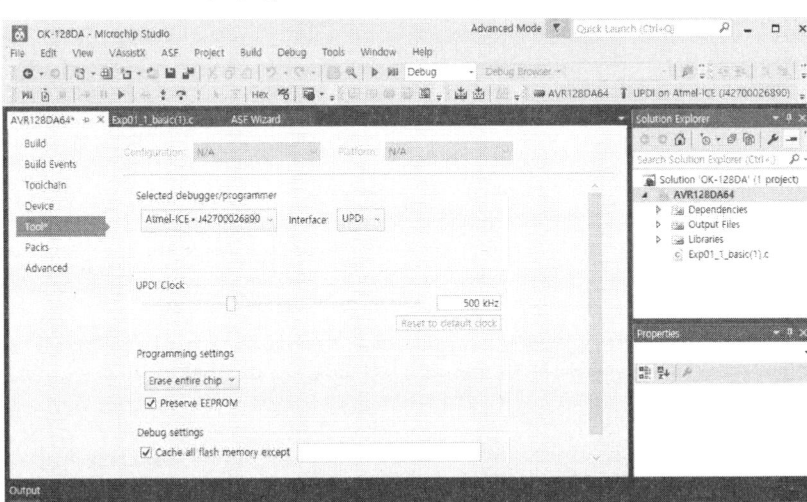

〈그림 3.2.32〉 하드웨어 개발 툴로서 Atmel-ICE를 선택한 화면

③ 이제 빌드한 사용자 프로그램의 실행 파일을 *OK-128DA* 키트에 다운로드하려면 Tools → Device Programming 메뉴를 선택한다.

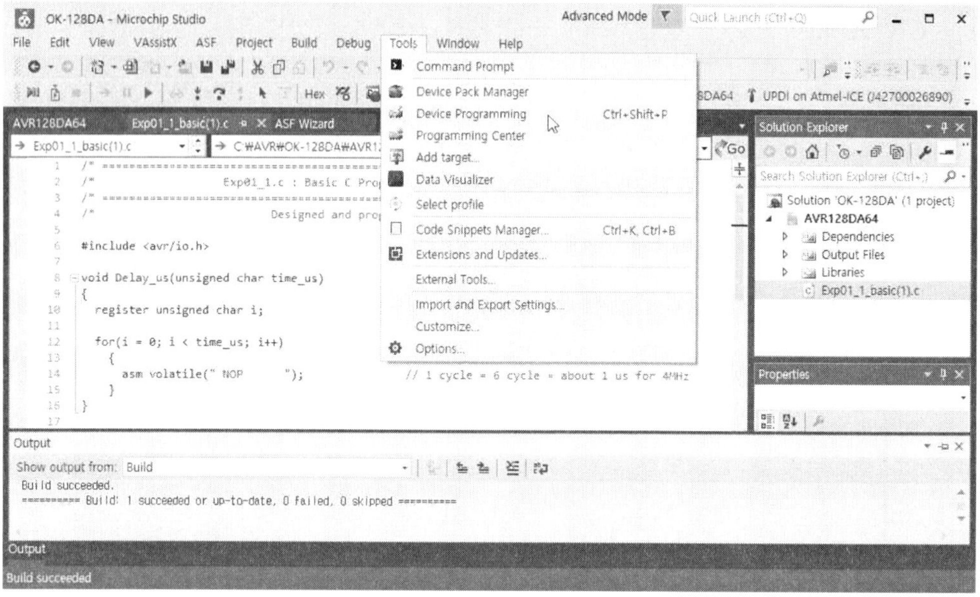

〈그림 3.2.33〉 사용자 프로그램의 다운로드를 시작하는 화면(1)

④ 다운로드를 수행하기 위한 또 다른 방법으로는 화면의 우측 상단에서 아래 그림과 같이 단축 아이콘을 찾아 누르는 것이다.

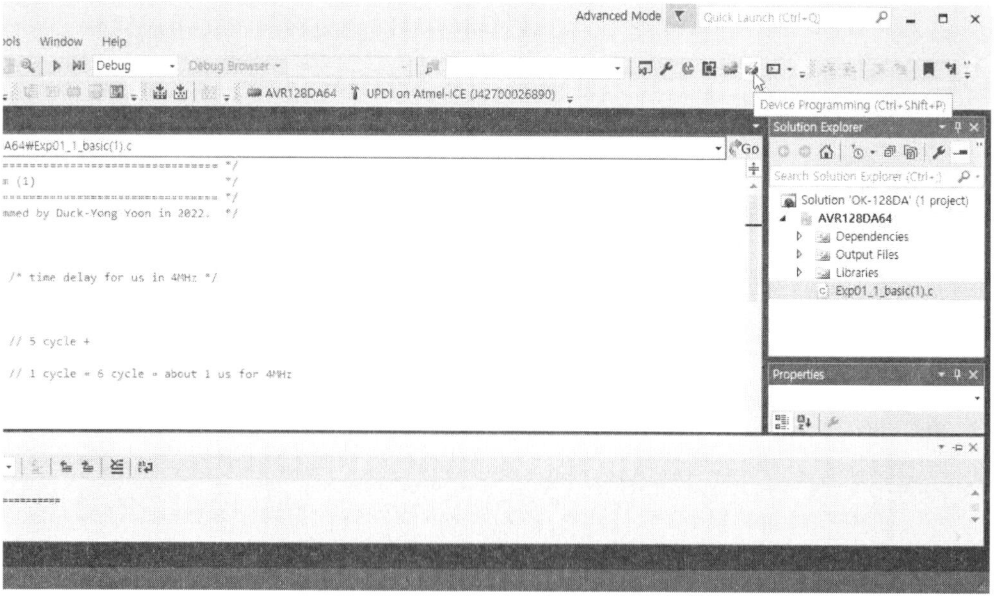

〈그림 3.2.34〉 사용자 프로그램의 다운로드를 시작하는 화면(2)

⑤ <그림 3.2.35>와 같은 화면이 나타나면 Apply → Memories 메뉴를 선택하고, 다운로드할 파일을 불러오기 위하여 Flash 항목의 ··· 버튼을 누른다.(사용자 프로그램의 실행 파일은 항상 프로젝트 이름과 동일하게 AVR128DA64.elf 및 AVR128DA64.hex로 만들어지며, 이것들은 프로젝트 폴더 아래의 Debug 폴더에 저장되어 있다.)

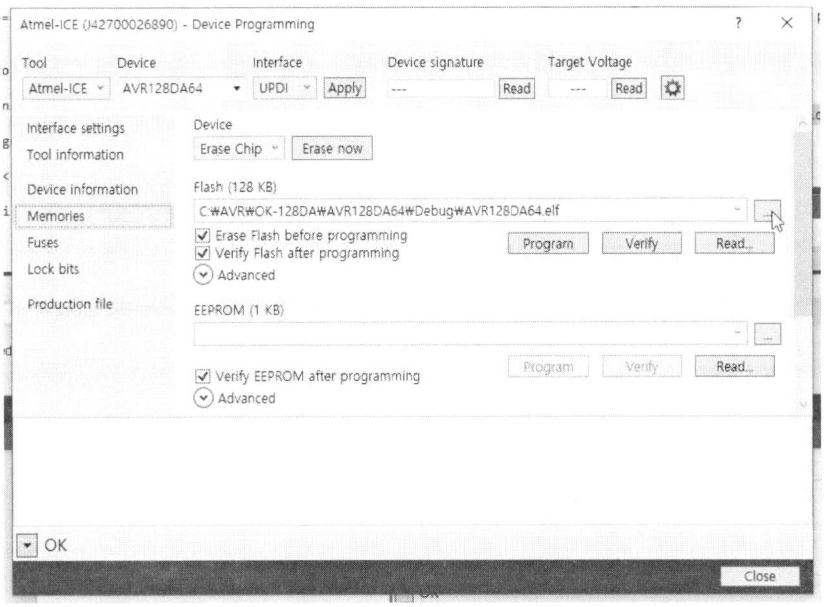

〈그림 3.2.35〉 다운로드할 실행 파일을 지정하기 위한 화면

⑥ 그러면 <그림 3.2.36>과 같이 다운로드할 파일을 찾아가기 위한 화면이 나타나는데, 여기서 C:\AVR\OK-128DA\AVR128DA64\Debug\ 폴더를 찾아 AVR128DA64.elf 또는 AVR128DA64.hex 파일을 선택하고 열기(O) 버튼을 누른다.

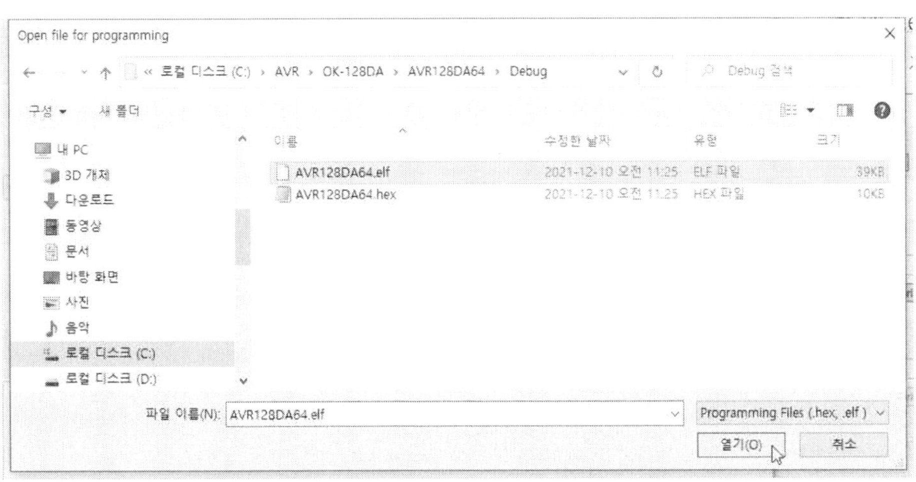

〈그림 3.2.36〉 다운로드할 실행 파일을 선택하는 화면

⑦ 이렇게 하여 다운로드할 파일을 올바르게 지정하였으면 <그림 3.2.37>에서처럼 Program 버튼을 눌러서 다운로드를 수행한다. 다운로드가 끝나면 이 사용자 프로그램은 즉시 *OK-128DA* 키트에서 실행되기 시작한다.

(그러나, 한번이라도 *OK-128DA* 키트에 사용자 프로그램을 다운로드한 적이 있으면 Microchip Studio가 다운로드할 파일의 경로와 이름을 기억하므로 향후에는 위의 ⑤와 ⑥의 과정을 생략하고 곧바로 ⑦처럼 다운로드를 수행하면 된다.)

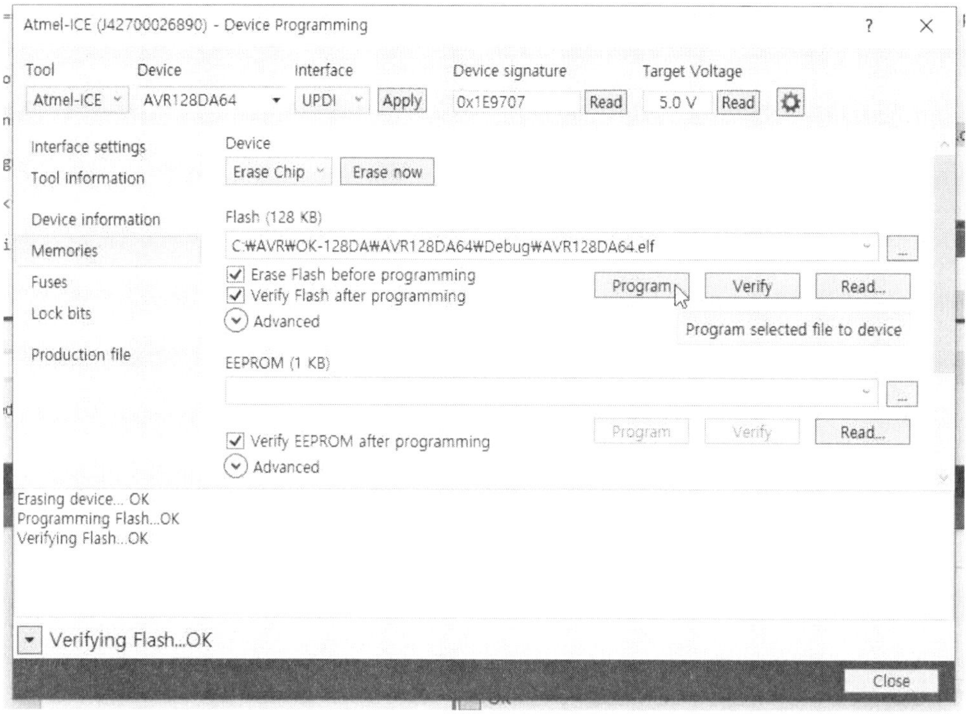

〈그림 3.2.37〉 사용자 프로그램의 다운로드를 수행하는 화면

⑧ 만약 AVR128DA64 마이크로컨트롤러의 퓨즈를 설정할 필요가 있다면 <그림 3.2.38>처럼 Fuses 메뉴에서 각 해당 항목을 찾아서 설정하고 Program 버튼을 누른다. *OK-128DA* 키트에서는 퓨즈 비트를 다음과 같이 설정하는 것을 권장한다.

- BODCFG = 0x64 : 문턱전압 2.85V로 연속모드에서 BOD를 사용함.
- BOOTSIZE = 0x00 : 플래시 메모리 전체를 부트로더 코드 영역으로 사용함.
- CODESIZE = 0x00 : 플래시 메모리 전체를 부트로더 코드 영역으로 사용함.
- OSCCFG = 0x00 : 디폴트로 내부 OSCHF를 4MHz로 발진시켜 사용함.
- SYSCFG0 = 0xC9 : PA7 단자를 리셋 핀으로 사용하고, EEPROM을 보존함.
- SYSCFG1 = 0x07 : 기동시간을 최대값 64ms로 설정함.
- WDTCFG = 0x00 : 워치독 타이머를 사용하지 않음.

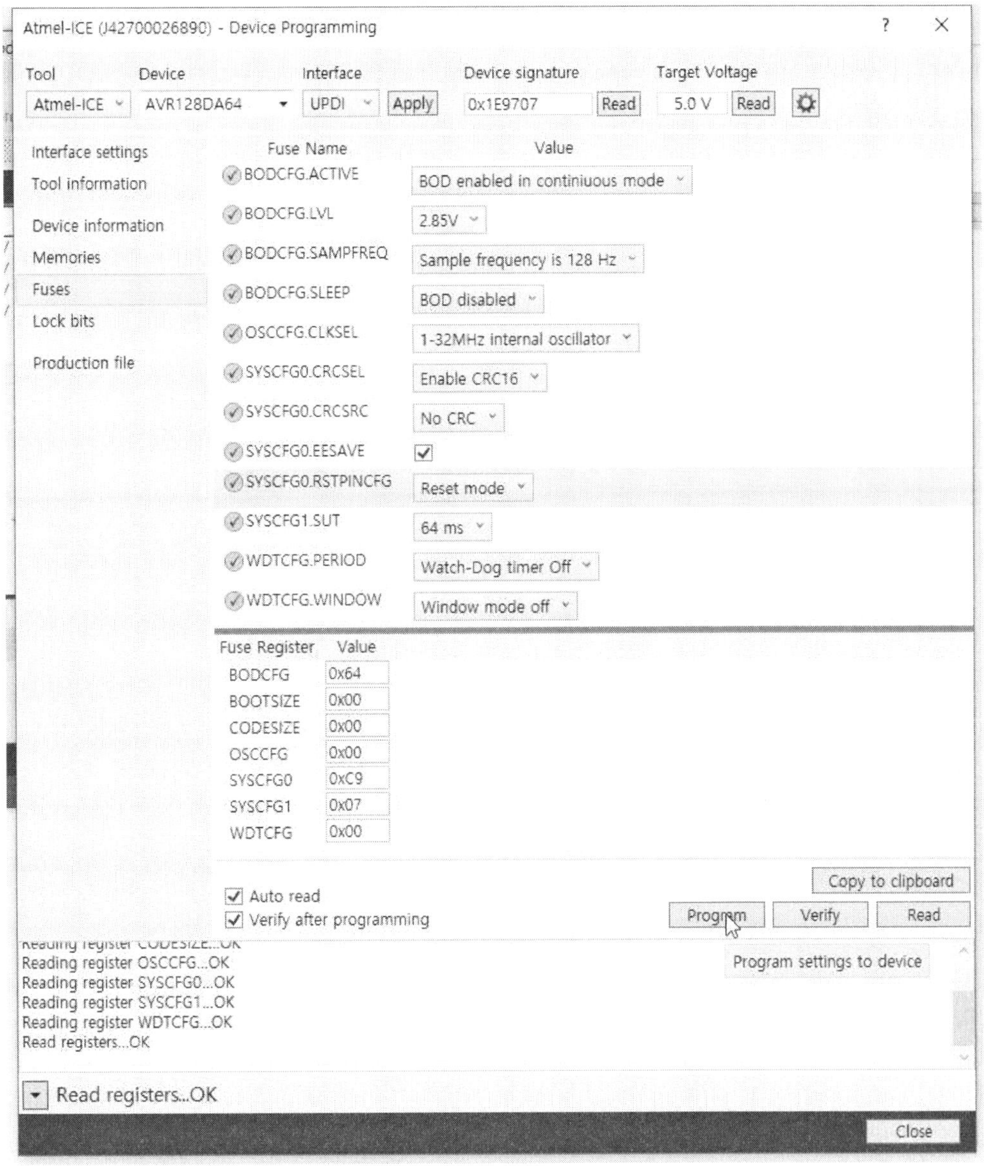

〈그림 3.2.38〉 퓨즈를 설정하는 화면

(7) MPLAB PICkit 4 또는 MPLAB Snap을 사용하는 경우

MPLAB PICkit 4 또는 MPLAB Snap 에뮬레이터는 가급적이면 소프트웨어 개발 툴 MPLAB X IDE와 함께 사용하는 것이 좋다. 현재의 Microchip Studio V7에서는 이들 에뮬레이터를 잘 인식하기는 하지만 실제로 이 에뮬레이터를 사용하려면 안정성이 낮아서 문제가 발생하는 경우가 있으므로 현재로서는 사용을 권장하지 않는다.

① 퍼스널컴퓨터의 USB 컨넥터와 *OK-128DA* 키트의 사이에 MPLAB Snap(또는 PICkit 4) 에뮬레이터를 연결하였을 경우 화면의 Project → AVR128DA64 Properties... → Tool 메뉴를 선택하면 <그림 3.2.39>의 화면이 나타나는데, Selected debugger/programmer 선택 창에서 MPLAB Snap(또는 PICkit 4)을 선택한다.

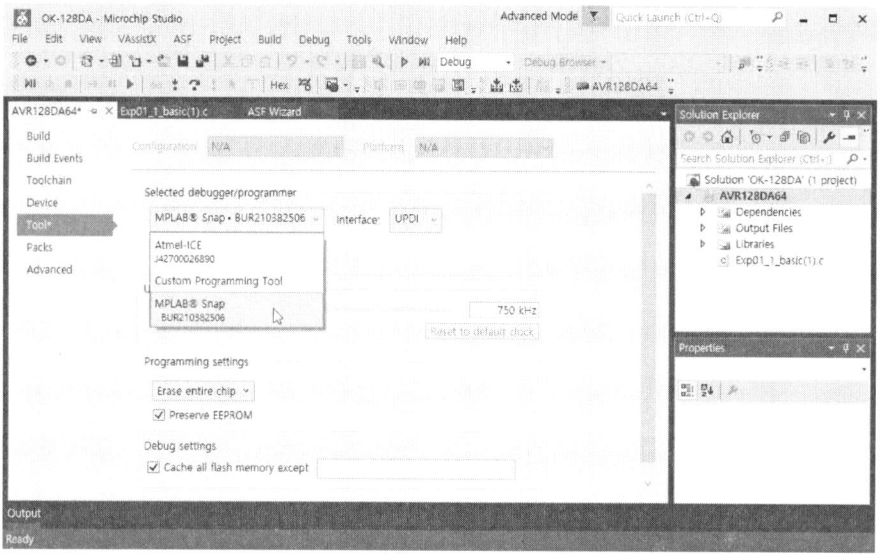

〈그림 3.2.39〉 하드웨어 개발 툴로서 MPLAB Snap을 선택하는 화면

② 하드웨어 개발 툴을 MPLAB Snap으로 선택하였으면 <그림 3.2.40>에서처럼 인터페이스는 UPDI가 되며, UPDI 클록 주파수는 디폴트로 750kHz로 설정된다.

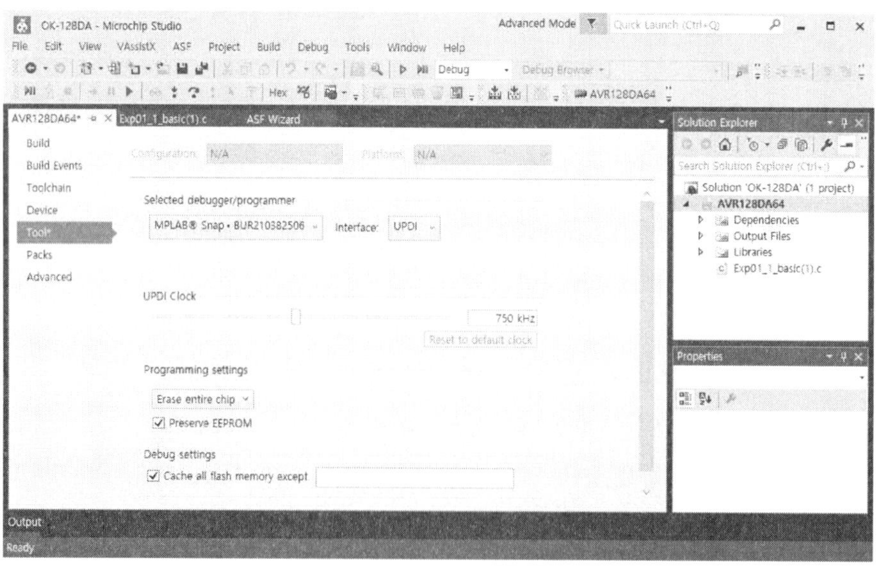

〈그림 3.2.40〉 하드웨어 개발 툴이 MPLAB Snap으로 선택된 화면

3.3 WinAVR C컴파일러의 기능 요약

이 절에서는 WinAVR 소프트웨어에 포함되는 AVR-GCC 컴파일러의 주요 기능에 대하여 요약한다. 여기서 이제부터 우리가 사용할 WinAVR은 Microchip Studio 소프트웨어 패키지에 기본으로 포함되어 제공되는 가장 최신의 버전으로서, 여기서의 모든 설명은 이 소프트웨어에 포함된 AVR-GCC V5.4.0 및 avr-libc V2.0.0을 기준으로 한다. Microchip Studio와 여기에 포함된 WinAVR C컴파일러의 설치 및 사용 방법에 관해서는 앞의 제3.2절에서 이미 설명하였으니 참고하라.

1. WinAVR의 개요

(1) WinAVR의 개요

GCC(처음에는 GNU C Compiler의 약어였으나 나중에 GNU Compiler Collection의 약어로 변경됨)는 지난 1984년 무렵부터 FSF(Free Software Foundation)을 중심으로 추진되어온 GNU(GNU is Not Unix) 프로젝트의 일환으로 개발된 공개 소프트웨어로서 C언어 및 C++언어를 지원하는 ANSI C 표준의 크로스 컴파일러이다. 이것은 공개용 프리웨어(freeware)지만 매우 우수한 성능과 안정성을 가지고 있으며, 전세계의 많은 지원자 전문가들에 의하여 지속적으로 발전하고 있다.

GCC는 거의 모든 마이크로프로세서에 적용될 수 있을 정도로 뛰어난 이식성을 가지고 있는데, 이를 위하여 GCC는 하드웨어 플랫폼(platform)에 의존적인 부분과 플랫폼에 의존하지 않는 부분으로 나누어져 모듈화되어 있으며, 이들 모듈 사이에는 서로 지정된 규칙으로 인터페이스되고 있다. 따라서, 하드웨어 플랫폼에 의존적인 부분만을 수정하면 새로운 플랫폼을 지원하는 GCC를 쉽게 만들 수가 있다. AVR-GCC는 이러한 방법으로 만들어진 AVR 계열 마이크로컨트롤러용의 GCC 컴파일러인 것이다.

AVR-GCC는 정확히 말하면 크로스 컴파일러(cross compiler)이다. 즉, 호스트 플랫폼(host platform)으로서 Windows 운영체제를 사용하는 IBM PC 호환기종 퍼스널컴퓨터를 사용하고, 타겟 플랫폼(target platform)으로서 AVR 마이크로컨트롤러용의 소스 파일을 컴파일하고 링크하여 실행 파일을 생성하는 것이다. AVR-GCC가 이와 같이 크로스 컴파일러로 동작하기 위해서는 사실 여기에 포함된 어셈블러와 링커가 더욱 중요하다. GCC 컴파일러는 단지 C언어 소스를 어셈블리 소스로 번역하는 역할만을 수행하므로 어셈블러가 다시 이를 번역하여 타겟용의 오브젝트 코드를 생성하고 링커가 여러개의 오브젝트 파일들을 링크하기 때문이다. AVR-GCC에서는 이러한 크로스 어셈블러나 크로스 링커와 같은 유틸리티들을 모아서 binutils라고 한다.

Windows 운영체제를 사용하는 IBM PC 호환기종 퍼스널컴퓨터를 호스트 플랫폼으로 하는 8비트 AVR 마이크로컨트롤러용의 AVR-GCC 소프트웨어 패키지를 보통 WinAVR이라고 부르고 있으며, 이제 WinAVR과 AVR-GCC는 거의 같은 의미로 통용되고 있다.(☞ 그러나, Microchip Studio에서는 이를 WinAVR이 아니라 AVR 8-bit GNU Toolchain이라고 부르고 있다.) 또한, AVR-GCC 소프트웨어를 구성하는 핵심 부분이 AVR C Runtime Library인 avr-libc이다.

(2) WinAVR의 구성 및 특징

앞의 제3.2절에서 설명했듯이 Microchip Studio V7.0을 설치하면 <그림 3.2.14>와 같은 폴더가 만들어진다. 이 WinAVR 소프트웨어에 포함되어 있는 주요 프로그램들을 살펴보면 avr-gcc(command line compiler), avr-as(AVR assembler), avr-ld(linker), avr-ar(librarian), avr-ranlib(librarian) 및 avr-libc(compiler library file) 등이 있다. 이들 소프트웨어는 각각 자신들의 버전 번호로 발전하면서 관리되고 있다.

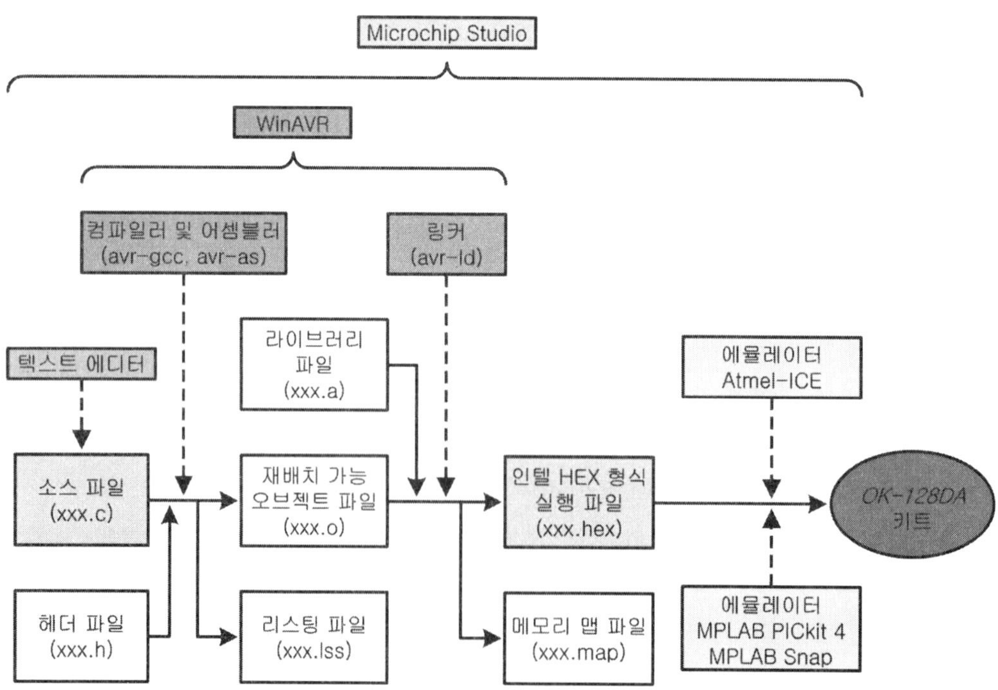

〈그림 3.3.1〉 Microchip Studio에서 WinAVR을 이용한 C언어 프로그램 작성 과정

사용자가 Microchip Studio에서 WinAVR을 이용하여 C언어 프로그램을 작성하여 컴파일하고 이를 *OK-128DA* 키트에 다운로드하여 실행하기 까지의 전체 개발 과정을 도시하면 <그림 3.3.1>과 같다.

2. WinAVR의 주요 기능 요약

WinAVR은 ANSI 표준의 C 및 C++ 컴파일러이므로 여기서 이 컴파일러의 C언어 처리 기능을 자세하게 설명하지 않는다. 여기서는 일반 ANSI C가 아니라 AVR 마이크로컨트롤러용으로서의 C언어를 사용할 때 알아야 하는 중요한 특징과 기능만을 알아보기로 한다. 더 이상의 자세한 사항에 대하여는 일반 C언어 책과 AVR-GCC 소프트웨어 패키지의 각 매뉴얼 특히 avr-libc의 매뉴얼을 참고하기 바란다.

(1) SRAM에서의 변수 및 상수

WinAVR에서 특별히 속성을 지정하지 않고 변수(variable)를 정의하면 이는 AVR 마이크로컨트롤러 내부의 SRAM 영역에 저장된다.

WinAVR에서는 <표 3.3.1>과 같이 일반적으로 사용하는 데이터의 형 표현 방법 이외에도 데이터형을 축약하여 표현하는 전용의 방법을 추가로 더 사용하고 있다. 이러한 데이터의 표현은 헤더파일 <stdint.h>에 정의되어 있다.

SRAM의 변수는

```
unsigned char value = 10;
```

과 같이 정의하며,

```
value = 20;
```

과 같이 나중에 수시로 그 값을 변경할 수도 있다. 그러나,

```
const unsigned char convalue = 10;
```

처럼 read-only만 가능한 상수(constant)의 속성으로 정의한 것은 SRAM에 저장되더라도 읽는 것만 가능하고 나중에 그 값을 수정할 수는 없다. 또한,

```
register unsigned char regvalue asm("r3");
```

처럼 변수를 마이크로프로세서의 범용 레지스터에 할당하면 이는 액세스 속도가 더욱 빠르므로 자주 사용하는 변수에 매우 유용하다.

〈표 3.3.1〉 WinAVR에서 데이터의 형 및 이를 축약하여 표현 방법

일반적인 데이터형의 표현	WinAVR의 데이터형 축약 표현	바이트 수	표현 범위
signed char	int8_t	1	-128~+127
unsigned char	uint8_t	1	0~255
signed int	int16_t	2	-32,768~+32,767
unsigned int	uint16_t	2	0~65,535
signed long int	int32_t	4	-2,147,483,648~+2,147,483,647
unsigned long int	uint32_t	4	0~4,294,967,295
signed long long int	int64_t	8	-9.22×10^18~+9.22×10^18
unsigned long long int	uint64_t	8	0~1.844×10^19
	intptr_t	2	int16_t와 같음
	uintptr_t	2	uint16_t와 같음
float		4	±8.4×10^-37~±3.4×10^38
double		8	±2.2×10^-308~±1.8×10^308

◀참고▶ 이 책의 예제에서는 1행이 너무 길어져서 불편해지는 특별한 경우가 아니면 이런 WinAVR 전용의 데이터형 축약 표현법보다는 가급적이면 일반적인 데이터형의 표현 방법을 사용한다. 대부분의 C 언어 프로그래머들에게는 그것이 더 알아보기 편하고 익숙하기 때문이다.

(2) 프로그램 메모리에서의 상수

WinAVR에서는 프로그램 메모리에서 상수를 지정하는 여러 가지 방법을 제공하고 있다. AVR의 프로그램 메모리인 플래시 메모리에는 프로그램이나 상수를 정의할 수 있는데, 이 상수는 당연히 읽는 것만 가능하지만 D/A 컨버터에 출력할 함수 데이터나 텍스트 LCD 모듈 또는 TFT-LCD에 표시할 문자열 등의 데이터를 저장하는데 매우 유용하다. 물론 이러한 상수 데이터는 SRAM에 저장할 수도 있지만 플래시 메모리는 SRAM에 비하여 용량이 훨씬 크므로 여기에 저장하는 것이 유리하다는 것이다.

이러한 상수 데이터의 표현을 사용하려면 헤더파일 <avr/pgmspace.h>를 인클루드해 주어야 한다. 이 헤더파일에 의하여 프로그램 메모리에서 상수를 정의할 때는 8, 16, 32, 64비트 데이터의 형을 각각 <표 3.3.2>와 같이 정의하며, 여기서 const 지시어는 읽기 전용의 상수라는 것을 의미하고, PROGMEM 지시어는 이것이 플래시 메모리에 저장된다는 것을 의미한다. 이러한 프로그램 메모리의 상수 데이터를 읽는 방법은 <표 3.3.3>에 정리하였다.

〈표 3.3.2〉 WinAVR에서 프로그램 메모리 상수를 정의하는 방법

데이터의 형	WinAVR에서 프로그램 메모리 상수 정의	바이트 수	표현 범위
signed char	const signed char 상수명 PROGMEM	1	-128~+127
unsigned char	const unsigned char 상수명 PROGMEM	1	0~255
signed int	const signed int 상수명 PROGMEM	2	-32,768~+32,767
unsigned int	const unsigned int 상수명 PROGMEM	2	0~65,535
signed long int	const signed long int 상수명 PROGMEM	4	-2,147,483,648~+2,147,483,647
unsigned long int	const unsigned long int 상수명 PROGMEM	4	0~4294967295
signed long long int	const signed long long int 상수명 PROGMEM	8	-9.22×10^18~+9.22×10^18
unsigned long long int	const unsigned long long int 상수명 PROGMEM	8	0~1.844×10^19

〈표 3.3.3〉 WinAVR에서 프로그램 메모리 상수를 읽는 방법

프로그램 메모리 상수의 형	16비트 어드레스를 사용하여 읽기	32비트 어드레스를 사용하여 읽기
signed char unsigned char	pgm_read_byte(address_short) pgm_read_byte_near(address_short)	pgm_read_byte_far(address_long)
signed int unsigned int	pgm_read_word(address_short) pgm_read_word_near(address_short)	pgm_read_word_far(address_long)
signed long int unsigned long int	pgm_read_dword(address_short) pgm_read_dword_near(address_short)	pgm_read_dword_far(address_long)
float	pgm_read_float(address_short) pgm_read_float_near(address_short)	pgm_read_float_far(address_long)

예를 들어 프로그램 메모리에 바이트 상수 배열을 정의하려면 다음과 같이 2가지가 가능하다.

```
const unsigned char array1[10] PROGMEM = {0,1,2,3,4,5,6,7,8,9};
const unsigned char array2[ ] PROGMEM = {0,1,2,3,4,5,6,7,8,9};
```

이중에서 어느 하나의 원소를 읽어내려면 다음과 같이 처리하면 된다.

```
unsigned char value1, value2;
value1 = pgm_read_byte(&array1[3]);
value2 = pgm_read_byte(&array2[4]);
```

또한, 프로그램 메모리에 상수 문자열을 정의하는 것은

```
const unsigned char string1[ ] __attribute__ ((progmem)) = "OK-128DA V1.0";
```

와 같이 수행하는데, 여기서 문자열에 포함된 문자 '8'을 읽으려면

```
unsigned char letter;
letter = pgm_read_byte(&string1[5]);
```

와 같이 처리한다.

(3) EEPROM에서의 변수

AVR에서 EEPROM을 액세스하는 것은 I/O 레지스터를 사용하여 특별하게 수행해야 하므로 WinAVR에서는 EEPROM을 액세스하기 위한 특별한 함수들을 제공하는데, 이것들은 헤더파일 <avr/eeprom.h>에 정의되어 있다.

〈표 3.3.4〉 WinAVR에서 EEPROM의 데이터를 액세스하는 방법

데이터의 종류	EEPROM 읽기	EEPROM 쓰기
signed char unsigned char	eeprom_read_byte()	eeprom_write_byte()
signed int unsigned int	eeprom_read_word()	eeprom_write_word()
signed long int unsigned long int	eeprom_read_dword()	eeprom_write_dword()
float	eeprom_read_float()	eeprom_write_float()

여기에 정의되어 있는 주요 함수들을 요약하면 <표 3.3.4>와 같고, 이것들의 사용방법을 좀 더 자세히 설명하면 다음과 같다.

```
eeprom_is_ready();
```

는 EEPROM의 상태를 조사하는 매크로로서 리턴값이 1이면 ready, 0이면 busy 상태를 나타낸다. 또한

```
void eeprom_write_byte(unsigned char *addr, unsigned char value);
void eeprom_write_word(unsigned int *addr, unsigned int value);
void eeprom_write_dword(unsigned long int *addr, unsigned long int value);
```

함수는 EEPROM의 지정된 어드레스에 각각 8비트, 16비트, 32비트의 데이터를 저장한다. 이와 반대로

```
unsigned char eeprom_read_byte(const unsigned char *addr);
unsigned int eeprom_read_word(const unsigned int *addr);
unsigned long int eeprom_read_dword(const unsigned long int *addr);
```

은 EEPROM의 지정된 어드레스에서 각각 8비트, 16비트, 32비트 길이의 데이터를 읽는다.

(4) I/O 제어 레지스터 및 병렬 I/O 포트의 액세스

WinAVR에서는 AVR 마이크로컨트롤러의 I/O 제어 레지스터를 액세스하기 위한 여러 가지의 함수나 매크로를 지원한다. AVR의 병렬 I/O 포트도 역시 이러한 레지스터 영역에 있는 SFR(special function register)에 해당하므로 이 방법을 사용하여 액세스한다.

레지스터 영역에 있는 I/O 제어 레지스터를 액세스하기 위한 표현은 <표 3.3.5>와 같이 해당 레지스터의 데이터 메모리 번지를 포인터 사용 방식으로 액세스할 수 있도록 헤더파일 <avr/sfr_defs.h>에 정의되어 있다. 그러나, 기본적으로 <avr/io.h>를 인클루드하면 내부에서 <sfr_defs.h> 파일을 자동적으로 인클루드하도록 연결되어 있으므로 사용자가 별도로 이를 인클루드할 필요는 없다.

〈표 3.3.5〉 WinAVR에서 I/O 제어 레지스터를 액세스하는 방법

데이터의 종류	레지스터 액세스 정의	실제 동작
0x0000~0x003F 번지의 8비트 I/O 제어 레지스터	_SFR_IO8(io_addr)	*(volatile unsigned char *)(io_addr + 0x20)
0x0000~0x003F 번지의 16비트 I/O 제어 레지스터	_SFR_IO16(io_addr)	*(volatile unsigned int *)(io_addr + 0x20)
0x0040 번지 이후의 8비트 I/O 제어 레지스터	_SFR_MEM8(mem_addr)	*(volatile unsigned char *)mem_addr
0x0040 번지 이후의 16비트 I/O 제어 레지스터	_SFR_MEM16(mem_addr)	*(volatile unsigned int *)mem_addr

이를 사용하여 각 AVR 마이크로컨트롤러의 레지스터 정의 파일에서는 I/O 제어 레지스터를 쉽게 액세스할 수 있도록 정의하여 두었다. 예를 들면 AVR128DA64의 경우는 모든 I/O 제어 레지스터를 헤더파일 <ioavr128da64.h>에 다음과 같이 정의하여 놓았다. 여기서 RTC_CNT는 실제로 AVR128DA64에 존재하지 않는 16비트 레지스터의 이름이지만 8비트 레지스터 RTC_CNTL과 RTC_CNTH를 합하여 한번에 16비트 레지스터로 액세스할 수 있도록 이 헤더파일에서 정의해놓은 것이다.

```
#define CPU_CCP      _SFR_MEM8(0x0034)
#define CPU_RAMPZ    _SFR_MEM8(0x003B)
#define CPU_SPL      _SFR_MEM8(0x003D)
```

```
#define CPU_SPH       _SFR_MEM8(0x003E)
#define CPU_SREG      _SFR_MEM8(0x003F)

#define PORTA_DIR     _SFR_MEM8(0x0400)
#define PORTA_OUT     _SFR_MEM8(0x0404)
#define PORTA_IN      _SFR_MEM8(0x0408)

#define RTC_CTRLA     _SFR_MEM8(0x0140)
#define RTC_CNT       _SFR_MEM16(0x0148)
#define RTC_CNTL      _SFR_MEM8(0x0148)
#define RTC_CNTH      _SFR_MEM8(0x0149)
```

이는 아래와 같이 포인터를 사용하여 해당 레지스터들을 메모리 절대 번지로 지정한 것과 동일하다.

```
#define CPU_CCP       *(volatile unsigned char *)0x0034
#define CPU_RAMPZ     *(volatile unsigned char *)0x003B
#define CPU_SPL       *(volatile unsigned char *)0x003D
#define CPU_SPH       *(volatile unsigned char *)0x003E
#define CPU_SREG      *(volatile unsigned char *)0x003F

#define PORTA_DIR     *(volatile unsigned char *)0x0400
#define PORTA_OUT     *(volatile unsigned char *)0x0404
#define PORTA_IN      *(volatile unsigned char *)0x0408

#define RTC_CTRLA     *(volatile unsigned char *)0x0140
#define RTC_CNT       *(volatile unsigned int *)0x0148
#define RTC_CNTL      *(volatile unsigned char *)0x0148
#define RTC_CNTH      *(volatile unsigned char *)0x0149
```

이와 같은 헤더 파일의 정의에 의하여 우리는 C언어 프로그램에서 8비트 I/O 제어 레지스터를 다음과 같이 편리하게 액세스할 수 있다.

```
unsigned char a, b;

PORA_DIR = 0x12;
a = PORTA_DIR;

PORTA_OUT = 0x34;
b = PORTA_IN;
```

이것은 다음과 같이 포인터를 사용하여 메모리 절대번지를 지정하는 것과 동일하지만, 이렇게 사용하는 것은 C언어의 표준 문법을 따르고 있으므로 범용성이 있는데 비하여 사용자가 각 레지스터의 절대번지를 알고 있어야 한다는 불편함이 있다.

```
unsigned char a, b;

*(volatile unsigned char *)0x0400 = 0x12;
a = *(volatile unsigned char *)0x0400;

*(volatile unsigned char *)0x0404 = 0x34;
b = *(volatile unsigned char *)0x0408;
```

또한, 16비트의 I/O 제어 레지스터는 다음과 같이 8비트 단위로 2번 액세스할 수도 있고, 한번에 16비트를 액세스하는 것처럼 좀 더 편리하게 프로그램할 수도 있다.

```
unsigned char a, b;
unsigned int c;

RTC_CNTL = 0x20;                    // 16비트 레지스터 쓰기 ①
RTC_CNTH = 0x10;
RTC_CNT = 0x1020;                   // 16비트 레지스터 쓰기 ②

a = RTC_CNTL;                       // 16비트 레지스터 읽기 ①
b = RTC_CNTH;
c = a + b*256;
a = RTC_CNTL;                       // 16비트 레지스터 읽기 ②
b = RTC_CNTH;
c = a + (b << 8);
c = RTC_CNTL + (RTC_CNTH << 8);     // 16비트 레지스터 읽기 ③
c = RTC_CNT;                        // 16비트 레지스터 읽기 ④
```

◀참고▶ AVR128DA64에서 16비트의 I/O 제어 레지스터를 액세스할 때는 각 바이트를 읽거나 쓰는 순서가 중요하다. 리드(read) 동작이든 라이트(write) 동작이든 반드시 하위 바이트를 먼저 액세스하고 상위 바이트를 나중에 액세스해야 한다. 그러나, C언어에서 이와 같이 편리하게 16비트 레지스터 이름을 사용하면 C컴파일러가 올바른 순서에 맞추어 2번 액세스하도록 어셈블리 언어로 번역하므로 아무 문제가 없이 처리된다.

(5) 비트 단위의 처리

범용 마이크로프로세서와 달리 제어용의 마이크로컨트롤러에서는 비트 단위의 데이터 처리가 중요할 경우가 많다. 이를 위해 헤더파일 <avr/sfr_defs.h>에는

```
#define _BV(bit)  (1 << (bit))
```

가 정의되어 있어서 비트 단위의 처리에 유용하게 사용된다. 예를 들어 AVR 마이크

로컨트롤러에서 I/O 제어 레지스터의 특정 비트를 세트 또는 리셋시키려면 _BV()를 다음과 같이 활용할 수 있다.

```
PORTA_OUT = PORTA_OUT | _BV(1);          // sbi(PORTA_OUT, 1)
PORTA_OUT = PORTA_OUT & ~_BV(3);         // cbi(PORTA_OUT, 3)
```

WinAVR의 초창기에는 sbi(), cbi(), inp(), outp(), inb(), outb(), inw(), outw()와 같은 함수를 사용하였으나, 2005년 2월 14일자의 WinAVR에 포함된 avr-libc v1.2.3에서 부터는 이것들을 모두 폐지하고 사용하지 않는다. 따라서, 현재는 이것들은 사용하지 않는 것이 바람직하지만, sbi()와 cbi()는 매우 편리한 매크로이므로 이를 아래와 같이 직접 정의하여 계속 사용하는 경우가 많았다.

```
#define BV(bit)             (1 << (bit))
#define sbi(reg, bit)       reg |= BV(bit)
#define cbi(reg, bit)       reg &= (~BV(bit))

sbi(PORTA_OUT, 1);
cbi(PORTA_OUT, 3);
```

그러나, AVR128DA64에서는 병렬 I/O 포트에 이러한 비트 처리 레지스터가 새로 생겼으므로 이제는 굳이 위와 같이 WinAVR이 지원하지 않는 방법을 사용할 필요가 없고 직접 해당 I/O 제어 레지스터를 사용하여 비트 처리를 수행하면 된다.

```
PORTA_OUTSET = 0x02;             // sbi(PORTA_OUT, 1)
PORTA_OUTCLR = 0x08;             // cbi(PORTA_OUT, 3)
```

(6) 인터럽트 처리 프로그램의 작성

표준의 ANSI C에서는 하드웨어 의존적인 인터럽트 처리 기능을 지원하지 않으므로 각 마이크로컨트롤러의 C컴파일러마다 고유한 방식으로 이를 처리한다. WinAVR에서는 반드시 다음과 같이 지정된 형식으로 인터럽트 서비스 루틴(interrupt service routine 또는 interrupt handler) 함수를 작성하여야만 C컴파일러가 이를 올바르게 인식하여 처리할 수 있다. 이들 인터럽트 처리 기능은 모두 헤더파일 <avr/interrupt.h>에 정의되어 있으며, 인터럽트 서비스 루틴 함수의 기본 형식은 다음과 같다. 여기서 vector는 AVR128DA64에서 사용할 수 있는 각 인터럽트의 종류를 나타내는 표시로서 반드시 <표 1.4.8>에 보인 것과 같은 인터럽트 벡터 이름을 사용해야 한다.

```
ISR(vector)
{
  // interrupt service routine
}
```

AVR 마이크로컨트롤러에서는 인터럽트 처리가 시작되면 SREG의 글로벌 인터럽트 플랙 I가 자동적으로 0이 되기 때문에 이 인터럽트 서비스 루틴 함수가 실행되는 동안에는 기본적으로 모든 인터럽트가 금지 상태로 된다. 그러나, 이 함수 내에서 인터럽트를 허용 상태로 설정하려면 인터럽트 함수의 서두에서 sei() 함수를 실행하여 주면 된다. 반대로 인터럽트를 금지하는 함수는 cli() 함수이다. 또한, 여러개의 인터럽트가 사용되는 프로그램에서 다중 인터럽트를 제어하려면 인터럽트 처리 함수 내에서 적절하게 sei() 함수 또는 cli() 함수를 사용할 수 있다.

```
ISR(vector)
{
  sei();
  // interrupt service routine
}
```

WinAVR에서는 프로그램의 오류를 방지하기 위하여 프로그래머가 사용하지 않는 인터럽트가 발생하면 리셋 벡터로 점프하도록 내부에서 처리하고 있다. 그러므로, 만약 프로그램 실행 중에 느닷없이 리셋이 걸린 것처럼 프로그램이 0x0000 번지부터 다시 수행되는 경우가 생긴다면 혹시 이 시스템에서 사용하지 않는 인터럽트가 발생하지 않았는지 체크해 보는 것이 좋다.

(7) 인라인 어셈블 프로그래밍

WinAVR을 이용하여 프로그램을 작성하다 보면 때로는 C언어 소스에서 어셈블리 명령을 사용하고 싶을 경우가 있다. 이때는 인라인 어셈블(inline assemble) 기능으로 어셈블리 명령을 C언어 소스에 포함시킬 수 있다.

C언어에서 인라인 어셈블 명령을 사용하는 기본 형식은 다음과 같다.

```
asm volatile("assembly instruction \n\t"
             "assembly instruction \n\t"
                 · · ·
             "assembly instruction \n\t");
```

여기서 assembly instruction은 1개 또는 여러 개의 어셈블리 명령인데 각 어셈블리 명령들은 큰 인용부호로 묶어져야 하며, 각 어셈블리 명령의 끝에는 줄을 바꾸라는 표시로 \n\t 가 놓여야 한다.

인라인 어셈블 방식의 루틴에서는 아래의 예와 같이 점프를 위한 라벨을 사용하는 것도 가능하다.

```
val1 = 1;
val2 = 2;
asm volatile("      LDS    R16, val1     \n\t"
             "      LDS    R17, val2     \n\t"
             "      ADD    R16, R17      \n\t"
             "      BRCC   over          \n\t"
             "      LDI    R16, 0xFF     \n\t"
             "over: STS    val1, R16     \n\t");
```

단, 이와 같이 인라인 어셈블 루틴에서 C언어 소스의 변수명을 사용하려면 이는 반드시 글로벌 변수이어야만 한다. 이는 물론 다음과 같이 사용하는 것도 가능하다.

```
val1 = 1;
val2 = 2;
asm volatile("      LDS    R16, val1   ");
asm volatile("      LDS    R17, val2   ");
asm volatile("      ADD    R16, R17    ");
asm volatile("      BRCC   over        ");
asm volatile("      LDI    R16, 0xFF   ");
asm volatile("over: STS    val1, R16   ");
```

인라인 어셈블 루틴에서는 <표 3.3.6>처럼 몇 개의 특별한 레지스터를 사용할 수 있다. 이것들은 C언어 소스를 컴파일한 어셈블리 소스에서도 자주 사용되는 것이므로 때로는 인라인 어셈블 루틴에서 필요한 경우도 있다.

〈표 3.3.6〉 인라인 어셈블 루틴에서 사용 가능한 특별한 레지스터

심볼	레지스터의 기능
__SREG__	상태 레지스터 SREG (0x3F 번지)
__SP_H__	스택 포인터의 상위 바이트(0x3E 번지)
__SP_L__	스택 포인터의 하위 바이트(0x3D 번지)
__tmp_reg__	임시 레지스터로 사용되는 R0 레지스터
__zero_reg__	항상 0의 값을 가지는 레지스터로 사용되는 R1 레지스터

인라인 어셈블 루틴은 C컴파일러가 직접 처리하지 않고 거의 그대로 어셈블러에게 전달하므로 소스의 구문에 명백한 에러(syntax error)가 있더라도 에러 메시지를 발생하지 않는 경우가 많다. 따라서, 인라인 어셈블 기능을 사용할 때는 사용자가 이

런 사항들을 세심하게 고려하여 처리하지 않으면 프로그램이 뜻하지 않은 결과를 초래할 수도 있으니 주의해야 한다.

(8) 레지스터의 사용

C언어의 중요한 특징 중의 하나는 함수 중심(function-oriented)의 언어라는 것이며, 일반적으로 함수를 호출(call)할 때는 입력 파라미터가 전달되고, 함수가 수행되고 나서 리턴(return)될 때는 출력 파라미터를 전달하게 된다. 이 함수를 어떻게 전달하고 그것이 함수 안에서 어떤 방법으로 사용되는지는 C언어의 처리 성능에 중요한 영향을 준다. 종래의 C컴파일러들은 이러한 파라미터를 대부분 스택 메모리를 통하여 전달함으로써 처리 방법의 일반성은 있었으나 처리 성능이 낮았다. 그러나, AVR 마이크로컨트롤러에서는 32개의 범용 레지스터 R0~R31을 가지고 있으므로 이러한 함수의 파라미터 전달에 주로 이들 레지스터를 사용하며, 이는 C언어로 작성된 사용자 프로그램의 실행속도를 상당히 높여주므로 그만큼 AVR이 C언어에 적합한 구조의 마이크로컨트롤러라는 것을 말해준다.

모든 함수를 컴파일할 때 이들 사이에는 입출력 파라미터들이 서로 잘 매칭이 되어야 하므로 C컴파일러에서 이러한 함수 처리 방법은 매우 규칙적으로 정해져 있다. WinAVR에서 함수를 호출할 때 입력 파라미터에는 R25~R8이 사용되는데, 이것들은 파라미터의 순서대로 뒤쪽인 R25부터 차례로 사용된다. 예를 들어 입력 파라미터가 int형이라면 레지스터가 2개씩, long형이라면 레지스터가 4개씩 역워드순으로 사용된다. 단, 파라미터가 char형인 경우에는 짝수 번호의 레지스터만이 사용된다. 만약 함수의 입력 파라미터가 너무 많아서 이들 파라미터들을 모두 레지스터로 표현할 수 없는 경우에는 나머지 초과되는 부분이 스택 메모리를 사용하여 전달된다. 한편, 함수의 리턴값을 전달하는 레지스터는 char형은 R24, int형은 R25~R24, long int형은 R25~R22, long long int형은 R25~R18이 사용된다.

호출된 함수(callee) 내에서는 지역변수(local variable)로서 R18~R27 및 R30~R31을 자유롭게 사용한다. 따라서, 이 레지스터들의 값이 변하지 않도록 보존되어야 한다면 그것은 호출하는 쪽(caller)에서 처리해 주어야 한다. 그러나, R2~R17 및 R28~R29는 함수 내에서 사용할 때 이것들의 값이 변경되지 않도록 호출된 함수에서 이를 보존하여야 한다. 이밖에 R0은 임시 레지스터(temporary register)로 사용되며, R1은 항상 0의 값을 가지는 제로 레지스터(zero register)로 사용된다.

◀휴게실▶ **AVR C언어에서 변수를 사용할 때의 유용한 팁**

(1) 변수의 종류 선정

C언어의 어느 함수 내에서 선언하여 그 함수에서만 사용하는 변수를 지역변수(local variable)라고 하며, 함수의 밖에서 선언하여 이후의 어느 함수에서나 사용할 수 있는 변수를 전역변수(global variable)라고 한다. 또한, 지역 변수이기는 하지만 함수가 호출된 이후에도 그 값이 보존되는 변수를 정적변수(static local variable)라고 한다.

전역변수는 함수의 밖에서 선언되어 SRAM 메모리에 저장되며 이 변수 영역은 다른 목적으로 사용될 수 없다. 따라서, 너무 많은 전역변수를 사용하면 SRAM 메모리의 낭비가 되며, 전역변수는 프로그램의 수정이나 관리를 어렵게 하므로 가급적 사용을 자제하는 것이 좋다.

지역변수는 일반적으로 스택에 저장되지만 AVR 마이크로컨트롤러에서는 이를 대부분 레지스터에 저장하므로 프로그램의 실행 속도가 향상된다. 이에 비하여 전역변수는 SRAM에 저장되어 있다가 이것이 사용될 때만 레지스터로 옮겨지므로 그만큼 프로그램이 길어지고 실행 속도가 떨어진다. 따라서, C언어 프로그램에서는 불가피한 상황을 제외하고는 가급적이면 전역변수보다는 지역변수를 사용하는 것이 바람직하다.

정적변수는 함수가 시작될 때 레지스터로 옮겨지고 함수가 끝날 때는 다시 그 값이 SRAM으로 옮겨져 저장된다. 따라서, 정적변수는 하나의 함수 내에서 여러번 사용된다면 전역변수보다는 프로그램의 코드 사이즈를 절감할 수 있는 효과가 있다.

데이터를 레지스터 변수로 정의하여 사용하면 당연히 처리속도가 가장 빨라진다. 그러나, 레지스터 변수는 어떤 레지스터를 독점적으로 점유하여 사용하므로 전체 범용 레지스터의 활용도를 떨어뜨리게 되고, 따라서 특별한 경우에만 사용해야 한다.

(2) 변수의 크기 선정

C언어에서 변수의 크기는 가급적 작은 것을 선정하여 사용하는 것이 좋다. 예를 들어 0~100의 범위에서만 사용하는 변수에 쓸데없이 int형이나 long int형을 사용한다면 이는 데이터 처리속도를 상당히 떨어뜨리는 요인이 될 수 있다. AVR은 8비트 마이크로컨트롤러이므로 모든 어셈블리 명령에서는 기본적으로 8비트 단위로 데이터를 처리하며, 따라서 8비트의 char형 변수는 16비트의 int형이나 32비트의 long int형 변수에 비하여 훨씬 빠르게 처리된다.

(3) 인터럽트 서비스 루틴 함수에서

인터럽트 서비스 루틴 함수가 시작될 때는 이 함수 내에서 사용되는 모든 레지스터를 스택에 저장한다. 또한, 인터럽트 서비스 루틴 함수 내에서 다른 함수를 호출할 때도 이 레지스터들을 모두 스택에 저장한다. 따라서, 프로그램의 코드 사이즈를 줄이고 실행 속도를 높이려면 인터럽트 서비스 루틴 함수는 최대한 간단하고 짧게 작성하며 이 내부에서는 다른 함수를 호출하지 않는 것이 좋다.

(4) 메인 함수와 인터럽트 서비스 루틴 함수 사이에서 전역변수를 공유하는 경우

전역변수를 선언해 두고 이를 메인 함수와 인터럽트 서비스 루틴에서 공유하는 경우에는 주의가 필요하다. 즉, 인터럽트 서비스 루틴에서 이 변수값이 수시로 갱신될 수 있고 메인 함수에서는 그 갱신된 결과에 따라 어떤 처리를 해야 한다면 이 전역변수를 선언할 때 반드시 volatile로 선언한다.

```
volatile unsigned char count;
```

이렇게 하면 C컴파일러가 이를 컴파일할 때 최적화를 수행하더라도 그 상황에 맞는 상수값으로 바꾸어 처리하지 않기 때문에 항상 올바른 전역변수로 작용할 수 있도록 한다.

3. 기본적인 헤더파일 및 라이브러리 함수의 요약

WinAVR 소프트웨어에는 많은 헤더 파일과 avr-libc라고 불리는 AVR-GCC 컴파일러의 C언어 라이브러리 함수(library function)가 들어있다. 이는 사용자가 소스 프로그램을 작성할 때 항상 참고해야 하는 사항이므로 여기서 요약하여 정리한다.

(1) WinAVR C컴파일러의 헤더파일

WinAVR의 C컴파일러에서 제공하는 헤더파일을 모두 요약하면 <표 3.3.7>과 같다. 여기서 ①②③④로 표시된 헤더파일은 각각 아래와 같은 폴더에 위치하는 것을 나타낸다.

① ...\avr8\avr8-gnu-toolchain\avr\include\ 기본 폴더에 위치
② ...\avr8\avr8-gnu-toolchain\avr\include\avr\ 하위 폴더에 위치
③ ...\avr8\avr8-gnu-toolchain\avr\include\compat\ 하위 폴더에 위치
④ ...\avr8\avr8-gnu-toolchain\avr\include\util\ 하위 폴더에 위치

〈표 3.3.7〉 WinAVR C컴파일러에서 제공하는 헤더파일

헤더파일	파일의 내용	비고
assert.h	Diagnostics	①
boot.h	Bootloader support utilities	②
common.h	Define registers that have not been previously defined	②
crc16.h	CRC-16 computations	②④
ctype.h	Character operations	①
delay.h	Busy-wait delay loops	②④
deprecated.h	Define deprecated items to be available in previous versions	③
eeprom.h	EEPROM handling	②
errno.h	System errors	①
ina90.h	Compatibility header for IAR C compiler	③
interrupt.h	Interrupt handling	②
inttypes.h	Integer type conversions	①
io.h	AVR device-specific I/O definitions	②
iom128a.h 등	I/O definitions for various AVR microcontrollers	②
math.h	Mathematics	①
parity.h	Parity bit generation	②④
pgmspace.h	Program space string utilities	②
portpins.h	I/O port bit number definitions	②
setjmp.h	Non-local goto	①
sfr-defs.h	Special function registers	②
sleep.h	Power management and sleep modes	②
stdint.h	Standard integer types	①
stdio.h	Standard I/O facilities	①
stdlib.h	General utilities	①
string.h	More string manipulation routines	①
time.h	Declare time functions	①
twi.h	TWI bit mask definitions	③④
version.h	avr-libc version macros	②
wdt.h	Watchdog timer handling	②

헤더파일의 기본 폴더인 ...\Studio\7.0\toolchain\avr8\avr-gnu-toolchain\avr\include\에 위치하는 헤더파일을 사용자 프로그램에서 인클루드할 때는

```
#include <stdio.h>
```

와 같이 사용한다. 그러나, 그 이하의 하위 폴더에 위치하는 헤더파일을 인클루드하는 경우에는

```
#include <avr/io.h>
#include <compat/ina90.h>
#include <util/delay.h>
```

와 같이 그 하위 경로를 밝혀 표시해야 한다.

(2) 내장 함수 리스트

이제 WinAVR의 헤더파일에 정의되어 있는 모든 C언어 라이브러리 함수를 요약 정리하면 <표 3.3.8>과 같다. 각 함수는 어느 헤더파일에 정의되어 있는지를 함께 표시하였다. 헤더파일의 구성은 소프트웨어 버전에 따라 조금씩 달라지는데, 이 표에서 ★로 표시한 것은 현재 폐지되어 사용하지 않는 것을 나타내며 ☆는 앞으로 폐지될 예정이므로 가급적이면 사용하지 말라는 것을 나타낸다.

〈표 3.3.8〉 WinAVR에서 사용하는 C언어 함수 및 그것이 정의되어 있는 헤더파일

함수의 형	함수	헤더파일
void	abort(void);	stdlib.h
int	abs(int x);	stdlib.h
double	acos(double x);	math.h
double	asin(double x);	math.h
double	atan(double x);	math.h
double	atan2(double y, double x);	math.h
long	atoi(char *p);	stdlib.h
long	atol(char *p);	stdlib.h
	bit_is_clear(sfr, bit);	sfr_defs.h
	bit_is_set(sfr, bit);	sfr_defs.h
	_BV(bit);	sfr_defs.h
	cbi(port, bit); ★	sfr_defs.h
double	ceil(double x);	math.h
	cli(void);	interrupt.h
void	*calloc(size_t nele, size_t size);	stdlib.h
double	cos(double x);	math.h
double	cosh(double x);	math.h
div_t	div(int x, int y);	stdlib.h
void	_delay_loop_1(unsigned char count);	delay.h
void	_delay_loop_2(unsigned int count);	delay.h
void	_delay_us(double us);	delay.h
void	_delay_ms(double ms);	delay.h

	eeprom_is_ready();	eeprom.h
unsigned char	eeprom_rb(unsigned int addr); ★	eeprom.h
unsigned int	eeprom_rw(unsigned int addr); ★	eeprom.h
unsigned char	eeprom_read_byte(const unsigned char *addr);	eeprom.h
unsigned int	eeprom_read_word(const unsigned int *addr);	eeprom.h
void	eeprom_read_block(void *buf, const void *addr, size_t n);	eeprom.h
void	eeprom_wb(unsigned int addr, unsigned char val); ★	eeprom.h
void	eeprom_write_byte(unsigned char *addr, unsigned char val);	eeprom.h
void	eeprom_write_word(unsigned int *addr, unsigned int val);	eeprom.h
void	eeprom_write_block(const void *addr, void *buf, size_t n);	eeprom.h
	_EEGET(val, addr);	eeprom.h
	_EEPUT(addr, val);	eeprom.h
	enable_external_int(unsigned char ints); ★	interrupt.h
double	exp(double x);	math.h
double	fabs(double x);	math.h
int	fclose(FILE *__stream);	stdio.h
	fdev_close(void);	stdio.h
FILE*	fdevopen(int(*put)(char,FILE*), int(*get)(FILE*));	stdio.h
int	fgetc(FILE *__stream);	stdio.h
double	floor(double x);	math.h
double	fmod(double x, double y);	math.h
int	fputc(int __c, FILE *__stream);	stdio.h
void	free(void *ptr);	stdlib.h
double	frexp(double x, int *exp);	math.h
	getchar(void);	stdio.h
	inp(port); ★	sfr_defs.h
	inb(port); ★	sfr_defs.h
	inw(port); ★	sfr_defs.h
	INTERRUPT(signame); ★	signal.h
double	inverse(double x); ★	math.h
	ISR(vector);	interrupt.h
int	isalnum(int __c);	ctype.h
int	isalpha(int __c);	ctype.h
int	isascii(int __c);	ctype.h
int	iscntrl(int __c);	ctype.h
int	isdigit(int __c);	ctype.h
int	isgraph(int __c);	ctype.h
int	islower(int __c);	ctype.h
int	isprint(int __c);	ctype.h
int	ispunct(int __c);	ctype.h
int	isspace(int __c);	ctype.h
int	isupper(int __c);	ctype.h
int	isxdigit(int __c);	ctype.h
int	isnan(double x);	math.h
int	isinf(double x);	math.h
char	*itoa(int value, char *string, int radix);	stdlib.h
long	labs(long x);	stdlib.h
double	ldexp(double x, int exp);	math.h
ldiv_t	ldiv(lomg x, long y);	stdlib.h
double	log(double x);	math.h
double	log10(double x);	math.h
void	longjmp(jmp_buf env, int val);	setjmp.h
	loop_until_bit_is_clear(sfr, bit);	sfr_defs.h
	loop_until_bit_is_set(sfr, bit);	sfr_defs.h
char	*ltoa(long int value, char *string, int radix);	stdlib.h
void	*malloc(size_t size);	stdlib.h
void	*memchr(void *s, char c, size_t n);	string.h
int	memcmp(const void *s1, const void *s2, size_t n);	string.h
void	*memcpy(void *to, void *from, size_t n);	string.h
void	*memmove(void *to, void *from, size_t n);	string.h
void	*memset(void *s, int c, size_t n);	string.h
double	modf(double x, double *iptr);	math.h
	outp(value, port); ★	sfr_defs.h
	outb(port, value); ★	sfr_defs.h
	outw(port, value); ★	sfr_defs.h
	parity_even_bit(val);	parity.h
	pgm_read_byte(address);	pgmspace.h
	pgm_read_word(address);	pgmspace.h

	pgm_read_dword(address);	pgmspace.h
	pgm_read_byte_near(address);	pgmspace.h
	pgm_read_word_near(address);	pgmspace.h
	pgm_read_dword_near(address);	pgmspace.h
	pgm_read_byte_far(address_long);	pgmspace.h
	pgm_read_word_far(address_long);	pgmspace.h
	pgm_read_dword_far(address_long);	pgmspace.h
double	pow(double x, double y);	math.h
int	printf(const char *__fmt, ...);	stdio.h
int	printf_P(const char *__fmt, ...);	stdio.h
	putchar(unsigned char c);	stdio.h
void	qsort(void *base, size_t nmemb, size_t size, ...);	stdlib.h
int	rand(void);	stdlib.h
int	rand_r(unsigned long *ctx);	stdlib.h
void	*realloc(void *ptr, size_t size);	stdlib.h
	sbi(port, bit); ★	sfr_defs.h
int	scanf(const char *__fmt, ...);	stdio.h
int	scanf_P(const char *__fmt, ...);	stdio.h
	sei(void);	interrupt.h
int	setjmp(jmp_buf env);	setjmp.h
	SIGNAL(signame); ☆	interrupt.h
double	sin(double x);	math.h
double	sinh(double x);	math.h
double	sqrt(double x);	math.h
double	square(double x);	math.h
	set_sleep_mode(unsigned char mode);	sleep.h
	sleep_mode(void);	sleep.h
	sleep_enable(void);	sleep.h
	sleep_disable(void);	sleep.h
	sleep_cpu(void);	sleep.h
void	srand(unsigned int __seed);	stdlib.h
int	strcasecmp(const char *s1, const char *s2);	string.h
char	*strcat(char *dest, char *src);	string.h
char	*strchr(const char *s, int c);	string.h
int	strcmp(const char *s1, const char* s2);	string.h
char	*strcpy(char *dest, char *src);	string.h
	*strdupa(s);	string.h
size_t	strlen(char *s);	string.h
char	*strlwr(char *);	string.h
int	strncasecmp(const char *, const char *, size_t);	string.h
char	*strncat(char *dest, char *src, size_t n);	string.h
int	strncmp(const char *s1, const char* s2, size_t n);	string.h
char	*strncpy(char *dest, char *src, size_t n);	string.h
	*strndupa(s, n);	string.h
size_t	strnlen(const char *s, size_t maxlen);	string.h
char	*strrchr(const char *s, int c);	string.h
char	*strrev(char *s1);	string.h
char	*strstr(const char *haystack, const char *needle);	string.h
double	strtod(const char *s, char **endptr);	stdlib.h
long	strtol(const char *nptr, char **endptr, int base);	stdlib.h
unsigned long	strtoul(const char *nptr, char **endptr, int base);	stdlib.h
char	*strupr(char *);	string.h
double	tan(double x);	math.h
double	tanh(double x);	math.h
	timer_enable_int(unsigned char ints); ★	interrupt.h
int	toascii(int __c);	ctype.h
int	tolower(int __c);	ctype.h
int	toupper(int __c);	ctype.h
char	*utoa(unsigned int value, char *string, int radix);	stdlib.h
char	*ultoa(unsigned long int value, char *string, int radix);	stdlib.h
int	vfprintf(FILE *__stream, const char *__fmt, va_list __ap);	stdio.h
int	vfscanf(FILE *__stream, const char *__fmt, va_list __ap);	stdio.h
	wdt_disable(void);	wdt.h
	wdt_enable(timeout);	wdt.h
	wdt_reset(void);	wdt.h

(3) 헤더파일 ioavr128da64.h의 내용

이 책에서는 AVR128DA64 마이크로컨트롤러를 공부하고 이를 위한 C언어 프로그램 작성 기술을 익히고자 하므로 WinAVR C컴파일러에서 제공하는 헤더파일 중에서 가장 많이 참고하거나 사용하게 되는 것이 ioavr128da64.h이다. 이 헤더파일의 전체 내용 중에서 중요한 부분만을 발췌하여 보이면 아래와 같다.

〈파일 ioavr128da64.h〉 WinAVR에서 제공하는 AVR128DA64용의 헤더파일(부분 발췌)

```
/*
 * Copyright (C) 2020, Microchip Technology Inc. and its subsidiaries ("Microchip")
 * All rights reserved.
 *
 * This software is developed by Microchip Technology Inc. and its subsidiaries ("Microchip").
 *
 * Redistribution and use in source and binary forms, with or without modification, are
 * permitted provided that the following conditions are met:
 *
 *     1. Redistributions of source code must retain the above copyright notice, this list of
 *        conditions and the following disclaimer.
 *
 *     2. Redistributions in binary form must reproduce the above copyright notice, this list
 *        of conditions and the following disclaimer in the documentation and/or other
 *        materials provided with the distribution. Publication is not required when
 *        this file is used in an embedded application.
 *
 *     3. Microchip's name may not be used to endorse or promote products derived from this
 *        software without specific prior written permission.
 *
 * THIS SOFTWARE IS PROVIDED BY MICROCHIP "AS IS" AND ANY EXPRESS OR IMPLIED WARRANTIES,
 * INCLUDING, BUT NOT LIMITED TO, THE IMPLIED WARRANTIES OF MERCHANTABILITY AND FITNESS FOR
 * PURPOSE ARE DISCLAIMED.  IN NO EVENT SHALL MICROCHIP BE LIABLE FOR ANY DIRECT, INDIRECT,
 * INCIDENTAL, SPECIAL, EXEMPLARY, OR CONSEQUENTIAL DAMAGES (INCLUDING BUT NOT LIMITED TO
 * PROCUREMENT OF SUBSTITUTE GOODS OR SERVICES; LOSS OF USE, DATA OR PROFITS; OR BUSINESS
 * INTERRUPTION) HOWSOEVER CAUSED AND ON ANY THEORY OF LIABILITY, WHETHER IN CONTRACT, STRICT
 * LIABILITY, OR TORT (INCLUDING NEGLIGENCE OR OTHERWISE) ARISING IN ANY WAY OUT OF THE USE OF
 * THIS SOFTWARE, EVEN IF ADVISED OF THE POSSIBILITY OF SUCH DAMAGE.
 */

#ifndef _AVR_IO_H_
#  error "Include <avr/io.h> instead of this file."
#endif

#ifndef _AVR_IOXXX_H_
#  define _AVR_IOXXX_H_ "ioavr128da64.h"
#else
#  error "Attempt to include more than one <avr/ioXXX.h> file."
#endif

#ifndef _AVR_AVR128DA64_H_INCLUDED
#define _AVR_AVR128DA64_H_INCLUDED

/* Ungrouped common registers */
#define CCP    _SFR_MEM8(0x0034)  /* Configuration Change Protection */
#define RAMPZ  _SFR_MEM8(0x003B)  /* Extended Z-pointer Register */
#define SPH    _SFR_MEM8(0x003E)  /* Stack Pointer High */
#define SPL    _SFR_MEM8(0x003D)  /* Stack Pointer Low */
#define SREG   _SFR_MEM8(0x003F)  /* Status Register */

/* C Language Only */
#if !defined (__ASSEMBLER__)

#include <stdint.h>
```

```
typedef volatile uint8_t register8_t;
typedef volatile uint16_t register16_t;
typedef volatile uint32_t register32_t;

#ifdef _WORDREGISTER
#undef _WORDREGISTER
#endif
#define _WORDREGISTER(regname)    \
    __extension__ union \
    { \
        register16_t regname; \
        struct \
        { \
            register8_t regname ## L; \
            register8_t regname ## H; \
        }; \
    }

#ifdef _DWORDREGISTER
#undef _DWORDREGISTER
#endif
#define _DWORDREGISTER(regname)  \
    __extension__ union \
    { \
        register32_t regname; \
        struct \
        { \
            register8_t regname ## 0; \
            register8_t regname ## 1; \
            register8_t regname ## 2; \
            register8_t regname ## 3; \
        }; \
    }

// ==========================================================================
// IO Module Structures
// ==========================================================================

// --------------------------------------------------------------------------
// AC - Analog Comparator
// --------------------------------------------------------------------------

typedef struct AC_struct
{
    register8_t CTRLA;      /* Control A */
    register8_t CTRLB;      /* Control B */
    register8_t MUXCTRL;    /* Mux Control A */
    register8_t reserved_1[2];
    register8_t DACREF;     /* DAC Voltage Reference */
    register8_t INTCTRL;    /* Interrupt Control */
    register8_t STATUS;     /* Status */
} AC_t;

// --------------------------------------------------------------------------
// ADC - Analog to Digital Converter
// --------------------------------------------------------------------------

typedef struct ADC_struct
{
    register8_t CTRLA;      /* Control A */
    register8_t CTRLB;      /* Control B */
    register8_t CTRLC;      /* Control C */
    register8_t CTRLD;      /* Control D */
    register8_t CTRLE;      /* Control E */
    register8_t SAMPCTRL;   /* Sample Control */
    register8_t reserved_1[2];
    register8_t MUXPOS;     /* Positive mux input */
    register8_t MUXNEG;     /* Negative mux input */
    register8_t COMMAND;    /* Command */
    register8_t EVCTRL;     /* Event Control */
```

```
    register8_t INTCTRL;   /* Interrupt Control */
    register8_t INTFLAGS;  /* Interrupt Flags */
    register8_t DBGCTRL;   /* Debug Control */
    register8_t TEMP;      /* Temporary Data */
    _WORDREGISTER(RES);    /* ADC Accumulator Result */
    _WORDREGISTER(WINLT);  /* Window comparator low threshold */
    _WORDREGISTER(WINHT);  /* Window comparator high threshold */
    register8_t reserved_2[2];
} ADC_t;

// --------------------------------------------------------------------
// BOD - Bod interface
// --------------------------------------------------------------------

typedef struct BOD_struct
{
    register8_t CTRLA;     /* Control A */
    register8_t CTRLB;     /* Control B */
    register8_t reserved_1[6];
    register8_t VLMCTRLA;  /* Voltage level monitor Control */
    register8_t INTCTRL;   /* Voltage level monitor interrupt Control */
    register8_t INTFLAGS;  /* Voltage level monitor interrupt Flags */
    register8_t STATUS;    /* Voltage level monitor status */
    register8_t reserved_2[4];
} BOD_t;

// --------------------------------------------------------------------
// CCL - Configurable Custom Logic
// --------------------------------------------------------------------

typedef struct CCL_struct
{
    register8_t CTRLA;     /* Control Register A */
    register8_t SEQCTRL0;  /* Sequential Control 0 */
    register8_t SEQCTRL1;  /* Sequential Control 1 */
    register8_t SEQCTRL2;  /* Sequential Control 2 */
    register8_t reserved_1[1];
    register8_t INTCTRL0;  /* Interrupt Control 0 */
    register8_t INTCTRL1;  /* Interrupt Control 1 */
    register8_t INTFLAGS;  /* Interrupt Flags */
    register8_t LUT0CTRLA; /* LUT 0 Control A */
    register8_t LUT0CTRLB; /* LUT 0 Control B */
    register8_t LUT0CTRLC; /* LUT 0 Control C */
    register8_t TRUTH0;  /* Truth 0 */
    register8_t LUT1CTRLA; /* LUT 1 Control A */
    register8_t LUT1CTRLB; /* LUT 1 Control B */
    register8_t LUT1CTRLC; /* LUT 1 Control C */
    register8_t TRUTH1;  /* Truth 1 */
    register8_t LUT2CTRLA; /* LUT 2 Control A */
    register8_t LUT2CTRLB; /* LUT 2 Control B */
    register8_t LUT2CTRLC; /* LUT 2 Control C */
    register8_t TRUTH2;  /* Truth 2 */
    register8_t LUT3CTRLA; /* LUT 3 Control A */
    register8_t LUT3CTRLB; /* LUT 3 Control B */
    register8_t LUT3CTRLC; /* LUT 3 Control C */
    register8_t TRUTH3;  /* Truth 3 */
    register8_t LUT4CTRLA; /* LUT 4 Control A */
    register8_t LUT4CTRLB; /* LUT 4 Control B */
    register8_t LUT4CTRLC; /* LUT 4 Control C */
    register8_t TRUTH4;  /* Truth 4 */
    register8_t LUT5CTRLA; /* LUT 5 Control A */
    register8_t LUT5CTRLB; /* LUT 5 Control B */
    register8_t LUT5CTRLC; /* LUT 5 Control C */
    register8_t TRUTH5;  /* Truth 5 */
    register8_t reserved_2[32];
} CCL_t;

// --------------------------------------------------------------------
// CLKCTRL - Clock controller
// --------------------------------------------------------------------
```

```
typedef struct CLKCTRL_struct
{
    register8_t MCLKCTRLA;    /* MCLK Control A */
    register8_t MCLKCTRLB;    /* MCLK Control B */
    register8_t MCLKLOCK;     /* MCLK Lock */
    register8_t MCLKSTATUS;   /* MCLK Status */
    register8_t reserved_1[4];
    register8_t OSCHFCTRLA;   /* OSCHF Control A */
    register8_t OSCHFTUNE;    /* OSCHF Tune */
    register8_t reserved_2[6];
    register8_t PLLCTRLA;     /* PLL Control A */
    register8_t reserved_3[7];
    register8_t OSC32KCTRLA;  /* OSC32K Control A */
    register8_t reserved_4[3];
    register8_t XOSC32KCTRLA; /* XOSC32K Control A */
    register8_t reserved_5[3];
} CLKCTRL_t;

// --------------------------------------------------------------------------
// CPUINT - Interrupt Controller
// --------------------------------------------------------------------------

typedef struct CPUINT_struct
{
    register8_t CTRLA;    /* Control A */
    register8_t STATUS;   /* Status */
    register8_t LVL0PRI;  /* Interrupt Level 0 Priority */
    register8_t LVL1VEC;  /* Interrupt Level 1 Priority Vector */
} CPUINT_t;

// --------------------------------------------------------------------------
// CRCSCAN - CRCSCAN
// --------------------------------------------------------------------------

typedef struct CRCSCAN_struct
{
    register8_t CTRLA;     /* Control A */
    register8_t CTRLB;     /* Control B */
    register8_t STATUS;    /* Status */
    register8_t reserved_1[1];
} CRCSCAN_t;

// --------------------------------------------------------------------------
// DAC - Digital to Analog Converter
// --------------------------------------------------------------------------

typedef struct DAC_struct
{
    register8_t CTRLA;     /* Control Register A */
    register8_t reserved_1[1];
    _WORDREGISTER(DATA);   /* DATA Register */
} DAC_t;

// --------------------------------------------------------------------------
// EVSYS - Event System
// --------------------------------------------------------------------------

typedef struct EVSYS_struct
{
    register8_t SWEVENTA;        /* Software Event A */
    register8_t SWEVENTB;        /* Software Event B */
    register8_t reserved_1[14];
    register8_t CHANNEL0;        /* Multiplexer Channel 0 */
    register8_t CHANNEL1;        /* Multiplexer Channel 1 */
    register8_t CHANNEL2;        /* Multiplexer Channel 2 */
    register8_t CHANNEL3;        /* Multiplexer Channel 3 */
    register8_t CHANNEL4;        /* Multiplexer Channel 4 */
    register8_t CHANNEL5;        /* Multiplexer Channel 5 */
    register8_t CHANNEL6;        /* Multiplexer Channel 6 */
    register8_t CHANNEL7;        /* Multiplexer Channel 7 */
    register8_t CHANNEL8;        /* Multiplexer Channel 8 */
```

```
    register8_t CHANNEL9;          /* Multiplexer Channel 9 */
    register8_t reserved_2[6];
    register8_t USERCCLLUT0A;      /* User 0 - CCL0 Event A */
    register8_t USERCCLLUT0B;      /* User 1 - CCL0 Event B */
    register8_t USERCCLLUT1A;      /* User 2 - CCL1 Event A */
    register8_t USERCCLLUT1B;      /* User 3 - CCL1 Event B */
    register8_t USERCCLLUT2A;      /* User 4 - CCL2 Event A */
    register8_t USERCCLLUT2B;      /* User 5 - CCL2 Event B */
    register8_t USERCCLLUT3A;      /* User 6 - CCL3 Event A */
    register8_t USERCCLLUT3B;      /* User 7 - CCL3 Event B */
    register8_t USERCCLLUT4A;      /* User 8 - CCL4 Event A */
    register8_t USERCCLLUT4B;      /* User 9 - CCL4 Event B */
    register8_t USERCCLLUT5A;      /* User 10 - CCL5 Event A */
    register8_t USERCCLLUT5B;      /* User 11 - CCL5 Event B */
    register8_t USERADC0START;     /* User 12 - ADC0 */
    register8_t USERPTCSTART;      /* User 13 - PTC */
    register8_t USEREVSYSEVOUTA; /* User 14 - EVOUTA */
    register8_t USEREVSYSEVOUTB; /* User 15 - EVOUTB */
    register8_t USEREVSYSEVOUTC; /* User 16 - EVOUTC */
    register8_t USEREVSYSEVOUTD; /* User 17 - EVOUTD */
    register8_t USEREVSYSEVOUTE; /* User 18 - EVOUTE */
    register8_t USEREVSYSEVOUTF; /* User 19 - EVOUTF */
    register8_t USEREVSYSEVOUTG; /* User 20 - EVOUTG */
    register8_t USERUSART0IRDA;  /* User 21 - USART0 */
    register8_t USERUSART1IRDA;  /* User 22 - USART1 */
    register8_t USERUSART2IRDA;  /* User 23 - USART2 */
    register8_t USERUSART3IRDA;  /* User 24 - USART3 */
    register8_t USERUSART4IRDA;  /* User 25 - USART4 */
    register8_t USERUSART5IRDA;  /* User 26 - USART5 */
    register8_t USERTCA0CNTA;    /* User 27 - TCA0 Event A */
    register8_t USERTCA0CNTB;    /* User 28 - TCA0 Event B */
    register8_t USERTCA1CNTA;    /* User 29 - TCA1 Event A */
    register8_t USERTCA1CNTB;    /* User 30 - TCA1 Event B */
    register8_t USERTCB0CAPT;    /* User 31 - TCB0 Event A */
    register8_t USERTCB0COUNT;   /* User 32 - TCB0 Event B */
    register8_t USERTCB1CAPT;    /* User 33 - TCB1 Event A */
    register8_t USERTCB1COUNT;   /* User 34 - TCB1 Event B */
    register8_t USERTCB2CAPT;    /* User 35 - TCB2 Event A */
    register8_t USERTCB2COUNT;   /* User 36 - TCB2 Event B */
    register8_t USERTCB3CAPT;    /* User 37 - TCB3 Event A */
    register8_t USERTCB3COUNT;   /* User 38 - TCB3 Event B */
    register8_t USERTCB4CAPT;    /* User 39 - TCB4 Event A */
    register8_t USERTCB4COUNT;   /* User 40 - TCB4 Event B */
    register8_t USERTCD0INPUTA;  /* User 41 - TCD0 Event A */
    register8_t USERTCD0INPUTB;  /* User 42 - TCD0 Event B */
} EVSYS_t;

// --------------------------------------------------------------------------
// FUSE - Fuses
// --------------------------------------------------------------------------

typedef struct FUSE_struct
{
    register8_t WDTCFG;     /* Watchdog Configuration */
    register8_t BODCFG;     /* BOD Configuration */
    register8_t OSCCFG;     /* Oscillator Configuration */
    register8_t reserved_1[2];
    register8_t SYSCFG0;    /* System Configuration 0 */
    register8_t SYSCFG1;    /* System Configuration 1 */
    register8_t CODESIZE;   /* Code Section Size */
    register8_t BOOTSIZE;   /* Boot Section Size */
} FUSE_t;

// --------------------------------------------------------------------------
// GPR - General Purpose Registers
// --------------------------------------------------------------------------

typedef struct GPR_struct
{
    register8_t GPR0;  /* General Purpose Register 0 */
    register8_t GPR1;  /* General Purpose Register 1 */
```

```
    register8_t GPR2;  /* General Purpose Register 2 */
    register8_t GPR3;  /* General Purpose Register 3 */
} GPR_t;

// --------------------------------------------------------------------------
// LOCK - Lockbits
// --------------------------------------------------------------------------

typedef struct LOCK_struct
{
    _DWORDREGISTER(KEY);  /* Lock Key Bits */
} LOCK_t;

// --------------------------------------------------------------------------
// NVMCTRL - Non-volatile Memory Controller
// --------------------------------------------------------------------------

typedef struct NVMCTRL_struct
{
    register8_t CTRLA;      /* Control A */
    register8_t CTRLB;      /* Control B */
    register8_t STATUS;     /* Status */
    register8_t INTCTRL;    /* Interrupt Control */
    register8_t INTFLAGS;   /* Interrupt Flags */
    register8_t reserved_1[1];
    _WORDREGISTER(DATA);    /* Data */
    _DWORDREGISTER(ADDR);   /* Address */
    register8_t reserved_2[4];
} NVMCTRL_t;

// --------------------------------------------------------------------------
// PORT - I/O Ports
// --------------------------------------------------------------------------

typedef struct PORT_struct
{
    register8_t DIR;         /* Data Direction */
    register8_t DIRSET;      /* Data Direction Set */
    register8_t DIRCLR;      /* Data Direction Clear */
    register8_t DIRTGL;      /* Data Direction Toggle */
    register8_t OUT;         /* Output Value */
    register8_t OUTSET;      /* Output Value Set */
    register8_t OUTCLR;      /* Output Value Clear */
    register8_t OUTTGL;      /* Output Value Toggle */
    register8_t IN;          /* Input Value */
    register8_t INTFLAGS;    /* Interrupt Flags */
    register8_t PORTCTRL;    /* Port Control */
    register8_t PINCONFIG;   /* Pin Control Config */
    register8_t PINCTRLUPD;  /* Pin Control Update */
    register8_t PINCTRLSET;  /* Pin Control Set */
    register8_t PINCTRLCLR;  /* Pin Control Clear */
    register8_t reserved_1[1];
    register8_t PIN0CTRL;   /* Pin 0 Control */
    register8_t PIN1CTRL;   /* Pin 1 Control */
    register8_t PIN2CTRL;   /* Pin 2 Control */
    register8_t PIN3CTRL;   /* Pin 3 Control */
    register8_t PIN4CTRL;   /* Pin 4 Control */
    register8_t PIN5CTRL;   /* Pin 5 Control */
    register8_t PIN6CTRL;   /* Pin 6 Control */
    register8_t PIN7CTRL;   /* Pin 7 Control */
    register8_t reserved_2[8];
} PORT_t;

// --------------------------------------------------------------------------
// PORTMUX - Port Multiplexer
// --------------------------------------------------------------------------

typedef struct PORTMUX_struct
{
    register8_t EVSYSROUTEA; /* EVSYS route A */
    register8_t CCLROUTEA;   /* CCL route A */
```

```
    register8_t USARTROUTEA; /* USART route A */
    register8_t USARTROUTEB; /* USART route B */
    register8_t SPIROUTEA;   /* SPI route A */
    register8_t TWIROUTEA;   /* TWI route A */
    register8_t TCAROUTEA;   /* TCA route A */
    register8_t TCBROUTEA;   /* TCB route A */
    register8_t TCDROUTEA;   /* TCD route A */
    register8_t ACROUTEA;    /* AC route A */
    register8_t ZCDROUTEA;   /* ZCD route A */
    register8_t reserved_1[5];
} PORTMUX_t;

// --------------------------------------------------------------------------
// RSTCTRL - Reset controller
// --------------------------------------------------------------------------

typedef struct RSTCTRL_struct
{
    register8_t RSTFR;     /* Reset Flags */
    register8_t SWRR;      /* Software Reset */
    register8_t reserved_1[2];
} RSTCTRL_t;

// --------------------------------------------------------------------------
// RTC - Real-Time Counter
// --------------------------------------------------------------------------

typedef struct RTC_struct
{
    register8_t CTRLA;       /* Control A */
    register8_t STATUS;      /* Status */
    register8_t INTCTRL;     /* Interrupt Control */
    register8_t INTFLAGS;    /* Interrupt Flags */
    register8_t TEMP;        /* Temporary */
    register8_t DBGCTRL;     /* Debug control */
    register8_t CALIB;       /* Calibration */
    register8_t CLKSEL;      /* Clock Select */
    _WORDREGISTER(CNT);      /* Counter */
    _WORDREGISTER(PER);      /* Period */
    _WORDREGISTER(CMP);      /* Compare */
    register8_t reserved_1[2];
    register8_t PITCTRLA;    /* PIT Control A */
    register8_t PITSTATUS;   /* PIT Status */
    register8_t PITINTCTRL;  /* PIT Interrupt Control */
    register8_t PITINTFLAGS; /* PIT Interrupt Flags */
    register8_t reserved_2[1];
    register8_t PITDBGCTRL;  /* PIT Debug control */
    register8_t reserved_3[10];
} RTC_t;

// --------------------------------------------------------------------------
// SIGROW - Signature row
// --------------------------------------------------------------------------

typedef struct SIGROW_struct
{
    register8_t DEVICEID0;      /* Device ID Byte 0 */
    register8_t DEVICEID1;      /* Device ID Byte 1 */
    register8_t DEVICEID2;      /* Device ID Byte 2 */
    register8_t reserved_1[1];
    _WORDREGISTER(TEMPSENSE0); /* Temperature Calibration 0 */
    _WORDREGISTER(TEMPSENSE1); /* Temperature Calibration 1 */
    register8_t reserved_2[8];
    register8_t SERNUM0;        /* LOTNUM0 */
    register8_t SERNUM1;        /* LOTNUM1 */
    register8_t SERNUM2;        /* LOTNUM2 */
    register8_t SERNUM3;        /* LOTNUM3 */
    register8_t SERNUM4;        /* LOTNUM4 */
    register8_t SERNUM5;        /* LOTNUM5 */
    register8_t SERNUM6;        /* RANDOM */
    register8_t SERNUM7;        /* SCRIBE */
```

```
    register8_t SERNUM8;       /* XPOS0 */
    register8_t SERNUM9;       /* XPOS1 */
    register8_t SERNUM10;      /* YPOS0 */
    register8_t SERNUM11;      /* YPOS1 */
    register8_t SERNUM12;      /* RES0 */
    register8_t SERNUM13;      /* RES1 */
    register8_t SERNUM14;      /* RES2 */
    register8_t SERNUM15;      /* RES3 */
    register8_t reserved_3[32];
} SIGROW_t;

// --------------------------------------------------------------------------
// SLPCTRL - Sleep Controller
// --------------------------------------------------------------------------

typedef struct SLPCTRL_struct
{
    register8_t CTRLA;    /* Control A */
    register8_t VREGCTRL; /* Control B */
} SLPCTRL_t;

// --------------------------------------------------------------------------
// SPI - Serial Peripheral Interface
// --------------------------------------------------------------------------

typedef struct SPI_struct
{
    register8_t CTRLA;     /* Control A */
    register8_t CTRLB;     /* Control B */
    register8_t INTCTRL;   /* Interrupt Control */
    register8_t INTFLAGS;  /* Interrupt Flags */
    register8_t DATA;      /* Data */
    register8_t reserved_1[3];
} SPI_t;

// --------------------------------------------------------------------------
// SYSCFG - System Configuration Registers
// --------------------------------------------------------------------------

typedef struct SYSCFG_struct
{
    register8_t reserved_1[1];
    register8_t REVID;       /* Revision ID */
    register8_t reserved_2[22];
    register8_t OCDMCTRL;    /* OCD Message Control */
    register8_t OCDMSTATUS;  /* OCD Message Status */
    register8_t reserved_3[6];
} SYSCFG_t;

// --------------------------------------------------------------------------
// TCA - 16-bit Timer/Counter Type A
// --------------------------------------------------------------------------

/* 16-bit Timer/Counter Type A - Single Mode */
typedef struct TCA_SINGLE_struct
{
    register8_t CTRLA;      /* Control A */
    register8_t CTRLB;      /* Control B */
    register8_t CTRLC;      /* Control C */
    register8_t CTRLD;      /* Control D */
    register8_t CTRLECLR;   /* Control E Clear */
    register8_t CTRLESET;   /* Control E Set */
    register8_t CTRLFCLR;   /* Control F Clear */
    register8_t CTRLFSET;   /* Control F Set */
    register8_t reserved_1[1];
    register8_t EVCTRL;     /* Event Control */
    register8_t INTCTRL;    /* Interrupt Control */
    register8_t INTFLAGS;   /* Interrupt Flags */
    register8_t reserved_2[2];
    register8_t DBGCTRL;    /* Degbug Control */
    register8_t TEMP;       /* Temporary data for 16-bit Access */
```

```
    register8_t reserved_3[16];
    _WORDREGISTER(CNT);       /* Count */
    register8_t reserved_4[4];
    _WORDREGISTER(PER);       /* Period */
    _WORDREGISTER(CMP0);      /* Compare 0 */
    _WORDREGISTER(CMP1);      /* Compare 1 */
    _WORDREGISTER(CMP2);      /* Compare 2 */
    register8_t reserved_5[8];
    _WORDREGISTER(PERBUF);    /* Period Buffer */
    _WORDREGISTER(CMP0BUF);   /* Compare 0 Buffer */
    _WORDREGISTER(CMP1BUF);   /* Compare 1 Buffer */
    _WORDREGISTER(CMP2BUF);   /* Compare 2 Buffer */
    register8_t reserved_6[2];
} TCA_SINGLE_t;

/* 16-bit Timer/Counter Type A - Split Mode */
typedef struct TCA_SPLIT_struct
{
    register8_t CTRLA;        /* Control A */
    register8_t CTRLB;        /* Control B */
    register8_t CTRLC;        /* Control C */
    register8_t CTRLD;        /* Control D */
    register8_t CTRLECLR;     /* Control E Clear */
    register8_t CTRLESET;     /* Control E Set */
    register8_t reserved_1[4];
    register8_t INTCTRL;      /* Interrupt Control */
    register8_t INTFLAGS;     /* Interrupt Flags */
    register8_t reserved_2[2];
    register8_t DBGCTRL;      /* Degbug Control */
    register8_t reserved_3[17];
    register8_t LCNT;         /* Low Count */
    register8_t HCNT;         /* High Count */
    register8_t reserved_4[4];
    register8_t LPER;         /* Low Period */
    register8_t HPER;         /* High Period */
    register8_t LCMP0;        /* Low Compare */
    register8_t HCMP0;        /* High Compare */
    register8_t LCMP1;        /* Low Compare */
    register8_t HCMP1;        /* High Compare */
    register8_t LCMP2;        /* Low Compare */
    register8_t HCMP2;        /* High Compare */
    register8_t reserved_5[18];
} TCA_SPLIT_t;

// --------------------------------------------------------------------------
// TCB - 16-bit Timer Type B
// --------------------------------------------------------------------------

typedef struct TCB_struct
{
    register8_t CTRLA;       /* Control A */
    register8_t CTRLB;       /* Control Register B */
    register8_t reserved_1[2];
    register8_t EVCTRL;      /* Event Control */
    register8_t INTCTRL;     /* Interrupt Control */
    register8_t INTFLAGS;    /* Interrupt Flags */
    register8_t STATUS;      /* Status */
    register8_t DBGCTRL;     /* Debug Control */
    register8_t TEMP;        /* Temporary Value */
    _WORDREGISTER(CNT);      /* Count */
    _WORDREGISTER(CCMP);     /* Compare or Capture */
    register8_t reserved_2[2];
} TCB_t;

// --------------------------------------------------------------------------
// TCD - Timer Counter D
// --------------------------------------------------------------------------

typedef struct TCD_struct
{
    register8_t CTRLA;         /* Control A */
```

```
    register8_t CTRLB;        /* Control B */
    register8_t CTRLC;        /* Control C */
    register8_t CTRLD;        /* Control D */
    register8_t CTRLE;        /* Control E */
    register8_t reserved_1[3];
    register8_t EVCTRLA;      /* EVCTRLA */
    register8_t EVCTRLB;      /* EVCTRLB */
    register8_t reserved_2[2];
    register8_t INTCTRL;      /* Interrupt Control */
    register8_t INTFLAGS;     /* Interrupt Flags */
    register8_t STATUS;       /* Status */
    register8_t reserved_3[1];
    register8_t INPUTCTRLA;   /* Input Control A */
    register8_t INPUTCTRLB;   /* Input Control B */
    register8_t FAULTCTRL;    /* Fault Control */
    register8_t reserved_4[1];
    register8_t DLYCTRL;      /* Delay Control */
    register8_t DLYVAL;       /* Delay value */
    register8_t reserved_5[2];
    register8_t DITCTRL;      /* Dither Control A */
    register8_t DITVAL;       /* Dither value */
    register8_t reserved_6[4];
    register8_t DBGCTRL;      /* Debug Control */
    register8_t reserved_7[3];
    _WORDREGISTER(CAPTUREA); /* Capture A */
    _WORDREGISTER(CAPTUREB); /* Capture B */
    register8_t reserved_8[2];
    _WORDREGISTER(CMPASET);  /* Compare A Set */
    _WORDREGISTER(CMPACLR);  /* Compare A Clear */
    _WORDREGISTER(CMPBSET);  /* Compare B Set */
    _WORDREGISTER(CMPBCLR);  /* Compare B Clear */
    register8_t reserved_9[16];
} TCD_t;

// --------------------------------------------------------------------------
// TWI - Two-Wire Interface
// --------------------------------------------------------------------------

typedef struct TWI_struct
{
    register8_t CTRLA;      /* Control A */
    register8_t DUALCTRL;   /* Dual Control */
    register8_t DBGCTRL;    /* Debug Control Register */
    register8_t MCTRLA;     /* Master Control A */
    register8_t MCTRLB;     /* Master Control B */
    register8_t MSTATUS;    /* Master Status */
    register8_t MBAUD;      /* Master Baud Rate Control */
    register8_t MADDR;      /* Master Address */
    register8_t MDATA;      /* Master Data */
    register8_t SCTRLA;     /* Slave Control A */
    register8_t SCTRLB;     /* Slave Control B */
    register8_t SSTATUS;    /* Slave Status */
    register8_t SADDR;      /* Slave Address */
    register8_t SDATA;      /* Slave Data */
    register8_t SADDRMASK;  /* Slave Address Mask */
    register8_t reserved_1[1];
} TWI_t;

// --------------------------------------------------------------------------
// USART - Universal Synchronous and Asynchronous Receiver and Transmitter
// --------------------------------------------------------------------------

typedef struct USART_struct
{
    register8_t RXDATAL;    /* Receive Data Low Byte */
    register8_t RXDATAH;    /* Receive Data High Byte */
    register8_t TXDATAL;    /* Transmit Data Low Byte */
    register8_t TXDATAH;    /* Transmit Data High Byte */
    register8_t STATUS;     /* Status */
    register8_t CTRLA;      /* Control A */
    register8_t CTRLB;      /* Control B */
```

```
    register8_t CTRLC;      /* Control C */
    _WORDREGISTER(BAUD);    /* Baud Rate */
    register8_t CTRLD;      /* Control D */
    register8_t DBGCTRL;    /* Debug Control */
    register8_t EVCTRL;     /* Event Control */
    register8_t TXPLCTRL;   /* IRCOM Transmitter Pulse Length Control */
    register8_t RXPLCTRL;   /* IRCOM Receiver Pulse Length Control */
    register8_t reserved_1[1];
} USART_t;

// --------------------------------------------------------------------------
// USERROW - User Row
// --------------------------------------------------------------------------

typedef struct USERROW_struct
{
    register8_t USERROW0;   /* User Row Byte 0 */
    register8_t USERROW1;   /* User Row Byte 1 */
    register8_t USERROW2;   /* User Row Byte 2 */
    register8_t USERROW3;   /* User Row Byte 3 */
    register8_t USERROW4;   /* User Row Byte 4 */
    register8_t USERROW5;   /* User Row Byte 5 */
    register8_t USERROW6;   /* User Row Byte 6 */
    register8_t USERROW7;   /* User Row Byte 7 */
    register8_t USERROW8;   /* User Row Byte 8 */
    register8_t USERROW9;   /* User Row Byte 9 */
    register8_t USERROW10;  /* User Row Byte 10 */
    register8_t USERROW11;  /* User Row Byte 11 */
    register8_t USERROW12;  /* User Row Byte 12 */
    register8_t USERROW13;  /* User Row Byte 13 */
    register8_t USERROW14;  /* User Row Byte 14 */
    register8_t USERROW15;  /* User Row Byte 15 */
    register8_t USERROW16;  /* User Row Byte 16 */
    register8_t USERROW17;  /* User Row Byte 17 */
    register8_t USERROW18;  /* User Row Byte 18 */
    register8_t USERROW19;  /* User Row Byte 19 */
    register8_t USERROW20;  /* User Row Byte 20 */
    register8_t USERROW21;  /* User Row Byte 21 */
    register8_t USERROW22;  /* User Row Byte 22 */
    register8_t USERROW23;  /* User Row Byte 23 */
    register8_t USERROW24;  /* User Row Byte 24 */
    register8_t USERROW25;  /* User Row Byte 25 */
    register8_t USERROW26;  /* User Row Byte 26 */
    register8_t USERROW27;  /* User Row Byte 27 */
    register8_t USERROW28;  /* User Row Byte 28 */
    register8_t USERROW29;  /* User Row Byte 29 */
    register8_t USERROW30;  /* User Row Byte 30 */
    register8_t USERROW31;  /* User Row Byte 31 */
} USERROW_t;

// --------------------------------------------------------------------------
// VPORT - Virtual Ports
// --------------------------------------------------------------------------

typedef struct VPORT_struct
{
    register8_t DIR;       /* Data Direction */
    register8_t OUT;       /* Output Value */
    register8_t IN;        /* Input Value */
    register8_t INTFLAGS;  /* Interrupt Flags */
} VPORT_t;

// --------------------------------------------------------------------------
// VREF - Voltage reference
// --------------------------------------------------------------------------

typedef struct VREF_struct
{
    register8_t ADC0REF;    /* ADC0 Reference */
    register8_t reserved_1[1];
    register8_t DAC0REF;    /* DAC0 Reference */
```

```
    register8_t reserved_2[1];
    register8_t ACREF;      /* AC Reference */
} VREF_t;

// --------------------------------------------------------------------------
// WDT - Watch-Dog Timer
// --------------------------------------------------------------------------

typedef struct WDT_struct
{
    register8_t CTRLA;   /* Control A */
    register8_t STATUS;  /* Status */
} WDT_t;

// --------------------------------------------------------------------------
// ZCD - Zero Cross Detect
// --------------------------------------------------------------------------

typedef struct ZCD_struct
{
    register8_t CTRLA;      /* Control A */
    register8_t reserved_1[1];
    register8_t INTCTRL;   /* Interrupt Control */
    register8_t STATUS;     /* Status */
    register8_t reserved_2[4];
} ZCD_t;

// ==========================================================================
// IO Module Instances. Mapped to memory.
// ==========================================================================

#define VPORTA            (*(VPORT_t *) 0x0000) /* Virtual Ports */
#define VPORTB            (*(VPORT_t *) 0x0004) /* Virtual Ports */
#define VPORTC            (*(VPORT_t *) 0x0008) /* Virtual Ports */
#define VPORTD            (*(VPORT_t *) 0x000C) /* Virtual Ports */
#define VPORTE            (*(VPORT_t *) 0x0010) /* Virtual Ports */
#define VPORTF            (*(VPORT_t *) 0x0014) /* Virtual Ports */
#define VPORTG            (*(VPORT_t *) 0x0018) /* Virtual Ports */
#define GPR                 (*(GPR_t *) 0x001C) /* General Purpose Registers */
#define RSTCTRL         (*(RSTCTRL_t *) 0x0040) /* Reset controller */
#define SLPCTRL         (*(SLPCTRL_t *) 0x0050) /* Sleep Controller */
#define CLKCTRL         (*(CLKCTRL_t *) 0x0060) /* Clock controller */
#define BOD                 (*(BOD_t *) 0x0080) /* Bod interface */
#define VREF               (*(VREF_t *) 0x00A0) /* Voltage reference */
#define WDT                 (*(WDT_t *) 0x0100) /* Watch-Dog Timer */
#define CPUINT           (*(CPUINT_t *) 0x0110) /* Interrupt Controller */
#define CRCSCAN         (*(CRCSCAN_t *) 0x0120) /* CRCSCAN */
#define RTC                 (*(RTC_t *) 0x0140) /* Real-Time Counter */
#define CCL                 (*(CCL_t *) 0x01C0) /* Configurable Custom Logic */
#define EVSYS             (*(EVSYS_t *) 0x0200) /* Event System */
#define PORTA              (*(PORT_t *) 0x0400) /* I/O Ports */
#define PORTB              (*(PORT_t *) 0x0420) /* I/O Ports */
#define PORTC              (*(PORT_t *) 0x0440) /* I/O Ports */
#define PORTD              (*(PORT_t *) 0x0460) /* I/O Ports */
#define PORTE              (*(PORT_t *) 0x0480) /* I/O Ports */
#define PORTF              (*(PORT_t *) 0x04A0) /* I/O Ports */
#define PORTG              (*(PORT_t *) 0x04C0) /* I/O Ports */
#define PORTMUX         (*(PORTMUX_t *) 0x05E0) /* Port Multiplexer */
#define ADC0                (*(ADC_t *) 0x0600) /* Analog to Digital Converter */
#define AC0                  (*(AC_t *) 0x0680) /* Analog Comparator */
#define AC1                  (*(AC_t *) 0x0688) /* Analog Comparator */
#define AC2                  (*(AC_t *) 0x0690) /* Analog Comparator */
#define DAC0                (*(DAC_t *) 0x06A0) /* Digital to Analog Converter */
#define ZCD0                (*(ZCD_t *) 0x06C0) /* Zero Cross Detect */
#define ZCD1                (*(ZCD_t *) 0x06C8) /* Zero Cross Detect */
#define ZCD2                (*(ZCD_t *) 0x06D0) /* Zero Cross Detect */
#define USART0            (*(USART_t *) 0x0800) /* USART */
#define USART1            (*(USART_t *) 0x0820) /* USART */
#define USART2            (*(USART_t *) 0x0840) /* USART */
#define USART3            (*(USART_t *) 0x0860) /* USART */
#define USART4            (*(USART_t *) 0x0880) /* USART */
```

```
#define USART5            (*(USART_t *) 0x08A0) /* USART */
#define TWI0                (*(TWI_t *) 0x0900) /* Two-Wire Interface */
#define TWI1                (*(TWI_t *) 0x0920) /* Two-Wire Interface */
#define SPI0                (*(SPI_t *) 0x0940) /* Serial Peripheral Interface */
#define SPI1                (*(SPI_t *) 0x0960) /* Serial Peripheral Interface */
#define TCA0                (*(TCA_t *) 0x0A00) /* 16-bit Timer/Counter Type A */
#define TCA1                (*(TCA_t *) 0x0A40) /* 16-bit Timer/Counter Type A */
#define TCB0                (*(TCB_t *) 0x0B00) /* 16-bit Timer Type B */
#define TCB1                (*(TCB_t *) 0x0B10) /* 16-bit Timer Type B */
#define TCB2                (*(TCB_t *) 0x0B20) /* 16-bit Timer Type B */
#define TCB3                (*(TCB_t *) 0x0B30) /* 16-bit Timer Type B */
#define TCB4                (*(TCB_t *) 0x0B40) /* 16-bit Timer Type B */
#define TCD0                (*(TCD_t *) 0x0B80) /* Timer Counter D */
#define SYSCFG           (*(SYSCFG_t *) 0x0F00) /* System Configuration Registers */
#define NVMCTRL         (*(NVMCTRL_t *) 0x1000) /* Non-volatile Memory Controller */
#define LOCK               (*(LOCK_t *) 0x1040) /* Lockbits */
#define FUSE               (*(FUSE_t *) 0x1050) /* Fuses */
#define USERROW         (*(USERROW_t *) 0x1080) /* User Row */
#define SIGROW           (*(SIGROW_t *) 0x1100) /* Signature row */

#endif      /* !defined (__ASSEMBLER__) */

/* ========== Flattened fully qualified IO register names ========== */

/* VPORT (VPORTA) - Virtual Ports */
#define VPORTA_DIR        _SFR_MEM8(0x0000)
#define VPORTA_OUT        _SFR_MEM8(0x0001)
#define VPORTA_IN         _SFR_MEM8(0x0002)
#define VPORTA_INTFLAGS   _SFR_MEM8(0x0003)

/* VPORT (VPORTB) - Virtual Ports */
#define VPORTB_DIR        _SFR_MEM8(0x0004)
#define VPORTB_OUT        _SFR_MEM8(0x0005)
#define VPORTB_IN         _SFR_MEM8(0x0006)
#define VPORTB_INTFLAGS   _SFR_MEM8(0x0007)

/* VPORT (VPORTC) - Virtual Ports */
#define VPORTC_DIR        _SFR_MEM8(0x0008)
#define VPORTC_OUT        _SFR_MEM8(0x0009)
#define VPORTC_IN         _SFR_MEM8(0x000A)
#define VPORTC_INTFLAGS   _SFR_MEM8(0x000B)

/* VPORT (VPORTD) - Virtual Ports */
#define VPORTD_DIR        _SFR_MEM8(0x000C)
#define VPORTD_OUT        _SFR_MEM8(0x000D)
#define VPORTD_IN         _SFR_MEM8(0x000E)
#define VPORTD_INTFLAGS   _SFR_MEM8(0x000F)

/* VPORT (VPORTE) - Virtual Ports */
#define VPORTE_DIR        _SFR_MEM8(0x0010)
#define VPORTE_OUT        _SFR_MEM8(0x0011)
#define VPORTE_IN         _SFR_MEM8(0x0012)
#define VPORTE_INTFLAGS   _SFR_MEM8(0x0013)

/* VPORT (VPORTF) - Virtual Ports */
#define VPORTF_DIR        _SFR_MEM8(0x0014)
#define VPORTF_OUT        _SFR_MEM8(0x0015)
#define VPORTF_IN         _SFR_MEM8(0x0016)
#define VPORTF_INTFLAGS   _SFR_MEM8(0x0017)

/* VPORT (VPORTG) - Virtual Ports */
#define VPORTG_DIR        _SFR_MEM8(0x0018)
#define VPORTG_OUT        _SFR_MEM8(0x0019)
#define VPORTG_IN         _SFR_MEM8(0x001A)
#define VPORTG_INTFLAGS   _SFR_MEM8(0x001B)

/* GPR - General Purpose Registers */
#define GPR_GPR0  _SFR_MEM8(0x001C)
#define GPR_GPR1  _SFR_MEM8(0x001D)
#define GPR_GPR2  _SFR_MEM8(0x001E)
#define GPR_GPR3  _SFR_MEM8(0x001F)
```

```
/* CPU - CPU */
#define CPU_CCP     _SFR_MEM8(0x0034)
#define CPU_RAMPZ   _SFR_MEM8(0x003B)
#define CPU_SPL     _SFR_MEM8(0x003D)
#define CPU_SPH     _SFR_MEM8(0x003E)
#define CPU_SREG    _SFR_MEM8(0x003F)

/* RSTCTRL - Reset controller */
#define RSTCTRL_RSTFR   _SFR_MEM8(0x0040)
#define RSTCTRL_SWRR    _SFR_MEM8(0x0041)

/* SLPCTRL - Sleep Controller */
#define SLPCTRL_CTRLA      _SFR_MEM8(0x0050)
#define SLPCTRL_VREGCTRL   _SFR_MEM8(0x0051)

/* CLKCTRL - Clock controller */
#define CLKCTRL_MCLKCTRLA     _SFR_MEM8(0x0060)
#define CLKCTRL_MCLKCTRLB     _SFR_MEM8(0x0061)
#define CLKCTRL_MCLKLOCK      _SFR_MEM8(0x0062)
#define CLKCTRL_MCLKSTATUS    _SFR_MEM8(0x0063)
#define CLKCTRL_OSCHFCTRLA    _SFR_MEM8(0x0068)
#define CLKCTRL_OSCHFTUNE     _SFR_MEM8(0x0069)
#define CLKCTRL_PLLCTRLA      _SFR_MEM8(0x0070)
#define CLKCTRL_OSC32KCTRLA   _SFR_MEM8(0x0078)
#define CLKCTRL_XOSC32KCTRLA  _SFR_MEM8(0x007C)

/* BOD - Bod interface */
#define BOD_CTRLA      _SFR_MEM8(0x0080)
#define BOD_CTRLB      _SFR_MEM8(0x0081)
#define BOD_VLMCTRLA   _SFR_MEM8(0x0088)
#define BOD_INTCTRL    _SFR_MEM8(0x0089)
#define BOD_INTFLAGS   _SFR_MEM8(0x008A)
#define BOD_STATUS     _SFR_MEM8(0x008B)

/* VREF - Voltage reference */
#define VREF_ADCOREF   _SFR_MEM8(0x00A0)
#define VREF_DACOREF   _SFR_MEM8(0x00A2)
#define VREF_ACREF     _SFR_MEM8(0x00A4)

/* WDT - Watch-Dog Timer */
#define WDT_CTRLA    _SFR_MEM8(0x0100)
#define WDT_STATUS   _SFR_MEM8(0x0101)

/* CPUINT - Interrupt Controller */
#define CPUINT_CTRLA     _SFR_MEM8(0x0110)
#define CPUINT_STATUS    _SFR_MEM8(0x0111)
#define CPUINT_LVL0PRI   _SFR_MEM8(0x0112)
#define CPUINT_LVL1VEC   _SFR_MEM8(0x0113)

/* CRCSCAN - CRCSCAN */
#define CRCSCAN_CTRLA    _SFR_MEM8(0x0120)
#define CRCSCAN_CTRLB    _SFR_MEM8(0x0121)
#define CRCSCAN_STATUS   _SFR_MEM8(0x0122)

/* RTC - Real-Time Counter */
#define RTC_CTRLA        _SFR_MEM8(0x0140)
#define RTC_STATUS       _SFR_MEM8(0x0141)
#define RTC_INTCTRL      _SFR_MEM8(0x0142)
#define RTC_INTFLAGS     _SFR_MEM8(0x0143)
#define RTC_TEMP         _SFR_MEM8(0x0144)
#define RTC_DBGCTRL      _SFR_MEM8(0x0145)
#define RTC_CALIB        _SFR_MEM8(0x0146)
#define RTC_CLKSEL       _SFR_MEM8(0x0147)
#define RTC_CNT          _SFR_MEM16(0x0148)
#define RTC_CNTL         _SFR_MEM8(0x0148)
#define RTC_CNTH         _SFR_MEM8(0x0149)
#define RTC_PER          _SFR_MEM16(0x014A)
#define RTC_PERL         _SFR_MEM8(0x014A)
#define RTC_PERH         _SFR_MEM8(0x014B)
#define RTC_CMP          _SFR_MEM16(0x014C)
```

```
#define RTC_CMPL          _SFR_MEM8(0x014C)
#define RTC_CMPH          _SFR_MEM8(0x014D)
#define RTC_PITCTRLA      _SFR_MEM8(0x0150)
#define RTC_PITSTATUS     _SFR_MEM8(0x0151)
#define RTC_PITINTCTRL    _SFR_MEM8(0x0152)
#define RTC_PITINTFLAGS   _SFR_MEM8(0x0153)
#define RTC_PITDBGCTRL    _SFR_MEM8(0x0155)

/* CCL - Configurable Custom Logic */
#define CCL_CTRLA        _SFR_MEM8(0x01C0)
#define CCL_SEQCTRL0     _SFR_MEM8(0x01C1)
#define CCL_SEQCTRL1     _SFR_MEM8(0x01C2)
#define CCL_SEQCTRL2     _SFR_MEM8(0x01C3)
#define CCL_INTCTRL0     _SFR_MEM8(0x01C5)
#define CCL_INTCTRL1     _SFR_MEM8(0x01C6)
#define CCL_INTFLAGS     _SFR_MEM8(0x01C7)
#define CCL_LUT0CTRLA    _SFR_MEM8(0x01C8)
#define CCL_LUT0CTRLB    _SFR_MEM8(0x01C9)
#define CCL_LUT0CTRLC    _SFR_MEM8(0x01CA)
#define CCL_TRUTH0       _SFR_MEM8(0x01CB)
#define CCL_LUT1CTRLA    _SFR_MEM8(0x01CC)
#define CCL_LUT1CTRLB    _SFR_MEM8(0x01CD)
#define CCL_LUT1CTRLC    _SFR_MEM8(0x01CE)
#define CCL_TRUTH1       _SFR_MEM8(0x01CF)
#define CCL_LUT2CTRLA    _SFR_MEM8(0x01D0)
#define CCL_LUT2CTRLB    _SFR_MEM8(0x01D1)
#define CCL_LUT2CTRLC    _SFR_MEM8(0x01D2)
#define CCL_TRUTH2       _SFR_MEM8(0x01D3)
#define CCL_LUT3CTRLA    _SFR_MEM8(0x01D4)
#define CCL_LUT3CTRLB    _SFR_MEM8(0x01D5)
#define CCL_LUT3CTRLC    _SFR_MEM8(0x01D6)
#define CCL_TRUTH3       _SFR_MEM8(0x01D7)
#define CCL_LUT4CTRLA    _SFR_MEM8(0x01D8)
#define CCL_LUT4CTRLB    _SFR_MEM8(0x01D9)
#define CCL_LUT4CTRLC    _SFR_MEM8(0x01DA)
#define CCL_TRUTH4       _SFR_MEM8(0x01DB)
#define CCL_LUT5CTRLA    _SFR_MEM8(0x01DC)
#define CCL_LUT5CTRLB    _SFR_MEM8(0x01DD)
#define CCL_LUT5CTRLC    _SFR_MEM8(0x01DE)
#define CCL_TRUTH5       _SFR_MEM8(0x01DF)

/* EVSYS - Event System */
#define EVSYS_SWEVENTA             _SFR_MEM8(0x0200)
#define EVSYS_SWEVENTB             _SFR_MEM8(0x0201)
#define EVSYS_CHANNEL0             _SFR_MEM8(0x0210)
#define EVSYS_CHANNEL1             _SFR_MEM8(0x0211)
#define EVSYS_CHANNEL2             _SFR_MEM8(0x0212)
#define EVSYS_CHANNEL3             _SFR_MEM8(0x0213)
#define EVSYS_CHANNEL4             _SFR_MEM8(0x0214)
#define EVSYS_CHANNEL5             _SFR_MEM8(0x0215)
#define EVSYS_CHANNEL6             _SFR_MEM8(0x0216)
#define EVSYS_CHANNEL7             _SFR_MEM8(0x0217)
#define EVSYS_CHANNEL8             _SFR_MEM8(0x0218)
#define EVSYS_CHANNEL9             _SFR_MEM8(0x0219)
#define EVSYS_USERCCLLUT0A         _SFR_MEM8(0x0220)
#define EVSYS_USERCCLLUT0B         _SFR_MEM8(0x0221)
#define EVSYS_USERCCLLUT1A         _SFR_MEM8(0x0222)
#define EVSYS_USERCCLLUT1B         _SFR_MEM8(0x0223)
#define EVSYS_USERCCLLUT2A         _SFR_MEM8(0x0224)
#define EVSYS_USERCCLLUT2B         _SFR_MEM8(0x0225)
#define EVSYS_USERCCLLUT3A         _SFR_MEM8(0x0226)
#define EVSYS_USERCCLLUT3B         _SFR_MEM8(0x0227)
#define EVSYS_USERCCLLUT4A         _SFR_MEM8(0x0228)
#define EVSYS_USERCCLLUT4B         _SFR_MEM8(0x0229)
#define EVSYS_USERCCLLUT5A         _SFR_MEM8(0x022A)
#define EVSYS_USERCCLLUT5B         _SFR_MEM8(0x022B)
#define EVSYS_USERADC0START        _SFR_MEM8(0x022C)
#define EVSYS_USERPTCSTART         _SFR_MEM8(0x022D)
#define EVSYS_USEREVSYSEVOUTA      _SFR_MEM8(0x022E)
#define EVSYS_USEREVSYSEVOUTB      _SFR_MEM8(0x022F)
#define EVSYS_USEREVSYSEVOUTC      _SFR_MEM8(0x0230)
```

```
#define EVSYS_USEREVSYSEVOUTD   _SFR_MEM8(0x0231)
#define EVSYS_USEREVSYSEVOUTE   _SFR_MEM8(0x0232)
#define EVSYS_USEREVSYSEVOUTF   _SFR_MEM8(0x0233)
#define EVSYS_USEREVSYSEVOUTG   _SFR_MEM8(0x0234)
#define EVSYS_USERUSART0IRDA    _SFR_MEM8(0x0235)
#define EVSYS_USERUSART1IRDA    _SFR_MEM8(0x0236)
#define EVSYS_USERUSART2IRDA    _SFR_MEM8(0x0237)
#define EVSYS_USERUSART3IRDA    _SFR_MEM8(0x0238)
#define EVSYS_USERUSART4IRDA    _SFR_MEM8(0x0239)
#define EVSYS_USERUSART5IRDA    _SFR_MEM8(0x023A)
#define EVSYS_USERTCA0CNTA      _SFR_MEM8(0x023B)
#define EVSYS_USERTCA0CNTB      _SFR_MEM8(0x023C)
#define EVSYS_USERTCA1CNTA      _SFR_MEM8(0x023D)
#define EVSYS_USERTCA1CNTB      _SFR_MEM8(0x023E)
#define EVSYS_USERTCB0CAPT      _SFR_MEM8(0x023F)
#define EVSYS_USERTCB0COUNT     _SFR_MEM8(0x0240)
#define EVSYS_USERTCB1CAPT      _SFR_MEM8(0x0241)
#define EVSYS_USERTCB1COUNT     _SFR_MEM8(0x0242)
#define EVSYS_USERTCB2CAPT      _SFR_MEM8(0x0243)
#define EVSYS_USERTCB2COUNT     _SFR_MEM8(0x0244)
#define EVSYS_USERTCB3CAPT      _SFR_MEM8(0x0245)
#define EVSYS_USERTCB3COUNT     _SFR_MEM8(0x0246)
#define EVSYS_USERTCB4CAPT      _SFR_MEM8(0x0247)
#define EVSYS_USERTCB4COUNT     _SFR_MEM8(0x0248)
#define EVSYS_USERTCD0INPUTA    _SFR_MEM8(0x0249)
#define EVSYS_USERTCD0INPUTB    _SFR_MEM8(0x024A)

/* PORT (PORTA) - I/O Ports */
#define PORTA_DIR          _SFR_MEM8(0x0400)
#define PORTA_DIRSET       _SFR_MEM8(0x0401)
#define PORTA_DIRCLR       _SFR_MEM8(0x0402)
#define PORTA_DIRTGL       _SFR_MEM8(0x0403)
#define PORTA_OUT          _SFR_MEM8(0x0404)
#define PORTA_OUTSET       _SFR_MEM8(0x0405)
#define PORTA_OUTCLR       _SFR_MEM8(0x0406)
#define PORTA_OUTTGL       _SFR_MEM8(0x0407)
#define PORTA_IN           _SFR_MEM8(0x0408)
#define PORTA_INTFLAGS     _SFR_MEM8(0x0409)
#define PORTA_PORTCTRL     _SFR_MEM8(0x040A)
#define PORTA_PINCONFIG    _SFR_MEM8(0x040B)
#define PORTA_PINCTRLUPD   _SFR_MEM8(0x040C)
#define PORTA_PINCTRLSET   _SFR_MEM8(0x040D)
#define PORTA_PINCTRLCLR   _SFR_MEM8(0x040E)
#define PORTA_PIN0CTRL     _SFR_MEM8(0x0410)
#define PORTA_PIN1CTRL     _SFR_MEM8(0x0411)
#define PORTA_PIN2CTRL     _SFR_MEM8(0x0412)
#define PORTA_PIN3CTRL     _SFR_MEM8(0x0413)
#define PORTA_PIN4CTRL     _SFR_MEM8(0x0414)
#define PORTA_PIN5CTRL     _SFR_MEM8(0x0415)
#define PORTA_PIN6CTRL     _SFR_MEM8(0x0416)
#define PORTA_PIN7CTRL     _SFR_MEM8(0x0417)

/* PORT (PORTB) - I/O Ports */
#define PORTB_DIR          _SFR_MEM8(0x0420)
#define PORTB_DIRSET       _SFR_MEM8(0x0421)
#define PORTB_DIRCLR       _SFR_MEM8(0x0422)
#define PORTB_DIRTGL       _SFR_MEM8(0x0423)
#define PORTB_OUT          _SFR_MEM8(0x0424)
#define PORTB_OUTSET       _SFR_MEM8(0x0425)
#define PORTB_OUTCLR       _SFR_MEM8(0x0426)
#define PORTB_OUTTGL       _SFR_MEM8(0x0427)
#define PORTB_IN           _SFR_MEM8(0x0428)
#define PORTB_INTFLAGS     _SFR_MEM8(0x0429)
#define PORTB_PORTCTRL     _SFR_MEM8(0x042A)
#define PORTB_PINCONFIG    _SFR_MEM8(0x042B)
#define PORTB_PINCTRLUPD   _SFR_MEM8(0x042C)
#define PORTB_PINCTRLSET   _SFR_MEM8(0x042D)
#define PORTB_PINCTRLCLR   _SFR_MEM8(0x042E)
#define PORTB_PIN0CTRL     _SFR_MEM8(0x0430)
#define PORTB_PIN1CTRL     _SFR_MEM8(0x0431)
#define PORTB_PIN2CTRL     _SFR_MEM8(0x0432)
```

```
#define PORTB_PIN3CTRL     _SFR_MEM8(0x0433)
#define PORTB_PIN4CTRL     _SFR_MEM8(0x0434)
#define PORTB_PIN5CTRL     _SFR_MEM8(0x0435)
#define PORTB_PIN6CTRL     _SFR_MEM8(0x0436)
#define PORTB_PIN7CTRL     _SFR_MEM8(0x0437)

/* PORT (PORTC) - I/O Ports */
#define PORTC_DIR          _SFR_MEM8(0x0440)
#define PORTC_DIRSET       _SFR_MEM8(0x0441)
#define PORTC_DIRCLR       _SFR_MEM8(0x0442)
#define PORTC_DIRTGL       _SFR_MEM8(0x0443)
#define PORTC_OUT          _SFR_MEM8(0x0444)
#define PORTC_OUTSET       _SFR_MEM8(0x0445)
#define PORTC_OUTCLR       _SFR_MEM8(0x0446)
#define PORTC_OUTTGL       _SFR_MEM8(0x0447)
#define PORTC_IN           _SFR_MEM8(0x0448)
#define PORTC_INTFLAGS     _SFR_MEM8(0x0449)
#define PORTC_PORTCTRL     _SFR_MEM8(0x044A)
#define PORTC_PINCONFIG    _SFR_MEM8(0x044B)
#define PORTC_PINCTRLUPD   _SFR_MEM8(0x044C)
#define PORTC_PINCTRLSET   _SFR_MEM8(0x044D)
#define PORTC_PINCTRLCLR   _SFR_MEM8(0x044E)
#define PORTC_PIN0CTRL     _SFR_MEM8(0x0450)
#define PORTC_PIN1CTRL     _SFR_MEM8(0x0451)
#define PORTC_PIN2CTRL     _SFR_MEM8(0x0452)
#define PORTC_PIN3CTRL     _SFR_MEM8(0x0453)
#define PORTC_PIN4CTRL     _SFR_MEM8(0x0454)
#define PORTC_PIN5CTRL     _SFR_MEM8(0x0455)
#define PORTC_PIN6CTRL     _SFR_MEM8(0x0456)
#define PORTC_PIN7CTRL     _SFR_MEM8(0x0457)

/* PORT (PORTD) - I/O Ports */
#define PORTD_DIR          _SFR_MEM8(0x0460)
#define PORTD_DIRSET       _SFR_MEM8(0x0461)
#define PORTD_DIRCLR       _SFR_MEM8(0x0462)
#define PORTD_DIRTGL       _SFR_MEM8(0x0463)
#define PORTD_OUT          _SFR_MEM8(0x0464)
#define PORTD_OUTSET       _SFR_MEM8(0x0465)
#define PORTD_OUTCLR       _SFR_MEM8(0x0466)
#define PORTD_OUTTGL       _SFR_MEM8(0x0467)
#define PORTD_IN           _SFR_MEM8(0x0468)
#define PORTD_INTFLAGS     _SFR_MEM8(0x0469)
#define PORTD_PORTCTRL     _SFR_MEM8(0x046A)
#define PORTD_PINCONFIG    _SFR_MEM8(0x046B)
#define PORTD_PINCTRLUPD   _SFR_MEM8(0x046C)
#define PORTD_PINCTRLSET   _SFR_MEM8(0x046D)
#define PORTD_PINCTRLCLR   _SFR_MEM8(0x046E)
#define PORTD_PIN0CTRL     _SFR_MEM8(0x0470)
#define PORTD_PIN1CTRL     _SFR_MEM8(0x0471)
#define PORTD_PIN2CTRL     _SFR_MEM8(0x0472)
#define PORTD_PIN3CTRL     _SFR_MEM8(0x0473)
#define PORTD_PIN4CTRL     _SFR_MEM8(0x0474)
#define PORTD_PIN5CTRL     _SFR_MEM8(0x0475)
#define PORTD_PIN6CTRL     _SFR_MEM8(0x0476)
#define PORTD_PIN7CTRL     _SFR_MEM8(0x0477)

/* PORT (PORTE) - I/O Ports */
#define PORTE_DIR          _SFR_MEM8(0x0480)
#define PORTE_DIRSET       _SFR_MEM8(0x0481)
#define PORTE_DIRCLR       _SFR_MEM8(0x0482)
#define PORTE_DIRTGL       _SFR_MEM8(0x0483)
#define PORTE_OUT          _SFR_MEM8(0x0484)
#define PORTE_OUTSET       _SFR_MEM8(0x0485)
#define PORTE_OUTCLR       _SFR_MEM8(0x0486)
#define PORTE_OUTTGL       _SFR_MEM8(0x0487)
#define PORTE_IN           _SFR_MEM8(0x0488)
#define PORTE_INTFLAGS     _SFR_MEM8(0x0489)
#define PORTE_PORTCTRL     _SFR_MEM8(0x048A)
#define PORTE_PINCONFIG    _SFR_MEM8(0x048B)
#define PORTE_PINCTRLUPD   _SFR_MEM8(0x048C)
#define PORTE_PINCTRLSET   _SFR_MEM8(0x048D)
```

```
#define PORTE_PINCTRLCLR  _SFR_MEM8(0x048E)
#define PORTE_PIN0CTRL    _SFR_MEM8(0x0490)
#define PORTE_PIN1CTRL    _SFR_MEM8(0x0491)
#define PORTE_PIN2CTRL    _SFR_MEM8(0x0492)
#define PORTE_PIN3CTRL    _SFR_MEM8(0x0493)
#define PORTE_PIN4CTRL    _SFR_MEM8(0x0494)
#define PORTE_PIN5CTRL    _SFR_MEM8(0x0495)
#define PORTE_PIN6CTRL    _SFR_MEM8(0x0496)
#define PORTE_PIN7CTRL    _SFR_MEM8(0x0497)

/* PORT (PORTF) - I/O Ports */
#define PORTF_DIR         _SFR_MEM8(0x04A0)
#define PORTF_DIRSET      _SFR_MEM8(0x04A1)
#define PORTF_DIRCLR      _SFR_MEM8(0x04A2)
#define PORTF_DIRTGL      _SFR_MEM8(0x04A3)
#define PORTF_OUT         _SFR_MEM8(0x04A4)
#define PORTF_OUTSET      _SFR_MEM8(0x04A5)
#define PORTF_OUTCLR      _SFR_MEM8(0x04A6)
#define PORTF_OUTTGL      _SFR_MEM8(0x04A7)
#define PORTF_IN          _SFR_MEM8(0x04A8)
#define PORTF_INTFLAGS    _SFR_MEM8(0x04A9)
#define PORTF_PORTCTRL    _SFR_MEM8(0x04AA)
#define PORTF_PINCONFIG   _SFR_MEM8(0x04AB)
#define PORTF_PINCTRLUPD  _SFR_MEM8(0x04AC)
#define PORTF_PINCTRLSET  _SFR_MEM8(0x04AD)
#define PORTF_PINCTRLCLR  _SFR_MEM8(0x04AE)
#define PORTF_PIN0CTRL    _SFR_MEM8(0x04B0)
#define PORTF_PIN1CTRL    _SFR_MEM8(0x04B1)
#define PORTF_PIN2CTRL    _SFR_MEM8(0x04B2)
#define PORTF_PIN3CTRL    _SFR_MEM8(0x04B3)
#define PORTF_PIN4CTRL    _SFR_MEM8(0x04B4)
#define PORTF_PIN5CTRL    _SFR_MEM8(0x04B5)
#define PORTF_PIN6CTRL    _SFR_MEM8(0x04B6)
#define PORTF_PIN7CTRL    _SFR_MEM8(0x04B7)

/* PORT (PORTG) - I/O Ports */
#define PORTG_DIR         _SFR_MEM8(0x04C0)
#define PORTG_DIRSET      _SFR_MEM8(0x04C1)
#define PORTG_DIRCLR      _SFR_MEM8(0x04C2)
#define PORTG_DIRTGL      _SFR_MEM8(0x04C3)
#define PORTG_OUT         _SFR_MEM8(0x04C4)
#define PORTG_OUTSET      _SFR_MEM8(0x04C5)
#define PORTG_OUTCLR      _SFR_MEM8(0x04C6)
#define PORTG_OUTTGL      _SFR_MEM8(0x04C7)
#define PORTG_IN          _SFR_MEM8(0x04C8)
#define PORTG_INTFLAGS    _SFR_MEM8(0x04C9)
#define PORTG_PORTCTRL    _SFR_MEM8(0x04CA)
#define PORTG_PINCONFIG   _SFR_MEM8(0x04CB)
#define PORTG_PINCTRLUPD  _SFR_MEM8(0x04CC)
#define PORTG_PINCTRLSET  _SFR_MEM8(0x04CD)
#define PORTG_PINCTRLCLR  _SFR_MEM8(0x04CE)
#define PORTG_PIN0CTRL    _SFR_MEM8(0x04D0)
#define PORTG_PIN1CTRL    _SFR_MEM8(0x04D1)
#define PORTG_PIN2CTRL    _SFR_MEM8(0x04D2)
#define PORTG_PIN3CTRL    _SFR_MEM8(0x04D3)
#define PORTG_PIN4CTRL    _SFR_MEM8(0x04D4)
#define PORTG_PIN5CTRL    _SFR_MEM8(0x04D5)
#define PORTG_PIN6CTRL    _SFR_MEM8(0x04D6)
#define PORTG_PIN7CTRL    _SFR_MEM8(0x04D7)

/* PORTMUX - Port Multiplexer */
#define PORTMUX_EVSYSROUTEA  _SFR_MEM8(0x05E0)
#define PORTMUX_CCLROUTEA    _SFR_MEM8(0x05E1)
#define PORTMUX_USARTROUTEA  _SFR_MEM8(0x05E2)
#define PORTMUX_USARTROUTEB  _SFR_MEM8(0x05E3)
#define PORTMUX_SPIROUTEA    _SFR_MEM8(0x05E4)
#define PORTMUX_TWIROUTEA    _SFR_MEM8(0x05E5)
#define PORTMUX_TCAROUTEA    _SFR_MEM8(0x05E6)
#define PORTMUX_TCBROUTEA    _SFR_MEM8(0x05E7)
#define PORTMUX_TCDROUTEA    _SFR_MEM8(0x05E8)
#define PORTMUX_ACROUTEA     _SFR_MEM8(0x05E9)
```

```
#define PORTMUX_ZCDROUTEA     _SFR_MEM8(0x05EA)

/* ADC (ADC0) - Analog to Digital Converter */
#define ADC0_CTRLA       _SFR_MEM8(0x0600)
#define ADC0_CTRLB       _SFR_MEM8(0x0601)
#define ADC0_CTRLC       _SFR_MEM8(0x0602)
#define ADC0_CTRLD       _SFR_MEM8(0x0603)
#define ADC0_CTRLE       _SFR_MEM8(0x0604)
#define ADC0_SAMPCTRL    _SFR_MEM8(0x0605)
#define ADC0_MUXPOS      _SFR_MEM8(0x0608)
#define ADC0_MUXNEG      _SFR_MEM8(0x0609)
#define ADC0_COMMAND     _SFR_MEM8(0x060A)
#define ADC0_EVCTRL      _SFR_MEM8(0x060B)
#define ADC0_INTCTRL     _SFR_MEM8(0x060C)
#define ADC0_INTFLAGS    _SFR_MEM8(0x060D)
#define ADC0_DBGCTRL     _SFR_MEM8(0x060E)
#define ADC0_TEMP        _SFR_MEM8(0x060F)
#define ADC0_RES         _SFR_MEM16(0x0610)
#define ADC0_RESL        _SFR_MEM8(0x0610)
#define ADC0_RESH        _SFR_MEM8(0x0611)
#define ADC0_WINLT       _SFR_MEM16(0x0612)
#define ADC0_WINLTL      _SFR_MEM8(0x0612)
#define ADC0_WINLTH      _SFR_MEM8(0x0613)
#define ADC0_WINHT       _SFR_MEM16(0x0614)
#define ADC0_WINHTL      _SFR_MEM8(0x0614)
#define ADC0_WINHTH      _SFR_MEM8(0x0615)

/* AC (AC0) - Analog Comparator */
#define AC0_CTRLA     _SFR_MEM8(0x0680)
#define AC0_CTRLB     _SFR_MEM8(0x0681)
#define AC0_MUXCTRL   _SFR_MEM8(0x0682)
#define AC0_DACREF    _SFR_MEM8(0x0685)
#define AC0_INTCTRL   _SFR_MEM8(0x0686)
#define AC0_STATUS    _SFR_MEM8(0x0687)

/* AC (AC1) - Analog Comparator */
#define AC1_CTRLA     _SFR_MEM8(0x0688)
#define AC1_CTRLB     _SFR_MEM8(0x0689)
#define AC1_MUXCTRL   _SFR_MEM8(0x068A)
#define AC1_DACREF    _SFR_MEM8(0x068D)
#define AC1_INTCTRL   _SFR_MEM8(0x068E)
#define AC1_STATUS    _SFR_MEM8(0x068F)

/* AC (AC2) - Analog Comparator */
#define AC2_CTRLA     _SFR_MEM8(0x0690)
#define AC2_CTRLB     _SFR_MEM8(0x0691)
#define AC2_MUXCTRL   _SFR_MEM8(0x0692)
#define AC2_DACREF    _SFR_MEM8(0x0695)
#define AC2_INTCTRL   _SFR_MEM8(0x0696)
#define AC2_STATUS    _SFR_MEM8(0x0697)

/* DAC (DAC0) - Digital to Analog Converter */
#define DAC0_CTRLA    _SFR_MEM8(0x06A0)
#define DAC0_DATA     _SFR_MEM16(0x06A2)
#define DAC0_DATAL    _SFR_MEM8(0x06A2)
#define DAC0_DATAH    _SFR_MEM8(0x06A3)

/* ZCD (ZCD0) - Zero Cross Detect */
#define ZCD0_CTRLA     _SFR_MEM8(0x06C0)
#define ZCD0_INTCTRL   _SFR_MEM8(0x06C2)
#define ZCD0_STATUS    _SFR_MEM8(0x06C3)

/* ZCD (ZCD1) - Zero Cross Detect */
#define ZCD1_CTRLA     _SFR_MEM8(0x06C8)
#define ZCD1_INTCTRL   _SFR_MEM8(0x06CA)
#define ZCD1_STATUS    _SFR_MEM8(0x06CB)

/* ZCD (ZCD2) - Zero Cross Detect */
#define ZCD2_CTRLA     _SFR_MEM8(0x06D0)
#define ZCD2_INTCTRL   _SFR_MEM8(0x06D2)
#define ZCD2_STATUS    _SFR_MEM8(0x06D3)
```

```
/* USART (USART0) - Universal Synchronous and Asynchronous Receiver and Transmitter */
#define USART0_RXDATAL    _SFR_MEM8(0x0800)
#define USART0_RXDATAH    _SFR_MEM8(0x0801)
#define USART0_TXDATAL    _SFR_MEM8(0x0802)
#define USART0_TXDATAH    _SFR_MEM8(0x0803)
#define USART0_STATUS     _SFR_MEM8(0x0804)
#define USART0_CTRLA      _SFR_MEM8(0x0805)
#define USART0_CTRLB      _SFR_MEM8(0x0806)
#define USART0_CTRLC      _SFR_MEM8(0x0807)
#define USART0_BAUD       _SFR_MEM16(0x0808)
#define USART0_BAUDL      _SFR_MEM8(0x0808)
#define USART0_BAUDH      _SFR_MEM8(0x0809)
#define USART0_CTRLD      _SFR_MEM8(0x080A)
#define USART0_DBGCTRL    _SFR_MEM8(0x080B)
#define USART0_EVCTRL     _SFR_MEM8(0x080C)
#define USART0_TXPLCTRL   _SFR_MEM8(0x080D)
#define USART0_RXPLCTRL   _SFR_MEM8(0x080E)

/* USART (USART1) - Universal Synchronous and Asynchronous Receiver and Transmitter */
#define USART1_RXDATAL    _SFR_MEM8(0x0820)
#define USART1_RXDATAH    _SFR_MEM8(0x0821)
#define USART1_TXDATAL    _SFR_MEM8(0x0822)
#define USART1_TXDATAH    _SFR_MEM8(0x0823)
#define USART1_STATUS     _SFR_MEM8(0x0824)
#define USART1_CTRLA      _SFR_MEM8(0x0825)
#define USART1_CTRLB      _SFR_MEM8(0x0826)
#define USART1_CTRLC      _SFR_MEM8(0x0827)
#define USART1_BAUD       _SFR_MEM16(0x0828)
#define USART1_BAUDL      _SFR_MEM8(0x0828)
#define USART1_BAUDH      _SFR_MEM8(0x0829)
#define USART1_CTRLD      _SFR_MEM8(0x082A)
#define USART1_DBGCTRL    _SFR_MEM8(0x082B)
#define USART1_EVCTRL     _SFR_MEM8(0x082C)
#define USART1_TXPLCTRL   _SFR_MEM8(0x082D)
#define USART1_RXPLCTRL   _SFR_MEM8(0x082E)

/* USART (USART2) - Universal Synchronous and Asynchronous Receiver and Transmitter */
#define USART2_RXDATAL    _SFR_MEM8(0x0840)
#define USART2_RXDATAH    _SFR_MEM8(0x0841)
#define USART2_TXDATAL    _SFR_MEM8(0x0842)
#define USART2_TXDATAH    _SFR_MEM8(0x0843)
#define USART2_STATUS     _SFR_MEM8(0x0844)
#define USART2_CTRLA      _SFR_MEM8(0x0845)
#define USART2_CTRLB      _SFR_MEM8(0x0846)
#define USART2_CTRLC      _SFR_MEM8(0x0847)
#define USART2_BAUD       _SFR_MEM16(0x0848)
#define USART2_BAUDL      _SFR_MEM8(0x0848)
#define USART2_BAUDH      _SFR_MEM8(0x0849)
#define USART2_CTRLD      _SFR_MEM8(0x084A)
#define USART2_DBGCTRL    _SFR_MEM8(0x084B)
#define USART2_EVCTRL     _SFR_MEM8(0x084C)
#define USART2_TXPLCTRL   _SFR_MEM8(0x084D)
#define USART2_RXPLCTRL   _SFR_MEM8(0x084E)

/* USART (USART3) - Universal Synchronous and Asynchronous Receiver and Transmitter */
#define USART3_RXDATAL    _SFR_MEM8(0x0860)
#define USART3_RXDATAH    _SFR_MEM8(0x0861)
#define USART3_TXDATAL    _SFR_MEM8(0x0862)
#define USART3_TXDATAH    _SFR_MEM8(0x0863)
#define USART3_STATUS     _SFR_MEM8(0x0864)
#define USART3_CTRLA      _SFR_MEM8(0x0865)
#define USART3_CTRLB      _SFR_MEM8(0x0866)
#define USART3_CTRLC      _SFR_MEM8(0x0867)
#define USART3_BAUD       _SFR_MEM16(0x0868)
#define USART3_BAUDL      _SFR_MEM8(0x0868)
#define USART3_BAUDH      _SFR_MEM8(0x0869)
#define USART3_CTRLD      _SFR_MEM8(0x086A)
#define USART3_DBGCTRL    _SFR_MEM8(0x086B)
#define USART3_EVCTRL     _SFR_MEM8(0x086C)
#define USART3_TXPLCTRL   _SFR_MEM8(0x086D)
```

```
#define USART3_RXPLCTRL   _SFR_MEM8(0x086E)

/* USART (USART4) - Universal Synchronous and Asynchronous Receiver and Transmitter */
#define USART4_RXDATAL    _SFR_MEM8(0x0880)
#define USART4_RXDATAH    _SFR_MEM8(0x0881)
#define USART4_TXDATAL    _SFR_MEM8(0x0882)
#define USART4_TXDATAH    _SFR_MEM8(0x0883)
#define USART4_STATUS     _SFR_MEM8(0x0884)
#define USART4_CTRLA      _SFR_MEM8(0x0885)
#define USART4_CTRLB      _SFR_MEM8(0x0886)
#define USART4_CTRLC      _SFR_MEM8(0x0887)
#define USART4_BAUD       _SFR_MEM16(0x0888)
#define USART4_BAUDL      _SFR_MEM8(0x0888)
#define USART4_BAUDH      _SFR_MEM8(0x0889)
#define USART4_CTRLD      _SFR_MEM8(0x088A)
#define USART4_DBGCTRL    _SFR_MEM8(0x088B)
#define USART4_EVCTRL     _SFR_MEM8(0x088C)
#define USART4_TXPLCTRL   _SFR_MEM8(0x088D)
#define USART4_RXPLCTRL   _SFR_MEM8(0x088E)

/* USART (USART5) - Universal Synchronous and Asynchronous Receiver and Transmitter */
#define USART5_RXDATAL    _SFR_MEM8(0x08A0)
#define USART5_RXDATAH    _SFR_MEM8(0x08A1)
#define USART5_TXDATAL    _SFR_MEM8(0x08A2)
#define USART5_TXDATAH    _SFR_MEM8(0x08A3)
#define USART5_STATUS     _SFR_MEM8(0x08A4)
#define USART5_CTRLA      _SFR_MEM8(0x08A5)
#define USART5_CTRLB      _SFR_MEM8(0x08A6)
#define USART5_CTRLC      _SFR_MEM8(0x08A7)
#define USART5_BAUD       _SFR_MEM16(0x08A8)
#define USART5_BAUDL      _SFR_MEM8(0x08A8)
#define USART5_BAUDH      _SFR_MEM8(0x08A9)
#define USART5_CTRLD      _SFR_MEM8(0x08AA)
#define USART5_DBGCTRL    _SFR_MEM8(0x08AB)
#define USART5_EVCTRL     _SFR_MEM8(0x08AC)
#define USART5_TXPLCTRL   _SFR_MEM8(0x08AD)
#define USART5_RXPLCTRL   _SFR_MEM8(0x08AE)

/* TWI (TWI0) - Two-Wire Interface */
#define TWI0_CTRLA        _SFR_MEM8(0x0900)
#define TWI0_DUALCTRL     _SFR_MEM8(0x0901)
#define TWI0_DBGCTRL      _SFR_MEM8(0x0902)
#define TWI0_MCTRLA       _SFR_MEM8(0x0903)
#define TWI0_MCTRLB       _SFR_MEM8(0x0904)
#define TWI0_MSTATUS      _SFR_MEM8(0x0905)
#define TWI0_MBAUD        _SFR_MEM8(0x0906)
#define TWI0_MADDR        _SFR_MEM8(0x0907)
#define TWI0_MDATA        _SFR_MEM8(0x0908)
#define TWI0_SCTRLA       _SFR_MEM8(0x0909)
#define TWI0_SCTRLB       _SFR_MEM8(0x090A)
#define TWI0_SSTATUS      _SFR_MEM8(0x090B)
#define TWI0_SADDR        _SFR_MEM8(0x090C)
#define TWI0_SDATA        _SFR_MEM8(0x090D)
#define TWI0_SADDRMASK    _SFR_MEM8(0x090E)

/* TWI (TWI1) - Two-Wire Interface */
#define TWI1_CTRLA        _SFR_MEM8(0x0920)
#define TWI1_DUALCTRL     _SFR_MEM8(0x0921)
#define TWI1_DBGCTRL      _SFR_MEM8(0x0922)
#define TWI1_MCTRLA       _SFR_MEM8(0x0923)
#define TWI1_MCTRLB       _SFR_MEM8(0x0924)
#define TWI1_MSTATUS      _SFR_MEM8(0x0925)
#define TWI1_MBAUD        _SFR_MEM8(0x0926)
#define TWI1_MADDR        _SFR_MEM8(0x0927)
#define TWI1_MDATA        _SFR_MEM8(0x0928)
#define TWI1_SCTRLA       _SFR_MEM8(0x0929)
#define TWI1_SCTRLB       _SFR_MEM8(0x092A)
#define TWI1_SSTATUS      _SFR_MEM8(0x092B)
#define TWI1_SADDR        _SFR_MEM8(0x092C)
#define TWI1_SDATA        _SFR_MEM8(0x092D)
#define TWI1_SADDRMASK    _SFR_MEM8(0x092E)
```

```
/* SPI (SPI0) - Serial Peripheral Interface */
#define SPI0_CTRLA     _SFR_MEM8(0x0940)
#define SPI0_CTRLB     _SFR_MEM8(0x0941)
#define SPI0_INTCTRL   _SFR_MEM8(0x0942)
#define SPI0_INTFLAGS  _SFR_MEM8(0x0943)
#define SPI0_DATA      _SFR_MEM8(0x0944)

/* SPI (SPI1) - Serial Peripheral Interface */
#define SPI1_CTRLA     _SFR_MEM8(0x0960)
#define SPI1_CTRLB     _SFR_MEM8(0x0961)
#define SPI1_INTCTRL   _SFR_MEM8(0x0962)
#define SPI1_INTFLAGS  _SFR_MEM8(0x0963)
#define SPI1_DATA      _SFR_MEM8(0x0964)

/* TCA (TCA0) - 16-bit Timer/Counter Type A */
#define TCA0_SINGLE_CTRLA      _SFR_MEM8(0x0A00)
#define TCA0_SINGLE_CTRLB      _SFR_MEM8(0x0A01)
#define TCA0_SINGLE_CTRLC      _SFR_MEM8(0x0A02)
#define TCA0_SINGLE_CTRLD      _SFR_MEM8(0x0A03)
#define TCA0_SINGLE_CTRLECLR   _SFR_MEM8(0x0A04)
#define TCA0_SINGLE_CTRLESET   _SFR_MEM8(0x0A05)
#define TCA0_SINGLE_CTRLFCLR   _SFR_MEM8(0x0A06)
#define TCA0_SINGLE_CTRLFSET   _SFR_MEM8(0x0A07)
#define TCA0_SINGLE_EVCTRL     _SFR_MEM8(0x0A09)
#define TCA0_SINGLE_INTCTRL    _SFR_MEM8(0x0A0A)
#define TCA0_SINGLE_INTFLAGS   _SFR_MEM8(0x0A0B)
#define TCA0_SINGLE_DBGCTRL    _SFR_MEM8(0x0A0E)
#define TCA0_SINGLE_TEMP       _SFR_MEM8(0x0A0F)
#define TCA0_SINGLE_CNT        _SFR_MEM16(0x0A20)
#define TCA0_SINGLE_PER        _SFR_MEM16(0x0A26)
#define TCA0_SINGLE_CMP0       _SFR_MEM16(0x0A28)
#define TCA0_SINGLE_CMP1       _SFR_MEM16(0x0A2A)
#define TCA0_SINGLE_CMP2       _SFR_MEM16(0x0A2C)
#define TCA0_SINGLE_PERBUF     _SFR_MEM16(0x0A36)
#define TCA0_SINGLE_CMP0BUF    _SFR_MEM16(0x0A38)
#define TCA0_SINGLE_CMP1BUF    _SFR_MEM16(0x0A3A)
#define TCA0_SINGLE_CMP2BUF    _SFR_MEM16(0x0A3C)

#define TCA0_SPLIT_CTRLA       _SFR_MEM8(0x0A00)
#define TCA0_SPLIT_CTRLB       _SFR_MEM8(0x0A01)
#define TCA0_SPLIT_CTRLC       _SFR_MEM8(0x0A02)
#define TCA0_SPLIT_CTRLD       _SFR_MEM8(0x0A03)
#define TCA0_SPLIT_CTRLECLR    _SFR_MEM8(0x0A04)
#define TCA0_SPLIT_CTRLESET    _SFR_MEM8(0x0A05)
#define TCA0_SPLIT_INTCTRL     _SFR_MEM8(0x0A0A)
#define TCA0_SPLIT_INTFLAGS    _SFR_MEM8(0x0A0B)
#define TCA0_SPLIT_DBGCTRL     _SFR_MEM8(0x0A0E)
#define TCA0_SPLIT_LCNT        _SFR_MEM8(0x0A20)
#define TCA0_SPLIT_HCNT        _SFR_MEM8(0x0A21)
#define TCA0_SPLIT_LPER        _SFR_MEM8(0x0A26)
#define TCA0_SPLIT_HPER        _SFR_MEM8(0x0A27)
#define TCA0_SPLIT_LCMP0       _SFR_MEM8(0x0A28)
#define TCA0_SPLIT_HCMP0       _SFR_MEM8(0x0A29)
#define TCA0_SPLIT_LCMP1       _SFR_MEM8(0x0A2A)
#define TCA0_SPLIT_HCMP1       _SFR_MEM8(0x0A2B)
#define TCA0_SPLIT_LCMP2       _SFR_MEM8(0x0A2C)
#define TCA0_SPLIT_HCMP2       _SFR_MEM8(0x0A2D)

/* TCA (TCA1) - 16-bit Timer/Counter Type A */
#define TCA1_SINGLE_CTRLA      _SFR_MEM8(0x0A40)
#define TCA1_SINGLE_CTRLB      _SFR_MEM8(0x0A41)
#define TCA1_SINGLE_CTRLC      _SFR_MEM8(0x0A42)
#define TCA1_SINGLE_CTRLD      _SFR_MEM8(0x0A43)
#define TCA1_SINGLE_CTRLECLR   _SFR_MEM8(0x0A44)
#define TCA1_SINGLE_CTRLESET   _SFR_MEM8(0x0A45)
#define TCA1_SINGLE_CTRLFCLR   _SFR_MEM8(0x0A46)
#define TCA1_SINGLE_CTRLFSET   _SFR_MEM8(0x0A47)
#define TCA1_SINGLE_EVCTRL     _SFR_MEM8(0x0A49)
#define TCA1_SINGLE_INTCTRL    _SFR_MEM8(0x0A4A)
#define TCA1_SINGLE_INTFLAGS   _SFR_MEM8(0x0A4B)
```

```
#define TCA1_SINGLE_DBGCTRL    _SFR_MEM8(0x0A4E)
#define TCA1_SINGLE_TEMP       _SFR_MEM8(0x0A4F)
#define TCA1_SINGLE_CNT        _SFR_MEM16(0x0A60)
#define TCA1_SINGLE_PER        _SFR_MEM16(0x0A66)
#define TCA1_SINGLE_CMP0       _SFR_MEM16(0x0A68)
#define TCA1_SINGLE_CMP1       _SFR_MEM16(0x0A6A)
#define TCA1_SINGLE_CMP2       _SFR_MEM16(0x0A6C)
#define TCA1_SINGLE_PERBUF     _SFR_MEM16(0x0A76)
#define TCA1_SINGLE_CMP0BUF    _SFR_MEM16(0x0A78)
#define TCA1_SINGLE_CMP1BUF    _SFR_MEM16(0x0A7A)
#define TCA1_SINGLE_CMP2BUF    _SFR_MEM16(0x0A7C)

#define TCA1_SPLIT_CTRLA       _SFR_MEM8(0x0A40)
#define TCA1_SPLIT_CTRLB       _SFR_MEM8(0x0A41)
#define TCA1_SPLIT_CTRLC       _SFR_MEM8(0x0A42)
#define TCA1_SPLIT_CTRLD       _SFR_MEM8(0x0A43)
#define TCA1_SPLIT_CTRLECLR    _SFR_MEM8(0x0A44)
#define TCA1_SPLIT_CTRLESET    _SFR_MEM8(0x0A45)
#define TCA1_SPLIT_INTCTRL     _SFR_MEM8(0x0A4A)
#define TCA1_SPLIT_INTFLAGS    _SFR_MEM8(0x0A4B)
#define TCA1_SPLIT_DBGCTRL     _SFR_MEM8(0x0A4E)
#define TCA1_SPLIT_LCNT        _SFR_MEM8(0x0A60)
#define TCA1_SPLIT_HCNT        _SFR_MEM8(0x0A61)
#define TCA1_SPLIT_LPER        _SFR_MEM8(0x0A66)
#define TCA1_SPLIT_HPER        _SFR_MEM8(0x0A67)
#define TCA1_SPLIT_LCMP0       _SFR_MEM8(0x0A68)
#define TCA1_SPLIT_HCMP0       _SFR_MEM8(0x0A69)
#define TCA1_SPLIT_LCMP1       _SFR_MEM8(0x0A6A)
#define TCA1_SPLIT_HCMP1       _SFR_MEM8(0x0A6B)
#define TCA1_SPLIT_LCMP2       _SFR_MEM8(0x0A6C)
#define TCA1_SPLIT_HCMP2       _SFR_MEM8(0x0A6D)

/* TCB (TCB0) - 16-bit Timer Type B */
#define TCB0_CTRLA       _SFR_MEM8(0x0B00)
#define TCB0_CTRLB       _SFR_MEM8(0x0B01)
#define TCB0_EVCTRL      _SFR_MEM8(0x0B04)
#define TCB0_INTCTRL     _SFR_MEM8(0x0B05)
#define TCB0_INTFLAGS    _SFR_MEM8(0x0B06)
#define TCB0_STATUS      _SFR_MEM8(0x0B07)
#define TCB0_DBGCTRL     _SFR_MEM8(0x0B08)
#define TCB0_TEMP        _SFR_MEM8(0x0B09)
#define TCB0_CNT         _SFR_MEM16(0x0B0A)
#define TCB0_CNTL        _SFR_MEM8(0x0B0A)
#define TCB0_CNTH        _SFR_MEM8(0x0B0B)
#define TCB0_CCMP        _SFR_MEM16(0x0B0C)
#define TCB0_CCMPL       _SFR_MEM8(0x0B0C)
#define TCB0_CCMPH       _SFR_MEM8(0x0B0D)

/* TCB (TCB1) - 16-bit Timer Type B */
#define TCB1_CTRLA       _SFR_MEM8(0x0B10)
#define TCB1_CTRLB       _SFR_MEM8(0x0B11)
#define TCB1_EVCTRL      _SFR_MEM8(0x0B14)
#define TCB1_INTCTRL     _SFR_MEM8(0x0B15)
#define TCB1_INTFLAGS    _SFR_MEM8(0x0B16)
#define TCB1_STATUS      _SFR_MEM8(0x0B17)
#define TCB1_DBGCTRL     _SFR_MEM8(0x0B18)
#define TCB1_TEMP        _SFR_MEM8(0x0B19)
#define TCB1_CNT         _SFR_MEM16(0x0B1A)
#define TCB1_CNTL        _SFR_MEM8(0x0B1A)
#define TCB1_CNTH        _SFR_MEM8(0x0B1B)
#define TCB1_CCMP        _SFR_MEM16(0x0B1C)
#define TCB1_CCMPL       _SFR_MEM8(0x0B1C)
#define TCB1_CCMPH       _SFR_MEM8(0x0B1D)

/* TCB (TCB2) - 16-bit Timer Type B */
#define TCB2_CTRLA       _SFR_MEM8(0x0B20)
#define TCB2_CTRLB       _SFR_MEM8(0x0B21)
#define TCB2_EVCTRL      _SFR_MEM8(0x0B24)
#define TCB2_INTCTRL     _SFR_MEM8(0x0B25)
#define TCB2_INTFLAGS    _SFR_MEM8(0x0B26)
#define TCB2_STATUS      _SFR_MEM8(0x0B27)
```

```
#define TCB2_DBGCTRL    _SFR_MEM8(0x0B28)
#define TCB2_TEMP       _SFR_MEM8(0x0B29)
#define TCB2_CNT        _SFR_MEM16(0x0B2A)
#define TCB2_CNTL       _SFR_MEM8(0x0B2A)
#define TCB2_CNTH       _SFR_MEM8(0x0B2B)
#define TCB2_CCMP       _SFR_MEM16(0x0B2C)
#define TCB2_CCMPL      _SFR_MEM8(0x0B2C)
#define TCB2_CCMPH      _SFR_MEM8(0x0B2D)

/* TCB (TCB3) - 16-bit Timer Type B */
#define TCB3_CTRLA      _SFR_MEM8(0x0B30)
#define TCB3_CTRLB      _SFR_MEM8(0x0B31)
#define TCB3_EVCTRL     _SFR_MEM8(0x0B34)
#define TCB3_INTCTRL    _SFR_MEM8(0x0B35)
#define TCB3_INTFLAGS   _SFR_MEM8(0x0B36)
#define TCB3_STATUS     _SFR_MEM8(0x0B37)
#define TCB3_DBGCTRL    _SFR_MEM8(0x0B38)
#define TCB3_TEMP       _SFR_MEM8(0x0B39)
#define TCB3_CNT        _SFR_MEM16(0x0B3A)
#define TCB3_CNTL       _SFR_MEM8(0x0B3A)
#define TCB3_CNTH       _SFR_MEM8(0x0B3B)
#define TCB3_CCMP       _SFR_MEM16(0x0B3C)
#define TCB3_CCMPL      _SFR_MEM8(0x0B3C)
#define TCB3_CCMPH      _SFR_MEM8(0x0B3D)

/* TCB (TCB4) - 16-bit Timer Type B */
#define TCB4_CTRLA      _SFR_MEM8(0x0B40)
#define TCB4_CTRLB      _SFR_MEM8(0x0B41)
#define TCB4_EVCTRL     _SFR_MEM8(0x0B44)
#define TCB4_INTCTRL    _SFR_MEM8(0x0B45)
#define TCB4_INTFLAGS   _SFR_MEM8(0x0B46)
#define TCB4_STATUS     _SFR_MEM8(0x0B47)
#define TCB4_DBGCTRL    _SFR_MEM8(0x0B48)
#define TCB4_TEMP       _SFR_MEM8(0x0B49)
#define TCB4_CNT        _SFR_MEM16(0x0B4A)
#define TCB4_CNTL       _SFR_MEM8(0x0B4A)
#define TCB4_CNTH       _SFR_MEM8(0x0B4B)
#define TCB4_CCMP       _SFR_MEM16(0x0B4C)
#define TCB4_CCMPL      _SFR_MEM8(0x0B4C)
#define TCB4_CCMPH      _SFR_MEM8(0x0B4D)

/* TCD (TCD0) - Timer Counter D */
#define TCD0_CTRLA        _SFR_MEM8(0x0B80)
#define TCD0_CTRLB        _SFR_MEM8(0x0B81)
#define TCD0_CTRLC        _SFR_MEM8(0x0B82)
#define TCD0_CTRLD        _SFR_MEM8(0x0B83)
#define TCD0_CTRLE        _SFR_MEM8(0x0B84)
#define TCD0_EVCTRLA      _SFR_MEM8(0x0B88)
#define TCD0_EVCTRLB      _SFR_MEM8(0x0B89)
#define TCD0_INTCTRL      _SFR_MEM8(0x0B8C)
#define TCD0_INTFLAGS     _SFR_MEM8(0x0B8D)
#define TCD0_STATUS       _SFR_MEM8(0x0B8E)
#define TCD0_INPUTCTRLA   _SFR_MEM8(0x0B90)
#define TCD0_INPUTCTRLB   _SFR_MEM8(0x0B91)
#define TCD0_FAULTCTRL    _SFR_MEM8(0x0B92)
#define TCD0_DLYCTRL      _SFR_MEM8(0x0B94)
#define TCD0_DLYVAL       _SFR_MEM8(0x0B95)
#define TCD0_DITCTRL      _SFR_MEM8(0x0B98)
#define TCD0_DITVAL       _SFR_MEM8(0x0B99)
#define TCD0_DBGCTRL      _SFR_MEM8(0x0B9E)
#define TCD0_CAPTUREA     _SFR_MEM16(0x0BA2)
#define TCD0_CAPTUREAL    _SFR_MEM8(0x0BA2)
#define TCD0_CAPTUREAH    _SFR_MEM8(0x0BA3)
#define TCD0_CAPTUREB     _SFR_MEM16(0x0BA4)
#define TCD0_CAPTUREBL    _SFR_MEM8(0x0BA4)
#define TCD0_CAPTUREBH    _SFR_MEM8(0x0BA5)
#define TCD0_CMPASET      _SFR_MEM16(0x0BA8)
#define TCD0_CMPASETL     _SFR_MEM8(0x0BA8)
#define TCD0_CMPASETH     _SFR_MEM8(0x0BA9)
#define TCD0_CMPACLR      _SFR_MEM16(0x0BAA)
#define TCD0_CMPACLRL     _SFR_MEM8(0x0BAA)
```

```
#define TCD0_CMPACLRH     _SFR_MEM8(0x0BAB)
#define TCD0_CMPBSET      _SFR_MEM16(0x0BAC)
#define TCD0_CMPBSETL     _SFR_MEM8(0x0BAC)
#define TCD0_CMPBSETH     _SFR_MEM8(0x0BAD)
#define TCD0_CMPBCLR      _SFR_MEM16(0x0BAE)
#define TCD0_CMPBCLRL     _SFR_MEM8(0x0BAE)
#define TCD0_CMPBCLRH     _SFR_MEM8(0x0BAF)

/* SYSCFG - System Configuration Registers */
#define SYSCFG_REVID        _SFR_MEM8(0x0F01)
#define SYSCFG_OCDMCTRL     _SFR_MEM8(0x0F18)
#define SYSCFG_OCDMSTATUS   _SFR_MEM8(0x0F19)

/* NVMCTRL - Non-volatile Memory Controller */
#define NVMCTRL_CTRLA       _SFR_MEM8(0x1000)
#define NVMCTRL_CTRLB       _SFR_MEM8(0x1001)
#define NVMCTRL_STATUS      _SFR_MEM8(0x1002)
#define NVMCTRL_INTCTRL     _SFR_MEM8(0x1003)
#define NVMCTRL_INTFLAGS    _SFR_MEM8(0x1004)
#define NVMCTRL_DATA        _SFR_MEM16(0x1006)
#define NVMCTRL_DATAL       _SFR_MEM8(0x1006)
#define NVMCTRL_DATAH       _SFR_MEM8(0x1007)
#define NVMCTRL_ADDR        _SFR_MEM32(0x1008)
#define NVMCTRL_ADDR0       _SFR_MEM8(0x1008)
#define NVMCTRL_ADDR1       _SFR_MEM8(0x1009)
#define NVMCTRL_ADDR2       _SFR_MEM8(0x100A)
#define NVMCTRL_ADDR3       _SFR_MEM8(0x100B)

/* LOCK - Lockbits */
#define LOCK_KEY    _SFR_MEM32(0x1040)
#define LOCK_KEY0   _SFR_MEM8(0x1040)
#define LOCK_KEY1   _SFR_MEM8(0x1041)
#define LOCK_KEY2   _SFR_MEM8(0x1042)
#define LOCK_KEY3   _SFR_MEM8(0x1043)

/* FUSE - Fuses */
#define FUSE_WDTCFG     _SFR_MEM8(0x1050)
#define FUSE_BODCFG     _SFR_MEM8(0x1051)
#define FUSE_OSCCFG     _SFR_MEM8(0x1052)
#define FUSE_SYSCFG0    _SFR_MEM8(0x1055)
#define FUSE_SYSCFG1    _SFR_MEM8(0x1056)
#define FUSE_CODESIZE   _SFR_MEM8(0x1057)
#define FUSE_BOOTSIZE   _SFR_MEM8(0x1058)

/* USERROW - User Row */
#define USERROW_USERROW0    _SFR_MEM8(0x1080)
#define USERROW_USERROW1    _SFR_MEM8(0x1081)
#define USERROW_USERROW2    _SFR_MEM8(0x1082)
#define USERROW_USERROW3    _SFR_MEM8(0x1083)
#define USERROW_USERROW4    _SFR_MEM8(0x1084)
#define USERROW_USERROW5    _SFR_MEM8(0x1085)
#define USERROW_USERROW6    _SFR_MEM8(0x1086)
#define USERROW_USERROW7    _SFR_MEM8(0x1087)
#define USERROW_USERROW8    _SFR_MEM8(0x1088)
#define USERROW_USERROW9    _SFR_MEM8(0x1089)
#define USERROW_USERROW10   _SFR_MEM8(0x108A)
#define USERROW_USERROW11   _SFR_MEM8(0x108B)
#define USERROW_USERROW12   _SFR_MEM8(0x108C)
#define USERROW_USERROW13   _SFR_MEM8(0x108D)
#define USERROW_USERROW14   _SFR_MEM8(0x108E)
#define USERROW_USERROW15   _SFR_MEM8(0x108F)
#define USERROW_USERROW16   _SFR_MEM8(0x1090)
#define USERROW_USERROW17   _SFR_MEM8(0x1091)
#define USERROW_USERROW18   _SFR_MEM8(0x1092)
#define USERROW_USERROW19   _SFR_MEM8(0x1093)
#define USERROW_USERROW20   _SFR_MEM8(0x1094)
#define USERROW_USERROW21   _SFR_MEM8(0x1095)
#define USERROW_USERROW22   _SFR_MEM8(0x1096)
#define USERROW_USERROW23   _SFR_MEM8(0x1097)
#define USERROW_USERROW24   _SFR_MEM8(0x1098)
#define USERROW_USERROW25   _SFR_MEM8(0x1099)
```

```
#define USERROW_USERROW26   _SFR_MEM8(0x109A)
#define USERROW_USERROW27   _SFR_MEM8(0x109B)
#define USERROW_USERROW28   _SFR_MEM8(0x109C)
#define USERROW_USERROW29   _SFR_MEM8(0x109D)
#define USERROW_USERROW30   _SFR_MEM8(0x109E)
#define USERROW_USERROW31   _SFR_MEM8(0x109F)

/* SIGROW - Signature row */
#define SIGROW_DEVICEID0     _SFR_MEM8(0x1100)
#define SIGROW_DEVICEID1     _SFR_MEM8(0x1101)
#define SIGROW_DEVICEID2     _SFR_MEM8(0x1102)
#define SIGROW_TEMPSENSE0    _SFR_MEM16(0x1104)
#define SIGROW_TEMPSENSE0L   _SFR_MEM8(0x1104)
#define SIGROW_TEMPSENSE0H   _SFR_MEM8(0x1105)
#define SIGROW_TEMPSENSE1    _SFR_MEM16(0x1106)
#define SIGROW_TEMPSENSE1L   _SFR_MEM8(0x1106)
#define SIGROW_TEMPSENSE1H   _SFR_MEM8(0x1107)
#define SIGROW_SERNUM0       _SFR_MEM8(0x1110)
#define SIGROW_SERNUM1       _SFR_MEM8(0x1111)
#define SIGROW_SERNUM2       _SFR_MEM8(0x1112)
#define SIGROW_SERNUM3       _SFR_MEM8(0x1113)
#define SIGROW_SERNUM4       _SFR_MEM8(0x1114)
#define SIGROW_SERNUM5       _SFR_MEM8(0x1115)
#define SIGROW_SERNUM6       _SFR_MEM8(0x1116)
#define SIGROW_SERNUM7       _SFR_MEM8(0x1117)
#define SIGROW_SERNUM8       _SFR_MEM8(0x1118)
#define SIGROW_SERNUM9       _SFR_MEM8(0x1119)
#define SIGROW_SERNUM10      _SFR_MEM8(0x111A)
#define SIGROW_SERNUM11      _SFR_MEM8(0x111B)
#define SIGROW_SERNUM12      _SFR_MEM8(0x111C)
#define SIGROW_SERNUM13      _SFR_MEM8(0x111D)
#define SIGROW_SERNUM14      _SFR_MEM8(0x111E)
#define SIGROW_SERNUM15      _SFR_MEM8(0x111F)

/* ========== Interrupt Vector Definitions ========== */

/* Vector 0 is the reset vector */

/* NMI interrupt vectors */
#define NMI_vect              _VECTOR(1)

/* BOD interrupt vectors */
#define BOD_VLM_vect          _VECTOR(2)

/* RTC interrupt vectors */
#define RTC_CNT_vect          _VECTOR(3)
#define RTC_PIT_vect          _VECTOR(4)

/* CCL interrupt vectors */
#define CCL_CCL_vect          _VECTOR(5)

/* PORTA interrupt vectors */
#define PORTA_PORT_vect       _VECTOR(6)

/* TCA0 interrupt vectors */
#define TCA0_LUNF_vect        _VECTOR(7)
#define TCA0_OVF_vect         _VECTOR(7)
#define TCA0_HUNF_vect        _VECTOR(8)
#define TCA0_CMP0_vect        _VECTOR(9)
#define TCA0_LCMP0_vect       _VECTOR(9)
#define TCA0_CMP1_vect        _VECTOR(10)
#define TCA0_LCMP1_vect       _VECTOR(10)
#define TCA0_CMP2_vect        _VECTOR(11)
#define TCA0_LCMP2_vect       _VECTOR(11)

/* TCB0 interrupt vectors */
#define TCB0_INT_vect         _VECTOR(12)

/* TCB1 interrupt vectors */
#define TCB1_INT_vect         _VECTOR(13)
```

```
/* TCD0 interrupt vectors */
#define TCD0_OVF_vect          _VECTOR(14)
#define TCD0_TRIG_vect         _VECTOR(15)

/* TWI0 interrupt vectors */
#define TWI0_TWIS_vect         _VECTOR(16)
#define TWI0_TWIM_vect         _VECTOR(17)

/* SPI0 interrupt vectors */
#define SPI0_INT_vect          _VECTOR(18)

/* USART0 interrupt vectors */
#define USART0_RXC_vect        _VECTOR(19)
#define USART0_DRE_vect        _VECTOR(20)
#define USART0_TXC_vect        _VECTOR(21)

/* PORTD interrupt vectors */
#define PORTD_PORT_vect        _VECTOR(22)

/* AC0 interrupt vectors */
#define AC0_AC_vect            _VECTOR(23)

/* ADC0 interrupt vectors */
#define ADC0_RESRDY_vect       _VECTOR(24)
#define ADC0_WCMP_vect         _VECTOR(25)

/* ZCD0 interrupt vectors */
#define ZCD0_ZCD_vect          _VECTOR(26)

/* PTC interrupt vectors */
#define PTC_PTC_vect           _VECTOR(27)

/* AC1 interrupt vectors */
#define AC1_AC_vect            _VECTOR(28)

/* PORTC interrupt vectors */
#define PORTC_PORT_vect        _VECTOR(29)

/* TCB2 interrupt vectors */
#define TCB2_INT_vect          _VECTOR(30)

/* USART1 interrupt vectors */
#define USART1_RXC_vect        _VECTOR(31)
#define USART1_DRE_vect        _VECTOR(32)
#define USART1_TXC_vect        _VECTOR(33)

/* PORTF interrupt vectors */
#define PORTF_PORT_vect        _VECTOR(34)

/* NVMCTRL interrupt vectors */
#define NVMCTRL_EE_vect        _VECTOR(35)

/* SPI1 interrupt vectors */
#define SPI1_INT_vect          _VECTOR(36)

/* USART2 interrupt vectors */
#define USART2_RXC_vect        _VECTOR(37)
#define USART2_DRE_vect        _VECTOR(38)
#define USART2_TXC_vect        _VECTOR(39)

/* AC2 interrupt vectors */
#define AC2_AC_vect            _VECTOR(40)

/* TCB3 interrupt vectors */
#define TCB3_INT_vect          _VECTOR(41)

/* TWI1 interrupt vectors */
#define TWI1_TWIS_vect         _VECTOR(42)
#define TWI1_TWIM_vect         _VECTOR(43)

/* PORTB interrupt vectors */
```

```
#define PORTB_PORT_vect        _VECTOR(44)

/* PORTE interrupt vectors */
#define PORTE_PORT_vect        _VECTOR(45)

/* TCA1 interrupt vectors */
#define TCA1_LUNF_vect         _VECTOR(46)
#define TCA1_OVF_vect          _VECTOR(46)
#define TCA1_HUNF_vect         _VECTOR(47)
#define TCA1_CMP0_vect         _VECTOR(48)
#define TCA1_LCMP0_vect        _VECTOR(48)
#define TCA1_CMP1_vect         _VECTOR(49)
#define TCA1_LCMP1_vect        _VECTOR(49)
#define TCA1_CMP2_vect         _VECTOR(50)
#define TCA1_LCMP2_vect        _VECTOR(50)

/* ZCD1 interrupt vectors */
#define ZCD1_ZCD_vect          _VECTOR(51)

/* USART3 interrupt vectors */
#define USART3_RXC_vect        _VECTOR(52)
#define USART3_DRE_vect        _VECTOR(53)
#define USART3_TXC_vect        _VECTOR(54)

/* USART4 interrupt vectors */
#define USART4_RXC_vect        _VECTOR(55)
#define USART4_DRE_vect        _VECTOR(56)
#define USART4_TXC_vect        _VECTOR(57)

/* PORTG interrupt vectors */
#define PORTG_PORT_vect        _VECTOR(58)

/* ZCD2 interrupt vectors */
#define ZCD2_ZCD_vect          _VECTOR(59)

/* TCB4 interrupt vectors */
#define TCB4_INT_vect          _VECTOR(60)

/* USART5 interrupt vectors */
#define USART5_RXC_vect        _VECTOR(61)
#define USART5_DRE_vect        _VECTOR(62)
#define USART5_TXC_vect        _VECTOR(63)

#define _VECTOR_SIZE 4         /* Size of individual vector. */
#define _VECTORS_SIZE (64 * _VECTOR_SIZE)

/* ========== Constants ========== */

#if (defined(__ASSEMBLER__) || defined(__IAR_SYSTEMS_ASM__))
#  define DATAMEM_START     (0x0000)
#  define DATAMEM_SIZE      (65536)
#else
#  define DATAMEM_START     (0x0000U)
#  define DATAMEM_SIZE      (65536U)
#endif
#define DATAMEM_END         (DATAMEM_START + DATAMEM_SIZE - 1)

#if (defined(__ASSEMBLER__) || defined(__IAR_SYSTEMS_ASM__))
#  define EEPROM_START      (0x1400)
#  define EEPROM_SIZE       (512)
#  define EEPROM_PAGE_SIZE  (1)
#else
#  define EEPROM_START      (0x1400U)
#  define EEPROM_SIZE       (512U)
#  define EEPROM_PAGE_SIZE  (1U)
#endif
#define EEPROM_END          (EEPROM_START + EEPROM_SIZE - 1)

/* Added MAPPED_EEPROM segment names for avr-libc */
#define MAPPED_EEPROM_START     (EEPROM_START)
#define MAPPED_EEPROM_SIZE      (EEPROM_SIZE)
```

```
#define MAPPED_EEPROM_PAGE_SIZE (EEPROM_PAGE_SIZE)
#define MAPPED_EEPROM_END       (MAPPED_EEPROM_START + MAPPED_EEPROM_SIZE - 1)

#if (defined(__ASSEMBLER__) || defined(__IAR_SYSTEMS_ASM__))
#  define FUSES_START      (0x1050)
#  define FUSES_SIZE       (16)
#  define FUSES_PAGE_SIZE  (1)
#else
#  define FUSES_START      (0x1050U)
#  define FUSES_SIZE       (16U)
#  define FUSES_PAGE_SIZE  (1U)
#endif
#define FUSES_END          (FUSES_START + FUSES_SIZE - 1)

#if (defined(__ASSEMBLER__) || defined(__IAR_SYSTEMS_ASM__))
#  define INTERNAL_SRAM_START     (0x4000)
#  define INTERNAL_SRAM_SIZE      (16384)
#  define INTERNAL_SRAM_PAGE_SIZE (0)
#else
#  define INTERNAL_SRAM_START     (0x4000U)
#  define INTERNAL_SRAM_SIZE      (16384U)
#  define INTERNAL_SRAM_PAGE_SIZE (0U)
#endif
#define INTERNAL_SRAM_END         (INTERNAL_SRAM_START + INTERNAL_SRAM_SIZE - 1)

#if (defined(__ASSEMBLER__) || defined(__IAR_SYSTEMS_ASM__))
#  define IO_START      (0x0000)
#  define IO_SIZE       (4159)
#  define IO_PAGE_SIZE  (0)
#else
#  define IO_START      (0x0000U)
#  define IO_SIZE       (4159U)
#  define IO_PAGE_SIZE  (0U)
#endif
#define IO_END          (IO_START + IO_SIZE - 1)

#if (defined(__ASSEMBLER__) || defined(__IAR_SYSTEMS_ASM__))
#  define LOCKBITS_START     (0x1040)
#  define LOCKBITS_SIZE      (4)
#  define LOCKBITS_PAGE_SIZE (1)
#else
#  define LOCKBITS_START     (0x1040U)
#  define LOCKBITS_SIZE      (4U)
#  define LOCKBITS_PAGE_SIZE (1U)
#endif
#define LOCKBITS_END         (LOCKBITS_START + LOCKBITS_SIZE - 1)

#if (defined(__ASSEMBLER__) || defined(__IAR_SYSTEMS_ASM__))
#  define MAPPED_PROGMEM_START     (0x8000)
#  define MAPPED_PROGMEM_SIZE      (32768)
#  define MAPPED_PROGMEM_PAGE_SIZE (512)
#else
#  define MAPPED_PROGMEM_START     (0x8000U)
#  define MAPPED_PROGMEM_SIZE      (32768U)
#  define MAPPED_PROGMEM_PAGE_SIZE (512U)
#endif
#define MAPPED_PROGMEM_END         (MAPPED_PROGMEM_START + MAPPED_PROGMEM_SIZE - 1)

#if (defined(__ASSEMBLER__) || defined(__IAR_SYSTEMS_ASM__))
#  define PROD_SIGNATURES_START     (0x1103)
#  define PROD_SIGNATURES_SIZE      (125)
#  define PROD_SIGNATURES_PAGE_SIZE (128)
#else
#  define PROD_SIGNATURES_START     (0x1103U)
#  define PROD_SIGNATURES_SIZE      (125U)
#  define PROD_SIGNATURES_PAGE_SIZE (128U)
#endif
#define PROD_SIGNATURES_END         (PROD_SIGNATURES_START + PROD_SIGNATURES_SIZE - 1)

#if (defined(__ASSEMBLER__) || defined(__IAR_SYSTEMS_ASM__))
#  define SIGNATURES_START     (0x1100)
```

```
#  define SIGNATURES_SIZE      (3)
#  define SIGNATURES_PAGE_SIZE (128)
#else
#  define SIGNATURES_START     (0x1100U)
#  define SIGNATURES_SIZE      (3U)
#  define SIGNATURES_PAGE_SIZE (128U)
#endif
#define SIGNATURES_END         (SIGNATURES_START + SIGNATURES_SIZE - 1)

#if (defined(__ASSEMBLER__) || defined(__IAR_SYSTEMS_ASM__))
#  define USER_SIGNATURES_START     (0x1080)
#  define USER_SIGNATURES_SIZE      (32)
#  define USER_SIGNATURES_PAGE_SIZE (32)
#else
#  define USER_SIGNATURES_START     (0x1080U)
#  define USER_SIGNATURES_SIZE      (32U)
#  define USER_SIGNATURES_PAGE_SIZE (32U)
#endif
#define USER_SIGNATURES_END         (USER_SIGNATURES_START + USER_SIGNATURES_SIZE - 1)

#if (defined(__ASSEMBLER__) || defined(__IAR_SYSTEMS_ASM__))
#  define PROGMEM_START     (0x0000)
#  define PROGMEM_SIZE      (131072)
#  define PROGMEM_PAGE_SIZE (512)
#else
#  define PROGMEM_START     (0x0000U)
#  define PROGMEM_SIZE      (131072U)
#  define PROGMEM_PAGE_SIZE (512U)
#endif
#define PROGMEM_END         (PROGMEM_START + PROGMEM_SIZE - 1)

#define FLASHSTART   PROGMEM_START
#define FLASHEND     PROGMEM_END
#define RAMSTART     INTERNAL_SRAM_START
#define RAMSIZE      INTERNAL_SRAM_SIZE
#define RAMEND       INTERNAL_SRAM_END
#define E2END        EEPROM_END
#define E2PAGESIZE   EEPROM_PAGE_SIZE

/* ========== Fuses ========== */

#define FUSE_MEMORY_SIZE 16

/* Fuse Byte 0 (WDTCFG) */
#define FUSE_PERIOD0   (unsigned char)_BV(0)  /* Watchdog Timeout Period Bit 0 */
#define FUSE_PERIOD1   (unsigned char)_BV(1)  /* Watchdog Timeout Period Bit 1 */
#define FUSE_PERIOD2   (unsigned char)_BV(2)  /* Watchdog Timeout Period Bit 2 */
#define FUSE_PERIOD3   (unsigned char)_BV(3)  /* Watchdog Timeout Period Bit 3 */
#define FUSE_WINDOW0   (unsigned char)_BV(4)  /* Watchdog Window Timeout Period Bit 0 */
#define FUSE_WINDOW1   (unsigned char)_BV(5)  /* Watchdog Window Timeout Period Bit 1 */
#define FUSE_WINDOW2   (unsigned char)_BV(6)  /* Watchdog Window Timeout Period Bit 2 */
#define FUSE_WINDOW3   (unsigned char)_BV(7)  /* Watchdog Window Timeout Period Bit 3 */
#define FUSE0_DEFAULT  (0x0)
#define FUSE_WDTCFG_DEFAULT  (0x0)

/* Fuse Byte 1 (BODCFG) */
#define FUSE_SLEEP0    (unsigned char)_BV(0)  /* BOD Operation in Sleep Mode Bit 0 */
#define FUSE_SLEEP1    (unsigned char)_BV(1)  /* BOD Operation in Sleep Mode Bit 1 */
#define FUSE_ACTIVE0   (unsigned char)_BV(2)  /* BOD Operation in Active Mode Bit 0 */
#define FUSE_ACTIVE1   (unsigned char)_BV(3)  /* BOD Operation in Active Mode Bit 1 */
#define FUSE_SAMPFREQ  (unsigned char)_BV(4)  /* BOD Sample Frequency */
#define FUSE_LVL0      (unsigned char)_BV(5)  /* BOD Level Bit 0 */
#define FUSE_LVL1      (unsigned char)_BV(6)  /* BOD Level Bit 1 */
#define FUSE_LVL2      (unsigned char)_BV(7)  /* BOD Level Bit 2 */
#define FUSE1_DEFAULT  (0x0)
#define FUSE_BODCFG_DEFAULT  (0x0)

/* Fuse Byte 2 (OSCCFG) */
#define FUSE_CLKSEL0   (unsigned char)_BV(0)  /* Frequency Select Bit 0 */
#define FUSE_CLKSEL1   (unsigned char)_BV(1)  /* Frequency Select Bit 1 */
#define FUSE_CLKSEL2   (unsigned char)_BV(2)  /* Frequency Select Bit 2 */
```

```
#define FUSE2_DEFAULT  (0x0)
#define FUSE_OSCCFG_DEFAULT  (0x0)

/* Fuse Byte 3 Reserved */

/* Fuse Byte 4 Reserved */

/* Fuse Byte 5 (SYSCFG0) */
#define FUSE_EESAVE      (unsigned char)_BV(0)  /* EEPROM Save */
#define FUSE_RSTPINCFG0 (unsigned char)_BV(2)  /* Reset Pin Configuration Bit 0 */
#define FUSE_RSTPINCFG1 (unsigned char)_BV(3)  /* Reset Pin Configuration Bit 1 */
#define FUSE_CRCSEL      (unsigned char)_BV(5)  /* CRC Select */
#define FUSE_CRCSRC0     (unsigned char)_BV(6)  /* CRC Source Bit 0 */
#define FUSE_CRCSRC1     (unsigned char)_BV(7)  /* CRC Source Bit 1 */
#define FUSE5_DEFAULT    (0xc0)
#define FUSE_SYSCFG0_DEFAULT  (0xc0)

/* Fuse Byte 6 (SYSCFG1) */
#define FUSE_SUT0        (unsigned char)_BV(0)  /* Startup Time Bit 0 */
#define FUSE_SUT1        (unsigned char)_BV(1)  /* Startup Time Bit 1 */
#define FUSE_SUT2        (unsigned char)_BV(2)  /* Startup Time Bit 2 */
#define FUSE6_DEFAULT    (0x0)
#define FUSE_SYSCFG1_DEFAULT  (0x0)

/* Fuse Byte 7 (CODESIZE) */
#define FUSE7_DEFAULT          (0x0)
#define FUSE_CODESIZE_DEFAULT (0x0)

/* Fuse Byte 8 (BOOTSIZE) */
#define FUSE8_DEFAULT    (0x0)
#define FUSE_BOOTSIZE_DEFAULT (0x0)

/* ========== Lock Bits ========== */

#define __LOCK_KEY_EXIST
#ifdef LOCKBITS_DEFAULT
#undef LOCKBITS_DEFAULT
#endif                       // LOCKBITS_DEFAULT
#define LOCKBITS_DEFAULT    (0x5cc5c55c)

/* ========== Signature ========== */

#define SIGNATURE_0  0x1E
#define SIGNATURE_1  0x97
#define SIGNATURE_2  0x07

#endif                       /* #ifdef _AVR_AVR128DA64_H_INCLUDED */
```

◀휴게실▶

인텔 HEX 파일의 형식

인텔 HEX 파일은 정확하게 "Intel Hexadecimal Object File Format"이라고 불리며, 마이크로프로세서용의 오브젝트 파일을 플래시 메모리와 같은 불휘발성 메모리에 저장하기 위하여 주변장치에게 전송하기 위하여 만든 ASCII 포맷의 파일로서 오늘날 크로스 어셈블러나 크로스 C컴파일러에서 널리 사용되고 있다. 이 HEX 파일은 메모리 용량이 64KB인 8비트 마이크로프로세서용의 16비트 선형 어드레스(linear address) 형식은 물론이고, 메모리 용량이 64KB를 초과하는 16비트 또는 32비트의 마이크로프로세서를 위한 32비트 선형 어드레스 형식까지 지원한다. 이러한 HEX 파일에는 인텔 HEX 파일의 형식 이외에도 ASCII-Hex 파일 형식, Motorola HEX 파일 형식, Tektronix HEX 파일 형식 등이 있는데, 이것들은 표현 형식이 서로 매우 다른 구조로 되어 있다.

인텔 HEX 파일은 기본적으로 1행으로 되어 있는 많은 레코드(record)들로 구성되며, 각 레코드는 아래 예와 같이 항상 6개의 필드로 구성된다. 인텔 HEX 파일에 사용되는 모든 문자는 ASCII 문자이며, 각 레코드의 끝에는 구분기호(delimiter)로서 캐리지 리턴(0x0D) 및 라인 피드(0x0A) 문자가 추가되어 있으나 사람이 눈에는 보이지 않는다.

다음에 보인 예는 실제로 어떤 예제 프로그램을 빌드하여 생성된 인텔 HEX 파일이다. 이를 사용하여 인텔 HEX 파일을 구성하는 각 필드의 기능을 설명하기로 한다.

① 레코드의 시작 표시
② 레코드의 길이
③ 데이터가 메모리에 로드되는 시작번지
④ 레코드의 형식(00=계속되는 레코드, 01=마지막 레코드, 02~05=특수 레코드)
⑤ 데이터
⑥ 체크섬

```
:020000020000FC
:1000000010E10FEF1EBF0DBF00EF01BB00E502BB0B
:100010000E94100000EA02BB0E9410000C9406002F
:1000200003D004D003D0089524E601C028EC07D003
:1000300006D005D004D003D02A95C9F7089538EC2E
:1000400000003F933F913F933F913F933F913A95FB
:04005000B9F708955F
:00000001FF
```

①은 1문자로 구성되는 Record Mark 필드로서 한 레코드의 시작을 의미한다. 모든 레코드 즉 모든 행은 항상 이 ":" 문자로 시작한다.

②는 2문자로 구성되는 RECLEN(Record Length) 필드로서 이 레코드에 포함된 데이터 바이트 수를 의미한다. 위에서 첫번째 레코드의 경우는 데이터가 2바이트이므로 0x02이며, 그 다음 부터는 16바이트이므로 0x10이다. 마지막 레코드에는 데이터 필드가 없으므로 0x00이다.

③은 4문자로 구성되는 LOAD OFFSET 필드로서 이 레코드의 데이터를 로드하기 시작할 메모리의 오프셋 번지를 16비트로 나타낸다. 그러나, 20비트나 32비트 어드레스 형식에서는 이 레코드의 데이터가 상위 어드레스 비트로 사용된다.

④는 2문자로 구성된 RECTYP(Record Type) 필드로서 레코드의 형식을 나타낸다. 00은 정상적인 데이터 레코드이고, 01은 인텔 HEX 파일의 마지막 레코드를 나타낸다. 02와 03은 20비트 어드레스를 지정하기 위한 레코드이며, 04와 05는 32비트 어드레스를 지정하기 위한 레코드이다. 위의 예에서 첫번째 레코드의 형식이 02로 된 것은 이 레코드에 포함된 데이터 0000이 16비트 어드레스의 상위에 추가되어 20비트를 구성하도록 하기 위한 세그먼트 어드레스 값이라는 것을 나타낸다.

⑤는 DATA 필드로서 ②에서 지정한 길이의 레코드 데이터이다.

⑥은 2문자로 구성되는 체크섬(checksum) 값으로서 이는 레코드에서 ":"를 제외한 ②~⑤ 필드를 모두 더한 총합을 2의 보수로 취한 것으로서 레코드 단위로 전송 에러를 검출하기 위하여 사용된다.

제4장

C언어 프로그래밍 기술

총 113개의 다양한 C언어 예제 프로그램

☞

이 장에서는 AVR128DA64 마이크로컨트롤러 교육용의 트레이닝 키트 OK-128DA를 이용하여 사용자가 C언어 프로그램을 작성하는 기술을 구체적으로 공부하기로 한다.

우리는 이제부터 소프트웨어 개발 툴로서 Microchip Technology에서 무료로 제공하는 Microchip Studio 7.0을 사용하여 C언어 프로그래밍 작업을 수행할 것이다. 여기에는 AVR-GCC 또는 WinAVR이라고 불리는 크로스 C컴파일러가 포함되어 있다. 또한, 하드웨어 개발 툴로는 정품의 Atmel-ICE를 기본으로 사용하며, 그 외에 적극적으로 추천하지는 않지만 MPLAB PICkit 4 또는 MPLAB Snap을 사용할 수도 있다.

이러한 개발 툴을 사용하여 C언어 프로그램을 작성하는 능력있는 엔지니어가 되려면 이제부터 다음과 같은 사항에 중점을 두고 공부해야 한다.

① AVR128DA64 마이크로컨트롤러의 구조와 기능에 대하여 충분히 공부해야 한다. 이와 아울러 OK-128DA 키트 V1.0의 구조를 파악하고 있어야 한다.

② 표준의 ANSI C언어에 대하여 사전에 공부하고 직접 프로그래밍하는 기술을 익혀야 한다.

③ Microchip Studio와 WinAVR의 기능과 특성을 깊이 있게 공부하고 이것들을 마음대로 주무르면서 활용하는 능력을 길러야 한다.

④ Atmel-ICE나 MPLAB PICkit 4 또는 MPLAB Snap과 같은 에뮬레이터에 대하여 어느 정도의 지식을 갖추고 있어야 한다.

4.1 Microchip Studio를 사용한 C언어 프로그래밍

이 절에서는 Microchip Technology사의 Microchip Studio 소프트웨어 패키지와 그 안에 포함된 WinAVR의 AVR-GCC 컴파일러를 사용하여 퍼스널컴퓨터에서 C언어로 사용자 프로그램을 작성하며, 이를 번역하여 생성된 elf 파일 또는 인텔 hex 파일을 *OK-128DA* 키트에 다운로드하고 실행하는 방법을 숙달되도록 익히는 것을 목표로 한다.

관련 내용	(1) 제3.1절 *OK-128DA* 키트의 구조와 기능 (2) 제3.2절 AVR128DA64의 개발 툴 (3) 제3.3절 WinAVR C컴파일러의 기능 요약

1. C언어 프로그래밍 실습을 시작하기 전에

이제부터 AVR128DA64의 C언어 프로그래밍 실습을 시작하기 전에 여러분은 이 책의 제1장~제3장을 충분히 읽고 그 내용을 최대한 이해하도록 노력하라. 지금으로서는 여러분이 이 부분의 내용들을 모두 잘 이해하는 것은 매우 어렵겠지만, 그렇다고 하더라도 제1장에서 AVR128DA64 마이크로컨트롤러의 기본적인 구조와 기능이나 제3장에서 *OK-128DA* 키트의 개략적인 구조와 이에 필요한 소프트웨어들의 구성 및 설치에 대하여는 세심하게 관심을 가지고 공부해야만 앞으로의 실습을 진행할 수 있다. 또한, *OK-128DA* 키트를 항상 옆에 두고 직접 관찰하면서 눈에 보이는 기본적인 구조를 익혀두는 것이 좋다. 지금 당장 책이나 키트에서 이해가 잘 안되는 부분들은 이제부터 점차적으로 하나하나 익혀나간다는 마음가짐으로 시작하면 된다.

이 분야의 초보자로서 가장 바람직하지 않은 태도 중의 하나는 마이크로프로세서의 기본 구조 및 기능에 대한 공부나 C언어 프로그램 작성 기술의 걸음마도 떼어보지 않았으며, 전동기가 무엇이고 이를 어떻게 제어하는지 배우기도 전에 로봇부터 만들어 보겠다든가 하는 허황된 시도를 하는 것이다. 목표를 크게 세우고 공부하는 것은 좋으나 기술을 배우려면 거쳐야할 과정과 단계가 있다. 기술의 세계에서 과정을 무시한 결과는 기대하기 어려우며, 땀흘리는 과정이 없이 황홀한 결과만을 얻으려 하는 것은 무모하다. 자신의 발로 걸음마도 떼어보지 않은 사람은 절대로 올림픽의 마라톤 경기에 나갈 수가 없는 것이다. 마이크로프로세서나 전자, 제어 기술에 대하여 아무것도 모르면서 여기저기서 웹서핑으로 주워온 회로를 가지고 하드웨어라고 얼기설기 엮어서 만들어 놓고는 제대로 동작을 하지 않으니 도대체 어디가 잘못되었느냐고 묻는 것은 무모함이나 황당함 이외에 아무것도 아니다.

이제 여러분은 이 책과 함께 *OK-128DA* 키트를 이용하여 AVR128DA64 마이크로컨트롤러를 익히려는 첫걸음 단계에서 다음과 같은 경귀를 항상 염두에 두기 바란다. 그러나, 처음부터 설계와 프로그래밍이 내 뜻대로 쉽게 되지는 않는다. 남의 것을 보는데서 출발하여 기초를 충분히 닦고 정석(定石)대로 따라하다 보면 스스로 능력과 개성을 발휘할 때가 오는 것이니, **무릇 창조(創造)는 모방(模倣)에서 출발하느니라**. 기초를 닦아야 하는 단계에서 행여 재주를 부리려고 앞으로 나서지 말아야 한다.

① **百聞이 不如一見** :	백번 듣는 것보다 내 눈으로 한번 직접 보는 것이 나으니라.
② **百見이 不如一打** :	백번 보는 것보다 내 손으로 한번 직접 키보드를 쳐보는 것이 나으니라.
③ **百打가 不如一作** :	백번 키보드를 치는 것보다 내 머리로 한번 직접 설계하거나 프로그램을 작성해 보는 것이 나으니라.

마이크로컨트롤러를 배우고는 싶은데 꾸준히 공부를 계속하지 못한다면 그것은 아마도 2가지 중의 하나일 것이다. 첫째는 공부 방법이 잘못된 경우이다. 재미가 없는데 꾸준히 공부가 될 수가 없다. 마이크로컨트롤러 공부가 재미있으려면 책만 보지 말고 **좋은 키트를 가지고 프로그래밍 실습을 병행해야 한다**. 책을 읽어 이해가 안되는 부분은 프로그래밍 실습으로 보충하고, 프로그램에서 풀리지 않는 의문은 책을 읽으며 답을 찾아내야 한다. 머리가 따라가지 않고 단순히 손으로만 작업하는 것은 기능(技能)에 불과하다. 머리로 생각하면서 손이 작업할 때 이것이 기술(技術)이 된다.

둘째는 마음이 나약하여 쉽게 지치고 포기하는 경우다. 그러나, 만약 여러분의 마음이 독하지 못하여 **작심삼일(作心三日)이면 3일마다 작심(作心)하라**. 프로그램에서 내가 그 의미를 모르고는 비록 1개의 명령이라도 사용하지 마라. 이 책의 예제 프로그램을 읽을 때 단 한 줄이라도 이해가 안되는 부분이 있으면 그 다음 줄로 넘어가지 마라. 오늘 밤 내가 책을 보거나 키트를 가지고 공부하다가 **모르면 잠을 자지 마라**. 땀과 노력은 절대로 사람을 배신하지 않는다. 공부에서는 반드시 뿌린 대로 거둔다.

2. C언어 프로그램의 작성 및 실행 방법

이제부터 여러분이 AVR128DA64를 위한 C언어 프로그램을 공부하려면 제3.2절에서의 설명에 따라서 Microchip Studio 및 그에 포함된 WinAVR 소프트웨어와 이 책에서 제공하는 C언어 예제 프로그램이 퍼스널컴퓨터에 설치되어 있어야 하며, 올바르게 잘 동작하는 것이 확인된 *OK-128DA* 키트의 완제품과 Atmel-ICE 에뮬레이터를 준비해야 한다.

Microchip Studio에서는 프로그램 작성을 프로젝트 단위로 관리하므로 모든 예제 프로그램마다 이를 관리하는 별도의 프로젝트를 만들어야 한다. 그러나, 교육용 키트에서처럼 많은 예제 프로그램을 사용하는 경우에는 그렇게 하면 프로젝트의 수가 너무 많아서 취급하기에 불편하므로 이 책에서는 단 하나의 프로젝트 AVR128DA64를 만들어 놓고 필요할 때마다 이 프로젝트에 수시로 다른 예제 프로그램을 교체하여 등록시키는 방법을 사용하기로 한다. 이제부터 이 책의 모든 C언어 예제 프로그램은 사용자의 작업 폴더 C:\AVR\OK-128DA\AVR128DA64\에서 프로젝트 AVR128DA64라는 이름으로 관리하며 사용하는 것을 전제로 설명한다.

◀참고▶ 이 책에서 사용하는 모든 C언어 예제 프로그램의 소스 파일은 Exp02_6_delay.c와 같은 형식으로 이름을 짓는다. 여기서 첫번째 숫자 02는 제4장에서의 절을 나타내는 번호로서 제4.2절에서 사용하는 예제라는 뜻이며, 두번째 숫자 6은 이 절에서 사용하는 여러개의 예제 프로그램을 서로 구분하기 위한 일련번호로서 제4.2절의 6번째 예제 프로그램이라는 뜻이다. 그리고, 마지막의 delay는 해당 예제 프로그램이 무슨 내용을 공부하려는 것인지 쉽게 파악할 수 있도록 그것의 핵심 주제를 알려주는 역할을 한다. 그러나, 앞으로 이 책에서는 파일명이 실제로는 Exp02_6_delay.c로 되어 있더라도 뒷부분의 _delay는 생략하고 그냥 간단히 Exp02_6.c라고 파일 이름을 부르는 경우가 많다는 점에 유의하라.

(1) Microchip Studio에서 C언어 프로그램 작성의 기본 사항

이제부터 우리가 *OK-128DA* 키트의 마이크로컨트롤러인 AVR128DA64를 위한 모든 C언어 예제 프로그램을 작성하고 이를 키트에 다운로드하여 실행하는 작업은 항상 우리의 작업 폴더 C:\AVR\OK-128DA\AVR128DA64\에서 프로젝트 AVR128DA64라는 이름으로 관리하며 수행한다.

우리가 사용할 Microchip Studio 소프트웨어와 이 책의 예제 프로그램을 모두 설치하고 나면 컴퓨터 하드 디스크에서 C: 드라이브의 폴더 트리 구조는 <그림 3.2.14>와 같게 되어 있다는 사실을 항상 기억하고 있는 것이 좋다.

① 처음에 Microchip Studio 소프트웨어로 들어가려면 <그림 4.1.1>과 같이 작업 폴더 C:\AVR\OK-128DA\AVR128DA64\에서 마우스로 AVR128DA64.cproj 파일을 더블 클릭하여 실행한다.

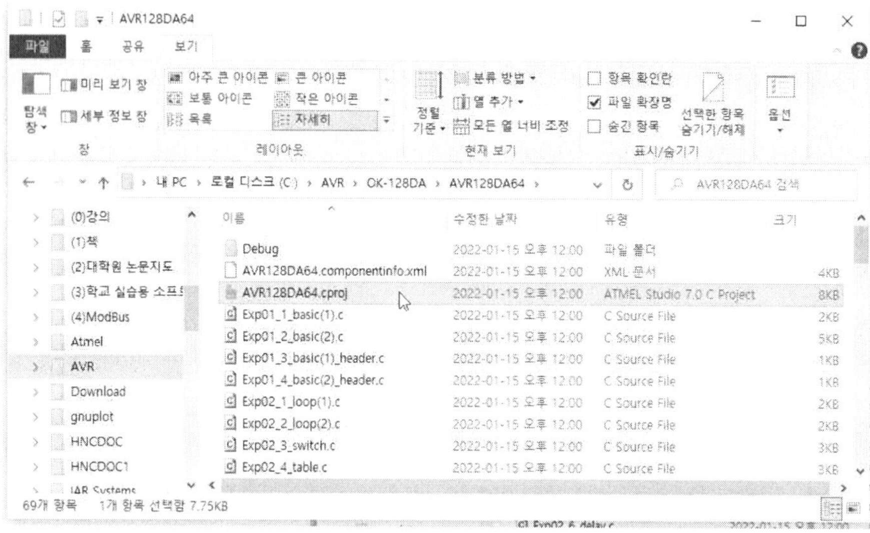

〈그림 4.1.1〉 Microchip Studio 소프트웨어로 들어가는 화면

② 이 책의 예제 프로그램에서는 처음에 이 프로젝트 AVR128DA64로 들어가면 키트 테스트 프로그램 kit_test.c를 사용하는 것으로 등록하여 놓았다. 이를 컴파일하려면 <그림 4.1.2>에서처럼 Build AVR128DA64의 단축 키를 누른다.

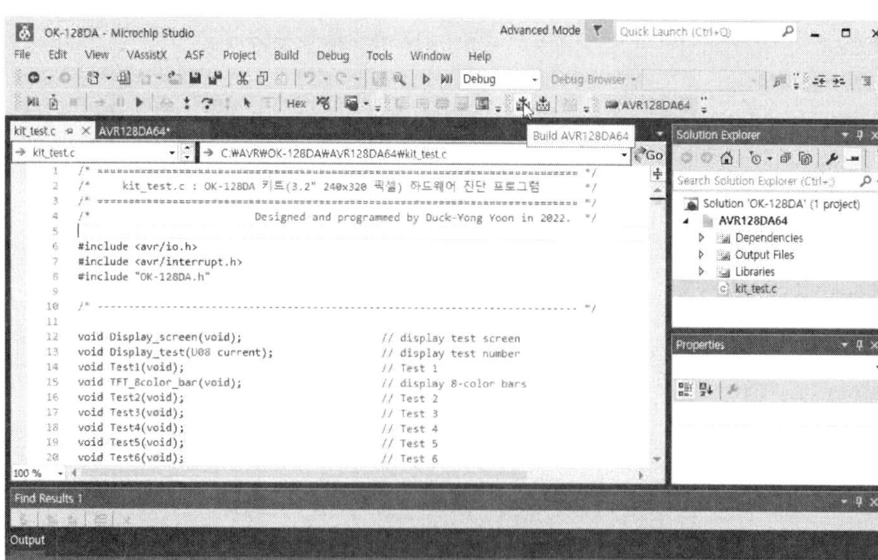

〈그림 4.1.2〉 초기에 등록되어 있는 kit_test.c 파일을 컴파일하는 화면

③ Atmel-ICE 에뮬레이터를 사용하여 *OK-128DA* 키트에 이 프로그램을 다운로드하고 실행하려면 먼저 <그림 4.1.3>과 같이 Project → AVR128DA64 Properties... → Tool 메뉴를 실행하고 여기서 Selected debugger/programmer가 Atmel-ICE로 선택되고 UPDI Clock이 500 kHz로 지정되어 있는지 확인한다.

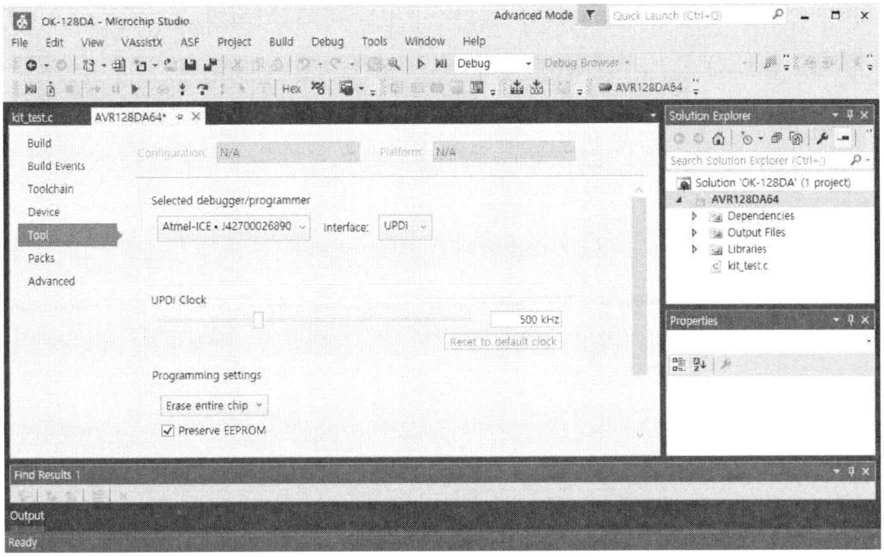

〈그림 4.1.3〉 Atmel-ICE 에뮬레이터를 사용할 수 있도록 설정하는 화면

④ 이제 프로그램을 다운로드하는 화면으로 들어가려면 <그림 4.1.4>처럼 Tools → Device Programming 메뉴를 선택한다.(이에 해당하는 단축 키를 사용해도 된다.)

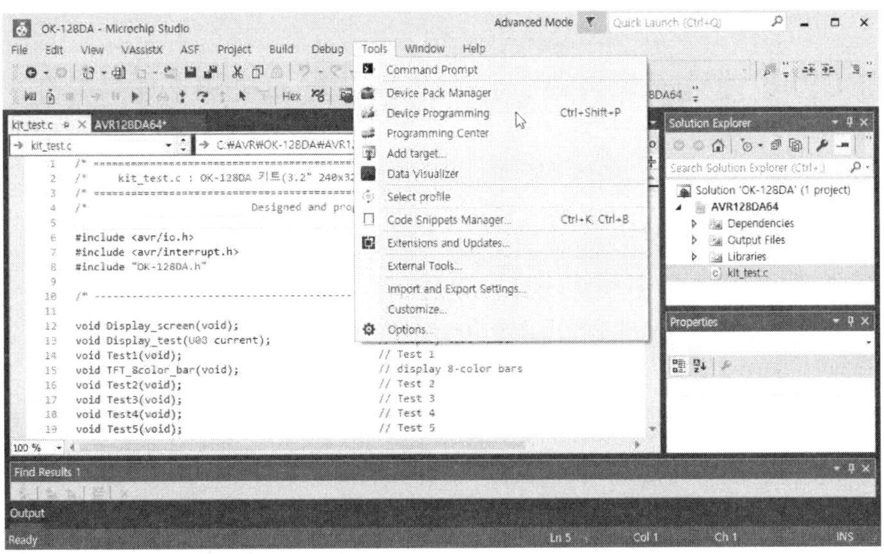

〈그림 4.1.4〉 사용자 프로그램을 다운로드하는 화면으로 들어가기

⑤ 아래 <그림 4.1.5>와 같이 다운로드 화면이 나타나면 Apply → Memories 메뉴를 차례로 선택하고, 이때 Flash(128 KB) 창에 다운로드할 파일이 C:\AVR\OK-128DA\AVR128DA64\Debug\AVR128DA64.elf라고 올바르게 표시되고 있는지 확인한다.(이 파일 대신에 AVR128DA64.hex 파일을 다운로드해도 된다.) 만약 파일의 경로가 이렇게 표시되어 있지 않다면 ... 버튼을 눌러서 해당 파일을 다시 지정하고 Program 버튼을 누른다. 다운로드가 끝나면 이 프로그램이 즉시 자동적으로 실행된다.

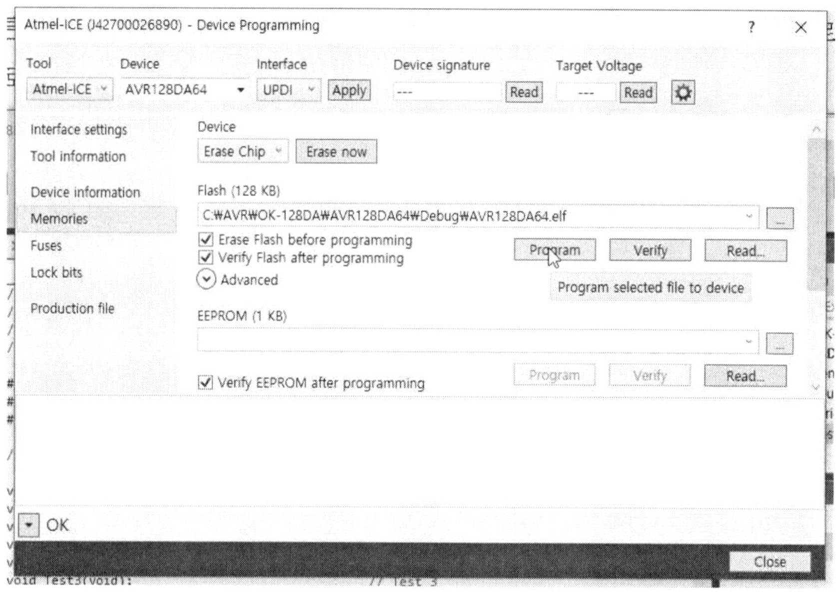

〈그림 4.1.5〉 사용자 프로그램의 실행 파일을 다운로드하는 화면

(2) C언어 예제 프로젝트에서 소스 파일을 교체하여 등록하기

이제부터 이 책의 모든 C언어 예제 프로그램은 프로젝트 AVR128DA64에 등록하여 사용하게 된다. 앞에서도 설명한 바와 같이 모든 예제 프로그램마다 이를 관리하는 프로젝트를 만들게 되면 많은 예제 프로그램을 사용하는 경우에는 프로젝트의 수가 너무 많아서 불편하므로, 이 책에서는 모든 C언어 예제 프로그램에 대하여 하나의 공통적인 프로젝트 AVR128DA64를 만들어 놓고 필요할 때마다 여기에 다른 예제 프로그램을 교체하여 등록시키는 방법을 사용하기로 한다.

① 화면 우측 프로젝트창의 Solution Explorer에서 현재 이 프로젝트에 등록되어 있는 예제 프로그램의 소스 파일 이름을 확인한다. 현재 등록되어 있는 kit_test.c 파일을 이제부터 자신이 사용할 예제 파일 Exp01_1.c로 교체하여 등록하기로 한다.

프로젝트창에서 프로젝트 이름인 AVR128DA64의 위에 마우스 커서를 올려놓고 오른쪽 버튼을 누르면 <그림 4.1.6>과 같이 현재의 프로젝트에 새로운 소스 파일을 추가할 수 있는 메뉴 창이 뜬다. 여기서 Add 메뉴를 클릭하면 다시 새로운 팝업창이 뜨고 거기서 Existing Item... 메뉴를 선택하면 <그림 4.1.7>과 같이 파일 선택 창이 나타난다. 그러면 여기서 Exp01_1.c 파일을 선택하고 Add 버튼을 누른다.

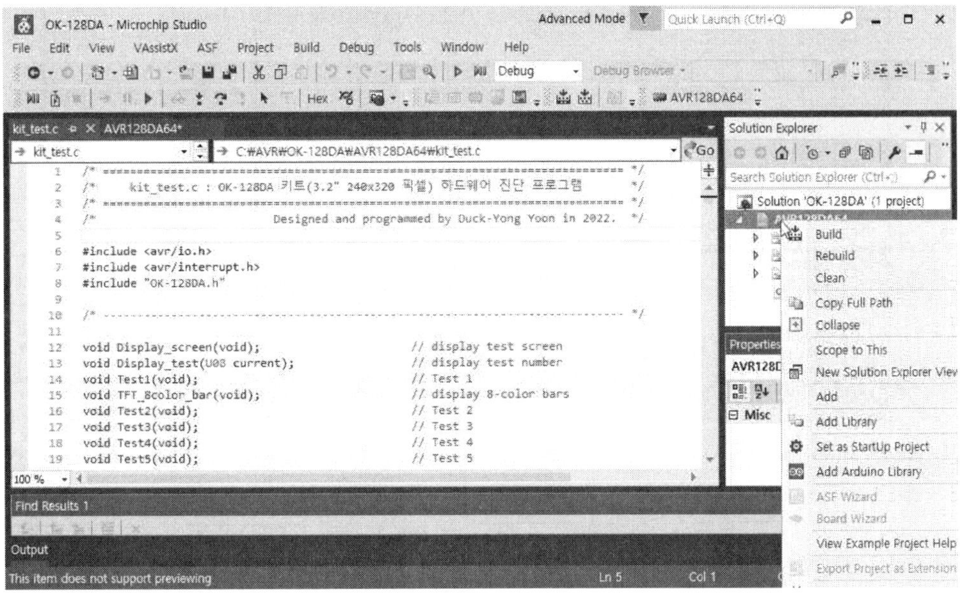

〈그림 4.1.6〉 프로젝트에 새로운 예제 프로그램의 소스 파일을 추가하기 위한 화면

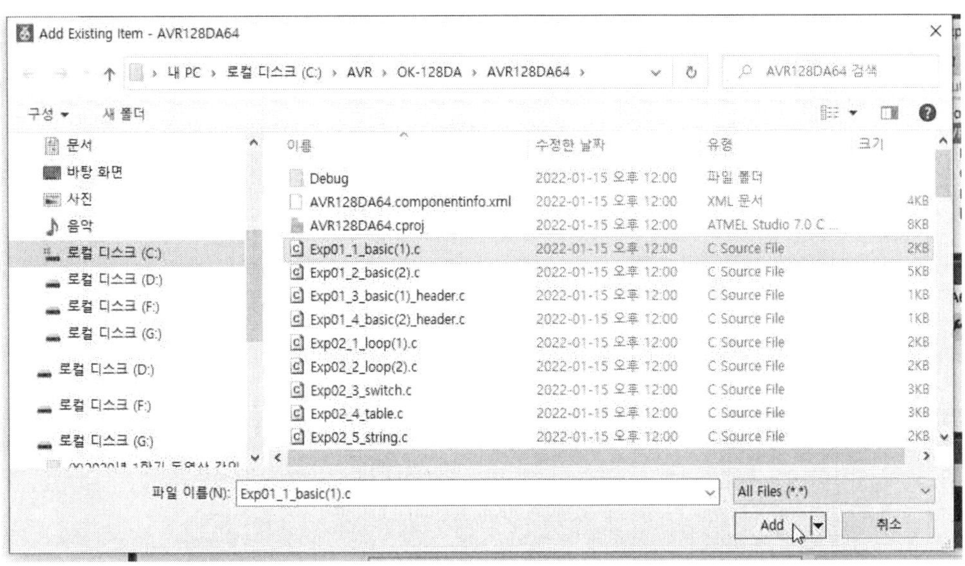

〈그림 4.1.7〉 프로젝트에 새로 추가할 예제 프로그램의 소스 파일을 선택하는 화면

② 그러면 <그림 4.1.8>과 같이 현재의 C언어 프로젝트 AVR128DA64에는 이전에 사용하던 kit_test.c 파일과 이 프로젝트에 새로 추가한 Exp01_1.c 파일 등 2개의 예제 파일이 모두 등록되어 있게 된다.

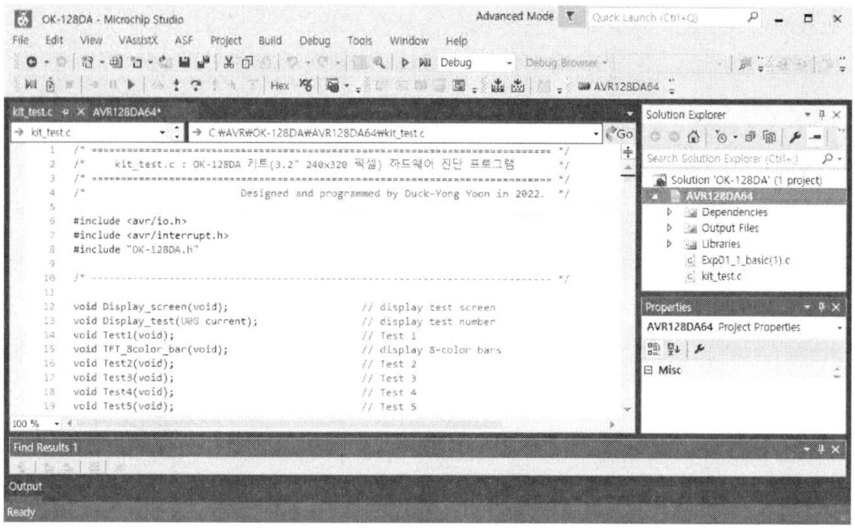

〈그림 4.1.8〉 기존의 파일과 새로 추가한 파일이 모두 프로젝트에 등록되어 있는 화면

③ 이제 여기서 등록을 해제하려는 kit_test.c 파일명 위에 마우스 커서를 올려놓고 오른쪽 버튼을 누르면 <그림 4.1.9>와 같이 파일을 해제할 수 있는 메뉴 창이 뜨는데, 여기서 Remove 메뉴를 클릭하면 <그림 4.1.10>과 같이 확인창이 뜨며, 이때 Remove 버튼을 클릭하면 kit_test.c 파일이 현재의 프로젝트에서 등록이 해제되어 없어진다.

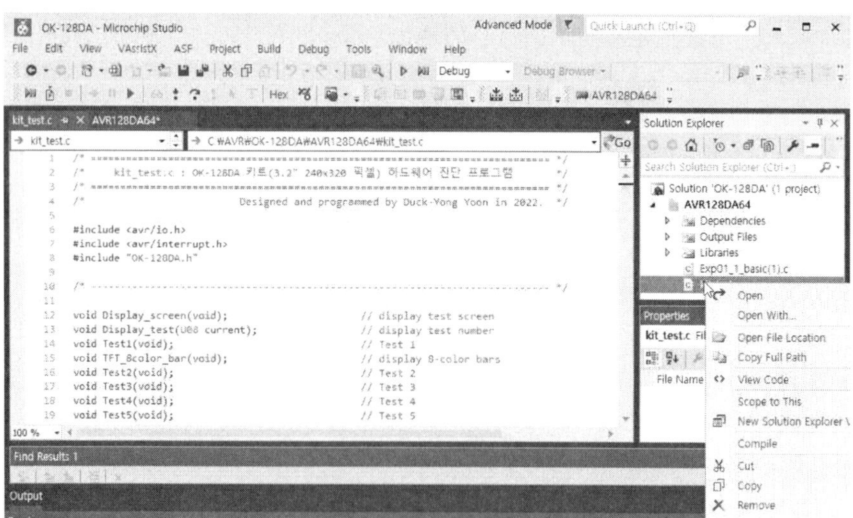

〈그림 4.1.9〉 현재의 C언어 프로젝트에서 기존의 예제 파일을 등록 해제하는 화면

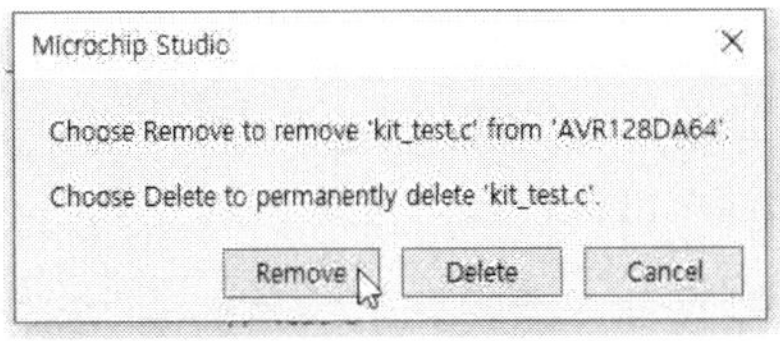

〈그림 4.1.10〉 프로젝트에서 지정된 파일을 등록 해제할 것인지 확인하는 화면

④ 그러면 이제 현재의 프로젝트에는 <그림 4.1.11>에 보인 것처럼 새로 추가한 예제 파일 Exp01_1.c만 남아 있게 되므로 앞에서와 동일한 방법으로 이를 컴파일하고 *OK-128DA* 키트에 다운로드하여 실행할 수 있다.

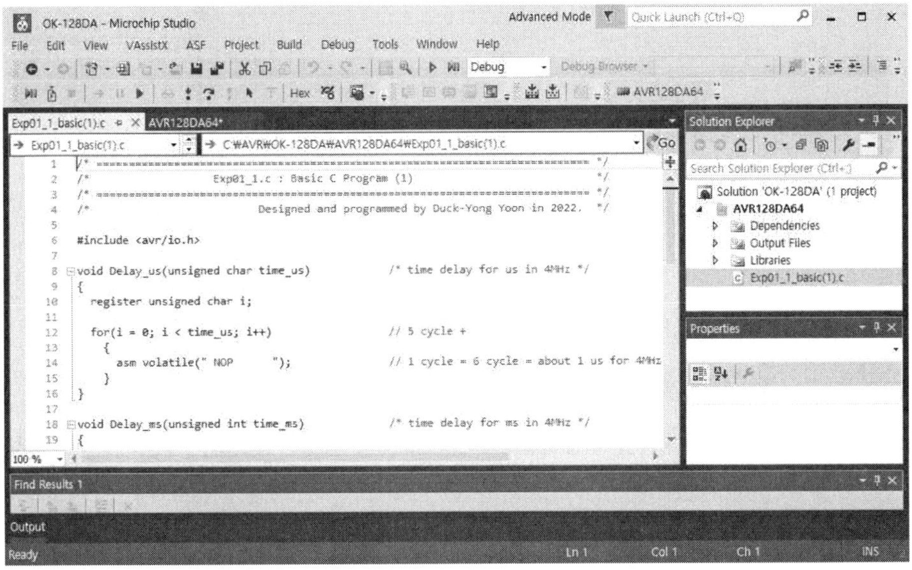

〈그림 4.1.11〉 프로젝트에 새로운 예제 파일을 교체 등록하는 작업이 완료된 화면

(3) C언어 프로젝트에서 신규 예제 파일을 작성하여 등록하기

앞에서는 기존에 이미 만들어져서 제공되는 예제 프로그램의 소스 파일을 C언어 프로젝트 AVR128DA64에 등록하여 사용하였지만, 여기서는 사용자가 새로운 예제 파일을 작성하여 편집하고 이를 C언어 프로젝트 AVR128DA64에 새로 등록하여 사용하는 방법을 설명한다. 이때도 물론 기존에 이 C언어 프로젝트에 등록되어 있던 예제 파일은 등록을 해제하여야 한다.

① 프로젝트창에서 프로젝트 이름인 AVR128DA64의 위에 마우스 커서를 올려놓고 오른쪽 버튼을 누르면 <그림 4.1.12>와 같이 현재의 프로젝트에 새로운 소스 파일을

작성할 수 있는 메뉴 창이 뜬다. 여기서 Add 메뉴를 클릭하면 다시 새로운 팝업창이 뜨고 거기서 New Item... 메뉴를 선택하면 <그림 4.1.13>과 같이 새로 작성할 파일의 성격과 이름을 지정하는 창이 나타난다. 그러면 여기서 파일의 성격은 C File C/C++로 선택하고, 파일명은 자신이 원하는대로 하여 예를 들면 Exp01_test.c로 지정한 다음에 Add 버튼을 누른다.

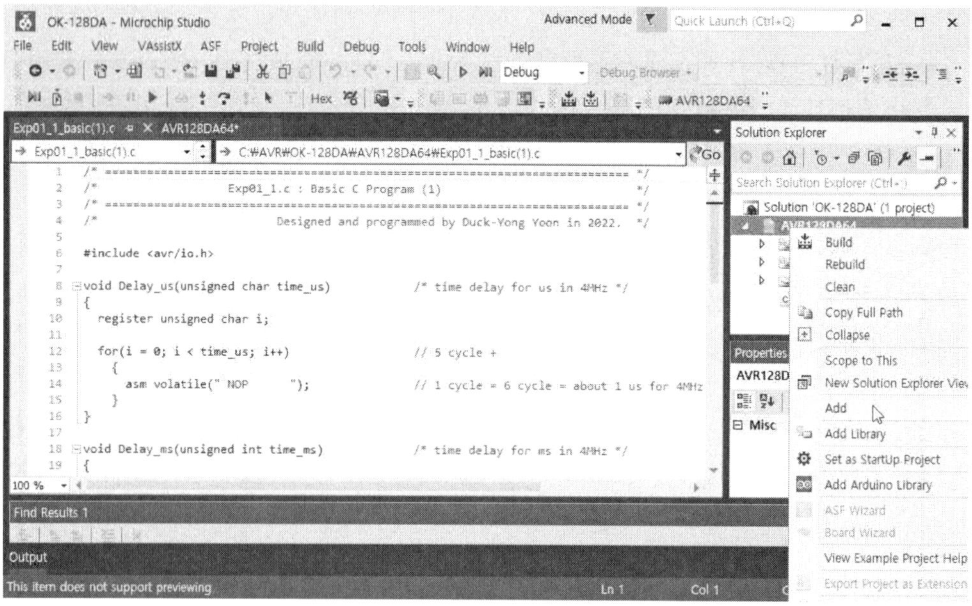

<그림 4.1.12> 프로젝트에서 새로운 예제 프로그램의 소스 파일을 작성하기 위한 화면

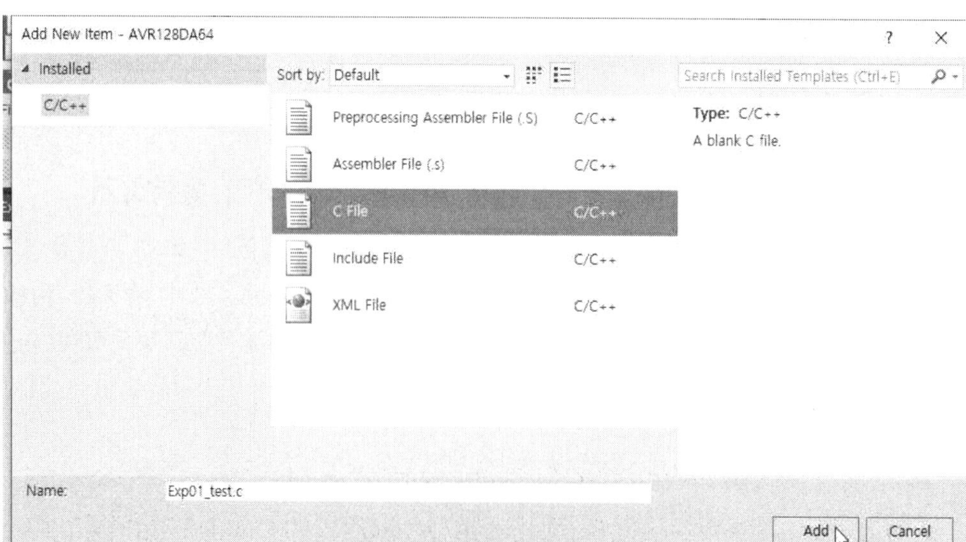

<그림 4.1.13> 새로 작성할 예제 파일의 성격과 이름을 지정하는 화면

② 그러면 <그림 4.1.14>에 보인 것처럼 현재의 프로젝트 AVR128DA64에 새로운 파일 Exp01_test.c가 같이 등록되고 편집창에는 이 파일을 편집할 수 있는 상태가 되어 있음을 알 수 있다. 이제 이 그림에 보였듯이 기존의 파일 Exp01_1.c는 Remove로 등록을 해제한다.

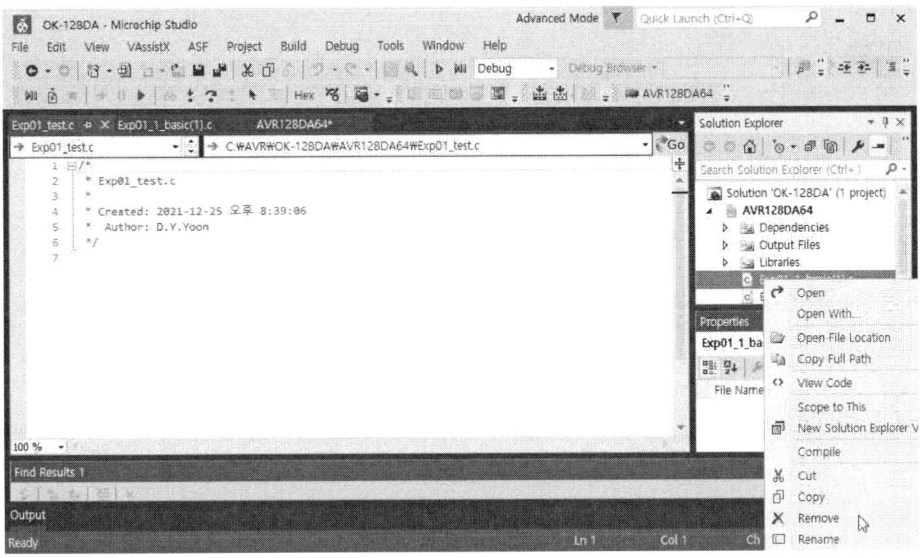

〈그림 4.1.14〉 현재의 프로젝트에서 새로운 소스 파일을 만들고 기존 파일은 제거하기

③ 그리고 이 파일은 아직 하드 디스크의 현재 프로젝트 폴더에 저장되지 않았으므로 <그림 4.1.15>처럼 File → Save Exp01_test.c 메뉴를 선택하여 저장한다.

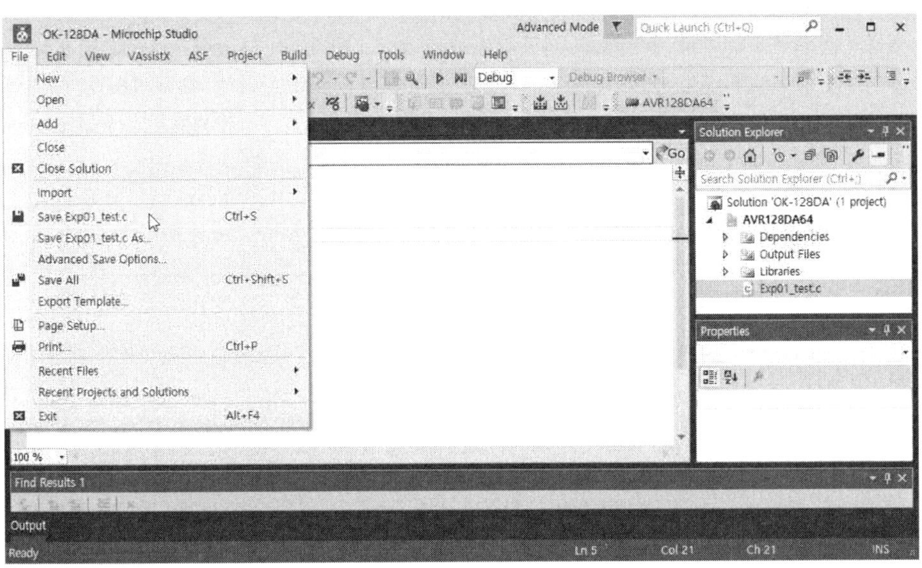

〈그림 4.1.15〉 현재의 프로젝트에서 새로 작성하는 파일을 하드 디스크에 저장하기

④ 그러면 <그림 4.1.16>에 보인 것처럼 하드 디스크의 현재 작업 프로젝트 폴더인 C:\AVR\OK-128DA\AVR128DA64\에 새로운 파일 Exp01_test.c가 저장되어 있음을 확인할 수 있다. 이제부터 편집창에서 이 예제 프로그램의 소스 파일을 원하는대로 작성하고 컴파일하여 실행하면 된다.

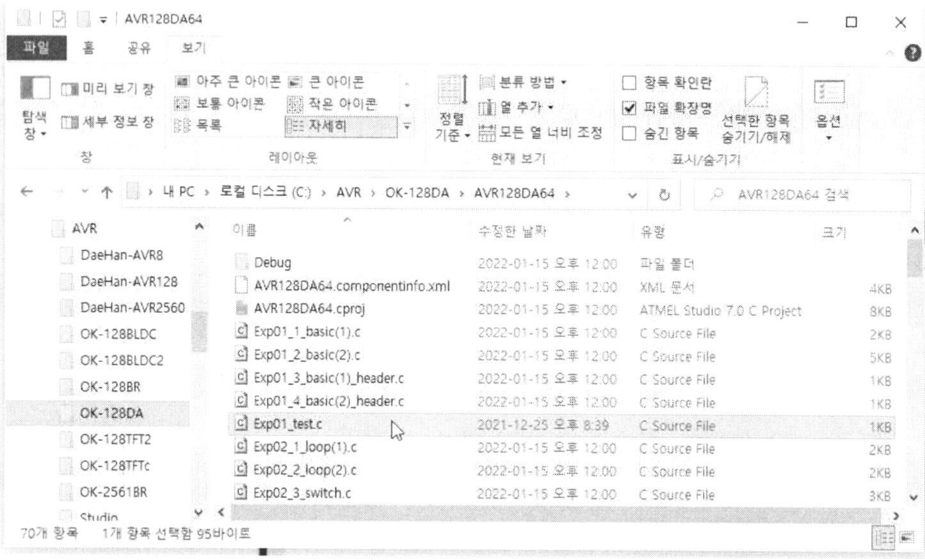

〈그림 4.1.16〉 현재의 프로젝트에서 새로 작성한 파일이 저장되어 있는 화면

◀**참고**▶ 이와 같이 새로운 예제 프로그램의 소스 파일을 작성할 때는 모든 내용을 일일이 키보드에서 입력하지 말고 필요하다면 기존의 파일에서 필요한 부분을 복사해 오는 것도 좋은 방법이다. 이를 위해서는 현재의 프로젝트에 여러 개의 소스 파일을 등록해 놓고 그 파일들을 찾아다니면서 필요한 부분을 블록으로 지정하여 복사해 오는 것이 좋다. 이러한 편집 작업을 완료하고 나면 이제 필요 없는 파일들은 프로젝트에서 등록을 해제하여 제거하면 된다. 이렇게 소스 파일의 일부를 복사하면 Microchip Studio 텍스트 에디터의 특성으로 소스 파일의 컬럼이 들쭉날쭉하게 되어 많이 흐트러지는 문제가 있으므로 복사 후에 이를 다시 정리하여 바로 잡는 추가 작업이 필요하다.

또한, 새로운 예제 프로그램을 작성할 때 File → New 메뉴에서 완전히 새로운 신규 파일로 작성할 수도 있고, 기존의 예제 파일을 새로운 이름으로 C:\AVR\OK-128DA\AVR128DA64\ 폴더에 복사하여 놓은 다음에 이를 현재의 프로젝트에 교체 등록하고 나서 필요한 부분의 내용을 수정하는 방법도 있다.

신규로 예제 프로그램의 소스 파일을 작성하면 이를 *OK-128DA* 키트에서 실행하였을 때 TFT-LCD에 출력하는 한글이 깨지는 경우가 있는데, 이는 텍스트 에디터가 한글 코드를 유니코드(Unicode)로 처리하기 때문이다. 이런 문제가 발생하는 경우에는 편집창의 상단에서 현재의 프로그램 소스 파일명을 선택하여 이것이 노랑색으로 표시되는 상태에서 File → Advanced Save Options... 메뉴를 실행하여 한글 Encoding 항목을 Unicode에서 Korean - Codepage 949로 변경하고 이 파일을 저장하면 이제 그 다음부터는 컴파일할 때 한글 코드를 KS 완성형 코드로 사용하므로 TFT-LCD에 출력하는 한글이 깨지지 않고 정상적으로 잘 보이게 된다.

3. 비능률적인 C언어 프로그래밍

먼저 일반적인 방법으로 *OK-128DA* 키트에서 실행하기 위한 사용자 프로그램을 작성하여 보기로 한다. 그러나, 이러한 방법은 모든 예제에서 필요할 때마다 상당히 많은 분량의 동일한 사용자 정의 함수들을 반복하여 입력하고 사용해야 하므로 매우 불편하고 비능률적인 프로그래밍 방법이라는 것을 곧 알게 된다.

■ LED 점등 예제

첫번째 예제는 다음과 같이 *OK-128DA* 키트에서 LED1과 LED2를 약 500ms의 시간 간격으로 교대로 점멸하는 매우 단순한 동작의 프로그램이다.

〈프로그램 Exp01_1.c〉 LED를 점등하는 예제

```
/* ============================================================================ */
/*                  Exp01_1.c : Basic C Program (1)                              */
/* ============================================================================ */
/*                          Designed and programmed by Duck-Yong Yoon in 2022.  */

#include <avr/io.h>

void Delay_us(unsigned char time_us)            /* time delay for us in 4MHz */
{
  register unsigned char i;

  for(i = 0; i < time_us; i++)                  // 5 cycle +
    {
      asm volatile(" NOP      ");              // 1 cycle = 6 cycle = about 1 us for 4MHz
    }
}

void Delay_ms(unsigned int time_ms)             /* time delay for ms in 4MHz */
{
  register unsigned int i;

  for(i = 0; i < time_ms; i++)
    { Delay_us(250);
      Delay_us(250);
      Delay_us(250);
      Delay_us(250);
    }
}

int main(void)
{
  PORTB_DIR  = 0x03;                            // PB1~0 = output
  PORTB_OUT = 0x03;                             // turn off LED1 and LED2

  while(1)
    { PORTB_OUT = 0x02;                         // LED1 on (PB0 = 0)
      Delay_ms(500);
      PORTB_OUT = 0x01;                         // LED2 on (PB1 = 0)
      Delay_ms(500);
    }
}
```

☞ 이제부터 프로그램의 서두에서 항상 헤더파일 <avr/io.h>를 인클루드시켜 주어야 한다. 이것은 C언어 프로그램에서 기본적인 몇가지의 설정을 수행하고 나서 내부적으로 다시 AVR128DA64의 I/O 레지스터를 정의한 헤더파일 ioavr128da64.h를 호출하여 인클루드시킨다. 이 헤더파일 ioavr128da64.h의 주요 내용은 제 3.3절에서 설명하였다.

마이크로컨트롤러에서 사용자가 프로그램을 작성하다 보면 거의 대부분의 경우 시간지연 함수를 필요로 한다. 이 시간지연 함수는 간단해 보이지만 작성하기가 그다지 쉽지 않고 매우 중요한 루틴이므로 나중에 제4.2절에서 자세히 공부한다. 앞으로 *OK-128DA* 키트에서는 시스템 클록으로 24MHz의 외부 오실레이터를 사용하도록 설정하여 사용할 것이지만, 이 예제 프로그램에서는 처음 AVR128DA64 마이크로컨트롤러가 부팅할 때 디폴트 상태에서 내부의 발진회로에 의한 4MHz의 시스템 클록으로 동작하는 것에 맞추어 시간지연 함수를 만들어 사용하였다.

이 예제에서는 프로그램의 내용을 이해하기 어려우면 일단 그냥 넘어가도 좋다. 여기서는 프로그램의 내용보다는 C언어 프로그램의 기본 구조를 이해하는데 주력하고, C언어 프로그램을 작성하고 컴파일하여 실행하는 절차에 더 신경을 쓰기 바란다. 그러나, 대부분의 C컴파일러에서 main() 함수는 void형인데 비하여 WinAVR 컴파일러에서는 반드시 int형으로 지정하여야 한다는 것과 같은 특별한 C언어 프로그램 작성 기술은 기억하고 넘어가는 것이 좋다.

이 예제를 실행하면 텍스트 LCD 모듈이나 TFT-LCD에는 프로그램이 아무런 지시를 하지 않았으므로 화면에 어떤 의미있는 내용도 나타나지 않으며, 오직 프로그램에서 지시한대로 LED1과 LED2의 점멸 동작만을 수행한다.

이 예제 프로그램을 현재의 프로젝트에 등록하고 컴파일하라. 만약 컴파일 과정에서 어떤 에러가 발생하였다면 프로그램 소스에서 오류가 있었던 것이므로 화면 하단의 Messages 창에 나타나는 에러 메시지를 보고 소스의 해당 부분을 수정하여 다시 컴파일해야 한다.

이제 정상적으로 컴파일이 수행되었으면 AVR128DA64.elf 및 AVR128DA64.hex 파일이 생성되었을 것이므로 이 중에 하나를 *OK-128DA* 키트에 다운로드하여 실행한다.

▣ 텍스트 LCD 모듈 출력 예제

두번째 예제는 *OK-128DA* 키트에 내장된 텍스트 LCD 모듈에 간단한 메시지를 출력하면서 LED1과 LED2를 교대로 점등하는 프로그램이다.

〈프로그램 Exp01_2.c〉 텍스트 LCD 모듈에 메시지를 출력하는 예제

```
/* ========================================================================== */
/*                   Exp01_2.c : Basic C Program (2)                          */
/* ========================================================================== */
/*                         Designed and programmed by Duck-Yong Yoon in 2022.  */

#include <avr/io.h>
```

```
void MCU_initialize(void)                     /* initialize AVR128DA64 MCU */
{
  CPU_CCP = 0xD8;
  CLKCTRL_MCLKCTRLA = 0x83;                   // CLK_MAIN = EXTCLK
  CPU_CCP = 0xD8;
  CLKCTRL_MCLKCTRLB = 0x00;                   // CLK_PER = 24MHz

  PORTB_DIR = 0x03;                           // PORTB initialize
  PORTB_OUT = 0x03;                           // (LED1 = LED2 = 1)

  PORTC_DIR = 0x80;                           // PORTC initialize
  PORTC_OUT = 0x80;                           // (BUZZER = 0)

  PORTE_DIR = 0xFF;                           // PORTE initialize
  PORTE_OUT = 0x00;

  PORTG_DIR = 0x03;                           // PORTG initialize
  PORTG_OUT = 0x00;                           // (LCD_E = LCD_RS = 0)
}

void Delay_us(unsigned char time_us)          /* time delay for us in 24MHz */
{
  register unsigned char i;

  for(i = 0; i < time_us; i++)                // 5 cycle +
    { asm volatile(" NOP     ");              // 1 cycle +
      asm volatile(" PUSH  R0 ");             // 2 cycle +
      asm volatile(" POP   R0 ");             // 2 cycle +
      asm volatile(" PUSH  R0 ");             // 2 cycle +
      asm volatile(" POP   R0 ");             // 2 cycle +
      asm volatile(" PUSH  R0 ");             // 2 cycle +
      asm volatile(" POP   R0 ");             // 2 cycle +
      asm volatile(" PUSH  R0 ");             // 2 cycle +
      asm volatile(" POP   R0 ");             // 2 cycle +
      asm volatile(" PUSH  R0 ");             // 2 cycle +
      asm volatile(" POP   R0 ");             // 2 cycle +
      asm volatile(" PUSH  R0 ");             // 2 cycle +
      asm volatile(" POP   R0 ");             // 2 cycle = 30 cycle = 1 us for 24MHz
    }
}

void Delay_ms(unsigned int time_ms)           /* time delay for ms in 24MHz */
{
  register unsigned int i;

  for(i = 0; i < time_ms; i++)
    { Delay_us(248);
      Delay_us(250);
      Delay_us(250);
      Delay_us(250);
    }
}

void Beep(void)                               /* beep for 50 ms */
{
  PORTC_OUTSET = 0x80;                        // buzzer on
  Delay_ms(50);                               // delay 50 ms
  PORTC_OUTCLR = 0x80;                        // buzzer off
}

void LCD_command(unsigned char command)       /* write a command(instruction) to text LCD */
{
  PORTG_OUTCLR = 0x03;                        // E = 0, Rs = 0
  PORTE_OUT = command;                        // output command
  PORTG_OUTSET = 0x01;                        // E = 1
  asm volatile(" PUSH  R0 ");                 // delay for about 250ns (6 clock cycle)
  asm volatile(" POP   R0 ");
  asm volatile(" NOP      ");
  asm volatile(" NOP      ");
  PORTG_OUTCLR = 0x01;                        // E = 0
  Delay_us(50);
```

```
}

void LCD_data(unsigned char data)                     /* display a character on text LCD */
{
  PORTG_OUTCLR = 0x01;                                // E = 0, Rs = 1
  PORTG_OUTSET = 0x02;
  PORTE_OUT = data;                                   // output data
  PORTG_OUTSET = 0x01;                                // E = 1
  asm volatile(" PUSH  R0 ");                         // delay for about 250ns (6 clock cycle)
  asm volatile(" POP   R0 ");
  asm volatile(" NOP      ");
  asm volatile(" NOP      ");
  PORTG_OUTCLR = 0x01;                                // E = 0
  Delay_us(50);
}

void LCD_initialize(void)                             /* initialize text LCD module */
{
  PORTE_DIR = 0xFF;                                   // PORTE = output
  PORTG_DIRSET = 0x03;                                // PG1~0 = output

  LCD_command(0x38);                                  // function set(8 bit, 2 line, 5x7 dot)
  LCD_command(0x0C);                                  // display control(display ON, cursor OFF)
  LCD_command(0x06);                                  // entry mode set(increment, not shift)
  LCD_command(0x01);                                  // clear display
  Delay_ms(2);
}

void LCD_string(unsigned char command, char *string)    /* display a string on text LCD */
{
  LCD_command(command);                               // start position of string
  while(*string != '\0')                              // display string
    { LCD_data(*string);
       string++;
    }
}

int main(void)
{
  MCU_initialize();                                   // initialize AVR128DA64 MCU
  Delay_ms(50);                                       // wait for system stabilization
  LCD_initialize();                                   // initialize text LCD module

  LCD_string(0x80," OK-128DA  V1.0 ");                // display logo

  while(1)
    { LCD_string(0xC0,"   AVR128DA64   ");            // display message 1
      PORTB_OUT = 0x02;                               // LED1 on
      Beep();
      Delay_ms(1000);
      LCD_string(0xC0,"   2022/01/15   ");            // display message 2
      PORTB_OUT = 0x01;                               // LED2 on
      Beep();
      Delay_ms(1000);
    }
}
```

☞ 이 C언어 예제 프로그램을 살펴보면 텍스트 LCD 모듈에 메시지를 출력하는 메인 프로그램은 몇줄 정도에 불과하지만, 이를 위하여 많은 부수적인 사용자 정의 함수들이 추가로 사용되고 있다는 것을 알 수 있다. 텍스트 LCD 모듈을 동작시키려면 먼저 이 텍스트 LCD 모듈을 초기화하는 과정이 필요하며, 여기에 명령이나 데이터를 출력하는 함수와 문자열을 출력하는 함수들은 상당히 복잡하므로 미리 사용자 정의 함수로 만들어 두고 프로그램의 필요한 곳에서 이 함수를 호출하여 사용하는 것이 일반적이다.

그밖에도 텍스트 LCD 모듈의 구동에는 몇가지의 시간지연 함수들이 필요한데, 이 프로그램은 24MHz

의 시스템 클록으로 동작하므로 시간지연 함수도 그에 맞도록 작성하였다. 하지만, 시간지연 함수나 텍스트 LCD 모듈 관련 함수, 버저로 비프(beep) 음을 울리는 함수, 키 입력 함수 등은 앞으로 *OK-128DA* 키트의 거의 모든 예제에서 공통적으로 사용하는 것들인데 매번 이렇게 각 사용자 예제 프로그램에서 이를 정의하여 사용하는 것은 상당히 불편하다. 그러므로 나중에 보면 알지만 이러한 기본적인 변수의 정의나 공통적인 사용자 함수들은 미리 사용자 헤더파일 OK-128DA.h로 만들어 놓고 필요할 때 이를 인클루드하는 편리한 방법을 사용한다.

이 예제 프로그램을 현재의 프로젝트에 등록하여 컴파일하고 올바르게 컴파일이 수행되었으면 이를 *OK-128DA* 키트에 다운로드하여 실행하라.

4. 능률적인 C언어 프로그래밍

앞에서 공부한 2개의 예제는 아주 간단한 기능을 수행하는 프로그램이지만 소스 파일이 상당히 길다. 이 프로그램에는 핵심적인 기능을 수행하는 메인 함수 이외에 마이크로컨트롤러 또는 주변장치들에 대한 기본 설정 부분이나 여러 가지의 사용자 정의 함수들이 사용되기 때문이다.

그러나, 이러한 기본적인 하드웨어 설정 부분이나 사용자 정의 함수들은 단지 이 예제 프로그램 뿐만 아니라 앞으로 *OK-128DA* 키트에서 사용할 대부분의 예제 프로그램에서도 마찬가지로 필요하다. 그때마다 프로그램에 이러한 사용자 정의 함수를 포함하도록 직접 입력하는 것은 상당히 힘들고 비능률적인 작업이 될 수 있다. 이를 쉽게 해결하려면 항상 기본적으로 사용되는 공통적인 사용자 정의 함수들을 모아서 별도의 헤더파일로 만들어 놓고 이를 필요할 때마다 인클루드하여 사용하면 된다.

여기서는 이러한 공통적인 사용자 정의 함수들을 사용하여 앞의 예제 프로그램들을 좀 더 간단하게 다시 작성하여 보기로 한다. 그러면 여러분은 전체 프로그램이 얼마나 간단해졌는지를 뚜렷이 느낄 수 있을 것이다.

▣ LED 점등 예제

앞의 예제 프로그램 Exp01_1.c에서 기본적인 하드웨어 정의 부분과 공통 사용자 정의 함수들을 사용자 헤더파일 OK-128DA.h로 처리하여 다시 작성하면 다음과 같다. 이들 2개의 프로그램 Exp01_1.c와 Exp01_3.c를 서로 비교하여 보라. 헤더파일을 사용함으로써 프로그램의 소스 길이가 훨씬 짧고 간단해지며, 따라서 이를 작성하고 입력하는 시간이 크게 절감되리라는 것을 느낄 수 있을 것이다.

〈프로그램 Exp01_3.c〉 LED를 점등하는 예제

```
/* ============================================================================ */
/*              Exp01_3.c : Basic C Program (1) with header file                */
/* ============================================================================ */
/*                          Designed and programmed by Duck-Yong Yoon in 2022.  */

#include <avr/io.h>
#include "OK-128DA.h"

int main(void)
{
  MCU_initialize();                              // initialize AVR128DA64 MCU

  while(1)
    { PORTB_OUT = 0x02;                          // LED1 on (PB0 = 0)
      Delay_ms(500);
      PORTB_OUT = 0x01;                          // LED2 on (PB1 = 0)
      Delay_ms(500);
    }
}
```

☞ 이 프로그램은 앞의 Exp01_1.c 프로그램과 동일한 기능을 수행한다. 2개의 소스 파일을 비교하면서 어떻게 다른지 살펴보라. 여전히 이번 절에서는 프로그램 소스의 내용보다는 프로그램을 작성하는 형식에 더 주목하기 바란다.

이를 컴파일하고 *OK-128DA* 키트에 다운로드하여 실행하여 보라. 앞의 예제 프로그램 Exp01_1.c와 동일한 실행 결과를 볼 수 있는가?

▣ 텍스트 LCD 모듈 출력 예제

두번째 예제 프로그램 Exp01_2.c에서 기본적인 하드웨어 정의 부분과 공통 사용자 정의 함수들을 헤더파일 OK-128DA.h로 처리하여 다시 작성하면 다음과 같다. 이들 2개의 프로그램 Exp01_2.c와 Exp01_4.c의 내용을 서로 비교하여 보라. 헤더파일을 사용함으로써 프로그램의 소스 길이가 훨씬 짧고 간단해지며, 따라서 이를 작성하고 입력하는 시간이 엄청나게 절감되리라는 것을 느낄 수 있을 것이다.

〈프로그램 Exp01_4.c〉 텍스트 LCD 모듈에 메시지를 출력하는 예제

```
/* ============================================================================ */
/*             Exp01_4.c : Basic C Program (2) with header file                 */
/* ============================================================================ */
/*                          Designed and programmed by Duck-Yong Yoon in 2022.  */

#include <avr/io.h>
#include "OK-128DA.h"

int main(void)
{
  MCU_initialize();                              // initialize AVR128DA64 MCU
```

```
  Delay_ms(50);                                  // wait for system stabilization
  LCD_initialize();                              // initialize text LCD module

  LCD_string(0x80," OK-128DA  V1.0 ");           // display logo

  while(1)
    { LCD_string(0xC0,"   AVR128DA64   ");       // display message 1
      PORTB_OUT = 0x02;                          // LED1 on
      Beep();
      Delay_ms(1000);
      LCD_string(0xC0,"   2022/01/15   ");       // display message 2
      PORTB_OUT = 0x01;                          // LED2 on
      Beep();
      Delay_ms(1000);
    }
}
```

☞ 이 프로그램은 앞의 Exp01_2.c 프로그램과 동일한 기능을 수행한다. 2개의 소스 파일을 비교하면서 어떻게 다른지 살펴보라. 여전히 이번 절에서는 프로그램 소스의 내용보다는 프로그램을 작성하는 형식에 더 주목하기 바란다.

이를 컴파일하고 *OK-128DA* 키트에 다운로드하여 실행하여 보라. 앞의 예제 프로그램 Exp01_2.c와 동일한 실행 결과를 볼 수 있는가?

5. 헤더파일 OK-128DA.h의 내용

이제 여러분은 이 책에서 앞으로 C언어로 사용자 프로그램을 작성할 때는 앞의 예제 프로그램 Exp01_3.c 및 Exp01_4.c에서 했던 것처럼 항상 프로그램의 서두에서 WinAVR의 기본 헤더파일 io.h와 사용자 기본 헤더파일 OK-128DA.h를 인클루드하여 준다는 것을 기억하라.

OK-128DA 키트의 기본적인 헤더파일 OK-128DA.h에는 AVR128DA64 마이크로컨트롤러의 초기화, 키 입력, 버저를 사용한 비프음 출력, LED 점등, DS3234를 액세스하는 기능, 텍스트 LCD 모듈 출력, TFT-LCD 모듈 한글 및 영문 ASCII 출력, 터치스크린 입력 등에 관련된 사용자 정의함수를 가지고 있다. 그러나, TFT-LCD 모듈에 매우 큰 글씨체인 32×48 픽셀의 숫자나 가장 큰 글씨체인 40×56 픽셀의 숫자를 표시할 때는 그에 맞는 기능을 제공하는 또다른 헤더파일 OK-128DA-xlarge.h를 추가로 인클루드하여 사용한다. 여러분도 필요하다면 스스로 자신만의 헤더파일을 만들어 사용할 수 있다. 그러나, 만약 이들 헤더파일에 포함되지 않은 사용자 정의 함수를 추가로 사용하려면 자신이 사용자 프로그램에서 직접 이를 정의하고 작성하면 된다. 이러한 헤더파일에는 가급적이면 어느 예제 프로그램에서나 공통적으로 자주 사용하는 내용들만을 포함시키는 것이 바람직하다.

사용자 기본 헤더파일 OK-128DA.h에서 가장 기본적인 내용을 발췌하여 정리하면 다음과 같다. 이제부터 여러분은 이 헤더파일의 내용을 잘 이해하고 활용하는 것이 *OK-128DA* 키트의 유능한 응용 프로그래머가 되는 지름길이 될 것이다.

〈헤더파일 OK-128DA.h〉 기본적인 사항 정의 및 사용자 정의 함수(발췌)

```
/* ============================================================================ */
/*              OK-128DA V1.0 키트용(AVR128DA64) 기본 헤더 파일                  */
/* ============================================================================ */
/*                                    Programmed by Duck-Yong Yoon in 2022.    */

// ----------------------------------------------------------------------------
//   이 헤더파일은 OK-128DA 키트 V1.0을 위한 것입니다. 이것은 아래의 조건에서만
//  올바른 동작을 보장합니다.
// ----------------------------------------------------------------------------
//      (1) 시스템 클록  : 24MHz
//      (2) C 컴파일러   : Microchip Studio V7.0
//      (3) 최적화 옵션  : -Os
//      (4) TFT-LCD 모듈 : Ohm사 FL320QVC18-A0(HX8347-A)
// ----------------------------------------------------------------------------

#include <avr/pgmspace.h>
#include <math.h>
#include <stdlib.h>

typedef unsigned char          U08;            // data type definition
typedef   signed char          S08;
typedef unsigned int           U16;
typedef   signed int           S16;
typedef unsigned long int      U32;
typedef   signed long int      S32;

/* -------------------------------------------------------------------------- */
/*              사용자 정의 함수 선언                                          */
/* -------------------------------------------------------------------------- */

void MCU_initialize(void);                      // initialize AVR128DA64 MCU
void Delay_us(U08 time_us);                     // time delay for us in 24MHz (1~255 us)
void Delay_ms(U16 time_ms);                     // time delay for ms in 24MHz (1~65535 ms)
void Tick(void);                                // tick for 100 us
void Beep(void);                                // beep for 50 ms
void Beep_3times(void);                         // beep 3 times
unsigned char Key_input(void);                  // input key KEY1 - KEY4
unsigned char Key_input_silent(void);           // input key KEY1 - KEY4 without beep sound
void LED1_on(void);                             // turn LED1 on
void LED1_off(void);                            // turn LED1 off
void LED1_toggle(void);                         // toggle LED1 to blink
void LED2_on(void);                             // turn LED2 on
void LED2_off(void);                            // turn LED2 off
void LED2_toggle(void);                         // toggle LED2 to blink
void LED_toggle(void);                          // toggle LED1 and LED2 by turns

void DS3234_initialize(void);                   // initialize DS3234 RTC
unsigned char DS3234_read(U08 address);         // read DS3234
void DS3234_write(U08 address, U08 value);      // write DS3234

void LCD_initialize(void);                      // initialize text LCD module
void LCD_command(U08 command);                  // write a command(instruction) to text LCD
void LCD_data(U08 data);                        // display a character on text LCD
void LCD_string(U08 command, char *string);     // display a string on LCD

void LCD_binary(U16 number, U08 digit);         // display 8 or 16 bit binary number
void LCD_unsigned_decimal(U32 number, U08 zerofill, U08 digit); // display unsigned decimal number
void LCD_signed_decimal(S32 number, U08 zerofill, U08 digit);  // display signed decimal number
void LCD_hexadecimal(U32 number, U08 digit);    // display hexadecimal number
void LCD_0x_hexadecimal(U32 number, U08 digit); // display hexadecimal number with 0x
```

```
void LCD_unsigned_float(float number, U08 integral, U08 fractional); // display unsigned floating-point number
void LCD_signed_float(float number, U08 integral, U08 fractional);   // display signed floating-point number

/* ---------------------------------------------------------------------------- */
/*              OK-128DA 키트의 기본 함수                                      */
/* ---------------------------------------------------------------------------- */

void MCU_initialize(void)                       /* initialize AVR128DA64 MCU */
{
  CPU_CCP = 0xD8;
  CLKCTRL_MCLKCTRLA = 0x83;                     // CLK_MAIN = EXTCLK, PA7 = CLKOUT
  CPU_CCP = 0xD8;
  CLKCTRL_MCLKCTRLB = 0x00;                     // CLKOUT = CLK_CPU = CLK_PER = 24MHz

  PORTA_DIR = 0xDA;                             // PORTA initialize (PA2 = 0.SDA, PA3 = 0.SCL)
  PORTA_OUT = 0x0C;                             // (PA4 = 0.MOSI, PA5 = 0.MISO, PA6 = 0.SCK)

  PORTB_DIR = 0x0F;                             // PORTB initialize
  PORTB_OUT = 0x0F;                             // (LED1 = LED2 = -TS_CS = -RTC_CS = 1)
  PORTB_PIN4CTRL = 0x08;                        // PB4 = use pullup resistor for KEY1
  PORTB_PIN5CTRL = 0x08;                        // PB5 = use pullup resistor for KEY2
  PORTB_PIN6CTRL = 0x08;                        // PB6 = use pullup resistor for KEY3
  PORTB_PIN7CTRL = 0x08;                        // PB7 = use pullup resistor for KEY4

  PORTC_DIR = 0xD0;                             // PORTC initialize (TP2~5 = input)
  PORTC_OUT = 0x00;                             // (BUZZER = 0)
  PORTMUX_USARTROUTEA = 0x04;                   // PC4 = 1.TXD, PC5 = 1.RXD

  PORTD_DIR = 0x40;                             // PORTD initialize (TP6~7 = input)
  PORTD_OUT = 0x00;
  PORTD_PIN0CTRL = 0x04;                        // PD0 = not use input buffer
  PORTD_PIN1CTRL = 0x04;                        // PD1 = not use input buffer
  PORTD_PIN2CTRL = 0x04;                        // PD2 = not use input buffer
  PORTD_PIN3CTRL = 0x04;                        // PD3 = not use input buffer

  PORTE_DIR = 0xFF;                             // PORTE initialize
  PORTE_OUT = 0x00;

  PORTF_DIR = 0x09;                             // PORTF initialize (TP8~9 = input)
  PORTF_OUT = 0x00;                             // (PF0 = 2.TXD, PF1 = 2.RXD, PF3 = 2.XDIR)

  PORTG_DIR = 0xFB;                             // PORTG initialize (-TFT_RESET = 1)
  PORTG_OUT = 0xF8;                             // (-TFT_CS = -TFT_WR = -TFT_HB_WR = 1)
}

void Delay_us(U08 time_us)                      /* time delay for us in 24MHz */
{
  register unsigned char i;

  for(i = 0; i < time_us; i++)                  // 5 cycle +
    { asm volatile(" NOP      ");               // 1 cycle +
      asm volatile(" PUSH  R0 ");               // 2 cycle +
      asm volatile(" POP   R0 ");               // 2 cycle +
      asm volatile(" PUSH  R0 ");               // 2 cycle +
      asm volatile(" POP   R0 ");               // 2 cycle +
      asm volatile(" PUSH  R0 ");               // 2 cycle +
      asm volatile(" POP   R0 ");               // 2 cycle +
      asm volatile(" PUSH  R0 ");               // 2 cycle +
      asm volatile(" POP   R0 ");               // 2 cycle +
      asm volatile(" PUSH  R0 ");               // 2 cycle +
      asm volatile(" POP   R0 ");               // 2 cycle +
      asm volatile(" PUSH  R0 ");               // 2 cycle +
      asm volatile(" POP   R0 ");               // 2 cycle = 30 cycle = 1 us for 24MHz
    }
}

void Delay_ms(U16 time_ms)                      /* time delay for ms in 24MHz */
{
  register unsigned int i;

  for(i = 0; i < time_ms; i++)
    { Delay_us(248);
      Delay_us(250);
```

```
      Delay_us(250);
      Delay_us(250);
    }
}

void Tick(void)                               /* tick for 100 us */
{
  PORTC_OUTSET = 0x80;                        // buzzer on
  Delay_us(100);                              // delay 100 us
  PORTC_OUTCLR = 0x80;                        // buzzer off
}

void Beep(void)                               /* beep for 50 ms */
{
  PORTC_OUTSET = 0x80;                        // buzzer on
  Delay_ms(50);                               // delay 50 ms
  PORTC_OUTCLR = 0x80;                        // buzzer off
}

void Beep_3times(void)                        /* beep 3 times */
{
  Beep();                                     // beep for 50 ms
  Delay_ms(100);
  Beep();                                     // beep for 50 ms
  Delay_ms(100);
  Beep();                                     // beep for 50 ms
}

#define KEY1          0xE0                    // KEY1 value
#define KEY2          0xD0                    // KEY2 value
#define KEY3          0xB0                    // KEY3 value
#define KEY4          0x70                    // KEY4 value
#define no_key        0xF0                    // no key input

unsigned char key_flag = 0;

unsigned char Key_input(void)                 /* input key KEY1 - KEY4 */
{
  unsigned char key;

  key = PORTB_IN & 0xF0;                      // any key pressed ?
  if(key == no_key)                           // if no key, check key off
    { if(key_flag == 0)
        return key;
      else
        { Delay_ms(20);
          key_flag = 0;
          return key;
        }
    }
  else                                        // if key input, check continuous key
    { if(key_flag != 0)                       // if continuous key, treat as no key input
        return no_key;
      else                                    // if new key, beep and delay for debounce
        { Beep();
          key_flag = 1;
          return key;
        }
    }
}

unsigned char Key_input_silent(void)          /* input key KEY1 - KEY4 without beep sound */
{
  unsigned char key;

  key = PORTB_IN & 0xF0;                      // any key pressed ?
  if(key == no_key)                           // if no key, check key off
    { if(key_flag == 0)
        return key;
      else
        { Delay_ms(20);
          key_flag = 0;
          return key;
```

```
        }
    }
  else                                          // if key input, check continuous key
    { if(key_flag != 0)                         // if continuous key, treat as no key input
        return no_key;
      else                                      // if new key, delay for debounce
        { Delay_ms(20);
          key_flag = 1;
          return key;
        }
    }
}

void LED1_on(void)                              /* turn LED1 on */
{
  PORTB_OUTCLR = 0x01;                          // LED1 on
}

void LED1_off(void)                             /* turn LED1 off */
{
  PORTB_OUTSET = 0x01;                          // LED1 off
}

void LED1_toggle(void)                          /* toggle LED1 to blink */
{
  PORTB_OUTTGL = 0x01;                          // toggle LED1
}

void LED2_on(void)                              /* turn LED2 on */
{
  PORTB_OUTCLR = 0x02;                          // LED2 on
}

void LED2_off(void)                             /* turn LED2 off */
{
  PORTB_OUTSET = 0x02;                          // LED2 off
}

void LED2_toggle(void)                          /* toggle LED2 to blink */
{
  PORTB_OUTTGL = 0x02;                          // toggle LED2
}

void LED_toggle(void)                           /* toggle LED1 and LED2 by turns */
{
  if(((PORTB_OUT & 0x03) == 0x01) || ((PORTB_OUT & 0x03) == 0x02))
    PORTB_OUTTGL = 0x03;                        // toggle LED1 and LED2
  else
    { PORTB_OUTCLR = 0x01;                      // LED1 on
      PORTB_OUTSET = 0x02;                      // LED2 off
    }
}

/* ---------------------------------------------------------------------------- */
/*              DS3234 RTC 관련 함수                                            */
/* ---------------------------------------------------------------------------- */

#define second_address  0x00                    // second address of DS3234 RTC
#define minute_address  0x01                    // minute address
#define hour_address    0x02                    // hour address
#define weekday_address 0x03                    // weekday address
#define date_address    0x04                    // date address
#define month_address   0x05                    // month address
#define year_address    0x06                    // year address
#define control_address 0x0E                    // control register address
#define status_address  0x0F                    // control/status register address

void DS3234_initialize(void)                    /* initialize DS3234 RTC */
{
  unsigned char SEC, MIN, HOUR, WEEK, DATE, MONTH, YEAR;

  PORTA_DIRSET = 0x50;                          // PA4 = O.MOSI, PA6 = O.CLK
  PORTA_DIRCLR = 0x20;                          // PA5 = O.MISO
```

```
  PORTB_DIRSET = 0x08;                           // -RTC_CS is output
  PORTB_OUTSET = 0x08;                           // -RTC_CS = 1

  SPI0_CTRLA = 0x32;                             // (24MHz/16)*2 = 3MHz
  SPI0_CTRLB = 0x05;                             // normal mode, SSD=1, Mode 1
  SPI0_CTRLA |= 0x01;

  SEC   =  DS3234_read(second_address);          // if not second, initialize
  MIN   =  DS3234_read(minute_address);          // if not minute, initialize
  HOUR  =  DS3234_read(hour_address);            // if not 12 hour system, initialize
  WEEK  =  DS3234_read(weekday_address);         // if not weekday, initialize
  DATE  =  DS3234_read(date_address);            // if not date, initialize
  MONTH =  DS3234_read(month_address);           // if not month, initialize
  YEAR  =  DS3234_read(year_address);            // if not year, initialize

  if((SEC > 0x59) || (MIN > 0x59) || (HOUR < 0x41) || (WEEK > 0x07) || (DATE > 0x31) || (MONTH > 0x12) || (YEAR > 0x99))
    { DS3234_write(second_address, 0x00);        // second = 0x00
      DS3234_write(minute_address, 0x00);        // minute = 0x00
      DS3234_write(hour_address,   0x12 + 0x40);// hour = 0x12 AM
      DS3234_write(weekday_address,0x07);        // weekday = 0x07(Saturday)
      DS3234_write(date_address,   0x15);        // date = 0x15
      DS3234_write(month_address,  0x01);        // month = 0x01
      DS3234_write(year_address,   0x22);        // year = 0x2022
      DS3234_write(control_address,0x00);        // control register
      DS3234_write(status_address, 0x00);        // control register
    }
}

unsigned char DS3234_read(U08 address)           /* read DS3234 */
{
  unsigned char byte;

  PORTB_OUTCLR = 0x08;                           // -RTC_CS = 0
  SPI0_DATA = address;                           // read + address
  while((SPI0_INTFLAGS & 0x80) == 0x00);
  byte = SPI0_DATA;                              // (dummy read)
  SPI0_DATA = 0x00;                              // dummy data
  while((SPI0_INTFLAGS & 0x80) == 0x00);
  byte = SPI0_DATA;                              // read data
  PORTB_OUTSET = 0x08;                           // -RTC_CS = 1

  return byte;
}

void DS3234_write(U08 address, U08 value)        /* write DS3234 */
{
  unsigned char byte;

  PORTB_OUTCLR = 0x08;                           // -RTC_CS = 0
  SPI0_DATA = 0x80 + address;                    // write + address
  while((SPI0_INTFLAGS & 0x80) == 0x00);
  byte = SPI0_DATA;                              // (dummy read)
  SPI0_DATA = value;                             // data
  while((SPI0_INTFLAGS & 0x80) == 0x00);
  byte |= SPI0_DATA;                             // (dummy read)
  PORTB_OUTSET = 0x08;                           // -RTC_CS = 1
}

/* ------------------------------------------------------------------------ */
/*              텍스트 LCD 기본 함수                                          */
/* ------------------------------------------------------------------------ */

void LCD_initialize(void)                        /* initialize text LCD module */
{
  PORTE_DIR = 0xFF;                              // PORTE = output
  PORTG_DIRSET = 0x03;                           // PG1~0 = output

  LCD_command(0x38);                             // function set(8 bit, 2 line, 5x7 dot)
  LCD_command(0x0C);                             // display control(display ON, cursor OFF)
  LCD_command(0x06);                             // entry mode set(increment, not shift)
  LCD_command(0x01);                             // clear display
  Delay_ms(2);
```

```
}

void LCD_command(U08 command)                  /* write a command(instruction) to text LCD */
{
  PORTG_OUTCLR = 0x03;                         // E = 0, Rs = 0
  PORTE_OUT = command;                         // output command
  PORTG_OUTSET = 0x01;                         // E = 1
  asm volatile(" PUSH  R0 ");                  // delay for about 250ns (6 clock cycle)
  asm volatile(" POP   R0 ");
  asm volatile(" NOP      ");
  asm volatile(" NOP      ");
  PORTG_OUTCLR = 0x01;                         // E = 0
  Delay_us(50);
}

void LCD_data(U08 data)                        /* display a character on text LCD */
{
  PORTG_OUTCLR = 0x01;                         // E = 0, Rs = 1
  PORTG_OUTSET = 0x02;
  PORTE_OUT = data;                            // output data
  PORTG_OUTSET = 0x01;                         // E = 1
  asm volatile(" PUSH  R0 ");                  // delay for about 250ns (6 clock cycle)
  asm volatile(" POP   R0 ");
  asm volatile(" NOP      ");
  asm volatile(" NOP      ");
  PORTG_OUTCLR = 0x01;                         // E = 0
  Delay_us(50);
}

void LCD_string(U08 command, char *string)     /* display a string on LCD */
{
  LCD_command(command);                        // start position of string
  while(*string != '\0')                       // display string
    { LCD_data(*string);
      string++;
    }
}

/* ------------------------------------------------------------------------ */
/*              텍스트 LCD 모듈의 수치 데이터 출력 함수                       */
/* ------------------------------------------------------------------------ */

void LCD_binary(U16 number, U08 digit)         /* display 8 or 16 bit binary number */
{
  unsigned char i, shift;

  if((digit == 0) || (digit > 16)) return;

  shift = digit - 1;
  for(i = 0; i < digit; i++ )
    { LCD_data(((number >> shift) & 0x01) + '0');
      shift--;
    }
}

void LCD_unsigned_decimal(U32 number, U08 zerofill, U08 digit) /* display unsigned decimal number */
{
  unsigned char zero_flag, character;
  unsigned long div;

  if((digit == 0) || (digit > 9)) return;

  div = 1;
  while(--digit) div *= 10;

  zero_flag = zerofill;
  while(div > 0)                               // display number
    { character = number / div;
      if((character == 0) && (zero_flag == 0) && (div != 1))
        LCD_data(character + ' ');
      else
        { zero_flag = 1;
          LCD_data(character + '0');
```

```
      }
      number %= div;
      div /= 10;
    }
}

void LCD_signed_decimal(S32 number, U08 zerofill, U08 digit)  /* display signed decimal number */
{
  unsigned char zero_flag, character;
  unsigned long div;

  if((digit == 0) || (digit > 9)) return;

  if(number >= 0)                                  // display sign
    LCD_data('+');
  else
    { LCD_data('-');
      number = -number;
    }

  div = 1;
  while(--digit) div *= 10;

  zero_flag = zerofill;
  while(div > 0)                                   // display number
    { character = number / div;
      if((character == 0) && (zero_flag == 0) && (div != 1))
        LCD_data(character + ' ');
      else
        { zero_flag = 1;
          LCD_data(character + '0');
        }
      number %= div;
      div /= 10;
    }
}

void LCD_hexadecimal(U32 number, U08 digit)       /* display hexadecimal number */
{
  unsigned char i, character;

  if((digit == 0) || (digit > 8)) return;

  for(i = digit; i > 0; i--)
    { character = (number >> 4*(i-1)) & 0x0F;
      if(character < 10) LCD_data(character + '0');
      else               LCD_data(character - 10 + 'A');
    }
}

void LCD_0x_hexadecimal(U32 number, U08 digit)  /* display hexadecimal number with 0x */
{
  unsigned char i, character;

  if((digit == 0) || (digit > 8)) return;

  LCD_data('0');
  LCD_data('x');

  for(i = digit; i > 0; i--)
    { character = (number >> 4*(i-1)) & 0x0F;
      if(character < 10) LCD_data(character + '0');
      else               LCD_data(character - 10 + 'A');
    }
}

void LCD_unsigned_float(float number, U08 integral, U08 fractional) /* display unsigned floating-point number */
{
  unsigned char zero_flag, digit, character;     // integral = digits of integral part
  unsigned long div, integer;                    // fractional = digits of fractional part

  digit = integral + fractional;
  if((integral == 0) || (fractional == 0) || (digit > 9)) return;
```

```
  div = 1;
  while(--digit) div *= 10;

  while(fractional--) number *= 10.;
  integer = (U32)(number + 0.5);

  zero_flag = 0;
  digit = 1;
  while(div > 0)                                    // display number
    { character = integer / div;
      if((character == 0) && (zero_flag == 0) && (digit != integral))
        LCD_data(character + ' ');
      else
        { zero_flag = 1;
          LCD_data(character + '0');
        }
      integer %= div;
      div /= 10;

      if(digit == integral)
        LCD_data('.');
      digit++;
    }
}

void LCD_signed_float(float number, U08 integral, U08 fractional) /* display signed floating-point number */
{
  unsigned char zero_flag, digit, character;
  unsigned long div, integer;

  digit = integral + fractional;
  if((integral == 0) || (fractional == 0) || (digit > 9)) return;

  if(number >= 0)                                   // display sign
    LCD_data('+');
  else
    { LCD_data('-');
      number = -number;
    }

  div = 1;
  while(--digit) div *= 10;

  while(fractional--) number *= 10.;
  integer = (U32)(number + 0.5);

  zero_flag = 0;
  digit = 1;
  while(div > 0)                                    // display number
    { character = integer / div;
      if((character == 0) && (zero_flag == 0) && (digit != integral))
        LCD_data(character + ' ');
      else
        { zero_flag = 1;
          LCD_data(character + '0');
        }
      integer %= div;
      div /= 10;

      if(digit == integral)
        LCD_data('.');
      digit++;
    }
}
```

(이후 생략)

〈표 4.1.1〉 헤더파일 OK-128DA.h에 포함된 기본 사용자 정의 함수들의 요약

사용자 함수	기 능	입력 파라미터	리턴 값
MCU_initialize()	AVR128DA64를 *OK-128DA* 키트의 사양에 맞도록 초기화한다.	-	-
Delay_us() Delay_ms()	1~255μs 범위의 시간 지연을 수행한다. 1~65535ms 범위의 시간 지연을 수행한다.	U08 time_us U16 time_ms	-
Tick() Beep() Beep_3times()	버저를 100μs 길이로 1차례 울린다. 버저를 50ms 길이로 1차례 울린다. 버저를 50ms 길이, 100ms 간격으로 3차례 울린다.	-	-
Key_input() Key_input_silent()	키 KEY1~KEY4를 읽어온다. (디바운싱○, 비프○) 키 KEY1~KEY4를 읽어온다. (디바운싱○, 비프×)	-	unsigned char unsigned char
LED1_on() LED2_on() LED1_off() LED2_off() LED1_toggle() LED2_toggle() LED_toggle()	LED1을 켠다. LED2를 켠다. LED1을 끈다. LED2를 끈다. LED1의 점등 상태를 반전시켜 깜빡인다. LED2의 점등 상태를 반전시켜 깜빡인다. LED1과 LED2를 교대로 점등시켜 깜빡인다.	-	-
DS3234_initialize() DS3234_read() DS3234_write()	DS3234 RTC를 초기화한다. DS3234의 지정된 어드레스에서 값을 읽는다. DS3234의 지정된 어드레스에 지정된 값을 쓴다.	- U08 address U08 address, value	- unsigned char -
LCD_initialize() LCD_command() LCD_data() LCD_string()	텍스트 LCD 모듈을 초기화한다. 텍스트 LCD 모듈에 1개의 제어명령을 출력한다. 텍스트 LCD 모듈에서 현재의 커서 위치에 1문자를 표시한다. 텍스트 LCD 모듈에서 커서 위치를 지정하고 그 위치부터 문자열을 출력한다.	- U08 command U08 data U08 command, char *string	- - - -
LCD_binary()	텍스트 LCD 모듈에서 현재의 커서 위치부터 8비트 또는 16비트의 2진수를 표시한다.	U16 number, U08 digit	-
LCD_unsigned_decimal() LCD_signed_decimal()	텍스트 LCD 모듈에서 현재의 커서 위치부터 부호없는 10진수 또는 부호있는 10진수를 표시한다. (zerofill=1이면 선두의 무효 자리를 0으로 채운다.)	U32 number, U08 zerofill, digit	-
LCD_hexadecimal() LCD_0x_hexadecimal()	텍스트 LCD 모듈에서 현재의 커서 위치부터 16진수 또는 0x를 앞세운 16진수를 표시한다.	U32 number, U08 digit	-
LCD_unsigned_float() LCD_signed_float()	텍스트 LCD 모듈에서 현재의 커서 위치부터 부호없는 실수 또는 부호있는 실수를 표시한다. (integral=실수부 자리수, fractional=소수부 자리수)	float number, U08 integral, fractional	-

이 헤더파일 OK-128DA.h에 포함되어 있는 사용자 정의 함수들을 발췌하여 정리하면 <표 4.1.1>과 같다. 이 사용자 정의 함수들은 앞으로 여러분이 *OK-128DA* 키트에서 WinAVR의 C언어로 사용자 프로그램을 작성할 때 유용하게 사용할 것이므로 잘 알아두어야 하며, 앞으로 궁극적으로는 이 함수들의 내용까지 정확히 이해해야 한다.

C언어에서는 대문자와 소문자를 구분하여 사용한다. C언어 고유의 모든 지시어나 내장함수들은 항상 소문자로 시작한다. 그러나, 이 책의 C언어 예제에서는 모든 사용자 정의 함수를 대문자로 시작한다는 점에 유의하라.

그리고, C언어 프로그램을 작성하는 동안 컴파일러의 기능이나 문법에 관한 문제를 만나면 항상 제3.3절의 설명을 참조하거나 WinAVR에 포함된 도움말 기능을 이용하기 바란다. 당연히 **표준적인 C언어의 문법에 대한 사항은 C언어에 관한 책을 보고 별도로 익혀야 한다**. 이 책은 C언어를 사용하여 AVR128DA64 마이크로컨트롤러의 프로그래밍 기술을 공부하고자 하는 책이지 C언어의 문법을 익히자는 책이 아니다.

6. 실습 과제

(1) C언어에서 #include < >와 #include " " 지시어는 어떻게 다른가?

(2) C언어에서 /* ~ */ 문은 어떤 의미인가? 또한 이와 유사한 기능을 수행하는 다른 방법은 무엇인가?

(3) C언어에서 while 문 및 do ~ while 문의 기능과 사용 방법을 설명하라.

(4) C언어에서 사용자 정의함수가 호출되기 전에 앞쪽에서 먼저 정의되는 경우와 호출된 이후에 뒤쪽에서 나중에 정의되는 경우 각각 이것들을 어떻게 처리해야 올바르게 동작하는지 설명하라.

(5) C언어에서 지시어 void는 어떤 용도로 사용되는가?

(6) 예제 프로그램 Exp01_3.c에서 LED가 점멸하는 속도를 500[ms]에서 100[ms]로 빠르게 수정한 프로그램 Exp01_3R.c를 작성하라.

(7) 이 키트의 하드웨어 구조를 보면 예제 프로그램 Exp01_4.c에서 PORTB_OUT = 0x02; 명령과 PORTB_OUT = 0x01; 명령은 다음과 같이 수정하는 것이 바람직하다. 왜 그런지 설명하라.

① PORTB_OUT = 0x02; 명령

```
PORTB_OUTCLR = 0x01;          // LED1 on
PORTB_OUTSET = 0x02;
```

② PORTB_OUT = 0x01; 명령

```
PORTB_OUTCLR = 0x02;          // LED2 on
PORTB_OUTSET = 0x01;
```

4.2 기본적인 C언어 프로그래밍 기법

이 절에서는 *OK-128DA* 키트에서 C언어로 프로그래밍할 때 매우 자주 사용되는 몇가지의 중요한 기본적인 프로그래밍 기법을 익힌다. 이제부터 AVR128DA64를 위한 C언어 프로그래밍 기술을 공부하려면 초기 단계에서 알아야 하는 사항이다.

관련 내용	(1) 제1.3절 AVR128DA64의 메모리 구조 (2) 제3.1절 *OK-128DA* 키트의 구조와 기능 (3) 제3.3절 WinAVR C컴파일러의 기능 요약

1. 무한 루프의 사용

운영체제를 가진 범용 컴퓨터에서는 사용자 프로그램의 실행이 끝나면 CPU의 제어가 운영체제로 다시 되돌아가지만, 마이크로컨트롤러에서는 운영체제를 사용하지 않는 경우가 대부분이므로 사용자 프로그램의 실행이 종료되면 되돌아갈 곳이 없다. 그럼에도 불구하고 만약 사용자 프로그램의 실행이 종료되도록 프로그램을 작성한다면 그 이후에는 CPU가 알 수 없는 위치로 되돌아가서 프로그램에서 사용하지 않는 임의의 메모리 영역을 읽어서 이를 명령으로 해석하고 실행할 수도 있기 때문에 예측할 수 없는 결과가 발생하게 된다. 따라서, 운영체제가 없는 마이크로컨트롤러의 사용자 프로그램에서는 절대로 main() 함수의 실행이 종료되는 상황이 발생하지 않도록 무한 루프 구조로 프로그램을 작성하는 것이 필요하다.

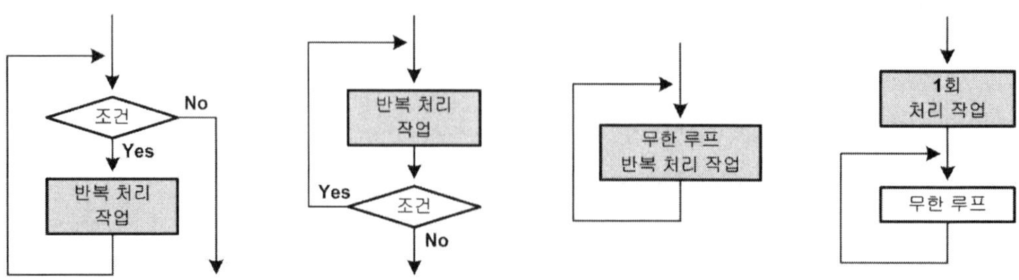

(a) while형 (b) do while형 (c) 무한루프형(1) (d) 무한루프형(2)

〈그림 4.2.1〉 반복처리 프로그래밍 기법

C언어에서 무한 루프 구조로 프로그램을 작성하는 것에는 2가지의 형태가 있다. 첫번째 방법은 프로그램의 주요 부분을 무한히 반복하여 실행하면서 무한 루프에 빠지도록 하는 것이다. 이것을 도시하면 <그림 4.2.1>의 (c)와 같다. 대부분의 마이크로 컨트롤러 프로그램은 이런 구조를 가지는데, 다음은 이와 같은 프로그램의 예이다.

〈프로그램 Exp02_1.c〉 프로그램의 무한 루프 처리방식(1)

```
/* ============================================================================ */
/*              Exp02_1_loop(1).c : 무한루프 처리 프로그램(1)                  */
/* ============================================================================ */
/*                       Designed and programmed by Duck-Yong Yoon in 2022.   */

#include <avr/io.h>
#include "OK-128DA.h"

int main(void)
{
  unsigned char i;

  MCU_initialize();                        // initialize AVR128DA64 MCU
  Delay_ms(50);                            // wait for system stabilization
  LCD_initialize();                        // initialize text LCD module
  TFT_initialize();                        // initialize TFT-LCD module
  Beep();

  LCD_string(0x80," OK-128DA  V1.0 ");     // display title
  LCD_string(0xC0,"   Exp02_1.c    ");
  TFT_string(0,1,White,Magenta,"      무한루프 처리 프로그램(1)        ");

  while(1)                                 // infinite loop
    { for(i = 1; i <= 5; i++)
        { TFT_xy(20,10);                    // display count
          TFT_color(Yellow,Black);
          TFT_English(i+'0');
          LED1_on();                       // LED1 = on
          LED2_off();
          TFT_string(15,15,Green,Black,"LED1 = on ");
          TFT_string(15,18,White,Black,"LED2 = off");
          Delay_ms(1000);
          LED1_off();                      // LED2 = on
          LED2_on();
          TFT_string(15,15,White,Black,"LED1 = off");
          TFT_string(15,18,Green,Black,"LED2 = on ");
          Delay_ms(1000);
        }
      Beep();
    }
}
```

☞ 여기서는 while(1)문 안에 포함된 부분이 무한히 반복하여 실행된다. 여기서 while(1)을 for(;;) 명령으로 대체하여 사용해도 되는데, 왜 그런지는 C언어의 문법을 익혀서 이해하도록 하라.

두번째 방법은 프로그램의 주요 부분을 실행하고 나서 마지막에 의미 없는 하나의 명령을 반복하여 실행하면서 무한 루프에 빠지도록 하는 것이다. 이것을 도시하면

<그림 4.2.1>의 (d)와 같다. 이렇게 처리하는 경우에는 결국 프로그램의 주요 부분은 1회만 실행되는 결과가 된다. 다음은 이러한 프로그램의 예이다.

〈프로그램 Exp02_2.c〉 프로그램의 무한 루프 처리방식(2)

```
/* ============================================================================ */
/*               Exp02_2_loop(2).c : 무한루프 처리 프로그램(2)                  */
/* ============================================================================ */
/*                        Designed and programmed by Duck-Yong Yoon in 2022.   */

#include <avr/io.h>
#include "OK-128DA.h"

int main(void)
{
  unsigned char i;

  MCU_initialize();                         // initialize AVR128DA64 MCU
  Delay_ms(50);                             // wait for system stabilization
  LCD_initialize();                         // initialize text LCD module
  TFT_initialize();                         // initialize TFT-LCD module
  Beep();

  LCD_string(0x80," OK-128DA  V1.0 ");      // display title
  LCD_string(0xC0,"    Exp02_2.c    ");
  TFT_string(0,1,White,Magenta,"       무한루프 처리 프로그램(2)        ");

  for(i = 1; i <= 5; i++)
    { TFT_xy(20,10);                         // display count
      TFT_color(Yellow,Black);
      TFT_English(i+'0');
      LED1_on();                            // LED1 = on
      LED2_off();
      TFT_string(15,15,Green,Black,"LED1 = on ");
      TFT_string(15,18,White,Black,"LED2 = off");
      Delay_ms(1000);
      LED1_off();                           // LED2 = on
      LED2_on();
      TFT_string(15,15,White,Black,"LED1 = off");
      TFT_string(15,18,Green,Black,"LED2 = on ");
      Delay_ms(1000);
    }

  Beep();
  TFT_string(12,25,Magenta,Black,"프로그램 정지 !");

  while(1);                                 // infinite loop
}
```

☞ 여기서는 전체 프로그램이 1회만 실행되고 나서 마지막에 while(1); 명령만 반복하여 실행하게 된다. 따라서, 앞의 예제 프로그램 Exp02_1.c와는 다른 실행 결과가 된다. 여기서 while(1); 명령은 for(;;);로 대체하여 사용해도 된다.

이상의 예제 프로그램 Exp02_1.c 및 Exp02_2.c에서 만약 이를 무한 루프로 처리하지 않는다면 CPU는 메인 함수 main()을 실행하고 알 수 없는 곳으로 리턴(return)할 것이다. 그러나, main() 함수도 하나의 C언어 함수이기 때문에 이것이 종료되면 스택의 복귀주소로 리턴하게 되는데, C컴파일러가 만든 스타트업 루틴에서 이를 서브루틴으로 호출하지 않고 점프 명령을 사용하였다면 되돌아갈 곳을 알 수 없으며, 이를 서브루틴처럼 정상적으로 호출하였다고 하더라도 메인 함수 main()을 실행하고 되돌아간 이후의 동작은 일반적으로 정해져 있지 않으므로 위험한 상황이 된다.

2. switch문을 사용하여 다중 분기를 처리하는 방법

이번에는 조건식의 값에 따라 많은 수의 분기(branch)를 처리하는 C언어 프로그래밍 기법에 대하여 공부한다. 이 경우는 <그림 4.2.2>와 같이 switch~case문을 사용하여 처리한다.

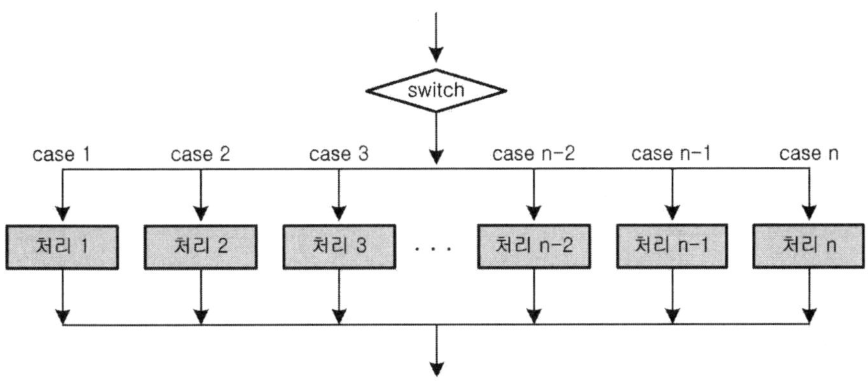

〈그림 4.2.2〉 switch 문을 사용하여 다중 분기를 처리하는 프로그래밍 기법

다음은 4가지의 키 입력에 따라 각각 다른 위치로 분기하여 처리를 수행하는 다중 분기 프로그램의 예이다.

〈프로그램 Exp02_3.c〉 switch 문을 사용하여 다중 분기를 처리하는 프로그램

```
/* ========================================================================== */
/*            Exp02_3.c : switch문을 사용한 여러 갈래 분기 프로그램            */
/* ========================================================================== */
/*                       Designed and programmed by Duck-Yong Yoon in 2022.   */

#include <avr/io.h>
#include "OK-128DA.h"

int main(void)
{
  unsigned int delay = 100;

  MCU_initialize();                           // initialize AVR128DA64 MCU
  Delay_ms(50);                               // wait for system stabilization
```

```
    LCD_initialize();                              // initialize text LCD module
    TFT_initialize();                              // initialize TFT-LCD module
    Beep();

    LCD_string(0x80," OK-128DA  V1.0 ");           // display title
    LCD_string(0xC0,"   Exp02_3.c    ");

    TFT_string(0,5,White,Magenta,"    switch문을 사용한 분기 프로그램    ");
    TFT_string(0,10,  Cyan,Black,"    KEY1 = 100ms 간격으로 LED 점멸    ");
    TFT_string(0,13,  Cyan,Black,"    KEY2 = 200ms 간격으로 LED 점멸    ");
    TFT_string(0,16,  Cyan,Black,"    KEY3 = 400ms 간격으로 LED 점멸    ");
    TFT_string(0,19,  Cyan,Black,"    KEY4 = 800ms 간격으로 LED 점멸    ");
    TFT_string(4,10,Yellow,Black,"KEY1");

    while(1)
      { switch(Key_input())                        // key input
          { case KEY1 : TFT_string(4,10,Yellow,Black,"KEY1"); // KEY1 ?
                        TFT_string(4,13,Cyan,Black,"KEY2");
                        TFT_string(4,16,Cyan,Black,"KEY3");
                        TFT_string(4,19,Cyan,Black,"KEY4");
                        delay = 100;
                        break;
            case KEY2 : TFT_string(4,10,Cyan,Black,"KEY1"); // KEY2 ?
                        TFT_string(4,13,Yellow,Black,"KEY2");
                        TFT_string(4,16,Cyan,Black,"KEY3");
                        TFT_string(4,19,Cyan,Black,"KEY4");
                        delay = 200;
                        break;
            case KEY3 : TFT_string(4,10,Cyan,Black,"KEY1"); // KEY3 ?
                        TFT_string(4,13,Cyan,Black,"KEY2");
                        TFT_string(4,16,Yellow,Black,"KEY3");
                        TFT_string(4,19,Cyan,Black,"KEY4");
                        delay = 400;
                        break;
            case KEY4 : TFT_string(4,10,Cyan,Black,"KEY1"); // KEY4 ?
                        TFT_string(4,13,Cyan,Black,"KEY2");
                        TFT_string(4,16,Cyan,Black,"KEY3");
                        TFT_string(4,19,Yellow,Black,"KEY4");
                        delay = 800;
                        break;
            default:    break;
          }

        LED_toggle();                              // blink LED1 and LED2
        Delay_ms(delay);
      }
  }
```

☞ 위에서 보듯이 switch~case문에서 여러 갈래의 분기 조건은 case로 나열하며, 각 case의 처리 내용은 콜론(:)으로 시작하며 break;로 끝나야 한다.

3. 변수 및 상수 테이블의 사용

AVR128DA64 마이크로컨트롤러는 하버드 구조를 사용하므로 프로그램 메모리와 데이터 메모리를 엄격하게 구분하여 사용한다. 프로그램에서 사용하는 변수(variable)는 당연히 내부 데이터 메모리인 SRAM에 저장되지만, 프로그램 메모리인 내장 플래시 메모리에 데이터를 저장하면 이는 읽는 기능만 가능하므로 상수(constant)가 된다.

변수를 읽고 쓰는 기능은 어느 마이크로프로세서에서나 기본적으로 제공되지만, 상수를 읽는 기능은 플래시 메모리를 내장하고 있는 마이크로컨트롤러의 하드웨어에 의존하므로 C컴파일러마다 서로 다르게 처리하고 있다. 여기서는 WinAVR C컴파일러에서 변수 및 상수를 테이블로 처리하는 프로그래밍 기법에 대하여 공부한다.

먼저, C언어로 데이터 메모리인 SRAM에 변수 테이블을 만들고, 또한 프로그램 메모리인 플래시 메모리에 상수 테이블을 만든 후에 이 각각의 테이블을 읽어서 TFT-LCD 모듈에 출력하는 예제 프로그램은 다음과 같다.

〈프로그램 Exp02_4.c〉 SRAM과 플래시 메모리에서 데이터 테이블을 사용하기

```
/* ============================================================================ */
/*              Exp02_4.c : Table data stored in SRAM and flash memory          */
/* ============================================================================ */
/*                            Designed and programmed by Duck-Yong Yoon in 2022.  */

#include <avr/io.h>
#include <avr/pgmspace.h>
#include "OK-128DA.h"

unsigned int color[8] =                               // 8-color table
{ White, Red, Green, Blue, Silver, Yellow, Cyan, Magenta };

unsigned char table1[32] = {                          // table 1 in SRAM
    0x00,0x01,0x02,0x03,0x04,0x05,0x06,0x07,
    0x08,0x09,0x0A,0x0B,0x0C,0x0D,0x0E,0x0F,
    0x10,0x11,0x12,0x13,0x14,0x15,0x16,0x17,
    0x18,0x19,0x1A,0x1B,0x1C,0x1D,0x1E,0x1F };

const unsigned char table2[32] PROGMEM = {            // table 2 in flash memory
    0x80,0x81,0x82,0x83,0x84,0x85,0x86,0x87,
    0x88,0x89,0x8A,0x8B,0x8C,0x8D,0x8E,0x8F,
    0x90,0x91,0x92,0x93,0x94,0x95,0x96,0x97,
    0x98,0x99,0x9A,0x9B,0x9C,0x9D,0x9E,0x9F };

int main(void)
{
  unsigned char color_number, index, x, y;

  MCU_initialize();                                   // initialize AVR128DA64 MCU
  Delay_ms(50);                                       // wait for system stabilization
  LCD_initialize();                                   // initialize text LCD module
  TFT_initialize();                                   // initialize TFT-LCD module
  Beep();

  LCD_string(0x80," OK-128DA  V1.0 ");                // display title
  LCD_string(0xC0,"   Exp02_4.c    ");

  TFT_string(0, 3,White,Magenta,"  (1) SRAM에 저장된 테이블            ");
  TFT_string(0,16,White,Magenta,"  (2) flash memory에 저장된 테이블    ");

  color_number = 0;
  while(1)
    { index = 0;
      for(y = 0; y < 4; y++)
        { for(x = 0; x < 8; x++)
            { TFT_xy(5*x,6 + 2*y);                    // read and display SRAM table
              TFT_color(color[color_number],Black);
              TFT_0x_hexadecimal(table1[index],2);

              TFT_xy(5*x,19 + 2*y);                   // read and display flash memory table
```

```
            TFT_color(color[color_number],Black);
            TFT_0x_hexadecimal(pgm_read_byte(&table2[index]),2);

            Delay_ms(500);
            index++;
         }
      }
    Beep();
    color_number++;
    if(color_number >= 8) color_number = 0;
  }
}
```

☞ 이 프로그램에서는 플래시 메모리에 바이트 상수 데이터를 정의하기 위하여 const~PROGMEM 지시어를 사용하고, 이를 읽는데는 pgm_read_byte() 함수를 사용하였다. 이러한 기능을 사용하려면 WinAVR에서 제공하는 헤더파일 <avr/pgmspace.h>를 인클루드시켜야 한다. WinAVR C컴파일러에서 이처럼 상수 데이터 테이블을 정의하고 이를 읽는 방법에 대하여는 제3.3절에서 요약하여 설명하였으니 참고하라.

이번에는 C언어로 데이터 메모리인 SRAM과 프로그램 메모리인 플래시 메모리에 각각 문자열을 만들어 저장한 후에 이것들을 읽어서 TFT-LCD 모듈에 출력하는 예제 프로그램을 작성하여 보기로 한다.

〈프로그램 Exp02_5.c〉 SRAM과 플래시 메모리에서 문자열을 사용하기

```
/* ============================================================================ */
/*              Exp02_5.c : String data stored in SRAM and flash memory          */
/* ============================================================================ */
/*                       Designed and programmed by Duck-Yong Yoon in 2022.     */

#include <avr/io.h>
#include <avr/pgmspace.h>
#include "OK-128DA.h"

char *string1 = "OK-128DA V1.0  Training Kit";
const unsigned char string2[] __attribute__ ((progmem)) = "for AVR128DA64 8-bit MCU IC";

int main(void)
{
  unsigned char i;

  MCU_initialize();                           // initialize AVR128DA64 MCU
  Delay_ms(50);                               // wait for system stabilization
  LCD_initialize();                           // initialize text LCD module
  TFT_initialize();                           // initialize TFT-LCD module
  Beep();

  LCD_string(0x80," OK-128DA  V1.0 ");        // display title
  LCD_string(0xC0,"   Exp02_5.c    ");

  TFT_string(0, 8,Cyan,Black,"  (1) SRAM에 저장된 문자열");
  TFT_string(0,17,Cyan,Black,"  (2) flash memory에 저장된 문자열");

  for(i = 0; i < 27; i++)
    { TFT_xy(5+i,11);                         // read and display SRAM string
      TFT_color(Cyan,Black);
      TFT_English(*(string1 + i));

      TFT_xy(5+i,20);                         // read and display flash memory string
```

```
        TFT_color(Cyan,Black);
        TFT_English(pgm_read_byte(&string2[i]));

        Delay_ms(1000);
      }

    Beep();
    while(1);
  }
```

☞ 플래시 메모리에 문자열을 만들어 저장하고 이를 읽는 방법도 역시 제3.3절에서 요약하여 설명하였으니 참고하라.

4. 시간지연 함수

마이크로컨트롤러에서 프로그램을 작성하다보면 가장 자주 사용하는 루틴중의 하나가 아마 시간지연(time delay) 루틴일 것이다. 마이크로프로세서는 매우 동작이 빠르기 때문에 텍스트 LCD 모듈처럼 훨씬 느린 주변장치의 속도에 맞도록 동작 타이밍을 만들고자 하면 종종 시간지연 루틴이 필요하다. 또한, 빠르게 동작하는 마이크로프로세서에 비하여 사람의 눈으로 볼 수 있도록 LED를 느리게 점멸하거나 키 입력 루틴에서 소프트웨어적으로 시간지연을 주는 방법으로 디바운싱(debouncing)을 구현하려면 역시 시간지연 루틴이 절대적으로 필요하다.

정밀한 시간지연 루틴을 구현하려면 하드웨어적으로 타이머를 이용하는 것이 좋지만, 이렇게 하는 것은 시스템 사이의 호환성을 떨어뜨릴 뿐만 아니라 이 루틴이 타이머 하드웨어 1개를 독점적으로 점유하기 때문에 그만큼 사용 가능한 I/O 디바이스가 감소하여 불리할 경우도 있다. 따라서, 아주 정밀한 시간지연이 요구되지 않는 대부분의 경우에는 소프트웨어적으로 시간지연 루틴을 구현하는 것이 일반적이며, 이 책에서는 C언어로 소프트웨어적인 시간지연 함수를 만드는 방법을 공부한다. 흔히 C언어에서는 그냥 적당히 for 문으로 임의의 반복처리 루프를 돌리는 방식으로 시간값이 얼마인지도 모르는 시간지연 함수를 만들어 사용하는 것을 볼 수 있는데 이는 참으로 무모하고 답답한 일이다.

간혹 일반적으로 사용할 수 있는 시간지연 함수를 만들고 싶다는 사람을 볼 수 있는데 이는 애당초 무모한 일이다. 타이머를 사용하여 하드웨어적으로 시간지연 함수를 구현하든 또는 소프트웨어적으로 시간지연 함수를 구현하든 모든 시간지연 함수에서 지연시간 값은 마이크로프로세서에 따라 다르고 또한 시스템 클록의 주파수나 C컴파일러의 최적화 옵션 등과 같은 사용 환경에 따라 달라지므로 이 함수의 일반성이란 존재하지 않는다. 현재 자신이 사용하는 마이크로프로세서와 자신이 사용하는 C언어 환경에 따라 최적한 시간지연 함수를 직접 만들어 사용해야 하는 것이다.

8051이나 AVR과 같이 낮은 성능의 마이크로프로세서에서는 모든 어셈블리 명령에 대하여 각각 실행시간이 정해져 있으므로 C언어 프로그램을 컴파일하여 생성되는 어셈블리 언어 중간파일에서 반복처리 루틴의 실행시간을 수작업으로 계산하여 어렵지 않게 시간지연 함수를 구현할 수 있다. 그러나, 32비트 ARM Cortex-M 마이크로컨트롤러처럼 파이프라인 처리기능이나 캐시 메모리와 같은 고급 기능을 갖는 고성능 마이크로프로세서에서는 각 어셈블리 명령의 실행시간이 일정하게 정해져 있지 않은 경우가 대부분이므로 이와 같이 프로그래머가 시간지연 함수의 시간지연 값을 계산하는 것이 거의 불가능하다. 이런 경우에는 시간지연 함수의 시작 부분에서 병렬 I/O 포트의 신호를 H로 출력하고 이 함수의 끝 부분에서 이 신호를 L로 출력함으로써 만들어지는 출력 신호의 펄스폭을 오실로스코프로 측정하여 지연시간을 확인하는 방법으로 시간지연 함수를 만들 수 있다. 좀 더 바람직한 방법으로는 마이크로컨트롤러에 내장된 타이머를 사용하여 시간지연 함수의 시간값을 직접 측정하고 이를 LCD에 표시하는 방식으로 시간지연 함수를 만들 수도 있다.

AVR128DA64에서는 C언어 소스를 컴파일하여 만들어진 어셈블리 언어 중간파일을 보고 각 명령의 실행시간을 더하여 전체 지연시간 값을 계산할 수 있다. C언어에서 인라인 어셈블(inline assemble) 명령과 for 문을 사용하여 시간지연 함수를 구현하는 예제 프로그램은 다음과 같다. 이와 같은 방법으로 C언어 프로그램에서 시간지연을 구현하는 함수들은 기본 헤더파일 OK-128DA.h에 제공하고 있다.

〈프로그램 Exp02_6.c〉 C언어에서 시간지연 함수를 이해하기 위한 예제

```
/* ========================================================================= */
/*                  Exp02_6.c : Time Delay Function                          */
/* ========================================================================= */
/*                         Designed and programmed by Duck-Yong Yoon in 2022. */

#include <avr/io.h>

void Delay_us(unsigned char time_us)             /* time delay for us in 24MHz */
{
  register unsigned char i;

  for(i = 0; i < time_us; i++)                   // 5 cycle +
    { asm volatile(" NOP      ");                // 1 cycle +
      asm volatile(" PUSH  R0 ");                // 2 cycle +
      asm volatile(" POP   R0 ");                // 2 cycle +
      asm volatile(" PUSH  R0 ");                // 2 cycle +
      asm volatile(" POP   R0 ");                // 2 cycle +
      asm volatile(" PUSH  R0 ");                // 2 cycle +
      asm volatile(" POP   R0 ");                // 2 cycle +
      asm volatile(" PUSH  R0 ");                // 2 cycle +
      asm volatile(" POP   R0 ");                // 2 cycle +
```

```
      asm volatile(" PUSH  R0 ");              // 2 cycle +
      asm volatile(" POP   R0 ");              // 2 cycle +
      asm volatile(" PUSH  R0 ");              // 2 cycle +
      asm volatile(" POP   R0 ");              // 2 cycle = 30 cycle = 1 us for 24MHz
    }
}

void Delay_ms(unsigned int time_ms)            /* time delay for ms in 24MHz */
{
  register unsigned int i;

  for(i = 0; i < time_ms; i++)
    { Delay_us(248);
      Delay_us(250);
      Delay_us(250);
      Delay_us(250);
    }
}

void Beep(void)                                /* beep for 50 ms */
{
  PORTC_OUTSET = 0x80;                         // buzzer on
  Delay_ms(50);                                // delay 50 ms
  PORTC_OUTCLR = 0x80;                         // buzzer off
}

int main(void)
{
  unsigned char i;

  CPU_CCP = 0xD8;
  CLKCTRL_MCLKCTRLA = 0x83;                    // CLK_MAIN = EXTCLK
  CPU_CCP = 0xD8;
  CLKCTRL_MCLKCTRLB = 0x00;                    // CLK_CPU = CLK_PER = 24MHz

  PORTB_DIR  = 0x03;                           // PB1~0 = output
  PORTB_OUT = 0x03;

  PORTC_DIR  = 0x80;                           // PC7 = output
  PORTC_OUT = 0x00;

  while(1)
    { Beep();

      for(i = 0; i < 5; i++)
        { PORTB_OUT = 0x02;                    // LED1 = on
          Delay_ms(500);
          PORTB_OUT = 0x01;                    // LED2 = on
          Delay_ms(500);
        }
    }
}
```

☞ 이 프로그램은 AVR128DA64 마이크로컨트롤러의 시스템 클록을 24MHz로 사용하고, WinAVR의 C컴파일러에서 최적화 옵션을 -Os로 지정하였을 경우에만 유효성을 보증할 수 있다. 여기서 μs 단위의 시간지연 함수 Delay_us()는 8비트 unsigned char형의 인수를 사용하고 이것이 내부에서 반복처리 루틴의 상한으로 사용되므로 1~255의 수를 사용하여 1~255μs의 시간지연을 얻을 수 있다. 또한, ms 단위의 시간지연 함수 Delay_ms()는 16비트 unsigned int형의 인수를 사용하고 이것이 내부에서 반복처리 루틴의 상한으로 사용되므로 1~65535의 수를 사용하여 1~65535ms의 시간지연을 얻을 수 있다.

이를 컴파일하여 만들어지는 어셈블리 중간파일을 살펴보면 Delay_us() 함수에서는 for 문이 시스템 클록으로 5클록 주기에 실행되므로 인라인 어셈블 명령을 이용하여 19개의 클록 주기만큼 시간지연을 시켜야 한다. 그러면 반복 루프를 1회 수행하는데 총 24개의 시스템 클록 주기가 지나가므로 시스템 클록으로 24MHz를 사용한다면 1μs의 시간지연을 얻게 되며, 이 반복 횟수를 원하는 값 time_us로 지정함으로써 μs 단위의 시간지연을 얻을 수 있는 것이다. 그러나, 여기서 반복 루프는 정확하게 1μs의 시간에 실행되지만 이 함수 Delay_us()를 호출하거나 이 함수를 종료하고 리턴하는데 다소의 시간 오버헤드(overhead)가 발생하므로 플러스 알파의 시간 오차를 갖게 된다.

Delay_ms() 함수는 Delay_us(); 함수를 원하는 시간만큼 호출하는 방법으로 쉽게 구현하는데, 여기서도 마찬가지로 함수를 호출할 때 걸리는 시간 때문에 다소의 오버헤드가 발생하므로 이 오차를 보상하기 위하여 1ms를 1000μs로 처리하지 않고 998μs로 처리하였다. 그러나, 이런 정도의 오차는 전체 시간지연 값에 비하여 매우 미미하므로 대부분의 경우에는 이를 무시하고 사용한다.

◀**참고**▶ 그런데, 이론상으로는 AVR128DA64에서 24MHz의 시스템 클록일 때 이처럼 24클록 사이클에 해당하는 명령을 실행하면 1μs의 시간지연이 발생해야 하지만, 실제로 아래에서 소개하는 예제 Exp02_7.c를 사용하여 측정하여 보면 24클록 사이클의 125%인 30클록 사이클에 해당하는 명령을 실행해야만 1μs의 시간지연을 얻을 수 있다. ATmega128A에서는 16MHz의 시스템 클록일 때 16클록 사이클의 명령을 실행하면 정확하게 1μs의 시간지연을 얻을 수 있는데 왜 새로운 AVR128DA64 모델에서는 이런 차이가 발생하는지 매우 신기한 일이다. 어쨌든 이것으로 보면 AVR128DA64의 명령 실행속도는 어셈블리 명령표에 표시된 실행 시간을 기준으로 계산한 이론값보다 무려 25%나 빠르다는 이야기가 되는 것이다...!

Microchip Studio에서 WinAVR C컴파일러의 최적화 옵션을 -Os로 설정하고 이 예제 프로그램을 컴파일하면 소스 리스팅 파일 AVR128DA64.lss가 생성되는데, 여기서 시간지연 함수 Delay_us();를 처리한 부분을 찾아서 살펴보면 C언어 프로그램에서 시간지연 루틴이 어떻게 번역되고 처리되는지를 알 수 있다. 이 파일에서 해당 부분을 발췌하여 아래에 보였다.

〈소스 리스팅 파일 AVR128DA64.lss〉 Delay_us(); 함수가 번역된 부분(-Os의 경우)

```
                 .
                 .
                 .
   (Delay_us 함수를 정의하는 부분)
 21a:   90 e0        ldi     r25, 0x00      ; *                     0     <Delay_us>
 21c:   98 17        cp      r25, r24       ; 1사이클
 21e:   79 f0        breq    .+30           ; 1사이클               0x23e <Delay_us+0x24>
 220:   00 00        nop                    ; 1사이클
 222:   0f 92        push    r0             ; 2사이클
 224:   0f 90        pop     r0             ; 2사이클
 226:   0f 92        push    r0             ; 2사이클
 228:   0f 90        pop     r0             ; 2사이클
 22a:   0f 92        push    r0             ; 2사이클
 22c:   0f 90        pop     r0             ; 2사이클
 22e:   0f 92        push    r0             ; 2사이클
 230:   0f 90        pop     r0             ; 2사이클
 232:   0f 92        push    r0             ; 2사이클
 234:   0f 90        pop     r0             ; 2사이클
 236:   0f 92        push    r0             ; 2사이클
 238:   0f 90        pop     r0             ; 2사이클
 23a:   9f 5f        subi    r25, 0xFF      ; 1사이클               255
 23c:   ef cf        rjmp    .-34           ; 2사이클(총 30사이클) 0x21c <Delay_us+0x2>
 23e:   08 95        ret                    ; *
```

```
                    .
                    .
                    .
    (Delay_us 함수를 호출하는 부분)
 254:   88 ef        ldi     r24, 0xF8      ; Delay_us(248)        248
 256:   0e 94 0d 01  call    0x21a          ;                      0x21a <Delay_us>
 25a:   8a ef        ldi     r24, 0xFA      ; Delay_us(250)        250
 25c:   0e 94 0d 01  call    0x21a          ;                      0x21a <Delay_us>
 260:   8a ef        ldi     r24, 0xFA      ; Delay_us(250)        250
 262:   0e 94 0d 01  call    0x21a          ;                      0x21a <Delay_us>
 266:   8a ef        ldi     r24, 0xFA      ; Delay_us(250)        250
 268:   0e 94 0d 01  call    0x21a          ;                      0x21a <Delay_us>
                    .
                    .
                    .
```

위의 소스 리스팅 파일에서 보듯이 C언어 프로그램을 번역하여 만들어진 어셈블리 중간파일은 어셈블리 언어로 시간지연 루프를 구성하고 있는 것을 볼 수 있다. 이와 같이 C컴파일러의 최적화 옵션을 -Os로 설정한 경우에는 반복 루프가 30클록 사이클로 구성되어 1μs의 시간 지연을 만드는데, 이것은 전체적으로 약간의 오버헤드(*로 표시된 부분)를 포함하지만 실용적으로 거의 문제가 없는 us 단위의 시간지연 루틴이 된다. Delay_us(); 함수의 입력 파라미터는 unsigned char형을 사용하므로 1~255 범위의 수를 주면 원하는 μs 단위의 시간지연을 얻을 수 있다.

◀**참고**▶ 이상에서 설명한 C언어 프로그램에서의 시간지연 함수는 AVR128DA64 마이크로컨트롤러를 24MHz의 시스템 클록으로 동작시키는 경우에만 적용된다. 시스템 클록의 주파수가 달라지면 1클록 사이클의 주기도 달라지므로 그에 따라 시간지연 루틴을 다시 설계해야 한다.

또한, 이 시간지연 함수는 WinAVR C컴파일러에서 최적화 옵션을 -Os로 설정하고 컴파일했을 때만 그 동작이 정확히 보증된다. 이 책의 모든 예제 프로그램은 WinAVR에서 최적화 옵션을 -Os로 설정한 것을 전제로 작성되었다. 만약, 다른 C컴파일러를 사용하거나 최적화 옵션을 다르게 설정하면 C언어 프로그램을 어셈블리 소스로 번역하는 방법이 달라질 수 있으므로 당연히 이 함수의 시간지연도 달라질 수 있다. 결국 이러한 기법은 C컴파일러마다 약간씩 다를 수 있으므로 자신이 사용하는 컴파일러에 따라 시간지연 함수를 적절히 설계하여 사용해야 한다는 것이다.

◀**참고**▶ C언어 프로그램에서 시간지연 루틴을 작성할 때 아무 생각이나 근거도 없이 for 문을 사용하여 아래와 같이 적당히 시간지연 루틴을 만들어 사용하는 경우를 자주 보게 된다.

```
unsigned int i;
for(i = 0; i < 10000; i++);
```

그러나, 이렇게 하면 도대체 시간 지연 값이 얼마나 되는지를 알 수 없는 것은 물론이고, C컴파일러에 따라서는 컴파일러가 이를 컴파일할 때 최적화 옵션에 의하여 이를 필요없는 루틴으로 판단하여 아주 없애버리거나 또는 엉뚱하게 잘못된 동작 루틴으로 번역하기도 한다. 따라서 이를 방지하려면

```
unsigned int i;
```

```
for(i = 0; i < 10000; i++)
  asm volatile(" nop ");
```

라고 하거나 또는

```
volatile unsigned int i;
for(i = 0; i < 10000; i++);
```

라고 처리하여 주는 것이 바람직하다. 우리가 사용하는 WinAVR에서도 역시 경우에 따라 이러한 문제가 발생할 수 있으므로 가급적 위에서 설명한 바와 같이 확실한 방법을 사용할 것을 권한다.

이렇게 만든 2가지의 소프트웨어적인 시간지연 함수 Delay_us();와 Delay_ms();는 기본 헤더파일 OK-128DA.h에 포함되어 있으므로 사용자는 이 헤더파일을 인클루드하고 필요할 때마다 원하는 함수를 호출하여 쉽게 사용하면 된다.

이번에는 이 헤더 파일에서 제공하는 시간지연 함수의 정확성을 내부 타이머로 측정하여 확인하는 예제 프로그램을 소개한다. 이 프로그램의 실행 결과를 TFT-LCD에서 확인하면서 시간지연 함수 Delay_us();와 Delay_ms();의 내용을 수정하는 방법으로 정확한 시간지연 함수를 만들 수 있다.

〈프로그램 Exp02_7.c〉 시간지연 함수의 정확성을 측정하는 프로그램

```
/* ============================================================================ */
/*              Exp02_7.c : 시간지연 함수의 정확성을 측정하는 프로그램          */
/* ============================================================================ */
/*                        Designed and programmed by Duck-Yong Yoon in 2022.  */

#include <avr/io.h>
#include "OK-128DA.h"

int main(void)
{
  unsigned int count;                          // variable to measure delay time

  MCU_initialize();                            // initialize AVR128DA64 MCU
  Delay_ms(50);                                // wait for system stabilization
  LCD_initialize();                            // initialize text LCD module
  TFT_initialize();                            // initialize TFT-LCD module
  Beep();

  LCD_string(0x80," OK-128DA  V1.0 ");         // display title
  LCD_string(0xC0,"    Exp02_7.c    ");

  TFT_string(0, 2,White,Magenta,"   시간지연 사용자 함수의 정확성 측정   ");
  TFT_string(3, 5,Cyan,   Black," Delay_us(), Delay_ms() for 24MHz ");
  TFT_string(3,11,White,  Black,"Delay_us(1)   = 00000 = 000.000 us");
  TFT_string(3,13,White,  Black,"Delay_us(10)  = 00000 = 000.000 us");
  TFT_string(3,15,White,  Black,"Delay_us(100) = 00000 = 000.000 us");
  TFT_string(3,19,White,  Black,"Delay_ms(1)   = 00000 = 000.000 ms");
  TFT_string(3,21,White,  Black,"Delay_ms(10)  = 00000 = 000.000 ms");
  TFT_string(3,23,White,  Black,"Delay_ms(100) = 00000 = 000.000 ms");
  Rectangle(13,80, 306,208, White);
  Line(13,144, 306,144, White);

  while(1)
```

```
      { TCA1_SINGLE_CTRLD = 0x00;                 // TCA1 = normal mode
        TCA1_SINGLE_CTRLB = 0x00;
        TCA1_SINGLE_CTRLA = 0x01;                 // CLK_TCA1 = CLK_PER = 24MHz
        TCA1_SINGLE_CNT = 0x0000;                 // Delay_us(1)
        Delay_us(1);
        count = TCA1_SINGLE_CNT;
        TFT_color(Green,Black);
        TFT_xy(19,11);
        TFT_unsigned_decimal(count,0,5);
        TFT_xy(27,11);
        TFT_unsigned_float((float)count/24.,3,3);

        TCA1_SINGLE_CNT = 0x0000;                 // Delay_us(10)
        Delay_us(10);
        count = TCA1_SINGLE_CNT;
        TFT_xy(19,13);
        TFT_unsigned_decimal(count,0,5);
        TFT_xy(27,13);
        TFT_unsigned_float((float)count/24.,3,3);

        TCA1_SINGLE_CNT = 0x0000;                 // Delay_us(100)
        Delay_us(100);
        count = TCA1_SINGLE_CNT;
        TFT_xy(19,15);
        TFT_unsigned_decimal(count,0,5);
        TFT_xy(27,15);
        TFT_unsigned_float((float)count/24.,3,3);

        TCA1_SINGLE_CTRLD = 0x00;                 // TCA1 = normal mode
        TCA1_SINGLE_CTRLB = 0x00;
        TCA1_SINGLE_CTRLA = 0x0B;                 // CLK_TCA1 = 24MHz / 64
        TCA1_SINGLE_CNT = 0x0000;                 // Delay_ms(1)
        Delay_ms(1);
        count = TCA1_SINGLE_CNT;
        TFT_color(Cyan,Black);
        TFT_xy(19,19);
        TFT_unsigned_decimal(count,0,5);
        TFT_xy(27,19);
        TFT_unsigned_float((float)count*64./24./1000.,3,3);

        TCA1_SINGLE_CNT = 0x0000;                 // Delay_ms(10)
        Delay_ms(10);
        count = TCA1_SINGLE_CNT;
        TFT_xy(19,21);
        TFT_unsigned_decimal(count,0,5);
        TFT_xy(27,21);
        TFT_unsigned_float((float)count*64./24./1000.,3,3);

        TCA1_SINGLE_CNT = 0x0000;                 // Delay_ms(100)
        Delay_ms(100);
        count = TCA1_SINGLE_CNT;
        TFT_xy(19,23);
        TFT_unsigned_decimal(count,0,5);
        TFT_xy(27,23);
        TFT_unsigned_float((float)count*64./24./1000.,3,3);

        Delay_ms(390);
        LED_toggle();                             // blink LED1 and LED2
      }
  }
```

☞ 이 프로그램에서 μs 단위의 시간지연 함수 Delay_us()는 타이머 TCA1에 24MHz의 클록을 인가하고 이를 계수하는 방법으로 시간을 측정하므로 1/24MHz ≒ 0.0417[μs]의 분해능으로 지연시간을 측정할 수 있다. 또한, ms 단위의 시간지연 함수 Delay_ms()는 타이머 TCA1에 24MHz / 64 = 375kHz의 클록을 인가하고 이를 계수하는 방법으로 시간을 측정하므로 1/275kHz ≒ 2.67[μs] = 0.0027[ms]의 분해능으로 지연시

간을 측정할 수 있다. 만약 이들 함수를 호출하여 실행하는데 오버헤드가 없다면 ms 단위의 시간지연 함수 Delay_ms()에서는 1000μs를 지연시키도록 Delay_us() 함수를 호출하여 반복 루프를 만들었겠지만, 위의 프로그램을 실행하고 측정 결과를 보면서 998μs를 지연시키도록 Delay_us() 함수를 호출하는 것으로 최종 수정하였다.

5. 실습 과제

(1) C언어에서 << 및 >> 연산자의 기능을 설명하라.

(2) C언어에서 다음과 같은 표현식의 의미를 설명하라.

```
a += 1;    a -= 1;    a *= 1;    a /= 1;
a &= 1;    a |= 1;    a ^= 1;    a >>= 1;    a <<= 1;
```

(3) while(1) 문과 while(1); 문은 어떻게 다른지 설명하라.

(4) 예제 프로그램 Exp02_2.c에서 while(1);문을 사용하였을 경우와 for(;;);문을 사용하였을 경우에 각각 이 부분이 어떻게 어셈블리 언어 중간파일로 번역되는지 조사하여 설명하라.

(5) C언어의 반복처리 문에서 for(i = 1; i < 5; i++)와 for(i = 1; i <= 5; i++)는 어떻게 기능이 다른지 비교하여 설명하라.

(6) C언어의 switch~case문에서 default: break; 부분은 어떤 기능을 수행하는지 설명하라.

(7) 예제 프로그램 Exp02_6.c를 C컴파일러에서 최적화 옵션을 -O1로 지정하고 컴파일하면 Delay_us(); 함수가 어떻게 어셈블리 언어로 번역되는지 조사하라.

4.3 텍스트형 LCD 모듈 응용 프로그램

이 절에서는 *OK-128DA* 키트에서 사용하는 텍스트형 LCD 모듈의 구조, 기능, 사용 방법에 대하여 공부하고 이를 프로그램하는 기술을 익히기로 한다. 이 텍스트 LCD 모듈은 앞으로 이 책의 많은 예제에서 사용하므로 잘 알아두어야 한다.

관련 내용	(1) 제2.1절 병렬 I/O 포트 (2) 제3.1절 *OK-128DA* 키트의 구조와 기능

1. 텍스트 LCD 모듈의 특징

종래의 7세그먼트 LED(Light Emitting Diode)가 아라비아 숫자 및 16진수에 필요한 A~F 정도의 문자를 겨우 표현할 수 있는데 비하여, 텍스트 LCD(Liquid Crystal Display) 모듈은 모든 ASCII 문자들을 비교적 미려하게 표현할 수 있으므로 오늘날 전기/전자기기의 간단한 문자표시용 출력장치에 널리 사용된다. 그러나, 이러한 텍스트 LCD 모듈 소자는 LED처럼 스스로 발광하는 능력을 가지고 있지 않아서 주위의 조도가 낮은 곳에서는 사용하기 어렵고, 사람이 이를 보는 각도에 따라 시각적 특성이 달라지며, 일반적으로 5×7 도트로 1개의 문자를 표현하므로 영문 소문자의 g, j, p, q, y와 같은 문자들은 다소 어색하게 표시되는 단점이 있다. 이중에서 LCD 모듈이 발광능력이 없는 특성은 표시부의 배경 부분에 LED 등을 사용하여 밝게 조명을 하는 기능을 부착한 백라이트(backlight)형으로 보완되고 있다.

LCD 모듈은 LCD 패널과 LCD 컨트롤러 및 LCD 드라이버 IC를 1개의 기판에 모두 장착하여 하나의 일체형 단일 부품으로 만든 소자로서, 지정된 위치에 도트 매트릭스(dot matrix) 방식으로 ASCII 문자를 표시할 수 있는 텍스트형(text 또는 character type) LCD 모듈과 그래픽 방식으로 화면을 표시할 수 있는 그래픽형(graphic type) LCD 모듈 및 TFT-LCD형이 있다. 텍스트형은 표시문자가 ASCII 문자 정도로 제한되는 단점이 있으나, 대부분의 경우에 그 구조가 간단하고 사용 방법이 거의 표준화되어 있어 매우 편리하므로 오래 전부터 현재까지 널리 사용되어 오고 있다. 이에 비하여 TFT-LCD를 포함하는 그래픽형은 영문 ASCII 문자 이외에 한글이나 한자까지 자유롭게 표시할 수 있고 그밖에도 임의의 도형을 표시할 수 있으므로 최근에 들어서 그 사용이 폭발적으로 증가하였다. 그러나, 그래픽 LCD 모듈은 상대적으로 구조가 복잡하고 제조회사나 모델에 따라서 구조와 사용방법이 상당히 다른 경우가 많아서 사용이 불편하고 프로그래밍 과정이 번거롭다는 단점이 있다. 또한, 화면의 해상도가 높은 만큼 외형상 크기도 그래픽 LCD가 상대적으로 크며, 가격도 텍스트 LCD에 비하여 그래픽 LCD가 상당히 비싼 편이다.

<표 4.3.1>에는 표시문자 수에 따른 여러가지 텍스트 LCD 모듈의 종류를 보였으며, 또한 참고로서 <표 4.3.2>에는 전형적인 텍스트 LCD 모듈의 모델들을 보였다.

텍스트 LCD 모듈은 컨트롤러가 일본에서 처음으로 상용화되었기 때문에 ASCII 문자는 물론 일본어 문자가 기본 표시문자로 포함되어 있으나, 현재는 이것이 세계 각국에서 기본적으로 사용하는 디스플레이 소자가 되었으므로 모델에 따라서는 일본어 문자 대신에 다른 특수문자의 표시 기능을 가지는 제품도 많이 출시되고 있다.

〈표 4.3.1〉 텍스트 LCD 모듈의 종류

모 델	비 고
8문자×1행, 8문자×2행 16문자×1행, 16문자×2행, 16문자×4행 20문자×1행, 20문자×2행, 20문자×4행 24문자×1행, 24문자×2행, 24문자×4행 32문자×1행, 32문자×2행 40문자×1행, 40문자×2행, 40문자×4행	각 모델별로 백라이트형이 따로 있으며, 백라이트의 색에는 red, orange, amber, yellow, green 등이 있다.

〈표 4.3.2〉 전형적인 텍스트 LCD 모듈 제품의 예

모 델	문자수 (열×행)	외형 칫수 (W×H×D mm)	표시부 칫수 (W×H mm)	문자 폰트 (W×H dot)	문자 크기 (W×H mm)	LED 백라이트
ABC008001A	8×1	60×33×12.0	44.0×13.0	5×8	4.41×7.88	○
HY-0802B	8×2	40×29.5×12.5	31.0×14.5	5×8	2.70×4.35	○
GCB0802C	8×2	58×32×12.6	37.8×16.0	5×8	2.96×5.56	○
ABC0080002G	8×2	40×36.1×7.4	30.5×14.0	5×8	2.95×4.75	○
LC1611	16×1	80×36×14.0	64.6×16.0	5×8	3.07×6.56	○
WH1601A	16×1	80×36×13.2	66.0×16.0	5×8	3.07×6.56	○
ABC016002E	16×2	80×36×10.0	64.0×16.0	5×8	2.96×5.56	○
ABC016002F	16×2	85×30×13.5	65.0×17.2	5×8	2.95×4.35	○
LC1621-SMLYH6	16×2	80×36×14.0	64.6×16.0	5×8	2.95×5.55	○
LC1623	16×2	84×44×14.0	64.6×16.0	5×8	2.95×5.55	○
LMC1623A	16×2	80×36×14.0	64.5×14.0	5×8	2.95×4.35	○
ABC016004A	16×4	87×60×14.5	61.8×25.2	5×8	2.96×4.76	○
ABC020002A	20×2	116×37×13.0	85.0×19.8	5×8	3.20×5.55	○
GC2004C	20×4	146×62.5×13.5	123.0×42.5	5×8	4.85×9.23	○
HY-2004A	20×4	98×60×13.7	77.0×26.5	5×8	2.95×4.75	○
BC2402A	24×2	118×36×13.1	94.5×16.0	5×8	3.20×5.55	○
LC2421	24×2	118×36×14.0	93.5×15.8	5×8	3.20×5.55	○
LC4041	40×4	190×54×14.5	147.0×29.5	5×8	2.78×4.97	○
BC4004A	40×4	190×54×13.6	147.0×29.5	5×8	2.78×4.89	○

백라이트 기능을 갖는 LCD 모델의 경우에는 어두운 곳에서도 화면을 선명하게 볼 수 있다. 그러나, 이중에서 LED를 사용한 백라이트형 모델은 전체 소비전력이 크며, EL(Electro-Luminescence)이나 CCFL(Cold Cathode Fluorescent Lamp)형의 백라이트는 추가적으로 부피가 큰 전원장치를 요구하므로 이를 사용하려면 경제적 비용이 증가된다.

2. 텍스트 LCD 모듈의 구조

(1) 내부 구조

일반적으로 텍스트 LCD 모듈의 내부는 컨트롤러, 드라이버, LCD 패널, 백라이트 유닛 등으로 구성되며, 이것의 개략적인 구조를 보이면 <그림 4.3.1>과 같다. 보통 컨트롤러와 드라이버는 각각 별도의 LSI로 되어 있으나, 요즈음에는 이 기능들을 일체형으로 만든 반도체 소자도 출시되고 있다.

여기서는 모든 기술적인 사양들을 현재 널리 사용되고 있는 삼성전자의 LCD 컨트롤러 S6A0069(옛 모델명 KS0066) 및 드라이버 S6A0065(옛 모델명 KS0065) 모델을 중심으로 설명한다. LCD 컨트롤러/드라이버에는 이와 유사한 기능을 가지는 모델들이 많은데 이것들은 <표 4.3.3>에 정리하였다. 그러나, 다른 모델들의 경우에도 삼성전자의 모델들과 크게 다르지 않으므로 프로그램할 때는 기능이 같은 것으로 간주하고 사용하더라도 별로 문제가 없다.

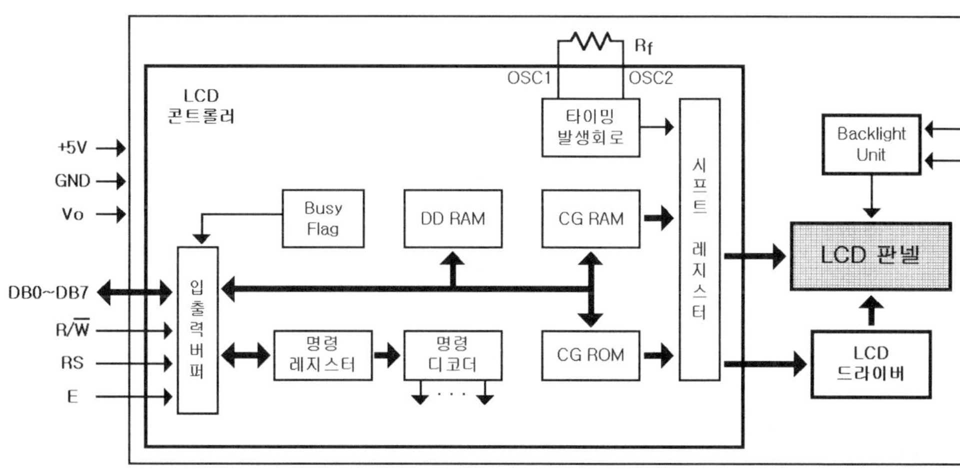

〈그림 4.3.1〉 텍스트 LCD 모듈의 내부 구조

〈표 4.3.3〉 텍스트 LCD 모듈의 컨트롤러 및 드라이버 LSI

반도체 회사	LCD 컨트롤러	LCD 드라이버
삼성전자	S6A0069(구 모델 KS0066)	S6A0065(구 모델 KS0065)
Hitachi	HD44780U	HD44100
Epson	SED1278	SED1181
Sitronix	ST7066	ST7065
Novatek	NT3881	NT3882

LCD 컨트롤러의 내부에는 표시할 문자 데이터를 저장하는 DD RAM, 이들 문자 코드를 실제로 표시할 문자 폰트로 변환하는 CG ROM, 사용자 정의 문자를 저장하는 CG RAM 등의 메모리를 내장하고 있다. 또한, LCD 모듈을 초기화하거나 제어하는데 사용되는 명령을 저장하는 명령 레지스터 및 이를 해독하는 명령 해독기가 있으며, 각 문자의 폰트를 시프트 레지스터에 의하여 수평 구동 신호와 수직 구동 신호로 변환하는 회로를 내장하고 있다.

LCD 모듈의 내부 동작을 위한 클록은 외부에서 OSC1 단자로 공급될 수도 있으나 대부분은 OSC1 및 OSC2 단자에 저항 Rf를 접속함으로써 내장된 클록발생회로에 의하여 만들어진다. +5V 전원을 사용하는 대부분의 LCD 모듈에서는 Rf = 91[kΩ]을 접속하여 발진 주파수를 270[kHz]로 사용한다.

(2) 외부 구조

텍스트 LCD 모듈의 외부 구조에는 여러가지의 형태가 있으나 이것들을 정리하면 대체로 <그림 4.3.2>와 같은 3가지로 나눌 수 있다. 상부 컨넥터형은 텍스트 LCD 모듈에서 가장 많이 사용되는 형태로서 14핀의 컨넥터가 좌측 상단에 위치하며, 백라이트가 있는 모델의 경우에는 이를 위한 2개의 핀이 LCD 모듈의 우측 또는 좌측편에 위치한다. 그러나, 나중에 백라이트 단자가 14핀 컨넥터에 나란히 이어서 16핀으로 구성되는 형태도 출시되었고, 현재는 별도의 백라이트 단자가 없이 14핀의 컨넥터 중에서 +5V 및 GND 단자를 통하여 LED 백라이트의 전원까지 공급되는 모델도 나오고 있다. *OK-128DA* 키트에서는 상부 컨넥터형 제품을 사용한다.

하부 컨넥터형은 LCD 모듈의 하단에 컨넥터가 위치하며, 대부분의 경우 오른쪽에서부터 1번 핀이 시작되는 것에 유의해야 한다. 요즈음에는 백라이트 단자를 포함한 16핀이 일렬로 배열되어 있으면서도 여기에 다시 좌측 또는 우측에 백라이트 단자인 15번 및 16번 핀이 중복하여 달려있는 모델도 있고, 하나의 모델에서 상부 컨넥터형과 하부 컨넥터형의 핀들을 모두 가지고 있는 제품도 출시되고 있다.

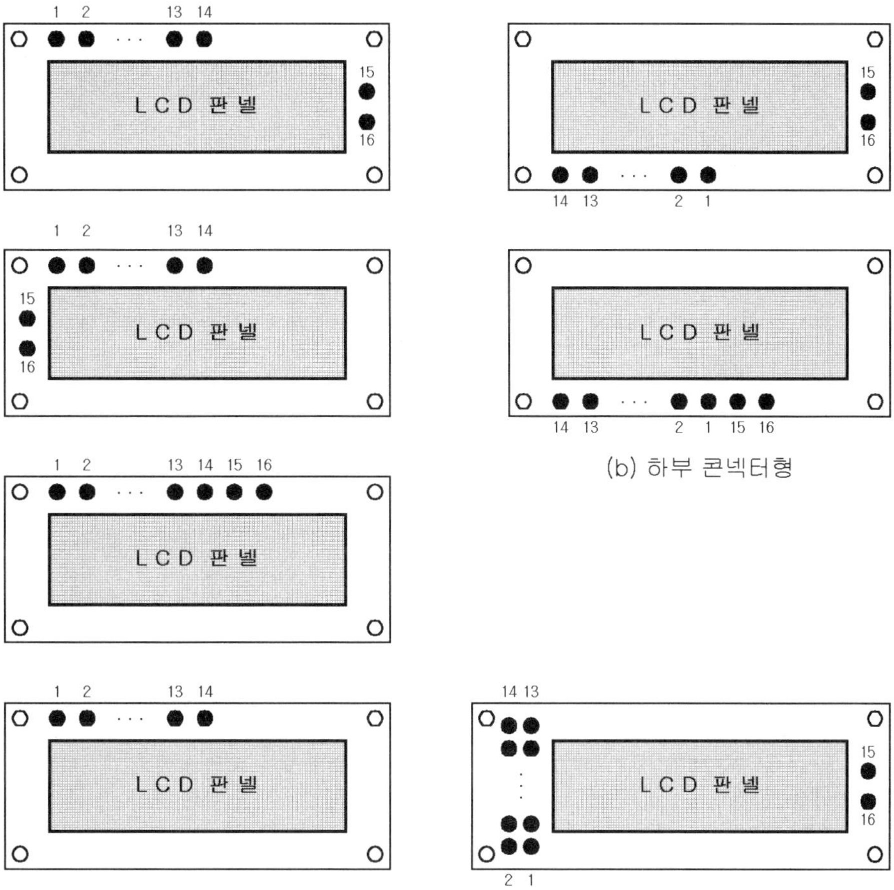

(a) 상부 콘넥터형
(b) 하부 콘넥터형
(c) 좌측 콘넥터형

〈그림 4.3.2〉 텍스트 LCD 모듈의 외부 구조

텍스트 LCD 모듈을 마이크로프로세서와 인터페이스하기 위한 14핀 컨넥터 및 백라이트 기능이 있는 모델의 경우에 추가되는 2개의 백라이트용 전원 단자를 요약하면 <표 4.3.4>와 같다. 여기서, LED 백라이트형 제품의 경우에는 15번 및 16번 핀이 각각 애노드(A ; Anode) 및 캐소드(K ; Cathode) 단자로 사용되지만, EL 백라이트 제품의 경우에는 이것들이 백라이트용의 교류전원 단자로 사용된다.

LCD 모듈에 외부에서 전원을 접속하는 방법의 예를 보이면 <그림 4.3.3>과 같다. 여기서 Vo는 화면의 밝기를 제어하는 단자로서 대부분 부전압(-)을 인가할수록 표시화면이 또렷해지는데, 대체로 Vdd-Vo = 4.2~4.6[V]가 적정한 수준이므로 그림의 (a)보다는 (b)처럼 처리하는 경우가 많으며, V_R=10[kΩ]~20[kΩ] 정도로 사용한다. 이를 더욱 간단히 하려면 Vo 단자를 수백[Ω] 정도의 저항을 통하여 GND에 풀다운시키면 된다. 그러나, 이렇게 하면 LCD 모듈의 모델에 따라 저항값이 다소 달라지는 경우가 있으므로 사용자가 화면을 보면서 시행착오법으로 이 저항값을 선정하여야 한다.

〈표 4.3.4〉 텍스트 LCD 모듈 인터페이스 컨넥터 핀의 기능

핀	신호명	기 능	
1	Vss	전원 GND	
2	Vdd	전원 +5V	
3	V_O	화면밝기 제어 동작전압, operating voltage ($Vdd-V_O$ = 4.2~4.6V)	
4	R_S	Register Select (1 = data register, 0 = instruction register)	
5	$R/\overline{W}$	Read/Write (1 = CPU ← LCD, 0 = CPU → LCD)	
6	E	Enable signal for read/write LCD	
7	DB0	(LSB)	
8	DB1	데이터 버스(4비트 인터페이스 모드에서는 DB7~DB4를 사용함)	
9	DB2		
10	DB3		
11	DB4		
12	DB5		
13	DB6		
14	DB7	(MSB)	
15	A/EL1	Anode : +LED(LED backlight용 전원 +3.9~4.4V)	EL 단자 1
16	K/EL2	Cathode : -LED(LED backlight용 전원의 GND)	EL 단자 2

☞ 4비트로 인터페이스하는 경우 DB7~DB4에는 상위 니블과 하위 니블의 순서로 데이터를 전송한다.

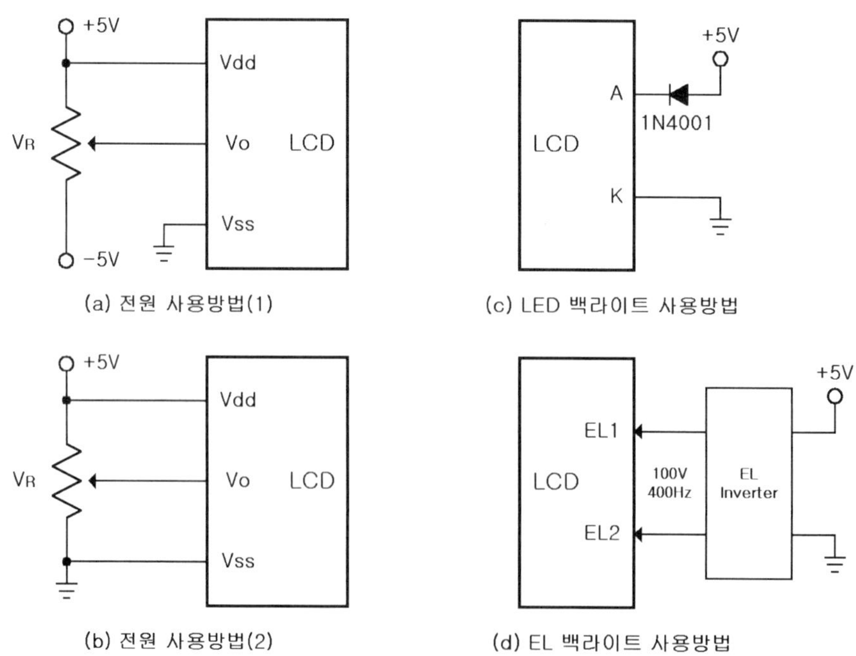

〈그림 4.3.3〉 텍스트 LCD 모듈의 전원 접속 방법

LED 백라이트에서는 전원에 직렬로 저항을 사용하는 방법이 일반적이지만, 백라이트용으로 +5V의 안정된 전원을 사용하는 경우에는 그림의 (c)처럼 직렬로 다이오드를 1개 연결하면 쉽게 백라이트 전원의 사양을 만족시킬 수 있는 좋은 방법이 된다.

그러나, EL 백라이트형 LCD 모듈의 경우에는 약 100V/400Hz 정도의 교류전원을 필요로 하므로 그림의 (d)에서처럼 EL 백라이트용의 인버터를 추가로 사용해야 한다. 이러한 인버터는 소형으로 +5V 직류 입력에 100V/400Hz 정도의 교류 출력을 갖는 제품들이 판매되고 있다.

(3) 동작 타이밍

텍스트 LCD 모듈을 마이크로프로세서와 접속할 때는 각 제어신호의 동작 타이밍을 세심하게 고려하여야 한다. 텍스트 LCD 모듈은 일반적인 주변 LSI들에 비하여 제어신호의 동작이 다소 특이하고 동작시간이 상당히 느린 편이므로 이를 마이크로프로세서에 접속할 때는 인터페이스 회로를 주의하여 설계하여야 한다.

LCD 모듈의 리드 및 라이트 동작시의 타이밍도를 보이면 <그림 4.3.4>와 같다. 여기서 표시된 타이밍값은 LCD 컨트롤러로서 Hitachi사의 HD44780U를 사용한 경우지만, 이 값들은 삼성전자의 S6A0069, Epson의 SED1278, Sitronix의 ST7066 등도 거의 유사하다.(그러나, 매우 오래된 HD44780S 모델은 동작이 이보다 훨씬 느리다.)

특히, 텍스트 LCD 모듈의 타이밍에서 주의할 사항은 액세스 시간이 길어서 최소한 인가해 주어야 하는 $R/\overline{W}$ 신호폭이 상당히 넓으므로 대부분의 마이크로프로세서에서 여러 개의 웨이트 사이클을 주어야 하며, 인에이블 신호 E에는 보통 칩선택 신호를 정논리로 하여 사용하므로 이보다 앞과 뒤로 펄스폭이 길어야 되는 $R/\overline{W}$ 신호에는 CPU의 $\overline{WR}$ 신호를 그대로 사용하면 동작 타이밍이 맞지 않는다는 것이다. 이러한 까다로운 타이밍 조건 때문에 대부분의 마이크로프로세서에서는 어드레스 디코더의 출력과 $\overline{RD}$ 및 $\overline{WR}$ 신호를 모두 조합하여 E 신호를 만들고, LCD 모듈의 Rs 및 $R/\overline{W}$ 신호에는 각각 CPU의 어드레스 신호 A1, A0을 사용하는 것이 좋다. 따라서, 이렇게 하면 텍스트 LCD 모듈의 리드 번지와 라이트 번지가 별도로 정해진다.

그러나, 오늘날 AVR128DA64와 같은 대부분의 마이크로컨트롤러에서는 외부 버스를 가지고 있지도 않을 뿐만 아니라, 시스템 클록 주파수가 높고 CPU의 동작이 너무 빨라서 텍스트 LCD 모듈이 요구하는 액세스 시간을 충족시키기 어렵기 때문에 이런 방법을 사용하기 곤란할 경우가 많으며, 이때는 병렬 I/O 포트를 사용하여 필요한 신호를 만들어주는 방식으로 인터페이스하는 것이 바람직하다.

동작 모드	타이밍	기호	Min.	Typ.	Max.	단위
Write Operation	Enable cycle time	t_{cycE}	500	–	–	ns
	Enable high level width	PW_{EH}	230	–	–	
	Enable rise/fall time	t_{Er}, t_{Ef}	–	–	20	
	Address setup time(Rs, R/$\overline{W}$, E)	t_{AS}	40	–	–	
	Address hold time (Rs, R/$\overline{W}$, E)	t_{AH}	10	–	–	
	Data setup time	t_{DSW}	80	–	–	
	Data hold time	t_H	10	–	–	
Read Operation	Enable cycle time	t_{cycE}	500	–	–	ns
	Enable high level width	PW_{EH}	230	–	–	
	Enable rise/fall time	t_{Er}, t_{Ef}	–	–	20	
	Address setup time(Rs, R/$\overline{W}$, E)	t_{AS}	40	–	–	
	Address hold time (Rs, R/$\overline{W}$, E)	t_{AH}	10	–	–	
	Data delay time	t_{DDR}	–	–	160	
	Data hold time	t_{DHR}	5	–	–	

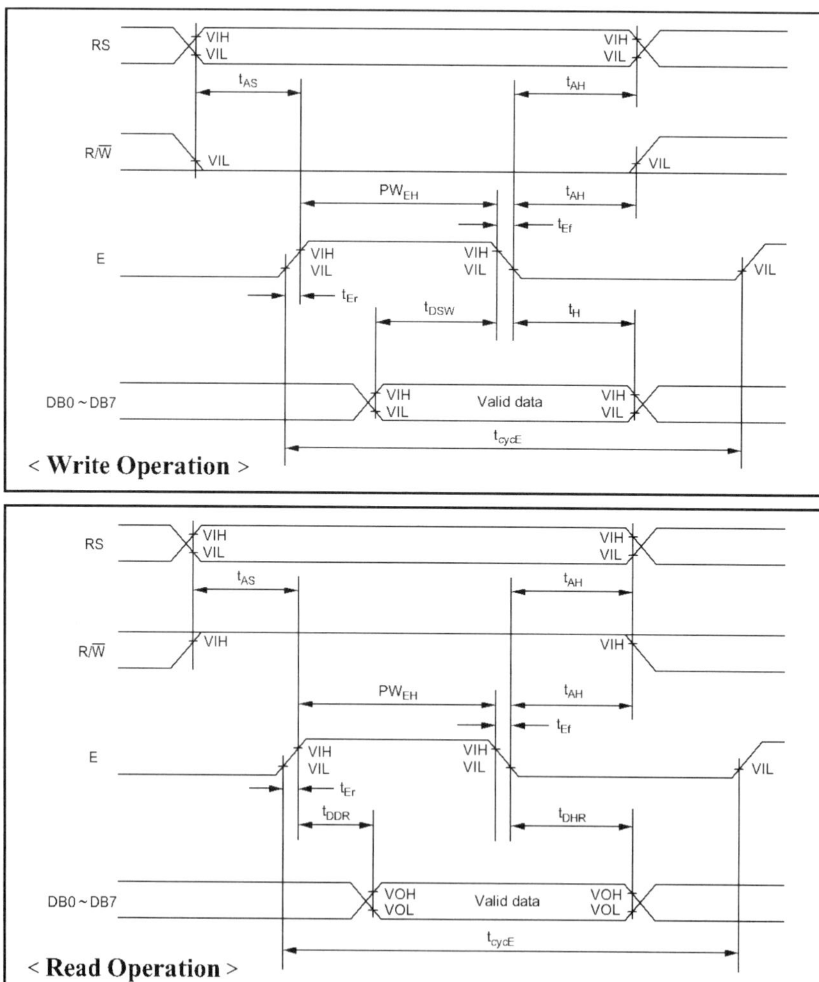

〈그림 4.3.4〉 텍스트 LCD 모듈의 동작 타이밍

3. 텍스트 LCD 모듈의 프로그래밍

(1) 제어 명령

텍스트 LCD 모듈을 사용하기 위한 제어 명령(Instruction 또는 Command)을 정리하면 <표 4.3.5>와 같다. 이들 명령은 마이크로프로세서가 텍스트 LCD를 초기화하거나 제어하는 프로그램에서 사용되며 데이터 버스 DB0~DB7을 통하여 전송된다.

텍스트 LCD 모듈이 각 명령을 받아 이를 실행하는데는 지정된 길이의 시간이 필요하므로 CPU는 그 다음의 명령이나 데이터를 보내기 전에 충분히 시간지연을 주어 대기하거나, 또는 LCD 모듈의 상태를 읽고 busy flag을 조사하여 앞에서 전송한 제어 명령의 실행이 완료되었는지의 여부를 확인하여야 한다. 이 표에 표시된 실행시간은 LCD 컨트롤러로서 Hitachi사의 HD44780U를 f_{osc}=270kHz에서 사용한 경우지만, 이 값들은 삼성전자의 S6A0069, Epson의 SED1278, Sitronix의 ST7066 등도 거의 유사하다.(이 동작 시간은 매우 오래된 HD44780S 모델에서도 이와 거의 유사하다.)

〈표 4.3.5〉 텍스트 LCD 모듈의 제어 명령표

기 능	제어 신호		제 어 명 령								실행 시간 (Max.)
	Rs	$R/\overline{W}$	DB7	DB6	DB5	DB4	DB3	DB2	DB1	DB0	
① Clear display	0	0	0	0	0	0	0	0	0	1	1.52 ms
② Return home	0	0	0	0	0	0	0	0	1	-	1.52 ms
③ Entry mode set	0	0	0	0	0	0	0	1	I/D	S	37 μs
④ Display ON/OFF control	0	0	0	0	0	0	1	D	C	B	37 μs
⑤ Cursor or display shift	0	0	0	0	0	1	S/C	R/L	-	-	37 μs
⑥ Function set	0	0	0	0	1	DL	N	F	-	-	37 μs
⑦ Set CG RAM address	0	0	0	1	CG RAM address						37 μs
⑧ Set DD RAM address	0	0	1	DD RAM address							37 μs
⑨ Read busy flag and address	0	1	BF	Address Counter							0 μs
Data write to CG RAM or DD RAM	1	0	write data								41 μs
Data read from CG RAM or DD RAM	1	1	read data								41 μs

☞ -는 Don't care 비트를 나타냄. 여기서 각 명령 동작의 실행시간은 f_{osc}=270kHz일 경우임.

① Clear display

모든 DD RAM 번지에 공백 문자(20H)를 써서 화면 전체를 지우고, 어드레스 카운터(address counter)를 DD RAM 어드레스 00H로 하여 커서를 home 위치로 한다. 또한 이 명령은 엔트리 모드에서 I/D=1로 강제 설정하는 기능을 포함한다.

② Return home

DD RAM의 내용은 변경하지 않고 어드레스 카운터를 00H로 하여 커서만을 home

위치로 보낸다.

③ Entry mode set

CPU가 LCD 모듈에 데이터를 리드하거나 라이트할 경우에 DD RAM 어드레스 즉 커서의 위치를 오른쪽으로 증가시킬 것인가(I/D=1) 왼쪽으로 감소시킬 것인가(I/D=0)를 결정하며, 또 이때 화면을 시프트할 것인지(S=1) 아닌지(S=0)를 지정한다.

④ Display ON/OFF control

현재 DD RAM의 내용이 화면에 표시되도록 ON/OFF하거나(D), 커서를 ON/OFF하거나(C), 커서를 깜박이게 할 것인지(B)의 여부를 지정한다. 커서가 깜빡이는 시간 간격은 f_{osc}=270kHz에서 약 380ms 정도이다.

⑤ Cursor or display shift

화면표시 내용은 변경하지 않는 상태에서 화면(S/C=1) 또는 커서(S/C=0)를 오른쪽(R/L=1) 또는 왼쪽(R/L=0)으로 시프트하도록 지정한다.

⑥ Function set

CPU와의 인터페이스에서 데이터의 길이를 8비트(DL=1) 또는 4비트(DL=0)로 지정하고, 화면표시 행수를 2행(N=1) 또는 1행(N=0)으로 지정하며, 문자의 폰트를 5×11 도트(F=1, 실제 표시는 5×10 도트) 또는 5×8 도트(F=0, 실제 표시는 5×7 도트)로 지정한다.

◀참고▶ CPU와 4비트 방식으로 인터페이스할 경우에는 DB4~DB7을 사용하며, 상위 4비트를 먼저 전송하고 하위 4비트를 나중에 전송해야 한다. 또한, 외형적으로 16문자×1행으로 되어 있는 텍스트 LCD 모듈은 소프트웨어적으로 8문자×2행의 구조를 가지므로 N=1로 설정해야 하는 것에 유의하라.

⑦ Set CG RAM address

CG RAM의 어드레스를 지정한다. 이후에 송수신하는 데이터는 CG RAM의 데이터이다.

⑧ Set DD RAM address

DD RAM의 어드레스를 지정한다. 이후에 송수신하는 데이터는 DD RAM의 데이터이다.

⑨ Read busy flag & address

텍스트 LCD 모듈이 내부 동작중임을 나타내는 busy flag(BF) 및 어드레스 카운터의 내용을 리드한다. LCD 모듈이 각 제어 코드를 실행하는데는 지정된 시간이 필요하므로 CPU는 다음 제어 코드를 보내기 전에 충분히 시간지연을 주어 대기하는 방법을 사용할 수도 있으며, CPU가 이 BF를 읽어서 이것이 1로 표시되어 있는 경우에는 계속 기다리고 0인 경우에는 다음 제어 코드를 보내는 방법을 사용하면 보다 효율적인 처리가 가능하다.

▣ 초기화 프로그래밍 순서 - 8비트 인터페이스의 경우

CPU와 텍스트 LCD 모듈 사이에 8비트 데이터 버스를 사용하여 인터페이스한 경우에 LCD 모듈에 전원을 투입하고 나서 이를 초기화하여 사용하는 과정을 요약하면 다음과 같다.

① 전원을 투입하거나 리셋 스위치를 누른다.
② 초기화를 수행하기 전에 최소한 30 ms 이상을 기다린다.
③ Function set 명령(0011****B)을 보내고, 4.1ms 이상을 기다린 후에 다시 Function set 명령(0011****B)을 보내며, 100μs 이상을 기다린 후에 다시 한번 Function set 명령(0011****B)을 보낸다. 이상의 3회 라이트 동작에서는 비지 체크를 수행하면 안된다.(*는 don't care)
④ Function set 명령(0011XX00B)을 보낸다.
⑤ Display ON/OFF control 명령(00001XXXB)을 보낸다.
⑥ Entry mode set 명령(000001XXB)을 보낸다.
⑦ DD RAM 어드레스를 보낸다.
⑧ 표시할 문자 데이터를 보낸다.
⑨ 필요할 경우 ⑦~⑧의 과정을 반복한다.

◀참고▶ 텍스트 LCD 모듈이 리셋되고 나서 내부적인 준비를 마치고 동작을 개시하려면 텍스트 LCD 모듈에 따라 약 15~30ms가 소요되므로 전원 투입 후나 리셋 후에 최초의 초기화 명령을 보내기 전에는 충분한 시간 지연을 주어야 한다. 텍스트 LCD 모듈에 따라서는 이것이 40~50ms 정도에 달하는 것도 있다. 이렇게 리셋 후에 약간의 대기 시간을 필요로 하는 것은 각 소자들이 리셋 신호를 인식하는 전압 레벨이 다르거나 리셋 후의 동작 과정이 소자마다 다른 것에 기인한다. 이 때문에 시스템 부팅시에는 최소한 50ms 정도의 충분한 시간 지연을 주는 것이 바람직하다.

◀참고▶ 위에서 ③번의 초기화 처리과정은 HD44780U, SED1278, ST7066 등에서만 해당된다. 그러나, 삼성전자의 S6A0069(또는 KS0066) LCD 컨트롤러에서는 이를 개선하였기 때문에 ③번 항목이 필요 없으므로 생략한다. 이는 아래에서 설명하는 4비트 인터페이스의 경우에도 동일하게 적용된다.

◀참고▶ 텍스트 LCD 모듈에 전원이 인가되었으나 초기화가 올바르게 되지 않은 상태에서는 첫번째 행의 모든 문자들이 검은 색으로 표시된다.

▣ 초기화 프로그래밍 순서 - 4비트 인터페이스의 경우

CPU와 텍스트 LCD 모듈 사이에 4비트 데이터 버스를 사용하여 인터페이스한 경우에 텍스트 LCD 모듈에 전원을 투입하고 나서 이를 초기화하여 사용하는 과정을 요약하면 다음과 같다.

① 전원을 투입하거나 리셋 스위치를 누른다.
② 초기화를 수행하기 전에 최소한 30ms 이상을 기다린다.
③ Function set 명령(0011****B)을 보내고, 4.1ms 이상을 기다린 후에 다시 Function set 명령(0011****B)을 보내며, 100μs 이상을 기다린 후에 다시 한번 Function set 명령(0011****B)을 보낸다. 이상의 3회 라이트 동작에서는 비지 체크를 수행하면 안된다.(*는 don't care)
④ Function set 명령(0010****B)을 8비트로 보낸다.
⑤ Function set 명령(0010XX00B)을 상위 4비트와 하위 4비트로 나누어 각각 DB7~DB4로 보낸다.
⑥ Display ON/OFF control 명령(00001XXXB)을 상위 4비트와 하위 4비트로 나누어 각각 DB7~DB4로 보낸다.
⑦ Entry mode set 명령(000001XXB)을 상위 4비트와 하위 4비트로 나누어 각각 DB7~DB4로 보낸다.
⑧ DD RAM 어드레스를 상위 4비트와 하위 4비트로 나누어 각각 DB7~DB4로 보낸다.
⑨ 표시할 문자 데이터를 상위 4비트와 하위 4비트로 나누어 각각 DB7~DB4로 보낸다.
⑩ 필요할 경우 ⑧~⑨의 과정을 반복한다.

◀참고▶ 텍스트 LCD 모듈이 리셋되고 나면 이것은 디폴트(default)로 8비트 인터페이스 모드로 동작하므로 ④에서 라이트한 Function set 명령은 텍스트 LCD 모듈이 비록 상위 4비트만을 받았더라도 8비트 모드로 처리된 것이다. 따라서, 텍스트 LCD 모듈이 이 명령의 하위 4비트까지 받도록 하려면 ⑤에서처럼 처음부터 4비트씩 다시 보내야만 한다. 이후의 모든 명령이나 데이터는 1바이트를 상위 4비트와 하위 4비트로 나누어 2차례에 전송해야 한다.

(2) DD RAM 어드레스

텍스트 LCD 모듈의 DD RAM은 표시할 문자들의 ASCII 코드 데이터가 저장되는 내부 메모리이며 모두 80개의 번지가 있는데, 화면의 각 행과 열의 문자 위치에는 고유한 어드레스값이 부여되어 있다.

그런데, 첫번째 행은 DD RAM 어드레스가 00H부터 시작되고 2번째 행은 항상 40H부터 시작되므로, 텍스트 LCD 모듈이 2행 이상으로 구성되는 경우에 각 행과 행 사이에는 어드레스가 연속하여 있지 않게 되어 주의하여야 한다. 또한, 물리적으로 4행으로 되어 있는 텍스트 LCD 모듈은 어드레스가 1행과 3행이 이어져 있고 2행과 4행이 이어져 있어서 논리적으로는 2행으로 동작한다.

텍스트 LCD 모듈의 각 모델에 따라 표시 문자의 위치에 대한 DD RAM의 어드레스를 보이면 <그림 4.3.5>와 같다.

	1															16
제1행	00	01	02	03	04	05	06	07	08	09	0A	0B	0C	0D	0E	0F

(a) 16문자×1행 (☞ 2행인 것처럼 설정할 것.)

	1															16
제1행	00	01	02	03	04	05	06	07	08	09	0A	0B	0C	0D	0E	0F
제2행	40	41	42	43	44	45	46	47	48	49	4A	4B	4C	4D	4E	4F

(b) 16문자×2행

	1															16
제1행	00	01	02	03	04	05	06	07	08	09	0A	0B	0C	0D	0E	0F
제2행	40	41	42	43	44	45	46	47	48	49	4A	4B	4C	4D	4E	4F
제3행	10	11	12	13	14	15	16	17	18	19	1A	1B	1C	1D	1E	1F
제4행	50	51	52	53	54	55	56	57	58	59	5A	5B	5C	5D	5E	5F

(c) 16문자×4행

	1																			20
제1행	00	01	02	03	04	05	06	07	08	09	0A	0B	0C	0D	0E	0F	10	11	12	13
제2행	40	41	42	43	44	45	46	47	48	49	4A	4B	4C	4D	4E	4F	50	51	52	53

(d) 20문자×2행

	1																			20
제1행	00	01	02	03	04	05	06	07	08	09	0A	0B	0C	0D	0E	0F	10	11	12	13
제2행	40	41	42	43	44	45	46	47	48	49	4A	4B	4C	4D	4E	4F	50	51	52	53
제3행	14	15	16	17	18	19	1A	1B	1C	1D	1E	1F	20	21	22	23	24	25	26	27
제4행	54	55	56	57	58	59	5A	5B	5C	5D	5E	5F	60	61	62	63	64	65	66	67

(e) 20문자×4행

	1																							24
제1행	00	01	02	03	04	05	06	07	08	09	0A	0B	0C	0D	0E	0F	10	11	12	13	14	15	16	17
제2행	40	41	42	43	44	45	46	47	48	49	4A	4B	4C	4D	4E	4F	50	51	52	53	54	55	56	57

(f) 24문자×2행

	1																						40
제1행	00	01	02	03	04	05	06	07	08	09	0A	0B	0C	0D	0E	0F	10	11	12	13	≈	25	26	27
제2행	40	41	42	43	44	45	46	47	48	49	4A	4B	4C	4D	4E	4F	50	51	52	53	≈	65	66	67

(g) 40문자×2행

〈그림 4.3.5〉 텍스트 LCD 모듈의 DD RAM 어드레스

〈그림 4.3.6〉 텍스트 LCD 모듈의 표시 문자 세트

(3) 표시 문자 세트

텍스트 LCD 모듈에서 화면에 표시할 수 있는 문자의 종류와 그 코드값을 보이면 <그림 4.3.6>과 같다. 표시 가능한 문자들 중에는 대부분의 ASCII 도형문자들이 포함되며, 기타 일본어 가나문자와 몇가지의 특수문자들이 포함된다. 그러나, 요즈음에는 대부분의 LCD 컨트롤러에서 일본어가 사용되던 위치에 다른 특수문자 세트를 가지는 여러가지 버전이 판매되고 있으며, 이러한 경우에도 00H~0FH의 사용자 정의문자 영역과 20H~7DH의 ASCII 문자 영역은 항상 동일한 구조를 갖는다.

문자 코드의 00H~0FH의 영역에는 64바이트의 CG RAM이 내장되어 있어서 사용자 정의문자를 저장하여 사용할 수 있다. 여기에는 최대 8문자(5×7 도트의 경우) 또는 4문자(5×10 도트의 경우)까지 사용자가 폰트를 정의할 수 있는데, 이는 당연히 전원이 투입된 후에 사용자에 의하여 새로 정의되어야 유효하므로 전원을 끄면 사용자 정의문자는 모두 소실되어 기억되지 않는다.

◀참고▶ 코드 영역 E0H~FFH는 5×10 도트용의 문자를 정의하는 영역인데, 여기서 g, j, p, q, y는 영문의 알파벳 소문자와 같으나, 원래의 알파벳의 소문자에서는 문자의 폰트를 5×7 도트로 사용하는데 비하여 이 문자들은 5×10 도트를 사용하므로 다른 일반 문자들보다 아래쪽으로 약간 길어진다. 그러나, 이 문자들을 5×7 도트형의 텍스트 LCD 모듈에서 사용하면 아래 부분이 모두 잘려서 보이지 않게 된다.

(4) 사용자 정의 문자

앞에서도 설명한 바와 같이 텍스트 LCD 모듈에는 LCD 컨트롤러가 내장되어 있는데, 이것의 내부에는 각종 제어회로와 DD RAM, CG ROM, CG RAM 등의 메모리를 함께 가지고 있다. CG ROM에는 모두 192개(일본어형) 또는 240개(유럽형)의 기본 문자 폰트(character font)를 가지고 있어서 사용자가 화면에 표시하고자 하는 문자 코드를 DD RAM에 써주기만 하면 이것에 해당하는 폰트가 자동으로 CG ROM에서 찾아져서 화면에 디스플레이된다.

그러나, 이처럼 CG ROM에 지정된 기본 문자 이외의 문자를 화면에 표시하려면 사용자 정의 문자를 만들어 사용할 수 있는데, 이와 같이 사용자 정의 문자를 지정하는데 사용하는 메모리가 CG RAM이며, 이 CG RAM에는 5×7 도트를 사용하는 경우에 최대 8문자까지 정의할 수 있고, 5×10 도트의 경우에는 최대 4문자까지 정의하여 사용할 수 있다. 이러한 사용자 정의 문자는 <그림 4.3.6>의 00H~0FH 영역에 할당되어 있는데 1문자가 2개의 코드 영역을 차지하므로 실제 코드값은 00H~07H(또는 08H~0FH)로 사용한다.

〈표 4.3.6〉 텍스트 LCD 모듈에서의 사용자 정의 문자 지정 방법

문자 코드(DD RAM data)	CG RAM address	CG RAM data(문자 폰트)
7 6 5 4 3 2 1 0	X X 5 4 3 2 1 0	7 6 5 4 3 2 1 0
0 0 0 0 X 0 0 0	0 1 0 0 0 0 0 0	X X X 1 0 0 0 0
	0 0 1	X X X 1 1 0 0 0
	0 1 0	X X X 1 1 1 0 0
	0 1 1	X X X 1 1 1 1 0
	1 0 0	X X X 1 1 1 0 0
	1 0 1	X X X 1 1 0 0 0
	1 1 0	X X X 1 0 0 0 0
	1 1 1	X X X 0 0 0 0 0
0 0 0 0 X 0 0 1	0 1 0 0 1 0 0 0	X X X 0 1 1 1 1
	0 0 1	X X X 0 1 0 0 1
	0 1 0	X X X 0 1 0 0 1
	0 1 1	X X X 0 1 0 0 1
	1 0 0	X X X 0 1 0 0 1
	1 0 1	X X X 0 1 0 0 1
	1 1 0	X X X 0 1 1 1 1
	1 1 1	X X X 0 0 0 0 0
0 0 0 0 X 0 1 0	0 1 0 1 0 0 0 0	X X X 0 1 0 0 0
	0 0 1	X X X 0 1 0 0 0
	0 1 0	X X X 0 1 0 0 0
	0 1 1	X X X 0 1 1 1 0
	1 0 0	X X X 0 1 0 0 0
	1 0 1	X X X 0 1 0 0 0
	1 1 0	X X X 0 1 0 0 0
	1 1 1	X X X 0 0 0 0 0
0 0 0 0 X 0 1 1	0 1 0 1 1 0 0 0	X X X 0 0 0 0 1
	0 0 1	X X X 0 0 0 1 0
	0 1 0	X X X 0 0 1 0 0
	0 1 1	X X X 0 1 0 0 0
	1 0 0	X X X 0 0 0 0 0
	1 0 1	X X X 0 0 0 0 0
	1 1 0	X X X 0 1 1 1 1
	1 1 1	X X X 0 0 0 0 0
0 0 0 0 X 1 0 0	0 1 1 0 0 0 0 0	X X X 1 0 0 0 0
	0 0 1	X X X 0 1 0 0 0
	0 1 0	X X X 0 0 1 0 0
	0 1 1	X X X 0 0 0 1 0
	1 0 0	X X X 0 0 0 0 0
	1 0 1	X X X 0 0 0 0 0
	1 1 0	X X X 1 1 1 1 0
	1 1 1	X X X 0 0 0 0 0
0 0 0 0 X 1 0 1	0 1 1 0 1 0 0 0	X X X 0 1 1 1 1
	0 0 1	X X X 0 1 0 0 0
	0 1 0	X X X 0 1 0 0 0
	0 1 1	X X X 0 1 1 1 1
	1 0 0	X X X 0 1 0 0 0
	1 0 1	X X X 0 1 0 0 0
	1 1 0	X X X 0 1 1 1 1
	1 1 1	X X X 0 0 0 0 0
0 0 0 0 X 1 1 0	0 1 1 1 0 0 0 0	X X X 0 0 1 0 0
	0 0 1	X X X 0 0 1 0 0
	0 1 0	X X X 0 0 1 0 0
	0 1 1	X X X 1 1 1 0 0
	1 0 0	X X X 0 0 1 0 0
	1 0 1	X X X 0 0 1 0 0
	1 1 0	X X X 0 0 1 0 0
	1 1 1	X X X 0 0 0 0 0
0 0 0 0 X 1 1 1	0 1 1 1 1 0 0 0	X X X 0 0 0 0 1
	0 0 1	X X X 0 0 0 1 1
	0 1 0	X X X 0 0 1 1 1
	0 1 1	X X X 0 1 1 1 1
	1 0 0	X X X 0 0 1 1 1
	1 0 1	X X X 0 0 0 1 1
	1 1 0	X X X 0 0 0 0 1
	1 1 1	X X X 0 0 0 0 0

☞ 여기서 X는 don't care를 의미함.

CG RAM에 사용자 정의 문자의 폰트를 작성해 넣으려면 초기화 과정에서 문자 코드와 문자 폰트를 <표 4.3.6>에 나타낸 방법으로 미리 설정해 두는 것이 좋다. 텍스트 LCD 모듈의 CG RAM에 프로그램으로 실제 사용자 정의 문자의 폰트를 작성해 넣는 방법을 요약하면 다음과 같다.

① 사용자 정의 문자 코드는 00H~0FH 영역에 해당되며, 이중에서 아래의 3비트만 유효하고 b3은 don't care이므로 실제 코드값은 00H~07H(또는 08H~0FH)로 지정해야 한다.

② 이 문자 코드의 아래 3비트 b2~b0는 그대로 CG RAM 어드레스의 b5~b3에 대응되고 CG RAM 어드레스의 그 나머지 비트 b2~b0에 의하여 문자코드 1개당 8개의 번지가 할당된다. <표 4.3.5>에서 보였던 바와 같이 CG RAM 어드레스를 지정하는 명령의 상위 2비트는 무조건 b7 = 0, b6 = 1로 된다.

③ 따라서, 예를 들어 문자 코드 00H의 문자 폰트를 써넣으려면 먼저 CG RAM 어드레스 지정 명령 40H(= 01000000B)를 instruction 번지(Rs = 0)에 쓰고, 다음에 8개의 CG RAM 데이터를 순서대로 data 번지(Rs = 1)에 쓴다.(여기서, CG RAM의 어드레스는 Entry mode set 명령에서 커서를 증가시키는 방향으로 설정하였다면 자동으로 1씩 증가되므로 8개의 폰트 데이터를 순서대로 써넣으면 되는 것이다.)
마찬가지로 문자 코드 01H의 문자 폰트를 써넣으려면 먼저 CG RAM 어드레스 지정 명령 48H(= 01001000B)를 instruction 번지(Rs = 0)에 쓰고, 다음에 8개의 CG RAM 데이터를 순서대로 data 번지(Rs = 1)에 쓴다.

④ 문자 폰트 데이터는 도트(dot)를 검게 표시하고 싶은 부분의 비트를 1로 하고 공백 부분은 0으로 한다. 5×8 도트의 경우에 마지막인 8번째 줄은 커서가 나타나는 위치로서 일반적으로 문자 표시에는 사용하지 않으므로 모두 0으로 한다. 이렇게 하면 실제의 문자 폰트는 5×7 도트로 구성된다.

⑤ <표 4.3.6>에서의 예는 문자 코드 00H~07H 영역에 차례로 8개의 문자 "▶", "ㅁ", "ㅏ", "ㅅ"(2문자), "ㅌ", "ㅓ", "◀"의 폰트를 설정하는 경우를 보인 것이다.

◀휴게실▶ 텍스트형 LCD 모듈과 그래픽형 LCD 모듈의 차이점

텍스트형과 그래픽형 LCD 모듈의 근본적인 차이점은 무엇일까? 이것은 아주 간단한 이야기지만, 사용자들이 이를 잘 구분하지 못하는 경우를 자주 보게 된다. 이를 분명히 알아두는 것이 LCD 모듈을 공부하는데 매우 중요한 키포인트가 될 것이므로 여기에서 설명하기로 한다.

텍스트 LCD 모듈에는 아래 <그림 4.3.7>의 (a)에서 보는 것처럼 1개의 텍스트 문자를 표시할 자리가 각 문자당 5×8 도트씩으로 미리 마련되어 있다. 예를 들어 16자×2행 짜리의 텍스트 LCD 모듈이라면 화면 전체에 이런 자리가 32개 있는 것이다. 이 각 문자 박스는 5×8 도트로 구성되지만 가장 아래의 도트 라인은 사용하지 않고 비워두므로 실제 문자의 크기는 5×7 도트로 되어 있다. 마지막 라인은 예를 들면 커서와 같은 특수한 용도로만 사용된다. 5×8 도트의 문자 박스들 사이에는 약간의 빈 공간이 있다. 문자와 문자 사이에 약간의 거리를 둠으로써 사람이 이를 읽을 때 가독성을 좋게 하기 위함이다. 도트 1개의 크기와 문자 사이의 이격 거리가 얼마인지는 LCD 모듈의 모델마다 다른데, 이는 각 텍스트 LCD 모듈의 데이터 시트에서 dot size, character size, character pitch 등의 사양을 보면 알 수 있다.

텍스트 LCD 모듈의 사용자가 각 문자 박스에 원하는 문자를 표시하려면 제어 명령으로 커서를 해당 위치로 지정하고 나서 그 문자의 **1바이트 ASCII 코드만을 출력**하면 된다. 즉, 사용자는 LCD 화면의 각 도트 하나하나를 직접 구동하지 않고 출력할 문자의 ASCII 코드만을 출력하면 LCD 컨트롤러가 그 문자에 해당하는 폰트를 내장 ROM에서 불러다가 화면에 표시한다. 이 때문에 텍스트 LCD 모듈에는 반드시 문자 발생기(character generator) ROM과 LCD 컨트롤러를 내장하고 있다.

이에 비하여 그래픽 LCD 모듈은 <그림 4.3.7>의 (b)에서 보는 것처럼 모든 도트들이 바둑판처럼 가로 세로가 일정한 간격의 배열로 되어 있어서 여기에 텍스트 문자든 그래픽이든 자유롭게 나타낼 수 있으며, 물론 화면에서 각 텍스트 문자를 표시할 자리도 따로 정해져 있지 않고 또한 문자의 크기를 일정하게 지정하지도 않는다.

그래픽 LCD 모듈에 텍스트 문자를 출력할 때는 사용자가 일일이 **도트 하나하나에 해당하는 데이터를 전송**하여 그래픽적인 방법으로 문자의 모양을 그려주어야 하며, 따라서 이와 같이 그래픽 LCD 모듈에서는 화면에 영문 ASCII 또는 한글 문자를 디스플레이하는 것만도 상당히 복잡한 프로그램을 필요로 하고 화면처리 시간도 오래 걸리므로 디스플레이 속도가 현저하게 느려진다. 일반적으로 단색 그래픽 LCD 모듈에서는 도트 1개에 1비트의 데이터가 대응되므로 좀 덜하지만 컬러 TFT-LCD 모듈에서는 각 픽셀(TFT-LCD에서는 1개의 화소를 도트가 아니라 픽셀이라고 부른다.)을 여러가지 원하는 색깔로 표시할 수 있어야 하므로 1픽셀당 여러 비트의 데이터가 대응된다. *OK-128DA* 키트에서 사용하는 TFT-LCD 모듈은 65,536가지의 컬러를 표시할 수 있으므로 1픽셀을 표시하기 위하여 16비트(2바이트)의 데이터를 전송해야 하며, 따라서 240×320 픽셀의 화면을 표시하려면 총 240×320×2=153,600 바이트의 엄청난 데이터를 전송해야 한다. 이 때문에 TFT-LCD 모듈을 사용하는 마이크로컨트롤러는 처리속도가 빨라야 하며, 때로는 TFT-LCD 디스플레이를 위한 전용의 LSI를 사용하여 하드웨어적인 방법으로 처리하기도 한다.

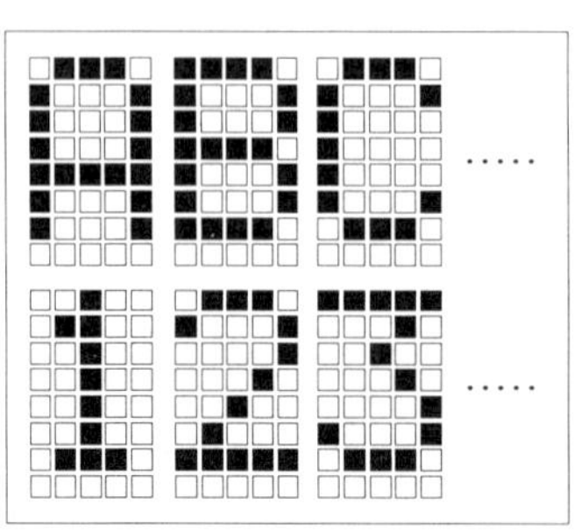

(a) 텍스트 LCD 모듈

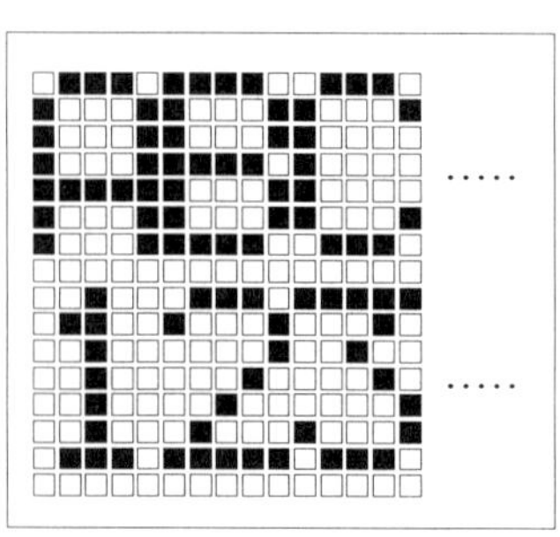

(b) 그래픽 LCD 모듈

<그림 4.3.7> 텍스트 LCD 모듈과 그래픽 LCD 모듈의 차이

(5) 헤더파일에서 지원하는 텍스트 LCD 모듈 관련 함수

OK-128DA 키트용의 기본 헤더파일 OK-128DA.h에서 제공하는 텍스트 LCD 모듈 관련 함수를 요약하면 <표 4.3.7>과 같다.

〈표 4.3.7〉 헤더파일 OK-128DA.h에 포함된 텍스트 LCD 관련 함수들의 요약

사용자 함수	기 능	입력 파라미터
LCD_initialize()	텍스트 LCD 모듈을 초기화한다.	-
LCD_command()	텍스트 LCD 모듈에 1개의 제어명령을 출력한다.	U08 command
LCD_data()	텍스트 LCD 모듈에서 현재의 커서 위치에 1문자를 표시한다.	U08 data
LCD_string()	텍스트 LCD 모듈에서 커서 위치를 지정하고 그 위치부터 문자열을 출력한다.	U08 command, char *string
LCD_binary()	텍스트 LCD 모듈에서 현재의 커서 위치부터 8비트 또는 16비트의 2진수를 표시한다.	U16 number, U08 digit
LCD_unsigned_decimal() LCD_signed_decimal()	텍스트 LCD 모듈에서 현재의 커서 위치부터 부호없는 10진수 또는 부호있는 10진수를 표시한다. (zerofill=1이면 선두의 무효 자리를 0으로 채운다.)	U32 number, U08 zerofill, digit
LCD_hexadecimal() LCD_0x_hexadecimal()	텍스트 LCD 모듈에서 현재의 커서 위치부터 16진수 또는 0x를 앞세운 16진수를 표시한다.	U32 number, U08 digit
LCD_unsigned_float() LCD_signed_float()	텍스트 LCD 모듈에서 현재의 커서 위치부터 부호없는 실수 또는 부호있는 실수를 표시한다. (integral=실수부 자리수, fractional=소수부 자리수)	float number, U08 integral, fractional

4. 텍스트 LCD 모듈의 기본 프로그램

텍스트 LCD 모듈을 사용하는 프로그램으로 먼저 이를 초기화하고 여기에 문자열을 출력하는 예제를 살펴본다. 이 예제에서는 텍스트 LCD를 초기화하고 여기에 16자 이내의 문자열을 기본 출력하는 방법과 16자 이상의 긴 행을 표시하고 이를 좌우로 시프트하는 방법을 공부한다.

〈프로그램 Exp03_1.c〉 텍스트 LCD 모듈 기본 출력 예제

```
/* ============================================================================ */
/*                Exp03_1.c : Basic Text LCD Display Program                    */
/* ============================================================================ */
/*                     Designed and programmed by Duck-Yong Yoon in 2022.       */

#include <avr/io.h>
#include "OK-128DA.h"

int main(void)
{
  unsigned char i;

  MCU_initialize();                             // initialize AVR128DA64 MCU
  Delay_ms(50);                                 // wait for system stabilization
  LCD_initialize();                             // initialize text LCD module
```

```
    while(1)
      { LCD_string(0x80," OK-128DA  V1.0 ");        // display logo
        LCD_string(0xC0,"   AVR128DA64   ");        // display message 1
        Beep();
        Delay_ms(2000);
        LCD_string(0xC0,"   2022/01/15   ");        // display message 2
        Beep();
        Delay_ms(2000);

        LCD_string(0x80,"0123456789ABCDEF0123456789ABCDEF"); // display long line
        LCD_string(0xC0,"Go shift left and right 16 times");
        Beep();
        Delay_ms(1000);

        for(i = 0; i < 16; i++)                     // shift left
          { LCD_command(0x18);
            Delay_ms(300);
          }
        Beep();
        Delay_ms(1000);

        for(i = 0; i < 16; i++)                     // shift right
          { LCD_command(0x1C);
            Delay_ms(300);
          }
        Beep();
        Delay_ms(1000);
      }
  }
```

☞ 처음에 마이크로컨트롤러가 시스템 리셋 후에 기동되고 나서 텍스트 LCD 모듈을 초기화하기 전에 수십 ms(여기서는 50ms)의 시간지연을 주어야 한다는 것을 기억하라. 이것은 전원을 투입한 후에 동작을 개시하는 시간이 대부분의 경우 마이크로컨트롤러보다 텍스트 LCD 모듈이 상당히 늦기 때문이다.

이 책에서 *OK-128DA* 키트용으로 제공하는 기본 헤더파일 OK-128DA.h에서 텍스트 LCD 모듈과 관련된 LCD_initialize(), LCD_command(), LCD_data(), LCD_string() 등의 함수에 대한 동작을 확실하게 이해하라.

5. 수치 데이터의 출력 프로그램

텍스트 LCD 모듈에 문자 데이터(character)가 아니라 수치 데이터(value)를 출력하여 디스플레이하려면 먼저 숫자의 각 자리(digit)에 해당하는 글자를 하나씩 ASCII 문자로 변환하여 출력해야 한다. 이는 상당히 복잡하며 정수의 경우와 실수의 경우가 다르고, 정수 중에서도 2진수, 10진수, 16진수의 처리 방식이 모두 다르다.

C언어에서 텍스트 LCD 모듈에 수치 데이터를 디스플레이하는 것은 다음과 같이 3가지의 방법으로 생각할 수 있다. 첫째는 수치 데이터를 출력할 때마다 이를 사용자 정의 함수로 만들어 사용하는 방법이고, 둘째는 *OK-128DA* 키트용의 기본 헤더파일 OK-128DA.h에서 이 책의 저자가 만들어 제공하는 함수를 사용하는 방법이며, 셋째는 C컴파일러에서 표준으로 제공하는 printf() 함수를 사용하는 방법이다. 이중에서 역시 가장 권장할만한 방법은 헤더파일 OK-128DA.h에서 제공하는 함수를 사용하는 것이며,

앞으로 이 책의 예제 프로그램에서는 이 방법을 기본으로 사용한다.

(1) 정수 데이터의 출력

먼저 수치 데이터 중에서 정수(integer number) 값을 텍스트 LCD 모듈에 디스플레이하는 프로그래밍 기술을 익혀보기로 한다.

이 예제는 첫번째 루틴에서 8비트 수치 데이터를 1~255 범위에서 1씩 증가시키면서 이를 10진수는 물론 16진수와 2진수로까지 텍스트 LCD 모듈에 동시에 표시한다. 두번째 루틴에서는 구구단을 나타내며, 세번째 루틴에서는 좀 더 큰 수치값을 취급해 보기 위하여 10자리 구구단을 표시한다.

▣ 사용자가 직접 수치 데이터 출력 함수를 만들어 사용하는 경우

사용자가 직접 수치 데이터를 출력하는 함수를 만들어 사용하는 방법으로 위와 같은 기능을 수행하는 프로그램을 작성하여 보면 다음과 같다. 이 방법은 내용적으로 그다지 어렵지는 않지만 정수나 실수에 대하여 표현할 수치 데이터의 크기나 자릿수에 따라 매번 그에 맞는 함수를 만들어 사용해야 하므로 상당히 번거롭다.

〈프로그램 Exp03_2.c〉 정수 데이터의 출력 예제(1)

```
/* ============================================================================ */
/*            Exp03_2.c : Integer Number Display on Text LCD Module             */
/* ============================================================================ */
/*                      Designed and programmed by Duck-Yong Yoon in 2022.      */

#include <avr/io.h>
#include "OK-128DA.h"

void LCD_2d(unsigned char number);            /* display 2-digit decimal number */
void LCD_3d(unsigned int number);             /* display 3-digit decimal number */
void LCD_4d(unsigned int number);             /* display 4-digit decimal number */
void LCD_2hex(unsigned char number);          /* display 2-digit hex number */
void LCD_8bin(unsigned char number);          /* display 8-bit binary number */

/* ----- 메인 프로그램 -------------------------------------------------------- */

int main(void)
{
  unsigned char i, j;

  MCU_initialize();                           // initialize AVR128DA64 MCU
  Delay_ms(50);                               // wait for system stabilization
  LCD_initialize();                           // initialize text LCD module
  TFT_initialize();                           // initialize TFT-LCD module
  TFT_string(11,2,White,Black,"실습 예제 Exp03_2.c");

  while(1)
    { LCD_string(0x80," INTEGER = 000  ");     // display 8-bit integer
      LCD_string(0xC0,"= 00H = 00000000");
      Beep();
```

```
      for(i = 1; i > 0; i++)                    // integer number from 1 to 255
        { LCD_command(0x8B);                    // decimal number
          LCD_3d(i);
          LCD_command(0xC2);                    // hexadecimal number
          LCD_2hex(i);
          LCD_command(0xC8);                    // binary number
          LCD_8bin(i);
          Delay_ms(250);
          if((i % 8) == 0) Delay_ms(750);
        }

      LCD_string(0x80," MULTI TABLE(1) ");      // display multiplication table(1)
      LCD_string(0xC0,"   0 x 0 = 00   ");
      Beep();

      for(i = 2; i <= 9; i++)
        for(j = 1; j <= 9; j++)
          { LCD_command(0xC3);                  // display multiplicand
            LCD_data(i+'0');
            LCD_command(0xC7);                  // display multiplier
            LCD_data(j+'0');
            LCD_command(0xCB);                  // display multiplication
            LCD_2d(i*j);
            Delay_ms(1000);
          }

      LCD_string(0x80," MULTI TABLE(2) ");      // display multiplication table(2)
      LCD_string(0xC0," 00 x 00 = 0000 ");
      Beep();

      for(i = 10; i <= 90; i += 10)
        for(j = 10; j <= 90; j += 10)
          { LCD_command(0xC1);                  // display multiplicand
            LCD_2d(i);
            LCD_command(0xC6);                  // display multiplier
            LCD_2d(j);
            LCD_command(0xCB);                  // display multiplication
            LCD_4d(i*j);
            Delay_ms(1000);
          }
    }
}
/* ----- 사용자 정의 프로그램 ------------------------------------------------ */

void LCD_2d(unsigned char number)               /* display 2-digit decimal number */
{
  unsigned char i;

  i = number/10;                                // 10^1
  if(i == 0) LCD_data(' ');
  else       LCD_data(i + '0');

  i = number % 10;                              // 10^0
  LCD_data(i + '0');
}

void LCD_3d(unsigned int number)                /* display 3-digit decimal number */
{
  unsigned int i;
  unsigned char flag;

  flag = 0;
  i = number/100;                               // 10^2
  if(i == 0)
    LCD_data(' ');
  else
   { LCD_data(i + '0');
     flag = 1;
   }

  number = number % 100;                        // 10^1
```

```
  i = number/10;
  if((i == 0) && (flag == 0))
    LCD_data(' ');
  else
    { LCD_data(i + '0');
      flag = 1;
    }

  i = number % 10;                          // 10^0
  LCD_data(i + '0');
}

void LCD_4d(unsigned int number)            /* display 4-digit decimal number */
{
  unsigned int i;
  unsigned char flag;

  flag = 0;
  i = number/1000;                          // 10^3
  if(i == 0)
    LCD_data(' ');
  else
    { LCD_data(i + '0');
      flag = 1;
    }

  number = number % 1000;                   // 10^2
  i = number/100;
  if((i == 0) && (flag == 0))
    LCD_data(' ');
  else
    { LCD_data(i + '0');
      flag = 1;
    }

  number = number % 100;                    // 10^1
  i = number/10;
  if((i == 0) && (flag == 0))
    LCD_data(' ');
  else
    { LCD_data(i + '0');
      flag = 1;
    }

  i = number % 10;                          // 10^0
  LCD_data(i + '0');
}

void LCD_2hex(unsigned char number)         /* display 2-digit hex number */
{
  unsigned char i;

  i = (number >> 4) & 0x0F;                 // 16^1
  if(i <= 9)
    LCD_data(i + '0');
  else
    LCD_data(i - 10 + 'A');

  i = number & 0x0F;                        // 16^0
  if(i <= 9)
    LCD_data(i + '0');
  else
    LCD_data(i - 10 + 'A');
}

void LCD_8bin(unsigned char number)         /* display 8-bit binary number */
{
  LCD_data(((number >> 7) & 0x01) + '0');   // 2^7
  LCD_data(((number >> 6) & 0x01) + '0');   // 2^6
  LCD_data(((number >> 5) & 0x01) + '0');   // 2^5
  LCD_data(((number >> 4) & 0x01) + '0');   // 2^4
  LCD_data(((number >> 3) & 0x01) + '0');   // 2^3
```

```
    LCD_data(((number >> 2) & 0x01) + '0');         // 2^2
    LCD_data(((number >> 1) & 0x01) + '0');         // 2^1
    LCD_data((number & 0x01) + '0');                // 2^0
  }
```

☞ 텍스트 LCD 모듈에 수치 데이터를 출력하려면 위에서와 같이 사용자 정의 함수에서 숫자의 각 자리를 1문자의 ASCII 코드로 변환하여 출력하면 된다. 원리를 알고 이해하면 이러한 루틴이 그다지 어려운 것은 아니기 때문에 필요할 때마다 이렇게 사용자 정의 함수를 만들어 사용할 수 있다.

10진수에서는 각 자리의 수가 0~9로 되지만, 16진수에서는 0~F로 되어야 하며, 2진수에서는 1비트가 1자리가 된다. 10진수는 10의 멱급수로 표시할 수 있으므로 각 자리는 10의 누승 데이터로 나눈 몫으로 구할 수 있으며, 이렇게 구한 각 자리의 수를 ASCII 문자로 변환하면 된다. 예를 들어 234는

$$234 = 2\times10^2 + 3\times10^1 + 4\times10^0$$

으로 표시되므로 100자리의 수는 234를 10^2에 해당하는 100으로 나눈 몫이며, 10자리의 수는 그 나머지를 다시 10^1에 해당하는 10으로 나눈 몫이고, 1자리의 수는 최종적인 나머지가 된다. 그러나, 16진수는 이보다 처리가 훨씬 용이하여 최하위 비트부터 4비트씩 끊어나가면 각 4비트 단위의 수가 그대로 1자리의 16진수로 된다. 10진수에서는 1~9의 숫자가 처음으로 나타나기 전에 왼쪽에 붙는 0은 의미가 없어서 표시하지 않는 것이 일반적이므로 이를 처리하기 위하여 flag이라는 변수를 사용하고 있는 부분에 주목해야 한다.

main 함수에서는 C언어의 for 문이나 while 문을 사용한 반복처리 기법을 확실히 이해하라. 구구단 루틴에서는 다중루프(nested loop)를 사용하고 있으니 주의하여 살펴보면서 프로그램의 흐름을 정확하게 파악하여야 한다.

위의 예제에서 변화하는 숫자들을 빠른 속도로 텍스트 LCD 모듈에 표시하면 사람의 눈으로 읽기가 거의 불가능하기 때문에 시간지연 루틴을 사용하여 약 1초의 간격으로 천천히 디스플레이하였다.

▣ 헤더파일 OK-128DA.h에서 제공하는 함수를 사용하는 경우

OK-128DA 키트용의 기본 헤더파일 OK-128DA.h에는 수치 데이터를 텍스트 LCD에 디스플레이하기 위한 사용자 함수를 만들어 제공한다. 이 출력함수는 표현할 수치 데이터의 자릿수를 파라미터로 지정하게 되어 있으므로 출력할 데이터의 길이에 상관없이 일반적으로 사용할 수 있다는 점에서 편리하며, 뒤에서 설명하는 C컴파일러의 printf() 함수를 사용하는 %서식 지정 방법에 비하여 훨씬 더 간편하고 실행속도가 빠르며 적은 메모리 용량을 차지한다는 점에서 우수하다. 앞으로의 예제 프로그램에서는 대부분 이 방법을 사용할 것이다.

위의 정수 출력 예제 프로그램 Exp03_2.c를 헤더파일 OK-128DA.h에서 제공하는 함수를 사용하여 수정하면 다음과 같다. 전체적으로 소스가 훨씬 간단해졌음을 알 수 있다.

〈프로그램 Exp03_3.c〉 정수 데이터의 출력 예제(2)

```
/* ============================================================================ */
/*           Exp03_3.c : Integer Number Display on Text LCD Module              */
/* ============================================================================ */
/*                        Designed and programmed by Duck-Yong Yoon in 2022.   */

#include <avr/io.h>
#include "OK-128DA.h"

int main(void)
{
  unsigned char i, j;

  MCU_initialize();                           // initialize AVR128DA64 MCU
  Delay_ms(50);                               // wait for system stabilization
  LCD_initialize();                           // initialize text LCD module
  TFT_initialize();                           // initialize TFT-LCD module
  TFT_string(11,2,White,Black,"실습 예제 Exp03_3.c");

  while(1)
    { LCD_string(0x80," INTEGER = 000  ");    // display 8-bit integer
      LCD_string(0xC0,"= 00H = 00000000");
      Beep();

      for(i = 1; i > 0; i++)                  // integer number from 1 to 255
        { LCD_command(0x8B);                  // decimal number
          LCD_unsigned_decimal(i,0,3);
          LCD_command(0xC2);                  // hexadecimal number
          LCD_hexadecimal(i,2);
          LCD_command(0xC8);                  // binary number
          LCD_binary(i,8);
          Delay_ms(250);
          if((i % 8) == 0) Delay_ms(750);
        }

      LCD_string(0x80," MULTI TABLE(1) ");    // display multiplication table(1)
      LCD_string(0xC0,"   0 x 0 = 00   ");
      Beep();

      for(i = 2; i <= 9; i++)
        for(j = 1; j <= 9; j++)
          { LCD_command(0xC3);                // display multiplicand
            LCD_data(i+'0');
            LCD_command(0xC7);                // display multiplier
            LCD_data(j+'0');
            LCD_command(0xCB);                // display multiplication
            LCD_unsigned_decimal(i*j,0,2);
            Delay_ms(1000);
          }

      LCD_string(0x80," MULTI TABLE(2) ");    // display multiplication table(2)
      LCD_string(0xC0," 00 x 00 = 0000 ");
      Beep();

      for(i = 10; i <= 90; i += 10)
        for(j = 10; j <= 90; j += 10)
          { LCD_command(0xC1);                // display multiplicand
            LCD_unsigned_decimal(i,0,2);
            LCD_command(0xC6);                // display multiplier
            LCD_unsigned_decimal(j,0,2);
            LCD_command(0xCB);                // display multiplication
            LCD_unsigned_decimal(i*j,0,4);
            Delay_ms(1000);
          }
    }
}
```

▣ C컴파일러의 printf() 함수를 사용하는 경우

WinAVR C컴파일러에서 표준으로 제공하는 printf() 함수를 사용하여 %서식 지정 방식으로 수치 데이터를 출력하도록 앞의 예제 프로그램 Exp03_3.c를 다시 작성하여 보면 다음과 같다. 단, C언어의 printf() 함수에는 2진수 출력 기능이 없으므로 이 부분은 헤더파일 OK-128DA.h에서 제공하는 함수를 사용하였다.

〈프로그램 Exp03_4.c〉 정수 데이터의 출력 예제(3)

```
/* ============================================================================ */
/*            Exp03_4.c : Integer Number Display on Text LCD Module             */
/* ============================================================================ */
/*                         Designed and programmed by Duck-Yong Yoon in 2022.   */

#include <avr/io.h>
#include <stdio.h>
#include "OK-128DA.h"

static int LCD_putchar(char c, FILE *stream);
static FILE device = FDEV_SETUP_STREAM(LCD_putchar, NULL, _FDEV_SETUP_WRITE);

static int LCD_putchar(char c, FILE *stream)    /* print a character to text LCD */
{
  if((c < 0x20) || (c > 0x7E))                  // check from 0x20 to 0x7E
    return 0;

  LCD_data(c);
  return 0;
}

int main(void)
{
  unsigned char i, j;

  MCU_initialize();                             // initialize AVR128DA64 MCU
  Delay_ms(50);                                 // wait for system stabilization
  LCD_initialize();                             // initialize text LCD module
  TFT_initialize();                             // initialize TFT-LCD module
  TFT_string(11,2,White,Black,"실습 예제 Exp03_4.c");

  stdout = &device;                             // set text LCD to stdout

  while(1)
    { LCD_string(0x80," INTEGER = 000  ");      // display 8-bit integer
      LCD_string(0xC0,"= 00H = 00000000");
      Beep();

      for(i = 1; i > 0; i++)                    // integer number from 1 to 255
        { LCD_command(0x8B);                    // decimal number
          printf("%3d",i);
          LCD_command(0xC2);                    // hexadecimal number
          printf("%02X",i);
          LCD_command(0xC8);                    // binary number
          LCD_binary(i,8);
          Delay_ms(250);
          if((i % 8) == 0) Delay_ms(750);
        }

      LCD_string(0x80," MULTI TABLE(1) ");      // display multiplication table(1)
      LCD_string(0xC0,"   0 x 0 = 00   ");
      Beep();

      for(i = 2; i <= 9; i++)
```

```
      for(j = 1; j <= 9; j++)
        { LCD_command(0xC3);                     // display multiplicand
          LCD_data(i+'0');
          LCD_command(0xC7);                     // display multiplier
          LCD_data(j+'0');
          LCD_command(0xCB);                     // display multiplication
          printf("%2d",i*j);
          Delay_ms(1000);
        }

    LCD_string(0x80," MULTI TABLE(2) ");         // display multiplication table(2)
    LCD_string(0xC0," 00 x 00 = 0000 ");
    Beep();

    for(i = 10; i <= 90; i += 10)
      for(j = 10; j <= 90; j += 10)
        { LCD_command(0xC1);                     // display multiplicand
          printf("%2d",i);
          LCD_command(0xC6);                     // display multiplier
          printf("%2d",j);
          LCD_command(0xCB);                     // display multiplication
          printf("%4d",i*j);
          Delay_ms(1000);
        }
  }
}
```

오늘날 대부분의 마이크로컨트롤러용 C컴파일러에서는 표준 printf() 함수를 지원하고 있으며 이것은 내부적으로 1문자를 출력하는 저수준의 스트림 출력(low-level stream output) 함수 putchar()를 사용하여 미리 지정된 장치로 %서식 지정 문자열을 출력한다. 따라서, 사용자는 이 putchar() 함수의 내용을 수정함으로써 사용자가 printf() 함수로 출력하는 장치를 임의로 변경할 수 있다. 디폴트 출력장치로는 흔히 직렬통신 포트를 사용하고 있지만, 이와 같이 printf() 함수를 수정하면 저수준 스트림 출력장치로서 RS-232C 직렬통신 포트는 물론이고 텍스트 LCD 모듈이나 TFT-LCD 모듈도 사용할 수 있다.

이와 같이 C언어 프로그램에서 printf() 함수를 사용하여 %서식 지정하는 데이터를 출력한다면 각종 출력장치의 액세스가 매우 편리해진다. 이를 이용하면 이제까지 우리가 텍스트 LCD 모듈의 출력 예제에서 했던 것처럼 수치 데이터를 출력하기 위하여 각종 사용자 정의 함수를 만들어 사용할 필요가 없기 때문이다.

그러나, 이와 같이 printf() 함수를 사용하여 %서식 지정으로 출력하는 방법은 사용하기에 편리한 장점이 있는 반면에 오브젝트 파일이 상당히 길어지고 그에 따라 이 출력 루틴의 실행속도가 낮아진다는 단점을 갖는다. 또한, printf() 함수에는 2진수 출력 기능을 지원하지 않는 불편함도 있다.

WinAVR C컴파일러를 포함하는 Microchip Studio에서 C언어로 프로그램을 작성할 때 printf() 함수를 사용하는 절차와 방법은 다음과 같다.

① 사용자 프로그램의 서두에서 헤더파일 stdio.h를 인클루드한다. printf() 함수에 관련된 모든 사항은 이 헤더파일에 정의되어 있다.

② 1문자를 출력하는 저수준 스트림 함수에서 사용할 주변장치를 초기화한다. 이는 보통 별도의 사용자 정의 함수로 만들어 사용하는 것이 좋다. 일반적으로 1문자를 출력하는 저수준 스트림 출력함수에는 해당 출력장치를 초기화하는 기능을 포함하지 않으므로 이를 별도로 미리 초기화해 놓아야 한다.

③ 1문자를 출력하는 저수준 스트림 출력함수 putchar()를 만든다. 이 함수에서는 모든 ASCII 문자를 출력할 수 있어야 한다.

④ 1문자를 출력하는 저수준 스트림 출력함수를 표준출력장치 stdout으로 지정한다. 하나의 프로그램에서 여러 개의 저수준 스트림 출력함수를 만들어 놓고 필요할 때마다 이것 중의 하나를 표준출력장치 stdout에 지정하면 여러 장치를 교대로 바꾸어 가면서 출력할 수 있다.

⑤ 사용자 프로그램에서 필요할 때 printf() 함수를 사용한다. 여기서는 일반적인 ANSI C 표준의 모든 %서식 지정이 사용될 수 있다.

WinAVR C컴파일러의 printf() 함수에서 사용할 수 있는 %서식 지정 형식을 요약하면 다음과 같다. 이는 ANSI C에서 표준으로 사용하는 %서식 지정 형식을 모두 포함하고 있다.

%[-][+][[0]w][.n][l]변환문자

% : 서식 제어 문자열의 시작을 의미한다.
- : 서식은 항상 필드의 오른쪽으로 정렬이 되지만 -를 붙이면 왼쪽으로 정렬된다.
+ : 필드의 서두에 항상 부호를 붙인다.
0 : 필드의 왼쪽 남는 자리를 공백으로 두지 않고 0을 채워서 표시한다.
w : 전체 수치 데이터 필드의 폭(field width)을 자리수로 나타낸다.
.n : 실수의 경우 소수점 이하의 자리수(precision)를 나타낸다.
l : long int형의 정수를 나타내며 변환문자 d, i, u, o, x의 앞에 붙을 수 있다.
ll : long long int형의 정수를 나타내며 변환문자 d, i, u, o, x의 앞에 붙을 수 있다.
변환문자 d 또는 i : 부호 있는 10진수(signed int)로 표시한다.
변환문자 u : 부호 없는 10진수(unsigned int)로 표시한다.
변환문자 o : 부호 없는 8진수(unsigned int)로 표시한다.
변환문자 x : 부호 없는 16진수(unsigned int)로 표시한다.(a~f를 소문자로 출력)
변환문자 X : 부호 없는 16진수(unsigned int)로 표시한다.(A~F를 대문자로 출력)
변환문자 f : 부동소수점 수(double)를 소수점을 포함하는 실수 형식으로 표시한다.
변환문자 e : 부동소수점 수(double)를 지수 형식으로 표시한다.(e를 소문자로 출력)

변환문자 E : 부동소수점 수(double)를 지수 형식으로 표시한다.(E를 대문자로 출력)
변환문자 g : 값에 따라 %f나 %e 중에서 적당한 방식으로 표시한다.
변환문자 G : 값에 따라 %f나 %E 중에서 적당한 방식으로 표시한다.
변환문자 c : 1문자(unsigned char)를 표시한다.
변환문자 s : 문자열(char *)을 표시한다.
변환문자 p : 포인터의 주소값(void *)을 표시한다.

```
예 printf("%5d\n", 123);              --->   123
   printf("%05d\n", 123);             ---> 00123
   printf("%-5d\n", 123);             ---> 123
   printf("%7.2f\n", 123.456);        --->  123.46
   printf("%07.2f\n", 123.456);       ---> 0123.46
   printf("%+7.2f\n", 123.456);       ---> +123.46
   printf("%10.2e\n", 123.456);       --->  1.23e+002
   printf("%10.2E\n", 123.456);       --->  1.23E+002
```

☞ 필드를 지정한 값이 실제 숫자의 폭보다 작으면 서식 지정은 무시되고 숫자 전체가 표시된다. 실수나 부동소수점 수에서 소수점 이하의 맨 아래 자리는 바로 그 아래에서 반올림하여 표시된다.

이렇게 C언어에서 표준의 printf() 함수를 사용하면 단순한 문자열이나 정수형 데이터를 %서식으로 지정하여 출력하는 기능은 기본적으로 아무 문제없이 수행된다. 그러나, 실수나 부동소수점수의 데이터를 %서식으로 지정하여 출력하려면 이 사용자 프로그램을 컴파일할 때 반드시 별도의 라이브러리 파일 libprintf_flt.a를 링크시켜 주어야 한다. 부동소수점 수를 처리하는 루틴은 상당히 큰 용량을 차지하므로 WinAVR에서는 이를 필요할 때만 사용자 프로그램에 링크할 수 있도록 별도의 라이브러리 파일로 만들어 놓았기 때문이다.

따라서, 만약 printf() 함수에서 실수나 부동소수점수의 데이터를 사용한다면 아래와 같이 링커 옵션을 설정해 주어야 한다. 여기서 l은 모두 아라비아 숫자 1이 아니라 영문 알파벳 L의 소문자라는데 유의해야 한다.

```
-Wl,-u,vfprintf -lprintf_flt -lm
```

이와 같은 옵션을 설정하려면 먼저 화면에서 Project → AVR128DA64 Properties... → Toolchain → AVR/GNU Linker → General 메뉴를 선택하면 <그림 3.2.27>과 같은 화면이 나타나는데, 여기서 Use vprintf library(-Wl,-u,vfprintf) 항목을 체크한다. 다음에는 AVR/GNU Linker → Miscellaneous 메뉴를 선택하면 <그림 3.2.28>과 같은 화면이 나타나는데, 여기서 Other Linker Flags: 항목에 -lprintf_flt -lm을 입력한다.

(2) 실수(부동소수점수) 데이터의 출력

다음에는 텍스트 LCD 모듈에 수치 데이터 중에서 실수(real number) 또는 부동소수점수(floating-point number)를 디스플레이하는 프로그래밍 기술을 공부한다.

▣ 헤더파일 OK-128DA.h에서 제공하는 함수를 사용하는 경우

실수의 경우에도 헤더파일 OK-128DA.h에 수치 데이터를 텍스트 LCD 모듈에 출력하기 위한 사용자 함수를 만들어 놓았다. 이 함수들은 출력할 데이터의 길이에 상관없이 일반적으로 사용할 수 있도록 표시할 정수부의 자리수와 소수부의 자리수를 사용자가 지정할 수 있도록 하였다. 헤더파일 OK-128DA.h에서 제공하는 출력 함수를 사용하여 실수의 구구단을 텍스트 LCD에 출력하는 프로그램은 다음과 같다.

〈프로그램 Exp03_5.c〉 실수 데이터의 출력(1)

```
/* ============================================================================ */
/*            Exp03_5.c : Floating Point Number Multiplication Table            */
/* ============================================================================ */
/*                        Designed and programmed by Duck-Yong Yoon in 2022.   */

#include <avr/io.h>
#include "OK-128DA.h"

int main(void)
{
  unsigned char i, j;
  float x, y;

  MCU_initialize();                             // initialize AVR128DA64 MCU
  Delay_ms(50);                                 // wait for system stabilization
  LCD_initialize();                             // initialize text LCD module
  TFT_initialize();                             // initialize TFT-LCD module
  TFT_string(11,2,White,Black,"실습 예제 Exp03_5.c");

  while(1)
    { Beep();
      LCD_string(0x80," FLOAT MULTIPLY ");     // display title
      LCD_string(0xC0,"0.0 x 0.0 =00.00");
      Delay_ms(1000);

      x = 0.0;                                  // initial floating-point number
      for(i = 1; i <= 9; i++)
        { x += 1.1;
          y = 0.0;
          for(j = 1; j <= 9; j++)
            { y += 1.1;
              LCD_command(0xC0);                // display multiplicand
              LCD_unsigned_float(x,1,1);
              LCD_command(0xC6);                // display multiplier
              LCD_unsigned_float(y,1,1);
              LCD_command(0xCB);                // display multiplication
              LCD_unsigned_float(x*y,2,2);
              Delay_ms(1000);
            }
        }
    }
}
```

▣ C컴파일러의 printf() 함수를 사용하는 경우

WinAVR C컴파일러에서 표준으로 제공하는 printf() 함수를 사용하여 %서식 지정 방식으로 수치 데이터를 출력하도록 앞의 예제 프로그램 Exp03_5.c를 다시 작성하여 보면 다음과 같다.

〈프로그램 Exp03_6.c〉 실수 데이터의 출력(2)

```
/* ============================================================================ */
/*            Exp03_6.c : Floating Point Number Multiplication Table            */
/* ============================================================================ */
/*                        Designed and programmed by Duck-Yong Yoon in 2022.   */

#include <avr/io.h>
#include <stdio.h>
#include "OK-128DA.h"

static int LCD_putchar(char c, FILE *stream);
static FILE device = FDEV_SETUP_STREAM(LCD_putchar, NULL, _FDEV_SETUP_WRITE);

static int LCD_putchar(char c, FILE *stream)    /* print a character to text LCD */
{
  if((c < 0x20) || (c > 0x7E))                 // check from 0x20 to 0x7E
    return 0;

  LCD_data(c);
    return 0;
}

int main(void)
{
  unsigned char i, j;
  float x, y;

  MCU_initialize();                            // initialize AVR128DA64 MCU
  Delay_ms(50);                                // wait for system stabilization
  LCD_initialize();                            // initialize text LCD module
  TFT_initialize();                            // initialize TFT-LCD module
  TFT_string(11,2,White,Black,"실습 예제 Exp03_6.c");

  stdout = &device;                            // set text LCD to stdout

  while(1)
    { Beep();
      LCD_string(0x80," FLOAT MULTIPLY ");     // display title
      LCD_string(0xC0,"0.0 x 0.0 =00.00");
      Delay_ms(1000);

      x = 0.0;                                 // initial floating-point number
      for(i = 1; i <= 9; i++)
        { x += 1.1;
          y = 0.0;
          for(j = 1; j <= 9; j++)
            { y += 1.1;
              LCD_command(0xC0);               // display multiplicand
              printf("%3.1f",x);
              LCD_command(0xC6);               // display multiplier
              printf("%3.1f",y);
              LCD_command(0xCB);               // display multiplication
              printf("%5.2f",x*y);
              Delay_ms(1000);
            }
        }
    }
}
```

6. 사용자 정의 문자 출력 프로그램

앞에서 설명한 것처럼 텍스트 LCD 모듈에는 5×7도트 크기로 최대 8문자까지의 사용자 정의 문자를 만들어 사용할 수 있다.

텍스트 LCD 모듈에 8글자의 사용자 정의 문자를 만들어 저장하고 이를 디스플레이하는 예제 프로그램은 다음과 같다. 이 예제에서는 텍스트 LCD 모듈에 8개의 사용자 정의 문자 "▶", "ㅁ", "ㅏ", "스"(연속된 2문자), "ㅌ", "ㅓ", "◀"의 폰트를 다운로드하고 이를 텍스트 LCD 모듈의 출력 문자열에 포함시켜 디스플레이한다. 여기에는 받침이 없는 한글 글자 "마스터"가 포함된다.

〈프로그램 Exp03_7.c〉 텍스트 LCD 모듈 사용자 정의 문자 출력 예제(1)

```
/* ============================================================================ */
/*        Exp03_7.c : User-Defined Character Display on Text LCD Module         */
/* ============================================================================ */
/*                          Designed and programmed by Duck-Yong Yoon in 2022.  */

#include <avr/io.h>
#include <avr/pgmspace.h>
#include "OK-128DA.h"

const unsigned char font[64] PROGMEM = {
  0x10, 0x18, 0x1C, 0x1E, 0x1C, 0x18, 0x10, 0x00,    // character 0 (left arrow)
  0x0F, 0x09, 0x09, 0x09, 0x09, 0x09, 0x0F, 0x00,    // character 1 (마)
  0x08, 0x08, 0x08, 0x0E, 0x08, 0x08, 0x08, 0x00,    // character 2
  0x01, 0x02, 0x04, 0x08, 0x00, 0x00, 0x0F, 0x00,    // character 3 (스)
  0x10, 0x08, 0x04, 0x02, 0x00, 0x00, 0x1E, 0x00,    // character 4
  0x0F, 0x08, 0x08, 0x0F, 0x08, 0x08, 0x0F, 0x00,    // character 5 (터)
  0x04, 0x04, 0x04, 0x1C, 0x04, 0x04, 0x04, 0x00,    // character 6
  0x01, 0x03, 0x07, 0x0F, 0x07, 0x03, 0x01, 0x00 };  // character 7 (right arrow)

void Set_user_font(void)                            /* set user character font */
{
  unsigned char i;

  LCD_command(0x40);                                // set CGRAM address
  for(i = 0; i < 64; i++)                           // download font data
     LCD_data(pgm_read_byte(&font[i]));
}

int main(void)
{
  MCU_initialize();                                 // initialize AVR128DA64 MCU
  Delay_ms(50);                                     // wait for system stabilization
  LCD_initialize();                                 // initialize text LCD module
  TFT_initialize();                                 // initialize TFT-LCD module
  TFT_string(11,2,White,Black,"실습 예제 Exp03_7.c");

  Set_user_font();                                  // set user character font

  while(1)
    { Beep();
      LCD_command(0x80);                            // display logo
      LCD_data(0x00);
      LCD_string(0x81," OK-128DA 1.0 ");
      LCD_data(0x07);

      LCD_string(0xC0,"AVR128DA64");                // display message 1
      LCD_data(0x01);
```

```
      LCD_data(0x02);
      LCD_data(0x03);
      LCD_data(0x04);
      LCD_data(0x05);
      LCD_data(0x06);
      Delay_ms(2000);

      LCD_string(0xC0,"   2022/01/15   ");        // display message 2
      Delay_ms(2000);

      LCD_string(0xC0," DUCK-YONG YOON ");        // display message 3
      Delay_ms(2000);
    }
}
```

☞ 사용자 정의 문자를 텍스트 LCD 모듈에 다운로드하는 동작은 Set_user_font() 함수에서처럼 각 문자의 CGRAM 번지를 지정하고 8바이트의 폰트 데이터를 라이트하면 된다. 여기서는 8문자의 폰트를 연속으로 다운로드하기 때문에 첫 문자의 CGRAM 번지를 한번만 지정하고 나서 64바이트의 폰트 데이터를 연속으로 라이트하도록 처리하였다.

폰트 데이터처럼 읽기만 하는 바이트 상수 데이터를 플래시 메모리에 저장하려면 const~PROGMEM 지시어를 사용하며, 이를 읽을 때는 pgm_read_byte() 함수를 사용한다. 이러한 기능을 사용하려면 헤더파일 <avr/pgmspace.h>를 인클루드시켜야 한다.

사용자 정의 문자에 해당하는 0x00~0x07의 문자들도 문자열에 해당되기는 하지만, 이것들은 C언어에서 문자열을 의미하는 " " 안에 ASCII 문자로 포함시킬 수 없기 때문에 직접 코드값으로 지정하여 LCD_data() 함수로 1글자씩 출력해야 한다.

위의 예제 프로그램에서는 상수인 폰트 데이터를 플래시 메모리에 저장하였다. 그러나, 만약 사용자 정의 문자의 폰트 데이터를 위에서처럼 플래시 메모리의 상수 테이블이 아니고 SRAM에 변수 테이블로 저장하여 사용하려면 프로그램을 아래와 같이 수정하면 된다.

〈프로그램 Exp03_8.c〉 텍스트 LCD 모듈 사용자 정의 문자 출력 예제(2)

```
/* ============================================================================ */
/*       Exp03_8.c : User-Defined Character Display on Text LCD Module          */
/* ============================================================================ */
/*                      Designed and programmed by Duck-Yong Yoon in 2022.      */

#include <avr/io.h>
#include "OK-128DA.h"

unsigned char font[64] = {
  0x10, 0x18, 0x1C, 0x1E, 0x1C, 0x18, 0x10, 0x00,    // character 0 (left arrow)
  0x0F, 0x09, 0x09, 0x09, 0x09, 0x09, 0x0F, 0x00,    // character 1 (마)
  0x08, 0x08, 0x08, 0x0E, 0x08, 0x08, 0x08, 0x00,    // character 2
  0x01, 0x02, 0x04, 0x08, 0x00, 0x00, 0x0F, 0x00,    // character 3 (스)
  0x10, 0x08, 0x04, 0x02, 0x00, 0x00, 0x1E, 0x00,    // character 4
  0x0F, 0x08, 0x08, 0x0F, 0x08, 0x08, 0x0F, 0x00,    // character 5 (터)
  0x04, 0x04, 0x04, 0x1C, 0x04, 0x04, 0x04, 0x00,    // character 6
  0x01, 0x03, 0x07, 0x0F, 0x07, 0x03, 0x01, 0x00 };  // character 7 (right arrow)

void Set_user_font(void)                       /* set user character font */
```

```
{
  unsigned char i;

  LCD_command(0x40);                              // set CGRAM address
  for(i = 0; i < 64; i++)                         // download font data
     LCD_data(font[i]);
}

int main(void)
{
  MCU_initialize();                               // initialize AVR128DA64 MCU
  Delay_ms(50);                                   // wait for system stabilization
  LCD_initialize();                               // initialize text LCD module
  TFT_initialize();                               // initialize TFT-LCD module
  TFT_string(11,2,White,Black,"실습 예제 Exp03_8.c");

  Set_user_font();                                // set user character font

  while(1)
    { Beep();
      LCD_command(0x80);                          // display logo
      LCD_data(0x00);
      LCD_string(0x81," OK-128DA 1.0 ");
      LCD_data(0x07);

      LCD_string(0xC0,"AVR128DA64");              // display message 1
      LCD_data(0x01);
      LCD_data(0x02);
      LCD_data(0x03);
      LCD_data(0x04);
      LCD_data(0x05);
      LCD_data(0x06);
      Delay_ms(2000);

      LCD_string(0xC0,"   2022/01/15   ");        // display message 2
      Delay_ms(2000);

      LCD_string(0xC0," DUCK-YONG YOON ");        // display message 3
      Delay_ms(2000);
    }
}
```

7. 실습 과제

(1) 헤더파일 OK-128DA.h에서 LCD_string() 함수의 동작을 상세하게 설명하라.

(2) 예제 Exp03_2.c의 함수 LCD_3d()에서 변수 flag이 하는 역할을 설명하라.

(3) 예제 프로그램 Exp03_3.c를 다음과 같이 16비트 수를 사용하여 1~65535 범위의 수를 반복적으로 표기하는 프로그램 Exp03_3R.c로 수정하라.

```
16-Bit Integer
0000H = 00000
```

4.4 키 입력 및 인터럽트 처리 프로그램

이 절에서는 *OK-128DA* 키트에 내장된 키 KEY1~KEY4의 입력을 수행하는 프로그램과 인터럽트 처리 프로그램을 작성하는 프로그래밍 기술을 익힌다.

관련 내용	(1) 제1.5절 AVR128DA64의 인터럽트 처리 (2) 제3.1절 *OK-128DA* 키트의 구조와 기능 (3) 제3.3절 WinAVR C컴파일러의 기능 요약

1. 키 입력 프로그램

OK-128DA 키트에는 외부 데이터 입력을 위하여 4개의 키 KEY1~KEY4를 가지고 있는데, 이들 키를 입력하는 기능은 매우 단순해 보이지만 여기에 원터치 입력 기술 및 디바운싱 기술을 적용하여 제대로 키를 읽는 프로그램 기술은 그다지 만만하거나 쉽지 않으므로 잘 익혀두어야 한다.

(1) 키 입력의 기본 원리

키(key)에는 여러 가지 종류가 있는데 마이크로프로세서 응용 시스템에서 사용하는 대부분의 키는 기계적인 방법으로 금속 접점을 ON/OFF시키는 구조로 되어 있으며, 이를 <그림 4.4.1>의 (a)와 같이 풀업 저항(pull-up resistor)과 함께 사용하여 키를 누르지 않았을 때는 논리적으로 H상태(+5V)의 출력을 발생하고 키를 눌렀을 때는 L상태(0V)의 출력을 발생하도록 하여 마이크로프로세서가 키 입력 여부를 확인할 수 있게 된다.

그러나, 이러한 기계적인 접점 방식으로 되어 있는 키를 누르거나 뗄 때는 접점 부분에서의 기계적인 진동(bouncing)에 의하여 출력 파형이 <그림 4.4.2>와 같은 형태로 되고, 이를 매우 빠르게 동작하는 마이크로프로세서가 읽어들이게 되면 키를 여러 번 누른 것으로 잘못 인식할 수 있다. 이러한 키 접점에서의 진동은 대부분 최대 약 20ms 정도 이내에 끝나는 것으로 알려져 있으나, 키 접점 부분이 오래되어 산화, 부식, 먼지 등으로 청결하지 못한 경우에는 이보다 더 길어질 수도 있다.

마이크로프로세서가 안정된 키 입력 동작을 수행하기 위해서는 이러한 키 접점에서의 진동을 제거해야 하는데 이를 **디바운싱**(debouncing)이라고 한다. 키 접점에서의 하드웨어적인 디바운싱 기법으로는 <그림 4.4.1>의 (b)처럼 저항 및 커패시터를 이용한 저역통과 필터(LPF ; Low-Pass Filter)를 사용하여 진동하는 신호를 완만하게 만들고, 여기에 슈미트 트리거(Schmitt Trigger) 회로를 추가하여 정확한 디지털 신호를 얻어내는 방법이 사용된다. 하지만, 이러한 하드웨어적인 디바운싱 방법은 추가적인 회로가 필요하게 되고, 따라서 퍼스널컴퓨터의 키보드(keyboard)처럼 키의 개수가 많을 때는 경제적인 부담과 수용 면적의 증가 때문에 이를 적용하기가 어렵다.

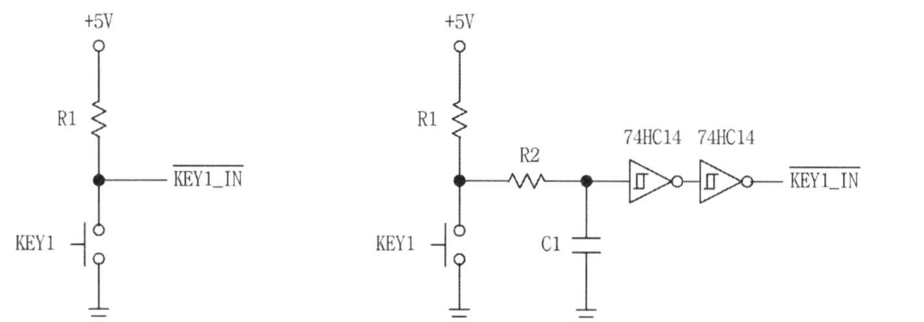

(a) 키입력 기본회로 (b) 하드웨어 디바운싱 기능을 갖는 키입력 회로

〈그림 4.4.1〉 키 입력 회로

〈그림 4.4.2〉 바운싱 현상이 포함된 키입력 신호

OK-128DA 키트에서 4개의 키를 입력하기 위한 동작을 정확히 이해하기 위하여 <그림 3.1.2>에 보였던 *OK-128DA* 키트의 회로도에서 키와 관련된 부분만을 발췌하여 다시 보이면 <그림 4.4.3>과 같다. 여기서 KEY1~KEY4 위쪽의 35kΩ은 마이크로컨트롤러 내부의 풀업 저항으로서, 키 KEY1~KEY4를 사용할 때는 이 풀업 저항을 설정하고 터치 패드 PAD1~PAD4를 사용할 때는 이를 설정하지 않는다.

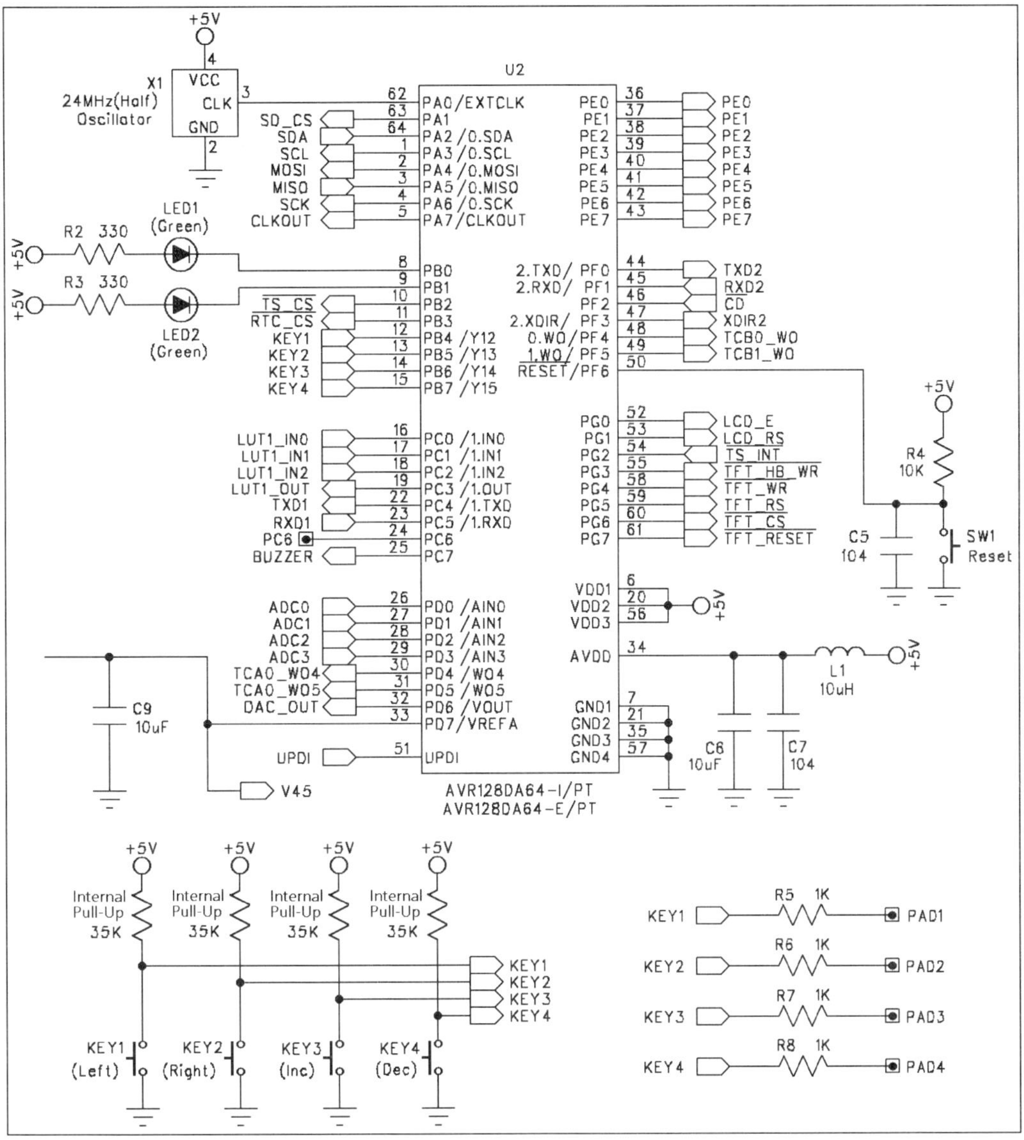

〈그림 4.4.3〉 *OK-128DA* 키트의 키 입력 관련 회로

소프트웨어적인 디바운싱 기법에서는 시간지연(time delay) 루틴을 이용한다. 즉, 키가 눌려질 때는 처음 L상태가 검출되면 약 20ms의 시간지연 후에 다시 L상태인 것을 확인하고 나서 키가 눌려진 것으로 인식하며, 반대로 키가 떼어질 때는 처음 H상태가 검출되면 약 20ms의 시간지연 후에 다시 H상태인 것을 확인하고 나서 키가 떼어진 것으로 인식하면 된다. 이러한 소프트웨어적인 디바운싱 방법은 마이크로프로세서의 키 스캔(scan) 동작에 따르는 처리시간이 부담되는 단점이 있지만, 키입력 회로

가 간단해지고 시스템에 유연성이 있으므로 널리 사용된다.

또한, 여기서 키를 누르는 시간이 길든 짧든 상관없이 이렇게 1번 눌러진 동작과 1번 떼어진 동작이 검출되어야만 키가 정확히 1번 입력된 것으로 처리하는데 이를 원터치(one touch) 입력 기능이라고 한다. 퍼스널컴퓨터에서는 키가 일정한 시간동안 계속하여 눌러져 있으면 이를 반복키(typematic key)로 처리하지만 범용 컴퓨터가 아닌 마이크로프로세서 응용 시스템에서는 이런 기능을 거의 사용하지 않는다.

이러한 키는 낱개로 몇 개 정도가 사용되는 경우도 있지만 많은 수의 키를 포함하는 전용 보드를 사용하기도 한다. 보통은 숫자키나 몇 개의 기능키 정도를 가지는 소규모 형태의 보드를 키패드(keypad)라고 하고, 알파벳키와 숫자키, 기능키 등을 가지는 완전한 형태의 보드를 키보드(keyboard)라고 한다.

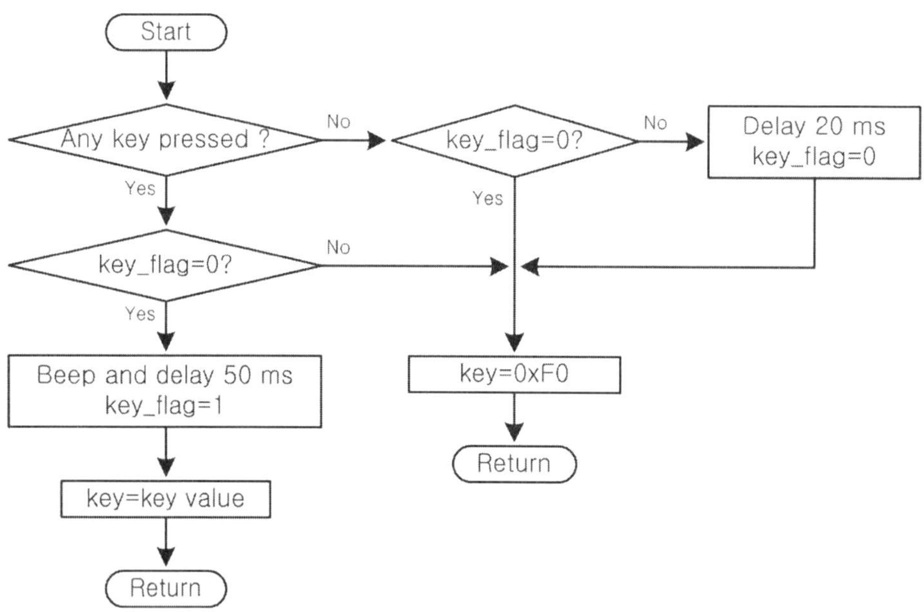

〈그림 4.4.4〉 키 입력 함수 Key_input()의 순서도

앞에서 설명한 소프트웨어적인 디바운싱 기법을 적용하여 *OK-128DA* 키트가 가지고 있는 4개의 키 KEY1~KEY4를 읽어들이는 루틴은 C언어 프로그램용의 기본 헤더파일 OK-128DA.h에 Key_input()이라는 함수로 작성하여 놓았으므로 사용자는 필요할 때 이를 호출하여 쉽게 키입력을 수행할 수 있다. 이 키 입력 함수 Key_input()의 동작을 보여주는 플로우차트는 <그림 4.4.4>와 같다. 키 입력 함수 Key_input()에는 소프트웨어적인 디바운싱 기능 및 원터치 입력 기능과 키를 누를 때마다 비프음을 울려주는

기능을 갖지만, Key_input_silent() 함수는 이중에서 비프음을 울리는 기능을 제외하였다. OK-128DA.h에서 제공하는 Key_input() 함수를 발췌하여 보이면 다음과 같다.

〈헤더파일 OK-128DA.h〉 이 헤더파일에서 발췌한 Key_input() 함수

```
#define KEY1            0xE0                    // KEY1 value
#define KEY2            0xD0                    // KEY2 value
#define KEY3            0xB0                    // KEY3 value
#define KEY4            0x70                    // KEY4 value
#define no_key          0xF0                    // no key input

unsigned char key_flag = 0;

unsigned char Key_input(void)                   /* input key KEY1 - KEY4 */
{
  unsigned char key;

  key = PORTB_IN & 0xF0;                        // any key pressed ?
  if(key == no_key)                             // if no key, check key off
    { if(key_flag == 0)
        return key;
      else
        { Delay_ms(20);
          key_flag = 0;
          return key;
        }
    }
  else                                          // if key input, check continuous key
    { if(key_flag != 0)                         // if continuous key, treat as no key input
        return no_key;
      else                                      // if new key, beep and delay for debounce
        { Beep();
          key_flag = 1;
          return key;
        }
    }
}

                    (이후 생략)
```

☞ 위 헤더파일의 Key_input() 함수에서 Beep(); 부분을 Delay_ms(20);으로 수정하면 Key_input_silent() 함수가 된다.

(2) 기본적인 키 입력 프로그램

이제 *OK-128DA* 키트에 내장된 4개의 키 KEY1~KEY4를 읽어서 현재 어느 키가 눌려졌는지를 확인하는 예제 프로그램을 살펴보기로 한다. 디바운싱 기능을 사용하지 않고 키 입력을 검출하여 그 키에 해당하는 병렬 I/O 포트 PORTB의 비트값을 TFT-LCD에 보여주는 프로그램을 작성하여 보면 다음과 같다.

〈프로그램 Exp04_1.c〉 디바운싱 기능을 사용하지 않은 키 입력 프로그램

```
/* ============================================================================ */
/*      Exp04_1.c : 키입력 값 표시(헤더파일의 키입력 함수를 사용하지 않음)      */
/* ============================================================================ */
/*                       Designed and programmed by Duck-Yong Yoon in 2022.   */

#include <avr/io.h>
#include "OK-128DA.h"

int main(void)
{
  unsigned char key;

  MCU_initialize();                              // initialize AVR128DA64 MCU
  Delay_ms(50);                                  // wait for system stabilization
  LCD_initialize();                              // initialize text LCD module
  TFT_initialize();                              // initialize TFT-LCD module

  PORTB_DIRCLR = 0xF0;                           // PB4~PB7 = input
  PORTB_PIN4CTRL = 0x08;                         // PB4 = use pullup resistor for KEY1
  PORTB_PIN5CTRL = 0x08;                         // PB5 = use pullup resistor for KEY2
  PORTB_PIN6CTRL = 0x08;                         // PB6 = use pullup resistor for KEY3
  PORTB_PIN7CTRL = 0x08;                         // PB7 = use pullup resistor for KEY4

  LCD_string(0x80," OK-128DA  V1.0 ");           // display title
  LCD_string(0xC0,"    Exp04_1.c    ");
  Beep();

  TFT_string_large(7,8,White,Magenta," 키입력 값 ");
  TFT_string_large(4,15,White,Black,"PORTB = 0b00000000");

  while(1)
    { key = PORTB_IN & 0xF0;                     // read PB4~PB7
      TFT_xy(14,15);                             // display value
      TFT_color(Cyan,Black);
      TFT_binary_large(key,8);
    }
}
```

☞ *OK-128DA* 키트에서 키 KEY1~KEY4는 각각 AVR128DA64의 병렬 I/O 포트 PB4~PB7 비트에 접속되어 있으며, 이를 위하여 MCU_initialize() 함수에서 이들 4개의 비트는 입력 핀으로 설정하고 풀업 저항을 사용하는 것으로 설정하였다. 그럼에도 불구하고 여기서는 이런 초기화의 필요성을 명확하게 보여주기 위하여 동일한 초기화를 한번 더 수행해주었다.

이 키트의 회로도를 보면 알 수 있듯이 누르지 않은 키는 논리값 1로 입력되고 누른 키는 논리값 0으로 입력된다. 키 입력 동작을 수행할 때 포트B의 나머지 비트들은 키 입력 동작과 아무런 관련이 없어서 무의미하므로 AND 마스킹의 선택적 리셋 기능을 사용하여 제거한다.

이 프로그램을 컴파일하여 다운로드하고 실행하라. 그리고, 키 KEY1~KEY4를 차례로 누르면서 TFT-LCD의 화면에 나타나는 비트값이 올바른지 관찰하라.

이번에는 기본 헤더파일 OK-128DA.h에서 제공하는 키 입력 함수 Key_input()을 사용하여 임의의 키를 입력하고, 이 키 입력에 따라 지정된 기능을 수행하는 프로그램을

작성하여 보면 다음과 같다. 이 함수에는 디바운싱 기능과 키를 1번 누르면 키 입력이 정확하게 1회만 검출되도록 하는 원터치 입력 기능을 가지고 있다.

〈프로그램 Exp04_2.c〉 디바운싱 기능을 사용한 키 입력 프로그램

```
/* ========================================================================== */
/*              Exp04_2.c : 헤더파일의 키입력 함수를 사용한 프로그램          */
/* ========================================================================== */
/*                        Designed and programmed by Duck-Yong Yoon in 2022.  */

#include <avr/io.h>
#include "OK-128DA.h"

int main(void)
{
  unsigned char key;

  MCU_initialize();                             // initialize AVR128DA64 MCU
  Delay_ms(50);                                 // wait for system stabilization
  LCD_initialize();                             // initialize text LCD module
  TFT_initialize();                             // initialize TFT-LCD module

  LCD_string(0x80," OK-128DA  V1.0 ");          // display title
  LCD_string(0xC0,"   Exp04_2.c    ");
  Beep();

  TFT_string(5, 9,White,Magenta," 키 KEY1 ~ KEY4를 누르시오 ! ");

  while(1)
    { key = Key_input();                        // key input
      switch(key)
        { case KEY1 : LED2_on();
                      TFT_string_large(7,18, Cyan,Black, "KEY1 is OK !");
                      Delay_ms(100);
                      LED2_off();
                      break;
          case KEY2 : LED2_on();
                      TFT_string_large(7,18, Cyan,Black, "KEY2 is OK !");
                      Delay_ms(100);
                      LED2_off();
                      break;
          case KEY3 : LED2_on();
                      TFT_string_large(7,18, Cyan,Black, "KEY3 is OK !");
                      Delay_ms(100);
                      LED2_off();
                      break;
          case KEY4 : LED2_on();
                      TFT_string_large(7,18, Cyan,Black, "KEY4 is OK !");
                      Delay_ms(100);
                      LED2_off();
                      break;
          default:    break;
        }
    }
}
```

(3) 키입력 카운트 프로그램

앞에서의 기본적인 키 입력 프로그램에서는 단지 키 입력을 확인하는 정도였으므로 그 내부에서 디바운싱 기능과 원터치 기능이 올바르게 수행되는지 여부를 느끼기

가 쉽지 않았다. 그러나, 다음의 키 입력 카운트 프로그램을 살펴보면 디바운싱 기능이나 키를 한번 눌렀을 때 정확히 키 입력이 1번만 인식되도록 하는 기능이 얼마나 중요한지를 알 수 있다.

▣ 디바운싱 기능을 사용하지 않은 경우

키 입력 동작에서 디바운싱 기능 및 원터치 기능을 사용하지 않고 키를 검출하여 각각의 키 입력 횟수를 TFT-LCD에 표시하는 프로그램을 작성하면 다음과 같다.

〈프로그램 Exp04_3.c〉 디바운싱 기능을 사용하지 않은 키 입력 카운트 프로그램

```
/* ============================================================================ */
/*          Exp04_3.c : 키입력 카운트(디바운싱 및 원터치 기능을 사용 안함)      */
/* ============================================================================ */
/*                        Designed and programmed by Duck-Yong Yoon in 2022.   */

#include <avr/io.h>
#include "OK-128DA.h"

int main(void)
{
  unsigned char key;
  unsigned int KEY1_count, KEY2_count, KEY3_count, KEY4_count;

  MCU_initialize();                          // initialize AVR128DA64 MCU
  Delay_ms(50);                              // wait for system stabilization
  LCD_initialize();                          // initialize text LCD module
  TFT_initialize();                          // initialize TFT-LCD module

  LCD_string(0x80," OK-128DA  V1.0 ");       // display title
  LCD_string(0xC0,"   Exp04_3.c    ");
  Beep();

  TFT_string(0,2, White,Magenta, "          키입력 카운트 프로그램          ");
  TFT_string(4,5, Cyan,Black, "(디바운싱 기능 X, 원터치 기능 X)");
  TFT_string_large(5,10, White,Black, "KEY1 입력 = 00000");
  TFT_string_large(5,14, White,Black, "KEY2 입력 = 00000");
  TFT_string_large(5,18, White,Black, "KEY3 입력 = 00000");
  TFT_string_large(5,22, White,Black, "KEY4 입력 = 00000");

  KEY1_count = 0;                            // initialize variables
  KEY2_count = 0;
  KEY3_count = 0;
  KEY4_count = 0;

  while(1)
    { key = PORTB_IN & 0xF0;                 // key input
      switch(key)
        { case KEY1 : LED1_on();
                      KEY1_count++;          // increment KEY1 count
                      TFT_xy(17,10);         // display KEY1 count
                      TFT_color(Green,Black);
                      TFT_unsigned_decimal_large(KEY1_count,1,5);
                      LED1_off();
                      break;
          case KEY2 : LED1_on();
                      KEY2_count++;          // increment KEY2 count
                      TFT_xy(17,14);         // display KEY2 count
                      TFT_color(Green,Black);
                      TFT_unsigned_decimal_large(KEY2_count,1,5);
```

```
                    LED1_off();
                    break;
        case KEY3 : LED1_on();
                    KEY3_count++;               // increment KEY3 count
                    TFT_xy(17,18);              // display KEY3 count
                    TFT_color(Green,Black);
                    TFT_unsigned_decimal_large(KEY3_count,1,5);
                    LED1_off();
                    break;
        case KEY4 : LED1_on();
                    KEY4_count++;               // increment KEY4 count
                    TFT_xy(17,22);              // display KEY4 count
                    TFT_color(Green,Black);
                    TFT_unsigned_decimal_large(KEY4_count,1,5);
                    LED1_off();
                    break;
        default:    break;
      }
    }
}
```

☞ 여기서는 키 입력 함수 Key_input()을 사용하지 않고 직접 병렬 I/O 포트 PORTB를 읽어 키를 검출하였으므로 디바운싱 기능이나 키입력을 1번만 수행하는 원터치 기능은 포함되지 않는다. 키 KEY1~KEY4를 누른 횟수는 각각의 변수에 저장되며, 이를 TFT-LCD 모듈에 5자리 10진수로 표시하였다.

이 프로그램을 컴파일하여 다운로드하고 실행하라. 그리고, 키 KEY1~KEY4를 차례로 누르면서 TFT-LCD 화면에 나타나는 카운트 값을 관찰하라. 디바운싱 기능과 키입력을 1회만 수행하는 원터치 기능이 포함되어 있지 않으므로 키를 분명히 1번만 눌렀는데도 카운트 값이 크게 마구잡이로 증가하는 것을 볼 수 있는가?

▣ 디바운싱 기능을 사용한 경우

이번에는 디바운싱 기능과 키 입력이 1회만 검출되도록 하는 원터치 기능을 사용한 키 입력 카운트 프로그램을 C언어로 작성하여 보면 다음과 같다.

〈프로그램 Exp04_4.c〉 디바운싱 기능을 사용한 키 입력 카운트 프로그램

```
/* ============================================================================ */
/*            Exp04_4.c : 키입력 카운트(디바운싱 및 원터치 기능을 사용함)         */
/* ============================================================================ */
/*                         Designed and programmed by Duck-Yong Yoon in 2022.   */

#include <avr/io.h>
#include "OK-128DA.h"

int main(void)
{
  unsigned char key;
  unsigned int KEY1_count, KEY2_count, KEY3_count, KEY4_count;

  MCU_initialize();                           // initialize AVR128DA64 MCU
  Delay_ms(50);                               // wait for system stabilization
```

```
	LCD_initialize();				// initialize text LCD module
	TFT_initialize();				// initialize TFT-LCD module

	LCD_string(0x80," OK-128DA  V1.0 ");		// display title
	LCD_string(0xC0,"   Exp04_4.c    ");
	Beep();

	TFT_string(0,2, White,Magenta, "          키입력 카운트 프로그램          ");
	TFT_string(4,5, Cyan,Black, "(디바운싱 기능 O, 원터치 기능 O)");
	TFT_string_large(5,10, White,Black, "KEY1 입력 = 00000");
	TFT_string_large(5,14, White,Black, "KEY2 입력 = 00000");
	TFT_string_large(5,18, White,Black, "KEY3 입력 = 00000");
	TFT_string_large(5,22, White,Black, "KEY4 입력 = 00000");

	KEY1_count = 0;				// initialize variables
	KEY2_count = 0;
	KEY3_count = 0;
	KEY4_count = 0;

	while(1)
	  { key = Key_input();				// key input
	    switch(key)
	      { case KEY1 : LED1_on();
			    KEY1_count++;		// increment KEY1 count
			    TFT_xy(17,10);		// display KEY1 count
			    TFT_color(Green,Black);
			    TFT_unsigned_decimal_large(KEY1_count,1,5);
			    LED1_off();
			    break;
		case KEY2 : LED1_on();
			    KEY2_count++;		// increment KEY2 count
			    TFT_xy(17,14);		// display KEY2 count
			    TFT_color(Green,Black);
			    TFT_unsigned_decimal_large(KEY2_count,1,5);
			    LED1_off();
			    break;
		case KEY3 : LED1_on();
			    KEY3_count++;		// increment KEY3 count
			    TFT_xy(17,18);		// display KEY3 count
			    TFT_color(Green,Black);
			    TFT_unsigned_decimal_large(KEY3_count,1,5);
			    LED1_off();
			    break;
		case KEY4 : LED1_on();
			    KEY4_count++;		// increment KEY4 count
			    TFT_xy(17,22);		// display KEY4 count
			    TFT_color(Green,Black);
			    TFT_unsigned_decimal_large(KEY4_count,1,5);
			    LED1_off();
			    break;
		default:    break;
	      }
	  }
}
```

☞ 여기서는 기본 헤더파일 OK-128DA.h에서 제공하는 키 입력 함수 Key_input()을 사용하여 디바운싱 기능과 키 입력을 정확히 1번만 수행하는 원터치 기능을 수행하였다. 키 KEY1~KEY4를 누른 횟수는 각각의 변수에 저장되며, 이를 TFT-LCD에 5자리 10진수로 표시하였다.

이 프로그램을 컴파일하여 다운로드하고 실행하라. 그리고, 키 KEY1~KEY4를 차례로 누르면서 TFT-LCD 화면에 나타나는 카운트 값을 관찰하라. 디바운싱 기능과 키 입력을 1회만 수행하는 원터치 기능이 포함되어 있으므로 키를 누를 때마다 해당 키의 카운트 값이 정확히 1씩 증가하는 것을 볼 수 있는가?

2. 인터럽트 처리 프로그램

표준의 C언어에서는 원천적으로 인터럽트와 같이 매우 하드웨어 의존적인 기능을 지원하지 않으므로 C컴파일러마다 인터럽트와 관련된 기능을 처리하는 방식이 상당히 다르다. WinAVR C컴파일러에서 인터럽트 처리함수는

```
ISR(vector)
{
  . . .
}
```

와 같은 형식으로 작성하며, 여기서 *vector*는 각 인터럽트에 고유하게 정해져 있는 인터럽트 벡터의 이름으로서 이는 앞의 <표 1.4.8>에서 보였다. 이 표에 정리한 인터럽트 벡터의 이름은 제3.3절에서 보였던 헤더파일 ioavr128da64.h에서 그렇게 정의한 것이다. 그러면 이 함수는 인터럽트 처리함수가 되므로 일반 사용자 함수와 달리 마지막에 RET 명령이 아니라 RETI 명령을 사용하도록 번역되고, 프로그램 메모리에서 해당 인터럽트 벡터 위치에 이 함수 위치로 점프하는 JMP 명령이 만들어져 위치한다. AVR128DA64에서는 인터럽트 처리가 시작되더라도 인터럽트를 요청한 주변장치의 인터럽트 플랙이 자동으로 0이 되지 않으므로 사용자가 인터럽트 함수에서 여기에 1을 써서 이 플랙 비트를 강제로 0으로 클리어시켜야 한다는 것에 유의해야 한다.

여기서는 *OK-128DA* 키트에서 키 KEY1~KEY4를 이용하여 PORTB의 외부 인터럽트를 발생시키고 인터럽트 처리함수에서 키 KEY1~KEY4를 확인하여 인식하는 예제 프로그램을 살펴보기로 한다. AVR128DA64에서는 모든 병렬 I/O 포트의 핀들이 인터럽트 입력 단자로 사용될 수 있으나, 각 8비트 포트에는 1개씩의 인터럽트 벡터를 가지고 있으므로 이처럼 키 KEY1~KEY4가 각각 PB4~PB7에 연결된 경우에는 키를 누르면 PORTB_PORT_vect 인터럽트가 발생하는데, 이 인터럽트 처리함수에서 병렬 I/O 포트의 PB4~PB7 비트를 읽어서 어느 키가 눌러졌는지를 확인해야 한다. 이밖에 타이머에 의한 인터럽트 처리 기술은 제4.10절에서 따로 공부한다.

(1) 레벨 트리거 방식의 외부 인터럽트

이제 레벨 트리거(level trigger) 방식으로 AVR128DA64의 외부 인터럽트를 발생시

키는 예를 살펴보기로 한다. 이 동작은 <그림 4.4.3>의 *OK-128DA* 키트 회로도와 함께 이해하는 것이 필요하다.

▣ 디바운싱 및 원터치 입력 기능을 사용하지 않은 경우

먼저 *OK-128DA* 키트에서 키 KEY1~KEY4를 눌러서 레벨 트리거 방식으로 외부 인터럽트를 발생시키고, 이 인터럽트가 발생할 때마다 인터럽트 처리함수에서 디바운싱 기능과 원터치 입력 기능을 적용하지 않고 키 KEY1~KEY4 중에서 어느 키가 눌렸는지를 확인하여 각 키의 누적 입력 횟수를 TFT-LCD의 화면에 표시하는 프로그램이다.

〈프로그램 Exp04_5.c〉 레벨 트리거 방식에 의한 키 입력 인터럽트 처리 프로그램(1)

```
/* ============================================================================ */
/*   Exp04_5.c : 키 입력 인터럽트 프로그램 (레벨 트리거, 디바운싱을 사용하지 않음)  */
/* ============================================================================ */
/*                       Designed and programmed by Duck-Yong Yoon in 2022.   */

#include <avr/io.h>
#include <avr/interrupt.h>
#include "OK-128DA.h"

volatile unsigned char key, interrupt_flag;
volatile unsigned int KEY1_count, KEY2_count, KEY3_count, KEY4_count;

ISR(PORTB_PORT_vect)                            /* KEY1~KEY4 interrupt function */
{
  LED1_on();                                    // LED1 on

  key = PORTB_IN & 0xF0;                        // increment count by each key
  if(key == KEY1)       KEY1_count++;
  else if(key == KEY2) KEY2_count++;
  else if(key == KEY3) KEY3_count++;
  else if(key == KEY4) KEY4_count++;
  interrupt_flag = 1;

  LED1_off();                                   // LED1 off

  PORTB_INTFLAGS = 0xF0;                        // clear interrupt flags
}

int main(void)
{
  MCU_initialize();                             // initialize AVR128DA64 MCU
  Delay_ms(50);                                 // wait for system stabilization
  LCD_initialize();                             // initialize text LCD module
  TFT_initialize();                             // initialize TFT-LCD module

  LCD_string(0x80," OK-128DA  V1.0 ");          // display title
  LCD_string(0xC0,"   Exp04_5.c    ");
  Beep();

  TFT_string(0,2, White,Magenta, "        키 입력 인터럽트 프로그램        ");
  TFT_string(4,5, Cyan,Black, "(레벨 트리거), (디바운싱 기능 X)");
  TFT_string_large(5,10, White,Black, "KEY1 입력 = 00000");
  TFT_string_large(5,14, White,Black, "KEY2 입력 = 00000");
  TFT_string_large(5,18, White,Black, "KEY3 입력 = 00000");
  TFT_string_large(5,22, White,Black, "KEY4 입력 = 00000");
```

```
    PORTB_DIRCLR = 0xF0;                        // PB4~PB7 = input
    PORTB_PIN4CTRL = 0x0D;                      // PB4(KEY1) = low-level interrupt
    PORTB_PIN5CTRL = 0x0D;                      // PB5(KEY2) = low-level interrupt
    PORTB_PIN6CTRL = 0x0D;                      // PB6(KEY3) = low-level interrupt
    PORTB_PIN7CTRL = 0x0D;                      // PB7(KEY4) = low-level interrupt
    sei();                                      // global interrupt enable

    interrupt_flag = 0;                         // initialize variables
    KEY1_count = 0;
    KEY2_count = 0;
    KEY3_count = 0;
    KEY4_count = 0;

    while(1)
      { if(interrupt_flag == 1)                 // interrupt ?
          { interrupt_flag = 0;
            TFT_color(Green,Black);
            TFT_xy(17,10);                      // display KEY1 count
            TFT_unsigned_decimal_large(KEY1_count,1,5);
            TFT_xy(17,14);                      // display KEY2 count
            TFT_unsigned_decimal_large(KEY2_count,1,5);
            TFT_xy(17,18);                      // display KEY3 count
            TFT_unsigned_decimal_large(KEY3_count,1,5);
            TFT_xy(17,22);                      // display KEY4 count
            TFT_unsigned_decimal_large(KEY4_count,1,5);
          }
      }
  }
```

☞ AVR128DA64에서는 인터럽트 처리가 시작되더라도 주변장치의 인터럽트 플랙 비트를 자동으로 클리어하지 않으므로 인터럽트 처리 함수의 마지막 부분에서 PORTB_INTFLAGS = 0xF0; 명령으로 4개의 키 입력에 의한 인터럽트 플랙을 0으로 클리어시켜 주고 있는 것에 주목해야 한다. 만약 이 명령을 사용하지 않는다면 1번만 키를 누르면 이 플랙 비트가 계속 1로 유지되고 있어서 반복적으로 인터럽트를 요청하기 때문에 연속적으로 인터럽트가 발생하는 것을 경험할 수 있다.

이 프로그램을 컴파일하여 *OK-128DA* 키트에 다운로드하고 실행하라. 그리고, 키 KEY1~KEY4를 돌아가면서 여러 차례 눌러서 인터럽트가 발생하는 것을 확인하라. 여기서는 인터럽트 신호를 레벨 트리거 방식으로 처리하면서 디바운싱 및 원터치 입력 기능을 적용하지 않았으므로 키를 누를 때마다 키 입력 횟수가 엄청나게 증가하는 것을 확인할 수 있다.

▣ 디바운싱 및 원터치 입력 기능을 사용한 경우

다음은 *OK-128DA* 키트에서 키 KEY1~KEY4를 눌러서 레벨 트리거 방식으로 외부 인터럽트를 발생시키고, 이 인터럽트가 발생할 때마다 인터럽트 처리함수에서 디바운싱 기능과 원터치 입력 기능을 적용하고 키 KEY1~KEY4 중에서 어느 키가 눌렸는지를 확인하여 각 키의 누적 입력 횟수를 TFT-LCD의 화면에 표시하는 프로그램이다.

〈프로그램 Exp04_6.c〉 레벨 트리거 방식에 의한 키 입력 인터럽트 처리 프로그램(2)

```
/* ============================================================================ */
/*      Exp04_6.c : 키 입력 인터럽트 프로그램 (레벨 트리거, 디바운싱을 사용함)  */
/* ============================================================================ */
/*                        Designed and programmed by Duck-Yong Yoon in 2022.   */

#include <avr/io.h>
#include <avr/interrupt.h>
#include "OK-128DA.h"

volatile unsigned char key, interrupt_flag;
volatile unsigned int KEY1_count, KEY2_count, KEY3_count, KEY4_count;

ISR(PORTB_PORT_vect)                            /* KEY1~KEY4 interrupt function */
{
  key = PORTB_IN & 0xF0;                        // increment count by each key
  if(key == KEY1)      KEY1_count++;
  else if(key == KEY2) KEY2_count++;
  else if(key == KEY3) KEY3_count++;
  else if(key == KEY4) KEY4_count++;
  interrupt_flag = 1;

  LED1_on();                                    // debouncing for key on
  Beep();
  LED1_off();

  while((PORTB_IN & 0xF0) != 0xF0);             // debouncing for key off
  Delay_ms(20);

  PORTB_INTFLAGS = 0xF0;                        // clear interrupt flags by key bouncing
}

int main(void)
{
  MCU_initialize();                             // initialize AVR128DA64 MCU
  Delay_ms(50);                                 // wait for system stabilization
  LCD_initialize();                             // initialize text LCD module
  TFT_initialize();                             // initialize TFT-LCD module

  LCD_string(0x80," OK-128DA  V1.0 ");          // display title
  LCD_string(0xC0,"   Exp04_6.c    ");
  Beep();

  TFT_string(0,2, White,Magenta, "        키 입력 인터럽트 프로그램        ");
  TFT_string(4,5, Cyan,Black, "(레벨 트리거), (디바운싱 기능 O)");
  TFT_string_large(5,10, White,Black, "KEY1 입력 = 00000");
  TFT_string_large(5,14, White,Black, "KEY2 입력 = 00000");
  TFT_string_large(5,18, White,Black, "KEY3 입력 = 00000");
  TFT_string_large(5,22, White,Black, "KEY4 입력 = 00000");

  PORTB_DIRCLR = 0xF0;                          // PB4~PB7 = input
  PORTB_PIN4CTRL = 0x0D;                        // PB4(KEY1) = low-level interrupt
  PORTB_PIN5CTRL = 0x0D;                        // PB5(KEY2) = low-level interrupt
  PORTB_PIN6CTRL = 0x0D;                        // PB6(KEY3) = low-level interrupt
  PORTB_PIN7CTRL = 0x0D;                        // PB7(KEY4) = low-level interrupt
  sei();                                        // global interrupt enable

  interrupt_flag = 0;                           // initialize variables
  KEY1_count = 0;
  KEY2_count = 0;
  KEY3_count = 0;
  KEY4_count = 0;

  while(1)
    { if(interrupt_flag == 1)                   // interrupt ?
        { interrupt_flag = 0;
          TFT_color(Green,Black);
          TFT_xy(17,10);                        // display KEY1 count
          TFT_unsigned_decimal_large(KEY1_count,1,5);
          TFT_xy(17,14);                        // display KEY2 count
```

```
			TFT_unsigned_decimal_large(KEY2_count, 1, 5);
			TFT_xy(17, 18);				// display KEY3 count
			TFT_unsigned_decimal_large(KEY3_count, 1, 5);
			TFT_xy(17, 22);				// display KEY4 count
			TFT_unsigned_decimal_large(KEY4_count, 1, 5);
		}
	}
}
```

☞ 키가 눌러지는 단계에서 디바운싱을 위하여 비프음을 울리면서 50ms의 시간을 기다리고, 원터치 입력을 위하여 키가 떼어지는 동작을 확인하며, 키가 떼어지는 단계에서도 디바운싱을 위하여 20ms를 기다린다. 또한, 인터럽트 처리 함수를 끝내기 전에 그동안 입력된 신호에 의하여 인터럽트가 요청된 사실이 있으면 이를 클리어시켜주어야 확실한 디바운싱이 되므로 PORTB_INTFLAGS = 0xF0; 명령은 인터럽트 처리 함수의 서두 부분보다는 끝부분에 위치시키는 것이 좋다.

이 프로그램을 컴파일하여 *OK-128DA* 키트에 다운로드하고 실행하라. 그리고, 키 KEY1~KEY4를 돌아가면서 여러 차례 눌러서 인터럽트가 발생하는 것을 확인하라. 여기서는 인터럽트 신호를 레벨 트리거 방식으로 처리하면서 디바운싱 및 원터치 입력 기능을 적용하였으므로 키를 누를 때마다 키 입력 횟수가 정확하게 1씩만 증가하는 것을 확인할 수 있다.

(2) 에지 트리거 방식의 외부 인터럽트

이번에는 하강 에지 트리거(falling-edge trigger) 방식으로 AVR128DA64의 외부 인터럽트를 발생시키는 예를 살펴보기로 한다. 여러가지 상황을 고려할 때 마이크로컨트롤러 응용 시스템에서 인터럽트 신호 처리는 레벨 트리거 방식보다는 에지 트리거 방식이 좋을 때가 많으며, <그림 4.4.3>의 *OK-128DA* 키트 회로도를 보면 키를 누를 때 키 입력 신호가 H상태에서 L상태로 떨어지는 방식이므로 하강 에지를 선택하는 것이 당연하다.

▣ 디바운싱 및 원터치 입력 기능을 사용하지 않은 경우

먼저 *OK-128DA* 키트에서 키 KEY1~KEY4를 눌러서 하강 에지 트리거 방식으로 외부 인터럽트를 발생시키고, 이 인터럽트가 발생할 때마다 인터럽트 처리함수에서 디바운싱 기능과 원터치 입력 기능을 적용하지 않고 키 KEY1~KEY4 중에서 어느 키가 눌렸는지를 확인하여 각 키의 누적 입력 횟수를 TFT-LCD의 화면에 표시하는 프로그램이다.

〈프로그램 Exp04_7.c〉 에지 트리거 방식에 의한 키 입력 인터럽트 처리 프로그램(1)

```
/* ========================================================================== */
/*   Exp04_7.c : 키 입력 인터럽트 프로그램 (에지 트리거, 디바운싱을 사용하지 않음)  */
/* ========================================================================== */
/*                      Designed and programmed by Duck-Yong Yoon in 2022.   */

#include <avr/io.h>
#include <avr/interrupt.h>
#include "OK-128DA.h"

volatile unsigned char key, interrupt_flag;
volatile unsigned int KEY1_count, KEY2_count, KEY3_count, KEY4_count;

ISR(PORTB_PORT_vect)                          /* KEY1~KEY4 interrupt function */
{
  LED1_on();                                  // LED1 on

  key = PORTB_IN & 0xF0;                      // increment count by each key
  if(key == KEY1)      KEY1_count++;
  else if(key == KEY2) KEY2_count++;
  else if(key == KEY3) KEY3_count++;
  else if(key == KEY4) KEY4_count++;
  interrupt_flag = 1;

  LED1_off();                                 // LED1 off

  PORTB_INTFLAGS = 0xF0;                      // clear interrupt flags
}

int main(void)
{
  MCU_initialize();                           // initialize AVR128DA64 MCU
  Delay_ms(50);                               // wait for system stabilization
  LCD_initialize();                           // initialize text LCD module
  TFT_initialize();                           // initialize TFT-LCD module

  LCD_string(0x80," OK-128DA  V1.0 ");        // display title
  LCD_string(0xC0,"    Exp04_7.c    ");
  Beep();

  TFT_string(0,2, White,Magenta, "        키 입력 인터럽트 프로그램        ");
  TFT_string(4,5, Cyan,Black, "(에지 트리거), (디바운싱 기능 X)");
  TFT_string_large(5,10, White,Black, "KEY1 입력 = 00000");
  TFT_string_large(5,14, White,Black, "KEY2 입력 = 00000");
  TFT_string_large(5,18, White,Black, "KEY3 입력 = 00000");
  TFT_string_large(5,22, White,Black, "KEY4 입력 = 00000");

  PORTB_DIRCLR = 0xF0;                        // PB4~PB7 = input
  PORTB_PIN4CTRL = 0x0B;                      // PB4(KEY1) = falling-edge interrupt
  PORTB_PIN5CTRL = 0x0B;                      // PB5(KEY2) = falling-edge interrupt
  PORTB_PIN6CTRL = 0x0B;                      // PB6(KEY3) = falling-edge interrupt
  PORTB_PIN7CTRL = 0x0B;                      // PB7(KEY4) = falling-edge interrupt
  sei();                                      // global interrupt enable

  interrupt_flag = 0;                         // initialize variables
  KEY1_count = 0;
  KEY2_count = 0;
  KEY3_count = 0;
  KEY4_count = 0;

  while(1)
    { if(interrupt_flag == 1)                 // interrupt ?
        { interrupt_flag = 0;
          TFT_color(Green,Black);
          TFT_xy(17,10);                      // display KEY1 count
          TFT_unsigned_decimal_large(KEY1_count,1,5);
          TFT_xy(17,14);                      // display KEY2 count
          TFT_unsigned_decimal_large(KEY2_count,1,5);
          TFT_xy(17,18);                      // display KEY3 count
```

```
            TFT_unsigned_decimal_large(KEY3_count,1,5);
            TFT_xy(17,22);                        // display KEY4 count
            TFT_unsigned_decimal_large(KEY4_count,1,5);
          }
      }
  }
```

이 프로그램을 컴파일하여 *OK-128DA* 키트에 다운로드하고 실행하라. 그리고, 키 KEY1~KEY4를 돌아가면서 여러 차례 눌러서 인터럽트가 발생하는 것을 확인하라. 여기서는 인터럽트 신호를 에지 트리거 방식으로 처리하면서 디바운싱 및 원터치 입력 기능을 적용하지 않았으므로 키를 누를 때마다 가끔 키 입력 횟수가 여러개 증가하는 것을 확인할 수 있다.

이것으로 보더라도 에지 트리거가 레벨 트리거에 비하여 좋기는 하지만, 그래도 여기에 디바운싱 기능 및 원터치 입력 기능을 적용하지 않는다면 신뢰성 있는 키 입력 동작은 기대하기 어렵다.

▣ 디바운싱 및 원터치 입력 기능을 사용하지 않은 경우

먼저 *OK-128DA* 키트에서 키 KEY1~KEY4를 눌러서 하강 에지 트리거 방식으로 외부 인터럽트를 발생시키고, 이 인터럽트가 발생할 때마다 인터럽트 처리함수에서 디바운싱 기능과 원터치 입력 기능을 적용하지 않고 키 KEY1~KEY4 중에서 어느 키가 눌렸는지를 확인하여 각 키의 누적 입력 횟수를 TFT-LCD의 화면에 표시하는 프로그램이다.

〈프로그램 Exp04_8.c〉 에지 트리거 방식에 의한 키 입력 인터럽트 처리 프로그램(2)

```
/* ============================================================================ */
/*      Exp04_8.c : 키 입력 인터럽트 프로그램 (에지 트리거, 디바운싱을 사용함)  */
/* ============================================================================ */
/*                         Designed and programmed by Duck-Yong Yoon in 2022.   */

#include <avr/io.h>
#include <avr/interrupt.h>
#include "OK-128DA.h"

volatile unsigned char key, interrupt_flag;
volatile unsigned int KEY1_count, KEY2_count, KEY3_count, KEY4_count;

ISR(PORTB_PORT_vect)                         /* KEY1~KEY4 interrupt function */
{
  key = PORTB_IN & 0xF0;                     // increment count by each key
  if(key == KEY1)      KEY1_count++;
  else if(key == KEY2) KEY2_count++;
  else if(key == KEY3) KEY3_count++;
  else if(key == KEY4) KEY4_count++;
```

```
    interrupt_flag = 1;

    LED1_on();                                   // debouncing for key on
    Beep();
    LED1_off();

    while((PORTB_IN & 0xF0) != 0xF0);            // debouncing for key off
    Delay_ms(20);

    PORTB_INTFLAGS = 0xF0;                       // clear interrupt flags by key bouncing
  }

  int main(void)
  {
    MCU_initialize();                            // initialize AVR128DA64 MCU
    Delay_ms(50);                                // wait for system stabilization
    LCD_initialize();                            // initialize text LCD module
    TFT_initialize();                            // initialize TFT-LCD module

    LCD_string(0x80," OK-128DA  V1.0 ");         // display title
    LCD_string(0xC0,"    Exp04_8.c     ");
    Beep();

    TFT_string(0,2, White,Magenta, "        키 입력 인터럽트 프로그램        ");
    TFT_string(4,5, Cyan,Black, "(에지 트리거), (디바운싱 기능 O)");
    TFT_string_large(5,10, White,Black, "KEY1 입력 = 00000");
    TFT_string_large(5,14, White,Black, "KEY2 입력 = 00000");
    TFT_string_large(5,18, White,Black, "KEY3 입력 = 00000");
    TFT_string_large(5,22, White,Black, "KEY4 입력 = 00000");

    PORTB_DIRCLR = 0xF0;                         // PB4~PB7 = input
    PORTB_PIN4CTRL = 0x0B;                       // PB4(KEY1) = falling-edge interrupt
    PORTB_PIN5CTRL = 0x0B;                       // PB5(KEY2) = falling-edge interrupt
    PORTB_PIN6CTRL = 0x0B;                       // PB6(KEY3) = falling-edge interrupt
    PORTB_PIN7CTRL = 0x0B;                       // PB7(KEY4) = falling-edge interrupt
    sei();                                       // global interrupt enable

    interrupt_flag = 0;                          // initialize variables
    KEY1_count = 0;
    KEY2_count = 0;
    KEY3_count = 0;
    KEY4_count = 0;

    while(1)
      { if(interrupt_flag == 1)                  // interrupt ?
          { interrupt_flag = 0;
            TFT_color(Green,Black);
            TFT_xy(17,10);                       // display KEY1 count
            TFT_unsigned_decimal_large(KEY1_count,1,5);
            TFT_xy(17,14);                       // display KEY2 count
            TFT_unsigned_decimal_large(KEY2_count,1,5);
            TFT_xy(17,18);                       // display KEY3 count
            TFT_unsigned_decimal_large(KEY3_count,1,5);
            TFT_xy(17,22);                       // display KEY4 count
            TFT_unsigned_decimal_large(KEY4_count,1,5);
          }
      }
  }
```

☞ 키가 눌러지는 단계에서 디바운싱을 위하여 비프음을 울리면서 50ms의 시간을 기다리고, 원터치 입력을 위하여 키가 떼어지는 동작을 확인하며, 키가 떼어지는 단계에서도 디바운싱을 위하여 20ms를 기다린다. 또한, 인터럽트 함수를 끝내기 전에 그동안 입력된 신호에 의하여 인터럽트가 요청된 사실이 있으면 이를 클리어시켜 주어야 확실한 디바운싱이 되므로 PORTB_INTFLAGS = 0xF0; 명령은 인터럽트 처리 함수의 서두 부분보다는 끝부분에 위치시키는 것이 좋다.

이 프로그램을 컴파일하여 *OK-128DA* 키트에 다운로드하고 실행하라. 그리고, 키 KEY1~KEY4를 돌아가면서 여러 차례 눌러서 인터럽트가 발생하는 것을 확인하라. 여기서는 인터럽트 신호를 에지 트리거 방식으로 처리하면서 디바운싱 및 원터치 입력 기능을 적용하였으므로 키를 누를 때마다 키 입력 횟수가 정확하게 1씩만 증가하는 것을 확인할 수 있다.

그러나, 이상의 프로그램에서 사용한 키 입력 처리 프로그램에는 1가지 단점을 가지고 있는데 그것은 키를 누른 것이 확인되었으면 원터치 입력 기능을 수행하기 위하여 이 키가 떨어질 때까지 계속 기다리기 때문에 만약 사람이 키를 오래 누르고 있으면 프로그램이 인터럽트 처리 함수에 묶여서 다른 처리를 수행할 수 없게 된다는 것이다. 이를 해결하는 또 다른 프로그램 기술이 있으나 그러한 것을 익히는 것은 독자 여러분의 몫이다. 그러나, 이 예제 프로그램에서도 사용자가 키를 입력할 때 보통의 속도로 신속하게 키를 눌렀다 뗀다면 실용적으로 별 문제는 없다.

3. 실습 과제

(1) AVR128DA64의 외부 인터럽트에서 레벨 트리거 방식과 에지 트리거 방식의 차이를 비교 설명하라.

(2) 키 입력 처리에서 디바운싱은 무엇이고 원터치 입력 기능은 무엇인지 비교하여 설명하라.

(3) 예제 프로그램 Exp04_5.c에서 인터럽트 처리 함수가 끝나기 전에 PORTB_INTFLAGS = 0xF0; 명령으로 현재의 인터럽트 플랙을 클리어시켰는데도 키를 1번 누를 때 키 입력 횟수가 엄청나게 증가하는 이유를 설명하라. 그리고 예제 프로그램 Exp04_7.c에서는 왜 똑같이 디바운싱 및 원터치 입력 기능을 적용하지도 않았고 이렇게 인터럽트 플랙을 클리어하였는데 키 입력 횟수가 앞에서와는 다르게 아주 가끔씩만 여러번 증가하는 현상이 나타나는지 그 이유를 분석하라.

(4) 예제 프로그램 Exp04_8.c에 자기 자신이 고안한 디바운싱 및 원터치 입력 방법을 적용한 프로그램 Exp04_8R.c를 작성하라.

4.5 TFT-LCD 모듈 영문 ASCII 출력 프로그램

이 절에서는 *OK-128DA* 키트에서 사용하는 TFT-LCD 모듈의 구조, 기능, 사용 방법에 대하여 공부하고, 여기에 영문 ASCII 문자를 출력하는 프로그램 작성 기술을 익히기로 한다. 이 TFT-LCD 모듈은 앞으로 많은 예제 프로그램에서 자주 사용하므로 잘 알아두어야 한다.

관련 내용	(1) 제3.1절 *OK-128DA* 키트의 구조와 기능 (2) 제4.1절 Microchip Studio를 사용한 C언어 프로그래밍 (3) 제4.3절 텍스트형 LCD 모듈 응용 프로그램

1. TFT-LCD 컨트롤러 HX8347-A

OK-128DA 키트에서 사용하고 있는 *TFT-32A* 보드의 3.2인치 TFT-LCD 모듈에는 컨트롤러로서 Himax사의 HX8347-A 소자를 사용한다. 이것은 소스 드라이버, 게이트 드라이버, 그래픽 RAM(GRAM)을 모두 포함하고 있는 소형 TFT-LCD 모듈의 컨트롤러로서 최대 240RGB×320의 해상도와 262,144 컬러를 지원한다.

이것은 외부와 시스템 인터페이스 방식, RGB 인터페이스 방식, SPI 방식 등의 3가지로 접속할 수 있으며, 픽셀당 18비트를 사용하면 R = G = B = 6비트로 총 262,144 컬러를 표현할 수도 있고, 만약 픽셀당 16비트를 사용하면 R = 5비트, G = 6비트, B = 5비트로 총 65,536 컬러를 표현할 수 있다. 시스템 인터페이스 방식에서 외부와의 데이터 버스는 8비트, 16비트, 18비트 중에 임의로 선택하여 사용할 수 있다.

모든 내부 로직과 I/O 인터페이스는 IOVCC = 1.65V～3.3V의 범위에서 동작하고, 드라이버 회로는 VCI = 2.3V～3.3V의 범위에서 동작하며, 정상적인 동작 온도 범위는 -40～+85℃이다. 따라서, 이 TFT-LCD 컨트롤러나 이를 사용한 TFT-LCD 모듈의 데이터 시트에서는 +2.8V의 전원을 사용하도록 권장하지만 우리의 *OK-128DA* 키트에서처럼 여기에 +3.3V 전원을 사용하더라도 아무 문제가 없다.

HX8347은 총 1291개의 핀을 가지고 있으며, 기능적인 내부 구조를 블록도로 보이면 <그림 4.5.1>과 같다.

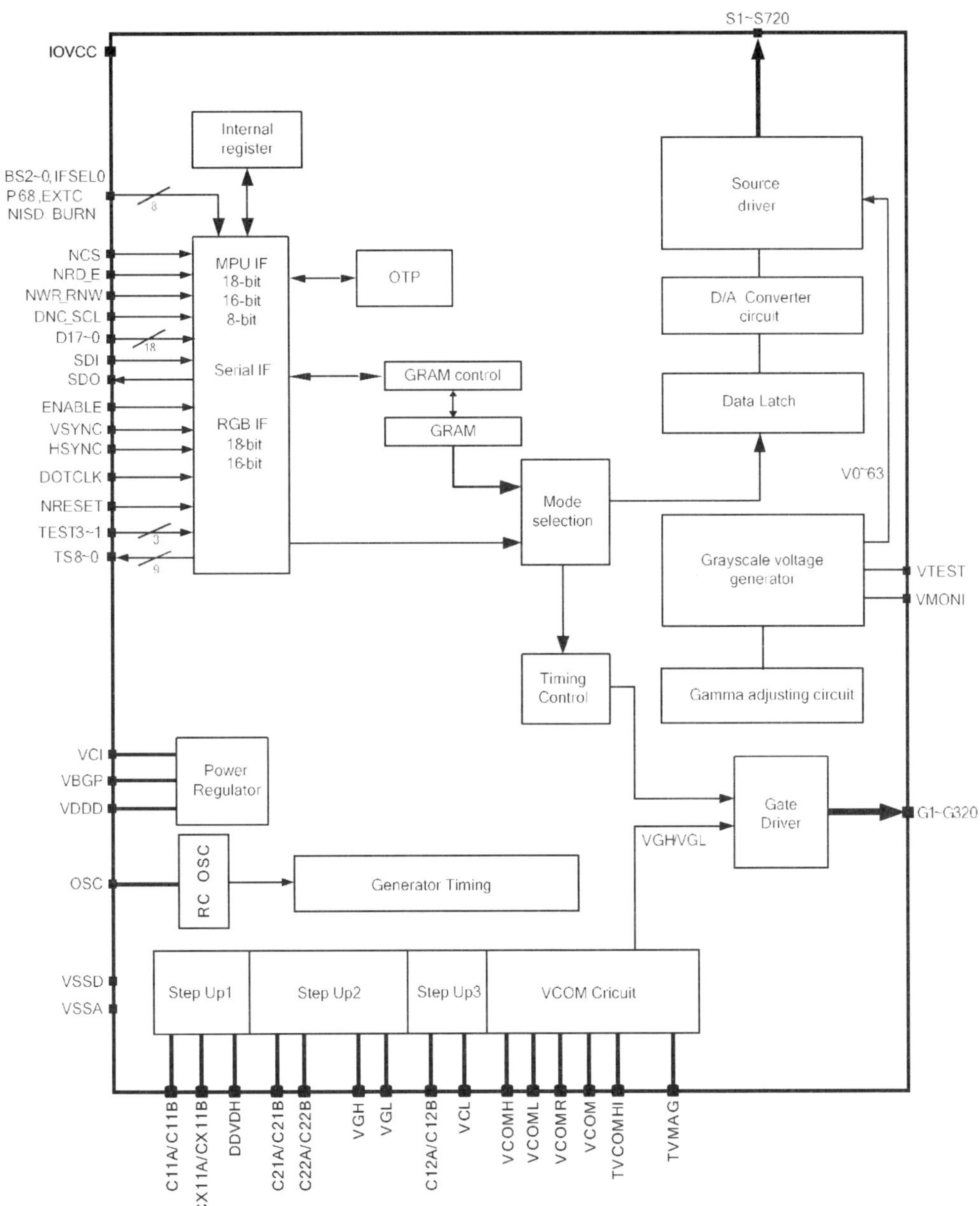

〈그림 4.5.1〉 HX8347의 내부 구성 블록도

(1) CPU 인터페이스 방식

HX8347은 시스템 인터페이스 방식, RGB 인터페이스 방식, SPI 인터페이스 방식 등을 모두 지원하며, 시스템 인터페이스 방식에서는 인텔 8080형의 동작 파형과 모토롤라 MC6800형의 동작 파형을 선택적으로 사용할 수 있다. 어느 인터페이스 방식을

사용하든지 GRAM에 전송하는 픽셀 데이터는 18비트 또는 16비트를 선택하여 사용할 수 있으며, 시스템 인터페이스 방식에서는 하드웨어적으로 접속하는 병렬 버스를 8비트, 16비트, 18비트 중에서 임의로 선택하여 사용할 수 있다.

이러한 모든 설정은 HX8347의 외부 핀과 내부 제어 레지스터를 사용하여 수행되는데, 우리가 사용하는 TFT-LCD 모듈에서는 인텔 8080형의 동작 파형으로 16비트 병렬 버스에 의한 시스템 인터페이스 방식을 사용하도록 하드웨어가 고정되어 있으며, 따라서 총 표시 가능한 컬러도 65,536가지로 제한된다. HX8347에서 16비트 병렬 버스를 사용하는 경우에는 데이터 버스의 D17~D0 중에서 D15~D0을 사용한다.

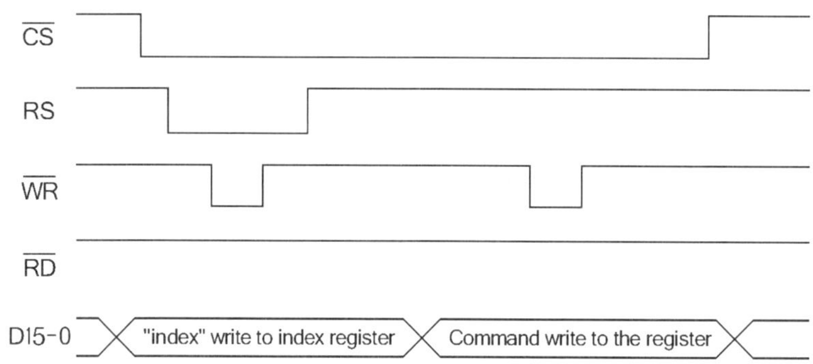

(a) 제어 레지스터값의 설정

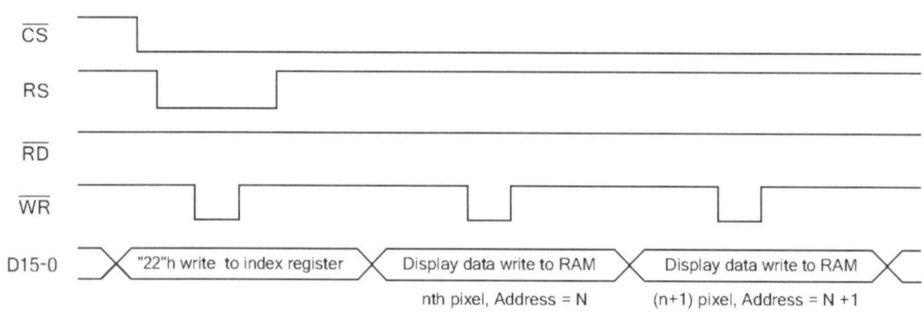

(b) GRAM 데이터 출력

〈그림 4.5.2〉 HX8347의 시스템 인터페이스 방식에서 데이터 쓰기

<그림 4.5.2>에는 시스템 인터페이스 방식에서 16비트 버스로 인덱스 레지스터를 통하여 제어 레지스터를 설정하거나 또는 GRAM에 픽셀 데이터를 출력하는 동작 타이밍도를 보였다. 이 그림에서 보듯이 HX8347의 어느 제어 레지스터에 값을 쓰려면 먼저 인덱스 레지스터에 목적 레지스터 번호를 지정하고 나서 해당 레지스터에 값을 써주면 된다. 처음에 화면의 픽셀 위치를 지정하고 나서 22번의 데이터 레지스터에 컬

러 값을 연속적으로 쓰면 픽셀이 화면의 우측으로 자동으로 이동되면서 써진다.

<그림 4.5.3>에는 인텔 8080형의 시스템 인터페이스 동작에서 HX8347-A 소자의 read/write 동작을 수행하는 정확한 타이밍도를 보였다. TFT-LCD 모듈의 화면처리 속도를 빠르게 하려면 이 동작 타이밍도에 명시된 사양의 범위에서 최대한 데이터 액세스 속도를 빠르게 수행하는 것이 필요하다.

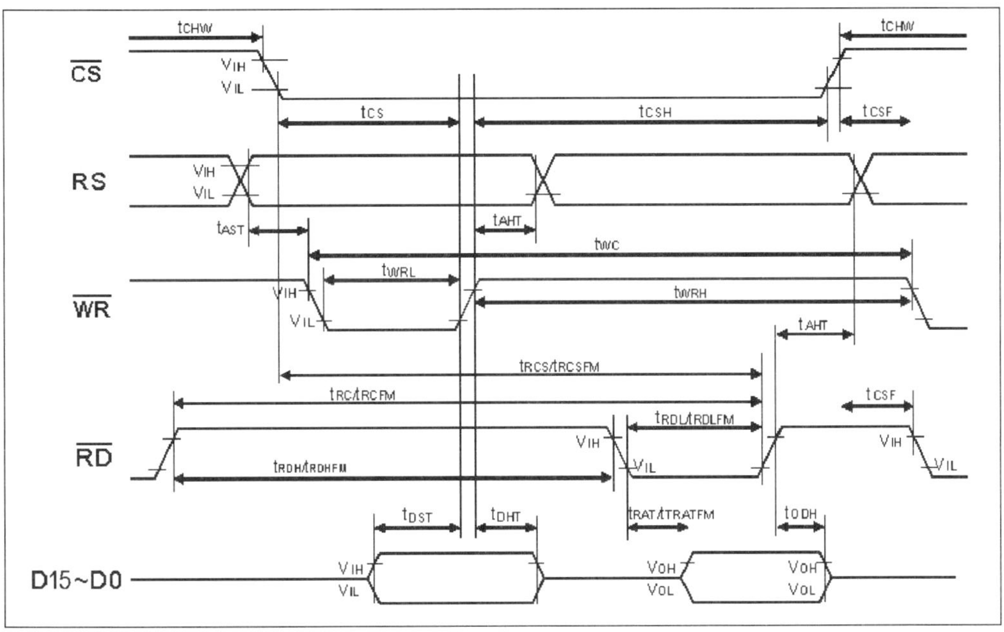

(VCC=1.65V to 2.9V, Ta = -30 to 70°C)

Signal	Symbol	Parameter	Min.	Max.	Unit	Description
RS	t_{AST}	Address setup time	10	-	ns	-
	t_{AHT}	Address hold time (Write/Read)	10	-		
$\overline{CS}$	t_{CHW}	Chip select "H" pulse width	0	-	ns	-
	t_{CS}	Chip select setup time (Write)	35	-		
	t_{RCSFM}	Chip select setup time	355	-		
	t_{CSF}	Chip select wait time (Write/Read)	10	-		
	t_{CSH}	Chip select hold time	10	-		
$\overline{WR}$	t_{WC}	Write cycle	100	-	ns	-
	t_{WRH}	Control pulse "H" duration	35	-		
	t_{WRL}	Control pulse "L" duration	35	-		
$\overline{RD}$	t_{RCFM}	Read cycle	450	-	ns	When read from GRAM
	t_{RDHFM}	Control pulse "H" duration	90	-		
	t_{RDLFM}	Control pulse "L" duration	355	-		
D15~D0	t_{DST}	Data setup time	15	-	ns	For maximum C_L=30pF For minimum C_L=8pF
	t_{DHT}	Data hold time	10	-		
	t_{RATFM}	Read access time	-	340		
	t_{ODH}	Output disable time	20	80		

〈그림 4.5.3〉 HX8347-A의 시스템 인터페이스 방식 동작 타이밍

(2) 픽셀의 컬러 데이터 포맷

GRAM의 데이터가 각 픽셀에 컬러를 표현하는 포맷에는 <그림 4.5.4> (a)와 같이 18비트 포맷을 사용할 수도 있고, (b)와 같이 16비트 포맷을 사용할 수도 있다. 이 책의 *OK-128DA* 키트에서 사용하는 TFT-LCD 모듈 소자는 항상 16비트 포맷을 사용하여 65,536 가지의 컬러를 표시할 수 있도록 정해져 있다.

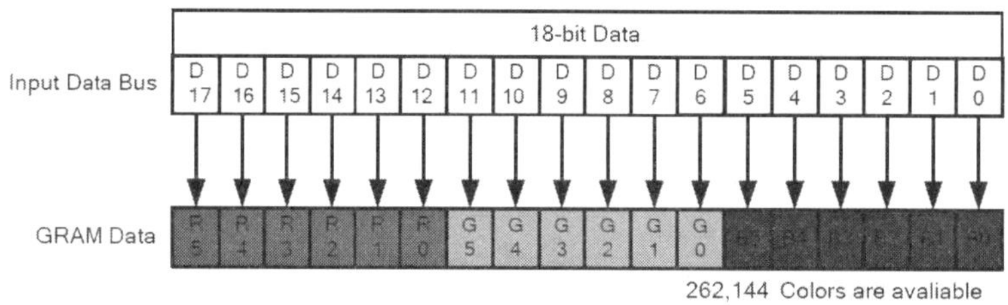

(a) 18비트 데이터 포맷

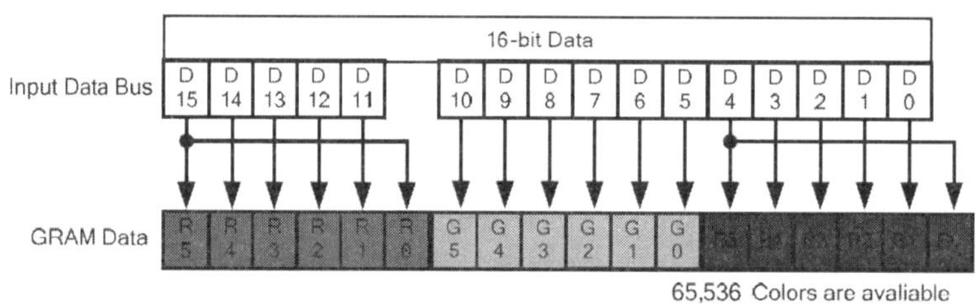

(b) 16비트 데이터 포맷

〈그림 4.5.4〉 TFT-LCD 모듈의 1픽셀을 표시하는 데이터 포맷

(3) 소스 및 게이트 드라이브

HX8347의 내부에는 5.5MHz의 시스템 클록 발생기를 가지고 있어서 외부의 클록 입력이 없이 이것으로 동작할 수 있다. 수직 방향으로는 240개의 픽셀에 대응하는 RGB 신호선(S1~S720)이 있어서 소스 드라이버 회로는 GRAM에 저장되어 있는 디지털 이미지 데이터를 각 신호선에 해당하는 아날로그 전압으로 변환하여 이를 구동하게 된다. 이러한 그레이 스케일 전압(gray scale voltage) V0~V63을 발생하는데는 D/A 컨버터와 연산 증폭기 회로가 사용되는데, 이에 필요한 +, -전압은 내부의 DC-DC 컨버터에서 자체적으로 만들어 공급한다.

또한, 수평 방향으로는 320개의 게이트 채널 신호선(G1~G320)이 존재하여 각 픽셀 라인을 순차적으로 구동하는데, 여기에는 내부의 DC-DC 컨버터에서 만든 VGH = +9.0V~+16.5V의 전압과 VGL = -6.0V~-13.5V의 전압이 사용된다.

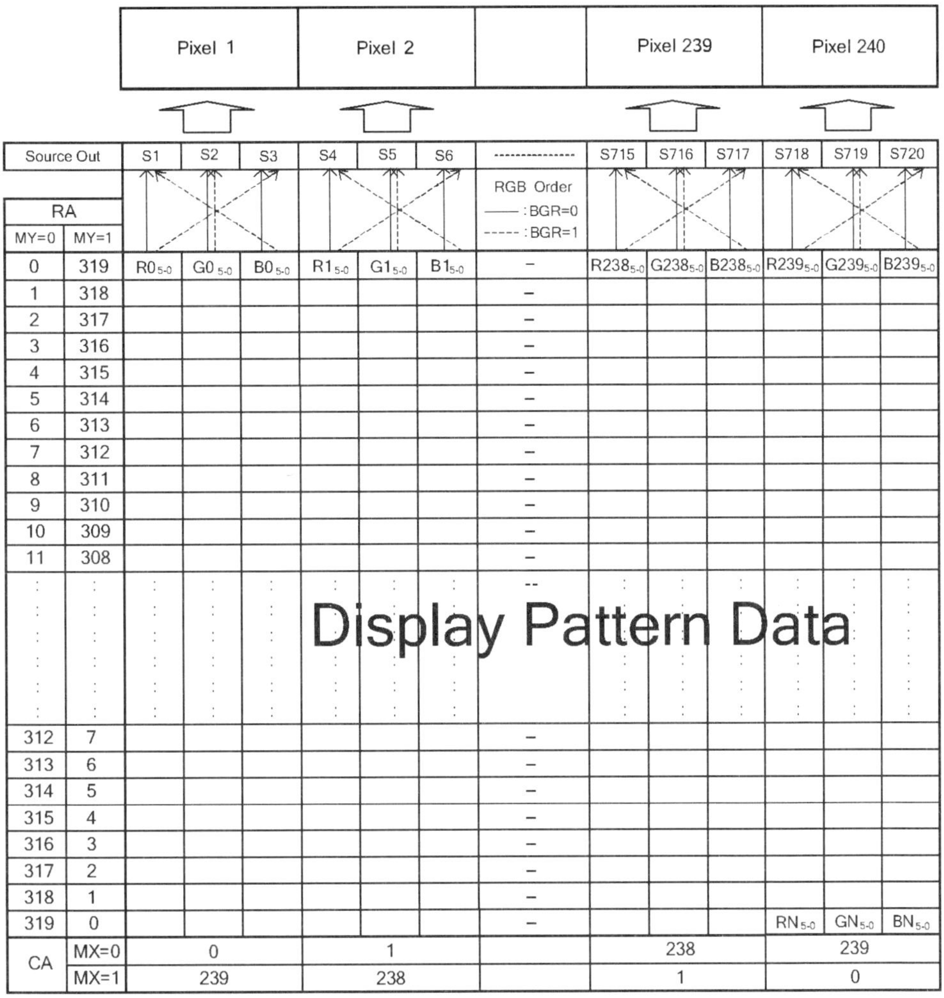

RA = Row Address
CA = Column Address
MX = Mirror X-axis (Column address direction parameter),
D6 parameter of Memory Access Control command
MY = Mirror Y-axis (Row address direction parameter),
D7 parameter of Memory Access Control command
RGB = Red, Green and Blue pixel position change,
D3 parameter of Memory Access Control command

〈그림 4.5.5〉 HX8347의 GRAM과 소스 드라이버 및 게이트 드라이버의 관계

(4) GRAM 액세스

HX8347의 내부에는 GRAM을 액세스할 때 어드레스를 관리하는 어드레스 카운터(AC ; Address Counter)가 있는데, 이 어드레스 값은 X = 0~239, Y = 0~319의 범위에서 사용된다.

Display Data Direction	MADCTR parameter			Image in the Host	Image in the Driver (GRAM)
	MV	MX	MY		
Normal	0	0	0	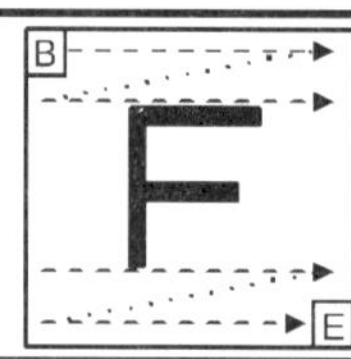	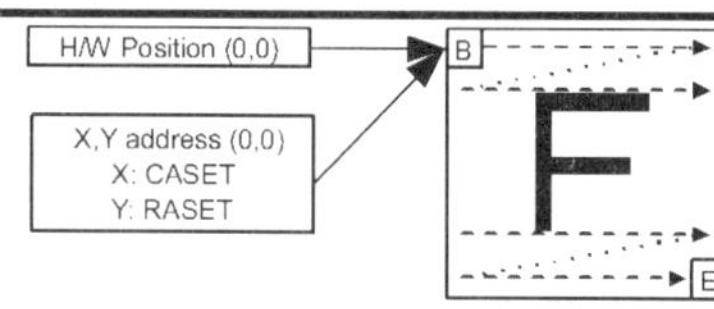
Y-Mirror	0	0	1	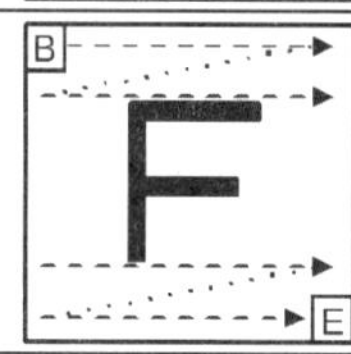	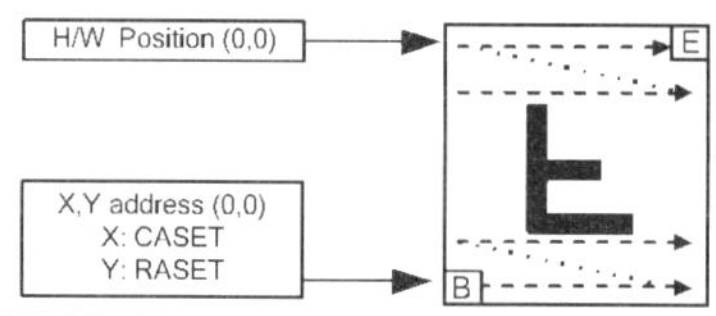
X-Mirror	0	1	0	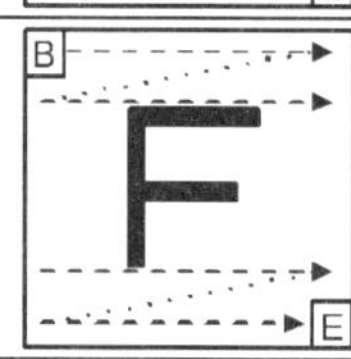	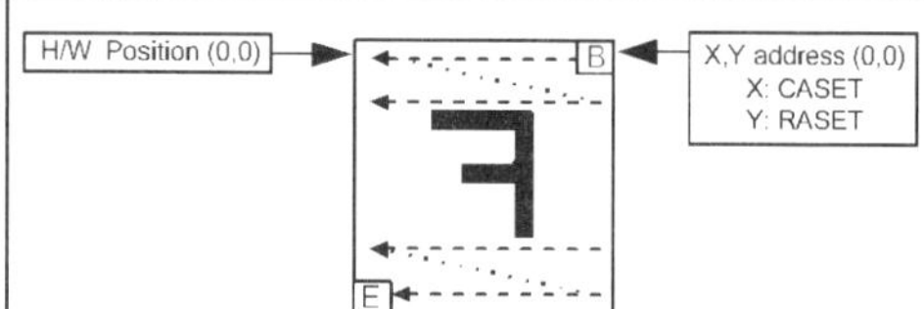
X-Mirror Y-Mirror	0	1	1	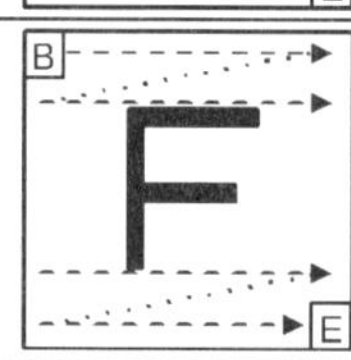	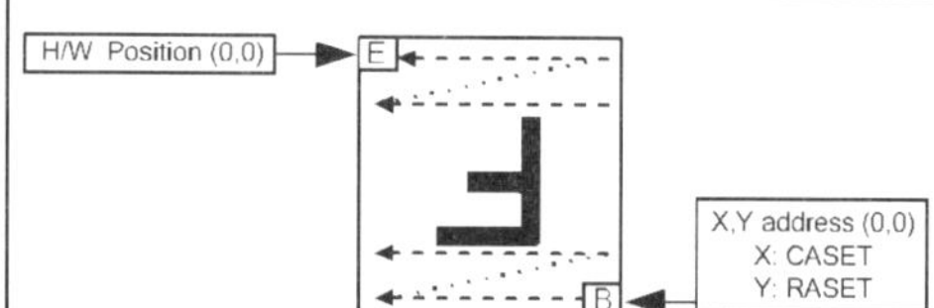
X-Y Exchange	1	0	0	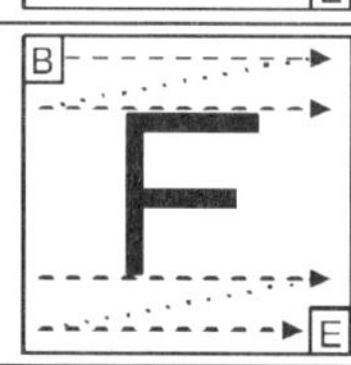	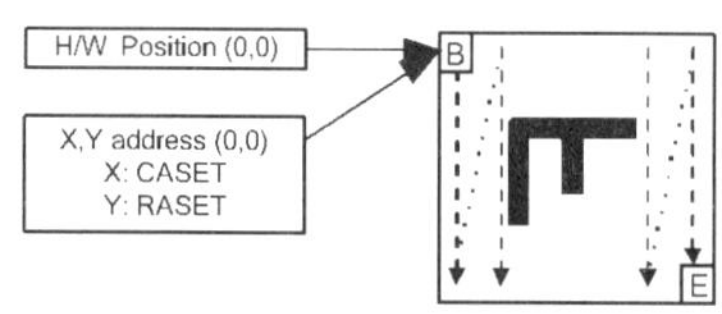
X-Y Exchange Y-Mirror	1	0	1	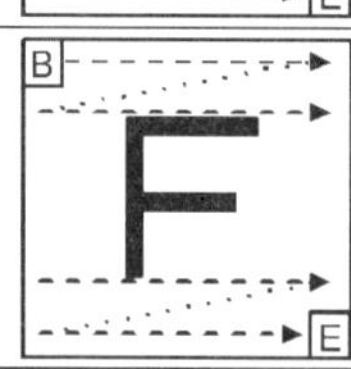	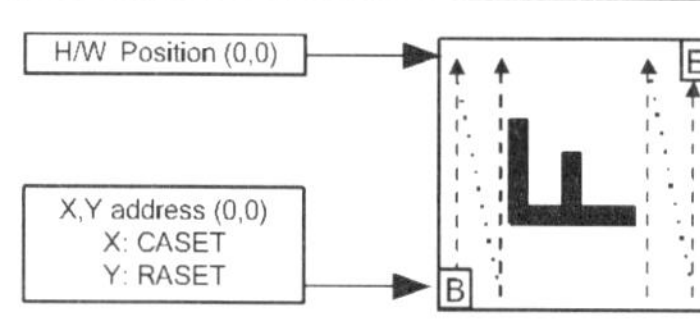
X-Y Exchange X-Mirror	1	1	0	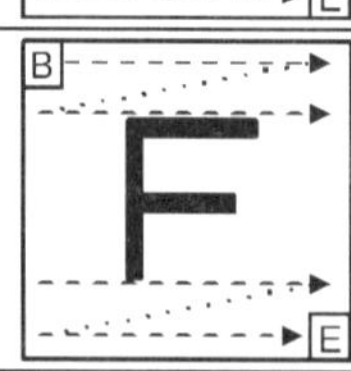	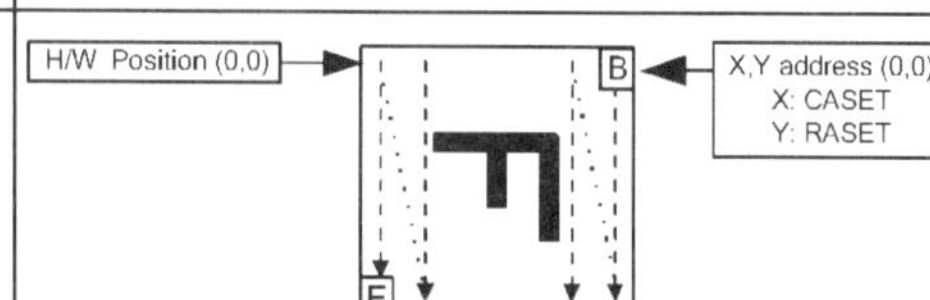
X-Y Exchange X-Mirror Y-Mirror	1	1	1	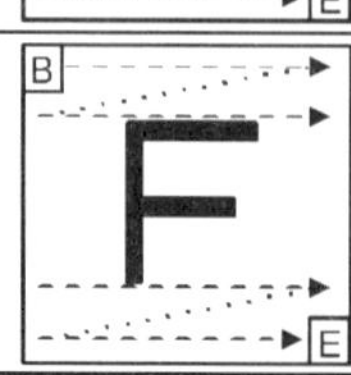	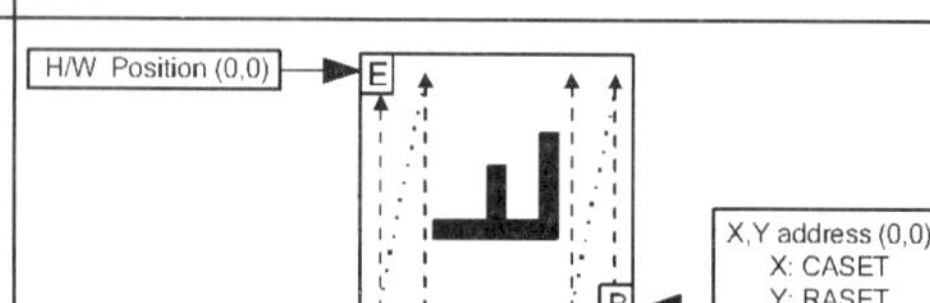

〈그림 4.5.6〉 HX8347의 GRAM을 액세스하는 어드레스 방향 설정 방법

CPU가 GRAM을 액세스할 때마다 이 어드레스 값은 1씩 증가하거나 감소하는데, 이는 제어 레지스터 R16의 MV, MX, MY 비트 설정에 따라 결정된다. 화면에 출력할 이미지 데이터를 GRAM에 출력할 때나 또는 GRAM을 읽고자 할 때 어드레스의 변화의 시작점을 B로 표시하고 끝점을 E로 표시할 때 제어 레지스터 R16의 MV, MX, MY 비트 설정에 따라 GRAM을 액세스하는 방법을 요약하면 <그림 4.5.6>과 같다. 화면에 출력하는 이미지는 세로방향으로 긴 초상화 모드(portrait mode)와 가로방향으로 긴 풍경화 모드(landscape mode)가 있는데 이들 각각의 경우에 화면이 올바르게 표시되도록 하려면 이러한 설정 방법을 잘 알아두어야 한다.

(5) HX8347의 초기화

HX8347-A를 초기화하는 방법은 이 제품의 응용노트에서 설명하고 있으므로 사용자는 이를 참조하는 것이 좋다. 초기화 함수의 처음에는 일반적으로 HX8347-A의 리셋 기능을 수행하는데, 하드웨어적인 리셋 신호는 10μs 이상의 하강 펄스(low pulse)로 충분하지만 이 신호에 의하여 HX8347-A가 내부적으로 리셋동작을 완료하는데는 최대 120ms까지 소요되므로 CPU가 리셋 신호를 출력한 후에 적어도 120ms 이상동안을 대기하였다가 초기화 동작을 시작하는 것이 바람직하다.

이 책에서는 TFT-LCD 모듈에 대한 C언어 프로그래밍을 위하여 *OK-128DA* 키트의 기본 헤더파일 OK-128DA.h에 HX8347-A의 초기화 함수 및 기타 관련 함수를 제공하고 있다.

◀**참고**▶ TFT-LCD 모듈의 초기화 함수는 기본 헤더파일 OK-128DA.h에 TFT_initialize()로 제공한다. Himax사의 HX8347 소자는 HX8347-A에서 HX8347-G까지 여러 가지의 버전이 있는데, 이들 사이에는 기능과 동작 타이밍에서 여러 가지 차이가 있다. 따라서, 자신이 사용하는 제품이 이 책의 설명과 다른 버전일 경우에는 문제가 될 수 있으므로 반드시 이 초기화 함수를 해당 버전의 제품에 맞는 초기화 루틴으로 수정하여 사용해야 한다. 이들 초기화 루틴에는 사용자가 이해하기 어려운 사항이 종종 있는데 무조건 제공되는 초기화 루틴을 그대로 따르면 된다.

(6) 제어 레지스터 요약

이제부터 사용자가 HX8347-A를 사용하는데 필요한 제어 레지스터의 일부를 발췌하여 소개하면 다음과 같다. 이 소자의 제어 레지스터는 이보다 훨씬 많지만 여기서는 사용자가 알아야 하는 일부만 소개한다. 이들 제어 레지스터에 대한 보다 자세한 설명이 필요하면 이 소자의 데이터 시트를 참고하기 바란다.

◎ IR : Index Register

R/W	RS	b15	b14	b13	b12	b11	b10	b9	b8	b7	b6	b5	b4	b3	b2	b1	b0
W	0	0	0	0	0	0	0	0	0	ID7	ID6	ID5	ID4	ID3	ID2	ID1	ID0
디폴트값		0	0	0	0	0	0	0	0	0	0	0	0	0	0	0	0

◎ R02~03 : Column Address Start 2~1 Register

	R/W	RS	b15	b14	b13	b12	b11	b10	b9	b8	b7	b6	b5	b4	b3	b2	b1	b0
R02	R/W	1	0	0	0	0	0	0	0	0	SC15	SC14	SC13	SC12	SC11	SC10	SC9	SC8
	디폴트값		0	0	0	0	0	0	0	0	0	0	0	0	0	0	0	0

	R/W	RS	b15	b14	b13	b12	b11	b10	b9	b8	b7	b6	b5	b4	b3	b2	b1	b0
R03	R/W	1	0	0	0	0	0	0	0	0	SC7	SC6	SC5	SC4	SC3	SC2	SC1	SC0
	디폴트값		0	0	0	0	0	0	0	0	0	0	0	0	0	0	0	0

◎ R04~05 : Column Address End 2~1 Register

	R/W	RS	b15	b14	b13	b12	b11	b10	b9	b8	b7	b6	b5	b4	b3	b2	b1	b0
R04	R/W	1	0	0	0	0	0	0	0	0	EC15	EC14	EC13	EC12	EC11	EC10	EC9	EC8
	디폴트값		0	0	0	0	0	0	0	0	0	0	0	0	0	0	0	0

	R/W	RS	b15	b14	b13	b12	b11	b10	b9	b8	b7	b6	b5	b4	b3	b2	b1	b0
R05	R/W	1	0	0	0	0	0	0	0	0	EC7	EC6	EC5	EC4	EC3	EC2	EC1	EC0
	디폴트값		0	0	0	0	0	0	0	0	1	1	1	0	1	1	1	1

◎ R06~07 : Row Address Start 2~1 Register

	R/W	RS	b15	b14	b13	b12	b11	b10	b9	b8	b7	b6	b5	b4	b3	b2	b1	b0
R06	R/W	1	0	0	0	0	0	0	0	0	SP15	SP14	SP13	SP12	SP11	SP10	SP9	SP8
	디폴트값		0	0	0	0	0	0	0	0	0	0	0	0	0	0	0	0

	R/W	RS	b15	b14	b13	b12	b11	b10	b9	b8	b7	b6	b5	b4	b3	b2	b1	b0
R07	R/W	1	0	0	0	0	0	0	0	0	SP7	SP6	SP5	SP4	SP3	SP2	SP1	SP0
	디폴트값		0	0	0	0	0	0	0	0	0	0	0	0	0	0	0	0

◎ R08~09 : Row Address End 2~1 Register

	R/W	RS	b15	b14	b13	b12	b11	b10	b9	b8	b7	b6	b5	b4	b3	b2	b1	b0
R08	R/W	1	0	0	0	0	0	0	0	0	EP15	EP14	EP13	EP12	EP11	EP10	EP9	EP8
	디폴트값		0	0	0	0	0	0	0	0	0	0	0	0	0	0	0	1

	R/W	RS	b15	b14	b13	b12	b11	b10	b9	b8	b7	b6	b5	b4	b3	b2	b1	b0
R09	R/W	1	0	0	0	0	0	0	0	0	EP7	EP6	EP5	EP4	EP3	EP2	EP1	EP0
	디폴트값		0	0	0	0	0	0	0	0	0	0	1	1	1	1	1	1

◎ R16 : Memory Access Control Register

	R/W	RS	b15	b14	b13	b12	b11	b10	b9	b8	b7	b6	b5	b4	b3	b2	b1	b0
R16	R/W	1	0	0	0	0	0	0	0	0	MY	MX	MV	(ML)	BGR	0	0	0
	디폴트값		0	0	0	0	0	0	0	0	0	0	0	0	0	0	0	0

◎ R22 : Read Data Register

	R/W	RS	b17	b16	b15	b14	b13	b12	b11	b10	b9	b8	b7	b6	b5	b4	b3	b2	b1	b0
R22	R	1	RD17	RD16	RD15	RD14	RD13	RD12	RD11	RD10	RD9	RD8	RD7	RD6	RD5	RD4	RD3	RD2	RD1	RD0
	디폴트값		–	–	–	–	–	–	–	–	–	–	–	–	–	–	–	–	–	–

◎ **R22 : Write Data Register**

	R/W	RS	b15	b14	b13	b12	b11	b10	b9	b8	b7	b6	b5	b4	b3	b2	b1	b0
R22	W	1	WD15	WD14	WD13	WD12	WD11	WD10	WD9	WD8	WD7	WD6	WD5	WD4	WD3	WD2	WD1	WD0
	디폴트값		-	-	-	-	-	-	-	-	-	-	-	-	-	-	-	-

2. 영문 ASCII 문자의 출력 원리

(1) TFT-LCD 화면의 구성

TFT-32A 보드에서 사용하는 3.2인치 TFT-LCD 모듈의 화면은 <그림 4.5.7>과 같이 240×320 또는 320×240 픽셀의 해상도를 가진다. 대부분의 TFT-LCD 컨트롤러는 화면을 여러 방향으로 자유자재로 돌려서 사용할 수 있도록 제어하는 기능을 가지고 있다. 이 그림의 (a)처럼 TFT-LCD의 화면을 세로로 길게 사용하는 것을 초상화 모드(portrait mode) 라고 하며, 이때는 화면의 (x, y) 좌표가 그림처럼 좌측 상단이 (0, 0)이고 우측 하단이 (239, 319)로 된다. 또한, 그림의 (b)처럼 TFT-LCD의 화면을 가로로 길게 사용하는 것을 풍경화 모드(landscape mode)라고 하며, 이때는 화면의 (x, y) 좌표가 그림처럼 좌측 상단이 (0, 0)이고 우측 하단이 (319, 239)로 된다.

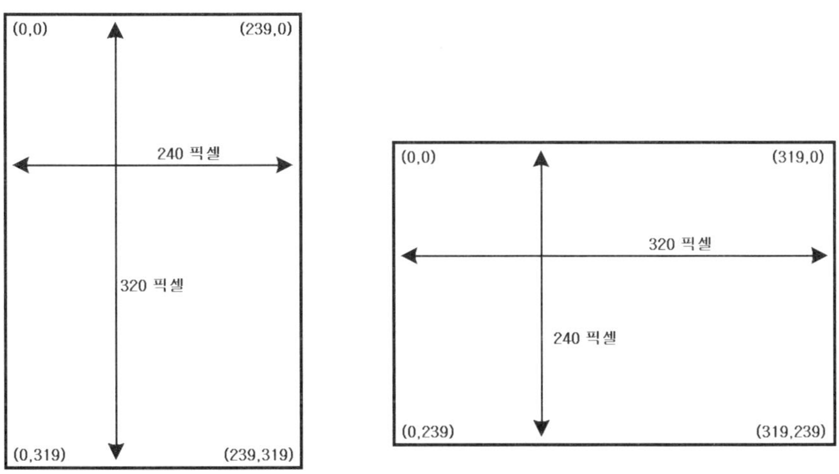

(a) 초상화 모드 (b) 풍경화 모드

〈그림 4.5.7〉 *TFT-32A* 보드의 TFT-LCD 화면 구조

TFT-LCD 모듈의 화면에 이미지 데이터를 출력할 때는 각 픽셀 좌표 (x, y)의 어드레스를 지정하고 데이터를 출력하면 된다. 그러나, 연속적인 픽셀에 대량의 데이터를 출력할 때는 이처럼 각 픽셀의 주소와 데이터를 반복하여 출력하게 되면 화면처리 속

도가 상당히 떨어지게 되므로 처음에 한번 시작주소를 출력하고 나면 그 이후에는 데이터만을 연속적으로 출력하는 것이 바람직하다.

즉, 초상화 모드에서는 y=0인 상태에서 x=0~239의 픽셀에 대하여 연속적으로 데이터를 출력하고, 이후에 계속하여 데이터를 출력하면 자동으로 y=1로 바뀌면서 다시 x=0~239의 픽셀에 대하여 연속적으로 데이터를 출력하게 된다. 이런 동작을 y=319까지 계속 수행하면 1화면 분량의 데이터를 고속으로 출력할 수 있다. 한편, 풍경화 모드에서는 y=0인 상태에서 x=0~319의 픽셀에 대하여 연속적으로 데이터를 출력하고, 이후에 계속하여 데이터를 출력하면 자동으로 y=1로 바뀌면서 다시 x=0~319의 픽셀에 대하여 연속적으로 데이터를 출력하게 된다. 이런 동작을 y=239까지 계속 수행하면 1화면 분량의 데이터를 고속으로 출력할 수 있다.

대부분의 TFT-LCD 컨트롤러는 이와 같은 방법으로 초상화 모드와 풍경화 모드의 화면 출력 기능을 지원한다. 그러나, 그 세부적인 동작은 TFT-LCD 컨트롤러마다 조금씩 다르므로 세심하게 살펴서 사용해야 한다. HX8347은 초상화 모드와 풍경화 모드의 화면 출력 기능을 자유롭게 지원한다.

HX8347-A에서 화면을 초상화 모드로 사용하려면 제어 레지스터 R16에서 MV=0, MX=0, MY=0, BGR=1로 설정하여 TFT-LCD 모듈의 화면을 <그림 4.5.6>의 첫번째 그림처럼 동작시키면 된다. 이때는 R04~R05에서 x방향 어드레스(column address)의 끝을 239로 지정하고, R08~R09에서 y방향 어드레스(row address)의 끝을 319로 지정해야 한다. 또한, 화면을 풍경화 모드로 사용하려면 제어 레지스터 R16에서 MV=1, MX=1, MY=0, BGR=1로 설정하여 TFT-LCD 모듈의 화면을 <그림 4.5.6>의 일곱번째 그림처럼 동작시키면 된다. 이때는 x, y의 좌표도 그에 따라 변경되므로 R04~R05에서 x방향 어드레스(column address)의 끝을 319로 지정하고, R08~R09에서 y방향 어드레스(row address)의 끝을 239로 지정해야 한다.

OK-128DA 키트에서는 TFT-LCD 모듈의 화면을 기본적으로 풍경화 모드에서 사용하며, 일부의 특별한 경우에만 초상화 모드로 바꾸어 사용한다.

(2) 영문 ASCII 문자 화면표시의 기초

영문 ASCII 문자를 화면에 표시하는데는 최소한 가로×세로 = 5×8 픽셀의 문자 박스(character box)에 가로×세로 = 5×7 픽셀의 문자 폰트(character font)를 만들면 된다. 그러나, TFT-LCD 모듈의 화면을 영문 ASCII 전용으로만 사용한다면 이렇게 할 수도 있지만, 하나의 화면에 한글과 영문이 혼용되어 표시되는 경우라면 영문 ASCII 글자들의 모양과 크기가 한글 글자들과 균형 및 조화를 이루도록 해야 한다.

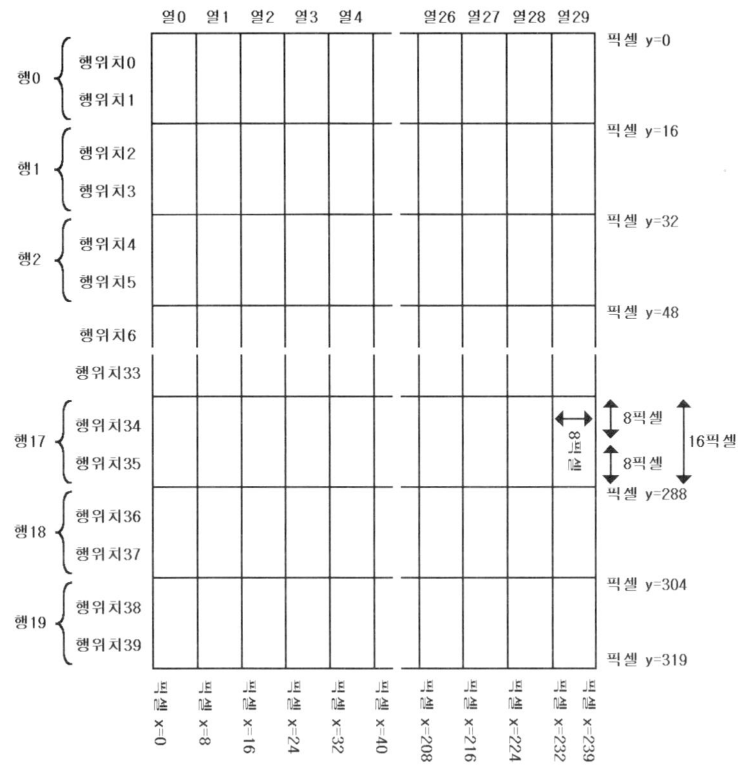

(a) 초상화 모드

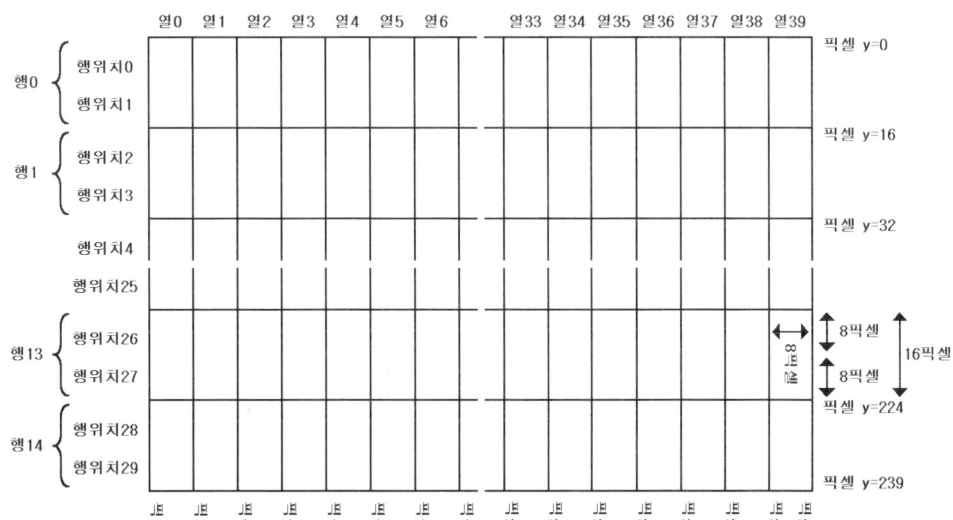

(b) 풍경화 모드

<그림 4.5.8> TFT-LCD 모듈 화면에 8×16 픽셀의 영문 ASCII 문자를 표시하는 방법

〈표 4.5.1〉 표준 ASCII 코드표

코드값	문자	코드값	문자	코드값	문자	코드값	문자
0x00	NUL	0x20	space	0x40	@	0x60	`
0x01	SOH	0x21	!	0x41	A	0x61	a
0x02	STX	0x22	"	0x42	B	0x62	b
0x03	ETX	0x23	#	0x43	C	0x63	c
0x04	EOT	0x24	$	0x44	D	0x64	d
0x05	ENQ	0x25	%	0x45	E	0x65	e
0x06	ACK	0x26	&	0x46	F	0x66	f
0x07	BEL	0x27	'	0x47	G	0x67	g
0x08	BS	0x28	(	0x48	H	0x68	h
0x09	HT	0x29	)	0x49	I	0x69	i
0x0A	LF	0x2A	*	0x4A	J	0x6A	j
0x0B	VT	0x2B	+	0x4B	K	0x6B	k
0x0C	FF	0x2C	,	0x4C	L	0x6C	l
0x0D	CR	0x2D	-	0x4D	M	0x6D	m
0x0E	SO	0x2E	.	0x4E	N	0x6E	n
0x0F	SI	0x2F	/	0x4F	O	0x6F	o
0x10	DLE	0x30	0	0x50	P	0x70	p
0x11	DC1	0x31	1	0x51	Q	0x71	q
0x12	DC2	0x32	2	0x52	R	0x72	r
0x13	DC3	0x33	3	0x53	S	0x73	s
0x14	DC4	0x34	4	0x54	T	0x74	t
0x15	NAK	0x35	5	0x55	U	0x75	u
0x16	SYN	0x36	6	0x56	V	0x76	v
0x17	ETB	0x37	7	0x57	W	0x77	w
0x18	CAN	0x38	8	0x58	X	0x78	x
0x19	EM	0x39	9	0x59	Y	0x79	y
0x1A	SUB	0x3A	:	0x5A	Z	0x7A	z
0x1B	ESC	0x3B	;	0x5B	[	0x7B	{
0x1C	FS	0x3C	<	0x5C	\	0x7C	|
0x1D	GS	0x3D	=	0x5D	]	0x7D	}
0x1E	RS	0x3E	>	0x5E	^	0x7E	~
0x1F	US	0x3F	?	0x5F	_	0x7F	DEL

한글의 표시에는 최소한 가로×세로 = 16×16 픽셀의 문자 박스가 필요하다는 점을 고려하여, 영문 ASCII 문자들이 한글 글자와 높이는 비슷하고 좌우 폭은 한글의 $\frac{1}{2}$이 되도록 가로×세로 = 8×16 픽셀의 문자 박스를 사용하는 것이 가장 바람직하다. 이러한 방식의 한글을 **전각 문자**라고 하고 영문을 **반각 문자**라고 한다.

이렇게 하면 이 책에서 사용하는 240×320 픽셀 해상도의 TFT-LCD 모듈 화면에 표시할 수 있는 영문 ASCII 문자는 <그림 4.5.8>과 같다. 즉, 초상화 모드에서는 그림의 (a)처럼 30열×20행의 영문 ASCII 문자를 표시할 수 있고, 풍경화 모드에서는 그림의 (b)처럼 40열×15행의 영문 ASCII 문자를 표시할 수 있게 된다. 각각의 경우에 세로 방향으로는 1문자가 16픽셀로 구성되지만 문자를 표시하는 위치는 8픽셀 단위로 이동하면서 지정할 수 있게 하면 행 간격을 1문자 또는 $\frac{1}{2}$문자씩 둘 수 있다.

<표 4.5.1>에는 표준 ASCII 코드표를 보였다. ASCII 코드란 컴퓨터와 컴퓨터 사이

의 정보교환 또는 컴퓨터와 주변장치 사이의 정보교환을 위하여 만든 7비트, 128문자의 국제표준 코드인데, 이 ASCII 코드의 128문자 중에서 0x20~0x7E(총 95자)는 도형문자로서 영문의 대/소문자, 아라비아 숫자, 각종 문장부호 등을 표현하는데 사용되고, 0x00~0x1F 및 0x7F(총 33자)는 기능제어 문자로서 주변장치의 제어, 직렬통신 제어 등에 사용된다. 따라서, 화면에 표시되는 코드는 원칙적으로 95자의 도형문자에만 해당되지만, IBM PC 호환 퍼스널컴퓨터의 모니터에서와 같이 특별한 경우에는 기능제어 문자에 해당하는 33자에 사용자가 임의의 도형문자를 정의하여 사용하기도 한다. 그러나, 우리나라에서는 기본적으로 ASCII 코드를 8비트로 정의하며, 표준 ASCII 문자의 경우에는 최상위 비트를 b7=0으로 하여 128문자를 수용하고, b7=1인 경우에는 이 8비트 코드값과 그 다음에 오는 1바이트를 하나로 연결하여 총 16비트의 한글 및 한자 코드로 사용하고 있다.

(3) 영문 ASCII 문자의 화면표시

TFT-LCD 모듈의 화면에 8×16 픽셀 크기의 영문 ASCII 문자를 표시하기 위한 문자의 폰트 구조를 보이면 <그림 4.5.9>와 같다. 먼저, 각 영문 ASCII 문자의 폰트는 각 픽셀에 대응하는 비트들을 세로 방향으로 모아서 2진수 1바이트 데이터를 구성하는데 위쪽이 LSB, 아래쪽이 MSB가 되도록 1바이트 데이터를 만들어야 한다.

이렇게 만들어진 데이터들을 수평방향으로 8바이트를 연속하여 배열하고, 윗줄이 끝나면 아랫줄에 대하여도 동일한 방식으로 8바이트를 배열한다. 따라서, 영문 ASCII 문자 1개에는 모두 16바이트의 폰트 데이터가 필요하다.

예를 들어서 ASCII 문자 "1"을 화면의 첫번째 행, 첫번째 열에 표시하고자 한다면 이에 해당하는 ASCII 코드값 0x31이 메인 루틴으로부터 영문 ASCII 문자 디스플레이 서브루틴으로 전달된다. 그러면 이 디스플레이 루틴은 미리 준비되어 있는 폰트 테이블로부터 이 문자 "1"에 해당하는 16바이트의 폰트 데이터를 찾아낸 후에, 먼저 행위치(y)=0, 열위치(x)=0으로 놓고 0x00, 0x00, 0x10, 0xF8, 0xF8, 0x00, 0x00, 0x00의 8바이트 폰트 데이터를 차례로 픽셀의 컬러 데이터로 변환하여 TFT-LCD 모듈에 출력한다. 이어서 디스플레이 루틴은 다시 행위치(y)=1, 열위치(x)=0으로 놓고 8바이트의 폰트 데이터 0x00, 0x00, 0x08, 0x0F, 0x0F, 0x08, 0x00, 0x00을 차례로 픽셀의 컬러 데이터로 변환하여 TFT-LCD 모듈에 출력한다. 이렇게 16바이트의 폰트 데이터에 대한 값을 컬러 데이터로 변환하여 TFT-LCD 모듈에 출력하면 1개의 영문 ASCII 문자가 모두 완성된다.

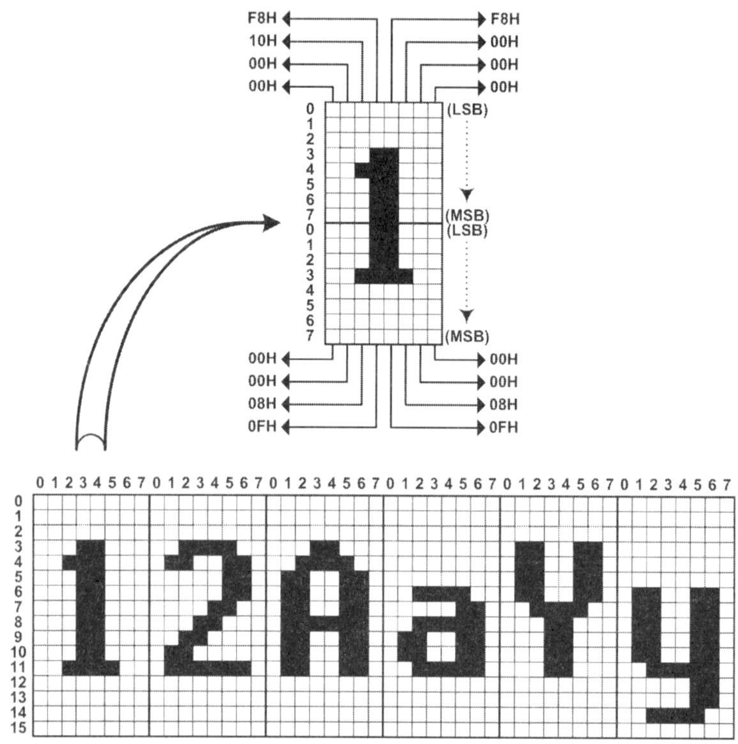

〈그림 4.5.9〉 8×16 픽셀의 문자 박스로 표시된 영문 ASCII 문자의 폰트 구조

컬러 TFT-LCD 모듈에서 폰트 데이터를 각 픽셀의 컬러 데이터로 변환하는 동작은 단색 그래픽 LCD 모듈에서와 전혀 다르다는 것에 유의해야 한다. 즉, 단색 그래픽 LCD 모듈에서는 폰트 데이터의 1비트가 화면의 1도트에 대응하므로 폰트 데이터를 그냥 LCD에 출력하면 되었다. 이렇게 되면 1의 값을 가지는 비트는 해당 도트가 밝게 출력되고 0의 값을 가지는 비트는 해당 도트가 출력되지 않았다. 그러나, 컬러 TFT-LCD 모듈에서는 이 폰트 데이터를 그냥 출력하면 안되며, 폰트 데이터의 각 비트를 이에 대응하는 전경색 16비트 컬러 데이터 또는 배경색 16비트 컬러 데이터로 변환하여 출력해야 한다. 즉, 폰트 데이터 1비트가 화면의 1픽셀에 대응하며 이는 다시 16비트의 컬러 데이터에 대응된다. 현재의 문자를 어느 컬러로 표시할 것인지는 미리 지정되어 있으므로 폰트 데이터의 1로 된 비트는 그 컬러 코드에 해당하는 16비트 데이터로 변환된다. 이렇게 문자를 표시하는 색을 전경색(foreground color)이라고 한다. 한편, 폰트 데이터의 0으로 된 비트는 미리 지정된 배경색(background color)에 해당하는 16비트 데이터로 변환된다. 만약 폰트 데이터의 0으로 된 비트를 출력하지 않고 그냥 건너뛰면 현재 화면의 바탕색이 그냥 유지되며, 이렇게 출력되는 문자를

투명 글씨(transparent character)라고 한다.

OK-128DA 키트에서는 컬러 TFT-LCD 모듈의 영문 ASCII 문자용 폰트와 한글 폰트를 C언어 프로그램용 기본 헤더파일 OK-128DA.h에 제공한다. 이들 폰트에서 ASCII 코드표의 기능제어 문자에 해당하는 0x00~0x1F 및 0x7F 부분에는 <그림 4.5.10>에 보였듯이 IBM-PC 호환 퍼스널컴퓨터의 모니터에서 사용하는 437 ANSI 문자 세트(ANSI character set)를 널리 사용하는데, 이 책의 헤더파일 OK-128DA.h에서도 이를 따랐다. 단, 0x7F는 원래 ⌂문자로 되어 있으나 OK-128DA.h에서는 온도의 단위를 표시하는데 사용하기 위하여 °문자로 바꾸어 넣었다.

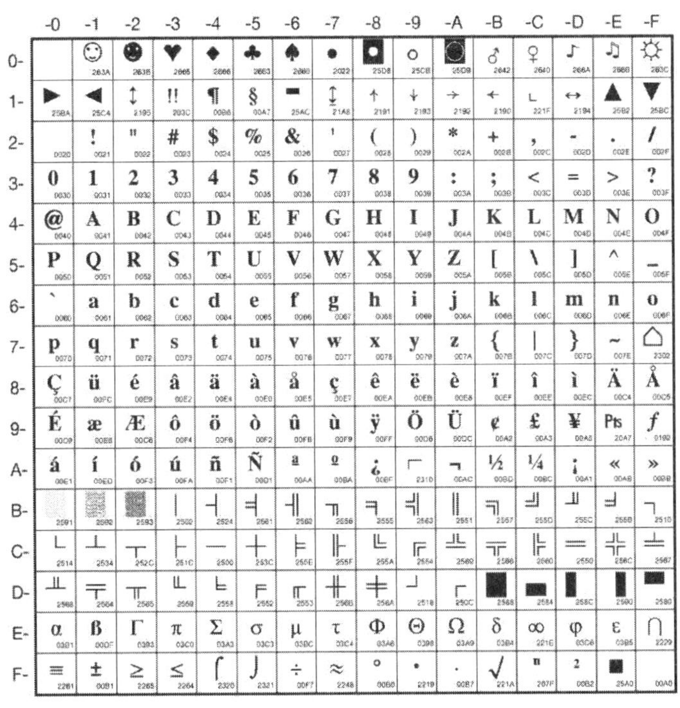

〈그림 4.5.10〉 IBM PC에서 사용하는 437 ANSI 문자 세트

3. 헤더파일 OK-128DA.h의 내용

TFT-LCD 모듈과 관련된 C언어 프로그램용 기본 헤더파일 OK-128DA.h에서 TFT-LCD 모듈과 관련된 부분을 발췌하여 보이면 다음과 같다. 이제부터 여러분은 이 헤더파일의 내용을 잘 이해하고 제대로 활용하는 것이 *OK-128DA* 키트의 유능한 C언어 프로그래머가 되는 지름길이 될 것이다.

〈헤더파일 OK-128DA.h〉 TFT-LCD 관련 사용자 함수 및 문자 폰트의 정의

```
/* ============================================================================ */
/*              OK-128DA V1.0 키트용(AVR128DA64) 기본 헤더파일                  */
/* ============================================================================ */
/*                                   Programmed by Duck-Yong Yoon in 2022.   */

// ------------------------------------------------------------------------------
//   이 헤더파일은 OK-128DA 키트 V1.0을 위한 것입니다. 이것은 아래의 조건에서만
//  올바른 동작을 보장합니다.
// ------------------------------------------------------------------------------
//       (1) 시스템 클록  : 24MHz
//       (2) C 컴파일러   : Microchip Studio V70
//       (3) 최적화 옵션  : -Os
//       (4) TFT-LCD 모듈 : Ohm사 FL320QVC18-A0(HX8347-A)
// ------------------------------------------------------------------------------

#include <avr/pgmspace.h>
#include <math.h>
#include <stdlib.h>

typedef unsigned char          U08;            // data type definition
typedef   signed char          S08;
typedef unsigned int           U16;
typedef   signed int           S16;
typedef unsigned long int      U32;
typedef   signed long int      S32;

                    (중간 생략)

/* -------------------------------------------------------------------------- */
/*              한글 폰트 처리 테이블                                          */
/* -------------------------------------------------------------------------- */
const unsigned char table_cho[21] PROGMEM =      // 초성 : 자음(14) + 쌍자음(5) = 19개
        {0,0,1,2,3,4,5,6,7,8,9,10,11,12,13,14,15,16,17,18,19};

const unsigned char table_joong[30] PROGMEM =   // 중성 : 자음(10) + 쌍자음(11) = 21개
        {0,0,0,1,2,3,4,5,0,0,6,7,8,9,10,11,0,0,12,13,14,15,16,17,0,0,18,19,20,21};

const unsigned char table_jong[30] PROGMEM =    // 종성 : 자음(14) + 쌍자음(11) + 쌍자음(2) = 27개
        {0,0,1,2,3,4,5,6,7,8,9,10,11,12,13,14,15,16,0,17,18,19,20,21,22,23,24,25,26,27};

const unsigned char bul_cho1[22] PROGMEM = {0,0,0,0,0,0,0,0,0,1,3,3,3,1,2,4,4,4,2,1,3,0}; // 벌수
const unsigned char bul_cho2[22] PROGMEM = {0,5,5,5,5,5,5,5,5,5,6,7,7,7,6,6,7,7,7,6,6,7,5};
const unsigned char bul_jong[22] PROGMEM = {0,0,2,0,2,1,2,1,2,3,0,2,1,3,3,1,2,1,3,3,1,1};

/* -------------------------------------------------------------------------- */
/*              16x16 한글 명조체 폰트                                         */
/* -------------------------------------------------------------------------- */
const unsigned char K_font[360][32] PROGMEM = { /* 16x16 Korean character font */
  {0x00,0x00,0x00,0x00,0x00,0x00,0x00,0x00,0x00,0x00,0x00,0x00,0x00,0x00,0x00,0x00,
   0x00,0x00,0x00,0x00,0x00,0x00,0x00,0x00,0x00,0x00,0x00,0x00,0x00,0x00,0x00,0x00},
  {0x00,0x00,0x08,0x08,0x08,0x88,0xC8,0x78,0x38,0x00,0x00,0x00,0x00,0x00,0x00,0x00,
   0x00,0x00,0x02,0x02,0x01,0x01,0x00,0x00,0x00,0x00,0x00,0x00,0x00,0x00,0x00,0x00},
  {0x00,0x08,0x08,0xC8,0xF8,0x38,0xC8,0xF8,0x38,0x00,0x00,0x00,0x00,0x00,0x00,0x00,
   0x00,0x02,0x01,0x01,0x02,0x01,0x01,0x00,0x00,0x00,0x00,0x00,0x00,0x00,0x00,0x00},

                    (중간 생략)

  {0x00,0x00,0x00,0x00,0x00,0x00,0x00,0x00,0x00,0x00,0x00,0x00,0x00,0x00,0x00,0x00,
   0x00,0x00,0x00,0x04,0x3C,0x7C,0x54,0x54,0x54,0x54,0x54,0x54,0x54,0x00,0x00,0x00},
  {0x00,0x00,0x00,0x00,0x00,0x00,0x00,0x00,0x00,0x00,0x00,0x00,0x00,0x00,0x00,0x00,
   0x00,0x00,0x00,0x44,0x44,0x7C,0x7C,0x44,0x44,0x7C,0x7C,0x44,0x44,0x00,0x00,0x00},
  {0x00,0x00,0x00,0x00,0x00,0x00,0x00,0x00,0x00,0x00,0x00,0x00,0x00,0x00,0x00,0x00,
   0x00,0x00,0x00,0x08,0x28,0x78,0x5C,0x5C,0x5C,0x5C,0x78,0x28,0x08,0x00,0x00,0x00}};

/* -------------------------------------------------------------------------- */
/*              한글 완성형(KS) -> 조합형(KSSM) 변환 테이블                    */
/* -------------------------------------------------------------------------- */
```

```
const unsigned char KS_Table[2350][2] PROGMEM = {
{0x88,0x61},{0x88,0x62},{0x88,0x65},{0x88,0x68},{0x88,0x69},{0x88,0x6A},{0x88,0x6B},
{0x88,0x71},{0x88,0x73},{0x88,0x74},{0x88,0x75},{0x88,0x76},{0x88,0x77},{0x88,0x78},
```

(중간 생략)

```
{0xD3,0x89},{0xD3,0x91},{0xD3,0x93},{0xD3,0x97},{0xD3,0xA1},{0xD3,0xA2},{0xD3,0xA5},
{0xD3,0xA9},{0xD3,0xB1},{0xD3,0xB3},{0xD3,0xB5},{0xD3,0xB7} };

/* ------------------------------------------------------------------------ */
/*              8x16 영문 ASCII 명조체 폰트                                  */
/* ------------------------------------------------------------------------ */
const unsigned char E_font[128][16] PROGMEM = { /* 8x16 English ASCII character font */
  {0x00,0x00,0x00,0x00,0x00,0x00,0x00,0x00,0x00,0x00,0x00,0x00,0x00,0x00,0x00,0x00}, // 0x00
  {0xF0,0x08,0x28,0x08,0x08,0x28,0x08,0xF0,0x07,0x08,0x09,0x0B,0x0B,0x09,0x08,0x07}, // 0x01
  {0xF0,0xF8,0xD8,0xF8,0xF8,0xD8,0xF8,0xF0,0x07,0x0F,0x0E,0x0C,0x0C,0x0E,0x0F,0x07}, // 0x02
  {0x00,0xF0,0xF8,0xF8,0xF0,0xF8,0xF8,0xF0,0x00,0x00,0x03,0x07,0x0F,0x07,0x03,0x00}, // 0x03
  {0x00,0x80,0xC0,0xE0,0xF0,0xE0,0xC0,0x80,0x00,0x00,0x01,0x03,0x07,0x03,0x01,0x00}, // 0x04
  {0x00,0xC0,0xC0,0xF8,0xF8,0xF8,0xC0,0xC0,0x00,0x03,0x0B,0x09,0x0F,0x09,0x0B,0x03}, // 0x05
  {0x00,0xC0,0xE0,0xF0,0xF8,0xF0,0xE0,0xC0,0x00,0x01,0x0B,0x0B,0x0F,0x0B,0x0B,0x01}, // 0x06
  {0x00,0x00,0x80,0xC0,0xC0,0x80,0x00,0x00,0x00,0x00,0x01,0x03,0x03,0x01,0x00,0x00}, // 0x07
  {0xFE,0xFE,0x7E,0x3E,0x3E,0x7E,0xFE,0xFE,0x7F,0x7F,0x7E,0x7C,0x7C,0x7E,0x7F,0x7F}, // 0x08
  {0x00,0xC0,0x60,0x20,0x20,0x60,0xC0,0x00,0x00,0x03,0x06,0x04,0x04,0x06,0x03,0x00}, // 0x09
  {0xFE,0x3E,0x9E,0xDE,0xDE,0x9E,0x3E,0xFE,0x7F,0x7C,0x79,0x7B,0x7B,0x79,0x7C,0x7F}, // 0x0A
  {0x00,0x00,0x80,0xC0,0xE8,0xB8,0x18,0x78,0x00,0x07,0x0F,0x08,0x08,0x0F,0x07,0x00}, // 0x0B
  {0x00,0x70,0xF8,0x88,0x88,0xF8,0x70,0x00,0x00,0x02,0x02,0x0F,0x0F,0x02,0x02,0x00}, // 0x0C
  {0x00,0x00,0x00,0xF8,0xF8,0x30,0x60,0xC0,0x00,0x06,0x0F,0x0F,0x07,0x00,0x00,0x00}, // 0x0D
  {0x00,0x00,0xF8,0xF8,0x28,0x28,0xF8,0xF8,0x00,0x07,0x07,0x03,0x00,0x0E,0x0F,0x07}, // 0x0E
  {0x00,0x10,0xC0,0xE0,0x28,0xE0,0xC0,0x10,0x00,0x04,0x01,0x03,0x0A,0x03,0x01,0x04}, // 0x0F
  {0x00,0xF8,0xF0,0xE0,0xC0,0xC0,0x80,0x80,0x00,0x0F,0x07,0x03,0x01,0x01,0x00,0x00}, // 0x10
  {0x00,0x80,0x80,0xC0,0xC0,0xE0,0xF0,0xF8,0x00,0x00,0x00,0x01,0x01,0x03,0x07,0x0F}, // 0x11
  {0x00,0x20,0x30,0xF8,0xF8,0x30,0x20,0x00,0x00,0x02,0x06,0x0F,0x0F,0x06,0x02,0x00}, // 0x12
  {0x00,0x70,0xF8,0xF8,0x00,0xF8,0xF8,0x70,0x00,0x00,0x0D,0x0D,0x00,0x0D,0x0D,0x00}, // 0x13
  {0x70,0xF8,0x88,0xF8,0xF8,0x08,0xF8,0xF8,0x00,0x00,0x00,0x0F,0x0F,0x00,0x0F,0x0F}, // 0x14
  {0x00,0xD8,0xFC,0x24,0x64,0xCC,0x88,0x00,0x00,0x08,0x19,0x13,0x12,0x1F,0x0D,0x00}, // 0x15
  {0x00,0x00,0x00,0x00,0x00,0x00,0x00,0x00,0x00,0x0F,0x0F,0x0F,0x0F,0x0F,0x0F,0x0F}, // 0x16
  {0x00,0x20,0x30,0xF8,0xF8,0x30,0x20,0x00,0x00,0x12,0x16,0x1F,0x1F,0x16,0x12,0x00}, // 0x17
  {0x00,0x20,0x30,0xF8,0xF8,0x30,0x20,0x00,0x00,0x00,0x00,0x0F,0x0F,0x00,0x00,0x00}, // 0x18
  {0x00,0x00,0x00,0xF8,0xF8,0x00,0x00,0x00,0x00,0x02,0x06,0x0F,0x0F,0x06,0x02,0x00}, // 0x19
  {0x00,0x80,0x80,0x80,0x80,0xE0,0xC0,0x80,0x00,0x00,0x00,0x00,0x00,0x03,0x01,0x00}, // 0x1A
  {0x00,0x80,0xC0,0xE0,0x80,0x80,0x80,0x80,0x00,0x00,0x01,0x03,0x00,0x00,0x00,0x00}, // 0x1B
  {0x00,0xC0,0xC0,0x00,0x00,0x00,0x00,0x00,0x00,0x03,0x03,0x02,0x02,0x02,0x02,0x02}, // 0x1C
  {0x80,0xC0,0xE0,0x80,0x80,0xE0,0xC0,0x80,0x00,0x01,0x03,0x00,0x00,0x03,0x01,0x00}, // 0x1D
  {0x00,0x00,0x00,0xC0,0xF8,0xC0,0x00,0x00,0x00,0x0C,0x0F,0x0F,0x0F,0x0F,0x0F,0x0C}, // 0x1E
  {0x00,0x18,0x78,0xF8,0xF8,0xF8,0x78,0x18,0x00,0x00,0x00,0x01,0x0F,0x01,0x00,0x00}, // 0x1F
  {0x00,0x00,0x00,0x00,0x00,0x00,0x00,0x00,0x00,0x00,0x00,0x00,0x00,0x00,0x00,0x00}, // space
  {0x00,0x00,0x70,0xF8,0xF8,0x70,0x00,0x00,0x00,0x00,0x00,0x0D,0x0D,0x00,0x00,0x00}, // !
  {0x00,0x20,0x38,0x18,0x20,0x38,0x18,0x00,0x00,0x00,0x00,0x00,0x00,0x00,0x00,0x00}, // "
  {0x00,0x20,0xF8,0xF8,0x20,0xF8,0xF8,0x20,0x00,0x02,0x0F,0x0F,0x02,0x0F,0x0F,0x02}, // #
  {0x00,0x60,0xF0,0x9C,0x9C,0xB0,0x20,0x00,0x00,0x02,0x06,0x1C,0x1C,0x07,0x03,0x00}, // $
  {0x00,0x20,0x70,0x70,0xA0,0xC0,0x60,0x20,0x00,0x04,0x06,0x03,0x05,0x0E,0x0E,0x04}, // %
  {0x00,0x00,0xB0,0xF8,0xC8,0x78,0xB0,0x80,0x00,0x07,0x0F,0x08,0x09,0x07,0x0F,0x08}, // &
  {0x00,0x00,0x20,0x38,0x18,0x00,0x00,0x00,0x00,0x00,0x00,0x00,0x00,0x00,0x00,0x00}, // '
  {0x00,0x00,0xE0,0xF0,0x18,0x08,0x00,0x00,0x00,0x00,0x03,0x07,0x0C,0x08,0x00,0x00}, // (
  {0x00,0x00,0x08,0x18,0xF0,0xE0,0x00,0x00,0x00,0x00,0x08,0x0C,0x07,0x03,0x00,0x00}, // )
  {0x00,0x80,0xA0,0xE0,0xC0,0xE0,0xA0,0x80,0x00,0x00,0x02,0x03,0x01,0x03,0x02,0x00}, // *
  {0x00,0x80,0x80,0xE0,0xE0,0x80,0x80,0x00,0x00,0x00,0x00,0x03,0x03,0x00,0x00,0x00}, // +
  {0x00,0x00,0x00,0x00,0x00,0x00,0x00,0x00,0x00,0x00,0x10,0x1C,0x0C,0x00,0x00,0x00}, // ,
  {0x00,0x80,0x80,0x80,0x80,0x80,0x80,0x00,0x00,0x00,0x00,0x00,0x00,0x00,0x00,0x00}, // -
  {0x00,0x00,0x00,0x00,0x00,0x00,0x00,0x00,0x00,0x00,0x00,0x0C,0x0C,0x00,0x00,0x00}, // .
  {0x00,0x00,0x00,0x00,0x80,0xC0,0x60,0x30,0x00,0x0C,0x06,0x03,0x01,0x00,0x00,0x00}, // /
  {0x00,0xF0,0xF8,0x08,0x08,0xF8,0xF0,0x00,0x00,0x07,0x0F,0x08,0x08,0x0F,0x07,0x00}, // 0
  {0x00,0x00,0x10,0xF8,0xF8,0x00,0x00,0x00,0x00,0x00,0x08,0x0F,0x0F,0x08,0x00,0x00}, // 1
  {0x00,0x10,0x18,0x08,0x88,0xF8,0x70,0x00,0x00,0x0C,0x0E,0x0B,0x09,0x08,0x08,0x00}, // 2
  {0x00,0x08,0x08,0x48,0xE8,0xB8,0x18,0x00,0x00,0x04,0x0C,0x08,0x08,0x0F,0x07,0x00}, // 3
  {0x00,0xC0,0xE0,0x30,0xF8,0xF8,0x00,0x00,0x00,0x03,0x03,0x02,0x0F,0x0F,0x02,0x00}, // 4
  {0x00,0x78,0x78,0x48,0x48,0xC8,0x88,0x00,0x00,0x04,0x0C,0x08,0x08,0x0F,0x07,0x00}, // 5
  {0x00,0xE0,0xF0,0x98,0x88,0x88,0x00,0x00,0x00,0x07,0x0F,0x08,0x08,0x0F,0x07,0x00}, // 6
  {0x00,0x08,0x08,0x88,0xC8,0x78,0x38,0x00,0x00,0x00,0x0F,0x0F,0x00,0x00,0x00,0x00}, // 7
  {0x00,0x70,0xF8,0x88,0x88,0xF8,0x70,0x00,0x00,0x07,0x0F,0x08,0x08,0x0F,0x07,0x00}, // 8
  {0x00,0x70,0xF8,0x88,0x88,0xF8,0xF0,0x00,0x00,0x00,0x08,0x08,0x0C,0x07,0x03,0x00}, // 9
```

```
{0x00,0x00,0x00,0x30,0x30,0x00,0x00,0x00,0x00,0x00,0x00,0x06,0x06,0x00,0x00,0x00}, // :
{0x00,0x00,0x00,0x30,0x30,0x00,0x00,0x00,0x00,0x00,0x08,0x0E,0x06,0x00,0x00,0x00}, // ;
{0x00,0x80,0xC0,0x60,0x30,0x18,0x08,0x00,0x00,0x00,0x01,0x03,0x06,0x0C,0x08,0x00}, // <
{0x00,0x40,0x40,0x40,0x40,0x40,0x40,0x00,0x00,0x02,0x02,0x02,0x02,0x02,0x02,0x00}, // =
{0x00,0x08,0x18,0x30,0x60,0xC0,0x80,0x00,0x00,0x08,0x0C,0x06,0x03,0x01,0x00,0x00}, // >
{0x00,0x10,0x18,0x88,0xC8,0x78,0x30,0x00,0x00,0x00,0x00,0x0D,0x0D,0x00,0x00,0x00}, // ?
{0x00,0xF0,0xF8,0x08,0xC8,0xF8,0xF0,0x00,0x00,0x07,0x0F,0x08,0x0B,0x0B,0x01,0x00}, // @
{0x00,0xE0,0xF0,0x18,0x18,0xF0,0xE0,0x00,0x00,0x0F,0x0F,0x01,0x01,0x0F,0x0F,0x00}, // A
{0x00,0xF8,0xF8,0x88,0x88,0xF8,0x70,0x00,0x00,0x0F,0x0F,0x08,0x08,0x0F,0x07,0x00}, // B
{0x00,0xF0,0xF8,0x08,0x08,0x18,0x10,0x00,0x00,0x07,0x0F,0x08,0x08,0x0C,0x04,0x00}, // C
{0x00,0xF8,0xF8,0x08,0x08,0xF8,0xF0,0x00,0x00,0x0F,0x0F,0x08,0x08,0x0F,0x07,0x00}, // D
{0x00,0xF8,0xF8,0x88,0x88,0x88,0x08,0x00,0x00,0x0F,0x0F,0x08,0x08,0x08,0x08,0x00}, // E
{0x00,0xF8,0xF8,0x88,0x88,0x88,0x08,0x00,0x00,0x0F,0x0F,0x00,0x00,0x00,0x00,0x00}, // F
{0x00,0xF0,0xF8,0x08,0x08,0x08,0x08,0x00,0x00,0x07,0x0F,0x08,0x09,0x0F,0x0F,0x00}, // G
{0x00,0xF8,0xF8,0x80,0x80,0xF8,0xF8,0x00,0x00,0x0F,0x0F,0x00,0x00,0x0F,0x0F,0x00}, // H
{0x00,0x00,0x08,0xF8,0xF8,0x08,0x00,0x00,0x00,0x00,0x08,0x0F,0x0F,0x08,0x00,0x00}, // I
{0x00,0x00,0x00,0x00,0x00,0xF8,0xF8,0x00,0x00,0x04,0x0C,0x08,0x08,0x0F,0x07,0x00}, // J
{0x00,0xF8,0xF8,0x80,0xE0,0x78,0x18,0x00,0x00,0x0F,0x0F,0x00,0x03,0x0F,0x0C,0x00}, // K
{0x00,0xF8,0xF8,0x00,0x00,0x00,0x00,0x00,0x00,0x0F,0x0F,0x08,0x08,0x08,0x08,0x00}, // L
{0x00,0xF8,0xF8,0x30,0xE0,0x30,0xF8,0xF8,0x00,0x0F,0x0F,0x00,0x00,0x00,0x0F,0x0F}, // M
{0x00,0xF8,0xF8,0xE0,0x80,0xF8,0xF8,0x00,0x00,0x0F,0x0F,0x00,0x03,0x0F,0x0F,0x00}, // N
{0x00,0xF0,0xF8,0x08,0x08,0xF8,0xF0,0x00,0x00,0x07,0x0F,0x08,0x08,0x0F,0x07,0x00}, // O
{0x00,0xF8,0xF8,0x88,0x88,0xF8,0x70,0x00,0x00,0x0F,0x0F,0x00,0x00,0x00,0x00,0x00}, // P
{0x00,0xF0,0xF8,0x08,0x08,0xF8,0xF0,0x00,0x00,0x07,0x0F,0x08,0x08,0x1F,0x17,0x00}, // Q
{0x00,0xF8,0xF8,0x88,0x88,0xF8,0x70,0x00,0x00,0x0F,0x0F,0x01,0x03,0x0E,0x0C,0x00}, // R
{0x00,0x70,0xF8,0x88,0x88,0x98,0x10,0x00,0x00,0x04,0x0C,0x08,0x08,0x0F,0x07,0x00}, // S
{0x00,0x08,0x08,0xF8,0xF8,0x08,0x08,0x00,0x00,0x00,0x00,0x0F,0x0F,0x00,0x00,0x00}, // T
{0x00,0xF8,0xF8,0x00,0x00,0xF8,0xF8,0x00,0x00,0x07,0x0F,0x08,0x08,0x0F,0x07,0x00}, // U
{0x00,0xF8,0xF8,0x00,0x00,0xF8,0xF8,0x00,0x00,0x03,0x07,0x0C,0x0C,0x07,0x03,0x00}, // V
{0x00,0xF8,0xF8,0x00,0x80,0x00,0xF8,0xF8,0x00,0x0F,0x0F,0x06,0x03,0x06,0x0F,0x0F}, // W
{0x00,0x38,0x78,0xC0,0xC0,0x78,0x38,0x00,0x00,0x0E,0x0F,0x01,0x01,0x0F,0x0E,0x00}, // X
{0x00,0x78,0xF8,0x80,0x80,0xF8,0x78,0x00,0x00,0x00,0x00,0x0F,0x0F,0x00,0x00,0x00}, // Y
{0x00,0x08,0x08,0x88,0xC8,0x78,0x38,0x00,0x00,0x0E,0x0F,0x09,0x08,0x08,0x08,0x00}, // Z
{0x00,0x00,0xF8,0xF8,0x08,0x08,0x00,0x00,0x00,0x00,0x0F,0x0F,0x08,0x08,0x00,0x00}, // [
{0x00,0x30,0x60,0xC0,0x80,0x00,0x00,0x00,0x00,0x00,0x00,0x00,0x01,0x03,0x06,0x0C}, /* \ */
{0x00,0x00,0x08,0x08,0xF8,0xF8,0x00,0x00,0x00,0x00,0x08,0x08,0x0F,0x0F,0x00,0x00}, //]
{0x00,0x10,0x18,0x0C,0x0C,0x18,0x10,0x00,0x00,0x00,0x00,0x00,0x00,0x00,0x00,0x00}, // ^
{0x00,0x00,0x00,0x00,0x00,0x00,0x00,0x00,0x20,0x20,0x20,0x20,0x20,0x20,0x20,0x20}, // _
{0x00,0x00,0x00,0x18,0x38,0x20,0x00,0x00,0x00,0x00,0x00,0x00,0x00,0x00,0x00,0x00}, // `
{0x00,0x00,0x40,0x40,0x40,0xC0,0x80,0x00,0x00,0x06,0x0F,0x09,0x09,0x0F,0x0F,0x00}, // a
{0x00,0xF8,0xF8,0x40,0x40,0xC0,0x80,0x00,0x00,0x0F,0x0F,0x08,0x08,0x0F,0x07,0x00}, // b
{0x00,0x80,0xC0,0x40,0x40,0xC0,0x80,0x00,0x00,0x07,0x0F,0x08,0x08,0x0C,0x04,0x00}, // c
{0x00,0x80,0xC0,0x40,0x40,0xF8,0xF8,0x00,0x00,0x07,0x0F,0x08,0x08,0x0F,0x0F,0x00}, // d
{0x00,0x80,0xC0,0x40,0x40,0xC0,0x80,0x00,0x00,0x07,0x0F,0x0A,0x0A,0x0B,0x0B,0x00}, // e
{0x00,0x80,0xF0,0xF8,0x88,0x98,0x10,0x00,0x00,0x00,0x0F,0x0F,0x00,0x00,0x00,0x00}, // f
{0x00,0x80,0xC0,0x40,0x40,0xC0,0x80,0x00,0x00,0x07,0x4F,0x48,0x48,0x7F,0x3F,0x00}, // g
{0x00,0xF8,0xF8,0x40,0x40,0xC0,0x80,0x00,0x00,0x0F,0x0F,0x00,0x00,0x0F,0x0F,0x00}, // h
{0x00,0x00,0x40,0xD8,0xD8,0x00,0x00,0x00,0x00,0x00,0x08,0x0F,0x0F,0x08,0x00,0x00}, // i
{0x00,0x00,0x00,0x00,0x40,0xD8,0xD8,0x00,0x00,0x00,0x10,0x30,0x20,0x3F,0x1F,0x00}, // j
{0x00,0xF8,0xF8,0x00,0x80,0xC0,0x40,0x00,0x00,0x0F,0x0F,0x03,0x07,0x0C,0x08,0x00}, // k
{0x00,0x00,0x08,0xF8,0xF8,0x00,0x00,0x00,0x00,0x00,0x08,0x0F,0x0F,0x08,0x00,0x00}, // l
{0x00,0xC0,0xC0,0xC0,0x80,0xC0,0xC0,0x80,0x00,0x0F,0x0F,0x00,0x07,0x00,0x0F,0x0F}, // m
{0x00,0xC0,0xC0,0x40,0x40,0xC0,0x80,0x00,0x00,0x0F,0x0F,0x00,0x00,0x0F,0x0F,0x00}, // n
{0x00,0x80,0xC0,0x40,0x40,0xC0,0x80,0x00,0x00,0x07,0x0F,0x08,0x08,0x0F,0x07,0x00}, // o
{0x00,0xC0,0xC0,0x40,0x40,0xC0,0x80,0x00,0x00,0x7F,0x7F,0x08,0x08,0x0F,0x07,0x00}, // p
{0x00,0x80,0xC0,0x40,0x40,0xC0,0xC0,0x00,0x00,0x07,0x0F,0x08,0x08,0x7F,0x7F,0x00}, // q
{0x00,0xC0,0xC0,0x80,0xC0,0x40,0x40,0x00,0x00,0x0F,0x0F,0x01,0x00,0x00,0x00,0x00}, // r
{0x00,0x80,0xC0,0x40,0x40,0x40,0x40,0x00,0x00,0x08,0x09,0x09,0x09,0x0F,0x06,0x00}, // s
{0x00,0x40,0xF8,0xF8,0x40,0x40,0x00,0x00,0x00,0x00,0x07,0x0F,0x08,0x0C,0x04,0x00}, // t
{0x00,0xC0,0xC0,0x00,0x00,0xC0,0xC0,0x00,0x00,0x07,0x0F,0x08,0x08,0x0F,0x0F,0x00}, // u
{0x00,0xC0,0xC0,0x00,0x00,0xC0,0xC0,0x00,0x00,0x03,0x07,0x0C,0x0C,0x07,0x03,0x00}, // v
{0x00,0xC0,0xC0,0x00,0x00,0x00,0xC0,0xC0,0x00,0x07,0x0F,0x0C,0x07,0x0C,0x0F,0x07}, // w
{0x00,0x40,0xC0,0x80,0x00,0x80,0xC0,0x40,0x00,0x08,0x0C,0x07,0x03,0x07,0x0C,0x08}, // x
{0x00,0xC0,0xC0,0x00,0x00,0xC0,0xC0,0x00,0x00,0x07,0x4F,0x48,0x48,0x7F,0x3F,0x00}, // y
{0x00,0x40,0x40,0x40,0xC0,0xC0,0x40,0x00,0x00,0x0C,0x0E,0x0B,0x09,0x08,0x08,0x00}, // z
{0x00,0x00,0x80,0xF0,0x78,0x08,0x08,0x00,0x00,0x00,0x00,0x07,0x0F,0x08,0x08,0x00}, // {
{0x00,0x00,0x00,0x78,0x78,0x00,0x00,0x00,0x00,0x00,0x00,0x0F,0x0F,0x00,0x00,0x00}, // |
{0x00,0x00,0x08,0x08,0x78,0xF0,0x80,0x00,0x00,0x00,0x08,0x08,0x0F,0x07,0x00,0x00}, // }
{0x00,0x80,0xC0,0x40,0xC0,0x80,0xC0,0x40,0x00,0x00,0x00,0x00,0x00,0x00,0x00,0x00}, // ~
{0x00,0x00,0x60,0x90,0x90,0x60,0x00,0x00,0x00,0x00,0x00,0x00,0x00,0x00,0x00,0x00}};// 0x7F
```

```
/* ------------------------------------------------------------------------ */
/*              사용자 정의 함수 선언                                          */
/* ------------------------------------------------------------------------ */

void TFT_initialize(void);                        // initialize TFT-LCD with HX8347-A
void TFT_command(U08 IR);                         // write IR to TFT-LCD
void TFT_data(U16 data);                          // write data to TFT-LCD
void TFT_write(U08 reg, U16 val);                 // write TFT-LCD register
void TFT_clear_screen(void);                      // TFT-LCD clear screen with black color
void TFT_color_screen(U16 color);                 // TFT-LCD full screen color
void TFT_GRAM_address(U16 xPos, U16 yPos);        // set GRAM address of TFT-LCD
void TFT_xy(U08 xChar, U08 yChar);                // set character position
void TFT_color(U16 colorfore, U16 colorback);     // set foreground and background color
void TFT_pixel(U16 xPos, U16 yPos, U16 color);    // write a pixel
void TFT_portrait_mode(void);                     // set portrait mode
void TFT_landscape_mode(void);                    // set landscape mode
void TFT_cursor(U16 cursor_color);                // set cursor and color
void TFT_underscore(U16 underscore_color);        // set underscore and color
void TFT_outline(U16 outline_color);              // set outline and color
void TFT_string(U08 xChar, U08 yChar, U16 colorfore, U16 colorback, char *str); // write TFT-LCD string
void TFT_English(U08 code);                       // write a English ASCII character
unsigned int KS_code_conversion(U16 KS_code);     // convert 완성형(KS) to 조합형(KSSM)
void TFT_Korean(U16 code);                        // write a Korean character
void TFT_English_pixel(U16 Xpixel,U16 Ypixel, U08 code); // write a English ASCII character

void TFT_binary(U16 number, U08 digit);           // display 8 or 16 bit binary number
void TFT_unsigned_decimal(U32 number, U08 zerofill, U08 digit); // display unsigned decimal number
void TFT_signed_decimal(S32 number, U08 zerofill, U08 digit);   // display signed decimal number
void TFT_hexadecimal(U32 number, U08 digit);      // display hexadecimal number
void TFT_0x_hexadecimal(U32 number, U08 digit);   // display hexadecimal number with 0x
void TFT_unsigned_float(float number, U08 integral, U08 fractional); // display unsigned floating-point number
void TFT_signed_float(float number, U08 integral, U08 fractional);   // display signed floating-point number

void Line(S16 x1,S16 y1, S16 x2,S16 y2, U16 color);       // draw a straight line
void Rectangle(S16 x1,S16 y1, S16 x2,S16 y2, U16 color);// draw a rectangle
void Block(S16 x1,S16 y1, S16 x2,S16 y2, U16 color, U16 fill); // draw a rectangle with filled color
void Circle(S16 x1,S16 y1, S16 r, U16 color);     // draw a circle
void Sine(S16 peak, U08 mode, U16 color);         // draw a sine curve

unsigned char SPI_write(U08 data);                // send a byte to SPI and receive
unsigned int Read_ADS7846(U08 command);           // read X, Y value from ADS7846
void Touch_screen_initialize(void);               // initialize touch screen
void Touch_screen_input(void);                    // touch screen input of X, Y average value

/* ------------------------------------------------------------------------ */
/*     TFT-LCD 기본 문자 출력 함수(영문 : 8x16 픽셀, 한글 : 16x16 픽셀)           */
/* ------------------------------------------------------------------------ */

#define Transparent     0x0821                    //   1,   1,   1
#define White           0xFFFF                    // 255, 255, 255
#define Black           0x0000                    //   0,   0,   0
#define Red             0xF800                    // 255,   0,   0
#define Green           0x07E0                    //   0, 255,   0
#define Blue            0x001F                    //   0,   0, 255
#define Yellow          0xFFE0                    // 255, 255,   0
#define Cyan            0x07FF                    //   0, 255, 255
#define Magenta         0xF81F                    // 255,   0, 255
#define Brown           0xA145                    // 160,  40,  40
#define Khaki           0xF731                    // 240, 228, 136
#define Orange          0xFD20                    // 255, 164,   0
#define Pink            0xFB56                    // 255, 104, 176
#define Silver          0xC618                    // 192, 192, 192
#define Violet          0xEC1D                    // 232, 128, 232
#define Olive           0x8400                    // 128, 128,   0
#define Purple          0x8010                    // 128,   0, 128
#define Maroon          0x7800                    // 128,   0,   0
#define Navy            0x000F                    //   0,   0, 128
#define DarkGreen       0x03E0                    //   0, 128,   0
#define DarkCyan        0x03EF                    //   0, 128, 128
#define DarkGrey        0x7BEF                    // 128, 128, 128
#define LightGrey       0xC618                    // 192, 192, 192
```

```
unsigned char  ScreenMode = 'L';                      // screen mode(P = portrait, L = landscape)
unsigned char  XcharacterLimit = 40;                  // character number of line (40 or 30)
unsigned char  YcharacterLimit = 30;                  // line number of screen (30 or 40)
unsigned char  XcharacterLimit_large = 26;            // large character number of line (26 or 20)
unsigned char  YcharacterLimit_large = 30;            // line number of screen (30 or 40)
unsigned char  Xcharacter, Ycharacter;                // Xcharacter(0-29), Ycharacter(0-39) for portrait
                                                      // Xcharacter(0-39), Ycharacter(0-29) for landscape
unsigned char  continue_flag = 0;                     // 0 = first line, 1 = next line
unsigned char  Xcursor, Ycursor;                      // cursor position
unsigned char  cursor_flag = 0;                       // 0 = cursor off, 1 = cursor on
unsigned int   cursor;                                // cursor color
unsigned char  underscore_flag = 0;                   // 0 = underscore off, 1 = underscore on
unsigned int   underscore;                            // underscore color
unsigned char  outline_flag = 0;                      // 0 = outline off, 1 = outline on
unsigned int   outline;                               // outline color
unsigned int   foreground, background;                // foreground and background color

void TFT_initialize(void)                             /* initialize TFT-LCD with HX8347-A */
{
  PORTE_DIR = 0xFF;                                   // PORTE = output
  PORTG_DIRSET = 0xF8;                                // PG7~3 = output

  PORTG_OUTCLR = 0x80;                                // reset TFT-LCD
  Delay_ms(5);
  PORTG_OUTSET = 0x80;
  Delay_ms(120);

  TFT_write(0x02, 0x0000);                            // window setting(landscape mode)
  TFT_write(0x03, 0x0000);                            // x = 0~319
  TFT_write(0x04, 0x0001);
  TFT_write(0x05, 0x003F);
  TFT_write(0x06, 0x0000);                            // y = 0~239
  TFT_write(0x07, 0x0000);
  TFT_write(0x08, 0x0000);
  TFT_write(0x09, 0x00EF);

  TFT_write(0x01, 0x0006);                            // display setting
  TFT_write(0x16, 0x0068);                            // MV=1, MX=1, MY=0, BGR=1
  TFT_write(0x18, 0x0000);                            // SM=0
  TFT_write(0x70, 0x0065);                            // GS=1, SS=1, 16 bit/pixel
  TFT_write(0x23, 0x0095);
  TFT_write(0x24, 0x0095);
  TFT_write(0x25, 0x00FF);
  TFT_write(0x27, 0x0002);
  TFT_write(0x28, 0x0002);
  TFT_write(0x29, 0x0002);
  TFT_write(0x2A, 0x0002);
  TFT_write(0x2C, 0x0002);
  TFT_write(0x2D, 0x0002);
  TFT_write(0x3A, 0x0001);
  TFT_write(0x3B, 0x0001);
  TFT_write(0x3C, 0x00F0);
  TFT_write(0x3D, 0x0000);
  Delay_ms(20);
  TFT_write(0x35, 0x0038);
  TFT_write(0x36, 0x0078);
  TFT_write(0x3E, 0x0038);
  TFT_write(0x40, 0x000F);
  TFT_write(0x41, 0x00F0);

  TFT_write(0x19, 0x0049);                            // power setting
  TFT_write(0x93, 0x000F);
  Delay_ms(10);
  TFT_write(0x20, 0x0040);
  TFT_write(0x1D, 0x0007);
  Delay_ms(10);
  TFT_write(0x1E, 0x0000);
  TFT_write(0x1F, 0x0004);
  TFT_write(0x44, 0x0040);                            // VCom control for 3.3V
  TFT_write(0x45, 0x0012);
```

```
  Delay_ms(10);
  TFT_write(0x1C, 0x0004);
  Delay_ms(20);
  TFT_write(0x43, 0x0080);
  Delay_ms(5);
  TFT_write(0x1B, 0x0018);
  Delay_ms(40);
  TFT_write(0x1B, 0x0010);
  Delay_ms(40);

  TFT_write(0x46, 0x00A4);              // gamma setting
  TFT_write(0x47, 0x0053);
  TFT_write(0x48, 0x0010);
  TFT_write(0x49, 0x005F);
  TFT_write(0x4A, 0x0004);
  TFT_write(0x4B, 0x003F);
  TFT_write(0x4C, 0x0002);
  TFT_write(0x4D, 0x00F6);
  TFT_write(0x4E, 0x0012);
  TFT_write(0x4F, 0x004C);
  TFT_write(0x50, 0x0046);
  TFT_write(0x51, 0x0044);

  TFT_write(0x90, 0x007F);              // display on setting
  TFT_write(0x26, 0x0004);
  Delay_ms(40);
  TFT_write(0x26, 0x0024);
  TFT_write(0x26, 0x002C);
  Delay_ms(40);
  TFT_write(0x26, 0x003C);

  TFT_write(0x57, 0x0002);              // internal VDDD setting
  TFT_write(0x55, 0x0000);
  TFT_write(0xFE, 0x005A);
  TFT_write(0x57, 0x0000);

  TFT_clear_screen();                   // clear screen
}

void TFT_command(U08 IR)                /* write IR to TFT-LCD */
{
  PORTE_OUT = 0x00;                     // output high byte
  PORTG_OUTCLR = 0x08;                  // -HB_WR = 0
  PORTG_OUTSET = 0x08;                  // -HB_WR = 1
  PORTE_OUT = IR;                       // output low byte
  PORTG_OUTCLR = 0x60;                  // -CS = RS = 0
  PORTG_OUTCLR = 0x10;                  // -WR = 0
  PORTG_OUTSET = 0x10;                  // -WR = 1
  PORTG_OUTSET = 0x60;                  // -CS = RS = 1
}

void TFT_data(U16 data)                 /* write data to TFT-LCD */
{
  PORTE_OUT = data >> 8                 // output high byte
  PORTG_OUTCLR = 0x08;                  // -HB_WR = 0
  PORTG_OUTSET = 0x08;                  // -HB_WR = 1
  PORTE_OUT = data & 0x00FF;            // output low byte
  PORTG_OUTCLR = 0x40;                  // -CS = 0, RS = 1
  PORTG_OUTSET = 0x20;
  PORTG_OUTCLR = 0x10;                  // -WR = 0
  PORTG_OUTSET = 0x10;                  // -WR = 1
  PORTG_OUTSET = 0x60;                  // -CS = RS = 1
}

void TFT_write(U08 reg, U16 val)        /* write TFT-LCD register */
{
  TFT_command(reg);
  TFT_data(val);
}

/* ------------------------------------------------------------------------ */
```

```
/*              TFT-LCD 모듈의 출력제어 함수                                  */
/* -------------------------------------------------------------------------- */

void TFT_clear_screen(void)                    /* TFT-LCD clear screen with black color */
{
  TFT_color_screen(Black);
}

void TFT_color_screen(U16 color)               /* TFT-LCD full screen color */
{
  unsigned char i;
  unsigned int j;

  TFT_GRAM_address(0,0);

  for(i = 0; i < 240; i++)
    for(j = 0; j < 320; j++)
      TFT_data(color);
}

void TFT_GRAM_address(U16 xPos, U16 yPos)      /* set GRAM address of TFT-LCD */
{
  if(ScreenMode == 'L')
    { if((xPos > 319) || (yPos > 239))
        return;
      TFT_write(0x02, xPos >> 8);              // xPos = 0~319
      TFT_write(0x03, xPos & 0x00FF);
      TFT_write(0x06, 0x0000);                 // yPos = 0~239
      TFT_write(0x07, yPos);
    }
  else
    { if((xPos > 239) || (yPos > 319))
        return;
      TFT_write(0x02, 0x0000);                 // xPos = 0~239
      TFT_write(0x03, xPos);
      TFT_write(0x06, yPos >> 8);              // yPos = 0~319
      TFT_write(0x07, yPos & 0x00FF);
    }

  TFT_command(0x22);
}

void TFT_xy(U08 xChar, U08 yChar)              /* set character position */
{
  Xcharacter = xChar;
  Ycharacter = yChar;
}

void TFT_color(U16 colorfore, U16 colorback)   /* set foreground and background color */
{
  foreground = colorfore;
  background = colorback;
}

void TFT_pixel(U16 xPos, U16 yPos, U16 color)  /* write a pixel */
{
  if(ScreenMode == 'L')
    { if((xPos > 319) || (yPos > 239))
        return;
      TFT_write(0x02, xPos >> 8);              // xPos = 0~319
      TFT_write(0x03, xPos & 0x00FF);
      TFT_write(0x06, 0x0000);                 // yPos = 0~239
      TFT_write(0x07, yPos);
    }
  else
    { if((xPos > 239) || (yPos > 319))
        return;
      TFT_write(0x02, 0x0000);                 // xPos = 0~239
      TFT_write(0x03, xPos);
      TFT_write(0x06, yPos >> 8);              // yPos = 0~319
      TFT_write(0x07, yPos & 0x00FF);
```

```
    }

  if(color != Transparent)                    // transparent mode ?
    TFT_write(0x22, color);
}

/* ---------------------------------------------------------------------------- */
/*              TFT-LCD 모듈의 문자 출력 함수                                      */
/* ---------------------------------------------------------------------------- */

void TFT_portrait_mode(void)                  /* set portrait mode */
{
  TFT_write(0x16, 0x0008);                    // MV=0, MX=0, MY=0, BGR=1

  TFT_write(0x02, 0x0000);                    // x = 0~239
  TFT_write(0x03, 0x0000);
  TFT_write(0x04, 0x0000);
  TFT_write(0x05, 0x00EF);
  TFT_write(0x06, 0x0000);                    // y = 0~319
  TFT_write(0x07, 0x0000);
  TFT_write(0x08, 0x0001);
  TFT_write(0x09, 0x003F);

  XcharacterLimit = 30;                       // 30x40 character unit
  YcharacterLimit = 40;
  XcharacterLimit_large = 20;                 // 20x40 large character unit
  YcharacterLimit_large = 40;
  ScreenMode = 'P';
}

void TFT_landscape_mode(void)                 /* set landscape mode */
{
  TFT_write(0x16, 0x0068);                    // MV=1, MX=1, MY=0, BGR=1

  TFT_write(0x02, 0x0000);                    // x = 0~319
  TFT_write(0x03, 0x0000);
  TFT_write(0x04, 0x0001);
  TFT_write(0x05, 0x003F);
  TFT_write(0x06, 0x0000);                    // y = 0~239
  TFT_write(0x07, 0x0000);
  TFT_write(0x08, 0x0000);
  TFT_write(0x09, 0x00EF);

  XcharacterLimit = 40;                       // 40x30 character unit
  YcharacterLimit = 30;
  XcharacterLimit_large = 26;                 // 26x30 large character unit
  YcharacterLimit_large = 30;
  ScreenMode = 'L';
}

void TFT_cursor(U16 cursor_color)             /* set cursor and color */
{
  if(cursor_color == Transparent)             // disable cursor
    cursor_flag = 0;
  else                                        // enable cursor
    { cursor_flag = 1;
      cursor = cursor_color;
    }
}

void TFT_underscore(U16 underscore_color)     /* set underscore and color */
{
  if(underscore_color == Transparent)         // disable underscore
    underscore_flag = 0;
  else                                        // enable underscore
    { underscore_flag = 1;
      underscore = underscore_color;
    }
}

void TFT_outline(U16 outline_color)           /* set outline and color */
```

```
{
  if(outline_color == Transparent)              // disable outline
    outline_flag = 0;
  else                                          // enable outline
    { outline_flag = 1;
      outline = outline_color;
    }
}

void TFT_string(U08 xChar, U08 yChar, U16 colorfore, U16 colorback, char *str) /* write TFT-LCD string */
{
  unsigned char ch1, ch2;
  unsigned int hangeul;

  Xcharacter = xChar;
  Ycharacter = yChar;

  foreground = colorfore;
  background = colorback;

  continue_flag = 0;                            // start first line

  while(*str)
    { ch1 = *str;
      str++;

      if(ch1 < 0x80)                            // English ASCII character
        TFT_English(ch1);
      else                                      // Korean
        { ch2 = *str;
          hangeul = (ch1 << 8) + ch2;
          str++;
          hangeul = KS_code_conversion(hangeul);// convert 완성형(KS) to 조합형(KSSM)
          TFT_Korean(hangeul);
        }
    }
}

void TFT_English(U08 code)                      /* write a English ASCII character */
{
  unsigned char data, x, y;
  unsigned int pixel[8][16];
  unsigned int xPos, yPos, dot0, dot1, dot2, dot3, dot4;

  for(x = 0; x < 8; x++)                        // read English ASCII font
    { data = pgm_read_byte(&E_font[code][x]);
      for(y = 0; y < 8; y++)
        { if(data & 0x01) pixel[x][y] = foreground;
          else            pixel[x][y] = background;
          data = data >> 1;
        }
    }

  for(x = 0; x < 8; x++)
    { data = pgm_read_byte(&E_font[code][x+8]);
      for(y = 0; y < 8; y++)
        { if(data & 0x01) pixel[x][y+8] = foreground;
          else            pixel[x][y+8] = background;
          data = data >> 1;
        }
    }

  if(outline_flag == 1)                         // display outline
    for(x = 0; x < 8; x++)
      { dot0 = pgm_read_byte(&E_font[code][x]) + pgm_read_byte(&E_font[code][x+8])*256;
        dot1 = dot0 >> 1;                                                     // up side
        dot2 = dot0;                                                          // down side
        dot3 = pgm_read_byte(&E_font[code][x+1]) + pgm_read_byte(&E_font[code][x+9])*256;// left side
        dot4 = pgm_read_byte(&E_font[code][x-1]) + pgm_read_byte(&E_font[code][x+7])*256;// right side

        for(y = 0; y < 16; y++)
```

```
        { if(!(dot0 & 0x0001))
            { if(dot1 & 0x0001) pixel[x][y] = outline;
              if(dot2 & 0x0001) pixel[x][y] = outline;
              if((dot3 & 0x0001) && (x < 7 )) pixel[x][y] = outline;
              if((dot4 & 0x0001) && (x > 0 )) pixel[x][y] = outline;
            }

          dot1 >>= 1;
          dot2 = dot0;
          dot0 >>= 1;
          dot3 >>= 1;
          dot4 >>= 1;
        }
    }

if(Xcharacter >= XcharacterLimit)              // end of line ?
  { continue_flag = 1;
    Xcharacter = 0;
    Ycharacter += 2;
    if(Ycharacter >= (YcharacterLimit-1))      // end of screen ?
      Ycharacter = 0;
  }

if(underscore_flag == 1)
  { for(x = 0; x < 8; x++)                     // display underscore
        pixel[x][15] = underscore;
  }

if((cursor_flag == 1) && (Xcharacter == Xcursor) &&(Ycharacter == Ycursor))
  { for(x = 0; x < 8; x++)                     // display cursor
      { pixel[x][14] = cursor;
        pixel[x][15] = cursor;
      }
  }

if((continue_flag == 1) && (Xcharacter == 0) && (code == ' '))
  return;
else if(background != Transparent)             // transparent mode ?
  { xPos = Xcharacter*8;

    for(y = 0; y < 16; y++)                    // if no, write a character in higher speed
      { yPos = Ycharacter*8 + y;

        if(ScreenMode == 'L')
          { TFT_write(0x02, xPos >> 8);        // xPos = 0~319
            TFT_write(0x03, xPos & 0x00FF);
            TFT_write(0x06, 0x0000);           // yPos = 0~239
            TFT_write(0x07, yPos);
          }
        else
          { TFT_write(0x02, 0x0000);           // xPos = 0~239
            TFT_write(0x03, xPos);
            TFT_write(0x06, yPos >> 8);        // yPos = 0~319
            TFT_write(0x07, yPos & 0x00FF);
          }

        TFT_command(0x22);
        TFT_data(pixel[0][y]);
        TFT_data(pixel[1][y]);
        TFT_data(pixel[2][y]);
        TFT_data(pixel[3][y]);
        TFT_data(pixel[4][y]);
        TFT_data(pixel[5][y]);
        TFT_data(pixel[6][y]);
        TFT_data(pixel[7][y]);
      }
  }
else
  { for(y = 0; y < 16; y++)                    // if yes, write a character
      for(x = 0; x < 8; x++)
        TFT_pixel(Xcharacter*8 + x, Ycharacter*8 + y, pixel[x][y]);
```

```
    }

  Xcharacter += 1;                              // go to next position
}

unsigned int KS_code_conversion(U16 KS_code)    /* convert 완성형(KS) to 조합형(KSSM) */
{
  unsigned char HB, LB;
  unsigned int index, KSSM;

  HB = KS_code >> 8;
  LB = KS_code & 0x00FF;

  if(KS_code >= 0xB0A1 && KS_code <= 0xC8FE)
    { index = (HB - 0xB0)*94 + LB - 0xA1;
      KSSM  =  pgm_read_byte(&KS_Table[index][0]) * 256;
      KSSM |=  pgm_read_byte(&KS_Table[index][1]);

      return KSSM;
    }
  else
    return 0;
}

void TFT_Korean(U16 code)                       /* write a Korean character */
{
  unsigned char cho_5bit, joong_5bit, jong_5bit;
  unsigned char cho_bul, joong_bul, jong_bul = 0, i, jong_flag;
  unsigned int ch;
  unsigned char Kbuffer[33] = {0};              // 32 byte Korean font buffer (+1 extra)

  cho_5bit   = pgm_read_byte(&table_cho[(code >> 10) & 0x001F]);  // get 5bit(14-10) of chosung
  joong_5bit = pgm_read_byte(&table_joong[(code >> 5) & 0x001F]); // get 5bit(09-05) of joongsung
  jong_5bit  = pgm_read_byte(&table_jong[code & 0x001F]);         // get 5bit(04-00) of jongsung

  if(jong_5bit == 0)                            // if jongsung not exist
    { jong_flag = 0;
      cho_bul = pgm_read_byte(&bul_cho1[joong_5bit]);
      if((cho_5bit == 1) || (cho_5bit == 16))
        joong_bul = 0;
      else
        joong_bul = 1;
    }
  else                                          // if jongsung exist
    { jong_flag = 1;
      cho_bul = pgm_read_byte(&bul_cho2[joong_5bit]);
      if((cho_5bit == 1) || (cho_5bit == 16))
        joong_bul = 2;
      else
        joong_bul = 3;
      jong_bul = pgm_read_byte(&bul_jong[joong_5bit]);
    }

  ch = cho_bul*20 + cho_5bit;                   // get chosung font
  for(i = 0; i < 32; i++)
    Kbuffer[i] = pgm_read_byte(&K_font[ch][i]);
  ch = 8*20 + joong_bul*22 + joong_5bit;        // OR joongsung font
  for(i = 0; i < 32; i++)
    Kbuffer[i] |= pgm_read_byte(&K_font[ch][i]);
  if(jong_flag)                                 // OR jongsung font
    { ch = 8*20 + 4*22 + jong_bul*28 + jong_5bit;
      for(i = 0; i < 32; i++)
        Kbuffer[i] |= pgm_read_byte(&K_font[ch][i]);
    }

  unsigned char data, x, y;
  unsigned int pixel[16][16];
  unsigned int xPos, yPos, dot0, dot1, dot2, dot3, dot4;

  for(x = 0; x < 16; x++)                       // read Korean font
    { data = Kbuffer[x];
```

```
      for(y = 0; y < 8; y++)
        { if(data & 0x01) pixel[x][y] = foreground;
          else            pixel[x][y] = background;
          data = data >> 1;
        }
    }

  for(x = 0; x < 16; x++)
    { data = Kbuffer[x+16];
      for(y = 0; y < 8; y++)
        { if(data & 0x01) pixel[x][y+8] = foreground;
          else            pixel[x][y+8] = background;
          data = data >> 1;
        }
    }

  if(outline_flag == 1)                          // display outline
    for(x = 0; x < 16; x++)
      { dot0 = Kbuffer[x] + Kbuffer[x+16]*256;
        dot1 = dot0 >> 1;                        // up side
        dot2 = dot0;                             // down side
        dot3 = Kbuffer[x+1] + Kbuffer[x+17]*256; // left side
        dot4 = Kbuffer[x-1] + Kbuffer[x+15]*256; // right side

        for(y = 0; y < 16; y++)
          { if(!(dot0 & 0x0001))
              { if(dot1 & 0x0001) pixel[x][y] = outline;
                if(dot2 & 0x0001) pixel[x][y] = outline;
                if((dot3 & 0x0001) && (x < 15 )) pixel[x][y] = outline;
                if((dot4 & 0x0001) && (x > 0 ))  pixel[x][y] = outline;
              }

            dot1 >>= 1;
            dot2 = dot0;
            dot0 >>= 1;
            dot3 >>= 1;
            dot4 >>= 1;
          }
      }

  if(Xcharacter >= (XcharacterLimit-1))          // end of line ?
    { Xcharacter = 0;
      Ycharacter += 2;
      if(Ycharacter >= (YcharacterLimit-1))      // end of screen ?
        Ycharacter = 0;
    }

  if(underscore_flag == 1)
    { for(x = 0; x < 16; x++)                    // display underscore
          pixel[x][15] = underscore;
    }

  if((cursor_flag == 1) && (Xcharacter == Xcursor) &&(Ycharacter == Ycursor))
    { for(x = 0; x < 16; x++)                    // display cursor
        { pixel[x][14] = cursor;
          pixel[x][15] = cursor;
        }
    }

  if(background != Transparent)                  // transparent mode ?
    { xPos = Xcharacter*8;

      for(y = 0; y < 16; y++)                    // if no, write a character in higher speed
        { yPos = Ycharacter*8 + y;

          if(ScreenMode == 'L')
            { TFT_write(0x02, xPos >> 8);        // xPos = 0~319
              TFT_write(0x03, xPos & 0x00FF);
              TFT_write(0x06, 0x0000);           // yPos = 0~239
              TFT_write(0x07, yPos);
            }
```

```
        else
          { TFT_write(0x02, 0x0000);          // xPos = 0~239
            TFT_write(0x03, xPos);
            TFT_write(0x06, yPos >> 8);       // yPos = 0~319
            TFT_write(0x07, yPos & 0x00FF);
          }

        TFT_command(0x22);
        TFT_data(pixel[0][y]);
        TFT_data(pixel[1][y]);
        TFT_data(pixel[2][y]);
        TFT_data(pixel[3][y]);
        TFT_data(pixel[4][y]);
        TFT_data(pixel[5][y]);
        TFT_data(pixel[6][y]);
        TFT_data(pixel[7][y]);
        TFT_data(pixel[8][y]);
        TFT_data(pixel[9][y]);
        TFT_data(pixel[10][y]);
        TFT_data(pixel[11][y]);
        TFT_data(pixel[12][y]);
        TFT_data(pixel[13][y]);
        TFT_data(pixel[14][y]);
        TFT_data(pixel[15][y]);
      }
    }
  else
    { for(y = 0; y < 16; y++)                 // if yes, write a character
        for(x = 0; x < 16; x++)
          TFT_pixel(Xcharacter*8 + x, Ycharacter*8 + y, pixel[x][y]);
    }

  Xcharacter += 2;                            // go to next position
}

void TFT_English_pixel(U16 Xpixel,U16 Ypixel, U08 code) /* write a English ASCII character */
{
  unsigned char data, x, y;
  unsigned int pixel[8][16];

  for(x = 0; x < 8; x++)                      // read English ASCII font
    { data = pgm_read_byte(&E_font[code][x]);
      for(y = 0; y < 8; y++)
        { if(data & 0x01) pixel[x][y] = foreground;
          else            pixel[x][y] = background;
          data = data >> 1;
        }
    }

  for(x = 0; x < 8; x++)
    { data = pgm_read_byte(&E_font[code][x+8]);
      for(y = 0; y < 8; y++)
        { if(data & 0x01) pixel[x][y+8] = foreground;
          else            pixel[x][y+8] = background;
          data = data >> 1;
        }
    }

  for(y = 0; y < 16; y++)                     // write a character
    for(x = 0; x < 8; x++)
      TFT_pixel(Xpixel + x, Ypixel + y, pixel[x][y]);
}

/* ---------------------------------------------------------------------- */
/*            TFT-LCD 모듈의 수치 데이터 출력 함수                        */
/* ---------------------------------------------------------------------- */

void TFT_binary(U16 number, U08 digit)        /* display 8 or 16 bit binary number */
{
  unsigned char i, shift;
```

```
  if((digit == 0) || (digit > 16)) return;

  shift = digit - 1;
  for(i = 0; i < digit; i++ )
    { TFT_English(((number >> shift) & 0x01) + '0');
      shift--;
    }
}

void TFT_unsigned_decimal(U32 number, U08 zerofill, U08 digit) /* display unsigned decimal number */
{
  unsigned char zero_flag, character;
  unsigned long div;

  if((digit == 0) || (digit > 9)) return;

  div = 1;
  while(--digit) div *= 10;

  zero_flag = zerofill;
  while(div > 0)                                // display number
    { character = number / div;
      if((character == 0) && (zero_flag == 0) && (div != 1))
        TFT_English(character + ' ');
      else
        { zero_flag = 1;
          TFT_English(character + '0');
        }
      number %= div;
      div /= 10;
    }
}

void TFT_signed_decimal(S32 number, U08 zerofill, U08 digit)   /* display signed decimal number */
{
  unsigned char zero_flag, character;
  unsigned long div;

  if((digit == 0) || (digit > 9)) return;

  if(number >= 0)                               // display sign
    TFT_English('+');
  else
    { TFT_English('-');
      number = -number;
    }

  div = 1;
  while(--digit) div *= 10;

  zero_flag = zerofill;
  while(div > 0)                                // display number
    { character = number / div;
      if((character == 0) && (zero_flag == 0) && (div != 1))
        TFT_English(character + ' ');
      else
        { zero_flag = 1;
          TFT_English(character + '0');
        }
      number %= div;
      div /= 10;
    }
}

void TFT_hexadecimal(U32 number, U08 digit)     /* display hexadecimal number */
{
  unsigned char i, character;

  if((digit == 0) || (digit > 8)) return;

  for(i = digit; i > 0; i--)
```

```
    { character = (number >> 4*(i-1)) & 0x0F;
      if(character < 10) TFT_English(character + '0');
      else               TFT_English(character - 10 + 'A');
    }
}

void TFT_0x_hexadecimal(U32 number, U08 digit)  /* display hexadecimal number with 0x */
{
  unsigned char i, character;

  if((digit == 0) || (digit > 8)) return;

  TFT_English('0');
  TFT_English('x');

  for(i = digit; i > 0; i--)
    { character = (number >> 4*(i-1)) & 0x0F;
      if(character < 10) TFT_English(character + '0');
      else               TFT_English(character - 10 + 'A');
    }
}

void TFT_unsigned_float(float number, U08 integral, U08 fractional) /* display unsigned floating-point number */
{
  unsigned char zero_flag, digit, character;    // integral = digits of integral part
  unsigned long div, integer;                   // fractional = digits of fractional part

  digit = integral + fractional;
  if((integral == 0) || (fractional == 0) || (digit > 9)) return;

  div = 1;
  while(--digit) div *= 10;

  while(fractional--) number *= 10.;
  integer = (U32)(number + 0.5);

  zero_flag = 0;
  digit = 1;
  while(div > 0)                                // display number
    { character = integer / div;
      if((character == 0) && (zero_flag == 0) && (digit != integral))
        TFT_English(character + ' ');
      else
        { zero_flag = 1;
          TFT_English(character + '0');
        }
      integer %= div;
      div /= 10;

      if(digit == integral)
        TFT_English('.');
      digit++;
    }
}

void TFT_signed_float(float number, U08 integral, U08 fractional) /* display signed floating-point number */
{
  unsigned char zero_flag, digit, character;
  unsigned long div, integer;

  digit = integral + fractional;
  if((integral == 0) || (fractional == 0) || (digit > 9)) return;

  if(number >= 0)                               // display sign
    TFT_English('+');
  else
    { TFT_English('-');
      number = -number;
    }

  div = 1;
```

```
  while(--digit) div *= 10;

  while(fractional--) number *= 10.;
  integer = (U32)(number + 0.5);

  zero_flag = 0;
  digit = 1;
  while(div > 0)                              // display number
    { character = integer / div;
      if((character == 0) && (zero_flag == 0) && (digit != integral))
        TFT_English(character + ' ');
      else
        { zero_flag = 1;
          TFT_English(character + '0');
        }
      integer %= div;
      div /= 10;

      if(digit == integral)
        TFT_English('.');
      digit++;
    }
}

/* ------------------------------------------------------------------------ */
/*              TFT-LCD 모듈의 그래픽 함수                                  */
/* ------------------------------------------------------------------------ */

void Line(S16 x1,S16 y1, S16 x2,S16 y2, U16 color)      /* draw a straight line */
{
  signed int x, y;

  if((x1 == x2) && (y1 == y2))                // if x1 == x2 and y1 == y2, it is a dot
    TFT_pixel(x1, y1, color);
  else
    { if(x1 < x2) x = x2 - x1;                // calculate x length
      else        x = x1 - x2;
      if(y1 < y2) y = y2 - y1;                // calculate y length
      else        y = y1 - y2;

      if((x >= y) && (x1 <= x2))              // if x is long and y is short
        for(x = x1; x <= x2; x++)
          { y = y1 + (long)(x - x1)*(long)(y2 - y1)/(x2 - x1);
            TFT_pixel(x, y, color);
          }
      else if((x >= y) && (x1 > x2))
        for(x = x1; x >= x2; x--)
          { y = y1 + (long)(x - x1)*(long)(y2 - y1)/(x2 - x1);
            TFT_pixel(x, y, color);
          }
      else if((x < y) && (y1 <= y2))          // if x is short and y is long
        for(y = y1; y <= y2; y++)
          { x = x1 + (long)(y - y1)*(long)(x2 - x1)/(y2 - y1);
            TFT_pixel(x, y, color);
          }
      else if((x < y) && (y1 > y2))
        for(y = y1; y >= y2; y--)
          { x = x1 + (long)(y - y1)*(long)(x2 - x1)/(y2 - y1);
            TFT_pixel(x, y, color);
          }
    }
}

void Rectangle(S16 x1,S16 y1, S16 x2,S16 y2, U16 color) /* draw a rectangle */
{
  Line(x1,y1, x1,y2, color);                  // horizontal line
  Line(x2,y1, x2,y2, color);
  Line(x1,y1, x2,y1, color);                  // vertical line
  Line(x1,y2, x2,y2, color);
}
```

```
void Block(S16 x1,S16 y1, S16 x2,S16 y2, U16 color, U16 fill) /* draw a rectangle with filled color */
{
  signed int i;

  Line(x1,y1, x1,y2, color);                    // vertical line
  Line(x2,y1, x2,y2, color);
  Line(x1,y1, x2,y1, color);                    // horizontal line
  Line(x1,y2, x2,y2, color);

  if((y1 < y2) && (x1 != x2))                   // fill block
    { for(i = y1+1; i <= y2-1; i++)
        Line(x1+1,i, x2-1,i, fill);
    }
  else if((y1 > y2) && (x1 != x2))
    { for(i = y2+1; i <= y1-1; i++)
        Line(x1+1,i, x2-1,i, fill);
    }
}

void Circle(S16 x1,S16 y1, S16 r, U16 color)    /* draw a circle */
{
  signed int x, y;
  float s;

  for(y = y1 - r*3/4; y <= y1 + r*3/4; y++)     // draw with y variable
    { s = sqrt((long)r*(long)r - (long)(y-y1)*(long)(y-y1)) + 0.5;
      x = x1 + (int)s;
      TFT_pixel(x, y, color);
      x = x1 - (int)s;
      TFT_pixel(x, y, color);
    }

  for(x = x1 - r*3/4; x <= x1 + r*3/4; x++)     // draw with x variable
    { s = sqrt((long)r*(long)r - (long)(x-x1)*(long)(x-x1)) + 0.5;
      y = y1 + (int)s;
      TFT_pixel(x, y, color);
      y = y1 - (int)s;
      TFT_pixel(x, y, color);
    }
}

void Sine(S16 peak, U08 mode, U16 color)        /* draw a sine curve */
{
  signed int x, y;

  if(mode == 0)
    for(x = 0; x <= 319; x++)
      { y = 120 - (int)(sin((float)x * 1.6875 * M_PI / 180.) * peak + 0.5);
        TFT_pixel(x, y, color);
      }
  else
    for(x = 0; x <= 319; x++)
      { y = 120 + (int)(sin((float)x * 1.6875 * M_PI / 180.) * peak + 0.5);
        TFT_pixel(x, y, color);
      }
}

/* ------------------------------------------------------------------------ */
/*             TFT-LCD 모듈의 터치 스크린 입력 함수                         */
/* ------------------------------------------------------------------------ */

#define x_touch_min     250                     // minimum value of touch screen x-axis
#define x_touch_max     3750                    // maximum value of touch screen x-axis
#define y_touch_min     400                     // minimum value of touch screen y-axis
#define y_touch_max     3830                    // maximum value of touch screen y-axis

#define ADS7846_CMD_X   0b11010000              // 12-bit resolution X position measurement command
#define ADS7846_CMD_Y   0b10010000              // 12-bit resolution Y position measurement command

unsigned int x_12bit, y_12bit;                  // x_12bit(0-4095), y_12bit(0-4095)
unsigned int x_touch, y_touch;                  // x_touch(0-239),  y_touch(0-319)
```

```
unsigned char SPI_write(U08 data)               /* send a byte to SPI and receive */
{
  SPI0_DATA = data;
  while((SPI0_INTFLAGS & 0x80) != 0x80);

  return SPI0_DATA;
}

unsigned int Read_ADS7846(U08 command)          /* read X, Y value from ADS7846 */
{
  unsigned int axis;

  PORTB_OUTCLR = 0x04;                          // -TS_CS = 0

  SPI_write(command);
  axis = SPI_write(0x00);                       // read high 7 bit
  axis <<= 8;
  axis += SPI_write(0x00);                      // read low 5 bit
  axis >>= 3;

  PORTB_OUTSET = 0x04;                          // -TS_CS = 1

  return axis;
}

void Touch_screen_initialize(void)              /* initialize touch screen */
{
  PORTG_DIRCLR = 0x04;                          // -TS_INT is input
  PORTB_DIRSET = 0x04;                          // -TS_CS is output
  PORTB_OUTSET = 0x04;                          // -TS_CS = 1

  SPI0_CTRLA = 0x22;                            // 24MHz/16 = 1.5MHz
  SPI0_CTRLB = 0x04;                            // normal mode, SSD=1, Mode 0
  SPI0_CTRLA |= 0x01;

  Read_ADS7846(ADS7846_CMD_X);                  // dummy input for -TS_INT signal
}

void Touch_screen_input(void)                   /* touch screen input of X, Y average value */
{
  unsigned char i;
  unsigned int temp;

  x_12bit = 0;                                  // initial value
  y_12bit = 0;

  for(i = 0; i < 16; i++)                       // read X, Y value by 16 times if -PENIRQ enable
    { if((PORTG_IN & 0x04) == 0x00)             // -TS_INT = 0 ?
        x_12bit += Read_ADS7846(ADS7846_CMD_X); // if yes, measure X position
      else                                      // if not, return with 0
        { x_12bit = 0;
          y_12bit = 0;
          break;
        }
      Delay_us(10);

      if((PORTG_IN & 0x04) == 0x00)             // -TS_INT = 0 ?
        y_12bit += Read_ADS7846(ADS7846_CMD_Y); // if yes, measure Y position
      else                                      // if not, return with 0
        { x_12bit = 0;
          y_12bit = 0;
          break;
        }
      Delay_us(10);
    }

  x_12bit >>= 4;                                // calculate average for 16 times
  y_12bit >>= 4;

  if((x_12bit == 0) && (y_12bit == 0))
```

```
      { x_touch = 0;
        y_touch = 0;
        return;
      }

    if(x_12bit <= x_touch_min)                    // convert to pixel x-axis value
      x_touch = 0;
    else if(x_12bit >= x_touch_max)
      x_touch = 239;
    else
      x_touch = (unsigned int)((float)(x_12bit - x_touch_min) * 239./(float)(x_touch_max - x_touch_min));

    if(y_12bit <= y_touch_min)                    // convert to pixel y-axis value
      y_touch = 319;
    else if(y_12bit >= y_touch_max)
      y_touch = 0;
    else
      y_touch = 319 - (unsigned int)((float)(y_12bit - y_touch_min) * 319./(float)(y_touch_max - y_touch_min));

    if(ScreenMode == 'L')                         // adjust axis value for landscape mode
      { temp = x_12bit;                           // exchange x_12bit and y_12bit
        x_12bit = y_12bit;
        y_12bit = temp;
        temp = x_touch;                           // exchange x_touch and y_touch
        x_touch = y_touch;
        y_touch = 239 - temp;
      }
}

/* ------------------------------------------------------------------------ */
/*                      24x24 한글 명조체 폰트                                 */
/* ------------------------------------------------------------------------ */
const unsigned char K_font_large[360][72] PROGMEM = {    /* 24x24 Korean character font */
  {0x00,0x00,0x00,0x00,0x00,0x00,0x00,0x00,0x00,0x00,0x00,0x00,0x00,0x00,0x00,0x00,0x00,0x00,
   0x00,0x00,0x00,0x00,0x00,0x00,0x00,0x00,0x00,0x00,0x00,0x00,0x00,0x00,0x00,0x00,0x00,0x00,
   0x00,0x00,0x00,0x00,0x00,0x00,0x00,0x00,0x00,0x00,0x00,0x00,0x00,0x00,0x00,0x00,0x00,0x00,
   0x00,0x00,0x00,0x00,0x00,0x00,0x00,0x00,0x00,0x00,0x00,0x00,0x00,0x00,0x00,0x00,0x00,0x00},
  {0x00,0x00,0x40,0xC0,0xC0,0x40,0x40,0x40,0x40,0xC0,0xC0,0xC0,0x00,0x00,0x00,0x00,0x00,0x00,
   0x00,0x00,0x00,0x00,0x00,0x00,0x00,0x00,0x00,0x00,0x00,0x80,0xC0,0x70,0x3C,0x0F,0x07,0x01,
   0x00,0x00,0x00,0x00,0x00,0x00,0x00,0x00,0x00,0x00,0x00,0x00,0x00,0x00,0x04,0x02,0x03,0x01,
   0x00,0x00,0x00,0x00,0x00,0x00,0x00,0x00,0x00,0x00,0x00,0x00,0x00,0x00,0x00,0x00,0x00,0x00},

                        (중간 생략)

  {0x00,0x00,0x00,0x00,0x00,0x00,0x00,0x00,0x00,0x00,0x00,0x00,0x00,0x00,0x00,0x00,0x00,0x00,
   0x00,0x00,0x00,0x00,0x00,0x00,0x00,0x00,0x00,0x00,0x00,0x80,0x80,0x80,0x80,0x80,0x80,0x80,
   0x80,0x80,0x80,0x80,0x80,0xC0,0xC0,0x80,0x00,0x00,0x00,0x00,0x00,0x00,0x00,0x00,0x40,0xC0,
   0xC1,0x40,0x42,0x7E,0x5C,0x40,0x40,0x41,0x7F,0x5E,0x40,0x40,0x60,0x60,0x40,0x00,0x00,0x00},
  {0x00,0x00,0x00,0x00,0x00,0x00,0x00,0x00,0x00,0x00,0x00,0x00,0x00,0x00,0x00,0x00,0x00,0x00,
   0x00,0x00,0x00,0x00,0x00,0x00,0x00,0x00,0x00,0x00,0x80,0x00,0x00,0x00,0x00,0x20,0x20,0x60,
   0x60,0x60,0x40,0x00,0x00,0x80,0x80,0x00,0x00,0x00,0x00,0x00,0x00,0x00,0x00,0x00,0x00,0x01,
   0x03,0x03,0x31,0x79,0xCD,0x85,0x87,0x87,0xCD,0x79,0x31,0x01,0x01,0x01,0x00,0x00,0x00,0x00}};

/* ------------------------------------------------------------------------ */
/*                      12x24 영문 ASCII 명조체 폰트                           */
/* ------------------------------------------------------------------------ */
const unsigned char E_font_large[128][36] PROGMEM = {    /* 12x24 English ASCII character font */
  {0x00,0x00,0x00,0x00,0x00,0x00,0x00,0x00,0x00,0x00,0x00,0x00,0x00,0x00,0x00,0x00,0x00,0x00,  // 0x00
   0x00,0x00,0x00,0x00,0x00,0x00,0x00,0x00,0x00,0x00,0x00,0x00,0x00,0x00,0x00,0x00,0x00,0x00},
  {0x00,0x00,0xC0,0x20,0x20,0x10,0x10,0x10,0x20,0x20,0xC0,0x00,0x00,0xFF,0x00,0x00,0x46,0x86,  // 0x01
   0x80,0x86,0x46,0x00,0x00,0xFF,0x00,0x00,0x03,0x04,0x04,0x08,0x08,0x08,0x04,0x04,0x03,0x00},
  {0x00,0x00,0xC0,0xE0,0xE0,0xF0,0xF0,0xF0,0xE0,0xE0,0xC0,0x00,0x00,0xFF,0xFF,0xFF,0xB9,0x79,  // 0x02
   0x7F,0x79,0xB9,0xFF,0xFF,0xFF,0x00,0x00,0x03,0x07,0x07,0x0F,0x0F,0x0F,0x07,0x07,0x03,0x00},
  {0x00,0x00,0x80,0xC0,0xC0,0x80,0x00,0x80,0xC0,0xC0,0x80,0x00,0x00,0x1E,0x7F,0xFF,0xFF,0xFF,  // 0x03
   0xFF,0xFF,0xFF,0xFF,0x7F,0x1E,0x00,0x00,0x00,0x01,0x03,0x07,0x0F,0x07,0x03,0x01,0x00,0x00},
  {0x00,0x00,0x00,0x00,0x00,0x80,0xE0,0x80,0x00,0x00,0x00,0x00,0x00,0x10,0x38,0x7C,0xFE,0xFF,  // 0x04
   0xFF,0xFF,0xFE,0x7C,0x38,0x10,0x00,0x00,0x00,0x00,0x00,0x03,0x0F,0x03,0x00,0x00,0x00,0x00},
  {0x00,0x00,0x00,0x00,0x00,0x80,0xE0,0x80,0x00,0x00,0x00,0x00,0x00,0xF0,0xF8,0xFC,0xFE,0xFF,  // 0x05
   0xFF,0xFF,0xFE,0xFC,0xF8,0xF0,0x00,0x00,0x01,0x01,0x09,0x0C,0x0F,0x0C,0x09,0x01,0x01,0x00},
  {0x00,0x00,0x00,0x00,0xC0,0xE0,0xE0,0xE0,0xC0,0x00,0x00,0x00,0x00,0xF8,0xFC,0xFC,0xFB,0xFF,  // 0x06
   0xFF,0xFF,0xFB,0xFC,0xFC,0xF8,0x00,0x00,0x01,0x01,0x09,0x0C,0x0F,0x0C,0x09,0x01,0x01,0x00},
```

```
{0x00,0x00,0x00,0x00,0x00,0x00,0x00,0x00,0x00,0x00,0x00,0x00,0x00,0x00,0x00,0x1C,0x3E,0x7F,  // 0x07
 0x7F,0x7F,0x3E,0x1C,0x00,0x00,0x00,0x00,0x00,0x00,0x00,0x00,0x00,0x00,0x00,0x00,0x00,0x00},
{0x00,0xFF,0xFF,0xFF,0xFF,0xFF,0xFF,0xFF,0xFF,0xFF,0xFF,0xFF,0x00,0xFF,0xFF,0xE3,0xC1,0x80,  // 0x08
 0x80,0x80,0xC1,0xE3,0xFF,0xFF,0x00,0x7F,0x7F,0x7F,0x7F,0x7F,0x7F,0x7F,0x7F,0x7F,0x7F,0x7F},
{0x00,0x00,0x00,0x00,0x00,0x00,0x00,0x00,0x00,0x00,0x00,0x00,0x00,0x00,0x00,0x3C,0x42,0x81,  // 0x09
 0x81,0x81,0x42,0x3C,0x00,0x00,0x00,0x00,0x00,0x00,0x00,0x00,0x00,0x00,0x00,0x00,0x00,0x00},
{0x00,0xFF,0xFF,0xFF,0xFF,0xFF,0xFF,0xFF,0xFF,0xFF,0xFF,0xFF,0x00,0xFF,0xFF,0x81,0x3C,0x7E,  // 0x0A
 0x7E,0x7E,0x3C,0x81,0xFF,0xFF,0x00,0x7F,0x7F,0x7F,0x7F,0x7F,0x7F,0x7F,0x7F,0x7F,0x7F,0x7F},
{0x00,0x00,0x00,0x00,0x00,0x00,0x20,0x60,0xE0,0xE0,0xE0,0x00,0x00,0xC0,0xE0,0x30,0x18,0x1C,  // 0x0B
 0x36,0xE3,0xC1,0x01,0x03,0x00,0x00,0x03,0x07,0x0C,0x08,0x08,0x0C,0x07,0x03,0x00,0x00,0x00},
{0x00,0x80,0xC0,0x40,0x60,0x20,0x20,0x60,0x40,0xC0,0x80,0x00,0x00,0x07,0x8F,0x88,0x98,0xF0,  // 0x0C
 0xF0,0x98,0x88,0x8F,0x07,0x00,0x00,0x00,0x00,0x00,0x00,0x0F,0x0F,0x00,0x00,0x00,0x00,0x00},
{0x00,0x00,0x00,0x00,0x00,0x00,0xF0,0x30,0x60,0xC0,0x80,0x00,0x00,0x00,0x00,0x00,0x80,0x80,  // 0x0D
 0xFF,0x00,0x20,0x18,0x0F,0x00,0x00,0x00,0x06,0x0F,0x0F,0x07,0x03,0x00,0x00,0x00,0x00,0x00},
{0x00,0x00,0x00,0x00,0x00,0xF8,0x98,0x30,0x60,0xC0,0x00,0x00,0x00,0x80,0xC0,0xE0,0xE0,0xFF,  // 0x0E
 0x01,0x03,0x06,0xFF,0x00,0x00,0x00,0x01,0x03,0x03,0x01,0x0C,0x1E,0x1F,0x0F,0x07,0x00,0x00},
{0x00,0x00,0x00,0x00,0x00,0x00,0xC0,0x00,0x00,0x00,0x00,0x00,0x00,0x10,0x11,0xBA,0x44,0x82,  // 0xFF
 0x83,0x82,0x44,0xBA,0x11,0x10,0x00,0x00,0x01,0x00,0x00,0x00,0x07,0x00,0x00,0x00,0x01,0x00},
{0x00,0xE0,0xC0,0x80,0x00,0x00,0x00,0x00,0x00,0x00,0x00,0x00,0x00,0xFF,0xFF,0xFF,0xFF,0xFF,  // 0x10
 0x7E,0x7E,0x3C,0x3C,0x18,0x18,0x00,0x07,0x03,0x01,0x00,0x00,0x00,0x00,0x00,0x00,0x00,0x00},
{0x00,0x00,0x00,0x00,0x00,0x00,0x00,0x00,0x00,0x80,0xC0,0xE0,0x00,0x18,0x18,0x3C,0x3C,0x7E,  // 0x11
 0x7E,0xFF,0xFF,0xFF,0xFF,0xFF,0x00,0x00,0x00,0x00,0x00,0x00,0x00,0x00,0x00,0x01,0x03,0x07},
{0x00,0x00,0x40,0x60,0x30,0xF8,0xF8,0x30,0x60,0x40,0x00,0x00,0x00,0x00,0x00,0x00,0x00,0xFF,  // 0x12
 0xFF,0x00,0x00,0x00,0x00,0x00,0x00,0x00,0x01,0x03,0x06,0x0F,0x0F,0x06,0x03,0x01,0x00,0x00},
{0x00,0x00,0xF0,0xF8,0xF0,0x00,0x00,0xF0,0xF8,0xF0,0x00,0x00,0x00,0x00,0x07,0x3F,0x07,0x00,  // 0x13
 0x00,0x07,0x3F,0x07,0x00,0x00,0x00,0x00,0x06,0x0F,0x06,0x00,0x00,0x06,0x0F,0x06,0x00,0x00},
{0x00,0xE0,0xF0,0x30,0x10,0x10,0xF0,0xF0,0x10,0xF0,0xF0,0x10,0x00,0x03,0x07,0x06,0x04,0x04,  // 0x14
 0xFF,0xFF,0x00,0xFF,0xFF,0x00,0x00,0x00,0x00,0x00,0x00,0x08,0x0F,0x0F,0x08,0x0F,0x0F,0x08},
{0x00,0x00,0xC0,0xE0,0x30,0x10,0x10,0x10,0x30,0x60,0xC0,0x00,0x00,0x00,0x18,0x3D,0x67,0x42,  // 0x15
 0x42,0x42,0xE6,0xBC,0x18,0x00,0x00,0x00,0x03,0x06,0x0C,0x08,0x08,0x08,0x0C,0x07,0x03,0x00},
{0x00,0x00,0x00,0x00,0x00,0x00,0x00,0x00,0x00,0x00,0x00,0x00,0x00,0x80,0x80,0x80,0x80,0x80,  // 0x16
 0x80,0x80,0x80,0x80,0x80,0x00,0x00,0x0F,0x0F,0x0F,0x0F,0x0F,0x0F,0x0F,0x0F,0x0F,0x0F,0x00},
{0x00,0x00,0x80,0xC0,0x60,0xF0,0xF0,0x60,0xC0,0x80,0x00,0x00,0x00,0x00,0x80,0x80,0x00,0xFF,  // 0x17
 0xFF,0x00,0x80,0x80,0x00,0x00,0x00,0x00,0x18,0x19,0x1B,0x1F,0x1F,0x1B,0x19,0x18,0x00,0x00},
{0x00,0x00,0x80,0xC0,0xE0,0xF0,0xF8,0xF0,0xE0,0xC0,0x80,0x00,0x00,0x01,0x01,0x01,0xFF,0xFF,  // 0x18
 0xFF,0xFF,0xFF,0x01,0x01,0x01,0x00,0x00,0x00,0x00,0x0F,0x0F,0x0F,0x0F,0x0F,0x00,0x00,0x00},
{0x00,0x00,0x00,0x00,0xF8,0xF8,0xF8,0xF8,0xF8,0x00,0x00,0x00,0x00,0x40,0xC0,0xC0,0xFF,0xFF,  // 0x19
 0xFF,0xFF,0xFF,0xC0,0xC0,0x40,0x00,0x00,0x00,0x01,0x03,0x07,0x0F,0x07,0x03,0x01,0x00,0x00},
{0x00,0x00,0x00,0x00,0x80,0xC0,0x00,0x00,0x00,0x00,0x00,0x00,0x08,0x1C,0x3E,0x7F,0xFF,0xFF,  // 0x1A
 0x3E,0x3E,0x3E,0x3E,0x3E,0x3E,0x00,0x00,0x00,0x00,0x00,0x01,0x00,0x00,0x00,0x00,0x00,0x00},
{0x00,0x00,0x00,0x00,0x00,0x00,0xC0,0x80,0x00,0x00,0x00,0x00,0x3E,0x3E,0x3E,0x3E,0x3E,0x3E,  // 0x1B
 0xFF,0xFF,0x7F,0x3E,0x1C,0x08,0x00,0x00,0x00,0x00,0x00,0x00,0x01,0x00,0x00,0x00,0x00,0x00},
{0x00,0x00,0x00,0x00,0x00,0x00,0x00,0x00,0x00,0x00,0x00,0x00,0x00,0x00,0xF8,0xF8,0x00,0x00,  // 0x1C
 0x00,0x00,0x00,0x00,0x00,0x00,0x00,0x00,0x01,0x01,0x01,0x01,0x01,0x01,0x01,0x01,0x01,0x00},
{0x00,0x00,0x00,0x00,0x00,0x00,0x00,0x00,0x00,0x00,0x00,0x00,0x00,0x18,0x3C,0x7E,0xDB,0x18,  // 0x1D
 0x18,0x18,0xDB,0x7E,0x3C,0x18,0x00,0x00,0x00,0x00,0x00,0x00,0x00,0x00,0x00,0x00,0x00,0x00},
{0x00,0x00,0x00,0x00,0x00,0x80,0x80,0x00,0x00,0x00,0x00,0x00,0x00,0x80,0xE0,0xF8,0xFE,0xFF,  // 0x1E
 0xFF,0xFE,0xF8,0xE0,0x80,0x00,0x00,0x01,0x01,0x01,0x01,0x01,0x01,0x01,0x01,0x01,0x01,0x00},
{0x00,0x80,0x80,0x80,0x80,0x80,0x80,0x80,0x80,0x80,0x80,0x00,0x00,0x01,0x07,0x1F,0x7F,0xFF,  // 0x1F
 0xFF,0x7F,0x1F,0x07,0x01,0x00,0x00,0x00,0x00,0x00,0x00,0x01,0x01,0x00,0x00,0x00,0x00,0x00},
{0x00,0x00,0x00,0x00,0x00,0x00,0x00,0x00,0x00,0x00,0x00,0x00,0x00,0x00,0x00,0x00,0x00,0x00,  // space
 0x00,0x00,0x00,0x00,0x00,0x00,0x00,0x00,0x00,0x00,0x00,0x00,0x00,0x00,0x00,0x00,0x00,0x00},
{0x00,0x00,0x00,0x00,0xF0,0xF8,0xF0,0x00,0x00,0x00,0x00,0x00,0x00,0x00,0x00,0x00,0x07,0x3F,  // !
 0x07,0x00,0x00,0x00,0x00,0x00,0x00,0x00,0x00,0x00,0x06,0x0F,0x06,0x00,0x00,0x00,0x00,0x00},
{0x00,0x00,0x10,0xB8,0xF8,0x70,0x00,0x10,0xB8,0xF8,0x70,0x00,0x00,0x00,0x01,0x01,0x00,0x00,  // "
 0x00,0x01,0x01,0x00,0x00,0x00,0x00,0x00,0x00,0x00,0x00,0x00,0x00,0x00,0x00,0x00,0x00,0x00},
{0x00,0x00,0x00,0xF8,0xF8,0x80,0x80,0x80,0xFC,0xFC,0x40,0x40,0x00,0x81,0x81,0xFF,0xFF,0x40,  // #
 0x40,0x40,0xFF,0xFF,0x20,0x20,0x00,0x00,0x00,0x0F,0x0F,0x00,0x00,0x00,0x07,0x07,0x00,0x00},
{0x00,0xC0,0xE0,0x30,0x10,0xFC,0xFC,0x10,0x30,0x60,0xF0,0x00,0x00,0x83,0x07,0x0E,0x0C,0xFF,  // $
 0xFF,0x30,0x30,0x60,0xE1,0xC0,0x00,0x0F,0x06,0x0C,0x08,0x3F,0x3F,0x08,0x08,0x0C,0x07,0x03},
{0x00,0xF0,0xF8,0x08,0x08,0xF8,0xF0,0x00,0xC0,0x70,0x1C,0x04,0x00,0x00,0x01,0x01,0xC1,0x71,  // %
 0x9C,0xC7,0x41,0x40,0xC0,0x80,0x00,0x10,0x1C,0x07,0x01,0x00,0x07,0x0F,0x08,0x08,0x0F,0x07},
{0x00,0x00,0xF0,0xF8,0x98,0x08,0x08,0x98,0xF0,0x00,0x00,0x00,0xF0,0xF8,0x1C,0x0F,0x07,0x1F,  // &
 0x7B,0xE1,0xC8,0xF8,0x38,0x08,0x01,0x07,0x0E,0x0C,0x08,0x0C,0x06,0x03,0x03,0x07,0x0E,0x07},
{0x00,0x00,0x00,0x10,0xB8,0xF8,0x70,0x00,0x00,0x00,0x00,0x00,0x00,0x00,0x00,0x01,0x01,0x00,  // %
 0x00,0x00,0x00,0x00,0x00,0x00,0x00,0x00,0x00,0x00,0x00,0x00,0x00,0x00,0x00,0x00,0x00,0x00},
{0x00,0x00,0x00,0x00,0x00,0x80,0xE0,0x30,0x08,0x00,0x00,0x00,0x00,0x00,0x00,0x00,0x7E,0xFF,  // '
 0x81,0x00,0x00,0x00,0x00,0x00,0x00,0x00,0x00,0x00,0x00,0x01,0x07,0x0C,0x10,0x00,0x00,0x00},
{0x00,0x00,0x00,0x08,0x30,0xE0,0x80,0x00,0x00,0x00,0x00,0x00,0x00,0x00,0x00,0x00,0x00,0x81,  // (
 0xFF,0x7E,0x00,0x00,0x00,0x00,0x00,0x00,0x00,0x10,0x0C,0x07,0x01,0x00,0x00,0x00,0x00,0x00},
{0x00,0x80,0x80,0x00,0x00,0xE0,0xF0,0xE0,0x00,0x00,0x80,0x80,0x00,0xC1,0xE3,0x63,0x14,0x88,  // )
```

```
 0xFF, 0x88, 0x14, 0x63, 0xE3, 0xC1, 0x00, 0x00, 0x00, 0x00, 0x00, 0x03, 0x07, 0x03, 0x00, 0x00, 0x00, 0x00},
{0x00, 0x00, 0x00, 0x00, 0x00, 0x80, 0x80, 0x00, 0x00, 0x00, 0x00, 0x00, 0x00, 0x18, 0x18, 0x18, 0x18, 0xFF,  // *
 0xFF, 0x18, 0x18, 0x18, 0x18, 0x00, 0x00, 0x00, 0x00, 0x00, 0x00, 0x01, 0x01, 0x00, 0x00, 0x00, 0x00, 0x00},
{0x00, 0x00, 0x00, 0x00, 0x00, 0x00, 0x00, 0x00, 0x00, 0x00, 0x00, 0x00, 0x00, 0x00, 0x00, 0x00, 0x00, 0x00,  // +
 0x00, 0x00, 0x00, 0x00, 0x00, 0x00, 0x00, 0x00, 0x00, 0x46, 0x6F, 0x3F, 0x1E, 0x00, 0x00, 0x00, 0x00, 0x00},
{0x00, 0x00, 0x00, 0x00, 0x00, 0x00, 0x00, 0x00, 0x00, 0x00, 0x00, 0x00, 0x00, 0x18, 0x18, 0x18, 0x18, 0x18,  // ,
 0x18, 0x18, 0x18, 0x18, 0x18, 0x00, 0x00, 0x00, 0x00, 0x00, 0x00, 0x00, 0x00, 0x00, 0x00, 0x00, 0x00, 0x00},
{0x00, 0x00, 0x00, 0x00, 0x00, 0x00, 0x00, 0x00, 0x00, 0x00, 0x00, 0x00, 0x00, 0x00, 0x00, 0x00, 0x00, 0x00,  // .
 0x00, 0x00, 0x00, 0x00, 0x00, 0x00, 0x00, 0x00, 0x00, 0x06, 0x0F, 0x0F, 0x06, 0x00, 0x00, 0x00, 0x00, 0x00},
{0x00, 0x00, 0x00, 0x00, 0x00, 0x00, 0x00, 0x00, 0xC0, 0x70, 0x18, 0x00, 0x00, 0x00, 0x00, 0x00, 0xC0, 0x70,  // /
 0x1C, 0x07, 0x01, 0x00, 0x00, 0x00, 0x00, 0x10, 0x1C, 0x07, 0x01, 0x00, 0x00, 0x00, 0x00, 0x00, 0x00, 0x00},
{0x00, 0x80, 0xE0, 0x70, 0x10, 0x18, 0x08, 0x18, 0x10, 0x70, 0xE0, 0x80, 0x00, 0xFF, 0xFF, 0x00, 0x00, 0x00,  // 0
 0x00, 0x00, 0x00, 0x00, 0xFF, 0xFF, 0x00, 0x00, 0x03, 0x07, 0x04, 0x0C, 0x08, 0x0C, 0x04, 0x07, 0x03, 0x00},
{0x00, 0x00, 0x00, 0x00, 0x40, 0x60, 0xF0, 0xF8, 0x00, 0x00, 0x00, 0x00, 0x00, 0x00, 0x00, 0x00, 0x00, 0x00,  // 1
 0xFF, 0xFF, 0x00, 0x00, 0x00, 0x00, 0x00, 0x00, 0x00, 0x00, 0x08, 0x08, 0x0F, 0x0F, 0x08, 0x08, 0x00, 0x00},
{0x00, 0xE0, 0xF0, 0x18, 0x08, 0x08, 0x08, 0x08, 0x18, 0xF0, 0xE0, 0x00, 0x00, 0x00, 0x00, 0x80, 0xC0, 0x60,  // 2
 0x30, 0x18, 0x0C, 0x07, 0x03, 0x00, 0x00, 0x0E, 0x0F, 0x09, 0x08, 0x08, 0x08, 0x08, 0x08, 0x0E, 0x0E, 0x00},
{0x00, 0x00, 0xE0, 0xF0, 0x18, 0x08, 0x08, 0x08, 0x18, 0xF0, 0xE0, 0x00, 0x00, 0x80, 0x80, 0x00, 0x00, 0x0C,  // 3
 0x0C, 0x0C, 0x0E, 0x1B, 0xF1, 0xE0, 0x00, 0x01, 0x03, 0x06, 0x0C, 0x08, 0x08, 0x08, 0x0C, 0x06, 0x03, 0x01},
{0x00, 0x00, 0x00, 0x00, 0x00, 0xC0, 0x70, 0xF8, 0xF8, 0x00, 0x00, 0x00, 0x00, 0xC0, 0xF0, 0x9C, 0x87, 0x81,  // 4
 0x80, 0xFF, 0xFF, 0x80, 0x80, 0x80, 0x00, 0x00, 0x00, 0x00, 0x00, 0x08, 0x08, 0x0F, 0x0F, 0x08, 0x08, 0x00},
{0x00, 0x00, 0xF8, 0xF8, 0x08, 0x08, 0x08, 0x08, 0x08, 0x08, 0x08, 0x00, 0x00, 0x80, 0x87, 0x07, 0x03, 0x01,  // 5
 0x01, 0x01, 0x03, 0x0E, 0xFC, 0xF0, 0x00, 0x01, 0x03, 0x06, 0x0C, 0x08, 0x08, 0x08, 0x0C, 0x06, 0x03, 0x01},
{0x00, 0x80, 0xE0, 0x70, 0x18, 0x08, 0x08, 0x08, 0x18, 0x70, 0x60, 0x00, 0x00, 0xFF, 0xFF, 0x0C, 0x06, 0x02,  // 6
 0x02, 0x02, 0x06, 0x0C, 0xF8, 0xF0, 0x00, 0x00, 0x03, 0x07, 0x0C, 0x08, 0x08, 0x08, 0x0C, 0x07, 0x03, 0x00},
{0x00, 0x70, 0x38, 0x18, 0x08, 0x08, 0x08, 0x08, 0x08, 0xC8, 0x78, 0x18, 0x00, 0x00, 0x00, 0x00, 0x00, 0x80,  // 7
 0xF0, 0x7C, 0x0F, 0x01, 0x00, 0x00, 0x00, 0x00, 0x00, 0x00, 0x00, 0x0F, 0x0F, 0x00, 0x00, 0x00, 0x00, 0x00},
{0x00, 0x00, 0xE0, 0xF0, 0x18, 0x08, 0x08, 0x08, 0x18, 0xF0, 0xE0, 0x00, 0x00, 0xC0, 0xE0, 0x31, 0x1B, 0x0E,  // 8
 0x0C, 0x0E, 0x1B, 0x31, 0xE0, 0xC0, 0x00, 0x01, 0x03, 0x06, 0x0C, 0x08, 0x08, 0x08, 0x0C, 0x06, 0x03, 0x01},
{0x00, 0x80, 0xE0, 0x70, 0x18, 0x08, 0x08, 0x08, 0x18, 0x70, 0xE0, 0x80, 0x00, 0x07, 0x0F, 0x18, 0x30, 0x20,  // 9
 0x20, 0x20, 0x30, 0x18, 0xFF, 0xFF, 0x00, 0x00, 0x03, 0x07, 0x0C, 0x08, 0x08, 0x08, 0x0C, 0x07, 0x03, 0x00},
{0x00, 0x00, 0x00, 0x00, 0x80, 0xC0, 0xC0, 0x80, 0x00, 0x00, 0x00, 0x00, 0x00, 0x00, 0x00, 0x00, 0x01, 0x83,  // :
 0x83, 0x01, 0x00, 0x00, 0x00, 0x00, 0x00, 0x00, 0x00, 0x00, 0x03, 0x07, 0x07, 0x03, 0x00, 0x00, 0x00, 0x00},
{0x00, 0x00, 0x00, 0x00, 0x80, 0xC0, 0xC0, 0x80, 0x00, 0x00, 0x00, 0x00, 0x00, 0x00, 0x00, 0x00, 0x01, 0x83,  // ;
 0x83, 0x01, 0x00, 0x00, 0x00, 0x00, 0x00, 0x00, 0x00, 0x00, 0x23, 0x37, 0x1F, 0x0F, 0x00, 0x00, 0x00, 0x00},
{0x00, 0x00, 0x00, 0x00, 0x00, 0x00, 0x80, 0xC0, 0x60, 0x30, 0x00, 0x00, 0x00, 0x10, 0x38, 0x6C, 0xC6, 0x83,  // <
 0x01, 0x00, 0x00, 0x00, 0x00, 0x00, 0x00, 0x00, 0x00, 0x00, 0x00, 0x01, 0x03, 0x06, 0x0C, 0x18, 0x00, 0x00},
{0x00, 0x00, 0x00, 0x00, 0x00, 0x00, 0x00, 0x00, 0x00, 0x00, 0x00, 0x00, 0x00, 0xC3, 0xC3, 0xC3, 0xC3, 0xC3,  // =
 0xC3, 0xC3, 0xC3, 0xC3, 0xC3, 0x00, 0x00, 0x00, 0x00, 0x00, 0x00, 0x00, 0x00, 0x00, 0x00, 0x00, 0x00, 0x00},
{0x00, 0x00, 0x30, 0x60, 0xC0, 0x80, 0x00, 0x00, 0x00, 0x00, 0x00, 0x00, 0x00, 0x00, 0x00, 0x00, 0x00, 0x01,  // >
 0x83, 0xC6, 0x6C, 0x38, 0x10, 0x00, 0x00, 0x00, 0x18, 0x0C, 0x06, 0x03, 0x01, 0x00, 0x00, 0x00, 0x00, 0x00},
{0x00, 0xE0, 0xF0, 0x18, 0x08, 0x08, 0x08, 0x08, 0x18, 0xF0, 0xE0, 0x00, 0x00, 0x00, 0x00, 0x00, 0x00, 0x70,  // ?
 0x78, 0x0C, 0x07, 0x03, 0x00, 0x00, 0x00, 0x00, 0x00, 0x00, 0x06, 0x0F, 0x0F, 0x06, 0x00, 0x00, 0x00, 0x00},
{0x00, 0xE0, 0x30, 0x18, 0x08, 0x88, 0x88, 0x88, 0x08, 0x98, 0x30, 0xE0, 0x00, 0xFF, 0x00, 0xFE, 0xFF, 0x81,  // @
 0x80, 0x81, 0xFF, 0xFF, 0x00, 0xFF, 0x00, 0x07, 0x0C, 0x18, 0x11, 0x11, 0x11, 0x10, 0x10, 0x11, 0x19, 0x08},
{0x00, 0x00, 0x00, 0x00, 0xC0, 0x78, 0xF8, 0xC0, 0x00, 0x00, 0x00, 0x00, 0x00, 0x00, 0xF0, 0x5E, 0x43, 0x40,  // A
 0x41, 0x4F, 0xFE, 0xF0, 0x00, 0x00, 0x08, 0x0F, 0x09, 0x00, 0x00, 0x00, 0x00, 0x00, 0x08, 0x0F, 0x0F, 0x08},
{0x00, 0x08, 0xF8, 0xF8, 0x08, 0x08, 0x08, 0x08, 0x18, 0xF0, 0xE0, 0x00, 0x00, 0x00, 0xFF, 0xFF, 0x08, 0x08,  // B
 0x08, 0x08, 0x0C, 0x1F, 0xF3, 0xE0, 0x00, 0x08, 0x0F, 0x0F, 0x08, 0x08, 0x08, 0x08, 0x08, 0x0C, 0x07, 0x03},
{0x00, 0x80, 0xE0, 0x70, 0x18, 0x08, 0x08, 0x08, 0x08, 0x18, 0x30, 0xF8, 0x00, 0xFF, 0xFF, 0x00, 0x00, 0x00,  // C
 0x00, 0x00, 0x00, 0x00, 0x00, 0x00, 0x00, 0x00, 0x03, 0x07, 0x0C, 0x08, 0x08, 0x08, 0x08, 0x0C, 0x06, 0x03},
{0x00, 0x08, 0xF8, 0xF8, 0x08, 0x08, 0x08, 0x08, 0x18, 0x70, 0xE0, 0x80, 0x00, 0x00, 0xFF, 0xFF, 0x00, 0x00,  // D
 0x00, 0x00, 0x00, 0x00, 0xFF, 0xFF, 0x00, 0x08, 0x0F, 0x0F, 0x08, 0x08, 0x08, 0x08, 0x0C, 0x07, 0x03, 0x00},
{0x00, 0x08, 0xF8, 0xF8, 0x08, 0x08, 0x08, 0x08, 0x08, 0x08, 0x18, 0x78, 0x00, 0x00, 0xFF, 0xFF, 0x08, 0x08,  // E
 0x08, 0x08, 0x1C, 0x3E, 0x00, 0x00, 0x00, 0x08, 0x0F, 0x0F, 0x08, 0x08, 0x08, 0x08, 0x08, 0x08, 0x0C, 0x0F},
{0x00, 0x08, 0xF8, 0xF8, 0x08, 0x08, 0x08, 0x08, 0x08, 0x08, 0x18, 0x78, 0x00, 0x00, 0xFF, 0xFF, 0x08, 0x08,  // F
 0x08, 0x08, 0x1C, 0x3E, 0x00, 0x00, 0x00, 0x08, 0x0F, 0x0F, 0x08, 0x08, 0x00, 0x00, 0x00, 0x00, 0x00, 0x00},
{0x00, 0xC0, 0xE0, 0x70, 0x18, 0x08, 0x08, 0x08, 0x18, 0x30, 0xF8, 0x00, 0x00, 0xFF, 0xFF, 0x00, 0x00, 0x00,  // G
 0x00, 0x10, 0x10, 0xF0, 0xF0, 0x10, 0x00, 0x01, 0x03, 0x07, 0x0C, 0x08, 0x08, 0x08, 0x0C, 0x07, 0x03, 0x00},
{0x00, 0x08, 0xF8, 0xF8, 0x08, 0x00, 0x00, 0x00, 0x08, 0xF8, 0xF8, 0x08, 0x00, 0x00, 0xFF, 0xFF, 0x08, 0x08,  // H
 0x08, 0x08, 0x08, 0xFF, 0xFF, 0x00, 0x00, 0x08, 0x0F, 0x0F, 0x08, 0x00, 0x00, 0x00, 0x08, 0x0F, 0x0F, 0x08},
{0x00, 0x00, 0x00, 0x08, 0x08, 0xF8, 0xF8, 0x08, 0x08, 0x00, 0x00, 0x00, 0x00, 0x00, 0x00, 0x00, 0x00, 0xFF,  // I
 0xFF, 0x00, 0x00, 0x00, 0x00, 0x00, 0x00, 0x00, 0x00, 0x08, 0x08, 0x0F, 0x0F, 0x08, 0x08, 0x00, 0x00, 0x00},
{0x00, 0x00, 0x00, 0x00, 0x00, 0x00, 0x08, 0x08, 0xF8, 0xF8, 0x08, 0x08, 0x00, 0x80, 0xC0, 0x80, 0x00, 0x00,  // J
 0x00, 0x00, 0xFF, 0xFF, 0x00, 0x00, 0x00, 0x03, 0x07, 0x0F, 0x08, 0x08, 0x08, 0x0C, 0x07, 0x03, 0x00, 0x00},
{0x08, 0xF8, 0xF8, 0x08, 0x00, 0x80, 0xC0, 0x68, 0x38, 0x18, 0x08, 0x00, 0x00, 0xFF, 0xFF, 0x3E, 0x7F, 0xE3,  // K
 0xC0, 0x80, 0x00, 0x00, 0x00, 0x00, 0x08, 0x0F, 0x0F, 0x08, 0x00, 0x00, 0x01, 0x0B, 0x0F, 0x0E, 0x0C, 0x08},
{0x00, 0x08, 0xF8, 0xF8, 0x08, 0x08, 0x00, 0x00, 0x00, 0x00, 0x00, 0x00, 0x00, 0x00, 0xFF, 0xFF, 0x00, 0x00,  // L
 0x00, 0x00, 0x00, 0x00, 0x00, 0x00, 0x00, 0x08, 0x0F, 0x0F, 0x08, 0x08, 0x08, 0x08, 0x08, 0x0C, 0x0E, 0x03},
{0x08, 0xF8, 0xF8, 0xE0, 0x80, 0x00, 0x00, 0x00, 0xC0, 0xF8, 0xF8, 0x08, 0x00, 0xFF, 0xFF, 0x07, 0x1F, 0x7E,  // M
 0x1C, 0x07, 0x01, 0xFF, 0xFF, 0x00, 0x08, 0x0F, 0x0F, 0x08, 0x00, 0x00, 0x00, 0x00, 0x08, 0x0F, 0x0F, 0x08},
```

```
{0x00,0x18,0xF8,0xF0,0xC0,0x00,0x00,0x08,0x08,0xF8,0xF8,0x08,0x00,0x00,0xFF,0xFF,0x03,0x0F,  // N
 0x3C,0xF0,0xC0,0xFF,0xFF,0x00,0x00,0x08,0x0F,0x0F,0x08,0x00,0x00,0x00,0x03,0x0F,0x0F,0x00},
{0x00,0xC0,0xF0,0x30,0x18,0x08,0x08,0x08,0x18,0x30,0xF0,0xC0,0x00,0xFF,0xFF,0x00,0x00,0x00,  // O
 0x00,0x00,0x00,0x00,0xFF,0xFF,0x00,0x01,0x07,0x06,0x0C,0x08,0x08,0x08,0x0C,0x06,0x07,0x01},
{0x00,0x08,0xF8,0xF8,0x08,0x08,0x08,0x08,0x18,0x30,0xF0,0xC0,0x00,0x00,0xFF,0xFF,0x10,0x10,  // P
 0x10,0x10,0x18,0x0C,0x0F,0x03,0x00,0x08,0x0F,0x0F,0x08,0x08,0x00,0x00,0x00,0x00,0x00,0x00},
{0x00,0x80,0xE0,0x70,0x10,0x18,0x08,0x18,0x10,0x70,0xE0,0x80,0x00,0xFF,0xFF,0x00,0x00,0x00,  // Q
 0x00,0x00,0x00,0x00,0xFF,0xFF,0x00,0x00,0x03,0x07,0x04,0x0E,0x0B,0x0B,0x0E,0x0F,0x1B,0x10},
{0x00,0x08,0xF8,0xF8,0x08,0x08,0x08,0x08,0x18,0xF0,0xE0,0x00,0x00,0x00,0xFF,0xFF,0x08,0x18,  // R
 0x38,0xF8,0xEC,0x87,0x03,0x00,0x00,0x08,0x0F,0x0F,0x08,0x00,0x00,0x00,0x03,0x0F,0x0E,0x08},
{0x00,0x00,0xE0,0xF0,0x18,0x08,0x08,0x08,0x18,0x30,0x78,0x00,0x00,0x80,0x01,0x03,0x07,0x0E,  // S
 0x0C,0x1C,0x38,0xF0,0xE0,0x00,0x00,0x03,0x0F,0x06,0x0C,0x08,0x08,0x08,0x0C,0x07,0x03,0x00},
{0x78,0x18,0x08,0x08,0x08,0xF8,0xF8,0x08,0x08,0x08,0x18,0x78,0x00,0x00,0x00,0x00,0x00,0xFF,  // T
 0xFF,0x00,0x00,0x00,0x00,0x00,0x00,0x00,0x00,0x08,0x0C,0x0F,0x0F,0x0C,0x08,0x00,0x00,0x00},
{0x00,0x08,0xF8,0xF8,0x08,0x00,0x00,0x00,0x08,0xF8,0xF8,0x08,0x00,0x00,0xFF,0xFF,0x00,0x00,  // U
 0x00,0x00,0x00,0xFF,0xFF,0x00,0x00,0x00,0x03,0x07,0x0C,0x08,0x08,0x08,0x0C,0x07,0x03,0x00},
{0x00,0x08,0x78,0xF8,0x88,0x00,0x00,0x00,0x88,0xF8,0x78,0x08,0x00,0x00,0x00,0x07,0x7F,0xF8,  // V
 0x80,0xF8,0x7F,0x07,0x00,0x00,0x00,0x00,0x00,0x00,0x00,0x03,0x0F,0x03,0x00,0x00,0x00,0x00},
{0x08,0xF8,0xF8,0x08,0x00,0x00,0xF8,0x00,0x08,0xF8,0xF8,0x08,0x00,0x01,0x7F,0xFE,0xC0,0x7E,  // W
 0x7F,0xFE,0xC0,0x7F,0x03,0x00,0x00,0x00,0x00,0x0F,0x0F,0x00,0x00,0x0F,0x0F,0x00,0x00,0x00},
{0x00,0x08,0x38,0xF8,0xE8,0x80,0x00,0x00,0xC8,0xF8,0x38,0x08,0x00,0x00,0x00,0x80,0xE3,0x7F,  // X
 0x3E,0xFF,0xE3,0x80,0x00,0x00,0x00,0x08,0x0E,0x0F,0x09,0x00,0x00,0x00,0x0B,0x0F,0x0E,0x08},
{0x08,0x38,0xF8,0xE8,0x80,0x00,0x00,0x00,0xC8,0xF8,0x38,0x08,0x00,0x00,0x00,0x03,0x0F,0xFE,  // Y
 0xFE,0x0F,0x03,0x00,0x00,0x00,0x00,0x00,0x00,0x08,0x0C,0x0F,0x0F,0x0C,0x08,0x00,0x00,0x00},
{0x00,0x78,0x18,0x08,0x08,0x08,0x08,0x88,0xE8,0xF8,0x38,0x00,0x00,0x00,0x00,0xC0,0xF0,0x78,  // Z
 0x1E,0x0F,0x03,0x00,0x00,0x00,0x00,0x0C,0x0F,0x0F,0x0D,0x0C,0x0C,0x0C,0x0C,0x0C,0x0E,0x0F},
{0x00,0x00,0x00,0x00,0xF8,0xF8,0x08,0x08,0x08,0x08,0x00,0x00,0x00,0x00,0x00,0x00,0xFF,0xFF,  // [
 0x00,0x00,0x00,0x00,0x00,0x00,0x00,0x00,0x00,0x00,0x1F,0x1F,0x10,0x10,0x10,0x10,0x00,0x00},
{0x00,0x04,0x1C,0x70,0xC0,0x00,0x00,0x00,0x00,0x00,0x00,0x00,0x00,0x00,0x00,0x00,0x01,0x07,  /* \ */
 0x1C,0x70,0xC0,0x00,0x00,0x00,0x00,0x00,0x00,0x00,0x00,0x00,0x00,0x00,0x01,0x07,0x1C,0x10},
{0x00,0x00,0x00,0x08,0x08,0x08,0x08,0xF8,0xF8,0x00,0x00,0x00,0x00,0x00,0x00,0x00,0x00,0x00,  // ]
 0x00,0xFF,0xFF,0x00,0x00,0x00,0x00,0x00,0x00,0x10,0x10,0x10,0x10,0x1F,0x1F,0x00,0x00,0x00},
{0x00,0x80,0xC0,0x60,0x30,0x18,0x30,0x60,0xC0,0x80,0x00,0x00,0x00,0x00,0x00,0x00,0x00,0x00,  // ^
 0x00,0x00,0x00,0x00,0x00,0x00,0x00,0x00,0x00,0x00,0x00,0x00,0x00,0x00,0x00,0x00,0x00,0x00},
{0x00,0x00,0x00,0x00,0x00,0x00,0x00,0x00,0x00,0x00,0x00,0x00,0x00,0x00,0x00,0x00,0x00,0x00,  // _
 0x00,0x00,0x00,0x00,0x00,0x00,0x20,0x20,0x20,0x20,0x20,0x20,0x20,0x20,0x20,0x20,0x20,0x20},
{0x00,0x00,0x10,0x18,0x38,0x30,0x60,0x40,0x00,0x00,0x00,0x00,0x00,0x00,0x00,0x00,0x00,0x00,  // `
 0x00,0x00,0x00,0x00,0x00,0x00,0x00,0x00,0x00,0x00,0x00,0x00,0x00,0x00,0x00,0x00,0x00,0x00},
{0x00,0x00,0x00,0x00,0x00,0x00,0x00,0x00,0x00,0x00,0x00,0x00,0x00,0x80,0xCC,0x6E,0x26,0x22,  // a
 0x22,0x26,0xFC,0xF8,0x00,0x00,0x00,0x07,0x0F,0x0C,0x08,0x08,0x08,0x0C,0x07,0x0F,0x08,0x08},
{0x00,0x10,0xF0,0xF0,0x00,0x00,0x00,0x00,0x00,0x00,0x00,0x00,0x00,0x00,0xFF,0xFF,0x08,0x04,  // b
 0x02,0x02,0x06,0x0C,0xFC,0xF0,0x00,0x00,0x0F,0x0F,0x04,0x08,0x08,0x08,0x08,0x0C,0x07,0x03},
{0x00,0x00,0x00,0x00,0x00,0x00,0x00,0x00,0x00,0x00,0x00,0x00,0x00,0xF0,0xFC,0x0C,0x06,0x02,  // c
 0x02,0x02,0x02,0x0E,0x1C,0x18,0x00,0x01,0x07,0x06,0x0C,0x08,0x08,0x08,0x0C,0x04,0x06,0x03},
{0x00,0x00,0x00,0x00,0x00,0x00,0x00,0x00,0x10,0xF0,0xF0,0x00,0x00,0xF0,0xFC,0x0C,0x06,0x02,  // d
 0x02,0x02,0x04,0xFF,0xFF,0x00,0x00,0x03,0x07,0x0C,0x08,0x08,0x08,0x08,0x04,0x07,0x0F,0x08},
{0x00,0x00,0x00,0x00,0x00,0x00,0x00,0x00,0x00,0x00,0x00,0x00,0x00,0xF0,0xFC,0x4C,0x46,0x42,  // e
 0x42,0x42,0x46,0x4C,0x7C,0x70,0x00,0x01,0x07,0x06,0x0C,0x08,0x08,0x08,0x08,0x0C,0x06,0x02},
{0x00,0x00,0x00,0xC0,0xE0,0x30,0x10,0x10,0x30,0xE0,0xC0,0x00,0x00,0x08,0x08,0xFF,0xFF,0x08,  // f
 0x08,0x08,0x08,0x00,0x00,0x00,0x00,0x08,0x08,0x0F,0x0F,0x08,0x08,0x00,0x00,0x00,0x00,0x00},
{0x00,0x00,0x00,0x00,0x00,0x00,0x00,0x00,0x00,0x00,0x00,0x00,0x00,0x00,0x78,0xFC,0xC6,0x82,  // g
 0x82,0xC6,0x7C,0x3C,0x06,0x06,0x00,0x38,0x7D,0xC7,0x86,0x86,0x86,0x86,0x86,0xCE,0x7C,0x38},
{0x00,0x10,0xF0,0xF0,0x00,0x00,0x00,0x00,0x00,0x00,0x00,0x00,0x00,0x00,0xFF,0xFF,0x08,0x04,  // h
 0x02,0x02,0x06,0xFC,0xF8,0x00,0x00,0x08,0x0F,0x0F,0x08,0x00,0x00,0x00,0x08,0x0F,0x0F,0x08},
{0x00,0x00,0x00,0x00,0x30,0x78,0x30,0x00,0x00,0x00,0x00,0x00,0x00,0x00,0x00,0x04,0x04,0xFE,  // i
 0xFE,0x00,0x00,0x00,0x00,0x00,0x00,0x00,0x00,0x08,0x08,0x0F,0x0F,0x08,0x08,0x00,0x00,0x00},
{0x00,0x00,0x00,0x00,0x00,0x00,0x00,0x30,0x78,0x30,0x00,0x00,0x00,0x00,0x00,0x00,0x00,0x00,  // j
 0x04,0x04,0xFE,0xFE,0x00,0x00,0x00,0x30,0x70,0xE0,0x80,0x80,0x80,0xC0,0x7F,0x3F,0x00,0x00},
{0x00,0x10,0xF0,0xF0,0x00,0x00,0x00,0x00,0x00,0x00,0x00,0x00,0x00,0x00,0xFF,0xFF,0x60,0xE0,  // k
 0xF0,0x9A,0x0E,0x06,0x02,0x00,0x00,0x08,0x0F,0x0F,0x08,0x00,0x01,0x03,0x0F,0x0E,0x0C,0x08},
{0x00,0x00,0x00,0x20,0x20,0xF0,0xF0,0x00,0x00,0x00,0x00,0x00,0x00,0x00,0x00,0x00,0x00,0xFF,  // l
 0xFF,0x00,0x00,0x00,0x00,0x00,0x00,0x00,0x00,0x08,0x08,0x0F,0x0F,0x08,0x08,0x00,0x00,0x00},
{0x00,0x00,0x00,0x00,0x00,0x00,0x00,0x00,0x00,0x00,0x00,0x00,0x02,0xFE,0xFE,0x04,0x02,0xFE,  // m
 0xFC,0x04,0x02,0xFE,0xFC,0x00,0x08,0x0F,0x0F,0x00,0x08,0x0F,0x0F,0x00,0x08,0x0F,0x0F,0x08},
{0x00,0x00,0x00,0x00,0x00,0x00,0x00,0x00,0x00,0x00,0x00,0x00,0x00,0x02,0xFE,0xFE,0x08,0x04,  // n
 0x02,0x02,0x06,0xFC,0xF8,0x00,0x00,0x08,0x0F,0x0F,0x08,0x00,0x00,0x00,0x08,0x0F,0x0F,0x08},
{0x00,0x00,0x00,0x00,0x00,0x00,0x00,0x00,0x00,0x00,0x00,0x00,0x00,0xF0,0xFC,0x0C,0x06,0x02,  // o
 0x02,0x02,0x06,0x0C,0xFC,0xF0,0x00,0x01,0x07,0x06,0x0C,0x08,0x08,0x08,0x0C,0x06,0x07,0x01},
{0x00,0x00,0x00,0x00,0x00,0x00,0x00,0x00,0x00,0x00,0x00,0x00,0x00,0x04,0xFE,0xFE,0x04,0x02,  // p
 0x02,0x02,0x06,0x0C,0xFC,0xF0,0x00,0x80,0xFF,0xFF,0x84,0x08,0x08,0x08,0x0C,0x06,0x07,0x01},
{0x00,0x00,0x00,0x00,0x00,0x00,0x00,0x00,0x00,0x00,0x00,0x00,0x00,0xF0,0xFC,0x0C,0x06,0x02,  // q
```

```
  0x02,0x02,0x04,0xFE,0xFE,0x00,0x00,0x01,0x07,0x06,0x0C,0x08,0x08,0x88,0x84,0xFF,0xFF,0x80},
 {0x00,0x00,0x00,0x00,0x00,0x00,0x00,0x00,0x00,0x00,0x00,0x00,0x00,0x00,0x02,0xFE,0xFE,0x08,  // r
  0x04,0x02,0x06,0x0E,0x0C,0x00,0x00,0x00,0x08,0x0F,0x0F,0x08,0x00,0x00,0x00,0x00,0x00,0x00},
 {0x00,0x00,0x00,0x00,0x00,0x00,0x00,0x00,0x00,0x00,0x00,0x00,0x00,0x18,0x3C,0x36,0x62,0x62,  // s
  0xC2,0xC6,0x8C,0x9E,0x00,0x00,0x00,0x0F,0x06,0x0C,0x08,0x08,0x08,0x08,0x0D,0x07,0x03,0x00},
 {0x00,0x00,0x00,0xE0,0xF0,0x00,0x00,0x00,0x00,0x00,0x00,0x00,0x00,0x02,0x02,0xFF,0xFF,0x02,  // t
  0x02,0x02,0x00,0x00,0x00,0x00,0x00,0x00,0x00,0x03,0x07,0x0C,0x08,0x0C,0x06,0x02,0x00,0x00},
 {0x00,0x00,0x00,0x00,0x00,0x00,0x00,0x00,0x00,0x00,0x00,0x00,0x00,0x02,0xFE,0xFE,0x00,0x00,  // u
  0x00,0x02,0xFE,0xFE,0x00,0x00,0x00,0x00,0x03,0x07,0x0C,0x08,0x08,0x04,0x07,0x0F,0x0C,0x04},
 {0x00,0x00,0x00,0x00,0x00,0x00,0x00,0x00,0x00,0x00,0x00,0x00,0x00,0x02,0x0E,0x3E,0xF2,0xC0,  // v
  0x00,0x00,0xC0,0x32,0x0E,0x02,0x00,0x00,0x00,0x00,0x00,0x03,0x0F,0x03,0x00,0x00,0x00,0x00},
 {0x00,0x00,0x00,0x00,0x00,0x00,0x00,0x00,0x00,0x00,0x00,0x00,0x02,0x1E,0xFE,0xE2,0x00,0xE0,  // w
  0xFE,0xE0,0x00,0xE2,0x3E,0x02,0x00,0x00,0x01,0x0F,0x0F,0x01,0x01,0x0F,0x0F,0x01,0x00,0x00},
 {0x00,0x00,0x00,0x00,0x00,0x00,0x00,0x00,0x00,0x00,0x00,0x00,0x00,0x02,0x06,0x0E,0x1A,0xF0,  // x
  0xE0,0xF0,0x1A,0x0E,0x06,0x02,0x00,0x08,0x0C,0x0E,0x0B,0x01,0x00,0x01,0x0B,0x0E,0x0C,0x08},
 {0x00,0x00,0x00,0x00,0x00,0x00,0x00,0x00,0x00,0x00,0x00,0x00,0x00,0x00,0x02,0x0E,0x3E,0xF2,  // y
  0xC0,0x80,0xC0,0x72,0x1E,0x02,0x00,0x80,0xC0,0xC0,0x60,0x38,0x0F,0x03,0x01,0x00,0x00,0x00},
 {0x00,0x00,0x00,0x00,0x00,0x00,0x00,0x00,0x00,0x00,0x00,0x00,0x00,0x0E,0x06,0x02,0x82,0xC2,  // z
  0x62,0x32,0x1A,0x0E,0x06,0x00,0x00,0x0C,0x0E,0x0B,0x09,0x08,0x08,0x08,0x08,0x0C,0x0E,0x00},
 {0x00,0x00,0x00,0x00,0x00,0xE0,0xF0,0x18,0x08,0x08,0x08,0x00,0x00,0x00,0x08,0x08,0x1C,0xF7,  // {
  0xE3,0x00,0x00,0x00,0x00,0x00,0x00,0x00,0x00,0x00,0x00,0x07,0x0F,0x18,0x10,0x10,0x10,0x00},
 {0x00,0x00,0x00,0x00,0x00,0xFC,0xFC,0x00,0x00,0x00,0x00,0x00,0x00,0x00,0x00,0x00,0x00,0xE7,  // |
  0xE7,0x00,0x00,0x00,0x00,0x00,0x00,0x00,0x00,0x00,0x00,0x3F,0x3F,0x00,0x00,0x00,0x00,0x00},
 {0x00,0x08,0x08,0x08,0x18,0xF0,0xE0,0x00,0x00,0x00,0x00,0x00,0x00,0x00,0x00,0x00,0x00,0xE3,  // }
  0xF7,0x1C,0x08,0x08,0x00,0x00,0x00,0x10,0x10,0x10,0x18,0x0F,0x07,0x00,0x00,0x00,0x00,0x00},
 {0x00,0x00,0x00,0x00,0x00,0x00,0x00,0x00,0x00,0x00,0x00,0x00,0x00,0x10,0x18,0x0C,0x04,0x0C,  // ~
  0x08,0x18,0x10,0x18,0x0C,0x04,0x00,0x00,0x00,0x00,0x00,0x00,0x00,0x00,0x00,0x00,0x00,0x00},
 {0x00,0x00,0x00,0xF0,0x98,0x08,0x08,0x98,0xF0,0x00,0x00,0x00,0x00,0x00,0x00,0x00,0x01,0x01,  // 0x7F
  0x01,0x01,0x00,0x00,0x00,0x00,0x00,0x00,0x00,0x00,0x00,0x00,0x00,0x00,0x00,0x00,0x00,0x00}};

/* ---------------------------------------------------------------------------- */
/*              사용자 정의 함수 선언                                           */
/* ---------------------------------------------------------------------------- */

void TFT_string_large(U08 xChar, U08 yChar, U16 colorfore, U16 colorback, char *str); // write TFT-LCD string
void TFT_English_large(U08 code);                   // write a English ASCII character
void TFT_Korean_large(U16 code);                    // write a Korean character
void TFT_English_pixel_large(U16 Xpixel,U16 Ypixel, U08 code); // write a English ASCII character

void TFT_binary_large(U16 number, U08 digit);   // display 8 or 16 bit binary number
void TFT_unsigned_decimal_large(U32 number, U08 zerofill, U08 digit); // display unsigned decimal number
void TFT_signed_decimal_large(S32 number, U08 zerofill, U08 digit);   // display signed decimal number
void TFT_hexadecimal_large(U32 number, U08 digit);       // display hexadecimal number
void TFT_0x_hexadecimal_large(U32 number, U08 digit);    // display hexadecimal number with 0x
void TFT_unsigned_float_large(float number, U08 integral, U08 fractional); // display unsigned floating-point number
void TFT_signed_float_large(float number, U08 integral, U08 fractional);   // display signed floating-point number

/* ---------------------------------------------------------------------------- */
/*      TFT-LCD 큰 문자 출력 함수(영문 : 12x24 픽셀, 한글 : 24x24 픽셀)        */
/* ---------------------------------------------------------------------------- */

void TFT_string_large(U08 xChar, U08 yChar, U16 colorfore, U16 colorback, char *str) /* write TFT-LCD string */
{
  unsigned char ch1, ch2;
  unsigned int hangeul;

  Xcharacter = xChar;
  Ycharacter = yChar;

  foreground = colorfore;
  background = colorback;

  continue_flag = 0;                          // start first line

  while(*str)
    { ch1 = *str;
      str++;

      if(ch1 < 0x80)                          // English ASCII character
        TFT_English_large(ch1);
      else                                    // Korean
```

```
        { ch2 = *str;
          hangeul = (ch1 << 8) + ch2;
          str++;
          hangeul = KS_code_conversion(hangeul);// convert 완성형(KS) to 조합형(KSSM)
          TFT_Korean_large(hangeul);
        }
    }
}

void TFT_English_large(U08 code)                /* write a English ASCII character(12x24 pixel) */
{
  unsigned char data, x, y;
  unsigned int pixel[12][24];
  unsigned int xPos, yPos, dot0, dot1, dot2, dot3, dot4;

  for(x = 0; x < 12; x++)                       // read English ASCII font
    { data = pgm_read_byte(&E_font_large[code][x]);
      for(y = 0; y < 8; y++)
        { if(data & 0x01) pixel[x][y] = foreground;
          else            pixel[x][y] = background;
          data = data >> 1;
        }
    }

  for(x = 0; x < 12; x++)
    { data = pgm_read_byte(&E_font_large[code][x+12]);
      for(y = 0; y < 8; y++)
        { if(data & 0x01) pixel[x][y+8] = foreground;
          else            pixel[x][y+8] = background;
          data = data >> 1;
        }
    }

  for(x = 0; x < 12; x++)
    { data = pgm_read_byte(&E_font_large[code][x+24]);
      for(y = 0; y < 8; y++)
        { if(data & 0x01) pixel[x][y+16] = foreground;
          else            pixel[x][y+16] = background;
          data = data >> 1;
        }
    }

  if(outline_flag == 1)                         // display outline
    { for(x = 0; x < 12; x++)
        { dot0 = pgm_read_byte(&E_font_large[code][x]) + pgm_read_byte(&E_font_large[code][x+12])*256;
          dot1 = dot0 >> 1;                                                  // up side
          dot2 = dot0;                                                       // down side
          dot3 = pgm_read_byte(&E_font_large[code][x+1]) + pgm_read_byte(&E_font_large[code][x+13])*256;// left side
          dot4 = pgm_read_byte(&E_font_large[code][x-1]) + pgm_read_byte(&E_font_large[code][x+11])*256;// right side

          for(y = 0; y < 16; y++)
            { if(!(dot0 & 0x0001))
                { if(dot1 & 0x0001) pixel[x][y] = outline;
                  if(dot2 & 0x0001) pixel[x][y] = outline;
                  if((dot3 & 0x0001) && (x < 11 )) pixel[x][y] = outline;
                  if((dot4 & 0x0001) && (x > 0 ))  pixel[x][y] = outline;
                }

              dot1 >>= 1;
              dot2 = dot0;
              dot0 >>= 1;
              dot3 >>= 1;
              dot4 >>= 1;
            }
        }
      for(x = 0; x < 12; x++)
        { dot0 = pgm_read_byte(&E_font_large[code][x+12]) + pgm_read_byte(&E_font_large[code][x+24])*256;
          dot1 = dot0 >> 1;                                                  // up side
          dot2 = dot0;                                                       // down side
          dot3 = pgm_read_byte(&E_font_large[code][x+13]) + pgm_read_byte(&E_font_large[code][x+25])*256;// left side
          dot4 = pgm_read_byte(&E_font_large[code][x+11]) + pgm_read_byte(&E_font_large[code][x+23])*256;// right side
```

```
            for(y = 0; y < 16; y++)
              { if(!(dot0 & 0x0001))
                  { if(dot1 & 0x0001) pixel[x][y+8] = outline;
                    if(dot2 & 0x0001) pixel[x][y+8] = outline;
                    if((dot3 & 0x0001) && (x < 11 )) pixel[x][y+8] = outline;
                    if((dot4 & 0x0001) && (x > 0 ))  pixel[x][y+8] = outline;
                  }

                dot1 >>= 1;
                dot2 = dot0;
                dot0 >>= 1;
                dot3 >>= 1;
                dot4 >>= 1;
              }
          }
    }

  if(Xcharacter >= XcharacterLimit_large)       // end of line ?
    { continue_flag = 1;
      Xcharacter = 0;
      Ycharacter += 3;
      if(Ycharacter >= (YcharacterLimit_large-2))// end of screen ?
        Ycharacter = 0;
    }

  if(underscore_flag == 1)
    { for(x = 0; x < 12; x++)                   // display underscore
          pixel[x][23] = underscore;
    }

  if((cursor_flag == 1) && (Xcharacter == Xcursor) &&(Ycharacter == Ycursor))
    { for(x = 0; x < 12; x++)                   // display cursor
        { pixel[x][22] = cursor;
          pixel[x][23] = cursor;
        }
    }

  if((continue_flag == 1) && (Xcharacter == 0) && (code == ' '))
    return;
  else if(background != Transparent)            // transparent mode ?
    { xPos = Xcharacter*12;

      for(y = 0; y < 24; y++)                   // if no, write a character in higher speed
        { yPos = Ycharacter*8 + y;

          if(ScreenMode == 'L')
            { TFT_write(0x02, xPos >> 8);       // xPos = 0~319
              TFT_write(0x03, xPos & 0x00FF);
              TFT_write(0x06, 0x0000);          // yPos = 0~239
              TFT_write(0x07, yPos);
            }
          else
            { TFT_write(0x02, 0x0000);          // xPos = 0~239
              TFT_write(0x03, xPos);
              TFT_write(0x06, yPos >> 8);       // yPos = 0~319
              TFT_write(0x07, yPos & 0x00FF);
            }

          TFT_command(0x22);
          TFT_data(pixel[0][y]);
          TFT_data(pixel[1][y]);
          TFT_data(pixel[2][y]);
          TFT_data(pixel[3][y]);
          TFT_data(pixel[4][y]);
          TFT_data(pixel[5][y]);
          TFT_data(pixel[6][y]);
          TFT_data(pixel[7][y]);
          TFT_data(pixel[8][y]);
          TFT_data(pixel[9][y]);
          TFT_data(pixel[10][y]);
```

```
        TFT_data(pixel[11][y]);
      }
    }
  else
    { for(y = 0; y < 24; y++)                   // if yes, write a character
        for(x = 0; x < 12; x++)
          TFT_pixel(Xcharacter*12 + x, Ycharacter*8 + y, pixel[x][y]);
    }

  Xcharacter += 1;                              // go to next position
}

void TFT_Korean_large(U16 code)                 /* write a Korean character(24x24 pixel) */
{
  unsigned char cho_5bit, joong_5bit, jong_5bit;
  unsigned char cho_bul, joong_bul, jong_bul = 0, i, jong_flag;
  unsigned int ch;
  unsigned char Kbuffer[73] = {0};              // 72 byte Korean font buffer (+1 extra)

  if(Xcharacter == (XcharacterLimit_large-1))   // last character of line ?
    TFT_English_large(' ');                     // display space and go to next line

  cho_5bit   = pgm_read_byte(&table_cho[(code >> 10) & 0x001F]);  // get 5bit(14-10) of chosung
  joong_5bit = pgm_read_byte(&table_joong[(code >> 5) & 0x001F]); // get 5bit(09-05) of joongsung
  jong_5bit  = pgm_read_byte(&table_jong[code & 0x001F]);         // get 5bit(04-00) of jongsung

  if(jong_5bit == 0)                            // if jongsung not exist
    { jong_flag = 0;
      cho_bul = pgm_read_byte(&bul_cho1[joong_5bit]);
      if((cho_5bit == 1) || (cho_5bit == 16))
        joong_bul = 0;
      else
        joong_bul = 1;
    }
  else                                          // if jongsung exist
    { jong_flag = 1;
      cho_bul = pgm_read_byte(&bul_cho2[joong_5bit]);
      if((cho_5bit == 1) || (cho_5bit == 16))
        joong_bul = 2;
      else
        joong_bul = 3;
      jong_bul = pgm_read_byte(&bul_jong[joong_5bit]);
    }

  ch = cho_bul*20 + cho_5bit;                   // get chosung font
  for(i = 0; i < 72; i++)
    Kbuffer[i] = pgm_read_byte(&K_font_large[ch][i]);
  ch = 8*20 + joong_bul*22 + joong_5bit;        // OR joongsung font
  for(i = 0; i < 72; i++)
    Kbuffer[i] |= pgm_read_byte(&K_font_large[ch][i]);
  if(jong_flag)                                 // OR jongsung font
    { ch = 8*20 + 4*22 + jong_bul*28 + jong_5bit;
      for(i = 0; i < 72; i++)
        Kbuffer[i] |= pgm_read_byte(&K_font_large[ch][i]);
    }

  unsigned char data, x, y;
  unsigned int pixel[24][24];
  unsigned int xPos, yPos, dot0, dot1, dot2, dot3, dot4;

  for(x = 0; x < 24; x++)                       // read Korean font
    { data = Kbuffer[x];
      for(y = 0; y < 8; y++)
        { if(data & 0x01) pixel[x][y] = foreground;
          else            pixel[x][y] = background;
          data = data >> 1;
        }
    }

  for(x = 0; x < 24; x++)
    { data = Kbuffer[x+24];
```

```
    for(y = 0; y < 8; y++)
      { if(data & 0x01) pixel[x][y+8] = foreground;
        else            pixel[x][y+8] = background;
        data = data >> 1;
      }
  }

for(x = 0; x < 24; x++)
  { data = Kbuffer[x+48];
    for(y = 0; y < 8; y++)
      { if(data & 0x01) pixel[x][y+16] = foreground;
        else            pixel[x][y+16] = background;
        data = data >> 1;
      }
  }

if(outline_flag == 1)                          // display outline
  { for(x = 0; x < 24; x++)
      { dot0 = Kbuffer[x] + Kbuffer[x+24]*256;
        dot1 = dot0 >> 1;                              // up side
        dot2 = dot0;                                   // down side
        dot3 = Kbuffer[x+1] + Kbuffer[x+25]*256;       // left side
        dot4 = Kbuffer[x-1] + Kbuffer[x+23]*256;       // right side

        for(y = 0; y < 16; y++)
          { if(!(dot0 & 0x0001))
              { if(dot1 & 0x0001) pixel[x][y] = outline;
                if(dot2 & 0x0001) pixel[x][y] = outline;
                if((dot3 & 0x0001) && (x < 23 )) pixel[x][y] = outline;
                if((dot4 & 0x0001) && (x > 1 ))  pixel[x][y] = outline;
              }

            dot1 >>= 1;
            dot2 = dot0;
            dot0 >>= 1;
            dot3 >>= 1;
            dot4 >>= 1;
          }
      }

    for(x = 0; x < 24; x++)
      { dot0 = Kbuffer[x+24] + Kbuffer[x+48]*256;
        dot1 = dot0 >> 1;                              // up side
        dot2 = dot0;                                   // down side
        dot3 = Kbuffer[x+25] + Kbuffer[x+49]*256;      // left side
        dot4 = Kbuffer[x+23] + Kbuffer[x+47]*256;      // right side

        for(y = 0; y < 16; y++)
          { if(!(dot0 & 0x0001))
              { if(dot1 & 0x0001) pixel[x][y+8] = outline;
                if(dot2 & 0x0001) pixel[x][y+8] = outline;
                if((dot3 & 0x0001) && (x < 23 )) pixel[x][y+8] = outline;
                if((dot4 & 0x0001) && (x > 1 ))  pixel[x][y+8] = outline;
              }

            dot1 >>= 1;
            dot2 = dot0;
            dot0 >>= 1;
            dot3 >>= 1;
            dot4 >>= 1;
          }
      }
  }

if(Xcharacter >= (XcharacterLimit_large-1))    // end of line ?
  { Xcharacter = 0;
    Ycharacter += 3;
    if(Ycharacter >= (YcharacterLimit_large-2))// end of screen ?
      Ycharacter = 0;
  }
```

```
  if(underscore_flag == 1)
    { for(x = 0; x < 24; x++)                    // display underscore
          pixel[x][23] = underscore;
    }

  if((cursor_flag == 1) && (Xcharacter == Xcursor) && (Ycharacter == Ycursor))
    { for(x = 0; x < 24; x++)                    // display cursor
        { pixel[x][22] = cursor;
          pixel[x][23] = cursor;
        }
    }

  if(background != Transparent)                  // transparent mode ?
    { xPos = Xcharacter*12;

      for(y = 0; y < 24; y++)                    // if no, write a character in higher speed
        { yPos = Ycharacter*8 + y;

          if(ScreenMode == 'P')
            { TFT_write(0x02, 0x0000);            // xPos = 0~239
              TFT_write(0x03, xPos);
              TFT_write(0x06, yPos >> 8);         // yPos = 0~319
              TFT_write(0x07, yPos & 0x00FF);
            }
          else
            { TFT_write(0x02, xPos >> 8);         // xPos = 0~319
              TFT_write(0x03, xPos & 0x00FF);
              TFT_write(0x06, 0x0000);            // yPos = 0~239
              TFT_write(0x07, yPos);
            }

          TFT_command(0x22);
          TFT_data(pixel[0][y]);
          TFT_data(pixel[1][y]);
          TFT_data(pixel[2][y]);
          TFT_data(pixel[3][y]);
          TFT_data(pixel[4][y]);
          TFT_data(pixel[5][y]);
          TFT_data(pixel[6][y]);
          TFT_data(pixel[7][y]);
          TFT_data(pixel[8][y]);
          TFT_data(pixel[9][y]);
          TFT_data(pixel[10][y]);
          TFT_data(pixel[11][y]);
          TFT_data(pixel[12][y]);
          TFT_data(pixel[13][y]);
          TFT_data(pixel[14][y]);
          TFT_data(pixel[15][y]);
          TFT_data(pixel[16][y]);
          TFT_data(pixel[17][y]);
          TFT_data(pixel[18][y]);
          TFT_data(pixel[19][y]);
          TFT_data(pixel[20][y]);
          TFT_data(pixel[21][y]);
          TFT_data(pixel[22][y]);
          TFT_data(pixel[23][y]);
        }
    }
  else
    { for(y = 0; y < 24; y++)                    // if yes, write a character
        for(x = 0; x < 24; x++)
          TFT_pixel(Xcharacter*12 + x, Ycharacter*8 + y, pixel[x][y]);
    }

  Xcharacter += 2;                               // go to next position
}

void TFT_English_pixel_large(U16 Xpixel,U16 Ypixel, U08 code) /* write a English ASCII character */
{
  unsigned char data, x, y;
  unsigned int pixel[12][24];
```

```
  for(x = 0; x < 12; x++)                          // read English ASCII font
    { data = pgm_read_byte(&E_font_large[code][x]);
      for(y = 0; y < 8; y++)
        { if(data & 0x01) pixel[x][y] = foreground;
          else            pixel[x][y] = background;
          data = data >> 1;
        }
    }

  for(x = 0; x < 12; x++)
    { data = pgm_read_byte(&E_font_large[code][x+12]);
      for(y = 0; y < 8; y++)
        { if(data & 0x01) pixel[x][y+8] = foreground;
          else            pixel[x][y+8] = background;
          data = data >> 1;
        }
    }

  for(x = 0; x < 12; x++)
    { data = pgm_read_byte(&E_font_large[code][x+24]);
      for(y = 0; y < 8; y++)
        { if(data & 0x01) pixel[x][y+16] = foreground;
          else            pixel[x][y+16] = background;
          data = data >> 1;
        }
    }

  for(y = 0; y < 24; y++)                          // write character
    for(x = 0; x < 12; x++)
      TFT_pixel(Xpixel + x, Ypixel + y, pixel[x][y]);
}

/* ------------------------------------------------------------------------ */
/*      TFT-LCD 모듈의 수치 데이터 큰 문자(12x24, 24x24 픽셀) 출력 함수       */
/* ------------------------------------------------------------------------ */

void TFT_binary_large(U16 number, U08 digit)     /* display 8 or 16 bit binary number */
{
  unsigned char i, shift;

  if((digit == 0) || (digit > 16)) return;

  shift = digit - 1;
  for(i = 0; i < digit; i++ )
    { TFT_English_large(((number >> shift) & 0x01) + '0');
      shift--;
    }
}

void TFT_unsigned_decimal_large(U32 number, U08 zerofill, U08 digit) /* display unsigned decimal number */
{
  unsigned char zero_flag, character;
  unsigned long div;

  if((digit == 0) || (digit > 9)) return;

  div = 1;
  while(--digit) div *= 10;

  zero_flag = zerofill;
  while(div > 0)                                   // display number
    { character = number / div;
      if((character == 0) && (zero_flag == 0) && (div != 1))
        TFT_English_large(character + ' ');
      else
        { zero_flag = 1;
          TFT_English_large(character + '0');
        }
      number %= div;
      div /= 10;
```

```
    }
}

void TFT_signed_decimal_large(S32 number, U08 zerofill, U08 digit) /* display signed decimal number */
{
  unsigned char zero_flag, character;
  unsigned long div;

  if((digit == 0) || (digit > 9)) return;

  if(number >= 0)                                   // display sign
    TFT_English_large('+');
  else
    { TFT_English_large('-');
      number = -number;
    }

  div = 1;
  while(--digit) div *= 10;

  zero_flag = zerofill;
  while(div > 0)                                    // display number
    { character = number / div;
      if((character == 0) && (zero_flag == 0) && (div != 1))
        TFT_English_large(character + ' ');
      else
        { zero_flag = 1;
          TFT_English_large(character + '0');
        }
      number %= div;
      div /= 10;
    }
}

void TFT_hexadecimal_large(U32 number, U08 digit)        /* display hexadecimal number */
{
  unsigned char i, character;

  if((digit == 0) || (digit > 8)) return;

  for(i = digit; i > 0; i--)
    { character = (number >> 4*(i-1)) & 0x0F;
      if(character < 10) TFT_English_large(character + '0');
      else               TFT_English_large(character - 10 + 'A');
    }
}

void TFT_0x_hexadecimal_large(U32 number, U08 digit)     /* display hexadecimal number with 0x */
{
  unsigned char i, character;

  if((digit == 0) || (digit > 8)) return;

  TFT_English_large('0');
  TFT_English_large('x');

  for(i = digit; i > 0; i--)
    { character = (number >> 4*(i-1)) & 0x0F;
      if(character < 10) TFT_English_large(character + '0');
      else               TFT_English_large(character - 10 + 'A');
    }
}

void TFT_unsigned_float_large(float number, U08 integral, U08 fractional) /* display unsigned floating-point number */
{
  unsigned char zero_flag, digit, character;     // integral = digits of integral part
  unsigned long div, integer;                    // fractional = digits of fractional part

  digit = integral + fractional;
  if((integral == 0) || (fractional == 0) || (digit > 9)) return;
```

```
  div = 1;
  while(--digit) div *= 10;

  while(fractional--) number *= 10.;
  integer = (U32)(number + 0.5);

  zero_flag = 0;
  digit = 1;
  while(div > 0)                                 // display number
    { character = integer / div;
      if((character == 0) && (zero_flag == 0) && (digit != integral))
        TFT_English_large(character + ' ');
      else
        { zero_flag = 1;
          TFT_English_large(character + '0');
        }
      integer %= div;
      div /= 10;

      if(digit == integral)
        TFT_English_large('.');
      digit++;
    }
}

void TFT_signed_float_large(float number, U08 integral, U08 fractional) /* display signed floating-point number */
{
  unsigned char zero_flag, digit, character;
  unsigned long div, integer;

  digit = integral + fractional;
  if((integral == 0) || (fractional == 0) || (digit > 9)) return;

  if(number >= 0)                                // display sign
    TFT_English_large('+');
  else
    { TFT_English_large('-');
      number = -number;
    }

  div = 1;
  while(--digit) div *= 10;

  while(fractional--) number *= 10.;
  integer = (U32)(number + 0.5);

  zero_flag = 0;
  digit = 1;
  while(div > 0)                                 // display number
    { character = integer / div;
      if((character == 0) && (zero_flag == 0) && (digit != integral))
        TFT_English_large(character + ' ');
      else
        { zero_flag = 1;
          TFT_English_large(character + '0');
        }
      integer %= div;
      div /= 10;

      if(digit == integral)
        TFT_English_large('.');
      digit++;
    }
}
```

〈표 4.5.2〉 헤더파일 OK-128DA.h에 포함된 TFT-LCD 관련 함수들의 요약

사용자 정의 함수	기 능	입력 파라미터	리턴 값
TFT_initialize()	TFT-LCD 모듈을 초기화한다.	-	-
TFT_command()	TFT-LCD 모듈에 인덱스 레지스터 값을 출력한다.	U08 IR	-
TFT_data()	TFT-LCD 모듈에 제어 레지스터 값 또는 GRAM 데이터를 출력한다.	U16 data	-
TFT_write()	TFT-LCD 모듈의 레지스터에 값을 출력한다.	U08 reg, U16 val	-
TFT_clear_screen()	TFT-LCD 모듈 화면 전체를 검게 하여 클리어한다.	-	-
TFT_color_screen()	TFT-LCD 모듈 화면 전체를 지정된 색으로 표시한다.	U16 color	-
TFT_GRAM_address()	TFT-LCD 모듈의 GRAM 어드레스를 지정하여 화면에 출력할 데이터의 시작 위치를 설정한다.	U16 xPos, yPos	-
TFT_xy()	TFT-LCD 모듈의 문자 출력 좌표를 설정한다.	U08 xChar, yChar	-
TFT_color()	TFT-LCD 모듈에 출력하는 문자의 전경색과 배경색을 설정한다.	U16 colorfore, colorback	-
TFT_pixel()	TFT-LCD 모듈의 픽셀 출력 좌표와 컬러를 설정한다.	U16 xPos, yPos, color	-
TFT_portrait_mode()	TFT-LCD 모듈의 스크린 문자출력 방향을 초상화 모드(portrait mode)로 설정한다.	-	-
TFT_landscape_mode()	TFT-LCD 모듈의 스크린 문자출력 방향을 풍경화 모드(landscape mode)로 설정한다.	-	-
TFT_cursor()	TFT-LCD 모듈의 출력 문자에 지정된 색깔로 커서를 표시하도록 설정하거나 커서 표시를 해제한다.	U16 cursor_color	-
TFT_underscore()	TFT-LCD 모듈의 출력 문자에 지정된 색깔로 밑줄을 표시하도록 설정하거나 밑줄 표시를 해제한다.	U16 underscore_color	-
TFT_outline()	TFT-LCD 모듈의 출력 문자에 지정된 색깔로 외곽선을 표시하도록 설정하거나 외곽선 표시를 해제한다.	U16 outline_color	-
TFT_string()	TFT-LCD 모듈에 시작 위치와 컬러를 지정하고 그 위치부터 문자열을 출력한다.	U08 xChar, yChar U16 colorfore, colorback char *str	-
TFT_English()	TFT-LCD 모듈에 영문 1글자를 출력한다.	U08 code	-
KS_code_conversion()	완성형 한글 코드(KS)를 조합형 한글 코드(KSSM)로 변환한다.	U16 KS_code	unsigned int
TFT_Korean()	TFT-LCD 모듈에 한글 1글자를 출력한다.	U16 code	-
TFT_English_pixel()	TFT-LCD 모듈에 픽셀 출력 좌표로 위치를 지정하여 영문 1글자를 출력한다.	U16 Xpixel, Ypixel, U08 code	-
TFT_binary()	TFT-LCD 모듈에 2진수를 출력한다.	U16 number, U08 digit	-
TFT_unsigned_decimal()	TFT-LCD 모듈에 부호 없는 정수를 출력한다. (zerofill = 1이면 선두의 무효 자리를 0으로 채운다.)	U32 number U08 zerofill, digit	-
TFT_signed_decimal()	TFT-LCD 모듈에 부호 있는 정수를 출력한다. (zerofill = 1이면 선두의 무효 자리를 0으로 채운다.)	S32 number U08 zerofill, digit	-
TFT_hexadecimal()	TFT-LCD 모듈에 16진수를 출력한다.	U32 number, U08 digit	-
TFT_0x_hexadecimal()	TFT-LCD 모듈에 0x를 포함하는 16진수를 출력한다.	U32 number, U08 digit	-
TFT_unsigned_float()	TFT-LCD 모듈에 부호 없는 실수를 출력한다. (integral = 실수부 자리수, fractional = 소수부 자리수)	float number U08 integral, fractional	-
TFT_signed_float()	TFT-LCD 모듈에 부호 있는 실수를 출력한다. (integral = 실수부 자리수, fractional = 소수부 자리수)	float number U08 integral, fractional	-
Line()	TFT-LCD 모듈에 직선을 그린다.	S16 x1, y1, x2, y2 U16 color	-
Rectangle()	TFT-LCD 모듈에 사각형을 그린다.	S16 x1, y1, x2, y2 U16 color	
Block()	TFT-LCD 모듈에 지정된 컬러로 채운 사각형을 그린다.	S16 x1, y1, x2, y2 U16 color, fill	
Circle()	TFT-LCD 모듈에 원을 그린다.	S16 x1, y1, r U16 color	
Sine()	TFT-LCD 모듈에 정현파 곡선을 그린다.	S16 peak, U08 mode U16 color	
Touch_screen_initialize()	ADS7846으로 터치 스크린을 읽기 위하여 SPI 통신포트를 모드0에 1.5MHz의 속도로 초기화한다.	-	-
Touch_screen_input()	터치 스크린 컨트롤러가 ADS7846을 통하여 터치 스크린의 X, Y 좌표값을 입력한다.	-	x_touch y_touch

〈표 4.5.3〉 헤더파일 OK-128DA.h에 포함된 큰 글씨 표시용 함수들의 요약

사용자 정의 함수	기 능	입력 파라미터
TFT_portrait_mode_large()	TFT-LCD 모듈의 스크린 문자출력 방향을 큰 글씨 출력의 초상화 모드(Portrait)로 설정한다.	-
TFT_landscape_mode_large()	TFT-LCD 모듈의 스크린 문자출력 방향을 큰 글씨 출력의 풍경화 모드(Landscape)로 설정한다.	-
TFT_string_large()	TFT-LCD 모듈에 시작 위치와 컬러를 지정하고 그 위치부터 큰 글씨의 문자열을 출력한다.	U08 xChar, yChar U16 colorfore, colorback char *str
TFT_English_large()	TFT-LCD 모듈에 큰 글씨의 영문 1글자를 출력한다.	U08 code
TFT_Korean_large()	TFT-LCD 모듈에 큰 글씨의 한글 1글자를 출력한다.	U16 code
TFT_string_pixel_large()	TFT-LCD 모듈에 픽셀 출력 좌표로 위치를 지정하여 큰 글씨의 영문 1글자를 출력한다.	U16 Xpixel, Ypixel, U08 code
TFT_binary_large()	TFT-LCD 모듈에 2진수를 큰 글씨로 출력한다.	U16 number, U08 digit
TFT_unsigned_decimal_large()	TFT-LCD 모듈에 부호 없는 정수를 큰 글씨로 출력한다. (zerofill = 1이면 선두의 무효 자리를 0으로 채운다.)	U32 number U08 zerofill, digit
TFT_signed_decimal_large()	TFT-LCD 모듈에 부호 있는 정수를 큰 글씨로 출력한다. (zerofill = 1이면 선두의 무효 자리를 0으로 채운다.)	S32 number U08 zerofill, digit
TFT_hexadecimal_large()	TFT-LCD 모듈에 16진수를 큰 글씨로 출력한다.	U32 number, U08 digit
TFT_0x_hexadecimal_large()	TFT-LCD 모듈에 0x를 포함하는 16진수를 큰 글씨로 출력한다.	U32 number, U08 digit
TFT_unsigned_float_large()	TFT-LCD 모듈에 부호 없는 실수를 출력한다. (integral = 실수부 자리수, fractional = 소수부 자리수)	float number U08 integral, fractional
TFT_signed_float_large()	TFT-LCD 모듈에 부호 있는 실수를 큰 글씨로 출력한다. (integral = 실수부 자리수, fractional = 소수부 자리수)	float number U08 integral, fractional

이 헤더파일 OK-128DA.h에 포함되어 있는 TFT-LCD 모듈 관련 사용자 정의 함수들과 8×16 픽셀의 영문 ASCII 폰트 및 16×16 픽셀의 한글 폰트를 사용한 보통 글씨를 표시하는 함수를 모두 요약 정리하면 <표 4.5.2>와 같다. 여기에 정리한 사용자 정의 함수들은 앞으로 여러분이 *OK-128DA* 키트에서 C언어로 프로그램을 작성할 때 유용하게 사용할 것이므로 잘 알아두어야 하며, 이제 가급적이면 이 함수들의 내용까지 정확히 이해하도록 노력하기 바란다.

또한, 기본 헤더파일 OK-128DA.h에는 TFT-LCD 모듈에서 12×24 픽셀의 영문 ASCII 폰트 및 24×24 픽셀의 한글 폰트를 사용한 큰 글씨도 표시할 수 있는데, 이러한 폰트와 사용자 함수들은 <표 4.5.3>에 정리하였다. 8×16 픽셀의 영문 ASCII 문자나 16×16 픽셀의 한글과 같은 보통 글씨 출력함수와 구분하기 위하여 이들 큰 글씨 출력함수의 이름에는 끝에 _large를 추가하였다는 점에 주목하라. 큰 글씨를 출력하는 이들 함수에서도 앞에서 설명한 보통 글씨에서처럼 줄바꿈 기능이나 밑줄 표시 기능, 커서 표시 기능, 외곽선 표시 기능, 투명 글씨 표시 기능 등을 모두 지원한다.

4. 영문 ASCII 문자의 출력 프로그램

OK-128DA 키트의 TFT-LCD 모듈 화면에 다양한 컬러와 속성으로 영문 ASCII 문자를 출력하는 프로그램을 C언어로 작성하여 보면 다음과 같다.

〈프로그램 Exp05_1.c〉 TFT-LCD 영문 ASCII 문자 출력 프로그램

```
/* ============================================================================ */
/*              Exp05_1.c : TFT-LCD 영문 ASCII 출력 프로그램                      */
/* ============================================================================ */
/*                         Designed and programmed by Duck-Yong Yoon in 2022.   */

#include <avr/io.h>
#include "OK-128DA.h"

int main(void)
{
  unsigned char x, y, code;

  MCU_initialize();                             // initialize AVR128DA64 MCU
  Delay_ms(50);                                 // wait for system stabilization
  LCD_initialize();                             // initialize text LCD module
  TFT_initialize();                             // initialize TFT-LCD module

  LCD_string(0x80," OK-128DA  V1.0 ");          // display title
  LCD_string(0xC0,"    Exp05_1.c     ");

  while(1)
    { TFT_color_screen(White);                  // display full color(white)
      TFT_landscape_mode();                     // landscape mode
      Beep();

      TFT_string_large(1,1,White,Black,"OK-128DA  ASCII Character");
      TFT_string(12,4,White,Black,        " (White Screen) ");

      TFT_string(0, 9,White, Blue,"Foreground White Color / Blue Background");

      TFT_string(1,14,Red,   Cyan, "Foreground Red Color / Cyan Background");

      TFT_outline(Black);
      TFT_string(1,19,Yellow,Transparent,"Foreground Yellow Color/Black Outline");
      TFT_string_large(2,21,Yellow,Transparent,"12x24 Large Character");
      TFT_outline(Transparent);

      TFT_underscore(Red);
      TFT_string(3,26,Blue,Transparent,"Foreground Blue Color / Transparent");
      TFT_underscore(Transparent);
      Delay_ms(10000);

      TFT_color_screen(White);                  // display full color(white)
      TFT_portrait_mode();                      // portrait mode
      Beep();

      TFT_string_large(0,2,White,Black,"OK-128DA ASCII Char.");
      TFT_string(7, 5,White,Black,        " (White Screen) ");

      TFT_string(4,12,White, Blue, "Foreground White Color");
      TFT_string(3,14,White, Blue,"on Background Blue Color");

      TFT_string(5,18,Red,   Cyan,  "Foreground Red Color");
      TFT_string(3,20,Red,   Cyan,"on Background Cyan Color");

      TFT_outline(Black);
      TFT_string(3,24,Yellow,Transparent,"Foreground Yellow Color");
      TFT_string(6,26,Yellow,Transparent,    "with Black Outline");
      TFT_outline(Transparent);

      TFT_underscore(Red);
      TFT_string(4,30,Blue,Transparent,   "Foreground Blue Color");
      TFT_string(2,32,Blue,Transparent,"on Transparent Background");
      TFT_underscore(Transparent);
      Delay_ms(10000);

      TFT_clear_screen();                       // clear screen
      TFT_landscape_mode();                     // landscape mode
```

```
        Beep();

        TFT_string(9,5,White,Magenta," ASCII Code Table (1) ");
        code = 0x00;
        for(y = 0; y <= 7; y++)
          { TFT_xy(1,8+y*2); TFT_color(Green,Black);
            TFT_0x_hexadecimal(code,2);
            TFT_English(' '); TFT_English(':');

            TFT_color(Cyan,Black);
            for(x = 0; x <= 15; x++)
              { TFT_English(' ');
                TFT_English(code++);
              }
          }
        Delay_ms(5000);

        TFT_clear_screen();                     // clear screen
        TFT_landscape_mode();                   // landscape mode
        Beep();

        TFT_string(9,1,White,Magenta," ASCII Code Table (2) ");
        code = 0x00;
        for(y = 0; y <= 7; y++)
          { TFT_xy(1,4+y*3); TFT_color(Green,Black);
            TFT_0x_hexadecimal_large(code,2);
            TFT_English_large(' '); TFT_English_large(':'); TFT_English_large(' ');

            TFT_color(Cyan,Black);
            for(x = 0; x <= 15; x++)
              TFT_English_large(code++);
          }
        Delay_ms(5000);


        TFT_clear_screen();                     // clear screen
        TFT_portrait_mode();                    // portrait mode
        Beep();

        TFT_string(4,2,White,Magenta," ASCII Code Table (3) ");
        code = 0x00;
        for(y = 0; y <= 15; y++)
          { TFT_xy(4,6+y*2); TFT_color(Green,Black);
            TFT_0x_hexadecimal(code,2);
            TFT_English(' '); TFT_English(':');

            TFT_color(Cyan,Black);
            for(x = 0; x <= 7; x++)
              { TFT_English(' ');
                TFT_English(code++);
              }
          }
        Delay_ms(5000);
      }
  }
```

5. 수치 데이터 출력 프로그램

TFT-LCD 모듈에 수치 데이터를 ASCII 문자로 변환하여 출력하는 것은 매우 자주 사용하는 일이다. 여기서는 정수나 실수와 같은 수치 데이터를 TFT-LCD의 화면에 출력하는 프로그램 작성 기술에 대하여 공부하기로 한다.

C언어를 사용하여 TFT-LCD 모듈에 수치 데이터를 출력하는 것은 텍스트 LCD 모듈에서와 마찬가지로 다음과 같이 3가지의 방법으로 생각할 수 있다. 첫째는 수치 데이터를 출력할 때마다 이를 사용자 정의 함수로 만들어 사용하는 방법이고, 둘째는 *OK-128DA* 키트용의 헤더파일 OK-128DA.h에서 제공하는 함수를 사용하는 방법이며, 셋째는 WinAVR C컴파일러의 표준 printf() 함수를 사용하는 방법이다. 이중에서 역시 가장 권장할만한 방법은 헤더파일 OK-128DA.h에서 제공하는 함수를 사용하는 것이며, 앞으로 이 책의 예제 프로그램에서는 이 방법을 기본으로 사용한다.

▣ 사용자가 수치 데이터 출력 함수를 만들어 사용하는 경우

다음은 *OK-128DA* 키트의 TFT-LCD 모듈에 단자리 구구단, 10자리 구구단, 실수 구구단을 구현한 프로그램이다. 여기서는 수치 데이터를 출력하는 함수를 사용자 프로그램에서 직접 만들어 사용하였는데, 이는 내용적으로 어렵지는 않지만 정수나 실수에 대하여 표현할 수치 데이터의 크기나 자릿수에 따라 매번 그에 맞는 함수를 만들어 사용해야 하므로 상당히 번거롭다.

〈프로그램 Exp05_2.c〉 TFT-LCD 수치 데이터 출력 프로그램(1)

```
/* ======================================================================== */
/*              Exp05_2.c : TFT-LCD 수치 데이터 출력 프로그램(1)              */
/* ======================================================================== */
/*                         Designed and programmed by Duck-Yong Yoon in 2022.  */

#include <avr/io.h>
#include "OK-128DA.h"

void TFT_2d(unsigned char number);              /* display 2-digit decimal number */
void TFT_4d(unsigned int number);               /* display 4-digit decimal number */
void TFT_1d1(float number);                     /* floating-point number x.x */
void TFT_2d2(float number);                     /* floating-point number xx.xx */

/* ----- 메인 프로그램 ------------------------------------------------------- */

int main(void)
{
  unsigned char x, y;
  float a, b;

  MCU_initialize();                             // initialize AVR128DA64 MCU
  Delay_ms(50);                                 // wait for system stabilization
  LCD_initialize();                             // initialize text LCD module
  TFT_initialize();                             // initialize TFT-LCD module

  LCD_string(0x80," OK-128DA  V1.0 ");          // display title
  LCD_string(0xC0,"    Exp05_2.c    ");

  while(1)
    { TFT_clear_screen();                       // 정수
      TFT_string(6,0,White, Magenta," Multiplication Table(정수) ");

      for(x = 2; x <= 9; x++)
        { for(y = 1; y <= 9; y++)
```

```
            { TFT_color(Green, Black);           // 단자리 구구단
              TFT_xy( 5,3*y); TFT_English(x + '0');
              TFT_xy( 7,3*y); TFT_English('x');
              TFT_xy( 9,3*y); TFT_English(y + '0');
              TFT_xy(11,3*y); TFT_English('=');
              TFT_xy(13,3*y); TFT_2d(x*y);

              TFT_color(Yellow, Black);          // 10자리 구구단
              TFT_xy(21,3*y); TFT_2d(x*10);
              TFT_xy(24,3*y); TFT_English('x');
              TFT_xy(26,3*y); TFT_2d(y*10);
              TFT_xy(29,3*y); TFT_English('=');
              TFT_xy(31,3*y); TFT_4d((x*10)*(y*10));
            }
          Beep();
          Delay_ms(3000);
        }

      TFT_clear_screen();                        // 실수
      TFT_string(6,0,White, Magenta," Multiplication Table(실수) ");

      for(x = 1,a = 1.1; x <= 9; x++, a += 1.1)
        { for(y = 1, b = 1.1; y <= 9; y++, b += 1.1)
            { TFT_color(Green, Black);           // 실수 구구단
              TFT_xy(11,3*y); TFT_1d1(a);
              TFT_xy(15,3*y); TFT_English('x');
              TFT_xy(17,3*y); TFT_1d1(b);
              TFT_xy(21,3*y); TFT_English('=');
              TFT_xy(23,3*y); TFT_2d2(a*b);
            }
          Beep();
          Delay_ms(3000);
        }
    }
}

/* ----- 사용자 정의 함수 ----------------------------------------------------- */

void TFT_2d(unsigned char number)                /* display 2-digit decimal number */
{
  unsigned char i;

  i = number/10;                                 // 10^1
  if(i == 0)
    TFT_English(' ');
  else
    TFT_English(i + '0');

  i = number % 10;                               // 10^0
  TFT_English(i + '0');
}

void TFT_4d(unsigned int number)                 /* display 4-digit decimal number */
{
  unsigned int i;
  unsigned char flag;

  flag = 0;
  i = number/1000;                               // 10^3
  if(i == 0)
    TFT_English(' ');
  else
    { TFT_English(i + '0');
      flag = 1;
    }

  number = number % 1000;                        // 10^2
  i = number/100;
  if((i == 0) && (flag == 0))
    TFT_English(' ');
  else
```

```
      { TFT_English(i + '0');
        flag = 1;
      }

    number = number % 100;                      // 10^1
    i = number/10;
    if((i == 0) && (flag == 0))
      TFT_English(' ');
    else
      { TFT_English(i + '0');
        flag = 1;
      }

    i = number % 10;                            // 10^0
    TFT_English(i + '0');
}

void TFT_1d1(float number)                      /* floating-point number x.x */
{
  unsigned char i, j;

  j = (unsigned int)(number*10. + 0.5);
  i = j / 10;                                   // 10^0
  TFT_English(i + '0');
  TFT_English('.');
  i = j % 10;                                   // 10^-1
  TFT_English(i + '0');
}

void TFT_2d2(float number)                      /* floating-point number xx.xx */
{
  unsigned int i, j;

  j = (unsigned int)(number*100. + 0.5);
  i = j / 1000;                                 // 10^1
  if(i == 0)
    TFT_English(' ');
  else
    TFT_English(i + '0');

  j = j % 1000;                                 // 10^0
  i = j / 100;
  TFT_English(i + '0');
  TFT_English('.');

  j = j % 100;                                  // 10^-1
  i = j / 10;
  TFT_English(i + '0');

  i = j % 10;                                   // 10^-2
  TFT_English(i + '0');
}
```

▣ 헤더파일 OK-128DA.h에서 제공하는 함수를 사용하는 경우

OK-128DA 키트용의 기본 헤더파일 OK-128DA.h에는 여러 가지의 수치 데이터 출력을 위한 사용자 함수를 만들어 제공한다. 이들 출력함수는 표현할 수치 데이터의 자릿수를 입력 파라미터로 지정하게 되어 있으므로 출력할 데이터의 길이에 상관없이 일반적으로 사용할 수 있다는 점에서 매우 편리하며, 뒤에서 설명하는 C컴파일러의 표준 printf() 함수를 사용하는 %서식 지정 방법에 비하여 훨씬 더 간편하고 실행속도가

빠르며 적은 메모리 용량을 차지한다는 점에서 우수하다.

위의 예제 프로그램 Exp05_2.c를 헤더파일 OK-128DA.h에서 제공하는 함수를 사용하는 방법으로 수정하면 다음과 같다. 전체적으로 소스가 훨씬 짧고 간단해졌음을 알 수 있다.

〈프로그램 Exp05_3.c〉 TFT-LCD 수치 데이터 출력 프로그램(2)

```
/* ============================================================================ */
/*            Exp05_3.c : TFT-LCD 수치 데이터 출력 프로그램(2)                     */
/* ============================================================================ */
/*                       Designed and programmed by Duck-Yong Yoon in 2022.    */

#include <avr/io.h>
#include "OK-128DA.h"

int main(void)
{
  unsigned char x, y;
  float a, b;

  MCU_initialize();                             // initialize AVR128DA64 MCU
  Delay_ms(50);                                 // wait for system stabilization
  LCD_initialize();                             // initialize text LCD module
  TFT_initialize();                             // initialize TFT-LCD module

  LCD_string(0x80," OK-128DA  V1.0 ");          // display title
  LCD_string(0xC0,"   Exp05_3.c    ");

  while(1)
    { TFT_clear_screen();                       // 정수
      TFT_string(6,0,White, Magenta," Multiplication Table(정수) ");

      for(x = 2; x <= 9; x++)
        { for(y = 1; y <= 9; y++)
            { TFT_color(Green, Black);          // 단자리 구구단
              TFT_xy( 5,3*y); TFT_English(x + '0');
              TFT_xy( 7,3*y); TFT_English('x');
              TFT_xy( 9,3*y); TFT_English(y + '0');
              TFT_xy(11,3*y); TFT_English('=');
              TFT_xy(13,3*y); TFT_unsigned_decimal(x*y,0,2);

              TFT_color(Yellow, Black);         // 10자리 구구단
              TFT_xy(21,3*y); TFT_unsigned_decimal(x*10,0,2);
              TFT_xy(24,3*y); TFT_English('x');
              TFT_xy(26,3*y); TFT_unsigned_decimal(y*10,0,2);
              TFT_xy(29,3*y); TFT_English('=');
              TFT_xy(31,3*y); TFT_unsigned_decimal((x*10)*(y*10),0,4);
            }
          Beep();
          Delay_ms(3000);
        }

      TFT_clear_screen();                       // 실수
      TFT_string(6,0,White, Magenta," Multiplication Table(실수) ");

      for(x = 1,a = 1.1; x <= 9; x++, a += 1.1)
        { for(y = 1, b = 1.1; y <= 9; y++, b += 1.1)
            { TFT_color(Green, Black);          // 실수 구구단
              TFT_xy(11,3*y); TFT_unsigned_float(a,1,1);
              TFT_xy(15,3*y); TFT_English('x');
              TFT_xy(17,3*y); TFT_unsigned_float(b,1,1);
              TFT_xy(21,3*y); TFT_English('=');
              TFT_xy(23,3*y); TFT_unsigned_float(a*b,2,2);
```

```
        }
        Beep();
        Delay_ms(3000);
      }
    }
}
```

▣ C컴파일러의 표준 printf() 함수를 사용하는 경우

WinAVR C컴파일러에서 제공하는 표준 printf() 함수를 사용하여 %서식 지정 방식으로 수치 데이터를 출력하는 앞의 예제 프로그램 Exp05_3.c를 다시 작성하여 보면 다음과 같다. C컴파일러에서 제공하는 표준 printf() 함수를 사용하여 %서식 지정 방식으로 수치 데이터를 출력하는 방법에 대하여는 앞의 제4.3절에서 자세히 설명하였으니 참고하라.

〈프로그램 Exp05_4.c〉 TFT-LCD 수치 데이터 출력 프로그램(3)

```
/* ========================================================================== */
/*              Exp05_4.c : TFT-LCD 수치 데이터 출력 프로그램(3)              */
/* ========================================================================== */
/*                        Designed and programmed by Duck-Yong Yoon in 2022.  */

#include <avr/io.h>
#include <stdio.h>
#include "OK-128DA.h"

static int TFT_putchar(char c, FILE *stream);
static FILE device = FDEV_SETUP_STREAM(TFT_putchar, NULL, _FDEV_SETUP_WRITE);

static int TFT_putchar(char c, FILE *stream)    /* print a character to TFT-LCD */
{
  if((c < 0x20) || (c > 0x7E))                  // check from 0x20 to 0x7E
    return 0;

  TFT_English(c);
  return 0;
}

int main(void)
{
  unsigned char x, y;
  double a, b;

  MCU_initialize();                             // initialize AVR128DA64 MCU
  Delay_ms(50);                                 // wait for system stabilization
  LCD_initialize();                             // initialize text LCD module
  TFT_initialize();                             // initialize TFT-LCD module

  LCD_string(0x80," OK-128DA  V1.0 ");          // display title
  LCD_string(0xC0,"   Exp05_4.c    ");

  stdout = &device;                             // set TFT-LCD to stdout

  while(1)
    { TFT_clear_screen();                       // 정수
      TFT_string(6,0,White, Magenta," Multiplication Table(정수) ");

      for(x = 2; x <= 9; x++)
```

```
	{ for(y = 1; y <= 9; y++)
	    { TFT_color(Green, Black);          // 단자리 구구단
	      TFT_xy( 5,3*y);
	      printf("%1d x %1d = %2d", x, y, x*y);

	      TFT_color(Yellow, Black);         // 10자리 구구단
	      TFT_xy(21,3*y);
	      printf("%2d x %2d = %4d", x*10, y*10, (x*10)*(y*10));
	    }
	  Beep();
	  Delay_ms(3000);
	}

      TFT_clear_screen();                       // 실수
      TFT_string(6,0,White, Magenta," Multiplication Table(실수) ");

      for(x = 1,a = 1.1; x <= 9; x++, a += 1.1)
	{ for(y = 1, b = 1.1; y <= 9; y++, b += 1.1)
	    { TFT_color(Green, Black);          // 실수 구구단
	      TFT_xy(11,3*y);
	      printf("%3.1f x %3.1f = %5.2f", a, b, a*b);
	    }
	  Beep();
	  Delay_ms(3000);
	}
    }
}
```

☞ 표준 printf() 함수를 사용하려면 프로그램의 서두에서 헤더 파일 stdio.h를 인클루드해야 한다. 여기서는 표준 printf() 함수가 TFT-LCD 화면에 올바르게 문자를 출력할 수 있도록 TFT-LCD를 초기화하고 TFT_putchar() 함수를 만들며 이를 stdout으로 지정하는 것이 중요하다. 이처럼 정해진 C언어 규칙을 정확하게 따라야만 printf() 함수가 올바르게 동작한다.

6. Visiting Count 프로그램

이번에는 *OK-128DA* 키트의 TFT-LCD 화면에서 풍경화 모드로 40자×15행의 영문 ASCII 문자를 출력하는 기능을 이용하여 재미있는 난수 응용 프로그램을 작성해 보기로 한다.

이것은 C언어의 난수(random number) 발생 기능을 이용한 일종의 주사위 프로그램으로서 난수에서 나올 수 있는 값을 4등분으로 나누어 각각 동서남북으로 전진하는 방법으로 진행한다. C언어의 난수 발생함수는 rand()로서 이것은 헤더파일 stdlib.h에 정의되어 있는데, WinAVR C컴파일러에서는 난수의 범위가 16비트 0x0000~0x7FFF로 발생된다. 여기서는 이 난수값이 0x0000~0x1FFF라면 동쪽으로 1글자 이동(x를 1증가)하고, 0x2000~0x3FFF라면 서쪽으로 1글자 이동(x를 1감소)하며, 난수값이 0x4000~0x5FFF라면 남쪽으로 1글자 이동(y를 1증가)하고, 0x6000~0x7FFF라면 북쪽으로 1글자 이동(y를 1감소)한다. 타이머 TCA1을 이용하여 난수 발생을 시작함으로써 처음에 출발하는 위치 x, y의 난수도 매번 달라지도록 한다.

그러면서 각 좌표에 해당하는 40×15=600개의 방에는 지나간 횟수(visiting count)를 메모리 배열로 저장한다. 이렇게 각 방을 돌아다니다가 외곽의 벽을 만나면 더 이상 진행하지 못하므로 그대로 그 자리에 머무르고 다시 난수를 발생한다. 이러한 동작을 600개의 방을 단 1번씩이라도 모두 방문하여 남은 빈 방이 없게 될 때까지 계속하고, 10ms의 주기로 한 번씩 난수를 발생할 때마다 각 방의 방문 횟수를 화면에 1글자로 표시한다.

각 방의 방문 횟수는 1글자만으로 표시해야 하므로 0~9값은 그냥 아라비아 숫자로 표시하고, 10~35값은 대문자 A~Z로 표시하며, 36~61값은 소문자 a~z로 표시한다. 대부분의 경우 이 범위 이상의 값은 잘 나오지 않지만, 만약에 62 이상의 방문 횟수가 나오면 그 방은 *로 표시한다.

〈프로그램 Exp05_5.c〉 Visiting Count 프로그램(1)

```
/* ========================================================================== */
/*              Exp05_5.c : Visiting Count Program(1)                         */
/* ========================================================================== */
/*                           Designed and programmed by Duck-Yong Yoon in 2022.   */

#include <avr/io.h>
#include <stdlib.h>
#include "OK-128DA.h"

int main(void)
{
  unsigned int random, total = 0;
  unsigned char key, i, j, count, visit_flag, x, y, table[40][15];

  MCU_initialize();                           // initialize AVR128DA64 MCU
  Delay_ms(50);                               // wait for system stabilization
  LCD_initialize();                           // initialize text LCD module
  TFT_initialize();                           // initialize TFT-LCD module

  LCD_string(0x80," OK-128DA  V1.0 ");        // display title
  LCD_string(0xC0,"   Exp05_5.c    ");

  TCA1_SINGLE_CTRLD = 0x00;                   // TCA1 = normal mode
  TCA1_SINGLE_CTRLB = 0x00;
  TCA1_SINGLE_CTRLA = 0x01;                   // TCA1_CLK = CLK_PER = 24Mz
  TCA1_SINGLE_CNT = 0x0000;

START:
  TFT_string(6, 8, White,Magenta, " Visiting Count Program (1) "); // wait KEY1 to start
  TFT_string(8,13,    Red,  Black,    " Press KEY1 to start !! ");
  TFT_string_large(1,20, White,Black, " (Total Counts = 00000) ");
  TFT_xy(18,20);
  TFT_unsigned_decimal_large(total,1,5);
  Beep();

  total = 0;
  key = 0;
  while(key != KEY1) key = Key_input();       // wait KEY1 for random starting
  srand(TCA1_SINGLE_CNT);                     // initialize random number

  TFT_color(White,Black);
  for(j = 0; j <= 14; j++)                    // clear visiting room
    for(i = 0; i <= 39; i++)
```

```
        { table[i][j] = 0;
          TFT_xy(i, 2*j);
          TFT_English('0');
        }
    visit_flag = 0;
    total = 0;

    x = rand() % 40;                        // random starting position
    y = rand() % 15;

    TFT_color(Blue,Black);
    while(visit_flag == 0)
      { random = rand();                    // get random number

        if(random <= 0x1FFF)                // 0x0000 - 0x1FFF
          { if(x != 39)
              { x++; table[x][y] += 1; } }
        else if(random <= 0x3FFF)           // 0x2000 - 0x3FFF
          { if(x != 0)
              { x--; table[x][y] += 1; } }
        else if(random <= 0x5FFF)           // 0x4000 - 0x5FFF
          { if(y != 14)
              { y++; table[x][y] += 1; } }
        else                                // 0x6000 - 0x7FFF
          { if(y != 0)
              { y--; table[x][y] += 1; } }

        count = table[x][y];                // display visiting count
        if(count >= 62)
          { count = '*';
            TFT_color(Yellow,Blue);
          }
        else if(count >= 36)
          { count = count - 36 + 'a';
            TFT_color(Cyan,Blue);
          }
        else if(count >= 10)
          { count = count - 10 + 'A';
            TFT_color(Magenta,Blue);
          }
        else
          { count = count + '0';
            TFT_color(DarkGrey,Blue);
          }
        TFT_xy(x, 2*y);
        TFT_English(count);

        visit_flag = 1;                     // check end
        for(j = 0; j <= 14; j++)
          for(i = 0; i <= 39; i++)
            if(table[i][j] == 0)
              visit_flag = 0;

        total++;                            // increment total count
        Delay_ms(10);
      }

    goto START;                             // if complete, go next stage
  }
```

☞ 난수를 발생시키기 시작하려면 먼저 srand() 함수를 사용하여 난수의 seed를 제공해야 하는데 이 값을 항상 같은 상수값으로 주게 되면 난수를 발생하는 패턴이 늘 일정하여 재미가 없게 된다. 이를 피하기 위하여 여기서는 타이머 TCA1을 설정한 후에 프로그램을 시작할 때 이것의 카운터 레지스터값을 읽어서 seed로 사용함으로써 매번 프로그램을 실행할 때마다 난수를 발생하는 seed가 달라지도록 처리하였다. 이 타이머의 동작을 설정한 후에 사용자가 KEY1을 눌러서 프로그램의 동작이 시작되기 까지의 시간이 매번

일정하지 않기 때문에 seed의 종류가 65536가지로 랜덤하게 달라지는 것이다. 이러한 난수 발생과 관련된 srand() 및 rand() 함수는 C컴파일러의 헤더파일 stdlib.h에 정의되어 있다.

C언어 프로그램에서는 가급적이면 goto 문을 사용하지 말도록 권장하고 있으나, 이 프로그램에서는 모든 동작이 종료되고 처음으로 돌아갈 때 이와 같이 goto 문을 사용하면 편리하다.

위의 Exp05_5.c 예제 프로그램에서는 TFT-LCD 화면 사방의 끝이 벽으로 막혀 있다고 가정하고 이동하다가 이 벽을 만나면 거기서 더 이상 진행하지 못하도록 하였으나, 여기서 벽을 없애 화면의 동쪽 끝이 서쪽 끝과 연결되었다고 하고, 마찬가지로 화면의 남쪽 끝이 북쪽 끝과 연결되었다고 가정하면 동서남북 방향으로 이동이 훨씬 더 수월해질 수 있다. 다음은 위의 예제 프로그램을 이렇게 화면 외부의 벽을 없애는 것으로 수정한 것이다.

〈프로그램 Exp05_6.c〉 Visiting Count 프로그램(2)

```
/* ========================================================================== */
/*              Exp05_6.c : Visiting Count Program(2)                         */
/* ========================================================================== */
/*                         Designed and programmed by Duck-Yong Yoon in 2022.  */

#include <avr/io.h>
#include <stdlib.h>
#include "OK-128DA.h"

int main(void)
{
  unsigned int random, total = 0;
  unsigned char key, i, j, count, visit_flag, x, y, table[40][15];

  MCU_initialize();                         // initialize AVR128DA64 MCU
  Delay_ms(50);                             // wait for system stabilization
  LCD_initialize();                         // initialize text LCD module
  TFT_initialize();                         // initialize TFT-LCD module

  LCD_string(0x80," OK-128DA  V1.0 ");      // display title
  LCD_string(0xC0,"   Exp05_6.c    ");

  TCA1_SINGLE_CTRLD = 0x00;                 // TCA1 = normal mode
  TCA1_SINGLE_CTRLB = 0x00;
  TCA1_SINGLE_CTRLA = 0x01;                 // TCA1_CLK = CLK_PER = 24Mz
  TCA1_SINGLE_CNT = 0x0000;

START:
  TFT_string(6, 8, White,Magenta, " Visiting Count Program (1) "); // wait KEY1 to start
  TFT_string(8,13,    Red,  Black,    " Press KEY1 to start !! ");
  TFT_string_large(1,20, White,Black, " (Total Counts = 00000) ");
  TFT_xy(18,20);
  TFT_unsigned_decimal_large(total,1,5);
  Beep();

  total = 0;
  key = 0;
  while(key != KEY1) key = Key_input();     // wait KEY1 for random starting
  srand(TCA1_SINGLE_CNT);                   // initialize random number

  TFT_color(White,Black);
  for(j = 0; j <= 14; j++)                  // clear visiting room
    for(i = 0; i <= 39; i++)
```

```
        { table[i][j] = 0;
          TFT_xy(i, 2*j);
          TFT_English('0');
        }
    visit_flag = 0;
    total = 0;

    x = rand() % 40;                          // random starting position
    y = rand() % 15;

    TFT_color(Blue,Black);
    while(visit_flag == 0)
      { random = rand();                      // get random number

        if(random <= 0x1FFF)                  // 0x0000 - 0x1FFF
          { if(x == 39) x = 0;
            else        x++;
            table[x][y] += 1;
          }
        else if(random <= 0x3FFF)             // 0x2000 - 0x3FFF
          { if(x == 0) x = 39;
            else       x--;
            table[x][y] += 1;
          }
        else if(random <= 0x5FFF)             // 0x4000 - 0x5FFF
          { if(y == 14) y = 0;
            else        y++;
            table[x][y] += 1;
          }
        else                                  // 0x6000 - 0x7FFF
          { if(y == 0) y = 14;
            else       y--;
            table[x][y] += 1;
          }

        count = table[x][y];                  // display visiting count
        if(count >= 62)
          { count = '*';
            TFT_color(Yellow,Blue);
          }
        else if(count >= 36)
          { count = count - 36 + 'a';
            TFT_color(Cyan,Blue);
          }
        else if(count >= 10)
          { count = count - 10 + 'A';
            TFT_color(Magenta,Blue);
          }
        else
          { count = count + '0';
            TFT_color(DarkGrey,Blue);
          }
        TFT_xy(x, 2*y);
        TFT_English(count);

        visit_flag = 1;                       // check end
        for(j = 0; j <= 14; j++)
          for(i = 0; i <= 39; i++)
            if(table[i][j] == 0)
              visit_flag = 0;

        total++;                              // increment total count
        Delay_ms(10);
      }

    goto START;                               // if complete, go next stage
  }
```

7. 실습 과제

(1) 폰트(font) 또는 폰트 데이터란 무엇인지 설명하라. 그리고 여러 가지 폰트의 종류에 대하여 조사해 보라.

(2) 예제 프로그램 Exp05_2.c의 TFT_1d1() 함수에서 실수에 10을 곱하여 10배 큰 정수로 만들 때

```
j = (unsigned int)(number*10. + 0.5);
```

에서처럼 0.5를 더해주는 이유는 무엇인가?

(3) 예제 프로그램 Exp05_3.c에서 1.1~9.9 범위의 실수 곱셈 구구단을 1.11~9.99 범위의 실수 곱셈 구구단으로 수정한 프로그램 Exp05_3R.c를 작성하라. 여기서, 증가폭은 1.11로 하고, 곱셈 결과는 소수점 아래 4자리까지 표시하라.

(4) 예제 프로그램 Exp05_5.c에서 프로그램이 수행되는 중에 화면을 보면 현재 어느 방을 방문하고 있는지를 쉽게 알아보기가 어렵다. 이러한 단점을 개선하기 위하여 항상 현재 방문하고 있는 방의 표시를 뚜렷하게 알아볼 수 있도록 전경색=Black, 배경색=White로 표시하는 것으로 수정한 프로그램 Exp05_5R.c를 작성하라. 그러나, 방문하는 위치가 옆의 방으로 이동하면 바로 직전의 방은 다시 원래의 방법으로 표시해야 한다.

4.6 TFT-LCD 모듈 한글 출력 프로그램

이 절에서는 *OK-128DA* 키트에서 사용하는 TFT-LCD에 16×16 픽셀 크기의 조합형 한글을 출력하는 프로그램 작성 기술을 익히기로 하며, 부수적으로 이보다 더 큰 24×24 픽셀의 한글 출력 프로그램도 공부한다. 한글 출력 프로그램에서는 당연히 부수적으로 영문 ASCII 문자도 출력할 수 있는데 영문 ASCII 문자는 가로 방향으로 항상 한글 크기의 반(1/2)에 해당하는 반각 문자로 처리한다. 여기서는 AVR128DA64 마이크로컨트롤러의 풍부한 플래시 메모리 용량을 사용하여 모든 문자들의 폰트(font) 데이터를 플래시 메모리에 저장하며, 문자를 출력할 때 다양한 컬러를 사용하는 것은 물론이고 커서나 투명 글씨, 외곽선체와 같은 고급 기능을 사용할 수 있다.

조합형 한글 표시 방식은 완성형 한글 표시 방식에 비하여 폰트를 저장하는 메모리를 적게 차지하므로 마이크로컨트롤러에서 널리 사용하고 있다. 그러나, 퍼스널컴퓨터의 모든 Windows 운영체제는 완성형 한글 코드를 표준으로 사용하고 있으므로 우리가 프로그램을 작성할 때 C언어 소스에서 한글 문자를 사용하면 이는 완성형 코드로 저장된다. 따라서, 한글을 출력하는 사용자 함수에서는 먼저 완성형 한글 코드를 조합형 코드로 변환한 후에 이를 조합형 표시 방식으로 디스플레이하게 된다.

<table>
<tr><td rowspan="3">관련 내용</td><td>(1) 제3.1절 OK-128DA 키트의 구조와 기능</td></tr>
<tr><td>(2) 제4.1절 Microchip Studio를 사용한 C언어 프로그래밍</td></tr>
<tr><td>(3) 제4.5절 TFT-LCD 영문 ASCII 출력 프로그램</td></tr>
</table>

1. 한글의 구조와 화면표시 기술

한글을 TFT-LCD 모듈에 표시하는 프로그램 작성 기술은 앞의 제4.5절에서 설명한 영문 ASCII 문자 표시 방법에 비하여 훨씬 더 복잡하다. 이는 **풀어쓰기** 구조를 가지는 영어와 달리 한글은 **모아쓰기**라는 독특한 구조를 가지기 때문이다.

한글은 조선 제4대 임금이신 세종대왕께서 1443년에 창제하고 1446년에 반포하신 우리 고유의 문자로서 세계에서 그 유래를 찾기 어려우리만큼 과학적이고 독창적이며 아름다운 문자라고 평가되고 있다. 그러나, 한글은 이렇게 자랑스러운 우리 민족의 유산이지만, 모아쓰기라는 독특한 특성 때문에 컴퓨터로 이를 처리하기에는 다소 까다롭다. 하지만, 한글은 초성, 중성, 종성의 3가지 자소로 조합되는 규칙성을 가지고 있어서 한글처럼 모아쓰기를 사용하기는 하지만 음절 단위의 완성된 형태만을 가지는 중국의 한자(漢字)에 비하면 훨씬 처리하기에 용이한 것도 사실이다.

다시 말하면 영문 ASCII 문자는 기본적으로 언어 구조가 풀어쓰기로 되어 있으므로 1가지의 폰트를 사용하여 화면에 이를 표시하는 과정이 아주 간단하게 처리되지만, 한글은 모아쓰기 구조를 가지므로 초성의 자음 "ㄱ" 하나만을 놓고 보더라도 중성과 종성에 무엇이 오느냐에 따라 매우 다른 모양의 폰트가 필요하며, 따라서 이를 출력하는 프로그램에는 초성, 중성, 종성에 해당하는 다양한 모양의 폰트 데이터를 가지고 있어야 하고, 상황에 따라 이중에서 가장 적합한 모양의 폰트를 찾아서 1음절의 문자를 구성해야만 한다는 것이다.

이제 한글을 TFT-LCD 모듈에 출력하여 표시하려면 먼저 한글의 과학적인 구조를 자세히 살펴볼 필요가 있다.

(1) 한글 표시 화면의 구성

제4.5절에서 영문 ASCII 문자는 가로×세로=8×16 픽셀 크기의 **반각 문자**로 표시하였으나 한글은 가로×세로=16×16 픽셀의 문자 박스에 **전각 문자**로 표시한다. 즉, 반각인 영문 ASCII 문자를 가로 방향으로 2개 합치면 전각인 한글 1글자의 면적이 된다.

이렇게 하면 이 책에서 사용하는 320×240 픽셀 해상도의 TFT-LCD 모듈 화면에 표시할 수 있는 한글 글자는 <그림 4.6.1>에 보인 바와 같다. 즉, 초상화 모드에서는 그림의 (a)처럼 15열×20행의 한글 글자를 표시할 수 있고, 풍경화 모드에서는 그림의 (b)처럼 20열×15행의 한글 글자를 표시할 수 있게 된다.

각각의 경우에 가로 방향과 세로 방향으로는 1문자가 16픽셀로 구성되지만 문자를 표시하는 위치는 가로와 세로 방향에서 모두 8픽셀 단위로 이동하면서 지정할 수 있게 하면 각 글자 간격과 행 간격을 1문자 또는 $\frac{1}{2}$문자 간격으로 처리할 수 있어서 매우 편리하다.

(2) 한글의 구조

한글은 초성, 중성, 종성의 3가지 자소(字素)가 모여서 1음절(音節)의 글자를 구성하는 과학적인 모아쓰기 구조를 갖는 언어이다. 그러나, 글자에 따라서는 종성(받침)이 없고 초성과 중성으로만 만들어지기도 한다.

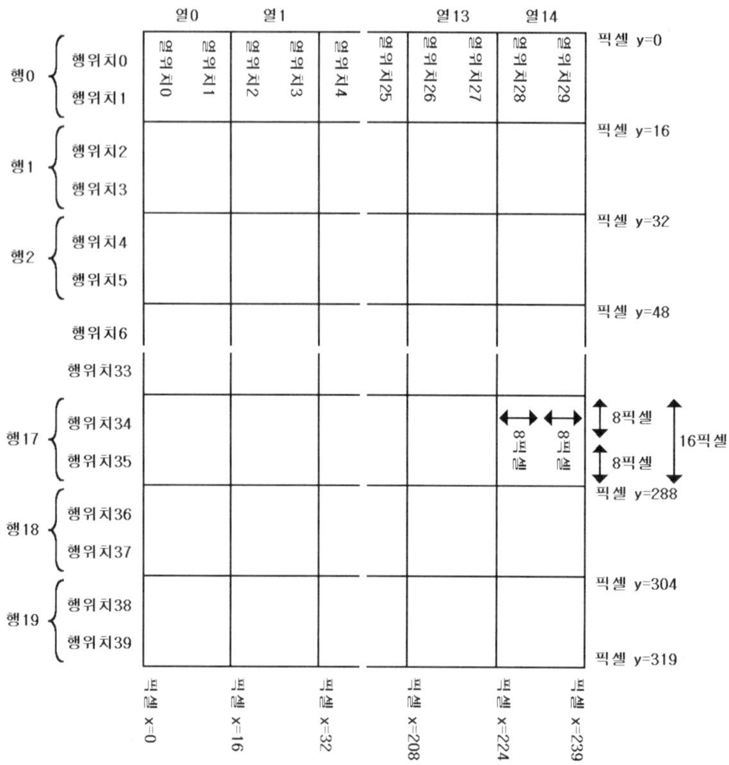

(a) 초상화 모드

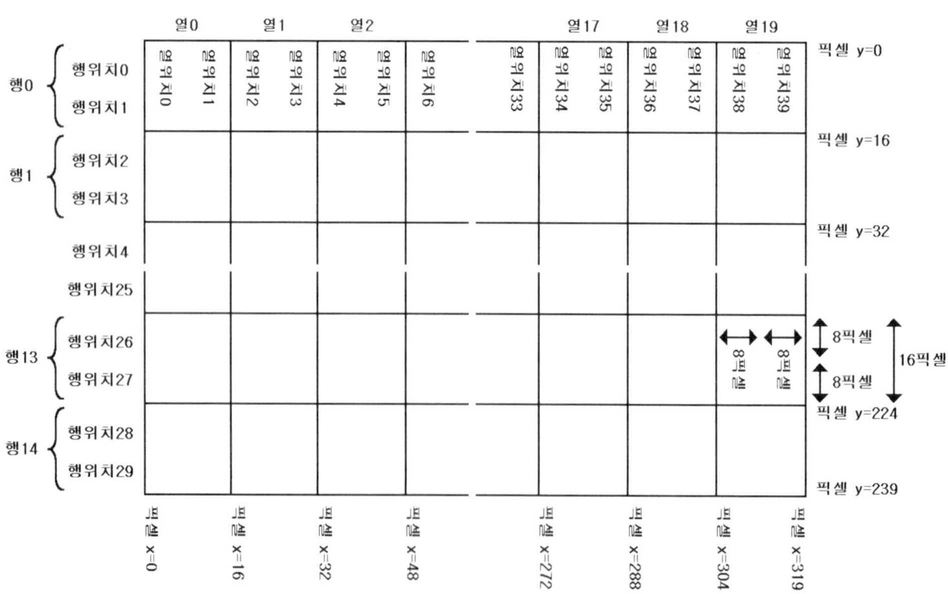

(b) 풍경화 모드

〈그림 4.6.1〉 TFT-LCD 모듈 화면에 16×16 픽셀의 한글 글자를 표시하는 방법

초성과 종성에는 반드시 자음이 사용되고 중성에는 반드시 모음이 사용되는데, 이렇게 한글을 구성하는 자소들과 그것들이 초성, 중성, 종성에 각각 사용되는 내역을 정리하면 <표 4.6.1>과 같다.

이렇게 각 자소를 사용하여 한글 글자가 구성되므로 이론적으로 만들 수 있는 총 글자 수는 다음과 같다.

받침이 없는 글자 : 초성(19)×중성(21) = 399자
받침이 있는 글자 : 초성(19)×중성(21)×종성(27) = 10,773자
계 = 11,172자

이와 같이 한글은 자음 14개와 모음 10개를 기본으로 하면서 여기에서 파생된 쌍자음, 복자음 및 복모음들을 과학적으로 결합시켜 글자를 만들게 된다. 이것이 한글의 기본적인 특징이다.

〈표 4.6.1〉 한글 글자의 구성

한글 자소	기본 자음(14개)	ㄱ ㄴ ㄷ ㄹ ㅁ ㅂ ㅅ ㅇ ㅈ ㅊ ㅋ ㅌ ㅍ ㅎ
	쌍자음(5개)	ㄲ ㄸ ㅃ ㅆ ㅉ
	복자음(11개)	ㄳ ㄵㄶ ㄺ ㄻ ㄼ ㄽ ㄾ ㄿ ㅀ ㅄ
	기본 모음(10개)	ㅏ ㅑ ㅓ ㅕ ㅗ ㅛ ㅜ ㅠ ㅡ ㅣ
	복모음(11개)	ㅐ ㅒ ㅔ ㅖ ㅘ ㅙ ㅚ ㅝ ㅞ ㅟ ㅢ
글자 구성	초성(19개)	기본 자음(14) + 쌍자음(5)
	중성(21개)	기본 모음(10) + 복모음(11)
	종성(27개)	기본 자음(14) + 쌍자음(2 ; ㄲ ㅆ) + 복자음(11)

(3) 한글 코드

우리나라에 컴퓨터가 처음 소개되면서 영문 ASCII 문자만을 처리하던 외국산 컴퓨터에서 이와 충돌이 되지 않으면서 추가로 한글을 처리하여 표시하는 방법이 문제가 되었다. 국내에서 컴퓨터가 생산되고 사용되기 시작한 이후에도 상당히 오랜 시간이 지나도록 N바이트 코드나 3바이트 코드와 같은 여러가지 한글처리 방식이 사용되기도 하였고, 각 컴퓨터 회사별로 서로 다른 종류의 2바이트(16비트) 조합형 한글 코드를 사용하기도 하였다. 이러한 상황은 당시의 컴퓨터 모델 사이에 전혀 소프트웨어의 호환성이 유지되지 않아서 컴퓨터 사용자들에게 많은 혼란을 주었지만, 각 회사의 영업적 이해관계나 기술적인 차이 등으로 인하여 쉽게 해결될 전망이 보이지 않았다.

그러던 중에 1987년에 정부는 많은 논란 끝에 완성형 한글 코드를 KS 표준 규격으로 정하였는데, 그것이 오늘날까지 사용되는 KSC5601-1987 정보 교환용 부호(현재는 이를 1998년에 개정하여 KSX 1001로 되어 있음.)이다. 이는 한글이 초성, 중성, 종성으로 구성되어 모두 11,172자를 표현할 수 있다는 점을 고려하지 않고, 사용 빈도가 높은 한글 글자들을 완성된 형태로 2,350자만 정의하고, 여기에 한자 4,888자, 특수문자 1,128자, 사용자 정의문자 188자 등을 지정함으로써 한글의 기본적인 원리와 장점을 훼손한다는 거센 비판을 받았다. 실제로 이를 사용하면 표시할 수 없는 글자가 상당히 많아서 종종 불편을 초래하며, 사용자 정의문자에 이를 정의한다고 하더라도 일반성이 없고 순서대로 정렬(sort)하는데 문제가 생기므로 불편이 전혀 해결되지 않는다. 그러나, 완성형 코드는 국제적 표준코드인 ISO 2022와 비교적 충돌이 적고 글자체를 보다 미려하게 디자인할 수 있는 등의 장점도 가지고 있다.

이러한 완성형 한글 코드의 문제점을 인식하여 정부는 1992년에 기존의 완성형 코드에 보조적으로 조합형 코드를 사용할 수 있도록 KS 표준 규격을 개정하였는데, 그것이 KSC5601-1992 정보 교환용 부호의 보조 부호(현재는 역시 1998년에 개정되어 KSX 1001로 되어 있음.)이다. 이와 같이 현재는 16비트 완성형의 KS 코드와 2바이트(16비트) 조합형의 KSSM(Korea Specification Support Model) 코드가 모두 국가 표준 규격으로 정해져 있는데, 어쩔 수 없는 현실의 반영으로 볼 수도 있으나 국가 표준이 2가지라는 것은 사리에 맞지 않는 것으로서 아직까지도 적지 않은 혼란을 불러일으키고 있다.

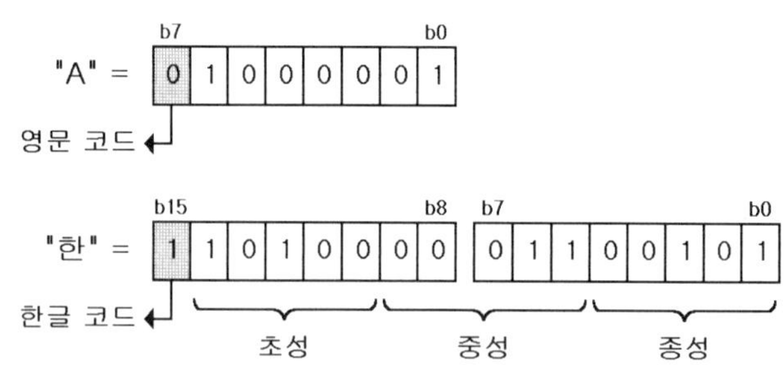

〈그림 4.6.2〉 2바이트 조합형 한글 코드의 구조

그러나, 이러한 문제들에 관계없이 TFT-LCD 화면에 한글을 표시해야 하는 우리의 입장에서는 메모리 용량의 한계 때문에 반드시 2바이트 조합형 한글 코드를 사용해야 하므로 여기서는 이것에 대하여 자세히 알아보기로 한다.

KS 표준 규격인 2바이트 조합형 한글 코드에서는 <그림 4.6.2>에 보인 것처럼 초성, 중성, 종성을 각각 5비트의 길이로 나타낸다. 영문 ASCII 코드인 경우에는 8비트로 나타내는데, 여기서 최상위 비트를 b7 = 0으로 하여 영문이라는 것을 나타내고, 나머지 7개의 비트(b6~b0)들로는 이 문자의 ASCII 코드값을 나타낸다. 그러나, 한글 코드는 최상위 비트를 b7 = 1로 표시하고 이 경우에는 이 바이트와 그 다음에 오는 또 하나의 바이트를 연속으로 붙여서 총 2바이트(16비트)를 한글 코드로 사용하게 된다. 이때, 나머지 15개의 비트(b14~b0)들은 차례로 5비트씩 분할하여 각각 초성, 중성, 종성을 표시하게 된다.

이렇게 초성, 중성, 종성의 자소를 각각 5비트로 표시할 수 있는 것은 앞에서도 살펴보았듯이 초성이 19자, 중성이 21자, 종성이 27자이기 때문에 모두 5비트로 표현 가능한 2^5 = 32종류 이하이기 때문이다. 그러나, 실제로는 초성, 중성, 종성에 각각 자리 채움 표시(fill code)를 1개씩 추가하여 20자, 22자, 28자로 된다.

〈표 4.6.2〉 KSC5601-1992의 2바이트 조합형 한글코드

비트값		초성(20자)		중성(22자)		종성(28자)	
10진수	2진수						
0	00000	/		/		/	
1	00001	fill code	0	/		fill code	0
2	00010	ㄱ	1	fill code	0	ㄱ	1
3	00011	ㄲ	2	ㅏ	1	ㄲ	2
4	00100	ㄴ	3	ㅐ	2	ㄳ	3
5	00101	ㄷ	4	ㅑ	3	ㄴ	4
6	00110	ㄸ	5	ㅒ	4	ㄵ	5
7	00111	ㄹ	6	ㅓ	5	ㄶ	6
8	01000	ㅁ	7	/		ㄷ	7
9	01001	ㅂ	8	/		ㄹ	8
10	01010	ㅃ	9	ㅔ	6	ㄺ	9
11	01011	ㅅ	10	ㅕ	7	ㄻ	10
12	01100	ㅆ	11	ㅖ	8	ㄼ	11
13	01101	ㅇ	12	ㅗ	9	ㄽ	12
14	01110	ㅈ	13	ㅘ	10	ㄾ	13
15	01111	ㅉ	14	ㅙ	11	ㄿ	14
16	10000	ㅊ	15	/		ㅀ	15
17	10001	ㅋ	16	/		ㅁ	16
18	10010	ㅌ	17	ㅚ	12	* /	
19	10011	ㅍ	18	ㅛ	13	ㅂ	17
20	10100	ㅎ	19	ㅜ	14	ㅄ	18
21	10101	(한자)		ㅝ	15	ㅅ	19
22	10110	(한자)		ㅞ	16	ㅆ	20
23	10111	(한자)		ㅟ	17	ㅇ	21
24	11000	(한자)		/		ㅈ	22
25	11001	(한자)		/		ㅊ	23
26	11010	(한자)		ㅠ	18	ㅋ	24
27	11011	(한자)		ㅡ	19	ㅌ	25
28	11100	(한자)		ㅢ	20	ㅍ	26
29	11101	(한자)		ㅣ	21	ㅎ	27
30	11110	(한자)		* /		* /	
31	11111	/		* /		/	

KSC5601-1992 정보 교환용 부호의 보조 부호로 정의된 2바이트 조합형 한글 코드를 보이면 <표 4.6.2>와 같다. 이중에서 사선으로 표시한 부분은 사용하지 못하게 되어 있는 빈 자리이며, 그중에서 *표로 표시한 부분은 한글 고어(古語)를 정의하기도

하는 자리이지만 현재 우리는 이를 전혀 사용하지 않으므로 그냥 비워두기로 한다. 초성, 중성, 종성의 우측에 있는 각 숫자들은 이들 비트들이 00000에서부터 2진수가 증가하면서 차례로 연속하여 정의되어 있지 않기 때문에 나중에 각 자소들을 인덱싱(indexing)하는데 편리하게 사용하기 위한 인수들이다.

키입력 루틴에서 사용하는 한글 오토마타(automata) 프로그램은 키보드에서 입력되는 자소들을 모아서 <표 4.6.2>와 같은 2바이트 조합형 한글 코드를 만든다. 한글 1음절은 초성+중성 또는 초성+중성+종성으로 구성되므로 초성에 해당하는 자음과 중성에 해당하는 모음이 입력될 때까지는 비교적 처리가 용이하지만, 그 다음에 자음이 입력되는 경우에는 처리가 복잡해진다. 이 자음은 일단 종성으로 처리되었다가 그 다음에 이어서 또다시 자음이 입력되면 그대로 종성으로 확정되지만, 만약 그 다음에 입력된 것이 모음인 경우에는 이 자음이 2번째 음절의 초성으로 바뀌어 처리된다.

여기서, fill code는 1음절을 구성하는 3가지의 자소 중에서 최소한 어느 1가지 또는 2가지가 생략된 경우에 그 생략 부분을 채워서 2바이트의 조합형 한글 코드를 완성해 주는 값이다. 즉, 받침이 없는 글자에서는 항상 종성이 fill code로 채워지고, "ㅑ"과 같이 표시하는 경우는 초성이 fill code로 채워지며, "ㅜ"와 같이 표시하는 경우는 초성과 종성이 모두 fill code로 채워진다.

(4) 조합형 한글의 화면표시

TFT-LCD 모듈 화면에 이와 같이 16×16 픽셀 크기의 한글 글자를 표시하기 위한 문자의 폰트 구조를 보이면 <그림 4.6.3>과 같다. 즉, 한글 각 자소의 폰트는 각 픽셀에 대응하는 비트들을 세로 방향으로 모아서 2진수 1바이트 데이터를 만들고(위쪽이 LSB, 아래쪽이 MSB가 되도록 1바이트 데이터를 만들어야 한다.) 이것들을 수평 방향으로 16바이트를 연속하여 배열하며, 윗줄이 끝나면 아랫줄에 대하여도 동일한 방식으로 16바이트를 배열한다. 따라서, 한글 자소 1개에는 모두 32바이트의 폰트 데이터가 필요하다.

앞의 4.5절에서 살펴본 바와 같이 영문 ASCII 문자의 경우에는 각 문자의 코드에 대하여 8×16 픽셀의 문자 박스에 이 문자를 표시하기 위하여 각 문자당 16바이트씩으로 구성되는 폰트 데이터 테이블을 미리 만들어 저장해 놓았다가 이를 찾아서 화면에 출력하면 되므로 비교적 처리가 단순하고 쉬웠다.

그러나, 조합형 한글에서는 이렇게 초성, 중성, 종성의 각 자소가 16×16 픽셀에 대응되는 32바이트의 폰트를 가지고 있으며, 1음절의 글자를 완성하려면 <그림 4.6.3>에 보인 것처럼 이 초성, 중성, 종성 3개 자소의 폰트 데이터를 각각 불러다가 모두 OR시켜서 32바이트의 최종적인 폰트 데이터로 만들고 이를 TFT-LCD에 출력하려면 각 비트를 해당 픽셀에 대응되는 16비트 컬러 데이터로 변환하여 출력하게 된다.

더구나, 이들 초성, 중성, 종성은 각각 1가지씩의 폰트만을 가지는 것이 아니라 여러 벌의 폰트를 가지고 있어야 한다. 즉, 초성의 "ㄱ"은 항상 조합형 한글 코드 내에서는 같은 값으로 표시되지만 이를 화면에 표시할 때는 글자에 따라 다른 모양의 폰트가 사용되어야 한다. 예를 들면 "가"에서의 초성과 "강"에서의 초성, 그리고 "고"에서의 초성 및 "공"에서의 초성, "광"에서의 초성은 모두 같은 초성의 "ㄱ"으로 코드가 표시되지만, 이를 화면에 표시할 때는 서로 상당히 다른 모양이 되어야만 전체적인 글자의 모양이 보기 좋도록 균형과 조화를 이루게 되는 것이다. 이것은 "ㄱ"뿐만 아니라 모든 초성에 대하여 마찬가지이며, 나아가 초성뿐만 아니라 중성이나 종성에서도 또한 마찬가지이다.

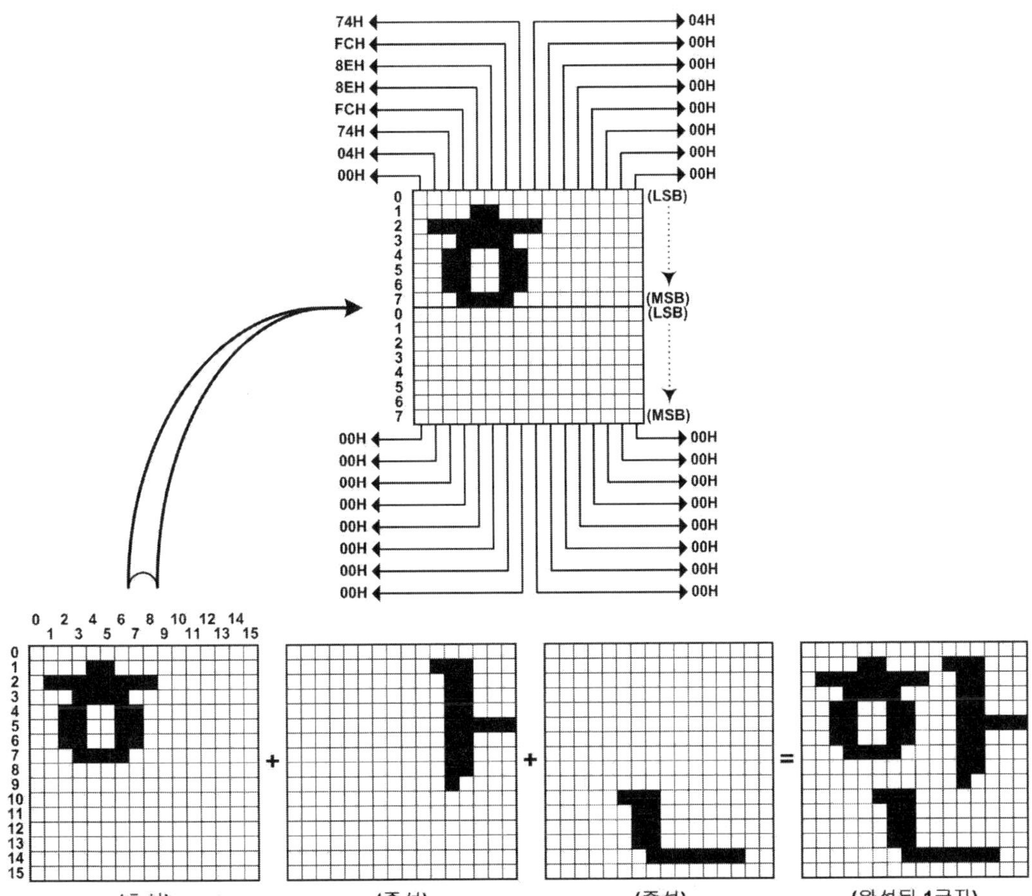

〈그림 4.6.3〉 16×16 픽셀의 문자 박스로 된 한글의 폰트 구조

〈표 4.6.3〉 8×4×4벌 방식 조합형 한글의 구성

초성	초성 0벌	받침없는 ㅏㅐㅑㅒㅓㅔㅕㅖㅣ 와 결합
	초성 1벌	받침없는 ㅗㅛㅡ 와 결합
	초성 2벌	받침없는 ㅜㅠ 와 결합
	초성 3벌	받침없는 ㅘㅙㅚㅢ 와 결합
	초성 4벌	받침없는 ㅝㅞㅟ 와 결합
	초성 5벌	받침있는 ㅏㅐㅑㅒㅓㅔㅕㅖㅣ 와 결합
	초성 6벌	받침있는 ㅗㅛㅜㅠㅡ 와 결합
	초성 7벌	받침있는 ㅘㅙㅚㅝㅞㅟㅢ 와 결합
중성	중성 0벌	받침없는 ㄱㅋ 와 결합
	중성 1벌	받침없는 ㄱㅋ 이외의 자음과 결합
	중성 2벌	받침있는 ㄱㅋ 와 결합
	중성 3벌	받침있는 ㄱㅋ 이외의 자음과 결합
종성	종성 0벌	중성 ㅏㅑㅘ 와 결합
	종성 1벌	중성 ㅓㅕㅚㅝㅟㅢㅣ 와 결합
	종성 2벌	중성 ㅐㅒㅔㅖㅙㅞ 와 결합
	종성 3벌	중성 ㅗㅛㅜㅠㅡ 와 결합

결국 초성, 중성, 종성을 화면에 표시하기 위한 폰트 데이터에는 여러 개의 벌을 가져야 하며, 이들 각 자소에 대한 벌수가 많을수록 좀 더 미려한 글자 모양을 얻을 수 있다. 그러나, 이들 벌수를 지나치게 많게 만들면 화면표시 처리 과정이 복잡해지는 것은 물론이고 폰트 데이터를 저장하는 메모리 용량이 지나치게 커지므로 실용적이지 못하다. 그래서 이들 벌수를 처리하는 방식에는 여러가지가 있지만, 가장 널리 사용되는 것이 **8×4×4벌 방식**이며 이 책에서도 이 방식을 따르기로 한다. 즉, 초성 폰트 8벌, 중성 폰트 4벌, 종성 폰트 4벌로 사용한다는 것이다.

만약 초성, 중성, 종성에 각각 1벌씩의 폰트만을 사용한다면 이들 폰트를 저장하는데 필요한 메모리 용량은

초성(20)×32바이트 + 중성(22)×32바이트 + 종성(28)×32바이트 = 2,240바이트

가 될 것이다. 하지만, 8×4×4벌 방식을 사용하면 총 폰트 데이터의 용량은 크게 증가하여

초성(20)×8벌×32바이트 + 중성(22)×4벌×32바이트 + 종성(28)×4벌×32바이트 = 11,520바이트

즉, 약 11KB가 된다. 이런 정도의 메모리 용량은 대부분의 마이크로프로세서 응용 시스템에서 충분히 실용적으로 사용할 수 있는 양이다. 그러나, 완성형의 경우는 2,350자를 모두 32바이트의 완성된 문자 폰트로 만들어 저장해야 하므로

2,350자×32바이트 = 75,200바이트

즉, 약 73KB 정도의 엄청난 메모리 용량을 필요로 한다. 이는 많은 8비트급의 마이크로컨트롤러 응용 시스템에서 전체 주기억 용량을 초과하는 많은 양의 메모리이므로

처리하기가 어려워서 거의 실용적이지 못하다.

만약 조합형 한글로 만들 수 있는 11,172자의 한글을 모두 이런 식으로 완성형 폰트로 만들어 저장한다면 11,172자×32바이트 = 357,504 바이트라는 방대한 메모리 용량이 필요하게 된다. 이와 같이 마이크로컨트롤러 응용 시스템의 TFT-LCD 모듈에서 한글을 표시할 때 대부분 조합형 처리방식을 선호하는 가장 중요한 이유는 바로 폰트 데이터를 저장하는데 메모리 용량을 작게 차지하기 때문이다.

8×4×4벌을 사용하는 조합형 한글의 표시 방식을 요약하면 <표 4.6.3>과 같다. 이와 같이 한글의 구조에 따라 8×4×4벌로 나누어 처리하는 이유는 각각의 경우에 해당하는 한글 음절의 글자들을 살펴보면서 한글의 과학성과 아름다움을 이해한다면 충분히 알 수 있게 될 것이다.

이제 2바이트(16비트) 조합형 한글 코드로 표시된 문자 코드를 받아서 이를 화면에 표시하는 알고리즘을 차례로 요약하여 설명하면 다음과 같다.

① 2바이트의 한글 코드로부터 각각 초성, 중성, 종성에 해당하는 5비트의 코드값을 분리한다.

```
void TFT_Korean(unsigned int Kcode)
{ unsigned char cho_5bit;                          // 초성
  unsigned char joong_5bit;                        // 중성
  unsigned char jong_5bit;                         // 종성

  cho_5bit   = (Kcode >> 10) & 0x001F;
  joong_5bit = (Kcode >> 5) & 0x001F;
  jong_5bit  = Kcode & 0x001F;
        .
        .
        .
}
```

② 그런데, 이들 5비트의 코드는 2바이트 조합형 한글 코드표에서 초성, 중성, 종성 모두 각 자소들이 순차적으로 정의되어 있지 않기 때문에, 예를 들어 초성의 경우 "ㄱ, ㄲ, ㄴ, ㄷ, ㄸ, ..."에 순서대로 1, 2, 3, 4, 5, ...의 번호를 매길 수가 없으므로 아래와 같이 인덱스 테이블로 처리하면 편리하다. 이렇게 하여 만들어지는 인덱스 번호는 <표 4.6.2>에서 표시한 것과 같다.

```
unsigned char table_cho[21]={0,0,1,2,3,4,5,6,7,8,9,10,11,12,13,14,15,16,17,18,19};
unsigned char table_joong[30]={0,0,0,1,2,3,4,5,0,0,6,7,8,9,10,11,0,0,12,13,14,15,16,17,0,0,18,19,20,21};
unsigned char table_jong[30]={0,0,1,2,3,4,5,6,7,8,9,10,11,12,13,14,15,16,0,17,18,19,20,21,22,23,24,25,26,27};
```

```
void TFT_Korean(unsigned int Kcode)
{ unsigned char cho_5bit;                          // 초성
  unsigned char joong_5bit;                        // 중성
  unsigned char jong_5bit;                         // 종성

  cho_5bit   = table_cho[(Kcode >> 10) & 0x001F];
  joong_5bit = table_joong[(Kcode >> 5) & 0x001F];
  jong_5bit  = table_jong[Kcode & 0x001F];
      .
      .
      .
}
```

③ 여기서는 초성, 중성, 종성에 8×4×4벌 방식을 사용하는데, 이것들의 조합에 따른 각 자소들의 벌수를 알아내는 것도 상당히 복잡하므로 역시 테이블로 처리하는 것이 편리하다.

```
unsigned char table_cho[21]={0,0,1,2,3,4,5,6,7,8,9,10,11,12,13,14,15,16,17,18,19};
unsigned char table_joong[30]={0,0,0,1,2,3,4,5,0,0,6,7,8,9,10,11,0,0,12,13,14,15,16,17,0,0,18,19,20,21};
unsigned char table_jong[30]={0,0,1,2,3,4,5,6,7,8,9,10,11,12,13,14,15,16,0,17,18,19,20,21,22,23,24,25,26,27};
unsigned char bul_cho1[22]={0,0,0,0,0,0,0,0,0,1,3,3,3,1,2,4,4,4,2,1,3,0};
unsigned char bul_cho2[22]={0,5,5,5,5,5,5,5,5,6,7,7,7,6,6,7,7,7,6,6,7,5};
unsigned char bul_jong[22]={0,0,2,0,2,1,2,1,2,3,0,2,1,3,3,1,2,1,3,3,1,1};

void TFT_Korean(unsigned int Kcode)
{ unsigned char cho_5bit;                          // 초성
  unsigned char joong_5bit;                        // 중성
  unsigned char jong_5bit;                         // 종성
  unsigned char cho_bul, joong_bul, jong_bul;      // 초성, 중성, 종성의 벌수

  cho_5bit   = table_cho[(Kcode >> 10) & 0x001F];
  joong_5bit = table_joong[(Kcode >> 5) & 0x001F];
  jong_5bit  = table_jong[Kcode & 0x001F];

  if(jong_5bit == 0)                               // 먼저 종성이 있는지 없는지를 조사
    { cho_bul = bul_cho1[joong_5bit];              // 초성
      if(cho_5bit == 1 || cho_5bit == 16)          // 중성
        joong_bul = 0;
      else
        joong_bul = 1;
    }
  else
    { cho_bul = bul_cho2[joong_5bit];              // 초성
      if(cho_5bit == 1 || cho_5bit == 16)          // 중성
        joong_bul = 2;
      else
        joong_bul = 3;
      jong_bul = bul_jong[joong_5bit];             // 종성
    }
      .
      .
      .
}
```

④ 이렇게 하여 cho_bul, joong_bul, jong_bul이 결정되면 이에 따라 각각 초성, 중성, 종성의 문자 폰트 중에서 이 벌수에 해당하는 것을 꺼내어 사용하면 된다. 이와 같이 해당 폰트를 얻기 위해서는 어드레스를 올바르게 계산해야 한다. 각 글자 폰트들은 모두 32바이트씩으로 이루어져 있으므로 초성이나 중성의 각 자소별 코드에 32를 곱하면 해당 자소의 위치를 알 수 있다. 그러나, 벌수의 경우에는 자소 하나를 뛰어 넘는 것이 아니라 한 벌 전체를 건너뛰는 것이므로 각 벌의 크기를 알아야 한다. 예를 들어 초성의 경우 20자(fill code 포함)이니 20×32하면 한 벌의 크기가 된다.

초성 : 20자×32 = 640
중성 : 22자×32 = 704
종성 : 28자×32 = 896
전체 폰트의 메모리 용량 = 640×8 + 704×4 + 896×4 = 5,120+2,816+3,584 = 11,520 바이트

따라서, 초성, 중성, 종성의 자소 및 벌수에 따른 폰트 데이터를 얻기 위한 계산식은 아래와 같이 나타낼 수 있다.

초성의 폰트 = (cho_bul×20 + cho_5bit)×32 에서부터 32바이트
중성의 폰트 = (8×20 + joong_bul×22 + joong_5bit)×32 에서부터 32바이트
종성의 폰트 = (8×20 + 4×22 + jong_bul×28 + jong_5bit)×32 에서부터 32바이트

⑤ 이렇게 하여 원하는 초성, 중성, 종성의 폰트를 얻을 수 있게 되면 이것들을 모두 같은 32바이트 버퍼에서 OR로 합하여 1개의 완성된 문자를 생성한다. 이렇게 만들어진 32바이트의 버퍼를 <그림 4.6.3>에서 설명한 방법처럼 차례로 TFT-LCD 모듈에 출력하면 된다.

```
unsigned char table_cho[21]={0,0,1,2,3,4,5,6,7,8,9,10,11,12,13,14,15,16,17,18,19};
unsigned char table_joong[30]={0,0,0,1,2,3,4,5,0,0,6,7,8,9,10,11,0,0,12,13,14,15,16,17,0,0,18,19,20,21};
unsigned char table_jong[30]={0,0,1,2,3,4,5,6,7,8,9,10,11,12,13,14,15,16,0,17,18,19,20,21,22,23,24,25,26,27};
unsigned char bul_cho1[22]={0,0,0,0,0,0,0,0,0,1,3,3,3,1,2,4,4,4,2,1,3,0};
unsigned char bul_cho2[22]={0,5,5,5,5,5,5,5,5,6,7,7,7,6,6,7,7,7,6,6,7,5};
unsigned char bul_jong[22]={0,0,2,0,2,1,2,1,2,3,0,2,1,3,3,1,2,1,3,3,1,1};

unsigned char KoreanBuffer[32];
unsigned char K_font[8*20 + 4*22 + 4*28][32];

void TFT_Korean(unsigned int Kcode)
{ unsigned char cho_5bit;                           // 초성
  unsigned char joong_5bit;                         // 중성
  unsigned char jong_5bit;                          // 종성
  unsigned char cho_bul, joong_bul, jong_bul;       // 초성, 중성, 종성의 벌수
  unsigned char i;
  unsigned int ch;
```

```
cho_5bit   = table_cho[(Kcode >> 10) & 0x001F];
joong_5bit = table_joong[(Kcode >> 5) & 0x001F];
jong_5bit  = table_jong[Kcode & 0x001F];

if(jong_5bit == 0)                              // 먼저 종성이 있는지 없는지를 조사
  { cho_bul = bul_cho1[joong_5bit];             // 초성
    if(cho_5bit == 1 || cho_5bit == 16)         // 중성
      joong_bul = 0;
    else
      joong_bul = 1;
  }
else
  { cho_bul = bul_cho2[joong_5bit];             // 초성
    if(cho_5bit == 1 || cho_5bit == 16)         // 중성
      joong_bul = 2;
    else
      joong_bul = 3;
    jong_bul = bul_jong[joong_5bit];            // 종성
  }

ch = cho_bul*20 + cho_5bit;                     // 초성 폰트를 읽어 버퍼로 복사
for(i = 0; i < 32; i++)
  KoreanBuffer[i] = K_font[ch][i];

ch = 8*20 + joong_bul*22 + joong_5bit;          // 중성 폰트를 읽어 버퍼에 OR
for(i = 0; i < 32; i++)
  KoreanBuffer[i] |= K_font[ch][i];

ch = 8*20 + 4*22 + jong_bul*28 + jong_5bit;     // 종성 폰트를 읽어 버퍼에 OR
for(i = 0; i < 32; i++)
  KoreanBuffer[i] |= K_font[ch][i];
      .
      .
      .
}
```

이렇게 만들어진 한글 폰트 데이터를 컬러 TFT-LCD에 출력하기 위하여 각 픽셀의 컬러 데이터로 변환하는 동작은 단색 그래픽 LCD 모듈에서와 전혀 다르다. 즉, 단색 그래픽 LCD 모듈에서는 폰트 데이터의 1비트가 화면의 1도트에 대응하므로 위와 같이 만들어진 버퍼 KoreanBuffer[32]의 폰트 데이터를 그냥 LCD에 출력하면 되었다. 그러면 1의 값을 가지는 비트는 해당 도트가 밝게 출력되고 0의 값을 가지는 비트는 해당 도트가 출력되지 않았다.

그러나, 컬러 TFT-LCD 모듈에서는 이 폰트 데이터를 그냥 출력하면 안되며, 반드시 폰트 데이터의 각 비트를 이에 대응하는 전경색 16비트 컬러 데이터 또는 배경색 16비트 컬러 데이터로 변환하여 출력해야 한다. 즉, 폰트 데이터 1비트가 화면의 1픽셀에 대응하며 이는 다시 16비트의 컬러 데이터에 대응되는 것이다. 현재의 문자를 어느 컬러로 표시할 것인지는 미리 지정되어 있으므로 폰트 데이터의 1로 된 비트는 그 컬

러 코드에 해당하는 16비트 데이터로 변환된다. 이렇게 문자를 표시하는 색을 전경색(foreground color)이라고 한다. 한편, 폰트 데이터의 0으로 된 비트는 미리 지정된 배경색(background color)에 해당하는 16비트 데이터로 변환된다. 만약 폰트 데이터의 0으로 된 비트를 출력하지 않고 그냥 건너뛰면 현재 화면의 바탕색이 그냥 유지되므로 이렇게 출력되는 문자를 투명 글씨(transparent character)라고 한다.

OK-128DA 키트에서 사용하는 TFT-LCD 모듈의 16×16픽셀 크기 조합형 한글용 폰트 파일은 C언어용의 기본 헤더파일 OK-128DA.h에 포함되어 제공되는데, 이 파일들의 내용은 앞의 제4.5절에서 이미 살펴보았다. AVR128DA64의 경우에는 플래시 메모리가 128KB이므로 명조체, 고딕체, 필기체 등 여러가지의 한글 글씨체 폰트를 사용하기에는 용량이 다소 부족하여 여기서는 명조체 1가지만을 지원한다.

(5) TFT-LCD 화면표시의 부수적인 기능

TFT-LCD 모듈에 영문 ASCII나 한글로 된 문자열을 표시할 때 고려해야 할 부수적인 기능으로는 줄바꿈 기능이나 밑줄(underscore) 표시 기능, 커서(cursor) 표시 기능, 외곽선(outline) 표시 기능, 투명 글씨 표시 기능 등과 같은 것이 있다.

▣ 줄바꿈 기능

대부분의 경우는 1행 이내의 길이를 갖는 짧은 문자열을 출력하므로 문제가 없지만 TFT_string() 함수로 한 번에 1행의 길이를 넘는 긴 문자열을 출력하는 경우에는 행의 끝에서 자동으로 줄바꿈 기능을 수행하도록 처리해야 편리하다. 이 경우 1행이 끝나면 줄바꿈 기능을 수행하는 것이 당연하지만, 마지막에 반각 1글자 분량의 공간이 남아있더라도 한글 문자를 표시하는 것은 불가능하므로 이 경우에도 줄바꿈 기능을 수행해야 한다.

헤더파일 OK-128DA.h의 TFT-LCD 모듈 화면 표시 함수에서는 이러한 줄바꿈 기능을 위하여 현재 출력하는 문자의 위치를 Xcharacter와 Ycharacter 전역변수로 관리한다. 반각인 영문 ASCII 문자를 출력할 때마다 Xcharacter를 1씩 증가시키며, 전각인 한글 글자를 출력할 때마다 Xcharacter를 2씩 증가시킨다. 그러다가 행의 마지막 부분에서 줄바꿈 기능이 필요하면 Xcharacter를 0으로 만들고 Ycharacter를 2만큼 증가시키면 된다.

▣ 밑줄 표시 기능

OK-128DA.h 헤더파일에서는 기본적으로 underscore_flag = 0으로 되어 있어서 밑줄을 표시하지 않는 모드에 있으므로, 화면에 출력하는 문자에 밑줄을 표시하도록 하려면 먼저 TFT_underscore(U16 cursor_color) 함수를 사용하여 underscore_flag = 1로 설정하고 밑줄의 색깔을 지정한다.

다시 밑줄이 보이지 않는 상태로 해제하려면 TFT_underscore(Transparent) 함수를 사용하여 커서의 색깔을 투명하게 지정하면 된다.

▣ 커서 표시 기능

텍스트 LCD 모듈에서는 LCD 컨트롤러가 하드웨어적으로 커서 표시 기능을 지원하므로 쉬웠지만, TFT-LCD 모듈에 커서를 표시하려면 이는 사용자 프로그램에서 소프트웨어적으로 처리해야 한다. TFT-LCD 화면에 출력할 문자의 폰트를 사용자가 일일이 픽셀 데이터로 변환하여 디스플레이하는 것처럼 당연히 커서도 사용자 프로그램에서 소프트웨어적으로 처리해야 한다. 그러나, 커서는 항상 필요한 것은 아니므로 커서가 화면에 표시되도록 하고 싶을 경우에만 이를 디스플레이 ON 상태로 설정하도록 처리하는 것이 좋으며, 항상 사용자 프로그램에서 커서의 위치를 기억하여 관리해야 한다.

헤더파일 OK-128DA.h의 TFT-LCD 모듈 화면 표시 함수에서는 이러한 커서 표시 기능을 위하여 현재 커서의 위치를 Xcursor와 Ycursor 전역변수로 관리한다. 영문 ASCII 문자나 한글 글자를 출력할 때마다 현재의 Xcharacter 값이 Xcursor와 같고 Ycharacter 값이 Ycursor와 같은지를 비교하여 이것들이 모두 일치하면 현재의 문자를 출력할 때 커서를 함께 표시한다. 여기서 커서는 문자 박스에서 가장 아랫부분 2줄의 픽셀에 수평으로 직선을 긋는 것으로 표시하며, 반각(8×16 픽셀)인 영문 ASCII 문자와 전각(16×16 픽셀)인 한글 글자의 폭에 각각 맞도록 표시한다.

OK-128DA.h 헤더파일에서는 기본적으로 cursor_flag = 0으로 되어 있어서 커서를 표시하지 않는 모드에 있으므로, TFT-LCD 모듈 화면에 커서가 보이도록 하려면 먼저 TFT_cursor(U16 cursor_color) 함수를 사용하여 cursor_flag = 1로 설정하고 커서의 색깔을 지정한다. 그러고 나서 커서의 위치를 전역변수 Xcursor와 Ycursor로 지정한다. 커서의 위치는 필요할 때마다 사용자 프로그램에서 Xcursor 및 Ycursor 변수의 값을 적절히 수정하는 방법으로 변경할 수 있다. 커서의 위치는 8픽셀 단위로 움직이는 행단위 및 열단위에 해당하므로 전역변수 Xcursor 및 Ycursor의 사용가능 범위는 전역변수 Xcharacter 및 Ycharacter의 사용가능 범위와 같다.

다시 커서를 보이지 않는 상태로 해제하려면 TFT_cursor(Transparent) 함수를 사용하여 커서의 색깔을 투명하게 지정하면 된다.

▣ 투명 글씨 표시 기능

TFT-LCD 모듈 화면에 문자를 출력할 때 전경색과 배경색의 종류를 합리적으로 잘 선택하면 화면에서 글씨가 항상 선명하게 잘 보이도록 처리할 수 있다. 그러나, 화면에 이미 정해져 있는 배경색이나 그림이 표시되어 있는 상태에서 이 배경을 망가뜨리지 않고 여기에 추가로 원하는 문자를 디스플레이하려면 배경 부분을 새로 출력하지 말고 글씨 부분만 출력해야 한다. 이러한 방법으로 출력하는 문자를 흔히 투명 글씨(transparent character)라고 한다.

OK-128DA.h 헤더파일에는 모든 문자출력 함수에 투명 글씨를 처리하는 기능을 가지고 있는데, 이렇게 문자를 투명 글씨로 표시하려면 문자를 출력할 때 전경색은 원하는 색을 지정하고 배경색을 Transparent로 지정하면 된다.

▣ 외곽선체 표시 기능

이미 정해진 배경 위에 투명 글씨를 출력하면서 불가피하게 배경 부분과 투명 글씨 부분의 색을 서로 같거나 비슷하게 지정해야 하는 경우에는 사람의 눈으로 이 글씨를 쉽게 알아보기가 어렵게 된다. 이런 예는 그림 파일을 화면에 먼저 출력하고 그 위에 투명 글씨로 파일명을 표시하거나 메시지를 출력하는 경우에 흔히 볼 수 있다.

이런 문제를 해결하는 좋은 방법은 투명 글씨에 외곽선을 추가하는 것이다. 즉, TFT-LCD 모듈의 화면에 문자를 출력하면서 글씨 부분은 정상적으로 출력하고 이 글씨의 주변에 지정된 색으로 외곽선을 표시하는 것이다. 이렇게 하면 글씨 부분과 배경의 색깔이 비슷하더라도 그 경계선이 또렷해져서 시각적 효과가 크게 향상된다. 이러한 문자의 외곽선 처리는 투명 글씨는 물론이고 정상적으로 전경색과 배경색을 지정하는 문자의 경우에도 사용이 가능하다.

OK-128DA.h 헤더파일에서는 기본적으로 outline_flag = 0으로 되어 있어서 외곽선을 표시하지 않는 상태에 있으므로, 이제부터 출력할 문자에 외곽선이 보이도록 하려면 TFT_outline(U16 outline_color) 함수를 사용하여 outline_flag = 1로 설정하고 외곽선의 색깔을 적절하게 지정한다.

다시 외곽선이 보이지 않는 상태로 해제하려면 TFT_outline(Transparent) 함수를 사용하여 외곽선의 색깔을 투명하게 지정한다.

(6) 완성형 코드를 조합형 코드로 자동 변환하는 기능

이상에서 조합형 한글 코드를 사용하여 TFT-LCD 모듈에 한글 글자를 표시하는 프로그램 작성 기술에 대하여 설명하였다. 그러나, 현재 퍼스널컴퓨터의 Windows 운영체제에서는 모두 기본적으로 KS 완성형 코드를 사용하여 한글 문자를 처리하며, 따라서 우리가 여기에서 C언어 소스 프로그램을 작성하고 컴파일하면 한글 문자들은 모두 완성형 코드로 저장되므로 TFT-LCD에 한글 문자들이 모두 깨져서 알 수 없는 모양으로 나타나게 된다. 하지만 앞에서 설명하였듯이 *OK-128DA* 키트에서 직접 완성형 코드 방식으로 한글을 표시하려면 2350자의 폰트를 저장하는데 프로그램 메모리의 용량을 너무 많이 차지하므로 사용하기가 어렵다.

이러한 문제를 해결하는 하나의 방법은 완성형 코드로 작성된 사용자 프로그램을 실행할 때 이를 한글 출력 루틴의 내부에서 조합형 코드로 변환하여 출력하는 것이다. 즉, 기본적으로는 조합형 처리방식을 그대로 사용하면서 한글을 출력하는 함수에 한글 코드값을 인수로 넘겨주기 직전에 먼저 이 코드값을 완성형에서 조합형으로 변환하는 것이다.

이 책의 기본 헤더파일 OK-128DA.h에서는 이처럼 KS 완성형 한글 코드를 KS 조합형 한글 코드로 변환하는 KS_code_conversion() 함수를 제공한다. 이들 2가지의 한글 코드 사이에는 서로 아무런 규칙성을 갖지 않으므로 한글 코드를 상호 변환하려면 변환 테이블을 사용하는 것이 좋으며, 이 함수에서는 OK-128DA.h 헤더파일에 포함된 코드변환 테이블을 사용하여 KS 완성형 코드(변수명 KS_code)를 KS 조합형 코드(변수명 KSSM)로 변환한다.

2. 큰 글씨를 출력하는 기능

앞의 제4.5절에서 설명한 8×16 픽셀의 반각 영문 ASCII 문자나 이번 절에서 설명한 16×16 픽셀의 전각 한글 문자들은 320×240 픽셀의 해상도를 갖는 TFT-LCD 모듈에서 훌륭하게 사용된다. 그러나, 응용 시스템에 따라서는 이 정도의 글씨로는 크기가 너무 작아서 사용하기에 불편할 경우도 있다. 이때는 화면에 글씨를 좀 더 크게 표시할 필요가 있는데, 그 방법에는 2가지를 생각할 수 있다.

첫번째 방법은 기존의 영문 ASCII 문자나 한글 폰트를 화면에 출력할 때 일정한 비율로 확대하여 출력하는 것이다. 이를테면 가로 및 세로 방향으로 각각 2배를 확대하여 4배 크기의 글씨를 출력한다. 이와 같이 비트맵 방식으로 문자를 확대하면 기존의 폰트를 그대로 사용하므로 메모리 용량은 절약되지만 글자의 외곽 부분이 거칠어서 글씨의 모양이 그다지 미려하지는 못하다는 단점이 있다.

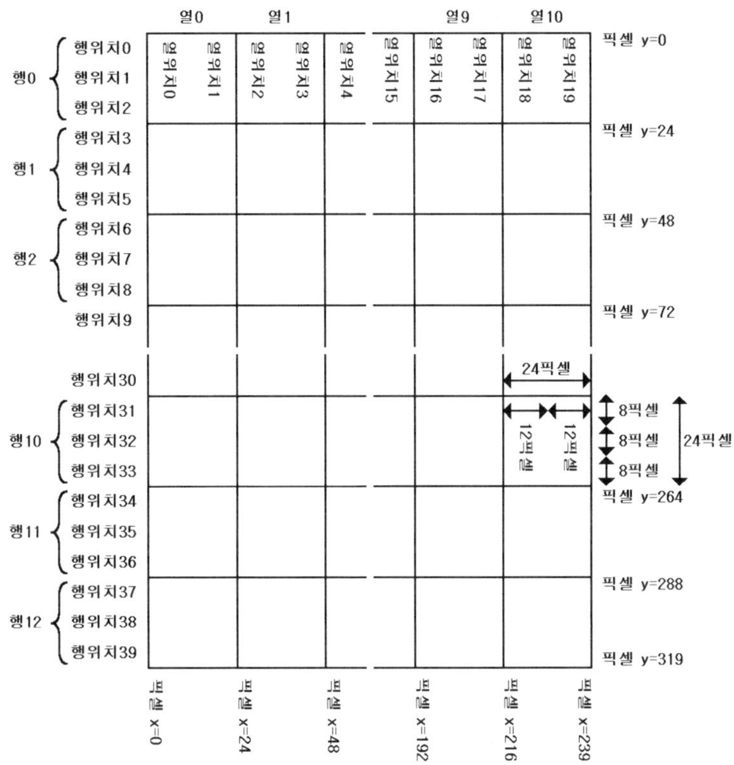

(a) 초상화 모드

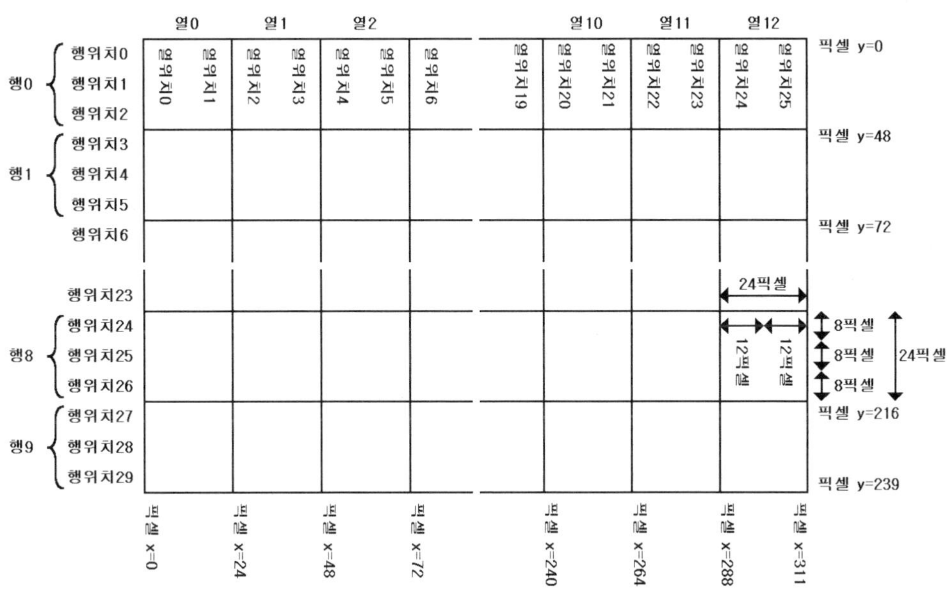

(b) 풍경화 모드

〈그림 4.6.4〉 TFT-LCD 모듈 화면에 24×24 픽셀의 한글 글자를 표시하는 방법

두번째 방법은 좀 더 큰 문자를 표시하기 위한 새로운 폰트 데이터를 사용하는 것이다. 이 방법은 폰트 데이터를 저장하는데 당연히 더 많은 메모리 용량을 필요로 한다. 이 책에서는 12×24 픽셀의 영문 ASCII 문자용 폰트와 24×24 픽셀의 한글용 폰트를 추가로 제공하며, 물론 이것들을 출력하기 위한 사용자 함수도 함께 제공한다. 이 경우 TFT-LCD 모듈의 화면 사용을 정리하면 <그림 4.6.4>와 같다. 이와 같은 큰 글씨는 당연히 앞의 8×16 픽셀 영문 ASCII 문자나 16×16 픽셀의 한글 문자에 비하여 훨씬 미려한 글씨체를 자랑한다.

8×16 픽셀의 영문 ASCII 문자와 16×16 픽셀의 한글 **보통 글씨** 폰트 및 이것들을 출력하기 위한 사용자 함수를 제공하는 기본 헤더파일 OK-128DA.h는 앞의 제4.5절에서 보였고, 여기서 사용하는 함수들은 <표 4.5.2>에 정리한 바 있다. 12×24 픽셀의 영문 ASCII 문자와 24×24 픽셀의 한글 **큰 글씨** 폰트는 물론이고 이것들을 출력하기 위한 사용자 함수들도 역시 기본 헤더파일 OK-128DA.h에 제공하는데 이 부분의 소스도 앞의 제4.5절에서 보였으며, 여기서 사용하는 함수들은 <표 4.5.3>에 정리하였으니 참고하라. 보통 글씨의 출력함수와 구분하기 위하여 이들 큰 글씨 출력함수의 이름에는 모두 끝에 _large가 추가된다. AVR128DA64의 플래시 메모리 용량 때문에 큰 글씨에 대해서도 명조체 폰트만을 지원한다.

3. 매우 큰 글씨 및 가장 큰 글씨를 출력하는 기능

앞에서 **보통 글씨**보다 좀 더 **큰 글씨**로서 12×24 픽셀의 반각 영문 ASCII 문자와 24×24 픽셀의 한글 문자들을 TFT-LCD 모듈에 표시하는 기술에 대해 설명하였지만, 마이크로컨트롤러를 사용한 응용 시스템을 설계하다보면 이보다 훨씬 더 큰 글씨가 필요한 경우도 종종 있다. 사람이 좀 더 먼 거리에서도 쉽게 화면의 내용을 알아볼 수 있도록 하기 위함이다.

그런데, 이런 경우는 기계장치에서 제어 변수값이나 실시간 측정 데이터를 화면에 표시하는 경우가 대부분이므로 모든 영문 ASCII 또는 한글 문자를 표시할 필요는 없고 단지 0~9의 숫자나 단위를 표시하기 위한 몇가지 정도의 문자 또는 기호 정도만 표시하면 된다. 따라서, 이에 필요한 폰트는 사용자가 필요한대로 어렵지 않게 만들어 사용할 수 있다.

이 책에서는 이러한 응용 목적으로 사용할 수 있도록 32×48 픽셀의 **매우 큰 글씨**와 40×56 픽셀의 **가장 큰 글씨**를 위한 폰트 및 이것들을 TFT-LCD에 출력하기 위한 사용자 함수를 헤더파일 OK-128DA-xlarge.h에 추가로 제공한다. 나중에 이러한 글씨를 이용하여 TFT-LCD에 디지털 시계 등을 구현하는 예제를 공부할 것이다. 이는 AVR128DA64의 플래시 메모리가 128KB로 정도로 크므로 가능한 일이다.

〈헤더파일 OK-128DA-xlarge.h〉 TFT-LCD에 매우 큰 글씨 및 가장 큰 글씨를 출력

```
/* ========================================================================== */
/*        OK-128DA V1.0 키트용(AVR128DA64) 매우/가장 큰 글씨 헤더 파일           */
/* ========================================================================== */
/*                                       Programmed by Duck-Yong Yoon in 2022.   */

// ----------------------------------------------------------------------------
//   이 헤더파일은 OK-128DA 키트 V1.0을 위한 것입니다. 이것은 아래의 조건에서만
//  올바른 동작을 보장합니다.
// ----------------------------------------------------------------------------
//       (1) 시스템 클록  : 24MHz
//       (2) C 컴파일러   : Microchip Studio V7.0
//       (3) 최적화 옵션  : -Os
//       (4) TFT-LCD 모듈 : Ohm사 FL320QVC18-A0(HX8347-A)
//       (5) 인클루드      : 기본 헤더 파일 OK-128DA.h의 뒤에 인클루드할 것.
// ----------------------------------------------------------------------------

/* -------------------------------------------------------------------------- */
/*                32x48 픽셀의 매우 큰 글씨 폰트(명조체)                         */
/* -------------------------------------------------------------------------- */
const unsigned char font_32x48[17][192] PROGMEM = {      /* 32x48 character font */
 {0x00,0x00,0x00,0x00,0x00,0x00,0x00,0x00,0x00,0x0f,0xf0,0x00,0x00,0x3f,0xfc,0x00,  // '0'
  0x00,0xff,0xff,0x00,0x01,0xfe,0x7f,0x80,0x01,0xfc,0x1f,0xc0,0x03,0xf8,0x1f,0xc0,
  0x07,0xf0,0x0f,0xe0,0x07,0xf0,0x0f,0xe0,0x0f,0xe0,0x07,0xf0,0x0f,0xe0,0x07,0xf0,
  0x0f,0xe0,0x07,0xf8,0x1f,0xe0,0x07,0xf8,0x1f,0xc0,0x03,0xf8,0x1f,0xc0,0x03,0xf8,
  0x1f,0xc0,0x03,0xfc,0x1f,0xc0,0x03,0xfc,0x3f,0xc0,0x03,0xfc,0x3f,0xc0,0x03,0xfc,
  0x3f,0xc0,0x03,0xfc,0x3f,0xc0,0x03,0xfc,0x3f,0xc0,0x03,0xfc,0x3f,0xc0,0x03,0xfc,
  0x3f,0xc0,0x03,0xfc,0x3f,0xc0,0x03,0xfc,0x3f,0xc0,0x03,0xfc,0x1f,0xc0,0x03,0xfc,
  0x1f,0xc0,0x03,0xfc,0x1f,0xc0,0x03,0xf8,0x1f,0xc0,0x03,0xf8,0x1f,0xe0,0x07,0xf8,
  0x0f,0xe0,0x07,0xf8,0x0f,0xe0,0x07,0xf0,0x0f,0xe0,0x07,0xf0,0x07,0xf0,0x0f,0xe0,
  0x07,0xf0,0x0f,0xe0,0x03,0xf8,0x1f,0xc0,0x01,0xfc,0x1f,0xc0,0x01,0xfe,0x7f,0x80,
  0x00,0xff,0xff,0x00,0x00,0x3f,0xfc,0x00,0x00,0x0f,0xf0,0x00,0x00,0x00,0x00,0x00,
  0x00,0x00,0x00,0x00,0x00,0x00,0x00,0x00,0x00,0x00,0x00,0x00,0x00,0x00,0x00,0x00},
 {0x00,0x00,0x00,0x00,0x00,0x00,0x00,0x00,0x00,0x00,0x70,0x00,0x00,0x01,0xf0,0x00,  // '1'
  0x00,0x0f,0xf0,0x00,0x00,0xff,0xf0,0x00,0x03,0xff,0xf0,0x00,0x03,0xff,0xf0,0x00,
  0x00,0x0f,0xf0,0x00,0x00,0x07,0xf0,0x00,0x00,0x07,0xf0,0x00,0x00,0x07,0xf0,0x00,
  0x00,0x07,0xf0,0x00,0x00,0x07,0xf0,0x00,0x00,0x07,0xf0,0x00,0x00,0x07,0xf0,0x00,
  0x00,0x07,0xf0,0x00,0x00,0x07,0xf0,0x00,0x00,0x07,0xf0,0x00,0x00,0x07,0xf0,0x00,
  0x00,0x07,0xf0,0x00,0x00,0x07,0xf0,0x00,0x00,0x07,0xf0,0x00,0x00,0x07,0xf0,0x00,
  0x00,0x07,0xf0,0x00,0x00,0x07,0xf0,0x00,0x00,0x07,0xf0,0x00,0x00,0x07,0xf0,0x00,
  0x00,0x07,0xf0,0x00,0x00,0x07,0xf0,0x00,0x00,0x07,0xf0,0x00,0x00,0x07,0xf0,0x00,
  0x00,0x07,0xf0,0x00,0x00,0x07,0xf0,0x00,0x00,0x07,0xf0,0x00,0x00,0x07,0xf0,0x00,
  0x00,0x07,0xf0,0x00,0x00,0x07,0xf8,0x00,0x00,0x0f,0xfc,0x00,0x07,0xff,0xff,0xe0,
  0x07,0xff,0xff,0xf0,0x07,0xff,0xff,0xf0,0x00,0x00,0x00,0x00,0x00,0x00,0x00,0x00,
  0x00,0x00,0x00,0x00,0x00,0x00,0x00,0x00,0x00,0x00,0x00,0x00,0x00,0x00,0x00,0x00},
 {0x00,0x00,0x00,0x00,0x00,0x00,0x00,0x00,0x00,0x1f,0xf8,0x00,0x00,0xff,0xff,0x00,  // '2'
  0x01,0xff,0xff,0xc0,0x07,0xf8,0x3f,0xe0,0x0f,0xe0,0x1f,0xe0,0x1f,0xc0,0x0f,0xf0,

                         (중간 생략)

 {0x00,0x00,0x00,0x00,0x00,0x00,0x00,0x00,0x00,0x3f,0xf8,0x00,0x01,0xff,0xff,0x00,  // '8'
  0x03,0xff,0xff,0x80,0x07,0xf8,0x7f,0xc0,0x0f,0xe0,0x1f,0xe0,0x0f,0xe0,0x0f,0xf0,
  0x1f,0xc0,0x07,0xf0,0x1f,0xc0,0x07,0xf0,0x1f,0xc0,0x07,0xf0,0x1f,0xc0,0x07,0xf0,
  0x1f,0xc0,0x07,0xf0,0x1f,0xc0,0x07,0xf0,0x1f,0xe0,0x07,0xf0,0x1f,0xf0,0x0f,0xe0,
  0x0f,0xfc,0x0f,0xe0,0x0f,0xfe,0x1f,0xc0,0x07,0xff,0xff,0x80,0x03,0xff,0xfe,0x00,
  0x00,0xff,0xf8,0x00,0x00,0x7f,0xfe,0x00,0x00,0xff,0xff,0x80,0x03,0xff,0xff,0xc0,
  0x07,0xf1,0xff,0xe0,0x0f,0xe0,0xff,0xf0,0x1f,0xe0,0x3f,0xf8,0x1f,0xc0,0x1f,0xf8,
  0x3f,0xc0,0x0f,0xf8,0x3f,0x80,0x07,0xfc,0x3f,0x80,0x03,0xfc,0x7f,0x80,0x03,0xfc,
  0x7f,0x80,0x01,0xfc,0x7f,0x80,0x01,0xfc,0x7f,0x80,0x03,0xfc,0x3f,0xc0,0x03,0xf8,
  0x3f,0xc0,0x07,0xf8,0x3f,0xe0,0x07,0xf0,0x1f,0xf0,0x1f,0xf0,0x0f,0xf8,0x7f,0xe0,
  0x07,0xff,0xff,0x80,0x03,0xff,0xff,0x00,0x00,0x7f,0xf8,0x00,0x00,0x00,0x00,0x00,
  0x00,0x00,0x00,0x00,0x00,0x00,0x00,0x00,0x00,0x00,0x00,0x00,0x00,0x00,0x00,0x00},
 {0x00,0x00,0x00,0x00,0x00,0x00,0x00,0x00,0x00,0x3f,0xf0,0x00,0x00,0xff,0xfc,0x00,  // '9'
```

```
 0x03,0xff,0xff,0x00,0x07,0xf8,0xff,0x80,0x0f,0xf0,0x3f,0xc0,0x0f,0xe0,0x1f,0xc0,
 0x1f,0xe0,0x1f,0xe0,0x1f,0xc0,0x0f,0xe0,0x3f,0xc0,0x0f,0xf0,0x3f,0xc0,0x0f,0xf0,
 0x3f,0xc0,0x07,0xf0,0x3f,0xc0,0x07,0xf0,0x3f,0xc0,0x07,0xf8,0x3f,0xc0,0x07,0xf8,
 0x3f,0xc0,0x07,0xf8,0x3f,0xc0,0x07,0xf8,0x3f,0xc0,0x07,0xf8,0x3f,0xc0,0x07,0xf8,
 0x1f,0xe0,0x0f,0xf8,0x1f,0xe0,0x0f,0xf8,0x0f,0xf0,0x3f,0xf8,0x07,0xf8,0xff,0xf8,
 0x07,0xff,0xff,0xf8,0x01,0xff,0xf7,0xf8,0x00,0x7f,0x87,0xf8,0x00,0x00,0x07,0xf8,
 0x00,0x00,0x07,0xf8,0x00,0x00,0x07,0xf8,0x00,0x00,0x07,0xf0,0x00,0x00,0x0f,0xf0,
 0x07,0xe0,0x0f,0xf0,0x0f,0xf0,0x0f,0xf0,0x1f,0xf8,0x0f,0xe0,0x1f,0xf8,0x1f,0xe0,
 0x1f,0xf8,0x1f,0xc0,0x1f,0xf8,0x3f,0x80,0x1f,0xf0,0x7f,0x00,0x0f,0xf8,0xfe,0x00,
 0x07,0xff,0xfc,0x00,0x03,0xff,0xf8,0x00,0x00,0xff,0xc0,0x00,0x00,0x00,0x00,0x00,
 0x00,0x00,0x00,0x00,0x00,0x00,0x00,0x00,0x00,0x00,0x00,0x00,0x00,0x00,0x00,0x00},
{0x00,0x00,0x00,0x00,0x00,0x00,0x00,0x00,0x00,0x00,0x00,0x00,0x00,0x00,0x00,0x00,  // ' '(space)
 0x00,0x00,0x00,0x00,0x00,0x00,0x00,0x00,0x00,0x00,0x00,0x00,0x00,0x00,0x00,0x00,
 0x00,0x00,0x00,0x00,0x00,0x00,0x00,0x00,0x00,0x00,0x00,0x00,0x00,0x00,0x00,0x00,
 0x00,0x00,0x00,0x00,0x00,0x00,0x00,0x00,0x00,0x00,0x00,0x00,0x00,0x00,0x00,0x00,
 0x00,0x00,0x00,0x00,0x00,0x00,0x00,0x00,0x00,0x00,0x00,0x00,0x00,0x00,0x00,0x00,
 0x00,0x00,0x00,0x00,0x00,0x00,0x00,0x00,0x00,0x00,0x00,0x00,0x00,0x00,0x00,0x00,
 0x00,0x00,0x00,0x00,0x00,0x00,0x00,0x00,0x00,0x00,0x00,0x00,0x00,0x00,0x00,0x00,
 0x00,0x00,0x00,0x00,0x00,0x00,0x00,0x00,0x00,0x00,0x00,0x00,0x00,0x00,0x00,0x00,
 0x00,0x00,0x00,0x00,0x00,0x00,0x00,0x00,0x00,0x00,0x00,0x00,0x00,0x00,0x00,0x00,
 0x00,0x00,0x00,0x00,0x00,0x00,0x00,0x00,0x00,0x00,0x00,0x00,0x00,0x00,0x00,0x00,
 0x00,0x00,0x00,0x00,0x00,0x00,0x00,0x00,0x00,0x00,0x00,0x00,0x00,0x00,0x00,0x00,
 0x00,0x00,0x00,0x00,0x00,0x00,0x00,0x00,0x00,0x00,0x00,0x00,0x00,0x00,0x00,0x00},
{0x00,0x00,0x00,0x00,0x00,0x00,0x00,0x00,0x00,0x00,0x00,0x00,0x00,0x00,0x00,0x00,  // '.'(period)
 0x00,0x00,0x00,0x00,0x00,0x00,0x00,0x00,0x00,0x00,0x00,0x00,0x00,0x00,0x00,0x00,
 0x00,0x00,0x00,0x00,0x00,0x00,0x00,0x00,0x00,0x00,0x00,0x00,0x00,0x00,0x00,0x00,
 0x00,0x00,0x00,0x00,0x00,0x00,0x00,0x00,0x00,0x00,0x00,0x00,0x00,0x00,0x00,0x00,
 0x00,0x00,0x00,0x00,0x00,0x00,0x00,0x00,0x00,0x00,0x00,0x00,0x00,0x00,0x00,0x00,
 0x00,0x00,0x00,0x00,0x00,0x00,0x00,0x00,0x00,0x00,0x00,0x00,0x00,0x00,0x00,0x00,
 0x00,0x00,0x00,0x00,0x00,0x00,0x00,0x00,0x00,0x00,0x00,0x00,0x00,0x00,0x00,0x00,
 0x00,0x00,0x00,0x00,0x00,0x07,0xe0,0x00,0x00,0x0f,0xf0,0x00,0x00,0x1f,0xf8,0x00,
 0x00,0x1f,0xf8,0x00,0x00,0x1f,0xf8,0x00,0x00,0x1f,0xf8,0x00,0x00,0x1f,0xf8,0x00,
 0x00,0x1f,0xf8,0x00,0x00,0x0f,0xf0,0x00,0x00,0x07,0xe0,0x00,0x00,0x00,0x00,0x00,
 0x00,0x00,0x00,0x00,0x00,0x00,0x00,0x00,0x00,0x00,0x00,0x00,0x00,0x00,0x00,0x00,
 0x00,0x00,0x00,0x00,0x00,0x00,0x00,0x00,0x00,0x00,0x00,0x00,0x00,0x00,0x00,0x00},
{0x00,0x00,0x00,0x00,0x00,0x00,0x00,0x00,0x00,0x00,0x00,0x00,0x00,0x00,0x00,0x00,  // ','(comma)
 0x00,0x00,0x00,0x00,0x00,0x00,0x00,0x00,0x00,0x00,0x00,0x00,0x00,0x00,0x00,0x00,
 0x00,0x00,0x00,0x00,0x00,0x00,0x00,0x00,0x00,0x00,0x00,0x00,0x00,0x00,0x00,0x00,
 0x00,0x00,0x00,0x00,0x00,0x00,0x00,0x00,0x00,0x00,0x00,0x00,0x00,0x00,0x00,0x00,
 0x00,0x00,0x00,0x00,0x00,0x00,0x00,0x00,0x00,0x00,0x00,0x00,0x00,0x00,0x00,0x00,
 0x00,0x00,0x00,0x00,0x00,0x00,0x00,0x00,0x00,0x00,0x00,0x00,0x00,0x00,0x00,0x00,
 0x00,0x00,0x00,0x00,0x00,0x00,0x00,0x00,0x00,0x07,0xe0,0x00,0x00,0x0f,0xf0,0x00,
 0x00,0x1f,0xf8,0x00,0x00,0x1f,0xf8,0x00,0x00,0x1f,0xf8,0x00,0x00,0x1f,0xf8,0x00,
 0x00,0x1f,0xf8,0x00,0x00,0x1f,0xf8,0x00,0x00,0x0f,0xf8,0x00,0x00,0x03,0xf8,0x00,
 0x00,0x01,0xf8,0x00,0x00,0x01,0xf0,0x00,0x00,0x01,0xf0,0x00,0x00,0x03,0xe0,0x00,
 0x00,0x07,0xe0,0x00,0x00,0x0f,0xc0,0x00,0x00,0x1f,0x00,0x00,0x00,0x1e,0x00,0x00,
 0x00,0x00,0x00,0x00,0x00,0x00,0x00,0x00,0x00,0x00,0x00,0x00,0x00,0x00,0x00,0x00},
{0x00,0x00,0x00,0x00,0x00,0x00,0x00,0x00,0x00,0x00,0x00,0x00,0x00,0x00,0x00,0x00,  // '+'(plus)
 0x00,0x00,0x00,0x00,0x00,0x00,0x00,0x00,0x00,0x00,0x00,0x00,0x00,0x00,0x00,0x00,
 0x00,0x00,0x00,0x00,0x00,0x00,0x00,0x00,0x00,0x03,0xe0,0x00,0x00,0x03,0xe0,0x00,
 0x00,0x03,0xe0,0x00,0x00,0x03,0xe0,0x00,0x00,0x03,0xe0,0x00,0x00,0x03,0xe0,0x00,
 0x00,0x03,0xe0,0x00,0x00,0x03,0xe0,0x00,0x00,0x03,0xe0,0x00,0x00,0x03,0xe0,0x00,
 0x0f,0xff,0xff,0xf8,0x0f,0xff,0xff,0xf8,0x0f,0xff,0xff,0xf8,0x0f,0xff,0xff,0xf8,
 0x00,0x03,0xe0,0x00,0x00,0x03,0xe0,0x00,0x00,0x03,0xe0,0x00,0x00,0x03,0xe0,0x00,
 0x00,0x03,0xe0,0x00,0x00,0x03,0xe0,0x00,0x00,0x03,0xe0,0x00,0x00,0x03,0xe0,0x00,
 0x00,0x03,0xe0,0x00,0x00,0x03,0xe0,0x00,0x00,0x00,0x00,0x00,0x00,0x00,0x00,0x00,
 0x00,0x00,0x00,0x00,0x00,0x00,0x00,0x00,0x00,0x00,0x00,0x00,0x00,0x00,0x00,0x00,
 0x00,0x00,0x00,0x00,0x00,0x00,0x00,0x00,0x00,0x00,0x00,0x00,0x00,0x00,0x00,0x00,
 0x00,0x00,0x00,0x00,0x00,0x00,0x00,0x00,0x00,0x00,0x00,0x00,0x00,0x00,0x00,0x00},
{0x00,0x00,0x00,0x00,0x00,0x00,0x00,0x00,0x00,0x00,0x00,0x00,0x00,0x00,0x00,0x00,  // '-'(minus)
 0x00,0x00,0x00,0x00,0x00,0x00,0x00,0x00,0x00,0x00,0x00,0x00,0x00,0x00,0x00,0x00,
 0x00,0x00,0x00,0x00,0x00,0x00,0x00,0x00,0x00,0x00,0x00,0x00,0x00,0x00,0x00,0x00,
 0x00,0x00,0x00,0x00,0x00,0x00,0x00,0x00,0x00,0x00,0x00,0x00,0x00,0x00,0x00,0x00,
 0x00,0x00,0x00,0x00,0x00,0x00,0x00,0x00,0x00,0x00,0x00,0x00,0x00,0x00,0x00,0x00,
 0x1f,0xff,0xff,0xf8,0x1f,0xff,0xff,0xf8,0x1f,0xff,0xff,0xf8,0x1f,0xff,0xff,0xf8,
 0x00,0x00,0x00,0x00,0x00,0x00,0x00,0x00,0x00,0x00,0x00,0x00,0x00,0x00,0x00,0x00,
 0x00,0x00,0x00,0x00,0x00,0x00,0x00,0x00,0x00,0x00,0x00,0x00,0x00,0x00,0x00,0x00,
 0x00,0x00,0x00,0x00,0x00,0x00,0x00,0x00,0x00,0x00,0x00,0x00,0x00,0x00,0x00,0x00,
 0x00,0x00,0x00,0x00,0x00,0x00,0x00,0x00,0x00,0x00,0x00,0x00,0x00,0x00,0x00,0x00,
 0x00,0x00,0x00,0x00,0x00,0x00,0x00,0x00,0x00,0x00,0x00,0x00,0x00,0x00,0x00,0x00,
 0x00,0x00,0x00,0x00,0x00,0x00,0x00,0x00,0x00,0x00,0x00,0x00,0x00,0x00,0x00,0x00},
{0x00,0x00,0x00,0x00,0x00,0x00,0x00,0x00,0x00,0x00,0x00,0x00,0x00,0x00,0x00,0x00,  // ':'(colon)
 0x00,0x00,0x00,0x00,0x00,0x00,0x00,0x00,0x00,0x00,0x00,0x00,0x00,0x00,0x00,0x00,
```

```
  0x00,0x00,0x00,0x00,0x00,0x07,0xe0,0x00,0x00,0x0f,0xf0,0x00,0x00,0x1f,0xf8,0x00,
  0x00,0x1f,0xf8,0x00,0x00,0x1f,0xf8,0x00,0x00,0x1f,0xf8,0x00,0x00,0x1f,0xf8,0x00,
  0x00,0x1f,0xf8,0x00,0x00,0x0f,0xf0,0x00,0x00,0x07,0xe0,0x00,0x00,0x00,0x00,0x00,
  0x00,0x00,0x00,0x00,0x00,0x00,0x00,0x00,0x00,0x00,0x00,0x00,0x00,0x00,0x00,0x00,
  0x00,0x00,0x00,0x00,0x00,0x00,0x00,0x00,0x00,0x07,0xe0,0x00,0x00,0x0f,0xf0,0x00,
  0x00,0x1f,0xf8,0x00,0x00,0x1f,0xf8,0x00,0x00,0x1f,0xf8,0x00,0x00,0x1f,0xf8,0x00,
  0x00,0x1f,0xf8,0x00,0x00,0x1f,0xf8,0x00,0x00,0x0f,0xf0,0x00,0x00,0x07,0xe0,0x00,
  0x00,0x00,0x00,0x00,0x00,0x00,0x00,0x00,0x00,0x00,0x00,0x00,0x00,0x00,0x00,0x00,
  0x00,0x00,0x00,0x00,0x00,0x00,0x00,0x00,0x00,0x00,0x00,0x00,0x00,0x00,0x00,0x00,
  0x00,0x00,0x00,0x00,0x00,0x00,0x00,0x00,0x00,0x00,0x00,0x00,0x00,0x00,0x00,0x00},
 {0x00,0x00,0x00,0x00,0x00,0x00,0x00,0x00,0x00,0x00,0x00,0x00,0x00,0x00,0x00,0x00, // ';'(semicolon)
  0x00,0x00,0x00,0x00,0x00,0x00,0x00,0x00,0x00,0x00,0x00,0x00,0x00,0x00,0x00,0x00,
  0x00,0x00,0x00,0x00,0x00,0x07,0xe0,0x00,0x00,0x0f,0xf0,0x00,0x00,0x1f,0xf8,0x00,
  0x00,0x1f,0xf8,0x00,0x00,0x1f,0xf8,0x00,0x00,0x1f,0xf8,0x00,0x00,0x1f,0xf8,0x00,
  0x00,0x1f,0xf8,0x00,0x00,0x0f,0xf0,0x00,0x00,0x07,0xe0,0x00,0x00,0x00,0x00,0x00,
  0x00,0x00,0x00,0x00,0x00,0x00,0x00,0x00,0x00,0x00,0x00,0x00,0x00,0x00,0x00,0x00,
  0x00,0x00,0x00,0x00,0x00,0x00,0x00,0x00,0x00,0x07,0xe0,0x00,0x00,0x0f,0xf0,0x00,
  0x00,0x1f,0xf8,0x00,0x00,0x1f,0xf8,0x00,0x00,0x1f,0xf8,0x00,0x00,0x1f,0xf8,0x00,
  0x00,0x1f,0xf8,0x00,0x00,0x1f,0xf8,0x00,0x00,0x0f,0xf8,0x00,0x00,0x03,0xf8,0x00,
  0x00,0x01,0xf8,0x00,0x00,0x01,0xf0,0x00,0x00,0x01,0xf0,0x00,0x00,0x03,0xe0,0x00,
  0x00,0x07,0xe0,0x00,0x00,0x0f,0xc0,0x00,0x00,0x1f,0x00,0x00,0x00,0x1e,0x00,0x00,
  0x00,0x00,0x00,0x00,0x00,0x00,0x00,0x00,0x00,0x00,0x00,0x00,0x00,0x00,0x00,0x00}};

/* ------------------------------------------------------------------------- */
/*              사용자 정의 함수 선언                                              */
/* ------------------------------------------------------------------------- */

void TFT_English_vlarge(U08 code);                // write 32x48 font character
void TFT_unsigned_decimal_vlarge(U32 number,U08 zerofill,U08 digit); // display unsigned decimal number
void TFT_hexadecimal_vlarge(U32 number, U08 digit); // display hexadecimal number
void TFT_unsigned_float_vlarge(float number,U08 integral,U08 fractional); // display unsigned floating-point number

/* ------------------------------------------------------------------------- */
/*              TFT-LCD 매우 큰 글씨(32x48 픽셀) 출력 함수                          */
/* ------------------------------------------------------------------------- */

void TFT_English_vlarge(U08 code)                 /* write 32x48 font character */
{
  unsigned char data, x, y;
  unsigned int i, xPos, yPos;

  if(code == ' ')       code = 10;                // code conversion
  else if(code == '.')  code = 11;
  else if(code == ',')  code = 12;
  else if(code == '+')  code = 13;
  else if(code == '-')  code = 14;
  else if(code == ':')  code = 15;
  else if(code == ';')  code = 16;
  else                  code -= '0';

  i = 0;
  xPos = Xcharacter*8;
  yPos = Ycharacter*8;
  for(y = 0; y < 48; y++)                         // repeat 48 pixel line
    { if(ScreenMode == 'L')
        { TFT_write(0x02, xPos >> 8);             // xPos = 0~319
          TFT_write(0x03, xPos & 0x00FF);
          TFT_write(0x06, 0x0000);                // yPos = 0~239
          TFT_write(0x07, yPos + y);
        }
      else
        { TFT_write(0x02, 0x0000);                // xPos = 0~239
          TFT_write(0x03, xPos);
          TFT_write(0x06, (yPos + y) >> 8);       // yPos = 0~319
          TFT_write(0x07, (yPos + y) & 0x00FF);
        }

      TFT_command(0x22);

      if((cursor_flag == 1) && (Xcharacter == Xcursor) && (Ycharacter == Ycursor) && (y == 45))
        { for(x = 0; x < 32; x++)                 // display cursor
            TFT_data(cursor);
        }
```

```
      else if((cursor_flag == 1) && (Xcharacter == Xcursor) && (Ycharacter == Ycursor) && (y == 46))
        { for(x = 0; x < 32; x++)
            TFT_data(cursor);
        }
      else                                      // display 1 pixel line(8 x 4 = 32 pixel)
        { data = pgm_read_byte(&font_32x48[code][i++]);
          for(x = 0; x < 8; x++)
            { if(data & 0x80) TFT_data(foreground);
              else            TFT_data(background);
              data = data << 1;
            }

          data = pgm_read_byte(&font_32x48[code][i++]);
          for(x = 0; x < 8; x++)
            { if(data & 0x80) TFT_data(foreground);
              else            TFT_data(background);
              data = data << 1;
            }

          data = pgm_read_byte(&font_32x48[code][i++]);
          for(x = 0; x < 8; x++)
            { if(data & 0x80) TFT_data(foreground);
              else            TFT_data(background);
              data = data << 1;
            }

          data = pgm_read_byte(&font_32x48[code][i++]);
          for(x = 0; x < 8; x++)
            { if(data & 0x80) TFT_data(foreground);
              else            TFT_data(background);
              data = data << 1;
            }
        }
    }

  Xcharacter += 4;
  if(Xcharacter >= XcharacterLimit)             // end of line ?
    { Xcharacter = 0;
      Ycharacter += 6;
    }
}

void TFT_unsigned_decimal_vlarge(U32 number,U08 zerofill,U08 digit) /* display unsigned decimal number */
{
  unsigned char zero_flag, character;
  unsigned long div;

  if((digit == 0) || (digit > 9)) return;

  div = 1;
  while(--digit) div *= 10;

  zero_flag = zerofill;
  while(div > 0)                                // display number
    { character = number / div;
      if((character == 0) && (zero_flag == 0) && (div != 1))
        TFT_English_vlarge(character + ' ');
      else
        { zero_flag = 1;
          TFT_English_vlarge(character + '0');
        }
      number %= div;
      div /= 10;
    }
}

void TFT_hexadecimal_vlarge(U32 number, U08 digit)      /* display hexadecimal number */
{
  unsigned char i, character;

  if((digit == 0) || (digit > 8)) return;

  for(i = digit; i > 0; i--)
```

```
    { character = (number >> 4*(i-1)) & 0x0F;
      if(character < 10) TFT_English_vlarge(character + '0');
      else               TFT_English_vlarge(character - 10 + 'A');
    }
}

void TFT_unsigned_float_vlarge(float number,U08 integral,U08 fractional) /* display unsigned floating-point number */
{
  unsigned char zero_flag, digit, character;    // integral = digits of integral part
  unsigned long div, integer;                   // fractional = digits of fractional part

  digit = integral + fractional;
  if((integral == 0) || (fractional == 0) || (digit > 9)) return;

  div = 1;
  while(--digit) div *= 10;

  while(fractional--) number *= 10.;
  integer = (U32)(number + 0.5);

  zero_flag = 0;
  digit = 1;
  while(div > 0)                                // display number
    { character = integer / div;
      if((character == 0) && (zero_flag == 0) && (digit != integral))
        TFT_English_vlarge(character + ' ');
      else
        { zero_flag = 1;
          TFT_English_vlarge(character + '0');
        }
      integer %= div;
      div /= 10;

      if(digit == integral)
        TFT_English_vlarge('.');
      digit++;
    }
}

/* ------------------------------------------------------------------------ */
/*              40x56 픽셀의 가장 큰 글씨 폰트(명조체)                       */
/* ------------------------------------------------------------------------ */
const unsigned char font_40x56[13][280] PROGMEM = {      /* 40x56 character font */
{0x00,0x00,0x00,0x00,0x00,0x00,0x00,0x00,0x00,0x00,0x00,0x01,0xff,0x80,0x00,0x00,  // '0'
 0x0f,0xff,0xf0,0x00,0x00,0x1f,0xff,0xf8,0x00,0x00,0x3f,0xe7,0xfc,0x00,0x00,0x7f,
 0xc3,0xfe,0x00,0x00,0xff,0x81,0xff,0x00,0x01,0xff,0x00,0xff,0x80,0x03,0xff,0x00,
 0xff,0xc0,0x03,0xfe,0x00,0x7f,0xc0,0x07,0xfe,0x00,0x7f,0xe0,0x07,0xfe,0x00,0x7f,
 0xe0,0x07,0xfc,0x00,0x3f,0xe0,0x0f,0xfc,0x00,0x3f,0xf0,0x0f,0xfc,0x00,0x3f,0xf0,
 0x0f,0xfc,0x00,0x3f,0xf0,0x1f,0xfc,0x00,0x3f,0xf0,0x1f,0xfc,0x00,0x3f,0xf8,0x1f,
 0xf8,0x00,0x3f,0xf8,0x1f,0xf8,0x00,0x1f,0xf8,0x1f,0xf8,0x00,0x1f,0xf8,0x1f,0xf8,
 0x00,0x1f,0xf8,0x1f,0xf8,0x00,0x1f,0xf8,0x1f,0xf8,0x00,0x1f,0xf8,0x1f,0xf8,0x00,
 0x1f,0xf8,0x1f,0xf8,0x00,0x1f,0xf8,0x1f,0xf8,0x00,0x1f,0xf8,0x1f,0xf8,0x00,0x1f,
 0xf8,0x1f,0xf8,0x00,0x1f,0xf8,0x1f,0xf8,0x00,0x1f,0xf8,0x1f,0xf8,0x00,0x1f,0xf8,
 0x1f,0xf8,0x00,0x1f,0xf8,0x1f,0xf8,0x00,0x3f,0xf8,0x1f,0xfc,0x00,0x3f,0xf8,0x1f,
 0xfc,0x00,0x3f,0xf8,0x0f,0xfc,0x00,0x3f,0xf0,0x0f,0xfc,0x00,0x3f,0xf0,0x0f,0xfc,
 0x00,0x3f,0xf0,0x07,0xfc,0x00,0x3f,0xe0,0x07,0xfe,0x00,0x7f,0xe0,0x07,0xfe,0x00,
 0x7f,0xe0,0x03,0xfe,0x00,0x7f,0xc0,0x03,0xff,0x00,0xff,0xc0,0x01,0xff,0x00,0xff,
 0x80,0x00,0xff,0x81,0xff,0x00,0x00,0x7f,0xc3,0xfe,0x00,0x00,0x7f,0xe7,0xfc,0x00,
 0x00,0x1f,0xff,0xf8,0x00,0x00,0x0f,0xff,0xf0,0x00,0x00,0x01,0xff,0x80,0x00,0x00,
 0x00,0x00,0x00,0x00,0x00,0x00,0x00,0x00,0x00,0x00,0x00,0x00,0x00,0x00,0x00,0x00,
 0x00,0x00,0x00,0x00,0x00,0x00,0x00,0x00 },
{0x00,0x00,0x00,0x00,0x00,0x00,0x00,0x00,0x00,0x00,0x00,0x00,0x0f,0x80,0x00,0x00,  // '1'
 0x00,0x3f,0x80,0x00,0x00,0x00,0xff,0x80,0x00,0x00,0x03,0xff,0x80,0x00,0x00,0x1f,
 0xff,0x80,0x00,0x00,0xff,0xff,0x80,0x00,0x00,0xff,0xff,0x80,0x00,0x00,0xff,0xff,
```

(중간 생략)

```
{0x00,0x00,0x00,0x00,0x00,0x00,0x00,0x00,0x00,0x00,0x00,0x07,0xff,0x80,0x00,0x00,  // '9'
 0x3f,0xff,0xf0,0x00,0x00,0x7f,0xff,0xfc,0x00,0x01,0xff,0xcf,0xfe,0x00,0x03,0xff,
 0x87,0xff,0x00,0x03,0xff,0x03,0xff,0x80,0x07,0xfe,0x01,0xff,0x80,0x0f,0xfe,0x00,
 0xff,0xc0,0x0f,0xfc,0x00,0xff,0xc0,0x1f,0xfc,0x00,0xff,0xe0,0x1f,0xfc,0x00,0x7f,
 0xe0,0x1f,0xf8,0x00,0x7f,0xe0,0x1f,0xf8,0x00,0x7f,0xe0,0x1f,0xf8,0x00,0x7f,0xf0,
 0x1f,0xf8,0x00,0x3f,0xf0,0x1f,0xf8,0x00,0x3f,0xf0,0x1f,0xf8,0x00,0x3f,0xf0,0x1f,
```

```
 0xf8,0x00,0x3f,0xf0,0x1f,0xf8,0x00,0x3f,0xf0,0x1f,0xf8,0x00,0x3f,0xf0,0x1f,0xfc,
 0x00,0x3f,0xf8,0x1f,0xfc,0x00,0x3f,0xf8,0x1f,0xfc,0x00,0x7f,0xf8,0x0f,0xfe,0x00,
 0xff,0xf8,0x0f,0xfe,0x01,0xff,0xf8,0x07,0xff,0x03,0xff,0xf8,0x03,0xff,0xdf,0xff,
 0xf8,0x03,0xff,0xff,0xff,0xf8,0x00,0xff,0xff,0xff,0xf8,0x00,0x7f,0xff,0xbf,0xf0,
 0x00,0x1f,0xfc,0x3f,0xf0,0x00,0x00,0x00,0x3f,0xf0,0x00,0x00,0x00,0x3f,0xf0,0x00,
 0x00,0x00,0x7f,0xf0,0x00,0x00,0x00,0x7f,0xf0,0x00,0x00,0x00,0x7f,0xe0,0x03,0xfc,
 0x00,0x7f,0xe0,0x07,0xff,0x00,0x7f,0xe0,0x0f,0xff,0x00,0xff,0xc0,0x0f,0xff,0x80,
 0xff,0xc0,0x0f,0xff,0x81,0xff,0x80,0x0f,0xff,0x01,0xff,0x80,0x0f,0xfe,0x03,0xff,
 0x00,0x0f,0xfe,0x03,0xfe,0x00,0x0f,0xff,0x07,0xfc,0x00,0x07,0xff,0x9f,0xf8,0x00,
 0x03,0xff,0xff,0xf0,0x00,0x00,0xff,0xff,0xc0,0x00,0x00,0x3f,0xfe,0x00,0x00,0x00,
 0x00,0x00,0x00,0x00,0x00,0x00,0x00,0x00,0x00,0x00,0x00,0x00,0x00,0x00,0x00,0x00,
 0x00,0x00,0x00,0x00,0x00,0x00,0x00,0x00},
{0x00,0x00,0x00,0x00,0x00,0x00,0x00,0x00,0x00,0x00,0x00,0x00,0x00,0x00,0x00,0x00,  // ' '(space)
 0x00,0x00,0x00,0x00,0x00,0x00,0x00,0x00,0x00,0x00,0x00,0x00,0x00,0x00,0x00,0x00,
 0x00,0x00,0x00,0x00,0x00,0x00,0x00,0x00,0x00,0x00,0x00,0x00,0x00,0x00,0x00,0x00,
 0x00,0x00,0x00,0x00,0x00,0x00,0x00,0x00,0x00,0x00,0x00,0x00,0x00,0x00,0x00,0x00,
 0x00,0x00,0x00,0x00,0x00,0x00,0x00,0x00,0x00,0x00,0x00,0x00,0x00,0x00,0x00,0x00,
 0x00,0x00,0x00,0x00,0x00,0x00,0x00,0x00,0x00,0x00,0x00,0x00,0x00,0x00,0x00,0x00,
 0x00,0x00,0x00,0x00,0x00,0x00,0x00,0x00,0x00,0x00,0x00,0x00,0x00,0x00,0x00,0x00,
 0x00,0x00,0x00,0x00,0x00,0x00,0x00,0x00,0x00,0x00,0x00,0x00,0x00,0x00,0x00,0x00,
 0x00,0x00,0x00,0x00,0x00,0x00,0x00,0x00,0x00,0x00,0x00,0x00,0x00,0x00,0x00,0x00,
 0x00,0x00,0x00,0x00,0x00,0x00,0x00,0x00,0x00,0x00,0x00,0x00,0x00,0x00,0x00,0x00,
 0x00,0x00,0x00,0x00,0x00,0x00,0x00,0x00,0x00,0x00,0x00,0x00,0x00,0x00,0x00,0x00,
 0x00,0x00,0x00,0x00,0x00,0x00,0x00,0x00,0x00,0x00,0x00,0x00,0x00,0x00,0x00,0x00,
 0x00,0x00,0x00,0x00,0x00,0x00,0x00,0x00,0x00,0x00,0x00,0x00,0x00,0x00,0x00,0x00,
 0x00,0x00,0x00,0x00,0x00,0x00,0x00,0x00,0x00,0x00,0x00,0x00,0x00,0x00,0x00,0x00,
 0x00,0x00,0x00,0x00,0x00,0x00,0x00,0x00,0x00,0x00,0x00,0x00,0x00,0x00,0x00,0x00,
 0x00,0x00,0x00,0x00,0x00,0x00,0x00,0x00,0x00,0x00,0x00,0x00,0x00,0x00,0x00,0x00,
 0x00,0x00,0x00,0x00,0x00,0x00,0x00,0x00,0x00,0x00,0x00,0x00,0x00,0x00,0x00,0x00,
 0x00,0x00,0x00,0x00,0x00,0x00,0x00,0x00},
{0x00,0x00,0x00,0x00,0x00,0x00,0x00,0x00,0x00,0x00,0x00,0x00,0x00,0x00,0x00,0x00,  // '+'(plus)
 0x00,0x00,0x00,0x00,0x00,0x00,0x00,0x00,0x00,0x00,0x00,0x00,0x00,0x00,0x00,0x00,
 0x00,0x00,0x00,0x00,0x00,0x00,0x00,0x00,0x00,0x00,0x00,0x00,0x00,0x00,0x00,0x00,
 0x00,0x00,0x00,0x00,0x00,0x00,0x00,0x00,0x00,0x00,0x00,0x00,0x00,0x00,0x00,0x00,
 0x00,0x00,0x00,0x7e,0x00,0x00,0x00,0x00,0x7e,0x00,0x00,0x00,0x00,0x7e,0x00,0x00,
 0x00,0x00,0x7e,0x00,0x00,0x00,0x00,0x7e,0x00,0x00,0x00,0x00,0x7e,0x00,0x00,0x00,
 0x00,0x7e,0x00,0x00,0x00,0x00,0x7e,0x00,0x00,0x00,0x00,0x7e,0x00,0x00,0x00,0x00,
 0x7e,0x00,0x00,0x00,0x00,0x7e,0x00,0x00,0x03,0xff,0xff,0xff,0xc0,0x03,0xff,0xff,
 0xff,0xc0,0x03,0xff,0xff,0xff,0xc0,0x03,0xff,0xff,0xff,0xc0,0x03,0xff,0xff,0xff,
 0xc0,0x03,0xff,0xff,0xff,0xc0,0x00,0x00,0x7e,0x00,0x00,0x00,0x00,0x7e,0x00,0x00,
 0x00,0x00,0x7e,0x00,0x00,0x00,0x00,0x7e,0x00,0x00,0x00,0x00,0x7e,0x00,0x00,0x00,
 0x00,0x7e,0x00,0x00,0x00,0x00,0x7e,0x00,0x00,0x00,0x00,0x7e,0x00,0x00,0x00,0x00,
 0x7e,0x00,0x00,0x00,0x00,0x7e,0x00,0x00,0x00,0x00,0x7e,0x00,0x00,0x00,0x00,0x00,
 0x00,0x00,0x00,0x00,0x00,0x00,0x00,0x00,0x00,0x00,0x00,0x00,0x00,0x00,0x00,0x00,
 0x00,0x00,0x00,0x00,0x00,0x00,0x00,0x00,0x00,0x00,0x00,0x00,0x00,0x00,0x00,0x00,
 0x00,0x00,0x00,0x00,0x00,0x00,0x00,0x00,0x00,0x00,0x00,0x00,0x00,0x00,0x00,0x00,
 0x00,0x00,0x00,0x00,0x00,0x00,0x00,0x00,0x00,0x00,0x00,0x00,0x00,0x00,0x00,0x00,
 0x00,0x00,0x00,0x00,0x00,0x00,0x00,0x00},
{0x00,0x00,0x00,0x00,0x00,0x00,0x00,0x00,0x00,0x00,0x00,0x00,0x00,0x00,0x00,0x00,  // '-'(minus)
 0x00,0x00,0x00,0x00,0x00,0x00,0x00,0x00,0x00,0x00,0x00,0x00,0x00,0x00,0x00,0x00,
 0x00,0x00,0x00,0x00,0x00,0x00,0x00,0x00,0x00,0x00,0x00,0x00,0x00,0x00,0x00,0x00,
 0x00,0x00,0x00,0x00,0x00,0x00,0x00,0x00,0x00,0x00,0x00,0x00,0x00,0x00,0x00,0x00,
 0x00,0x00,0x00,0x00,0x00,0x00,0x00,0x00,0x00,0x00,0x00,0x00,0x00,0x00,0x00,0x00,
 0x00,0x00,0x00,0x00,0x00,0x00,0x00,0x00,0x00,0x00,0x00,0x00,0x00,0x00,0x00,0x00,
 0x00,0x00,0x00,0x00,0x00,0x00,0x00,0x00,0x00,0x00,0x00,0x00,0x00,0x00,0x00,0x00,
 0x00,0x00,0x00,0x00,0x00,0x00,0x00,0x00,0x03,0xff,0xff,0xff,0xc0,0x03,0xff,0xff,
 0xff,0xc0,0x03,0xff,0xff,0xff,0xc0,0x03,0xff,0xff,0xff,0xc0,0x03,0xff,0xff,0xff,
 0xc0,0x03,0xff,0xff,0xff,0xc0,0x00,0x00,0x00,0x00,0x00,0x00,0x00,0x00,0x00,0x00,
 0x00,0x00,0x00,0x00,0x00,0x00,0x00,0x00,0x00,0x00,0x00,0x00,0x00,0x00,0x00,0x00,
 0x00,0x00,0x00,0x00,0x00,0x00,0x00,0x00,0x00,0x00,0x00,0x00,0x00,0x00,0x00,0x00,
 0x00,0x00,0x00,0x00,0x00,0x00,0x00,0x00,0x00,0x00,0x00,0x00,0x00,0x00,0x00,0x00,
 0x00,0x00,0x00,0x00,0x00,0x00,0x00,0x00,0x00,0x00,0x00,0x00,0x00,0x00,0x00,0x00,
 0x00,0x00,0x00,0x00,0x00,0x00,0x00,0x00,0x00,0x00,0x00,0x00,0x00,0x00,0x00,0x00,
 0x00,0x00,0x00,0x00,0x00,0x00,0x00,0x00,0x00,0x00,0x00,0x00,0x00,0x00,0x00,0x00,
 0x00,0x00,0x00,0x00,0x00,0x00,0x00,0x00,0x00,0x00,0x00,0x00,0x00,0x00,0x00,0x00,
 0x00,0x00,0x00,0x00,0x00,0x00,0x00,0x00},
};

const unsigned char font_24x56[3][168] PROGMEM = {      /* 24x56 character font */
{0x00,0x00,0x00,0x00,0x00,0x00,0x00,0x00,0x00,0x00,0x00,0x00,0x00,0x00, // ' '(space)
 0x00,0x00,0x00,0x00,0x00,0x00,0x00,0x00,0x00,0x00,0x00,0x00,0x00,0x00,
 0x00,0x00,0x00,0x00,0x00,0x00,0x00,0x00,0x00,0x00,0x00,0x00,0x00,0x00,
 0x00,0x00,0x00,0x00,0x00,0x00,0x00,0x00,0x00,0x00,0x00,0x00,0x00,0x00,
```

```
 0x00,0x00,0x00,0x00,0x00,0x00,0x00,0x00,0x00,0x00,0x00,0x00,0x00,0x00,
 0x00,0x00,0x00,0x00,0x00,0x00,0x00,0x00,0x00,0x00,0x00,0x00,0x00,0x00,
 0x00,0x00,0x00,0x00,0x00,0x00,0x00,0x00,0x00,0x00,0x00,0x00,0x00,0x00,
 0x00,0x00,0x00,0x00,0x00,0x00,0x00,0x00,0x00,0x00,0x00,0x00,0x00,0x00,
 0x00,0x00,0x00,0x00,0x00,0x00,0x00,0x00,0x00,0x00,0x00,0x00,0x00,0x00,
 0x00,0x00,0x00,0x00,0x00,0x00,0x00,0x00,0x00,0x00,0x00,0x00,0x00,0x00,
 0x00,0x00,0x00,0x00,0x00,0x00,0x00,0x00,0x00,0x00,0x00,0x00,0x00,0x00,
 0x00,0x00,0x00,0x00,0x00,0x00,0x00,0x00,0x00,0x00,0x00,0x00,0x00,0x00},
{0x00,0x00,0x00,0x00,0x00,0x00,0x00,0x00,0x00,0x00,0x00,0x00,0x00,0x00, // '.'(period)
 0x00,0x00,0x00,0x00,0x00,0x00,0x00,0x00,0x00,0x00,0x00,0x00,0x00,0x00,
 0x00,0x00,0x00,0x00,0x00,0x00,0x00,0x00,0x00,0x00,0x00,0x00,0x00,0x00,
 0x00,0x00,0x00,0x00,0x00,0x00,0x00,0x00,0x00,0x00,0x00,0x00,0x00,0x00,
 0x00,0x00,0x00,0x00,0x00,0x00,0x00,0x00,0x00,0x00,0x00,0x00,0x00,0x00,
 0x00,0x00,0x00,0x00,0x00,0x00,0x00,0x00,0x00,0x00,0x00,0x00,0x00,0x00,
 0x00,0x00,0x00,0x00,0x00,0x00,0x00,0x00,0x00,0x00,0x00,0x00,0x00,0x00,
 0x00,0x00,0x00,0x00,0x00,0x00,0x00,0x00,0x00,0x00,0x00,0x00,0x00,0x00,
 0x00,0x00,0x00,0x3c,0x00,0x00,0xff,0x00,0x01,0xff,0x80,0x01,0xff,0x80,
 0x03,0xff,0xc0,0x03,0xff,0xc0,0x03,0xff,0xc0,0x03,0xff,0xc0,0x01,0xff,
 0x80,0x01,0xff,0x80,0x00,0xff,0x00,0x00,0x3c,0x00,0x00,0x00,0x00,0x00,
 0x00,0x00,0x00,0x00,0x00,0x00,0x00,0x00,0x00,0x00,0x00,0x00,0x00,0x00},
{0x00,0x00,0x00,0x00,0x00,0x00,0x00,0x00,0x00,0x00,0x00,0x00,0x00,0x00, // ':'(colon)
 0x00,0x00,0x00,0x00,0x00,0x00,0x00,0x00,0x00,0x00,0x00,0x00,0x00,0x00,
 0x00,0x00,0x00,0x3c,0x00,0x00,0xff,0x00,0x01,0xff,0x80,0x01,0xff,0x80,
 0x03,0xff,0xc0,0x03,0xff,0xc0,0x03,0xff,0xc0,0x03,0xff,0xc0,0x01,0xff,
 0x80,0x01,0xff,0x80,0x00,0xff,0x00,0x00,0x3c,0x00,0x00,0x00,0x00,0x00,
 0x00,0x00,0x00,0x00,0x00,0x00,0x00,0x00,0x00,0x00,0x00,0x00,0x00,0x00,
 0x00,0x00,0x00,0x00,0x00,0x00,0x00,0x00,0x00,0x00,0x00,0x00,0x00,0x00,
 0x00,0x00,0x00,0x00,0x00,0x3c,0x00,0x00,0xff,0x00,0x01,0xff,0x80,0x01,
 0xff,0x80,0x03,0xff,0xc0,0x03,0xff,0xc0,0x03,0xff,0xc0,0x03,0xff,0xc0,
 0x01,0xff,0x80,0x01,0xff,0x80,0x00,0xff,0x00,0x00,0x3c,0x00,0x00,0x00,
 0x00,0x00,0x00,0x00,0x00,0x00,0x00,0x00,0x00,0x00,0x00,0x00,0x00,0x00,
 0x00,0x00,0x00,0x00,0x00,0x00,0x00,0x00,0x00,0x00,0x00,0x00,0x00,0x00}};

/* ------------------------------------------------------------------------ */
/*              사용자 정의 함수 선언                                       */
/* ------------------------------------------------------------------------ */

void TFT_English_xlarge(U08 code);              // write 40x56 font(0~9) character
void TFT_font40x56(U08 code);                   // write 40x56 font character
void TFT_font24x56(U08 code);                   // write 24x56 font character
void TFT_unsigned_decimal_xlarge(U32 number,U08 zerofill,U08 digit); // display unsigned decimal number
void TFT_hexadecimal_xlarge(U32 number, U08 digit);     // display hexadecimal number
void TFT_unsigned_float_xlarge(float number,U08 integral,U08 fractional); // display unsigned floating-point number

/* ------------------------------------------------------------------------ */
/*      TFT-LCD 가장 큰 글씨(숫자:40x56 픽셀, 기호:24x56 픽셀) 출력 함수     */
/* ------------------------------------------------------------------------ */

void TFT_English_xlarge(U08 code)               /* write 40x56 font(0~9) character */
{
  if((code >= '0') && (code <= '9'))            // if '0'~'9', 40x56 font character
    TFT_font40x56(code);
  else if(code == ' ')                          // if space, 40x56 font character
    TFT_font40x56(code);
  else if((code == '+') || (code == '-'))       // if '+' or '-', 40x56 font character
    TFT_font40x56(code);
  else                                          // if not, 24x56 font character
    TFT_font24x56(code);
}

void TFT_font40x56(U08 code)                    /* write 40x56 font(0~9) character */
{
  unsigned char data, x, y;
  unsigned int i, xPos, yPos;

  if(code == ' ')       code = 10;              // code conversion
  else if(code == '+') code = 11;
  else if(code == '-') code = 12;
  else                  code -= '0';

  i = 0;
  xPos = Xcharacter*8;
  yPos = Ycharacter*8;
```

```
  for(y = 0; y < 56; y++)                           // repeat 56 pixel line
    { if(ScreenMode == 'L')
        { TFT_write(0x02, xPos >> 8);               // xPos = 0~319
          TFT_write(0x03, xPos & 0x00FF);
          TFT_write(0x06, 0x0000);                  // yPos = 0~239
          TFT_write(0x07, yPos + y);
        }
      else
        { TFT_write(0x02, 0x0000);                  // xPos = 0~239
          TFT_write(0x03, xPos);
          TFT_write(0x06, (yPos + y) >> 8);         // yPos = 0~319
          TFT_write(0x07, (yPos + y) & 0x00FF);
        }

      TFT_command(0x22);

      data = pgm_read_byte(&font_40x56[code][i++]); // display 1 pixel line(8 x 5 = 40 pixel)
      for(x = 0; x < 8; x++)
        { if(data & 0x80) TFT_data(foreground);
          else            TFT_data(background);
          data = data << 1;
        }

      data = pgm_read_byte(&font_40x56[code][i++]);
      for(x = 0; x < 8; x++)
        { if(data & 0x80) TFT_data(foreground);
          else            TFT_data(background);
          data = data << 1;
        }

      data = pgm_read_byte(&font_40x56[code][i++]);
      for(x = 0; x < 8; x++)
        { if(data & 0x80) TFT_data(foreground);
          else            TFT_data(background);
          data = data << 1;
        }

      data = pgm_read_byte(&font_40x56[code][i++]);
      for(x = 0; x < 8; x++)
        { if(data & 0x80) TFT_data(foreground);
          else            TFT_data(background);
          data = data << 1;
        }

      data = pgm_read_byte(&font_40x56[code][i++]);
      for(x = 0; x < 8; x++)
        { if(data & 0x80) TFT_data(foreground);
          else            TFT_data(background);
          data = data << 1;
        }
    }

  Xcharacter += 5;
  if(Xcharacter >= XcharacterLimit)                 // end of line ?
    { Xcharacter = 0;
      Ycharacter += 7;
    }
}

void TFT_font24x56(U08 code)                        /* write 24x56 font(space,period,colon) character */
{
  unsigned char data, x, y;
  unsigned int i, xPos, yPos;

  if(code == '/')      code = 0;                    // code conversion
  else if(code == '.') code = 1;
  else if(code == ':') code = 2;

  i = 0;
  xPos = Xcharacter*8;
  yPos = Ycharacter*8;
  for(y = 0; y < 56; y++)                           // repeat 56 pixel line
    { if(ScreenMode == 'L')
```

```
        { TFT_write(0x02, xPos >> 8);          // xPos = 0~319
          TFT_write(0x03, xPos & 0x00FF);
          TFT_write(0x06, 0x0000);             // yPos = 0~239
          TFT_write(0x07, yPos + y);
        }
      else
        { TFT_write(0x02, 0x0000);             // xPos = 0~239
          TFT_write(0x03, xPos);
          TFT_write(0x06, (yPos + y) >> 8);    // yPos = 0~319
          TFT_write(0x07, (yPos + y) & 0x00FF);
        }

      TFT_command(0x22);

      data = pgm_read_byte(&font_24x56[code][i++]); // display 1 pixel line(8 x 3 = 24 pixel)
      for(x = 0; x < 8; x++)
        { if(data & 0x80) TFT_data(foreground);
          else            TFT_data(background);
          data = data << 1;
        }

      data = pgm_read_byte(&font_24x56[code][i++]);
      for(x = 0; x < 8; x++)
        { if(data & 0x80) TFT_data(foreground);
          else            TFT_data(background);
          data = data << 1;
        }

      data = pgm_read_byte(&font_24x56[code][i++]);
      for(x = 0; x < 8; x++)
        { if(data & 0x80) TFT_data(foreground);
          else            TFT_data(background);
          data = data << 1;
        }
    }

  Xcharacter += 3;
  if(Xcharacter >= XcharacterLimit)            // end of line ?
    { Xcharacter = 0;
      Ycharacter += 7;
    }
}

void TFT_unsigned_decimal_xlarge(U32 number,U08 zerofill,U08 digit) /* display unsigned decimal number */
{
  unsigned char zero_flag, character;
  unsigned long div;

  if((digit == 0) || (digit > 9)) return;

  div = 1;
  while(--digit) div *= 10;

  zero_flag = zerofill;
  while(div > 0)                               // display number
    { character = number / div;
      if((character == 0) && (zero_flag == 0) && (div != 1))
        TFT_English_xlarge(character + ' ');
      else
        { zero_flag = 1;
          TFT_English_xlarge(character + '0');
        }
      number %= div;
      div /= 10;
    }
}

void TFT_hexadecimal_xlarge(U32 number, U08 digit)      /* display hexadecimal number */
{
  unsigned char i, character;

  if((digit == 0) || (digit > 8)) return;
```

```
  for(i = digit; i > 0; i--)
    { character = (number >> 4*(i-1)) & 0x0F;
      if(character < 10) TFT_English_xlarge(character + '0');
      else               TFT_English_xlarge(character - 10 + 'A');
    }
}

void TFT_unsigned_float_xlarge(float number,U08 integral,U08 fractional) /* display unsigned floating-point number */
{
  unsigned char zero_flag, digit, character;    // integral = digits of integral part
  unsigned long div, integer;                   // fractional = digits of fractional part

  digit = integral + fractional;
  if((integral == 0) || (fractional == 0) || (digit > 9)) return;

  div = 1;
  while(--digit) div *= 10;

  while(fractional--) number *= 10.;
  integer = (U32)(number + 0.5);

  zero_flag = 0;
  digit = 1;
  while(div > 0)                                // display number
    { character = integer / div;
      if((character == 0) && (zero_flag == 0) && (digit != integral))
        TFT_English_xlarge(character + ' ');
      else
        { zero_flag = 1;
          TFT_English_xlarge(character + '0');
        }
      integer %= div;
      div /= 10;

      if(digit == integral)
        TFT_English_xlarge('.');
      digit++;
    }
}
```

〈표 4.6.4〉 매우 큰 글씨 및 가장 큰 글씨 표시용 사용자 정의 함수들의 요약

사용자 정의 함수	기 능	입력 파라미터
TFT_English_vlarge()	TFT-LCD 모듈에 **매우 큰 글씨**(32×48)의 1글자를 출력한다.	U08 code
TFT_unsigned_decimal_vlarge()	TFT-LCD 모듈에 부호 없는 정수를 매우 큰 글씨로 출력한다. (zerofill = 1이면 선두의 무효 자리를 0으로 채운다.)	U32 number, U08 zerofill, digit
TFT_hexadecimal_vlarge()	TFT-LCD 모듈에 16진수를 매우 큰 글씨로 출력한다.	U32 number, U08 digit
TFT_unsigned_float_vlarge()	TFT-LCD 모듈에 부호 없는 실수를 매우 큰 글씨로 출력한다. (integral = 실수부 자리수, fractional = 소수부 자리수)	float number, U08 integral, fractional
TFT_English_xlarge()	TFT-LCD 모듈에 **가장 큰 글씨**(40×56)의 1글자를 출력한다.	U08 code
TFT_unsigned_decimal_xlarge()	TFT-LCD 모듈에 부호 없는 정수를 가장 큰 글씨로 출력한다. (zerofill = 1이면 선두의 무효 자리를 0으로 채운다.)	U32 number, U08 zerofill, digit
TFT_hexadecimal_xlarge()	TFT-LCD 모듈에 16진수를 가장 큰 글씨로 출력한다.	U32 number, U08 digit
TFT_unsigned_float_xlarge()	TFT-LCD 모듈에 부호 없는 실수를 가장 큰 글씨로 출력한다. (integral = 실수부 자리수, fractional = 소수부 자리수)	float number, U08 integral, fractional

이 헤더파일 OK-128DA-xlarge.h에서 제공하는 TFT-LCD 모듈의 매우 큰 글씨 및 가장 큰 글씨 출력에 관련되는 사용자 정의 함수들을 모두 요약 정리하면 <표 4.6.4>와 같다. 여기서 보듯이 32×48 픽셀의 **매우 큰 글씨**를 출력하는 함수의 이름에는 _vlarge가 붙고, 40×56 픽셀의 **가장 큰 글씨** 출력함수 이름에는 _xlarge가 추가된다는 점에 유의해야 한다. 매우 큰 글씨를 출력하는 함수에는 커서 표시 기능이 포함되지만, 가장 큰 글씨의 출력에는 어떤 부수적인 속성도 포함되지 않는다.

이 헤더파일 OK-128DA-xlarge.h에서 각 문자를 출력하는 함수의 동작 원리는 잘 알아두는 것이 좋다. 산업용 컨트롤러를 개발할 때 이런 특별한 글씨는 사용자가 필요에 따라서 종종 만들어 사용해야 하기 때문이다. 앞에서 설명한 보통 글씨나 큰 글씨의 경우에는 예를 들어 <그림 4.5.9>나 <그림 4.6.3>에서 보였듯이 1바이트의 폰트 데이터가 세로 방향으로 8개의 픽셀을 표시하며 가장 위쪽의 픽셀이 LSB로 되어 있다. 이 때문에 TFT-LCD 화면에서 수평 방향으로 픽셀을 1개씩 차례를 출력하려면 먼저 폰트 데이터의 각 바이트에서 1비트씩을 분리하고 이를 다시 16비트의 컬러 데이터로 변환해야 하기 때문에 큰 용량의 SRAM 메모리 버퍼를 사용하게 된다.

그러나, 매우 큰 글씨와 가장 큰 글씨의 경우에는 이렇게 하면 상당히 큰 SRAM 버퍼를 필요로 하여 SRAM 용량이 적은 마이크로컨트롤러에서는 구현하기 어려우므로 폰트 데이터를 가로 방향으로 배치하여 SRAM 버퍼를 사용하지 않고 데이터를 곧바로 TFT-LCD 화면에 출력하는 방식으로 처리하였다. 예를 들어 32×48 픽셀의 매우 큰 글씨에서 숫자 '1'은 <그림 4.6.5>에 보인 것처럼 폰트 데이터를 가로 방향으로 배치하고 왼쪽 픽셀을 MSB로 사용하였다. 그러면 이를 화면에 출력할 때 폰트 데이터의 각 바이트에서 MSB부터 LSB까지 차례로 1비트씩을 분리하고 이를 16비트의 컬러 데이터로 변환하여 곧바로 TFT-LCD의 화면에 출력하면 되기 때문에 SRAM 버퍼를 사용할 필요가 없다. 이 과정을 충분히 이해하기 위해서는 위의 헤더 파일에서 TFT_English_vlarge() 함수의 내부를 잘 알아야 한다.

가장 큰 글씨의 출력 방법도 매우 큰 글씨와 거의 유사하다. 이를 이해하려면 위의 헤더 파일에서 TFT_English_xlarge() 및 그 관련 함수의 내부를 잘 알아두어야 한다. 단, 가장 큰 글씨에서는 각 글자가 40×56 픽셀로 구성되지만 특별히 공백문자(' '), 마침표('.'), 콜론(':') 등의 3글자는 24×56 픽셀로 구성하여 가로 폭을 더 작게 줄였다는 것에 유의하라. 이렇게 해야만 디지털 시계나 어떤 수치 데이터를 디스플레이할 때 화면 구성이 더 합리적으로 처리된다.

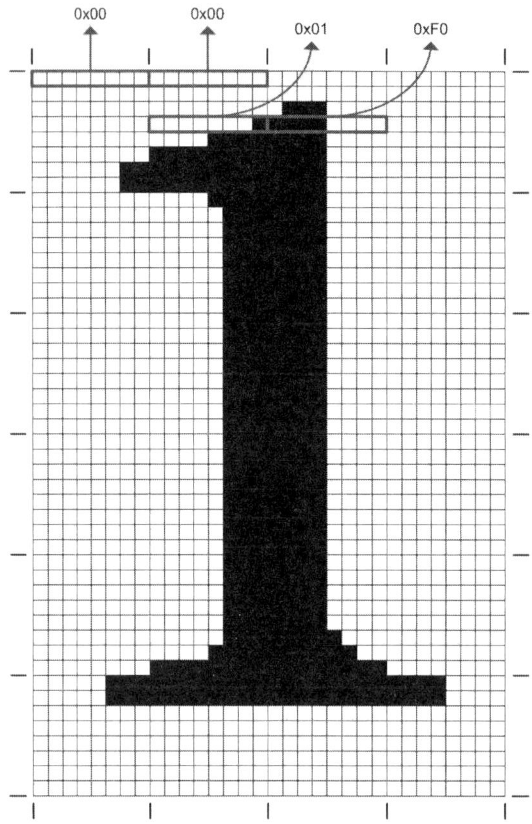

〈그림 4.6.5〉 32×48 픽셀의 매우 큰 글씨에서 숫자 '1'의 폰트 데이터 구성

4. 한글 디스플레이 프로그램

이제 320×240 픽셀의 TFT-LCD 모듈에 8×16 픽셀로 구성되는 영문 ASCII 문자 및 16×16 픽셀로 구성되는 조합형 한글의 보통 글씨나 12×24 픽셀로 구성되는 영문 ASCII 문자 및 24×24 픽셀로 구성되는 조합형 한글의 큰 글씨를 디스플레이할 수 있는 프로그램을 작성하여 보기로 한다. 그러나, 일부 예제에서는 좀 더 큰 글씨체를 사용하기도 한다.

C언어에서 TFT-LCD에 한글을 디스플레이하는 함수는 상당히 길고 복잡하여 사용자 프로그램에 이를 직접 작성하는 것은 불편하므로 보통 글씨와 큰 글씨 관련 함수를 모두 기본 헤더파일 OK-128DA.h에 제공하는데, 이에 관련되는 함수들은 앞의 <표 4.5.2> 및 <표 4.5.3>에 정리하였다. 또한, 32×48 픽셀로 구성되는 매우 큰 글씨와 40×56 픽셀로 구성되는 가장 큰 글씨의 숫자 출력에 관련된 모든 함수는 헤더파일

OK-128DA-xlarge.h에 제공하고 이 함수들은 <표 4.6.4>에 정리하였다.

(1) 기본적인 한글 출력 프로그램

OK-128DA 키트에서 한글 및 영문 ASCII 문자로 된 문자열 메시지를 풍경화 모드와 초상화 모드에서 각각 출력하는 예제 프로그램을 작성하여 보면 다음과 같다.

〈프로그램 Exp06_1.c〉 한글 및 영문 ASCII 문자를 출력하는 프로그램

```
/* ========================================================================== */
/*          Exp06_1_basic.c : TFT-LCD에서 기본적인 한글 출력 프로그램            */
/* ========================================================================== */
/*                        Designed and programmed by Duck-Yong Yoon in 2022.   */

#include <avr/io.h>
#include "OK-128DA.h"

int main(void)
{
  MCU_initialize();                          // initialize AVR128DA64 MCU
  Delay_ms(50);                              // wait for system stabilization
  LCD_initialize();                          // initialize text LCD module
  TFT_initialize();                          // initialize TFT-LCD module

  LCD_string(0x80," OK-128DA  V1.0 ");       // display title
  LCD_string(0xC0,"    Exp06_1.c    ");

  while(1)
    { TFT_clear_screen();                    // clear screen
      TFT_landscape_mode();                  // landscape mode
      Beep();

      TFT_string( 0, 0,Green,  Black,"****************************************");
      TFT_string( 0, 2,Magenta,Black,"     OK-128DA 트레이닝 키트  V1.0       ");
      TFT_string( 0, 4,Cyan,   Black,"       (TFT-32A 보드 V1.0 포함)         ");
      TFT_string( 0, 6,Green,  Black,"****************************************");
      TFT_string( 0, 8,Black,  Black,"                                        ");
      TFT_string( 0,10,Magenta,Black,"      (디스플레이 모드 = Landscape)      ");
      TFT_string( 0,14,Cyan,   Black,"    3.2인치, 320x240 픽셀, 65536 컬러   ");
      TFT_string( 0,16,White,  Black,"    컨트롤러/드라이버 HX8347-A(Himax)   ");
      TFT_string( 0,20,Red,    Black," 빨강 Red    ");
      TFT_string(13,20,Green,  Black," 녹색 Green  ");
      TFT_string(26,20,Blue,   Black," 파랑 Blue    ");
      TFT_string( 0,22,Yellow, Black," 노랑 Yellow ");
      TFT_string(13,22,Cyan,   Black," 녹청 Cyan   ");
      TFT_string(26,22,Magenta,Black," 자홍 Magenta ");
      TFT_string( 0,24,Black,  Black,"                                        ");
      TFT_string( 0,26,White,  Blue, "      윤교수의 마이크로프로세서 월드     ");
      TFT_string( 0,28,Green,  Black,"    (http://cafe.naver.com/mcu32bit)    ");
      Delay_ms(5000);

      TFT_clear_screen();                    // clear screen
      TFT_portrait_mode();                   // portrait mode
      Beep();

      TFT_string( 0, 0,Green,  Black,"******************************");
      TFT_string( 0, 2,Magenta,Black,"     OK-128DA 키트 V1.0       ");
      TFT_string( 0, 4,Cyan,   Black,"   (TFT-32A 보드 V1.0 포함)   ");
      TFT_string( 0, 6,Green,  Black,"******************************");
      TFT_string( 0, 8,Black,  Black,"                              ");
      TFT_string( 0,10,Magenta,Black," (디스플레이 모드 = Portrait) ");
      TFT_string( 0,14,Cyan,   Black,"    3.2인치, 240x320 픽셀     ");
      TFT_string( 0,16,Yellow, Black,"          65536 컬러          ");
```

```
        TFT_string( 0,20,Red,     Black,"    8+8비트 CPU 인터페이스    ");
        TFT_string( 0,24,White,   Black,"  컨트롤러/드라이버 HX8347-A  ");
        TFT_string( 0,26,White,   Black,"            (Himax)           ");
        TFT_string( 0,30,Red,     Black," 빨강 Red ");
        TFT_string(10,30,Green,   Black," 녹색 Gre ");
        TFT_string(20,30,Blue,    Black," 파랑 Blu ");
        TFT_string( 0,32,Yellow,  Black," 노랑 Yel ");
        TFT_string(10,32,Cyan,    Black," 녹청 Cya ");
        TFT_string(20,32,Magenta,Black," 자홍 Mag ");
        TFT_string( 0,36,White,   Blue, "윤교수의 마이크로프로세서 월드");
        TFT_string( 0,38,Green,   Black,"http://cafe.naver.com/mcu32bit");
        Delay_ms(5000);
      }
  }
```

(2) 큰 글씨를 출력하는 프로그램

다음 예제 프로그램은 8×16 픽셀의 영문 ASCII와 16×16 픽셀의 한글을 표시하는 보통 글씨는 물론이고, 여기에 12×24 픽셀의 영문 ASCII와 24×24 픽셀의 한글을 표시하는 큰 글씨, 그리고 32×48 픽셀의 매우 큰 글씨 숫자 및 40×56 픽셀의 가장 큰 글씨 숫자 등을 다양하게 출력하는 프로그램이다. 이들 글씨에는 다양한 전경색과 배경색은 기본이고, 여기에 투명 글씨, 외곽선체, 밑줄 등과 같은 다양한 속성도 표시할 수 있다.

〈프로그램 Exp06_2.c〉 큰 글씨, 매우 큰 글씨, 가장 큰 글씨를 출력하는 프로그램

```
/* ========================================================================== */
/*          Exp06_2.c : TFT-LCD에 여러가지 큰 글씨를 출력하는 프로그램          */
/* ========================================================================== */
/*                       Designed and programmed by Duck-Yong Yoon in 2022.   */

#include <avr/io.h>
#include "OK-128DA.h"
#include "OK-128DA-xlarge.h"

int main(void)
{
  unsigned char i;

  MCU_initialize();                          // initialize AVR128DA64 MCU
  Delay_ms(50);                              // wait for system stabilization
  LCD_initialize();                          // initialize text LCD module
  TFT_initialize();                          // initialize TFT-LCD module

  LCD_string(0x80," OK-128DA  V1.0 ");       // display title
  LCD_string(0xC0,"   Exp06_2.c    ");

  while(1)
    { TFT_clear_screen();                    // clear screen
      TFT_landscape_mode();                  // landscape mode

      TFT_string(0, 0,Green,  Black,"******************************************");
      TFT_string(0, 2,Magenta,Black,"      OK-128DA 트레이닝 키트  V1.0       ");
      TFT_string(0, 4,Cyan,   Black,"        (TFT-32A 보드 V1.0 포함)          ");
      TFT_string(0, 6,Green,  Black,"******************************************");
      TFT_string(0, 9,Magenta,Black,"      (디스플레이 모드 = Landscape)       ");
```

```
        TFT_string(0,13,Cyan,    Black,"        8x16 English ASCII Normal       ");
        TFT_string(0,15,Yellow,  Black,"       16x16 한글 보통 글씨 명조체      ");

        TFT_string_large(1,18, Cyan,   Black, "12x24 English ASCII Large");
        TFT_string_large(1,21, Yellow,Black, "24x24 한글 큰 글씨 명조체");

        TFT_string(0,26,White,   Blue, "     윤교수의 마이크로프로세서 월드     ");
        TFT_string(0,28,Green,   Black,"    (http://cafe.naver.com/mcu32bit)    ");
        Beep();
        Delay_ms(5000);

        TFT_string(0, 9,Cyan,Black,"                                        ");
        TFT_string(0,15,Cyan,Black,"                                        ");
        TFT_string(0,18,Cyan,Black,"                                        ");
        TFT_string(0,21,Cyan,Black,"                                        ");
        TFT_string( 8, 8,Yellow,Black,"32x48 아주 큰 글씨 숫자");
        TFT_xy(0,10);
        TFT_color(Cyan,Black);
        for(i = 0; i < 10; i++)
          TFT_English_vlarge(i + '0');
        TFT_string( 8,17,Yellow,Black,"40x56 가장 큰 글씨 숫자");
        TFT_xy(0,19);
        TFT_color(Cyan,Black);
        for(i = 0; i < 8; i++)
          TFT_English_xlarge(i + '0');
        Beep();
        Delay_ms(5000);

        TFT_clear_screen();                         // clear screen
        TFT_portrait_mode();                        // portrait mode

        TFT_string(0, 0,Green,   Black,"******************************");
        TFT_string(0, 2,Magenta,Black," OK-128DA 트레이닝 키트  V1.0 ");
        TFT_string(0, 4,Cyan,    Black,"   (TFT-32A 보드 V1.0 포함)   ");
        TFT_string(0, 6,Green,   Black,"******************************");
        TFT_string(0,10,Magenta,Black," (디스플레이 모드 = Portrait) ");

        TFT_string(0,16,Cyan,    Black,"     8x16 English Normal      ");
        TFT_string(0,19,Yellow,  Black,"    16x16 한글 보통 명조체    ");

        TFT_string_large(1,24, Cyan,   Black, "12x24 English Large");
        TFT_string_large(1,28, Yellow,Black, "24x24 한글 큰 명조");

        TFT_string(0,36,White,   Blue, "윤교수의 마이크로프로세서 월드");
        TFT_string(0,38,Green,   Black,"http://cafe.naver.com/mcu32bit");
        Beep();
        Delay_ms(5000);
      }
}
```

이 예제 프로그램을 컴파일하여 *OK-128DA* 키트에 다운로드하고 실행한 후에 화면에 보이는 여러 가지 크기의 글씨체를 세밀하게 관찰하라. 글씨의 크기가 커짐에 따라 글씨가 좀 더 미려해지는 것을 느낄 수 있는가?

(3) 투명 글씨, 외곽선체 및 밑줄을 출력하는 프로그램

TFT-LCD 모듈에 문자를 출력할 때 필요하면 투명 글씨나 외곽선체를 사용할 수 있다. 먼저, 투명 글씨를 사용하려면 해당 문자의 전경색을 사용자가 원하는대로 지정하고 배경색을 Transparent로 지정하면 된다.

외곽선체 출력 기능의 사용 여부와 색깔은 함수로 지정한다. 즉, 기본 헤더파일 OK-128DA.h에서 기본적으로 outline_flag = 0으로 되어 있어서 문자에 외곽선을 표시하지 않는 상태에 있으며, 만약 이제부터 출력할 문자에 외곽선을 표시하도록 설정하려면 TFT_outline(U16 outline_color) 함수를 사용하여 outline_flag = 1로 설정하고 원하는 외곽선의 색깔을 지정한다. 다시 외곽선이 보이지 않는 상태로 해제하려면 TFT_outline(Transparent) 함수를 사용하여 외곽선의 색깔을 투명하게 지정한다.

다음 예제 프로그램에서는 투명 글씨의 사용 예와 외곽선체를 사용하여 화면에서 글씨를 좀 더 또렷하게 볼 수 있는 예를 보여준다.

〈프로그램 Exp06_3.c〉 투명 글씨 및 외곽선체를 사용하는 프로그램

```
/* ============================================================================ */
/*            Exp06_3.c : TFT-LCD 투명 글씨 및 외곽선체 출력 프로그램          */
/* ============================================================================ */
/*                         Designed and programmed by Duck-Yong Yoon in 2022.   */

#include <avr/io.h>
#include "OK-128DA.h"

int main(void)
{
  MCU_initialize();                              // initialize AVR128DA64 MCU
  Delay_ms(50);                                  // wait for system stabilization
  LCD_initialize();                              // initialize text LCD module
  TFT_initialize();                              // initialize TFT-LCD module

  LCD_string(0x80," OK-128DA  V1.0 ");           // display title
  LCD_string(0xC0,"    Exp06_3.c    ");

  while(1)
    { TFT_color_screen(White);
      TFT_string(1, 2, White,Magenta," 투명 글씨 및 외곽선체 사용 예(16x16) ");
      TFT_string(7, 7, White,Blue,    " (1) 외곽선이 없을 경우 ");
      TFT_string(3,10, Yellow,Transparent,"한글, English, ABCDEF, 0123456789");
      TFT_string(6,13, Yellow,Transparent,"글씨가 잘 보이지 않습니다.");

      TFT_string(7,18, White,Blue,    " (2) 외곽선이 있을 경우 ");
      TFT_outline(Blue);
      TFT_string(3,22, Yellow,Transparent,"한글, English, ABCDEF, 0123456789");
      TFT_string(7,25, Yellow,Transparent,"이제 글씨가 잘 보입니다.");
      TFT_outline(Transparent);
      Beep();
      Delay_ms(5000);

      TFT_color_screen(Yellow);
      TFT_string(1, 2, White,Magenta," 투명 글씨 및 외곽선체 사용 예(16x16) ");
      TFT_string(7, 7, White,Blue,    " (1) 외곽선이 없을 경우 ");
      TFT_string(3,10, White,Transparent,"한글, English, ABCDEF, 0123456789");
      TFT_string(6,13, White,Transparent,"글씨가 잘 보이지 않습니다.");

      TFT_string(7,18, White,Blue,    " (2) 외곽선이 있을 경우 ");
      TFT_outline(Blue);
      TFT_string(3,22, White,Transparent,"한글, English, ABCDEF, 0123456789");
      TFT_string(7,25, White,Transparent,"이제 글씨가 잘 보입니다.");
      TFT_outline(Transparent);
      Beep();
```

```
        Delay_ms(5000);

        TFT_color_screen(White);
        TFT_string(1, 2, White,Magenta," 투명 글씨 및 외곽선체 사용 예(24x24) ");
        TFT_string(7, 7, White,Blue,    " (1) 외곽선이 없을 경우 ");
        TFT_string_large(3,10,Yellow,Transparent,"한글, English, 01234");
        TFT_string_large(0,13,Yellow,Transparent,"글씨가 잘 보이지 않습니다.");

        TFT_string(7,18, White,Blue,    " (2) 외곽선이 있을 경우 ");
        TFT_outline(Blue);
        TFT_string_large(3,22,Yellow,Transparent,"한글, English, 01234");
        TFT_string_large(1,25,Yellow,Transparent,"이제 글씨가 잘 보입니다.");
        TFT_outline(Transparent);
        Beep();
        Delay_ms(5000);

        TFT_color_screen(Yellow);
        TFT_string(1, 2, White,Magenta," 투명 글씨 및 외곽선체 사용 예(24x24) ");
        TFT_string(7, 7, White,Blue,    " (1) 외곽선이 없을 경우 ");
        TFT_string_large(3,10,White,Transparent,"한글, English, 01234");
        TFT_string_large(0,13,White,Transparent,"글씨가 잘 보이지 않습니다.");

        TFT_string(7,18, White,Blue,    " (2) 외곽선이 있을 경우 ");
        TFT_outline(Blue);
        TFT_string_large(3,22,White,Transparent,"한글, English, 01234");
        TFT_string_large(1,25,White,Transparent,"이제 글씨가 잘 보입니다.");
        TFT_outline(Transparent);
        Beep();
        Delay_ms(5000);
      }
  }
```

☞ 문자 출력 함수에서 투명 글씨를 사용하려면 TFT_string(), TFT_color() 등의 함수에서 배경색을 Transparent로 지정한다. 외곽선을 표시하는 상태로 설정하려면 TFT_outline() 함수를 사용하여 outline_flag = 1로 설정하고 외곽선의 색깔을 지정하면 된다. 그리고 다시 외곽선을 표시하지 않는 상태로 해제하려면 TFT_outline(Transparent) 함수를 사용하여 outline_flag = 0으로 설정하면 된다.

이 예제를 실행하여 보면 주변의 배경과 비슷한 색깔을 사용하였기 때문에 흐리게 보이던 문자들이 외곽선을 사용하면 훨씬 선명하게 보이는 것을 확인할 수 있다.

출력하는 문자에 밑줄을 표시하는 방법도 TFT_underscore(U16 outline_color) 함수를 사용하는 것 이외에는 외곽선체 사용 방법과 동일하다. 즉, 헤더파일 OK-128DA.h에서 기본적으로 underscore_flag = 0으로 되어 있어서 문자에 밑줄을 표시하지 않는 상태에 있는데, 만약 이제부터 화면에 출력할 문자에 밑줄을 표시하도록 설정하려면 TFT_underscore(U16 underscore_color) 함수를 사용하여 underscore_flag = 1로 설정하고 밑줄의 색깔을 지정한다. 나중에 다시 밑줄이 보이지 않는 상태로 해제하려면 TFT_underscore(Transparent) 함수를 사용하면 된다.

다음 예제 프로그램에서는 보통 글씨 및 큰 글씨에서 각각 밑줄과 외곽선체를 사용하여 영문 또는 한글을 출력하는 방법을 보여준다.

〈프로그램 Exp06_4.c〉 밑줄 및 외곽선체를 사용하는 프로그램

```
/* ============================================================================ */
/*            Exp06_4.c : TFT-LCD 밑줄 및 외곽선체 출력 프로그램                  */
/* ============================================================================ */
/*                        Designed and programmed by Duck-Yong Yoon in 2022.   */

#include <avr/io.h>
#include "OK-128DA.h"

int main(void)
{
  MCU_initialize();                             // initialize AVR128DA64 MCU
  Delay_ms(50);                                 // wait for system stabilization
  LCD_initialize();                             // initialize text LCD module
  TFT_initialize();                             // initialize TFT-LCD module

  LCD_string(0x80," OK-128DA  V1.0 ");          // display title
  LCD_string(0xC0,"   Exp06_4.c    ");

  while(1)
    { TFT_clear_screen();
      TFT_landscape_mode();                     // landscape mode
      Beep();

      TFT_string_large(2, 1, White,Magenta," 밑줄/외곽선체 사용 예 ");
      TFT_string(6, 7, Green,Black,"한글/English 12345 정상체");
      TFT_underscore(Yellow);
      TFT_string(6,10, Cyan, Black,"한글/English 12345 밑줄");
      TFT_underscore(Transparent);
      TFT_outline(Red);
      TFT_string(6,13, White,Black,"한글/English 12345 외곽선체");
      TFT_outline(Transparent);

      TFT_string_large(1,18, Green,Black,"한글/English 12345 정상체");
      TFT_underscore(Yellow);
      TFT_string_large(1,22, Cyan, Black,"한글/English 12345 밑줄");
      TFT_underscore(Transparent);
      TFT_outline(Red);
      TFT_string_large(1,26, White,Black,"한글/English 12345 외곽선");
      TFT_outline(Transparent);
      Delay_ms(5000);

      TFT_clear_screen();
      TFT_portrait_mode();                      // portrait mode
      Beep();

      TFT_string_large(0, 3, White,Magenta," 밑줄/외곽선체 사용 ");
      TFT_string(2,11, Green,Black,"한글/English 12345 정상체");
      TFT_underscore(Yellow);
      TFT_string(2,14, Cyan, Black,"한글/English 12345 밑줄");
      TFT_underscore(Transparent);
      TFT_outline(Red);
      TFT_string(2,17, White,Black,"한글/English 12345 외곽선체");
      TFT_outline(Transparent);

      TFT_string_large(1,24, Green,Black,"한글/English 12345");
      TFT_underscore(Yellow);
      TFT_string_large(1,29, Cyan, Black,"한글/English 12345");
      TFT_underscore(Transparent);
      TFT_outline(Red);
      TFT_string_large(1,34, White,Black,"한글/English 12345");
      TFT_outline(Transparent);
      Delay_ms(5000);
    }
}
```

(4) 커서를 표시하는 프로그램

TFT-LCD 모듈 화면에 여러가지 종류의 정보를 표시하여 놓고 키입력을 이용하여 이것들 중에서 일부 항목의 설정을 변경하려는 경우에는 커서가 있어야 편리하다. 커서는 현재 사용자가 키로 설정 작업을 수행하려는 항목이 어떤 것인지를 선택하거나 눈으로 확인할 수 있도록 해준다.

헤더파일 OK-128DA.h에서는 기본적으로 cursor_flag = 0으로 되어 있어서 커서를 표시하지 않는 모드에 있으며, 만약 이제부터 화면에 커서가 보이도록 설정하려면 먼저 TFT_cursor(U16 cursor_color) 함수를 사용하여 cursor_flag = 1로 설정하고 커서의 색깔을 지정한다. 다시 커서를 보이지 않게 해제하려면 TFT_cursor(Transparent) 함수를 사용하면 된다.

이와 같이 커서를 사용하는 예제 프로그램은 제4.10절과 제4.16절에서 디지털 시계 프로그램 예제로 제공하니 참고하기 바란다.

(5) 여러 행이 연속되는 문자열 출력 프로그램

헤더파일 OK-128DA.h에서 제공하는 한글 및 영문 ASCII 문자로 된 문자열 출력 함수에는 긴 문자열이 여러 행에 걸쳐서 연속으로 표시될 수 있도록 하는 기능이 포함되어 있다. 다음 예제 프로그램에서 이런 기능을 확인할 수 있다. 첫번째 화면의 김소월 시(詩) "진달래 꽃"은 모든 행의 길이가 짧아서 다음 행으로 넘겨지지 않으므로 각 행을 별도의 TFT_string() 함수로 출력하였다. 그러나, 두번째 화면의 "국기에 대한 맹세"는 1개의 문장이 상당히 길어서 다음 행으로 넘어가게 되는데 이를 하나의 TFT_string() 함수로 출력하더라도 내부에서 알아서 행을 넘겨 연속으로 출력한다.

〈프로그램 Exp06_5.c〉 긴 문자열을 출력하는 프로그램

```
/* ============================================================================ */
/*              Exp06_5.c : TFT-LCD에 긴 문자열을 출력하는 프로그램               */
/* ============================================================================ */
/*                        Designed and programmed by Duck-Yong Yoon in 2022.   */

#include <avr/io.h>
#include "OK-128DA.h"

int main(void)
{
  MCU_initialize();                           // initialize AVR128DA64 MCU
  Delay_ms(50);                               // wait for system stabilization
  LCD_initialize();                           // initialize text LCD module
  TFT_initialize();                           // initialize TFT-LCD module

  LCD_string(0x80," OK-128DA  V1.0 ");        // display title
  LCD_string(0xC0,"   Exp06_5.c    ");
```

```
  while(1)
    { TFT_clear_screen();                         // display screen 1
      TFT_landscape_mode();                       // landscape mode
      Beep();

      TFT_string(11, 2,White, Magenta," 국기에 대한 맹세 ");
      Delay_ms(1000);
      TFT_string(17, 6,White, Black,"(현행)");
      Delay_ms(1000);
      TFT_string( 0, 9,Green, Black,"  나는 자랑스러운 태극기 앞에 자유롭고 정의로운 대한민국의
무궁한 영광을 위하여 충성을 다할 것을 굳게 다짐합니다.");
      Delay_ms(1000);
      TFT_string(15,18,White, Black,"(옛 버전)");
      Delay_ms(1000);
      TFT_string( 0,21,Yellow,Black,"  나는 자랑스런 태극기 앞에 조국과 민족의 무궁한 영광을 위
하여 몸과 마음을 바쳐 충성을 다할 것을 굳게 다짐합니다.");
      Delay_ms(5000);

      TFT_clear_screen();                         // display screen 2
      TFT_portrait_mode();                        // portrait mode
      Beep();

      TFT_string( 9, 1,White, Magenta," 진달래 꽃 ");
      Delay_ms(1000);
      TFT_string(18, 5,Green, Black,"김소월");
      Delay_ms(1000);
      TFT_string( 0, 9,Cyan,  Black,"나보기가 역겨워");
      Delay_ms(1000);
      TFT_string( 0,11,Cyan,  Black,"가실 때에는");
      Delay_ms(1000);
      TFT_string( 0,13,Cyan,  Black,"말없이 고이 보내드리오리다.");
      Delay_ms(1000);
      TFT_string( 0,17,Yellow,Black,"영변에 약산");
      Delay_ms(1000);
      TFT_string( 0,19,Yellow,Black,"진달래꽃");
      Delay_ms(1000);
      TFT_string( 0,21,Yellow,Black,"아름따다 가실 길에 뿌리오리다.");
      Delay_ms(1000);
      TFT_string( 0,25,Cyan,  Black,"가시는 걸음 걸음");
      Delay_ms(1000);
      TFT_string( 0,27,Cyan,  Black,"놓인 그 꽃을");
      Delay_ms(1000);
      TFT_string( 0,29,Cyan,  Black,"사뿐히 즈려밟고 가시옵소서.");
      Delay_ms(1000);
      TFT_string( 0,33,Red,   Black,"나보기가 역겨워");
      Delay_ms(1000);
      TFT_string( 0,35,Red,   Black,"가실 때에는");
      Delay_ms(1000);
      TFT_string( 0,37,Red,   Black,"죽어도 아니 눈물 흘리오리다.");
      Delay_ms(3000);
    }
}
```

위의 예제 프로그램에서는 TFT_string() 함수가 각 문자를 실시간으로 출력하므로 너무 빨라서 사람이 보기에 불편할 수 있다. 만약 이를 좀 더 천천히 출력하고자 한다면 다음의 예제에서처럼 TFT_string() 함수를 TFT_string_slow() 함수로 변형하여 사용할 수 있다. 이 TFT_string_slow() 함수에는 글자를 천천히 표시하는 기능과 각 글자를 타이프라이터(typewriter)로 입력하는 것처럼 적절한 기계음을 발생시키는 기능을 갖도록 하였다.

〈프로그램 Exp06_6.c〉 문자열을 천천히 출력하는 프로그램

```
/* ========================================================================== */
/*         Exp06_6.c : TFT-LCD에 긴 문자열을 천천히 출력하는 프로그램          */
/* ========================================================================== */
/*                     Designed and programmed by Duck-Yong Yoon in 2022.     */

#include <avr/io.h>
#include "OK-128DA.h"

void TFT_string_slow(U08 xChar,U08 yChar,U16 colorfore,U16 colorback,char *str); /* write TFT-LCD string */

/* ----- 메인 프로그램 -------------------------------------------------------- */

int main(void)
{
  MCU_initialize();                           // initialize AVR128DA64 MCU
  Delay_ms(50);                               // wait for system stabilization
  LCD_initialize();                           // initialize text LCD module
  TFT_initialize();                           // initialize TFT-LCD module

  LCD_string(0x80," OK-128DA  V1.0 ");        // display title
  LCD_string(0xC0,"   Exp06_6.c    ");
  Beep();

  while(1)
    { TFT_clear_screen();                     // display screen 1
      TFT_landscape_mode();                   // landscape mode

      TFT_string_slow(11, 2,White, Magenta," 국기에 대한 맹세 ");
      Delay_ms(1000);
      TFT_string_slow(17, 6,White, Black,"(현행)");
      Delay_ms(1000);
      TFT_string_slow( 0, 9,Green, Black,"  나는 자랑스러운 태극기 앞에 자유롭고 정의로운 대한민
국의 무궁한 영광을 위하여 충성을 다할 것을 굳게 다짐합니다.");
      Delay_ms(1000);
      TFT_string_slow(15,18,White, Black,"(옛 버전)");
      Delay_ms(1000);
      TFT_string_slow( 0,21,Yellow,Black,"  나는 자랑스런 태극기 앞에 조국과 민족의 무궁한 영광
을 위하여 몸과 마음을 바쳐 충성을 다할 것을 굳게 다짐합니다.");
      Delay_ms(3000);

      TFT_clear_screen();                     // display screen 2
      TFT_portrait_mode();                    // portrait mode

      TFT_string_slow( 9, 1,White, Magenta," 진달래 꽃 ");
      Delay_ms(1000);
      TFT_string_slow(18, 5,Green, Black,"김소월");
      Delay_ms(1000);
      TFT_string_slow( 0, 9,Cyan,  Black,"나보기가 역겨워");
      Delay_ms(1000);
      TFT_string_slow( 0,11,Cyan,  Black,"가실 때에는");
      Delay_ms(1000);
      TFT_string_slow( 0,13,Cyan,  Black,"말없이 고이 보내드리오리다.");
      Delay_ms(1000);
      TFT_string_slow( 0,17,Yellow,Black,"영변에 약산");
      Delay_ms(1000);
      TFT_string_slow( 0,19,Yellow,Black,"진달래꽃");
      Delay_ms(1000);
      TFT_string_slow( 0,21,Yellow,Black,"아름따다 가실 길에 뿌리오리다.");
      Delay_ms(1000);
      TFT_string_slow( 0,25,Cyan,  Black,"가시는 걸음 걸음");
      Delay_ms(1000);
      TFT_string_slow( 0,27,Cyan,  Black,"놓인 그 꽃을");
      Delay_ms(1000);
      TFT_string_slow( 0,29,Cyan,  Black,"사뿐히 즈려밟고 가시옵소서.");
      Delay_ms(1000);
      TFT_string_slow( 0,33,Red,   Black,"나보기가 역겨워");
      Delay_ms(1000);
      TFT_string_slow( 0,35,Red,   Black,"가실 때에는");
      Delay_ms(1000);
      TFT_string_slow( 0,37,Red,   Black,"죽어도 아니 눈물 흘리오리다.");
```

```
        Delay_ms(3000);
    }
}

/* ----- 사용자 정의 함수 --------------------------------------------------- */

void TFT_string_slow(U08 xChar,U08 yChar,U16 colorfore,U16 colorback,char *str) /* write TFT-LCD string */
{
  unsigned char ch1, ch2;
  unsigned int hangeul;

  Xcharacter = xChar;
  Ycharacter = yChar;

  foreground = colorfore;
  background = colorback;

  while(*str)
    { ch1 = *str;
      str++;

      if(ch1 < 0x80)                          // English ASCII character
        TFT_English(ch1);
      else                                    // Korean
        { ch2 = *str;
          hangeul = (ch1 << 8) + ch2;
          str++;
          hangeul = KS_code_conversion(hangeul);// convert 완성형 to 조합형
          TFT_Korean(hangeul);
        }

      if(ch1 != ' ')
        { PORTC_OUTSET = 0x80;                // buzzer on
          Delay_ms(1);                        // delay 1 ms
          PORTC_OUTCLR = 0x80;                // buzzer off
        }

      Delay_ms(200);                          // delay for slow display
    }
}
```

5. 실습 과제

(1) 한글 코드에는 조합형 및 완성형 이외에 또 어떤 방식이 있는지 조사하라. 또한, 조합형 한글 코드와 완성형 한글 코드의 장단점을 비교하여 설명하라.

(2) 문자 폰트에는 비트맵 방식 이외에 또 어떤 방식이 있는지 조사하고, 이것들의 장단점은 무엇인지 비교하여 설명하라.

(3) 헤더파일 OK-128DA.h에서 한글 및 영문 ASCII 문자 출력 함수를 보고 밑줄 및 커서를 출력하는 원리를 설명하라.

(4) 헤더파일 OK-128DA.h에서 한글 및 영문 ASCII 문자 출력 함수를 보고 외곽선체를 출력하는 원리를 설명하라.

4.7 TFT-LCD 모듈 그래픽 출력 프로그램

이 절에서는 *OK-128DA* 키트의 TFT-LCD 모듈에 그래픽 화면을 출력하는 프로그래밍 기술에 대하여 공부한다. 그래픽은 크게 수학함수에 의한 그래픽 처리 화면, 그림 파일과 같은 이미지 데이터를 출력하는 그래픽 처리 화면, 그리고 실시간으로 측정에 의한 그래픽 처리 화면 등으로 나눌 수 있다.

관련 내용	(1) 제4.5절 TFT-LCD 모듈 영문 ASCII 출력 프로그램 (2) 제2.3절 A/D 컨버터(ADC0)

1. 수학함수에 의한 그래픽 디스플레이 프로그램

여기서는 TFT-LCD 모듈에 수학함수로 직선이나 사각형, 원 등의 그래픽 도형을 디스플레이하는 예제 프로그램을 작성하여 보기로 한다. TFT-LCD 모듈에서 수학적인 연산으로 이러한 기본 도형을 그리는 사용자 함수는 헤더파일 OK-128DA.h에 만들어 놓았으며, 이를 앞의 <표 4.5.2>에서 정리한 바 있다. 이처럼 도형을 그리는 함수 Line(), Rectangle(), Block(), Circle(), Sine() 등의 내용은 초보자들에게는 적잖이 어려울 수 있지만 최대한 본인의 노력으로 이해할 필요가 있으며, 이밖에도 자신이 필요로 하는 도형 그리기 함수가 있으면 이를 프로그램으로 작성할 수 있어야 한다.

수학이나 소프트웨어 공학에서는 아주 다양한 그래픽 알고리즘들이 개발되어 있으나 여기서는 그러한 알고리즘을 공부하는 것이 목적이 아니므로 그냥 단순하고 알기 쉬운 기법들을 적용하여 그래픽 도형을 프로그램하였다.

다음은 기본 헤더파일 OK-128DA.h에 내장된 도형 그리기 함수를 이용하여 여러 가지 그래픽 쇼를 구현한 예제 프로그램이다.

〈프로그램 Exp07_1.c〉 수학함수를 이용한 그래픽 디스플레이 프로그램

```
/* ============================================================================ */
/*                Exp07_1.c : 수학함수를 이용한 그래픽 프로그램                  */
/* ============================================================================ */
/*                        Designed and programmed by Duck-Yong Yoon in 2022.    */

#include <avr/io.h>
```

```
#include "OK-128DA.h"

int main(void)
{
  unsigned int i, x, y;

  MCU_initialize();                          // initialize AVR128DA64 MCU
  Delay_ms(50);                              // wait for system stabilization
  LCD_initialize();                          // initialize text LCD module
  TFT_initialize();                          // initialize TFT-LCD module

  LCD_string(0x80," OK-128DA  V1.0 ");       // display title
  LCD_string(0xC0,"    Exp07_1.c     ");

  while(1)
    { Beep();

      Rectangle(0,0, 319,239, Magenta);      // graphic show of line
      Rectangle(1,1, 318,238, Magenta);
      for(x = 10; x <= 310; x += 10)
        { Line(x,0, x,239, Green);
          Delay_ms(20);
        }
      for(y = 10; y <= 230; y += 10)
        { Line(0,y, 319,y, Green);
          Delay_ms(20);
        }
      Delay_ms(3000);
      TFT_clear_screen();

      Rectangle(0,0, 319,239, Magenta);      // graphic show of ramp
      Rectangle(1,1, 318,238, Magenta);
      for(i = 0,x = 20,y = 12; i <= 34; i++,x += 20,y += 12)
        { Line(x,0, 0,y, Red);
          Line(0,239-y, x,239, Red);
          Delay_ms(20);
        }
      for(i = 0,x = 700,y = 420; i <= 34; i++,x -= 20,y -= 12)
        { Line(x,0, 0,y, Cyan);
          Line(0,239-y, x,239, Cyan);
          Delay_ms(20);
        }
      Delay_ms(3000);
      TFT_clear_screen();

      Rectangle(0,0, 319,239, Magenta);      // graphic show of rectangle
      Rectangle(1,1, 318,238, Magenta);
      for(i = 0,x = 152,y = 114; i <= 18; i++,x -= 8,y -= 6)
        { Rectangle(x,y, 319-x,239-y, Cyan);
          Delay_ms(20);
        }
      Delay_ms(1000);
      for(i = 0,x = 8,y = 6; i <= 18; i++,x += 8,y += 6)
        { Rectangle(x,y, 319-x,239-y, Red);
          Delay_ms(20);
        }
      for(i = 0,x = 152,y = 114; i <= 18; i++,x -= 8,y -= 6)
        { Rectangle(x,y, 319-x,239-y, Green);
          Delay_ms(20);
        }
      Delay_ms(3000);
      TFT_clear_screen();

      Rectangle(0,0, 319,239, Magenta);      // graphic show of circle
      Rectangle(1,1, 318,238, Magenta);
      for(i = 10; i <= 180; i += 10)
        { Circle(160,120,i, Green);
          Delay_ms(20);
        }
      Delay_ms(1000);
      for(i = 180; i >= 10; i -= 10)
        { Circle(160,120,i, Red);
          Delay_ms(20);
```

```
      }
    for(i = 10; i <= 180; i += 10)
      { Circle(160,120,i, White);
        Delay_ms(20);
      }
    Delay_ms(3000);
    TFT_clear_screen();

    Rectangle(0,0, 319,239, Magenta);          // graphic show of 2 circles
    Rectangle(1,1, 318,238, Magenta);
    for(i = 10; i <= 150; i += 10)
      { Circle(80,120,i, Green);
        Circle(240,120,i, Green);
        Delay_ms(20);
      }
    Delay_ms(1000);
    for(i = 150; i >= 10; i -= 10)
      { Circle(80,120,i, Red);
        Circle(240,120,i, Red);
        Delay_ms(20);
      }
    for(i = 10; i <= 150; i += 10)
      { Circle(80,120,i, Yellow);
        Circle(240,120,i, Yellow);
        Delay_ms(20);
      }
    Delay_ms(3000);
    TFT_clear_screen();

    Rectangle(0,0, 319,239, Magenta);          // graphic show of sine curve
    Rectangle(1,1, 318,238, Magenta);
    Line(0,120, 319,120, Magenta);
    for(i = 10; i <= 120; i += 10)
      { Sine(i, 0, Green);
        Delay_ms(20);
      }
    Delay_ms(1000);
    for(i = 10; i <= 120; i += 10)
      { Sine(i, 1, Blue);
        Delay_ms(20);
      }
    Delay_ms(3000);
    TFT_clear_screen();
  }
}
```

☞ 헤더파일 OK-128DA.h에서 제공하는 그래픽 함수 Line(), Rectangle(), Block(), Circle(), Sine() 등의 동작 원리를 이해하고, 그것들이 이 예제 프로그램에서 어떻게 활용되고 있는지 잘 분석하는 것이 좋다.

이번에는 난수를 발생시켜 도형의 크기와 색을 랜덤하게 변화시키는 방법으로 여러가지 그래픽 쇼를 구현한 예제 프로그램이다.

〈프로그램 Exp07_2.c〉 수학함수와 난수를 이용한 그래픽 쇼 프로그램

```
/* ============================================================================ */
/*              Exp07_2.c : 난수를 이용한 랜덤 그래픽 프로그램                  */
/* ============================================================================ */
/*                          Designed and programmed by Duck-Yong Yoon in 2022.  */

#include <avr/io.h>
#include <stdlib.h>
```

```
#include "OK-128DA.h"

void Gradation(U16 x1,U16 y1, U16 x2,U16 y2, U16 color); /* gradation for rectangle */

/* ----- 메인 프로그램 ------------------------------------------------------- */

int main(void)
{
  unsigned char i, key, line_color, fill_color;
  unsigned int color;
  signed int x1, y1, x2, y2, r;
  unsigned int Color[16] = { White, DarkGrey, Red, Green, Blue, Yellow, Cyan, Magenta,
                   Pink, Purple, LightGrey, Violet, Navy, Khaki, DarkGreen, Olive };

  MCU_initialize();                        // initialize AVR128DA64 MCU
  Delay_ms(50);                            // wait for system stabilization
  LCD_initialize();                        // initialize text LCD module
  TFT_initialize();                        // initialize TFT-LCD module

  LCD_string(0x80," OK-128DA  V1.0 ");     // display title
  LCD_string(0xC0,"   Exp07_2.c    ");

  TFT_string(6,10, White,Magenta, " 난수를 이용한 랜덤 그래픽 "); // wait KEY1 to start
  TFT_string(8,15,  Cyan,  Black, " Press KEY1 to start ! ");

  TCA1_SINGLE_CTRLD = 0x00;                // TCA1 = normal mode
  TCA1_SINGLE_CTRLB = 0x00;
  TCA1_SINGLE_CTRLA = 0x01;                // TCA1_CLK = CLK_PER = 24Mz
  TCA1_SINGLE_CNT = 0x0000;

  key = 0;
  while(key != KEY1) key = Key_input();    // wait KEY1 for random starting
  srand(TCA1_SINGLE_CNT);                  // initialize random number
  TFT_clear_screen();                      // clear screen

  while(1)
    { for(i = 0; i < 100; i++)             // graphic show 1(line 1)
        { x2 = rand() % 320;
          y2 = rand() % 240;

          Line(2,2, x2,y2, White);
          Rectangle(0,0, 319,239, Magenta);
          Rectangle(1,1, 318,238, Magenta);
          Delay_ms(30);
        }
      Delay_ms(1000);
      TFT_clear_screen();
      Beep();

      for(i = 0; i < 100; i++)             // graphic show 2(line 2)
        { x2 = rand() % 320;
          y2 = rand() % 240;

          Line(2,237, x2,y2, Yellow);
          Rectangle(0,0, 319,239, Magenta);
          Rectangle(1,1, 318,238, Magenta);
          Delay_ms(30);
        }
      Delay_ms(1000);
      TFT_clear_screen();
      Beep();

      for(i = 0; i < 100; i++)             // graphic show 3(line 3)
        { x2 = rand() % 320;
          y2 = rand() % 240;

          Line(317,237, x2,y2, Green);
          Rectangle(0,0, 319,239, Magenta);
          Rectangle(1,1, 318,238, Magenta);
          Delay_ms(30);
        }
      Delay_ms(1000);
```

```
TFT_clear_screen();
Beep();

for(i = 0; i < 100; i++)                        // graphic show 4(line 4)
  { x2 = rand() % 320;
    y2 = rand() % 240;

    Line(317,2, x2,y2, Cyan);
    Rectangle(0,0, 319,239, Magenta);
    Rectangle(1,1, 318,238, Magenta);
    Delay_ms(30);
  }
Delay_ms(3000);
TFT_clear_screen();
Beep();

for(i = 0; i < 50; i++)                         // graphic show 5(rectangle)
  { x1 = rand() % 320;
    y1 = rand() % 240;
    x2 = rand() % 320;
    y2 = rand() % 240;
    line_color = rand() % 16;

    Rectangle(x1,y1, x2,y2, Color[line_color]);
    Rectangle(0,0, 319,239, Magenta);
    Rectangle(1,1, 318,238, Magenta);
    Delay_ms(50);
  }
Delay_ms(3000);
TFT_clear_screen();
Beep();

for(i = 0; i < 30; i++)                         // graphic show 6(block)
  { x1 = rand() % 320;
    y1 = rand() % 240;
    x2 = rand() % 320;
    y2 = rand() % 240;
    line_color = rand() % 16;
    fill_color = rand() % 16;

    Block(x1,y1, x2,y2, Color[line_color], Color[fill_color]);
    Rectangle(0,0, 319,239, Magenta);
    Rectangle(1,1, 318,238, Magenta);
    Delay_ms(50);
  }
Delay_ms(3000);
TFT_clear_screen();
Beep();

for(i = 0; i < 50; i++)                         // graphic show 7(circle)
  { x1 = rand() % 320;
    y1 = rand() % 240;
    r = rand() % 120;
    line_color = rand() % 16;

    Circle(x1,y1, r, Color[line_color]);
    Rectangle(0,0, 319,239, Magenta);
    Rectangle(1,1, 318,238, Magenta);
    Delay_ms(50);
  }
Delay_ms(3000);
TFT_clear_screen();
Beep();

for(i = 0; i < 30; i++)                         // graphic show 8(gradation)
  { x1 = rand() % 320;
    y1 = rand() % 240;
    r = rand() & 0x007F;
    x2 = x1 + r;
    y2 = y1 + r;
    color = (rand() % 32) << 11;
    color |= (rand() % 64) << 5;
    color |= (rand() % 32);
```

```
			Gradation(x1,y1, x2,y2, color);
			Rectangle(0,0, 319,239, Magenta);
			Rectangle(1,1, 318,238, Magenta);
			Delay_ms(50);
		}
		Delay_ms(3000);
		TFT_clear_screen();
		Beep();
	}
}

/* ----- 사용자 정의 함수 ------------------------------------------------------ */

void Gradation(U16 x1,U16 y1, U16 x2,U16 y2, U16 color) /* gradation for rectangle */
{
  unsigned char i, limit;
  unsigned int red, green, blue;

  red   = (color >> 11) & 0x001F;
  green = (color >> 5) & 0x003F;
  blue  = color & 0x001F;

  limit = abs(x1-x2) / 2;

  for(i = 0; i < limit; i++)
    { Rectangle(x1++,y1++, x2--,y2--, color);

      red   += 1;
      green += 2;
      blue  += 1;

      color  = (red % 32) << 11;
      color |= (green % 64) << 5;
      color |= (blue % 32);
    }
}
```

☞ 난수를 발생시키기 시작하려면 srand() 함수를 사용하여 난수의 seed를 제공해야 하는데 이 값을 항상 같은 상수값으로 주게 되면 난수를 발생하는 패턴이 늘 일정하여 재미가 없게 된다. 이를 피하기 위하여 여기서는 타이머 TCA1을 설정한 후에 프로그램을 시작할 때 이것의 카운터 레지스터값을 seed로 사용함으로써 매번 난수를 발생하는 seed가 달라지도록 처리하였다. 이 타이머의 동작을 설정한 후에 사용자가 KEY1을 눌러서 프로그램의 동작이 시작되기 까지의 시간이 매번 일정하지 않기 때문에 seed의 종류가 65536가지로 랜덤하게 달라지는 것이다. 난수 발생과 관련된 srand() 및 rand() 함수는 C컴파일러의 헤더파일 stdlib.h에 정의되어 있다.

2. 이미지 데이터 그래픽 디스플레이 프로그램

퍼스널컴퓨터에서 사용하는 BMP, PCX, JPG, GIF 등의 그림 파일에 있는 이미지 데이터를 사용하여 TFT-LCD 모듈에 이미지 그래픽을 구현할 수 있다. 이를 위해서는 그림 파일의 각 픽셀(pixel) 데이터를 상수로 읽어들여 TFT-LCD 화면의 해당 위치에 차례로 출력하여야 한다. 그러나, 이런 그림 파일은 데이터의 용량이 매우 크므로 이를 저장하고 읽어들일 때는 기억용량이 충분히 큰 보조기억장치가 필요한데, 마이크로컨트롤러 및 TFT-LCD 모듈 응용 시스템에서는 이러한 보조기억장치로 SD 카드를 사용하는 것이 편리하다. *OK-128DA* 키트에는 SD 카드 및 마이크로 SD 카드 컨넥터를 가지고 있으나 이 책에서는 이를 사용하는 기술을 취급하지 않는다.

여기서는 여러가지 그림의 이미지 데이터를 C언어의 상수 배열로 플래시 메모리에 미리 저장하여 가지고 있다가 이를 읽어서 TFT-LCD에 출력하는데, 이렇게 하면 AVR128DA64의 플래시 메모리 용량이 128KB에 불과하다는 점을 생각할 때 작은 그래픽 이미지 파일 몇 개 정도를 출력할 수 있다. 320×240 픽셀의 TFT-LCD 화면에 픽셀당 16비트의 컬러로 1화면 분량의 이미지를 출력하려면 무려 153,600 바이트의 데이터 용량이 필요하게 되기 때문이다.

그림 파일의 이미지 데이터를 읽어서 이를 C언어의 상수 배열로 만드는 것은 상당히 지루하고 힘든 작업이므로 전용의 변환 프로그램을 사용하는 것이 좋다. 인터넷에서 보면 이런 목적으로 BMP 파일에서 이미지 데이터를 추출하여 C언어 소스의 배열로 변환해주는 유틸리티 프로그램을 쉽게 구할 수 있다. 또한 여기에 PCX, JPG, GIF 등의 그림 파일을 BMP 파일 형식으로 변환하거나 또는 그림의 크기를 임의로 확대 및 축소할 수 있는 기능을 갖는 이미지 처리용 유틸리티 프로그램을 함께 사용하면 편리하다.

이제 인터넷에서 쉽게 구할 수 있는 간단한 이미지 그림을 C언어 상수 배열로 저장하였다가 이를 TFT-LCD 모듈에 출력하는 예제 프로그램을 보기로 한다. 여기서 사용하는 이미지 그림들은 <그림 4.7.1>에 보였듯이 AVR AVR128DA64 마이크로컨트롤러를 만드는 Microchip Technology사의 로고와 Microchip Studio 소프트웨어의 심볼 마크이다.

〈그림 4.7.1〉 TFT-LCD 모듈에 출력할 이미지 그림

〈프로그램 Exp07_3.c〉 상수 배열로 처리한 이미지 그림 출력 프로그램

```
/* ============================================================================ */
/*              Exp07_3.c : 비트맵 이미지 그래픽 프로그램                        */
/* ============================================================================ */
/*                         Designed and programmed by Duck-Yong Yoon in 2022.  */

#include <avr/io.h>
#include <avr/pgmspace.h>
#include "OK-128DA.h"
```

```
const unsigned int Microchip[] PROGMEM = {      // Microchip logo 200 x 47 pixel
0x7FFF,0x7FFF,0x7FFF,0x7FFF,0x7FFF,0x7FFF,0x7FFF,0x7FFF,0x7FFF,0x7FFF,
0x7FFF,0x7FFF,0x7FFF,0x7FFF,0x7FFF,0x7FFF,0x7FFF,0x7FFF,0x7FFF,0x7FFF,
0x7FFF,0xF800,0xF800,0xF800,0xF800,0xF800,0xF800,0xF800,0xF800,0xF800,
0x7FFF,0x7FFF,0x7FFF,0x7FFF,0x7FFF,0x7FFF,0x7FFF,0x7FFF,0x7FFF,0x7FFF,
0x7FFF,0x7FFF,0x7FFF,0x7FFF,0x7FFF,0x7FFF,0x7FFF,0x7FFF,0x7FFF,0x7FFF,
0x7FFF,0x7FFF,0x7FFF,0x7FFF,0x7FFF,0x7FFF,0x7FFF,0x7FFF,0x7FFF,0x7FFF,
0x7FFF,0x7FFF,0x7FFF,0x7FFF,0x7FFF,0x7FFF,0x7FFF,0x7FFF,0x7FFF,0x7FFF,

            (중간 생략)

0x7FFF,0x7FFF,0x7FFF,0x7FFF,0x7FFF,0x7FFF,0x7FFF,0x7FFF,0x7FFF,0x7FFF,
0x7FFF,0x7FFF,0x7FFF,0x7FFF,0x7FFF,0x7FFF,0x7FFF,0x7FFF,0x7FFF,0x7FFF,
0x7FFF,0x7FFF,0x7FFF,0x7FFF,0x7FFF,0x7FFF,0x7FFF,0x7FFF,0x7FFF,0x7FFF,
0x7FFF,0x7FFF,0x7FFF,0x7FFF,0x7FFF,0x7FFF,0x7FFF,0x7FFF,0x7FFF,0x7FFF };

const unsigned int Studio[] PROGMEM = {         // Atmel Studio 149 x 66 pixel
0x7FFF,0x7FFF,0x7FFF,0x7FFF,0x7FFF,0x7FFF,0x7FFF,0x7FFF,0x7FFF,0x7FFF,
0x7FFF,0x7FFF,0x7FFF,0x7FFF,0x7FFF,0x7FFF,0x7FFF,0x7FFF,0x7FFF,0x7FFF,
0x7FFF,0x7FFF,0x7FFF,0x7FFF,0x7FFF,0x7FFF,0x7FFF,0x7FFF,0x7FFF,0x7FFF,
0x7FFF,0x7FFF,0x7FFF,0x7FFF,0x7FFF,0x7FFF,0x7FFF,0x7FFF,0x7FFF,0x7FFF,

            (중간 생략)

0x7FFF,0x7FFF,0x7FFF,0x7FFF,0x7FFF,0x7FFF,0x7FFF,0x7FFF,0x7FFF,0x7FFF,
0x7FFF,0x7FFF,0x7FFF,0x7FFF,0x7FFF,0x7FFF,0x7FFF,0x7FFF,0x7FFF,0x7FFF,
0x7FFF,0x7FFF,0x7FFF,0x7FFF,0x7FFF,0x7FFF,0x7FFF,0x7FFF,0x7FFF,0x7FFF,
0x7FFF,0x7FFF,0x7FFF,0x7FFF,0x7FFF,0x7FFF,0x7FFF,0x7FFF,0x7FFF,0x7FFF,
0x7FFF,0x7FFF,0x7FFF,0x7FFF };

int main(void)
{
  unsigned int i, x, y, color;

  MCU_initialize();                             // initialize AVR128DA64 MCU
  Delay_ms(50);                                 // wait for system stabilization
  LCD_initialize();                             // initialize text LCD module
  TFT_initialize();                             // initialize TFT-LCD module

  LCD_string(0x80," OK-128DA  V1.0 ");          // display title
  LCD_string(0xC0,"   Exp07_3.c    ");

  while(1)
    { TFT_string(3,6,White,Black, "(1) Microchip Technology사의 로고"); // Microchip
      i = 0;
      for(y = 0; y < 47; y++)
        for(x = 0; x < 200; x++)
          { color = pgm_read_word(&Microchip[i++]);
            TFT_pixel(x+60,y+110, color);
          }
      Beep();
      Delay_ms(3000);
      TFT_clear_screen();

      TFT_string(9,6,White,Black, "(2) Atmel Studio의 로고"); // Atmel Studio
      i = 0;
      for(y = 0; y < 66; y++)
        for(x = 0; x < 149; x++)
          { color = pgm_read_word(&Studio[i++]);
            TFT_pixel(x+85,y+100, color);
          }
      Beep();
      Delay_ms(3000);
      TFT_clear_screen();
    }
}
```

이번에는 여러 개의 화면 컷(cut)으로 되어있는 이미지 그림을 빠르게 연속으로 디스플레이하여 간단한 애니메이션 영상을 구현하는 예제 프로그램이다. 이 예제에서는 모두 7컷으로 구성되는 그림을 C언어 상수 배열로 저장하여 놓고 이를 차례를 출력하여 예쁜 소녀가 다소곳이 고개를 숙여 인사하는 애니메이션을 구현하였다. 7개의 화면 컷을 순서대로 출력하면 고개를 숙이는 모양이 되고, 이를 역순으로 출력하면 인사를 마치고 다시 고개를 드는 모양이 된다.

이 경우는 그림이 매우 작기 때문에 이를 연속으로 출력하는데 AVR128DA64가 충분한 처리속도를 보이지만, 그림이 이보다 상당히 커지거나 1초당 출력할 화면의 컷 수가 많아지면 TFT-LCD 모듈로 출력할 데이터 전송량이 급증하여 이보다 훨씬 빠른 그래픽 처리가 필요하게 된다. 이런 경우에는 32비트 ARM Cortex-M4/M7과 같은 동영상 처리용의 고성능 마이크로컨트롤러와 이에 적합한 RGB 인터페이스 방식의 TFT-LCD를 사용하는 것이 바람직하다.

〈그림 4.7.2〉 애니메이션으로 구현한 인사하는 소녀 그림

〈프로그램 Exp07_4.c〉 연속된 이미지 그림을 출력하여 애니메이션을 구현한 예

```
/* ============================================================================ */
/*                 Exp07_4.c : 간단한 애니메이션 그래픽 프로그램                  */
/* ============================================================================ */
/*                       Designed and programmed by Duck-Yong Yoon in 2022.     */

#include <avr/io.h>
#include <avr/pgmspace.h>
#include "OK-128DA.h"

const unsigned int Girl[7][32*57] PROGMEM = {           // greeting girl 32 x 57 pixel
{ 0x0000, 0x0000, 0x0000, 0x0000, 0x0000, 0x0000, 0x0000, 0x0000, // cut 1
  0x0000, 0x0000, 0x0000, 0x0000, 0x0000, 0x0000, 0x0000, 0x0000,
  0x0000, 0x0000, 0x0000, 0x0000, 0x0000, 0x0000, 0x0000, 0x0000,
  0x0000, 0x0000, 0x0000, 0x0000, 0x0000, 0x0000, 0x0000, 0x0000,
  0x0000, 0x0000, 0x0000, 0x0000, 0x0000, 0x0000, 0x0000, 0x0000,
  0x0000, 0x0000, 0x0000, 0x0000, 0xDEFB, 0xCCD3, 0x9CCC, 0x8C51,

             (중간 생략)

  0xFCCC, 0x0000, 0x0000, 0x0000, 0x0000, 0x0000, 0x0000, 0x0000,
  0x0000, 0x0000, 0x0000, 0x0000, 0x0000, 0x0000, 0x0000, 0x0000,
  0x0000, 0x0000, 0x0000, 0x0000, 0x0000, 0x0000, 0x0000, 0x0000,
  0x0000, 0x0000, 0x0000, 0x0000, 0x0000, 0x0000, 0x0000, 0x0000,
  0x0000, 0x0000, 0x0000, 0x0000, 0x0000, 0x0000, 0x0000, 0x0000,
  0x0000, 0x0000, 0x0000, 0x0000, 0x0000, 0x0000, 0x0000, 0x0000 },
{ 0x0000, 0x0000, 0x0000, 0x0000, 0x0000, 0x0000, 0x0000, 0x0000, // cut 2
  0x0000, 0x0000, 0x0000, 0x0000, 0x0000, 0x0000, 0x0000, 0x0000,
  0x0000, 0x0000, 0x0000, 0x0000, 0x0000, 0x0000, 0x0000, 0x0000,
  0x0000, 0x0000, 0x0000, 0x0000, 0x0000, 0x0000, 0x0000, 0x0000,
  0x0000, 0x0000, 0x0000, 0x0000, 0x0000, 0x0000, 0x0000, 0x0000,
```

```
            (중간 생략)

  0x0000, 0x0000, 0x0000, 0x0000, 0x0000, 0x0000, 0x0000, 0x0000,
  0x0000, 0x0000, 0x0000, 0x0000, 0x0000, 0x0000, 0x0000, 0x0000,
  0x0000, 0x0000, 0x0000, 0x0000, 0x0000, 0x0000, 0x0000, 0x0000,
  0x0000, 0x0000, 0x0000, 0x0000, 0x0000, 0x0000, 0x0000, 0x0000 },
{ 0x0000, 0x0000, 0x0000, 0x0000, 0x0000, 0x0000, 0x0000, 0x0000, // cut 3
  0x0000, 0x0000, 0x0000, 0x0000, 0x0000, 0x0000, 0x0000, 0x0000,
  0x0000, 0x0000, 0x0000, 0x0000, 0x0000, 0x0000, 0x0000, 0x0000,
  0x0000, 0x0000, 0x0000, 0x0000, 0x0000, 0x0000, 0x0000, 0x0000,
  0x0000, 0x0000, 0x0000, 0x0000, 0x0000, 0x0000, 0x0000, 0x0000,

            (중간 생략)

{ 0x0000, 0x0000, 0x0000, 0x0000, 0x0000, 0x0000, 0x0000, 0x0000, // cut 7
  0x0000, 0x0000, 0x0000, 0x0000, 0x0000, 0x0000, 0x0000, 0x0000,
  0x0000, 0x0000, 0x0000, 0x0000, 0x0000, 0x0000, 0x0000, 0x0000,
  0x0000, 0x0000, 0x0000, 0x0000, 0x0000, 0x0000, 0x0000, 0x0000,
  0x0000, 0x0000, 0x0000, 0x0000, 0x0000, 0x0000, 0x0000, 0x0000,

            (중간 생략)

  0xCB2C, 0xFFF9, 0x0000, 0x0000, 0x0000, 0x0000, 0x0000, 0x0000,
  0x0000, 0x0000, 0x0000, 0x0000, 0x0000, 0x0000, 0x0000, 0x0000,
  0x0000, 0x0000, 0x0000, 0x0000, 0x0000, 0x0000, 0x0000, 0x0000,
  0x0000, 0x0000, 0x0000, 0x0000, 0x0000, 0x0000, 0x0000, 0x0000,
  0x0000, 0x0000, 0x0000, 0x0000, 0x0000, 0x0000, 0x0000, 0x0000,
  0x0000, 0x0000, 0x0000, 0x0000, 0x0000, 0x0000, 0x0000, 0x0000 }};

int main(void)
{
  unsigned int i, cut, x, y, color;

  MCU_initialize();                          // initialize AVR128DA64 MCU
  Delay_ms(50);                              // wait for system stabilization
  LCD_initialize();                          // initialize text LCD module
  TFT_initialize();                          // initialize TFT-LCD module
  Beep();

  LCD_string(0x80," OK-128DA  V1.0 ");       // display title
  LCD_string(0xC0,"   Exp07_4.c    ");

  TFT_string(10,6,White,Magenta, " 간단한 애니메이션 ");
  TFT_string(10,9,Green,Black,   "  (인사하는 소녀)  ");

  while(1)
    { for(cut = 0; cut <= 6; cut++)          // 머리를 숙이는 동작
        { i = 0;
          for(y = 0; y < 57; y++)
            for(x = 0; x < 32; x++)
              { color = pgm_read_word(&Girl[cut][i++]);
                TFT_pixel(x+144,y+120, color);
              }
          Delay_ms(100);
        }
      Delay_ms(500);

      for(cut = 7; cut > 0; cut--)           // 다시 되돌아 오는 동작
        { i = 0;
          for(y = 0; y < 57; y++)
            for(x = 0; x < 32; x++)
              { color = pgm_read_word(&Girl[cut-1][i++]);
                TFT_pixel(x+144,y+120, color);
              }
          Delay_ms(100);
        }
      Delay_ms(2000);
    }
}
```

3. 실시간 그래픽 디스플레이 프로그램

이번에는 TFT-LCD 모듈의 화면에 실시간으로 그래픽을 구현하는 프로그램을 작성해 보기로 한다.

▣ 센서 측정 데이터를 실시간 그래픽으로 표시하기

먼저 A/D 컨버터를 사용하여 읽어들인 센서 측정 데이터를 TFT-LCD에 실시간 그래픽 곡선으로 디스플레이하는 프로그램을 작성해 보기로 한다. 이를 적절히 응용하면 TFT-LCD 모듈의 화면에 간단한 디지털 오실로스코프를 구현할 수 있다.

OK-128DA 키트의 가변저항 VR1에서 읽어들인 전압값을 TFT-LCD 모듈에 그래프로 보여주는 프로그램을 작성하여 보면 다음과 같다. 여기서 y축은 0~5V의 전압을 나타내며, x축으로는 0~5.82초 동안 20ms의 시간 간격으로 A/D 변환한 데이터를 표시하였다. 1화면 분량이 디스플레이되면 현재의 그래프를 화면에서 클리어하고 나서 다시 처음부터 그래프를 그리기 시작함으로써 오실로스코프의 sweep처럼 동작하도록 하였다.

〈프로그램 Exp07_5.c〉 VR1의 전압을 실시간으로 측정한 데이터 그래픽

```
/* ========================================================================== */
/*         Exp07_5.c : VR1 전압값을 실시간으로 A/D 변환하여 그래프로 그리기      */
/* ========================================================================== */
/*                        Designed and programmed by Duck-Yong Yoon in 2022.  */

#include <avr/io.h>
#include <avr/interrupt.h>
#include "OK-128DA.h"

void Draw_axis(void);                           /* draw x-axis and y-axis */

volatile unsigned char ADC_buffer[291], end_flag;
volatile unsigned int ADC_count;

/* ----- 인터럽트 처리 프로그램 ---------------------------------------------- */

ISR(TCA1_OVF_vect)                              /* TCA1 interrupt function (20 ms) */
{
  unsigned int result;
  float voltage;

  ADC0_COMMAND = 0x01;                          // start conversion
  while((ADC0_COMMAND & 0x01) != 0x00);
  result = ADC0_RES;                            // read A/D result
  voltage = (float)result*4.5/4095.;            // display voltage
  TFT_xy(22,0);
  TFT_color(Cyan,Blue);
  TFT_unsigned_float(voltage,1,2);

  ADC_buffer[ADC_count] = (float)result*180./4095.;
  if(ADC_count != 0)                            // draw graph
```

```
    Line(20+ADC_count-1,215-ADC_buffer[ADC_count-1], 20+ADC_count,215-ADC_buffer[ADC_count], Yellow);

  if(ADC_count != 290)
    ADC_count++;
  else
    end_flag = 1;

  TCA1_SINGLE_INTFLAGS = 0x01;              // clear overflow interrupt flag
}

/* ----- 메인 프로그램 ------------------------------------------------------- */

int main(void)
{
  unsigned int i;

  MCU_initialize();                        // initialize AVR128DA64 MCU
  Delay_ms(50);                            // wait for system stabilization
  LCD_initialize();                        // initialize text LCD module
  TFT_initialize();                        // initialize TFT-LCD module
  Beep();

  LCD_string(0x80," OK-128DA  V1.0 ");     // display title
  LCD_string(0xC0,"   Exp07_5.c    ");

  TCA1_SINGLE_CTRLD = 0x00;                // TCA1 = normal mode
  TCA1_SINGLE_CTRLB = 0x00;                // CLK_TCA1 = 24MHz / 256 = 93750Hz
  TCA1_SINGLE_PER = 1874;                  // 93750Hz / (1874 + 1) = 50Hz
  TCA1_SINGLE_INTCTRL = 0x01;              // enable overflow interrupt
  TCA1_SINGLE_CTRLA = 0x0D;

  VREF_ADC0REF = 0x86;                     // ADC0REF = VREFA input = 4.5V
  ADC0_CTRLA = 0x00;                       // 12-bit single-ended mode
  ADC0_CTRLB = 0x00;                       // single-conversion mode
  ADC0_CTRLC = 0x03;                       // CLK_ADC = 24MHz/12 = 2MHz
  ADC0_SAMPCTRL = 2;                       // sampling time = 2+2 clock cycle
  ADC0_MUXPOS = 0x00;                      // select AIN0 = VR1
  ADC0_CTRLA |= 0x01;                      // enable ADC0

  while(1)
    { end_flag = 0;
      ADC_count = 0;

      Draw_axis();                         // draw x-axis and y-axis
      sei();                               // global interrupt enable

      while(end_flag == 0);                // wait screen graph end

      cli();                               // global interrupt disable
      for(i = 1; i <= 290; i++)            // clear old graph
        Line(20+i-1,215-ADC_buffer[i-1], 20+i,215-ADC_buffer[i], Black);
    }
}

/* ----- 사용자 정의 함수 ---------------------------------------------------- */

void Draw_axis(void)                       /* draw x-axis and y-axis */
{
  TFT_string(11,0, White,Blue, " VR1 전압 (0.00V) ");   // display title

  Line(15,215, 310,215, White);            // draw x-axis
  Line(305,210, 310,215, White);
  Line(305,220, 310,215, White);
  Line(70,212, 70,218, White);             // draw x-axis scale
  Line(120,212, 120,218, White);
  Line(170,212, 170,218, White);
  Line(220,212, 220,218, White);
  Line(270,212, 270,218, White);
  TFT_color(Cyan,Black);                   // write time scale
  TFT_English_pixel(16,222, '0');
  TFT_English_pixel(66,222, '1');
```

```
    TFT_English_pixel(116,222, '2');
    TFT_English_pixel(166,222, '3');
    TFT_English_pixel(216,222, '4');
    TFT_English_pixel(266,222, '5');
    TFT_color(Yellow,Black);
    TFT_English_pixel(288,222, 's');
    TFT_English_pixel(296,222, 'e');
    TFT_English_pixel(304,222, 'c');

    Line(20,220, 20,5, White);                    // draw y-axis
    Line(15,10, 20,5, White);
    Line(25,10, 20,5, White);
    Line(17,175, 23,175, White);                  // draw y-axis scale
    Line(17,135, 23,135, White);
    Line(17,95, 23,95, White);
    Line(17,55, 23,55, White);
    Line(17,15, 23,15, White);
    TFT_color(Cyan,Black);                        // write voltage scale
    TFT_English_pixel(5,208, '0');
    TFT_English_pixel(5,168, '1');
    TFT_English_pixel(5,128, '2');
    TFT_English_pixel(5,88, '3');
    TFT_English_pixel(5,48, '4');
    TFT_English_pixel(5,8, '5');
    TFT_color(Yellow,Black);
    TFT_English_pixel(28,8, '[');
    TFT_English_pixel(36,8, 'V');
    TFT_English_pixel(44,8, ']');
}
```

☞ 여기서는 20ms의 일정한 시간 주기로 VR1의 전압을 A/D 변환하여 읽어들이기 위해서 타이머 TCA1의 주기적인 인터럽트 기능을 사용하였다. 20ms 간격으로 50번 A/D 변환을 수행하면 1초가 되며, 1화면에서 291번 A/D 변환이 수행되어 5.82초 동안의 그래프가 만들어진다.

그래프에서 x축과 y축의 눈금에 값을 적으려면 세심한 주의가 필요하다. 즉, OK-128DA.h 파일에서 제공하는 보통의 문자 출력함수를 사용하면 화면에 표시하는 글자 위치가 8픽셀의 간격으로 지정되어 있어서 글자를 원하는 위치에 쓰기가 어려우므로 여기서는 글자의 위치를 1픽셀 단위로 자유롭게 지정할 수 있도록 TFT_English_pixel() 함수를 사용하는 것이 좋다.

이 프로그램을 컴파일하고 *OK-128DA* 키트에 다운로드하여 실행하라. 그리고, 드라이버를 사용하여 가변저항 VR1을 좌우로 천천히 돌리면서 TFT-LCD 화면에 표시되는 그래프를 관찰하라. 비록 간단하고 해상도는 낮지만 TFT-LCD 모듈로 구현한 간이형 디지털 오실로스코프의 맛을 볼 수 있겠는가?

▣ 난수가 발생하는 빈도를 통계 그래프로 표시하기

이번에는 WinAVR C컴파일러의 기능을 이용하여 난수를 발생하고 이것이 진정으로 난수인지 각 숫자의 발생 빈도를 통계 그래프로 나타내는 프로그램을 작성하여 보기로 한다. 난수는 8로 나누어 나머지가 0~7이 되는 8가지의 그룹으로 분류하여 발생 빈도를 측정하였다.

〈프로그램 Exp07_6.c〉 난수를 발생하는 통계를 보여주는 데이터 그래픽

```
/* ============================================================================ */
/*               Exp07_6.c : 난수 발생 통계를 보여주는 막대 그래프              */
/* ============================================================================ */
/*                          Designed and programmed by Duck-Yong Yoon in 2022.  */

#include <avr/io.h>
#include <stdlib.h>
#include "OK-128DA.h"

void Draw_initial_graph(void);                  /* draw initial graph */
void Draw_graph(void);                          /* draw graph */
void Block_fast(S16 x1,S16 y1, S16 x2,S16 y2, U16 color, U16 fill); /* fast draw block */
void Line_fast(S16 x1,S16 y1, S16 x2,S16 y2, U16 color); /* fast draw line */

unsigned char total, count[8];
unsigned int random_number;

/* ----- 메인 프로그램 --------------------------------------------------------- */

int main(void)
{
  unsigned char i, key, index;

  MCU_initialize();                             // initialize AVR128DA64 MCU
  Delay_ms(50);                                 // wait for system stabilization
  LCD_initialize();                             // initialize text LCD module
  TFT_initialize();                             // initialize TFT-LCD module

  LCD_string(0x80," OK-128DA  V1.0 ");          // display title
  LCD_string(0xC0,"   Exp07_6.c    ");

  TFT_string_large(1,6, White,Blue, " 난수 발생 통계 프로그램 "); // starting screen
  TFT_string(14,13, Yellow,Black, "시작 = KEY1");
  TFT_string(14,16, Yellow,Black, "중지 = KEY4");
  Beep();

  TCA1_SINGLE_CTRLD = 0x00;                     // TCA1 = normal mode
  TCA1_SINGLE_CTRLB = 0x00;
  TCA1_SINGLE_CTRLA = 0x01;                     // TCA1_CLK = CLK_PER = 24Mz
  TCA1_SINGLE_CNT = 0x0000;

  key = 0;                                      // random starting time
  while(key != KEY1) key = Key_input();
  srand(TCA1_SINGLE_CNT);                       // initialize random number

  while(1)
    { Draw_initial_graph();                     // draw initial graph

      for(i = 0; i < 8; i++)                    // clear count data
        count[i] = 0;

      for(total = 1; total <= 200; total++)     // run program
        { LED2_on();
          random_number = rand();               // generate random number
          index = random_number % 8;
          count[index]++;
          Draw_graph();                         // draw graph
          LED2_off();

          key = Key_input();                    // stop ?
          if(key == KEY4)
            while(key != KEY1) key = Key_input();

          Delay_ms(1000);                       // delay 1000 ms
        }

      Beep();                                   // end program
      key = 0;                                  // start again ?
```

```
        while(key != KEY1) key = Key_input();
      }
}

/* ----- 사용자 정의 함수 ------------------------------------------------------- */

void Draw_initial_graph(void)                      /* draw initial graph */
{
  unsigned char i;

  TFT_clear_screen();                              // clear screen

  TFT_string(2,0, White,Blue, " 난수 발생(1초 간격) 통계  프로그램 "); // title
  TFT_string(14,2, White,Black,"횟수 = 000");
  TFT_string(11,4, White,Black,"(난수 = 0x0000)");
  TFT_string(4,4, Yellow,Black,"0");
  TFT_string(31,4, Yellow,Black,"100");

  for(i = 0; i < 8; i++)                           // draw initial graph
    { TFT_color(White,Magenta);
      TFT_xy(0,6+3*i);
      TFT_English('(');
      TFT_English('0'+i);
      TFT_English(')');
      Rectangle(30,48+24*i, 270,48+24*i+14, Yellow);
      TFT_string(34,6+3*i, White,Black, "000.0");
      TFT_string(39,6+3*i, Cyan,Black, "%");
    }
}

void Draw_graph(void)                              /* draw graph */
{
  unsigned char i;
  unsigned int x;

  TFT_color(Cyan,Black);                           // display total count
  TFT_xy(21,2);
  TFT_unsigned_decimal(total,0,3);
  TFT_xy(19,4);                                    // display random number
  TFT_0x_hexadecimal(random_number,4);

  for(i = 0; i < 8; i++)                           // draw graph
    { x = (unsigned int)(30. + (float)count[i]*240./(float)total + 0.5);
      Block_fast(30,48+24*i, x,48+24*i+14, Yellow,Blue);
      Block_fast(x,48+24*i, 270,48+24*i+14, Yellow,Black);
      TFT_color(White,Black);
      TFT_xy(34,6+3*i);
      TFT_unsigned_float((float)count[i]*100./(float)total,3,1);
    }
}

void Block_fast(S16 x1,S16 y1, S16 x2,S16 y2, U16 color, U16 fill) /* fast draw block */
{
  signed int i;

  Line(x1,y1, x1,y2, color);                       // vertical line
  Line(x2,y1, x2,y2, color);
  Line_fast(x1,y1, x2,y1, color);                  // horizontal line
  Line_fast(x1,y2, x2,y2, color);

  for(i = y1+1; i <= y2-1; i++)                    // fill block
    Line_fast(x1+1,i, x2-1,i, fill);
}

void Line_fast(S16 x1,S16 y1, S16 x2,S16 y2, U16 color) /* fast draw line */
{
  signed int x;

  TFT_write(0x02, x1 >> 8);                        // x1 = 0~319
  TFT_write(0x03, x1 & 0x00FF);
  TFT_write(0x06, 0x0000);                         // y1 = 0~239
```

```
    TFT_write(0x07, y1);

    TFT_command(0x22);                              // draw line from x1 to x2
    for(x = x1; x <= x2; x++)
      TFT_data(color);
  }
```

☞ 여기서 OK-128DA.h 파일에서 제공하는 Block() 함수를 사용하여 막대 그래프를 그리게 되면 사각형 내부의 컬러를 채우는 과정이 오래 걸리기 때문에 화면 처리 시간이 대단히 느려진다. 여기서는 이를 해결하기 위하여 이보다 훨씬 빠른 그래픽 함수 Block_fast()와 Line_fast()를 만들어 사용하였다. 위 프로그램의 Draw_graph() 함수에서 2번의 Block_fast() 함수 호출 부분을 Block()으로 수정하여 실행해보면 이런 그래픽 처리가 얼마나 느린지를 눈으로 확인할 수 있다.

4. 실습 과제

(1) 기본 헤더파일 OK-128DA.h에 정의된 직선 그리기 함수 Line()에서 abs(x1-x2) ≥ abs(y1-y2)인 경우와 abs(x1-x2) < abs(y1-y2)인 경우로 나누어 다르게 처리하는 이유를 설명하라.

(2) 기본 헤더파일 OK-128DA.h의 원 그리기 함수 Circle()에서 x에 대한 y함수로 원을 한번 그리고 나서 y에 대한 x함수로 원을 또 한번 그려주는 이유를 설명하라.

(3) 예제 프로그램 Exp07_6.c에서 왜 그래픽 함수 Block_fast()와 Line_fast()를 사용하면 헤더파일의 Block()과 Line() 함수를 사용하는 경우에 비하여 월등하게 빠른 그래픽 처리가 수행되는지 설명하라.

(4) 예제 프로그램 Exp07_3.c를 수정하여 TFT-LCD에 자신이 다니는 학교 또는 회사의 로고(logotype)를 디스플레이하는 프로그램 Exp07_3R.c를 작성하라.

(5) 예제 프로그램 Exp07_4.c를 수정하여 다른 간단한 애니메이션을 구현하는 프로그램 Exp07_4R.c를 작성하라.

4.8 TFT-LCD 모듈 터치 스크린 입력 프로그램

이 절에서는 TFT-LCD 모듈의 화면에 부착되어 있는 터치 스크린의 구조와 원리를 이해하고, 이를 통하여 사용자가 누른 화면의 위치를 검출할 수 있는 프로그램 작성 기술을 공부한다.

관련 내용	(1) 제2.12절 SPI 직렬통신 포트(SPIn) (2) 제3.1절 *OK-128DA* 키트의 구조와 기능

1. 저항막 방식 터치 스크린의 구조와 기능

터치 스크린(touch screen)은 브라운관 또는 TFT-LCD의 화면에 손이나 펜에 의한 직접 접촉으로 데이터를 입력할 수 있는 첨단 입력장치이다. 이를 위하여 <그림 4.8.1>에 보인 것처럼 평면으로 된 스크린의 표면에 터치 패널(touch panel)을 설치하고 이 신호를 터치 스크린 컨트롤러가 인식하여 CPU가 읽어들일 수 있게 된다.

터치 스크린은 키보드나 마우스, 조이스틱과는 다른 개념의 입력장치로서 휴대가 간편하고 직관적이어서 사용이 매우 쉽기 때문에 종래에는 은행의 ATM과 같은 금융기기나 OA기기 등의 고가 장비에나 주로 사용되었으나, 요즈음은 신용카드 결제 단말기에서부터 스마트폰, PDA, 네비게이션 시스템 등의 휴대용 멀티미디어 기기에까지 매우 광범위하게 사용되어 우리 생활에 폭넓게 자리잡고 있다.

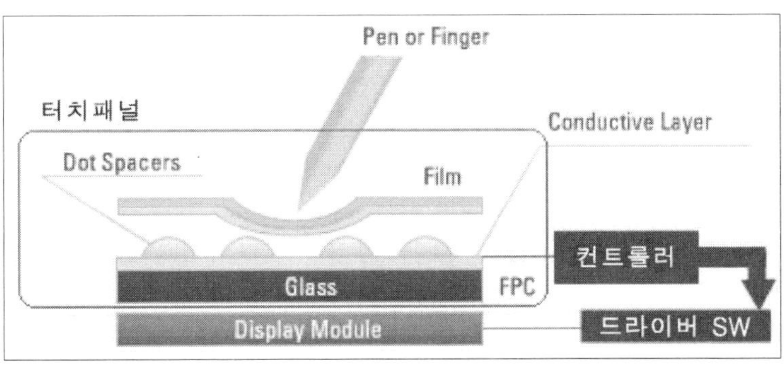

〈그림 4.8.1〉 터치 스크린의 구조(저항막 방식의 경우)

(1) 터치 스크린의 원리 및 종류

터치 스크린은 상당히 최근 기술이 적용되는 첨단제품으로서 현재도 여러 가지 종류가 있지만 앞으로도 계속하여 새로운 방식의 터치 스크린이 개발될 것으로 예상된다. 현재까지 널리 사용되어온 방식은 저항막 방식이지만 최근에 휴대용 기기를 중심으로 하여 멀티 터치 기능이 있는 정전용량 방식의 사용이 크게 증가하는 추세이다.

▣ 저항막 방식

저항막 방식(resistive)의 터치 스크린은 <그림 4.8.2> (b)에 보인 것처럼 산화 인듐 주석(ITO ; Indium Tin Oxide)을 코팅한 2장의 투명 전도막을 상판(film)과 하판(film 또는 glass)으로 맞붙여 놓은 구조로 되어 있는데, 이것들의 사이는 평소에 돌출부(dot spacer)에 의하여 일정한 간격을 유지하면서 절연되어 있으나 이를 손 또는 펜으로 누르면 상판과 하판이 연결되어 (c)와 같은 등가회로를 구성하게 된다.

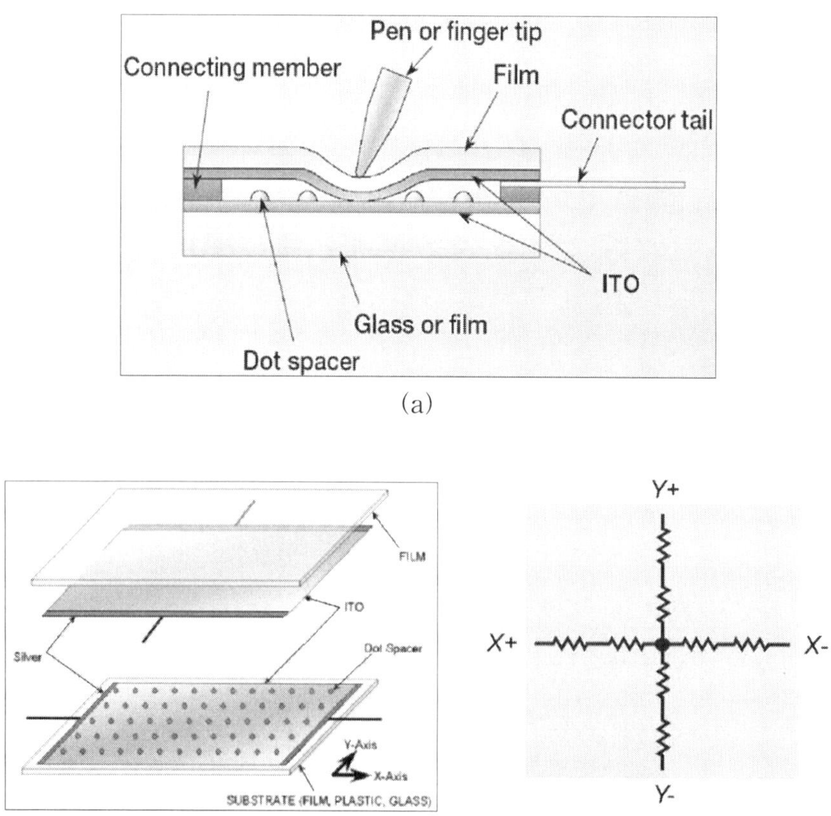

(a)

(b) (c)

〈그림 4.8.2〉 저항막 방식 터치 스크린의 구조

즉, 상판에는 상하 방향으로 Y+와 Y- 단자를 설치하고 하판에는 좌우 방향으로 X+와 X- 단자를 설치하여 놓았으므로, 외부 접촉에 의하여 상판과 하판이 1점에서 만나게 되면 상하좌우의 4방향으로 저항에 의한 회로가 구성되는 것이다.

그러면 터치 스크린 컨트롤러는 먼저 X+ 단자와 X- 단자에 전원을 인가하고 Y+ 단자에서의 전압을 측정하여 X축 방향의 좌표값을 검출할 수 있으며, 다시 Y+ 단자와 Y- 단자에 전원을 인가하고 X+ 단자에서의 전압을 측정하여 Y축 방향의 좌표값을 검출할 수 있게 된다.

이러한 방식을 4선식 구조라고 하는데, 저항막 방식의 터치 스크린에는 이밖에 5선식 구조를 사용하기도 한다. 5선식에서는 하판에 상하좌우 방향으로 Y+, Y-, X+, X-의 단자를 모두 가지고 있으며, 상판에는 출력 단자만을 가지고 있다. 외부 접촉에 의하여 상판과 하판이 만나면 먼저 하판의 X+와 X- 사이에 전원을 인가하고 상판의 출력 단자로 전압을 검출하여 X축 방향의 좌표를 측정할 수 있으며, 다시 하판의 Y+와 Y- 사이에 전원을 인가하고 상판의 출력 단자로 전압을 검출하여 Y축 방향의 좌표를 측정할 수 있다.

저항막 방식의 터치 스크린은 위치 정밀도가 높고 응답속도가 빠르며, 구조가 간단하고 제조가 용이하여 현재까지 가장 널리 사용되어 왔다. 그러나, 기본적으로 어느 한 순간에는 1점만을 검출할 수 있는 싱글 터치 방식이며, 전도막의 투과율이 낮아서 화면이 흐려지는 단점이 있고, 접촉 감도를 높이기 위하여 상판 필름을 부드러운 재질로 사용하면 펜으로 터치할 때 상처가 나기 쉬워서 내구성이 나빠진다. 이 책에서 사용하는 TFT-LCD 모듈은 모두 저항막 방식의 터치 스크린을 채용하고 있다.

▣ 정전용량 방식

정전용량 방식(capacitive)의 터치 스크린은 2장의 서브스트레이트(substrate)에 특수 전도성 금속인 안티몬 주석 산화물(ATO ; Antimony Tin Oxide)을 코팅하여 상판과 하판으로 접속하고 이 사이에 형성된 정전용량을 통하여 전류가 흐르도록 한 것이다. 이때 상판을 손으로 터치하면 사람의 몸에 의하여 추가로 정전용량이 생기고 이로 인하여 전류에 변화가 발생하는 부분을 검출하여 위치를 측정하는 원리로 동작한다. 즉, <그림 4.8.3>에 보인 것처럼 평소에는 터치 패드 사이에 정전용량 C_P만이 존재하지만 사람의 손을 가까이 하면 병렬로 정전용량 C_F가 추가되어 전류 파형의 시간지연이 발생한다. 이러한 정전용량의 변화를 오실레이터 회로에 적용하면 발진 주파수가 달라지고 이를 마이크로컨트롤러의 타이머/카운터로 측정할 수 있다.

정전용량 방식은 동작 원리에 따라 4선 저항막 방식과 유사하게 생각할 수 있는 투영 정전용량 방식(projected capacitive)과 5선 저항막 방식처럼 생각할 수 있는 표면 정전용량 방식(surface capacitive)의 2가지로 나눌 수 있다. 정전용량 방식의 터치 스크린은 인체의 정전용량을 이용하므로 손에 장갑을 끼거나 사람의 손이 아닌 펜 등의 부도체 물체를 사용하면 잘 동작하지 않는 단점이 있다. 그러나, 동시에 여러 점을 검출하는 멀티 터치 구조가 가능하고, 상판과 하판을 좀 더 강한 재질로 만들 수 있기 때문에 수명이 길고 견고하며, 빛의 투과성을 높게 만들 수 있다.

터치 스크린에는 이밖에도 적외선 방식이나 초음파 반사 방식 등이 있다. 이러한 각종 터치 스크린 방식들의 특징을 요약 비교하면 <표 4.8.1>과 같다.

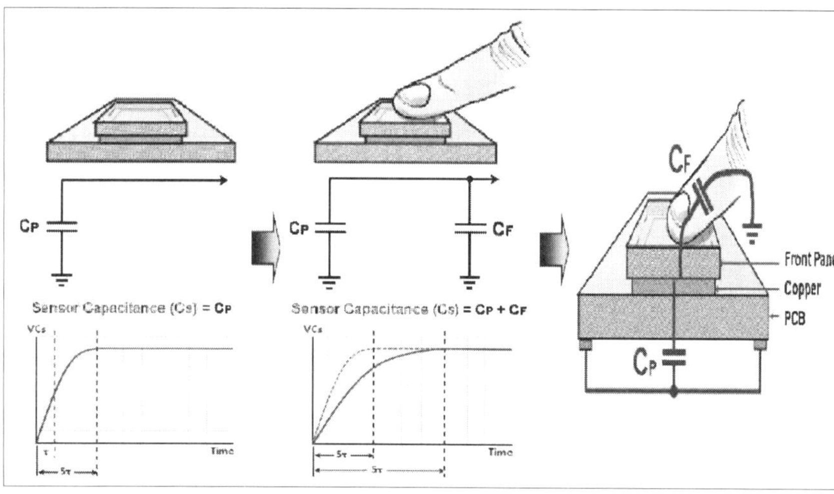

〈그림 4.8.3〉 정전용량 방식 터치 스크린의 구조

〈표 4.8.1〉 여러가지 터치 스크린 방식의 특징 비교

	저항막 방식	정전용량 방식	적외선 방식	초음파 반사 방식
터치 방법	손가락, 스타일러스 펜	손가락	손가락, 스타일러스 펜	손가락, 스타일러스 펜
내구성/수명	△	◎	◎	◎
빛 투과율	× (75~85%)	○ (>90%)	◎ (100%)	○ (>92%)
해상도	◎	◎	△	○
응답속도	◎	△	◎	△
경제성/가격	◎	×	○	○
소형화	◎	◎	△	△
대형화	△	△	△	○
멀티 터치	△	◎	×	×
기술진입 장벽	낮음	높음	높음	높음
장점	낮은 가격, 높은 정밀도, 빠른 응답	높은 내구성, 높은 빛 투과율	충격이나 긁힘에 강해 내구성이 좋음	표면이 유리라서 내구성이 좋음
단점	낮은 내구성, 낮은 빛 투과율	장갑이나 펜에는 반응하지 않음	가격이 높고 부피가 큼	센서 오염과 액체에 취약
적용 분야	소형에서 대형까지 (휴대전화, OA기기, POS, 금융단말기, TV, 모니터)	소형에 더 적합 (휴대전화, 게임기, ATM)	대형에 더 적합 (TV, 모니터, POS, ATM)	대형에 더 적합 (티켓발매기, ATM, 전자칠판, 산업용 기기)

◎ 아주 우수, ○ 우수, △ 보통, × 미흡

특히 휴대전화의 경우 <그림 4.8.4>에 보인 것처럼 외형이 초기의 바(bar)형에서 폴더(folder)형과 슬라이딩(sliding)형을 거쳐서 요즈음에는 터치 스크린(touch screen)형이 많이 사용되는 추세에 있다. 이러한 터치 스크린을 내장한 모델을 흔히 터치폰(touch phone)이라고 부르는데, 여기에 처음에는 저항막 방식의 터치 스크린을 사용하였으나 지금은 대부분 멀티 터치 기능을 가지는 정전용량 방식을 사용하고 있다.

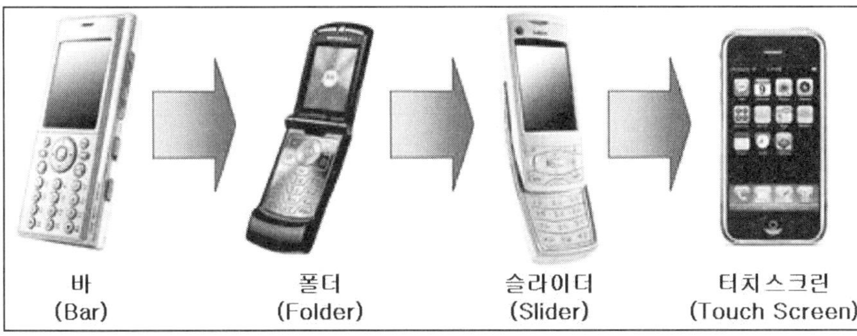

〈그림 4.8.4〉 휴대전화의 구조 변천 과정

◀참고▶ 이상에서 설명한 바와 같이 터치 스크린(touch screen)은 CRT 브라운관이나 TFT-LCD의 화면을 터치하여 입력하는 장치이므로 반드시 투명해야 하고, 이 때문에 사용하는 재질에 제한을 받게 되고 터치 여부를 인식하는 방법의 차이를 만들어서 여러 가지 방식으로 나누어지게 된다. 그러나, 오늘날 터치의 시대를 열어가는 터치 입력 장치는 이와 같이 스크린에만 적용되는 것이 아니라 일반적인 키입력 스위치를 대체하는 터치 패드(touch pad)의 형태로도 널리 사용되고 있다. 이에 따라 지금은 마이크로컨트롤러에 주변장치로서 터치 제어기를 내장하는 경우가 점점 많아지는 추세인데, AVR128DA64에 내장된 터치 제어기 PTC도 그러한 예라고 할 수 있다.

(2) 터치 스크린 컨트롤러

이 책의 *OK-128DA* 키트에 장착된 3.2인치 TFT-LCD 모듈에서는 모두 저항막 방식의 터치 스크린을 사용하고 있다. 이것을 사용하여 화면에서 터치 위치를 검출하려면 터치 스크린의 X-, X+ 사이와 Y-, Y+ 사이에 전원을 인가할 수 있도록 트랜지스터로 스위치를 부착하고 X+ 및 Y+ 신호를 마이크로컨트롤러의 A/D 컨버터로 읽어들이는 방법으로 가능하다.

그러나, 이런 직접 제어 방법보다는 역시 전용의 터치 스크린 컨트롤러를 사용하는 것이 간편하다. *TFT-32A* 보드에서는 CPU와 SPI 직렬통신 방식으로 인터페이스하는 ADS7846 터치 스크린 컨트롤러를 사용한다. 이것은 +3.3V와 +5.0V에서 사용할 수 있고, x축과 y축의 위치를 12비트의 축차비교형 A/D 컨버터로 디지털 변환하며, x축과

y축의 위치검출 기능 이외에도 z축의 압력 측정, 배터리 전압 측정, 소자의 온도 측정 기능 등을 가지고 있다. A/D 변환에 사용하기 위하여 내부에는 +2.5V의 정밀한 기준 전원을 가지고 있으며, 동작을 수행하지 않는 동안에는 파워다운(power down) 기능을 설정할 수 있어서 휴대용 기기에서 사용할 때 소비전력을 크게 줄일 수 있다.

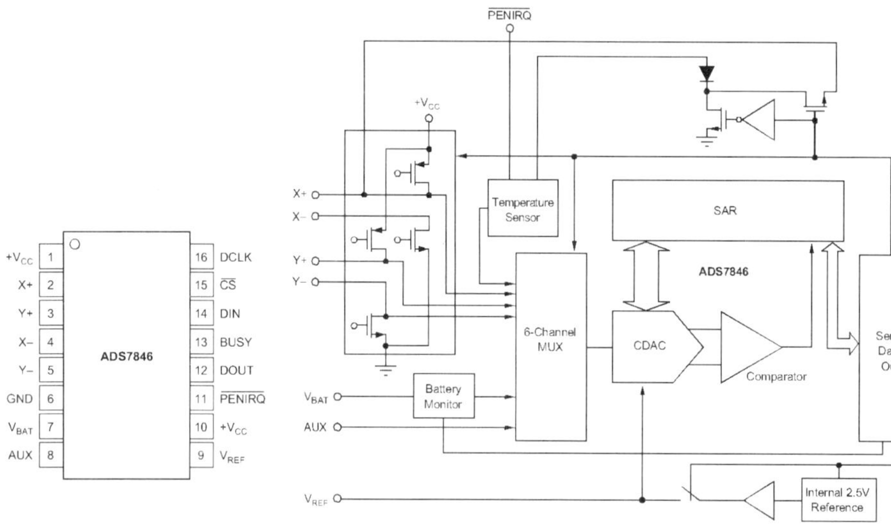

(a) 16핀 SSOP형 핀배열 (b) 내부 구성 블록도

〈그림 4.8.5〉 ADS7846 터치 스크린 컨트롤러의 구조

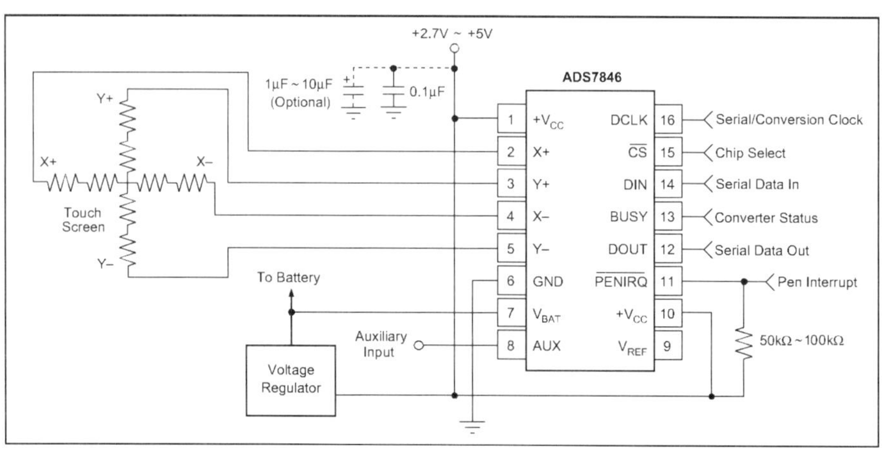

〈그림 4.8.6〉 ADS7846의 전형적인 응용회로

<그림 4.8.5> (a)에는 *TFT-32A* 보드에서 사용하고 있는 16핀 SSOP형 또는 TSSOP형 패키지의 ADS7846 핀 배열을 보였으며, (b)에는 이 소자의 내부 구성 블록

도를 보였다. 또한, ADS7846 컨트롤러를 사용한 전형적인 터치 스크린 응용회로는 <그림 4.8.6>에 보였다. 터치 스크린의 4개 단자 X+, X-, Y+, Y-를 ADS7846의 해당 핀에 연결하고, 마이크로컨트롤러와는 SPI 통신 및 인터럽트 신호로 접속한다. 여기서 인터럽트 신호는 오픈 드레인(open drain)형 출력이므로 반드시 50kΩ~100kΩ 정도의 저항으로 풀업해주어야 한다. 터치한 입력좌표를 읽어들이는 방식에는 인터럽트 기능을 이용할 수도 있고 폴링 방식을 이용할 수도 있는데, 이 책의 *OK-128DA* 키트 예제 프로그램에서는 폴링 방식을 기본으로 사용한다.

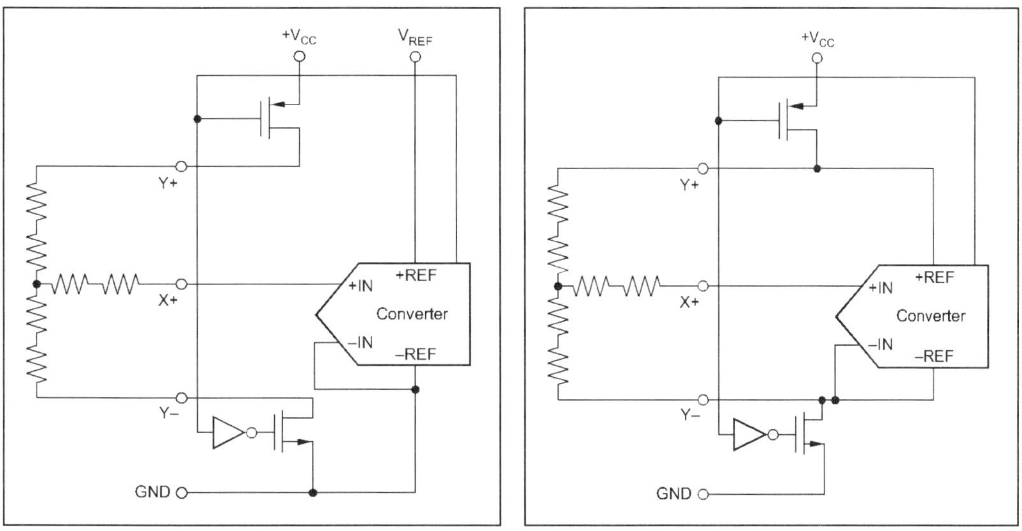

(a) 단극성 기준 입력　　　　(b) 차동 기준 입력

〈그림 4.8.7〉 ADS7846의 x축, y축 A/D 변환 방식

ADS7846에서는 x, y 좌표값을 검출하기 위하여 A/D 변환을 수행할 때 x좌표값을 검출하려면 X+ 및 X- 단자에 전원을 인가하고 Y+ 단자의 전압을 A/D 변환하며, y좌표값을 검출하려면 Y+ 및 Y- 단자에 전원을 인가하고 X+ 단자의 전압을 A/D 변환한다. 그런데, 이렇게 터치 스크린에 직류 전원을 스위칭하여 인가하고 A/D 변환을 수행하는 방식에는 <그림 4.8.7>에 보인 것처럼 2가지가 있다. (a)와 같은 단극성 기준(Single-Ended Reference) 입력 방식은 트랜지스터 스위치에서의 전압강하 때문에 검출값의 정확도가 떨어지므로 (b)와 같은 차동 기준(Differential Reference) 입력 방식을 사용하는 것이 유리하다.

b7(MSB)	b6	b5	b4	b3	b2	b1	b0(LSB)
S	A2	A1	A0	MODE	SER/$\overline{\text{DFR}}$	PD1	PD0

〈그림 4.8.8〉 ADS7846의 제어 명령

ADS7846에서 사용하는 8비트의 제어 명령은 <그림 4.8.8>과 같다. 마이크로컨트롤러가 터치한 위치값을 읽으려면 먼저 이 명령을 전송하고 나서 데이터를 읽어야 한다. 여기서 S는 스타트 비트(start bit)로서 항상 1로 되며, MODE는 A/D 변환을 12비트 분해능으로 수행하려면 0으로 설정하고 8비트 분해능으로 수행하려면 1로 설정한다. SER/$\overline{\text{DFR}}$은 단극성 기준 입력방식과 차동 기준 입력방식을 선택하는데 사용하며, 또한 PD1~PD0은 <표 4.8.2>에 보인 것처럼 파워다운 기능과 내부 기준전압을 사용하는 방법을 결정한다.

A2~A0은 A/D 컨버터의 입력을 선택하는 멀티플렉서의 채널 어드레스로서 이것으로 <표 4.8.3>에 보인 것처럼 어떤 신호를 A/D 변환할 것인지 지정한다.

〈표 4.8.2〉 ADS7846 제어 명령에서 PD1 및 PD0 비트의 기능

PD1	PD0	$\overline{\text{PENIRQ}}$	기 능
0	0	사용	A/D 변환을 하지 않는 시간에는 파워다운.
0	1	금지	내부 기준전압은 off 상태, A/D 변환기는 on 상태.
1	0	사용	내부 기준전압은 on 상태, A/D 변환기는 off 상태.
1	1	금지	내부 기준전압과 A/D 변환기가 모두 on 상태.

〈표 4.8.3〉 ADS7846 제어 명령에서 A2~A0 비트의 기능

SER/$\overline{\text{DFR}}$	A2	A1	A0	A/D 입력	드라이버 ON	기 능	기준 입력 모드
1	0	0	0	TEMP0		온도 측정 0	단극성 기준 입력
1	0	0	1	X+	Y+, Y-	y축 좌표 측정	단극성 기준 입력
1	0	1	0	V_{BAT}		배터리 전압 측정	단극성 기준 입력
1	0	1	1	X+	Y+, X-	z1축 압력 측정	단극성 기준 입력
1	1	0	0	Y-	Y+, X-	z2축 압력 측정	단극성 기준 입력
1	1	0	1	Y+	X+, X-	x축 좌표 측정	단극성 기준 입력
1	1	1	0	AUX_{IN}		보조입력 측정	단극성 기준 입력
1	1	1	1	TEMP1		온도 측정 1	단극성 기준 입력
0	0	0	1	X+	Y+, Y-	y축 좌표 측정 ★	차동 기준 입력
0	0	1	1	X+	Y+, X-	z1축 압력 측정	차동 기준 입력
0	1	0	0	Y-	Y+, X-	z2축 압력 측정	차동 기준 입력
0	1	0	1	Y+	X+, X-	x축 좌표 측정 ★	차동 기준 입력

이 책의 *OK-128DA* 키트 예제 프로그램에서는 A/D 컨버터를 12비트 분해능으로 사용하고, PD1 = PD0 = 0으로 설정하며, 차동 기준 입력방식에서 x축과 y축의 좌표값만을 측정한다. 정확한 좌표값의 측정을 위해서는 매번 터치 스크린을 사용하기 전에 측정값의 캘리브레이션(calibration)을 수행하는 것이 바람직하지만, 이 책에서는 이

를 수행하지 않고 그냥 사용하는 것으로 한다.

ADS7846을 SPI 직렬통신으로 액세스하는 데이터 포맷은 <그림 4.8.9>에 설명하였다. 먼저 마이크로컨트롤러가 8비트의 제어 명령을 ADS7846으로 송신하는데, 제어 명령의 상위 5비트가 전송되고 나면 ADS7846은 나머지 3비트의 제어 명령이 전송되는 동안에 지정된 채널의 입력신호를 샘플링하여 A/D 변환을 시작한다. 마이크로컨트롤러는 이어서 2차례 더미 데이터를 전송하면서 ADS7846으로부터 데이터를 읽어오면 된다. 첫번째로 읽는 바이트는 최상위 비트가 0이고 나머지 7비트에 A/D 변환결과의 b11~b5가 포함되며, 두번째 바이트는 상위 5비트에 A/D 변환결과의 b4~b0이 포함되고 나머지 3비트는 0으로 채워진다. 이렇게 2차례에 걸쳐서 읽은 데이터를 붙여서 16비트로 만들고, 우측으로 3비트를 이동하면 원하는 12비트의 위치값이 된다.

SPI 통신의 클록 신호는 CPOL=0, CPHA=0인 모드0을 사용하며, 클록 신호의 high 구간과 low 구간이 각각 최소한 200ns 이상이어야 하므로 최고 2.5MHz까지의 전송속도를 사용할 수 있다. 이 책의 *OK-128DA* 키트 예제 프로그램에서는 최고 주파수보다 낮은 1.5MHz의 속도로 ADS7846과 SPI 통신을 수행한다.

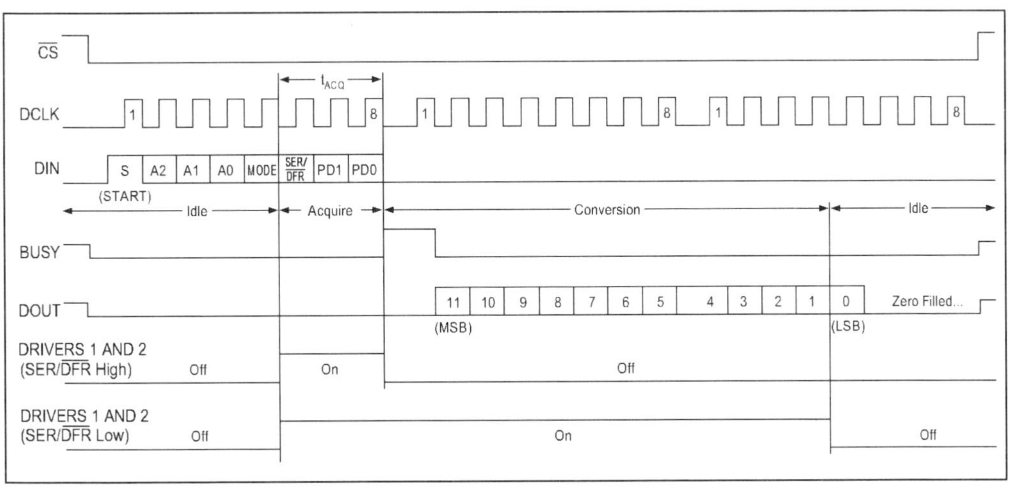

〈그림 4.8.9〉 ADS7846의 SPI 통신 포맷

이와 같은 방법으로 ADS7846을 사용하여 터치 스크린을 입력하기 위한 함수들은 이 책의 기본 헤더파일 OK-128DA.h에 미리 만들어 제공하므로 사용자는 이 함수를 간단히 호출하여 사용하면 된다. 이 헤더파일의 내용은 제4.5절에서 보였으며, 터치 스크린 관련 함수는 <표 4.5.2>에 요약하였다.

사용자가 헤더파일 OK-128DA.h에서 제공하는 함수를 이용하여 터치 스크린을 읽으려면 먼저 Touch_screen_initialize() 함수를 실행하여 AVR128DA64의 SPI 포트와 ADS7846을 초기화한 후에 Touch_screen_input() 함수를 실행하면 된다. 그러면 사용자가 누른 터치 스크린의 x좌표값과 y좌표값이 읽혀져서 각각 전역변수 x_12bit 및 y_12bit에 저장되고 240×320 픽셀의 TFT-LCD 해상도에 맞도록 환산된 좌표값이 각각 전역변수 x_touch 및 y_touch에 저장된다. TFT-LCD 해상도에 맞도록 환산된 좌표값 x_touch와 y_touch는 각각 초상화 모드에서는 0~239 및 0~319의 범위가 되고, 풍경화 모드에서는 0~319 및 0~239의 범위가 된다. 터치 스크린을 누르지 않은 경우에는 이들 전역변수가 모두 0으로 읽혀진다.

ADS7846에서 읽어들인 터치 스크린의 12비트 원시 데이터인 x_12bit 및 y_12bit로부터 240×320 픽셀의 TFT-LCD 해상도에 맞도록 좌표값 x_touch 및 y_touch를 환산할 때는 외곽 부분의 자투리 값을 제거하고 비례식으로 처리하였다. 이 외곽부 자투리 값은 TFT-LCD 모델에 따라 약간씩의 차이가 있으므로 정확한 처리를 위해서는 매번 캘리브레이션을 수행하는 것이 바람직하지만, *OK-128DA* 키트에서 사용하는 TFT-LCD 모델의 경우에는 저자가 실험해본 결과 위의 헤더파일에서와 같이 일정한 값을 제거하더라도 실용적으로 거의 문제가 없었으므로 여기서는 이처럼 개별적으로 캘리브레이션을 실시하지 않고 사용하였다.

만약 현재 TFT-LCD가 풍경화 모드로 설정되어 있다면 Touch_screen_input() 함수에서는 이를 감지하여 240×320 픽셀의 초상화 모드에 맞도록 환산된 좌표값 x_touch 및 y_touch를 다시 한번 320×240 픽셀의 풍경화 모드에 맞도록 변환하여 저장한다.

(3) 터치 스크린용 입력 펜

앞에서도 설명하였듯이 저항막 방식의 터치 스크린은 터치 감도를 좋게 하기 위하여 터치 스크린의 상판을 부드러운 재질로 만든다. 따라서, 사용자가 터치 스크린을 날카로운 물건으로 누르거나 문지르면 표면이 상처를 입어 터치 스크린이 쉽게 망가지거나 수명이 짧아질 수 있으므로 주의가 필요하다.

본 저자의 경험으로는 <그림 4.8.10>과 같은 터치 스크린 전용의 스타일러스 펜(stylus pen) 또는 터치 펜(touch pen)을 구하여 사용하는 것이 좋다. 그러나, 이것이 없다면 완전히 사용하여 더 이상 잉크가 나오지 않는 볼펜 등을 사용할 수도 있다. 이것들은 끝이 둥글고 부드럽게 처리되어 있어서 터치 스크린의 표면에서 잘 미끄러지고 터치 스크린을 손상시키지 않으며 필기감이 좋다.

〈그림 4.8.10〉 터치 스크린 입력에 사용하는 전용의 스타일러스 펜

2. 터치 스크린 활용 프로그램

이제 *OK-128DA* 키트에서 사용하는 3.2인치 TFT-LCD 모듈에 내장되어 있는 터치 스크린을 사용하는 프로그램을 작성하여 보기로 한다.

(1) 터치 스크린을 이용한 좌표 입력

OK-128DA 키트에서 터치 스크린을 입력하는 루틴은 앞에서 설명하였듯이 기본 헤더파일 OK-128DA.h에 함수로 만들어 두었기 때문에 이를 호출하여 간단히 사용할 수 있다. 터치 스크린으로 입력된 좌표를 읽어서 TFT-LCD 화면에 디스플레이하는 프로그램은 다음과 같다.

〈프로그램 Exp08_1.c〉 터치 스크린의 좌표를 입력하는 프로그램

```
/* ============================================================================ */
/*              Exp08_1.c : 터치 스크린 입력 프로그램(풍경화 모드)               */
/* ============================================================================ */
/*                        Designed and programmed by Duck-Yong Yoon in 2022.    */

#include <avr/io.h>
#include "OK-128DA.h"

int main(void)
{
  MCU_initialize();                             // initialize AVR128DA64 MCU
  Delay_ms(50);                                 // wait for system stabilization
  LCD_initialize();                             // initialize text LCD module
  TFT_initialize();                             // initialize TFT-LCD module
  Touch_screen_initialize();                    // initialize touch screen

  LCD_string(0x80," OK-128DA  V1.0 ");          // display title
  LCD_string(0xC0,"   Exp08_1.c    ");
  Beep();
```

```
    Rectangle(0,0, 319,239, Green);                  // display title
    Rectangle(1,1, 318,238, Green);

    TFT_string( 8,5,White,Magenta, " 터치스크린 좌표 테스트 ");

    TFT_string( 1, 1,Cyan,   Black,"(0,0)");
    TFT_string(32, 1,Cyan,   Black,"(319,0)");
    TFT_string( 1,27,Cyan,   Black,"(0,239)");
    TFT_string(30,27,Cyan,   Black,"(319,239)");

    TFT_string( 9, 9,Cyan,   Black," 원시 데이터");
    TFT_string(21, 9,Magenta,Black,              " x = 0000 ");
    TFT_string(21,11,Magenta,Black,              " y = 0000 ");
    TFT_string( 9,15,Cyan,   Black," 픽셀 데이터");
    TFT_string(21,15,Magenta,Black,              " x =  000 ");
    TFT_string(21,17,Magenta,Black,              " y =  000 ");
    TFT_string( 3,22,White,Blue," 비프음 ");
    TFT_string(13,22,White,Blue," LED1 토글 ");
    TFT_string(26,22,White,Blue," LED2 토글 ");
    Rectangle(21,173, 90,194, White);
    Rectangle(101,173, 194,194, White);
    Rectangle(205,173, 298,194, White);

    while(1)
      { Touch_screen_input();                        // input touch screen

        TFT_color(Cyan,Black);
        TFT_xy(26,9);                                // display 12-bit original X data
        TFT_unsigned_decimal(x_12bit,0,4);
        TFT_xy(26,11);                               // display 12-bit original Y data
        TFT_unsigned_decimal(y_12bit,0,4);
        TFT_xy(27,15);                               // display pixel X data
        TFT_unsigned_decimal(x_touch,0,3);
        TFT_xy(27,17);                               // display pixel Y data
        TFT_unsigned_decimal(y_touch,0,3);

        if((x_touch >= 21) && (x_touch <= 90) && (y_touch >= 173) && (y_touch <= 194))
          { Beep();
            Delay_ms(200);
          }
        else if((x_touch >= 101) && (x_touch <= 194) && (y_touch >= 173) && (y_touch <= 194))
          { LED1_toggle();
            Beep();
            Delay_ms(200);
          }
        else if((x_touch >= 205) && (x_touch <= 298) && (y_touch >= 173) && (y_touch <= 194))
          { LED2_toggle();
            Beep();
            Delay_ms(200);
          }
      }
}
```

☞ *OK-128DA* 키트에서 터치 스크린을 입력하려면 먼저 Touch_screen_initialize() 함수로 SPI 통신 포트와 터치 스크린 컨트롤러를 초기화해야 한다. 그리고 나서 키를 입력할 때처럼 터치 스크린을 읽고 싶을 때마다 한번씩 Touch_screen_input() 함수를 실행하면 되는데, 이때 입력된 터치 스크린의 x축 값과 y축 값은 각각 전역변수 x_12bit와 y_12bit에 저장되며, 이를 TFT-LCD 모듈의 화면 좌표 (0, 0)~(319, 239)의 범위로 환산한 값은 각각 전역변수 x_touch와 y_touch에 저장된다. 이 예제 프로그램에서는 화면이 풍경화 모드로 되어 있으므로 화면의 좌표는 (0, 0)~(319, 239) 범위로 입력되지만, 만약 화면이 초상화 모드라면 좌표는 (0, 0)~(239, 319) 범위로 입력된다.

위의 예제 프로그램에서는 이들 좌표값을 TFT-LCD 모듈의 화면에 표시하여 사용자가 쉽게 알 수 있게 하였다. 이 프로그램을 실행하고 터치펜으로 터치 스크린 화면의 여기저기를 눌러보면서 좌표값이 올바르게 표시되는지 확인하여 보라. 만약, 터치 스크린으로 아이콘을 구현할 때는 읽어들인 좌표값을 if문으로 비교하여 이 아이콘의 위치를 터치한 것으로 판단되면 해당하는 기능을 수행하면 된다.

(2) 터치 스크린을 이용한 낙서장

이번에는 *OK-128DA* 키트에서 터치 스크린을 이용하여 낙서장을 만들어 보기로 한다. 낙서장을 프로그램으로 구현하려면 터치 스크린의 좌표를 실시간으로 연속 입력하여 이전에 읽었던 점의 좌표와 현재의 좌표를 직선으로 연결하면 된다. 이 방법을 이용하면 TFT-LCD에 손으로 글씨나 선을 쉽게 쓸 수 있으며 그림을 그릴 수도 있다.

〈프로그램 Exp08_2.c〉 터치 스크린을 이용한 낙서장 프로그램

```
/* ============================================================================ */
/*              Exp08_2.c : 터치 스크린을 이용한 낙서장 프로그램                        */
/* ============================================================================ */
/*                         Designed and programmed by Duck-Yong Yoon in 2022.   */

#include <avr/io.h>
#include "OK-128DA.h"

int main(void)
{
  unsigned int xo = 0, yo = 0;

  MCU_initialize();                           // initialize AVR128DA64 MCU
  Delay_ms(50);                               // wait for system stabilization
  LCD_initialize();                           // initialize text LCD module
  TFT_initialize();                           // initialize TFT-LCD module
  Touch_screen_initialize();                  // initialize touch screen

  LCD_string(0x80," OK-128DA  V1.0 ");        // display title
  LCD_string(0xC0,"   Exp08_2.c    ");
  Beep();

  Rectangle(0,0, 319,239, Green);             // draw screen outline
  Rectangle(1,1, 318,238, Green);
  TFT_string(5,1, White,Magenta, " 터치 스크린을 이용한 낙서장 ");

  while(1)
    { Touch_screen_input();                   // input touch screen

      if((x_touch == 0) && (y_touch == 0))    // if not touch, skip
        { xo = 0;
          yo = 0;
        }

      if((xo == 0) && (yo == 0))              // if first touch, skip
        { xo = x_touch;
          yo = y_touch;
        }
      else                                    // draw line between old and new point
        { Line(xo,yo, x_touch,y_touch, White);
          xo = x_touch;
          yo = y_touch;
        }
```

```
    }
}
```

☞ 이전에 읽은 좌표값과 현재의 좌표값을 직선으로 연결할 때는 항상 이전 값을 처리하는 방법에 주의해야 한다. 즉, 처음으로 펜을 터치 스크린에 대는 경우에는 처음으로 터치 스크린 값이 (0, 0)이 아닌 좌표값을 읽게 되고 이때 이전의 좌표값은 당연히 (0, 0)이었으므로 (0, 0)의 좌표와 현재의 좌표를 직선으로 연결하게 되어 화면처리가 이상해진다. 따라서, 새로 터치 스크린에 펜을 대는 경우에는 현재의 좌표값을 이전의 좌표값에 미리 복사해놓고 직선을 그리기 시작해야 한다.

(3) 터치 스크린을 이용한 그림판

이번에는 앞의 낙서장 프로그램을 좀 더 발전시켜서 퍼스널컴퓨터에서 사용하는 그림판과 유사한 프로그램을 만들어 보기로 한다. 낙서장은 그냥 사용자가 터치 스크린에서 펜을 움직이는대로 써지는 기능만을 가지고 있지만, 그림판에서는 선의 굵기를 지정하거나 색깔을 변경하거나 화면을 지우는 등의 기능을 수행하는 메뉴 아이콘을 가지고 있다.

〈프로그램 Exp08_3.c〉 터치 스크린을 이용한 그림판 프로그램

```
/* ============================================================================ */
/*              Exp08_3.c : 터치 스크린을 이용한 그림판 프로그램                  */
/* ============================================================================ */
/*                      Designed and programmed by Duck-Yong Yoon in 2022.    */

#include <avr/io.h>
#include "OK-128DA.h"

#define icon_clear      0x01                    // clear
#define icon_width1     0x02                    // line width 1
#define icon_width2     0x03                    // line width 2
#define icon_width3     0x04                    // line width 3
#define icon_white      0x05                    // white
#define icon_red        0x06                    // red
#define icon_magenta    0x07                    // magenta
#define icon_yellow     0x08                    // yellow
#define icon_green      0x09                    // green
#define icon_cyan       0x0A                    // cyan
#define icon_blue       0x0B                    // blue
#define no_icon         0x00                    // no icon

void Draw_select(void);                         /* draw selected line width and color */
void Title_screen(void);                        /* draw title screen */
unsigned int Icon_input(void);                  /* input touch screen icon */

unsigned char icon_flag = 0;
unsigned char line_width = 2;                   // line width (default = middle)
unsigned int  user_color = White;               // user color (default = White)

/* ----- 메인 프로그램 ------------------------------------------------------ */

int main(void)
{
```

```
  unsigned char icon;

  MCU_initialize();                              // initialize AVR128DA64 MCU
  Delay_ms(50);                                  // wait for system stabilization
  LCD_initialize();                              // initialize text LCD module
  TFT_initialize();                              // initialize TFT-LCD module
  Touch_screen_initialize();                     // initialize touch screen
  Beep();

  LCD_string(0x80," OK-128DA  V1.0 ");           // display title
  LCD_string(0xC0,"   Exp08_3.c    ");

  Title_screen();                                // draw title screen

  while(1)
    { icon = Icon_input();                       // input touch screen icon
      if(icon == icon_width1)
        { line_width = 1;      Draw_select(); }
      else if(icon == icon_width2)
        { line_width = 2;      Draw_select(); }
      else if(icon == icon_width3)
        { line_width = 3;      Draw_select(); }
      else if(icon == icon_clear)
        { TFT_clear_screen();  Title_screen(); }
      else if(icon == icon_white)
        { user_color = White;  Draw_select(); }
      else if(icon == icon_red)
        { user_color = Red;    Draw_select(); }
      else if(icon == icon_yellow)
        { user_color = Yellow; Draw_select(); }
      else if(icon == icon_green)
        { user_color = Green;  Draw_select(); }
      else if(icon == icon_cyan)
        { user_color = Cyan;   Draw_select(); }
      else if(icon == icon_blue)
        { user_color = Blue;   Draw_select(); }
      else if(icon == icon_magenta)
        { user_color = Magenta; Draw_select(); }

      Touch_screen_input();                      // input touch screen
      if((x_touch != 0) || (y_touch != 0))
        { if((line_width == 1) && (x_touch >= 2) && (x_touch <= 317) && (y_touch >= 2) && (y_touch <= 210))
            TFT_pixel(x_touch, y_touch, user_color);
          else if((line_width == 2) && (x_touch >= 3) && (x_touch <= 316) && (y_touch >= 3) && (y_touch <= 209))
            { TFT_pixel(x_touch, y_touch, user_color);
              Rectangle(x_touch-1, y_touch-1, x_touch+1, y_touch+1, user_color);
            }
          else if((line_width == 3) && (x_touch >= 4) && (x_touch <= 315) && (y_touch >= 4) && (y_touch <= 208))
            { TFT_pixel(x_touch, y_touch, user_color);
              Rectangle(x_touch-1, y_touch-1, x_touch+1, y_touch+1, user_color);
              Rectangle(x_touch-2, y_touch-2, x_touch+2, y_touch+2, user_color);
            }
        }
    }
}

/* ----- 사용자 정의 함수 ------------------------------------------------------- */

void Draw_select(void)                           /* draw selected line width and color */
{
  if(line_width == 1)                            // line_width = 1 ?
    { Rectangle( 8,212, 47,234, Black);
      Rectangle( 9,213, 46,233, user_color);
      Rectangle(10,214, 45,232, Black);
    }
  else if(line_width == 2)                       // line_width = 2 ?
    { Rectangle( 8,212, 47,234, Black);
      Rectangle( 9,213, 46,233, user_color);
      Rectangle(10,214, 45,232, user_color);
    }
  else if(line_width == 3)                       // line_width = 3 ?
```

```
    { Rectangle( 8,212, 47,234, user_color);
      Rectangle( 9,213, 46,233, user_color);
      Rectangle(10,214, 45,232, user_color);
    }
}

void Title_screen(void)                        /* draw title screen */
{
  Rectangle(0,0, 319,239, Green);              // draw outline of sheet
  Rectangle(1,1, 318,238, Green);

  TFT_string(16,1, White,Magenta, " 그림판 "); // display title

  TFT_string(3,27, Green,Black, "C");          // clear selection button
  Draw_select();                               // select box

  Rectangle(58,213, 78,233, Green);            // line_width selection button
  Line(63,223, 73,223, White);

  Rectangle(83,213, 103,233, Green);
  Line(88,222, 98,222, White);
  Line(88,223, 98,223, White);
  Line(88,224, 98,224, White);

  Rectangle(108,213, 128,233, Green);
  Line(113,221, 123,221, White);
  Line(113,222, 123,222, White);
  Line(113,223, 123,223, White);
  Line(113,224, 123,224, White);
  Line(113,225, 123,225, White);

  Block(139,213, 159,233, White, White);       // color selection button
  Block(164,213, 184,233, White, Red);
  Block(189,213, 209,233, White, Magenta);
  Block(214,213, 234,233, White, Yellow);
  Block(239,213, 259,233, White, Green);
  Block(264,213, 284,233, White, Cyan);
  Block(289,213, 309,233, White, Blue);
}

unsigned int Icon_input(void)                  /* input touch screen icon */
{
  unsigned int icon;

  Touch_screen_input();                        // input touch screen

  if((icon_flag == 0) && (x_touch >= 10) && (x_touch <= 45) && (y_touch >= 213) && (y_touch <= 233))
    { icon = icon_clear;
      icon_flag = 1;
      Beep();
    }
  else if((icon_flag == 0) && (x_touch >= 58) && (x_touch <= 78) && (y_touch >= 213) && (y_touch <= 233))
    { icon = icon_width1;
      icon_flag = 1;
      Beep();
    }
  else if((icon_flag == 0) && (x_touch >= 83) && (x_touch <= 103) && (y_touch >= 213) && (y_touch <= 233))
    { icon = icon_width2;
      icon_flag = 1;
      Beep();
    }
  else if((icon_flag == 0) && (x_touch >= 108) && (x_touch <= 128) && (y_touch >= 213) && (y_touch <= 233))
    { icon = icon_width3;
      icon_flag = 1;
      Beep();
    }
  else if((icon_flag == 0) && (x_touch >= 139) && (x_touch <= 159) && (y_touch >= 213) && (y_touch <= 233))
    { icon = icon_white;
      icon_flag = 1;
      Beep();
    }
```

```
  else if((icon_flag == 0) && (x_touch >= 164) && (x_touch <= 184) && (y_touch >= 213) && (y_touch <= 233))
    { icon = icon_red;
      icon_flag = 1;
      Beep();
    }
  else if((icon_flag == 0) && (x_touch >= 189) && (x_touch <= 209) && (y_touch >= 213) && (y_touch <= 233))
    { icon = icon_magenta;
      icon_flag = 1;
      Beep();
    }
  else if((icon_flag == 0) && (x_touch >= 214) && (x_touch <= 234) && (y_touch >= 213) && (y_touch <= 233))
    { icon = icon_yellow;
      icon_flag = 1;
      Beep();
    }
  else if((icon_flag == 0) && (x_touch >= 239) && (x_touch <= 259) && (y_touch >= 213) && (y_touch <= 233))
    { icon = icon_green;
      icon_flag = 1;
      Beep();
    }
  else if((icon_flag == 0) && (x_touch >= 264) && (x_touch <= 284) && (y_touch >= 213) && (y_touch <= 233))
    { icon = icon_cyan;
      icon_flag = 1;
      Beep();
    }
  else if((icon_flag == 0) && (x_touch >= 289) && (x_touch <= 309) && (y_touch >= 213) && (y_touch <= 233))
    { icon = icon_blue;
      icon_flag = 1;
      Beep();
    }
  else if((icon_flag == 1) && (x_touch == 0) && (y_touch == 0))
    { icon = no_icon;
      icon_flag = 0;
      Delay_ms(50);
    }
  else
    icon = no_icon;

  return icon;
}
```

(4) 터치 스크린을 이용한 메뉴 방식 프로그램

이번에는 *OK-128DA* 키트에서 사용하는 3.2인치 TFT-LCD 모듈에 여러 가지의 선택 메뉴를 만들어 놓고 터치 스크린으로 이 메뉴를 선택하여 실행하는 형식의 프로그램을 작성하여 보기로 한다.

〈프로그램 Exp08_4.c〉 터치 스크린을 이용한 메뉴 방식 프로그램(1)

```
/* ========================================================================== */
/*              Exp08_4.c : 터치 스크린을 이용한 메뉴 처리 프로그램(1)           */
/* ========================================================================== */
/*                      Designed and programmed by Duck-Yong Yoon in 2022.    */

#include <avr/io.h>
#include "OK-128DA.h"

void Display_menu(void);                      /* display menu screen */
void Menu1(void);                             /* menu1 : landscape mode test */
void Menu2(void);                             /* menu2 : portrait mode test */
```

```
void Menu3(void);                          /* menu3 : color bar in landscape mode */
void Menu4(void);                          /* menu4 : color bar in portrait mode */

unsigned char menu;                        // menu number

/* ----- 메인 프로그램 ---------------------------------------------------------- */

int main(void)
{
  MCU_initialize();                        // initialize AVR128DA64 MCU
  Delay_ms(50);                            // wait for system stabilization
  LCD_initialize();                        // initialize text LCD module
  TFT_initialize();                        // initialize TFT-LCD module
  Touch_screen_initialize();               // initialize touch screen

  LCD_string(0x80," OK-128DA  V1.0 ");     // display title
  LCD_string(0xC0,"   Exp08_4.c    ");
  Beep();

  menu = 1;                                // initial value

  while(1)
    { Display_menu();                      // update screen menu

      Touch_screen_input();                // input touch screen
      if((x_touch >= 32) && (x_touch <= 288) && (y_touch >= 59) && (y_touch <= 82))
        { Beep();                          // menu1
          Delay_ms(200);
          if(menu == 1) Menu1();
          else          menu = 1;
        }
      else if((x_touch >= 32) && (x_touch <= 288) && (y_touch >= 83) && (y_touch <= 106))
        { Beep();                          // menu2
          Delay_ms(200);
          if(menu == 2) Menu2();
          else          menu = 2;
        }
      else if((x_touch >= 32) && (x_touch <= 288) && (y_touch >= 107) && (y_touch <= 130))
        { Beep();                          // menu3
          Delay_ms(200);
          if(menu == 3) Menu3();
          else          menu = 3;
        }
      else if((x_touch >= 32) && (x_touch <= 288) && (y_touch >= 131) && (y_touch <= 154))
        { Beep();                          // menu4
          Delay_ms(200);
          if(menu == 4) Menu4();
          else          menu = 4;
        }
      else if((x_touch >= 9) && (x_touch <= 64) && (y_touch >= 196) && (y_touch <= 235))
        { Beep();                          // icon1
          Delay_ms(200);
          if(menu == 1)      Menu1();
          else if(menu == 2) Menu2();
          else if(menu == 3) Menu3();
          else if(menu == 4) Menu4();
        }
      else if((x_touch >= 176) && (x_touch <= 231) && (y_touch >= 196) && (y_touch <= 235))
        { menu--;                          // icon3
          if(menu == 0) menu = 4;
          Beep();
          Delay_ms(200);
        }
      else if((x_touch >= 256) && (x_touch <= 311) && (y_touch >= 196) && (y_touch <= 235))
        { menu++;                          // icon4
          if(menu == 5) menu = 1;
          Beep();
          Delay_ms(200);
        }
    }
}
```

```
/* ----- 사용자 정의 함수 -------------------------------------------------- */

void Display_menu(void)                         /* display menu screen */
{
  TFT_string(7, 3,White,Magenta," 터치스크린 메뉴 프로그램 ");  // display menu
  TFT_string(5, 8, Cyan,Black, "메뉴1 : 풍경화 모드 터치스크린");
  TFT_string(5,11, Cyan,Black, "메뉴2 : 초상화 모드 터치스크린");
  TFT_string(5,14,Green,Black, "메뉴3 : 풍경화 모드 컬러바    ");
  TFT_string(5,17,Green,Black, "메뉴4 : 초상화 모드 컬러바    ");

  if(menu == 1) Rectangle(32,59, 288,82, Magenta); // display selection bar
  else          Rectangle(32,59, 288,82, Black);
  if(menu == 2) Rectangle(32,83, 288,106, Magenta);
  else          Rectangle(32,83, 288,106, Black);
  if(menu == 3) Rectangle(32,107, 288,130, Magenta);
  else          Rectangle(32,107, 288,130, Black);
  if(menu == 4) Rectangle(32,131, 288,154, Magenta);
  else          Rectangle(32,131, 288,154, Black);

  Rectangle( 9,196, 64,235, Yellow);            // display touch icon
  Rectangle(10,197, 63,234, Yellow);
  TFT_string(2,25, Cyan,    Black, "ICON1");
  TFT_string(2,27, Magenta,Black, "(RUN)");
  Rectangle(176,196, 231,235, Yellow);
  Rectangle(177,197, 230,234, Yellow);
  TFT_string(23,25, Cyan,    Black, "ICON3");
  TFT_xy(24,27); TFT_color(Magenta,Black);
  TFT_English('('); TFT_English(0x18); TFT_English(')');
  Rectangle(256,196, 311,235, Yellow);
  Rectangle(257,197, 310,234, Yellow);
  TFT_string(33,25, Cyan,    Black, "ICON4");
  TFT_xy(34,27); TFT_color(Magenta,Black);
  TFT_English('('); TFT_English(0x19); TFT_English(')');
}

void Menu1(void)                                /* menu1 : landscape mode test */
{
  unsigned char exit_flag;                      // menu exit flag

  TFT_clear_screen();                           // TFT-LCD clear screen
  TFT_landscape_mode();                         // landscape mode

  Rectangle(0,0, 319,239, Green);               // display title
  Rectangle(1,1, 318,238, Green);

  TFT_string( 8,5,White,Magenta," 터치스크린 좌표 테스트 ");

  TFT_string( 1, 1, Cyan,    Black, "(0,0)");
  TFT_string(32, 1, Cyan,    Black, "(319,0)");
  TFT_string( 1,27, Cyan,    Black, "(0,239)");
  TFT_string(30,27, Cyan,    Black, "(319,239)");

  TFT_string( 9, 9, Cyan,    Black, " 원시 데이터");
  TFT_string(21, 9, Magenta,Black, " x = 0000 ");
  TFT_string(21,11, Magenta,Black, " y = 0000 ");
  TFT_string( 9,15, Cyan,    Black, " 픽셀 데이터");
  TFT_string(21,15, Magenta,Black, " x =  000 ");
  TFT_string(21,17, Magenta,Black, " y =  000 ");
  TFT_string(17,22, White,     Red, " 종료 ");
  Rectangle(131,172, 188,195, White);
  Rectangle(132,173, 187,194, White);

  exit_flag = 0;
  while(exit_flag == 0)
    { Touch_screen_input();                     // input touch screen

      TFT_color(Cyan,Black);
      TFT_xy(26,9);                             // display 12-bit original X data
      TFT_unsigned_decimal(x_12bit,0,4);
      TFT_xy(26,11);                            // display 12-bit original Y data
```

```
      TFT_unsigned_decimal(y_12bit,0,4);
      TFT_xy(27,15);                         // display pixel X data
      TFT_unsigned_decimal(x_touch,0,3);
      TFT_xy(27,17);                         // display pixel Y data
      TFT_unsigned_decimal(y_touch,0,3);

      if((x_touch >= 131) && (x_touch <= 188) && (y_touch >= 172) && (y_touch <= 195))
        { exit_flag = 1;
          Beep();
          Delay_ms(200);
          TFT_clear_screen();                // TFT-LCD clear screen
          TFT_landscape_mode();              // landscape mode
        }
    }
}

void Menu2(void)                             /* menu2 : portrait mode test */
{
  unsigned char exit_flag;                   // menu exit flag

  TFT_clear_screen();                        // TFT-LCD clear screen
  TFT_portrait_mode();                       // portrait mode

  Rectangle(0,0, 239,319, Green);            // display title
  Rectangle(1,1, 238,318, Green);

  TFT_string( 3,8,White,Magenta," 터치스크린 좌표 테스트 ");

  TFT_string( 1, 1, Cyan,   Black, "(0,0)");
  TFT_string(22, 1, Cyan,   Black, "(239,0)");
  TFT_string( 1,37, Cyan,   Black, "(0,319)");
  TFT_string(20,37, Cyan,   Black, "(239,319)");

  TFT_string( 4,15, Cyan,   Black, " 원시 데이터");
  TFT_string(16,15, Magenta,Black, " x = 0000 ");
  TFT_string(16,17, Magenta,Black, " y = 0000 ");
  TFT_string( 4,22, Cyan,   Black, " 픽셀 데이터");
  TFT_string(16,22, Magenta,Black, " x =  000 ");
  TFT_string(16,24, Magenta,Black, " y =  000 ");
  TFT_string(12,30, White,    Red, " 종료 ");
  Rectangle(92,236, 147,259, White);
  Rectangle(93,237, 146,258, White);

  exit_flag = 0;
  while(exit_flag == 0)
    { Touch_screen_input();                  // input touch screen

      TFT_color(Cyan,Black);
      TFT_xy(21,15);                         // display 12-bit original X data
      TFT_unsigned_decimal(x_12bit,0,4);
      TFT_xy(21,17);                         // display 12-bit original Y data
      TFT_unsigned_decimal(y_12bit,0,4);
      TFT_xy(22,22);                         // display pixel X data
      TFT_unsigned_decimal(x_touch,0,3);
      TFT_xy(22,24);                         // display pixel Y data
      TFT_unsigned_decimal(y_touch,0,3);

      if((x_touch >= 92) && (x_touch <= 147) && (y_touch >= 236) && (y_touch <= 259))
        { exit_flag = 1;
          Beep();
          Delay_ms(200);
          TFT_clear_screen();                // TFT-LCD clear screen
          TFT_landscape_mode();              // landscape mode
        }
    }
}

unsigned int Color[8] =                      // 8-color data
   { White, Black, Red, Green, Blue, Yellow, Cyan, Magenta };

void Menu3(void)                             /* menu3 : color bar in landscape mode */
```

```
{
  unsigned int i, j, k;

  TFT_clear_screen();                          // TFT-LCD clear screen
  TFT_landscape_mode();                        // landscape mode

  for(i = 0; i < 8; i++)
    { TFT_GRAM_address(0,i*30);                // display 8-color bar
      for(j = 0; j < 30; j++)
        for(k = 0; k < 320; k++)
          TFT_data(Color[i]);
      if(i == 0)                               // display name of color bar
        TFT_string(14, 1, Black,Transparent, "백색(White)");
      else if(i == 1)
        TFT_string(14, 5, White,Transparent, "흑색(Black)");
      else if(i == 2)
        TFT_string(14, 8, Green,Transparent, "적색(Red)");
      else if(i == 3)
        TFT_string(14,12, Red,  Transparent, "녹색(Green)");
      else if(i == 4)
        TFT_string(14,16, Cyan, Transparent, "청색(Blue)");
      else if(i == 5)
        TFT_string(14,20, Black,Transparent, "노랑(Yellow)");
      else if(i == 6)
        TFT_string(14,24, Red,  Transparent, "녹청(Cyan)");
      else if(i == 7)
        TFT_string(14,27, White,Transparent, "자홍(Magenta)");
      Delay_ms(500);
    }
  Delay_ms(2000);

  TFT_clear_screen();                          // TFT-LCD clear screen
  TFT_landscape_mode();                        // landscape mode
}

void Menu4(void)                               /* menu4 : color bar in portrait mode */
{
  unsigned int i, j, k;

  TFT_clear_screen();                          // TFT-LCD clear screen
  TFT_portrait_mode();                         // portrait mode

  for(i = 0; i < 8; i++)
    { TFT_GRAM_address(0,i*40);                // display 8-color bar
      for(j = 0; j < 40; j++)
        for(k = 0; k < 240; k++)
          TFT_data(Color[i]);
      if(i == 0)                               // display name of color bar
        TFT_string(9, 2, Black,Transparent, "백색(White)");
      else if(i == 1)
        TFT_string(9, 7, White,Transparent, "흑색(Black)");
      else if(i == 2)
        TFT_string(9,12, Green,Transparent, "적색(Red)");
      else if(i == 3)
        TFT_string(9,17, Red,  Transparent, "녹색(Green)");
      else if(i == 4)
        TFT_string(9,22, Cyan, Transparent, "청색(Blue)");
      else if(i == 5)
        TFT_string(9,27, Black,Transparent, "노랑(Yellow)");
      else if(i == 6)
        TFT_string(9,32, Red,  Transparent, "녹청(Cyan)");
      else if(i == 7)
        TFT_string(9,37, White,Transparent, "자홍(Magenta)");
      Delay_ms(500);
    }
  Delay_ms(2000);

  TFT_clear_screen();                          // TFT-LCD clear screen
  TFT_landscape_mode();                        // landscape mode
}
```

☞ 이 프로그램에는 4개의 메뉴가 있는데, 각 메뉴를 선택하려면 해당 메뉴를 직접 터치하거나 또는 아이콘 icon3, icon4를 사용하여 선택 바를 상하 방향으로 이동시켜도 된다. 메뉴를 실행하려면 해당 메뉴에 선택 바가 위치하는 상태에서 이 메뉴를 다시 한번 터치하거나 또는 아이콘 icon1을 누르면 된다. 각 메뉴를 실행하고 나면 프로그램은 다시 메인 메뉴로 되돌아온다.

이 메뉴 방식 예제 프로그램에서는 터치 스크린의 메뉴 아이콘을 입력하는데 문제가 좀 있다. 즉, 프로그램에서 터치 스크린을 무조건 반복하여 입력하므로 메뉴 아이콘을 조금 긴 시간동안 누르고 있으면 이를 여러 번 누른 것처럼 반복하여 인식한다.

이러한 현상을 방지하려면 터치 스크린에서 메뉴 아이콘을 입력할 때 키입력 함수에서처럼 디바운싱(debouncing) 기능과 원터치(one-touch) 기능을 넣어야 한다. 이렇게 하면 메뉴 아이콘을 누르는 시간이 길거나 짧더라도 누르는 시간에 관계없이 아이콘을 정확하게 한번만 누른 것으로 인식하게 된다. 다음은 위의 메뉴 방식 프로그램을 이와 같이 개선한 것이다.

〈프로그램 Exp08_5.c〉 터치 스크린을 이용한 메뉴 방식 프로그램(2)

```
/* ============================================================================ */
/*              Exp08_5.c : 터치 스크린을 이용한 메뉴 처리 프로그램(2)             */
/* ============================================================================ */
/*                       Designed and programmed by Duck-Yong Yoon in 2022.     */

#include <avr/io.h>
#include "OK-128DA.h"

void Display_menu(void);                      /* display menu screen */
void Menu1(void);                             /* menu1 : landscape mode test */
void Menu2(void);                             /* menu2 : portrait mode test */
void Menu3(void);                             /* menu3 : color bar in landscape mode */
void Menu4(void);                             /* menu4 : color bar in portrait mode */

unsigned char menu;                           // menu number
unsigned char icon_flag;                      // icon touch flag

/* ----- 메인 프로그램 ------------------------------------------------------- */

int main(void)
{
  MCU_initialize();                           // initialize AVR128DA64 MCU
  Delay_ms(50);                               // wait for system stabilization
  LCD_initialize();                           // initialize text LCD module
  TFT_initialize();                           // initialize TFT-LCD module
  Touch_screen_initialize();                  // initialize touch screen

  LCD_string(0x80," OK-128DA  V1.0 ");        // display title
  LCD_string(0xC0,"   Exp08_5.c    ");
  Beep();

  menu = 1;                                   // initial value
  icon_flag = 1;

  while(1)
    { if(icon_flag == 1)                      // update screen menu
```

```
        Display_menu();

      Touch_screen_input();                           // input touch screen
      if((icon_flag == 0) && (x_touch >= 32) && (x_touch <= 288) && (y_touch >= 59) && (y_touch <= 82))
        { icon_flag = 1;                              // menu1
          Beep();
          if(menu == 1) Menu1();
          else          menu = 1;
        }
      else if((icon_flag == 0) && (x_touch >= 32) && (x_touch <= 288) && (y_touch >= 83) && (y_touch <= 106))
        { icon_flag = 1;                              // menu2
          Beep();
          if(menu == 2) Menu2();
          else          menu = 2;
        }
      else if((icon_flag == 0) && (x_touch >= 32) && (x_touch <= 288) && (y_touch >= 107) && (y_touch <= 130))
        { icon_flag = 1;                              // menu3
          Beep();
          if(menu == 3) Menu3();
          else          menu = 3;
        }
      else if((icon_flag == 0) && (x_touch >= 32) && (x_touch <= 288) && (y_touch >= 131) && (y_touch <= 154))
        { icon_flag = 1;                              // menu4
          Beep();
          if(menu == 4) Menu4();
          else          menu = 4;
        }
      else if((icon_flag == 0) && (x_touch >= 9) && (x_touch <= 64) && (y_touch >= 196) && (y_touch <= 235))
        { icon_flag = 1;
          Beep();                                     // icon1
          Rectangle( 9,196, 64,235, Magenta);
          Rectangle(10,197, 63,234, Magenta);
          Delay_ms(200);
          if(menu == 1)      Menu1();
          else if(menu == 2) Menu2();
          else if(menu == 3) Menu3();
          else if(menu == 4) Menu4();
        }
      else if((icon_flag == 0) && (x_touch >= 176) && (x_touch <= 231) && (y_touch >= 196) && (y_touch <= 235))
        { icon_flag = 1;
          menu--;                                     // icon3
          if(menu == 0) menu = 4;
          Beep();
          Rectangle(176,196, 231,235, Magenta);
          Rectangle(177,197, 230,234, Magenta);
          Delay_ms(200);
        }
      else if((icon_flag == 0) && (x_touch >= 256) && (x_touch <= 311) && (y_touch >= 196) && (y_touch <= 235))
        { icon_flag = 1;
          menu++;                                     // icon4
          if(menu == 5) menu = 1;
          Beep();
          Rectangle(256,196, 311,235, Magenta);
          Rectangle(257,197, 310,234, Magenta);
          Delay_ms(200);
        }
      else if((x_touch == 0) && (y_touch == 0))
        icon_flag = 0;
    }
}

/* ----- 사용자 정의 함수 ------------------------------------------------------- */

void Display_menu(void)                              /* display menu screen */
{
  TFT_string(7, 3,White,Magenta," 터치스크린 메뉴 프로그램 ");  // display menu
  TFT_string(5, 8, Cyan,Black, "메뉴1 : 풍경화 모드 터치스크린");
  TFT_string(5,11, Cyan,Black, "메뉴2 : 초상화 모드 터치스크린");
  TFT_string(5,14,Green,Black, "메뉴3 : 풍경화 모드 컬러바    ");
  TFT_string(5,17,Green,Black, "메뉴4 : 초상화 모드 컬러바    ");
```

```
  if(menu == 1) Rectangle(32,59, 288,82, Magenta); // display selection bar
  else          Rectangle(32,59, 288,82, Black);
  if(menu == 2) Rectangle(32,83, 288,106, Magenta);
  else          Rectangle(32,83, 288,106, Black);
  if(menu == 3) Rectangle(32,107, 288,130, Magenta);
  else          Rectangle(32,107, 288,130, Black);
  if(menu == 4) Rectangle(32,131, 288,154, Magenta);
  else          Rectangle(32,131, 288,154, Black);

  Rectangle( 9,196, 64,235, Yellow);              // display touch icon
  Rectangle(10,197, 63,234, Yellow);
  TFT_string(2,25, Cyan,   Black, "ICON1");
  TFT_string(2,27, Magenta,Black, "(RUN)");
  Rectangle(176,196, 231,235, Yellow);
  Rectangle(177,197, 230,234, Yellow);
  TFT_string(23,25, Cyan,   Black, "ICON3");
  TFT_xy(24,27); TFT_color(Magenta,Black);
  TFT_English('('); TFT_English(0x18); TFT_English(')');
  Rectangle(256,196, 311,235, Yellow);
  Rectangle(257,197, 310,234, Yellow);
  TFT_string(33,25, Cyan,   Black, "ICON4");
  TFT_xy(34,27); TFT_color(Magenta,Black);
  TFT_English('('); TFT_English(0x19); TFT_English(')');
}

void Menu1(void)                                  /* menu1 : landscape mode test */
{
  unsigned char exit_flag;                        // menu exit flag

  TFT_clear_screen();                             // TFT-LCD clear screen
  TFT_landscape_mode();                           // landscape mode

  Rectangle(0,0, 319,239, Green);                 // display title
  Rectangle(1,1, 318,238, Green);

  TFT_string( 8,5,White,Magenta," 터치스크린 좌표 테스트 ");

  TFT_string( 1, 1, Cyan,   Black, "(0,0)");
  TFT_string(32, 1, Cyan,   Black, "(319,0)");
  TFT_string( 1,27, Cyan,   Black, "(0,239)");
  TFT_string(30,27, Cyan,   Black, "(319,239)");

  TFT_string( 9, 9, Cyan,   Black, " 원시 데이터");
  TFT_string(21, 9, Magenta,Black, " x = 0000 ");
  TFT_string(21,11, Magenta,Black, " y = 0000 ");
  TFT_string( 9,15, Cyan,   Black, " 픽셀 데이터");
  TFT_string(21,15, Magenta,Black, " x =  000 ");
  TFT_string(21,17, Magenta,Black, " y =  000 ");
  TFT_string(17,22, White,    Red, " 종료 ");
  Rectangle(131,172, 188,195, White);
  Rectangle(132,173, 187,194, White);

  exit_flag = 0;
  while(exit_flag == 0)
    { Touch_screen_input();                       // input touch screen

      TFT_color(Cyan,Black);
      TFT_xy(26,9);                               // display 12-bit original X data
      TFT_unsigned_decimal(x_12bit,0,4);
      TFT_xy(26,11);                              // display 12-bit original Y data
      TFT_unsigned_decimal(y_12bit,0,4);
      TFT_xy(27,15);                              // display pixel X data
      TFT_unsigned_decimal(x_touch,0,3);
      TFT_xy(27,17);                              // display pixel Y data
      TFT_unsigned_decimal(y_touch,0,3);

      if((x_touch >= 131) && (x_touch <= 188) && (y_touch >= 172) && (y_touch <= 195))
        { exit_flag = 1;
          Beep();
          Rectangle(131,172, 188,195, Magenta);
          Rectangle(132,173, 187,194, Magenta);
```

```
            Delay_ms(200);
            TFT_clear_screen();                  // TFT-LCD clear screen
            TFT_landscape_mode();                // landscape mode
          }
      }
}

void Menu2(void)                                 /* menu2 : portrait mode test */
{
  unsigned char exit_flag;                       // menu exit flag

  TFT_clear_screen();                            // TFT-LCD clear screen
  TFT_portrait_mode();                           // portrait mode

  Rectangle(0,0, 239,319, Green);                // display title
  Rectangle(1,1, 238,318, Green);

  TFT_string( 3,8,White,Magenta," 터치스크린 좌표 테스트 ");

  TFT_string( 1, 1, Cyan,    Black, "(0,0)");
  TFT_string(22, 1, Cyan,    Black, "(239,0)");
  TFT_string( 1,37, Cyan,    Black, "(0,319)");
  TFT_string(20,37, Cyan,    Black, "(239,319)");

  TFT_string( 4,15, Cyan,    Black, " 원시 데이터");
  TFT_string(16,15, Magenta,Black, " x = 0000 ");
  TFT_string(16,17, Magenta,Black, " y = 0000 ");
  TFT_string( 4,22, Cyan,    Black, " 픽셀 데이터");
  TFT_string(16,22, Magenta,Black, " x =  000 ");
  TFT_string(16,24, Magenta,Black, " y =  000 ");
  TFT_string(12,30, White,     Red, " 종료 ");
  Rectangle(92,236, 147,259, White);
  Rectangle(93,237, 146,258, White);

  exit_flag = 0;
  while(exit_flag == 0)
    { Touch_screen_input();                      // input touch screen

      TFT_color(Cyan,Black);
      TFT_xy(21,15);                             // display 12-bit original X data
      TFT_unsigned_decimal(x_12bit,0,4);
      TFT_xy(21,17);                             // display 12-bit original Y data
      TFT_unsigned_decimal(y_12bit,0,4);
      TFT_xy(22,22);                             // display pixel X data
      TFT_unsigned_decimal(x_touch,0,3);
      TFT_xy(22,24);                             // display pixel Y data
      TFT_unsigned_decimal(y_touch,0,3);

      if((x_touch >= 92) && (x_touch <= 147) && (y_touch >= 236) && (y_touch <= 259))
        { exit_flag = 1;
          Beep();
          Rectangle(92,236, 147,259, Magenta);
          Rectangle(93,237, 146,258, Magenta);
          Delay_ms(200);
          TFT_clear_screen();                    // TFT-LCD clear screen
          TFT_landscape_mode();                  // landscape mode
        }
    }
}

unsigned int Color[8] =                          // 8-color data
   { White, Black, Red, Green, Blue, Yellow, Cyan, Magenta };

void Menu3(void)                                 /* menu3 : color bar in landscape mode */
{
  unsigned int i, j, k;

  TFT_clear_screen();                            // TFT-LCD clear screen
  TFT_landscape_mode();                          // landscape mode

  for(i = 0; i < 8; i++)
```

```
    { TFT_GRAM_address(0,i*30);                  // display 8-color bar
      for(j = 0; j < 30; j++)
        for(k = 0; k < 320; k++)
          TFT_data(Color[i]);
      if(i == 0)                                 // display name of color bar
        TFT_string(14, 1, Black,Transparent, "백색(White)");
      else if(i == 1)
        TFT_string(14, 5, White,Transparent, "흑색(Black)");
      else if(i == 2)
        TFT_string(14, 8, Green,Transparent, "적색(Red)");
      else if(i == 3)
        TFT_string(14,12, Red,   Transparent, "녹색(Green)");
      else if(i == 4)
        TFT_string(14,16, Cyan,  Transparent, "청색(Blue)");
      else if(i == 5)
        TFT_string(14,20, Black,Transparent, "노랑(Yellow)");
      else if(i == 6)
        TFT_string(14,24, Red,   Transparent, "녹청(Cyan)");
      else if(i == 7)
        TFT_string(14,27, White,Transparent, "자홍(Magenta)");
      Delay_ms(500);
    }
  Delay_ms(2000);

  TFT_clear_screen();                            // TFT-LCD clear screen
  TFT_landscape_mode();                          // landscape mode
}

void Menu4(void)                                 /* menu4 : color bar in portrait mode */
{
  unsigned int i, j, k;

  TFT_clear_screen();                            // TFT-LCD clear screen
  TFT_portrait_mode();                           // portrait mode

  for(i = 0; i < 8; i++)
    { TFT_GRAM_address(0,i*40);                  // display 8-color bar
      for(j = 0; j < 40; j++)
        for(k = 0; k < 240; k++)
          TFT_data(Color[i]);
      if(i == 0)                                 // display name of color bar
        TFT_string(9, 2, Black,Transparent, "백색(White)");
      else if(i == 1)
        TFT_string(9, 7, White,Transparent, "흑색(Black)");
      else if(i == 2)
        TFT_string(9,12, Green,Transparent, "적색(Red)");
      else if(i == 3)
        TFT_string(9,17, Red,   Transparent, "녹색(Green)");
      else if(i == 4)
        TFT_string(9,22, Cyan,  Transparent, "청색(Blue)");
      else if(i == 5)
        TFT_string(9,27, Black,Transparent, "노랑(Yellow)");
      else if(i == 6)
        TFT_string(9,32, Red,   Transparent, "녹청(Cyan)");
      else if(i == 7)
        TFT_string(9,37, White,Transparent, "자홍(Magenta)");
      Delay_ms(500);
    }
  Delay_ms(2000);

  TFT_clear_screen();                            // TFT-LCD clear screen
  TFT_landscape_mode();                          // landscape mode
}
```

☞ 터치 스크린 입력의 디바운싱 및 원터치 처리 기술도 제4.4절에서 설명한 키입력의 디바운싱 및 원터치 처리 기술과 매우 유사하다. 평소에는 icon_flag = 0 상태에 있다가 처음으로 터치 스크린 입력이 확

인되면 위치 데이터를 읽고 icon_flag = 1로 표시하며 비프음을 울려서 50ms의 시간지연을 준다. 그러면, 터치 스크린에서 손을 떼어 다시 icon_flag = 0 상태로 되는 것을 확인하기 전에는 터치 스크린을 누른 것이 확인되더라도 이를 터치 스크린 입력으로 처리하지 않는다. 이렇게 하면 터치 스크린을 누르고 있는 시간이 길든 짧든 관계없이 터치 스크린의 입력은 오직 1번만 인식된다.

또한, 터치 아이콘이 눌려진 것으로 인식되면 약 200ms의 시간동안 아이콘의 색깔을 변경시켜 표시함으로써 시각적인 효과를 좋게 하였다.

3. 실습 과제

(1) 터치 스크린에서 멀티 터치 기능이란 무엇인가?

(2) 터치 스크린(touch screen)과 터치 패드(touch pad)의 차이를 설명하라. 또한, 우리 주변의 제품에서 이것들이 사용되는 응용 분야를 예를 들어보라.

(3) 예제 프로그램 Exp08_3.c에서 화면에 선을 그릴 때 선의 굵기를 처리하는 원리를 설명하라.

(4) 예제 프로그램 Exp08_5.c에 "메뉴5 : 수학함수에 의한 그래픽"을 추가하고, 이 메뉴5를 선택하여 실행하면 앞의 Exp07_1.c 프로그램과 같은 그래픽 기능을 1회 수행하고 자동적으로 메인 메뉴로 되돌아오는 프로그램 Exp08_5R.c를 작성하라.

4.9 AVR128DA64의 다양한 활용 프로그램

여기서는 AVR128DA64에서 각종 내부 레지스터를 읽어보거나 CLKOUT 단자에 주파수 신호를 출력하며, 여기에 내장되어 있는 EEPROM의 액세스, 워치독 타이머의 사용, 슬립 모드의 사용, printf() 함수를 사용한 %서식 지정 출력 등과 같이 그다지 자주 사용되지는 않지만 때로는 매우 중요한 AVR128DA64의 여러가지 기능을 응용하는 프로그램 작성 기술을 공부한다.

관련 내용	(1) 제1.3절 AVR128DA64의 메모리 구조 (2) 제1.4절 AVR128DA64의 시스템 제어 기능 (3) 제3.3절 WinAVR C컴파일러의 기능 요약 (4) 제4.3절 텍스트형 LCD 모듈 응용 프로그램

1. AVR128DA64의 각종 레지스터 값을 읽기

AVR128DA64에는 다양한 시스템 레지스터와 각종 주변장치를 제어하는 I/O 제어 레지스터를 가지고 있는데, 이것들을 읽어서 TFT-LCD에 표시하고 그 값을 확인하여 보는 것은 이 마이크로컨트롤러를 이해하는데 많은 도움이 된다. AVR128DA64에서 퓨즈 및 몇가지의 시스템 레지스터와 I/O 제어 레지스터를 읽어서 TFT-LCD 화면에 표시하는 프로그램을 작성하면 다음과 같다.

〈프로그램 Exp09_1.c〉 AVR128DA64의 각종 레지스터 값을 읽기

```
/* ============================================================================ */
/*              Exp09_1.c : AVR128DA64의 내부 레지스터 값 확인                  */
/* ============================================================================ */
/*                     Designed and programmed by Duck-Yong Yoon in 2022.      */

#include <avr/io.h>
#include "OK-128DA.h"

int main(void)
{
  MCU_initialize();                            // initialize AVR128DA64 MCU
  Delay_ms(50);                                // wait for system stabilization
  LCD_initialize();                            // initialize text LCD module
  TFT_initialize();                            // initialize TFT-LCD module

  LCD_string(0x80," OK-128DA  V1.0 ");         // display title
```

```
LCD_string(0xC0,"    Exp09_1.c    ");

while(1)
  { TFT_string(0,2,White,Magenta,"   AVR128DA64의 내부 레지스터 값 확인   ");
    TFT_string(16,5,Yellow,Black,"(1) 퓨즈");
    TFT_string(10, 8,Cyan,Black,"FUSE_WDTCFG    = 0x00");
    TFT_string(10,11,Cyan,Black,"FUSE_BODCFG    = 0x00");
    TFT_string(10,14,Cyan,Black,"FUSE_OSCCFG    = 0x00");
    TFT_string(10,17,Cyan,Black,"FUSE_SYSCFG0   = 0x00");
    TFT_string(10,19,Cyan,Black,"FUSE_SYSCFG1   = 0x00");
    TFT_string(10,22,Cyan,Black,"FUSE_CODESIZE = 0x00");
    TFT_string(10,24,Cyan,Black,"FUSE_BOOTSIZE = 0x00");
    TFT_color(White,Black);
    TFT_xy(26,8);
    TFT_0x_hexadecimal(FUSE_WDTCFG,2);
    TFT_xy(26,11);
    TFT_0x_hexadecimal(FUSE_BODCFG,2);
    TFT_xy(26,14);
    TFT_0x_hexadecimal(FUSE_OSCCFG,2);
    TFT_xy(26,17);
    TFT_0x_hexadecimal(FUSE_SYSCFG0,2);
    TFT_xy(26,19);
    TFT_0x_hexadecimal(FUSE_SYSCFG1,2);
    TFT_xy(26,22);
    TFT_0x_hexadecimal(FUSE_CODESIZE,2);
    TFT_xy(26,24);
    TFT_0x_hexadecimal(FUSE_BOOTSIZE,2);
    Beep();
    Delay_ms(10000);                              // 10 sec delay
    TFT_clear_screen();

    TFT_string(0,2,White,Magenta,"   AVR128DA64의 내부 레지스터 값 확인   ");
    TFT_string(14,5,Yellow,Black,"(2) CPU 코어");
    TFT_string(8, 8,Cyan,Black,"CPU_CCP   = 0x00");
    TFT_string(8,10,Cyan,Black,"CPU_RAMPZ = 0x00");
    TFT_string(8,12,Cyan,Black,"CPU_SP    = 0x0000");
    TFT_string(8,14,Cyan,Black,"CPU_SREG  = 0x00");
    TFT_string(10,17,Yellow,Black,"(3) SIGROW 및 SYSCFG");
    TFT_string(8,20,Cyan,Black,"SIGROW_DEVICEID0 = 0x00");
    TFT_string(8,22,Cyan,Black,"SIGROW_DEVICEID1 = 0x00");
    TFT_string(8,24,Cyan,Black,"SIGROW_DEVICEID2 = 0x00");
    TFT_string(8,26,Cyan,Black,"SYSCFG_REVID     = 0x00");
    TFT_color(White,Black);
    TFT_xy(20,8);
    TFT_0x_hexadecimal(CPU_CCP,2);
    TFT_xy(20,10);
    TFT_0x_hexadecimal(CPU_RAMPZ,2);
    TFT_xy(24,12);
    TFT_hexadecimal(CPU_SPL,2);
    TFT_xy(20,12);
    TFT_0x_hexadecimal(CPU_SPH,2);
    TFT_xy(20,14);
    TFT_0x_hexadecimal(CPU_SREG,2);
    TFT_xy(27,20);
    TFT_0x_hexadecimal(SIGROW_DEVICEID0,2);
    TFT_xy(27,22);
    TFT_0x_hexadecimal(SIGROW_DEVICEID1,2);
    TFT_xy(27,24);
    TFT_0x_hexadecimal(SIGROW_DEVICEID2,2);
    TFT_xy(27,26);
    TFT_0x_hexadecimal(SYSCFG_REVID,2);
    Beep();
    Delay_ms(10000);                              // 10 sec delay
    TFT_clear_screen();

    TFT_string(0,2,White,Magenta,"   AVR128DA64의 내부 레지스터 값 확인   ");
    TFT_string(12,5,Yellow,Black,"(4) 리셋 제어기");
    TFT_string(7, 8,Cyan,Black,"RSTCTRL_RSTFR      = 0x00");
    TFT_string(12,11,Yellow,Black,"(5) 클록 제어기");
    TFT_string(7,14,Cyan,Black,"CLKCTRL_MCLKCTRLA = 0x00");
    TFT_string(7,16,Cyan,Black,"CLKCTRL_MCLKCTRLB = 0x00");
```

```
        TFT_string(10,19,Yellow,Black,"(6) 기준전압 발생기");
        TFT_string(7,22,Cyan,Black,"VREF_ADCOREF = 0x00");
        TFT_string(7,24,Cyan,Black,"VREF_DACOREF = 0x00");
        TFT_string(7,26,Cyan,Black,"VREF_ACREF   = 0x00");
        TFT_color(White,Black);
        TFT_xy(27,8);
        TFT_0x_hexadecimal(RSTCTRL_RSTFR,2);
        TFT_xy(27,14);
        TFT_0x_hexadecimal(CLKCTRL_MCLKCTRLA,2);
        TFT_xy(27,16);
        TFT_0x_hexadecimal(CLKCTRL_MCLKCTRLB,2);
        TFT_xy(22,22);
        TFT_0x_hexadecimal(VREF_ADCOREF,2);
        TFT_xy(22,24);
        TFT_0x_hexadecimal(VREF_DACOREF,2);
        TFT_xy(22,26);
        TFT_0x_hexadecimal(VREF_ACREF,2);
        Beep();
        Delay_ms(10000);                        // 10 sec delay
        TFT_clear_screen();
     }
  }
```

☞ 여기서는 화면을 10초 간격으로 바꾸어 가면서 AVR128DA64의 레지스터 값을 읽어서 TFT-LCD에 표시하고 있다. 이들 레지스터의 값을 꼼꼼하게 확인하여 현재 이 마이크로컨트롤러가 어떻게 설정되어 있는지를 확인하여 보는 것은 충분한 의미가 있다.

이 프로그램을 컴파일하고 *OK-128DA* 키트에 다운로드하여 실행하라. 현재 퓨즈에 설정되어 있는 값을 자세하게 따져보라. 그리고, AVR128DA64의 Device ID는 0x1E 0x97 0x07인데 이것이 확인되는가? 이 마이크로컨트롤러의 하드웨어 버전은 무엇인가? 또한, 현재 이 마이크로컨트롤러는 24MHz의 외부 클록 EXTCLK에 의하여 동작하고 있는 것을 확인할 수 있는가?

2. CLKOUT 단자에 주파수 신호를 출력하기

AVR128DA64에는 병렬 I/O 포트 PA7을 부수적인 기능 CLKOUT으로 설정하고 여기에 주변장치 클록 CLK_PER를 출력할 수 있다. 다음은 AVR128DA64의 CLK_PER 단자에 주파수를 가변하여 출력하는 프로그램이다.

〈프로그램 Exp09_2.c〉 AVR128DA64의 CLKOUT 단자에 주파수 신호를 출력하기

```
/* ============================================================================ */
/*              Exp09_2.c : AVR128DA64의 CLKOUT 단자에 주파수를 출력              */
/* ============================================================================ */
/*                        Designed and programmed by Duck-Yong Yoon in 2022.   */

#include <avr/io.h>
#include "OK-128DA.h"
```

```
/* ----- 사용자 정의 함수 ---------------------------------------------------- */

void Beep_time(U08 time)                        /* beep for time */
{
  PORTC_OUTSET = 0x80;                          // buzzer on
  Delay_ms(time);                               // delay 50 ms
  PORTC_OUTCLR = 0x80;                          // buzzer off
}

/* ----- 메인 프로그램 ------------------------------------------------------- */

int main(void)
{
  MCU_initialize();                             // initialize AVR128DA64 MCU
  Delay_ms(50);                                 // wait for system stabilization
  LCD_initialize();                             // initialize text LCD module
  TFT_initialize();                             // initialize TFT-LCD module

  LCD_string(0x80," OK-128DA  V1.0 ");          // display title
  LCD_string(0xC0,"   Exp09_2.c    ");

  TFT_string(0,2,White,Magenta," AVR128DA64의 CLKOUT 단자에 주파수 출력 ");
  TFT_string(1,7,Cyan,Black,"디지털 메모리 오실로스코프를 사용하여");
  TFT_string(3,9,Cyan,Black,"TP1(CLKOUT)의 신호를 측정하시오 !");

  CPU_CCP = 0xD8;
  CLKCTRL_MCLKCTRLA = 0x83;                     // CLK_MAIN = EXTCLK, PA7 = CLKOUT

  while(1)                                      // 5초 간격으로 주파수를 바꾸어 출력
    { TFT_string(9,20,White,Black,"TP1(CLKOUT) =  1 MHz");
      CPU_CCP = 0xD8;
      CLKCTRL_MCLKCTRLB = 0x17;                 // CLKOUT = 24MHz/24 = 1MHz
      Beep_time(50/24);
      Delay_ms(5000/24);

      TFT_string(9,20,White,Black,"TP1(CLKOUT) =  2 MHz");
      CPU_CCP = 0xD8;
      CLKCTRL_MCLKCTRLB = 0x15;                 // CLKOUT = 24MHz/12 = 2MHz
      Beep_time(50/12);
      Delay_ms(5000/12);

      TFT_string(9,20,White,Black,"TP1(CLKOUT) =  4 MHz");
      CPU_CCP = 0xD8;
      CLKCTRL_MCLKCTRLB = 0x11;                 // CLKOUT = 24MHz/6 = 4MHz
      Beep_time(50/6);
      Delay_ms(5000/6);

      TFT_string(9,20,White,Black,"TP1(CLKOUT) =  6 MHz");
      CPU_CCP = 0xD8;
      CLKCTRL_MCLKCTRLB = 0x03;                 // CLKOUT = 24MHz/4 = 6MHz
      Beep_time(50/4);
      Delay_ms(5000/4);

      TFT_string(9,20,White,Black,"TP1(CLKOUT) = 12 MHz");
      CPU_CCP = 0xD8;
      CLKCTRL_MCLKCTRLB = 0x01;                 // CLKOUT = 24MHz/2 = 12MHz
      Beep_time(50/2);
      Delay_ms(5000/2);

      TFT_string(9,20,White,Black,"TP1(CLKOUT) = 24 MHz");
      CPU_CCP = 0xD8;
      CLKCTRL_MCLKCTRLB = 0x00;                 // CLKOUT = 24MHz/1 = 24MHz
      Beep_time(50);
      Delay_ms(5000);
    }
}
```

☞ 여기서는 CLKCTRL_MCLKCTRLB 레지스터를 사용하여 24MHz의 CLK_MAIN을 분주비 24, 12, 6, 4, 2, 1로 나누어 5초 간격으로 1MHz, 2MHz, 4MHz, 6MHz, 12MHz, 24MHz의 주파수를 출력한다. 그런데, AVR128DA64의 클록 제어기에서 CLKCTRL_MCLKCTRLB 레지스터를 사용하여 CLK_MAIN을 분주하면 주변장치 클록 CLK_PER만 이렇게 분주된 주파수로 되는 것이 아니라 CPU 클록 CLK_CPU도 함께 분주된다. 따라서, CPU의 동작이 분주된 주파수만큼 느려지게 된다.

이렇게 CPU 클록 CLK_CPU의 주파수가 낮아지면 2가지 문제가 발생하므로 이를 해결해야 한다. 첫째, 비프음은 버저를 50ms동안 울려서 만드는데 CPU의 동작이 느려지므로 이에 맞게 시간지연 함수값을 보정해 주어야 한다. 그런데, 헤더파일 OK-128DA.h에 제공하는 Beep() 함수는 CPU 클록이 24MHz일 경우에만 올바르게 동작하므로 이 프로그램에서는 지연시간을 보정할 수 있는 새로운 함수 Beep_time()을 만들어 사용하였다. 만약 현재 CPU 클록 주파수가 24MHz라면 Beep_time(50);이라고 호출해야 하지만, CPU 클록이 12MHz가 되면 지연시간을 1/2로 낮추어 Beep_time(25);이라고 호출해야 하며, CPU 클록이 6MHz가 되면 지연시간을 1/4로 낮추어 Beep_time(12);이라고 호출해야 한다.

둘째, 1가지의 주파수가 5초동안 출력되도록 하기 위한 Delay_ms() 함수도 현재의 CPU 클록 주파수에 맞도록 조정되어야 한다. 만약 현재 CPU 클록 주파수가 24MHz라면 Delay_ms(5000);이라고 호출해야 하지만, CPU 클록이 12MHz가 되면 지연시간을 1/2로 낮추어 Delay_ms(2500);이라고 호출해야 하며, CPU 클록이 6MHz가 되면 지연시간을 1/4로 낮추어 Delay_ms(1250);이라고 호출해야 한다.

이 프로그램을 컴파일하고 *OK-128DA* 키트에 다운로드하여 실행하라. 그리고, 오실로스코프를 사용하여 테스트 단자 TP1(CLKOUT)에 출력되는 주파수 신호를 측정하여 보라.

3. AVR128DA64의 EEPROM 액세스 프로그램

AVR128DA64에는 0x1400~0x15FF 번지에 512바이트의 데이터 백업용 EEPROM을 내장하고 있는데, 이를 읽는 동작은 SRAM의 경우와 동일하지만 여기에 데이터를 쓰는 동작은 특별한 절차와 방법을 필요로 한다. WinAVR에서는 이를 위한 전용의 함수를 헤더파일 avr/eeprom.h로 제공하므로 이를 사용해도 된다.

◀**참고**▶ AVR128DA64의 데이터 시트에서는 불휘발성 메모리 제어기 NVMCTRL의 I/O 제어 레지스터에 16비트의 데이터 레지스터 NVMCTRL_DATAL 및 NVMCTRL_DATAH가 있고 24비트의 어드레스 레지스터 NVMCTRL_ADDR0~2가 있어서(0x0108~0x010A 번지) 이것들을 사용하여 플래시 메모리나 EEEPROM을 액세스할 수 있다고 설명하고 있지만, 그 어디를 찾아봐도 이런 방법으로 EEPROM을 액세스하는 기능은 없는 듯하다. 그렇다면 데이터 시트에서는 도대체 왜 이렇게 설명하고 있는지 알 수가 없다. 더구나 제조사에서 제공하는 헤더파일 ioavr128da64.h에는 불휘발성 메모리 제어기의 어드레스 레지스터가 24비트가 아니라 NVMCTRL_ADDR0~3의 32비트 구조로 되어 있는 것으로(0x0108~0x010B 번지) 정의하고 있어서 데이터 시트의 설명과 다르기 때문에 더욱 이상하다.

▣ 사용자가 직접 메모리 번지를 액세스하는 경우

사용자가 포인터를 사용하여 AVR128DA64의 EEPROM을 직접 액세스하는 방법으로 512바이트의 EEPROM을 라이트(write) 및 리드(read)하여 정상 동작 여부를 테스트하는 프로그램을 작성하면 다음과 같다.

〈프로그램 Exp09_3.c〉 AVR128DA64의 EEPROM을 액세스하는 프로그램(1)

```
/* ============================================================================ */
/*               Exp09_3.c : AVR128DA64의 EEPROM 액세스 프로그램(1)              */
/* ============================================================================ */
/*                            Designed and programmed by Duck-Yong Yoon in 2022.  */

#include <avr/io.h>
#include "OK-128DA.h"

/* ----- 사용자 정의 함수 ------------------------------------------------------ */

void EEPROM_write(U16 address,U08 byte)          /* write data to EEPROM */
{
  while((NVMCTRL_STATUS & 0x02) == 0x02);        // check if EEBUSY = 0
  CPU_CCP = 0x9D;
  NVMCTRL_CTRLA = 0x13;                          // EEPROM erase and write enable

  *(volatile unsigned char *)address = byte;     // write data

  while((NVMCTRL_STATUS & 0x02) == 0x02);        // check if EEBUSY = 0
  CPU_CCP = 0x9D;
  NVMCTRL_CTRLA = 0x01;                          // no operation
}

unsigned char EEPROM_read(U16 address)           /* read data from EEPROM */
{
  return *(volatile unsigned char *)address;     // read data
}

/* ----- 메인 프로그램 --------------------------------------------------------- */

int main(void)
{
  unsigned char byte;
  unsigned int address;

  MCU_initialize();                              // initialize AVR128DA64 MCU
  Delay_ms(50);                                  // wait for system stabilization
  LCD_initialize();                              // initialize text LCD module
  TFT_initialize();                              // initialize TFT-LCD module

  LCD_string(0x80," OK-128DA  V1.0 ");           // display title
  LCD_string(0xC0,"   Exp09_3.c    ");
  Beep();

  TFT_string(0,2,White,Magenta,"    AVR128DA64의 EEPROM 쓰고 읽기(1)    ");
  TFT_string(6,5,Yellow,Black,"(메모리 번지를 직접 액세스)");
  TFT_string(9,12,Cyan,Black,"EEPROM 번지  = 0x0000");
  TFT_string(9,15,Cyan,Black,"Write 데이터 = 0x00");
  TFT_string(9,18,Cyan,Black,"Read  데이터 = 0x00");
  TFT_color(White,Black);

  for(address = 0x1400; address <= 0x15FF; address++)
    { TFT_xy(24,12);                             // display address
      TFT_0x_hexadecimal(address,4);

      TFT_xy(24,15);                             // display write data
```

```
        TFT_0x_hexadecimal(0x55,2);
        EEPROM_write(address,0x55);              // if EEPROM is ready, write 0x55
        byte = EEPROM_read(address);             // if EEPROM is ready, read
        TFT_xy(24,18);                           // display read data
        TFT_0x_hexadecimal(byte,2);
        if(byte != 0x55)                         // if error, beep 3 times
          { Beep_3times();
            Delay_ms(2000);
          }
        else
          Delay_ms(250);

        TFT_xy(24,15);                           // display write data
        TFT_0x_hexadecimal(0xAA,2);
        EEPROM_write(address,0xAA);              // if EEPROM is ready, write 0xAA
        byte = EEPROM_read(address);             // if EEPROM is ready, read
        TFT_xy(24,18);                           // display read data
        TFT_0x_hexadecimal(byte,2);
        if(byte != 0xAA)                         // if error, beep 3 times
          { Beep_3times();
            Delay_ms(2000);
          }
        else
          Delay_ms(250);
      }

    Beep();
    while(1);
  }
```

☞ 여기서는 사람이 눈으로 각 메모리 번지에 데이터를 쓰고 읽는 동작 상황을 볼 수 있도록 일부러 250ms 간격으로 천천히 동작 루프를 수행하였다. AVR128DA64의 EEPROM 번지는 0x1400~0x15FF이므로 이 프로그램에서는 이들 모든 번지에 차례로 0x55와 0xAA를 썼다가 다시 읽어서 확인하는 방법으로 EEPROM 메모리를 액세스하는 동작의 예를 보였다.

EEPROM에 데이터를 쓰는 작업을 수행하려면 먼저 NVMCTRL_CTRLA 레지스터에서 EEPROM erase and write enable 명령을 주어 지정된 번지의 값을 지우고 여기에 새로운 값을 쓰는 동작이 연속하여 수행되도록 설정해야 한다. 그런데 이 레지스터는 CCP 보호를 받고 있으므로 이 레지스터 값을 설정하려면 그 이전에 CPU_CCP 레지스터에 0xD8을 써서 보호를 해제해야 한다. 이런 준비가 완료되었으면 포인터로 해당 번지를 지정하여 원하는 값을 써주면 된다. NVMCTRL_CTRLA 레지스터로 지정하였던 EEPROM erase and write enable 명령을 해제하려면 이 레지스터에 다시 No operation 명령을 주면 되는데, 역시 이 경우에도 CPU_CCP 레지스터에 0xD8을 써서 이 레지스터의 CCP 보호를 해제해 주어야 한다.

EEPROM을 읽으려면 그냥 SRAM에서처럼 원하는 번지를 포인터로 지정하여 읽으면 된다.

▣ 헤더파일 eeprom.h에서 제공하는 EEPROM 전용의 함수를 사용하는 경우

WinAVR에서 제공하는 헤더파일 avr/eeprom.h에 포함된 EEPROM 액세스용의 함수를 사용하는 방식으로 앞의 예제 프로그램 Exp09_3.c를 다시 작성하면 다음과 같다.

〈프로그램 Exp09_4.c〉 AVR128DA64의 EEPROM을 액세스하는 프로그램(2)

```
/* ========================================================================== */
/*            Exp09_4.c : AVR128DA64의 EEPROM 액세스 프로그램(2)              */
```

```
/* ========================================================================== */
/*                        Designed and programmed by Duck-Yong Yoon in 2022.  */

#include <avr/io.h>
#include <avr/eeprom.h>
#include "OK-128DA.h"

int main(void)
{
  unsigned char byte;
  unsigned int address;

  MCU_initialize();                           // initialize AVR128DA64 MCU
  Delay_ms(50);                               // wait for system stabilization
  LCD_initialize();                           // initialize text LCD module
  TFT_initialize();                           // initialize TFT-LCD module

  LCD_string(0x80," OK-128DA  V1.0 ");        // display title
  LCD_string(0xC0,"   Exp09_4.c    ");
  Beep();

  TFT_string(0,2,White,Magenta,"    AVR128DA64의 EEPROM 쓰고 읽기(2)    ");
  TFT_string(3,5,Yellow,Black,"(헤더파일 eeprom.h의 함수를 사용)");
  TFT_string(9,12,Cyan,Black,"EEPROM 번지  = 0x0000");
  TFT_string(9,15,Cyan,Black,"Write 데이터 = 0x00");
  TFT_string(9,18,Cyan,Black,"Read  데이터 = 0x00");
  TFT_color(White,Black);

  for(address = 0x1400; address <= 0x15FF; address++)
    { TFT_xy(24,12);                          // display address
      TFT_0x_hexadecimal(address,4);

      TFT_xy(24,15);                          // display write data
      TFT_0x_hexadecimal(0x55,2);
      while(!eeprom_is_ready());              // if EEPROM is ready,
      eeprom_write_byte((unsigned char *)address,0x55); // write 0x55
      while(!eeprom_is_ready());              // if EEPROM is ready,
      byte = eeprom_read_byte((const unsigned char *)address); // read
      TFT_xy(24,18);                          // display read data
      TFT_0x_hexadecimal(byte,2);
      if(byte != 0x55)                        // if error, beep 3 times
        { Beep_3times();
          Delay_ms(2000);
        }
      else
        Delay_ms(250);

      TFT_xy(24,15);                          // display write data
      TFT_0x_hexadecimal(0xAA,2);
      while(!eeprom_is_ready());              // if EEPROM is ready,
      eeprom_write_byte((unsigned char *)address,0xAA); // write 0xAA
      while(!eeprom_is_ready());              // if EEPROM is ready,
      byte = eeprom_read_byte((const unsigned char *)address); // read
      TFT_xy(24,18);                          // display read data
      TFT_0x_hexadecimal(byte,2);

      if(byte != 0xAA)                        // if error, beep 3 times
        { Beep_3times();
          Delay_ms(2000);
        }
      else
        Delay_ms(250);
    }

  Beep();
  while(1);
}
```

☞ WinAVR에서 제공하는 EEPROM 액세스용의 함수를 사용하려면 헤더파일 avr/eeprom.h를 인클루드해 주어야 한다. 이 헤더파일에는 현재 EEPROM 액세스가 가능한지를 체크하는 함수 eeprom_is_ready()와 EEPROM을 액세스하는 함수 eeprom_read_byte(), eeprom_write_byte() 등이 정의되어 있다. 그러나, 만약 EEPROM에 16비트 데이터를 읽고 쓰려면 함수 eeprom_read_word(), eeprom_write_word()를 사용하며, 32비트 데이터를 읽고 쓰려면 함수 eeprom_read_dword(), eeprom_write_dword()를 사용한다. 그밖에 실수 데이터를 읽고 쓰기 위한 함수 eeprom_read_float(), eeprom_write_float()도 있다.

4. AVR128DA64의 워치독 타이머 응용 프로그램

AVR128DA64의 워치독 타이머 WDT는 일반 모드(Normal mode)와 윈도우 모드(Window mode)의 2가지가 있는데, 주로 일반 모드를 사용한다. 워치독 타이머는 32.768kHz의 내부 발진회로 OSC32K를 32분주한 클록으로 동작하며, 일반 모드에서는 타임아웃 주기를 7.8125ms에서 8.0sec까지의 11단계로 설정할 수 있다. 워치독 타이머의 사용 여부와 타임아웃 주기는 기본적으로 퓨즈 FUSE_WDTCFG에서 설정하지만, 부팅 후에 이는 WDT_CTRLA 레지스터에서 다시 설정할 수 있다. WDT_CTRLA 레지스터는 CCP 보호를 받는 레지스터이다.

여기서는 워치독 타이머를 일반 모드로 사용하는 프로그램을 작성하고, 인위적으로 워치독 클리어 주기를 변경하여 타임아웃이 발생하는 상황을 만들어 보기로 한다. 워치독 타임아웃 주기를 250ms로 설정하고, 이를 리셋시키는 반복 루프의 시간 주기를 이보다 작은 100ms로 설정하여 정상 동작하는 경우와, 리셋 시간 주기를 이보다 큰 300ms로 설정하여 워치독 타임아웃에 의한 시스템 리셋이 발생하는 경우의 워치독 타이머 응용 프로그램을 작성하여 보면 다음과 같다.

〈프로그램 Exp09_5.c〉 워치독 타이머를 사용하는 프로그램

```
/* ========================================================================== */
/*              Exp09_5.c : 워치독 타이머 WDT를 사용하는 프로그램               */
/* ========================================================================== */
/*                       Designed and programmed by Duck-Yong Yoon in 2022.  */

#include <avr/io.h>
#include "OK-128DA.h"

int main(void)
{
  unsigned char WDT_flag;
  unsigned int time;

  MCU_initialize();                             // initialize AVR128DA64 MCU
  Delay_ms(50);                                 // wait for system stabilization
  LCD_initialize();                             // initialize text LCD module
  TFT_initialize();                             // initialize TFT-LCD module
```

```
    LCD_string(0x80," OK-128DA  V1.0 ");          // display title
    LCD_string(0xC0,"    Exp09_5.c    ");

    TFT_string(0,2,White,Magenta,"    워치독 타이머(WDT)의 동작 테스트    ");
    TFT_string(3, 8,Cyan,Black,"워치독 타이머의 사용 여부 = 금지");
    TFT_string(3,11,Cyan,Black,"워치독 타임아웃 설정 시간 = 250 ms");
    TFT_string(3,14,Cyan,Black,"반복 루프의 1회 실행 시간 = 100 ms");
    TFT_string(31,8,White,Black,"금지");
    TFT_string(31,14,White,Black,"100");

    TFT_string( 3,25,White,Black,"WDT");          // display key function
    TFT_string( 3,27,White,Black,"사용");
    TFT_string(13,25,White,Black,"WDT");
    TFT_string(13,27,White,Black,"금지");
    TFT_string(23,25,White,Black,"100");
    TFT_string(23,27,White,Black,"루프");
    TFT_string(33,25,White,Black,"300");
    TFT_string(33,27,White,Black,"루프");
    Rectangle( 18,196,  61,234, Cyan);
    Rectangle( 98,196, 141,234, Cyan);
    Rectangle(178,196, 221,234, Cyan);
    Rectangle(258,196, 301,234, Cyan);

    Beep_3times();                                // beep 3 times
    TFT_string(4,19,Magenta,Black,"시스템 리셋으로 다시 부팅함 !!!");
    Delay_ms(3000);
    TFT_string(4,19,Magenta,Black,"                              ");

    WDT_flag = 0;
    time = 100;

    while(1)
      { switch(Key_input())                       // key input
          { case KEY1 : TFT_string(31,8,White,Black,"사용"); // KEY1 = WDT 사용
                        WDT_flag = 1;
                        CPU_CCP = 0xD8;
                        WDT_CTRLA = 0x06;         // timeout = 250ms
                        break;
            case KEY2 : TFT_string(31,8,White,Black,"금지"); // KEY2 = WDT 금지
                        WDT_flag = 0;
                        CPU_CCP = 0xD8;
                        WDT_CTRLA = 0x00;
                        break;
            case KEY3 : TFT_string(31,14,White,Black,"100"); // KEY3 = 100 ms 루프
                        time = 100;
                        break;
            case KEY4 : TFT_string(31,14,White,Black,"300"); // KEY4 = 300 ms 루프
                        time = 300;
                        break;
            default:    break;
          }

        LED_toggle();                             // LED1 and LED2 toggle
        Delay_ms(time);                           // delay time

        if(WDT_flag == 1) asm volatile(" WDR ");  // clear WDT counter
      }
}
```

☞ 여기서 워치독 타임아웃 주기는 250ms로 설정하였다. KEY1은 워치독 타이머의 동작을 사용하도록 설정하며, KEY2는 반대로 워치독 타이머의 동작을 금지하도록 설정한다. KEY3과 KEY4는 프로그램 루프를 1회 수행할 때마다 워치독 타이머를 리셋시켜 주는 주기를 각각 100ms와 300ms로 설정한다.

워치독 타임아웃이 발생하면 AVR128DA64가 시스템 리셋되면서 새로 부팅하는 것을 확실히 알 수 있도록 하기 위하여 모든 LED를 끄며 비프음을 3번 울리고 TFT-LCD에 새로 부팅하였다는 메시지를 3초

동안 출력하였다.

이 프로그램을 컴파일하고 *OK-128DA* 키트에 다운로드하여 실행하라. 그리고, 워치독 타이머의 동작을 테스트하여 보라. 워치독 타이머가 금지로 설정된 상태에서는 반복 루프의 주기를 100ms로 설정하든 300ms로 설정하든 아무 문제없이 프로그램이 잘 실행된다. 그러나, 워치독 타이머를 사용하는 것으로 설정된 상태에서는 반복 루프의 주기를 100ms로 설정하면 잘 동작하지만 300ms로 설정하면 즉시 워치독 타임아웃이 발생하여 *OK-128DA* 키트가 시스템 리셋되고 다시 부팅한다.

5. AVR128DA64의 슬립 모드 응용 프로그램

AVR128DA64에는 이 소자의 소비전력 절감을 위하여 아이들 모드, 스탠바이 모드, 파워다운 모드 등 3가지의 슬립 모드를 가지고 있다. 여기서는 이중에서 가장 소비전력을 크게 절감할 수 있는 파워다운 모드를 2가지 방식으로 응용하는 프로그램을 소개한다.

▣ 키 입력을 사용한 외부 인터럽트로 슬립 모드를 깨우는 예제 프로그램

AVR128DA64가 파워다운 모드로 들어가서 모든 동작이 정지된 상태로 있을 때 사용자가 키 입력을 사용하여 외부 인터럽트 신호를 발생함으로써 이를 깨우는 프로그램을 작성하여 보면 다음과 같다.

〈프로그램 Exp09_6.c〉 슬립 모드를 사용하는 프로그램(1)

```
/* ========================================================================== */
/*              Exp09_6.c : 슬립 모드를 사용하는 프로그램(1)                    */
/* ========================================================================== */
/*                       Designed and programmed by Duck-Yong Yoon in 2022.   */

#include <avr/io.h>
#include <avr/interrupt.h>
#include "OK-128DA.h"

volatile unsigned char sleep_flag = 0;

/* ----- 인터럽트 처리 프로그램 ---------------------------------------------- */

ISR(PORTB_PORT_vect)                         /* KEY3 interrupt function */
{
  LED1_on();                                 // LED1 and LED2 on
  LED2_on();

  Delay_ms(20);                              // debouncing of key on
  while((PORTB_IN & 0xF0) != 0xF0);          // debouncing for key off
  Delay_ms(20);
```

```
  LED1_off();                                     // LED1 and LED2 off
  LED2_off();

  sleep_flag = 1;
  PORTB_INTFLAGS = 0xF0;                          // clear interrupt flags
}

/* ----- 메인 프로그램 ------------------------------------------------------------ */

int main(void)
{
  unsigned int count = 0;

  MCU_initialize();                               // initialize AVR128DA64 MCU
  Delay_ms(50);                                   // wait for system stabilization
  LCD_initialize();                               // initialize text LCD module
  TFT_initialize();                               // initialize TFT-LCD module

  LCD_string(0x80," OK-128DA  V1.0 ");            // display title
  LCD_string(0xC0,"   Exp09_6.c    ");
  Beep();

  TFT_string(0,2,White,Magenta,"  슬립 모드(Power-down) 동작 테스트(1)  ");
  TFT_string(8,10,Cyan,Black,"슬립 모드의 상태 = 해제");
  TFT_string(27,10,White,Black,"해제");
  TFT_string(13,15,Cyan,Black,"count = 00000");
  TFT_string( 3,25,White,Black,"슬립");            // display key function
  TFT_string( 3,27,White,Black,"시작");
  TFT_string(23,25,White,Black,"슬립");
  TFT_string(23,27,White,Black,"해제");
  Rectangle( 18,196,  61,234, Cyan);
  Rectangle( 98,196, 141,234, Cyan);
  Rectangle(178,196, 221,234, Cyan);
  Rectangle(258,196, 301,234, Cyan);

  PORTB_DIR &= 0x0F;                              // PORTB4~7 = input
  PORTB_PIN6CTRL = 0x03;                          // PORTB6(KEY3) = falling-edge interrupt
  sei();                                          // global interrupt enable

  while(1)
    { if(Key_input() == KEY1)                     // if KEY1, go sleep mode(Power-down)
        { TFT_string(27,10,White,Black,"동작");
          LED1_off();
          LED2_off();
          SLPCTRL_CTRLA = 0x05;                   // sleep mode = Power-down
          asm volatile(" SLEEP ");
        }
      else if(sleep_flag == 1)
        { sleep_flag = 0;
          TFT_string(27,10,White,Black,"해제");
        }

      TFT_xy(21,15);                              // display count
      TFT_unsigned_decimal(count,0,5);
      count++;

      LED_toggle();                               // LED1 and LED2 toggle
      Delay_ms(100);                              // delay 100 ms
    }
}
```

☞ 여기서는 슬립 모드가 시작되면 AVR128DA64의 모든 동작이 멈추므로 TFT-LCD에 카운트값을 디스플레이하지 못하고, 슬립 모드가 해제되면 이 마이크로컨트롤러의 동작이 살아나서 TFT-LCD에 카운트값을 표시함으로써 사용자가 현재 슬립 모드의 동작 여부를 눈으로 확인할 수 있도록 하였다.

슬립 모드로 들어가려면 KEY1을 누르면 되며, 슬립 모드에서 KEY3을 누르면 포트B 인터럽트가 발생하여 슬립 모드가 해제된다. 파워다운 모드에서는 CPU 코어와 몇가지의 발진회로들이 동작을 멈추고 대부분의 주변장치들도 동작하지 않기 때문에 슬립 모드를 해제할 수 있는 인터럽트도 극히 제한적인 몇가지로 제한되는데, 병렬포트 인터럽트에서는 오직 모든 포트의 Px2 단자와 Px6 단자가 발생하는 인터럽트만이 파워다운 모드를 깨울 수 있다. 그런데, *OK-128DA* 키트에서는 KEY3이 병렬포트 PC6 단자에 연결되어 있으므로 이것이 발생하는 인터럽트는 파워다운 모드를 깨워 해제할 수 있다.

▣ 실시간 카운터 RTC의 주기적인 인터럽트로 슬립 모드를 깨우는 예제 프로그램

이번에는 AVR128DA64가 파워다운 모드로 들어가서 동작을 정지하고 있을 때 실시간 카운터 RTC의 주기적인 인터럽트가 슬립 모드를 깨우는 프로그램을 작성한다.

〈프로그램 Exp09_7.c〉 슬립 모드를 사용하는 프로그램(2)

```
/* ============================================================================ */
/*              Exp09_7.c : 슬립 모드를 사용하는 프로그램(2)                      */
/* ============================================================================ */
/*                        Designed and programmed by Duck-Yong Yoon in 2022.    */

#include <avr/io.h>
#include <avr/interrupt.h>
#include "OK-128DA.h"

volatile unsigned char sleep_flag = 0;

/* ----- 인터럽트 처리 프로그램 ---------------------------------------------- */

ISR(RTC_PIT_vect)                               /* RTC interrupt function (1 Hz) */
{
  sleep_flag = 1;
  RTC_PITINTFLAGS = 0x01;                       // clear PIT interrupt flag
}

/* ----- 메인 프로그램 ------------------------------------------------------ */

int main(void)
{
  unsigned int count = 0;

  MCU_initialize();                             // initialize AVR128DA64 MCU
  Delay_ms(50);                                 // wait for system stabilization
  LCD_initialize();                             // initialize text LCD module
  TFT_initialize();                             // initialize TFT-LCD module

  LCD_string(0x80," OK-128DA  V1.0 ");          // display title
  LCD_string(0xC0,"   Exp09_7.c    ");
  Beep();

  TFT_string(0,2,White,Magenta,"  슬립 모드(Power-down) 동작 테스트(2)  ");
  TFT_string(8,10,Cyan,Black,"슬립 모드의 상태 = 해제");
  TFT_string(27,10,White,Black,"해제");
  TFT_string(13,15,Cyan,Black,"count = 00000");

  RTC_CLKSEL = 0x00;                            // CLK_RTC = OSC32K = 32.768kHz
  RTC_PITINTCTRL = 0x01;                        // enable PIT interrupt
  RTC_PITCTRLA = 0x71;                          // enable PIT with 32.768kHz/32768 = 1Hz
  sei();                                        // global interrupt enable

  SLPCTRL_CTRLA = 0x05;                         // go sleep mode(Power-down)
  asm volatile(" SLEEP ");
```

```
    while(1)
      { if(sleep_flag == 1)                        // sleep_flag = 1 ?
          { sleep_flag = 0;

            LED1_on();                             // LED1 and LED2 on
            LED2_on();
            TFT_string(27,10,White,Black,"해제");
            TFT_xy(21,15);                         // display count
            TFT_unsigned_decimal(count,0,5);
            count++;
            Delay_ms(50);
            LED1_off();                            // LED1 and LED2 off
            LED2_off();

            TFT_string(27,10,White,Black,"동작"); // go sleep mode(Power-down)
            asm volatile(" SLEEP ");
          }
      }
  }
```

☞ 여기서 프로그램이 실행되면 자동적으로 AVR128DA64가 파워다운 모드에 들어가며, 실시간 카운터 RTC가 1초 주기로 PIT 인터럽트를 발생하여 이 파워다운 모드를 깨워서 해제하며 마이크로컨트롤러는 약 50ms 동안 일을 하다가 다시 파워다운 모드로 들어가는 일련의 과정이 반복된다. RTC에서 PIT 인터럽트는 파워다운 모드를 해제하는 기능을 가지고 있으나 오버플로우 인터럽트는 파워다운 모드를 해제하지 못한다.

인터럽트에 의하여 1초 주기로 파워다운 모드가 해제되면 LED1과 LED2를 켜고 PIT 인터럽트의 발생 횟수를 카운트하여 TFT-LCD에 표시하며, 약 50ms 동안 머무르다가 LED1과 LED2를 끄고 다시 파워다운 모드로 들어간다. 이렇게 하면 1초의 시간 중에서 약 5%인 50ms 동안에만 마이크로컨트롤러가 깨어나서 일을 하며, 나머지 95%인 950ms 동안은 파워다운 모드에 머무르기 때문에 이 소자의 평균적인 소비전력을 크게 절감할 수 있다.

6. WinAVR에서 다출력 printf() 함수의 사용

C언어 표준의 printf() 함수를 사용하여 텍스트 LCD와 TFT-LCD에 %서식 지정의 문자 및 수치 데이터를 출력하는 프로그램 작성 기술을 각각 앞의 제4.3절과 제4.5절에서 이미 공부한 바 있으며, USART1 직렬통신 포트로 출력하는 방법은 앞으로 제4.15절에서 공부할 것이다. 이를 위해서는 내부적으로 1문자를 출력하는 저수준의 스트림 출력(low-level stream output) 함수 putchar()를 사용하여 해당하는 출력장치로 %서식 지정 문자열을 출력하도록 해야 한다.

여기서는 하나의 예제 프로그램에서 printf() 함수를 사용하여 표준출력장치 stdout을 텍스트 LCD 모듈, TFT-LCD 모듈, USART1 등의 3가지 사이에서 수시로 변경하면서 이들 각 장치에 %서식 지정의 출력 데이터를 내보내는 프로그램을 작성하여 보기로 한다. printf() 함수를 사용하여 텍스트 LCD나 TFT-LCD에 데이터를 출력하면

OK-128DA 키트에서 이를 즉시 확인할 수 있지만, USART1으로 출력하는 경우에는 이 키트의 외부에 RS-232C 통신선으로 퍼스널컴퓨터를 연결하여 출력 데이터를 확인해야 한다.

〈프로그램 Exp09_8.c〉 printf() 함수의 출력장치를 수시로 변경하는 프로그램

```
/* ========================================================================== */
/*    Exp09_8.c : 3개의 출력장치에서 1개를 선택하여 printf() 함수를 출력하기     */
/* ========================================================================== */
/*                         Designed and programmed by Duck-Yong Yoon in 2022.  */

#include <avr/io.h>
#include <stdio.h>
#include "OK-128DA.h"

static int LCD_putchar(char c, FILE *stream);
static FILE device1 = FDEV_SETUP_STREAM(LCD_putchar, NULL, _FDEV_SETUP_WRITE);

static int TFT_putchar(char c, FILE *stream);
static FILE device2 = FDEV_SETUP_STREAM(TFT_putchar, NULL, _FDEV_SETUP_WRITE);

static int USART1_putchar(char c, FILE *stream);
static FILE device3 = FDEV_SETUP_STREAM(USART1_putchar, NULL, _FDEV_SETUP_WRITE);

/* ----- 사용자 정의 함수 ---------------------------------------------------- */

static int LCD_putchar(char c, FILE *stream)    /* print a character to text LCD */
{
  if((c < 0x20) || (c > 0x7E))                  // check from 0x20 to 0x7E
    return 0;

  LCD_data(c);                                  // print a character
  return 0;
}

static int TFT_putchar(char c, FILE *stream)    /* print a character to TFT-LCD */
{
  if((c < 0x20) || (c > 0x7E))                  // check from 0x20 to 0x7E
    return 0;

  TFT_English(c);                               // print a character
  return 0;
}

void USART1_initialize(void)                    /* initialize USART1 */
{
  PORTC_DIRSET = 0x10;                          // PC4(TXD1) = output
  PORTC_DIRCLR = 0x20;                          // PC5(RXD1) = input

  USART1_BAUD = 5000;                           // 64*24MHz/16/5000 = 19200 bps
  USART1_CTRLC = 0x03;                          // 8-data, 1 stop, no parity
  USART1_CTRLB = 0xC0;                          // RXEN = TXEN = 1
}

static int USART1_putchar(char c, FILE *stream) /* print a character to USART1 */
{
  if(c == '\n')                                 // process CR(carriage return)
    { while((USART1_STATUS & 0x20) != 0x20);    // transmit buffer empty ?
      USART1_TXDATAL = 0x0D;
      while((USART1_STATUS & 0x20) != 0x20);    // transmit buffer empty ?
      USART1_TXDATAL = 0x0A;
    }
  else
    { while((USART1_STATUS & 0x20) != 0x20);    // transmit buffer empty ?
      USART1_TXDATAL = c;                       // if yes, print a character
```

```
    }

  return 0;
}

/* ----- 메인 프로그램 ------------------------------------------------------------ */

int main(void)
{
  unsigned char key = KEY4;
  unsigned char year, month, date, weekday, hour, minute, second, AMPM;

  MCU_initialize();                             // initialize AVR128DA64 MCU
  Delay_ms(50);                                 // wait for system stabilization
  LCD_initialize();                             // initialize text LCD module
  TFT_initialize();                             // initialize TFT-LCD module
  USART1_initialize();                          // initialize USART1
  DS3234_initialize();                          // initialize DS3234 RTC
  Beep();

  LCD_string(0x80,"0000/00/00(SUN) ");
  LCD_string(0xC0,"  AM 00:00:00   ");

  TFT_string(0,2,White,Magenta,"  표준 printf() 함수로 %서식 지정 출력  ");
  TFT_string(6, 6,Cyan,Black,"KEY1 : 출력장치 = 텍스트 LCD");
  TFT_string(6, 8,Cyan,Black,"KEY2 : 출력장치 = TFT-LCD");
  TFT_string(6,10,Cyan,Black,"KEY3 : 출력장치 = USART1");
  TFT_string(6,12,Cyan,Black,"KEY4 : printf() 사용 출력 금지");
  TFT_string(6,12,Yellow,Black,"KEY4");
  TFT_string(12,16,White,Black,"0000/00/00(SUN)");
  TFT_string(12,19,White,Black,"  AM 00:00:00  ");
  Rectangle(90,124,220,172,Green);

  TFT_string( 3,25,White,Black,"Text");         // display key function
  TFT_string( 3,27,White,Black,"LCD");
  TFT_string(13,25,White,Black,"TFT-");
  TFT_string(13,27,White,Black,"LCD");
  TFT_string(23,25,White,Black,"직렬");
  TFT_string(23,27,White,Black,"통신");
  TFT_string(33,25,White,Black,"출력");
  TFT_string(33,27,White,Black,"금지");
  Rectangle( 18,196,  61,234, Cyan);
  Rectangle( 98,196, 141,234, Cyan);
  Rectangle(178,196, 221,234, Cyan);
  Rectangle(258,196, 301,234, Cyan);

  while(1)
    { switch(Key_input())                       // key input
        { case KEY1 : stdout = &device1;        // set text LCD to stdout
                      key = KEY1;
                      TFT_string(6, 6,Yellow,Black,"KEY1");
                      TFT_string(6, 8,Cyan,Black,"KEY2");
                      TFT_string(6,10,Cyan,Black,"KEY3");
                      TFT_string(6,12,Cyan,Black,"KEY4");
                      break;
          case KEY2 : stdout = &device2;        // set TFT-LCD to stdout
                      key = KEY2;
                      TFT_string(6, 6,Cyan,Black,"KEY1");
                      TFT_string(6, 8,Yellow,Black,"KEY2");
                      TFT_string(6,10,Cyan,Black,"KEY3");
                      TFT_string(6,12,Cyan,Black,"KEY4");
                      break;
          case KEY3 : stdout = &device3;        // set USART1 to stdout
                      key = KEY3;
                      TFT_string(6, 6,Cyan,Black,"KEY1");
                      TFT_string(6, 8,Cyan,Black,"KEY2");
                      TFT_string(6,10,Yellow,Black,"KEY3");
                      TFT_string(6,12,Cyan,Black,"KEY4");
                      break;
          case KEY4 : key = KEY4;               // don't use printf()
                      TFT_string(6, 6,Cyan,Black,"KEY1");
```

```
                    TFT_string(6, 8,Cyan,Black,"KEY2");
                    TFT_string(6,10,Cyan,Black,"KEY3");
                    TFT_string(6,12,Yellow,Black,"KEY4");
                    break;
       default:     break;
     }

   year = DS3234_read(0x06);                    // read year
   month = DS3234_read(0x05);                   // read month
   date = DS3234_read(0x04);                    // read date
   weekday = DS3234_read(0x03);                 // read weekday
   hour = DS3234_read(0x02);                    // read hour
   if((hour & 0x20) == 0x00) AMPM = 'A';
   else                      AMPM = 'P';
   hour = hour & 0x1F;
   minute = DS3234_read(0x01);                  // read minute
   second = DS3234_read(0x00);                  // read second

   if(key == KEY1)                              // printf() to text LCD
     { LCD_command(0x80);
       printf("20%02X/%02X/%02X",year,month,date);
       if(weekday == 0x01)       printf("(SUN)");
       else if(weekday == 0x02) printf("(MON)");
       else if(weekday == 0x03) printf("(TUE)");
       else if(weekday == 0x04) printf("(WED)");
       else if(weekday == 0x05) printf("(THU)");
       else if(weekday == 0x06) printf("(FRI)");
       else if(weekday == 0x07) printf("(SAT)");
       LCD_command(0xC2);
       printf("%1cM %02X:%02X:%02X",AMPM,hour,minute,second);
     }
   else if(key == KEY2)                         // printf() to TFT-LCD
     { TFT_xy(12,16);
       TFT_color(White,Black);
       printf("20%02X/%02X/%02X",year,month,date);
       if(weekday == 0x01)       printf("(SUN)");
       else if(weekday == 0x02) printf("(MON)");
       else if(weekday == 0x03) printf("(TUE)");
       else if(weekday == 0x04) printf("(WED)");
       else if(weekday == 0x05) printf("(THU)");
       else if(weekday == 0x06) printf("(FRI)");
       else if(weekday == 0x07) printf("(SAT)");
       TFT_xy(14,19);
       TFT_color(White,Black);
       printf("%1cM %02X:%02X:%02X",AMPM,hour,minute,second);
     }
   else if(key == KEY3)                         // printf() to USART1
     { printf("20%02X/%02X/%02X",year,month,date);
       if(weekday == 0x01)       printf("(SUN)\n");
       else if(weekday == 0x02) printf("(MON)\n");
       else if(weekday == 0x03) printf("(TUE)\n");
       else if(weekday == 0x04) printf("(WED)\n");
       else if(weekday == 0x05) printf("(THU)\n");
       else if(weekday == 0x06) printf("(FRI)\n");
       else if(weekday == 0x07) printf("(SAT)\n");
       printf("  %1cM %02X:%02X:%02X\n",AMPM,hour,minute,second);
     }

   LED_toggle();                                // toggle LED1 and LED2
   Delay_ms(100);
  }
}
```

☞ printf() 함수로 %서식 지정 출력을 수행하려면 먼저 FDEV_SETUP_STREAM() 매크로를 사용하여 원하는 출력장치로 1문자를 출력하는 함수를 임의의 이름 device를 갖는 장치로 지정하고, 나중에 이를 표준출력 장치인 stdout으로 지정하는 문법 형식을 주의하여 익혀두기 바란다. 여기서 텍스트 LCD 모듈은 장치 이

름을 device1으로 정의하고, TFT-LCD는 장치 이름을 device2로 정의하였으며, USART1은 장치 이름을 device3으로 정의하였음에 주의하라. 그러면 printf() 함수로 문자열을 출력할 해당 장치 이름을 표준출력장치인 stdout으로 할당해 주면 된다.

이 프로그램을 컴파일하여 *OK-128DA* 키트에 다운로드하고 실행하라. 이 프로그램을 실행한 후에 *OK-128DA* 키트에서 KEY1을 누르면 printf() 함수가 출력하는 내용이 텍스트 LCD 모듈로 출력되고, KEY2를 누르면 printf() 함수가 출력하는 내용이 TFT-LCD 모듈로 출력되며, KEY3를 누르면 printf() 함수가 출력하는 내용이 직렬통신 포트 USART1으로 출력된다. 출력이 USART1일 경우에는 RS-232C 통신선으로 외부에 퍼스널컴퓨터를 연결하고, 거기에서 적절한 직렬통신 프로그램을 사용하여 데이터를 수신해야 한다.

7. 실습 과제

(1) 메모리 테스트 프로그램을 작성할 때는 왜 항상 테스트 데이터로서 0x55와 0xAA를 쓰고 읽는지 그 이유를 설명하라.

(2) 슬립 모드를 사용하면 마이크로컨트롤러의 소비전력이 절감되는 이유를 설명하고, 이런 슬립 모드를 사용하는 제품의 예를 들어보라.

(3) 예제 프로그램 Exp09_8.c에서 KEY4를 누르면 텍스트 LCD 모듈과 TFT-LCD의 2곳에 모두 printf() 함수를 사용한 %서식 지정 문자열을 출력하도록 수정한 프로그램 Exp09_8R.c을 작성하라.

4.10 타이머 인터럽트 응용 프로그램

이 절에서는 AVR128DA64의 타이머를 이용하여 정확한 시간 주기(period)로 인터럽트를 발생하고 이를 소프트웨어적으로 처리하는 프로그램 작성 기술을 익힌다. 이를 이용한 응용 프로그램으로서 전자 스톱워치나 디지털 시계를 만들어 본다.

관련 내용	(1) 제1.5절 AVR128DA64의 인터럽트 처리 기능 (2) 제2.7절 16비트형 A형 타이머/카운터(TCAn) (3) 제2.9절 실시간 카운터(RTC)

1. 타이머를 이용한 주기적인 인터럽트 발생

마이크로컨트롤러에서 타이머를 이용하여 일정한 주기로 인터럽트를 발생시키는 일은 매우 많다. 주기적인 인터럽트를 발생하여 디지털 시계를 구현하는 것도 이러한 예이며, 자동제어 시스템에서 일정한 샘플링 주기로 실시간 제어를 수행하는 경우도 이에 해당한다. 이런 경우 인터럽트 발생 주기를 사용자가 임의로 결정할 수 있어야 하고 또한 그 주기가 매우 정확해야 하는데, 오늘날 대부분의 마이크로컨트롤러에 내장되어 있는 타이머는 이러한 주기적인 인터럽트 발생 기능을 가지고 있다. 특히 이처럼 정확한 주기의 인터럽트를 발생시키기 위하여 타이머는 인터럽트 발생 주기가 하드웨어적으로 자동 처리되는 기능을 가져야 한다.

종래의 마이크로컨트롤러에서는 16비트 타이머의 카운터 값이 최대값에 도달하였다가 0으로 바뀌는 0xFFFF→0x0000의 순간을 오버플로우(overflow)라고 하고 이 순간에 인터럽트를 발생할 수 있도록 만들어졌다. 이러한 방식에서는 사용자가 원하는 주기를 만들기 위하여 0x0000으로 바뀐 카운터 값을 새로운 초기값으로 변경해주어야 하므로 인터럽트가 발생할 때마다 소프트웨어적으로 매번 카운터 값을 다시 써주어야 하며, 따라서 그렇게 소프트웨어적으로 만들어진 인터럽트 주기는 정확하지도 않고 일정하지도 않다는 단점을 가진다. 그러나, AVR128DA64의 16비트 A형 타이머에서는 일반 모드로 동작할 때 카운터가 0에서부터 증가하다가 주기 레지스터 TCAn_PER의 설정값에 도달하면 더 이상 증가하지 않으며 그 다음 클록이 입력될 때 0으로 바뀌면서 오버플로우 인터럽트(overflow interrupt)를 발생한다. 따라서, 여기서 인터럽트 발생 주기는 하드웨어적으로 항상 정확하게 주기 레지스터의 설정값에 1을 더한 클록 사이클 수로 동작한다.

(1) 16비트 A형 타이머 TCA1을 사용하는 경우

여기서는 16비트 A형 타이머 TCA1을 사용하여 정확한 0.5초 주기(2Hz의 주파수)로 인터럽트를 발생시키는 프로그램을 작성하여 보기로 한다. TCA1을 일반 모드로 사용하여 2Hz의 속도로 오버플로우 인터럽트를 발생하고, 이 인터럽트가 발생될 때마다 LED1과 LED2를 토글하는 프로그램을 C언어로 작성하면 다음과 같다.

〈프로그램 Exp10_1.c〉 타이머 TCA1을 이용한 주기적인 인터럽트의 발생

```
/* ============================================================================ */
/*          Exp10_1.c : 16비트 타이머 TCA1을 이용한 주기적인 인터럽트          */
/* ============================================================================ */
/*                          Designed and programmed by Duck-Yong Yoon in 2022.  */

#include <avr/io.h>
#include <avr/interrupt.h>
#include "OK-128DA.h"

ISR(TCA1_OVF_vect)                               /* TCA1 interrupt function (2 Hz) */
{
  LED_toggle();                                  // toggle LED1 and LED2
  TCA1_SINGLE_INTFLAGS = 0x01;                   // clear overflow interrupt flag
}

int main(void)
{
  MCU_initialize();                              // initialize AVR128DA64 MCU
  Delay_ms(50);                                  // wait for system stabilization
  LCD_initialize();                              // initialize text LCD module
  TFT_initialize();                              // initialize TFT-LCD module

  LCD_string(0x80," OK-128DA  V1.0 ");           // display title
  LCD_string(0xC0,"    Exp10_1.c    ");
  Beep();

  TFT_string(0,2,White,Magenta,"    타이머 TCA1의 오버플로우 인터럽트    ");
  TFT_string(13,8,White,Black,"(normal mode)");
  TFT_string(6,16,Cyan,Black,"인터럽트 주기 = 0.5초 (2Hz)");

  TCA1_SINGLE_CTRLD = 0x00;                      // TCA1 = normal mode
  TCA1_SINGLE_CTRLB = 0x00;                      // CLK_TCA1 = 24MHz / 256 = 93750Hz
  TCA1_SINGLE_PER = 46874;                       // 93750Hz / (46874 + 1) = 2Hz
  TCA1_SINGLE_INTCTRL = 0x01;                    // enable overflow interrupt
  TCA1_SINGLE_CTRLA = 0x0D;
  sei();                                         // global interrupt enable

  while(1);                                      // wait interrupt
}
```

☞ 인터럽트를 사용하려면 무조건 프로그램의 서두에서 헤더파일 avr/interrupt.h를 인클루드해야 한다. 이와 같이 인터럽트를 사용하는 프로그램에서는 먼저 인터럽트 처리 함수를 작성하는 형식을 정확히 이해

하고 메인 프로그램과 인터럽트 처리 함수의 관계를 올바르게 연결시켜 프로그램을 작성하는 것이 중요하다. 이 예제에서는 인터럽트가 발생되어 인터럽트 처리 함수에서만 어떤 일이 수행되므로 메인 프로그램이 전혀 할 일이 없다. 이런 경우에는 while(1); 문을 사용하여 반드시 이를 무한루프로 처리하여 메인 프로그램이 종료되거나 이것이 인터럽트 처리 함수를 침범하는 일이 없도록 해야 한다. 또한, 인터럽트 처리 함수에서는 인터럽트를 발생시킨 주변장치의 인터럽트 플랙을 강제로 0으로 클리어시켜주는 작업을 수행해야 한다는 점을 잊지 말아야 한다.

여기서 인터럽트를 발생하는 주파수는 주변장치 클록 CLK_PER를 프리스케일러에 의하여 256으로 나누고, TCA1_PER 레지스터를 46874로 설정하여 46874+1로 나누었으므로 24MHz / 256 / (46874+1) = 2Hz가 된다.

이 프로그램을 컴파일하여 *OK-128DA* 키트에 다운로드하고 실행하라. 그리고, 정확히 0.5초마다 인터럽트가 발생하여 LED1과 LED2가 교대로 점멸하는지 관찰하라.

(2) 실시간 카운터 RTC를 사용하는 경우

이번에는 실시간 카운터 RTC를 사용하여 0.125초 주기(8Hz의 주파수)로 인터럽트를 발생시키는 프로그램을 작성하여 보기로 한다. RTC를 PIT(Periodic Interrupt Timer) 모드로 사용하여 8Hz의 속도로 주기적인 타이머 인터럽트를 발생하고, 이 인터럽트가 발생될 때마다 LED1과 LED2를 토글하는 프로그램을 C언어로 작성하면 다음과 같다.

〈프로그램 Exp10_2.c〉 실시간 카운터 RTC를 이용한 주기적인 인터럽트의 발생(1)

```
/* ========================================================================== */
/*          Exp10_2.c : 실시간 카운터 RTC를 이용한 주기적인 인터럽트(1)        */
/* ========================================================================== */
/*                         Designed and programmed by Duck-Yong Yoon in 2022.  */

#include <avr/io.h>
#include <avr/interrupt.h>
#include "OK-128DA.h"

ISR(RTC_PIT_vect)                               /* RTC interrupt function (8 Hz) */
{
  LED_toggle();                                 // toggle LED1 and LED2
  RTC_PITINTFLAGS = 0x01;                       // clear PIT interrupt flag
}

int main(void)
{
  MCU_initialize();                             // initialize AVR128DA64 MCU
  Delay_ms(50);                                 // wait for system stabilization
  LCD_initialize();                             // initialize text LCD module
  TFT_initialize();                             // initialize TFT-LCD module

  LCD_string(0x80," OK-128DA  V1.0 ");          // display title
  LCD_string(0xC0,"   Exp10_2.c    ");
  Beep();
```

```
  TFT_string(0,2,White,Magenta,"     실시간 카운터 RTC의 PIT 인터럽트     ");
  TFT_string(15,8,White,Black,"(PIT mode)");
  TFT_string(5,16,Cyan,Black,"인터럽트 주기 = 0.125초 (8Hz)");

  RTC_CLKSEL = 0x00;                           // CLK_RTC = OSC32K = 32.768kHz
  RTC_PITINTCTRL = 0x01;                       // enable PIT interrupt
  RTC_PITCTRLA = 0x59;                         // enable PIT with 32.768kHz/4096 = 8Hz
  sei();                                       // global interrupt enable

  while(1);                                    // wait interrupt
}
```

☞ 여기서는 RTC의 클록 소스를 OSC32K = 32.768kHz로 설정하고, RTC_PITCTRLA 레지스터에서 분주비를 4096으로 선정하였으므로 32.768kHz / 4096 = 8Hz의 속도로 인터럽트가 발생한다.

이 프로그램을 컴파일하여 *OK-128DA* 키트에 다운로드하고 실행하라. 그리고, LED1과 LED2가 8Hz의 속도로 인터럽트가 걸려서 교대로 점멸하는지 관찰하라.

위에서는 실시간 카운터 RTC의 PIT(Periodic Interrupt Timer) 모드를 사용하여 주기적인 인터럽트를 발생시켰는데, PIT 모드는 주기적인 인터럽트를 발생하는 용도로 만들어졌으나 뜻밖에도 사용하기 불편한 점이 있다. PIT 모드에서는 RTC의 클록 소스를 4가지 중에서 하나로 선택하여 사용할 수 있으나 이것을 분주하여 인터럽트 발생 주기를 설정하는 방법이 16가지로 정해져 있으므로 사용자가 원하는 다양한 인터럽트 발생 주기를 만들기 어렵다.

이 문제를 해결하려면 RTC를 PIT 모드가 아니라 RTC 모드로 사용하는 것이 좋다. RTC의 RTC 모드에서는 RTC의 클록 소스를 4가지 중에서 하나로 선택하여 사용할 수 있고 이것을 16비트 레지스터 RTC_PER로 분주하므로 분주비를 1~65536으로 다양하게 사용할 수 있어서 사용자가 원하는 다양한 인터럽트 발생 주기를 만들 수 있다. 다음은 RTC의 RTC 모드에서 8Hz의 속도로 주기적인 타이머 인터럽트를 발생하고, 이 인터럽트가 발생될 때마다 LED1과 LED2를 토글하는 프로그램을 C언어로 작성한 것이다.

〈프로그램 Exp10_3.c〉 실시간 카운터 RTC를 이용한 주기적인 인터럽트의 발생(2)

```
/* ========================================================================== */
/*          Exp10_3.c : 실시간 카운터 RTC를 이용한 주기적인 인터럽트(2)          */
/* ========================================================================== */
/*                       Designed and programmed by Duck-Yong Yoon in 2022.   */

#include <avr/io.h>
#include <avr/interrupt.h>
#include "OK-128DA.h"

ISR(RTC_CNT_vect)                              /* RTC interrupt function (8 Hz) */
{
```

```
    LED_toggle();                               // toggle LED1 and LED2
    RTC_INTFLAGS = 0x01;                        // clear OVF interrupt flag
  }

  int main(void)
  {
    MCU_initialize();                           // initialize AVR128DA64 MCU
    Delay_ms(50);                               // wait for system stabilization
    LCD_initialize();                           // initialize text LCD module
    TFT_initialize();                           // initialize TFT-LCD module

    LCD_string(0x80," OK-128DA  V1.0 ");        // display title
    LCD_string(0xC0,"   Exp10_3.c    ");
    Beep();

    TFT_string(0,2,White,Magenta,"    실시간 카운터 RTC의 OVF 인터럽트    ");
    TFT_string(15,8,White,Black,"(RTC mode)");
    TFT_string(5,16,Cyan,Black,"인터럽트 주기 = 0.125초 (8Hz)");

    RTC_CLKSEL = 0x00;                          // CLK_RTC = OSC32K = 32.768kHz
    RTC_PER = 4095;                             // 32.768kHz/(4095+1) = 8Hz
    RTC_INTCTRL = 0x01;                         // enable OVF interrupt
    RTC_CTRLA = 0x01;                           // enable RTC without prescaler
    sei();                                      // global interrupt enable

    while(1);                                   // wait interrupt
  }
```

☞ 여기서는 RTC의 클록 소스를 OSC32K = 32.768kHz로 설정하고, RTC_PER 레지스터를 4095로 설정하였으므로 32.768kHz / (4095+1) = 8Hz의 속도로 인터럽트가 발생한다.

(3) 2개의 타이머에 의한 인터럽트 처리 프로그램

이번에는 하나의 프로그램에서 2개의 서로 다른 인터럽트를 발생하는 멀티 인터럽트 처리 프로그램을 공부하기로 한다. 다음은 실시간 카운터 RTC가 RTC 모드에서 8Hz의 속도로 인터럽트를 발생하여 LED1을 토글하고, 16비트 타이머 TCA1이 2Hz의 속도로 인터럽트를 발생하여 LED2를 토글하는 프로그램이다. 그러면서 각각의 인터럽트가 발생한 횟수를 카운트하여 TFT-LCD 모듈에 실시간으로 표시한다.

〈프로그램 Exp10_4.c〉 RTC와 TCA1에 의한 멀티 인터럽트 처리 프로그램

```
/* ============================================================================ */
/*              Exp10_4.c : RTC와 TCA1을 이용한 멀티 인터럽트                  */
/* ============================================================================ */
/*                        Designed and programmed by Duck-Yong Yoon in 2022.   */

#include <avr/io.h>
#include <avr/interrupt.h>
#include "OK-128DA.h"

volatile unsigned char RTC_int_flag = 0;        // RTC interrupt flag
volatile unsigned char TCA1_int_flag = 0;       // TCA1 interrupt flag
volatile unsigned int RTC_count = 0;            // RTC interrupt counter
volatile unsigned int TCA1_count = 0;           // TCA1 interrupt counter

ISR(RTC_CNT_vect)                               /* RTC interrupt function (8 Hz) */
```

```
{
  LED1_toggle();                              // toggle LED1
  RTC_count++;
  RTC_int_flag = 1;
  RTC_INTFLAGS = 0x01;                        // clear OVF interrupt flag
}

ISR(TCA1_OVF_vect)                            /* TCA1 interrupt function (2 Hz) */
{
  LED2_toggle();                              // toggle LED2
  TCA1_count++;
  TCA1_int_flag = 1;
  TCA1_SINGLE_INTFLAGS = 0x01;                // clear overflow interrupt flag
}

int main(void)
{
  MCU_initialize();                           // initialize AVR128DA64 MCU
  Delay_ms(50);                               // wait for system stabilization
  LCD_initialize();                           // initialize text LCD module
  TFT_initialize();                           // initialize TFT-LCD module

  LCD_string(0x80," OK-128DA  V1.0 ");        // display title
  LCD_string(0xC0,"   Exp10_4.c    ");
  Beep();

  TFT_string(0,2,White,Magenta,"   RTC와 TCA1을 이용한  다중 인터럽트   ");
  TFT_string(3,11,Cyan,Black,"RTC  (LED1) : 주기 = 0.125초 (8Hz)");
  TFT_string(3,14,Cyan,Black,"              횟수 = 00000");
  TFT_string(3,19,Cyan,Black,"TCA1 (LED2) : 주기 = 0.5초   (2Hz)");
  TFT_string(3,22,Cyan,Black,"              횟수 = 00000");

  RTC_CLKSEL = 0x00;                          // CLK_RTC = OSC32K = 32.768kHz
  RTC_PER = 4095;                             // 32.768kHz/(4095+1) = 8Hz
  RTC_INTCTRL = 0x01;                         // enable OVF interrupt
  RTC_CTRLA = 0x01;                           // enable RTC without prescaler

  TCA1_SINGLE_CTRLD = 0x00;                   // TCA1 = normal mode
  TCA1_SINGLE_CTRLB = 0x00;                   // CLK_TCA1 = 24MHz / 256 = 93750Hz
  TCA1_SINGLE_PER = 46874;                    // 93750Hz / (46874 + 1) = 2Hz
  TCA1_SINGLE_INTCTRL = 0x01;                 // enable overflow interrupt
  TCA1_SINGLE_CTRLA = 0x0D;

  sei();                                      // global interrupt enable

  while(1)                                    // wait interrupt
    { if(RTC_int_flag == 1)
        { RTC_int_flag = 0;
          TFT_xy(24,14);                      // display RTC interrupt count
          TFT_color(White,Black);
          TFT_unsigned_decimal(RTC_count,0,5);
        }
      if(TCA1_int_flag == 1)
        { TCA1_int_flag = 0;
          TFT_xy(24,22);                      // display TCA1 interrupt count
          TFT_color(White,Black);
          TFT_unsigned_decimal(TCA1_count,0,5);
        }
    }
}
```

☞ 인터럽트 서비스 루틴 함수에서의 처리는 가능하면 짧게 하고, 처리하는데 많은 시간이 소요되는 일이거나 또는 반드시 실시간으로 인터럽트 처리 함수 안에서 처리해야 하는 일이 아니라면 이는 메인 루틴에서 수행하는 것이 바람직하다. 이런 처리 방법의 예를 보여주기 위하여 여기서는 인터럽트 카운트는 인터럽트 처리 함수 안에서 증가되지만 이를 TFT-LCD 모듈에 표시하는 것은 메인 루틴에서 처리하였다.

인터럽트 발생 횟수가 증가하여 이를 TFT-LCD에 새로 디스플레이할 필요가 있는 상황이라는 것을 메인 루틴으로 알려주기 위하여 RTC_int_flag과 TCA1_int_flag을 사용한 것에 주목하라. 또한, 이처럼 인터럽트 함수와 메인 프로그램에서 서로 공유하는 변수들은 반드시 volatile로 선언해야 한다.

특히 이런 경우 만약에 RTC의 인터럽트 함수와 TCA1의 인터럽트 함수에서 각각 인터럽트 카운트 값을 TFT-LCD에 표시하고자 하면 이는 올바르게 동작하지 않는다. 1개의 하드웨어 장치를 2군데의 다른 인터럽트 처리 함수에서 액세스하면 하드웨어의 충돌이 발생하여 올바르게 동작할 수 없기 때문이다.

이 프로그램을 컴파일하여 다운로드하고 실행하라. 그리고, LED1과 LED2의 점멸 동작이 각각 8Hz와 2Hz로 잘 동작하는지 관찰하라.

2. 타이머를 이용한 스톱워치 프로그램

이번에는 16비트 타이머 TCA1을 이용하여 전자 스톱워치(stop watch)를 구현해보기로 한다. 이 스톱워치는 최소 시간을 1/100초까지 표시하는 것으로 한다. 이 프로그램에서 스톱워치의 스타트 버튼은 KEY1, 스톱 버튼은 KEY4, 리셋 버튼은 KEY3을 사용하였다.

〈프로그램 Exp10_5.c〉 타이머 TCA1을 이용한 전자 스톱워치 프로그램

```
/* ========================================================================== */
/*                 Exp10_5.c : 타이머 TCA1을 사용한 전자 스톱워치                 */
/* ========================================================================== */
/*                        Designed and programmed by Duck-Yong Yoon in 2022.   */

#include <avr/io.h>
#include <avr/interrupt.h>
#include "OK-128DA.h"

void Clear_time(void);                          /* clear time */
void Display_key(U08 key);                      /* display key input */

volatile unsigned int second, count;
volatile unsigned char minute, hour, run_flag, display_flag;

/* ----- 인터럽트 처리 프로그램 ----------------------------------------------- */

ISR(TCA1_OVF_vect)                              /* TCA1 interrupt function (100 Hz) */
{
  count++;                                      // increment 1/100 second
  if(count == 6000)                             // second = 60 ?
    { count = 0;                                // if yes, second = 0 and minute++
      minute++;
      if(minute == 60)                          // minute = 60 ?
        { minute = 0;                           // if yes, minute = 0 and hour++
          hour++;
          if(hour == 100)                       // hour = 100 ?
            hour = 0;                           // if yes, hour = 0
        }
    }
  second = count;
```

```
  display_flag = 1;
  TCA1_SINGLE_INTFLAGS = 0x01;                  // clear overflow interrupt flag
}

/* ----- 메인 프로그램 -------------------------------------------------------- */

int main(void)
{
  unsigned char key;

  MCU_initialize();                             // initialize AVR128DA64 MCU
  Delay_ms(50);                                 // wait for system stabilization
  LCD_initialize();                             // initialize text LCD module
  TFT_initialize();                             // initialize TFT-LCD module

  LCD_string(0x80," OK-128DA  V1.0 ");          // display title
  LCD_string(0xC0,"    Exp10_5.c    ");
  Beep();

  TFT_string(0,2, White,Magenta, "            전자 스톱 워치             ");
  TFT_string_large(6,10, Magenta,Black, "00 : 00 : 00.00");
  TFT_string( 3,25,Cyan,Black,"스타");          // display key function
  TFT_string( 3,27,Cyan,Black," 트 ");
  TFT_string(23,26,Cyan,Black,"리셋");
  TFT_string(33,26,Cyan,Black,"스톱");
  Rectangle( 18,196,  61,234, Cyan);
  Rectangle(178,196, 221,234, Cyan);
  Rectangle(258,196, 301,234, Cyan);
  Clear_time();                                 // clear time

  TCA1_SINGLE_CTRLD = 0x00;                     // TCA1 = normal mode
  TCA1_SINGLE_CTRLB = 0x00;                     // CLK_TCA1 = 24MHz / 64 = 375kHz
  TCA1_SINGLE_PER = 3749;                       // 375kHz / (3749 + 1) = 100Hz
  TCA1_SINGLE_INTCTRL = 0x01;                   // enable overflow interrupt
  TCA1_SINGLE_CTRLA = 0x0B;

  run_flag = 0;
  display_flag = 0;

  while(1)
    { key = Key_input();                        // key input
      switch(key)
        { case KEY1 : if(run_flag == 1) break;  // if run_flag = 1, ignore KEY1
                      run_flag = 1;
                      LED1_on();                // if KEY1, start with LED1 = on
                      Display_key(KEY1);
                      TCA1_SINGLE_CNT = 0x0000;
                      sei();
                      break;
          case KEY3 : if(run_flag == 1) break;  // if run_flag = 1, ignore KEY3
                      cli();                    // if KEY3, reset
                      Display_key(KEY3);
                      Clear_time();
                      break;
          case KEY4 : if(run_flag == 0) break;  // if run_flag = 0, ignore KEY4
                      run_flag = 0;
                      LED1_off();               // if KEY4, stop with LED1 = off
                      cli();
                      Display_key(KEY4);
                      break;
          default:    break;
        }

      if(display_flag == 1)                     // display time
        { display_flag = 0;
          TFT_color(Green,Black);
          TFT_xy(6,10);
          TFT_unsigned_decimal_large(hour,1,2);
          TFT_xy(11,10);
          TFT_unsigned_decimal_large(minute,1,2);
          TFT_xy(16,10);
```

```
            TFT_unsigned_decimal_large(second / 100,1,2);
            TFT_xy(19,10);
            TFT_English_large((second % 100) / 10 + '0');
            TFT_English_large((second % 100) % 10 + '0');
          }
      }
}

/* ----- 사용자 정의 함수 --------------------------------------------------- */

void Clear_time(void)                               /* clear time */
{
  second = 0;                                       // clear time
  minute = 0;
  hour = 0;

  TFT_string_large( 6,10, Green,Black, "00 : 00 : 00.00"); // clear display
  TFT_string_large( 9,10, Green,Black, ":");
  TFT_string_large(14,10, Green,Black, ":");
  TFT_string_large(18,10, Green,Black, ".");
}

void Display_key(U08 key)                           /* display key input */
{
  if(key == KEY1)
    { Rectangle( 18,196,  61,234, Magenta);
      Rectangle(178,196, 221,234, Cyan);
      Rectangle(258,196, 301,234, Cyan);
    }
  else if(key == KEY3)
    { Rectangle( 18,196,  61,234, Cyan);
      Rectangle(178,196, 221,234, Magenta);
      Rectangle(258,196, 301,234, Cyan);
    }
  else if(key == KEY4)
    { Rectangle( 18,196,  61,234, Cyan);
      Rectangle(178,196, 221,234, Cyan);
      Rectangle(258,196, 301,234, Magenta);
    }
}
```

☞ 이 예제에서는 전체 프로그램의 구조를 파악하는 것이 중요하다. 타이머 인터럽트 처리 함수에서는 1/100초마다 인터럽트를 발생하여 시간값을 만든 후에 이를 플랙에 표시하고, 메인 프로그램에서는 키입력을 검출하여 그에 따른 동작을 수행하면서 인터럽트 처리 함수에서 1/100초가 경과하여 이를 TFT-LCD에 표시하도록 플랙에 표시되면 이를 받아서 현재의 시간값을 TFT-LCD에 표시한다.

스톱워치에서 시간을 측정하는 중에는 KEY3의 리셋 기능이 동작하지 않음에 유의하라. 이는 KEY4에 의하여 스톱워치가 정지되었을 경우에만 동작한다. 물론 스톱워치가 정지된 상태에서 리셋하지 않고 KEY1을 누르면 스톱워치는 정지되었던 값에서부터 계속하여 다시 시간을 측정한다.

3. 타이머를 이용한 디지털 시계 프로그램

마이크로컨트롤러에 내장된 타이머를 이용하여 디지털 시계를 구현하려면 기본적으로 정확한 1Hz 속도의 주기적인 인터럽트 발생이 필요하다. 즉, 1초에 한번씩 발생하는 인터럽트를 이용하여 초(秒)를 증가시키고, 이것이 60번 반복되면 분(分)을 증가시키며, 그 결과 60분에 도달하면 다시 시(時)를 증가시키고, 이때 만약 12시제를 사용하는 경우라면 오전(AM)/오후(PM)를 함께 처리하는 방식으로 프로그램을 작성하면 된다. 그러나, 다음의 예제에서는 그러한 기능을 사용하지 않았지만 만약 디지털 시계에서 문자판 내의 콜론(:)을 점멸시키려면 이는 0.5초 간격으로 ON/OFF가 수행되어야 하므로 1Hz가 아니라 2Hz의 주기적인 타이머 인터럽트를 발생시켜 처리하는 것이 바람직하다.

이러한 디지털 시계를 실용성 있게 구현하려면, 첫째는 표시되는 시각을 언제라도 수정할 수 있어야 하며, 둘째는 전원을 껐다가 다시 켜더라도 항상 표시되는 값이 현재 시각과 맞아야 한다. 이중에서 후자의 기능을 위해서는 최소한 클록에 관련되는 회로들을 배터리로 백업해야 하는데 이러한 기능을 가지는 소자를 특별히 RTC(Real Time Clock)라고 한다. *OK-128DA* 키트에는 배터리 백업 기능을 포함하는 RTC 소자인 DS3234를 내장하여 쉽고 정확한 시계를 구현할 수 있다. 이 소자를 사용하면 배터리 백업 기능 이외에도 캘린더나 알람 기능을 쉽게 적용할 수 있다. 오늘날 이러한 RTC의 기능들은 퍼스널컴퓨터나 많은 산업용 제어기에서도 사용하고 있다. RTC 소자를 사용한 디지털 시계 프로그램에 대하여는 제4.16절에서 별도로 취급하기로 한다.

▣ 실시간 카운터 RTC를 이용한 기본적인 디지털 시계 프로그램

AVR128DA64의 실시간 카운터 RTC를 이용하여 TFT-LCD에 C언어로 기본적인 시계를 구현한 프로그램은 다음과 같다.

〈프로그램 Exp10_6.c〉 실시간 카운터 RTC를 이용한 기본적인 디지털 시계 프로그램

```
/* ========================================================================== */
/*              Exp10_6.c : 실시간 카운터 RTC를 이용한 디지털 시계(1)            */
/* ========================================================================== */
/*                           Designed and programmed by Duck-Yong Yoon in 2022.  */

#include <avr/io.h>
#include <avr/interrupt.h>
#include "OK-128DA.h"

volatile unsigned char ampm = 'A', hour = 12, minute = 0, second = 0;

/* ----- 인터럽트 처리 프로그램 ---------------------------------------------- */

ISR(RTC_PIT_vect)                               /* RTC interrupt function (1 Hz) */
{
  second++;                                     // increment second
  if(second == 60)                              // if second = 60, second = 0
    { second = 0;
      minute++;                                 // increment minute
      if(minute == 60)                          // if minute = 60, minute = 0
        { minute = 0;
          hour++;                               // increment hour
          if(hour == 13)                        // if hour = 13, hour = 1
```

```
            hour = 1;
          if(hour == 12)                        // if hour = 12, adjust AM/PM
            { if(ampm == 'A') ampm = 'P';
              else            ampm = 'A';
            }
        }
    }

  if(ampm == 'A') TFT_string(13,14,White,Black,"오전"); // display AM/PM
  else            TFT_string(13,14,White,Black,"오후");

  TFT_color(Green,Black);
  TFT_xy(18,14);                                // display hour
  TFT_unsigned_decimal(hour,1,2);
  TFT_xy(21,14);                                // display minute
  TFT_unsigned_decimal(minute,1,2);
  TFT_xy(24,14);                                // display second
  TFT_unsigned_decimal(second,1,2);

  if((minute == 0x00) && (second == 0x00))      // beep on every hour
    Beep();

  RTC_PITINTFLAGS = 0x01;                       // clear PIT interrupt flag
}

/* ----- 메인 프로그램 -------------------------------------------------------- */

int main(void)
{
  MCU_initialize();                             // initialize AVR128DA64 MCU
  Delay_ms(50);                                 // wait for system stabilization
  LCD_initialize();                             // initialize text LCD module
  TFT_initialize();                             // initialize TFT-LCD module

  LCD_string(0x80," OK-128DA  V1.0 ");          // display title
  LCD_string(0xC0,"   Exp10_6.c    ");
  Beep();

  Rectangle(0,0, 319,239, Green);               // display clock title
  Rectangle(1,1, 318,238, Green);
  TFT_string( 1, 2,White,Magenta," RTC(PIT) 인터럽트에 의한 디지털 시계 ");
  TFT_string(13,14,White,  Black,"오전 12:00:00");

  RTC_CLKSEL = 0x00;                            // CLK_RTC = OSC32K = 32.768kHz
  RTC_PITINTCTRL = 0x01;                        // enable PIT interrupt
  RTC_PITCTRLA = 0x71;                          // enable PIT with 32.768kHz/32768 = 1Hz
  sei();                                        // global interrupt enable

  while(1);
}
```

☞ 여기서는 12시제 방식으로 디지털 시계를 구현하였으므로 시간은 01:00:00부터 12:59:59까지 표현되며 오전/오후를 한글로 표시하였다. 이 프로그램에서 모든 시간 처리와 디스플레이는 인터럽트 처리 함수에서 수행하고 메인 루틴은 특별히 할 일이 없으므로 while(1);문을 사용하여 무한 루프로 처리하였다.

이 프로그램을 컴파일하여 다운로드하고 실행하라. 이 프로그램에서 시각의 초기값은 항상 오전 12:00:00으로 설정되는데, 만약 시계를 현재의 시각으로 맞추려면 프로그램 소스에서 시간 변수의 초기값 부분을 수정하여야 한다.

▣ 현재 시각을 수정하는 기능을 갖는 디지털 시계 프로그램

앞의 Exp10_6.c에서 구현한 디지털 시계는 프로그램 내부에서 설정한 시간 변수의 초기값에 따라 시계가 동작하므로 현재 시각과 맞는 시계를 구현하려면 실행할 때마다 프로그램의 소스를 수정하여야 하는 불편함이 있다. 이 문제를 개선하려면 프로그램의 실행 중에 사용자가 언제든지 화면에 표시되는 시간값을 수정할 수 있도록 해야만 한다. 이는 4개의 키입력 스위치 KEY1~KEY4로 쉽게 구현할 수 있다.

그러나, 이렇게 현재 시각에 맞도록 시계를 수정하더라도 이는 *OK-128DA* 키트의 전원을 끄면 내용이 모두 소실되므로, 이 프로그램은 매번 실행할 때마다 현재 시각을 다시 맞춰야만 한다. 전원을 껐다가 다시 켜더라도 언제나 현재 시각과 정확히 맞는 시계를 만들려면 제4.16절에서처럼 배터리 백업형 RTC 소자를 사용해야 한다.

앞의 Exp10_6.c에서 구현한 기본적인 디지털 시계에 현재 시각을 수정하는 기능을 추가한 프로그램은 다음과 같다.

〈프로그램 Exp10_7.c〉 현재 시각을 수정할 수 있는 디지털 시계 프로그램

```
/* ========================================================================== */
/*              Exp10_7.c : 실시간 카운터 RTC를 이용한 디지털 시계(2)          */
/* ========================================================================== */
/*                          Designed and programmed by Duck-Yong Yoon in 2022.  */

#include <avr/io.h>
#include <avr/interrupt.h>
#include "OK-128DA.h"

void Display_time(void);                        /* display current time */
void Time_increment(void);                      /* increment time */
void Time_decrement(void);                      /* decrement time */
void Cursor_left(void);                         /* go cursor left */
void Cursor_right(void);                        /* go cursor right */

volatile unsigned char ampm = 'A', hour = 12, minute = 0, second = 0;

/* ----- 인터럽트 처리 프로그램 ----------------------------------------------- */

ISR(RTC_PIT_vect)                               /* RTC interrupt function (1 Hz) */
{
  second++;                                     // increment second
  if(second == 60)                              // if second = 60, second = 0
    { second = 0;
      minute++;                                 // increment minute
      if(minute == 60)                          // if minute = 60, minute = 0
        { minute = 0;
          hour++;                               // increment hour
          if(hour == 13)                        // if hour = 13, hour = 1
            hour = 1;
          if(hour == 12)                        // if hour = 12, adjust AM/PM
            { if(ampm == 'A') ampm = 'P';
              else            ampm = 'A';
            }
        }
    }

  if((minute == 0x00) && (second == 0x00))      // beep on every hour
    Beep();
```

```
  RTC_PITINTFLAGS = 0x01;                       // clear PIT interrupt flag
}

/* ----- 메인 프로그램 -------------------------------------------------------- */

int main(void)
{
  unsigned char key;

  MCU_initialize();                             // initialize AVR128DA64 MCU
  Delay_ms(50);                                 // wait for system stabilization
  LCD_initialize();                             // initialize text LCD module
  TFT_initialize();                             // initialize TFT-LCD module

  LCD_string(0x80," OK-128DA  V1.0 ");          // display title
  LCD_string(0xC0,"   Exp10_7.c    ");
  Beep();

  Rectangle(0,0, 319,239, Green);               // display clock title
  Rectangle(1,1, 318,238, Green);
  TFT_string( 1, 2,White,Magenta," RTC(PIT) 인터럽트에 의한 디지털 시계 ");
  TFT_string(13,14,White,  Black,"오전 12:00:00");
  TFT_string( 3,25,White,Blue,"KEY1");          // display key function
  TFT_string( 3,27,Cyan,Black,"좌측");
  TFT_string(13,25,White,Blue,"KEY2");
  TFT_string(13,27,Cyan,Black,"우측");
  TFT_string(23,25,White,Blue,"KEY3");
  TFT_string(23,27,Cyan,Black,"증가");
  TFT_string(33,25,White,Blue,"KEY4");
  TFT_string(33,27,Cyan,Black,"감소");
  Rectangle( 18,196,  61,234, Cyan);
  Rectangle( 98,196, 141,234, Cyan);
  Rectangle(178,196, 221,234, Cyan);
  Rectangle(258,196, 301,234, Cyan);

  TFT_cursor(Red);                              // display cursor
  Xcursor = 38;
  Ycursor = 14;

  RTC_CLKSEL = 0x00;                            // CLK_RTC = OSC32K = 32.768kHz
  RTC_PITINTCTRL = 0x01;                        // enable PIT interrupt
  RTC_PITCTRLA = 0x71;                          // enable PIT with 32.768kHz/32768 = 1Hz
  sei();                                        // global interrupt enable

  while(1)
    { key = Key_input();                        // key input
      switch(key)
        { case KEY1 : Cursor_left();            // if KEY1, go cursor left
                      break;
          case KEY2 : Cursor_right();           // if KEY2, go cursor right
                      break;
          case KEY3 : Time_increment();         // if KEY3, increment time
                      break;
          case KEY4 : Time_decrement();         // if KEY4, decrement time
                      break;
          default   : Display_time();           // display time
                      break;
        }
    }
}

/* ----- 사용자 정의 함수 ----------------------------------------------------- */

void Display_time(void)                         /* display current time */
{
  if(ampm == 'A') TFT_string(13,14,White,Black,"오전"); // display AM/PM
  else            TFT_string(13,14,White,Black,"오후");

  TFT_color(Green,Black);
  TFT_xy(18,14);                                // display hour
  TFT_unsigned_decimal(hour,1,2);
  TFT_xy(21,14);                                // display minute
  TFT_unsigned_decimal(minute,1,2);
```

```
  TFT_xy(24,14);                                // display second
  TFT_unsigned_decimal(second,1,2);

  TFT_xy(38,14);                                // display home
  TFT_English(' ');
}

void Cursor_left(void)                          /* go cursor left */
{
  if     ((Xcursor == 38) && (Ycursor == 14)) { Xcursor = 25; Ycursor = 14; }
  else if((Xcursor == 25) && (Ycursor == 14)) { Xcursor = 22; Ycursor = 14; }
  else if((Xcursor == 22) && (Ycursor == 14)) { Xcursor = 19; Ycursor = 14; }
  else if((Xcursor == 19) && (Ycursor == 14)) { Xcursor = 15; Ycursor = 14; }
  else if((Xcursor == 15) && (Ycursor == 14)) { Xcursor = 38; Ycursor = 14; }
}

void Cursor_right(void)                         /* go cursor right */
{
  if     ((Xcursor == 38) && (Ycursor == 14)) { Xcursor = 15; Ycursor = 14; }
  else if((Xcursor == 15) && (Ycursor == 14)) { Xcursor = 19; Ycursor = 14; }
  else if((Xcursor == 19) && (Ycursor == 14)) { Xcursor = 22; Ycursor = 14; }
  else if((Xcursor == 22) && (Ycursor == 14)) { Xcursor = 25; Ycursor = 14; }
  else if((Xcursor == 25) && (Ycursor == 14)) { Xcursor = 38; Ycursor = 14; }
}

void Time_increment(void)                       /* increment time */
{
  if((Xcursor == 15) && (Ycursor == 14))        // in case of AM/PM
    { if(ampm == 'A') ampm = 'P';
      else            ampm = 'A';
    }
  else if((Xcursor == 19) && (Ycursor == 14))   // in case of hour
    { if(hour == 12) hour = 1;
      else           hour++;
    }
  else if((Xcursor == 22) && (Ycursor == 14))   // in case of minute
    { if(minute == 59) minute = 0;
      else             minute++;
    }
  else if((Xcursor == 25) && (Ycursor == 14))   // in case of second
    { if(second == 59) second = 0;
      else             second++;
    }
}

void Time_decrement(void)                       /* decrement time */
{
  if((Xcursor == 15) && (Ycursor == 14))        // in case of AM/PM
    { if(ampm == 'A') ampm = 'P';
      else            ampm = 'A';
    }
  else if((Xcursor == 19) && (Ycursor == 14))   // in case of hour
    { if(hour == 1) hour = 12;
      else          hour--;
    }
  else if((Xcursor == 22) && (Ycursor == 14))   // in case of minute
    { if(minute == 0) minute = 59;
      else            minute--;
    }
  else if((Xcursor == 25) && (Ycursor == 14))   // in case of second
    { if(second == 0) second = 59;
      else            second--;
    }
}
```

☞ 이 프로그램에서는 1초에 한번씩 RTC의 인터럽트가 발생하여 시간값을 변화시키며, 메인 프로그램에서는 항상 화면에 현재 시각을 표시하거나 키입력을 검출하여 현재 시각을 수정하는 일을 수행한다.

현재 시각 중에서 오전/오후, 시, 분, 초를 눈으로 보면서 수정할 수 있으려면 TFT-LCD 화면에서 커서가 보이도록 설정하고, 커서의 위치를 사용자 프로그램에서 직접 관리해야 한다. 이 프로그램에서 각 키의 기능은 화면 하단에 표시되는대로 KEY1은 커서 좌측 이동, KEY2는 커서 우측 이동, KEY3은 시간값 증가, KEY4는 시간값 감소의 기능을 수행한다.

▣ 터치 스크린을 사용할 수 있도록 기능을 추가한 디지털 시계 프로그램

앞에서 제공한 Exp10_7.c의 디지털 시계 프로그램에서 현재 시각을 수정하기 위하여 KEY1~KEY4는 물론이고 TFT-LCD 화면의 하단에 만들어 놓은 아이콘을 터치 스크린으로 입력하는 기능을 추가하여 다시 작성하면 다음과 같다.

〈프로그램 Exp10_8.c〉 터치 스크린 기능을 추가한 디지털 시계 프로그램

```
/* ============================================================================ */
/*              Exp10_8.c : 실시간 카운터 RTC를 이용한 디지털 시계(3)              */
/* ============================================================================ */
/*                       Designed and programmed by Duck-Yong Yoon in 2022.     */

#include <avr/io.h>
#include <avr/interrupt.h>
#include "OK-128DA.h"

void Display_time(void);                        /* display current time */
void Time_increment(void);                      /* increment time */
void Time_decrement(void);                      /* decrement time */
void Cursor_left(void);                         /* go cursor left */
void Cursor_right(void);                        /* go cursor right */
unsigned char Icon_input(void);                 /* input touch screen icon */

volatile unsigned char ampm = 'A', hour = 12, minute = 0, second = 0;

/* ----- 인터럽트 처리 프로그램 ------------------------------------------------ */

ISR(RTC_PIT_vect)                               /* RTC interrupt function (1 Hz) */
{
  second++;                                     // increment second
  if(second == 60)                              // if second = 60, second = 0
    { second = 0;
      minute++;                                 // increment minute
      if(minute == 60)                          // if minute = 60, minute = 0
        { minute = 0;
          hour++;                               // increment hour
          if(hour == 13)                        // if hour = 13, hour = 1
            hour = 1;
          if(hour == 12)                        // if hour = 12, adjust AM/PM
            { if(ampm == 'A') ampm = 'P';
              else            ampm = 'A';
            }
        }
    }

  if((minute == 0x00) && (second == 0x00))      // beep on every hour
    Beep();

  RTC_PITINTFLAGS = 0x01;                       // clear PIT interrupt flag
}

/* ----- 메인 프로그램 ------------------------------------------------------- */

int main(void)
{
  unsigned char key;
```

```
  MCU_initialize();                              // initialize AVR128DA64 MCU
  Delay_ms(50);                                  // wait for system stabilization
  LCD_initialize();                              // initialize text LCD module
  TFT_initialize();                              // initialize TFT-LCD module
  Touch_screen_initialize();                     // initialize touch screen

  LCD_string(0x80," OK-128DA  V1.0 ");           // display title
  LCD_string(0xC0,"   Exp10_8.c    ");
  Beep();

  Rectangle(0,0, 319,239, Green);                // display clock title
  Rectangle(1,1, 318,238, Green);
  TFT_string( 1, 2,White,Magenta," RTC(PIT) 인터럽트에 의한 디지털 시계 ");
  TFT_string( 8, 5, Cyan,  Black,"(터치 스크린 사용 가능)");
  TFT_string(13,14,White,  Black,"오전 12:00:00");

  TFT_string( 3,25,White,Blue,"KEY1");           // display icon
  TFT_string( 3,27,Cyan,Black,"좌측");
  TFT_string(13,25,White,Blue,"KEY2");
  TFT_string(13,27,Cyan,Black,"우측");
  TFT_string(23,25,White,Blue,"KEY3");
  TFT_string(23,27,Cyan,Black,"증가");
  TFT_string(33,25,White,Blue,"KEY4");
  TFT_string(33,27,Cyan,Black,"감소");
  Rectangle( 18,196,  61,234, Cyan);
  Rectangle( 98,196, 141,234, Cyan);
  Rectangle(178,196, 221,234, Cyan);
  Rectangle(258,196, 301,234, Cyan);

  TFT_cursor(Red);                               // display cursor
  Xcursor = 38;
  Ycursor = 14;

  RTC_CLKSEL = 0x00;                             // CLK_RTC = OSC32K = 32.768kHz
  RTC_PITINTCTRL = 0x01;                         // enable PIT interrupt
  RTC_PITCTRLA = 0x71;                           // enable PIT with 32.768kHz/32768 = 1Hz
  sei();                                         // global interrupt enable

  while(1)
    { key = Key_input();                         // key input
      if(key == no_key)                          // if no key input, read touch screen icon
        key = Icon_input();

      switch(key)
        { case KEY1 : Cursor_left();             // if KEY1, go cursor left
                      break;
          case KEY2 : Cursor_right();            // if KEY2, go cursor right
                      break;
          case KEY3 : Time_increment();          // if KEY3, increment time
                      break;
          case KEY4 : Time_decrement();          // if KEY4, decrement time
                      break;
          default   : Display_time();            // display time
                      break;
        }
    }
}

/* ----- 사용자 정의 함수 ------------------------------------------------------- */

void Display_time(void)                          /* display current time */
{
  if(ampm == 'A') TFT_string(13,14,White,Black,"오전"); // display AM/PM
  else            TFT_string(13,14,White,Black,"오후");

  TFT_color(Green,Black);
  TFT_xy(18,14);                                 // display hour
  TFT_unsigned_decimal(hour,1,2);
  TFT_xy(21,14);                                 // display minute
  TFT_unsigned_decimal(minute,1,2);
  TFT_xy(24,14);                                 // display second
  TFT_unsigned_decimal(second,1,2);
```

```
  TFT_xy(38,14);                              // display home
  TFT_English(' ');
}

void Cursor_left(void)                        /* go cursor left */
{
  if     ((Xcursor == 38) && (Ycursor == 14)) { Xcursor = 25; Ycursor = 14; }
  else if((Xcursor == 25) && (Ycursor == 14)) { Xcursor = 22; Ycursor = 14; }
  else if((Xcursor == 22) && (Ycursor == 14)) { Xcursor = 19; Ycursor = 14; }
  else if((Xcursor == 19) && (Ycursor == 14)) { Xcursor = 15; Ycursor = 14; }
  else if((Xcursor == 15) && (Ycursor == 14)) { Xcursor = 38; Ycursor = 14; }
}

void Cursor_right(void)                       /* go cursor right */
{
  if     ((Xcursor == 38) && (Ycursor == 14)) { Xcursor = 15; Ycursor = 14; }
  else if((Xcursor == 15) && (Ycursor == 14)) { Xcursor = 19; Ycursor = 14; }
  else if((Xcursor == 19) && (Ycursor == 14)) { Xcursor = 22; Ycursor = 14; }
  else if((Xcursor == 22) && (Ycursor == 14)) { Xcursor = 25; Ycursor = 14; }
  else if((Xcursor == 25) && (Ycursor == 14)) { Xcursor = 38; Ycursor = 14; }
}

void Time_increment(void)                     /* increment time */
{
  if((Xcursor == 15) && (Ycursor == 14))      // in case of AM/PM
    { if(ampm == 'A') ampm = 'P';
      else            ampm = 'A';
    }
  else if((Xcursor == 19) && (Ycursor == 14)) // in case of hour
    { if(hour == 12) hour = 1;
      else           hour++;
    }
  else if((Xcursor == 22) && (Ycursor == 14)) // in case of minute
    { if(minute == 59) minute = 0;
      else             minute++;
    }
  else if((Xcursor == 25) && (Ycursor == 14)) // in case of second
    { if(second == 59) second = 0;
      else             second++;
    }
}

void Time_decrement(void)                     /* decrement time */
{
  if((Xcursor == 15) && (Ycursor == 14))      // in case of AM/PM
    { if(ampm == 'A') ampm = 'P';
      else            ampm = 'A';
    }
  else if((Xcursor == 19) && (Ycursor == 14)) // in case of hour
    { if(hour == 1) hour = 12;
      else          hour--;
    }
  else if((Xcursor == 22) && (Ycursor == 14)) // in case of minute
    { if(minute == 0) minute = 59;
      else            minute--;
    }
  else if((Xcursor == 25) && (Ycursor == 14)) // in case of second
    { if(second == 0) second = 59;
      else            second--;
    }
}

unsigned char icon_flag = 0;

unsigned char Icon_input(void)                /* input touch screen icon */
{
  unsigned char icon;

  Touch_screen_input();                       // input touch screen

  if((icon_flag == 0) && (x_touch >= 18) && (x_touch <= 61) && (y_touch >= 196) && (y_touch <= 234))
    { icon = KEY1;
      icon_flag = 1;
```

```
      Rectangle( 18,196,  61,234, Magenta);
      Beep();
    }
  else if((icon_flag == 0) && (x_touch >= 98) && (x_touch <= 141) && (y_touch >= 196) && (y_touch <= 234))
    { icon = KEY2;
      icon_flag = 1;
      Rectangle( 98,196, 141,234, Magenta);
      Beep();
    }
  else if((icon_flag == 0) && (x_touch >= 178) && (x_touch <= 221) && (y_touch >= 196) && (y_touch <= 234))
    { icon = KEY3;
      icon_flag = 1;
      Rectangle(178,196, 221,234, Magenta);
      Beep();
    }
  else if((icon_flag == 0) && (x_touch >= 258) && (x_touch <= 301) && (y_touch >= 196) && (y_touch <= 234))
    { icon = KEY4;
      icon_flag = 1;
      Rectangle(258,196, 301,234, Magenta);
      Beep();
    }
  else if((icon_flag == 1) && (x_touch == 0) && (y_touch == 0))
    { icon = no_key;
      icon_flag = 0;
      Rectangle( 18,196,  61,234, Cyan);
      Rectangle( 98,196, 141,234, Cyan);
      Rectangle(178,196, 221,234, Cyan);
      Rectangle(258,196, 301,234, Cyan);
      Delay_ms(50);
    }
  else
    icon = no_key;

  return icon;
}
```

4. 실습 과제

(1) 이 절의 예제 프로그램에서처럼 AVR128DA64의 타이머를 이용하여 구현한 시계와 제4.16절에서처럼 DS3234 RTC 소자를 사용하여 구현한 시계는 어떤 차이가 있는지 비교하여 설명하라.

(2) 예제 프로그램 Exp10_1.c에서 인터럽트 발생 주파수가 10Hz가 되도록 수정한 프로그램 Exp10_1R.c를 작성하라.

(3) 예제 프로그램 Exp10_8.c에서 시계 부분 "오전 12:00:00"을 12×24 픽셀의 영문 ASCII 및 24×24 픽셀의 한글 큰 글씨로 표시하고, 여기에 시간값의 콜론(:)을 각각 0.5초동안 켜고 끄는 점멸 기능을 추가한 프로그램 Exp10_8R.c를 작성하라.

4.11 타이머의 다양한 응용 프로그램

이 절에서는 AVR128DA64의 16비트 A형 타이머/카운터(TCAn)와 16비트 B형 타이머/카운터(TCBn)에서 다양한 기능을 활용하는 프로그램 작성 기술을 공부한다.

관련 내용	(1) 제2.7절 16비트형 A형 타이머/카운터(TCAn) (2) 제2.8절 16비트형 B형 타이머/카운터(TCBn) (3) 제3.1절 *OK-128DA* 키트의 구조와 기능

1. 주기적인 인터럽트 발생

앞의 제4.10절에서 AVR128DA64의 타이머를 사용하여 주기적인 인터럽트를 발생하는 프로그램을 살펴보았으나 타이머/카운터의 다양한 응용 프로그램을 공부하는 차원에서 여기서 한번 더 정리한다. 마이크로컨트롤러에서 타이머/카운터를 가장 높은 빈도로 사용하는 것이 바로 주기적인 인터럽트 발생이기 때문이다.

여기서는 타이머/카운터 TCA1을 일반 모드로 사용하여 2Hz의 속도로 주기적인 인터럽트를 발생하여 LED1을 점멸하고, 타이머/카운터 TCB1을 주기적인 인터럽트 발생 모드로 사용하여 5Hz의 속도로 주기적인 인터럽트를 발생하여 LED2를 점멸하는 프로그램을 작성한다. 1Hz의 주기적인 인터럽트를 발생하는데는 실시간 타이머 RTC가 편리하지만, 그 외의 다양한 주기로 인터럽트를 발생하는데는 클록 소스와 분주비를 다양하게 사용할 수 있는 TCAn이나 TCBn이 더 유용하다.

〈프로그램 Exp11_1.c〉 TCA1과 TCB1을 사용한 주기적인 인터럽트 발생 프로그램

```
/* ========================================================================== */
/*              Exp11_1.c : TCA1과 TCB1을 사용한 멀티 인터럽트                    */
/* ========================================================================== */
/*                        Designed and programmed by Duck-Yong Yoon in 2022.  */

#include <avr/io.h>
#include <avr/interrupt.h>
#include "OK-128DA.h"

volatile unsigned char TCA1_int_flag = 0;        // TCA1 interrupt flag
volatile unsigned char TCB1_int_flag = 0;        // TCB1 interrupt flag
volatile unsigned int TCA1_count = 0;            // TCA1 interrupt counter
```

```
volatile unsigned int TCB1_count = 0;          // TCB1 interrupt counter

ISR(TCA1_OVF_vect)                             /* TCA1 interrupt function (2 Hz) */
{
  LED1_toggle();                               // toggle LED1
  TCA1_count++;
  TCA1_int_flag = 1;
  TCA1_SINGLE_INTFLAGS = 0x01;                 // clear overflow interrupt flag
}

ISR(TCB1_INT_vect)                             /* TCB1 interrupt function (5 Hz) */
{
  LED2_toggle();                               // toggle LED2
  TCB1_count++;
  TCB1_int_flag = 1;
  TCB1_INTFLAGS = 0x01;                        // clear OVF interrupt flag
}

int main(void)
{
  MCU_initialize();                            // initialize AVR128DA64 MCU
  Delay_ms(50);                                // wait for system stabilization
  LCD_initialize();                            // initialize text LCD module
  TFT_initialize();                            // initialize TFT-LCD module

  LCD_string(0x80," OK-128DA  V1.0 ");         // display title
  LCD_string(0xC0,"   Exp11_1.c    ");
  Beep();

  TFT_string(0,2,White,Magenta,"   TCA1과 TCB1을 사용한 다중 인터럽트   ");
  TFT_string(4,11,Cyan,Black,"TCA1 (LED1) : 주기 = 0.5초 (2Hz)");
  TFT_string(4,14,Cyan,Black,"              횟수 = 00000");
  TFT_string(4,19,Cyan,Black,"TCB1 (LED2) : 주기 = 0.2초 (5Hz)");
  TFT_string(4,22,Cyan,Black,"              횟수 = 00000");

  TCA1_SINGLE_CTRLD = 0x00;                    // TCA1 = normal mode
  TCA1_SINGLE_CTRLB = 0x00;                    // CLK_TCA1 = 24MHz / 256 = 93750Hz
  TCA1_SINGLE_PER = 46874;                     // 93750Hz / (46874 + 1) = 2Hz
  TCA1_SINGLE_INTCTRL = 0x01;                  // enable overflow interrupt
  TCA1_SINGLE_CTRLA = 0x0D;

  TCB1_CTRLB = 0x00;                           // TCB1 = Periodic Interrupt mode
  TCB1_CCMP = 18749;                           // CLK_TCB1 = CLK_TCA1 = 93750Hz
  TCB1_CTRLA = 0x06;                           // 93750Hz / (18749+1) = 5Hz
  TCB1_INTCTRL = 0x01;                         // enable CAPT interrupt
  TCB1_CTRLA |= 0x01;

  sei();                                       // global interrupt enable

  while(1)                                     // wait interrupt
    { if(TCA1_int_flag == 1)
        { TCA1_int_flag = 0;
          TFT_xy(25,14);                       // display TCA1 interrupt count
          TFT_color(White,Black);
          TFT_unsigned_decimal(TCA1_count,0,5);
        }
      if(TCB1_int_flag == 1)
        { TCB1_int_flag = 0;
          TFT_xy(25,22);                       // display TCB1 interrupt count
          TFT_color(White,Black);
          TFT_unsigned_decimal(TCB1_count,0,5);
        }
    }
}
```

☞ TCA1에서는 주기 레지스터 TCA1_PER가 주기를 제어하지만, TCB1에서는 주기 레지스터가 따로 없고 TCB1_CCMP 레지스터가 주기를 제어하는 것에 유의하라. 또한, TCA1에서는 이렇게 1주기가 끝날 때

오버플로우 인터럽트가 발생하지만, TCA1에서는 1주기가 끝날 때 캡쳐 인터럽트가 발생한다.

2. PWM 제어 신호 발생

마이크로컨트롤러의 타이머/카운터 기능 중에서 또한 빼놓을 수 없는 것이 PWM 제어 신호의 발생이다. AVR128DA64의 타이머/카운터에도 다양한 PWM 신호를 발생하는 기능을 가지고 있다.

(1) TCA0을 사용한 분할 모드의 PWM 제어 신호 발생

AVR128DA64의 타이머/카운터 TCAn에는 단일 경사 PWM 모드와 이중 경사 PWM 모드가 있다. 그러나, *OK-128DA* 키트에서는 외부 핀으로 WO4와 WO5를 사용해야 하므로 TCA0을 분할 모드(Split mode)로 사용하여 PWM 제어 신호를 발생하여 보기로 한다. 분할 모드에서는 상위 바이트 카운터와 하위 바이트 카운터가 서로 독립적으로 동작하는데, 이것들은 감소형으로 동작하는 8비트 카운터를 사용하여 단일 경사 PWM 신호를 발생할 수 있다. 타이머/카운터 TCA0에서 비교 레지스터의 하위 바이트인 TCA0_LCMP0~TCA0_LCMP2 레지스터가 각각 PWM 출력 신호 WO0~WO2를 발생하고, 상위 바이트인 TCA0_HCMP0~TCA0_HCMP2 레지스터가 각각 PWM 출력 신호 WO3~WO5를 발생한다.

PWM의 스위칭 주파수와 PWM 출력 신호 WO4 및 WO5의 듀티비[%]는 각각 다음과 같이 결정되는데, 여기서 N은 주변장치 클록 CLK_PER를 나누는 분주비로서 1, 2, 4, 8, 16, 64, 256, 1024이다.

$$f_{8bit\_PWM} = \frac{f_{CLK\_PER}}{N \times (TCA0\_HPER + 1)}$$

$$D_{WO4} = \frac{TCA0\_HCMP1 + 1}{TCA0\_HPER + 1} \times 100\,[\%]$$

$$D_{WO5} = \frac{TCA0\_HCMP2 + 1}{TCA0\_HPER + 1} \times 100\,[\%]$$

〈프로그램 Exp11_2.c〉 TCA0을 사용한 분할 모드의 PWM 출력 프로그램

```
/* ========================================================================== */
/*              Exp11_2.c : TCA0를 사용한 분할 모드의 PWM 출력                  */
/* ========================================================================== */
```

```
/*                        Designed and programmed by Duck-Yong Yoon in 2022.  */

#include <avr/io.h>
#include "OK-128DA.h"

unsigned char period = 249;                     // PWM period
unsigned char duty4 = 20;                       // PWM duty ratio of W04
unsigned char duty5 = 50;                       // PWM duty ratio of W05

int main(void)
{
  unsigned char key;

  MCU_initialize();                             // initialize AVR128DA64 MCU
  Delay_ms(50);                                 // wait for system stabilization
  LCD_initialize();                             // initialize text LCD module
  TFT_initialize();                             // initialize TFT-LCD module

  LCD_string(0x80," OK-128DA  V1.0 ");          // display title
  LCD_string(0xC0,"   Exp11_2.c    ");
  Beep();

  TFT_string(0,2,White,Magenta,"   TCA0를 사용한 분할 모드의 PWM 출력   ");
  TFT_string(10,10,Cyan,Black,"PWM 주파수 : 1500Hz");
  TFT_string(10,13,Cyan,Black,"W04 듀티비 :  20%");
  TFT_string(10,16,Cyan,Black,"W05 듀티비 :  50%");

  TFT_string( 3,25,White,Black,"주파");          // display key function
  TFT_string( 3,27,White,Black," 수 ");
  TFT_string(23,25,White,Black,"듀티");
  TFT_string(23,27,White,Black,"W04 ");
  TFT_string(33,25,White,Black,"듀티");
  TFT_string(33,27,White,Black,"W05 ");
  Rectangle( 18,196,  61,234, Cyan);
  Rectangle(178,196, 221,234, Cyan);
  Rectangle(258,196, 301,234, Cyan);
  TFT_color(White,Black);

  PORTD_DIRSET = 0x30;                          // PD4 = TCA0_W04, PD5 = TCA0_W05
  PORTMUX_TCAROUTEA = 0x03;

  TCA0_SPLIT_CTRLD = 0x01;                      // TCA0 = Split mode
  TCA0_SPLIT_CTRLB = 0x60;                      // use W04 and W05
  TCA0_SPLIT_HPER = period;                     // PWM frequency = 375000Hz / (period + 1)
  TCA0_SPLIT_HCMP1 = period*duty4/100;          // initial duty ratio of W04 = 10%
  TCA0_SPLIT_HCMP2 = period*duty5/100;          // initial duty ratio of W05 = 40%
  TCA0_SPLIT_CTRLA = 0x0B;                      // CLK_TCA0 = 24MHz / 64 = 375000Hz

  while(1)
    { key = Key_input();                        // key input
      switch(key)
        { case KEY1 : if(period == 249)      period = 199; // select PWM frequency
                      else if(period == 199) period = 149;
                      else if(period == 149) period = 99;
                      else if(period == 99)  period = 49;
                      else if(period == 49)  period = 249;
                      TFT_xy(23,10);             // display PWM frequency
                      TFT_unsigned_decimal(375000/(period+1),0,4);
                      TCA0_SPLIT_HPER = period; // PWM frequency = 375000Hz / (period + 1)
                      TCA0_SPLIT_HCMP1 = period*duty4/100; // set PWM duty ratio
                      TCA0_SPLIT_HCMP2 = period*duty5/100;
                      break;
          case KEY3 : if(duty4 < 100) duty4 += 10; // select duty ratio of W04
                      else            duty4 = 0;
                      TFT_xy(23,13);             // display duty ratio of W04
                      TFT_unsigned_decimal(duty4,0,3);
                      TCA0_SPLIT_HCMP1 = period*duty4/100; // set PWM duty ratio of W04
                      break;
          case KEY4 : if(duty5 < 100) duty5 += 10; // select duty ratio of W05
                      else            duty5 = 0;
                      TFT_xy(23,16);             // display duty ratio of W05
```

```
                    TFT_unsigned_decimal(duty5,0,3);
                    TCA0_SPLIT_HCMP2 = period*duty5/100; // set PWM duty ratio of WO5
                    break;
          default:  break;
        }
    }
}
```

☞ 여기서는 KEY1을 사용하여 PWM 스위칭 주파수를 1500, 1875, 2500, 3750, 7500Hz의 5단계로 가변하고, PWM 신호 WO4와 WO5의 듀티비는 각각 KEY3, KEY4를 사용하여 0~100%의 범위에서 10%씩 증가시킬 수 있다. 카운터가 감소형으로 동작하기 때문에 WO4와 WO5의 신호는 듀티비가 서로 다르더라도 항상 우측 정렬로 나타난다.

이 프로그램을 컴파일하여 *OK-128DA* 키트에 다운로드하고 실행하라. 그리고, KEY1~KEY4를 누르면서 테스트 핀 TP6과 TP7에서 각각 WO4와 WO5 신호를 오실로스코프로 측정하여 보라.

OK-128DA 키트의 테스트 핀 TP6과 TP7에서 오실로스코프로 측정한 WO4와 WO5 신호의 파형은 <그림 4.11.1>과 같다. 여기서 WO4와 WO5 신호의 듀티비는 각각 20%와 50%인 경우이며, 이들 신호는 우측 정렬로 나타나는 것을 볼 수 있다.

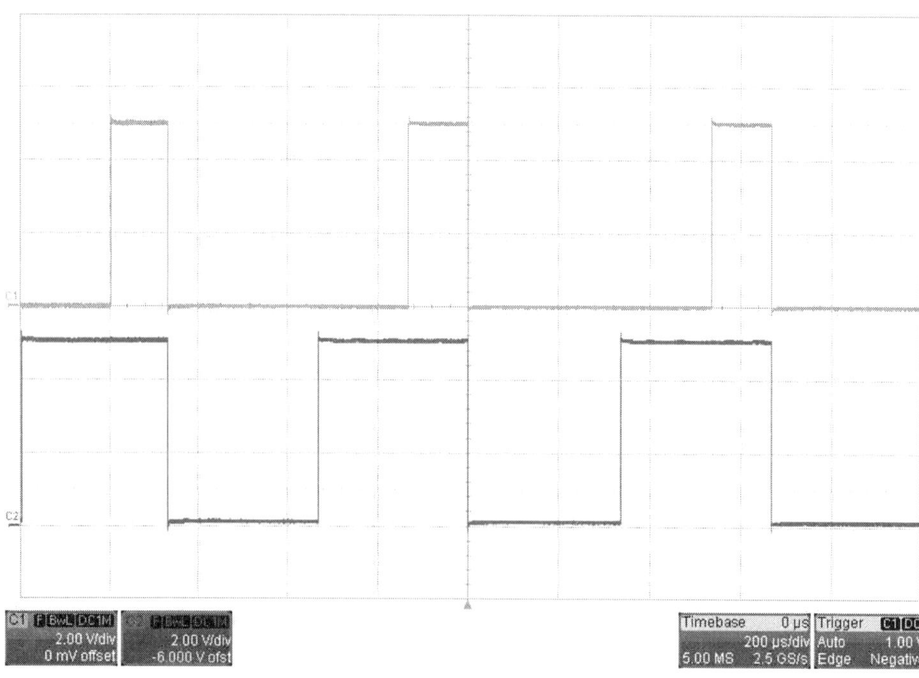

〈그림 4.11.1〉 오실로스코프로 측정한 WO4(듀티비 20%) 및 WO5(듀티비 50%)의 파형

(2) TCB0와 TCB1을 사용한 8비트 모드의 PWM 제어 신호 발생

AVR128DA64의 타이머/카운터 TCBn에는 8비트 PWM 모드가 있어서 아주 간단하게 1개의 PWM 신호를 발생할 수 있다. 여기서는 비교 레지스터의 하위 바이트인 TCBn_CCMPL로 PWM의 주기를 제어하고, 상위 바이트인 TCBn_CCMPH로 PWM의 듀티비를 제어한다. *OK-128DA* 키트에서는 외부 핀으로 TCB0_WO와 TCB1_WO를 사용하도록 하였으므로 여기서는 TCB0와 TCB1을 사용하여 2개의 PWM 제어 신호를 동시에 발생하여 보기로 한다.

TCBn에는 클록 소스를 미리 분주하는 프리스케일러가 없으므로 TCA0의 카운터 클록인 CLK_TCA0를 클록 소스로 설정하여 사용하기로 한다. 이때 PWM의 스위칭 주파수와 PWM 출력 신호 TCB0_WO 및 TCB1_WO의 듀티비[%]는 각각 다음과 같이 결정된다.

$$f_{\mathrm{8bit\_PWM}} = \frac{f_{\mathrm{CLK\_TCA0}}}{\mathrm{TCBn\_CCMPL}+1} = \frac{375000}{\mathrm{TCBn\_CCMPL}+1}$$

$$D_{\mathrm{TCB0\_WO}} = \frac{TCB0\_CCMPH+1}{TCB0\_CCMPL+1} \times 100\ [\%]$$

$$D_{\mathrm{TCB1\_WO}} = \frac{TCB1\_CCMPH+1}{TCB1\_CCMPL+1} \times 100\ [\%]$$

〈프로그램 Exp11_3.c〉 TCB0와 TCB1을 사용한 8비트 모드의 PWM 출력 프로그램

```
/* ============================================================================ */
/*              Exp11_3.c : TCB0와 TCB1을 사용한 8비트 모드의 PWM 출력          */
/* ============================================================================ */
/*                          Designed and programmed by Duck-Yong Yoon in 2022.  */

#include <avr/io.h>
#include "OK-128DA.h"

unsigned char period = 249;                    // PWM period
unsigned char duty0 = 20;                      // PWM duty ratio of TCB0 WO
unsigned char duty1 = 50;                      // PWM duty ratio of TCB1 WO

int main(void)
{
  unsigned char key;

  MCU_initialize();                            // initialize AVR128DA64 MCU
  Delay_ms(50);                                // wait for system stabilization
  LCD_initialize();                            // initialize text LCD module
  TFT_initialize();                            // initialize TFT-LCD module

  LCD_string(0x80," OK-128DA  V1.0 ");          // display title
  LCD_string(0xC0,"   Exp11_3.c    ");
  Beep();

  TFT_string(0,2,White,Magenta,"  TCB0 및 TCB1을 사용한 8비트 PWM 출력  ");
  TFT_string(10,10,Cyan,Black,"PWM 주파수  : 1500Hz");
```

```
	TFT_string(10,13,Cyan,Black,"TCB0 듀티비 :  20%");
	TFT_string(10,16,Cyan,Black,"TCB1 듀티비 :  50%");

	TFT_string( 3,25,White,Black,"주파");		// display key function
	TFT_string( 3,27,White,Black," 수 ");
	TFT_string(23,25,White,Black,"듀티");
	TFT_string(23,27,White,Black,"TCB0");
	TFT_string(33,25,White,Black,"듀티");
	TFT_string(33,27,White,Black,"TCB1");
	Rectangle( 18,196,  61,234, Cyan);
	Rectangle(178,196, 221,234, Cyan);
	Rectangle(258,196, 301,234, Cyan);
	TFT_color(White,Black);

	PORTF_DIRSET = 0x30;			// PF4 = TCB0_WO, PF5 = TCB1_WO
	PORTMUX_TCBROUTEA = 0x03;

	TCA0_SINGLE_CTRLA = 0x0B;		// CLK_TCA0 = 24MHz / 64 = 375000Hz

	TCB0_CTRLB = 0x17;			// TCB0 = 8-bit PWM mode
	TCB0_CTRLA = 0x04;			// use clock source of CLK_TCA0
	TCB0_CCMPL = period;			// PWM frequency = 375000Hz / (period + 1)
	TCB0_CCMPH = period*duty0/100;		// initial duty ratio of WO = 10%

	TCB1_CTRLB = 0x17;			// TCB1 = 8-bit PWM mode
	TCB1_CTRLA = 0x04;			// use clock source of CLK_TCA0
	TCB1_CCMPL = period;			// PWM frequency = 375000Hz / (period + 1)
	TCB1_CCMPH = period*duty1/100;		// initial duty ratio of WO = 10%

	TCB0_CTRLA |= 0x01;			// enable TCB0
	TCB1_CTRLA |= 0x01;			// enable TCB1

	while(1)
	  { key = Key_input();			// key input
	    switch(key)
	      { case KEY1 : if(period == 249)      period = 199; // select PWM frequency
	                    else if(period == 199) period = 149;
	                    else if(period == 149) period = 99;
	                    else if(period == 99)  period = 49;
	                    else if(period == 49)  period = 249;
	                    TFT_xy(24,10);         // display PWM frequency
	                    TFT_unsigned_decimal(375000/(period+1),0,4);
	                    TCB0_CCMPL = period;   // PWM frequency = 375000Hz / (period + 1)
	                    TCB1_CCMPL = period;
	                    TCB0_CCMPH = period*duty0/100; // set PWM duty ratio
	                    TCB1_CCMPH = period*duty1/100;
	                    break;
	        case KEY3 : if(duty0 < 100) duty0 += 10; // select duty ratio of TCB0 WO
	                    else            duty0 = 0;
	                    TFT_xy(24,13);         // display duty ratio of TCB0 WO
	                    TFT_unsigned_decimal(duty0,0,3);
	                    TCB0_CCMPH = period*duty0/100; // set PWM duty ratio of TCB0 WO
	                    break;
	        case KEY4 : if(duty1 < 100) duty1 += 10; // select duty ratio of TCB1 WO
	                    else            duty1 = 0;
	                    TFT_xy(24,16);         // display duty ratio of TCB1 WO
	                    TFT_unsigned_decimal(duty1,0,3);
	                    TCB1_CCMPH = period*duty1/100; // set PWM duty ratio of TCB1 WO
	                    break;
	        default:    break;
	      }
	  }
}
```

☞ 여기서는 KEY1을 사용하여 PWM 스위칭 주파수를 1500, 1875, 2500, 3750, 7500Hz의 5단계로 가변하고, PWM 신호 TCB0_WO와 TCB1_WO의 듀티비는 각각 KEY3, KEY4를 사용하여 0~100%의 범위에서

10%씩 증가시킬 수 있다. 카운터가 증가형으로 동작하기 때문에 TCB0_WO와 TCB1_WO의 신호는 듀티비가 서로 다르더라도 항상 좌측 정렬로 나타난다.

이 프로그램을 컴파일하여 *OK-128DA* 키트에 다운로드하고 실행하라. 그리고, KEY1～KEY4를 누르면서 테스트 핀 TP8과 TP9에서 각각 TCB0_WO와 TCB1_WO 신호를 오실로스코프로 측정하여 보라.

OK-128DA 키트의 테스트 핀 TP8과 TP9에서 오실로스코프로 측정한 TCB0_WO와 TCB1_WO 신호의 파형은 <그림 4.11.2>와 같다. 여기서 TCB0_WO와 TCB1_WO 신호의 듀티비는 각각 20%와 50%인 경우이며, 이들 신호는 좌측 정렬로 나타나는 것을 볼 수 있다.

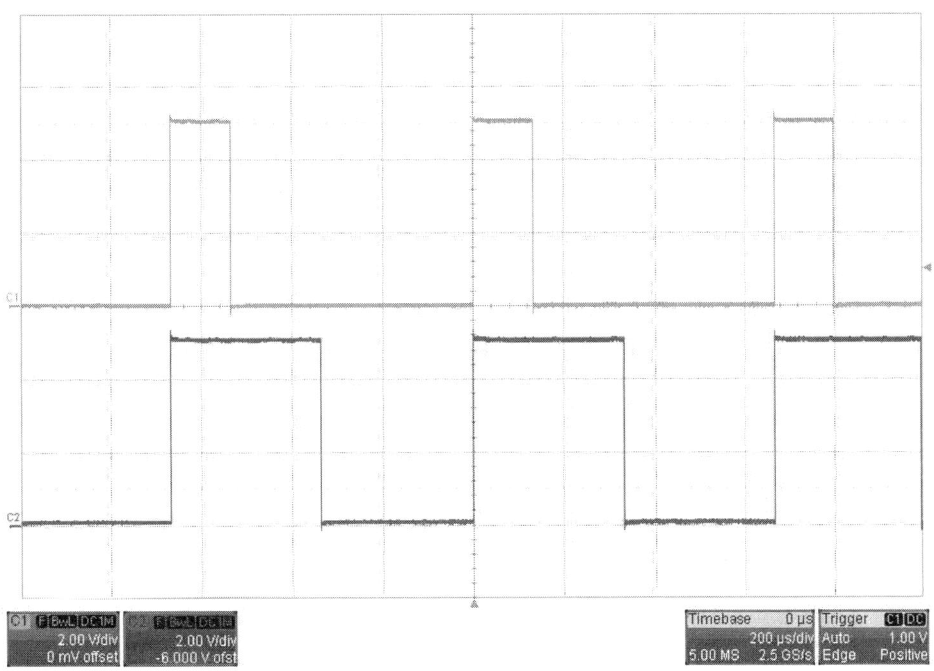

〈그림 4.11.2〉 오실로스코프로 측정한 TCB0_WO 및 TCB1_WO의 파형

3. 이벤트 입력을 사용한 외부 클록 신호의 카운트

AVR128DA64의 타이머/카운터 TCAn, TCBn, TCD0는 모두 "타이머/카운터"라는 이름을 사용하고 있음에도 불구하고 이것들의 기능이 대부분 내부 클록으로 동작하는 타이머(timer) 역할에 집중되고 있으며 외부 클록으로 동작하는 카운터(counter)의 기

능은 매우 소홀하게 설계되어 있다. 다른 마이크로컨트롤러에서는 당연하게 존재하는 타이머/카운터를 위한 외부 클록 입력 단자가 전혀 없다는 것을 보면 단적으로 이를 확인할 수 있다. 그나마 TCAn과 TCBn에서는 임의의 병렬 I/O 포트 핀을 이벤트 시스템으로 타이머/카운터에 연결하여 외부 클록 입력 단자로 사용하는 편법이 가능하지만, TCD0에서는 아예 이런 기능을 사용할 수 없다. 이런 의미에서 볼 때 TCD0는 12비트 타이머/카운터가 아니라 12비트 타이머라고 불러야 옳다고 할 것이다. 도대체 왜 AVR128DA64에서는 타이머/카운터의 카운터 기능을 이렇게 소홀하게 설계하였는지 이해하기 어렵다. 이런 점은 AVR128DA64의 사용자들을 상당히 불편하게 하며, 다른 주변장치에 비하여 타이머/카운터를 상대적으로 초라해 보이게 한다.

여기서는 이벤트 시스템으로 병렬 I/O 포트의 핀을 타이머/카운터 TCA1과 TCB1의 클록 입력으로 연결하여 외부 클록을 카운트하는 프로그램 작성 기술을 소개하기로 한다. 외부 클록은 주기적인 인터럽트를 통하여 병렬 I/O 포트의 PD4 단자로 출력할 것이며, 이를 외부에서 점퍼선으로 PD5에 연결하여 이를 이벤트 시스템으로 각각 TCA1과 TCB1의 이벤트 입력 신호로 사용할 것이다. *OK-128DA* 키트에서 PD4 단자는 테스트 핀 TP6에 연결되어 있고, PD5 단자는 테스트 핀 TP7에 연결되어 있으므로 이들 예제 프로그램을 실행하려면 <그림 4.11.3>과 같은 점퍼 캡(jumper cap)이나 소켓 점퍼 와이어(socket jumper wire)를 사용하여 테스트 핀 TP6과 TP7을 연결해 주어야 한다.

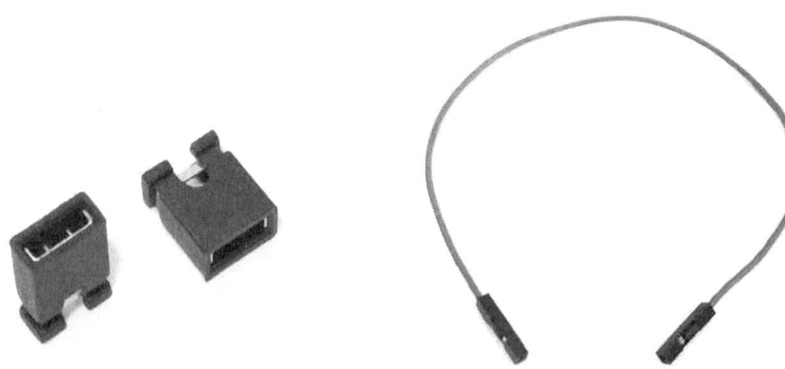

〈그림 4.11.3〉 테스트 핀 TP6과 TP7 사이에 외부 클록 신호를 연결하기 점퍼선

(1) TCA1을 사용한 외부 클록의 카운트

먼저 AVR128DA64의 타이머/카운터 TCA1에서 이를 카운터로 사용하여 외부 클록을 카운트하는 프로그램을 작성한다. 외부 클록은 실시간 카운터 RTC의 2Hz 인터럽

트 처리 함수에서 병렬 I/O 포트 PD4로 출력하는 신호를 교대로 토글함으로써 1Hz의 클록 신호를 만들었다. 이 1Hz의 클록 신호를 PD5 단자로 입력하여 이벤트 시스템의 채널 2를 통하여 TCA1의 이벤트 입력 CNTA 신호로 사용하였다. TCA1을 초기화할 때 이벤트 입력 CNTA 신호의 상승 에지에서 카운트 동작이 수행되도록 하였다.

따라서 이 프로그램을 실행하려면 먼저 점퍼 캡이나 소켓 점퍼 와이어를 사용하여 테스트 핀 TP6과 TP7을 연결해 주어야 한다.

〈프로그램 Exp11_4.c〉 TCA1을 사용하여 외부 클록을 카운트하는 프로그램

```
/* ============================================================================ */
/*              Exp11_4.c : TCA1을 사용한 외부 클록 카운트                      */
/* ============================================================================ */
/*                           Designed and programmed by Duck-Yong Yoon in 2022.  */

#include <avr/io.h>
#include <avr/interrupt.h>
#include "OK-128DA.h"

ISR(RTC_PIT_vect)                               /* RTC interrupt function (2 Hz) */
{
  PORTD_OUTTGL = 0x10;                          // toggle PD4 to make 1 Hz clock

  RTC_PITINTFLAGS = 0x01;                       // clear PIT interrupt flag
}

int main(void)
{
  unsigned int count, count0 = 0;

  MCU_initialize();                             // initialize AVR128DA64 MCU
  Delay_ms(50);                                 // wait for system stabilization
  LCD_initialize();                             // initialize text LCD module
  TFT_initialize();                             // initialize TFT-LCD module

  LCD_string(0x80," OK-128DA  V1.0 ");          // display title
  LCD_string(0xC0,"    Exp11_4.c    ");
  Beep();

  TFT_string(0,2,White,Magenta,"     TCA1을 사용한 외부 클록 카운트     ");
  TFT_string(7,7,Cyan,Black,"PD4(TP6) = 클록 출력 단자");
  TFT_string(18,9,White,Black,"(1 Hz)");
  TFT_string(7,12,Cyan,Black,"PD5(TP7) = 클록 입력 단자");
  TFT_string(18,14,White,Black,"(이벤트 채널2)");
  TFT_string(10,22,Cyan,Black,"TCA1_CNT = 00000");
  TFT_color(White,Black);

  PORTD_DIRSET = 0x10;                          // PD4 = clock output
  PORTD_DIRCLR = 0x20;                          // PD5 = clock input

  RTC_CLKSEL = 0x00;                            // CLK_RTC = OSC32K = 32.768kHz
  RTC_PITINTCTRL = 0x01;                        // enable PIT interrupt
  RTC_PITCTRLA = 0x69;                          // enable PIT with 32.768kHz/16384 = 2Hz
  sei();                                        // global interrupt enable

  EVSYS_CHANNEL2 = 0x4D;                        // EVSYS channel 2 = PD5
  EVSYS_USERTCA1CNTA = 3;                       // TCA1 CNTA = EVSYS channel 2

  TCA1_SINGLE_CTRLD = 0x00;                     // TCA1 = normal mode
  TCA1_SINGLE_EVCTRL = 0x01;                    // count rising edge of event A
  TCA1_SINGLE_CTRLA = 0x01;                     // enable TCA1
```

```
   while(1)
     { count = TCA1_SINGLE_CNT;                       // read TCA1 counter
       if(count != count0)                            // if new value, display
         { count0 = count;
           TFT_xy(14,21);
           TFT_unsigned_decimal_large(count,1,5);
         }
     }
}
```

☞ 여기서는 TCA1이 외부 클록을 카운트하여 1씩 증가할 때마다 이를 TFT-LCD에 표시하여 사용자가 확인할 수 있도록 하였다. 외부 클록이 1Hz의 주파수를 가지므로 TCA1이 카운트하는 값은 1초에 1씩 증가하게 된다.

이 프로그램을 컴파일하여 *OK-128DA* 키트에 다운로드하고 실행하라. TFT-LCD에 1Hz의 외부 클록을 카운트하는 결과가 잘 표시되는지 확인하라.

이 상태에서 테스트 핀 TP6과 TP7을 연결하는 점퍼 캡이나 소켓 점퍼 와이어를 제거하면 카운트 동작이 어떻게 되는지 확인하라.

(2) TCB1을 사용한 외부 클록의 카운트

이번에는 AVR128DA64의 타이머/카운터 TCB1에서 이를 카운터로 사용하여 외부 클록을 카운트하는 프로그램을 작성한다. 앞에서와 마찬가지로 외부 클록은 실시간 카운터 RTC의 2Hz 인터럽트 처리 함수에서 병렬 I/O 포트 PD4로 출력하는 신호를 교대로 토글함으로써 1Hz의 클록 신호를 만들었다. 이 1Hz의 클록 신호를 PD5 단자로 입력하여 이벤트 시스템의 채널 2를 통하여 TCB1의 이벤트 입력 COUNT 신호로 사용하였다. TCB1을 초기화할 때 클록 소스로 이벤트 입력 COUNT 신호의 상승 에지를 설정하여 카운트 동작이 수행되도록 하였다.

따라서 이 프로그램을 실행하려면 먼저 점퍼 캡이나 소켓 점퍼 와이어를 사용하여 테스트 핀 TP6과 TP7을 연결해 주어야 한다.

〈프로그램 Exp11_5.c〉 TCB1을 사용하여 외부 클록을 카운트하는 프로그램

```
/* ========================================================================== */
/*            Exp11_5.c : TCB1을 사용한 외부 클록 카운트                       */
/* ========================================================================== */
/*                      Designed and programmed by Duck-Yong Yoon in 2022.   */

#include <avr/io.h>
#include <avr/interrupt.h>
#include "OK-128DA.h"

ISR(RTC_PIT_vect)                                  /* RTC interrupt function (2 Hz) */
{
```

```
    PORTD_OUTTGL = 0x10;                          // toggle PD4 to make 1 Hz clock

    RTC_PITINTFLAGS = 0x01;                       // clear PIT interrupt flag
  }

  int main(void)
  {
    unsigned int count, count0 = 0;

    MCU_initialize();                             // initialize AVR128DA64 MCU
    Delay_ms(50);                                 // wait for system stabilization
    LCD_initialize();                             // initialize text LCD module
    TFT_initialize();                             // initialize TFT-LCD module

    LCD_string(0x80," OK-128DA  V1.0 ");          // display title
    LCD_string(0xC0,"   Exp11_5.c    ");
    Beep();

    TFT_string(0,2,White,Magenta,"     TCB1을 사용한 외부 클록 카운트     ");
    TFT_string(7,7,Cyan,Black,"PD4(TP6) = 클록 출력 단자");
    TFT_string(18,9,White,Black,"(1 Hz)");
    TFT_string(7,12,Cyan,Black,"PD5(TP7) = 클록 입력 단자");
    TFT_string(18,14,White,Black,"(이벤트 채널2)");
    TFT_string(10,22,Cyan,Black,"TCB1_CNT = 00000");
    TFT_color(White,Black);

    PORTD_DIRSET = 0x10;                          // PD4 = clock output
    PORTD_DIRCLR = 0x20;                          // PD5 = clock input

    RTC_CLKSEL = 0x00;                            // CLK_RTC = OSC32K = 32.768kHz
    RTC_PITINTCTRL = 0x01;                        // enable PIT interrupt
    RTC_PITCTRLA = 0x69;                          // enable PIT with 32.768kHz/16384 = 2Hz
    sei();                                        // global interrupt enable

    EVSYS_CHANNEL2 = 0x4D;                        // EVSYS channel 2 = PD5
    EVSYS_USERTCB1COUNT = 3;                      // TCB1 COUNT = EVSYS channel 2

    TCB1_CTRLB = 0x00;                            // TCB1 = Periodic Interrupt mode
    TCB1_CCMP = 0xFFFF;                           // maximum count
    TCB1_CTRLA = 0x0F;                            // count rising edge of event

    while(1)
      { count = TCB1_CNT;                         // read TCB1 counter
        if(count != count0)                       // if new value, display
          { count0 = count;
            TFT_xy(14,21);
            TFT_unsigned_decimal_large(count,1,5);
          }
      }
  }
```

☞ 여기서는 TCB1이 외부 클록을 카운트하여 1씩 증가할 때마다 이를 TFT-LCD에 표시하여 사용자가 확인할 수 있도록 하였다. 외부 클록이 1Hz의 주파수를 가지므로 TCB1이 카운트하는 값은 1초에 1씩 증가하게 된다.

이 프로그램을 컴파일하여 *OK-128DA* 키트에 다운로드하고 실행하라. TFT-LCD에 1Hz의 외부 클록을 카운트하는 결과가 잘 표시되는지 확인하라.

이 상태에서 테스트 핀 TP6과 TP7을 연결하는 점퍼 캡이나 소켓 점퍼 와이어를 제거하면 카운트 동작이 어떻게 되는지 확인하라.

4. 외부 펄스 신호의 주파수 또는 펄스 폭 측정

AVR128DA64의 타이머/카운터 TCBn에는 외부에서 입력되는 이벤트 펄스 신호의 주파수나 펄스 폭을 측정하는 동작 모드를 가지고 있다. 여기서는 병렬 I/O 포트의 출력 핀으로 발생한 펄스를 타이머/카운터 TCB1의 이벤트 입력으로 연결하여 이것의 주파수나 펄스 폭을 측정하는 프로그램 작성 기술을 소개하기로 한다. 외부 펄스는 주기적인 인터럽트를 통하여 병렬 I/O 포트의 PD4 단자로 출력할 것이며, 이를 외부에서 점퍼선으로 PD5에 연결하여 이를 이벤트 시스템으로 TCB1의 이벤트 입력 신호로 사용할 것이다. *OK-128DA* 키트에서 PD4 단자는 테스트 핀 TP6에 연결되어 있고, PD5 단자는 테스트 핀 TP7에 연결되어 있으므로 이들 예제 프로그램을 실행하려면 <그림 4.11.3>과 같은 점퍼 캡이나 소켓 점퍼 와이어를 사용하여 테스트 핀 TP6과 TP7을 연결해 주어야 한다.

(1) TCB1을 사용한 외부 펄스의 주파수 측정

먼저 AVR128DA64의 타이머/카운터 TCB1에서 외부 펄스의 주파수를 측정하는 프로그램을 작성한다. 외부 펄스는 TCA1의 2kHz 또는 4kHz 인터럽트 처리 함수에서 병렬 I/O 포트 PD4로 출력하는 신호를 교대로 토글함으로써 1kHz 또는 2kHz의 클록 펄스 신호를 만들었다. 이 1kHz/2kHz의 클록 펄스 신호를 PD5 단자로 입력하여 이벤트 시스템의 채널 2를 통하여 TCB1의 이벤트 입력 CAPT 신호로 사용하고, TCB1을 초기화할 때 이를 입력 캡쳐 주파수 측정 모드로 설정하였다.

따라서 이 프로그램을 실행하려면 먼저 점퍼 캡이나 소켓 점퍼 와이어를 사용하여 테스트 핀 TP6과 TP7을 연결해 주어야 한다.

〈프로그램 Exp11_6.c〉 TCB1을 사용한 외부 펄스의 주파수 측정 프로그램

```
/* ========================================================================== */
/*            Exp11_6.c : TCB1을 사용한 외부 펄스의 주파수 측정                  */
/* ========================================================================== */
/*                         Designed and programmed by Duck-Yong Yoon in 2022.  */

#include <avr/io.h>
#include <avr/interrupt.h>
#include "OK-128DA.h"

volatile unsigned int display = 0, change = 0, count;

ISR(TCA1_OVF_vect)                             /* TCA1 interrupt function (2kHz/4kHz) */
{
  PORTD_OUTTGL = 0x10;                         // toggle PD4 to make 1kHz/2kHz clock
```

```
  TCA1_SINGLE_INTFLAGS = 0x01;                  // clear overflow interrupt flag
}

ISR(TCB1_INT_vect)                              /* TCB1 interrupt function */
{
  count = TCB1_CCMP;                            // read capture value
  display++;
  change++;

  TCB1_INTFLAGS = 0x01;                         // clear CAPT interrupt flag
}

int main(void)
{
  MCU_initialize();                             // initialize AVR128DA64 MCU
  Delay_ms(50);                                 // wait for system stabilization
  LCD_initialize();                             // initialize text LCD module
  TFT_initialize();                             // initialize TFT-LCD module

  LCD_string(0x80," OK-128DA  V1.0 ");          // display title
  LCD_string(0xC0,"   Exp11_6.c    ");
  Beep();

  TFT_string(0,2,White,Magenta," TCB1을 사용한 외부 펄스의 주파수 측정  ");
  TFT_string(7,7,Cyan,Black,"PD4(TP6) = 펄스 출력 단자");
  TFT_string(18,9,White,Black,"(1kHz, 50% duty)");
  TFT_string(7,12,Cyan,Black,"PD5(TP7) = 펄스 입력 단자");
  TFT_string(18,14,White,Black,"(이벤트 채널2)");
  TFT_string(7,20,White,Black,"(24MHz)");
  TFT_string(7,22,Cyan,Black,"TCB1_CNT = 00000   count");
  TFT_string(7,25,Cyan,Black,"         = 0.000   kHz");

  PORTD_DIRSET = 0x10;                          // PD4 = pulse output
  PORTD_DIRCLR = 0x20;                          // PD5 = pulse input

  TCA1_SINGLE_CTRLD = 0x00;                     // TCA1 = normal mode
  TCA1_SINGLE_CTRLB = 0x00;                     // CLK_TCA1 = 24MHz / 16 = 1.5MHz
  TCA1_SINGLE_PER = 749;                        // 1.5MHz / (749 + 1) = 2kHz
  TCA1_SINGLE_INTCTRL = 0x01;                   // enable overflow interrupt
  TCA1_SINGLE_CTRLA = 0x09;
  sei();                                        // global interrupt enable

  EVSYS_CHANNEL2 = 0x4D;                        // EVSYS channel 2 = PD5
  EVSYS_USERTCB1CAPT = 3;                       // TCB1 CAPT = EVSYS channel 2

  TCB1_CTRLB = 0x03;                            // TCB1 = Frequency Measurement mode
  TCB1_EVCTRL = 0x01;                           // enable capture event on rising edge
  TCB1_INTCTRL = 0x01;                          // enable CAPT interrupt
  TCB1_CTRLA = 0x01;                            // count CLK_PER = 24MHz

  while(1)
    { if(display >= 500)                        // if 0.5 sec, display
        { display = 0;
          TFT_color(White,Black);
          TFT_xy(12,21);
          TFT_unsigned_decimal_large(count,0,5);
          TFT_xy(12,24);
          TFT_unsigned_float_large(24000./(float)count,1,3);
        }

      if((TCA1_SINGLE_PER == 749) && (change >= 5000))  // 주기적으로 1kHz와 2kHz로 변경
        { change = 0;
          TCA1_SINGLE_PER = 374;
          TFT_string(19,9,Magenta,Black,"2");
          Beep();
        }
      else if((TCA1_SINGLE_PER == 374) && (change >= 10000))
        { change = 0;
          TCA1_SINGLE_PER = 749;
          TFT_string(19,9,White,Black,"1");
          Beep();
```

```
      }
    }
}
```

☞ 여기서는 외부 펄스의 주파수를 측정하기 위한 클록은 24MHz의 CLK_PER를 사용하였다. 외부 펄스의 상승 에지마다 카운터의 값을 캡쳐하여 TCB1_CCMP 레지스터에 저장하고 인터럽트를 발생하며 카운터를 0으로 클리어하여 다시 시작한다. 그러면 캡쳐 인터럽트 처리 함수에서 TCB1_CCMP 레지스터를 읽어보면 1개의 외부 펄스 주기에 들어가는 24MHz CLK_PER 클록의 수를 알 수 있으므로 이로부터 펄스의 주파수를 계산하게 된다.

외부 펄스의 주파수를 약 5초의 시간 간격으로 1kHz와 2kHz로 번갈아 변경하였으며, 펄스의 매 주기마다 측정한 펄스의 주파수를 TFT-LCD에 표시하면 너무 빨라서 사람이 알아보기 어렵기 때문에 500번의 측정마다 1번씩 디스플레이하도록 하였다.

이 프로그램을 컴파일하여 *OK-128DA* 키트에 다운로드하고 실행하라. TFT-LCD에 표시되는 외부 펄스의 주파수가 올바른지 확인하라.

(2) TCB1을 사용한 외부 펄스의 폭 측정

이번에는 AVR128DA64의 타이머/카운터 TCB1에서 외부 펄스의 폭을 측정하는 프로그램을 작성한다. 외부 펄스는 TCA1의 2kHz 또는 4kHz 인터럽트 처리 함수에서 병렬 I/O 포트 PD4로 출력하는 신호를 교대로 토글함으로써 1kHz 또는 2kHz의 클록 펄스 신호를 듀티비 50%로 만들었다. 이 듀티비 50%인 1kHz/2kHz의 클록 펄스 신호를 PD5 단자로 입력하여 이벤트 시스템의 채널 2를 통하여 TCB1의 이벤트 입력 CAPT 신호로 사용하고, TCB1을 초기화할 때 이를 입력 캡쳐 펄스폭 측정 모드로 설정하였다.

따라서 이 프로그램을 실행하려면 먼저 점퍼 캡이나 소켓 점퍼 와이어를 사용하여 테스트 핀 TP6과 TP7을 연결해 주어야 한다.

〈프로그램 Exp11_7.c〉 TCB1을 사용한 외부 펄스의 폭 측정 프로그램

```
/* ========================================================================== */
/*              Exp11_7.c : TCB1을 사용한 외부 펄스의 폭을 측정                 */
/* ========================================================================== */
/*                       Designed and programmed by Duck-Yong Yoon in 2022.  */

#include <avr/io.h>
#include <avr/interrupt.h>
#include "OK-128DA.h"

volatile unsigned int display = 0, change = 0, count;

ISR(TCA1_OVF_vect)                           /* TCA1 interrupt function (2kHz/4kHz) */
```

```
{
  PORTD_OUTTGL = 0x10;                          // toggle PD4 to make 1kHz/2kHz clock

  TCA1_SINGLE_INTFLAGS = 0x01;                  // clear overflow interrupt flag
}

ISR(TCB1_INT_vect)                              /* TCB1 interrupt function */
{
  count = TCB1_CCMP;                            // read capture value
  display++;
  change++;

  TCB1_INTFLAGS = 0x01;                         // clear CAPT interrupt flag
}

int main(void)
{
  MCU_initialize();                             // initialize AVR128DA64 MCU
  Delay_ms(50);                                 // wait for system stabilization
  LCD_initialize();                             // initialize text LCD module
  TFT_initialize();                             // initialize TFT-LCD module

  LCD_string(0x80," OK-128DA  V1.0 ");          // display title
  LCD_string(0xC0,"   Exp11_7.c    ");
  Beep();

  TFT_string(0,2,White,Magenta,"  TCB1을 사용한 외부 펄스의 폭을 측정   ");
  TFT_string(7,7,Cyan,Black,"PD4(TP6) = 펄스 출력 단자");
  TFT_string(18,9,White,Black,"(1kHz, 50% duty)");
  TFT_string(7,12,Cyan,Black,"PD5(TP7) = 펄스 입력 단자");
  TFT_string(18,14,White,Black,"(이벤트 채널2)");
  TFT_string(7,20,White,Black,"(24MHz)");
  TFT_string(7,22,Cyan,Black,"TCB1_CNT = 00000   count");
  TFT_string(7,25,Cyan,Black,"         = 0.000   ms");

  PORTD_DIRSET = 0x10;                          // PD4 = pulse output
  PORTD_DIRCLR = 0x20;                          // PD5 = pulse input

  TCA1_SINGLE_CTRLD = 0x00;                     // TCA1 = normal mode
  TCA1_SINGLE_CTRLB = 0x00;                     // CLK_TCA1 = 24MHz / 16 = 1.5MHz
  TCA1_SINGLE_PER = 749;                        // 1.5MHz / (749 + 1) = 2kHz
  TCA1_SINGLE_INTCTRL = 0x01;                   // enable overflow interrupt
  TCA1_SINGLE_CTRLA = 0x09;
  sei();                                        // global interrupt enable

  EVSYS_CHANNEL2 = 0x4D;                        // EVSYS channel 2 = PD5
  EVSYS_USERTCB1CAPT = 3;                       // TCB1 CAPT = EVSYS channel 2

  TCB1_CTRLB = 0x04;                            // TCB1 = Pulse-Width Measurement mode
  TCB1_EVCTRL = 0x01;                           // enable capture event on falling edge
  TCB1_INTCTRL = 0x01;                          // enable CAPT interrupt
  TCB1_CTRLA = 0x01;                            // count CLK_PER = 24MHz

  while(1)
    { if(display >= 500)                        // if 0.5 sec, display
        { display = 0;
          TFT_color(White,Black);
          TFT_xy(12,21);
          TFT_unsigned_decimal_large(count,0,5);
          TFT_xy(12,24);
          TFT_unsigned_float_large((float)count/24000.,1,3);
        }

      if((TCA1_SINGLE_PER == 749) && (change >= 5000))  // 주기적으로 1kHz와 2kHz로 변경
        { change = 0;
          TCA1_SINGLE_PER = 374;
          TFT_string(19,9,Magenta,Black,"2");
          Beep();
        }
      else if((TCA1_SINGLE_PER == 374) && (change >= 10000))
        { change = 0;
```

```
            TCA1_SINGLE_PER = 749;
            TFT_string(19,9,White,Black,"1");
            Beep();
          }
      }
}
```

☞ 여기서는 외부 펄스의 폭을 측정하기 위한 클록은 24MHz의 CLK_PER를 사용하였다. 외부 펄스의 상승 에지에서 카운터를 0으로 클리어하고 다시 카운트 동작을 시작하며, 하강 에지에서 카운터의 값을 캡쳐하여 TCB1_CCMP 레지스터에 저장하고 인터럽트를 발생한다. 그러면 캡쳐 인터럽트 처리 함수에서 TCB1_CCMP 레지스터를 읽어보면 상승 에지에서 하강 에지까지 1개의 외부 펄스 폭에 들어가는 24MHz CLK_PER 클록의 수를 알 수 있으므로 이로부터 펄스의 폭을 계산하게 된다. 외부 펄스 신호의 듀티비가 50%이므로 펄스 폭은 주파수의 역수에 1/2을 곱한 값이 될 것이다.

외부 펄스의 주파수를 약 5초의 시간 간격으로 1kHz와 2kHz로 번갈아 변경하였으며, 펄스의 매 주기마다 측정한 펄스의 폭을 TFT-LCD에 표시하면 너무 빨라서 사람이 알아보기 어렵기 때문에 500번의 측정마다 1번씩 디스플레이하도록 하였다.

이 프로그램을 컴파일하여 *OK-128DA* 키트에 다운로드하고 실행하라. TFT-LCD에 표시되는 외부 펄스의 폭이 올바른지 확인하라.

5. 실습 과제

(1) 주기적인 인터럽트 발생 기능이 사용되는 응용 분야를 설명해 보라.

(2) PWM 출력 신호가 사용되는 응용 분야를 설명해 보라.

(3) 예제 프로그램 Exp11_2.c에서 WO4와 WO5의 듀티비를 5%씩 증가할 수 있도록 수정한 프로그램 Exp11_2R.c를 작성하라.

(4) 예제 프로그램 Exp11_6.c에서 TCB1이 가지고 있는 입력 캡쳐 주파수 및 펄스폭 측정 모드를 사용하여 외부 펄스의 주파수와 펄스폭을 모두 측정하도록 수정한 프로그램 Exp11_6R.c를 작성하라.

4.12 A/D 컨버터 응용 프로그램

이 절에서는 AVR128DA64에 내장된 A/D 컨버터의 구조와 기능을 익히고 이를 응용하는 프로그램 작성 기술을 공부하기로 한다.

관련 내용	(1) 제2.3절 A/D 컨버터(ADC0) (2) 제3.1절 *OK-128DA* 키트의 구조와 기능

1. *OK-128DA* 키트의 A/D 컨버터 관련 회로

AVR128DA64에는 기본적으로 22 + 6채널 12비트의 축차비교형 A/D 컨버터를 내장하고 있다. 각 채널의 입력단자 AIN0~AIN15는 16개의 단극성 아날로그 입력으로 사용할 수도 있고 차동입력의 양극성 단자나 음극성 단자로 사용할 수도 있으며, 입력단자 AIN16~AIN21과 6개의 내부 채널은 모두 단극성 입력 단자로만 사용된다.

OK-128DA 키트에서 사용하고 있는 A/D 컨버터 관련 회로는 <그림 4.12.1>과 같다. 여기서 아날로그 전원 단자 AVDD에 외부에서 별도의 정밀 전원을 사용하는 것은 현실적으로 어렵기 때문에 +5V의 디지털 전원을 LC 필터로 깨끗하게 안정화시켜 사용하였다. 이 AVDD 단자의 입력전압은 마이크로컨트롤러 내부에서 A/D 컨버터와 같은 아날로그 회로의 전원으로 사용되는 것은 물론이고, 때로는 A/D 컨버터의 기준전압으로 사용될 수도 있다. 그러나, 이처럼 AVDD 단자에 인가되는 전압은 비록 LC 필터로 안정화시켰다고 하더라도 전압의 정확성이 보장되지 않으므로 *OK-128DA* 키트에서는 이를 A/D 컨버터의 기준전압으로 사용하지 않으며, 대신에 외부에서 기준전압 소자 REF5045로 만든 정밀한 4.5V의 전압을 기준전압으로 사용할 것이다.

OK-128DA 키트에서 A/D 변환을 통하여 측정할 외부 아날로그 입력 신호는 3가지인데, 가변저항 VR1의 출력 전압을 ADC0에 입력하고, +5V의 디지털 전원 전압을 1/2로 분압하여 ADC1 단자에 입력하였으며, +3.3V의 디지털 전원 전압을 1/2로 분압하여 ADC2 단자에 입력하였다. 이와 같이 전원전압을 1/2로 낮추어 사용하는 것은 A/D 컨버터의 측정 범위 0~4.5V를 벗어나거나 또는 이 범위의 끝부분에서 A/D 변환을 수행할 경우 변환 결과의 정확성이 낮아지는 것을 피하기 위함이다. ADC3은 테스

트 단자 TP10을 통하여 외부에서 입력한 아날로그 신호를 측정하기 위한 것이다. 이들 회로는 기본적으로 모두 AVR128DA64의 A/D 컨버터에서 단극성 모드의 아날로그 입력으로 사용하는 것을 고려하여 설계하였다.

AVR128DA64의 내부에서 발생하는 기준전압은 1.024V, 2.048V, 4.096V, 2.500V 등이 있는데, 이것들의 최대 오차는 ±4%로 되어 있으므로 전압의 정밀도가 매우 낮은 편이라서 A/D 컨버터의 기준전압으로 사용하기에는 썩 좋은 편이 아니다. 그래서 이 절에서는 정밀 기준전압 4.5V를 사용하는 경우와 이들 내부 기준전압을 사용하는 경우 A/D 변환 결과에 어떤 차이가 있는지를 비교해볼 것이다.

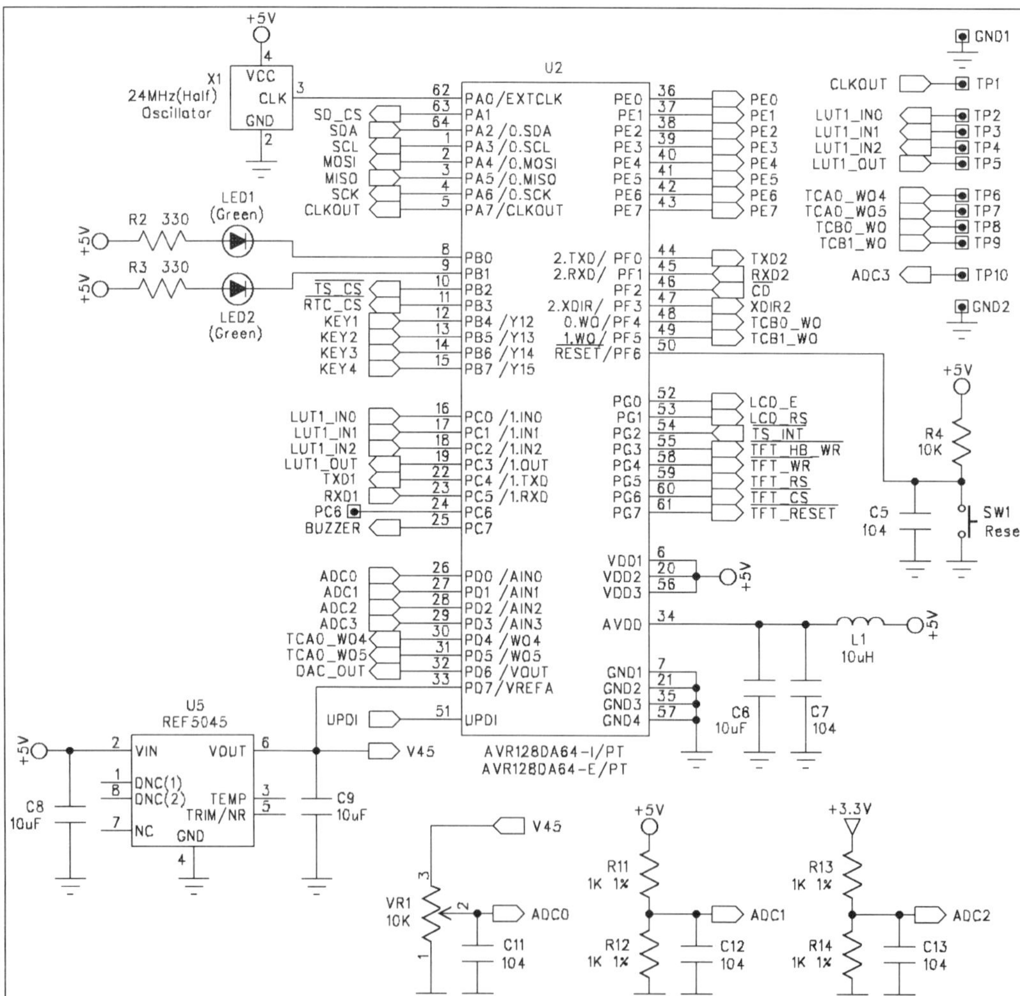

〈그림 4.12.1〉 *OK-128DA* 키트의 A/D 컨버터 관련 회로

2. 기본적인 A/D 변환 프로그램

여기서는 A/D 컨버터를 기본적으로 사용하는 여러 가지의 예제 프로그램을 작성하여 보기로 한다.

▣ 외부 기준전압 4.5V를 사용한 단일 변환 모드의 동작

여기서는 기준전압으로 VREFA 단자에서 입력되는 정밀한 4.5V의 전압을 사용하고, 여러 가지의 아날로그 입력을 단극성 모드 및 단일 변환 모드로 설정하여 A/D 변환하는 프로그램을 작성하였다.

〈프로그램 Exp12_1.c〉 기준전압으로 VREFA = 4.5V를 사용하는 A/D 변환 프로그램

```
/* ============================================================================ */
/*  Exp12_1.c : A/D 컨버터의 기본 동작(1) - 기준전압 4.5V, 단극성/단일변환 모드 */
/* ============================================================================ */
/*                         Designed and programmed by Duck-Yong Yoon in 2022.   */

#include <avr/io.h>
#include "OK-128DA.h"

int main(void)
{
  unsigned int result;
  float value, slope, offset;

  MCU_initialize();                              // initialize AVR128DA64 MCU
  Delay_ms(50);                                  // wait for system stabilization
  LCD_initialize();                              // initialize text LCD module
  TFT_initialize();                              // initialize TFT-LCD module

  LCD_string(0x80," OK-128DA  V1.0 ");           // display title
  LCD_string(0xC0,"   Exp12_1.c    ");
  Beep();

  TFT_string(0, 0,White,Magenta," A/D 컨버터의 기본 동작(1) :  VREF=4.5V ");
  TFT_string(0, 3, Cyan,Black,"(1) ADC0(VR1)   = 0x0000 = 0.000V");
  TFT_string(0, 6, Cyan,Black,"(2) ADC1(+5.0V) = 0x0000 = 0.000V 000.0%");
  TFT_string(0, 9, Cyan,Black,"(3) ADC2(+3.3V) = 0x0000 = 0.000V 000.0%");
  TFT_string(0,12,Green,Black,"(4) GND(내부)   = 0x0000 = 0.000V");
  TFT_string(0,15,Green,Black,"(5) 온도(내부)  = 0x0000 = 00.00 C");
  TFT_string(0,18,Green,Black,"(6) DAC0(2.500) = 0x0000 = 0.000V 000.0%");
  TFT_string(0,21,Green,Black,"(7) REF0(1.125) = 0x0000 = 0.000V 000.0%");
  TFT_string(0,24,Green,Black,"(8) REF1(2.250) = 0x0000 = 0.000V 000.0%");
  TFT_string(0,27,Green,Black,"(9) REF2(4.482) = 0x0000 = 0.000V 000.0%");
  TFT_xy(32,15);
  TFT_English(0x7F);
  TFT_color(White,Black);

  VREF_DAC0REF = 0x86;                           // DAC0REF = VREFA input = 4.5V
  DAC0_CTRLA = 0x41;                             // enable DAC0
  DAC0_DATA = 569 << 6;                          // DAC0OUT = 4.5V*569/1024 = 2.500V

  VREF_ACREF = 0x86;                             // ACnREF = VREFA input = 4.5V
  AC0_DACREF = 64;                               // DACREF0 = 4.5V*64/256 = 1.125V
  AC0_CTRLA = 0x01;
  AC1_DACREF = 128;                              // DACREF1 = 4.5V*128/256 = 2.250V
  AC1_CTRLA = 0x01;
```

```
AC2_DACREF = 255;                        // DACREF2 = 4.5V*255/256 = 4.482V
AC2_CTRLA = 0x01;

VREF_ADC0REF = 0x86;                     // ADC0REF = VREFA input = 4.5V
ADC0_CTRLA = 0x00;                       // 12-bit single-ended mode
ADC0_CTRLB = 0x00;                       // single-conversion mode
ADC0_CTRLC = 0x03;                       // CLK_ADC = 24MHz/12 = 2MHz
ADC0_SAMPCTRL = 30;                      // sampling time = 2+30 clock cycle
ADC0_CTRLA |= 0x01;                      // enable ADC0
Delay_us(10);

while(1)
  { ADC0_MUXPOS = 0x00;                  // (1) select ADC0(AIN0) = VR1
    ADC0_COMMAND = 0x01;                 // start conversion
    while((ADC0_COMMAND & 0x01) != 0x00);
    result = ADC0_RES;                   // read A/D result

    TFT_xy(20,3);                        // display VR1 in HEX
    TFT_hexadecimal(result,4);
    TFT_xy(27,3);                        // display VR1 in X.XXX
    value = (float)result*4.5/4095.;
    TFT_unsigned_float(value,1,3);

    ADC0_MUXPOS = 0x01;                  // (2) select ADC1(AIN1) = +5.0V
    ADC0_COMMAND = 0x01;                 // start conversion
    while((ADC0_COMMAND & 0x01) != 0x00);
    result = ADC0_RES;                   // read A/D result

    TFT_xy(20,6);                        // display +5.0V in HEX
    TFT_hexadecimal(result,4);
    TFT_xy(27,6);                        // display +5.0V in X.XXX
    value = (float)result*4.5*2./4095.;
    TFT_unsigned_float(value,1,3);
    TFT_xy(34,6);                        // display error in %
    TFT_unsigned_float(value*100./5.0,3,1);

    ADC0_MUXPOS = 0x02;                  // (3) select ADC2(AIN2) = +3.3V
    ADC0_COMMAND = 0x01;                 // start conversion
    while((ADC0_COMMAND & 0x01) != 0x00);
    result = ADC0_RES;                   // read A/D result

    TFT_xy(20,9);                        // display +3.3V in HEX
    TFT_hexadecimal(result,4);
    TFT_xy(27,9);                        // display +3.3V in X.XXX
    value = (float)result*4.5*2./4095.;
    TFT_unsigned_float(value,1,3);
    TFT_xy(34,9);                        // display error in %
    TFT_unsigned_float(value*100./3.3,3,1);

    ADC0_MUXPOS = 0x40;                  // (4) select AIN0x40 = GND
    ADC0_COMMAND = 0x01;                 // start conversion
    while((ADC0_COMMAND & 0x01) != 0x00);
    result = ADC0_RES;                   // read A/D result

    TFT_xy(20,12);                       // display GND in HEX
    TFT_hexadecimal(result,4);
    TFT_xy(27,12);                       // display GND in X.XXX
    value = (float)result*4.5/4095.;
    TFT_unsigned_float(value,1,3);

    ADC0_MUXPOS = 0x42;                  // (5) select AIN0x42 = temperature
    ADC0_COMMAND = 0x01;                 // start conversion
    while((ADC0_COMMAND & 0x01) != 0x00);
    result = ADC0_RES;                   // read A/D result

    TFT_xy(20,15);                       // display temperature in HEX
    TFT_hexadecimal(result,4);
    TFT_xy(27,15);                       // display temperature in XX.XX
    slope  = (float)SIGROW_TEMPSENSE0 * 4.500 / 2.048;
    offset = (float)SIGROW_TEMPSENSE1 * 2.048 / 4.500;
    value = (offset - (float)result) * slope / 4096. - 273.15;
```

```
        TFT_unsigned_float(value,2,2);

        ADC0_MUXPOS = 0x48;                     // (6) select AIN0x48 = DAC0OUT
        Delay_us(10);
        ADC0_COMMAND = 0x01;                    // start conversion
        while((ADC0_COMMAND & 0x01) != 0x00);
        result = ADC0_RES;                      // read A/D result

        TFT_xy(20,18);                          // display DAC0OUT in HEX
        TFT_hexadecimal(result,4);
        TFT_xy(27,18);                          // display DAC0OUT in X.XXX
        value = (float)result*4.5/4095.;
        TFT_unsigned_float(value,1,3);
        TFT_xy(34,18);                          // display error in %
        TFT_unsigned_float(value*100./2.500,3,1);

        ADC0_MUXPOS = 0x49;                     // (7) select AIN0x49 = DACREF0 = 1.125V
        ADC0_COMMAND = 0x01;                    // start conversion
        while((ADC0_COMMAND & 0x01) != 0x00);
        result = ADC0_RES;                      // read A/D result

        TFT_xy(20,21);                          // display 1.125V in HEX
        TFT_hexadecimal(result,4);
        TFT_xy(27,21);                          // display 1.125V in X.XXX
        value = (float)result*4.5/4095.;
        TFT_unsigned_float(value,1,3);
        TFT_xy(34,21);                          // display error in %
        TFT_unsigned_float(value*100./1.125,3,1);

        ADC0_MUXPOS = 0x4A;                     // (8) select AIN0x4A = DACREF1 = 2.250V
        ADC0_COMMAND = 0x01;                    // start conversion
        while((ADC0_COMMAND & 0x01) != 0x00);
        result = ADC0_RES;                      // read A/D result

        TFT_xy(20,24);                          // display 2.250V in HEX
        TFT_hexadecimal(result,4);
        TFT_xy(27,24);                          // display 2.250V in X.XXX
        value = (float)result*4.5/4095.;
        TFT_unsigned_float(value,1,3);
        TFT_xy(34,24);                          // display error in %
        TFT_unsigned_float(value*100./2.250,3,1);

        ADC0_MUXPOS = 0x4B;                     // (9) select AIN0x4B = DACREF2 = 4.482V
        ADC0_COMMAND = 0x01;                    // start conversion
        while((ADC0_COMMAND & 0x01) != 0x00);
        result = ADC0_RES;                      // read A/D result

        TFT_xy(20,27);                          // display 4.482V in HEX
        TFT_hexadecimal(result,4);
        TFT_xy(27,27);                          // display 4.482V in X.XXX
        value = (float)result*4.5/4095.;
        TFT_unsigned_float(value,1,3);
        TFT_xy(34,27);                          // display error in %
        TFT_unsigned_float(value*100./4.482,3,1);

        Delay_ms(200);                          // delay 200 ms
    }
}
```

☞ 여기서는 (1)~(9)의 9가지 아날로그 입력에 대하여 순차적으로 1개씩 A/D 변환을 수행하였다. 이중에서 (1)~(3)은 외부 아날로그 입력 채널이며, 나머지 (4)~(9)는 내부의 아날로그 채널이다. (6)은 D/A 컨버터의 전압을 2.5V로 출력하고 이를 A/D 변환하여 읽어들이는 것이고, (7)~(9)는 각각 아날로그 비교기 AC0~AC2에서 기준전압 1.125V, 2.250V, 4.482V를 만들고 이를 A/D 변환하여 읽어들이는 것이다.

AVR128DA64에서 A/D 컨버터의 클록 주파수는 125kHz~2MHz의 범위에서 사용할 수 있으므로 주변장치 클록 24MHz를 12분주한 2MHz로 설정하여 A/D 변환이 가장 빠르게 하였다. 처음 A/D 컨버터를 초기화하면 이것이 안정적인 동작을 수행하는데 필요한 초기화 시간이 6μs로 되어 있으므로 초기화가 끝난 후에 여유있게 10μs를 기다렸다가 동작을 시작하도록 하였다. 실험 결과 외부의 아날로그 입력 채널은 동작 속도가 빨라서 샘플링 시간을 기본 2클록 사이클로 설정해도 대체로 잘 동작하는데, 내장 온도센서는 추가적으로 28클록 사이클 이상의 샘플링 시간을 설정하라고 데이터 시트에 명시되어 있으며, 다른 내부 채널들도 동작이 느린 것이 많기 때문에 전체적으로 샘플링 시간은 기본 2클록 사이클에 추가적으로 30클록 사이클을 더하여 총 32클록 사이클에 동작하도록 설정하였다. 아날로그 입력 채널을 1개씩 차례로 바꾸어 가면서 A/D 변환을 수행할 때 유난히 D/A 컨버터 출력전압을 읽어들이는 내부 채널을 선택하면 동작이 느려서 적어도 6μs 이상의 시간지연이 필요하다는 것이 실험으로 확인되므로 위의 (6)에서처럼 이 채널을 선택하고 나면 여유있게 10μs의 시간지연을 주었다.

A/D 변환 결과를 TFT-LCD에 표시할 때는 A/D 컨버터의 속도에 따라 너무 자주 디스플레이하면 값이 변동할 경우 그 변동 속도가 너무 빨라서 사람의 눈으로 알아보기가 매우 어렵다. 이 때문에 여기서는 프로그램이 1바퀴 돌 때마다 200ms의 시간지연을 주어 1초에 약 5회 정도로 천천히 디스플레이하였다.

여기서는 각 채널을 A/D 변환할 때 모두 기준전압으로 VREFA = 4.5V를 사용하였다. 따라서, 각 채널에서 A/D 변환결과의 0x0000~0x0FFF(0~4095) 값은 0~4.5V의 전압에 대응한다. 따라서, A/D 컨버터로 읽어들인 값 x가 얼마의 아날로그 입력전압에 대응하는지를 계산하려면 비례식으로부터

$$4095 : 4.5 = x : \text{전압} \qquad \therefore \text{전압} = \frac{4.5x}{4095}\ [\text{V}]$$

로 계산된다. 단, (2)~(3)의 ADC1과 ADC2 입력에서는 아날로그 전압이 원래의 전압을 1/2로 작게 분압하여 입력한 것이므로 우리가 측정하려는 전원전압은 이 계산 결과에 2를 곱해준 값이 된다. 이 계산식에서 full scale을 4095로 해야 한다거나 또는 4096으로 해야 한다는 서로 다른 견해가 있는데, 이 책에서는 4095를 사용하기로 하였다. 그러나, (5)의 온도센서는 A/D 변환하여 얻은 값을 온도값으로 변환하는 계산식이 데이터 시트에 제시되어 있으므로 이를 적용하여 온도값을 계산하고 TFT-LCD에 표시하였다.

이 프로그램을 컴파일하여 다운로드하고 실행하라. 그리고, (1)에서 VR1의 전압값을 변동시켜보려면 작은 ⊕자형 또는 ⊖자형의 스크류 드라이버로 *OK-128DA* 키트의 가변저항 VR1을 좌우로 돌리면서 TFT-LCD의 표시를 확인하라. 또한, (5)에서 마이크로컨트롤러에 내장된 온도센서의 측정값이 달라지는 것을 보려면 자신의 손가락으로 AVR128DA64의 윗면을 가볍게 눌러서 체온으로 소자의 온도를 변동시켜보라.

이 프로그램에서 ADC0_SAMPCTRL 레지스터의 설정값을 0이나 10 정도로 바꾸어 샘플링 시간을 더 작게 줄여보라. 그러면 위의 (1)~(9)중에서 일부의 내부 채널에 대한 측정값이 달라지는 것을 확인할 수 있다. 이것이 A/D 컨버터에서 샘플링 시간을 충분히 크게 설정해야 하는 이유이다. 이런 경우 여기서처럼 샘플링 시간을 모든 아날로그 채널에 대하여 일률적으로 2+30클록 사이클로 크게 설정하지 않고, 각 아날로그 채널에 따라 적절히 다르게 설정하는 것이 유리할 수 있다.

▣ 기준전압을 3가지로 다르게 사용한 경우의 동작

이번에는 앞의 (1)~(9) 아날로그 채널에 대하여 각각 기준전압을 3가지로 다르게 하여 A/D 변환하였을 때 결과값이 어떻게 달라지는지를 비교하여 보고자 한다. 기준전압은 외부 기준전압 단자에 의한 VREFA = 4.5V, 내부 기준전압 4.096V, 아날로그 전원단자 AVDD의 전압 등 3가지를 사용하였다.

〈프로그램 Exp12_2.c〉 기준전압을 3가지로 다르게 사용한 A/D 변환 프로그램

```
/* ============================================================================ */
/*         Exp12_2.c : A/D 컨버터의 기본 동작(2) - 3가지 기준전압의 비교        */
/* ============================================================================ */
/*                        Designed and programmed by Duck-Yong Yoon in 2022.   */

#include <avr/io.h>
#include "OK-128DA.h"

int main(void)
{
  unsigned int result;
  float value, slope, offset;

  MCU_initialize();                          // initialize AVR128DA64 MCU
  Delay_ms(50);                              // wait for system stabilization
  LCD_initialize();                          // initialize text LCD module
  TFT_initialize();                          // initialize TFT-LCD module

  LCD_string(0x80," OK-128DA  V1.0 ");       // display title
  LCD_string(0xC0,"   Exp12_2.c    ");
  Beep();

  TFT_string(0, 0,White,Magenta," A/D 컨버터의 기본 동작(2) :  VREF 비교 ");
  TFT_string(0, 4,White,Black,"                     4.5V    4.096V   AVDD ");
  TFT_string(0, 6,White,Black,"                     사용     사용     사용 ");
  TFT_string(0, 9, Cyan,Black,"(1) ADC0(VR1)    = 0.000V  0.000V  0.000V");
  TFT_string(0,11, Cyan,Black,"(2) ADC1(+5.0V)  = 0.000V  0.000V  0.000V");
  TFT_string(0,13, Cyan,Black,"(3) ADC2(+3.3V)  = 0.000V  0.000V  0.000V");
  TFT_string(0,16,Green,Black,"(4) GND(내부)    = 0.000V  0.000V  0.000V");
  TFT_string(0,18,Green,Black,"(5) 온도(내부)   = 00.00 C 00.00 C 00.00 ");
  TFT_string(0,21,Green,Black,"(6) DAC0(2.500)  = 0.000V  0.000V  0.000V");
  TFT_string(0,23,Green,Black,"(7) REF0(1.125)  = 0.000V  0.000V  0.000V");
  TFT_string(0,25,Green,Black,"(8) REF1(2.250)  = 0.000V  0.000V  0.000V");
  TFT_string(0,27,Green,Black,"(9) REF2(4.482)  = 0.000V  0.000V  0.000V");
  TFT_xy(23,18);
  TFT_English(0x7F);
  TFT_xy(31,18);
  TFT_English(0x7F);
  TFT_xy(39,18);
  TFT_English(0x7F);
  Rectangle(148,28,188,68,Cyan);             // draw box
  Rectangle(204,28,260,68,Cyan);
  Rectangle(276,28,316,68,Cyan);
  TFT_color(White,Black);

  VREF_DAC0REF = 0x86;                       // DAC0REF = VREFA input = 4.5V
  DAC0_CTRLA = 0x41;                         // enable DAC0
  DAC0_DATA = 569 << 6;                      // DAC0OUT = 4.5V*569/1024 = 2.500V

  VREF_ACREF = 0x86;                         // ACnREF = VREFA input = 4.5V
  AC0_DACREF = 64;                           // DACREF0 = 4.5V*64/256 = 1.125V
  AC0_CTRLA = 0x01;
  AC1_DACREF = 128;                          // DACREF1 = 4.5V*128/256 = 2.250V
  AC1_CTRLA = 0x01;
```

```
AC2_DACREF = 255;                        // DACREF2 = 4.5V*255/256 = 4.482V
AC2_CTRLA = 0x01;

ADC0_CTRLA = 0x00;                       // 12-bit single-ended mode
ADC0_CTRLB = 0x00;                       // single-conversion mode
ADC0_CTRLC = 0x03;                       // CLK_ADC = 24MHz/12 = 2MHz
ADC0_SAMPCTRL = 30;                      // sampling time = 2+30 clock cycle
ADC0_CTRLA |= 0x01;                      // enable ADC0
Delay_us(10);

while(1)
  { VREF_ADC0REF = 0x86;                 // ADC0REF = external 4.5V **********
    Delay_us(10);

    ADC0_MUXPOS = 0x00;                  // (1) select ADC0(AIN0) = VR1
    ADC0_COMMAND = 0x01;                 // start conversion
    while((ADC0_COMMAND & 0x01) != 0x00);
    result = ADC0_RES;                   // read A/D result

    TFT_xy(18,9);                        // display VR1 in X.XXX
    value = (float)result*4.5/4095.;
    TFT_unsigned_float(value,1,3);

    ADC0_MUXPOS = 0x01;                  // (2) select ADC1(AIN1) = +5.0V
    ADC0_COMMAND = 0x01;                 // start conversion
    while((ADC0_COMMAND & 0x01) != 0x00);
    result = ADC0_RES;                   // read A/D result

    TFT_xy(18,11);                       // display +5.0V in X.XXX
    value = (float)result*4.5*2./4095.;
    TFT_unsigned_float(value,1,3);

    ADC0_MUXPOS = 0x02;                  // (3) select ADC2(AIN2) = +3.3V
    ADC0_COMMAND = 0x01;                 // start conversion
    while((ADC0_COMMAND & 0x01) != 0x00);
    result = ADC0_RES;                   // read A/D result

    TFT_xy(18,13);                       // display +3.3V in X.XXX
    value = (float)result*4.5*2./4095.;
    TFT_unsigned_float(value,1,3);

    ADC0_MUXPOS = 0x40;                  // (4) select AIN0x40 = GND
    ADC0_COMMAND = 0x01;                 // start conversion
    while((ADC0_COMMAND & 0x01) != 0x00);
    result = ADC0_RES;                   // read A/D result

    TFT_xy(18,16);                       // display GND in X.XXX
    value = (float)result*4.5/4095.;
    TFT_unsigned_float(value,1,3);

    ADC0_MUXPOS = 0x42;                  // (5) select AIN0x42 = temperature
    ADC0_COMMAND = 0x01;                 // start conversion
    while((ADC0_COMMAND & 0x01) != 0x00);
    result = ADC0_RES;                   // read A/D result

    TFT_xy(18,18);                       // display temperature in XX.XX
    slope  = (float)SIGROW_TEMPSENSE0 * 4.500 / 2.048;
    offset = (float)SIGROW_TEMPSENSE1 * 2.048 / 4.500;
    value = (offset - (float)result) * slope / 4096. - 273.15;
    TFT_unsigned_float(value,2,2);

    ADC0_MUXPOS = 0x48;                  // (6) select AIN0x48 = DAC0OUT
    Delay_us(10);
    ADC0_COMMAND = 0x01;                 // start conversion
    while((ADC0_COMMAND & 0x01) != 0x00);
    result = ADC0_RES;                   // read A/D result

    TFT_xy(18,21);                       // display DAC0OUT in X.XXX
    value = (float)result*4.5/4095.;
    TFT_unsigned_float(value,1,3);
```

```
ADC0_MUXPOS = 0x49;                  // (7) select AIN0x49 = DACREF0 = 1.125V
ADC0_COMMAND = 0x01;                 // start conversion
while((ADC0_COMMAND & 0x01) != 0x00);
result = ADC0_RES;                   // read A/D result

TFT_xy(18,23);                       // display 1.125V in X.XXX
value = (float)result*4.5/4095.;
TFT_unsigned_float(value,1,3);

ADC0_MUXPOS = 0x4A;                  // (8) select AIN0x4A = DACREF1 = 2.250V
ADC0_COMMAND = 0x01;                 // start conversion
while((ADC0_COMMAND & 0x01) != 0x00);
result = ADC0_RES;                   // read A/D result

TFT_xy(18,25);                       // display 2.250V in X.XXX
value = (float)result*4.5/4095.;
TFT_unsigned_float(value,1,3);

ADC0_MUXPOS = 0x4B;                  // (9) select AIN0x4B = DACREF2 = 4.482V
ADC0_COMMAND = 0x01;                 // start conversion
while((ADC0_COMMAND & 0x01) != 0x00);
result = ADC0_RES;                   // read A/D result

TFT_xy(18,27);                       // display 4.482V in X.XXX
value = (float)result*4.5/4095.;
TFT_unsigned_float(value,1,3);

VREF_ADC0REF = 0x82;                 // ADC0REF = internal 4.096V **********
Delay_us(10);

ADC0_MUXPOS = 0x00;                  // (1) select ADC0(AIN0) = VR1
ADC0_COMMAND = 0x01;                 // start conversion
while((ADC0_COMMAND & 0x01) != 0x00);
result = ADC0_RES;                   // read A/D result

TFT_xy(26,9);                        // display VR1 in X.XXX
value = (float)result*4.096/4095.;
TFT_unsigned_float(value,1,3);

ADC0_MUXPOS = 0x01;                  // (2) select ADC1(AIN1) = +5.0V
ADC0_COMMAND = 0x01;                 // start conversion
while((ADC0_COMMAND & 0x01) != 0x00);
result = ADC0_RES;                   // read A/D result

TFT_xy(26,11);                       // display +5.0V in X.XXX
value = (float)result*4.096*2./4095.;
TFT_unsigned_float(value,1,3);

ADC0_MUXPOS = 0x02;                  // (3) select ADC2(AIN2) = +3.3V
ADC0_COMMAND = 0x01;                 // start conversion
while((ADC0_COMMAND & 0x01) != 0x00);
result = ADC0_RES;                   // read A/D result

TFT_xy(26,13);                       // display +3.3V in X.XXX
value = (float)result*4.096*2./4095.;
TFT_unsigned_float(value,1,3);

ADC0_MUXPOS = 0x40;                  // (4) select AIN0x40 = GND
ADC0_COMMAND = 0x01;                 // start conversion
while((ADC0_COMMAND & 0x01) != 0x00);
result = ADC0_RES;                   // read A/D result

TFT_xy(26,16);                       // display GND in X.XXX
value = (float)result*4.096/4095.;
TFT_unsigned_float(value,1,3);

ADC0_MUXPOS = 0x42;                  // (5) select AIN0x42 = temperature
ADC0_COMMAND = 0x01;                 // start conversion
while((ADC0_COMMAND & 0x01) != 0x00);
result = ADC0_RES;                   // read A/D result
```

```
	TFT_xy(26,18);                                  // display temperature in XX.XX
	slope  = (float)SIGROW_TEMPSENSE0 * 4.096 / 2.048;
	offset = (float)SIGROW_TEMPSENSE1 * 2.048 / 4.096;
	value = (offset - (float)result) * slope / 4096. - 273.15;
	TFT_unsigned_float(value,2,2);

	ADC0_MUXPOS = 0x48;                             // (6) select AIN0x48 = DAC0OUT
	Delay_us(10);
	ADC0_COMMAND = 0x01;                            // start conversion
	while((ADC0_COMMAND & 0x01) != 0x00);
	result = ADC0_RES;                              // read A/D result

	TFT_xy(26,21);                                  // display DAC0OUT in X.XXX
	value = (float)result*4.096/4095.;
	TFT_unsigned_float(value,1,3);

	ADC0_MUXPOS = 0x49;                             // (7) select AIN0x49 = DACREF0 = 1.125V
	ADC0_COMMAND = 0x01;                            // start conversion
	while((ADC0_COMMAND & 0x01) != 0x00);
	result = ADC0_RES;                              // read A/D result

	TFT_xy(26,23);                                  // display 1.125V in X.XXX
	value = (float)result*4.096/4095.;
	TFT_unsigned_float(value,1,3);

	ADC0_MUXPOS = 0x4A;                             // (8) select AIN0x4A = DACREF1 = 2.250V
	ADC0_COMMAND = 0x01;                            // start conversion
	while((ADC0_COMMAND & 0x01) != 0x00);
	result = ADC0_RES;                              // read A/D result

	TFT_xy(26,25);                                  // display 2.250V in X.XXX
	value = (float)result*4.096/4095.;
	TFT_unsigned_float(value,1,3);
/*
	ADC0_MUXPOS = 0x4B;                             // (9) select AIN0x4B = DACREF2 = 4.482V
	ADC0_COMMAND = 0x01;                            // start conversion
	while((ADC0_COMMAND & 0x01) != 0x00);
	result = ADC0_RES;                              // read A/D result

	TFT_xy(26,27);                                  // display 4.482V in X.XXX
	value = (float)result*4.096/4095.;
	TFT_unsigned_float(value,1,3);
*/
	VREF_ADC0REF = 0x85;                            // ADC0REF = AVDD = 5V **********
	Delay_us(10);

	ADC0_MUXPOS = 0x00;                             // (1) select ADC0(AIN0) = VR1
	ADC0_COMMAND = 0x01;                            // start conversion
	while((ADC0_COMMAND & 0x01) != 0x00);
	result = ADC0_RES;                              // read A/D result

	TFT_xy(34,9);                                   // display VR1 in X.XXX
	value = (float)result*5./4095.;
	TFT_unsigned_float(value,1,3);

	ADC0_MUXPOS = 0x01;                             // (2) select ADC1(AIN1) = +5.0V
	ADC0_COMMAND = 0x01;                            // start conversion
	while((ADC0_COMMAND & 0x01) != 0x00);
	result = ADC0_RES;                              // read A/D result

	TFT_xy(34,11);                                  // display +5.0V in X.XXX
	value = (float)result*5.*2./4095.;
	TFT_unsigned_float(value,1,3);

	ADC0_MUXPOS = 0x02;                             // (3) select ADC2(AIN2) = +3.3V
	ADC0_COMMAND = 0x01;                            // start conversion
	while((ADC0_COMMAND & 0x01) != 0x00);
	result = ADC0_RES;                              // read A/D result

	TFT_xy(34,13);                                  // display +3.3V in X.XXX
	value = (float)result*5.*2./4095.;
```

```
      TFT_unsigned_float(value,1,3);

      ADC0_MUXPOS = 0x40;                       // (4) select AIN0x40 = GND
      ADC0_COMMAND = 0x01;                      // start conversion
      while((ADC0_COMMAND & 0x01) != 0x00);
      result = ADC0_RES;                        // read A/D result

      TFT_xy(34,16);                            // display GND in X.XXX
      value = (float)result*5./4095.;
      TFT_unsigned_float(value,1,3);

      ADC0_MUXPOS = 0x42;                       // (5) select AIN0x42 = temperature
      ADC0_COMMAND = 0x01;                      // start conversion
      while((ADC0_COMMAND & 0x01) != 0x00);
      result = ADC0_RES;                        // read A/D result

      TFT_xy(34,18);                            // display temperature in XX.XX
      slope  = (float)SIGROW_TEMPSENSE0 * 5. / 2.048;
      offset = (float)SIGROW_TEMPSENSE1 * 2.048 / 5.;
      value = (offset - (float)result) * slope / 4096. - 273.15;
      TFT_unsigned_float(value,2,2);

      ADC0_MUXPOS = 0x48;                       // (6) select AIN0x48 = DAC0OUT
      Delay_us(10);
      ADC0_COMMAND = 0x01;                      // start conversion
      while((ADC0_COMMAND & 0x01) != 0x00);
      result = ADC0_RES;                        // read A/D result

      TFT_xy(34,21);                            // display DAC0OUT in X.XXX
      value = (float)result*5./4095.;
      TFT_unsigned_float(value,1,3);

      ADC0_MUXPOS = 0x49;                       // (7) select AIN0x49 = DACREF0 = 1.125V
      ADC0_COMMAND = 0x01;                      // start conversion
      while((ADC0_COMMAND & 0x01) != 0x00);
      result = ADC0_RES;                        // read A/D result

      TFT_xy(34,23);                            // display 1.125V in X.XXX
      value = (float)result*5./4095.;
      TFT_unsigned_float(value,1,3);

      ADC0_MUXPOS = 0x4A;                       // (8) select AIN0x4A = DACREF1 = 2.250V
      ADC0_COMMAND = 0x01;                      // start conversion
      while((ADC0_COMMAND & 0x01) != 0x00);
      result = ADC0_RES;                        // read A/D result

      TFT_xy(34,25);                            // display 2.250V in X.XXX
      value = (float)result*5./4095.;
      TFT_unsigned_float(value,1,3);

      ADC0_MUXPOS = 0x4B;                       // (9) select AIN0x4B = DACREF2 = 4.482V
      ADC0_COMMAND = 0x01;                      // start conversion
      while((ADC0_COMMAND & 0x01) != 0x00);
      result = ADC0_RES;                        // read A/D result

      TFT_xy(34,27);                            // display 4.482V in X.XXX
      value = (float)result*5./4095.;
      TFT_unsigned_float(value,1,3);

      Delay_ms(200);                            // delay 200 ms
    }
}
```

☞ 기준압을 4.096V로 사용하였을 때 (9)처럼 4.482V의 아날로그 전압이 입력되면 이것이 기준전압보다 커서 바람직하지 않으므로 이 부분은 동작하지 않도록 주석으로 처리하였다. 그러나, 이 부분을 주석 처리하지 않고 실제로 동작시키면 입력값이 full scale인 0x0FFF(4095)가 될 것이므로 측정 전압은 4.096V로

표시될 것이다. 마찬가지 이유로 이 프로그램을 실행할 때는 가변저항 VR1에 의한 입력전압도 4.096V를 넘지 않도록 하는 것이 좋다.

이 프로그램을 컴파일하여 다운로드하고 실행하라. 그리고, 기준전압이 달라짐에 따라 A/D 변환 결과가 어떻게 달라지는지 TFT-LCD의 표시 내용을 관찰하라. 여기서는 아무래도 기준전압을 VREFA = 4.5V로 사용할 때의 측정값이 가장 정확하다고 보아야 한다. 이 기준전압을 만드는 REF5045 소자의 출력전압 오차는 ±0.05% 정도이기 때문이다. 그러나, 내부 기준전압 4.096V의 오차는 ±4%이므로 훨씬 부정확하며, 따라서 이를 사용한 A/D 변환 결과도 TFT-LCD에 그만큼 부정확하게 표시되는 것을 확인할 수 있다. 또한, AVDD의 5V 전압을 만드는 SMPS 모듈 SFS5-5의 출력전압 오차도 ±2%이므로 기준전압 4.5V에 비해서는 정밀도가 상당히 떨어진다.

결국 이러한 결과는 리튬이온 배터리 충전기의 전압을 측정하는 경우와 같이 정밀한 A/D 변환이 요구되는 경우에는 A/D 컨버터의 기준전압으로서 오차가 큰 내부전압이나 AVDD 단자의 입력전압을 사용하지 말고 반드시 외부에서 정밀한 기준전압 소자를 사용하여 기준전압을 만들고 이를 VREFA 단자로 입력하여 사용해야 한다는 것을 보여준다.

3. A/D 변환 결과를 평균 처리하기

아날로그 입력 신호를 반복적으로 A/D 변환하여 보면 회로의 하드웨어적인 불안정이나 잡음 등의 영향으로 인하여 A/D 변환 결과값이 상당히 흔들리는 것을 자주 경험하게 된다. 이런 경우에는 회로에 공급되는 전원 특히 아날로그 전원이나 외부에서 인가하는 A/D 컨버터용의 기준전압을 안정화하고 아날로그 입력 신호를 적절히 필터 처리하는 등의 하드웨어적인 노력이 필요하지만, 그럼에도 불구하고 변환 결과값이 흔들린다면 불가피하게 A/D 변환 결과를 소프트웨어적으로 평균 처리하여 사용하게 된다. 이와 같이 A/D 변환 결과를 평균 처리하는 것은 초보적인 형태의 디지털 저역통과 필터(digital low-pass filter)로 생각할 수 있다.

▣ 누적 변환 방식

AVR128DA64의 A/D 컨버터에는 한번 A/D 변환을 스타트하면 지정된 횟수만큼 여러번 A/D 변환을 수행하고 그 결과들을 모두 누적시켜 더한 값을 A/D 변환 결과 레지스터 ADC0_RES에 저장하는 기능이 있다. 그러면 이를 읽어 A/D 변환 횟수로 나누어주면 간단하게 평균처리 결과를 얻을 수 있다. 다음은 앞에서 보았던 Exp12_1.c의 예제 프로그램을 누적 변환 모드로 수정한 것이다.

〈프로그램 Exp12_3.c〉 누적 변환 모드를 사용하여 평균 처리하는 프로그램

```
/* ============================================================================ */
/*              Exp12_3.c : A/D 컨버터에서 변환 결과의 평균 처리(1)              */
/* ============================================================================ */
/*                         Designed and programmed by Duck-Yong Yoon in 2022.   */

#include <avr/io.h>
#include "OK-128DA.h"

int main(void)
{
  unsigned int result;
  float value, slope, offset;

  MCU_initialize();                            // initialize AVR128DA64 MCU
  Delay_ms(50);                                // wait for system stabilization
  LCD_initialize();                            // initialize text LCD module
  TFT_initialize();                            // initialize TFT-LCD module

  LCD_string(0x80," OK-128DA  V1.0 ");         // display title
  LCD_string(0xC0,"   Exp12_3.c    ");
  Beep();

  TFT_string(0, 0,White,Magenta," A/D 컨버터에서 변환 결과의 평균 처리(1) ");
  TFT_string(3, 4,White,Black,"누적 변환 방식      단일     평균");
  TFT_string(3, 6,White,Black,"    (16회)          변환     처리");
  TFT_string(3, 9, Cyan,Black,"(1) ADC0(VR1)    = 0.000V  0.000V");
  TFT_string(3,11, Cyan,Black,"(2) ADC1(+5.0V)  = 0.000V  0.000V");
  TFT_string(3,13, Cyan,Black,"(3) ADC2(+3.3V)  = 0.000V  0.000V");
  TFT_string(3,16,Green,Black,"(4) GND(내부)    = 0.000V  0.000V");
  TFT_string(3,18,Green,Black,"(5) 온도(내부)   = 00.00 C 00.00 C");
  TFT_string(3,21,Green,Black,"(6) DAC0(2.500)  = 0.000V  0.000V");
  TFT_string(3,23,Green,Black,"(7) REF0(1.125)  = 0.000V  0.000V");
  TFT_string(3,25,Green,Black,"(8) REF1(2.250)  = 0.000V  0.000V");
  TFT_string(3,27,Green,Black,"(9) REF2(4.482)  = 0.000V  0.000V");
  TFT_xy(26,18);
  TFT_English(0x7F);
  TFT_xy(34,18);
  TFT_English(0x7F);
  Rectangle(172,28,212,68,Cyan);               // draw box
  Rectangle(236,28,276,68,Cyan);
  TFT_color(White,Black);

  VREF_DACOREF = 0x86;                         // DACOREF = VREFA input = 4.5V
  DAC0_CTRLA = 0x41;                           // enable DAC0
  DAC0_DATA = 569 << 6;                        // DAC0OUT = 4.5V*569/1024 = 2.500V

  VREF_ACREF = 0x86;                           // ACnREF = VREFA input = 4.5V
  AC0_DACREF = 64;                             // DACREF0 = 4.5V*64/256 = 1.125V
  AC0_CTRLA = 0x01;
  AC1_DACREF = 128;                            // DACREF1 = 4.5V*128/256 = 2.250V
  AC1_CTRLA = 0x01;
  AC2_DACREF = 255;                            // DACREF2 = 4.5V*255/256 = 4.482V
  AC2_CTRLA = 0x01;

  VREF_ADC0REF = 0x86;                         // ADC0REF = VREFA input = 4.5V
  ADC0_CTRLA = 0x00;                           // 12-bit single-ended mode
  ADC0_CTRLC = 0x03;                           // CLK_ADC = 24MHz/12 = 2MHz
  ADC0_SAMPCTRL = 30;                          // sampling time = 2+30 clock cycle
  ADC0_CTRLA |= 0x01;                          // enable ADC0
  Delay_us(10);
```

```
while(1)
  { ADC0_CTRLB = 0x00;                          // ***** single-conversion mode
    ADC0_CTRLD = 0x00;

    ADC0_MUXPOS = 0x00;                         // (1) select ADC0(AIN0) = VR1
    ADC0_COMMAND = 0x01;                        // start conversion
    while((ADC0_COMMAND & 0x01) != 0x00);
    result = ADC0_RES;                          // read A/D result

    TFT_xy(21,9);                               // display VR1 in X.XXX
    value = (float)result*4.5/4095.;
    TFT_unsigned_float(value,1,3);

    ADC0_MUXPOS = 0x01;                         // (2) select ADC1(AIN1) = +5.0V
    ADC0_COMMAND = 0x01;                        // start conversion
    while((ADC0_COMMAND & 0x01) != 0x00);
    result = ADC0_RES;                          // read A/D result

    TFT_xy(21,11);                              // display +5.0V in X.XXX
    value = (float)result*4.5*2./4095.;
    TFT_unsigned_float(value,1,3);

    ADC0_MUXPOS = 0x02;                         // (3) select ADC2(AIN2) = +3.3V
    ADC0_COMMAND = 0x01;                        // start conversion
    while((ADC0_COMMAND & 0x01) != 0x00);
    result = ADC0_RES;                          // read A/D result

    TFT_xy(21,13);                              // display +3.3V in X.XXX
    value = (float)result*4.5*2./4095.;
    TFT_unsigned_float(value,1,3);

    ADC0_MUXPOS = 0x40;                         // (4) select AIN0x40 = GND
    ADC0_COMMAND = 0x01;                        // start conversion
    while((ADC0_COMMAND & 0x01) != 0x00);
    result = ADC0_RES;                          // read A/D result

    TFT_xy(21,16);                              // display GND in X.XXX
    value = (float)result*4.5/4095.;
    TFT_unsigned_float(value,1,3);

    ADC0_MUXPOS = 0x42;                         // (5) select AIN0x42 = temperature
    ADC0_COMMAND = 0x01;                        // start conversion
    while((ADC0_COMMAND & 0x01) != 0x00);
    result = ADC0_RES;                          // read A/D result

    TFT_xy(21,18);                              // display temperature in XX.XX
    slope  = (float)SIGROW_TEMPSENSE0 * 4.500 / 2.048;
    offset = (float)SIGROW_TEMPSENSE1 * 2.048 / 4.500;
    value = (offset - (float)result) * slope / 4096. - 273.15;
    TFT_unsigned_float(value,2,2);

    ADC0_MUXPOS = 0x48;                         // (6) select AIN0x48 = DAC0OUT
    Delay_us(10);
    ADC0_COMMAND = 0x01;                        // start conversion
    while((ADC0_COMMAND & 0x01) != 0x00);
    result = ADC0_RES;                          // read A/D result

    TFT_xy(21,21);                              // display DAC0OUT in X.XXX
    value = (float)result*4.5/4095.;
    TFT_unsigned_float(value,1,3);

    ADC0_MUXPOS = 0x49;                         // (7) select AIN0x49 = DACREF0 = 1.125V
    ADC0_COMMAND = 0x01;                        // start conversion
    while((ADC0_COMMAND & 0x01) != 0x00);
    result = ADC0_RES;                          // read A/D result

    TFT_xy(21,23);                              // display 1.125V in X.XXX
    value = (float)result*4.5/4095.;
    TFT_unsigned_float(value,1,3);

    ADC0_MUXPOS = 0x4A;                         // (8) select AIN0x4A = DACREF1 = 2.250V
```

```
ADC0_COMMAND = 0x01;                    // start conversion
while((ADC0_COMMAND & 0x01) != 0x00);
result = ADC0_RES;                      // read A/D result

TFT_xy(21,25);                          // display 2.250V in X.XXX
value = (float)result*4.5/4095.;
TFT_unsigned_float(value,1,3);

ADC0_MUXPOS = 0x4B;                     // (9) select AIN0x4B = DACREF2 = 4.482V
ADC0_COMMAND = 0x01;                    // start conversion
while((ADC0_COMMAND & 0x01) != 0x00);
result = ADC0_RES;                      // read A/D result

TFT_xy(21,27);                          // display 4.482V in X.XXX
value = (float)result*4.5/4095.;
TFT_unsigned_float(value,1,3);

ADC0_CTRLB = 0x04;                      // ***** accumulated-conversion mode
ADC0_CTRLD = 0x0F;                      // 16 data, SAMPDLY = 15

ADC0_MUXPOS = 0x00;                     // (1) select ADC0(AIN0) = VR1
ADC0_COMMAND = 0x01;                    // start conversion
while((ADC0_COMMAND & 0x01) != 0x00);
result = ADC0_RES;                      // read A/D result

TFT_xy(29,9);                           // display VR1 in X.XXX
value = (float)result*4.5/4095./16.;
TFT_unsigned_float(value,1,3);

ADC0_MUXPOS = 0x01;                     // (2) select ADC1(AIN1) = +5.0V
ADC0_COMMAND = 0x01;                    // start conversion
while((ADC0_COMMAND & 0x01) != 0x00);
result = ADC0_RES;                      // read A/D result

TFT_xy(29,11);                          // display +5.0V in X.XXX
value = (float)result*4.5*2./4095./16.;
TFT_unsigned_float(value,1,3);

ADC0_MUXPOS = 0x02;                     // (3) select ADC2(AIN2) = +3.3V
ADC0_COMMAND = 0x01;                    // start conversion
while((ADC0_COMMAND & 0x01) != 0x00);
result = ADC0_RES;                      // read A/D result

TFT_xy(29,13);                          // display +3.3V in X.XXX
value = (float)result*4.5*2./4095./16.;
TFT_unsigned_float(value,1,3);

ADC0_MUXPOS = 0x40;                     // (4) select AIN0x40 = GND
ADC0_COMMAND = 0x01;                    // start conversion
while((ADC0_COMMAND & 0x01) != 0x00);
result = ADC0_RES;                      // read A/D result

TFT_xy(29,16);                          // display GND in X.XXX
value = (float)result*4.5/4095./16.;
TFT_unsigned_float(value,1,3);

ADC0_MUXPOS = 0x42;                     // (5) select AIN0x42 = temperature
ADC0_COMMAND = 0x01;                    // start conversion
while((ADC0_COMMAND & 0x01) != 0x00);
result = ADC0_RES;                      // read A/D result

TFT_xy(29,18);                          // display temperature in X.XXX
slope  = (float)SIGROW_TEMPSENSE0 * 4.5 / 2.048;
offset = (float)SIGROW_TEMPSENSE1 * 2.048 / 4.5;
value = (offset - (float)result/16.) * slope / 4096. - 273.15;
TFT_unsigned_float(value,2,2);

ADC0_MUXPOS = 0x48;                     // (6) select AIN0x48 = DAC0OUT
Delay_us(10);
ADC0_COMMAND = 0x01;                    // start conversion
while((ADC0_COMMAND & 0x01) != 0x00);
```

```
        result = ADC0_RES;                        // read A/D result

        TFT_xy(29,21);                            // display DAC0OUT in X.XXX
        value = (float)result*4.5/4095./16.;
        TFT_unsigned_float(value,1,3);

        ADC0_MUXPOS = 0x49;                       // (7) select AIN0x49 = DACREF0 = 1.125V
        ADC0_COMMAND = 0x01;                      // start conversion
        while((ADC0_COMMAND & 0x01) != 0x00);
        result = ADC0_RES;                        // read A/D result

        TFT_xy(29,23);                            // display 1.125V in X.XXX
        value = (float)result*4.5/4095./16.;
        TFT_unsigned_float(value,1,3);

        ADC0_MUXPOS = 0x4A;                       // (8) select AIN0x4A = DACREF1 = 2.250V
        ADC0_COMMAND = 0x01;                      // start conversion
        while((ADC0_COMMAND & 0x01) != 0x00);
        result = ADC0_RES;                        // read A/D result

        TFT_xy(29,25);                            // display 2.250V in X.XXX
        value = (float)result*4.5/4095./16.;
        TFT_unsigned_float(value,1,3);

        ADC0_MUXPOS = 0x4B;                       // (9) select AIN0x4B = DACREF2 = 4.482V
        ADC0_COMMAND = 0x01;                      // start conversion
        while((ADC0_COMMAND & 0x01) != 0x00);
        result = ADC0_RES;                        // read A/D result

        TFT_xy(29,27);                            // display 4.482V in X.XXX
        value = (float)result*4.5/4095./16.;
        TFT_unsigned_float(value,1,3);

        Delay_ms(200);                            // delay 200 ms
      }
  }
```

☞ 여기서는 누적 A/D 변환 횟수를 16으로 설정하고 이들 연속적인 샘플링 동작의 사이에는 15클록 사이클의 시간 간격을 두도록 설정하였다. 그러면 샘플링 시간이 32클록 사이클이고 A/D 변환시간이 13.5 클록 사이클이며 이들 동작 사이의 시간 간격이 15클록 사이클이므로 1번 A/D 변환을 수행하는 총시간은 32+13.5+15 = 60.5클록 사이클 = 30.25μs가 된다.

만약 누적 변환 회수를 16보다 크게 설정하면 결과값이 16비트 레지스터 길이를 초과할 수 있고, 그러면 데이터가 손실되는 것을 방지하기 위하여 우측으로 1비트씩 시프트하여 가장 아래쪽의 비트를 잘라내는 방법을 사용하므로 그만큼 A/D 변환 결과의 정밀도가 떨어지게 된다.

이 프로그램을 컴파일하여 다운로드하고 실행하라. 그러면 좌측의 단일 변환 결과에 비하여 우측의 평균 처리 결과가 좀 미미하기는 하지만 데이터의 흔들림이 다소 적어지는 것을 볼 수 있다.

▣ 산술평균 처리 방식

AVR128DA64의 A/D 컨버터에는 위에서 사용한 것처럼 누적 변환 모드를 가지고 있어서 편리하지만 이것은 경우에 따라 다음과 같은 2가지의 이유로 효용성이 낮을 수 있다. 첫째는 연속적인 A/D 변환의 사이에 주는 시간 간격이 0~15클록 사이클로 너무 작다는 것이다. 이를 샘플링 시간을 설정하듯이 0~256으로 크게 설정할 수 있도록 했더라면 좋았을텐데 하는 아쉬움이 있다. 둘째는 누적 변환의 횟수가 16을 초과하면 12비트의 A/D 변환 결과를 16번 더하여 이것이 16비트 길이의 결과 레지스터 ADC0_RES에서 오버플로우가 될 수 있다는 것이다. 이를 피하기 위하여 우측으로 1비트를 시프트하여 저장하는 signed truncated accumulation 방법을 사용하기는 하지만, 이렇게 하면 데이터가 깨지는 것을 방지할 수 있는 반면에 데이터의 낮은 자리를 잘라버리게 되므로 최종적인 결과값의 정밀도는 떨어지게 된다.

누적 변환 모드에서 누적 횟수나 시간 간격이 중요한 이유를 <그림 4.12.2>에서 설명하였다. 만약, 누적 횟수가 적거나 A/D 변환 사이의 시간 간격이 작으면 이 그림의 (a)처럼 흔들리는 아날로그 입력 신호의 특정 부분만을 집중적으로 읽어서 더하게 되므로 이를 평균하여 처리한다고 하더라도 A/D 변환 결과 데이터의 흔들림을 막는데 별로 도움이 되지 못한다. 그러나, 누적 횟수가 많거나 A/D 변환 사이의 시간 간격이 크면 이 그림의 (b)처럼 데이터를 읽어서 이를 더하고 평균하여 처리하므로 A/D 변환 결과 데이터의 흔들림을 막는데 좋은 효과를 발휘하게 된다.

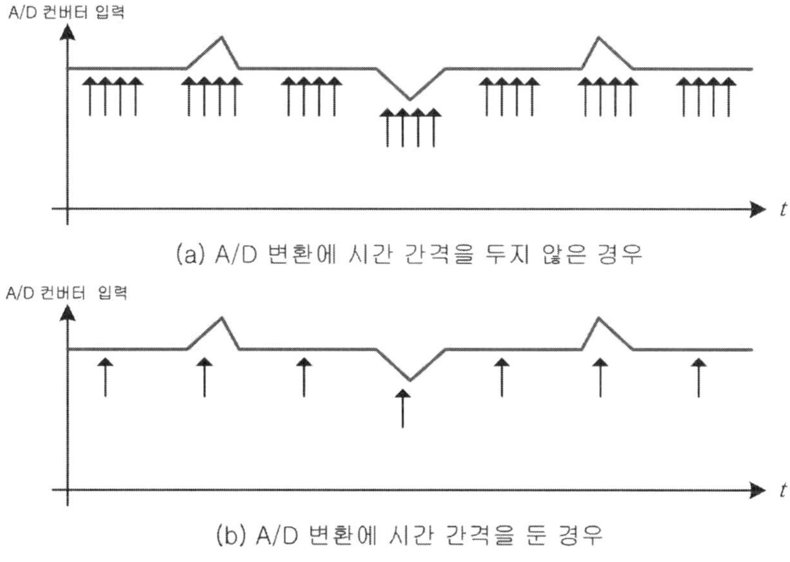

(a) A/D 변환에 시간 간격을 두지 않은 경우

(b) A/D 변환에 시간 간격을 둔 경우

〈그림 4.12.2〉 산술평균 처리 방법에서 A/D 변환에 시간 간격을 두어야 하는 이유

AVR128DA64의 A/D 컨버터에서 누적 변환 모드의 이러한 단점을 개선하려면 사용자가 A/D 컨버터를 단일 변환 모드로 사용하여 연속적인 A/D 변환을 수행하면서

이를 계속 누적하여 더하고 최종적인 누적값을 A/D 변환 횟수로 나누면 된다. 이러한 산술평균 처리 방식은 A/D 컨버터의 응용 프로그램에서 이미 오래전부터 사용되어 온 프로그래밍 기술이다. 누적 데이터를 저장하는 변수의 형을 int형이 아니라 long형으로 정의하면 16회보다 훨씬 더 많은 횟수의 데이터를 누적할 수 있어서 좋고, 연속적인 A/D 변환 사이의 시간 간격도 사용자가 원하는 값으로 얼마든지 크게 줄 수 있어서 좋다. 다음은 앞의 Exp12_3.c의 예제 프로그램을 이와 같이 사용자에 의한 산술평균 처리 방식으로 수정한 것이다.

〈프로그램 Exp12_4.c〉 A/D 변환 결과를 산술평균 처리하는 프로그램

```
/* ========================================================================== */
/*              Exp12_4.c : A/D 컨버터에서 변환 결과의 평균 처리(2)              */
/* ========================================================================== */
/*                     Designed and programmed by Duck-Yong Yoon in 2022.   */

#include <avr/io.h>
#include "OK-128DA.h"

int main(void)
{
  unsigned char i;
  unsigned int result;
  float value, slope, offset;

  MCU_initialize();                          // initialize AVR128DA64 MCU
  Delay_ms(50);                              // wait for system stabilization
  LCD_initialize();                          // initialize text LCD module
  TFT_initialize();                          // initialize TFT-LCD module

  LCD_string(0x80," OK-128DA  V1.0 ");       // display title
  LCD_string(0xC0,"   Exp12_4.c    ");
  Beep();

  TFT_string(0, 0,White,Magenta," A/D 컨버터에서 변환 결과의 평균 처리(2) ");
  TFT_string(3, 4,White,Black,"산술 평균 방식      단일    평균");
  TFT_string(3, 6,White,Black,"     (16회)         변환    처리");
  TFT_string(3, 9, Cyan,Black,"(1) ADC0(VR1)    = 0.000V  0.000V");
  TFT_string(3,11, Cyan,Black,"(2) ADC1(+5.0V)  = 0.000V  0.000V");
  TFT_string(3,13, Cyan,Black,"(3) ADC2(+3.3V)  = 0.000V  0.000V");
  TFT_string(3,16,Green,Black,"(4) GND(내부)    = 0.000V  0.000V");
  TFT_string(3,18,Green,Black,"(5) 온도(내부)   = 00.00 C 00.00 C");
  TFT_xy(26,18);
  TFT_English(0x7F);
  TFT_xy(34,18);
  TFT_English(0x7F);
  Rectangle(172,28,212,68,Cyan);             // draw box
  Rectangle(236,28,276,68,Cyan);
  TFT_color(White,Black);

  VREF_ADC0REF = 0x86;                       // ADC0REF = VREFA input = 4.5V
  ADC0_CTRLA = 0x00;                         // 12-bit single-ended mode
  ADC0_CTRLB = 0x00;                         // single-conversion mode
  ADC0_CTRLC = 0x03;                         // CLK_ADC = 24MHz/12 = 2MHz
  ADC0_SAMPCTRL = 30;                        // sampling time = 2+30 clock cycle
  ADC0_CTRLA |= 0x01;                        // enable ADC0
  Delay_us(10);

  while(1)
    {                                        // ***** 단일 변환 방식
      ADC0_MUXPOS = 0x00;                    // (1) select ADC0(AIN0) = VR1
```

```
ADC0_COMMAND = 0x01;                            // start conversion
while((ADC0_COMMAND & 0x01) != 0x00);
result = ADC0_RES;                              // read A/D result

TFT_xy(21,9);                                   // display VR1 in X.XXX
value = (float)result*4.5/4095.;
TFT_unsigned_float(value,1,3);

ADC0_MUXPOS = 0x01;                             // (2) select ADC1(AIN1) = +5.0V
ADC0_COMMAND = 0x01;                            // start conversion
while((ADC0_COMMAND & 0x01) != 0x00);
result = ADC0_RES;                              // read A/D result

TFT_xy(21,11);                                  // display +5.0V in X.XXX
value = (float)result*4.5*2./4095.;
TFT_unsigned_float(value,1,3);

ADC0_MUXPOS = 0x02;                             // (3) select ADC2(AIN2) = +3.3V
ADC0_COMMAND = 0x01;                            // start conversion
while((ADC0_COMMAND & 0x01) != 0x00);
result = ADC0_RES;                              // read A/D result

TFT_xy(21,13);                                  // display +3.3V in X.XXX
value = (float)result*4.5*2./4095.;
TFT_unsigned_float(value,1,3);

ADC0_MUXPOS = 0x40;                             // (4) select AIN0x40 = GND
ADC0_COMMAND = 0x01;                            // start conversion
while((ADC0_COMMAND & 0x01) != 0x00);
result = ADC0_RES;                              // read A/D result

TFT_xy(21,16);                                  // display GND in X.XXX
value = (float)result*4.5/4095.;
TFT_unsigned_float(value,1,3);

ADC0_MUXPOS = 0x42;                             // (5) select AIN0x42 = temperature
ADC0_COMMAND = 0x01;                            // start conversion
while((ADC0_COMMAND & 0x01) != 0x00);
result = ADC0_RES;                              // read A/D result

TFT_xy(21,18);                                  // display temperature in XX.XX
slope  = (float)SIGROW_TEMPSENSE0 * 4.500 / 2.048;
offset = (float)SIGROW_TEMPSENSE1 * 2.048 / 4.500;
value = (offset - (float)result) * slope / 4096. - 273.15;
TFT_unsigned_float(value,2,2);

                                                // ***** 산술 평균 방식
ADC0_MUXPOS = 0x00;                             // (1) select ADC0(AIN0) = VR1
result = 0;
for(i = 0; i < 16; i++)
  { ADC0_COMMAND = 0x01;                        // start conversion
    while((ADC0_COMMAND & 0x01) != 0x00);
    result += ADC0_RES;                         // read A/D result
    Delay_us(100);
  }

TFT_xy(29,9);                                   // display VR1 in X.XXX
value = (float)result*4.5/4095./16.;
TFT_unsigned_float(value,1,3);

ADC0_MUXPOS = 0x01;                             // (2) select ADC1(AIN1) = +5.0V
result = 0;
for(i = 0; i < 16; i++)
  { ADC0_COMMAND = 0x01;                        // start conversion
    while((ADC0_COMMAND & 0x01) != 0x00);
    result += ADC0_RES;                         // read A/D result
    Delay_us(100);
  }

TFT_xy(29,11);                                  // display +5.0V in X.XXX
value = (float)result*4.5*2./4095./16.;
```

```
        TFT_unsigned_float(value,1,3);

        ADC0_MUXPOS = 0x02;                      // (3) select ADC2(AIN2) = +3.3V
        result = 0;
        for(i = 0; i < 16; i++)
          { ADC0_COMMAND = 0x01;                 // start conversion
            while((ADC0_COMMAND & 0x01) != 0x00);
            result += ADC0_RES;                  // read A/D result
            Delay_us(100);
          }

        TFT_xy(29,13);                           // display +3.3V in X.XXX
        value = (float)result*4.5*2./4095./16.;
        TFT_unsigned_float(value,1,3);

        ADC0_MUXPOS = 0x40;                      // (4) select AIN0x40 = GND
        result = 0;
        for(i = 0; i < 16; i++)
          { ADC0_COMMAND = 0x01;                 // start conversion
            while((ADC0_COMMAND & 0x01) != 0x00);
            result += ADC0_RES;                  // read A/D result
            Delay_us(100);
          }

        TFT_xy(29,16);                           // display GND in X.XXX
        value = (float)result*4.5/4095./16.;
        TFT_unsigned_float(value,1,3);

        ADC0_MUXPOS = 0x42;                      // (5) select AIN0x42 = temperature
        result = 0;
        for(i = 0; i < 16; i++)
          { ADC0_COMMAND = 0x01;                 // start conversion
            while((ADC0_COMMAND & 0x01) != 0x00);
            result += ADC0_RES;                  // read A/D result
            Delay_us(100);
          }

        TFT_xy(29,18);                           // display temperature in XX.XX
        slope  = (float)SIGROW_TEMPSENSE0 * 4.5 / 2.048;
        offset = (float)SIGROW_TEMPSENSE1 * 2.048 / 4.5;
        value = (offset - (float)result/16.) * slope / 4096. - 273.15;
        TFT_unsigned_float(value,2,2);

        Delay_ms(200);                           // delay 200 ms
      }
  }
```

☞ 앞에서와 같이 (1)~(9)의 모든 아날로그 입력에 대하여 A/D 변환을 수행하면서 산술평균 처리 방법을 보이고자 하면 프로그램이 너무 길어지므로 여기서는 (1)~(5)의 아날로그 입력만을 사용하였다.

A/D 변환을 16번 수행하여 산술평균을 취하였으며, 연속적인 A/D 변환 사이의 시간 간격은 100μs로 주었다. 그러나, 사용자가 원하면 언제든지 이 값들을 더 크게 늘릴 수 있다. 단, 누적 횟수를 16보다 크게 하려면 데이터의 오버플로우가 발생하지 않도록 변수 result를 unsigned int형이 아니라 unsigned long형으로 정의하여 사용해야 한다.

또한, 연속적인 A/D 변환 사이의 시간 간격을 너무 크게 하면 1개의 A/D 변환 결과를 얻는데 너무 긴 시간이 소요된다는 단점이 있다. 예를 들어 n = 16번의 A/D 변환을 수행하여 산술평균을 위하는 방법을 사용하고 연속적인 A/D 변환 사이의 시간 간격을 1ms로 한다면 평균 처리를 위하여 총 (n-1) = 15ms의 시간이 걸리게 된다. 이 시간이 너무 길어서 문제가 되는 응용 프로그램에서는 아래에 소개하는 것처럼 이동평균 처리 방식을 사용하면 된다.

▣ 이동평균 처리 방식

위의 예제 프로그램에서처럼 연속적인 A/D 변환의 사이에 큰 시간 간격을 두어 여러번 A/D 변환을 수행하고 이를 평균값으로 처리하면 1개의 아날로그 입력신호에 대하여 A/D 변환 결과를 얻어내는데 너무 많은 시간이 소요되는 단점이 있다. 이를 해결하려면 다음 예제 프로그램과 같이 이동평균(moving average) 기법을 사용하면 된다.

이동평균 처리 기법에서는 현재 딱 1번만 A/D 변환을 수행하고 이것을 가장 최근의 데이터 (n-1)개와 합하여 총 n개의 A/D 변환 결과값을 가지고 평균 처리하므로 A/D 변환에 소요되는 시간을 크게 단축할 수 있다. 그러나, 이동평균 처리 방식을 사용하려면 각 아날로그 입력 채널마다 n개의 데이터를 저장할 환형 버퍼(ring buffer)를 만들어 두어야 하므로 그 만큼의 SRAM 메모리를 필요로 한다는 단점이 있다.

〈프로그램 Exp12_5.c〉 A/D 변환 결과를 이동평균 처리하는 프로그램

```
/* ============================================================================ */
/*              Exp12_5.c : A/D 컨버터에서 변환 결과의 평균 처리(3)             */
/* ============================================================================ */
/*                          Designed and programmed by Duck-Yong Yoon in 2022.  */

#include <avr/io.h>
#include "OK-128DA.h"

int main(void)
{
  unsigned char i;
  unsigned int result;
  unsigned long total;
  float value, slope, offset;

  unsigned char ADC0_flag = 0, ADC1_flag = 0, ADC2_flag = 0; // variables for moving average
  unsigned char GND_flag = 0, DAC0_flag = 0;
  unsigned char ADC0_index = 0, ADC1_index = 0, ADC2_index = 0;
  unsigned char GND_index = 0, DAC0_index = 0;
  unsigned int ADC0_buffer[32], ADC1_buffer[32], ADC2_buffer[32];
  unsigned int GND_buffer[32], DAC0_buffer[32];

  MCU_initialize();                         // initialize AVR128DA64 MCU
  Delay_ms(50);                             // wait for system stabilization
  LCD_initialize();                         // initialize text LCD module
  TFT_initialize();                         // initialize TFT-LCD module

  LCD_string(0x80," OK-128DA  V1.0 ");      // display title
  LCD_string(0xC0,"   Exp12_5.c    ");
  Beep();

  TFT_string(0, 0,White,Magenta," A/D 컨버터에서 변환 결과의 평균 처리(3) ");
  TFT_string(3, 4,White,Black,"이동 평균 방식      단일    평균");
  TFT_string(3, 6,White,Black,"    (32회)          변환    처리");
  TFT_string(3, 9, Cyan,Black,"(1) ADC0(VR1)   = 0.000V  0.000V");
  TFT_string(3,11, Cyan,Black,"(2) ADC1(+5.0V) = 0.000V  0.000V");
  TFT_string(3,13, Cyan,Black,"(3) ADC2(+3.3V) = 0.000V  0.000V");
  TFT_string(3,16,Green,Black,"(4) GND(내부)   = 0.000V  0.000V");
  TFT_string(3,18,Green,Black,"(5) 온도(내부)  = 00.00 C 00.00 C");
  TFT_xy(26,18);
  TFT_English(0x7F);
```

```
TFT_xy(34,18);
TFT_English(0x7F);
Rectangle(172,28,212,68,Cyan);               // draw box
Rectangle(236,28,276,68,Cyan);
TFT_color(White,Black);

VREF_ADC0REF = 0x86;                         // ADC0REF = VREFA input = 4.5V
ADC0_CTRLA = 0x00;                           // 12-bit single-ended mode
ADC0_CTRLB = 0x00;                           // single-conversion mode
ADC0_CTRLC = 0x03;                           // CLK_ADC = 24MHz/12 = 2MHz
ADC0_SAMPCTRL = 30;                          // sampling time = 2+30 clock cycle
ADC0_CTRLA |= 0x01;                          // enable ADC0
Delay_us(10);

while(1)
  {                                          // ***** 단일 변환 방식
    ADC0_MUXPOS = 0x00;                      // (1) select ADC0(AIN0) = VR1
    ADC0_COMMAND = 0x01;                     // start conversion
    while((ADC0_COMMAND & 0x01) != 0x00);
    result = ADC0_RES;                       // read A/D result

    TFT_xy(21,9);                            // display VR1 in X.XXX
    value = (float)result*4.5/4095.;
    TFT_unsigned_float(value,1,3);

    ADC0_MUXPOS = 0x01;                      // (2) select ADC1(AIN1) = +5.0V
    ADC0_COMMAND = 0x01;                     // start conversion
    while((ADC0_COMMAND & 0x01) != 0x00);
    result = ADC0_RES;                       // read A/D result

    TFT_xy(21,11);                           // display +5.0V in X.XXX
    value = (float)result*4.5*2./4095.;
    TFT_unsigned_float(value,1,3);

    ADC0_MUXPOS = 0x02;                      // (3) select ADC2(AIN2) = +3.3V
    ADC0_COMMAND = 0x01;                     // start conversion
    while((ADC0_COMMAND & 0x01) != 0x00);
    result = ADC0_RES;                       // read A/D result

    TFT_xy(21,13);                           // display +3.3V in X.XXX
    value = (float)result*4.5*2./4095.;
    TFT_unsigned_float(value,1,3);

    ADC0_MUXPOS = 0x40;                      // (4) select AIN0x40 = GND
    ADC0_COMMAND = 0x01;                     // start conversion
    while((ADC0_COMMAND & 0x01) != 0x00);
    result = ADC0_RES;                       // read A/D result

    TFT_xy(21,16);                           // display GND in X.XXX
    value = (float)result*4.5/4095.;
    TFT_unsigned_float(value,1,3);

    ADC0_MUXPOS = 0x42;                      // (5) select AIN0x42 = temperature
    ADC0_COMMAND = 0x01;                     // start conversion
    while((ADC0_COMMAND & 0x01) != 0x00);
    result = ADC0_RES;                       // read A/D result

    TFT_xy(21,18);                           // display temperature in XX.XX
    slope  = (float)SIGROW_TEMPSENSE0 * 4.500 / 2.048;
    offset = (float)SIGROW_TEMPSENSE1 * 2.048 / 4.500;
    value = (offset - (float)result) * slope / 4096. - 273.15;
    TFT_unsigned_float(value,2,2);

                                             // ***** 이동 평균 방식
    ADC0_MUXPOS = 0x00;                      // (1) select ADC0(AIN0) = VR1
    ADC0_COMMAND = 0x01;                     // start conversion
    while((ADC0_COMMAND & 0x01) != 0x00);
    result = ADC0_RES;                       // read A/D result

    if(ADC0_flag == 1)                       // if not new start, store result
      { ADC0_buffer[ADC0_index] = result;
```

```
    ADC0_index++;
    ADC0_index = ADC0_index % 32;
  }
else                                      // if new start, initialize buffer
  { for(i = 0; i < 32; i++) ADC0_buffer[i] = result;
    ADC0_flag = 1;
  }
total = 0;                                // calculate moving average
for(i = 0; i < 32; i++) total += ADC0_buffer[i];

TFT_xy(29,9);                             // display VR1 in X.XXX
value = (float)total*4.5/4095./32.;
TFT_unsigned_float(value,1,3);

ADC0_MUXPOS = 0x01;                       // (2) select ADC1(AIN1) = +5.0V
ADC0_COMMAND = 0x01;                      // start conversion
while((ADC0_COMMAND & 0x01) != 0x00);
result = ADC0_RES;                        // read A/D result

if(ADC1_flag == 1)                        // if not new start, store result
  { ADC1_buffer[ADC1_index] = result;
    ADC1_index++;
    ADC1_index = ADC1_index % 32;
  }
else                                      // if new start, initialize buffer
  { for(i = 0; i < 32; i++) ADC1_buffer[i] = result;
    ADC1_flag = 1;
  }
total = 0;                                // calculate moving average
for(i = 0; i < 32; i++) total += ADC1_buffer[i];

TFT_xy(29,11);                            // display +5.0V in X.XXX
value = (float)total*4.5*2./4095./32.;
TFT_unsigned_float(value,1,3);

ADC0_MUXPOS = 0x02;                       // (3) select ADC2(AIN2) = +3.3V
ADC0_COMMAND = 0x01;                      // start conversion
while((ADC0_COMMAND & 0x01) != 0x00);
result = ADC0_RES;                        // read A/D result

if(ADC2_flag == 1)                        // if not new start, store result
  { ADC2_buffer[ADC2_index] = result;
    ADC2_index++;
    ADC2_index = ADC2_index % 32;
  }
else                                      // if new start, initialize buffer
  { for(i = 0; i < 32; i++) ADC2_buffer[i] = result;
    ADC2_flag = 1;
  }
total = 0;                                // calculate moving average
for(i = 0; i < 32; i++) total += ADC2_buffer[i];

TFT_xy(29,13);                            // display +3.3V in X.XXX
value = (float)total*4.5*2./4095./32.;
TFT_unsigned_float(value,1,3);

ADC0_MUXPOS = 0x40;                       // (4) select AIN0x40 = GND
ADC0_COMMAND = 0x01;                      // start conversion
while((ADC0_COMMAND & 0x01) != 0x00);
result = ADC0_RES;                        // read A/D result

if(GND_flag == 1)                 // if not new start, store result
  { GND_buffer[GND_index] = result;
    GND_index++;
    GND_index = GND_index % 32;
  }
else                                      // if new start, initialize buffer
  { for(i = 0; i < 32; i++) GND_buffer[i] = result;
    GND_flag = 1;
  }
total = 0;                                // calculate moving average
```

```
        for(i = 0; i < 32; i++) total += GND_buffer[i];

        TFT_xy(29,16);                          // display GND in X.XXX
        value = (float)total*4.5/4095./32.;
        TFT_unsigned_float(value,1,3);

        ADC0_MUXPOS = 0x42;                     // (5) select AIN0x42 = temperature
        ADC0_COMMAND = 0x01;                    // start conversion
        while((ADC0_COMMAND & 0x01) != 0x00);
        result = ADC0_RES;                      // read A/D result

        if(DAC0_flag == 1)                      // if not new start, store result
          { DAC0_buffer[DAC0_index] = result;
            DAC0_index++;
            DAC0_index = DAC0_index % 32;
          }
        else                                    // if new start, initialize buffer
          { for(i = 0; i < 32; i++) DAC0_buffer[i] = result;
            DAC0_flag = 1;
          }
        total = 0;                              // calculate moving average
        for(i = 0; i < 32; i++) total += DAC0_buffer[i];

        TFT_xy(29,18);                          // display temperature in XX.XX
        slope  = (float)SIGROW_TEMPSENSE0 * 4.5 / 2.048;
        offset = (float)SIGROW_TEMPSENSE1 * 2.048 / 4.5;
        value = (offset - (float)total/32.) * slope / 4096. - 273.15;
        TFT_unsigned_float(value,2,2);

        Delay_ms(200);                          // delay 200 ms
      }
  }
```

☞ 여기서는 A/D 변환을 32번 수행한 결과를 더하여 평균을 취하였으며, 따라서 각 아날로그 입력 채널마다 32개의 데이터를 저장할 수 있는 버퍼를 만들어 사용하고, 이것들을 모두 더하는데 사용하는 변수는 unsigned int result로 부족하므로 이와 별도로 unsigned long total을 정의하여 사용하였다.

현재 1번의 A/D 변환을 수행하고 이것과 버퍼에 저장되어 있는 가장 최근에 A/D 변환한 31개의 데이터를 합하여 평균 처리하므로 원하는 A/D 변환 결과를 얻는데 소요되는 시간이 1번 A/D 변환을 수행하는 시간과 거의 같게 된다.

이와 같이 이동평균 처리 방식에서는 매번 A/D 변환을 수행하여 읽어들인 결과값을 n개의 배열에 환형 버퍼 방식으로 저장한다. 그런데, 시스템의 전원을 켜고 처음부터 (n-1)번의 A/D 변환을 수행할 때까지는 평균할 최근 n개의 데이터가 환형 버퍼에 모두 존재하지 않으므로 이동평균 값을 계산할 수 없게 된다. 이를 해결하기 위하여 전원을 켜고 첫번째로 A/D 변환을 수행할 때는 이 변환 결과 데이터를 n개의 버퍼에 모두 저장하여 환형 버퍼에 데이터를 가득 채워준다. 그러고 나서 2번째의 A/D 변환부터는 환형 버퍼에 차례로 하나씩 변환 결과값을 저장해 나가면 된다.

이 프로그램을 컴파일하여 다운로드하고 실행하라. 여기서는 32개의 데이터를 누적하여 이동평균을 취하는 방법을 사용하였고, 이것들의 A/D 변환 사이에는 200ms가 넘는 긴 시간 간격이 있으므로 평균 처리 효과가 좋아진다. 따라서, 관찰 결과 앞에서 사용하였던 누적 변환 모드나 16개의 산술평균 처리 방식에 비하여 데이터의 흔들림이 확연히 적어진 것을 느낄 수 있는가?

4. 아날로그 입력 채널 사이의 차동전압을 측정하기

이번에는 2개의 아날로그 입력 단자 사이의 차동전압을 A/D 변환하여 읽어보는 프로그램을 작성하여 보기로 한다. AVR128DA64의 A/D 컨버터에서 외부 아날로그 입력 채널 AIN0~AIN15 단자는 모두 차동 모드의 A/D 변환을 위하여 양극성 단자나 음극성 단자로 사용될 수 있다.

다음 예제 프로그램에서는 아날로그 입력단자 AIN0~AIN2에 대하여 이들 단자 사이의 차동전압을 A/D 변환하여 이것의 정확성을 살펴보기로 한다. 이때 기준전압은 VREFA = 4.5V를 사용하므로 입력되는 차동전압의 범위는 -4.5V~+4.5V이며, 이 A/D 변환 결과는 12비트 2의 보수로 표현되어 -2048~+2047이 된다.

〈프로그램 Exp12_6.c〉 A/D 컨버터의 차동 변환 모드 프로그램

```
/* ============================================================================ */
/*                  Exp12_6.c : A/D 컨버터의 차동 변환 모드                       */
/* ============================================================================ */
/*                           Designed and programmed by Duck-Yong Yoon in 2022.  */

#include <avr/io.h>
#include "OK-128DA.h"

int main(void)
{
  signed int result;
  float value, adc0, adc1, adc2;

  MCU_initialize();                           // initialize AVR128DA64 MCU
  Delay_ms(50);                               // wait for system stabilization
  LCD_initialize();                           // initialize text LCD module
  TFT_initialize();                           // initialize TFT-LCD module

  LCD_string(0x80," OK-128DA  V1.0 ");        // display title
  LCD_string(0xC0,"   Exp12_6.c    ");
  Beep();

  TFT_string(0, 0,White,Magenta,"      A/D 컨버터의 차동 변환 모드        ");
  TFT_string(3, 4,White,Black,"                          변환    계산");
  TFT_string(3, 6,White,Black,"                           값      값 ");
  TFT_string(3, 9, Cyan,Black,"(1) ADC0(VR1)     =  0.000V");
  TFT_string(3,11, Cyan,Black,"(2) ADC1(5.0V/2)  =  0.000V");
  TFT_string(3,13, Cyan,Black,"(3) ADC2(3.3V/2)  =  0.000V");
  TFT_string(3,16,Green,Black,"(4) ADC0 - ADC1   = +0.000V +0.000V");
  TFT_string(3,19,Green,Black,"(5) ADC0 - ADC2   = +0.000V +0.000V");
  TFT_string(3,22,Green,Black,"(6) ADC1 - ADC2   = +0.000V +0.000V");

  Rectangle(188,28,228,68,Cyan);              // draw box
  Rectangle(252,28,292,68,Cyan);
  TFT_color(White,Black);

  VREF_ADC0REF = 0x86;                        // ADC0REF = VREFA input = 4.5V
  ADC0_CTRLA = 0x00;                          // 12-bit single-ended mode
  ADC0_CTRLB = 0x00;                          // single-conversion mode
  ADC0_CTRLC = 0x03;                          // CLK_ADC = 24MHz/12 = 2MHz
  ADC0_SAMPCTRL = 30;                         // sampling time = 2+30 clock cycle
  ADC0_CTRLA |= 0x01;                         // enable ADC0
```

```
	Delay_us(10);

	while(1)
	  { ADC0_CTRLA = 0x01;                          // ***** 단극성 모드
	    ADC0_MUXPOS = 0x00;                         // (1) select ADC0(AIN0) = VR1
	    ADC0_COMMAND = 0x01;                        // start conversion
	    while((ADC0_COMMAND & 0x01) != 0x00);
	    result = ADC0_RES;                          // read A/D result

	    TFT_xy(23,9);                               // display VR1 in X.XXX
	    adc0 = (float)result*4.5/4095.;
	    TFT_unsigned_float(adc0,1,3);

	    ADC0_MUXPOS = 0x01;                         // (2) select ADC1(AIN1) = +5.0V
	    ADC0_COMMAND = 0x01;                        // start conversion
	    while((ADC0_COMMAND & 0x01) != 0x00);
	    result = ADC0_RES;                          // read A/D result

	    TFT_xy(23,11);                              // display +5.0V in X.XXX
	    adc1 = (float)result*4.5/4095.;
	    TFT_unsigned_float(adc1,1,3);

	    ADC0_MUXPOS = 0x02;                         // (3) select ADC2(AIN2) = +3.3V
	    ADC0_COMMAND = 0x01;                        // start conversion
	    while((ADC0_COMMAND & 0x01) != 0x00);
	    result = ADC0_RES;                          // read A/D result

	    TFT_xy(23,13);                              // display +3.3V in X.XXX
	    adc2 = (float)result*4.5/4095.;
	    TFT_unsigned_float(adc2,1,3);

	    ADC0_CTRLA = 0x21;                          // ***** 차동 모드
	    ADC0_MUXPOS = 0x00;                         // (4) select ADC0 - ADC1
	    ADC0_MUXNEG = 0x01;
	    ADC0_COMMAND = 0x01;                        // start conversion
	    while((ADC0_COMMAND & 0x01) != 0x00);
	    result = ADC0_RES;                          // read A/D result

	    TFT_xy(22,16);                              // display ADC0 - ADC1 in X.XXX
	    value = (float)result*4.5/2048.;
	    TFT_signed_float(value,1,3);
	    TFT_xy(30,16);                              // display calculated ADC0 - ADC1
	    TFT_signed_float(adc0 - adc1,1,3);

	    ADC0_MUXPOS = 0x00;                         // (5) select ADC0 - ADC2
	    ADC0_MUXNEG = 0x02;
	    ADC0_COMMAND = 0x01;                        // start conversion
	    while((ADC0_COMMAND & 0x01) != 0x00);
	    result = ADC0_RES;                          // read A/D result

	    TFT_xy(22,19);                              // display ADC0 - ADC2 in X.XXX
	    value = (float)result*4.5/2048.;
	    TFT_signed_float(value,1,3);
	    TFT_xy(30,19);                              // display calculated ADC0 - ADC2
	    TFT_signed_float(adc0 - adc2,1,3);

	    ADC0_MUXPOS = 0x01;                         // (6) select ADC1 - ADC2
	    ADC0_MUXNEG = 0x02;
	    ADC0_COMMAND = 0x01;                        // start conversion
	    while((ADC0_COMMAND & 0x01) != 0x00);
	    result = ADC0_RES;                          // read A/D result

	    TFT_xy(22,22);                              // display ADC1 - ADC2 in X.XXX
	    value = (float)result*4.5/2048.;
	    TFT_signed_float(value,1,3);
	    TFT_xy(30,22);                              // display calculated ADC1 - ADC2
	    TFT_signed_float(adc1 - adc2,1,3);

	    Delay_ms(200);                              // delay 200 ms
	  }
}
```

☞ 여기서 (1)~(3)은 단극성 모드로 A/D 변환한 것이고, (4)~(6)은 이들 3단자 사이의 차동전압을 측정한 것이다. 앞에서는 (2)와 (3)을 실제의 측정값에 2를 곱하여 전원전압으로 환산하여 표시하였으나, 여기서는 실제의 입력전압을 그대로 표시하였다. (4)~(6)에서 앞쪽의 값은 A/D 컨버터로 차동 변환을 수행한 전압값이며, 뒤쪽의 값은 (1)~(3)에서 단극성 모드로 변환하여 측정한 전압값으로부터 계산하여 구한 2단자 사이의 전압차를 나타낸다. 이 2가지 값을 비교하여 보면 서로 비슷하여 A/D 컨버터의 차동 변환 모드가 상당히 충실하게 잘 수행되었음을 알 수 있다.

차동 변환 모드에 의한 A/D 변환 결과값은 12비트 2의 보수를 부호 확장하여 16비트 2의 보수로 표현되므로 차동전압이 +값이라면 A/D 변환 결과가 0x0000~0x07FF(0 ~ +2047)로 표시되고, -값인 경우에는 0xFFFF~0xF800(-1 ~ -2048)으로 표시된다. 이는 0~±4.5V의 차동전압에 대응한다. 따라서, A/D 컨버터로 읽어들인 임의의 값 x가 얼마의 전압에 대응하는지를 계산하려면 다음과 같이 비례식으로 계산한다.

$$2048 : 4.5 = \pm x : \text{전압} \qquad \therefore \text{전압} = \pm\frac{4.5x}{2048}\ [\mathrm{V}]$$

이 프로그램을 컴파일하여 다운로드하고 실행하라. 그리고, 작은 스크류 드라이버로 *OK-128DA* 키트의 가변저항 VR1을 좌우로 돌리면서 ADC0 단자에 입력되는 전압을 가변시켜보라. 그러면, (1)에서 ADC0의 전압이 변하는 것은 물론이고, 이에 따라 (4)에서 차동전압 ADC0 - ADC1과 (5)에서 차동전압 ADC0 - ADC2도 변하게 된다. 그러나, 이때 당연히 (6)의 차동 전압 ADC1 - ADC2는 VR1의 변화와 관계없이 일정하게 유지된다.

5. A/D 변환 결과를 실시간 그래픽으로 표시하기

이번에는 아날로그 입력단자로 측정한 전압을 TFT-LCD에 실시간 그래픽으로 표시하는 프로그램을 작성하여 보기로 한다. 여기서는 ADC0에 입력되는 가변저항 VR1의 전압을 측정하여 표시하는데, 이러한 프로그램은 간단한 디지털 오실로스코프처럼 사용할 수 있으며, 이는 앞의 제4.7절에서도 공부한 적이 있다.

〈프로그램 Exp12_7.c〉 VR1의 전압을 실시간 그래픽으로 표시하는 프로그램

```
/* ========================================================================== */
/*        Exp12_7.c : VR1 전압값을 실시간으로 A/D 변환하여 그래프로 그리기     */
/* ========================================================================== */
/*                        Designed and programmed by Duck-Yong Yoon in 2022.  */

#include <avr/io.h>
#include <avr/interrupt.h>
```

```
#include "OK-128DA.h"

void Draw_axis(void);                          /* draw x-axis and y-axis */

volatile unsigned char ADC_buffer[291], end_flag;
volatile unsigned int ADC_count;

/* ----- 인터럽트 처리 프로그램 ------------------------------------------- */

ISR(TCA1_OVF_vect)                             /* TCA1 interrupt function (20 ms) */
{
  unsigned int result;
  float voltage;

  ADC0_COMMAND = 0x01;                         // start conversion
  while((ADC0_COMMAND & 0x01) != 0x00);
  result = ADC0_RES;                           // read A/D result
  voltage = (float)result*4.5/4095.;           // display voltage
  TFT_xy(22,0);
  TFT_color(Cyan,Blue);
  TFT_unsigned_float(voltage,1,2);

  ADC_buffer[ADC_count] = (float)result*180./4095.;
  if(ADC_count != 0)                           // draw graph
    Line(20+ADC_count-1,215-ADC_buffer[ADC_count-1], 20+ADC_count,215-ADC_buffer[ADC_count], Yellow);

  if(ADC_count != 290)
    ADC_count++;
  else
    end_flag = 1;

  TCA1_SINGLE_INTFLAGS = 0x01;                 // clear overflow interrupt flag
}

/* ----- 메인 프로그램 ---------------------------------------------------- */

int main(void)
{
  unsigned int i;

  MCU_initialize();                            // initialize AVR128DA64 MCU
  Delay_ms(50);                                // wait for system stabilization
  LCD_initialize();                            // initialize text LCD module
  TFT_initialize();                            // initialize TFT-LCD module
  Beep();

  LCD_string(0x80," OK-128DA  V1.0 ");         // display title
  LCD_string(0xC0,"   Exp12_7.c    ");

  TCA1_SINGLE_CTRLD = 0x00;                    // TCA1 = normal mode
  TCA1_SINGLE_CTRLB = 0x00;                    // CLK_TCA1 = 24MHz / 256 = 93750Hz
  TCA1_SINGLE_PER = 1874;                      // 93750Hz / (1874 + 1) = 50Hz
  TCA1_SINGLE_INTCTRL = 0x01;                  // enable overflow interrupt
  TCA1_SINGLE_CTRLA = 0x0D;

  VREF_ADC0REF = 0x86;                         // ADC0REF = VREFA input = 4.5V
  ADC0_CTRLA = 0x00;                           // 12-bit single-ended mode
  ADC0_CTRLB = 0x00;                           // single-conversion mode
  ADC0_CTRLC = 0x03;                           // CLK_ADC = 24MHz/12 = 2MHz
  ADC0_SAMPCTRL = 2;                           // sampling time = 2+2 clock cycle
  ADC0_MUXPOS = 0x00;                          // select AIN0 = VR1
  ADC0_CTRLA |= 0x01;                          // enable ADC0

  while(1)
    { end_flag = 0;
      ADC_count = 0;

      Draw_axis();                             // draw x-axis and y-axis
      sei();                                   // global interrupt enable

      while(end_flag == 0);                    // wait screen graph end
```

```
      cli();                                    // global interrupt disable
      for(i = 1; i <= 290; i++)                 // clear old graph
        Line(20+i-1,215-ADC_buffer[i-1], 20+i,215-ADC_buffer[i], Black);
    }
}

/* ----- 사용자 정의 함수 ------------------------------------------------------ */

void Draw_axis(void)                            /* draw x-axis and y-axis */
{
  TFT_string(11,0, White,Blue, " VR1 전압 (0.00V) ");   // display title

  Line(15,215, 310,215, White);                 // draw x-axis
  Line(305,210, 310,215, White);
  Line(305,220, 310,215, White);
  Line(70,212, 70,218, White);                  // draw x-axis scale
  Line(120,212, 120,218, White);
  Line(170,212, 170,218, White);
  Line(220,212, 220,218, White);
  Line(270,212, 270,218, White);
  TFT_color(Cyan,Black);                        // write time scale
  TFT_English_pixel(16,222, '0');
  TFT_English_pixel(66,222, '1');
  TFT_English_pixel(116,222, '2');
  TFT_English_pixel(166,222, '3');
  TFT_English_pixel(216,222, '4');
  TFT_English_pixel(266,222, '5');
  TFT_color(Yellow,Black);
  TFT_English_pixel(288,222, 's');
  TFT_English_pixel(296,222, 'e');
  TFT_English_pixel(304,222, 'c');

  Line(20,220, 20,5, White);                    // draw y-axis
  Line(15,10, 20,5, White);
  Line(25,10, 20,5, White);
  Line(17,175, 23,175, White);                  // draw y-axis scale
  Line(17,135, 23,135, White);
  Line(17,95, 23,95, White);
  Line(17,55, 23,55, White);
  Line(17,15, 23,15, White);
  TFT_color(Cyan,Black);                        // write voltage scale
  TFT_English_pixel(5,208, '0');
  TFT_English_pixel(5,168, '1');
  TFT_English_pixel(5,128, '2');
  TFT_English_pixel(5,88, '3');
  TFT_English_pixel(5,48, '4');
  TFT_English_pixel(5,8, '5');
  TFT_color(Yellow,Black);
  TFT_English_pixel(28,8, '[');
  TFT_English_pixel(36,8, 'V');
  TFT_English_pixel(44,8, ']');
}
```

☞ 여기서는 20ms의 일정한 시간 주기로 VR1의 전압을 A/D 변환하여 읽어들이기 위해서 타이머 TCA1의 주기적인 인터럽트 기능을 사용하였다. 20ms 간격으로 50번 A/D 변환을 수행하면 1초가 되며, 1개의 화면에서 291번 A/D 변환이 수행되어 총 5.82초 동안의 그래프가 만들어진다.

그래프에서 x축과 y축의 눈금에 값을 적으려면 세심한 주의가 필요하다. 즉, OK-128DA.h 파일에서 제공하는 보통의 문자 출력함수를 사용하면 화면에 표시하는 글자 위치가 8픽셀의 간격으로 지정되어 있어서 글자를 원하는 위치에 쓰기가 어려우므로 여기서는 글자의 위치를 1픽셀 단위로 자유롭게 지정하여 출력할 수 있도록 TFT_English() 함수가 아니라 TFT_English_pixel() 함수를 사용하는 것이 좋다.

이 프로그램을 컴파일하여 다운로드하고 실행하라. 그리고, 작은 스크류 드라이버로 *OK-128DA* 키트의 가변저항 VR1을 좌우로 돌리면서 TFT-LCD에 표시되는 그래픽 화면을 관찰하라.

6. 실습 과제

(1) 예제 프로그램 Exp12_1.c에서 A/D 변환이 완료되었는지를 체크하는

```
while((ADC0_COMMAND & 0x01) != 0x00);
```

부분은

```
while(ADC0_COMMAND & 0x01);
```

와 같이 수정해도 된다. 이것의 의미와 왜 이렇게 되는지를 설명하라.

(2) 예제 프로그램 Exp12_1.c에서 샘플링 레지스터를 0~30의 범위에서 1씩 증가시키면서 프로그램을 실행하여 (6)의 D/A 컨버터 출력값 DAC0OUT을 A/D 변환한 값이 어떻게 달라지는지를 기록하여 보라.

(3) A/D 컨버터에서 샘플링 시간을 너무 짧게 주는 경우와 너무 길게 주는 경우의 문제점을 요약하여 설명하라. 또한, 그렇다면 샘플링 시간의 최적값은 어떻게 결정하면 좋을지 설명하라.

(4) A/D 변환을 수행할 때 변환 결과를 산술평균 처리하는 방식과 이동평균 처리하는 방식의 장단점을 요약하여 설명하라.

(5) AVR128DA64의 A/D 컨버터에서 누적 변환 모드는 일반적인 A/D 변환 결과를 산술평균 처리하는 방식과 어떤 점에서 다른지 설명하라.

4.13 아날로그 비교기 응용 프로그램

이 절에서는 AVR128DA64에 내장된 아날로그 비교기의 구조와 기능을 익히고 이를 응용하는 프로그램 작성 기술을 공부하기로 한다.

관련 내용	(1) 제2.5절 아날로그 비교기(ACn) (2) 제3.1절 *OK-128DA* 키트의 구조와 기능

1. *OK-128DA* 키트의 아날로그 비교기 관련 회로

AVR128DA64에는 3개의 아날로그 비교기 AC0~AC2를 가지고 있다. 이것들의 (+) 및 (-) 입력 단자에는 각각 4가지 중에서 하나의 아날로그 입력 단자를 선택적으로 지정하여 사용할 수 있는데, <표 1.2.5>를 참고하여 이를 정리하면 다음과 같다.

AC0 : (+) 입력 신호 0.AINP0 = A/D 컨버터의 아날로그 입력 단자 AIN2 (★)
0.AINP1 = A/D 컨버터의 아날로그 입력 단자 AIN8
0.AINP2 = A/D 컨버터의 아날로그 입력 단자 AIN10
0.AINP3 = A/D 컨버터의 아날로그 입력 단자 AIN6 또는 D/A 컨버터의 아날로그 출력 VOUT
(-) 입력 신호 0.AINN0 = A/D 컨버터의 아날로그 입력 단자 AIN3
0.AINN1 = A/D 컨버터의 아날로그 입력 단자 AIN0 (★)
0.AINN2 = A/D 컨버터의 아날로그 입력 단자 AIN7
0.AINN3 = 아날로그 비교기 AC0에서 만든 전압 DACREF0

AC1 : (+) 입력 신호 1.AINP0 = A/D 컨버터의 아날로그 입력 단자 AIN2
1.AINP1 = A/D 컨버터의 아날로그 입력 단자 AIN3
1.AINP2 = A/D 컨버터의 아날로그 입력 단자 AIN4
1.AINP3 = A/D 컨버터의 아날로그 입력 단자 AIN6 또는 D/A 컨버터의 아날로그 출력 VOUT (★)
(-) 입력 신호 1.AINN0 = A/D 컨버터의 아날로그 입력 단자 AIN5
1.AINN1 = A/D 컨버터의 아날로그 입력 단자 AIN0 (★)
1.AINN2 = A/D 컨버터의 아날로그 입력 단자 AIN7
1.AINN3 = 아날로그 비교기 AC1에서 만든 전압 DACREF1

AC2 : (+) 입력 신호 2.AINP0 = A/D 컨버터의 아날로그 입력 단자 AIN2
2.AINP1 = A/D 컨버터의 아날로그 입력 단자 AIN4
2.AINP2 = A/D 컨버터의 아날로그 입력 단자 AIN9
2.AINP3 = A/D 컨버터의 아날로그 입력 단자 AIN6 또는 D/A 컨버터의 아날로그 출력 VOUT
(-) 입력 신호 2.AINN0 = A/D 컨버터의 아날로그 입력 단자 AIN7
2.AINN1 = A/D 컨버터의 아날로그 입력 단자 AIN0
2.AINN2 = A/D 컨버터의 아날로그 입력 단자 AIN7
2.AINN3 = 아날로그 비교기 AC2에서 만든 전압 DACREF2

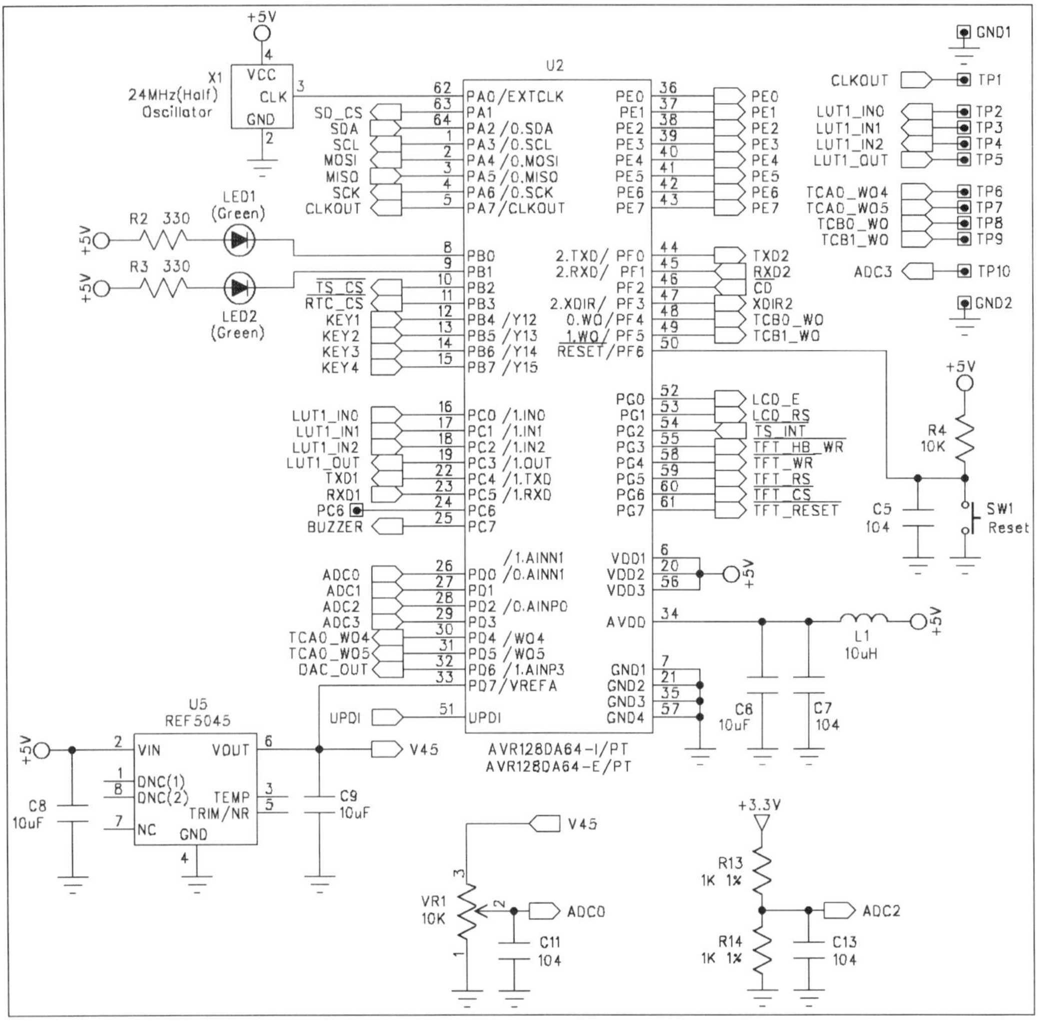

〈그림 4.13.1〉 *OK-128DA* 키트의 아날로그 비교기 관련 회로

OK-128DA 키트에서 사용하고 있는 아날로그 비교기 관련 회로는 <그림 4.13.1>과 같다. 앞의 요약 정리에서 (★)로 표시한 것처럼 아날로그 비교기 AC0에서는 (+) 입력 신호로 0.AINP0 즉 3.3V의 전원 전압을 2분주한 1.65V의 ADC2 신호를 사용하고, (-) 입력 신호로 0.AINN1 즉 가변저항 VR1에 의한 전압인 ADC0 신호를 사용한다. 또한, 아날로그 비교기 AC1에서는 (+) 입력 신호로 1.AINP3 즉 D/A 컨버터가 출력하는 VOUT 신호를 사용하고, (-) 입력 신호로 1.AINN1 즉 가변저항 VR1에 의한 전압인 ADC0 신호를 사용한다.

2. 아날로그 비교기의 일반 모드 동작 프로그램

여기서는 아날로그 비교기를 일반 모드로 동작하는 2가지의 예제 프로그램을 작성하여 보기로 한다.

(1) AC0의 일반 모드 동작

아날로그 비교기 AC0를 일반 모드로 응용하는 예제 프로그램은 다음과 같다. 여기서 (+) 입력 신호는 0.AINP0 즉 3.3V의 전원 전압을 2분주한 1.65V의 ADC2 신호를 사용하였고, (-) 입력 신호는 0.AINN1 즉 가변저항 VR1에 의한 전압인 ADC0 신호를 사용하였다.

〈프로그램 Exp13_1.c〉 아날로그 비교기 AC0을 사용하는 예제 프로그램

```
/* ============================================================================ */
/*                Exp13_1.c : 아날로그 비교기 AC0의 일반 모드 동작               */
/* ============================================================================ */
/*                          Designed and programmed by Duck-Yong Yoon in 2022.  */

#include <avr/io.h>
#include "OK-128DA.h"

int main(void)
{
  unsigned int result;
  float voltage;

  MCU_initialize();                              // initialize AVR128DA64 MCU
  Delay_ms(50);                                  // wait for system stabilization
  LCD_initialize();                              // initialize text LCD module
  TFT_initialize();                              // initialize TFT-LCD module

  LCD_string(0x80," OK-128DA  V1.0 ");           // display title
  LCD_string(0xC0,"   Exp13_1.c    ");
  Beep();

  TFT_string(0, 2,White,Magenta,"  아날로그 비교기 AC0의 일반 모드 동작  ");
  TFT_string_large(4,9,Cyan,Black,"(+)입력 ? (-)입력");
  TFT_string(5,15,Green,Black,"(+)입력 = ADC2(AINP0) = 0.000V");
  TFT_string(5,18,Green,Black,"(-)입력 = ADC0(AINN1) = 0.000V");

  PORTD_DIRCLR = 0x05;                           // PD0=AIN0(0.AINN1), PD2=AIN2(0.AINP0)

  VREF_ADC0REF = 0x86;                           // ADC0REF = VREFA input = 4.5V
  ADC0_CTRLA = 0x00;                             // 12-bit single-ended mode
  ADC0_CTRLB = 0x00;                             // single-conversion mode
  ADC0_CTRLC = 0x03;                             // CLK_ADC = 24MHz/12 = 2MHz
  ADC0_SAMPCTRL = 2;                             // sampling time = 2+2 clock cycle
  ADC0_CTRLA |= 0x01;                            // enable ADC0
  Delay_us(10);

  AC0_MUXCTRL = 0x01;                            // (+) = ADC2(AINP0), (-) = ADC0(AINN1)
  AC0_CTRLA = 0x01;

  while(1)
    { ADC0_MUXPOS = 0x00;                        // select ADC0(AIN0) = VR1
```

```
        ADC0_COMMAND = 0x01;                        // start conversion
        while((ADC0_COMMAND & 0x01) != 0x00);
        result = ADC0_RES;                          // read A/D result
        voltage = (float)result*4.5/4095.;
        TFT_color(White,Black);                     // display ADC0 in x.xxx
        TFT_xy(29,18);
        TFT_unsigned_float(voltage,1,3);

        ADC0_MUXPOS = 0x02;                         // select ADC2(AIN2) = 3.3V / 2
        ADC0_COMMAND = 0x01;                        // start conversion
        while((ADC0_COMMAND & 0x01) != 0x00);
        result = ADC0_RES;                          // read A/D result
        voltage = (float)result*4.5/4095.;
        TFT_color(White,Black);                     // display ADC2 in x.xxx
        TFT_xy(29,15);
        TFT_unsigned_float(voltage,1,3);

        TFT_color(Magenta,Black);                   // display ADC2 ? ADC0
        TFT_xy(12,9);
        if((AC0_STATUS & 0x10) == 0x10) TFT_English_large('>');
        else                            TFT_English_large('<');

        Delay_ms(100);                              // delay 100 ms
      }
  }
```

☞ 여기서는 아날로그 비교기 AC0가 2개의 전압을 비교한 대소관계를 TFT-LCD에 실시간으로 표시하였고, A/D 컨버터로 그 2개의 아날로그 전압을 측정하여 그 값을 화면에 표시함으로써 사용자도 쉽게 눈으로 대소관계를 판단할 수 있도록 하였다.

이 프로그램을 컴파일하여 다운로드하고 실행하라. 그리고, 작은 ⊕자형 또는 ⊖자형의 스크류 드라이버로를 사용하여 VR1의 전압값을 변동시키면서 아날로그 비교기에 의한 대소관계 비교가 올바르게 처리되는지 확인하라. 아날로그 비교기의 (+) 입력으로 3.3V 전원 전압을 2분주한 1.650V를 사용하였으므로 VR1의 전압이 1.650V보다 작을 때는 대소관계가 '>'로 표시되고, VR1의 전압이 1.650V보다 클 때는 대소관계가 '<'로 표시되어야 한다.

(2) AC1의 일반 모드 동작

아날로그 비교기 AC0를 일반 모드로 응용하는 예제 프로그램은 다음과 같다. 여기서 (+) 입력 신호는 1.AINP3 즉 D/A 컨버터가 출력하는 VOUT 신호를 사용하였고, (-) 입력 신호는 1.AINN1 즉 가변저항 VR1에 의한 전압인 ADC0 신호를 사용하였다.

〈프로그램 Exp13_2.c〉 아날로그 비교기 AC1을 사용하는 예제 프로그램

```
/* ========================================================================== */
/*                Exp13_2.c : 아날로그 비교기 AC1의 일반 모드 동작               */
/* ========================================================================== */
/*                           Designed and programmed by Duck-Yong Yoon in 2022.  */
```

```
#include <avr/io.h>
#include "OK-128DA.h"

int main(void)
{
  unsigned int result;
  float voltage;

  MCU_initialize();                                  // initialize AVR128DA64 MCU
  Delay_ms(50);                                      // wait for system stabilization
  LCD_initialize();                                  // initialize text LCD module
  TFT_initialize();                                  // initialize TFT-LCD module

  LCD_string(0x80," OK-128DA  V1.0 ");               // display title
  LCD_string(0xC0,"   Exp13_2.c    ");
  Beep();

  TFT_string(0, 2,White,Magenta,"  아날로그 비교기 AC1의 일반 모드 동작  ");
  TFT_string_large(4,9,Cyan,Black,"(+)입력 ? (-)입력");
  TFT_string(5,15,Green,Black,"(+)입력 = VOUT(AINP3) = 0.000V");
  TFT_string(5,18,Green,Black,"(-)입력 = ADC0(AINN1) = 0.000V");

  PORTD_DIRCLR = 0x01;                               // PD0=AIN0(1.AINN1)
  PORTD_DIRSET = 0x40;                               // PD6=VOUT(1.AINP3)

  VREF_ADC0REF = 0x86;                               // ADC0REF = VREFA input = 4.5V
  ADC0_CTRLA = 0x00;                                 // 12-bit single-ended mode
  ADC0_CTRLB = 0x00;                                 // single-conversion mode
  ADC0_CTRLC = 0x03;                                 // CLK_ADC = 24MHz/12 = 2MHz
  ADC0_SAMPCTRL = 30;                                // sampling time = 2+30 clock cycle
  ADC0_CTRLA |= 0x01;                                // enable ADC0
  Delay_us(10);

  VREF_DAC0REF = 0x86;                               // DAC0REF = VREFA input = 4.5V
  DAC0_CTRLA = 0x41;                                 // enable DAC0
  DAC0_DATA = 569 << 6;                              // DAC0OUT = 4.5V*569/1024 = 2.500V

  AC1_MUXCTRL = 0x19;                                // (+) = VOUT(AINP3), (-) = ADC0(AINN1)
  AC1_CTRLA = 0x01;

  while(1)
    { ADC0_MUXPOS = 0x00;                            // select ADC0(AIN0) = VR1
      ADC0_COMMAND = 0x01;                           // start conversion
      while((ADC0_COMMAND & 0x01) != 0x00);
      result = ADC0_RES;                             // read A/D result
      voltage = (float)result*4.5/4095.;
      TFT_color(White,Black);                        // display ADC0 in x.xxx
      TFT_xy(29,18);
      TFT_unsigned_float(voltage,1,3);

      ADC0_MUXPOS = 0x48;                            // select AIN0x48 = VOUT
      Delay_us(10);
      ADC0_COMMAND = 0x01;                           // start conversion
      while((ADC0_COMMAND & 0x01) != 0x00);
      result = ADC0_RES;                             // read A/D result
      voltage = (float)result*4.5/4095.;
      TFT_color(White,Black);                        // display VOUT in x.xxx
      TFT_xy(29,15);
      TFT_unsigned_float(voltage,1,3);

      TFT_color(Magenta,Black);                      // display ADC2 ? ADC0
      TFT_xy(12,9);
      if((AC1_STATUS & 0x10) == 0x10) TFT_English_large('>');
      else                            TFT_English_large('<');

      Delay_ms(100);                                 // delay 100 ms
    }
}
```

☞ 여기서는 아날로그 비교기 AC1이 2개의 전압을 비교한 대소관계를 TFT-LCD에 실시간으로 표시하였고, A/D 컨버터로 그 2개의 아날로그 전압을 측정하여 그 값을 화면에 표시함으로써 사용자도 쉽게 눈으로 대소관계를 판단할 수 있도록 하였다. 아날로그 비교기의 (+) 입력으로 AIN6 단자 또는 VOUT 신호를 사용하므로 D/A 컨버터를 사용하여 2.500V 전압을 출력하였다.

이 프로그램을 컴파일하여 다운로드하고 실행하라. 그리고, 작은 ⊕자형 또는 ⊖자형의 스크류 드라이버로를 사용하여 VR1의 전압값을 변동시키면서 아날로그 비교기에 의한 대소관계 비교가 올바르게 처리되는지 확인하라. 아날로그 비교기의 (+) 입력으로 D/A 컨버터의 출력전압 2.500V를 사용하였으므로 VR1의 전압이 2.500V보다 작을 때는 대소관계가 '>'로 표시되고, VR1의 전압이 2.500V보다 클 때는 대소관계가 '<'로 표시되어야 한다.

(3) AC0와 AC1을 모두 사용하는 프로그램

이제 위의 예제 프로그램 Exp13_1.c와 Exp13_2.c를 1개로 합하여 아날로그 비교기 AC0와 AC1을 모두 사용하도록 수정한 예제 프로그램은 다음과 같다.

〈프로그램 Exp13_3.c〉 아날로그 비교기 AC0와 AC1을 모두 사용하는 예제 프로그램

```
/* ============================================================================ */
/*          Exp13_3.c : 아날로그 비교기 AC0와 AC1을 모두 사용하는 프로그램          */
/* ============================================================================ */
/*                        Designed and programmed by Duck-Yong Yoon in 2022.  */

#include <avr/io.h>
#include "OK-128DA.h"

int main(void)
{
  unsigned int result;
  float voltage;

  MCU_initialize();                             // initialize AVR128DA64 MCU
  Delay_ms(50);                                 // wait for system stabilization
  LCD_initialize();                             // initialize text LCD module
  TFT_initialize();                             // initialize TFT-LCD module

  LCD_string(0x80," OK-128DA  V1.0 ");           // display title
  LCD_string(0xC0,"   Exp13_3.c    ");
  Beep();

  TFT_string(0, 2,White,Magenta," 아날로그 비교기 AC0,AC1을 동시에 사용 ");

  TFT_string(0,8,White,Blue," AC0 ");
  TFT_string_large(4,7,Cyan,Black,"(+)입력 ? (-)입력");
  TFT_string(5,11,Green,Black,"(+)입력 = ADC2(AINP0) = 0.000V");
  TFT_string(5,14,Green,Black,"(-)입력 = ADC0(AINN1) = 0.000V");

  TFT_string(0,20,White,Blue," AC1 ");
  TFT_string_large(4,19,Cyan,Black,"(+)입력 ? (-)입력");
  TFT_string(5,23,Green,Black,"(+)입력 = VOUT(AINP3) = 0.000V");
  TFT_string(5,26,Green,Black,"(-)입력 = ADC0(AINN1) = 0.000V");
```

```
    PORTD_DIRCLR = 0x05;                    // PD0=AIN0(0.AINN1), PD2=AIN2(0.AINP0)
    PORTD_DIRSET = 0x40;                    // PD6=VOUT(1.AINP3)

    VREF_ADC0REF = 0x86;                    // ADC0REF = VREFA input = 4.5V
    ADC0_CTRLA = 0x00;                      // 12-bit single-ended mode
    ADC0_CTRLB = 0x00;                      // single-conversion mode
    ADC0_CTRLC = 0x03;                      // CLK_ADC = 24MHz/12 = 2MHz
    ADC0_SAMPCTRL = 30;                     // sampling time = 2+30 clock cycle
    ADC0_CTRLA |= 0x01;                     // enable ADC0
    Delay_us(10);

    VREF_DAC0REF = 0x86;                    // DAC0REF = VREFA input = 4.5V
    DAC0_CTRLA = 0x41;                      // enable DAC0
    DAC0_DATA = 569 << 6;                   // DAC0OUT = 4.5V*569/1024 = 2.500V

    AC0_MUXCTRL = 0x01;                     // (+) = ADC2(AINP0), (-) = ADC0(AINN1)
    AC0_CTRLA = 0x01;
    AC1_MUXCTRL = 0x19;                     // (+) = VOUT(AINP3), (-) = ADC0(AINN1)
    AC1_CTRLA = 0x01;

    while(1)
      { ADC0_MUXPOS = 0x00;                 // select ADC0(AIN0) = VR1
        ADC0_COMMAND = 0x01;                // start conversion
        while((ADC0_COMMAND & 0x01) != 0x00);
        result = ADC0_RES;                  // read A/D result
        voltage = (float)result*4.5/4095.;
        TFT_color(White,Black);             // display ADC0 in x.xxx
        TFT_xy(29,14);
        TFT_unsigned_float(voltage,1,3);
        TFT_xy(29,26);
        TFT_unsigned_float(voltage,1,3);

        ADC0_MUXPOS = 0x02;                 // select ADC2(AIN2) = 3.3V / 2
        ADC0_COMMAND = 0x01;                // start conversion
        while((ADC0_COMMAND & 0x01) != 0x00);
        result = ADC0_RES;                  // read A/D result
        voltage = (float)result*4.5/4095.;
        TFT_color(White,Black);             // display ADC2 in x.xxx
        TFT_xy(29,11);
        TFT_unsigned_float(voltage,1,3);

        TFT_color(Magenta,Black);           // display ADC2 ? ADC0
        TFT_xy(12,7);
        if((AC0_STATUS & 0x10) == 0x10) TFT_English_large('>');
        else                            TFT_English_large('<');

        ADC0_MUXPOS = 0x48;                 // select AIN0x48 = VOUT
        Delay_us(10);
        ADC0_COMMAND = 0x01;                // start conversion
        while((ADC0_COMMAND & 0x01) != 0x00);
        result = ADC0_RES;                  // read A/D result
        voltage = (float)result*4.5/4095.;
        TFT_color(White,Black);             // display VOUT in x.xxx
        TFT_xy(29,23);
        TFT_unsigned_float(voltage,1,3);

        TFT_color(Magenta,Black);           // display ADC2 ? ADC0
        TFT_xy(12,19);
        if((AC1_STATUS & 0x10) == 0x10) TFT_English_large('>');
        else                            TFT_English_large('<');

        Delay_ms(100);                      // delay 100 ms
      }
}
```

☞ 여기서는 아날로그 비교기 AC0와 AC1을 완전히 독립적으로 사용하여 각각 2개씩의 아날로그 전압을 비교하도록 하였다. 각 아날로그 비교기에 대하여 전압을 비교한 대소관계를 TFT-LCD에 실시간으로 표시하였고, A/D 컨버터로 그 2개의 아날로그 전압을 측정하여 그 값을 화면에 표시함으로써 사용자도 쉽게 눈으로 대소관계를 판단할 수 있도록 하였다.

이 프로그램을 컴파일하여 다운로드하고 실행하라. 그리고, 작은 ⊕자형 또는 ⊖자형의 스크류 드라이버로를 사용하여 VR1의 전압값을 변동시키면서 아날로그 비교기에 의한 대소관계 비교가 올바르게 처리되는지 확인하라.

3. 실습 과제

(1) 아날로그 비교기는 A/D 컨버터에 비하여 어떤 특징을 가지며, 어떤 분야에 응용할 수 있을지 설명하라.

(2) 예제 프로그램 Exp13_3.c에서 아날로그 비교기의 출력이 상승 에지 또는 하강 에지가 될 때 인터럽트를 발생하여 비프음을 울리고, 아날로그 비교기 AC0의 출력이 1이면 LED1이 켜지고 0이면 꺼지며, 아날로그 비교기 AC1의 출력이 1이면 LED2가 켜지고 0이면 꺼지도록 수정한 프로그램 Exp13_3R.c를 작성하라.

4.14 D/A 컨버터 응용 프로그램

이 절에서는 AVR128DA64의 D/A 컨버터를 사용하여 아날로그 전압 파형을 출력하는 프로그램 작성 기술을 공부하고, +방향만을 갖는 단극성(unipolar)의 아날로그 전압 파형을 ±방향으로 대칭되는 양극성(bipolar)의 아날로그 전압 파형으로 변환하는 회로에 대하여 설명한다.

관련 내용	(1) 제2.4절 D/A 컨버터(DAC0) (2) 제3.1절 *OK-128DA* 키트의 구조와 기능

1. *OK-128DA* 키트의 D/A 컨버터 관련 회로

AVR128DA64는 1채널의 10비트 D/A 컨버터를 가지고 있어서 여기에 0[V]에서 기준전압까지의 아날로그 전압을 출력할 수 있다. *OK-128DA* 키트에서 이에 관련된 회로를 발췌하여 <그림 4.14.1>에 보였다.

OK-128DA 키트에서 AVR128DA64의 D/A 컨버터는 REF5045 기준전압 소자가 공급하는 정밀한 4.5V의 전압을 기준전압으로 사용하기 때문에 VOUT 단자로 출력되는 아날로그 전압의 범위는 0~+4.5V가 된다. 아날로그 전원 AVDD는 +5V의 디지털 전원을 LC 필터로 안정화하여 사용하였다.

그러나, 우리는 종종 -5V~+5V 범위의 교류 정현파 또는 삼각파를 출력하고 싶은 경우가 있기 때문에 D/A 컨버터의 출력단에 Op Amp를 사용한 아날로그 회로를 추가하여 이것이 가능하도록 하였다. 여기에 사용된 Op Amp는 +5V 전원과 -5V 선원을 모두 필요로 하므로 이를 위해서 TC7660을 사용하여 -5V 전원을 만들었으며, 이때의 Op Amp 회로가 DAC0 = 0~+2.5V의 입력을 받아서 이를 2배 증폭함으로써 DAC1 = 0~+5V의 전압을 만들고, 이를 다시 DAC2 = -5V~+5V 범위의 전압으로 변환하여 출력하려면 반드시 rail-to-rail input and output형의 Op Amp를 사용해야 한다. 여기서는 이러한 조건을 충족하는 Op Amp로서 TLV2372ID 모델을 선정하여 사용하였다. 다시 말하면 *OK-128DA* 키트에서 D/A 컨버터가 0~+4.5V의 출력전압 범위에서 0~+2.5V의 전압을 출력하면(DAC0 단자에서 측정 가능함) Op Amp U11A를 사용한 비반전 증폭기에서 이를 2배 증폭하여 0~+5V로 만들고(DAC1 단자에서 측정 가능함), Op Amp U11B를 사용한 차동증폭기 회로는 이를 다시 -5V~+5V 범위의 전압으로 변환하여 출력(DAC2 단자에서 측정 가능함)한다.

AVR128DA64의 D/A 컨버터에서는 16비트 구조의 데이터 레지스터 DAC0_DATA를 사용할 때 10비트의 데이터를 좌측 정렬하여 상위 10비트 부분에 들어가도록 출력해야 한다는 것에 유의해야 한다.

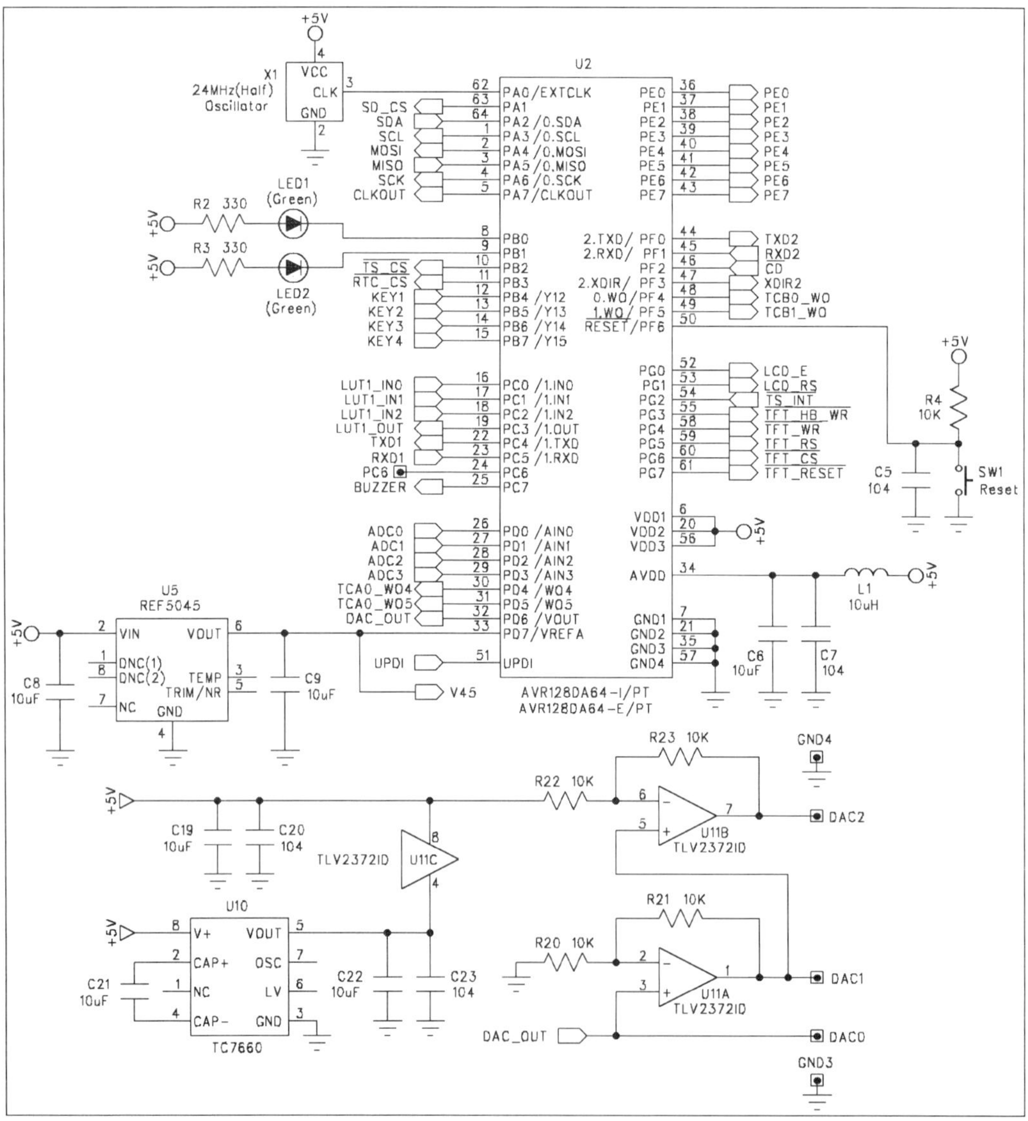

〈그림 4.14.1〉 *OK-128DA* 키트에서 D/A 컨버터와 관련된 회로

2. 가변저항 입력으로 D/A 컨버터 출력 전압을 가변

먼저 가변저항 VR1을 사용한 아날로그 입력전압을 A/D 컨버터로 읽어서 이에 비례하는 전압을 D/A 컨버터로 출력하는 프로그램을 작성하여 보기로 한다. 여기서 가변저항 VR1에서 입력되는 전압은 0~+4.5V이며, DAC0 단자에 D/A 컨버터로 출력하는 전압도 0~+4.5V인 것으로 하겠다.

〈프로그램 Exp14_1.c〉 가변저항으로 D/A 컨버터의 출력을 가변하는 프로그램(1)

```
/* ============================================================================ */
/*            Exp14_1.c : VR1의 A/D 입력 데이터에 비례하는 D/A 출력(1)            */
/* ============================================================================ */
/*                        Designed and programmed by Duck-Yong Yoon in 2022.   */

#include <avr/io.h>
#include "OK-128DA.h"

int main(void)
{
  unsigned int ADC_result, DAC_data;
  float voltage;

  MCU_initialize();                           // initialize AVR128DA64 MCU
  Delay_ms(50);                               // wait for system stabilization
  LCD_initialize();                           // initialize text LCD module
  TFT_initialize();                           // initialize TFT-LCD module

  LCD_string(0x80," OK-128DA  V1.0 ");        // display title
  LCD_string(0xC0,"   Exp14_1.c    ");
  Beep();

  TFT_string(0, 2,White,Magenta," ADC0 입력을 D/A로 출력하는 프로그램(1) ");
  TFT_string(6, 8,Green,Black,"ADC0 입력 전압(VR1) = +0.00V");
  TFT_string(6,13, Cyan,Black,"DAC0 출력 전압       = +0.00V");
  TFT_color(White,Black);

  PORTD_DIRCLR = 0x01;                        // PD0 = input for AIN0
  PORTD_PIN0CTRL = 0x04;                      // PD0 = not use input buffer
  PORTD_DIRSET = 0x40;                        // PD7 = output for VOUT

  VREF_ADC0REF = 0x86;                        // ADC0REF = VREFA input = 4.5V
  ADC0_CTRLA = 0x00;                          // 12-bit single-ended mode
  ADC0_CTRLB = 0x00;                          // single-conversion mode
  ADC0_CTRLC = 0x03;                          // CLK_ADC = 24MHz/12 = 2MHz
  ADC0_SAMPCTRL = 2;                          // sampling time = 2+2 clock cycle
  ADC0_MUXPOS = 0x00;                         // select AIN0 = VR1
  ADC0_CTRLA |= 0x01;                         // enable ADC0

  VREF_DAC0REF = 0x86;                        // DAC0REF = VREFA input = 4.5V
  DAC0_CTRLA = 0x41;                          // enable DAC0
  DAC0_DATA = 0;                              // DAC0OUT = 0

  while(1)
    { ADC0_COMMAND = 0x01;                    // start conversion
      while((ADC0_COMMAND & 0x01) != 0x00);
      ADC_result = ADC0_RES;                  // read A/D result
      voltage = (float)ADC_result*4.5/4095.;  // display A/D voltage
      TFT_xy(28,8);
      TFT_signed_float(voltage,1,2);
```

```
      DAC_data = ADC_result >> 2;              // output D/A data
      DAC0_DATA = DAC_data << 6;
      voltage = (float)DAC_data*4.5/1023.;     // display D/A voltage
      TFT_xy(28,13);
      TFT_signed_float(voltage,1,2);
    }
}
```

☞ AVR128DA64의 D/A 컨버터에서는 16비트 구조의 데이터 레지스터 DAC0_DATA를 사용할 때 10비트의 데이터를 좌측 정렬하여 상위 10비트 부분에 들어가도록 해야 한다. 따라서, 먼저 A/D 컨버터로 읽은 12비트의 데이터를 우측으로 2비트만큼 시프트하여 10비트 데이터로 만든 다음에 다시 이를 좌측으로 6비트만큼 시프트하여 좌측으로 정렬한다.

A/D 컨버터와 D/A 컨버터는 모두 기준전압 4.5V를 사용하므로 여기에서의 full scale 전압은 4.5V이다.

이 프로그램을 컴파일하고 다운로드하여 실행하라. 그리고, 작은 스크류 드라이버로 가변저항 VR1을 돌려서 전압을 0~+4.5V 범위에서 가변하면서 DAC0 단자에 출력되는 전압을 디지털 멀티미터나 오실로스코프로 측정하여 보라.

이번에는 VR1을 사용한 0~+4.5V의 아날로그 입력 전압에 비례하여 DAC2 단자에서 -5~+5V의 출력전압이 나오도록 하는 프로그램을 작성하여 본다. 이를 위해서는 A/D 컨버터의 입력 전압이 0~+4.5V에서 변할 때 D/A 컨버터에서는 0~+2.5V가 되도록 출력해야 한다.

〈프로그램 Exp14_2.c〉 가변저항으로 D/A 컨버터의 출력을 가변하는 프로그램(2)

```
/* ============================================================================ */
/*            Exp14_2.c : VR1의 A/D 입력 데이터에 비례하는 D/A 출력(2)           */
/* ============================================================================ */
/*                          Designed and programmed by Duck-Yong Yoon in 2022.  */

#include <avr/io.h>
#include "OK-128DA.h"

int main(void)
{
  unsigned int ADC_result, DAC_data;
  float voltage;

  MCU_initialize();                             // initialize AVR128DA64 MCU
  Delay_ms(50);                                 // wait for system stabilization
  LCD_initialize();                             // initialize text LCD module
  TFT_initialize();                             // initialize TFT-LCD module

  LCD_string(0x80," OK-128DA  V1.0 ");          // display title
  LCD_string(0xC0,"   Exp14_2.c    ");
  Beep();

  TFT_string(0, 2,White,Magenta," ADC0 입력을 D/A로 출력하는 프로그램(2) ");
  TFT_string(6, 8,Green,Black,"ADC0 입력 전압(VR1) = +0.00V");
  TFT_string(6,13, Cyan,Black,"DAC0 출력 전압      = +0.00V");
```

```
    TFT_string(6,16, Cyan,Black,"DAC1 출력 전압      = +0.00V");
    TFT_string(6,19, Cyan,Black,"DAC2 출력 전압      = +0.00V");
    TFT_color(White,Black);

    PORTD_DIRCLR = 0x01;                     // PD0 = input for AIN0
    PORTD_PIN0CTRL = 0x04;                   // PD0 = not use input buffer
    PORTD_DIRSET = 0x40;                     // PD7 = output for VOUT

    VREF_ADC0REF = 0x86;                     // ADC0REF = VREFA input = 4.5V
    ADC0_CTRLA = 0x00;                       // 12-bit single-ended mode
    ADC0_CTRLB = 0x00;                       // single-conversion mode
    ADC0_CTRLC = 0x03;                       // CLK_ADC = 24MHz/12 = 2MHz
    ADC0_SAMPCTRL = 2;                       // sampling time = 2+2 clock cycle
    ADC0_MUXPOS = 0x00;                      // select AIN0 = VR1
    ADC0_CTRLA |= 0x01;                      // enable ADC0

    VREF_DAC0REF = 0x86;                     // DAC0REF = VREFA input = 4.5V
    DAC0_CTRLA = 0x41;                       // enable DAC0
    DAC0_DATA = 0;                           // DAC0OUT = 0

    while(1)
      { ADC0_COMMAND = 0x01;                 // start conversion
        while((ADC0_COMMAND & 0x01) != 0x00);
        ADC_result = ADC0_RES;               // read A/D result
        voltage = (float)ADC_result*4.5/4095.;     // display A/D voltage
        TFT_xy(28,8);
        TFT_signed_float(voltage,1,2);

        DAC_data = (unsigned int)((float)ADC_result*2.5/4.5 + 0.5) >> 2; // output D/A data
        DAC0_DATA = DAC_data << 6;
        voltage = (float)DAC_data*4.5/1023.;       // display DAC0 voltage
        TFT_xy(28,13);
        TFT_signed_float(voltage,1,2);
        voltage = (float)DAC_data*4.5*2./1023.;    // display DAC1 voltage
        TFT_xy(28,16);
        TFT_signed_float(voltage,1,2);
        voltage = (float)DAC_data*4.5*2.*2./1023. - 5.; // display DAC2 voltage
        TFT_xy(28,19);
        TFT_signed_float(voltage,1,2);
      }
  }
```

☞ D/A 컨버터의 출력전압 DAC0을 0~+2.5V로 하면 이것이 비반전 증폭기에 의하여 2배 증폭되어 DAC1 단자에 0~+5V로 출력되고, 이것은 다시 2배 증폭되고 레벨 시프트되어 DAC2 단자에 -5~+5V로 출력된다. 0~+4.5V의 전압을 0~+2.5V로 변환하려면 A/D 컨버터의 입력값에 2.5/4.5를 곱해주면 되며, 이러한 실수 연산 결과를 정수로 변환할 때는 항상 0.5를 더하여 반올림 처리를 해주어야 한다.

이 프로그램을 컴파일하고 다운로드하여 실행하라. 그리고, 작은 스크류 드라이버로 가변저항 VR1을 돌려서 전압을 0~+4.5V 범위에서 가변하여 DAC0, DAC1, DAC2 단자에 출력되는 전압을 디지털 멀티미터나 오실로스코프로 측정하여 보라.

3. 키입력으로 D/A 컨버터 출력 전압을 가변

이번에는 KEY1~KEY4의 키입력에 의하여 출력 전압을 0~+4.5V의 범위에서 설정하고 이를 곧바로 D/A 컨버터로 출력하는 프로그램을 작성하여 보기로 한다. 여기서 KEY1은 커서를 좌측으로 이동하고, KEY2는 커서를 우측으로 이동하며, KEY3은 현재의 자리에서 숫자를 증가시키고, KEY4는 현재의 자리에서 숫자를 감소시키는 기능을 수행한다. 정수 자리는 0~4의 범위에서 증가 또는 감소시킬 수 있으며, 소숫점 아래 자리는 0~9의 범위에서 증가 또는 감소시킬 수 있다.

〈프로그램 Exp14_3.c〉 키 입력으로 D/A 컨버터의 출력을 가변하는 프로그램

```
/* ============================================================================ */
/*              Exp14_3.c : 키 입력에 의한 D/A 컨버터 전압 출력                 */
/* ============================================================================ */
/*                         Designed and programmed by Duck-Yong Yoon in 2022.   */

#include <avr/io.h>
#include "OK-128DA.h"

int main(void)
{
  unsigned char key, digit1 = 0, digit2 = 0, digit3 = 0;
  unsigned int DAC_data;
  float voltage;

  MCU_initialize();                          // initialize AVR128DA64 MCU
  Delay_ms(50);                              // wait for system stabilization
  LCD_initialize();                          // initialize text LCD module
  TFT_initialize();                          // initialize TFT-LCD module

  LCD_string(0x80," OK-128DA  V1.0 ");       // display title
  LCD_string(0xC0,"   Exp14_3.c    ");
  Beep();

  TFT_string(0, 2,White,Magenta,"  키 입력으로 설정한 전압을 D/A로 출력  ");
  TFT_string(7,12,Cyan,Black,"DAC0 출력 전압 = ");
  TFT_string_large(16,11,Cyan,Black,"+0.00V");
  TFT_string( 3,25,White,Black,"커서");      // display key function
  TFT_string( 3,27,White,Black,"좌측");
  TFT_string(13,25,White,Black,"커서");
  TFT_string(13,27,White,Black,"우측");
  TFT_string(23,25,White,Black," 값 ");
  TFT_string(23,27,White,Black,"증가");
  TFT_string(33,25,White,Black," 값 ");
  TFT_string(33,27,White,Black,"감소");
  Rectangle( 18,196,  61,234, Cyan);
  Rectangle( 98,196, 141,234, Cyan);
  Rectangle(178,196, 221,234, Cyan);
  Rectangle(258,196, 301,234, Cyan);
  TFT_color(White,Black);

  PORTD_DIRSET = 0x40;                       // PD7 = output for VOUT
  VREF_DACOREF = 0x86;                       // DACOREF = VREFA input = 4.5V
  DAC0_CTRLA = 0x41;                         // enable DAC0
  DAC0_DATA = 0;                             // DAC0OUT = 0

  TFT_cursor(Red);                           // display cursor
  Xcursor = 25;
  Ycursor = 11;

  while(1)
    { key = Key_input();                     // key input
      switch(key)
        { case KEY1 : if(Xcursor == 25)      Xcursor = 20;
                      else if(Xcursor == 20) Xcursor = 19;
                      else if(Xcursor == 19) Xcursor = 17;
                      else if(Xcursor == 17) Xcursor = 25;
```

```
                    break;
          case KEY2 : if(Xcursor == 17)        Xcursor = 19;
                      else if(Xcursor == 19) Xcursor = 20;
                      else if(Xcursor == 20) Xcursor = 25;
                      else if(Xcursor == 25) Xcursor = 17;
                      break;
          case KEY3 : if(Xcursor == 17)
                        { if(digit1 >= 4) digit1 = 4;
                          else            digit1++;
                        }
                      else if(Xcursor == 19)
                        { if(digit2 >= 9) digit2 = 9;
                          else            digit2++;
                        }
                      else if(Xcursor == 20)
                        { if(digit3 >= 9) digit3 = 9;
                          else            digit3++;
                        }
                      break;
          case KEY4 : if(Xcursor == 17)
                        { if(digit1 == 0) digit1 = 0;
                          else            digit1--;
                        }
                      else if(Xcursor == 19)
                        { if(digit2 == 0) digit2 = 0;
                          else            digit2--;
                        }
                      else if(Xcursor == 20)
                        { if(digit3 == 0) digit3 = 0;
                          else            digit3--;
                        }
                      break;
          default:    break;
        }

      voltage = (float)digit1 + (float)digit2*0.1 + (float)digit3*0.01;
      if(voltage > 4.5)
        { voltage = 4.5;
          digit1 = 4; digit2 = 5; digit3 = 0;
        }
      TFT_xy(17,11);                                // display voltage
      TFT_unsigned_float_large(voltage,1,2);
      TFT_string_large(25,11,White,Black," ");

      DAC_data = voltage * 1023. / 4.5 + 0.5;       // output D/A data
      DAC0_DATA = DAC_data << 6;
    }
}
```

☞ 이 프로그램에서 키 입력으로 설정하는 전압값은 사람이 보기에 좋도록 하기 위하여 큰 글씨로 표시하였으며, 현재 설정하는 자리수의 위치를 알 수 있도록 커서를 사용하였다.

이 프로그램에서 키 입력으로 설정할 수 있는 출력 전압값은 0~+4.50V까지 가능하므로 이를 초과하여 설정하면 강제로 +4.50V가 되도록 리미트(limit) 처리하였다.

이 프로그램을 실행하고 KEY1~KEY4를 사용하여 D/A 컨버터로 출력할 전압을 가변하여 설정하면서 디지털 멀티미터나 오실로스코프로 DAC0 단자에 출력되는 전압을 측정하여 보라.

4. D/A 컨버터로 함수 파형을 출력하는 프로그램

이번에는 D/A 컨버터를 사용하여 각각 삼각파와 정현파를 출력하는 프로그램을 작성하여 보기로 한다. 파형의 주파수는 모두 1kHz로 하며, 진폭은 DAC0 단자에서 0~+2.50V이고, DAC1 단자에서 0~+5.00V이며, DAC2 단자에서 -5.00~+5.00V가 되도록 한다.

여기서 1주기의 파형은 총 200개의 데이터로 구성되도록 하였으므로 1kHz의 파형을 출력하려면 200kHz의 주파수로 인터럽트를 발생하여 매 5μs마다 1개씩 데이터를 출력해야 한다. 따라서, DSP나 ARM Cortex-M4/M7처럼 연산속도가 빠른 마이크로컨트롤러에서는 이 데이터를 5μs마다 실시간으로 계산하여 얻을 수 있고 이를 D/A 컨버터에 출력하여 파형을 발생할 수 있으나, AVR128DA64에서는 이런 고속의 실수 연산이 불가능하므로 프로그램의 서두에서 미리 200개의 데이터를 계산하여 메모리에 테이블로 저장하여 놓고 이를 5μs마다 실시간으로 차례차례 읽어서 D/A 컨버터에 출력하는 방법을 사용한다.

(1) -5V~+5V의 삼각파를 출력하는 방법

주기적인 인터럽트로 테이블에 저장된 데이터를 읽어서 D/A 컨버터에 출력하는 방법으로 DAC2 단자에 주파수 1kHz, 진폭 -5.0V~+5.0V의 삼각파를 출력하는 프로그램을 C언어로 작성하면 다음과 같다.

〈프로그램 Exp14_4.c〉 D/A 컨버터로 삼각파 전압 파형을 출력하는 프로그램

```
/* ========================================================================== */
/*              Exp14_4.c : D/A 컨버터로 삼각파를 출력하는 프로그램               */
/* ========================================================================== */
/*                        Designed and programmed by Duck-Yong Yoon in 2022.  */

#include <avr/io.h>
#include <avr/interrupt.h>
#include "OK-128DA.h"

unsigned int DAC_data[200];
volatile unsigned char table_index;

ISR(TCA1_OVF_vect)                              /* TCA1 interrupt function (200kHz) */
{
  DAC0_DATA = DAC_data[table_index] << 6;       // get data table

  table_index++;                                // next data
  if(table_index == 200)                        // 1 period complete ?
    table_index = 0;

  TCA1_SINGLE_INTFLAGS = 0x01;                  // clear overflow interrupt flag
}
```

```
int main(void)
{
  unsigned char x, i;

  MCU_initialize();                             // initialize AVR128DA64 MCU
  Delay_ms(50);                                 // wait for system stabilization
  LCD_initialize();                             // initialize text LCD module
  TFT_initialize();                             // initialize TFT-LCD module

  LCD_string(0x80," OK-128DA  V1.0 ");          // display title
  LCD_string(0xC0,"   Exp14_4.c    ");
  Beep();

  TFT_string(0,2,White,Magenta,"    D/A 컨버터  삼각파 출력 프로그램    ");
  TFT_string(1,7,White,Black,"디지털 메모리 오실로스코프를 사용하여");
  TFT_string(6,9,White,Black,"DAC0 ~ DAC2를 측정하시오 !");
  TFT_string(6,15,Cyan,Black,"DAC0 : 1kHz, 0 ~ +2.5V");
  TFT_string(6,18,Cyan,Black,"DAC1 : 1kHz, 0 ~ +5.0V");
  TFT_string(6,21,Cyan,Black,"DAC2 : 1kHz, -5.0V ~ +5.0V");

  for(x = 0; x <= 100; x++)                     // calculate data of triangle wave
    DAC_data[x] = (unsigned int)(((float)x*1023./100.)*2.5/4.5 + 0.5);
  i = 1;
  for(x = 101; x < 200; x++)
    { DAC_data[x] = DAC_data[100-i];
      i++;
    }

  table_index = 0;                              // initialize variable

  PORTD_DIRSET = 0x40;                          // PD7 = output for VOUT
  VREF_DACOREF = 0x86;                          // DACOREF = VREFA input = 4.5V
  DAC0_CTRLA = 0x41;                            // enable DAC0
  DAC0_DATA = 0;                                // DAC0OUT = 0

  TCA1_SINGLE_CTRLD = 0x00;                     // TCA1 = normal mode
  TCA1_SINGLE_CTRLB = 0x00;                     // CLK_TCA1 = 24MHz / 2 = 12MHz
  TCA1_SINGLE_PER = 59;                         // 12MHz / (59 + 1) = 200kHz
  TCA1_SINGLE_INTCTRL = 0x01;                   // enable overflow interrupt
  TCA1_SINGLE_CTRLA = 0x03;
  sei();                                        // global interrupt enable

  while(1);
}
```

☞ 이 프로그램에서는 먼저 1주기의 삼각파 데이터를 200개로 나누어 계산하고 이를 DAC_data[200]의 테이블에 저장하였으며, 타이머 TCA1을 사용한 200kHz의 인터럽트로 이 테이블을 차례로 읽어서 D/A 컨버터에 출력하였다. 데이터 테이블을 만들 때는 삼각파 데이터가 D/A 컨버터에서 0~+2.5V의 범위로 출력되도록 크기를 조정하였으며, 이렇게 함으로써 인터럽트 함수에서는 어떤 연산 처리도 수행할 필요가 없이 5μs의 짧은 시간에 무난하게 이를 읽어서 출력할 수 있도록 하였다.

이 프로그램을 컴파일하고 다운로드하여 실행하고, DAC0, DAC1, DAC2 단자에 출력되는 파형을 오실로스코프로 측정하여 보라. 실제로 이를 측정한 파형을 <그림 4.14.2>에 보였다. 여기서 보듯이 DAC0의 파형이 비반전 증폭기로 2배 증폭되어 DAC1의 파형으로 나타나며, 이것이 DAC2의 파형으로 변환될 때는 극성이 반전되어 나타나는 것을 알 수 있다. 만약, 최종 출력에서 이러한 극성 반전이 나타나지 않도록 하고 싶다면 <그림 2.14.1>의 회로에서 Op Amp U11B의 +와 -입력 단자를 서로 바꾸어 사용하면 된다.

여기서 -5.0V~+5.0V의 전원전압 범위에서 파형이 무난하게 출력되도록 Op Amp를 rail-to-rail input/output형인 TLV2372ID로 사용하였으나, 아무리 rail-to-rail형의 Op Amp라고 하더라도 전원전압의 양쪽 끝인 ±5.0V 부분에서는 파형이 다소 왜곡되거나 크기가 약간 줄어들어 출력될 수도 있다는 점을 감안해야 한다. 이를 피하려면 전원전압 부근의 전압은 사용하지 않도록 설계하는 것이 좋다. 이와 마찬가지 이유로 AVR128DA64에서 D/A 컨버터의 출력 전압도 최소값인 GND 부근이나 최대값인 기준전압 부근에서는 사용하지 않는 것이 좋다.

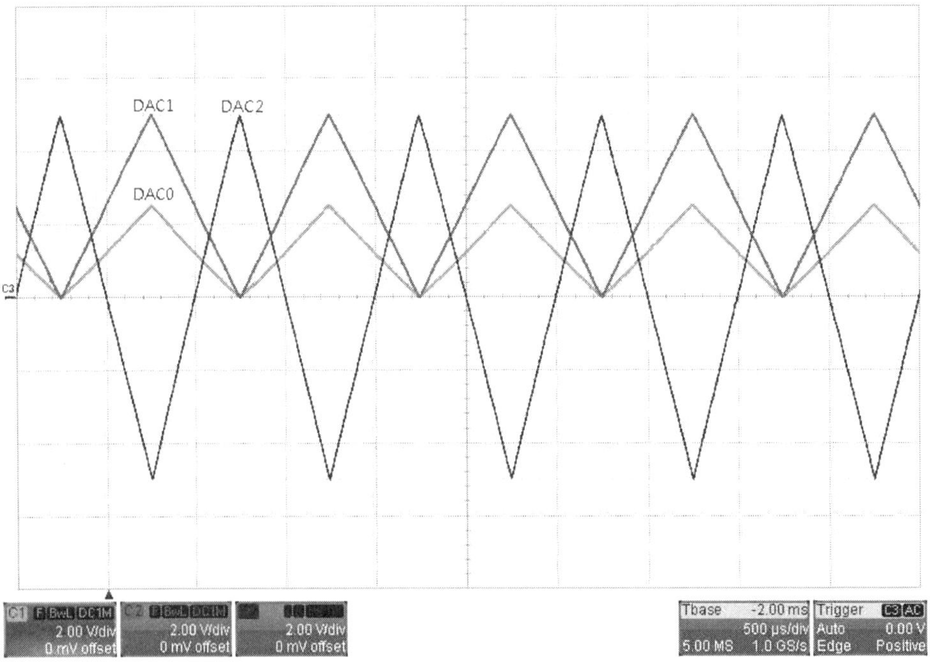

〈그림 4.14.2〉 프로그램 Exp14_4.c에 의한 삼각파 함수 출력 파형

(2) -5V~+5V의 정현파를 출력하는 방법

이번에는 주기적인 인터럽트로 테이블에 저장된 데이터를 읽어서 D/A 컨버터에 출력하는 방법으로 DAC2 단자에 주파수 1kHz, 진폭 -5.0V~+5.0V의 정현파를 출력하는 프로그램을 C언어로 작성하면 다음과 같다.

〈프로그램 Exp14_5.c〉 D/A 컨버터로 정현파 전압 파형을 출력하는 프로그램

```
/* ============================================================================ */
/*            Exp14_5.c : D/A 컨버터로 정현파를 출력하는 프로그램                 */
/* ============================================================================ */
/*                          Designed and programmed by Duck-Yong Yoon in 2022.  */

#include <avr/io.h>
#include <avr/interrupt.h>
#include "OK-128DA.h"

unsigned int DAC_data[200];
volatile unsigned char table_index;

ISR(TCA1_OVF_vect)                              /* TCA1 interrupt function (200kHz) */
{
  DAC0_DATA = DAC_data[table_index] << 6;       // get data table

  table_index++;                                // next data
  if(table_index == 200)                        // 1 period complete ?
    table_index = 0;

  TCA1_SINGLE_INTFLAGS = 0x01;                  // clear overflow interrupt flag
}

int main(void)
{
  unsigned char x;

  MCU_initialize();                             // initialize AVR128DA64 MCU
  Delay_ms(50);                                 // wait for system stabilization
  LCD_initialize();                             // initialize text LCD module
  TFT_initialize();                             // initialize TFT-LCD module

  LCD_string(0x80," OK-128DA  V1.0 ");          // display title
  LCD_string(0xC0,"    Exp14_5.c    ");
  Beep();

  TFT_string(0,2,White,Magenta,"    D/A 컨버터  정현파 출력 프로그램    ");
  TFT_string(1,7,White,Black,"디지털 메모리 오실로스코프를 사용하여");
  TFT_string(6,9,White,Black,"DAC0 ~ DAC2를 측정하시오 !");
  TFT_string(6,15,Cyan,Black,"DAC0 : 1kHz, 0 ~ +2.5V");
  TFT_string(6,18,Cyan,Black,"DAC1 : 1kHz, 0 ~ +5.0V");
  TFT_string(6,21,Cyan,Black,"DAC2 : 1kHz, -5.0V ~ +5.0V");

  for(x = 0; x < 200; x++)                      // calculate data of sinusoidal wave
    DAC_data[x] = (unsigned int)((511.*sin(x*1.8*3.141592/180.) + 511.)*2.5/4.5 + 0.5);

  table_index = 0;                              // initialize variable

  PORTD_DIRSET = 0x40;                          // PD7 = output for VOUT
  VREF_DAC0REF = 0x86;                          // DAC0REF = VREFA input = 4.5V
  DAC0_CTRLA = 0x41;                            // enable DAC0
  DAC0_DATA = 0;                                // DAC0OUT = 0

  TCA1_SINGLE_CTRLD = 0x00;                     // TCA1 = normal mode
  TCA1_SINGLE_CTRLB = 0x00;                     // CLK_TCA1 = 24MHz / 2 = 12MHz
  TCA1_SINGLE_PER = 59;                         // 12MHz / (59 + 1) = 200kHz
  TCA1_SINGLE_INTCTRL = 0x01;                   // enable overflow interrupt
  TCA1_SINGLE_CTRLA = 0x03;
  sei();                                        // global interrupt enable

  while(1);
}
```

☞ 이 프로그램에서는 먼저 1주기의 정현파 데이터를 200개로 나누어 계산하고 이를 DAC_data[200]의

테이블에 저장하였으며, 타이머 TCA1을 사용한 200kHz의 인터럽트로 이 테이블을 차례로 읽어서 D/A 컨버터에 출력하였다. 데이터 테이블을 만들 때는 정현파 데이터가 D/A 컨버터에서 0~+2.5V의 범위로 출력되도록 크기를 조정하였으며, 이렇게 함으로써 인터럽트 함수에서는 어떤 연산 처리도 수행할 필요가 없이 5μs의 짧은 시간에 무난하게 이를 읽어서 출력할 수 있도록 하였다.

이 프로그램을 컴파일하고 다운로드하여 실행하고, DAC0, DAC1, DAC2 단자에 출력되는 파형을 오실로스코프로 측정하여 보라. 실제로 이를 측정한 파형을 <그림 4.14.3>에 보였다. 여기서 보듯이 DAC0의 파형이 비반전 증폭기로 2배 증폭되어 DAC1의 파형으로 나타나며, 이것이 DAC2의 파형으로 변환될 때는 극성이 반전되어 나타나는 것을 알 수 있다. 만약, 최종 출력에서 이러한 극성 반전이 나타나지 않도록 하고 싶다면 <그림 2.14.1>의 회로에서 Op Amp U11B의 +와 -입력 단자를 서로 바꾸어 사용하면 된다.

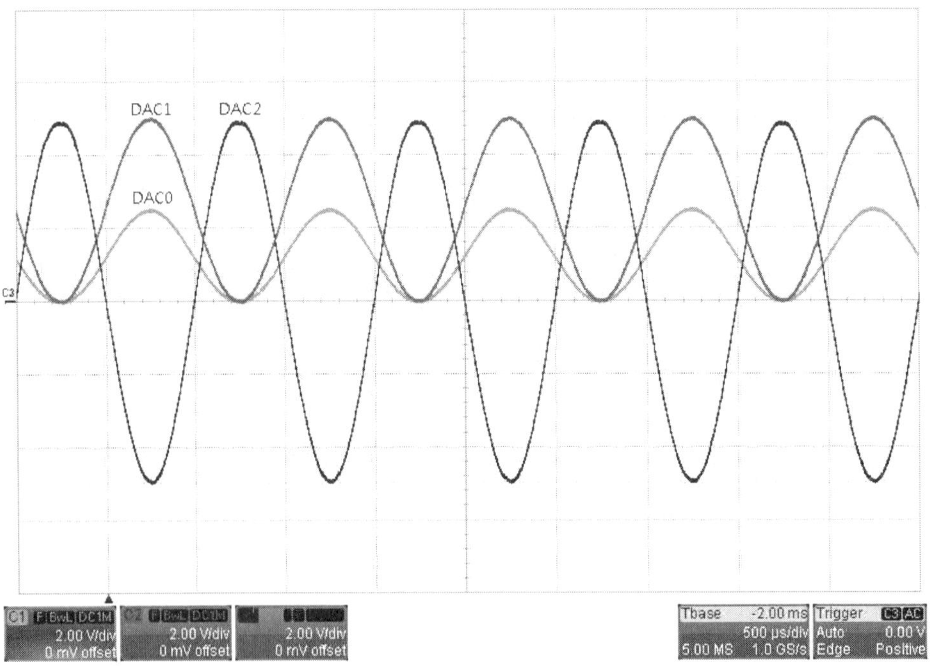

〈그림 4.14.3〉 프로그램 Exp14_5.c에 의한 정현파 함수 출력 파형

여기서 -5.0V~+5.0V의 전원전압 범위에서 파형이 무난하게 출력되도록 Op Amp를 rail-to-rail input/output형인 TLV2372ID로 사용하였으나, 아무리 rail-to-rail형의 Op Amp라고 하더라도 전원전압의 양쪽 끝인 ±5.0V 부분에서는 파형이 다소 왜곡되거나 크기가 약간 줄어들어 출력될 수도 있다는 점을 감안해야 한다. 이를 피하려면

전원전압 부근의 전압은 사용하지 않도록 설계하는 것이 좋다. 이와 마찬가지 이유로 AVR128DA64에서 D/A 컨버터의 출력 전압도 최소값인 GND 부근이나 최대값인 기준전압 부근에서는 사용하지 않는 것이 좋다.

5. 실습 과제

(1) <그림 4.14.1>의 회로에서 D/A 컨버터가 출력하는 0∼+2.5V의 전압을 -5.0V∼+5.0V의 범위로 변환하는 Op Amp 회로의 동작을 설명하라.

(2) <그림 4.14.1>의 회로에서 사용하는 Op Amp는 반드시 rail-to-rail input and output형이어야 하는 이유를 설명하라.

(3) 예제 프로그램 Exp14_4.c에서 데이터 테이블에 저장하는 1주기의 데이터는 200개로 하였는데, 만약 이를 100개로 줄이거나 360개로 늘린다면 각각 어떤 문제와 장단점이 있을지 설명하라.

(4) 앞의 예제 프로그램 Exp14_4.c에서 출력 파형의 주파수가 500Hz로 되도록 수정한 프로그램 Exp14_4R1.c와 출력 파형의 주파수가 2kHz로 되도록 수정한 프로그램 Exp14_4R2.c를 작성하라.

(5) 예제 프로그램 Exp14_4.c와 Exp14_5.c를 하나로 결합하여 아무 때나 KEY1을 누르면 1kHz의 삼각파를 출력하고 KEY2를 누르면 1kHz의 정현파를 출력하도록 수정한 프로그램 Exp14_5R.c를 작성하라.

4.15 RS-232C 및 RS-485 직렬통신 프로그램

이 절에서는 AVR128DA64에 내장된 직렬통신 포트 USART1 및 USART2를 사용하여 비동기 RS-232C 통신과 RS-485 통신을 수행하는 프로그램 작성 기술을 공부한다. 이 직렬통신 포트는 동기 및 비동기 통신을 모두 사용할 수 있으나 여기서는 비동기 통신만 사용한다.

퍼스널컴퓨터와 *OK-128DA* 키트 사이에서 RS-232C 직렬통신을 수행하려면 퍼스널컴퓨터에도 당연히 이에 대응되는 RS-232C 직렬통신 포트와 통신 프로그램을 갖추고 있어야 한다. 이러한 직렬통신 프로그램으로는 인터넷에서 무료로 쉽게 구할 수 있는 Tera Term이나 ComPortMaster 등의 소프트웨어를 사용하면 된다.

그러나, 지금은 시대적으로 퍼스널컴퓨터에서 RS-232C 직렬통신 포트를 점차 사용하지 않는 추세이며 더구나 RS-485 통신은 직접적으로 지원하지 않으므로 여기서는 2개의 *OK-128DA* 키트 사이에서 RS-485 직렬통신을 수행하기로 한다.

관련 내용	(1) 제2.11절 USART 직렬통신 포트(USARTn) (2) 제3.1절 *OK-128DA* 키트의 구조와 기능

1. *OK-128DA* 키트의 직렬통신 관련 회로

OK-128DA 키트에서는 직렬통신 포트 USART1을 사용하여 RS-232C 통신을 수행하고, 직렬통신 포트 USART2를 사용하여 RS-485 통신을 수행할 수 있도록 설계하였는데, 그 회로는 <그림 4.15.1>과 같다. RS-232C는 하드웨어적인 통신 규격이 명확하게 정해져 있어서 통신 컨넥터까지 규정에 맞도록 사용해야 하는데, 이 키트에서는 핸드세이킹 제어를 사용하지 않으므로 9핀의 표준 컨넥터에서 TXD, RXD, GND의 3핀만 사용한다. 그러나, RS-485에서는 차동 통신 신호 A, B의 규격은 명확하게 정해져 있으나 컨넥터의 물리적인 규격은 정해져 있지 않으므로 *OK-128DA* 키트에서는 RS-232C용의 컨넥터에서 사용하지 않는 핀에 A, B의 신호선을 적절히 할당하여 이 컨넥터를 RS-232C 통신용으로 사용할 수도 있고 RS-485 통신용으로 사용할 수도 있도록 하였다.

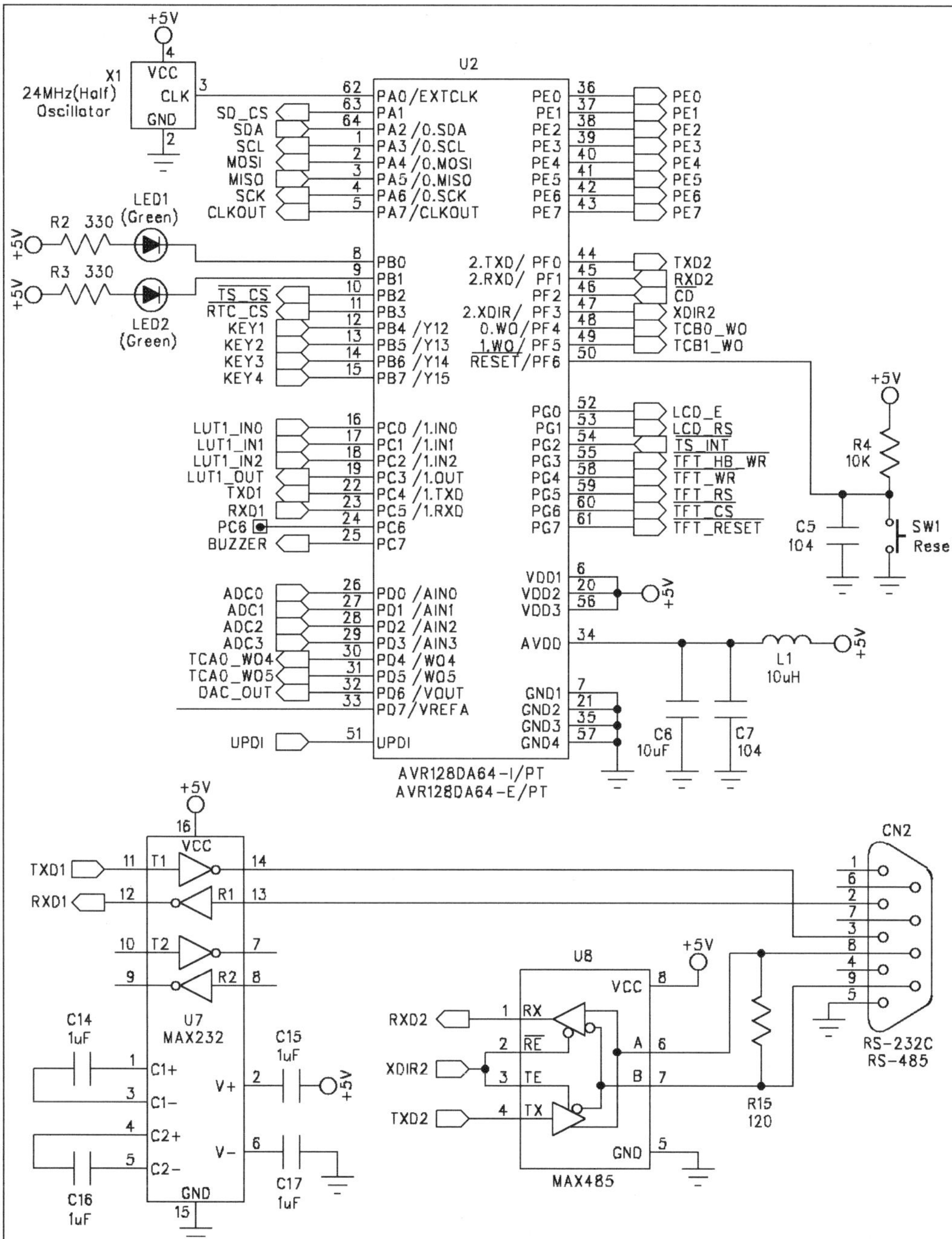

〈그림 4.15.1〉 *OK-128DA* 키트에서 RS-232C 및 RS-485 통신과 관련된 회로

단일 극성(single-ended) 방식의 RS-232C 통신과 차동(differential) 신호 방식의 RS-485 통신에 대하여 주요 사양 및 특징을 요약하여 비교하면 <표 4.15.1>과 같다.

〈표 4.15.1〉 RS-232C, RS-422, RS-485 직렬통신 방식의 전기적인 사양 요약

<table>
<tr><th colspan="2">항 목</th><th>RS-232C</th><th>RS-422A</th><th>RS-485</th></tr>
<tr><td colspan="2">동작 모드</td><td>single end</td><td>differential</td><td>differential</td></tr>
<tr><td colspan="2">접속 가능 대수</td><td>1 드라이버/1 리시버
(1:1 통신)</td><td>1 드라이버/10 리시버
(1:多 통신)</td><td>32 드라이버/ 32 리시버
(多:多 멀티포인트 통신)</td></tr>
<tr><td colspan="2">최대 전송선 길이</td><td>50피트(약 15 m)</td><td>4000피트(약 1200 m)</td><td>4000피트(약 1200 m)</td></tr>
<tr><td rowspan="3">최대
전송속도</td><td>12 m</td><td rowspan="3">20 Kbps</td><td>10 Mbps</td><td>10 Mbps</td></tr>
<tr><td>120 m</td><td>1 Mbps</td><td>1 Mbps</td></tr>
<tr><td>1200 m</td><td>100 Kbps</td><td>100 Kbps</td></tr>
<tr><td colspan="2">드라이버 출력전압</td><td>±5V ~ ±15V</td><td>±2V ~ ±6V</td><td>±1.5V ~ ±6V</td></tr>
<tr><td colspan="2">리시버 입력전압
"1" = mark
"0" = space</td><td>±3V ~ ±25V
-3V ~ -25V
+3V ~ +25V</td><td>±0.2V ~ ±6V
V_A-V_B = -0.2V~-6V
V_A-V_B = +0.2V~+6V</td><td>±0.2V ~ ±6V
V_A-V_B = -0.2V~-6V
V_A-V_B = +0.2V~+6V</td></tr>
<tr><td colspan="2">최대 동상전압</td><td></td><td>±7V</td><td>-7V ~ +12V</td></tr>
<tr><td colspan="2">드라이버 부하저항</td><td>3 kΩ ~ 7 kΩ</td><td>100 Ω</td><td>54 Ω</td></tr>
<tr><td colspan="2">리시버 입력저항</td><td>3 kΩ ~ 7 kΩ</td><td>> 4 kΩ</td><td>> 12 kΩ</td></tr>
<tr><td colspan="2" rowspan="2">드라이버 IC</td><td rowspan="2">SN75150, SN75188, MC1488
MAX232, MAX3232</td><td>SN75158, MC3487</td><td>MAX485, MAX3485</td></tr>
<tr><td colspan="2">SN75172, SN75174</td></tr>
<tr><td colspan="2" rowspan="2">리시버 IC</td><td rowspan="2">SN75152, SN75189, MC1489
MAX232, MAX3232</td><td>SN75157, MC3486</td><td>MAX485, MAX3485</td></tr>
<tr><td colspan="2">SN75173, SN75175</td></tr>
<tr><td colspan="2">컨넥터</td><td>DB-25 25핀
DB-9 9핀</td><td>규정되지 않음</td><td>규정되지 않음</td></tr>
<tr><td colspan="2">접속법</td><td>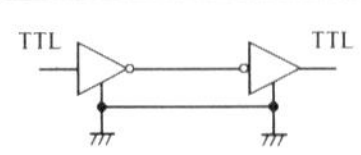
(단일선 인터페이스)</td><td>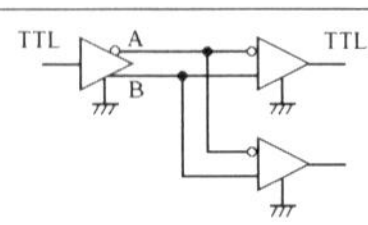
(평형 차동 인터페이스)</td><td>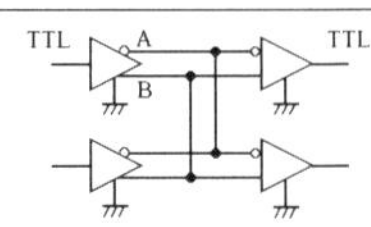
(평형 차동 인터페이스)</td></tr>
</table>

또한, 다양한 직렬통신을 수행하는 시스템 구성의 체계를 종합하여 보임으로써 각 통신 방식의 차이를 알 수 있도록 그림으로 설명하면 <그림 4.15.2>와 같다. 여기서 보듯이 RS-232C와 RS-485는 모두 좀 오래된 전통적인 클래식 방식의 직렬통신이지만 RS-485가 더 통신속도가 빠르고 통신 거리가 길며 차동 신호를 사용하여 내잡음성이 우수한 특성을 갖는다.

RS-232C에서는 통신 거리를 늘리기 위하여 CPU 측에서 기능 레벨 변환 회로를 거쳐서 나온 TTL 레벨의 UART 신호를 좀더 높은 전압 레벨의 디지털 신호로 변환하여 전송한다. <그림 4.15.1>에서 보듯이 *OK-128DA* 키트에서는 MAX232 소자가 이런 회로 레벨 변환 회로를 구성하는데, 여기서는 0~5V의 TXD 신호가 ±6~±8V 정도의 TXD 신호로 변환된다. TXD 신호가 H라면 이는 -6~-8V의 신호가 되고, L이면 이는 +6~+8V가 되어 전압 레벨만 변환되는 것이 아니라 로직 상태도 반전된다. 이를 위하여 MAX232 소자는 4개의 커패시터를 사용한 전압 변환 회로가 +5V 전원을 ±6~±8V로 변환하여 사용한다. RXD 신호는 그 반대 방향으로 변환된다.

RS-485는 CPU 측에서 기능 레벨 변환 회로를 거쳐서 나온 TTL 레벨의 UART 신호를 차동 신호로 변환하여 전송한다. <그림 4.15.1>에서 보듯이 *OK-128DA* 키트에서는 MAX485 소자가 이런 회로 레벨 변환 회로를 구성하는데, 여기서는 0~5V의 TXD 신호가 2개의 차동 신호 A, B로 변환되거나 반대로 차동 신호 A, B가 RXD 신호로 변환된다. RS-485 통신의 차동 신호 A, B는 송신 기능과 수신 기능에 공통으로 사용되므로 MAX485는 송신 동작에서 TXD 신호를 연결하여 차동 송신 신호 A, B로 변환하고, 수신 동작에서 차동 수신 신호 A, B를 변환하여 RXD에 연결하는 스위칭 동작을 수행하며, 이러한 송신 및 수신의 스위칭 동작은 UART의 XDIR 신호에 의하여 제어된다. 차동 신호 A, B는 모두 0~5V의 전압 범위를 갖지만 TXD 신호가 H라면 이는 A > B의 출력 전압이 만들어져서 (+)극성의 차동 전압이 되고, L이라면 이는 A < B의 출력 전압이 만들어져서 (-)극성의 차동 전압이 된다.

RS-485는 기본적으로 여러개의 호스트 컴퓨터가 멀티 포인트(multi-point) 방식으로 연결되어 사용되는데, 가장 먼 양쪽 끝의 단말기 앞에서는 차동 신호 A, B 사이에 120Ω의 종단 저항을 사용하는 것이 권장된다.

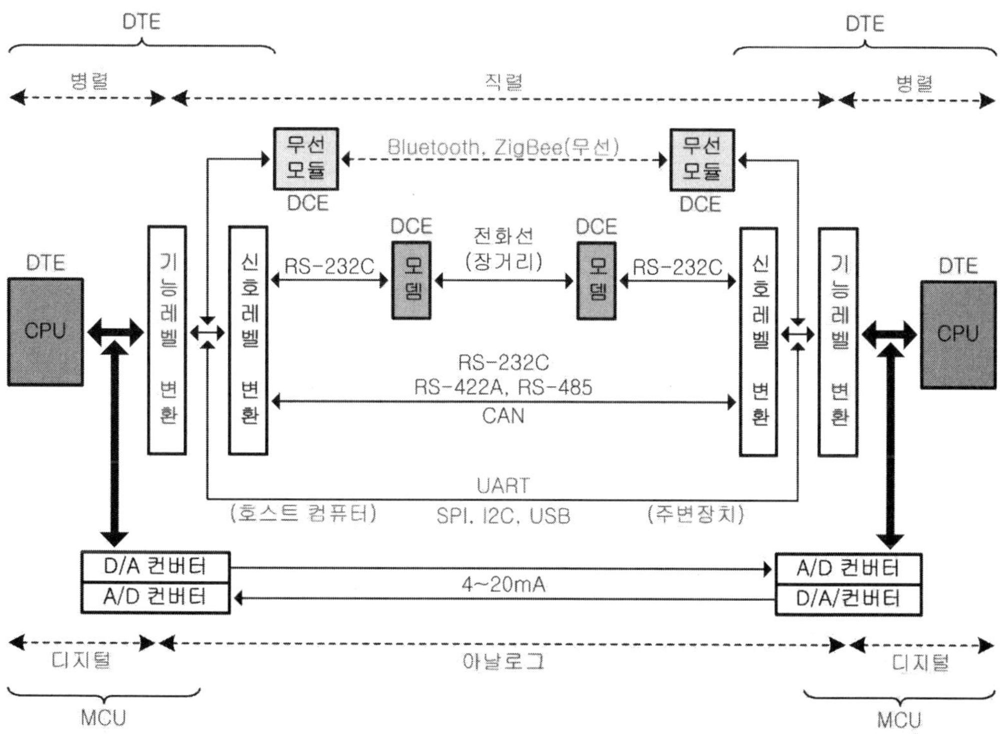

〈그림 4.15.2〉 여러 가지 직렬통신 방식을 사용하는 시스템의 구성도

2. USART1 통신포트의 루프백 테스트

모든 직렬통신은 최소한 2개 이상의 DTE 장비 사이에서 수행되는 것이므로 직렬통신을 테스트하려면 외부에 별도로 동일한 방식의 통신 장비를 가지고 있어야 한다. 그러나, 때로는 자신이 가지고 있는 장비 1개만을 가지고 직렬통신 동작이 정상적으로 수행되는지 확인하고 싶을 경우가 있다. 이런 경우에는 이 장비의 송신 신호선을 수신 신호선에 연결하여 자신이 송신한 데이터를 곧바로 수신하여 보는 방법을 사용할 수 있는데 이를 루프백 테스트(loopback test)라고 한다.

AVR128DA64의 직렬통신 포트에는 내부에서 TXD 신호를 RXD 신호에 연결하여 1선 방식으로 통신을 수행하거나 루프백 테스트를 수행할 수 있는 기능을 가지고 있다. 여기서는 이 기능을 사용하여 외부에 다른 하드웨어를 추가하지 않고 간단하게 *OK-128DA* 키트의 USART1 통신포트를 루프백 테스트하는 프로그램을 작성하여 보기로 한다. 전송 데이터 포맷은 19200 bps, 8비트 데이터, 1 스톱 비트로 하였으며, 패리티 비트는 사용하지 않는 것으로 설정하였다.

〈프로그램 Exp15_1.c〉 USART1 통신포트의 루프백 테스트 프로그램(1)

```
/* ========================================================================== */
/*        Exp15_1.c : USART1 직렬통신의 루프백 테스트(TXD-RXD 내부 연결)        */
/* ========================================================================== */
/*                       Designed and programmed by Duck-Yong Yoon in 2022.   */

#include <avr/io.h>
#include "OK-128DA.h"

int main(void)
{
  unsigned char i, test_flag, RxD;
  unsigned char string[24] = { "OK-128DA V1.0 Kit USART1" };

  MCU_initialize();                          // initialize AVR128DA64 MCU
  Delay_ms(50);                              // wait for system stabilization
  LCD_initialize();                          // initialize text LCD module
  TFT_initialize();                          // initialize TFT-LCD module

  LCD_string(0x80," OK-128DA  V1.0 ");       // display title
  LCD_string(0xC0,"   Exp15_1.c    ");
  Beep();

  TFT_string(0,2,White,Magenta,"  USART1 통신 루프백 테스트(내부 연결)  ");
  TFT_string(1,7,White,Black,"CN2 컨넥터에 케이블을 연결하지 마시오!");
  TFT_string(1,9,White,Black,"  (USART1 내부에서 TXD-RXD가 연결됨)  ");
  TFT_string(2,16,Cyan, Black,"송신 문자 : ");
  TFT_string(2,19,Cyan, Black,"수신 문자 : ");
  Delay_ms(1000);

  PORTC_DIRSET = 0x10;                       // PC4(TXD1) = output
  PORTC_DIRCLR = 0x20;                       // PC5(RXD1) = input
  PORTMUX_USARTROUTEA = 0x04;                // PC4 = TXD, PC5 = RXD
  PORTC_PIN4CTRL = 0x08;                     // TXD = pullup enable
```

```
    USART1_BAUD = 5000;                       // 64*24MHz/16/5000 = 19200 bps
    USART1_CTRLC = 0x03;                      // 8-data, 1 stop, no parity
    USART1_CTRLB = 0xC8;                      // RXEN = TXEN = 1, TXD = open drain
    USART1_CTRLA = 0x08;                      // one-wire mode(loopback mode)
    RxD = USART1_RXDATAL;                     // dummy read
    RxD = USART1_RXDATAH;

    while(1)
      { test_flag = 0;
        for(i = 0; i < 24; i++)
          { while((USART1_STATUS & 0x20) != 0x20); // transmit buffer empty ?
            USART1_TXDATAL = string[i];       // transmit test data
            TFT_xy(14+i,16);                  // display transmitted test data
            TFT_color(Yellow,Black);
            TFT_English(string[i]);
            Delay_ms(1);                      // wait to receive test data
            RxD = USART1_RXDATAL;             // receive test data
            TFT_xy(14+i,19);                  // display transmitted test data
            TFT_color(White,Black);
            TFT_English(RxD);

            if(RxD == string[i]) test_flag++; // data OK ?
            Tick();
            Delay_ms(300);
          }

        if(test_flag == 24)
          { TFT_string(12,24,Green,Black,"통신 테스트 OK !");
            Beep();
          }
        else
          { TFT_string(11,24,Red,Black,"통신 테스트 에러 !");
            Beep_3times();
          }
        Delay_ms(3000);

        TFT_string(11,24,White,Black,"                  "); // clear message
        TFT_string(14,16,White,Black,"                        ");
        TFT_string(14,19,White,Black,"                        ");
      }
}
```

☞ 여기서는 USART1을 1선 모드(루프백 모드)로 설정하여 내부에서 TXD 신호가 RXD 신호에 연결되도록 하였다. 이 예제 프로그램을 수행하면 24문자의 메시지 "OK-128DA V1.0 Kit USART1"을 1문자씩 차례로 송신하고 수신하여 USART1 포트에서 직렬통신이 정상적으로 수행되는지를 테스트한다. 모든 송수신 동작이 정상적으로 수행되었으면 "통신 테스트 OK !"라는 결과 메시지가 TFT-LCD에 출력되고, 송수신이 정상적으로 수행되지 않았으면 "통신 테스트 에러 !"라는 결과 메시지가 출력된다.

앞의 <표 1.2.5>에서 보듯이 AVR128DA64의 USART1 포트에서 TXD, RXD 신호는 각각 기본적으로 PC0, PC1 단자를 사용하게 되어 있지만, 포트 멀티플렉서를 사용하여 이것이 PC4, PC5 단자를 사용하도록 변경할 수 있다. *OK-128DA* 키트에서는 USART1 포트의 TXD, RXD 신호를 PC4, PC5 단자에서 사용하도록 설계하였으므로 USART1 포트를 초기화할 때 이러한 포트 멀티플렉싱이 필요하다.

위의 예제 프로그램 Exp15_1.c에서는 USART1 통신 포트의 내부에서 TXD 신호와 RXD 신호가 연결되어 루프백 테스트가 수행되기 때문에 USART1의 TXD 및 RXD 신호가 RS-232C 인터페이스 회로를 경유하지 않게 되어 MAX232 및 4개의 커패시터로 구성되는 인터페이스 회로에서 통신 컨넥터 CN2에 이르는 하드웨어의 정상 동작 여부는 체크하지 못하는 문제가 있다.

이 때문에 이번 예제 프로그램에서는 외부에서 루프백 기능을 수행하여 보기로 한다. *OK-128DA* 키트에서 RS-232C 직렬통신 컨넥터 CN2에 통신 케이블을 연결하면 이것은 양쪽에 모두 암컷 컨넥터를 사용하므로 <그림 3.1.8>에서 보였듯이 통신선의 반대편 끝에서 TXD(3번)와 RXD(2번) 신호선을 쉽게 점퍼선으로 연결하여 루프백 테스트가 가능하도록 한다. 여기서도 USART1의 데이터 전송 포맷은 19200 bps, 8비트 데이터, 1 스톱 비트로 하고 패리티 비트는 사용하지 않는 것으로 설정한다.

〈프로그램 Exp15_2.c〉 USART1 통신포트의 루프백 테스트 프로그램(2)

```
/* ============================================================================ */
/*       Exp15_2.c : USART1 직렬통신의 루프백 테스트(TXD-RXD 외부 연결)        */
/* ============================================================================ */
/*                    Designed and programmed by Duck-Yong Yoon in 2022.  */

#include <avr/io.h>
#include "OK-128DA.h"

int main(void)
{
  unsigned char i, test_flag, RxD;
  unsigned char string[24] = { "OK-128DA V1.0 Kit USART1" };

  MCU_initialize();                           // initialize AVR128DA64 MCU
  Delay_ms(50);                               // wait for system stabilization
  LCD_initialize();                           // initialize text LCD module
  TFT_initialize();                           // initialize TFT-LCD module

  LCD_string(0x80," OK-128DA  V1.0 ");        // display title
  LCD_string(0xC0,"   Exp15_2.c    ");
  Beep();

  TFT_string(0,2,White,Magenta,"  USART1 통신 루프백 테스트(외부 연결)  ");
  TFT_string(1,7,White,Black,"CN2 컨넥터에 RS-232C 케이블을 접속하고");
  TFT_string(6,9,White,Black,"2번핀과 3번핀을 연결하시오 !");
  TFT_string(2,16,Cyan, Black,"송신 문자 : ");
  TFT_string(2,19,Cyan, Black,"수신 문자 : ");
  Delay_ms(1000);

  PORTC_DIRSET = 0x10;                        // PC4(TXD1) = output
  PORTC_DIRCLR = 0x20;                        // PC5(RXD1) = input
  PORTMUX_USARTROUTEA = 0x04;                 // PC4 = TXD, PC5 = RXD

  USART1_BAUD = 5000;                         // 64*24MHz/16/5000 = 19200 bps
  USART1_CTRLC = 0x03;                        // 8-data, 1 stop, no parity
  USART1_CTRLB = 0xC0;                        // RXEN = TXEN = 1
  USART1_CTRLA = 0x00;                        // not use interrupts
  RxD = USART1_RXDATAL;                       // dummy read
  RxD = USART1_RXDATAH;

  while(1)
    { test_flag = 0;
      for(i = 0; i < 24; i++)
        { while((USART1_STATUS & 0x20) != 0x20); // transmit buffer empty ?
          USART1_TXDATAL = string[i];         // transmit test data
          TFT_xy(14+i,16);                    // display transmitted test data
          TFT_color(Yellow,Black);
          TFT_English(string[i]);
          Delay_ms(1);                        // wait to receive test data
          RxD = USART1_RXDATAL;               // receive test data
```

```
            TFT_xy(14+i,19);                    // display transmitted test data
            TFT_color(White,Black);
            TFT_English(RxD);

            if(RxD == string[i]) test_flag++;   // data OK ?
            Tick();
            Delay_ms(300);
          }

        if(test_flag == 24)
          { TFT_string(12,24,Green,Black,"통신 테스트 OK !");
            Beep();
          }
        else
          { TFT_string(11,24,Red,Black,"통신 테스트 에러 !");
            Beep_3times();
          }
        Delay_ms(3000);

        TFT_string(11,24,White,Black,"                  "); // clear message
        TFT_string(14,16,White,Black,"                  ");
        TFT_string(14,19,White,Black,"                  ");
      }
  }
```

3. 퍼스널컴퓨터와의 RS-232C 직렬통신

이제 *OK-128DA* 키트에서 RS-232C 통신 방식으로 외부의 퍼스널컴퓨터와 직렬통신을 수행하여 보기로 한다. 이를 위해서는 <그림 3.1.7>과 같은 통신 케이블이 필요하며, 퍼스널컴퓨터에서 실행할 Tera Term이나 ComPortMaster와 같은 직렬통신 프로그램도 준비해야 한다.

(1) 폴링 방식을 사용

먼저 송신 및 수신 동작에서 USART1 포트가 가지고 있는 상태 레지스터의 플랙 비트를 폴링(polling)하는 방법으로 통신을 수행하는 프로그램을 작성한다. 데이터를 송신할 때는 USART1_STATUS 레지스터의 DREIF 비트를 조사하여 현재 송신 버퍼가 비어있는지를 확인하고 송신할 데이터를 출력해야 하며, 데이터를 수신할 때는 이 상태 레지스터 USART1_STATUS의 RXCIF 비트를 조사하여 현재 수신 버퍼에 수신된 데이터가 있는지를 확인하고 수신 문자를 읽어야 한다. 직렬통신 포트의 이러한 플랙 비트를 마이크로프로세서가 빈번하게 조사하여 상태를 확인하는 방식으로 데이터 송신 또는 수신 동작을 처리하는 것을 폴링 방식이라고 한다.

〈프로그램 Exp15_3.c〉 USART1 통신포트를 이용한 폴링 방식의 통신 프로그램

```
/* ============================================================================ */
/*        Exp15_3.c : USART1(RS-232C) 직렬통신 - 폴링 방식으로 수신            */
/* ============================================================================ */
/*                          Designed and programmed by Duck-Yong Yoon in 2022.  */

#include <avr/io.h>
#include "OK-128DA.h"

unsigned char RX1_char(void);                 /* receive a character by USART1 */
void TX1_char(U08 data);                      /* transmit a character by USART1 */
void TX1_string(char *string);                /* transmit a string by USART1 */

/* ----- 메인 프로그램 ---------------------------------------------------- */

int main(void)
{
  unsigned char RxD, count;
  unsigned int color;

  MCU_initialize();                           // initialize AVR128DA64 MCU
  Delay_ms(50);                               // wait for system stabilization
  LCD_initialize();                           // initialize text LCD module
  TFT_initialize();                           // initialize TFT-LCD module

  LCD_string(0x80," OK-128DA  V1.0 ");        // display title
  LCD_string(0xC0,"   Exp15_3.c    ");
  Beep();

  TFT_string(0,2,White,Magenta,"  USART1(RS-232C) 직렬통신 - 폴링 방식  ");
  TFT_string(17,7,White,Blue," 송신 ");
  TFT_string( 9,10,White,Black,"KEY1~KEY4를 누르시오 !");
  TFT_string(17,15,White,Blue," 수신 ");
  Line(0,148,319,148,White);
  Line(0,220,319,220,White);

  PORTC_DIRSET = 0x10;                        // PC4(TXD1) = output
  PORTC_DIRCLR = 0x20;                        // PC5(RXD1) = input
  PORTMUX_USARTROUTEA = 0x04;                 // PC4 = TXD, PC5 = RXD

  USART1_BAUD = 5000;                         // 64*24MHz/16/5000 = 19200 bps
  USART1_CTRLC = 0x03;                        // 8-data, 1 stop, no parity
  USART1_CTRLB = 0xC0;                        // RXEN = TXEN = 1
  USART1_CTRLA = 0x00;                        // not use interrupts
  RxD = USART1_RXDATAL;                       // dummy read
  RxD = USART1_RXDATAH;

  count = 0;                                  // initialize received data display
  color = Cyan;
  TFT_xy(0,19);
  TFT_color(color,Black);

  while(1)
    { switch(Key_input())                     // key input
        { case KEY1 : TX1_string("  KEY1 is OK !  ");
                      TX1_char(0x0D); TX1_char(0x0A);
                      break;
          case KEY2 : TX1_string("  KEY2 is OK !  ");
                      TX1_char(0x0D); TX1_char(0x0A);
                      break;
          case KEY3 : TX1_string("  KEY3 is OK !  ");
                      TX1_char(0x0D); TX1_char(0x0A);
                      break;
          case KEY4 : TX1_string("  KEY4 is OK !  ");
                      TX1_char(0x0D); TX1_char(0x0A);
                      break;
          default:    break;
        }
```

```
      RxD = RX1_char();                          // receive data if any
      if((RxD >= 0x20) && (RxD <= 0x7F))
        { TFT_English(RxD);                      // display a character
          count++;                               // 160 character OK ?
          if(count >= 160)                       // if yes, go home
            { count = 0;
              TFT_xy(0,19);
              color ^= 0xFFFF;
              TFT_color(color,Black);
            }
        }
    }
}

/* ----- 사용자 정의 함수 ---------------------------------------------------- */

unsigned char RX1_char(void)                     /* receive a character by USART1 */
{
  if((USART1_STATUS & 0x80) == 0x80)             // if RXCIF = 1, return with data
    return USART1_RXDATAL;
  else                                           // if RXCIF = 0, return with 0x00
    return 0x00;
}

void TX1_char(U08 data)                          /* transmit a character by USART1 */
{
  while((USART1_STATUS & 0x20) != 0x20);         // data register empty(DREIF = 1) ?
  USART1_TXDATAL = data;                         // yes, transmit a character
}

void TX1_string(char *string)                    /* transmit a string by USART1 */
{
  while(*string != '\0')
    { TX1_char(*string);
      string++;
    }
}
```

☞ 이 예제 프로그램의 문자 수신 함수 RX1_char()에서는 상태 레지스터의 RXCIF 비트를 조사하여 현재까지 수신된 문자가 없으면 0x00값을 리턴하고, 수신된 문자가 있는 경우에는 그 문자를 읽어서 리턴한다. 그러나, 메인 루틴에서는 이 수신 문자중에서 ASCII 코드의 도형문자에 해당하는 문자(0x20~0x7F)만을 검색하여 TFT-LCD 화면에 표시한다. 이렇게 폴링 방식으로 수신 동작을 수행하는 프로그램에서는 특별한 경우가 아니라면 문자 수신 함수 RX1_char()에서 RXCIF=1로 될 때까지 기다리며 폴링하는 방법을 사용하지 않도록 조심해야 한다. 그렇게 할 경우 만약 직렬통신 포트에서 문자가 수신되지 않으면 프로그램이 무한루프에 빠져서 묶여버리기 때문이다.

또한, 문자 송신 함수 TX1_char()에서는 상태 레지스터의 DREIF 비트를 조사하여 송신 버퍼가 비어있을 때만 송신할 문자를 써준다. 이처럼 특별한 경우가 아니라면 TXCIF 플랙을 폴링하지 말고 DREIF 플랙을 폴링하여 송신 동작을 수행하는 것이 바람직하다.

이 프로그램을 컴파일하여 *OK-128DA* 키트에 다운로드하고 실행하라. 그리고, 키트와 퍼스널컴퓨터를 RS-232C 통신 케이블로 연결하고 퍼스널컴퓨터에서 적절한 직렬통신 프로그램을 실행하라. 이 상태에서 키트의 KEY1~KEY4를 누르면 각각의 키 입력에 해당하는 메시지가 *OK-128DA* 키트에서 USART1 포트를 통해 퍼스널컴퓨터로 전송되어 모니터 화면에 표시되며, 퍼스널컴퓨터의 키보드를 사용하여 임의의 문자를 입력하면 퍼스널컴퓨터는 직렬포트를 통하여 이를 전송하고 *OK-128DA* 키트가 이를 수신하여 TFT-LCD 모듈의 화면에 표시한다.

(2) 인터럽트 방식을 사용

이번에는 인터럽트(interrupt)를 사용하여 데이터를 수신하는 방법으로 직렬통신을 수행하는 프로그램을 작성하여 본다. 그러나, 일반적으로 그렇듯이 여기서도 송신을 인터럽트로 수행할 필요성은 거의 없으므로 송신 동작은 앞에서와 같이 폴링 방법을 사용한다.

앞의 예제 프로그램 Exp15_3.c에서 데이터 수신을 인터럽트 방식으로 변경하고 데이터 송신은 그대로 폴링 방식을 사용하는 프로그램을 작성하면 다음과 같다.

〈프로그램 Exp15_4.c〉 USART1 통신포트를 이용한 인터럽트 방식의 통신 프로그램

```
/* ========================================================================== */
/*          Exp15_4.c : USART1(RS-232C) 직렬통신 - 인터럽트 방식으로 수신         */
/* ========================================================================== */
/*                        Designed and programmed by Duck-Yong Yoon in 2022.  */

#include <avr/io.h>
#include <avr/interrupt.h>
#include "OK-128DA.h"

void TX1_char(U08 data);                        /* transmit a character by USART1 */
void TX1_string(char *string);                  /* transmit a string by USART1 */

volatile unsigned char RxD, count;
volatile unsigned int color;

/* ----- 인터럽트 처리 프로그램 ------------------------------------------------ */

ISR(USART1_RXC_vect)                            /* USART1 interrupt function */
{
  if((USART1_STATUS & 0x80) == 0x80)            // if RXCIF = 1, receive a character
    { RxD = USART1_RXDATAL;
      if((RxD >= 0x20) && (RxD <= 0x7F))
        { TFT_English(RxD);                     // display a character
          count++;                              // 160 character OK ?
          if(count >= 160)                      // if yes, go home
            { count = 0;
              TFT_xy(0,19);
              color ^= 0xFFFF;
              TFT_color(color,Black);
            }
        }
    }
}

/* ----- 메인 프로그램 --------------------------------------------------------- */

int main(void)
{
  MCU_initialize();                             // initialize AVR128DA64 MCU
  Delay_ms(50);                                 // wait for system stabilization
  LCD_initialize();                             // initialize text LCD module
  TFT_initialize();                             // initialize TFT-LCD module
```

```
  LCD_string(0x80," OK-128DA  V1.0 ");          // display title
  LCD_string(0xC0,"   Exp15_4.c    ");
  Beep();

  TFT_string(0,2,White,Magenta,"  USART1(RS-232C) 직렬통신 - 인터럽트   ");
  TFT_string(17,7,White,Blue," 송신 ");
  TFT_string( 9,10,White,Black,"KEY1~KEY4를 누르시오 !");
  TFT_string(17,15,White,Blue," 수신 ");
  Line(0,148,319,148,White);
  Line(0,220,319,220,White);

  PORTC_DIRSET = 0x10;                          // PC4(TXD1) = output
  PORTC_DIRCLR = 0x20;                          // PC5(RXD1) = input
  PORTMUX_USARTROUTEA = 0x04;                   // PC4 = TXD, PC5 = RXD

  USART1_BAUD = 5000;                           // 64*24MHz/16/5000 = 19200 bps
  USART1_CTRLC = 0x03;                          // 8-data, 1 stop, no parity
  USART1_CTRLB = 0xC0;                          // RXEN = TXEN = 1
  USART1_CTRLA = 0x80;                          // use RXC interrupt
  RxD = USART1_RXDATAL;                         // dummy read
  RxD = USART1_RXDATAH;
  sei();                                        // global interrupt enable

  count = 0;                                    // initialize received data display
  color = Cyan;
  TFT_xy(0,19);
  TFT_color(color,Black);

  while(1)
    { switch(Key_input())                       // key input
        { case KEY1 : TX1_string("  KEY1 is OK !  ");
                      TX1_char(0x0D); TX1_char(0x0A);
                      break;
          case KEY2 : TX1_string("  KEY2 is OK !  ");
                      TX1_char(0x0D); TX1_char(0x0A);
                      break;
          case KEY3 : TX1_string("  KEY3 is OK !  ");
                      TX1_char(0x0D); TX1_char(0x0A);
                      break;
          case KEY4 : TX1_string("  KEY4 is OK !  ");
                      TX1_char(0x0D); TX1_char(0x0A);
                      break;
          default:    break;
        }
    }
}

/* ----- 사용자 정의 함수 ---------------------------------------------------- */

void TX1_char(U08 data)                         /* transmit a character by USART1 */
{
  while((USART1_STATUS & 0x20) != 0x20);        // data register empty(DREIF = 1) ?
  USART1_TXDATAL = data;                        // yes, transmit a character
}

void TX1_string(char *string)                   /* transmit a string by USART1 */
{
  while(*string != '\0')
    { TX1_char(*string);
      string++;
    }
}
```

4. printf() 함수를 사용하여 직렬포트로 출력하기

이번에는 WinAVR C컴파일러에서 제공하는 표준 printf() 함수를 사용하여 %서식 지정 방식으로 USART1 직렬통신 포트에 문자나 수치 데이터를 출력하는 프로그램을 작성한다. C컴파일러에서 제공하는 표준 printf() 함수를 사용하여 %서식 지정 방식으로 수치 데이터를 출력하는 방법에 대하여는 앞의 제4.5절에서 자세히 설명하였으니 참고하라.

〈프로그램 Exp15_5.c〉 printf() 함수로 USART1 직렬포트에 출력하는 프로그램

```
/* ============================================================================ */
/*       Exp15_5.c : USART1(RS-232C) 직렬통신으로 printf() 함수를 출력하기      */
/* ============================================================================ */
/*                        Designed and programmed by Duck-Yong Yoon in 2022.   */

#include <avr/io.h>
#include <stdio.h>
#include "OK-128DA.h"

static int USART1_putchar(char c, FILE *stream);
static FILE device = FDEV_SETUP_STREAM(USART1_putchar, NULL, _FDEV_SETUP_WRITE);

static int USART1_putchar(char c, FILE *stream) /* print a character to USART1 */
{
  if(c == '\n')                               // process CR(carriage return)
    { while((USART1_STATUS & 0x20) != 0x20);    // data register empty(DREIF = 1) ?
      USART1_TXDATAL = 0x0D;
      while((USART1_STATUS & 0x20) != 0x20);    // data register empty(DREIF = 1) ?
      USART1_TXDATAL = 0x0A;
    }
  else
    { while((USART1_STATUS & 0x20) != 0x20);    // data register empty(DREIF = 1) ?
      USART1_TXDATAL = c;                       // if yes, print
    }

  return 0;
}

int main(void)
{
  unsigned char i;
  float x;

  MCU_initialize();                           // initialize AVR128DA64 MCU
  Delay_ms(50);                               // wait for system stabilization
  LCD_initialize();                           // initialize text LCD module
  TFT_initialize();                           // initialize TFT-LCD module

  LCD_string(0x80," OK-128DA  V1.0 ");        // display title
  LCD_string(0xC0,"   Exp15_5.c    ");

  PORTC_DIRSET = 0x10;                        // PC4(TXD1) = output
  PORTC_DIRCLR = 0x20;                        // PC5(RXD1) = input
  PORTMUX_USARTROUTEA = 0x04;                 // PC4 = TXD, PC5 = RXD

  USART1_BAUD = 5000;                         // 64*24MHz/16/5000 = 19200 bps
  USART1_CTRLC = 0x03;                        // 8-data, 1 stop, no parity
  USART1_CTRLB = 0xC0;                        // RXEN = TXEN = 1
  USART1_CTRLA = 0x00;                        // not use interrupts
```

```
    i = USART1_RXDATAL;                              // dummy read
    i = USART1_RXDATAH;

    stdout = &device;                                // set USART1 to stdout

    while(1)
      { TFT_clear_screen();
        TFT_string(0,2,White,Magenta,"  USART1(RS-232C)로 printf() 함수 출력  ");
        TFT_string(14,6,White,Blue," 정수 곱셈 ");// display title on TFT-LCD
        Beep();
        Delay_ms(2000);

        for(i = 0; i <= 9; i++)
          { TFT_xy(13,9+i*2);                        // display on TFT-LCD
            TFT_color(Cyan,Black);
            TFT_unsigned_decimal(i*11,0,2);
            TFT_string(15,9+i*2,Cyan,Black," x ");
            TFT_unsigned_decimal(i*11,0,2);
            TFT_string(20,9+i*2,Cyan,Black," = ");
            TFT_unsigned_decimal((i*11)*(i*11),0,4);

            printf("%2d x %2d = %4d\n",i*11,i*11,(i*11)*(i*11));// printf()를 사용한 USART1 출력
            Beep();
            Delay_ms(2000);
          }
        printf("\n");

        TFT_clear_screen();
        TFT_string(0,2,White,Magenta,"  USART1(RS-232C)로 printf() 함수 출력  ");
        TFT_string(14,6,White,Blue," 실수 곱셈 "); // display title on TFT-LCD
        Beep();
        Delay_ms(2000);

        for(i = 0, x = 0.0; i <= 9; i++, x += 1.1)
          { TFT_xy(11,9+i*2);                        // display on TFT-LCD
            TFT_color(Cyan,Black);
            TFT_unsigned_float(x,1,1);
            TFT_string(14,9+i*2,Cyan,Black," x ");
            TFT_unsigned_float(x,1,1);
            TFT_string(20,9+i*2,Cyan,Black," = ");
            TFT_unsigned_float(x*x,2,2);

            printf("%3.1f x %3.1f = %5.2f\n",x,x,x*x);// printf()를 사용한 USART1 출력
            Beep();
            Delay_ms(2000);
          }
        printf("\n");
      }
}
```

☞ 표준 printf() 함수를 사용하려면 프로그램의 서두에서 헤더 파일 stdio.h를 인클루드해야 한다. 또한, printf() 함수가 USART1 직렬통신 포트를 통하여 문자를 올바르게 출력하려면 미리 USART1 포트를 초기화하고 USART1_putchar() 함수를 만들며 이를 stdout으로 지정하는 것이 중요하다.

이 프로그램을 컴파일하여 *OK-128DA* 키트에 다운로드하고 실행하라. 그리고, 키트와 퍼스널컴퓨터를 RS-232C 통신 케이블로 연결하고 퍼스널컴퓨터에서 적절한 직렬통신 프로그램을 실행하라. 그러면 *OK-128DA* 키트에서 printf() 함수의 %서식 지정으로 출력한 문자열이 퍼스널컴퓨터의 화면에 표시될 것이다.

5. 2개의 *OK-128DA* 키트 사이의 직렬통신

이번에는 많은 산업용 제품에서 그렇게 하듯이 2개의 컨트롤러 사이에서 직렬통신을 사용하여 서로 데이터를 주고받는 프로그램을 작성하여 보기로 한다. 여기서 2개의 컨트롤러로는 당연히 *OK-128DA* 키트를 사용하며, 직렬통신 방식은 RS-232C와 RS-485의 2가지를 사용할 것이다. 따라서, 만약 학교에서 이 키트로 실습하는 경우에는 옆 사람의 키트와 직렬통신 케이블 연결하여 공동으로 실습할 수 있으나, 개인 사용자일 경우에는 자기의 키트 1개만 가지고 있을 것이므로 이 예제 프로그램을 수행시켜 보기는 어려울 수 있다.

(1) RS-232C 직렬통신을 사용

먼저 2개의 *OK-128DA* 키트를 RS-232C 직렬통신으로 연결하고 서로 데이터를 주고 받는 프로그램을 작성한다. 키트에서는 실시간으로 VR1의 전압과 AVR128DA64 내부의 온도센서에서 읽은 온도값을 TFT-LCD에 표시한다. 그러다가 KEY1이나 KEY2를 누르면 상대방 키트에게 각각 VR1 전압값과 MCU 온도값을 보내달라는 명령을 송신하고 이들 데이터가 수신되면 이를 TFT-LCD에 표시하여 내 키트에서의 값과 상대방 키트에서의 값을 비교하여 볼 수 있다. 또한, KEY3과 KEY를 누르면 상대방 키트의 요청이 없어도 각각 내 키트의 VR1 전압값과 MCU 온도값을 송신한다.

〈프로그램 Exp15_6.c〉 2개의 *OK-128DA* 키트에서 RS-232C로 직렬통신하는 프로그램

```
/* ========================================================================== */
/*      Exp15_6.c : 2개의 OK-128DA 키트가 RS-232C 통신으로 데이터를 주고 받기      */
/* ========================================================================== */
/*                          Designed and programmed by Duck-Yong Yoon in 2022.  */

#include <avr/io.h>
#include <avr/interrupt.h>
#include "OK-128DA.h"

void ADC_read(void);                             /* read voltage and temperature by A/D */
void TX1_char(U08 data);                         /* transmit a character by USART1 */
void TX1_ENQ_voltage(void);                      /* transmit ENQ voltage by USART1 */
void TX1_ENQ_temperature(void);                  /* transmit ENQ temperature by USART1 */
void TX1_voltage(void);                          /* transmit VR1 voltage by USART1 */
void TX1_temperature(void);                      /* transmit MCU temperature by USART1 */
void RxD_analyze(void);                          /* analyze received data string */

#define STX             0x02                     // Start of Text
#define ETX             0x03                     // End of Text
#define ENQ             0x05                     // Enquiry

float voltage1, temperature1;                    // value of my OK-128DA kit
unsigned char TxD_data[9];                       // TXD data(STX V=x.xxx ETX)
```

```
float voltage2, temperature2;                    // value of your OK-128DA kit
volatile unsigned char RxD, RxD_index, RxD_OK = 0;
unsigned char RxD_buffer[9], RxD_data[9];        // RXD data(STX T=xx.xx ETX)

/* ----- 인터럽트 처리 프로그램 ------------------------------------------------ */

ISR(USART1_RXC_vect)                             /* USART1 interrupt function */
{
  unsigned char i;

  RxD = USART1_RXDATAL;                          // receive a character

  if(RxD == STX)                                 // 전송 시작 표시 ?
    { RxD_index = 0;
      RxD_buffer[RxD_index++] = RxD;
      LED2_on();
    }
  else if(RxD_index <= 8)                        // receive data
    RxD_buffer[RxD_index++] = RxD;

  if((RxD == ETX) && (RxD_index <= 9))           // 전송 종료 표시 ?
    { RxD_OK = 1;                                // good received data
      for(i = 0; i < RxD_index; i++)
        RxD_data[i] = RxD_buffer[i];
      LED2_off();
    }
  else if((RxD != ETX) && (RxD_index >= 9))      // 잘못된 문자열 ?
    { RxD_index = 0;                             // bad received data
      LED2_off();
    }
}

/* ----- 메인 프로그램 ------------------------------------------------------ */

int main(void)
{
  unsigned char key, loop = 0;

  MCU_initialize();                              // initialize AVR128DA64 MCU
  Delay_ms(50);                                  // wait for system stabilization
  LCD_initialize();                              // initialize text LCD module
  TFT_initialize();                              // initialize TFT-LCD module

  LCD_string(0x80," OK-128DA  V1.0 ");           // display title
  LCD_string(0xC0,"   Exp15_6.c    ");
  Beep();

  TFT_string(0,1,White,Magenta,"  2개의 OK-128DA 사이에서 RS-232C 통신  ");
  TFT_string(3, 5,White,Blue," 나의 OK-128DA 키트에서 측정한 값 ");
  TFT_string(8, 8,Cyan,Black,"(1) VR1 전압 = 0.000[V]");
  TFT_string(8,10,Cyan,Black,"(2) MCU 온도 = 00.00[ C]");
  TFT_string(3,14,White,Blue," 상대 OK-128DA 키트에서 수신한 값 ");
  TFT_string(8,17,Cyan,Black,"(1) VR1 전압 = 0.000[V]");
  TFT_string(8,19,Cyan,Black,"(2) MCU 온도 = 00.00[ C]");
  TFT_xy(29,10); TFT_English(0x7F);
  TFT_xy(29,19); TFT_English(0x7F);

  TFT_string( 3,25,White,Black,"전압");          // display key function
  TFT_string( 3,27,White,Black,"요청");
  TFT_string(13,25,White,Black,"온도");
  TFT_string(13,27,White,Black,"요청");
  TFT_string(23,25,White,Black,"전압");
  TFT_string(23,27,White,Black,"송신");
  TFT_string(33,25,White,Black,"온도 ");
  TFT_string(33,27,White,Black,"송신");
  Rectangle( 18,196,  61,234, Cyan);
  Rectangle( 98,196, 141,234, Cyan);
  Rectangle(178,196, 221,234, Cyan);
  Rectangle(258,196, 301,234, Cyan);

  PORTC_DIRSET = 0x10;                           // PC4(TXD1) = output
```

```
  PORTC_DIRCLR = 0x20;                        // PC5(RXD1) = input
  PORTMUX_USARTROUTEA = 0x04;                 // PC4 = TXD, PC5 = RXD

  PORTD_DIRCLR = 0x01;                        // PD0 = AIN0

  USART1_BAUD = 5000;                         // 64*24MHz/16/5000 = 19200 bps
  USART1_CTRLC = 0x03;                        // 8-data, 1 stop, no parity
  USART1_CTRLB = 0xC0;                        // RXEN = TXEN = 1
  USART1_CTRLA = 0x80;                        // use RXC interrupt
  RxD = USART1_RXDATAL;                       // dummy read
  RxD = USART1_RXDATAH;
  sei();                                      // global interrupt enable

  VREF_ADC0REF = 0x86;                        // ADC0REF = VREFA input = 4.5V
  ADC0_CTRLA = 0x00;                          // 12-bit single-ended mode
  ADC0_CTRLB = 0x00;                          // single-conversion mode
  ADC0_CTRLC = 0x03;                          // CLK_ADC = 24MHz/12 = 2MHz
  ADC0_SAMPCTRL = 30;                         // sampling time = 2+30 clock cycle
  ADC0_CTRLA |= 0x01;                         // enable ADC0
  Delay_us(10);

  while(1)
    { key = Key_input();                      // key input
      switch(key)
        { case KEY1 : LED1_on();              // if KEY1, request VR1 voltage
                      TX1_ENQ_voltage();      // transmit ENQ voltage by USART1
                      LED1_off();
                      break;
          case KEY2 : LED1_on();              // if KEY2, request MCU temperature
                      TX1_ENQ_temperature();  // transmit ENQ temperature by USART1
                      LED1_off();
                      break;
          case KEY3 : LED1_on();              // if KEY3, transmit VR1 voltage
                      TX1_voltage();          // transmit VR1 voltage by USART1
                      LED1_off();
                      break;
          case KEY4 : LED1_on();              // if KEY4, transmit MCU temperature
                      TX1_temperature();      // transmit MCU temperature by USART1
                      LED1_off();
                      break;
          default:    break;
        }

      if(RxD_OK == 1)                         // RxD data string OK ?
        { RxD_OK = 0;
          RxD_analyze();                      // analyze received data string
        }

      loop++;
      if(loop > 250)
        { loop = 0;
          ADC_read();                         // read voltage and temperature by A/D
        }

      Delay_ms(1);                            // delay 1 ms
    }
}

/* ----- 사용자 정의 함수 ---------------------------------------------------- */

void ADC_read(void)                           /* read voltage and temperature by A/D */
{
  unsigned int result;
  float slope, offset;

  ADC0_MUXPOS = 0x00;                         // (1) select ADC0(AIN0) = VR1
  ADC0_COMMAND = 0x01;                        // start conversion
  while((ADC0_COMMAND & 0x01) != 0x00);
  result = ADC0_RES;                          // read A/D result
  voltage1 = (float)result*4.5/4095.;
  TFT_xy(23,8);                               // display VR1 voltage in X.XXX
```

```
  TFT_color(Yellow,Black);
  TFT_unsigned_float(voltage1,1,3);

  ADC0_MUXPOS = 0x42;                          // (2) select AIN0x42 = temperature
  ADC0_COMMAND = 0x01;                         // start conversion
  while((ADC0_COMMAND & 0x01) != 0x00);
  result = ADC0_RES;                           // read A/D result
  slope  = (float)SIGROW_TEMPSENSE0 * 4.500 / 2.048;
  offset = (float)SIGROW_TEMPSENSE1 * 2.048 / 4.500;
  temperature1 = (offset - (float)result) * slope / 4096. - 273.15;
  TFT_xy(23,10);                               // display MCU temperature in XX.XX
  TFT_color(Yellow,Black);
  TFT_unsigned_float(temperature1,2,2);
}

void TX1_char(U08 data)                        /* transmit a character by USART1 */
{
  while((USART1_STATUS & 0x20) != 0x20);       // data register empty(DREIF = 1) ?
  USART1_TXDATAL = data;                       // yes, transmit a character
}

void TX1_ENQ_voltage(void)                     /* transmit ENQ voltage by USART1 */
{
  unsigned char i;

  TxD_data[0] = STX;                           // STX
  TxD_data[1] = ENQ;                           // ENQ
  TxD_data[2] = 'V';
  TxD_data[3] = ETX;                           // ETX

  for(i = 0; i <= 3; i++)                      // transmit string by USART1
    TX1_char(TxD_data[i]);
}

void TX1_ENQ_temperature(void)                 /* transmit ENQ temperature by USART1 */
{
  unsigned char i;

  TxD_data[0] = STX;                           // STX
  TxD_data[1] = ENQ;                           // ENQ
  TxD_data[2] = 'T';
  TxD_data[3] = ETX;                           // ETX

  for(i = 0; i <= 3; i++)                      // transmit string by USART1
    TX1_char(TxD_data[i]);
}

void TX1_voltage(void)                         /* transmit VR1 voltage by USART1 */
{
  unsigned char i;
  unsigned int x;

  TxD_data[0] = STX;                           // STX
  TxD_data[1] = 'V';                           // string
  TxD_data[2] = '=';
  x = voltage1 * 1000. + 0.5;
  TxD_data[3] = x / 1000 + '0';
  TxD_data[4] = '.';
  TxD_data[5] = (x % 1000) / 100 + '0';
  TxD_data[6] = ((x % 1000) % 100) / 10 + '0';
  TxD_data[7] = ((x % 1000) % 100) % 10 + '0';
  TxD_data[8] = ETX;                           // ETX

  for(i = 0; i <= 8; i++)                      // transmit string by USART1
    TX1_char(TxD_data[i]);
}

void TX1_temperature(void)                     /* transmit MCU temperature by USART1 */
{
  unsigned char i;
  unsigned int x;
```

```
  TxD_data[0] = STX;                          // STX
  TxD_data[1] = 'T';
  TxD_data[2] = '=';
  x = temperature1 * 100. + 0.5;
  TxD_data[3] = x / 1000 + '0';
  TxD_data[4] = (x % 1000) / 100 + '0';
  TxD_data[5] = '.';
  TxD_data[6] = ((x % 1000) % 100) / 10 + '0';
  TxD_data[7] = ((x % 1000) % 100) % 10 + '0';
  TxD_data[8] = ETX;                          // ETX

  for(i = 0; i <= 8; i++)                     // transmit string by USART1
    TX1_char(TxD_data[i]);
}

void RxD_analyze(void)                        /* analyze received data string */
{
  if((RxD_data[1] == ENQ) && (RxD_data[2] == 'V'))
    { LED1_on();
      TX1_voltage();                          // transmit VR1 voltage by USART1
      LED1_off();
    }
  else if((RxD_data[1] == ENQ) && (RxD_data[2] == 'T'))
    { LED1_on();
      TX1_temperature();                      // transmit MCU temperature by USART1
      LED1_off();
    }
  else if((RxD_data[1] == 'V') && (RxD_data[2] == '=') && (RxD_data[4] == '.'))
    { voltage2 = (RxD_data[3]-'0') + (RxD_data[5]-'0')*0.1 + (RxD_data[6]-'0')*0.01 + (RxD_data[7]-'0')*0.001;
      TFT_xy(23,17);                          // display received VR1 voltage
      TFT_color(Red,Black);
      TFT_unsigned_float(voltage2,1,3);
      Delay_ms(10);
      TFT_xy(23,17);
      TFT_color(Yellow,Black);
      TFT_unsigned_float(voltage2,1,3);
    }
  else if((RxD_data[1] == 'T') && (RxD_data[2] == '=') && (RxD_data[5] == '.'))
    { temperature2 = (RxD_data[3]-'0')*10. + (RxD_data[4]-'0') + (RxD_data[6]-'0')*0.1 + (RxD_data[7]-'0')*0.01;
      TFT_xy(23,19);                          // display received MCU temperature
      TFT_color(Red,Black);
      TFT_unsigned_float(temperature2,2,2);
      Delay_ms(10);
      TFT_xy(23,19);
      TFT_color(Yellow,Black);
      TFT_unsigned_float(temperature2,2,2);
    }
}
```

☞ 이 예제 프로그램을 실행하면 TFT-LCD 화면의 위쪽에는 약 250ms 간격으로 내 키트에서 측정한 VR1 전압과 MCU의 온도를 표시하고 있으며, TFT-LCD 화면의 아래쪽에는 상대 키트로부터 수신한 VR1 전압과 MCU의 온도를 표시할 준비를 해놓았다. 이 상태에서 KEY1이나 KEY2를 누르면 상대방 키트에게 각각 VR1 전압값과 MCU 온도값을 보내달라는 명령을 송신하고 이들 데이터를 수신하여 이를 TFT-LCD의 아래쪽에 표시한다. 또한, KEY3과 KEY를 누르면 상대방 키트의 요청이 없어도 각각 내 키트의 VR1 전압값과 MCU 온도값을 송신한다.

이처럼 명령이나 데이터를 주고 받는 형식을 통신 프로토콜이라고 하는데 이는 시스템 설계자가 정하는 것이며, 이 프로그램에서 사용하는 데이터 전송 형식은 다음과 같다. 명령이나 데이터를 송신하는 경우에는 LED1이 점등되도록 하였고, 명령이나 데이터를 수신하는 경우에는 LED2가 점등되도록 하였다.

전압 전송 요청(총 4문자) : STX ENQ V ETX
온도 전송 요청(총 4문자) : STX ENQ T ETX
전압값 송신(총 9문자) : STX V=x.xxx ETX
온도값 송신(총 9문자) : STX T=xx.xx ETX

모든 전송 패킷은 제어 문자 STX에서 시작하고 ETX로 끝나며, 중간의 데이터는 항상 ASCII의 도형 문자로 전송해야 한다. VR1 전압은 원래 실수지만 x.xxx처럼 5자리의 ASCII 문자로 변환하여 전송하며, 온도 T도 원래는 실수지만 xx.xx처럼 5자리의 ASCII 문자로 변환하여 전송하도록 하였다. 잡음 등에 의하여 데이터 전송에 오류가 발생할 가능성이 있는 경우에는 이를 검출하기 위하여 데이터 문자열의 마지막에 checksum 값을 사용하기도 하지만 여기서는 이를 생략하였다.

수신측에서는 USART1의 수신 인터럽트에 의하여 STX 문자부터 ETX 문자까지 차례로 수신하면서 이를 수신버퍼 RXD_buffer[]에 모두 저장하며, 하나의 패킷이 수신 완료되었으면 RXD_buffer[]의 모든 데이터를 RXD_data[]에 옮겨 저장하고 RxD_OK 플랙을 1로 표기하여 이를 메인 함수에서 처리할 수 있도록 알려준다. 이와 같이 RXD_buffer[]를 RXD_data[] 배열에 옮겨 저장하는 것은 이후에 다음의 데이터를 RXD_buffer[]에 수신하면서 먼저 수신하였던 수신 데이터 RXD_data[]를 여유 있게 분석하고 처리하기 위함이다.

이 프로그램을 컴파일하여 *OK-128DA* 키트에 다운로드하고 실행하라. 그리고, 2개의 키트를 <그림 3.1.7>과 같은 RS-232C 통신 케이블로 연결한 상태에서 KEY1~KEY4를 누르면서 2개의 키트에서 서로 데이터가 전송되는 것을 관찰하라.

(2) RS-485 직렬통신을 사용

이번에는 2개의 *OK-128DA* 키트를 RS-485 직렬통신으로 연결하고 이들 사이에서 서로 데이터를 주고 받는 프로그램을 작성한다. 내용은 앞의 예제 Exp15_6.c에서와 동일하지만, RS-232C가 USART1 포트를 사용하는데 비하여 RS-485는 USART2 포트를 사용한다.

RS-232C는 항상 1:1 통신이지만 RS-485는 통신 네트워크를 멀티 포인트 방식으로 사용하기 때문에 명령이나 데이터를 송신할 때 문자열의 서두에 수신장치의 주소를 지정하여 해당하는 장치만 이를 수신하도록 하는 것이 일반적이다. 그러나, 이 프로그램에서는 2대의 키트를 1:1로 연결하고 RS-485 통신을 수행하는 것을 전제로 하였으므로 이러한 수신장치 주소는 생략하고 사용하지 않는 것으로 하였다.

〈프로그램 Exp15_7.c〉 2개의 *OK-128DA* 키트에서 RS-485로 직렬통신하는 프로그램

```
/* ========================================================================== */
/*      Exp15_7.c : 2개의 OK-128DA 키트가 RS-485 통신으로 데이터를 주고 받기     */
/* ========================================================================== */
/*                          Designed and programmed by Duck-Yong Yoon in 2022.  */

#include <avr/io.h>
```

```
#include <avr/interrupt.h>
#include "OK-128DA.h"

void ADC_read(void);                          /* read voltage and temperature by A/D */
void TX2_char(U08 data);                      /* transmit a character by USART2 */
void TX2_ENQ_voltage(void);                   /* transmit ENQ voltage by USART2 */
void TX2_ENQ_temperature(void);               /* transmit ENQ temperature by USART2 */
void TX2_voltage(void);                       /* transmit VR1 voltage by USART2 */
void TX2_temperature(void);                   /* transmit MCU temperature by USART2 */
void RxD_analyze(void);                       /* analyze received data string */

#define STX          0x02                     // Start of Text
#define ETX          0x03                     // End of Text
#define ENQ          0x05                     // Enquiry

float voltage1, temperature1;                 // value of my OK-128DA kit
unsigned char TxD_data[9];                    // TXD data(STX V=x.xxx ETX)

float voltage2, temperature2;                 // value of your OK-128DA kit
volatile unsigned char RxD, RxD_index, RxD_OK = 0;
unsigned char RxD_buffer[9], RxD_data[9];     // RXD data(STX T=xx.xx ETX)

/* ----- 인터럽트 처리 프로그램 ---------------------------------------------- */

ISR(USART2_RXC_vect)                          /* USART2 interrupt function */
{
  unsigned char i;

  RxD = USART2_RXDATAL;                       // receive a character

  if(RxD == STX)                              // 전송 시작 표시 ?
    { RxD_index = 0;
      RxD_buffer[RxD_index++] = RxD;
      LED2_on();
    }
  else if(RxD_index <= 8)                     // receive data
    RxD_buffer[RxD_index++] = RxD;

  if((RxD == ETX) && (RxD_index <= 9))        // 전송 종료 표시 ?
    { RxD_OK = 1;                             // good received data
      for(i = 0; i < RxD_index; i++)
        RxD_data[i] = RxD_buffer[i];
      LED2_off();
    }
  else if((RxD != ETX) && (RxD_index >= 9))   // 잘못된 문자열 ?
    { RxD_index = 0;                          // bad received data
      LED2_off();
    }
}

/* ----- 메인 프로그램 ------------------------------------------------------- */

int main(void)
{
  unsigned char key, loop = 0;

  MCU_initialize();                           // initialize AVR128DA64 MCU
  Delay_ms(50);                               // wait for system stabilization
  LCD_initialize();                           // initialize text LCD module
  TFT_initialize();                           // initialize TFT-LCD module

  LCD_string(0x80," OK-128DA  V1.0 ");        // display title
  LCD_string(0xC0,"   Exp15_7.c    ");
  Beep();

  TFT_string(0,1,White,Magenta,"  2개의 OK-128DA 사이에서 RS-485 통신   ");
  TFT_string(3, 5,White,Blue," 나의 OK-128DA 키트에서 측정한 값 ");
  TFT_string(8, 8,Cyan,Black,"(1) VR1 전압 = 0.000[V]");
  TFT_string(8,10,Cyan,Black,"(2) MCU 온도 = 00.00[ C]");
  TFT_string(3,14,White,Blue," 상대 OK-128DA 키트에서 수신한 값 ");
  TFT_string(8,17,Cyan,Black,"(1) VR1 전압 = 0.000[V]");
```

```
TFT_string(8,19,Cyan,Black,"(2) MCU 온도 = 00.00[ C]");
TFT_xy(29,10); TFT_English(0x7F);
TFT_xy(29,19); TFT_English(0x7F);

TFT_string( 3,25,White,Black,"전압");          // display key function
TFT_string( 3,27,White,Black,"요청");
TFT_string(13,25,White,Black,"온도");
TFT_string(13,27,White,Black,"요청");
TFT_string(23,25,White,Black,"전압");
TFT_string(23,27,White,Black,"송신");
TFT_string(33,25,White,Black,"온도 ");
TFT_string(33,27,White,Black,"송신");
Rectangle( 18,196,  61,234, Cyan);
Rectangle( 98,196, 141,234, Cyan);
Rectangle(178,196, 221,234, Cyan);
Rectangle(258,196, 301,234, Cyan);

PORTF_DIRSET = 0x01;                            // PF0(TXD2) = output
PORTF_DIRCLR = 0x02;                            // PF1(RXD2) = input
PORTF_DIRSET = 0x08;                            // PF3(XDIR2) = output

PORTD_DIRCLR = 0x01;                            // PD0 = AIN0

USART2_BAUD = 5000;                             // 64*24MHz/16/5000 = 19200 bps
USART2_CTRLC = 0x03;                            // 8-data, 1 stop, no parity
USART2_CTRLB = 0xC0;                            // RXEN = TXEN = 1
USART2_CTRLA = 0x81;                            // use RXC interrupt, RS-485 mode
RxD = USART2_RXDATAL;                           // dummy read
RxD = USART2_RXDATAH;
sei();                                          // global interrupt enable

VREF_ADC0REF = 0x86;                            // ADC0REF = VREFA input = 4.5V
ADC0_CTRLA = 0x00;                              // 12-bit single-ended mode
ADC0_CTRLB = 0x00;                              // single-conversion mode
ADC0_CTRLC = 0x03;                              // CLK_ADC = 24MHz/12 = 2MHz
ADC0_SAMPCTRL = 30;                             // sampling time = 2+30 clock cycle
ADC0_CTRLA |= 0x01;                             // enable ADC0
Delay_us(10);

while(1)
  { key = Key_input();                          // key input
    switch(key)
      { case KEY1 : LED1_on();                  // if KEY1, request VR1 voltage
                    TX2_ENQ_voltage();          // transmit ENQ voltage by USART
                    LED1_off();
                    break;
        case KEY2 : LED1_on();                  // if KEY2, request MCU temperature
                    TX2_ENQ_temperature();      // transmit ENQ temperature by USART2
                    LED1_off();
                    break;
        case KEY3 : LED1_on();                  // if KEY3, transmit VR1 voltage
                    TX2_voltage();              // transmit VR1 voltage by USART2
                    LED1_off();
                    break;
        case KEY4 : LED1_on();                  // if KEY4, transmit MCU temperature
                    TX2_temperature();          // transmit MCU temperature by USART2
                    LED1_off();
                    break;
        default:    break;
      }

    if(RxD_OK == 1)                             // RxD data string OK ?
      { RxD_OK = 0;
        RxD_analyze();                          // analyze received data string
      }

    loop++;
    if(loop > 250)
      { loop = 0;
        ADC_read();                             // read voltage and temperature by A/D
      }
```

```
      Delay_ms(1);                            // delay 1 ms
    }
}

/* ----- 사용자 정의 함수 ---------------------------------------------------- */

void ADC_read(void)                           /* read voltage and temperature by A/D */
{
  unsigned int result;
  float slope, offset;

  ADC0_MUXPOS = 0x00;                         // (1) select ADC0(AIN0) = VR1
  ADC0_COMMAND = 0x01;                        // start conversion
  while((ADC0_COMMAND & 0x01) != 0x00);
  result = ADC0_RES;                          // read A/D result
  voltage1 = (float)result*4.5/4095.;
  TFT_xy(23,8);                               // display VR1 voltage in X.XXX
  TFT_color(Yellow,Black);
  TFT_unsigned_float(voltage1,1,3);

  ADC0_MUXPOS = 0x42;                         // (2) select AIN0x42 = temperature
  ADC0_COMMAND = 0x01;                        // start conversion
  while((ADC0_COMMAND & 0x01) != 0x00);
  result = ADC0_RES;                          // read A/D result
  slope  = (float)SIGROW_TEMPSENSE0 * 4.500 / 2.048;
  offset = (float)SIGROW_TEMPSENSE1 * 2.048 / 4.500;
  temperature1 = (offset - (float)result) * slope / 4096. - 273.15;
  TFT_xy(23,10);                              // display MCU temperature in XX.XX
  TFT_color(Yellow,Black);
  TFT_unsigned_float(temperature1,2,2);
}

void TX2_char(U08 data)                       /* transmit a character by USART2 */
{
  while((USART2_STATUS & 0x20) != 0x20);      // data register empty(DREIF = 1) ?
  USART2_TXDATAL = data;                      // yes, transmit a character
}

void TX2_ENQ_voltage(void)                    /* transmit ENQ voltage by USART2 */
{
  unsigned char i;

  TxD_data[0] = STX;                          // STX
  TxD_data[1] = ENQ;                          // ENQ
  TxD_data[2] = 'V';
  TxD_data[3] = ETX;                          // ETX

  for(i = 0; i <= 3; i++)                     // transmit string by USART2
    TX2_char(TxD_data[i]);
}

void TX2_ENQ_temperature(void)                /* transmit ENQ temperature by USART2 */
{
  unsigned char i;

  TxD_data[0] = STX;                          // STX
  TxD_data[1] = ENQ;                          // ENQ
  TxD_data[2] = 'T';
  TxD_data[3] = ETX;                          // ETX

  for(i = 0; i <= 3; i++)                     // transmit string by USART2
    TX2_char(TxD_data[i]);
}

void TX2_voltage(void)                        /* transmit VR1 voltage by USART2 */
{
  unsigned char i;
  unsigned int x;

  TxD_data[0] = STX;                          // STX
```

```
  TxD_data[1] = 'V';                              // string
  TxD_data[2] = '=';
  x = voltage1 * 1000. + 0.5;
  TxD_data[3] = x / 1000 + '0';
  TxD_data[4] = '.';
  TxD_data[5] = (x % 1000) / 100 + '0';
  TxD_data[6] = ((x % 1000) % 100) / 10 + '0';
  TxD_data[7] = ((x % 1000) % 100) % 10 + '0';
  TxD_data[8] = ETX;                              // ETX

  for(i = 0; i <= 8; i++)                         // transmit string by USART2
    TX2_char(TxD_data[i]);
}

void TX2_temperature(void)                        /* transmit MCU temperature by USART2 */
{
  unsigned char i;
  unsigned int x;

  TxD_data[0] = STX;                              // STX
  TxD_data[1] = 'T';
  TxD_data[2] = '=';
  x = temperature1 * 100. + 0.5;
  TxD_data[3] = x / 1000 + '0';
  TxD_data[4] = (x % 1000) / 100 + '0';
  TxD_data[5] = '.';
  TxD_data[6] = ((x % 1000) % 100) / 10 + '0';
  TxD_data[7] = ((x % 1000) % 100) % 10 + '0';
  TxD_data[8] = ETX;                              // ETX

  for(i = 0; i <= 8; i++)                         // transmit string by USART2
    TX2_char(TxD_data[i]);
}

void RxD_analyze(void)                            /* analyze received data string */
{
  if((RxD_data[1] == ENQ) && (RxD_data[2] == 'V'))
    { LED1_on();
      TX2_voltage();                              // transmit VR1 voltage by USART2
      LED1_off();
    }
  else if((RxD_data[1] == ENQ) && (RxD_data[2] == 'T'))
    { LED1_on();
      TX2_temperature();                          // transmit MCU temperature by USART2
      LED1_off();
    }
  else if((RxD_data[1] == 'V') && (RxD_data[2] == '=') && (RxD_data[4] == '.'))
    { voltage2 = (RxD_data[3]-'0') + (RxD_data[5]-'0')*0.1 + (RxD_data[6]-'0')*0.01 + (RxD_data[7]-'0')*0.001;
      TFT_xy(23,17);                              // display received VR1 voltage
      TFT_color(Red,Black);
      TFT_unsigned_float(voltage2,1,3);
      Delay_ms(10);
      TFT_xy(23,17);
      TFT_color(Yellow,Black);
      TFT_unsigned_float(voltage2,1,3);
    }
  else if((RxD_data[1] == 'T') && (RxD_data[2] == '=') && (RxD_data[5] == '.'))
    { temperature2 = (RxD_data[3]-'0')*10. + (RxD_data[4]-'0') + (RxD_data[6]-'0')*0.1 + (RxD_data[7]-'0')*0.01;
      TFT_xy(23,19);                              // display received MCU temperature
      TFT_color(Red,Black);
      TFT_unsigned_float(temperature2,2,2);
      Delay_ms(10);
      TFT_xy(23,19);
      TFT_color(Yellow,Black);
      TFT_unsigned_float(temperature2,2,2);
    }
}
```

☞ RS-485 직렬통신에서는 송신 동작을 수행하는 경우에만 TXD 신호가 차동 신호 A, B로 출력되도록 하고, 나머지의 시간에는 항상 RS-485 드라이브 회로가 수신 대기 상태에 있도록 제어해야 한다는 점에 주목하라. AVR128DA64의 USART에서는 RS-485 모드로 설정하면 송신을 수행할 때는 XDIR 신호가 1로 출력되고 수신 동작을 수행할 때는 XDIR 신호가 0으로 출력되어 RS-485 드라이브 회로의 전송 방향을 자동으로 제어해 주므로 매우 편리하다. 그러나, 다른 대부분의 마이크로컨트롤러에서는 이러한 기능이 없으므로 사용자가 적절히 병렬 포트의 출력 핀을 사용하여 이러한 송수신 드라이버의 제어를 수행해주어야 한다.

이 프로그램을 컴파일하여 *OK-128DA* 키트에 다운로드하고 실행하라. 그리고, 2개의 키트를 <그림 3.1.7>과 같은 RS-485 통신 케이블로 연결한 상태에서 KEY1~KEY4를 누르면서 2개의 키트에서 서로 데이터가 전송되는 것을 관찰하라.

6. 실습 과제

(1) 비동기식 직렬통신의 수신 동작에서 폴링을 사용하는 방법과 인터럽트를 사용하는 방법에는 어떤 장단점이 있는지 설명하라.

(2) AVR128DA64에 내장된 USARTn 직렬통신 포트에서 폴링 방식으로 송신할 때 상태 레지스터의 DREIF 플랙 비트를 체크하는 방법과 TXCIF 플랙 비트를 체크하는 방법은 어떤 차이가 있는지 설명하라.

(3) 예제 프로그램 Exp15_3.c를 전송속도 38400 bps로 동작하도록 수정한 프로그램 Exp15_3R.c를 작성하라. 이를 *OK-128DA* 키트에서 실행하고 퍼스널컴퓨터와 통신하여 테스트해보라.

(4) 예제 프로그램 Exp15_4.c를 전송속도 115200 bps로 동작하도록 수정한 프로그램 Exp15_4R.c를 작성하라. 이를 *OK-128DA* 키트에서 실행하고 퍼스널컴퓨터와 통신하여 테스트해보라.

(5) 예제 프로그램 Exp15_6.c와 Exp15_7.c에서 실수 데이터를 x.xxx 또는 xx.xx처럼 지정된 자리수의 ASCII 문자열로 변환하여 전송하는 이유는 무엇인가?

4.16 DS3234 RTC를 이용한 시계 프로그램

이 절에서는 배터리 백업형 시계용 IC인 DS3234 RTC 소자의 구조와 원리를 이해하고, 이를 응용한 디지털 시계 및 아날로그 시계 프로그램의 작성 기술을 익힌다.

관련 내용	(1) 제2.12절 SPI 직렬통신 포트(SPIn) (2) 제3.1절 *OK-128DA* 키트의 구조와 기능 (3) DS3234 RTC의 데이터 시트(Maxim사)

1. RTC의 원리 및 종류

실시간 시계(RTC ; Real Time Clock)는 우리가 일상 생활에서 사용하는 실제의 시간을 표시하는 소자이다. 오늘날 이것은 현재의 시간 정보가 필요한 범용 컴퓨터나 자동제어 기기에 널리 사용되고 있다.

RTC가 항상 실시간으로 현재의 시간을 표시하기 위해서는 최소한 ① 정확한 기준 주파수를 발생하는 수정발진자, ② 이 기준 주파수를 적절히 분주하여 초/분/시(오전, 오후 포함)/일(요일 포함)/월/년(윤년 환산기능 포함) 등의 정보로 변환하는 카운터 회로, 그리고 ③ 공급전원이 꺼지더라도 시계가 멈추지 않도록 항상 회로를 동작시켜 주는 배터리 백업 회로 등의 3가지가 필요하다.

이러한 구성을 기준으로 생각할 때 RTC 소자에는 다음과 같은 4가지의 형태가 있다. 첫째는 수정발진자와 배터리 백업 회로를 외부에 별도로 접속하게 되어 있어서 사실상 카운터 및 제어회로만을 가지고 있는 가장 초보적인 형태이다. 이러한 소자의 대표적인 모델로는 Ricoh사의 RP5C15, Motorola사의 MC146818A 등이 있다. 물론 이러한 기능을 수행하는 시계 회로는 카운터 전용의 소자나 논리소자들을 사용하여 사용자가 설계할 수도 있지만, 이렇게 하드웨어적으로만 구성할 경우에는 회로가 상당히 복잡하여 경제적으로나 보드를 차지하는 면적으로 볼 때 불리해진다.

초창기의 RTC는 대부분 이러한 형태였지만, 외부에 별도로 사용하는 32.768kHz 수정발진자의 정밀도나 안정도가 비교적 낮고, 또한 배터리 회로를 사용하는데 여러가지의 불편이 있어서 오늘날은 거의 사용되지 않고 있다. IBM PC AT 이상의 퍼스널컴퓨터에서 초창기에는 MC146818A 호환의 RTC 소자를 많이 사용하였다. 이들 소자에서는 경우에 따라 배터리 백업회로를 사용하지 않기도 하는데, 이러한 경우에는 컴퓨터의 전원을 켤 때마다 사용자가 올바른 시간값을 다시 설정해 주어야 하므로 상당히 불편하다.

둘째는 이 3가지의 구성 요소를 1개의 패키지에 모두 내장(encapsulated package)한 소자로서 이 구조는 <그림 4.16.1>과 같다. 이러한 소자로는 종래의 MC146818A와 핀배열이 동일하여 직접 대치가 가능한 Maxim사(원래는 Dallas사의 제품이나 현재는 Maxim사에 흡수 합병되었음)의 DS1287, DS12C887 등이 있다. 이것은 패키지에 내장된 수정 발진 회로의 정밀도나 안정도가 상당히 높고, 또한 배터리 회로를 내장하고 있어서 단일 소자로서 1개의 IC처럼 보드에 실장하기가 쉬우며, 외부 전원이 차단된 상태에서도 데이터의 보증 시간이 약 10년 정도로서 매우 길기 때문에 오늘날 그 사용 빈도가 크게 증가하고 있다. 현재는 IBM PC 호환 퍼스널컴퓨터나 각종 제어계측 장비에서 이러한 모델들이 널리 사용되고 있다.

이 소자에는 수십 바이트 이상(DS1287은 50바이트, DS12C887은 113바이트)의 배터리 백업 SRAM을 내장하고 있어서 불휘발성 데이터를 저장하는 용도로 사용할 수 있다. 그러나, 대부분의 경우 어드레스 및 데이터 버스가 시분할 다중화되어 있어서 이와 동일한 버스 구조를 갖는 Intel사의 마이크로컨트롤러에 접속하는 경우에는 별 문제가 없으나 다른 CPU의 경우에는 하드웨어적인 인터페이스가 불편할 수도 있다.

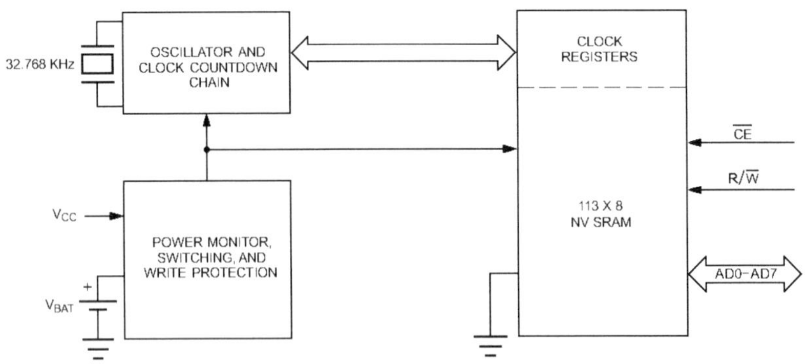

〈그림 4.16.1〉 수정발진자 및 배터리를 내장한 일체형 RTC 소자의 구조

셋째는 위의 일체형 RTC처럼 3가지의 구성 요소를 1패키지에 모두 내장하는 것은 물론이고, 여기에 대용량(수KB~수백KB)의 SRAM까지 포함하는 소자로서 그 구조는 <그림 4.16.2>와 같다. 이러한 소자로는 Maxim사의 DS1243Y/1244Y/1248Y/1251Y, DS1742/1743 등이 있다. 이것은 RTC 기능에 주기억장치로 사용할 수 있는 대용량의

SRAM을 포함하고 있기 때문에 RAM 전체를 배터리 백업해야 하는 제어계측 시스템의 경우에 유용하다.

이러한 소자들은 앞에서 설명한 일체형 RTC와 달리 어드레스 버스와 데이터 버스가 별도로 분리되어 있으며, 더구나 이것들이 기존의 일반 SRAM이나 EEPROM과 호환이 되는 핀 배열로 되어 있어서 인터페이스하기에 매우 편리하다. 그러나, 이러한 소자들의 가격이 상대적으로 비싼 편이며 액세스 시간이 비교적 느려서 널리 사용되지는 않고 있다.

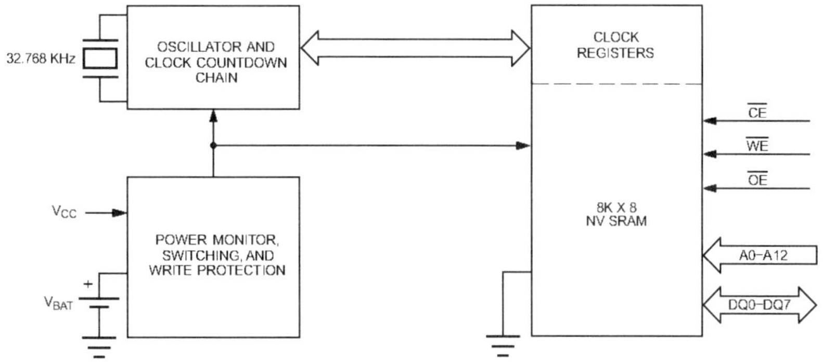

〈그림 4.16.2〉 대용량의 배터리 백업 SRAM을 내장하는 일체형 RTC 소자

넷째는 위의 첫번째 경우와 유사하지만 마이크로프로세서와의 인터페이스를 병렬이 아닌 SPI나 I^2C와 같은 동기식 직렬통신으로 구현할 수 있는 형태이다. 오늘날 대부분의 마이크로컨트롤러들은 SPI나 I^2C와 같은 동기식 직렬통신 포트를 내장하고 있으므로 이런 형태의 RTC 소자를 사용하면 아주 간단하게 인터페이스가 가능하여 최근에 점점 사용이 많아지는 추세에 있다. 외부에 32.768kHz의 크리스털과 배터리 백업 회로를 사용해야 하는 불편은 있지만, 직렬통신을 사용하는 만큼 외부 핀 수가 적어져서 8핀짜리 패키지가 많다. 이런 형태의 RTC 소자도 역시 Maxim사의 제품에 많이 있으며, DS1302나 DS1307은 그 예이다.

이밖에도 RTC 소자에는 워치독 기능을 함께 가지거나 기타 여러 가지의 부수적인 기능을 갖는 다양한 모델들이 있다. 이 책의 *OK-128DA* 키트에서는 SPI 직렬통신 인터페이스 방식의 DS3234 RTC 소자를 사용하는데, 이것은 위의 네번째 부류와 유사하게 직렬통신으로 인터페이스하고 외부에 배터리를 부착해야 하지만 시계의 정확성을 높이기 위하여 정밀도가 높은 크리스털 발진회로를 소자에 내장하고 있다.

2. DS3234 RTC의 구조와 기능

DS3234는 외부에 배터리를 사용하는 SPI 직렬통신 인터페이스형의 RTC 소자로서 내부에 매우 정밀도가 높은 크리스털 발진회로를 내장하고 있어서 0∼+40℃의 온도범위에서 ±2ppm, -40∼+85℃의 온도범위에서 ±3.5ppm의 정밀도를 보장한다.

(1) 특징

① 외부에 배터리 백업 회로를 추가로 사용해야 하는 RTC이다.

② 최대 4MHz 속도의 SPI 직렬통신 방식으로 인터페이스한다.

③ 소자 내부에 32.768kHz의 수정발진 회로를 가지고 있어서 0∼+40℃에서 ±2ppm, -40∼+85℃에서 ±3.5ppm의 높은 정밀도를 보장한다.

④ 연, 월, 일, 요일, 시, 분, 초 데이터를 저장하고 있으며, 서기 2099년까지 윤년을 자동으로 환산하여 처리하는 기능을 가진다.

⑤ 12시제 및 24시제를 임의로 사용할 수 있으며, 12시제를 사용하는 경우에는 오전, 오후를 표시할 수 있다.

⑥ 모든 데이터는 BCD 형식으로 표시한다.

⑦ 2개의 알람(time-of-day alarm) 기능을 사용할 수 있다.

⑧ 내부에 ±3℃의 정밀도를 갖는 디지털 온도센서를 가지고 있다.

⑨ 32kHz 단자를 통하여 32.768kHz의 클록 신호를 출력할 수 있으며, SQW 단자를 통하여 32.768kHz를 분주한 4가지의 주파수를 선택하여 외부로 출력할 수 있다.

⑩ 이 소자를 사용하는 시간이 늘어남에 따라 경년(aging) 변화로 달라지는 발진주파수를 조정(trim)할 수 있는 레지스터를 가지고 있다.

⑪ 내부에 256바이트의 배터리 백업 SRAM을 가지고 있다.

⑫ +2.0∼+5.5V의 전원으로 동작하고, V_{BAT} 단자에는 +2.0∼+3.8V의 배터리를 연결해야 하며, 20핀 SO(Small Outline)형 패키지로 되어 있다.

⑬ 내부에 전압검출 회로를 가지고 있어서 전원 전압 V_{CC}가 V_{PF}=2.575V 보다 낮고 또한 V_{BAT}보다 낮으면 소자의 전원은 자동적으로 V_{CC}에서 V_{BAT}로 교체된다.

⑭ 배터리로 동작할 때는 소비전력이 극히 적어져서 전원 전류가 1.5μA 정도로 낮아진다.

(2) 외부 구조

DS3234의 외부 구조는 <그림 4.16.3>과 같이 20핀 SO형으로 되어 있으며, 각 핀의 기능을 요약하면 <표 4.16.1>과 같다.

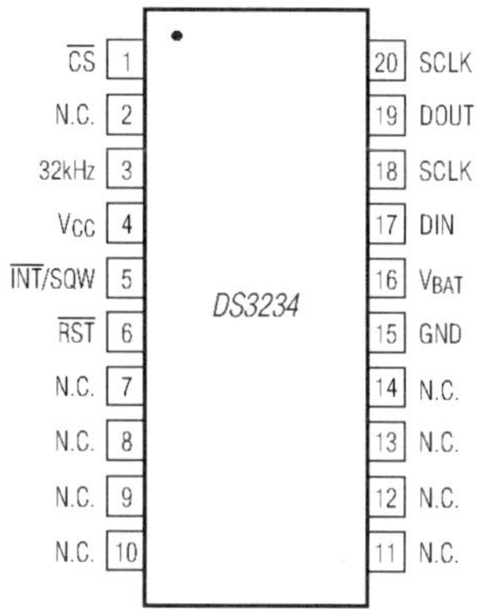

〈그림 4.16.3〉 DS3234의 외부 구조

〈표 4.16.1〉 DS3234 외부 핀의 기능

신호 이름	I/O	기 능
V_{CC}, GND	–	Primary Power Supply : +3.3V 또는 +5V 전원 및 접지 단자이다. 이 전원 전압이 V_{PF}=2.575V 보다 낮고 또한 V_{BAT}보다 낮으면 소자의 전원은 내부에서 자동적으로 V_{CC}에서 V_{BAT}로 교체된다. 이 전원은 0.1μF~1.0μF의 커패시터를 사용하여 디커플링해야 한다.
V_{BAT}	–	Backup Power Supply : +2.0V~+3.8V의 배터리 전원을 연결하는 단자이다. V_{CC}로 입력되는 전원 전압이 이 전압보다 낮고 또한 V_{PF}=2.575V 보다도 낮으면 이 소자의 동작전원은 V_{CC}에서 V_{BAT}로 교체된다. 배터리 백업 전원을 사용하지 않으려면 이 단자를 접지시켜야 한다.
$\overline{RST}$	I/O	Reset : 이 단자는 오픈 드레인형의 입출력 단자로서 내부에서 50kΩ의 저항을 사용하여 V_{CC} 단자로 풀업되어 있다. 만약 V_{CC} 전압이 V_{PF} 전압 이하로 떨어지면 이 단자는 low로 출력되며, V_{CC} 전압이 t_{RST} = 250ms 이상동안 V_{PF} 전압 이상으로 유지되면 이 단자는 하이 임피던스 상태로 된다. 이 단자를 외부에서 강제로 low로 드라이브하면 이 소자는 리셋된다. 사용자가 추가적으로 외부에 풀업저항을 접속하지 말아야 하며, 만약 이 단자를 사용하지 않을 경우에는 오픈시켜 둔다.
$\overline{CS}$	I	Chip Select : 외부에서 SPI 직렬통신으로 이 소자를 액세스하기 위한 칩선택 신호이다.
SCLK	I	SPI Clock : SPI 직렬통신의 클록 신호이다. 2개의 SCLK 신호는 내부에서 서로 연결되어 있다.
DIN	I	SPI Data Input : SPI 직렬통신의 데이터 입력 신호이다. SPI 직렬통신의 MOSI에 해당한다.
DOUT	O	SPI Data Output : SPI 직렬통신의 데이터 출력 신호이다. SPI 직렬통신의 MISO에 해당한다.
32kHz	O	32kHz Push-Pull Output : 32.768kHz의 주파수 신호를 출력하는 단자이다. 만약 EN32kHz = 0이거나 BB32kHz = 0이면 클록 신호는 출력되지 않으며 이 단자가 low를 출력한다.
$\overline{INT}$/SQW	O	Interrupt or Square-Wave Output : 이 단자는 외부의 풀업저항을 필요로 하는 오픈드레인형 출력 단자이다. 만약 INTCN = 0으로 설정하면 이 단자는 SQW로 사용되어 RS2 및 RS1 비트로 지정한 클록 주파수를 출력한다. 그러나, INTCN = 1로 설정하면 이 단자는 $\overline{INT}$로 사용되어 알람 조건이 만족되었을 경우 인터럽트 신호를 출력한다. 이 단자를 사용하지 않을 경우에는 오픈시켜 두어야 한다.

(3) 내부 구조

DS3234의 내부 구조는 <그림 4.16.4>와 같고, 내부의 레지스터 및 SRAM 어드레스는 <표 4.16.2>와 같다.

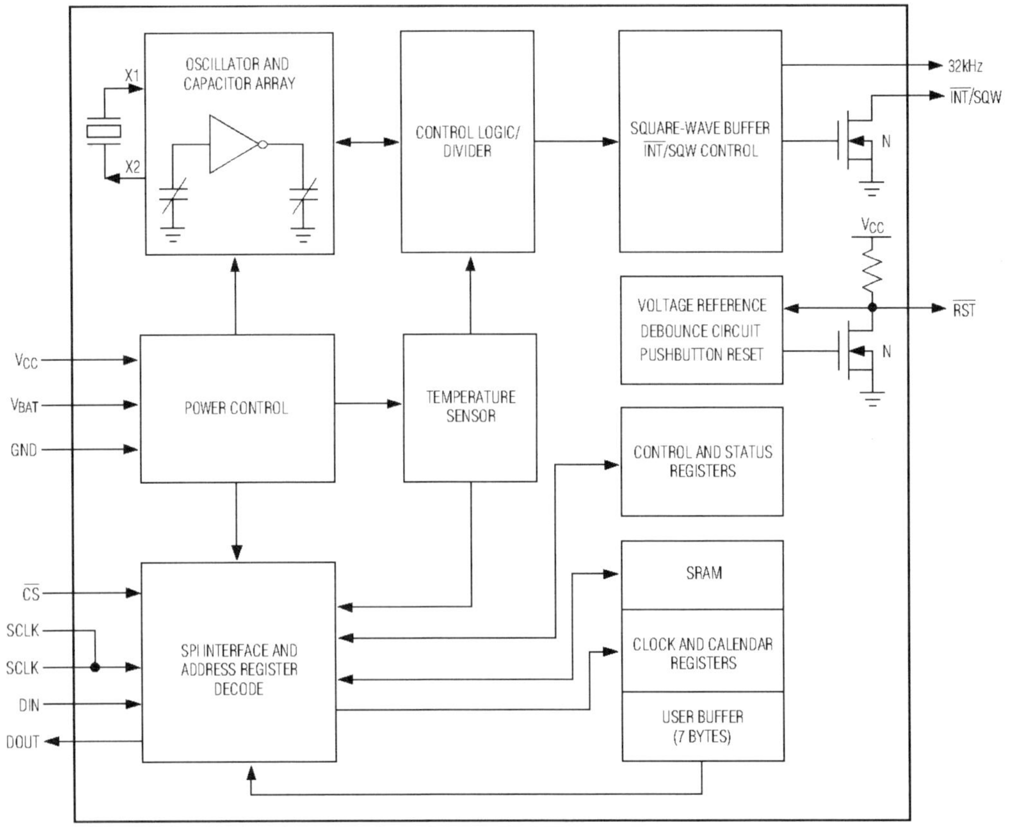

〈그림 4.16.4〉 DS3234의 내부 구조

각 번지의 시각, 요일, 날짜 등은 모두 8비트 BCD(Binary-Coded Decimal) 표현법으로 동작하는데 이를 요약하면 <표 4.16.2>와 같다.

시간(hour)을 설정하는 02H 번지에서 비트6을 1로 설정하면 12시제로 동작하고 0으로 설정하면 24시제로 동작한다. 12시제를 사용할 때는 비트5가 0이면 오전(AM)을 나타내고 1이면 오후(PM)를 나타낸다.

요일을 설정하는 03H 번지에서 1이면 일요일에서 시작하여, 차례로 2면 월요일이고, 3=화요일, 4=수요일, 5=목요일, 6=금요일이며, 마지막으로 7이면 토요일이다.

06H 번지의 연도는 마지막의 2자리 00~99만 저장되며 사용자가 앞에 20을 붙이면

된다. 그러나, 세기(century) 값이 자동으로 처리되도록 하려면 05H 번지의 세기 비트는 연도가 99에서 00으로 바뀔 때마다 토글되므로 이 비트를 응용하면 된다.

〈표 4.16.2〉 DS3234의 내부 레지스터 및 SRAM

번지		기능	설정 범위	비트7	비트6	비트5	비트4	비트3	비트2	비트1	비트0
리드	라이트										
00H	80H	초(second)	00~59	0	10초			1초			
01H	81H	분(minute)	00~59	0	10분			1분			
02H	82H	시(hour)	01~12	0	1(12시제)	$\overline{AM}$/PM	10시간	1시간			
			00~23		0(24시제)	10시간					
03H	83H	요일(day)	01~07	0	0	0	0	0	요일		
04H	84H	날짜(date)	01~31	0	0	10일		1일			
05H	85H	월(month)/세기(century)	01~12	세기	0	0	10월	1월			
06H	86H	연(year)	00~99	10년				1년			
07H	87H	알람1 초	00~59	A1M1	10초			1초			
08H	88H	알람1 분	00~59	A1M2	10분			1분			
09H	89H	알람1 시	01~12	A1M3	1(12시제)	$\overline{AM}$/PM	10시간	1시간			
			00~23		0(24시제)	10시간					
0AH	8AH	알람1 요일/날짜	01~07	A1M4	1(요일)	0	0	0	요일		
			01~31		0(날짜)	10일		1일			
0BH	8BH	알람2 분	00~59	A2M2	10분			1분			
0CH	8CH	알람2 시	01~12	A2M3	1(12시제)	$\overline{AM}$/PM	10시간	1시간			
			00~23		0(24시제)	10시간					
0DH	8DH	알람2 요일/날짜	01~07	A2M4	1(요일)	0	0	0	요일		
			01~31		0(날짜)	10일		1일			
0EH	8EH	제어	-	$\overline{EOSC}$	BBSQW	CONV	RS2	RS1	INTCN	A2IE	A1IE
0FH	8FH	제어/상태	-	OSF	BB32kHz	CRATE1	CRATE0	EN32kHz	BSY	A2F	A1F
10H	90H	발진 주파수 보정	-	SIGN	DATA	DATA	DATA	DATA	DATA	DATA	DATA
11H	-	온도 MSB	-	SIGN	DATA	DATA	DATA	DATA	DATA	DATA	DATA
12H	-	온도 LSB	-	DATA	DATA	0	0	0	0	0	0
13H	93H	온도변환 금지	-	0	0	0	0	0	0	0	BB_TD
14H~17H	94H~97H	(사용하지 않음)	-	-	-	-	-	-	-	-	-
18H	98H	SRAM 번지	-	A7	A6	A5	A4	A3	A2	A1	A0
19H	99H	SRAM 데이터	-	D7	D6	D5	D4	D3	D2	D1	D0

〈표 4.16.3〉 DS3234의 알람 마스크 비트 기능

	비트6	A1M4	A1M3	A1M2	A1M1	알람 기능
알람1	X	1	1	1	1	매초마다 알람 발생
	X	1	1	1	0	초가 일치할 때마다 알람 발생
	X	1	1	0	0	분, 초가 일치할 때마다 알람 발생
	X	1	0	0	0	시, 분, 초가 일치할 때마다 알람 발생
	0	0	0	0	0	날짜, 시, 분, 초가 일치할 때마다 알람 발생
	1	0	0	0	0	요일, 시, 분, 초가 일치할 때마다 알람 발생
	비트6	**A2M4**	**A2M3**	**A2M2**	**-**	**알람 기능**
알람2	X	1	1	1	-	매분의 00초마다 알람 발생
	X	1	1	0	-	분이 일치할 때마다 알람 발생
	X	1	0	0	-	시, 분이 일치할 때마다 알람 발생
	0	0	0	0	-	날짜, 시, 분이 일치할 때마다 알람 발생
	1	0	0	0	-	요일, 시, 분이 일치할 때마다 알람 발생

▣ 알람 기능

알람은 2가지를 사용할 수 있는데, 07H~0AH 번지에는 알람1로서 초, 분, 시, 요일/날짜를 설정하며, 0BH~0DH 번지에는 알람2로서 분, 시, 요일/날짜를 설정한다. 현재의 RTC 값이 알람 설정 조건과 일치하면 해당되는 알람의 플랙 비트 A1F, A2F가 1로 세트되며, 만약 이때 A1IE, A2IE 비트에 의하여 해당 인터럽트가 허용상태로 되고 INTCN = 1로 설정되어 있다면 $\overline{\text{INT}}$/SQW 단자로 인터럽트 신호가 출력된다.

모든 알람 설정 레지스터의 비트7은 마스크 비트(mask bit)로서 이를 0으로 설정해야만 알람의 동작이 유효하도록 인에이블된다. 따라서, 이 마스크 비트들을 잘 조합하면 <표 4.16.3>과 같이 일부 조건만을 사용하여 알람을 발생시킬 수 있다.

▣ 제어 레지스터

0EH 번지의 제어 레지스터(Control Register)는 DS3234의 여러가지 기능을 제어하는 용도로 사용하며, 리셋 후의 디폴트 값은 0x1C이다.

비트7의 $\overline{\text{EOSC}}$(Enable Oscillator)는 DS3234가 V_{BAT} 전원으로 동작하고 있을 때 0이면 오실레이터가 정상으로 작용하고, 1이면 오실레이터가 정지한다. 그러나, 이 소자가 V_{CC} 전원으로 동작하고 있을 때는 이 비트에 관계없이 오실레이터가 정상적으로 작용한다.

비트6의 BBSQW(Battery-Backed Square-Wave Enable)는 이 소자가 배터리 백업 전원으로 동작하고 있을 때 $\overline{\text{INT}}$/SQW 단자로 구형파를 출력하도록 지정한다. 즉, INTCN = 0이고 V_{CC} < V_{PF}인 조건에서 이 비트를 1로 설정하면 구형파를 출력하며, 이 비트를 0으로 하면 $\overline{\text{INT}}$/SQW 단자가 하이 임피던스 상태로 된다.

비트5의 CONV(Convert Temperature)를 1로 설정하면 이 소자 내부의 온도센서가 현재의 온도를 디지털값으로 변환하는 TXCO 알고리즘을 수행하도록 한다. 이 알고리즘이 실행되는 동안에는 제어 및 상태 레지스터에서 BSY = 1로 유지된다.

비트4~3의 RS2 및 RS1(Rate Select)은 $\overline{\text{INT}}$/SQW 단자로 출력되는 구형파 신호의 주파수를 지정한다. 즉, RS2:RS1 = 00, 01, 10, 11일 때 각각 출력 주파수는 1Hz, 1024Hz, 4096Hz, 8192Hz이다.

비트2의 INTCN(Interrupt Control)은 $\overline{\text{INT}}$/SQW 단자가 인터럽트 출력신호로 사용되도록 한다. 즉, 이 비트를 1로 설정하면 $\overline{\text{INT}}$/SQW 단자가 $\overline{\text{INT}}$로 사용되고, 이 비트를 0으로 설정하면 SQW로 사용된다.

비트1~0의 A2IE 및 A1IE(Alarm 2/1 Interrupt Enable)은 각각 알람2와 1의 인터

럽트 발생을 허용하는 비트이다. 해당 비트를 1로 세트하고 INTCN = 1로 설정되어 있을 경우 알람이 발생하면 $\overline{\text{INT}}$/SQW 단자로 인터럽트 신호가 출력된다.

▣ 제어 및 상태 레지스터

0FH 번지의 제어 및 상태 레지스터(Control and Status Register)는 DS3234의 여러가지 기능을 제어하거나 상태를 표시하는 용도로 사용하며, 리셋 후의 디폴트 값은 0xC8이다.

비트7의 OSF(Oscillator Stop Flag)는 DS3234의 오실레이터가 동작하지 않고 정지해 있거나 정지했었음을 나타내는 플랙 비트이다. 이 비트는 한번 1로 세트되면 계속하여 이 값을 유지하기 때문에 사용자가 0으로 클리어시켜 주어야 한다.

비트6의 BB32kHz(Battery-Backed 32kHz Output)는 EN32kHz = 1로 설정된 상태에서 이 소자가 V_{BAT} 전원으로 동작하고 있을 때 32kHz 주파수 신호를 출력하도록 설정하는 비트이다. 이 비트를 0으로 설정하면 32kHz 단자는 0을 출력한다.

비트5~4의 CRATE1 및 CRATE0(Conversion Rate)은 온도센서가 온도를 디지털로 자동 변환하는 속도인 sample rate를 지정한다. 즉, CRATE1:CRATE0 = 00, 01, 10, 11일 때 각각 1초당 sample rate는 64, 128, 256, 512이다. 이 속도를 느리게 설정하면 소비전력을 절감할 수 있다.

비트3의 EN32kHz(Enable 32kHz Output)는 이 소자의 32kHz 단자에 32.768kHz 주파수 신호를 출력하도록 설정하는 비트이다. 이 비트를 0으로 설정하면 32kHz 단자는 0을 출력한다.

비트2의 BSY(Busy)는 이 소자가 TXCO 알고리즘을 수행하느라 busy 상태에 있음을 나타내는 상태 비트이다. 온도 센서의 데이터 변환이 완료되면 이 비트는 다시 0으로 클리어된다.

비트1~0의 A2F 및 A1F(Alarm 2/1 Flag)는 각각 알람2와 1에 설정된 알람 시각과 현재의 시각이 일치하여 알람 조건이 충족되었음을 나타내는 플랙 비트이다. 각각 A2IE나 A1IE 비트가 1로 설정되고 INTCN = 1로 설정되어 있을 경우 해당 알람이 발생하면 $\overline{\text{INT}}$/SQW 단자로 인터럽트 신호가 출력된다.

▣ 경년변화 오프셋 레지스터

10H 번지의 경년변화 오프셋 레지스터(Aging Offset Register)는 DS3234를 오래 사용하여 발진주파수가 부정확해졌을 경우 이를 보상하기 위한 8비트 2의 보수 값을 설정하는 레지스터이며, 리셋 후의 디폴트 값은 0x00이다.

이 값을 양수로 설정하면 오실레이터 커패시터 어레이의 정전용량을 증가시켜 발진 주파수를 느리게 하며, 이 값을 음수로 설정하면 오실레이터 커패시터 어레이의 정전용량을 감소시켜 발진 주파수를 빠르게 한다. 이때 주파수 변화량은 온도에 따라 달라지는데, 25℃에서 1비트의 값은 약 0.1ppm의 주파수 변화에 대응한다.

▣ 온도 레지스터

11H~12H 번지의 온도 레지스터(Temperature Register)는 DS3234 내부의 온도 센서를 사용하여 비트당 0.25℃ 분해능으로 온도값을 읽어들이는 레지스터이다. 온도값은 10비트 2의 보수로 표현되며, 16비트 레지스터에 좌측 정렬되어 저장된다.

▣ 온도 제어 레지스터

13H 번지의 온도 제어 레지스터(Temperature Control Register)는 1비트만 유효한데, 이 레지스터의 비트0 BB_TD(Battery-Backed Temperature Conversion Disable)는 이 소자가 V_{BAT} 전원으로 동작하고 있을 때 온도센서의 자동 데이터 변환을 금지시켜 소비전력을 절감할 수 있는 비트이다.

▣ SRAM 어드레스 레지스터

18H 번지의 SRAM 어드레스 레지스터는 256바이트 SRAM의 어드레스를 지정하는데 사용한다. 1번에 연속적으로 여러 번지를 액세스할 때는 이 번지값이 자동으로 1씩 증가하며, FFH 번지 이후에는 00H 번지로 된다.

▣ SRAM 데이터 레지스터

19H 번지의 SRAM 데이터 레지스터는 256바이트 SRAM을 액세스하는 데이터를 저장하는 레지스터이다. 리드 사이클에서는 SRAM 어드레스 레지스터로 지정한 번지의 SRAM 내용이 읽혀져서 이 레지스터에 저장되며, 라이트 사이클에서는 이 레지스터에 데이터를 미리 써두면 이것이 SRAM 어드레스 레지스터로 지정한 번지의 SRAM에 써진다.

(4) SPI 통신 포맷

DS3234를 외부에서 마이크로컨트롤러가 액세스할 때는 SPI 통신을 사용한다. 이 SPI 통신의 최고 속도는 4MHz까지이며, SCLK 신호는 <그림 4.16.5>에서 보는 것처럼 CPOL=0 및 CPHA=1인 SPI 모드1을 사용한다.

마이크로프로세서를 사용하여 DS3234를 액세스하는 방법은 <그림 4.16.5>와 같이 단일 바이트 액세스를 사용할 수도 있고, <그림 4.16.6>과 같이 멀티 바이트 액세스를 사용할 수도 있다.

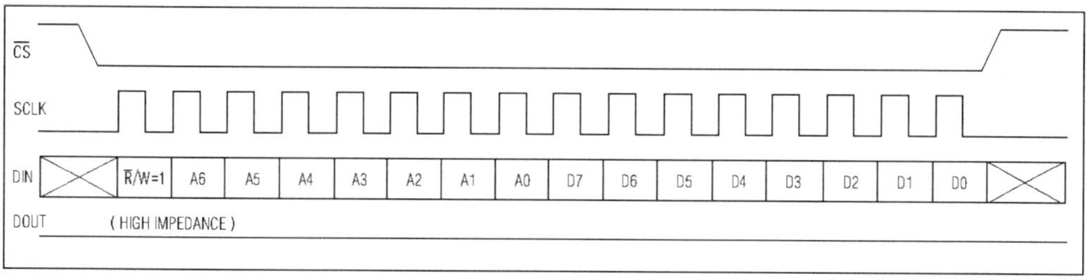

(a) 1바이트 데이터 라이트 동작

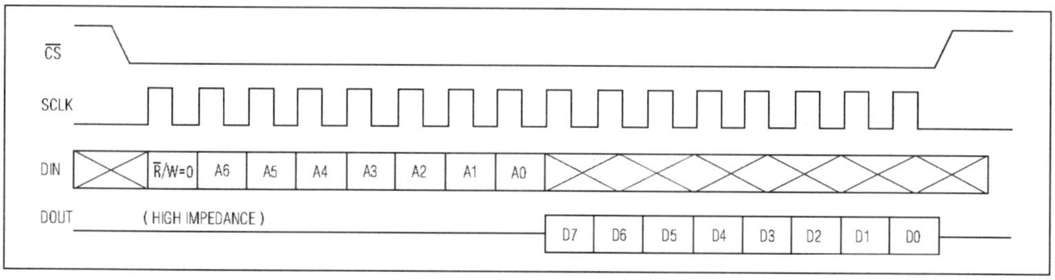

(b) 1바이트 데이터 리드 동작

〈그림 4.16.5〉 DS3234의 SPI 직렬통신에 의한 단일 바이트 액세스

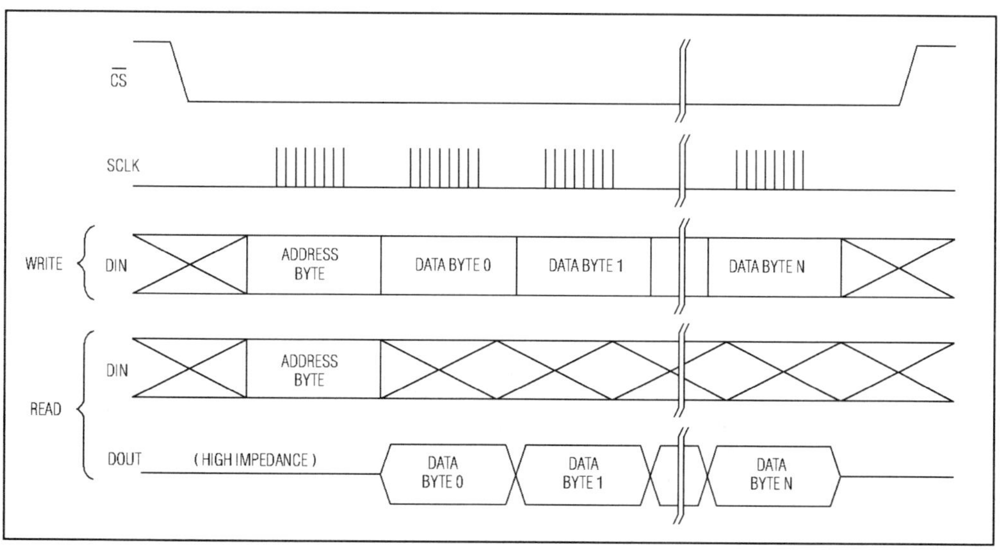

〈그림 4.16.6〉 DS3234의 SPI 직렬통신에 의한 멀티 바이트 액세스

(5) *OK-128DA* 키트에서 DS3234와 관련된 회로

OK-128DA 키트에서 DS3234 RTC와 관련된 회로를 발췌하여 보이면 <그림 4.16.7>과 같다. 배터리는 2.4V/70mAh의 니켈수소 전지(NiMH)를 사용하며, 이 키트를 장시간 사용하면서 충전하더라도 문제가 없도록 +5V 전원과 배터리 사이에 직렬로 1kΩ의 저항을 연결하였고, 전원을 껐을 때 이 저항을 통하여 배터리 전원이 방전되는 것을 방지하기 위하여 저항과 직렬로 1N4148 다이오드를 연결하였다. 전원이 꺼질 때 SPI 통신 신호의 불안정으로 DS3234의 내부 레지스터나 메모리 값이 랜덤하게 지워지는 것을 방지하기 위하여 $\overline{CS}$ 단자를 10kΩ의 저항으로 풀업하였다.

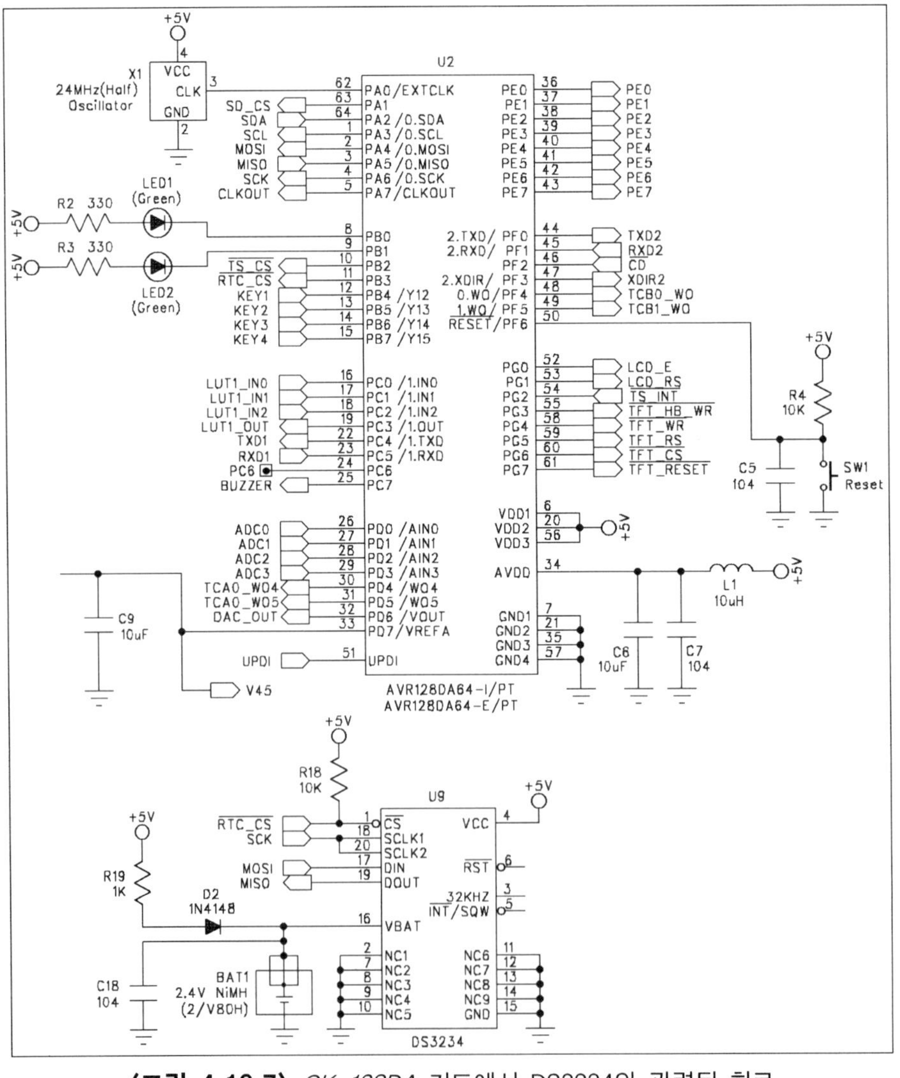

〈그림 4.16.7〉 *OK-128DA* 키트에서 DS3234와 관련된 회로

3. 텍스트 LCD 모듈에 표시하는 디지털 시계

(1) 간단한 텍스트 LCD용 디지털 시계

앞의 제4.10절에서는 AVR128DA64의 실시간 카운터 RTC를 이용하여 1Hz의 인터럽트를 발생하는 방법으로 디지털 시계를 구현하였는데, 여기서는 DS3234를 이용하여 전원을 꺼놓았다가 다시 켜도 문제없이 동작하는 시계를 만들어 보기로 한다.

DS3234를 이용하여 텍스트 LCD 모듈에 캘린더 기능을 포함하는 디지털 시계 프로그램을 C언어로 작성하여 보면 다음과 같다.

〈프로그램 Exp16_1.c〉 텍스트 LCD 모듈에 구현한 디지털 시계 프로그램(1)

```
/* ========================================================================== */
/*          Exp16_1.c : 텍스트 LCD에 표시하는 디지털 시계 프로그램(1)          */
/* ========================================================================== */
/*                           Designed and programmed by Duck-Yong Yoon in 2022.  */

#include <avr/io.h>
#include "OK-128DA.h"

void Display_time(void);                        /* display DS3234 time */

/* ----- 메인 프로그램 ----------------------------------------------------- */

unsigned char year, month, date, weekday, hour, minute, second;
unsigned char beep_flag = 0;

int main(void)
{
  MCU_initialize();                             // initialize AVR128DA64 MCU
  Delay_ms(50);                                 // wait for system stabilization
  LCD_initialize();                             // initialize text LCD module
  TFT_initialize();                             // initialize TFT-LCD module
  DS3234_initialize();                          // initialize DS3234 RTC
  Beep();

  TFT_string(3,5,Cyan,Black,"텍스트 LCD에 표시하는 디지털 시계"); // display title

  LCD_string(0x80,"2022/01/15 (SAT)");          // display initial screen
  LCD_string(0xC0,"  12:00:00  AM  ");

  while(1)
    { Display_time();                           // display time
      Delay_ms(50);
    }
}

/* ----- 사용자 정의 함수 -------------------------------------------------- */

void Display_time(void)                         /* display DS3234 time */
{
  LCD_command(0x80);                            // display year
  LCD_hexadecimal(0x20,2);
  year = DS3234_read(0x06);
  LCD_hexadecimal(year,2);
  LCD_command(0x85);                            // display month
  month = DS3234_read(0x05);
  LCD_hexadecimal(month,2);
```

```
    LCD_command(0x88);                              // display date
    date = DS3234_read(0x04);
    LCD_hexadecimal(date,2);
    weekday = DS3234_read(0x03);                    // display weekday
    if(weekday == 0x01)       LCD_string(0x8C,"SUN");
    else if(weekday == 0x02) LCD_string(0x8C,"MON");
    else if(weekday == 0x03) LCD_string(0x8C,"TUE");
    else if(weekday == 0x04) LCD_string(0x8C,"WED");
    else if(weekday == 0x05) LCD_string(0x8C,"THU");
    else if(weekday == 0x06) LCD_string(0x8C,"FRI");
    else if(weekday == 0x07) LCD_string(0x8C,"SAT");

    LCD_command(0xC2);                              // display hour
    hour = DS3234_read(0x02);
    LCD_hexadecimal(hour & 0x1F,2);
    if((hour & 0x20) == 0x00) LCD_string(0xCC,"AM");
    else                      LCD_string(0xCC,"PM");
    LCD_command(0xC5);                              // display minute
    minute = DS3234_read(0x01);
    LCD_hexadecimal(minute,2);
    LCD_command(0xC8);                              // display second
    second = DS3234_read(0x00);
    LCD_hexadecimal(second & 0x7F,2);

    if((minute == 0x00) && (second == 0x00) && (beep_flag == 0))  // beep
      { beep_flag = 1;
        Beep();
      }
    else if(second == 0x01)
      beep_flag = 0;
  }
```

☞ DS3234를 사용하여 시계를 구현할 때는 모든 시간 값이 이 소자에서 처리되므로 프로그램에서는 단지 이를 읽어서 텍스트 LCD 모듈에 표시하는 일과 현재 시각을 설정하기 위한 키 입력을 검출하는 일을 반복하면 되기 때문에 인터럽트를 사용할 필요가 없이 프로그램이 매우 단순해진다.

(2) 현재 시각을 수정할 수 있는 디지털 시계

앞의 예제 프로그램 Exp16_1.c에 키 KEY1~KEY4의 입력으로 현재 시각을 수정하는 기능을 추가한 텍스트 LCD용 디지털 시계 프로그램을 C언어로 작성하여 보면 다음과 같다.

〈프로그램 Exp16_2.c〉 텍스트 LCD 모듈에 구현한 디지털 시계 프로그램(2)

```
/* ============================================================================ */
/*          Exp16_2.c : 텍스트 LCD에 표시하는 디지털 시계 프로그램(2)              */
/* ============================================================================ */
/*                         Designed and programmed by Duck-Yong Yoon in 2022.   */

#include <avr/io.h>
#include "OK-128DA.h"

void Display_time(void);                        /* display DS3234 time */
unsigned char BCD_increment(U08 number);        /* BCD increment */
unsigned char BCD_decrement(U08 number);        /* BCD decrement */
void Cursor_left(void);                         /* go cursor left */
void Cursor_right(void);                        /* go cursor right */
```

```
void Digital_increment(void);                    /* increment time */
void Digital_decrement(void);                    /* decrement time */

/* ----- 메인 프로그램 ------------------------------------------------------- */

unsigned char year, month, date, weekday, hour, minute, second;
unsigned char beep_flag = 0, cursor_position;

int main(void)
{
  unsigned char key;

  MCU_initialize();                              // initialize AVR128DA64 MCU
  Delay_ms(50);                                  // wait for system stabilization
  LCD_initialize();                              // initialize text LCD module
  TFT_initialize();                              // initialize TFT-LCD module
  DS3234_initialize();                           // initialize DS3234 RTC
  Beep();

  TFT_string(3,5,Cyan,Black,"텍스트 LCD에 표시하는 디지털 시계"); // display title
  TFT_string(12,8,White,Black,"(시간 수정 기능)");

  TFT_string(13,14,White,Black,"KEY1 = 커서 좌"); // display key function
  TFT_string(13,16,White,Black,"KEY2 = 커서 우");
  TFT_string(13,19,White,Black,"KEY3 = 값 증가");
  TFT_string(13,21,White,Black,"KEY4 = 값 감소");

  cursor_position = 0xCF;                        // initial cursor position
  LCD_command(0x0F);                             // cursor ON

  LCD_string(0x80,"2022/01/15 (SAT)");           // display initial screen
  LCD_string(0xC0,"  12:00:00  AM  ");

  while(1)
    { key = Key_input();                         // key input

      switch(key)
        { case KEY1 : Cursor_left();             // if KEY1, go cursor left
                      break;
          case KEY2 : Cursor_right();            // if KEY2, go cursor right
                      break;
          case KEY3 : Digital_increment();       // if KEY3, increment time
                      break;
          case KEY4 : Digital_decrement();       // if KEY4, decrement time
                      break;
          default   : Display_time();            // display time
                      break;
        }
      Delay_ms(50);
    }
}

/* ----- 사용자 정의 함수 ---------------------------------------------------- */

void Display_time(void)                          /* display DS3234 time */
{
  LCD_command(0x0C);                             // cursor OFF

  LCD_command(0x80);                             // display year
  LCD_hexadecimal(0x20,2);
  year = DS3234_read(0x06);
  LCD_hexadecimal(year,2);
  LCD_command(0x85);                             // display month
  month = DS3234_read(0x05);
  LCD_hexadecimal(month,2);
  LCD_command(0x88);                             // display date
  date = DS3234_read(0x04);
  LCD_hexadecimal(date,2);
  weekday = DS3234_read(0x03);                   // display weekday
  if(weekday == 0x01)      LCD_string(0x8C,"SUN");
  else if(weekday == 0x02) LCD_string(0x8C,"MON");
```

```
  else if(weekday == 0x03) LCD_string(0x8C,"TUE");
  else if(weekday == 0x04) LCD_string(0x8C,"WED");
  else if(weekday == 0x05) LCD_string(0x8C,"THU");
  else if(weekday == 0x06) LCD_string(0x8C,"FRI");
  else if(weekday == 0x07) LCD_string(0x8C,"SAT");

  LCD_command(0xC2);                              // display hour
  hour = DS3234_read(0x02);
  LCD_hexadecimal(hour & 0x1F,2);
  if((hour & 0x20) == 0x00) LCD_string(0xCC,"AM");
  else                      LCD_string(0xCC,"PM");
  LCD_command(0xC5);                              // display minute
  minute = DS3234_read(0x01);
  LCD_hexadecimal(minute,2);
  LCD_command(0xC8);                              // display second
  second = DS3234_read(0x00);
  LCD_hexadecimal(second & 0x7F,2);

  LCD_command(cursor_position);                   // go cursor position
  LCD_command(0x0F);                              // cursor ON

  if((minute == 0x00) && (second == 0x00) && (beep_flag == 0))
    { beep_flag = 1;
      Beep();
    }
  else if(second == 0x01)
    beep_flag = 0;
}

unsigned char BCD_increment(U08 number)         /* BCD increment */
{
  unsigned char i;

  i = (number >> 4)*10 + (number & 0x0F);       // convert BCD to binary
  i++;                                          // increment
  i = ((i/10) << 4) + (i % 10);                 // convert binary to BCD
  return i;
}

unsigned char BCD_decrement(U08 number)         /* BCD decrement */
{
  unsigned char i;

  i = (number >> 4)*10 + (number & 0x0F);       // convert BCD to binary
  i--;                                          // decrement
  i = ((i/10) << 4) + (i % 10);                 // convert binary to BCD
  return i;
}

void Cursor_left(void)                          /* go cursor left */
{
  if     (cursor_position == 0xCF) cursor_position = 0xCD;
  else if(cursor_position == 0xCD) cursor_position = 0xC9;
  else if(cursor_position == 0xC9) cursor_position = 0xC6;
  else if(cursor_position == 0xC6) cursor_position = 0xC3;
  else if(cursor_position == 0xC3) cursor_position = 0x8E;
  else if(cursor_position == 0x8E) cursor_position = 0x89;
  else if(cursor_position == 0x89) cursor_position = 0x86;
  else if(cursor_position == 0x86) cursor_position = 0x83;
  else if(cursor_position == 0x83) cursor_position = 0xCF;
}

void Cursor_right(void)                         /* go cursor right */
{
  if     (cursor_position == 0xCF) cursor_position = 0x83;
  else if(cursor_position == 0x83) cursor_position = 0x86;
  else if(cursor_position == 0x86) cursor_position = 0x89;
  else if(cursor_position == 0x89) cursor_position = 0x8E;
  else if(cursor_position == 0x8E) cursor_position = 0xC3;
  else if(cursor_position == 0xC3) cursor_position = 0xC6;
  else if(cursor_position == 0xC6) cursor_position = 0xC9;
```

```
  else if(cursor_position == 0xC9) cursor_position = 0xCD;
  else if(cursor_position == 0xCD) cursor_position = 0xCF;
}

void Digital_increment(void)                    /* increment time */
{
  if(cursor_position == 0x83)                   // in case of year
    { year = DS3234_read(0x06);
      if(year == 0x99)        year = 0x00;
      else                    year = BCD_increment(year);
      DS3234_write(0x06,year);
    }
  else if(cursor_position == 0x86)              // in case of month
    { month = DS3234_read(0x05);
      if(month == 0x12)       month = 0x01;
      else                    month = BCD_increment(month);
      DS3234_write(0x05,month);
    }
  else if(cursor_position == 0x89)              // in case of date
    { date = DS3234_read(0x04);
      if(date == 0x31)        date = 0x01;
      else                    date = BCD_increment(date);
      DS3234_write(0x04,date);
    }
  else if(cursor_position == 0x8E)              // in case of weekday
    { weekday = DS3234_read(0x03);
      if(weekday == 0x07)     weekday = 0x01;
      else                    weekday++;
      DS3234_write(0x03,weekday);
    }
  else if(cursor_position == 0xC3)              // in case of hour
    { hour = DS3234_read(0x02);
      if((hour & 0x1F) == 0x12) hour = (hour & 0xE0) + 0x01;
      else                      hour = BCD_increment(hour);
      DS3234_write(0x02,hour);
    }
  else if(cursor_position == 0xC6)              // in case of minute
    { minute = DS3234_read(0x01);
      if(minute == 0x59)      minute = 0x00;
      else                    minute = BCD_increment(minute);
      DS3234_write(0x01,minute);
    }
  else if(cursor_position == 0xC9)              // in case of second
    { second = DS3234_read(0x00);
      if(second == 0x59)      second = 0x00;
      else                    second = BCD_increment(second);
      DS3234_write(0x00,second);
    }
  else if(cursor_position == 0xCD)              // in case of AM/PM
    { hour = DS3234_read(0x02);
      if((hour & 0x20) == 0x00) hour |= 0x20;
      else                      hour &= 0xDF;
      DS3234_write(0x02,hour);
    }
}

void Digital_decrement(void)                    /* decrement time */
{
  if(cursor_position == 0x83)                   // in case of year
    { year = DS3234_read(0x06);
      if(year == 0x00)        year = 0x99;
      else                    year = BCD_decrement(year);
      DS3234_write(0x06,year);
    }
  else if(cursor_position == 0x86)              // in case of month
    { month = DS3234_read(0x05);
      if(month == 0x01)       month = 0x12;
      else                    month = BCD_decrement(month);
      DS3234_write(0x05,month);
    }
  else if(cursor_position == 0x89)              // in case of date
```

```
   { date = DS3234_read(0x04);
     if(date == 0x01)        date = 0x31;
     else                    date = BCD_decrement(date);
     DS3234_write(0x04,date);
   }
  else if(cursor_position == 0x8E)              // in case of weekday
   { weekday = DS3234_read(0x03);
     if(weekday == 0x01)    weekday = 0x07;
     else                   weekday--;
     DS3234_write(0x03,weekday);
   }
  else if(cursor_position == 0xC3)              // in case of hour
   { hour = DS3234_read(0x02);
     if((hour & 0x1F) == 0x01) hour = (hour & 0xE0) + 0x12;
     else                      hour = BCD_decrement(hour);
     DS3234_write(0x02,hour);
   }
  else if(cursor_position == 0xC6)              // in case of minute
   { minute = DS3234_read(0x01);
     if(minute == 0x00)      minute = 0x59;
     else                    minute = BCD_decrement(minute);
     DS3234_write(0x01,minute);
   }
  else if(cursor_position == 0xC9)              // in case of second
   { second = DS3234_read(0x00);
     if(second == 0x00)      second = 0x59;
     else                    second = BCD_decrement(second);
     DS3234_write(0x00,second);
   }
  else if(cursor_position == 0xCD)              // in case of AM/PM
   { hour = DS3234_read(0x02);
     if((hour & 0x20) == 0x00) hour |= 0x20;
     else                      hour &= 0xDF;
     DS3234_write(0x02,hour);
   }
}
```

☞ 현재 시각에서 연, 월, 일, 요일, 시, 분, 초, 오전/오후를 사용자가 눈으로 보면서 수정할 수 있으려면 텍스트 LCD 모듈에서 커서가 보이도록 설정해야 한다. 그런데, 이 값을 수정하고 있는 동안에도 반복적으로 현재의 시간값을 텍스트 LCD 모듈을 표시하게 되므로 커서의 위치가 수시로 움직여서 이동하게 된다. 따라서, 항상 사용자가 화면에서 현재 수정 중인 시간에 해당하는 커서의 위치를 내부적으로 기억하고 있다가(여기서는 변수 cursor_position을 사용함) 현재의 시간값을 표시하고 나면 커서를 원래의 위치로 되돌려 놓아야 한다는 것이 매우 중요한 프로그래밍 기술의 포인트이다.

이 프로그램에서 키의 사용법은 TFT-LCD 화면에서 설명하는 것처럼 KEY1은 커서 좌측 이동, KEY2는 커서 우측 이동, KEY3은 시간값 증가, KEY4는 시간값 감소의 기능을 수행하는데 사용된다.

4. TFT-LCD에 표시하는 디지털 시계

이번에는 DS3234를 이용하여 현재 시각을 수정하는 기능을 포함하는 디지털 시계를 TFT-LCD 화면에 구현한다. 디지털 시계가 잘 보이도록 글씨 크기를 큰 글씨로 표시하는 경우와 가장 큰 글씨로 표시하는 경우의 2가지 예제 프로그램을 보인다.

(1) 큰 글씨체를 사용한 디지털 시계

DS3234를 이용하여 TFT-LCD 모듈에 12×24 픽셀의 숫자와 24×24 픽셀의 한글 큰 글씨체로 현재 시각을 표시하고, 키 입력으로 현재 시각을 수정할 수 있는 디지털 시계 프로그램을 C언어로 작성하여 보면 다음과 같다.

〈프로그램 Exp16_3.c〉 TFT-LCD에 큰 글씨로 구현한 디지털 시계 프로그램

```
/* ========================================================================== */
/*          Exp16_3.c : TFT-LCD에 큰 글씨로 표시하는 디지털 시계 프로그램          */
/* ========================================================================== */
/*                          Designed and programmed by Duck-Yong Yoon in 2022.  */

#include <avr/io.h>
#include "OK-128DA.h"

void Digital_display_time(void);                  /* display DS3234 time */
unsigned char BCD_increment(U08 number);          /* BCD increment */
unsigned char BCD_decrement(U08 number);          /* BCD decrement */
void Digital_cursor_left(void);                   /* go cursor left */
void Digital_cursor_right(void);                  /* go cursor right */
void Digital_increment(void);                     /* increment time */
void Digital_decrement(void);                     /* decrement time */

/* ----- 메인 프로그램 ------------------------------------------------------- */

unsigned char year, month, date, weekday, hour, minute, second, second_old;
unsigned char beep_flag = 0;

int main(void)
{
  unsigned int key = no_key;

  MCU_initialize();                               // initialize AVR128DA64 MCU
  Delay_ms(50);                                   // wait for system stabilization
  LCD_initialize();                               // initialize text LCD module
  TFT_initialize();                               // initialize TFT-LCD module
  DS3234_initialize();                            // initialize DS3234 RTC

  LCD_string(0x80," OK-128DA  V1.0 ");            // display title
  LCD_string(0xC0,"   Exp16_3.c    ");
  Beep();

  Rectangle(0,0, 319,239, Green);                 // display title
  Rectangle(1,1, 318,238, Green);

  TFT_string( 5, 2,White,Magenta," DS3234를 이용한  디지털 시계 ");
  TFT_string(10,12,White,  Black,"2022년 01월 15일 (토)");
  TFT_string_large(7,15,White,Black,"오전 12:00:00");

  TFT_string( 3,25,White,Blue,"KEY1");            // display key function
  TFT_string( 3,27,Cyan,Black,"좌측");
  TFT_string(13,25,White,Blue,"KEY2");
  TFT_string(13,27,Cyan,Black,"우측");
  TFT_string(23,25,White,Blue,"KEY3");
  TFT_string(23,27,Cyan,Black,"증가");
  TFT_string(33,25,White,Blue,"KEY4");
  TFT_string(33,27,Cyan,Black,"감소");
  Rectangle( 18,196,  61,234, Cyan);
  Rectangle( 98,196, 141,234, Cyan);
  Rectangle(178,196, 221,234, Cyan);
  Rectangle(258,196, 301,234, Cyan);

  TFT_cursor(Red);                                // display cursor
  Xcursor = 38;
```

```
  Ycursor = 16;

  while(1)
    { key = Key_input();                      // key input
      switch(key)
        { case KEY1 : Digital_cursor_left();    // if KEY1, go cursor left
                      break;
          case KEY2 : Digital_cursor_right();   // if KEY2, go cursor right
                      break;
          case KEY3 : Digital_increment();      // if KEY3, increment time
                      break;
          case KEY4 : Digital_decrement();      // if KEY4, decrement time
                      break;
          default   : Digital_display_time();   // display time
                      break;
        }
    }
}

/* ----- 사용자 정의 함수 ---------------------------------------------------- */

void Digital_display_time(void)                 /* display DS3234 time */
{
  TFT_xy(10,12); TFT_color(Cyan,Black);         // display year
  TFT_hexadecimal(0x20, 2);
  year = DS3234_read(0x06);
  TFT_hexadecimal(year,2);
  TFT_xy(17,12); TFT_color(Cyan,Black);         // display month
  month = DS3234_read(0x05);
  TFT_hexadecimal(month,2);
  TFT_xy(22,12); TFT_color(Cyan,Black);         // display date
  date = DS3234_read(0x04);
  TFT_hexadecimal(date,2);
  weekday = DS3234_read(0x03);                  // display weekday
  if(weekday == 0x01)      TFT_string(28,12,Cyan,Black,"일");
  else if(weekday == 0x02) TFT_string(28,12,Cyan,Black,"월");
  else if(weekday == 0x03) TFT_string(28,12,Cyan,Black,"화");
  else if(weekday == 0x04) TFT_string(28,12,Cyan,Black,"수");
  else if(weekday == 0x05) TFT_string(28,12,Cyan,Black,"목");
  else if(weekday == 0x06) TFT_string(28,12,Cyan,Black,"금");
  else if(weekday == 0x07) TFT_string(28,12,Cyan,Black,"토");
  TFT_xy(12,15); TFT_color(Green,Black);        // display hour
  hour = DS3234_read(0x02);
  TFT_hexadecimal_large(hour & 0x1F,2);
  if((hour & 0x20) == 0x00) TFT_string_large(7,15,White,Black,"오전");
  else                      TFT_string_large(7,15,White,Black,"오후");
  TFT_xy(15,15); TFT_color(Green,Black);        // display minute
  minute = DS3234_read(0x01);
  TFT_hexadecimal_large(minute,2);
  TFT_xy(18,15); TFT_color(Green,Black);        // display second
  second = DS3234_read(0x00);
  TFT_hexadecimal_large(second & 0x7F,2);
  TFT_xy(38,16); TFT_color(Green,Black);        // display home
  TFT_English(' ');

  if((minute == 0x00) && (second == 0x00) && (beep_flag == 0))
    { beep_flag = 1;
      Beep();
    }
  else if(second == 0x01)
    beep_flag = 0;
}

unsigned char BCD_increment(U08 number)         /* BCD increment */
{
  unsigned char i;

  i = (number >> 4)*10 + (number & 0x0F);       // convert BCD to binary
  i++;                                          // increment
  i = ((i/10) << 4) + (i % 10);                 // convert binary to BCD
  return i;
}
```

```
unsigned char BCD_decrement(U08 number)          /* BCD decrement */
{
  unsigned char i;

  i = (number >> 4)*10 + (number & 0x0F);        // convert BCD to binary
  i--;                                           // decrement
  i = ((i/10) << 4) + (i % 10);                  // convert binary to BCD
  return i;
}

void Digital_cursor_left(void)                   /* go cursor left */
{
  if     ((Xcursor == 38) && (Ycursor == 16)) { Xcursor = 19; Ycursor = 15; }
  else if((Xcursor == 19) && (Ycursor == 15)) { Xcursor = 16; Ycursor = 15; }
  else if((Xcursor == 16) && (Ycursor == 15)) { Xcursor = 13; Ycursor = 15; }
  else if((Xcursor == 13) && (Ycursor == 15)) { Xcursor =  9; Ycursor = 15; }
  else if((Xcursor ==  9) && (Ycursor == 15)) { Xcursor = 28; Ycursor = 12; }
  else if((Xcursor == 28) && (Ycursor == 12)) { Xcursor = 23; Ycursor = 12; }
  else if((Xcursor == 23) && (Ycursor == 12)) { Xcursor = 18; Ycursor = 12; }
  else if((Xcursor == 18) && (Ycursor == 12)) { Xcursor = 13; Ycursor = 12; }
  else if((Xcursor == 13) && (Ycursor == 12)) { Xcursor = 38; Ycursor = 16; }
}

void Digital_cursor_right(void)                  /* go cursor right */
{
  if     ((Xcursor == 38) && (Ycursor == 16)) { Xcursor = 13; Ycursor = 12; }
  else if((Xcursor == 13) && (Ycursor == 12)) { Xcursor = 18; Ycursor = 12; }
  else if((Xcursor == 18) && (Ycursor == 12)) { Xcursor = 23; Ycursor = 12; }
  else if((Xcursor == 23) && (Ycursor == 12)) { Xcursor = 28; Ycursor = 12; }
  else if((Xcursor == 28) && (Ycursor == 12)) { Xcursor =  9; Ycursor = 15; }
  else if((Xcursor ==  9) && (Ycursor == 15)) { Xcursor = 13; Ycursor = 15; }
  else if((Xcursor == 13) && (Ycursor == 15)) { Xcursor = 16; Ycursor = 15; }
  else if((Xcursor == 16) && (Ycursor == 15)) { Xcursor = 19; Ycursor = 15; }
  else if((Xcursor == 19) && (Ycursor == 15)) { Xcursor = 38; Ycursor = 16; }
}

void Digital_increment(void)                     /* increment time */
{
  if((Xcursor == 13) && (Ycursor == 12))         // in case of year
    { year = DS3234_read(0x06);
      if(year == 0x99)      year = 0x00;
      else                  year = BCD_increment(year);
      DS3234_write(0x06,year);
    }
  else if((Xcursor == 18) && (Ycursor == 12))    // in case of month
    { month = DS3234_read(0x05);
      if(month == 0x12)     month = 0x01;
      else                  month = BCD_increment(month);
      DS3234_write(0x05,month);
    }
  else if((Xcursor == 23) && (Ycursor == 12))    // in case of date
    { date = DS3234_read(0x04);
      if(date == 0x31)      date = 0x01;
      else                  date = BCD_increment(date);
      DS3234_write(0x04,date);
    }
  else if((Xcursor == 28) && (Ycursor == 12))    // in case of weekday
    { weekday = DS3234_read(0x03);
      if(weekday == 0x07)   weekday = 0x01;
      else                  weekday++;
      DS3234_write(0x03,weekday);
    }
  else if((Xcursor == 9) && (Ycursor == 15))     // in case of AM/PM
    { hour = DS3234_read(0x02);
      if((hour & 0x20) == 0x00) hour |= 0x20;
      else                      hour &= 0xDF;
      DS3234_write(0x02,hour);
    }
  else if((Xcursor == 13) && (Ycursor == 15))    // in case of hour
    { hour = DS3234_read(0x02);
      if((hour & 0x1F) == 0x12) hour = (hour & 0xE0) + 0x01;
      else                      hour = BCD_increment(hour);
      DS3234_write(0x02,hour);
```

```
    }
  else if((Xcursor == 16) && (Ycursor == 15))    // in case of minute
    { minute = DS3234_read(0x01);
      if(minute == 0x59)      minute = 0x00;
      else                    minute = BCD_increment(minute);
      DS3234_write(0x01,minute);
    }
  else if((Xcursor == 19) && (Ycursor == 15))    // in case of second
    { second = DS3234_read(0x00);
      if(second == 0x59)      second = 0x00;
      else                    second = BCD_increment(second);
      DS3234_write(0x00,second);
    }
}

void Digital_decrement(void)                     /* decrement time */
{
  if((Xcursor == 13) && (Ycursor == 12))         // in case of year
    { year = DS3234_read(0x06);
      if(year == 0x00)        year = 0x99;
      else                    year = BCD_decrement(year);
      DS3234_write(0x06,year);
    }
  else if((Xcursor == 18) && (Ycursor == 12))    // in case of month
    { month = DS3234_read(0x05);
      if(month == 0x01)       month = 0x12;
      else                    month = BCD_decrement(month);
      DS3234_write(0x05,month);
    }
  else if((Xcursor == 23) && (Ycursor == 12))    // in case of date
    { date = DS3234_read(0x04);
      if(date == 0x01)        date = 0x31;
      else                    date = BCD_decrement(date);
      DS3234_write(0x04,date);
    }
  else if((Xcursor == 28) && (Ycursor == 12))    // in case of weekday
    { weekday = DS3234_read(0x03);
      if(weekday == 0x01)     weekday = 0x07;
      else                    weekday--;
      DS3234_write(0x03,weekday);
    }
  else if((Xcursor == 9) && (Ycursor == 15))     // in case of AM/PM
    { hour = DS3234_read(0x02);
      if((hour & 0x20) == 0x00) hour |= 0x20;
      else                      hour &= 0xDF;
      DS3234_write(0x02,hour);
    }
  else if((Xcursor == 13) && (Ycursor == 15))    // in case of hour
    { hour = DS3234_read(0x02);
      if((hour & 0x1F) == 0x01) hour = (hour & 0xE0) + 0x12;
      else                      hour = BCD_decrement(hour);
      DS3234_write(0x02,hour);
    }
  else if((Xcursor == 16) && (Ycursor == 15))    // in case of minute
    { minute = DS3234_read(0x01);
      if(minute == 0x00)      minute = 0x59;
      else                    minute = BCD_decrement(minute);
      DS3234_write(0x01,minute);
    }
  else if((Xcursor == 19) && (Ycursor == 15))    // in case of second
    { second = DS3234_read(0x00);
      if(second == 0x00)      second = 0x59;
      else                    second = BCD_decrement(second);
      DS3234_write(0x00,second);
    }
}
```

☞ TFT-LCD에는 텍스트 LCD 모듈처럼 하드웨어적으로 커서를 디스플레이하는 기능을 가지고 있지 않으므로 사용자 프로그램에서 소프트웨어적으로 이를 처리하여 주어야 한다. 헤더 파일 OK-128DA.h에서

는 커서의 위치를 Xcursor 및 Ycursor 변수로 처리하므로 여기서도 이 변수를 사용하여 현재 수정 중인 항목의 위치에 커서를 표시한다.

TFT-LCD 화면에도 표시된 것처럼 여기서 KEY1은 커서 좌측 이동, KEY2는 커서 우측 이동, KEY3은 시간값 증가, KEY4는 시간값 감소의 기능을 수행하도록 하였다. 시간값을 수정하려면 이처럼 키를 사용하거나 또는 터치 스크린으로 화면에 표시된 해당 아이콘을 눌러서 수정하는 것도 가능하기는 한데, 그러려면 DS3234와 터치 스크린을 각각 다른 SPI 통신 포트로 액세스하는 것이 좋다. 그러나, AVR128DA64에서는 SPI 직렬통신 포트가 2개 있음에도 불구하고 *OK-128DA* 키트를 설계할 때 외부 핀의 여유가 없어서 DS1234와 터치 스크린을 모두 SPI0에 연결하였으므로 이들을 교대로 액세스하려면 그때마다 SPI0 포트의 초기화를 바꾸어줘야 하는 번거로움이 있어서 이 프로그램에서는 키 입력만 사용하는 것으로 하고 터치 스크린을 적용하지 않았다.

(2) 가장 큰 글씨체를 사용한 디지털 시계

DS3234를 이용하여 TFT-LCD 모듈에 40×56 픽셀의 가장 큰 글씨체로 현재 시각을 표시하고, 키 입력으로 현재 시각을 수정할 수 있는 디지털 시계 프로그램을 C언어로 작성하여 보면 다음과 같다.

〈프로그램 Exp16_4.c〉 TFT-LCD에 가장 큰 글씨로 구현한 디지털 시계 프로그램

```
/* ========================================================================== */
/*      Exp16_4.c : TFT-LCD에 가장 큰 글씨로 표시하는 디지털 시계 프로그램      */
/* ========================================================================== */
/*                       Designed and programmed by Duck-Yong Yoon in 2022.   */

#include <avr/io.h>
#include "OK-128DA.h"
#include "OK-128DA-xlarge.h"

void Screen1_initialize(void);                  /* initialize screen 1 */
void Display_time(void);                        /* display current time on screen 1 */

void Screen2_initialize(void);                  /* initialize screen 2 */
void Display_screen2_time(void);                /* display current time on screen 2 */
void Screen2_cursor_right(void);                /* move cursor to right */
void Screen2_increment(void);                   /* increment value */
void Screen2_decrement(void);                   /* decrement value */

unsigned char screen_mode = 1;                  // screen mode 1~2
unsigned char blink_count = 0;                  // colon blink count
unsigned char year, month, date, weekday, hour, minute, second, second_old;

/* ----- 메인 프로그램 ------------------------------------------------------- */

int main(void)
{
  unsigned char key, date_flag = 0, hour_flag = 0;

  MCU_initialize();                             // initialize AVR128DA64 MCU
  Delay_ms(50);                                 // wait for system stabilization
  LCD_initialize();                             // initialize text LCD module
  TFT_initialize();                             // initialize TFT-LCD module
  DS3234_initialize();                          // initialize DS3234 RTC

  LCD_string(0x80," OK-128DA  V1.0 ");          // display title
  LCD_string(0xC0,"   Exp16_4.c    ");
```

```
Beep();                                     // beep

ADCSRA = 0x84;                              // ADC enable, 1000kHz
ADMUX = 0xC1;                               // select ADC1 with 2.56V
Delay_us(150);

Screen1_initialize();                       // initialize screen 1

while(1)
  { second = DS3234_read(0x00);             // new second ?
    if(second != second_old)                // if yes, read time
      { second_old = second;
        minute = DS3234_read(0x01);
        hour = DS3234_read(0x02) & 0x3F;
        weekday = DS3234_read(0x03);
        date = DS3234_read(0x04);
        month = DS3234_read(0x05);
        year = DS3234_read(0x06);

        blink_count = 0;                    // start colon blink count
      }

    if((minute == 0x00) && (second == 0x00) && (hour_flag == 0)) // 매시 정각 경보
      { hour_flag = 1;
        Beep();
      }
    else if(second >= 0x01)
      hour_flag = 0;

    if((hour == 0x12) && (minute == 0x00) && (second == 0x00) && (date_flag == 0)) // 새로운 날짜의 시작
      { date_flag = 1;
        screen_mode = 1;
        TFT_initialize();
        Screen1_initialize();
      }
    else if(second == 0x01)
      date_flag = 0;

    key = Key_input();                      // key input
    if((key == KEY1) && (screen_mode == 1))   // ***** change screen_mode from 1 to 2
      { screen_mode = 2;
        Screen2_initialize();               // initialize screen 2
        key = no_key;
      }
    else if((key == KEY1) && (screen_mode == 2)) // ***** change screen_mode from 2 to 1
      { screen_mode = 1;
        TFT_cursor(Transparent);
        Screen1_initialize();               // initialize screen 1
        key = no_key;
      }

    if(screen_mode == 1)                    // ***** 화면1 : 시계
      { Display_time();                     // display current time
        if(blink_count < 8)                 // display colon for 0.5 sec
          { TFT_color(Cyan,Black);
            TFT_xy(13,14);
            TFT_English_xlarge(':');
            TFT_xy(26,14);
            TFT_English_xlarge(':');
          }
        else
          { TFT_color(Cyan,Black);
            TFT_xy(13,14);
            TFT_English_xlarge('/');
            TFT_xy(26,14);
            TFT_English_xlarge('/');
          }
      }
    else if(screen_mode == 2)               // ***** 화면2 : 현재 날짜/시각 설정
      { if(key == KEY2)      Screen2_cursor_right();
        else if(key == KEY3) Screen2_increment();
```

```
          else if(key == KEY4) Screen2_decrement();
          else                 Display_screen2_time();
        }

      blink_count++;                          // increment count for blink time
    }
}

/* ----- 화면1 관련 함수 (기본 화면) ----------------------------------------- */

void Screen1_initialize(void)                 /* initialize screen 1 */
{
  TFT_clear_screen();                         // clear screen

  TFT_string(0,1,Green,  Black,"****************************************");
  TFT_string(0,3,Magenta,Black,"       OK-128DA 키트 디지털 시계       ");
  TFT_string(0, 5,Green, Black,"****************************************");
  TFT_string(0,27,Green, Black,"****************************************");
  TFT_string(3,27,White, Black,"(설계/제작:윤덕용)");

  Rectangle(0,105, 319,171, Cyan);
  Rectangle(1,106, 318,170, Cyan);

  TFT_string_large(6,9,Cyan,Black,"2022/01/15 (토)");
  TFT_color(Cyan,Black);
  TFT_English_pixel_large(9,115,'A');
  TFT_English_pixel_large(9,139,'M');
  TFT_xy(3,14);
  TFT_color(White,Black);
  TFT_hexadecimal_xlarge(0,2);
  TFT_English_xlarge(':');
  TFT_hexadecimal_xlarge(0,2);
  TFT_English_xlarge(':');
  TFT_hexadecimal_xlarge(0,2);
}

void Display_time(void)                       /* display current time on screen 1 */
{
  TFT_color(Yellow,Black);                    // display color
  TFT_xy(6,9);                                // display year
  TFT_hexadecimal_large(0x20,2);
  TFT_hexadecimal_large(year,2);
  TFT_xy(11,9);                               // display month
  TFT_hexadecimal_large(month,2);
  TFT_xy(14,9);                               // display date
  TFT_hexadecimal_large(date,2);
  if(weekday == 0x01)      TFT_string_large(18,9, Yellow,Black, "일"); // display weekday
  else if(weekday == 0x02) TFT_string_large(18,9, Yellow,Black, "월");
  else if(weekday == 0x03) TFT_string_large(18,9, Yellow,Black, "화");
  else if(weekday == 0x04) TFT_string_large(18,9, Yellow,Black, "수");
  else if(weekday == 0x05) TFT_string_large(18,9, Yellow,Black, "목");
  else if(weekday == 0x06) TFT_string_large(18,9, Yellow,Black, "금");
  else if(weekday == 0x07) TFT_string_large(18,9, Yellow,Black, "토");

  TFT_color(Cyan,Black);                      // display color
  if((hour & 0x20) == 0x00) TFT_English_pixel_large(9,115,'A'); // display AM/PM
  else                      TFT_English_pixel_large(9,115,'P');

  TFT_color(White,Black);                     // display color
  TFT_xy(3,14);                               // display hour
  TFT_hexadecimal_xlarge(hour & 0x1F, 2);
  TFT_xy(16,14);                              // display minute
  TFT_hexadecimal_xlarge(minute, 2);
  TFT_xy(29,14);                              // display second
  TFT_hexadecimal_xlarge(second, 2);
}

/* ----- 화면2 관련 함수 (현재 날짜/시각 설정) ------------------------------- */

void Screen2_initialize(void)                 /* initialize screen 2 */
{
```

```
  TFT_clear_screen();                               // clear screen

  TFT_string( 3,25,White, Blue,"화면");             // display key function
  TFT_string( 3,27,White, Blue,"변경");
  TFT_string(13,25,White,Black,"커서");
  TFT_string(13,27,White,Black,"이동");
  TFT_string(23,25,White,Magenta," 값 ");
  TFT_string(23,27,White,Magenta,"증가");
  TFT_string(33,25,White,Magenta," 값 ");
  TFT_string(33,27,White,Magenta,"감소");
  Rectangle( 18,194,  61,237, Cyan);
  Rectangle( 98,194, 141,237, Cyan);
  Rectangle(178,194, 221,237, Cyan);
  Rectangle(258,194, 301,237, Cyan);

  TFT_string(0,2,White,Blue,"          현재 날짜/시각 설정          ");

  TFT_string_large(6,10,Green,Black,"2022/01/15 (토)");
  TFT_string_large(6,15,Green,Black," 오전 12:00:00 ");

  TFT_cursor(Magenta);                              // display cursor
  Xcursor = 9;
  Ycursor = 15;
}

void Display_screen2_time(void)                     /* display current time on screen 2 */
{
  TFT_color(White,Black);                           // display color
  TFT_xy(6,10);                                     // display year
  TFT_hexadecimal_large(0x20,2);
  TFT_hexadecimal_large(year,2);
  TFT_xy(11,10);                                    // display month
  TFT_hexadecimal_large(month,2);
  TFT_xy(14,10);                                    // display date
  TFT_hexadecimal_large(date,2);
  if(weekday == 0x01)      TFT_string_large(18,10, White,Black, "일"); // display weekday
  else if(weekday == 0x02) TFT_string_large(18,10, White,Black, "월");
  else if(weekday == 0x03) TFT_string_large(18,10, White,Black, "화");
  else if(weekday == 0x04) TFT_string_large(18,10, White,Black, "수");
  else if(weekday == 0x05) TFT_string_large(18,10, White,Black, "목");
  else if(weekday == 0x06) TFT_string_large(18,10, White,Black, "금");
  else if(weekday == 0x07) TFT_string_large(18,10, White,Black, "토");

  TFT_color(White,Black);                           // display color
  if((hour & 0x20) == 0x00) TFT_string_large(7,15,White,Black,"오전"); // display AM/PM
  else                      TFT_string_large(7,15,White,Black,"오후");
  TFT_xy(12,15);                                    // display hour
  TFT_hexadecimal_large(hour & 0x1F,2);
  TFT_xy(15,15);                                    // display minute
  TFT_hexadecimal_large(minute,2);
  TFT_xy(18,15);                                    // display second
  TFT_hexadecimal_large(second,2);
}

void Screen2_cursor_right(void)                     /* move cursor to right */
{
  if((Xcursor == 8) && (Ycursor == 10))       { Xcursor = 9;  Ycursor = 10; }
  else if((Xcursor == 9)  && (Ycursor == 10)) { Xcursor = 11; Ycursor = 10; }
  else if((Xcursor == 11) && (Ycursor == 10)) { Xcursor = 12; Ycursor = 10; }
  else if((Xcursor == 12) && (Ycursor == 10)) { Xcursor = 14; Ycursor = 10; }
  else if((Xcursor == 14) && (Ycursor == 10)) { Xcursor = 15; Ycursor = 10; }
  else if((Xcursor == 15) && (Ycursor == 10)) { Xcursor = 18; Ycursor = 10; }
  else if((Xcursor == 18) && (Ycursor == 10)) { Xcursor = 9;  Ycursor = 15; }
  else if((Xcursor == 9)  && (Ycursor == 15)) { Xcursor = 12; Ycursor = 15; }
  else if((Xcursor == 12) && (Ycursor == 15)) { Xcursor = 13; Ycursor = 15; }
  else if((Xcursor == 13) && (Ycursor == 15)) { Xcursor = 15; Ycursor = 15; }
  else if((Xcursor == 15) && (Ycursor == 15)) { Xcursor = 16; Ycursor = 15; }
  else if((Xcursor == 16) && (Ycursor == 15)) { Xcursor = 18; Ycursor = 15; }
  else if((Xcursor == 18) && (Ycursor == 15)) { Xcursor = 19; Ycursor = 15; }
  else if((Xcursor == 19) && (Ycursor == 15)) { Xcursor = 8;  Ycursor = 10; }
}
```

```
void Screen2_increment(void)                        /* increment value */
{
  if((Xcursor == 8) && (Ycursor == 10))             // in case of year
    { year = DS3234_read(0x06);
      if((year & 0xF0) < 0x90) year += 0x10;
      else                     year &= 0x0F;
      DS3234_write(0x06,year);
    }
  else if((Xcursor == 9) && (Ycursor == 10))        // in case of year
    { year = DS3234_read(0x06);
      if((year & 0x0F) < 0x09) year += 0x01;
      else                     year &= 0xF0;
      DS3234_write(0x06,year);
    }
  else if((Xcursor == 11) && (Ycursor == 10))       // in case of month
    { month = DS3234_read(0x05);
      month ^= 0x10;
      if(month == 0x00) month += 0x01;
      if(month > 0x12)  month = 0x12;
      DS3234_write(0x05,month);
    }
  else if((Xcursor == 12) && (Ycursor == 10))       // in case of month
    { month = DS3234_read(0x05);
      if((month & 0x0F) < 0x09)
        { month += 0x01;
          if(month > 0x12) month &= 0xF0;
        }
      else
        { month &= 0xF0;
          if(month == 0x00) month = 0x01;
        }
      DS3234_write(0x05,month);
    }
  else if((Xcursor == 14) && (Ycursor == 10))       // in case of date
    { date = DS3234_read(0x04);
      if((date & 0xF0) < 0x30)
        { date += 0x10;
          if(date > 0x31) date = 0x31;
        }
      else
        { date &= 0x0F;
          if(date == 0x00) date = 0x01;
        }
      DS3234_write(0x04,date);
    }
  else if((Xcursor == 15) && (Ycursor == 10))       // in case of date
    { date = DS3234_read(0x04);
      if((date & 0x0F) < 0x09)
        { date += 0x01;
          if(date > 0x31) date &= 0xF0;
        }
      else
        { date &= 0xF0;
          if(date == 0x00) date = 0x01;
        }
      DS3234_write(0x04,date);
    }
  else if((Xcursor == 18) && (Ycursor == 10))       // in case of weekday
    { weekday = DS3234_read(0x03);
      if(weekday < 0x07) weekday += 0x01;
      else               weekday = 0x01;
      DS3234_write(0x03,weekday);
    }
  else if((Xcursor == 9) && (Ycursor == 15))        // in case of AM/PM
    { hour = DS3234_read(0x02);
      hour ^= 0x20;
      DS3234_write(0x02,hour);
    }
  else if((Xcursor == 12) && (Ycursor == 15))       // in case of hour
    { hour = DS3234_read(0x02);
```

```
      hour ^= 0x10;
      if((hour & 0x1F) == 0x00) hour += 0x01;
      if((hour & 0x1F) > 0x12)  hour = (hour & 0x60) + 0x12;
      DS3234_write(0x02,hour);
    }
  else if((Xcursor == 13) && (Ycursor == 15))    // in case of hour
    { hour = DS3234_read(0x02);
      if((hour & 0x0F) < 0x09)
        { hour += 0x01;
          if((hour & 0x1F) > 0x12) hour &= 0xF0;
        }
      else
        { hour &= 0xF0;
          if((hour & 0x1F) == 0x00) hour += 0x01;
        }
      DS3234_write(0x02,hour);
    }
  else if((Xcursor == 15) && (Ycursor == 15))    // in case of minute
    { minute = DS3234_read(0x01);
      if((minute & 0xF0) < 0x50) minute += 0x10;
      else                       minute &= 0x0F;
      DS3234_write(0x01,minute);
    }
  else if((Xcursor == 16) && (Ycursor == 15))    // in case of minute
    { minute = DS3234_read(0x01);
      if((minute & 0x0F) < 0x09) minute += 0x01;
      else                       minute &= 0xF0;
      DS3234_write(0x01,minute);
    }
  else if((Xcursor == 18) && (Ycursor == 15))    // in case of second
    { second = DS3234_read(0x00);
      if((second & 0xF0) < 0x50) second += 0x10;
      else                       second &= 0x0F;
      DS3234_write(0x00,second);
    }
  else if((Xcursor == 19) && (Ycursor == 15))    // in case of second
    { second = DS3234_read(0x00);
      if((second & 0x0F) < 0x09) second += 0x01;
      else                       second &= 0xF0;
      DS3234_write(0x00,second);
    }
}

void Screen2_decrement(void)                      /* decrement value */
{
  if((Xcursor == 8) && (Ycursor == 10))          // in case of year
    { year = DS3234_read(0x06);
      if((year & 0xF0) >= 0x10) year -= 0x10;
      else                      year += 0x90;
      DS3234_write(0x06,year);
    }
  else if((Xcursor == 9) && (Ycursor == 10))     // in case of year
    { year = DS3234_read(0x06);
      if((year & 0x0F) >= 0x01) year -= 0x01;
      else                      year += 0x09;
      DS3234_write(0x06,year);
    }
  else if((Xcursor == 11) && (Ycursor == 10))    // in case of month
    { month = DS3234_read(0x05);
      month ^= 0x10;
      if(month == 0x00) month += 0x01;
      if(month > 0x12)  month = 0x12;
      DS3234_write(0x05,month);
    }
  else if((Xcursor == 12) && (Ycursor == 10))    // in case of month
    { month = DS3234_read(0x05);
      if((month & 0x0F) >= 0x01)
        { month -= 0x01;
          if(month == 0x00) month = 0x09;
        }
      else
```

```
        { month += 0x09;
          if(month > 0x12) month = 0x12;
        }
      DS3234_write(0x05,month);
    }
  else if((Xcursor == 14) && (Ycursor == 10))    // in case of date
    { date = DS3234_read(0x04);
      if((date & 0xF0) >= 0x10)
        { date -= 0x10;
          if(date == 0x00) date = 0x01;
        }
      else
        { date += 0x30;
          if(date > 0x31) date = 0x31;
        }
      DS3234_write(0x04,date);
    }
  else if((Xcursor == 15) && (Ycursor == 10))    // in case of date
    { date = DS3234_read(0x04);
      if((date & 0x0F) >= 0x01)
        { date -= 0x01;
          if(date == 0x00) date = 0x09;
        }
      else
        { date += 0x09;
          if(date > 0x31) date = 0x31;
        }
      DS3234_write(0x04,date);
    }
  else if((Xcursor == 18) && (Ycursor == 10))    // in case of weekday
    { weekday = DS3234_read(0x03);
      if(weekday > 0x01) weekday -= 0x01;
      else               weekday = 0x07;
      DS3234_write(0x03,weekday);
    }
  else if((Xcursor == 9) && (Ycursor == 15))     // in case of AM/PM
    { hour = DS3234_read(0x02);
      hour ^= 0x20;
      DS3234_write(0x02,hour);
    }
  else if((Xcursor == 12) && (Ycursor == 15))    // in case of hour
    { hour = DS3234_read(0x02);
      hour ^= 0x10;
      if((hour & 0x1F) == 0x00) hour += 0x01;
      if((hour & 0x1F) > 0x12)  hour = (hour & 0x60) + 0x12;
      DS3234_write(0x02,hour);
    }
  else if((Xcursor == 13) && (Ycursor == 15))    // in case of hour
    { hour = DS3234_read(0x02);
      if((hour & 0x0F) >= 0x01)
        { hour -= 0x01;
          if((hour & 0x1F) == 0x00) hour = (hour & 0xE0) + 0x09;
        }
      else
        { hour += 0x09;
          if((hour & 0x1F) > 0x12) hour = (hour & 0xE0) + 0x12;
        }
      DS3234_write(0x02,hour);
    }
  else if((Xcursor == 15) && (Ycursor == 15))    // in case of minute
    { minute = DS3234_read(0x01);
      if((minute & 0xF0) >= 0x10) minute -= 0x10;
      else                        minute += 0x50;
      DS3234_write(0x01,minute);
    }
  else if((Xcursor == 16) && (Ycursor == 15))    // in case of minute
    { minute = DS3234_read(0x01);
      if((minute & 0x0F) >= 0x01) minute -= 0x01;
      else                        minute += 0x09;
      DS3234_write(0x01,minute);
    }
```

```
    else if((Xcursor == 18) && (Ycursor == 15))    // in case of second
      { second = DS3234_read(0x00);
        if((second & 0xF0) >= 0x10) second -= 0x10;
        else                        second += 0x50;
        DS3234_write(0x00, second);
      }
    else if((Xcursor == 19) && (Ycursor == 15))    // in case of second
      { second = DS3234_read(0x00);
        if((second & 0x0F) >= 0x01) second -= 0x01;
        else                        second += 0x09;
        DS3234_write(0x00, second);
      }
}
```

☞ TFT-LCD에 가장 큰 글씨를 출력하려면 헤더파일 OK-128DA-xlarge.h를 인클루드시켜 주어야 한다. 이 프로그램에서 TFT-LCD에는 2개의 다른 화면을 표시할 수 있는데 첫번째 화면은 정상적인 시계 화면이고, 두번째 화면은 현재 시각을 수정하는 화면이다.

현재의 화면을 변경하여 다른 화면으로 이동하려면 KEY1을 누르면 되고, KEY2는 커서의 우측 이동에 사용하며, KEY3과 KEY4는 각각 시간값의 증가 및 감소에 사용한다. 따라서, 커서를 좌측으로 이동하는 기능은 없으므로 좌측을 찾아가려면 계속 우측으로 이동하여 한바퀴를 돌아가는 방법을 사용해야 한다. 이는 다소 불편한 듯하지만 익숙해지면 전혀 문제가 없다.

5. TFT-LCD에 표시하는 아날로그 시계

이번에는 DS3234를 이용한 아날로그/디지털 시계를 TFT-LCD에 구현하여 보기로 한다. 아날로그 시계는 TFT-LCD의 화면에 실시간 그래픽으로 구현하며, 그 내부에 디지털 시계와 캘린더를 포함하고 있다. 이 아날로그 시계에서도 당연히 현재 시각을 수정하는 기능을 갖도록 하였다.

〈프로그램 Exp16_5.c〉 TFT-LCD에 표시하는 아날로그/디지털 시계 프로그램

```
/* ========================================================================== */
/*              Exp16_5.c : DS3234를 이용한 아날로그 시계 프로그램             */
/* ========================================================================== */
/*                        Designed and programmed by Duck-Yong Yoon in 2022.  */

#include <avr/io.h>
#include "OK-128DA.h"

unsigned char BCD_increment(U08 number);        /* BCD increment */
unsigned char BCD_decrement(U08 number);        /* BCD decrement */
void Analog_cursor_left(void);                  /* go cursor left */
void Analog_cursor_right(void);                 /* go cursor right */
void Analog_increment(void);                    /* increment time */
void Analog_decrement(void);                    /* decrement time */
void Draw_analog_clock(void);                   /* draw analog clock */
void Analog_display_time(void);                 /* display analog and digital time */
void Draw_pin(void);                            /* draw hour, minute, second pin */

/* ----- 메인 프로그램 -------------------------------------------------------- */
```

```
unsigned char year, month, date, weekday, hour, minute, second, second_old;
unsigned char start_flag, tick_flag = 0;

int main(void)
{
  unsigned int key = no_key;

  MCU_initialize();                          // initialize AVR128DA64 MCU
  Delay_ms(50);                              // wait for system stabilization
  LCD_initialize();                          // initialize text LCD module
  TFT_initialize();                          // initialize TFT-LCD module
  DS3234_initialize();                       // initialize DS3234 RTC

  LCD_string(0x80," OK-128DA  V1.0 ");       // display title
  LCD_string(0xC0,"   Exp16_5.c    ");
  Beep();

  TFT_cursor(Magenta);                       // display cursor by Magenta color
  Xcursor = 38;
  Ycursor = 27;
  start_flag = 0;

  Draw_analog_clock();                       // draw analog clock

  while(1)
    { key = Key_input();                     // key input
      switch(key)
        { case KEY1 : Analog_cursor_left();  // if KEY1, go cursor left
                      break;
          case KEY2 : Analog_cursor_right(); // if KEY2, go cursor right
                      break;
          case KEY3 : Analog_increment();    // if KEY3, increment time
                      break;
          case KEY4 : Analog_decrement();    // if KEY4, decrement time
                      break;
          default   : Analog_display_time(); // display time
                      break;
        }
    }
}

/* ----- 사용자 정의 함수 ----------------------------------------------------- */

unsigned char BCD_increment(U08 number)      /* BCD increment */
{
  unsigned char i;

  i = (number >> 4)*10 + (number & 0x0F);    // convert BCD to binary
  i++;                                       // increment
  i = ((i/10) << 4) + (i % 10);              // convert binary to BCD
  return i;
}

unsigned char BCD_decrement(U08 number)      /* BCD decrement */
{
  unsigned char i;

  i = (number >> 4)*10 + (number & 0x0F);    // convert BCD to binary
  i--;                                       // decrement
  i = ((i/10) << 4) + (i % 10);              // convert binary to BCD
  return i;
}

void Analog_cursor_left(void)                /* go cursor left */
{
  if     ((Xcursor == 38) && (Ycursor == 27)) { Xcursor = 25; Ycursor = 19; }
  else if((Xcursor == 25) && (Ycursor == 19)) { Xcursor = 22; Ycursor = 19; }
  else if((Xcursor == 22) && (Ycursor == 19)) { Xcursor = 19; Ycursor = 19; }
  else if((Xcursor == 19) && (Ycursor == 19)) { Xcursor = 15; Ycursor = 19; }
  else if((Xcursor == 15) && (Ycursor == 19)) { Xcursor = 24; Ycursor = 9;  }
```

```
  else if((Xcursor == 24) && (Ycursor == 9)) { Xcursor = 22; Ycursor = 9;  }
  else if((Xcursor == 22) && (Ycursor == 9)) { Xcursor = 19; Ycursor = 9;  }
  else if((Xcursor == 19) && (Ycursor == 9)) { Xcursor = 16; Ycursor = 9;  }
  else if((Xcursor == 16) && (Ycursor == 9)) { Xcursor = 38; Ycursor = 27; }
}

void Analog_cursor_right(void)                    /* go cursor right */
{
  if     ((Xcursor == 38) && (Ycursor == 27)) { Xcursor = 16; Ycursor = 9; }
  else if((Xcursor == 16) && (Ycursor == 9))  { Xcursor = 19; Ycursor = 9; }
  else if((Xcursor == 19) && (Ycursor == 9))  { Xcursor = 22; Ycursor = 9; }
  else if((Xcursor == 22) && (Ycursor == 9))  { Xcursor = 24; Ycursor = 9; }
  else if((Xcursor == 24) && (Ycursor == 9))  { Xcursor = 15; Ycursor = 19; }

  else if((Xcursor == 15) && (Ycursor == 19)) { Xcursor = 19; Ycursor = 19; }
  else if((Xcursor == 19) && (Ycursor == 19)) { Xcursor = 22; Ycursor = 19; }
  else if((Xcursor == 22) && (Ycursor == 19)) { Xcursor = 25; Ycursor = 19; }
  else if((Xcursor == 25) && (Ycursor == 19)) { Xcursor = 38; Ycursor = 27; }
}

void Analog_increment(void)                       /* increment time */
{
  if((Xcursor == 15) && (Ycursor == 19))          // in case of AM/PM
    { hour = DS3234_read(0x02);
      if((hour & 0x20) == 0x00) hour |= 0x20;
      else                      hour &= 0xDF;
      DS3234_write(0x02,hour);
    }
  else if((Xcursor == 19) && (Ycursor == 19))     // in case of hour
    { hour = DS3234_read(0x02);
      if((hour & 0x1F) == 0x12) hour = (hour & 0xE0) + 0x01;
      else                      hour = BCD_increment(hour);
      DS3234_write(0x02,hour);
    }
  else if((Xcursor == 22) && (Ycursor == 19))     // in case of minute
    { minute = DS3234_read(0x01);
      if(minute == 0x59)     minute = 0x00;
      else                   minute = BCD_increment(minute);
      DS3234_write(0x01,minute);
    }
  else if((Xcursor == 25) && (Ycursor == 19))     // in case of second
    { second = DS3234_read(0x00);
      if(second == 0x59)     second = 0x00;
      else                   second = BCD_increment(second);
      DS3234_write(0x00,second);
    }
  else if((Xcursor == 16) && (Ycursor == 9))      // in case of year
    { year = DS3234_read(0x06);
      if(year == 0x99)       year = 0x00;
      else                   year = BCD_increment(year);
      DS3234_write(0x06,year);
    }
  else if((Xcursor == 19) && (Ycursor == 9))      // in case of month
    { month = DS3234_read(0x05);
      if(month == 0x12)      month = 0x01;
      else                   month = BCD_increment(month);
      DS3234_write(0x05,month);
    }
  else if((Xcursor == 22) && (Ycursor == 9))      // in case of date
    { date = DS3234_read(0x04);
      if(date == 0x31)       date = 0x01;
      else                   date = BCD_increment(date);
      DS3234_write(0x04,date);
    }
  else if((Xcursor == 24) && (Ycursor == 9))      // in case of weekday
    { weekday = DS3234_read(0x03);
      if(weekday == 0x07)    weekday = 0x01;
      else                   weekday++;
      DS3234_write(0x03,weekday);
    }
```

```
}

void Analog_decrement(void)                          /* decrement time */
{
  if ((Xcursor == 15) && (Ycursor == 19))            // in case of AM/PM
    { hour = DS3234_read(0x02);
      if((hour & 0x20) == 0x00) hour |= 0x20;
      else                      hour &= 0xDF;
      DS3234_write(0x02,hour);
    }
  else if((Xcursor == 19) && (Ycursor == 19))        // in case of hour
    { hour = DS3234_read(0x02);
      if((hour & 0x1F) == 0x01) hour = (hour & 0xE0) + 0x12;
      else                      hour = BCD_decrement(hour);
      DS3234_write(0x02,hour);
    }
  else if((Xcursor == 22) && (Ycursor == 19))        // in case of minute
    { minute = DS3234_read(0x01);
      if(minute == 0x00)    minute = 0x59;
      else                  minute = BCD_decrement(minute);
      DS3234_write(0x01,minute);
    }
  else if((Xcursor == 25) && (Ycursor == 19))        // in case of second
    { second = DS3234_read(0x00);
      if(second == 0x00)    second = 0x59;
      else                  second = BCD_decrement(second);
      DS3234_write(0x00,second);
    }
  else if((Xcursor == 16) && (Ycursor == 9))         // in case of year
    { year = DS3234_read(0x06);
      if(year == 0x00)      year = 0x99;
      else                  year = BCD_decrement(year);
      DS3234_write(0x06,year);
    }
  else if((Xcursor == 19) && (Ycursor == 9))         // in case of month
    { month = DS3234_read(0x05);
      if(month == 0x01)     month = 0x12;
      else                  month = BCD_decrement(month);
      DS3234_write(0x05,month);
    }
  else if((Xcursor == 22) && (Ycursor == 9))         // in case of date
    { date = DS3234_read(0x04);
      if(date == 0x01)      date = 0x31;
      else                  date = BCD_decrement(date);
      DS3234_write(0x04,date);
    }
  else if((Xcursor == 24) && (Ycursor == 9))         // in case of weekday
    { weekday = DS3234_read(0x03);
      if(weekday == 0x01)   weekday = 0x07;
      else                  weekday--;
      DS3234_write(0x03,weekday);
    }
}

unsigned int Xcenter = 160;                          // center x,y of analog clock
unsigned int Ycenter = 120;

void Draw_analog_clock(void)                         /* draw analog clock */
{
 unsigned int i;
 unsigned int scale_out = 118;
 unsigned int scale_in1 = 112;
 unsigned int scale_in2 = 106;
 signed int Xstart, Ystart, Xend, Yend;

 Rectangle(0,0,319,239,Brown);                       // draw outline

 for(i = 0; i < 60 ; i++)                            // draw clock scale
   if((i % 5) != 0)
     { Xstart = Xcenter + (signed int)(scale_in1*sin(3.141592/180*(i*6)));
       Ystart = Ycenter - (signed int)(scale_in1*cos(3.141592/180*(i*6)));
```

```
      Xend   = Xcenter + (signed int)(scale_out*sin(3.141592/180*(i*6)));
      Yend   = Ycenter - (signed int)(scale_out*cos(3.141592/180*(i*6)));

      Line(Xstart,Ystart, Xend,Yend, LightGrey);
    }
  for(i = 0; i < 12 ; i++)
    { Xstart = Xcenter + (signed int)(scale_in2*sin(3.141592/180*(i*30)));
      Ystart = Ycenter - (signed int)(scale_in2*cos(3.141592/180*(i*30)));
      Xend   = Xcenter + (signed int)(scale_out*sin(3.141592/180*(i*30)));
      Yend   = Ycenter - (signed int)(scale_out*cos(3.141592/180*(i*30)));

      Line(Xstart,Ystart, Xend,Yend, White);
    }

  Circle(Xcenter,Ycenter, 119, Cyan);           // draw outline
  Circle(Xcenter,Ycenter, 118, Cyan);

  for(i = 4; i > 0; i--)                        // draw center
    Circle(Xcenter,Ycenter, i, Yellow);
}

void Analog_display_time(void)                  /* display analog and digital time */
{
  second = DS3234_read(0x00);                   // new second ?
  if(second == second_old)
    return;
  else
    second_old = second;

  minute = DS3234_read(0x01);
  hour = DS3234_read(0x02);
  weekday = DS3234_read(0x03);
  date = DS3234_read(0x04);
  month = DS3234_read(0x05);
  year = DS3234_read(0x06);

  Draw_pin();                                   // draw hour, minute, second pin
  Circle(Xcenter,Ycenter, 5, Green);

  if((minute == 0x00) && (second == 0x00) && (tick_flag == 0))
    { tick_flag = 1;
      Beep();
    }
  else if((minute != 0x00) || (second != 0x00)) // tick sound
    { tick_flag = 0;
      Tick();                                   // tick for 100 us
    }
}

signed int Xstart1_hour_old, Ystart1_hour_old, Xstart2_hour_old, Ystart2_hour_old, Xend_hour_old, Yend_hour_old;
signed int Xstart1_minute_old, Ystart1_minute_old, Xstart2_minute_old, Ystart2_minute_old, Xend_minute_old, Yend_minute_old;

signed int Xstart_second_old, Ystart_second_old, Xend_second_old, Yend_second_old;
signed int Xcircle_second_old, Ycircle_second_old;

void Draw_pin(void)                             /* draw hour, minute, second pin */
{
  unsigned int i;
  unsigned int pin_hour, length_hour = 65;
  signed int Xstart1_hour, Ystart1_hour, Xstart2_hour, Ystart2_hour, Xend_hour, Yend_hour;

  unsigned int pin_minute, length_minute = 80;
  signed int Xstart1_minute, Ystart1_minute, Xstart2_minute, Ystart2_minute, Xend_minute, Yend_minute;

  unsigned int pin_second, length_second = 100, center_second = 80 ;
  signed int Xstart_second, Ystart_second, Xend_second, Yend_second;
  signed int Xcircle_second, Ycircle_second;

  pin_hour = ((hour & 0x10) >> 4)*10 + (hour & 0x0F);   // convert hour to binary
  pin_minute = (minute >> 4)*10 + (minute & 0x0F);      // convert minute to binary
  pin_second = (second >> 4)*10 + (second & 0x0F);      // convert second to binary
```

```
                                        // calculate hour variables
Xstart1_hour = Xcenter + (signed int)(6*sin((pin_hour*30 + pin_minute/2. - 30)*3.141592/180.)+0.5);
Ystart1_hour = Ycenter - (signed int)(6*cos((pin_hour*30 + pin_minute/2. - 30)*3.141592/180.)+0.5);

Xstart2_hour = Xcenter + (signed int)(6*sin((pin_hour*30 + pin_minute/2. + 30)*3.141592/180.)+0.5);
Ystart2_hour = Ycenter - (signed int)(6*cos((pin_hour*30 + pin_minute/2. + 30)*3.141592/180.)+0.5);

Xend_hour = Xcenter + (signed int)(length_hour*sin((pin_hour*30 + pin_minute/2.)*3.141592/180.)+0.5);
Yend_hour = Ycenter - (signed int)(length_hour*cos((pin_hour*30 + pin_minute/2.)*3.141592/180.)+0.5);

                                        // calculate minute variables
Xstart1_minute = Xcenter + (signed int)(6*sin((pin_minute*6 + pin_second/10. - 15)*3.141592/180.)+0.5);
Ystart1_minute = Ycenter - (signed int)(6*cos((pin_minute*6 + pin_second/10. - 15)*3.141592/180.)+0.5);

Xstart2_minute = Xcenter + (signed int)(6*sin((pin_minute*6 + pin_second/10. + 15)*3.141592/180.)+0.5);
Ystart2_minute = Ycenter - (signed int)(6*cos((pin_minute*6 + pin_second/10. + 15)*3.141592/180.)+0.5);

Xend_minute = Xcenter + (signed int)(length_minute*sin((pin_minute*6 + pin_second/10.)*3.141592/180.)+0.5);
Yend_minute = Ycenter - (signed int)(length_minute*cos((pin_minute*6 + pin_second/10.)*3.141592/180.)+0.5);

                                        // calculate second variables
Xstart_second = Xcenter + (signed int)(6*sin(3.141592/180.*(pin_second*6))+0.5);
Ystart_second = Ycenter - (signed int)(6*cos(3.141592/180.*(pin_second*6))+0.5);

Xend_second = Xcenter + (signed int)(length_second*sin(3.141592/180.*(pin_second*6))+0.5);
Yend_second = Ycenter - (signed int)(length_second*cos(3.141592/180.*(pin_second*6))+0.5);

Xcircle_second = Xcenter + (signed int)(center_second*sin(3.141592/180.*(pin_second*6))+0.5);
Ycircle_second = Ycenter - (signed int)(center_second*cos(3.141592/180.*(pin_second*6))+0.5);

if(start_flag == 0)                     // initialize old value
  { start_flag = 1;

    Xstart1_hour_old = Xstart1_hour;
    Ystart1_hour_old = Ystart1_hour;
    Xstart2_hour_old = Xstart2_hour;
    Ystart2_hour_old = Ystart2_hour;
    Xend_hour_old = Xend_hour;
    Yend_hour_old = Yend_hour;

    Xstart1_minute_old = Xstart1_minute;
    Ystart1_minute_old = Ystart1_minute;
    Xstart2_minute_old = Xstart2_minute;
    Ystart2_minute_old = Ystart2_minute;
    Xend_minute_old = Xend_minute;
    Yend_minute_old = Yend_minute;

    Xstart_second_old = Xstart_second;
    Ystart_second_old = Ystart_second;
    Xend_second_old = Xend_second;
    Yend_second_old = Yend_second;
    Xcircle_second_old = Xcircle_second;
    Ycircle_second_old = Ycircle_second;
  }

                                        // delete old hour and minute pin
if((Xend_hour != Xend_hour_old) || (Yend_hour != Yend_hour_old) || (Xend_minute != Xend_minute_old) || (Yend_minute != Yend_minute_old))
  { Line(Xstart1_hour_old,Ystart1_hour_old, Xend_hour_old,Yend_hour_old, Black);
    Line(Xstart2_hour_old,Ystart2_hour_old, Xend_hour_old,Yend_hour_old, Black);

    Line(Xstart1_hour_old+1,Ystart1_hour_old, Xend_hour_old,Yend_hour_old, Black);
    Line(Xstart1_hour_old-1,Ystart1_hour_old, Xend_hour_old,Yend_hour_old, Black);
    Line(Xstart2_hour_old+1,Ystart2_hour_old, Xend_hour_old,Yend_hour_old, Black);
    Line(Xstart2_hour_old-1,Ystart2_hour_old, Xend_hour_old,Yend_hour_old, Black);

    Line(Xstart1_hour_old,Ystart1_hour_old+1, Xend_hour_old,Yend_hour_old, Black);
    Line(Xstart1_hour_old,Ystart1_hour_old-1, Xend_hour_old,Yend_hour_old, Black);
    Line(Xstart2_hour_old,Ystart2_hour_old+1, Xend_hour_old,Yend_hour_old, Black);
    Line(Xstart2_hour_old,Ystart2_hour_old-1, Xend_hour_old,Yend_hour_old, Black);
```

```
    Line(Xstart1_minute_old,Ystart1_minute_old, Xend_minute_old,Yend_minute_old, Black);
    Line(Xstart2_minute_old,Ystart2_minute_old, Xend_minute_old,Yend_minute_old, Black);

    Line(Xstart1_minute_old+1,Ystart1_minute_old, Xend_minute_old,Yend_minute_old, Black);
    Line(Xstart1_minute_old-1,Ystart1_minute_old, Xend_minute_old,Yend_minute_old, Black);
    Line(Xstart2_minute_old+1,Ystart2_minute_old, Xend_minute_old,Yend_minute_old, Black);
    Line(Xstart2_minute_old-1,Ystart2_minute_old, Xend_minute_old,Yend_minute_old, Black);

    Line(Xstart1_minute_old,Ystart1_minute_old+1, Xend_minute_old,Yend_minute_old, Black);
    Line(Xstart1_minute_old,Ystart1_minute_old-1, Xend_minute_old,Yend_minute_old, Black);
    Line(Xstart2_minute_old,Ystart2_minute_old+1, Xend_minute_old,Yend_minute_old, Black);
    Line(Xstart2_minute_old,Ystart2_minute_old-1, Xend_minute_old,Yend_minute_old, Black);
  }

for(i = 3; i > 0; i--)                          // delete old second pin
  Circle(Xcircle_second_old,Ycircle_second_old, i, Black);
Line(Xstart_second_old,Ystart_second_old, Xend_second_old,Yend_second_old, Black);

TFT_color(Green,Black);                         // display hour number
TFT_English_pixel(152,15, '1'); TFT_English_pixel(160,15, '2');
TFT_English_pixel(102,29, '1'); TFT_English_pixel(110,29, '1');
TFT_English_pixel(204,29, '1');
TFT_English_pixel(68,65, '1'); TFT_English_pixel(76,65, '0');
TFT_English_pixel(242,65, '2');
TFT_English_pixel(58,113, '9');
TFT_English_pixel(256,113, '3');
TFT_English_pixel(72,163, '8');
TFT_English_pixel(242,163, '4');
TFT_English_pixel(108,199, '7');
TFT_English_pixel(204,199, '5');
TFT_English_pixel(157,213, '6');

TFT_color(Silver,Black);                        // *** display calendar
TFT_xy(17,9);                                   // display slash and ()
TFT_English('/');
TFT_xy(20,9);
TFT_English('/');
TFT_xy(23,9);
TFT_English('(');
TFT_xy(26,9);
TFT_English(')');
TFT_string(13,9, Green,Black, "20");            // display year
TFT_hexadecimal(year,2);
TFT_xy(18,9);                                   // display month
TFT_hexadecimal(month,2);
TFT_xy(21,9);                                   // display date
TFT_hexadecimal(date,2);
if(weekday == 0x01)      TFT_string(24,9, Red,Black, "일");   // display weekday
else if(weekday == 0x02) TFT_string(24,9, Red,Black, "월");
else if(weekday == 0x03) TFT_string(24,9, Red,Black, "화");
else if(weekday == 0x04) TFT_string(24,9, Red,Black, "수");
else if(weekday == 0x05) TFT_string(24,9, Red,Black, "목");
else if(weekday == 0x06) TFT_string(24,9, Red,Black, "금");
else if(weekday == 0x07) TFT_string(24,9, Red,Black, "토");

Rectangle(99,69, 219,89, DarkGrey);
Rectangle(100,70, 218,88, Red);

TFT_color(Silver,Black);                        // *** display digital clock
TFT_xy(20,19);                                  // display colon
TFT_English(':');
TFT_xy(23,19);
TFT_English(':');
TFT_xy(18,19);                                  // display hour
TFT_color(Green,Black);
TFT_hexadecimal(hour & 0x1F,2);
if((hour & 0x20) == 0x00) TFT_string(14,19, Red,Black, "AM");
else                      TFT_string(14,19, Red,Black, "PM");
TFT_xy(21,19);                                  // display minute
TFT_color(Green,Black);
TFT_hexadecimal(minute,2);
```

```
    TFT_xy(24,19);                              // display second
    TFT_color(Green,Black);
    TFT_hexadecimal(second,2);

    Rectangle(107,149, 211,169, DarkGrey);
    Rectangle(108,150, 210,168, Red);

    TFT_xy(38,27); TFT_color(Green,Black);      // display home
    TFT_English(' ');

    Line(Xstart1_hour,Ystart1_hour, Xend_hour, Yend_hour, Magenta); // draw new hour pin
    Line(Xstart2_hour,Ystart2_hour, Xend_hour, Yend_hour, Magenta);

    Line(Xstart1_minute,Ystart1_minute, Xend_minute,Yend_minute, Cyan); // draw new minute pin
    Line(Xstart2_minute,Ystart2_minute, Xend_minute,Yend_minute, Cyan);

    for(i = 3; i > 0; i--)                      // draw new second pin
      Circle(Xcircle_second,Ycircle_second, i, Yellow);
    Line (Xstart_second,Ystart_second, Xend_second,Yend_second, Yellow);

    Xstart1_hour_old = Xstart1_hour;            // store old value
    Ystart1_hour_old = Ystart1_hour;
    Xstart2_hour_old = Xstart2_hour;
    Ystart2_hour_old = Ystart2_hour;
    Xend_hour_old = Xend_hour;
    Yend_hour_old = Yend_hour;

    Xstart1_minute_old = Xstart1_minute;
    Ystart1_minute_old = Ystart1_minute;
    Xstart2_minute_old = Xstart2_minute;
    Ystart2_minute_old = Ystart2_minute;
    Xend_minute_old = Xend_minute;
    Yend_minute_old = Yend_minute;

    Xstart_second_old = Xstart_second;
    Ystart_second_old = Ystart_second;
    Xend_second_old = Xend_second;
    Yend_second_old = Yend_second;
    Xcircle_second_old = Xcircle_second;
    Ycircle_second_old = Ycircle_second;
  }
```

☞ 이 프로그램에서는 아날로그 시계를 화면에 표시할 때 움직이는 시계 바늘을 처리하는 것이 아주 중요한 내용이다. 바늘이 움직이려면 1초가 증가할 때마다 이전의 바늘을 지우고 새로운 바늘을 그려주어야 하며, 만약 이로 인하여 바탕의 다른 이미지가 지워진다면 새로운 바늘을 그리기 전에 이를 다시 그려주어야 한다. 바늘을 지우고 다시 그릴 때 그 사이의 시간 간격이 크면 화면이 깜빡이는 것처럼 느껴지므로 화면의 깜빡임이 없도록 빠르게 처리하는 것이 중요하다. 버저를 사용하여 초침이 돌아가는 소리인 tick 사운드를 구현하는 기술도 관심있게 보아야 하는 사항이다.

디지털 시계 부분을 처리하는 프로그래밍 기술은 이미 앞의 Exp16_3.c 및 Exp16_4.c 예제 프로그램에서 공부하였으며, 아날로그 시계는 항상 키트 내부의 DS3234를 이용하므로 디지털 시계에서 현재 시각을 수정하면 아날로그 시계도 자동적으로 이에 맞게 바뀌어 동작한다.

이 프로그램의 아날로그 시계 화면에서 1시~12시의 숫자를 화면의 정확한 위치에 표시하려면 가로 및 세로 방향으로 8픽셀의 간격으로만 위치를 지정하여 영문 ASCII 문자를 표시할 수 있는 TFT_English() 함수는 부적합하므로 문자의 위치를 1픽셀의 단위로 지정하여 출력할 수 있는 TFT_English_pixel() 함수를 사용하였다.

6. 실습 과제

(1) <그림 4.16.7>에 있는 DS3234 관련 회로에서 저항 R18(10kΩ) 및 R19(1kΩ), 다이오드 D2(1N4148), 커패시터 C18(0.1μF)은 각각 어떤 기능을 수행하기 위하여 사용되었는지 설명하라.

(2) 예제 프로그램 Exp16_2.c의 main() 함수에서 while()문 내부의 Delay_ms(50); 명령이 없으면 텍스트 LCD 화면의 시계 표시가 어떻게 달라지는 확인하라. 그리고, 왜 이런 현상이 나타나는지 설명하라.

(3) 예제 프로그램 Exp16_3.c에서 현재 시각을 수정하는 기능을 KEY1~KEY4 이외에 TFT-LCD 화면에 표시된 터치 아이콘으로도 수행할 수 있도록 터치 입력 기능을 추가한 프로그램 Exp16_3R.c를 작성하라.

(4) 예제 프로그램 Exp16_4.c에 알람 기능을 추가한 프로그램 Exp16_4R.c를 작성하라. 알람은 오전/오후, 시, 분까지 설정하며, 시계를 표시하는 화면1, 시간을 수정하는 화면2에 이어서 화면3에 알람 설정 기능을 추가하라. 알람을 설정하면 화면1의 적당한 위치에 보통 글씨로 알람 설정 값이 표시되어야 한다. 알람을 설정했을 경우 알람 시각이 되면 1초 간격으로 5초동안 Beep-3times() 함수가 실행되며, 그 이후에는 알람이 꺼지면서 자동으로 알람 설정도 해제되도록 한다.

4.17 이벤트 시스템 응용 프로그램

이 절에서는 AVR128DA64의 이벤트 시스템(event system) EVSYS를 사용하여 하나의 주변장치(event generator)에서 발생한 이벤트 신호를 다른 주변장치(event user)에 연결하여 사용하는 프로그램 작성 기술을 익힌다.

관련 내용	(1) 제2.1절 이벤트 시스템(EVSYS) (2) 제2.7절 16비트 A형 타이머/카운터(TCAn) (3) 제2.3절 A/D 컨버터(ADC0) (4) 제3.1절 *OK-128DA* 키트의 구조와 기능

1. A/D 컨버터에 이벤트 시스템을 적용하기

제2.1절에서 설명한 것처럼 AVR128DA64는 주변장치가 총 112개의 이벤트 소스를 발생하고 이를 사용할 수 있는 주변장치의 이벤트 입력은 총 43개가 있다. 여기서는 이벤트 시스템의 사용 예로서 타이머 TCA1이 발생하는 오버플로우 OVF 이벤트를 A/D 컨버터 ADC0의 트리거 입력으로 연결하도록 이벤트 시스템을 설정하여 이벤트 신호가 들어올 때마다 A/D 변환을 하드웨어적으로 트리거하는 동작을 수행하는 프로그램을 작성하여 보기로 한다.

이벤트 발생기로 동작하는 주변장치에서는 특별히 이벤트 신호가 필요할 경우에는 이를 발생하도록 설정해야 하는 경우도 있고, 관련된 인터럽트가 발생하면 당연히 이벤트 신호가 동시에 함께 발생되는 경우도 있다. 타이머 TCA1의 오버플로우 이벤트 신호는 오버플로우 인터럽트가 발생하면 자동적으로 함께 발생되므로 따로 이 이벤트 신호를 발생하도록 설정하지 않는다.

그러나, 이벤트 신호를 받아서 사용하는 주변장치에서는 대부분 소프트웨어적으로 동작을 시작할 것인지 하드웨어적으로 이벤트 신호를 받아서 동작할 것인지 설정해 주도록 되어 있다. A/D 컨버터 ADC0의 트리거 동작은 ADC0_COMMAND 레지스터를 사용하여 소프트웨어적으로 수행할 수도 있고, ADC0_EVCTRL 레지스터를 사용하여 이벤트 신호로 수행할 수도 있다.

(1) 타이머의 주기적인 인터럽트를 이용한 A/D 변환 동작

먼저 이벤트 시스템을 사용하지 않고 그냥 200ms의 간격으로 타이머 TCA1의 주기적인 오버플로우 인터럽트를 발생하고, 인터럽트 처리 함수에서 소프트웨어적으로 트리거하는 방식으로 A/D 변환을 수행하는 프로그램이다. 뒤에서 이를 이벤트 시스템을 사용하는 방식으로 프로그램을 작성하여 서로 비교할 것이다.

〈프로그램 Exp17_1.c〉 타이머의 주기적인 인터럽트를 이용한 A/D 컨버터의 동작

```
/* ============================================================================ */
/*        Exp17_1.c : 타이머의 주기적인 인터럽트를 이용한 A/D 컨버터의 동작       */
/* ============================================================================ */
/*                           Designed and programmed by Duck-Yong Yoon in 2022.  */

#include <avr/io.h>
#include <avr/interrupt.h>
#include "OK-128DA.h"

volatile unsigned int result;
volatile unsigned char int_flag;

/* ----- 인터럽트 처리 프로그램 ----------------------------------------------- */

ISR(TCA1_OVF_vect)                              /* TCA1 interrupt function (200 ms) */
{
  ADC0_MUXPOS = 0x00;                           // select ADC0(AIN0) = VR1
  ADC0_COMMAND = 0x01;                          // start conversion

  while((ADC0_COMMAND & 0x01) != 0x00);         // wait to complete A/D conversion

  result = ADC0_RES;                            // read A/D result
  int_flag = 1;

  TCA1_SINGLE_INTFLAGS = 0x01;                  // clear overflow interrupt flag
}

/* ----- 메인 프로그램 ------------------------------------------------------- */

int main(void)
{
  MCU_initialize();                             // initialize AVR128DA64 MCU
  Delay_ms(50);                                 // wait for system stabilization
  LCD_initialize();                             // initialize text LCD module
  TFT_initialize();                             // initialize TFT-LCD module

  LCD_string(0x80," OK-128DA  V1.0 ");          // display title
  LCD_string(0xC0,"    Exp17_1.c    ");
  Beep();

  TFT_string(0,2,White,Magenta," TCA1 인터럽트에 의한 A/D 컨버터의 동작 ");
  TFT_string_large(7,15,Cyan,Black,"VR1 = 0.000V");
  TFT_color(White,Black);

  VREF_ADC0REF = 0x86;                          // ADC0REF = VREFA input = 4.5V
  ADC0_CTRLA = 0x00;                            // 12-bit single-ended mode
  ADC0_CTRLB = 0x00;                            // single-conversion mode
  ADC0_CTRLC = 0x03;                            // CLK_ADC = 24MHz/12 = 2MHz
  ADC0_SAMPCTRL = 2;                            // sampling time = 2+2 clock cycle
  ADC0_CTRLA |= 0x01;                           // enable ADC0
  Delay_us(10);

  TCA1_SINGLE_CTRLD = 0x00;                     // TCA1 = normal mode
  TCA1_SINGLE_CTRLB = 0x00;                     // CLK_TCA1 = 24MHz / 256 = 93750Hz
```

```
    TCA1_SINGLE_PER = 18749;                        // 93750Hz / (18749 + 1) = 5Hz
    TCA1_SINGLE_INTCTRL = 0x01;                     // enable overflow interrupt
    TCA1_SINGLE_CTRLA = 0x0D;
    sei();                                          // global interrupt enable

    while(1)
      { if(int_flag == 1)                           // interrupt OK ?
          { int_flag = 0;
            LED1_on();
            TFT_xy(13,15);                          // display VR1 in X.XXX
            TFT_unsigned_float_large((float)result*4.5/4095.,1,3);
            LED1_off();
          }
      }
}
```

☞ 여기서는 타이머 TCA1을 사용하여 5Hz의 속도 또는 200ms의 주기로 오버플로우 인터럽트를 발생하고, 이 인터럽트 처리함수에서 소프트웨어적으로 A/D 변환을 트리거하였다. 그러면 A/D 변환이 완료될 때까지 기다렸다가 결과 레지스터를 읽고 인터럽트 플랙을 1로 표시한 다음에 인터럽트 처리 함수가 종료한다. A/D 변환하고자 하는 아날로그값은 가변저항 VR1으로 입력되는 전압이다.

메인 프로그램에서는 인터럽트 플랙이 1로 표시된 것이 확인되면 결과 레지스터를 읽어서 이를 전압값으로 변환하고 TFT-LCD에 표시하며, 이렇게 인터럽트 발생이 확인될 때마다 LED1을 1번 점멸하여 표시한다. 인터럽트 함수 내에서는 시간이 오래 걸리는 작업을 수행하는 것이 바람직하지 않고, 또한 하나의 주변장치인 TFT-LCD를 메인 함수와 인터럽트 함수의 양쪽에서 서로 액세스하는 것은 절대 피해야 하므로 여기서는 이런 방식을 사용하였다.

이 프로그램을 컴파일하여 *OK-128DA* 키트에 다운로드하고 실행하라. 그리고, 작은 스크류 드라이버를 사용하여 가변저항 VR1을 좌우로 돌리면서 TFT-LCD에 표시되는 VR1의 전압을 관찰하라.

주기적으로 A/D 변환을 수행할 때는 보통 이 방법을 널리 사용하지만, 이렇게 하면 타이머 인터럽트 함수에서 A/D 변환을 트리거하고 나서 변환이 완료될 때까지 긴 시간을 기다려야 하는 단점이 있다. 그러면 프로그램이 인터럽트 함수에 오래 머무르게 되기 때문에 매우 바람직하지 않으며, 이것은 메인 함수에서 빠르고 실시간으로 처리해야 하는 작업이 많은 응용 시스템에서는 큰 문제가 될 수 있다.

(2) 타이머의 주기적인 이벤트를 이용한 A/D 변환 동작

이번에는 앞의 예제 Exp17_1.c를 타이머 인터럽트가 아니라 이벤트를 사용하는 방식으로 바꾸어 보기로 한다. 여기서는 200ms의 간격으로 타이머 TCA1의 주기적인 오버플로우 이벤트를 발생하고, 이벤트 시스템을 사용하여 이 이벤트 신호를 A/D 컨버터에 연결함으로써 하드웨어적으로 트리거하는 방식으로 A/D 변환을 수행한다.

〈프로그램 Exp17_2.c〉 타이머의 주기적인 이벤트를 이용한 A/D 컨버터의 동작

```
/* ============================================================================ */
/*        Exp17_2.c : 타이머의 주기적인 이벤트를 이용한 A/D 컨버터의 동작        */
/* ============================================================================ */
/*                        Designed and programmed by Duck-Yong Yoon in 2022.   */

#include <avr/io.h>
#include <avr/interrupt.h>
#include "OK-128DA.h"

volatile unsigned int result;
volatile unsigned char int_flag;

/* ----- 인터럽트 처리 프로그램 ---------------------------------------------- */

ISR(ADC0_RESRDY_vect)                          /* ADC0 interrupt function (200 ms) */
{
  result = ADC0_RES;                           // read A/D result
  int_flag = 1;

// ADC0_INTFLAGS = 0x01;                       // clear result ready interrupt flag
}

/* ----- 메인 프로그램 ------------------------------------------------------- */

int main(void)
{
  MCU_initialize();                            // initialize AVR128DA64 MCU
  Delay_ms(50);                                // wait for system stabilization
  LCD_initialize();                            // initialize text LCD module
  TFT_initialize();                            // initialize TFT-LCD module

  LCD_string(0x80," OK-128DA  V1.0 ");         // display title
  LCD_string(0xC0,"   Exp17_2.c    ");
  Beep();

  TFT_string(0,2,White,Magenta,"  TCA1 이벤트에 의한 A/D 컨버터의 동작  ");
  TFT_string_large(7,15,Cyan,Black,"VR1 = 0.000V");
  TFT_color(White,Black);

  TCA1_SINGLE_CTRLD = 0x00;                    // TCA1 = normal mode
  TCA1_SINGLE_CTRLB = 0x00;                    // CLK_TCA1 = 24MHz / 256 = 93750Hz
  TCA1_SINGLE_PER = 18749;                     // 93750Hz / (18749 + 1) = 5Hz
  TCA1_SINGLE_CTRLA = 0x0D;

  VREF_ADC0REF = 0x86;                         // ADC0REF = VREFA input = 4.5V
  ADC0_CTRLA = 0x00;                           // 12-bit single-ended mode
  ADC0_CTRLB = 0x00;                           // single-conversion mode
  ADC0_CTRLC = 0x03;                           // CLK_ADC = 24MHz/12 = 2MHz
  ADC0_SAMPCTRL = 2;                           // sampling time = 2+2 clock cycle
  ADC0_INTCTRL = 0x01;                         // enable result ready interrupt
  ADC0_CTRLA |= 0x01;                          // enable ADC0
  Delay_us(10);

  ADC0_MUXPOS = 0x00;                          // select ADC0(AIN0) = VR1
  EVSYS_CHANNEL0 = 0x88;                       // EVSYS channel 0 = TCA1 OVF
  EVSYS_USERADC0START = 1;                     // ADC0 START = EVSYS channel 0
  ADC0_EVCTRL = 0x01;                          // use event input
  sei();                                       // global interrupt enable

  while(1)
    { if(int_flag == 1)                        // interrupt OK ?
        { int_flag = 0;
          LED1_on();
          TFT_xy(13,15);                       // display VR1 in X.XXX
          TFT_unsigned_float_large((float)result*4.5/4095.,1,3);
          LED1_off();
        }
    }
```

```
}
```

☞ 여기서는 타이머 TCA1을 사용하여 5Hz의 속도 또는 200ms의 주기로 오버플로우 이벤트를 발생하고, 이벤트 시스템을 사용하여 이를 A/D 컨버터에 연결하였다. 타이머 TCA1에서는 별도의 설정 없이 오버플로우 상황에서 이벤트 신호가 0x88번으로 발생되며, 이 이벤트 신호는 이벤트 채널 0을 사용하여 0x0C번의 ADC0START로 연결하였다.

A/D 컨버터에서는 ADC0_EVCTRL 레지스터를 사용하여 A/D 변환이 하드웨어적으로 트리거되도록 설정하고 또한 ADC0_INTCTRL 레지스터를 사용하여 A/D 변환 완료 인터럽트를 발생하도록 설정하였으므로, 타이머 TCA1에서 오버플로우 이벤트 신호를 발생할 때마다 자동적으로 A/D 변환이 시작되며, 그 이후에 A/D 변환이 완료되면 인터럽트 처리함수에 들어가서 즉시 A/D 컨버터의 결과 레지스터를 읽고 인터럽트 플랙을 1로 표시한 다음에 인터럽트 함수를 종료한다. 메인 프로그램에서는 인터럽트 플랙이 1로 된 것이 확인되면 결과 레지스터를 읽어서 이를 전압값으로 변환하고 TFT-LCD에 표시하며, 이렇게 인터럽트 발생이 확인될 때마다 LED1을 1번 점멸하여 표시한다.

이 프로그램을 컴파일하여 *OK-128DA* 키트에 다운로드하고 실행하라. 그리고, 작은 스크류 드라이버를 사용하여 가변저항 VR1을 좌우로 돌리면서 TFT-LCD에 표시되는 VR1의 전압을 관찰하라.

이와 같이 이벤트 신호를 사용하여 하드웨어적으로 A/D 변환을 트리거하면 마이크로컨트롤러는 메인 함수에서 자신을 작업을 수행하다가 A/D 변환 완료 인터럽트가 발생할 때마다 인터럽트 처리함수에 가서 즉시 결과 레지스터를 읽어오면 되므로 인터럽트 처리함수에서 긴 시간을 대기하지 않는다. 이는 빠른 실시간 처리가 요구되는 응용 시스템에서 매우 유용할 수 있다.

2. 실습 과제

(1) 이벤트 발생기와 이벤트 사용자는 어떻게 다른지 설명하라.

(2) 예제 프로그램 Exp17_2.c를 다음과 같이 수정한 프로그램 Exp17_2R.c를 작성하라.

- 타이머 TCA0의 오버플로우 이벤트를 발생할 것.
- 이벤트 발생 주기를 500ms로 할 것.
- 이벤트 채널 3을 사용할 것.

4.18 CCL 응용 프로그램

이 절에서는 AVR128DA64의 사용자 맞춤형 로직 CCL을 사용하여 사용자가 원하는 AND, OR 게이트 등의 조합논리 회로를 구성하는 프로그램 작성 기술을 익힌다.

여기서는 사용자가 CCL의 동작을 쉽게 눈으로 확인할 수 있도록 3개의 게이트 입력 소스는 병렬 I/O 포트를 통하여 IN0, IN1, IN2로 입력하고, 게이트의 출력 신호 OUT은 병렬 I/O 포트 단자로 출력하기로 한다.

관련 내용	(1) 제2.14절 사용자 맞춤형 로직(CCL) (2) 제2.10절 실시간 카운터(RTC) (3) 제3.1절 *OK-128DA* 키트의 구조와 기능

1. 3입력 AND 게이트의 구현

먼저 LUT1을 사용하여 3입력 AND 게이트를 구현한다. 3개의 게이트 입력 소스 IN0~IN2는 각각 PC0~PC2를 통하여 입력되며, 게이트의 출력 신호 OUT은 PC3을 통하여 외부로 출력된다.

이 AND 게이트에 입력할 3개의 디지털 입력 소스로는 KEY1~KEY3을 사용할 것인데, *OK-128DA* 키트에서는 KEY1~KEY3이 PC0~PC2에 직접 연결되어 있지 않기 때문에 소프트웨어로 KEY1~KEY3을 검출하여 입력된 키 값에 따라 PC0~PC2에 디지털 값을 써주는 방식으로 게이트의 입력을 줄 것이다. 그러므로 원래는 IN0~IN2로 사용할 병렬 I/O 포트의 PC0~PC2 단자는 입력 모드로 설정해야 하지만, 이처럼 소프트웨어적인 방법으로 이 단자에 값을 인가하기 위하여 이 단자들을 출력 모드로 지정하였다. 그러면, 이들 병렬 I/O 포트의 단자에서는 내부적으로 출력 핀과 입력 핀이 서로 연결되어 있으므로 소프트웨어적으로 이 포트 단자에 출력한 값을 IN0~IN2 입력 소스에서 입력하여 사용할 수 있게 된다.

```
KEY1 (PB4) ⊠──────────────→⊠ IN0 of LUT1  (PC0)
KEY2 (PB5) ⊠──────────────→⊠ IN1 of LUT1  (PC1)
KEY3 (PB6) ⊠──────────────→⊠ IN2 of LUT1  (PC2)
                  ←──────────⊠ OUT of LUT1 (PC3)
```

(1) KEY1~KEY3으로 입력하는 방식의 3입력 AND 게이트

LUT1을 사용하여 3입력 AND 게이트를 구현하고, 3개의 게이트 입력 소스 IN0~IN2는 각각 PC0~PC2 단자를 통하여 입력하며, 게이트의 출력 신호 OUT은 PC3를 통하여 외부로 출력하는 프로그램을 작성하면 다음과 같다.

이 AND 게이트의 동작은 TFT-LCD 화면에 진리표를 그려서 표시하였다. 사용자가 KEY1~KEY3을 수동으로 입력하면 이것에 의한 디지털 입력과 게이트의 출력이 화면의 진리표에 표시된다.

〈프로그램 Exp18_1.c〉 CCL의 LUT1을 사용한 3입력 AND 게이트 구현 프로그램(1)

```
/* ============================================================================ */
/*              Exp18_1.c : CCL을 사용한 3입력 AND 게이트 구현(수동)            */
/* ============================================================================ */
/*                         Designed and programmed by Duck-Yong Yoon in 2022.  */

#include <avr/io.h>
#include "OK-128DA.h"

/* ----- 반칸을 우측으로 시프트한 큰 글씨 영문 ASCII 문자열 출력 함수 ------------ */

void TFT_string_pixel_large(U08 xChar, U08 yChar, U16 colorfore, U16 colorback, char *str)
{
  unsigned char ch1;

  Xcharacter = xChar;
  Ycharacter = yChar;

  foreground = colorfore;
  background = colorback;

  while(*str)
    { ch1 = *str;
      str++;
      TFT_English_pixel_large(Xcharacter*12+6,Ycharacter*8,ch1); // English ASCII character
      Xcharacter++;
    }
}

/* ----- 메인 프로그램 ---------------------------------------------------------- */

int main(void)
{
  unsigned char key;

  MCU_initialize();                             // initialize AVR128DA64 MCU
  Delay_ms(50);                                 // wait for system stabilization
  LCD_initialize();                             // initialize text LCD module
  TFT_initialize();                             // initialize TFT-LCD module

  LCD_string(0x80," OK-128DA  V1.0 ");          // display title
  LCD_string(0xC0,"    Exp18_1.c    ");
  Beep();

  TFT_string(0,2,White,Magenta,"      CCL을 사용한 3입력 AND 게이트      ");
  TFT_string_pixel_large(2,11,Yellow,Black,"KEY1  KEY2  KEY3");
  TFT_string_large(21,11,Magenta,Black,"AND");
  TFT_string_large(1,14,Cyan,Black," (IN0) (IN1) (IN2) (OUT) ");
  TFT_string_large(1,18,Cyan,Black,"   0     0     0     0   ");
```

```
  Rectangle(18,84, 304,172, Cyan);              // draw table
  Rectangle(16,82, 306,174, Cyan);
  Line(18,140, 304,140, Cyan);
  Line(90,84, 90,172, Cyan);
  Line(162,84, 162,172, Cyan);
  Line(232,84, 232,172, Cyan);
  Line(234,84, 234,172, Cyan);

  PORTC_DIRSET = 0x07;                          // PD0 = IN0, PD1 = IN1, PD2 = IN2
  PORTC_DIRSET = 0x08;                          // PD3 = OUT

  CCL_LUT1CTRLB = 0x55;                         // select IN0, IN1, IN2
  CCL_LUT1CTRLC = 0x05;
  CCL_TRUTH1 = 0x80;                            // output AND of IN0, IN1, IN2
  CCL_LUT1CTRLA = 0x40;                         // enable OUT pin
  CCL_LUT1CTRLA |= 0x01;                        // enable LUT1
  CCL_CTRLA = 0x01;                             // enable CCL

  while(1)
    { key = ~PORTB_IN;                          // input KEY1~KEY3
      if((key & 0x10) == 0x10)                  // KEY1 ?
        { TFT_string_large(4,18,White,Black,"1");
          PORTC_OUTSET = 0x01;
        }
      else
        { TFT_string_large(4,18,White,Black,"0");
          PORTC_OUTCLR = 0x01;
        }

      if((key & 0x20) == 0x20)                  // KEY2 ?
        { TFT_string_large(10,18,White,Black,"1");
          PORTC_OUTSET = 0x02;
        }
      else
        { TFT_string_large(10,18,White,Black,"0");
          PORTC_OUTCLR = 0x02;
        }

      if((key & 0x40) == 0x40)                  // KEY3 ?
        { TFT_string_large(16,18,White,Black,"1");
          PORTC_OUTSET = 0x04;
        }
      else
        { TFT_string_large(16,18,White,Black,"0");
          PORTC_OUTCLR = 0x04;
        }

      if((PORTC_IN & 0x08) == 0x08) TFT_string_large(22,18,Magenta,Black,"1");
      else                          TFT_string_large(22,18,Magenta,Black,"0");
    }
}
```

☞ 여기서는 KEY1~KEY3을 검출하여 해당 키에 따라 PC0~PC2에 디지털 값을 출력하였다. 키가 눌려진 비트값은 1이고, 키가 눌러지지 않은 비트값은 0으로 처리하였다. 원래 CCL의 입력 소스인 IN0~IN2는 입력 신호이므로 병렬 I/O 포트의 PC0~PC2 단자도 입력 모드로 설정하여 사용해야 하지만, 이처럼 내부에서 이 단자들에게 소프트웨어적으로 값을 주는 방법으로 사용하기 위하여 이 단자들을 출력 모드로 설정하여 사용하고 있는 것에 주목해야 한다. 게이트의 출력은 PC3 단자에 출력되는 값을 직접 읽어서 진리표에 표시하였다.

TFT-LCD에 진리표를 그릴 때 KEY1, KEY2, KEY3 글자를 칸 안에서 중앙 정렬하기 위하여 각 글자들을 1/2칸씩 우측으로 시프트하여 표시하는 TFT_string_pixel_large() 함수를 특별히 만들어 사용하였다.

이 프로그램을 컴파일하여 *OK-128DA* 키트에 다운로드하고 실행하라. 그리고, KEY1~KEY3을 1개씩 또는 동시에 여러개를 누르면서 TFT-LCD에 표시되는 3입력 AND 게이트의 진리표가 맞는지 관찰하라.

(2) 자동으로 입력되는 방식의 3입력 AND 게이트

이번에는 사용자가 3입력 AND 게이트에 KEY1~KEY3으로 입력하지 않고 1초 간격으로 디지털 입력이 000, 001, 010, ... , 111까지 자동으로 입력되도록 프로그램을 수정하여 보기로 한다.

〈프로그램 Exp18_2.c〉 CCL의 LUT1을 사용한 3입력 AND 게이트 구현 프로그램(2)

```
/* ============================================================================ */
/*              Exp18_2.c : CCL을 사용한 3입력 AND 게이트 구현(자동)              */
/* ============================================================================ */
/*                        Designed and programmed by Duck-Yong Yoon in 2022.   */

#include <avr/io.h>
#include <avr/interrupt.h>
#include "OK-128DA.h"

volatile unsigned char count = 0;

/* ----- 인터럽트 처리 함수 ------------------------------------------------- */

ISR(RTC_PIT_vect)                              /* RTC interrupt function (1 Hz) */
{
  count++;
  if(count >= 8) count = 0;

  if((count & 0x01) == 0x01)                  // KEY1 ?
    { TFT_string_large(4,18,White,Black,"1");
      PORTC_OUTSET = 0x01;
    }
  else
    { TFT_string_large(4,18,White,Black,"0");
      PORTC_OUTCLR = 0x01;
    }

  if((count & 0x02) == 0x02)                  // KEY2 ?
    { TFT_string_large(10,18,White,Black,"1");
      PORTC_OUTSET = 0x02;
    }
  else
    { TFT_string_large(10,18,White,Black,"0");
      PORTC_OUTCLR = 0x02;
    }

  if((count & 0x04) == 0x04)                  // KEY3 ?
    { TFT_string_large(16,18,White,Black,"1");
      PORTC_OUTSET = 0x04;
    }
  else
    { TFT_string_large(16,18,White,Black,"0");
      PORTC_OUTCLR = 0x04;
    }

  Delay_us(1);
```

```
  if((PORTC_IN & 0x08) == 0x08) TFT_string_large(22,18,Magenta,Black,"1");
  else                          TFT_string_large(22,18,Magenta,Black,"0");

  RTC_PITINTFLAGS = 0x01;                      // clear PIT interrupt flag
}

/* ----- 반칸을 우측으로 시프트한 큰 글씨 영문 ASCII 문자열 출력 함수 ------------ */

void TFT_string_pixel_large(U08 xChar, U08 yChar, U16 colorfore, U16 colorback, char *str)
{
  unsigned char ch1;

  Xcharacter = xChar;
  Ycharacter = yChar;

  foreground = colorfore;
  background = colorback;

  while(*str)
    { ch1 = *str;
      str++;
      TFT_English_pixel_large(Xcharacter*12+6,Ycharacter*8,ch1); // English ASCII character
      Xcharacter++;
    }
}

/* ----- 메인 프로그램 ------------------------------------------------------- */

int main(void)
{
  MCU_initialize();                            // initialize AVR128DA64 MCU
  Delay_ms(50);                                // wait for system stabilization
  LCD_initialize();                            // initialize text LCD module
  TFT_initialize();                            // initialize TFT-LCD module

  LCD_string(0x80," OK-128DA  V1.0 ");         // display title
  LCD_string(0xC0,"    Exp18_2.c     ");
  Beep();

  TFT_string(0,2,White,Magenta,"     CCL을 사용한 3입력 AND 게이트      ");
  TFT_string_pixel_large(2,11,Yellow,Black,"KEY1  KEY2  KEY3");
  TFT_string_large(21,11,Magenta,Black,"AND");
  TFT_string_large(1,14,Cyan,Black," (IN0) (IN1) (IN2) (OUT) ");
  TFT_string_large(1,18,Cyan,Black,"   0     0     0     0   ");

  Rectangle(18,84, 304,172, Cyan);             // draw table
  Rectangle(16,82, 306,174, Cyan);
  Line(18,140, 304,140, Cyan);
  Line(90,84, 90,172, Cyan);
  Line(162,84, 162,172, Cyan);
  Line(232,84, 232,172, Cyan);
  Line(234,84, 234,172, Cyan);

  PORTC_DIRSET = 0x07;                         // PD0 = IN0, PD1 = IN1, PD2 = IN2
  PORTC_DIRSET = 0x08;                         // PD3 = OUT

  CCL_LUT1CTRLB = 0x55;                        // select IN0, IN1, IN2
  CCL_LUT1CTRLC = 0x05;
  CCL_TRUTH1 = 0x80;                           // output AND of IN0, IN1, IN2
  CCL_LUT1CTRLA = 0x40;                        // enable OUT pin
  CCL_LUT1CTRLA |= 0x01;                       // enable LUT1
  CCL_CTRLA = 0x01;                            // enable CCL

  RTC_CLKSEL = 0x00;                           // CLK_RTC = OSC32K = 32.768kHz
  RTC_PITINTCTRL = 0x01;                       // enable PIT interrupt
  RTC_PITCTRLA = 0x71;                         // enable PIT with 32.768kHz/32768 = 1Hz
  sei();                                       // global interrupt enable

  while(1);
}
```

☞ 여기서는 실시간 타이머 RTC가 1초 간격으로 주기적인 인터럽트를 발생하고, 인터럽트 처리 함수에서 3입력 AND 게이트의 입력을 000~111로 차례로 변경하는 방법을 사용하여 키 입력을 대신하였다.
AND 게이트의 입력을 변경하고 즉시 출력값을 읽으면 미처 출력값이 변경되기 전에 읽는 경우가 발생하므로 출력값을 읽기 전에 1μs의 시간 지연을 주었다.

이 프로그램을 컴파일하여 *OK-128DA* 키트에 다운로드하고 실행하라. 그리고, 1초 간격으로 진리표에 표시되는 3입력 AND 게이트의 동작을 관찰하라.

2. 3입력 OR 게이트의 구현

이번에는 LUT1을 사용하여 3입력 OR 게이트를 구현한다. AND 게이트가 OR 게이트로 달라졌을 뿐이고 나머지 사항들은 앞의 AND 게이트에서와 유사하다.

(1) KEY1~KEY3으로 입력하는 방식의 3입력 OR 게이트

LUT1을 사용하여 3입력 OR 게이트를 구현하고, 3개의 게이트 입력 소스 IN0~IN2는 각각 PC0~PC2 단자를 통하여 입력하며, 게이트의 출력 신호 OUT은 PC3를 통하여 외부로 출력하는 프로그램을 작성하면 다음과 같다.

이 OR 게이트의 동작은 TFT-LCD 화면에 진리표를 그려서 표시하였다. 사용자가 KEY1~KEY3을 수동으로 입력하면 이것에 의한 디지털 입력과 게이트의 출력이 화면의 진리표에 표시된다.

〈프로그램 Exp18_3.c〉 CCL의 LUT1을 사용한 3입력 OR 게이트 구현 프로그램(1)

```
/* ========================================================================== */
/*                Exp18_3.c : CCL을 사용한 3입력 OR 게이트 구현(수동)              */
/* ========================================================================== */
/*                            Designed and programmed by Duck-Yong Yoon in 2022.  */

#include <avr/io.h>
#include "OK-128DA.h"

/* ----- 반칸을 우측으로 시프트한 큰 글씨 영문 ASCII 문자열 출력 함수 ------------ */

void TFT_string_pixel_large(U08 xChar, U08 yChar, U16 colorfore, U16 colorback, char *str)
{
  unsigned char ch1;

  Xcharacter = xChar;
  Ycharacter = yChar;

  foreground = colorfore;
  background = colorback;
```

```
  while(*str)
    { ch1 = *str;
      str++;
      TFT_English_pixel_large(Xcharacter*12+6,Ycharacter*8,ch1); // English ASCII character
      Xcharacter++;
    }
}

/* ----- 메인 프로그램 ------------------------------------------------------- */

int main(void)
{
  unsigned char key;

  MCU_initialize();                          // initialize AVR128DA64 MCU
  Delay_ms(50);                              // wait for system stabilization
  LCD_initialize();                          // initialize text LCD module
  TFT_initialize();                          // initialize TFT-LCD module

  LCD_string(0x80," OK-128DA  V1.0 ");        // display title
  LCD_string(0xC0,"   Exp18_3.c    ");
  Beep();

  TFT_string(0,2,White,Magenta,"      CCL을 사용한 3입력 OR 게이트       ");
  TFT_string_pixel_large(2,11,Yellow,Black,"KEY1  KEY2  KEY3");
  TFT_string_pixel_large(21,11,Magenta,Black,"OR");
  TFT_string_large(1,14,Cyan,Black," (IN0) (IN1) (IN2) (OUT) ");
  TFT_string_large(1,18,Cyan,Black,"   0     0     0     0   ");

  Rectangle(18,84, 304,172, Cyan);           // draw table
  Rectangle(16,82, 306,174, Cyan);
  Line(18,140, 304,140, Cyan);
  Line(90,84, 90,172, Cyan);
  Line(162,84, 162,172, Cyan);
  Line(232,84, 232,172, Cyan);
  Line(234,84, 234,172, Cyan);

  PORTC_DIRSET = 0x07;                       // PD0 = IN0, PD1 = IN1, PD2 = IN2
  PORTC_DIRSET = 0x08;                       // PD3 = OUT

  CCL_LUT1CTRLB = 0x55;                      // select IN0, IN1, IN2
  CCL_LUT1CTRLC = 0x05;
  CCL_TRUTH1 = 0xFE;                         // output OR of IN0, IN1, IN2
  CCL_LUT1CTRLA = 0x40;                      // enable OUT pin
  CCL_LUT1CTRLA |= 0x01;                     // enable LUT1
  CCL_CTRLA = 0x01;                          // enable CCL

  while(1)
    { key = ~PORTB_IN;                       // input KEY1~KEY3
      if((key & 0x10) == 0x10)               // KEY1 ?
        { TFT_string_large(4,18,White,Black,"1");
          PORTC_OUTSET = 0x01;
        }
      else
        { TFT_string_large(4,18,White,Black,"0");
          PORTC_OUTCLR = 0x01;
        }

      if((key & 0x20) == 0x20)               // KEY2 ?
        { TFT_string_large(10,18,White,Black,"1");
          PORTC_OUTSET = 0x02;
        }
      else
        { TFT_string_large(10,18,White,Black,"0");
          PORTC_OUTCLR = 0x02;
        }

      if((key & 0x40) == 0x40)               // KEY3 ?
        { TFT_string_large(16,18,White,Black,"1");
          PORTC_OUTSET = 0x04;
        }
```

```
        else
          { TFT_string_large(16,18,White,Black,"0");
            PORTC_OUTCLR = 0x04;
          }

       if((PORTC_IN & 0x08) == 0x08) TFT_string_large(22,18,Magenta,Black,"1");
       else                          TFT_string_large(22,18,Magenta,Black,"0");
      }
  }
```

☞ 여기서는 KEY1~KEY3을 검출하여 해당 키에 따라 PC0~PC2에 디지털 값을 출력하였다. 키가 눌려진 비트값은 1이고, 키가 눌러지지 않은 비트값은 0으로 처리하였다. 원래 CCL의 입력 소스인 IN0~IN2는 입력 신호이므로 병렬 I/O 포트의 PC0~PC2 단자도 입력 모드로 설정하여 사용해야 하지만, 이처럼 내부에서 이 단자들에게 소프트웨어적으로 값을 주는 방법으로 사용하기 위하여 이 단자들을 출력 모드로 설정하여 사용하고 있는 것에 주목해야 한다. 게이트의 출력은 PC3 단자에 출력되는 값을 직접 읽어서 진리표에 표시하였다.

TFT-LCD에 진리표를 그릴 때 KEY1, KEY2, KEY3 글자를 칸 안에서 중앙 정렬하기 위하여 각 글자들을 1/2칸씩 우측으로 시프트하여 표시하는 TFT_string_pixel_large() 함수를 특별히 만들어 사용하였다.

이 프로그램을 컴파일하여 *OK-128DA* 키트에 다운로드하고 실행하라. 그리고, KEY1~KEY3을 1개씩 또는 동시에 여러개를 누르면서 TFT-LCD에 표시되는 3입력 OR 게이트의 진리표가 맞는지 관찰하라.

(2) 자동으로 입력되는 방식의 3입력 OR 게이트

이번에는 사용자가 3입력 OR 게이트에 KEY1~KEY3으로 입력하지 않고 1초 간격으로 디지털 입력이 000, 001, 010, ... , 111까지 자동으로 입력되도록 프로그램을 수정하여 보기로 한다.

〈프로그램 Exp18_4.c〉 CCL의 LUT1을 사용한 3입력 OR 게이트 구현 프로그램(2)

```
/* ========================================================================== */
/*              Exp18_4.c : CCL을 사용한 3입력 OR 게이트 구현(자동)            */
/* ========================================================================== */
/*                       Designed and programmed by Duck-Yong Yoon in 2022.   */

#include <avr/io.h>
#include <avr/interrupt.h>
#include "OK-128DA.h"

volatile unsigned char count = 0;

/* ----- 인터럽트 처리 함수 ---------------------------------------------------- */

ISR(RTC_PIT_vect)                                  /* RTC interrupt function (1 Hz) */
{
  count++;
  if(count >= 8) count = 0;
```

```
  if((count & 0x01) == 0x01)                   // KEY1 ?
    { TFT_string_large(4,18,White,Black,"1");
      PORTC_OUTSET = 0x01;
    }
  else
    { TFT_string_large(4,18,White,Black,"0");
      PORTC_OUTCLR = 0x01;
    }

  if((count & 0x02) == 0x02)                   // KEY2 ?
    { TFT_string_large(10,18,White,Black,"1");
      PORTC_OUTSET = 0x02;
    }
  else
    { TFT_string_large(10,18,White,Black,"0");
      PORTC_OUTCLR = 0x02;
    }

  if((count & 0x04) == 0x04)                   // KEY3 ?
    { TFT_string_large(16,18,White,Black,"1");
      PORTC_OUTSET = 0x04;
    }
  else
    { TFT_string_large(16,18,White,Black,"0");
      PORTC_OUTCLR = 0x04;
    }

  Delay_us(1);

  if((PORTC_IN & 0x08) == 0x08) TFT_string_large(22,18,Magenta,Black,"1");
  else                          TFT_string_large(22,18,Magenta,Black,"0");

  RTC_PITINTFLAGS = 0x01;                      // clear PIT interrupt flag
}

/* ----- 반칸을 우측으로 시프트한 큰 글씨 영문 ASCII 문자열 출력 함수 ----------- */

void TFT_string_pixel_large(U08 xChar, U08 yChar, U16 colorfore, U16 colorback, char *str)
{
  unsigned char ch1;

  Xcharacter = xChar;
  Ycharacter = yChar;

  foreground = colorfore;
  background = colorback;

  while(*str)
    { ch1 = *str;
      str++;
      TFT_English_pixel_large(Xcharacter*12+6,Ycharacter*8,ch1); // English ASCII character
      Xcharacter++;
    }
}

/* ----- 메인 프로그램 ------------------------------------------------------- */

int main(void)
{
  MCU_initialize();                            // initialize AVR128DA64 MCU
  Delay_ms(50);                                // wait for system stabilization
  LCD_initialize();                            // initialize text LCD module
  TFT_initialize();                            // initialize TFT-LCD module

  LCD_string(0x80," OK-128DA  V1.0 ");          // display title
  LCD_string(0xC0,"   Exp18_4.c    ");
  Beep();

  TFT_string(0,2,White,Magenta,"     CCL을 사용한 3입력 OR 게이트      ");
  TFT_string_pixel_large(2,11,Yellow,Black,"KEY1  KEY2  KEY3");
```

```
    TFT_string_pixel_large(21,11,Magenta,Black,"OR");
    TFT_string_large(1,14,Cyan,Black," (IN0) (IN1) (IN2) (OUT) ");
    TFT_string_large(1,18,Cyan,Black,"   0     0     0     0   ");

    Rectangle(18,84, 304,172, Cyan);            // draw table
    Rectangle(16,82, 306,174, Cyan);
    Line(18,140, 304,140, Cyan);
    Line(90,84, 90,172, Cyan);
    Line(162,84, 162,172, Cyan);
    Line(232,84, 232,172, Cyan);
    Line(234,84, 234,172, Cyan);

    PORTC_DIRSET = 0x07;                        // PD0 = IN0, PD1 = IN1, PD2 = IN2
    PORTC_DIRSET = 0x08;                        // PD3 = OUT

    CCL_LUT1CTRLB = 0x55;                       // select IN0, IN1, IN2
    CCL_LUT1CTRLC = 0x05;
    CCL_TRUTH1 = 0xFE;                          // output OR of IN0, IN1, IN2
    CCL_LUT1CTRLA = 0x40;                       // enable OUT pin
    CCL_LUT1CTRLA |= 0x01;                      // enable LUT1
    CCL_CTRLA = 0x01;                           // enable CCL

    RTC_CLKSEL = 0x00;                          // CLK_RTC = OSC32K = 32.768kHz
    RTC_PITINTCTRL = 0x01;                      // enable PIT interrupt
    RTC_PITCTRLA = 0x71;                        // enable PIT with 32.768kHz/32768 = 1Hz
    sei();                                      // global interrupt enable

    while(1);
  }
```

☞ 여기서는 실시간 타이머 RTC가 1초 간격으로 주기적인 인터럽트를 발생하고, 인터럽트 처리 함수에서 3입력 OR 게이트의 입력을 000~111로 차례로 변경하는 방법을 사용하여 키 입력을 대신하였다.

OR 게이트의 입력을 변경하고 즉시 출력값을 읽으면 미처 출력값이 변경되기 전에 읽는 경우가 발생하므로 출력값을 읽기 전에 1μs의 시간 지연을 주었다.

이 프로그램을 컴파일하여 *OK-128DA* 키트에 다운로드하고 실행하라. 그리고, 1초 간격으로 진리표에 표시되는 3입력 OR 게이트의 동작을 관찰하라.

3. 2입력 AND 및 OR 게이트의 구현

이번에는 LUT1을 사용하여 2입력 AND 게이트와 OR 게이트를 구현한다. 3입력 방식이 2입력 방식으로 달라졌을 뿐이고 나머지 사항들은 앞의 3입력 AND/OR 게이트에서와 매우 유사하다.

(1) KEY1~KEY2로 입력하는 방식의 2입력 AND 게이트

LUT1을 사용하여 2입력 AND 게이트를 구현하고, 2개의 게이트 입력 소스 IN0~IN1은 각각 PC0~PC1 단자를 통하여 입력하며, 게이트의 출력 신호 OUT은 PC3를 통하여 외부로 출력하는 프로그램을 작성하면 다음과 같다.

이 AND 게이트의 동작은 TFT-LCD 화면에 진리표를 그려서 표시하였다. 사용자가 KEY1~KEY2를 수동으로 입력하면 이것에 의한 디지털 입력과 게이트의 출력이 화면의 진리표에 표시된다.

〈프로그램 Exp18_5.c〉 CCL의 LUT1을 사용한 2입력 AND 게이트 구현 프로그램

```
/* ============================================================================ */
/*              Exp18_5.c : CCL을 사용한 2입력 AND 게이트 구현                  */
/* ============================================================================ */
/*                          Designed and programmed by Duck-Yong Yoon in 2022.  */

#include <avr/io.h>
#include "OK-128DA.h"

/* ----- 반칸을 우측으로 시프트한 큰 글씨 영문 ASCII 문자열 출력 함수 ------------ */

void TFT_string_pixel_large(U08 xChar, U08 yChar, U16 colorfore, U16 colorback, char *str)
{
  unsigned char ch1;

  Xcharacter = xChar;
  Ycharacter = yChar;

  foreground = colorfore;
  background = colorback;

  while(*str)
    { ch1 = *str;
      str++;
      TFT_English_pixel_large(Xcharacter*12+6,Ycharacter*8,ch1); // English ASCII character
      Xcharacter++;
    }
}

/* ----- 메인 프로그램 ------------------------------------------------------- */

int main(void)
{
  unsigned char key;

  MCU_initialize();                           // initialize AVR128DA64 MCU
  Delay_ms(50);                               // wait for system stabilization
  LCD_initialize();                           // initialize text LCD module
  TFT_initialize();                           // initialize TFT-LCD module

  LCD_string(0x80," OK-128DA  V1.0 ");        // display title
  LCD_string(0xC0,"   Exp18_5.c    ");
  Beep();

  TFT_string(0,2,White,Magenta,"     CCL을 사용한 2입력 AND 게이트     ");
  TFT_string_pixel_large(5,11,Yellow,Black,"KEY1  KEY2");
  TFT_string_large(18,11,Magenta,Black,"AND");
  TFT_string_large(4,14,Cyan,Black," (IN0) (IN1) (OUT) ");
  TFT_string_large(4,18,Cyan,Black,"   0     0     0   ");

  Rectangle(54,84, 268,172, Cyan);            // draw table
  Rectangle(52,82, 270,174, Cyan);
  Line(54,140, 268,140, Cyan);
  Line(126,84, 126,172, Cyan);
  Line(196,84, 196,172, Cyan);
  Line(198,84, 198,172, Cyan);

  PORTC_DIRSET = 0x03;                        // PD0 = IN0, PD1 = IN1
  PORTC_DIRSET = 0x08;                        // PD3 = OUT
```

```
    CCL_LUT1CTRLB = 0x55;                       // select IN0, IN1
    CCL_LUT1CTRLC = 0x00;
    CCL_TRUTH1 = 0x08;                          // output AND of IN0, IN1
    CCL_LUT1CTRLA = 0x40;                       // enable OUT pin
    CCL_LUT1CTRLA |= 0x01;                      // enable LUT1
    CCL_CTRLA = 0x01;                           // enable CCL

    while(1)
      { key = ~PORTB_IN;                        // input KEY1~KEY2
        if((key & 0x10) == 0x10)                // KEY1 ?
          { TFT_string_large(7,18,White,Black,"1");
            PORTC_OUTSET = 0x01;
          }
        else
          { TFT_string_large(7,18,White,Black,"0");
            PORTC_OUTCLR = 0x01;
          }

        if((key & 0x20) == 0x20)                // KEY2 ?
          { TFT_string_large(13,18,White,Black,"1");
            PORTC_OUTSET = 0x02;
          }
        else
          { TFT_string_large(13,18,White,Black,"0");
            PORTC_OUTCLR = 0x02;
          }

       if((PORTC_IN & 0x08) == 0x08) TFT_string_large(19,18,Magenta,Black,"1");
       else                          TFT_string_large(19,18,Magenta,Black,"0");
      }
}
```

☞ 여기서는 KEY1~KEY2를 검출하여 해당 키에 따라 PC0~PC1에 디지털 값을 출력하였다. 키가 눌려진 비트값은 1이고, 키가 눌러지지 않은 비트값은 0으로 처리하였다. AND 게이트의 출력은 PC3로 출력되는 값을 직접 읽어서 확인하였다.

이 프로그램을 컴파일하여 *OK-128DA* 키트에 다운로드하고 실행하라. 그리고, KEY1~KEY2를 1개씩 또는 2개를 동시에 누르면서 TFT-LCD에 표시되는 2입력 AND 게이트의 진리표가 맞는지 관찰하라.

(2) KEY1~KEY2로 입력하는 방식의 2입력 OR 게이트

LUT1을 사용하여 2입력 OR 게이트를 구현하고, 2개의 게이트 입력 소스 IN0~IN1은 각각 PC0~PC1 단자를 통하여 입력하며, 게이트의 출력 신호 OUT은 PC3를 통하여 외부로 출력하는 프로그램을 작성하면 다음과 같다.

이 OR 게이트의 동작은 TFT-LCD 화면에 진리표를 그려서 표시하였다. 사용자가 KEY1~KEY2를 수동으로 입력하면 이것에 의한 디지털 입력과 게이트의 출력이 화면의 진리표에 표시된다.

〈프로그램 Exp18_6.c〉 CCL의 LUT1을 사용한 2입력 OR 게이트 구현 프로그램

```
/* ============================================================================ */
/*              Exp18_6.c : CCL을 사용한 2입력 OR 게이트 구현                   */
/* ============================================================================ */
/*                         Designed and programmed by Duck-Yong Yoon in 2022.   */

#include <avr/io.h>
#include "OK-128DA.h"

/* ----- 반칸을 우측으로 시프트한 큰 글씨 영문 ASCII 문자열 출력 함수 ------------ */

void TFT_string_pixel_large(U08 xChar, U08 yChar, U16 colorfore, U16 colorback, char *str)
{
  unsigned char ch1;

  Xcharacter = xChar;
  Ycharacter = yChar;

  foreground = colorfore;
  background = colorback;

  while(*str)
    { ch1 = *str;
      str++;
      TFT_English_pixel_large(Xcharacter*12+6,Ycharacter*8,ch1); // English ASCII character
      Xcharacter++;
    }
}

/* ----- 메인 프로그램 --------------------------------------------------------- */

int main(void)
{
  unsigned char key;

  MCU_initialize();                            // initialize AVR128DA64 MCU
  Delay_ms(50);                                // wait for system stabilization
  LCD_initialize();                            // initialize text LCD module
  TFT_initialize();                            // initialize TFT-LCD module

  LCD_string(0x80," OK-128DA  V1.0 ");         // display title
  LCD_string(0xC0,"   Exp18_6.c    ");
  Beep();

  TFT_string(0,2,White,Magenta,"     CCL을 사용한 2입력 OR 게이트      ");
  TFT_string_pixel_large(5,11,Yellow,Black,"KEY1  KEY2");
  TFT_string_pixel_large(18,11,Magenta,Black,"OR");
  TFT_string_large(4,14,Cyan,Black," (IN0) (IN1) (OUT) ");
  TFT_string_large(4,18,Cyan,Black,"   0     0     0   ");

  Rectangle(54,84, 268,172, Cyan);             // draw table
  Rectangle(52,82, 270,174, Cyan);
  Line(54,140, 268,140, Cyan);
  Line(126,84, 126,172, Cyan);
  Line(196,84, 196,172, Cyan);
  Line(198,84, 198,172, Cyan);

  PORTC_DIRSET = 0x03;                         // PD0 = IN0, PD1 = IN1
  PORTC_DIRSET = 0x08;                         // PD3 = OUT

  CCL_LUT1CTRLB = 0x55;                        // select IN0, IN1
  CCL_LUT1CTRLC = 0x00;
  CCL_TRUTH1 = 0x0E;                           // output OR of IN0, IN1
  CCL_LUT1CTRLA = 0x40;                        // enable OUT pin
  CCL_LUT1CTRLA |= 0x01;                       // enable LUT1
  CCL_CTRLA = 0x01;                            // enable CCL

  while(1)
    { key = ~PORTB_IN;                         // input KEY1~KEY2
```

```
        if((key & 0x10) == 0x10)                    // KEY1 ?
          { TFT_string_large(7,18,White,Black,"1");
            PORTC_OUTSET = 0x01;
          }
        else
          { TFT_string_large(7,18,White,Black,"0");
            PORTC_OUTCLR = 0x01;
          }

        if((key & 0x20) == 0x20)                    // KEY2 ?
          { TFT_string_large(13,18,White,Black,"1");
            PORTC_OUTSET = 0x02;
          }
        else
          { TFT_string_large(13,18,White,Black,"0");
            PORTC_OUTCLR = 0x02;
          }

       if((PORTC_IN & 0x08) == 0x08) TFT_string_large(19,18,Magenta,Black,"1");
       else                          TFT_string_large(19,18,Magenta,Black,"0");
      }
  }
```

☞ 여기서는 KEY1~KEY2를 검출하여 해당 키에 따라 PC0~PC1에 디지털 값을 출력하였다. 키가 눌려진 비트값은 1이고, 키가 눌려지지 않은 비트값은 0으로 처리하였다. OR 게이트의 출력은 PC3로 출력되는 값을 직접 읽어서 확인하였다.

이 프로그램을 컴파일하여 *OK-128DA* 키트에 다운로드하고 실행하라. 그리고, KEY1~KEY2를 1개씩 또는 2개를 동시에 누르면서 TFT-LCD에 표시되는 2입력 OR 게이트의 진리표가 맞는지 관찰하라.

4. 실습 과제

(1) 예제 프로그램 Exp18_1.c에서는 3개의 게이트 입력 IN0~IN2가 모두 1로 되어 111일 때 출력이 1이 되는 AND 게이트를 구현하였는데, 여기서 입력 IN0를 반전시켜서 입력이 011일 때만 출력이 1이 되는 3입력 AND 게이트로 수정한 프로그램 Exp18_1R.c를 작성하라.

(2) 예제 프로그램 Exp18_3.c에서는 출력 인터럽트를 사용하지 않았는데, 여기서 출력 신호의 상승 에지에서 인터럽트를 발생시켜서 인터럽트 처리 함수에서 비프음을 한번 울리도록 수정한 프로그램 Exp18_3R.c를 작성하라.

4.19 PTC를 사용한 터치 패드 입력 프로그램

이 절에서는 AVR128DA64의 터치 제어기 PTC를 사용하여 터치 패드를 인식하는 프로그램을 작성하는 예를 보인다. 이 PTC에 대해서는 Microchip Technology사에서 철저하게 기술자료를 공개하지 않고 있으므로 사용자가 이를 스스로 노력으로 사용하기는 매우 어려우며, 아래의 예제 프로그램은 이 회사 엔지니어의 도움을 받아서 작성하였음을 밝혀둔다.

관련 내용	(1) 제2.15절 터치 제어기(PTC) (2) 제3.1절 *OK-128DA* 키트의 구조와 기능

제2.15절에서 설명하였듯이 AVR128DA64의 터치 제어기는 X방향으로 X0~37 및 X40~47 등 총 46개의 터치 입력용 외부 단자를 가지며, Y방향으로 Y0~37 및 Y40~47 등 총 46개의 터치 입력/출력용 외부 단자를 가지고 있다. 이를 통하여 셀프 커패시턴스 모드(Self-Capacitance Mode)로 사용하면 Y0~Ym 단자에 최대 46개의 터치 패드를 연결할 수 있고, 상호 커패시턴스 모드(Mutual-Capacitance Mode)로 사용하면 Xn 단자와 Ym 단자가 만나는 곳에 최대 23×23 = 529개의 터치 패드를 연결할 수 있다.

OK-128DA 키트에서는 <그림 4.19.1>의 회로도에 보였듯이 Y12~Y15 단자에 4개의 터치 패드를 설치하였으며, 마이크로컨트롤러의 단자와 터치 패드 사이에 발진 방지용으로 1kΩ의 직렬 저항을 연결하였다. 이 회로도에서 보듯이 *OK-128DA* 키트에서는 키 KEY1~KEY4를 위한 병렬 I/O 포트 PB4~PB7 단자와 터치 패드 PAD1~PAD4를 위한 부수적인 기능 Y12~Y15 단자는 같은 단자를 공동으로 사용하고 있다. 따라서, 키를 입력할 때는 이 단자들의 내부 풀업 저항 35kΩ을 허용하여 사용하고, 터치 패드를 입력할 때는 내부 풀업 저항을 금지한 상태로 사용한다.

Microchip Technology는 AVR128DA64의 데이터 시트에서 터치 제어기와 관련된 기술자료를 전혀 제공하지 않고 있으므로 처음에 이 책을 쓰기 시작할 때는 터치 제어기를 사용하는 예제 프로그램을 책에서 소개하는 것이 사실상 불가능하다고 판단하였으나, 이 회사의 지원을 받아서 이를 사용할 수 있는 상황이 올 수도 있다고 생각되어 키트를 설계할 때는 이처럼 터치 패드를 사용하기 위한 하드웨어를 포함시켜 놓았다. 그런데, 이 책의 집필 작업이 상당히 많이 진행되었을 무렵에 어찌어찌 하여 Microchip Technology의 한국 지사 및 이 회사의 한국 대리점인 석영브라이스톤과 연결이 되었고, 이와 관련된 고객 지원 엔지니어의 도움을 받아서 이 키트에서 터치 패드를 인식하는 예제 프로그램을 어렵게 실행시켜 볼 수 있게 되었으므로 그나마 다행이며 도와주신 분들께 감사하게 생각한다.

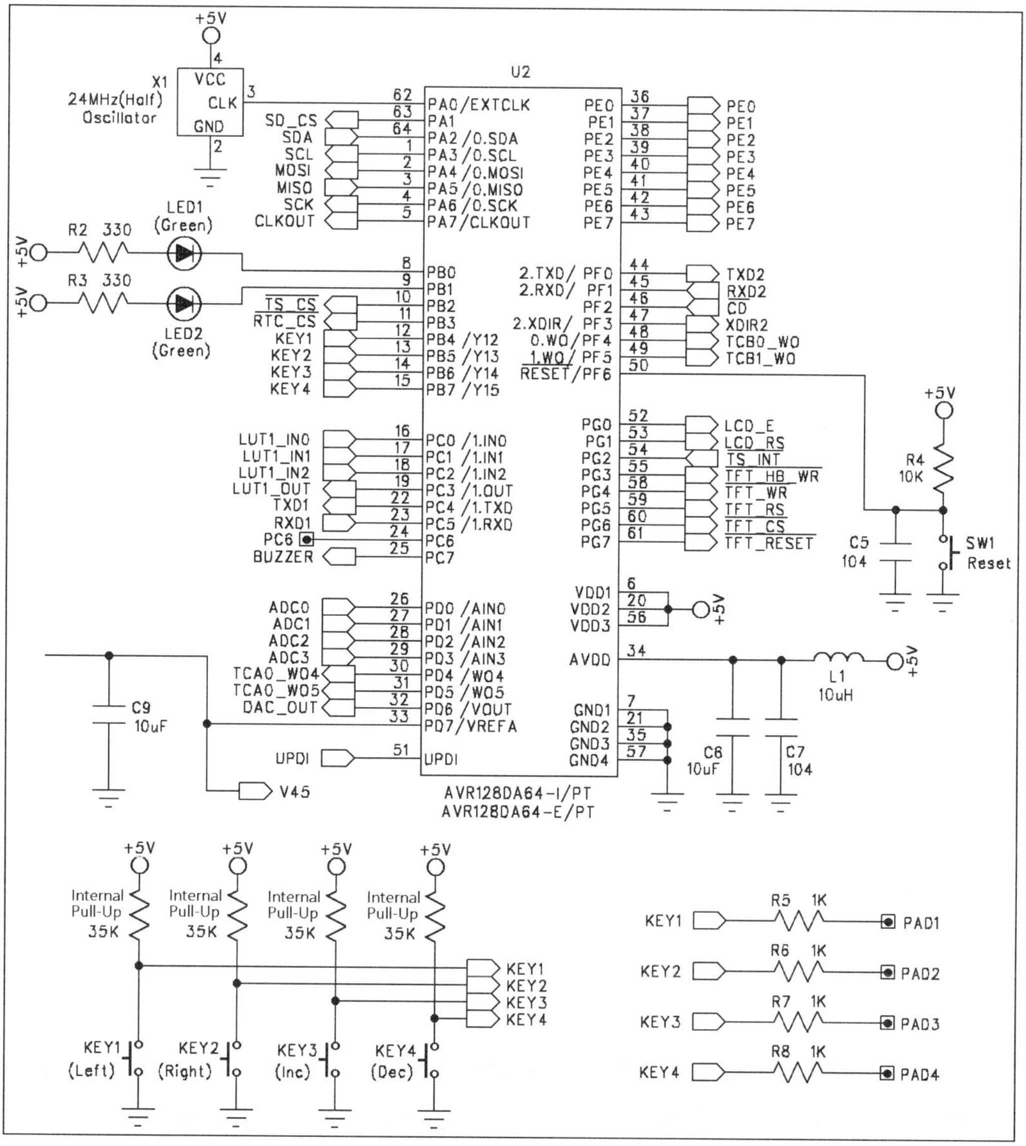

〈그림 4.19.1〉 *OK-128DA* 키트의 터치 제어기 PTC 입력 관련 회로

처음에는 MPLAB XC8 소프트웨어 개발 툴을 사용하는 방법으로 지원을 받았으나 이 책에서 사용하는 소프트웨어가 아니라서 즉시 포기하였고, Microchip Studio 7에서 WinAVR(GCC)을 사용하는 방법으로 다시 작업해달라고 요청하여 지원을 받았는데... Microchip Studio에서 Atmel START 툴을 사용하여 터치 제어기를 설정하고 사용자가 원하는 응용 프로그램을 작성하는 방법이 예상보다 훨씬 복잡하고 이와 관련된 헤더 파일이 너무나도 많아서 도저히 그 작업 과정이나 예제 소스를 여기서 설명하고 소개하기는 어렵다. 그래서 이 PTC 부분을 책에서 취급하는 것을 포기하려다가 저자가 다시 마음을 다잡고 노력을 쏟은 결과 온갖 꼼수와 생쑈를 거쳐서 힘들게 2개의 예제를 완성할 수 있게 되었다. 힘들게 이런 결과를 얻기는 했으나 그 전체 작업과정을 저자도 아직 충분히 이해하지 못하였으므로 아래와 같이 그냥 키트에 다운로드하여 실행해볼 수 있는 2개의 예제 프로그램에 대한 hex 파일만 제공하기로 한다.

▣ 첫번째 예제 - 터치 패드 PAD1~PAD4의 동작을 확인하는 프로그램

첫번째로 제공하는 예제 프로그램은 Exp19_1.hex인데, 이를 *OK-128DA* 키트에 다운로드하여 실행하면 TFT-LCD에 터치 패드 PAD1~PAD4를 누르라는 메시지가 나타나고, 이에 따라 사용자가 터치 패드를 누르면 비프음이 울리면서 어떤 터치 패드가 눌러졌는지를 화면에 메시지로 출력하게 된다. 터치 패드를 인식할 때는 디바운스 기능과 원터치 기능을 넣어 정확하게 한번씩만 인식되도록 하였다.

▣ 두번째 예제 - 터치 패드 PAD1~PAD4를 사용한 메뉴 방식 프로그램

두번째로 제공하는 예제 프로그램은 Exp19_2.hex인데, 이를 *OK-128DA* 키트에 다운로드하여 실행하면 TFT-LCD에 6개의 실행 메뉴가 나타나고, 터치 패드를 사용하여 메뉴 선택 바를 위와 아래로 이동하거나 현재의 메뉴를 실행할 수 있다.

1. 실습 과제

(1) 터치 패드란 무엇이며, 이것은 터치 스크린과 어떻게 다른지 설명하라.

(2) Microchip Technology의 한국 지사나 석영브라이스톤에 터치 제어기(PTC) 사용에 관한 기술지원을 요청하여 예제 프로그램 Exp19_1.hex 및 Exp19_2.hex와 동일한 기능을 수행하는 소스 프로그램을 자신의 손으로 직접 완성하여 보라.

4.20 TFT-LCD를 이용한 게임 프로그램

여기서는 MS-DOS 운영체제 시절부터 퍼스널컴퓨터에서 유명했던 푸시푸시 게임과 우리가 잘 아는 오목 게임을 *OK-128DA* 키트의 TFT-LCD 화면에 구현해 본다. 이러한 게임을 수행하려면 디스플레이 화면은 물론이고 적절한 입력장치가 필요한데 여기서는 게임 입력장치로 TFT-LCD의 터치 스크린을 사용한다.

이 책에서는 TFT-LCD 모듈을 사용하여 게임을 구현하면서 AVR128DA64 마이크로컨트롤러의 C언어 응용 프로그래밍 기술을 익히는 것이 목적이므로 게임의 알고리즘이나 난이도 등의 수준에는 그다지 중점을 두지 않는다. 만약 게임 알고리즘의 수준이나 난이도를 높이는 작업이 필요하다면 그것은 독자 여러분이 좀 더 공부하고 노력할 몫이다. 특히 졸업작품을 만들 목적으로 이 책의 예제 프로그램을 응용하려는 학생이라면 마땅히 이런 정도의 프로그램 소스는 자신의 힘으로 적극적으로 분석하여 자신의 작품에 발전적으로 응용할 수 있는 의지와 노력이 있어야 한다.

관련 내용	(1) 제3.1절 *OK-128DA* 키트의 구조와 기능 (2) 제4.5절 TFT-LCD 모듈 영문 ASCII 출력 프로그램 (3) 제4.8절 TFT-LCD 모듈 터치 스크린 입력 프로그램

1. 푸시푸시 게임 프로그램

오늘날까지 푸시푸시(PushPush) 게임이라고 널리 알려져 있는 이것은 원래 소코반(Soko-Ban)이라는 게임 프로그램으로서 아주 단순하지만 시간이 많이 소요되면서 두뇌를 많이 활용해야 하는 좋은 게임 프로그램이다. 소코반은 1980년에 일본의 히로유키 이마바야시(Hiroyuki Imabayashi)라는 사람이 비디오 게임기용으로 개발한 게임이며, 나중에 IBM PC에서 MS-DOS용으로 변형되어 큰 인기를 끌었다. 이것은 그래픽 해상도가 낮은 화면에서도 쉽게 구현할 수 있고, 키나 터치 스크린 등 아무 입력장치를 사용하더라도 쉽게 게임을 수행할 수 있으며, 그다지 스피드를 요구하는 게임도 아니면서 지루하지 않게 게임에 빠져드는 재미가 있어서 모바일 제품의 취향에 잘 어울리기 때문에 최근에는 휴대전화에 적용되어 대단한 인기를 끌기도 하였다.

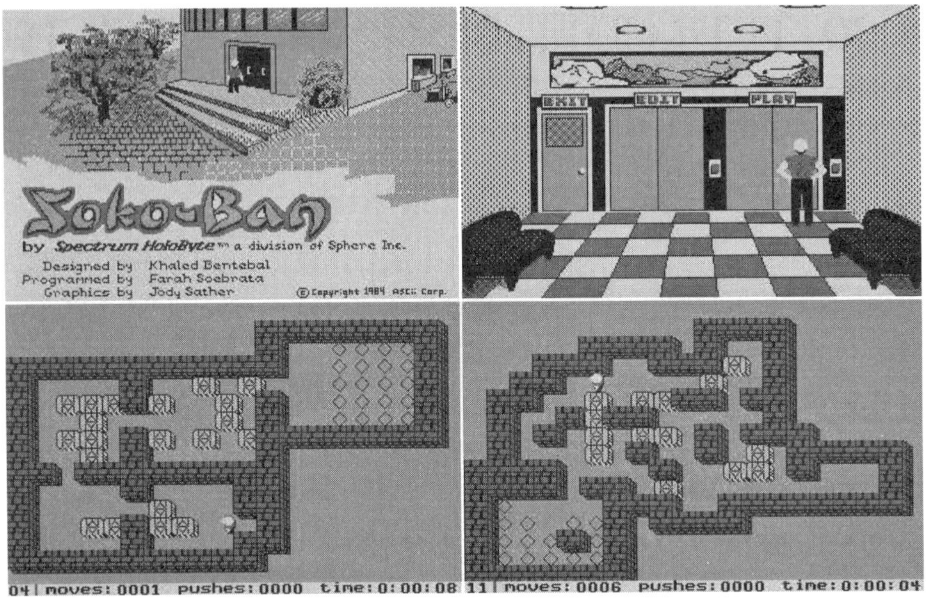

〈그림 4.20.1〉 MS-DOS에서 사용하던 오리지널 소코반 게임의 화면 캡쳐

이것은 다양한 미로 구조를 갖는 방의 안에서 사람이 박스를 1개씩 밀어서 지정된 위치로 모두 옮겨 놓으면 게임이 완료되고 새로운 스테이지(stage)로 넘어가는 게임이다. 박스는 한번에 1개씩만 밀 수 있으며, 항상 정면으로만 밀고 갈 수가 있다. 따라서, 박스를 정면으로 밀고 갈 수 없는 위치에 빠져들게 되면 그 스테이지는 더 진행할 수가 없으므로 게임 오버(game over)가 된다. 이렇게 되지 않으려면 각 박스를 어떤 방향에서 어떤 순서로 밀어서 옮겨야 하는지가 중요한 관건이다.

현재까지 이 게임은 수많은 아류(亞流) 제품이 쏟아져 나왔으며 공개된 게임 스테이지의 수도 엄청나게 많다. 따라서, 메모리 용량만 허용된다면 이 게임에서는 스테이지 수를 거의 무제한으로 늘려서 구현할 수 있다. 다음에 소개하는 프로그램은 푸시푸시 게임을 *OK-128DA* 키트의 TFT-LCD에서 320×240 픽셀 해상도를 갖는 풍경화 모드에 맞도록 구현한 것으로 터치 스크린을 입력장치로 사용하여 게임을 수행할 수 있다.

이 게임은 현재까지 나와 있는 많은 종류의 소코반 또는 푸시푸시 게임을 참조로 하여 프로그래밍한 것이며, 여기에는 현재 35개의 스테이지가 포함되어 있다. 게임 내용과 알고리즘이 비교적 단순하므로 독자 여러분 스스로의 노력으로 충분히 프로그램의 흐름을 파악할 수 있을 것이다.

〈프로그램 Exp20_1.c〉 푸시푸시 게임 프로그램

```
/* ============================================================================ */
/*                      Exp20_1.c : 푸시푸시(PushPush) 게임                        */
/* ============================================================================ */
/*                          Designed and programmed by Duck-Yong Yoon in 2022.    */

#include <avr/io.h>
#include <avr/pgmspace.h>
#include <avr/interrupt.h>
#include "OK-128DA.h"

void Draw_symbol(U16 xPos,U16 yPos,U16 color,U08 code); // draw 16x16 symbol
void Draw_arrow(U16 xPos,U16 yPos,U16 color,U08 code);// draw arrow for touch screen
void Draw_board(void);                         // draw game board
void Draw_control(void);                       // draw game control
void Draw_previous(U16 color1, U16 color2);    // display previous stage for touch screen
void Draw_next(U16 color1, U16 color2);        // display previous stage for touch screen
void Draw_clear(U16 color1, U16 color2);       // display clear for touch screen
void Draw_left(U16 color1, U16 color2);        // display left arrow for touch screen
void Draw_right(U16 color1, U16 color2);       // display right arrow for touch screen
void Draw_up(U16 color1, U16 color2);          // display up arrow for touch screen
void Draw_down(U16 color1, U16 color2);        // display down arrow for touch screen
unsigned char Icon_input(void);                // input touch screen icon
void PushPush(U16 direction);                  // push box by direction arrow
unsigned char Check_OK(void);                  // check game stage OK

/* ---------------------------------------------------------------------------- */

#define Left            KEY1                   // direction by KEY1
#define Right           KEY2                   // direction by KEY2
#define Up              KEY3                   // direction by KEY3
#define Down            KEY4                   // direction by KEY4
#define KEY5            0x11                   // previous stage icon of touch screen
#define KEY6            0x12                   // next stage icon of touch screen
#define KEY7            0x13                   // clear icon of touch screen

#define Xbase            8                     // x base position of board
#define Ybase           31                     // y base position of board

#define stage_max       35                     // maximum stage number

unsigned char stage, beep_flag;                // game stage and beep on/off flag
unsigned char buffer[12][14];                  // board buffer of a stage(x=12, y=12)
unsigned int xo, yo;                           // current x, y position

/* ----- 게임 스테이지 정의 ---------------------------------------------------- */

const unsigned char board[stage_max][12][14] PROGMEM = { /* define board of each stage */
       { "              ",                     // stage 1
         "              ",
         "   XXXXXXXX   ",
         "   XX@ XXXX   ",
         "   XX *  XX   ",
         "   XXX X XX   ",
         "   XOX X  X   ",
         "   XO*  X X   ",
         "   XO   * X   ",
         "   XXXXXXXX   ",
         "              ",
         "              "},
       { "              ",                     // stage 2
         "  XXXXXXXXXX  ",
         "  XX@  XXXXX  ",
         "  XX **XX  X  ",
         "  XX *     X  ",
         "  XXXXXX   X  ",
         "  XX   X XXX  ",
         "  XX XXX  XX  ",
         "  XX XOOO XX  ",
```

```
     "  XXXXXXXXXX  ",
     "              ",
     "              "},
   { "              ",                  // stage 3
     "              ",
     "   XXXXXXXX   ",
     "   XXOO OXX   ",
     "   XXO* OXX   ",
     "   XX*   XX   ",
     "   X *  *@X   ",
     "   X XX*X X   ",
     "   X      X   ",
     "   XXXXXXXX   ",
     "              ",
     "              "},
   { "              ",                  // stage 4
     "              ",
     "   XXXXXXX    ",
     "   XXX  XX    ",
     "   X *   X    ",
     "   X X X X    ",
     "   X * X X    ",
     "   X *@**X    ",
     "   XOOOOOX    ",
     "   XXXXXXX    ",
     "              ",
     "              "},
   { "              ",                  // stage 5
     "              ",
     "              ",
     "  XXXXXXXXXX  ",
     "  X   XXXXXX  ",
     "  X * OO*  X  ",
     "  XX* OO**@X  ",
     "  XX  OO*  X  ",
     "  XXXXXXXXXX  ",
     "              ",
     "              ",
     "              "},
   { "              ",                  // stage 6
     "              ",
     "  XXXXXXXXXX  ",
     "  XX     XXX  ",
     "  XX*XXX   X  ",
     "  X @ *  * X  ",
     "  X OOX * XX  ",
     "  XXOOX   XX  ",
     "  XXXXXXXXXX  ",
     "              ",
     "              ",
     "              "},
   { "              ",                  // stage 7
     "              ",
     "  XXXXXXXXXX  ",
     "  XXXX  X @X  ",
     "  XXX   X  X  ",
     "  XXX* * * X  ",
     "  XXX *XX  X  ",
     "  XXX * X XX  ",
     "  XOOOOO  XX  ",
     "  XXXXXXXXXX  ",
     "              ",
     "              "},
   { "              ",                  // stage 8
     "  XXXXXXXXXX  ",
     "  XXX    XXX  ",
     "  XXX *    X  ",
     "  XXX * XX X  ",
     "  XOOO *   X  ",
     "  XOOO*X* XX  ",
     "  XXXX X * X  ",
```

```
   "  XXXX  @  X   ",
   "  XXXXXXXXXX   ",
   "               ",
   "               " },
 { "               ",                    // stage 9
   "  XXXXXXXXX    ",
   "  X       X   ",
   "  X X**   XX  ",
   "  X OOOX XX   ",
   "  XXOOO* XX   ",
   "  XX XX * X   ",
   "  XX*  *  X   ",
   "  XX  X  @X   ",
   "  XXXXXXXXX   ",
   "               ",
   "               " },
 { "               ",                    // stage 10
   "              ",
   "  XXXXXXXXX   ",
   "  XXXXO   @X  ",
   "  X  ***  X   ",
   "  XOXXOXXOX   ",
   "  X   *   X   ",
   "  X  *OX XX   ",
   "  XXXX   XX   ",
   "  XXXXXXXXX   ",
   "               ",
   "               " },

           (중간 생략)

 { "XXXXXXXXXXXXXX",                     // stage 31
   "XOOOOOXXXX   X",
   "XOOOOO   XXXXX",
   "XOOO OX  X   X",
   "XXX XXX XX * X",
   "X **  *   *  X",
   "X   *   *X   X",
   "X *  *XX X * X",
   "X  XX *    XXX",
   "XX   *@* * X X",
   "XXXXX    XXX X",
   "XXXXXXXXXXXXXX" },
 { "XXXXXXXXXXXXXX",                     // stage 32
   "XX   XXX  X XX",
   "X  * X  *    X",
   "X *    X@ *  X",
   "X   XXXXXX XXX",
   "XXX*XX  XX XXX",
   "XXOO XXXX  * X",
   "XXOOO  * * * X",
   "XXOOOXXXX    X",
   "XXOOOX  X ** X",
   "XXXXXXXXXXX  X",
   "XXXXXXXXXXXXXX" },
 { "XXXXXXXXXXXXXX",                     // stage 33
   "X XXX    XXX X",
   "XXX   *X   X X",
   "X **   *   X X",
   "X    *X ** X X",
   "X *   *   XX X",
   "XXXXX*X XXXXXX",
   "X   X  *X @OOX",
   "X   XX*  OOXOX",
   "X    X X*OOOOX",
   "X    X   OOOOX",
   "XXXXXXXXXXXXXX" },
 { "XXXXXXXXXXXXXX",                     // stage 34
   "XX    XXX   XX",
   "XX*X *X * * XX",
   "XX *  *   *  X",
```

```
          "XOOOO  XX  X X",
          "XOXXO  * XX  X",
          "XOOOO    *   X",
          "XOOOOX*X **  X",
          "XX *X   X@   X",
          "XX    * XXXXXX",
          "XXX  XXXX    X",
          "XXXXXXXXXXXXXX" },
        { "XXXXXXXXXXXXXX",                     // stage 35
          "X XXX    XXX X",
          "X X   X*   XXX",
          "X X   *   ** X",
          "X X ** X*    X",
          "X XX   *   * X",
          "XXXXXX X*XXXXX",
          "XOO@ X*  X   X",
          "XOXOO  *XX   X",
          "XOOOO*X X    X",
          "XOOOO   X    X",
          "XXXXXXXXXXXXXX" }};

/* ----- 인터럽트 처리 프로그램 ------------------------------------------------ */

volatile unsigned char second, minute;

ISR(RTC_PIT_vect)                               /* RTC interrupt function (1 Hz) */
{
  second++;                                     // increment second
  if(second == 60)                              // if second = 60, second = 0
    { second = 0;
      minute++;                                 // increment minute
      if(minute == 60)                          // if minute = 60, minute = 0
        minute = 0;
    }

  RTC_PITINTFLAGS = 0x01;                       // clear PIT interrupt flag
}

/* ----- 메인 프로그램 ------------------------------------------------------- */

int main(void)                                  /* main routine of PushPush game */
{
  unsigned char x, y, key, direction = 0;

  MCU_initialize();                             // initialize AVR128DA64 MCU
  Delay_ms(50);                                 // wait for system stabilization
  LCD_initialize();                             // initialize text LCD module
  TFT_initialize();                             // initialize TFT-LCD module
  Touch_screen_initialize();                    // initialize touch screen

  LCD_string(0x80," OK-128DA  V1.0 ");          // display title
  LCD_string(0xC0,"   Exp20_1.c    ");
  Beep();

  stage = 0;                                    // initial stage
  beep_flag = 1;                                // beep on
  second = 0;                                   // initialize time
  minute = 0;

  RTC_CLKSEL = 0x00;                            // CLK_RTC = OSC32K = 32.768kHz
  RTC_PITINTCTRL = 0x01;                        // enable PIT interrupt
  RTC_PITCTRLA = 0x71;                          // enable PIT with 32.768kHz/32768 = 1Hz
  sei();                                        // global interrupt enable

  while(1)
    { TFT_clear_screen();                       // clear screen for new stage

      for(y = 0; y < 12; y++)                   // get new board and initial @ position
        for(x = 0; x < 14; x++)
          { buffer[y][x] = pgm_read_byte(&board[stage][y][x]);
            if(buffer[y][x] == '@')
```

```
            { xo = x;
              yo = y;
              buffer[y][x] = ' ';
            }
        }

    second = 0;                                  // initialize time
    minute = 0;

    Draw_board();                                // draw new board
    Draw_control();                              // draw game control

    while(1)                                     // game of current stage
      { direction = 0;

        key = Icon_input();                      // read touch screen icon

        if(key == KEY1)      direction = Left;
        else if(key == KEY2) direction = Right;
        else if(key == KEY3) direction = Up;
        else if(key == KEY4) direction = Down;
        else if(key == KEY5)                     // go previous stage
          { if(stage != 0) stage--;
            else           stage = stage_max - 1;
            break;
          }
        else if(key == KEY6)                     // go next stage
          { if(stage != (stage_max-1)) stage++;
            else                       stage = 0;
            break;
          }
        else if(key == KEY7)                     // clear current stage
          break;

        PushPush(direction);                     // go to push

        TFT_color(White,Black);                  // display time
        TFT_xy(33,9); TFT_unsigned_decimal(minute,1,2);
        TFT_xy(36,9); TFT_unsigned_decimal(second,1,2);

        if(Check_OK())                           // check if stage is OK
          { TFT_string(8,28, Green,Black, " 축하합니다! ");
            Delay_ms(300);
            if(beep_flag == 1) Beep_3times();
            Delay_ms(2000);
            if(stage != (stage_max-1)) stage++;
            else                       stage = 0;
            break;
          }
      }
  }
}

/* ----- 사용자 정의 함수 ------------------------------------------------------- */

const unsigned int Symbol[6][16] PROGMEM = {                     /* define board symbol */
 { 0x07E0,0x0FF0,0x3FFC,0x3FFC,0x7FFE,0xF3CF,0xF3CF,0xFFFF,      // (0) 사람
   0xFFFF,0xEFF7,0xE7E7,0x700E,0x3C3C,0x3FFC,0x0FF0,0x07E0 },
 { 0xFC7F,0xFEFF,0xFEFF,0xFEFF,0xFEFF,0xFEFF,0xFC7F,0x0000,      // (1) 벽
   0x7FFC,0xFFFE,0xFFFE,0xFFFE,0xFFFE,0xFFFE,0x7FFC,0x0000 },
 { 0x0000,0x7FFE,0x7FFE,0x781E,0x7C3E,0x6E76,0x67E6,0x63C6,      // (2) 박스
   0x63C6,0x67E6,0x6E76,0x7C3E,0x781E,0x7FFE,0x7FFE,0x0000 },
 { 0x0000,0x0000,0x0000,0x0000,0x0000,0x07E0,0x07E0,0x07E0,      // (3) 목표점
   0x07E0,0x07E0,0x07E0,0x0000,0x0000,0x0000,0x0000,0x0000 },
 { 0x0000,0x0100,0x0300,0x0700,0x0F00,0x1F00,0x3FFF,0x7FFF,      // (4) left arrow
   0xFFFF,0x7FFF,0x3FFF,0x1F00,0x0F00,0x0700,0x0300,0x0100 },
 { 0x0000,0x0080,0x00C0,0x00E0,0x00F0,0x00F8,0xFFFC,0xFFFE,      // (5) right arrow
   0xFFFF,0xFFFE,0xFFFC,0x00F8,0x00F0,0x00E0,0x00C0,0x0080 }};

void Draw_symbol(U16 xPos,U16 yPos, U16 color, U08 code)         /* draw 16x16 symbol */
{
```

```
  unsigned char x, y;
  unsigned int font;

  for(y = 0; y < 16; y++)
    { TFT_GRAM_address(xPos, yPos+y);
      font = pgm_read_word(&Symbol[code][y]);
      for(x = 0; x < 16; x++)
        { if((font << x) & 0x8000) TFT_data(color);
          else                     TFT_data(Black);
        }
    }
}

const unsigned int Arrow[4][16] PROGMEM = {                    /* 16x16 arrow */
 { 0x0000,0x0100,0x0300,0x0700,0x0F00,0x1F00,0x3FFF,0x7FFF,    // (0) left arrow
   0xFFFF,0x7FFF,0x3FFF,0x1F00,0x0F00,0x0700,0x0300,0x0100 },
 { 0x0000,0x0080,0x00C0,0x00E0,0x00F0,0x00F8,0xFFFC,0xFFFE,    // (1) right arrow
   0xFFFF,0xFFFE,0xFFFC,0x00F8,0x00F0,0x00E0,0x00C0,0x0080 },
 { 0x0100,0x0380,0x07C0,0x0FE0,0x1FF0,0x3FF8,0x7FFC,0xFFFE,    // (2) up arrow
   0x07C0,0x07C0,0x07C0,0x07C0,0x07C0,0x07C0,0x07C0,0x07C0 },
 { 0x07C0,0x07C0,0x07C0,0x07C0,0x07C0,0x07C0,0x07C0,0x07C0,    // (3) down arrow
   0xFFFE,0x7FFC,0x3FF8,0x1FF0,0x0FE0,0x07C0,0x0380,0x0100 }};

void Draw_arrow(U16 xPos,U16 yPos,U16 color,U08 code)   /* draw arrow for touch screen */
{
  unsigned char x, y;
  unsigned int font;

  for(y = 0; y < 16; y++)
    { TFT_GRAM_address(xPos, yPos+y);
      font = pgm_read_word(&Arrow[code][y]);
      for(x = 0; x < 16; x++)
        { if((font << x) & 0x8000) TFT_data(color);
          else                     TFT_data(Black);
        }
    }
}

void Draw_board(void)                              /* draw game board */
{
  unsigned int x, y;

  for(y = 0; y < 12; y++)
    { for(x = 0; x < 14; x++)
        { switch(buffer[y][x])
            { case 'X': Draw_symbol(x*16 + Xbase, y*16 + Ybase, Magenta, 1); // 벽
                        break;
              case '*': Draw_symbol(x*16 + Xbase, y*16 + Ybase, Yellow,  2); // 박스
                        break;
              case 'O': Draw_symbol(x*16 + Xbase, y*16 + Ybase, Green,   3); // 목표점
                        break;
              case '@': Draw_symbol(x*16 + Xbase, y*16 + Ybase, Cyan,    0); // 사람
                        break;
              default:  Draw_symbol(x*16 + Xbase, y*16 + Ybase, Black,   0); // 여백
                        break;
            }
        }
      Draw_symbol(xo*16 + Xbase, yo*16 + Ybase, Cyan, 0);
    }

  Draw_symbol(xo*16 + Xbase, yo*16 + Ybase, Cyan, 0);

  Rectangle(1,23, 238,231, White);                 // draw outline
  Rectangle(2,24, 237,230, White);
}

void Draw_control(void)                            /* draw game control */
{
  TFT_string(1,0,White,Blue, "       PushPush 게임        "); // display title

  TFT_string(33,1,Magenta,Black, "STAGE");       // display stage
```

```
  TFT_string(33,3,Green,  Black, "00/00");
  TFT_color(Green,Black);
  TFT_xy(33,3); TFT_unsigned_decimal(stage + 1, 1, 2);
  TFT_xy(36,3); TFT_unsigned_decimal(stage_max, 1, 2);

  Draw_previous(Magenta, Green);                // display stage change
  Draw_next(Magenta, Green);

  TFT_string(32,9,White,  Black, "(00:00)");    // display time

  Draw_clear(Magenta, Green);                   // display clear of current stage

  TFT_string(31,16,Black,Cyan,"효과음");          // beep on/off
  if(beep_flag == 1)
    TFT_string(37,16,Red,Cyan," ON");
  else
    TFT_string(37,16,Red,Cyan,"OFF");

  Draw_left(White, Cyan);                       // draw left  (KEY1)
  Draw_right(White, Cyan);                      // draw right(KEY2)
  Draw_up(White, Cyan);                         // draw up    (KEY3)
  Draw_down(White, Cyan);                       // draw down  (KEY4)
}

void Draw_previous(U16 color1, U16 color2)      /* display previous stage for touch screen */
{
  Rectangle(247,44, 270,64, color1);
  Draw_arrow(251, 46, color2, 0);
}

void Draw_next(U16 color1, U16 color2)          /* display next stage for touch screen */
{
  Rectangle(296,44, 319,64, color1);
  Draw_arrow(300, 46, color2, 1);
}

void Draw_clear(U16 color1, U16 color2)         /* display clear for touch screen */
{
  Rectangle(260,92, 307,114, color1);
  TFT_string(33,12, color2,Black, "CLEAR");
}

void Draw_left(U16 color1, U16 color2)          /* display left arrow for touch screen */
{
  Rectangle(247,185, 270,205, color1);
  Draw_arrow(251, 187, color2, 0);
}

void Draw_right(U16 color1, U16 color2)         /* display right arrow for touch screen */
{
  Rectangle(296,185, 319,205, color1);
  Draw_arrow(300, 187, color2, 1);
}

void Draw_up(U16 color1, U16 color2)            /* display up arrow for touch screen */
{
  Rectangle(273,159, 293,182, color1);
  Draw_arrow(276, 163, color2, 2);
}

void Draw_down(U16 color1, U16 color2)          /* display down arrow for touch screen */
{
  Rectangle(273,208, 293,231, color1);
  Draw_arrow(276, 212, color2, 3);
}

unsigned char icon_flag = 0;

unsigned char Icon_input(void)                  /* input touch screen icon */
{
  unsigned char icon;
```

```
Touch_screen_input();                              // input touch screen

if((icon_flag == 0) && (x_touch >= 247) && (x_touch <= 270) && (y_touch >= 44) && (y_touch <= 64))
  { icon = KEY5;                                   // previous stage
    icon_flag = 1;
    Draw_previous(White, White);
    if(beep_flag == 1) Beep();
  }
else if((icon_flag == 0) && (x_touch >= 296) && (x_touch <= 319) && (y_touch >= 44) && (y_touch <= 64))
  { icon = KEY6;                                   // next stage
    icon_flag = 1;
    Draw_next(White, White);
    if(beep_flag == 1) Beep();
  }
else if((icon_flag == 0) && (x_touch >= 260) && (x_touch <= 307) && (y_touch >= 92) && (y_touch <= 114))
  { icon = KEY7;                                   // clear
    icon_flag = 1;
    Draw_clear(White, White);
    if(beep_flag == 1) Beep();
  }
else if((icon_flag == 0) && (x_touch >= 248) && (x_touch <= 319) && (y_touch >= 128) && (y_touch <= 143))
  { icon = no_key;                                 // beep on/off
    icon_flag = 1;
    Beep();
    if(beep_flag == 0)
      { beep_flag = 1;
        TFT_string(37,16,Red, Cyan," ON");
      }
    else
      { beep_flag = 0;
        TFT_string(37,16,Red, Cyan,"OFF");
      }
  }
else if((icon_flag == 0) && (x_touch >= 247) && (x_touch <= 270) && (y_touch >= 185) && (y_touch <= 205))
  { icon = KEY1;                                   // left
    icon_flag = 1;
    Draw_left(Magenta, Magenta);
    if(beep_flag == 1) Beep();
  }
else if((icon_flag == 0) && (x_touch >= 296) && (x_touch <= 319) && (y_touch >= 185) && (y_touch <= 205))
  { icon = KEY2;                                   // right
    icon_flag = 1;
    Draw_right(Magenta, Magenta);
    if(beep_flag == 1) Beep();
  }
else if((icon_flag == 0) && (x_touch >= 273) && (x_touch <= 293) && (y_touch >= 159) && (y_touch <= 182))
  { icon = KEY3;                                   // up
    icon_flag = 1;
    Draw_up(Magenta, Magenta);
    if(beep_flag == 1) Beep();
  }
else if((icon_flag == 0) && (x_touch >= 273) && (x_touch <= 293) && (y_touch >= 208) && (y_touch <= 231))
  { icon = KEY4;                                   // down
    icon_flag = 1;
    Draw_down(Magenta, Magenta);
    if(beep_flag == 1) Beep();
  }
else if((icon_flag == 1) && (x_touch == 0) && (y_touch == 0))
  { icon = no_key;
    icon_flag = 0;
    Draw_previous(Magenta, Green);
    Draw_next(Magenta, Green);
    Draw_clear(Magenta, Green);
    Draw_left(White, Cyan);
    Draw_right(White, Cyan);
    Draw_up(White, Cyan);
    Draw_down(White, Cyan);
    Delay_ms(50);
  }
else
```

```
      icon = no_key;

    return icon;
}

/* ----- 게임 알고리즘 함수 ---------------------------------------------------- */

void PushPush(U16 direction)                      /* push box by direction arrow */
{
  signed char mx = 0, my = 0;

  if(direction == Left)       mx = -1;            // check direction
  else if(direction == Right) mx = +1;
  else if(direction == Up)    my = -1;
  else if(direction == Down)  my = +1;
  else return;

  if(buffer[yo+my][xo+mx] != 'X')                  // 이동할 곳이 벽이 아닌 경우에만
    { if(buffer[yo+my][xo+mx] == '*')              // 이동할 곳에 박스가 있는 경우에만
        { if((buffer[yo+my*2][xo+mx*2] == ' ') || (buffer[yo+my*2][xo+mx*2] == '0')) // 박스가 갈 곳
            { if(board[stage][yo+my][xo+mx] == '0')
                buffer[yo+my][xo+mx] = '0';
              else
                buffer[yo+my][xo+mx] = ' ';
              buffer[yo+my*2][xo+mx*2] = '*';
            }
          else return;
        }

      if(buffer[yo][xo] == '0')                    // 지나간 자리
        Draw_symbol(xo*16 + Xbase, yo*16 + Ybase, Green, 3);
      else if(buffer[yo][xo] == ' ')
        Draw_symbol(xo*16 + Xbase, yo*16 + Ybase, Black, 0);

      Draw_symbol((xo+mx)*16 + Xbase, (yo+my)*16 + Ybase, Cyan, 0); // 사람

      if(buffer[yo+my*2][xo+mx*2] == '*')          // 박스
        Draw_symbol((xo+mx*2)*16 + Xbase, (yo+my*2)*16 + Ybase, Yellow,  2);

      xo += mx;                                    // 사람이 이동한 새 위치
      yo += my;
    }
}

unsigned char Check_OK(void)                      /* check game stage OK */
{
  unsigned char x, y;

  for(y = 0; y < 12; y++)
    for(x = 0; x < 14; x++)
      if((pgm_read_byte(&board[stage][y][x]) == '0') && (buffer[y][x] != '*'))
        return 0;

  return 1;
}
```

☞ 이 프로그램에서는 총 35개의 스테이지(stage)를 제공하고 있으며, 사용자가 필요하면 얼마든지 추가할 수 있다. 사용자가 게임 스테이지를 추가하려면 위의 예제 프로그램에서 board[stage_max][12][14]에 자신이 디자인한 게임 스테이지를 배열로 추가하고, 이렇게 배열에 정의된 총 스테이지 수를 프로그램 서두에서 stage_max 값으로 지정하면 된다. 모든 스테이지에서 가로×세로 벽의 크기를 최대 14×12까지 설정할 수 있다. 게임 디자인의 배열에서 벽은 X로 표시하고, 박스는 *로 표시하며, 목표점은 0으로 표시하고, 사람이 처음에 출발하는 위치는 @로 표시한다.

게임은 TFT-LCD 화면의 아이콘을 터치 스크린으로 입력하는 방법으로 수행한다. 터치 스크린의 입력

에는 제4.8절에서 공부한 것처럼 디바운싱 및 원터치 입력 기술을 적용하였다.

게임 중에 박스를 밀거나 스테이지를 이동하는 등의 이벤트가 발생할 때마다 기본적으로 비프음이 울리도록 되어 있는데, 만약 주위 환경이 정숙을 유지해야 하는 경우에는 이러한 게임 사운드가 문제가 될 수도 있으므로 비프음 ON/OFF 기능을 사용하여 언제든지 비프음을 금지시킬 수 있도록 하였다.

원래의 게임에서는 하나의 스테이지를 완료해야만 그 다음의 스테이지로 넘어갈 수 있는데, 이렇게 하면 게임의 신비감은 있지만 높은 스테이지의 게임을 수행할 때마다 쓸데없이 낮은 스테이지의 게임을 반드시 거쳐가야만 하기 때문에 상당히 불편하다. 따라서, 이 프로그램에서는 스테이지를 임의로 이동할 수 있는 기능을 추가하였다.

이 게임은 스피드 게임은 아니지만 얼마나 빨리 현재의 스테이지를 완료하고 다음 스테이지로 넘어가느냐가 중요하다. 따라서, 게임 중에 현재의 스테이지에서 게임 시간이 얼마나 경과하고 있는지를 항상 화면에 표시하여 주면 편리하므로 실시간 카운터(RTC)를 이용하여 이러한 시간 표시 기능을 구현하였다.

2. 오목 게임 프로그램

오목은 오래 전부터 바둑판에서 하던 게임으로 내용이 매우 간단하기 때문에 남녀노소 누구나 쉽게 즐길 수 있는 게임이다. 바둑판에서는 2명의 사람이 서로 경쟁하는 게임이지만, 이것이 퍼스널컴퓨터나 휴대전화용으로 구현되면서 2명의 사용자가 서로 경쟁하거나 또는 1명의 사용자가 컴퓨터를 상대로 하는 게임 방식으로 구현되었다. 현재까지 이 게임 프로그램은 수많은 종류가 쏟아져 나왔지만 오목이라는 게임의 기본 원리는 19행×19열의 바둑판에서 수직, 수평, 대각선 방향으로 연속하여 5개의 돌을 먼저 정렬시켜 놓으면 승리하는 오직 1가지이기 때문에 결국은 모두 같은 것이라고 볼 수 있다.

2명의 사용자가 서로 경쟁하는 방식으로 오목 게임을 수행한다면 게임 알고리즘이랄 것도 없지만, 1명의 사용자가 CPU와 게임을 수행하는 경우에는 CPU측의 게임 알고리즘이 매우 중요하다. CPU측의 알고리즘이 단순하면 게임이 너무 쉬워서 재미가 없을 것이고, CPU측의 알고리즘이 너무 우수하면 사용자가 게임을 이기기 어려우니 또한 재미가 없을 것이다. 그러나, 여기서는 TFT-LCD 모듈에 게임 프로그램을 구현하는 기술을 익히는 것이 목적일 뿐 이러한 게임 알고리즘을 개발하는 것이 핵심이 아니므로 만약 게임 알고리즘을 더욱 개선하는 것이 필요하다면 그것은 독자 여러분의 몫으로 남겨둔다.

다음은 *OK-128DA* 키트의 TFT-LCD에 240×320 픽셀 해상도의 초상화 모드에서 사용자 1명과 CPU가 경쟁하는 방식으로 오목 게임을 구현한 예제 프로그램이다. 실제 바둑판은 19행×19열로 구성되지만 이렇게 하면 1칸의 크기가 11×11 픽셀로 너무 작고 간격이 좁아서 이를 직접 터치 스크린으로 입력하기가 좀 어렵다. 그래서, 이 프로그램에서는 바둑판을 16행×16열로 처리하여 1칸의 크기를 15×15 픽셀로 좀더 크게 함으로써 터치 스크린에서 원하는 위치를 직접 터치하는 방식으로 오목 게임을 수행할 수 있도록 하였다.

그러나, 이렇게 하더라도 바둑판의 라인 간격이 좁고 바둑돌의 크기가 작기 때문에 터치 스크린 입력 방식으로 직접 바둑돌을 원하는 위치에 놓도록 하면 입력 좌표의 부정확성 때문에 간혹 사용자의 의지와 다른 점에 바둑돌이 놓여지는 사고가 발생할 수 있다. 따라서, 이런 문제점을 피하기 위하여 바둑돌을 직접 원하는 위치에 놓지 않고 다소 불편하더라도 터치 스크린 화면에 상, 하, 좌, 우 이동용 화살표 아이콘을 만들고 해당 아이콘을 눌러서 커서를 이동하고 커서가 원하는 위치에 도달하면 ENTER 아이콘을 눌러서 현재의 커서 위치에 바둑돌을 놓는 방식을 사용할 수도 있도록 하였다.

〈프로그램 Exp20_2.c〉 오목 게임 프로그램

```
/* ============================================================================ */
/*                    Exp20_2_Omok.c : 16 x 16 라인 오목 게임                   */
/* ============================================================================ */
/*                                      Programmed by Duck-Yong Yoon in 2022.   */

#include <avr/io.h>
#include <avr/pgmspace.h>
#include <avr/interrupt.h>
#include "OK-128DA.h"

unsigned char Icon_input(void);                   // input touch screen icon
void Initialize_board(void);                      // initialize board
void Draw_symbol(U08 xPos,U08 yPos, U16 color, U08 code); // draw symbol of board
void Draw_board(void);                            // draw board
void Draw_control(void);                          // draw game control
void Draw_clear(U16 color1, U16 color2);          // display clear game for touch screen
void Draw_left(U16 color1, U16 color2);           // display left arrow for touch screen
void Draw_right(U16 color1, U16 color2);          // display right arrow for touch screen
void Draw_up(U16 color1, U16 color2);             // display up arrow for touch screen
void Draw_down(U16 color1, U16 color2);           // display down arrow for touch screen
void Draw_enter(U16 color1, U16 color2);          // display stone enter for touch screen
void Draw_arrow(U16 xPos,U16 yPos,U16 color,U08 code);    // draw arrow for touch screen

void Omok_game(void);                             // Omok game algorithm
void Check_user(U08 countmax, U08 danger);        // check if user win
void Check_MCU(U08 countmax, U08 danger);         // check if MCU win

/* ---------------------------------------------------------------------------- */

#define Xbase           0                         // x base position of board
#define Ybase           0                         // y base position of board

#define White_stone     1
#define Black_stone     2

#define Left            0x01                      // menu code of touch screen
#define Right           0x02
#define Down            0x03
#define Up              0x04
#define Enter           0x05
#define Clear           0x06

unsigned char cursor_x = 7, cursor_y = 7;         // cursor position
unsigned char cursor_x_old, cursor_y_old;
unsigned char game_over;                          // game over flag
unsigned char beep_flag = 1;                      // beep on/off flag
```

```
unsigned char board[16][16];                    // board data
unsigned char board_old[16][16];

unsigned char danger_MCU[16][16];               // MCU danger count
unsigned char danger_user[16][16];              // user danger count

/* ----- 인터럽트 처리 프로그램 --------------------------------------------- */

volatile unsigned char second, minute;

ISR(RTC_PIT_vect)                               /* RTC interrupt function (1 Hz) */
{
  second++;                                     // increment second
  if(second == 60)                              // if second = 60, second = 0
    { second = 0;
      minute++;                                 // increment minute
      if(minute == 60)                          // if minute = 60, minute = 0
        minute = 0;
    }

  RTC_PITINTFLAGS = 0x01;                       // clear PIT interrupt flag
}

/* ----- 메인 프로그램 ------------------------------------------------------- */

int main(void)
{
  unsigned char key, exit;

  MCU_initialize();                             // initialize MCU and kit
  Delay_ms(50);                                 // wait for system stabilization
  LCD_initialize();                             // initialize text LCD module
  TFT_initialize();                             // initialize TFT-LCD module
  TFT_portrait_mode();                          // set TFT-LCD portrait mode
  Touch_screen_initialize();                    // initialize touch screen

  LCD_string(0x80," OK-128DA  V1.0 ");          // display title
  LCD_string(0xC0,"   Exp20_2.c    ");
  Beep();

  RTC_CLKSEL = 0x00;                            // CLK_RTC = OSC32K = 32.768kHz
  RTC_PITINTCTRL = 0x01;                        // enable PIT interrupt
  RTC_PITCTRLA = 0x71;                          // enable PIT with 32.768kHz/32768 = 1Hz
  sei();                                        // global interrupt enable

  while(1)
    { game_over = 0;                            // initial game state
      exit = 0;
      second = 0;                               // initialize time
      minute = 0;
      Initialize_board();                       // initialize board
      Draw_control();                           // draw control

      while(!exit)
        { Draw_board();                         // draw board

          key = Icon_input();                   // read touch screen icon
          switch(key)
            { case Left:  if((game_over == 0) && (cursor_x != 0))  cursor_x--;
                          break;
              case Right: if((game_over == 0) && (cursor_x != 15)) cursor_x++;
                          break;
              case Down:  if((game_over == 0) && (cursor_y != 15)) cursor_y++;
                          break;
              case Up:    if((game_over == 0) && (cursor_y != 0))  cursor_y--;
                          break;
              case Enter: if((game_over == 0) && (board[cursor_y][cursor_x] == 0))
                            { board[cursor_y][cursor_x] = Black_stone;
                              Omok_game();      // Omok game algorithm
                            }
                          else if((game_over == 0) && (board[cursor_y][cursor_x] != 0))
                            Beep_3times();
                          break;
              case Clear: exit = 1;
                          break;
            }

          if(game_over == 0)
            { Check_user(5,0);                  // check if user win
              Check_MCU(5,0);                   // check if MCU win
            }
```

```
          if(game_over == 0)                    // display time
            { TFT_color(White,Black);
              TFT_xy(5,38); TFT_unsigned_decimal(minute,1,2);
              TFT_xy(8,38); TFT_unsigned_decimal(second,1,2);
            }
        }
    }
}

/* ----- 사용자 정의 함수 -------------------------------------------------- */

unsigned char icon_flag = 0;

unsigned char Icon_input(void)                  /* input touch screen icon */
{
  unsigned char icon;

  Touch_screen_input();                         // input touch screen

  if((icon_flag == 0) && (x_touch > 0) && (x_touch <= 14) && (y_touch > 0) && (y_touch <= 14))
    { icon = Enter;                             // cursor = (0, 0)
      icon_flag = 1;
      cursor_x = 0;
      cursor_y = 0;
      if(beep_flag == 1) Beep();
    }
  else if((icon_flag == 0) && (x_touch >= 15) && (x_touch <= 29) && (y_touch > 0) && (y_touch <= 14))
    { icon = Enter;                             // cursor = (1, 0)
      icon_flag = 1;
      cursor_x = 1;
      cursor_y = 0;
      if(beep_flag == 1) Beep();
    }
  else if((icon_flag == 0) && (x_touch >= 30) && (x_touch <= 44) && (y_touch > 0) && (y_touch <= 14))
    { icon = Enter;                             // cursor = (2, 0)
      icon_flag = 1;
      cursor_x = 2;
      cursor_y = 0;
      if(beep_flag == 1) Beep();
    }
  else if((icon_flag == 0) && (x_touch >= 45) && (x_touch <= 59) && (y_touch > 0) && (y_touch <= 14))
    { icon = Enter;                             // cursor = (3, 0)
      icon_flag = 1;
      cursor_x = 3;
      cursor_y = 0;
      if(beep_flag == 1) Beep();
    }
  else if((icon_flag == 0) && (x_touch >= 60) && (x_touch <= 74) && (y_touch > 0) && (y_touch <= 14))
    { icon = Enter;                             // cursor = (4, 0)
      icon_flag = 1;
      cursor_x = 4;
      cursor_y = 0;
      if(beep_flag == 1) Beep();
    }
  else if((icon_flag == 0) && (x_touch >= 75) && (x_touch <= 89) && (y_touch > 0) && (y_touch <= 14))
    { icon = Enter;                             // cursor = (5, 0)
      icon_flag = 1;
      cursor_x = 5;
      cursor_y = 0;
      if(beep_flag == 1) Beep();
    }
  else if((icon_flag == 0) && (x_touch >= 90) && (x_touch <= 104) && (y_touch > 0) && (y_touch <= 14))
    { icon = Enter;                             // cursor = (6, 0)
      icon_flag = 1;
      cursor_x = 6;
      cursor_y = 0;
      if(beep_flag == 1) Beep();
    }
  else if((icon_flag == 0) && (x_touch >= 105) && (x_touch <= 119) && (y_touch > 0) && (y_touch <= 14))
    { icon = Enter;                             // cursor = (7, 0)
      icon_flag = 1;
      cursor_x = 7;
      cursor_y = 0;
      if(beep_flag == 1) Beep();
    }
  else if((icon_flag == 0) && (x_touch >= 120) && (x_touch <= 134) && (y_touch > 0) && (y_touch <= 14))
    { icon = Enter;                             // cursor = (8, 0)
      icon_flag = 1;
      cursor_x = 8;
      cursor_y = 0;
```

```
        if(beep_flag == 1) Beep();
      }
    else if((icon_flag == 0) && (x_touch >= 135) && (x_touch <= 149) && (y_touch > 0) && (y_touch <= 14))
      { icon = Enter;                              // cursor = (9, 0)
        icon_flag = 1;
        cursor_x = 9;
        cursor_y = 0;
        if(beep_flag == 1) Beep();
      }
    else if((icon_flag == 0) && (x_touch >= 150) && (x_touch <= 164) && (y_touch > 0) && (y_touch <= 14))
      { icon = Enter;                              // cursor = (10, 0)
        icon_flag = 1;
        cursor_x = 10;
        cursor_y = 0;
        if(beep_flag == 1) Beep();
      }
    else if((icon_flag == 0) && (x_touch >= 165) && (x_touch <= 179) && (y_touch > 0) && (y_touch <= 14))
      { icon = Enter;                              // cursor = (11, 0)
        icon_flag = 1;
        cursor_x = 11;
        cursor_y = 0;
        if(beep_flag == 1) Beep();
      }
    else if((icon_flag == 0) && (x_touch >= 180) && (x_touch <= 194) && (y_touch > 0) && (y_touch <= 14))
      { icon = Enter;                              // cursor = (12, 0)
        icon_flag = 1;
        cursor_x = 12;
        cursor_y = 0;
        if(beep_flag == 1) Beep();
      }
    else if((icon_flag == 0) && (x_touch >= 195) && (x_touch <= 209) && (y_touch > 0) && (y_touch <= 14))
      { icon = Enter;                              // cursor = (13, 0)
        icon_flag = 1;
        cursor_x = 13;
        cursor_y = 0;
        if(beep_flag == 1) Beep();
      }
    else if((icon_flag == 0) && (x_touch >= 210) && (x_touch <= 224) && (y_touch > 0) && (y_touch <= 14))
      { icon = Enter;                              // cursor = (14, 0)
        icon_flag = 1;
        cursor_x = 14;
        cursor_y = 0;
        if(beep_flag == 1) Beep();
      }
    else if((icon_flag == 0) && (x_touch >= 225) && (x_touch <= 239) && (y_touch > 0) && (y_touch <= 14))
      { icon = Enter;                              // cursor = (15, 0)
        icon_flag = 1;
        cursor_x = 15;
        cursor_y = 0;
        if(beep_flag == 1) Beep();
      }

    else if((icon_flag == 0) && (x_touch > 0) && (x_touch <= 14) && (y_touch >= 15) && (y_touch <= 29))
      { icon = Enter;                              // cursor = (0, 1)
        icon_flag = 1;
        cursor_x = 0;
        cursor_y = 1;
        if(beep_flag == 1) Beep();
      }
    else if((icon_flag == 0) && (x_touch >= 15) && (x_touch <= 29) && (y_touch >= 15) && (y_touch <= 29))
      { icon = Enter;                              // cursor = (1, 1)
        icon_flag = 1;
        cursor_x = 1;
        cursor_y = 1;
        if(beep_flag == 1) Beep();
      }

                          (중간 생략)

    else if((icon_flag == 0) && (x_touch >= 83) && (x_touch <= 106) && (y_touch >= 269) && (y_touch <= 289))
      { icon = Left;                               // left
        icon_flag = 1;
        Draw_left(Magenta, Magenta);
        if(beep_flag == 1) Beep();
      }
    else if((icon_flag == 0) && (x_touch >= 132) && (x_touch <= 155) && (y_touch >= 269) && (y_touch <= 289))
      { icon = Right;                              // right
        icon_flag = 1;
        Draw_right(Magenta, Magenta);
        if(beep_flag == 1) Beep();
      }
```

```
  else if((icon_flag == 0) && (x_touch >= 109) && (x_touch <= 129) && (y_touch >= 243) && (y_touch <= 266))
    { icon = Up;                               // up
      icon_flag = 1;
      Draw_up(Magenta, Magenta);
      if(beep_flag == 1) Beep();
    }
  else if((icon_flag == 0) && (x_touch >= 109) && (x_touch <= 129) && (y_touch >= 292) && (y_touch <= 315))
    { icon = Down;                             // down
      icon_flag = 1;
      Draw_down(Magenta, Magenta);
      if(beep_flag == 1) Beep();
    }
  else if((icon_flag == 0) && (x_touch >= 173) && (x_touch <= 218) && (y_touch >= 265) && (y_touch <= 293))
    { icon = Enter;                            // stone enter
      icon_flag = 1;
      Draw_enter(Magenta, Magenta);
      if(beep_flag == 1) Beep();
    }
  else if((icon_flag == 0) && (x_touch >= 20) && (x_touch <= 66) && (y_touch >= 265) && (y_touch <= 293))
    { icon = Clear;                            // clear game
      icon_flag = 1;
      Draw_clear(Magenta, Magenta);
      if(beep_flag == 1) Beep();
      Delay_ms(200);
    }
  else if((icon_flag == 0) && (x_touch >= 160) && (x_touch <= 232) && (y_touch >= 304) && (y_touch <= 319))
    { icon = no_key;                           // beep on/off
      icon_flag = 1;
      Beep();
      if(beep_flag == 0)
        { beep_flag = 1;
          TFT_string(24,38,Red, Cyan,"ON");
          TFT_string(27,38,Blue,Cyan,"OFF");
        }
      else
        { beep_flag = 0;
          TFT_string(24,38,Blue,Cyan,"ON");
          TFT_string(27,38,Red, Cyan,"OFF");
        }
    }
  else if((icon_flag == 1) && (x_touch == 0) && (y_touch == 0))
    { icon = no_key;
      icon_flag = 0;
      Draw_left(White, Cyan);
      Draw_right(White, Cyan);
      Draw_up(White, Cyan);
      Draw_down(White, Cyan);
      Draw_enter(White, Cyan);
      Draw_clear(White, Magenta);
      Delay_ms(50);
    }
  else
    icon = no_key;

  return icon;
}

void Initialize_board(void)                    /* initialize board */
{
  unsigned char x, y;

  cursor_x = 7;                                // initial cursor position
  cursor_y = 7;

  for(y = 0 ; y < 16; y++)                     // clear board
    { for(x = 0; x < 16; x++)
        { board_old[y][x] = 0xFF;
          board[y][x] =  0;
          danger_MCU[y][x] = 0;
          danger_user[y][x] = 0;
        }
    }
}

const unsigned int symbol[11][15] PROGMEM =    /* drawing symbol */
 {{ 0x0000,0x0380,0x0FE0,0x1FF0,0x3FF8,0x3FF8,0x7FFC,0x7FFC,0x7FFC,0x3FF8,0x3FF8,0x1FF0,0x0FE0,0x0380,0x0000 }, // (0) stone
  { 0x0000,0x0000,0x0000,0x0000,0x0000,0x0000,0x0000,0x01FE,0x0100,0x0100,0x0100,0x0100,0x0100,0x0100,0x0100 }, // (1) "┌"
  { 0x0000,0x0000,0x0000,0x0000,0x0000,0x0000,0x0000,0xFF00,0x0100,0x0100,0x0100,0x0100,0x0100,0x0100,0x0100 }, // (2) "┐"
  { 0x0100,0x0100,0x0100,0x0100,0x0100,0x0100,0x0100,0x01FE,0x0000,0x0000,0x0000,0x0000,0x0000,0x0000,0x0000 }, // (3) "└"
  { 0x0100,0x0100,0x0100,0x0100,0x0100,0x0100,0x0100,0xFF00,0x0000,0x0000,0x0000,0x0000,0x0000,0x0000,0x0000 }, // (4) "┘"
  { 0x0100,0x0100,0x0100,0x0100,0x0100,0x0100,0x0100,0x01FE,0x0100,0x0100,0x0100,0x0100,0x0100,0x0100,0x0100 }, // (5) "├"
```

```
  { 0x0100,0x0100,0x0100,0x0100,0x0100,0x0100,0x0100,0xFF00,0x0100,0x0100,0x0100,0x0100,0x0100,0x0100,0x0100 }, // (6) "┤"
  { 0x0000,0x0000,0x0000,0x0000,0x0000,0x0000,0x0000,0xFFFE,0x0100,0x0100,0x0100,0x0100,0x0100,0x0100,0x0100 }, // (7) "┬"
  { 0x0100,0x0100,0x0100,0x0100,0x0100,0x0100,0x0100,0xFFFE,0x0000,0x0000,0x0000,0x0000,0x0000,0x0000,0x0000 }, // (8) "┴"
  { 0x0100,0x0100,0x0100,0x0100,0x0100,0x0100,0x0100,0xFFFE,0x0100,0x0100,0x0100,0x0100,0x0100,0x0100,0x0100 }, // (9) "┼"
  { 0xC006,0xE00E,0x701C,0x3838,0x1C70,0x0EE0,0x07C0,0x0380,0x07C0,0x0EE0,0x1C70,0x3838,0x701C,0xE00E,0xC006 }};// (10) cursor

void Draw_symbol(U08 xPos,U08 yPos, U16 color, U08 code)        /* draw symbol of board */
{
  unsigned char  x, y;
  unsigned int font, cursor_font;

  for(y = 0; y < 15; y++)
    { TFT_GRAM_address(Xbase+(xPos*15),Ybase+(yPos*15)+y);
      font = pgm_read_word(&symbol[code][y]);
      cursor_font = pgm_read_word(&symbol[10][y]);
      for(x = 0; x < 15; x++)
        { if((cursor_x == xPos) && (cursor_y == yPos) && ((cursor_font << x) & 0x8000))
            TFT_data(Red);
          else if((font << x) & 0x8000)
            TFT_data(color);
          else
            TFT_data(Orange);
        }
    }
}

void Draw_board(void)                           /* draw board */
{
  unsigned char x, y;

  for(y = 0; y < 16; y++)
    { for(x = 0; x < 16; x++)
        { if((board[y][x] != board_old[y][x]) || (cursor_x_old == x && cursor_y_old == y))
            { board_old[y][x] = board[y][x];
              if(board[y][x] == White_stone)    // draw white stone
                Draw_symbol(x,y, White, 0);
              else if(board[y][x] == Black_stone) // draw black stone
                Draw_symbol(x,y, Black, 0);
              else                              // draw cross line
                { if(x == 0 && y == 0)                      Draw_symbol(x,y,Black,1); // "┌"
                  else if(x == 15 && y == 0)                Draw_symbol(x,y,Black,2); // "┐"
                  else if(x == 0  && y == 15)               Draw_symbol(x,y,Black,3); // "└"
                  else if(x == 15 && y == 15)               Draw_symbol(x,y,Black,4); // "┘"
                  else if(x == 0  && y != 0  && y != 15) Draw_symbol(x,y,Black,5); // "├"
                  else if(x == 15 && y != 0  && y != 15) Draw_symbol(x,y,Black,6); // "┤"
                  else if(x != 0  && x != 15 && y == 0)  Draw_symbol(x,y,Black,7); // "┬"
                  else if(x != 0  && x != 15 && y == 15) Draw_symbol(x,y,Black,8); // "┴"
                  else                                      Draw_symbol(x,y,Black,9); // "┼"
                }
            }
        }
    }

  cursor_x_old = cursor_x;
  cursor_y_old = cursor_y;
}

void Draw_control(void)                         /* draw game control */
{
  TFT_string( 0,30,Green,Black, "(MCU = White)");
  TFT_string(17,30,Green,Black, "(You = Black)");

  Draw_clear(White, Magenta);                   // display clear for new game

  Draw_left(White, Cyan);                       // display arrow for touch screen
  Draw_right(White, Cyan);
  Draw_up(White, Cyan);
  Draw_down(White, Cyan);

  Draw_enter(White, Cyan);                      // display stone enter

  TFT_string(0,38,Cyan,Black,"시간 00:00");      // display time

  TFT_string(20,38,Blue,Cyan,"소리ON/OFF");      // beep on/off
  if(beep_flag == 1)
    TFT_string(24,38,Red,Cyan,"ON");
  else
    TFT_string(27,38,Red,Cyan,"OFF");
}

void Draw_clear(U16 color1, U16 color2)         /* display clear game for touch screen */
```

```
{
  Rectangle(20,265, 66,293, color1);
  TFT_string(3,34, color2,Black, "CLEAR");
}

void Draw_left(U16 color1, U16 color2)          /* display left arrow for touch screen */
{
  Rectangle( 83,269, 106,289, color1);
  Draw_arrow( 87, 271, color2, 0);
}

void Draw_right(U16 color1, U16 color2)         /* display right arrow for touch screen */
{
  Rectangle(132,269, 155,289, color1);
  Draw_arrow(136, 271, color2, 1);
}

void Draw_up(U16 color1, U16 color2)            /* display up arrow for touch screen */
{
  Rectangle(109,243, 129,266, color1);
  Draw_arrow(112, 247, color2, 2);
}

void Draw_down(U16 color1, U16 color2)          /* display down arrow for touch screen */
{
  Rectangle(109,292, 129,315, color1);
  Draw_arrow(112, 296, color2, 3);
}

void Draw_enter(U16 color1, U16 color2)         /* display stone enter for touch screen */
{
  Rectangle(173,265, 218,293, color1);
  TFT_string(22,34, color2,Black, "ENTER");
}

const unsigned int Arrow[4][16] PROGMEM = {     /* 16x16 arrow */
 { 0x0000,0x0100,0x0300,0x0700,0x0F00,0x1F00,0x3FFF,0x7FFF,      // (0) left arrow
   0xFFFF,0x7FFF,0x3FFF,0x1F00,0x0F00,0x0700,0x0300,0x0100 },
 { 0x0000,0x0080,0x00C0,0x00E0,0x00F0,0x00F8,0xFFFC,0xFFFE,      // (1) right arrow
   0xFFFF,0xFFFE,0xFFFC,0x00F8,0x00F0,0x00E0,0x00C0,0x0080 },
 { 0x0100,0x0380,0x07C0,0x0FE0,0x1FF0,0x3FF8,0x7FFC,0xFFFE,      // (2) up arrow
   0x07C0,0x07C0,0x07C0,0x07C0,0x07C0,0x07C0,0x07C0,0x07C0 },
 { 0x07C0,0x07C0,0x07C0,0x07C0,0x07C0,0x07C0,0x07C0,0x07C0,      // (3) down arrow
   0xFFFE,0x7FFC,0x3FF8,0x1FF0,0x0FE0,0x07C0,0x0380,0x0100 }};

void Draw_arrow(U16 xPos,U16 yPos, U16 color, U08 code) /* draw arrow for touch screen */
{
  unsigned char  x, y;
  unsigned int font;

  for(y = 0; y < 16; y++)
    { TFT_GRAM_address(xPos,yPos+y);
      font = pgm_read_word(&Arrow[code][y]);
      for(x = 0; x < 16; x++)
        { if((font << x) & 0x8000) TFT_data(color);
          else                     TFT_data(Black);
        }
    }
}

/* ----- 게임 알고리즘 함수 --------------------------------------------------- */

void Omok_game(void)                            /* Omok game algorithm */
{
  unsigned char x, y;
  unsigned char max_danger_value = 0, max_attack_value = 0;
  unsigned char max_danger_x = 0, max_danger_y = 0;
  unsigned char max_attack_x = 0, max_attack_y = 0;

  for(y = 0; y < 16; y++)                       // 위험도 초기화
    for(x = 0; x < 16; x++)
      { danger_MCU[y][x] = 0;
        danger_user[y][x] = 0;
      }

  for(y = 0; y < 16; y++)                       // 상,하,좌,우,대각선 방향의 위험도
    for(x = 0; x < 16; x++)
      { if(board[y][x] == Black_stone)
          { if(x > 0)  if(board[y][x-1] == 0) danger_MCU[y][x-1]++;
            if(x < 15) if(board[y][x+1] == 0) danger_MCU[y][x+1]++;
            if(y > 0)  if(board[y-1][x] == 0) danger_MCU[y-1][x]++;
```

```
            if(y < 15) if(board[y+1][x] == 0) danger_MCU[y+1][x]++;

            if(y > 0 && x > 0)    if(board[y-1][x-1] == 0) danger_MCU[y-1][x-1]++;
            if(y > 0 && x < 15)   if(board[y-1][x+1] == 0) danger_MCU[y-1][x+1]++;
            if(y < 15 && x > 0)   if(board[y+1][x-1] == 0) danger_MCU[y+1][x-1]++;
            if(y < 15 && x < 15)  if(board[y+1][x+1] == 0) danger_MCU[y+1][x+1]++;
          }
      }

  Check_user(4,10);                               // check user
  Check_user(3,7);
  Check_user(2,5);
  Check_MCU(4,10);                                // check MCU
  Check_MCU(3,7);
  Check_MCU(2,5);

  for(y = 0; y < 16; y++)                         // 최고 위험지역 검색
    for(x = 0; x < 16; x++)
      { if(danger_MCU[y][x] > max_danger_value)
          { if(board[y][x] == 0)
              { max_danger_value = danger_MCU[y][x];
                max_danger_x = x;
                max_danger_y = y;
              }
          }
      }

  for(y = 0; y < 16; y++)                         // 최고 공격지역 검색
    for(x = 0; x < 16; x++)
      { if(danger_user[y][x] > max_attack_value)
          { if(board[y][x] == 0)
              { max_attack_value = danger_user[y][x];
                max_attack_x = x;
                max_attack_y = y;
              }
          }
      }

  if(max_danger_value > max_attack_value)         // 최고 위험지역과 최고 공격지역의 수치중 높은 곳을 선택
    { board[max_danger_y][max_danger_x] = White_stone;
      cursor_x = max_danger_x;
      cursor_y = max_danger_y;
    }
  else
    { board[max_attack_y][max_attack_x] = White_stone;
      cursor_x = max_attack_x;
      cursor_y = max_attack_y;
    }
}

void Check_user(U08 countmax, U08 danger)         /* check if user win */
{
  unsigned char x, y, i;
  unsigned char count = 0;                        // 돌 갯수를 세는 변수
  unsigned char count2 = 0;                       // 양쪽 모두 비어있는지 검사용

  for(y = 0; y < 16; y++)                         // ***** 가로 방향 검사
    { for(x = 0; x < 16-countmax; x++)
        { for(i = x; i < x+countmax; i++)
            if(board[y][i] == Black_stone) count++; // 돌 갯수 검사
          if(count >= countmax)
            { if(countmax >= 5)                   // 5개가 연결되면 게임 끝
                { TFT_string(1,1,White,Magenta, " You win.  Congratulation ! ");
                  game_over = 1;
                  if(beep_flag == 1) Beep_3times();
                  return;
                }

              if(x > 0)                danger_MCU[y][x-1] += danger;
              if(x+(countmax-1) < 15) danger_MCU[y][x+(countmax-1)+1] += danger; // 위험값을 추가

              if(board[y][x-1] == 0)              count2++;
              if(board[y][x+(countmax-1)+1] == 0) count2++;

              if(count2 >= 2)                     // 만약에 양쪽이 전부 비어있으면 위험값의 50%를 추가
                { if(x > 0)                danger_MCU[y][x-1] += danger/2;
                  if(x+(countmax-1) < 15) danger_MCU[y][x+(countmax-1)+1] += danger/2;
                }
              else if(count2 >= 1)                // 한쪽만 비어있으면 위험값의 25%를 추가
                { if(x > 0)                danger_MCU[y][x-1] += danger/4;
                  if(x+(countmax-1) < 15) danger_MCU[y][x+(countmax-1)+1] += danger/4;
```

```
            }
            count2 = 0;
          }
        if(countmax == 4 && count == 3)       // 4개를 체크했는데 한칸 띄고 3개가 있으면
          { for(i = x; i < x+countmax; i++)
              { if(board[y][i] == 0 && i > x && i < x+countmax-1) // 빈곳이면서 사이에 들어있으면
                  danger_MCU[y][i] += danger/2;       // 위험값의 50%를 추가
              }
          }
        count = 0;
      }
  }
count = 0;
count2 = 0;

for(y = 0; y < 16-countmax; y++)              // ***** 세로 방향 검사
  { for(x = 0; x < 16; x++)
      { for(i = y; i < y+countmax; i++)
          if(board[i][x] == Black_stone) count++; // 돌 갯수 검사
        if(count >= countmax)
          { if(countmax >= 5)                 // 5개가 연결되면 게임 끝
              { TFT_string(1,1,White,Magenta, " You win.  Congratulation ! ");
                game_over = 1;
                if(beep_flag == 1) Beep_3times();
                return;
              }

            if(y > 0)                 danger_MCU[y-1][x] += danger;
            if(y+(countmax-1) < 15) danger_MCU[y+(countmax-1)+1][x]+=danger; // 위험값을 추가

            if(board[y-1][x] == 0)                count2++;
            if(board[y+(countmax-1)+1][x] == 0) count2++;

            if(count2 >= 2)                   // 만약에 양쪽이 전부 비어있으면 위험값의 50%를 추가
              { if(y > 0)                 danger_MCU[y-1][x] += danger/2;
                if(y+(countmax-1) < 15) danger_MCU[y+(countmax-1)+1][x] += danger/2;
              }
            else if(count2 >= 1)              // 한쪽만 비어있으면 위험값의 25%를 추가
              { if(y > 0)                 danger_MCU[y-1][x] += danger/4;
                if(y+(countmax-1) < 15) danger_MCU[y+(countmax-1)+1][x] += danger/4;
              }
            count2 = 0;
          }
        if(countmax == 4 && count == 3)       // 4개를 체크했는데 한칸 띄고 3개가 있으면
          { for(i = y; i < y+countmax; i++)
              { if(board[i][x] == 0 && i > y && i < y+countmax-1) // 빈곳이면서 사이에 들어있으면
                  danger_MCU[i][x] += danger/2;       // 위험값의 50%를 추가
              }
          }
        count = 0;
      }
  }
count = 0;
count2 = 0;

for(y = 0; y < 16-countmax; y++)              // ***** 대각선 ＼ 방향 검사
  { for(x = 0; x < 16-countmax; x++)
      { for(i = 0; i < countmax; i++)
          if(board[y+i][x+i] == Black_stone) count++; // 돌 갯수 검사
        if(count >= countmax)
          { if(countmax >= 5)                 // 5개가 연결되면 게임 끝
              { TFT_string(1,1,White,Magenta, " You win.  Congratulation ! ");
                game_over = 1;
                if(beep_flag == 1) Beep_3times();
                return;
              }

            if(x > 0 && y > 0)                            danger_MCU[y-1][x-1]+=danger;
            if(y+(countmax-1) < 15 && x+(countmax-1) < 15) danger_MCU[y+(countmax-1)+1][x+(countmax-1)+1] += danger;

            if(board[y-1][x-1] == 0)                               count2++;
            if(board[y+(countmax-1)+1][x+(countmax-1)+1] == 0) count2++;

            if(count2 >= 2)                   // 만약에 양쪽이 전부 비어있으면 위험값의 50%를 추가
              { if(x > 0 && y > 0)                            danger_MCU[y-1][x-1] += danger/2;
                if(y+(countmax-1) < 15 && x+(countmax-1) < 15) danger_MCU[y+(countmax-1)+1][x+(countmax-1)+1] += danger/2;
              }
            else if(count2 >= 1)              // 한쪽만 비어있으면 위험값의 25%를 추가
              { if(x > 0 && y > 0)                            danger_MCU[y-1][x-1] += danger/4;
                if(y+(countmax-1) < 15 && x+(countmax-1) < 15) danger_MCU[y+(countmax-1)+1][x+(countmax-1)+1] += danger/4;
              }
```

```
            count2 = 0;
          }
         if(countmax == 4 && count == 3)        // 4개를 체크했는데 한칸 띄고 3개가 있으면
           { for(i = 0; i < countmax; i++)
               { if(board[y+i][x+i] == 0 && i > 0 && i < countmax-1) // 빈곳이면서 사이에 들어있으면
                   danger_MCU[y+i][x+i] += danger/2; // 위험값의 50%를 추가
               }
           }
         count = 0;
       }
    }
  count = 0;
  count2 = 0;

  for(y = 0; y < 16-countmax; y++)              // ***** 대각선 / 방향 검사
    { for(x = (countmax-1); x < 16; x++)
        { for(i = 0; i < countmax; i++)
            if(board[y+i][x-i] == Black_stone) count++; // 돌 갯수 검사
          if(count >= countmax)
            { if(countmax >= 5)                 // 5개가 연결되면 게임 끝
                { TFT_string(1,1,White,Magenta, " You win.  Congratulation ! ");
                  game_over = 1;
                  if(beep_flag == 1) Beep_3times();
                  return;
                }

              if(x+1 < 15 && y > 0)                          danger_MCU[y-1][x+1] += danger;
              if(y+(countmax-1) < 15 && x-(countmax-1) > 0) danger_MCU[y+(countmax-1)+1][x-(countmax-1)-1] += danger;

              if(board[y-1][x+1] == 0)                          count2++;
              if(board[y+(countmax-1)+1][x-(countmax-1)-1] == 0) count2++;

              if(count2 >= 2)                   // 만약에 양쪽이 전부 비어있으면 위험값의 50%를 추가
                { if(x+1 < 15 && y > 0)                          danger_MCU[y-1][x+1] += danger/2;
                  if(y+(countmax-1) < 15 && x-(countmax-1) > 0) danger_MCU[y+(countmax-1)+1][x-(countmax-1)-1] += danger/2;
                }
              else if(count2 >= 1)              // 한쪽만 비어있으면 위험값의 25%를 추가
                { if(x+1 < 15 && y > 0)                          danger_MCU[y-1][x+1] += danger/4;
                  if(y+(countmax-1) < 15 && x-(countmax-1) > 0) danger_MCU[y+(countmax-1)+1][x-(countmax-1)-1] += danger/4;
                }
              count2 = 0;
            }
          if(countmax == 4 && count == 3)       // 4개를 체크했는데 한칸 띄고 3개가 있으면
            { for(i = 0; i < countmax; i++)
                { if(board[y+i][x-i] == 0 && i > 0 && i < countmax-1) // 빈곳이면서 사이에 들어있으면
                    danger_MCU[y+i][x-i] += danger/2; // 위험값의 50%를 추가
                }
            }
          count = 0;
        }
    }
  count = 0;
  count2 = 0;
}

void Check_MCU(U08 countmax, U08 danger)        /* check if MCU win */
{
  unsigned char x, y, i;
  unsigned char count = 0;                      // 돌 갯수를 세는 변수
  unsigned char count2 = 0;                     // 양쪽 모두 비어있는지 검사용

  for(y = 0; y < 16; y++)                       // ***** 가로 방향 검사
    { for(x = 0; x < 16-countmax; x++)
        { for(i = x; i < x+countmax; i++)
            if(board[y][i] == White_stone) count++; // 돌 갯수 검사
          if(count >= countmax)
            { if(countmax >= 5)                 // 5개가 연결되면 게임 끝
                { TFT_string(8,1,White,Magenta, " MCU 승리 !!! ");
                  game_over = 1;
                  if(beep_flag == 1) Beep_3times();
                  return;
                }

              if(x > 0)                 danger_user[y][x-1] += danger;
              if(x+(countmax-1) < 15) danger_user[y][x+(countmax-1)+1] += danger; // 위험값을 추가

              if(board[y][x-1] == 0)                count2++;
              if(board[y][x+(countmax-1)+1] == 0) count2++;

              if(count2 >= 2)                   // 만약에 양쪽이 전부 비어있으면 위험값의 50%를 추가
                { if(x > 0)                 danger_user[y][x-1] += danger/2;
```

```
                if(x+(countmax-1) < 15) danger_user[y][x+(countmax-1)+1] += danger/2;
              }
            else if(count2 >= 1)              // 한쪽만 비어있으면 위험값의 25%를 추가
              { if(x > 0)                danger_user[y][x-1] += danger/4;
                if(x+(countmax-1) < 15) danger_user[y][x+(countmax-1)+1] += danger/4;
              }
            count2 = 0;
          }
        if(countmax == 4 && count == 3)       // 4개를 체크했는데 한칸 띄고 3개가 있으면
          { for(i = x; i < x+countmax; i++)
              { if(board[y][i] == 0 && i > x && i < x+countmax-1)     // 빈곳이면서 사이에 들어있으면
                  danger_user[y][i] += danger/2; // 위험값의 50%를 추가
              }
          }
        count = 0;
      }
  }
count = 0;
count2 = 0;

for(y = 0; y < 16-countmax; y++)              // ***** 가로 방향 검사
  { for(x = 0; x < 16; x++)
      { for(i = y; i < y+countmax; i++)
          if(board[i][x] == White_stone) count++; // 돌 갯수 검사
        if(count >= countmax)
          { if(countmax >= 5)                 // 5개가 연결되면 게임 끝
              { TFT_string(8,1,White,Magenta, " MCU 승리 !!! ");
                game_over = 1;
                if(beep_flag == 1) Beep_3times();
                return;
              }

            if(y > 0)               danger_user[y-1][x] += danger;
            if(y+(countmax-1) < 15) danger_user[y+(countmax-1)+1][x] += danger; // 위험값을 추가

            if(board[y-1][x] == 0)                  count2++;
            if(board[y+(countmax-1)+1][x] == 0) count2++;

            if(count2 >= 2)                   // 만약에 양쪽이 전부 비어있으면 위험값의 50%를 추가
              { if(y > 0)                danger_user[y-1][x] += danger/2;
                if(y+(countmax-1) < 15) danger_user[y+(countmax-1)+1][x] += danger/2;
              }
            else if(count2 >= 1)              // 한쪽만 비어있으면 위험값의 25%를 추가
              { if(y > 0)                danger_user[y-1][x] += danger/4;
                if(y+(countmax-1) < 15) danger_user[y+(countmax-1)+1][x] += danger/4;
              }
            count2 = 0;
          }
        if(countmax == 4 && count == 3)       // 4개를 체크했는데 한칸 띄고 3개가 있으면
          { for(i = y; i < y+countmax; i++)
              { if(board[i][x] == 0 && i > y && i < y+countmax-1)     // 빈곳이면서 사이에 들어있으면
                  danger_user[i][x] += danger/2; // 위험값의 50%를 추가
              }
          }
        count = 0;
      }
  }
count = 0;
count2 = 0;

for(y = 0; y < 16-countmax; y++)              // ***** 대각선 ＼ 방향 검사
  { for(x = 0; x < 16-countmax; x++)
      { for(i = 0; i < countmax; i++)
          if(board[y+i][x+i] == White_stone) count++; // 돌 갯수 검사
        if(count >= countmax)
          { if(countmax >= 5)                 // 5개가 연결되면 게임 끝
              { TFT_string(8,1,White,Magenta, " MCU 승리 !!! ");
                game_over = 1;
                if(beep_flag == 1) Beep_3times();
                return;
              }

            if(x > 0 && y > 0)                              danger_user[y-1][x-1] += danger;
            if(y+(countmax-1) < 15 && x+(countmax-1) < 15) danger_user[y+(countmax-1)+1][x+(countmax-1)+1] += danger;

            if(board[y-1][x-1] == 0)                              count2++;
            if(board[y+(countmax-1)+1][x+(countmax-1)+1] == 0) count2++;

            if(count2 >= 2)                   // 만약에 양쪽이 전부 비어있으면 위험값의 50%를 추가
              { if(x > 0 && y > 0)                              danger_user[y-1][x-1] += danger/2;
                if(y+(countmax-1) < 15 && x+(countmax-1) < 15) danger_user[y+(countmax-1)+1][x+(countmax-1)+1] += danger/2;
```

```
            }
            else if(count2 >= 1)              // 한쪽만 비어있으면 위험값의 25%를 추가
              { if(x > 0 && y > 0)                 danger_user[y-1][x-1] += danger/4;
                if(y+(countmax-1) < 15 && x+(countmax-1) < 15) danger_user[y+(countmax-1)+1][x+(countmax-1)+1] += danger/4;
              }
            count2 = 0;
          }
        if(countmax == 4 && count == 3)      // 4개를 체크했는데 한칸 띄고 3개가 있으면
          { for(i = 0; i < countmax; i++)
              { if(board[y+i][x+i] == 0 && i > 0 && i < countmax-1)   // 빈곳이면서 사이에 들어있으면
                  danger_user[y+i][x+i] += danger/2; // 위험값의 50%를 추가
              }
          }
        count = 0;
      }
  }
  count = 0;
  count2 = 0;

  for(y = 0; y < 16-countmax; y++)             // ***** 대각선 / 방향 검사
    { for(x = (countmax-1); x < 16; x++)
        { for(i = 0; i < countmax; i++)
            if(board[y+i][x-i] == White_stone) count++; // 돌 갯수 검사
          if(count >= countmax)
            { if(countmax >= 5)               // 5개가 연결되면 게임 끝
                { TFT_string(8,1,White,Magenta, " MCU 승리 !!! ");
                  game_over = 1;
                  if(beep_flag == 1) Beep_3times();
                  return;
                }

              if(x+1 < 15 && y > 0)                    danger_user[y-1][x+1] += danger;
              if(y+(countmax-1) < 15 && x-(countmax-1) > 0) danger_user[y+(countmax-1)+1][x-(countmax-1)-1] += danger;

              if(board[y-1][x+1] == 0)                         count2++;
              if(board[y+(countmax-1)+1][x-(countmax-1)-1] == 0) count2++;

              if(count2 >= 2)                 // 만약에 양쪽이 전부 비어있으면 위험값의 50%를 추가
                { if(x+1 < 15 && y > 0)               danger_user[y-1][x+1] += danger/2;
                  if(y+(countmax-1) < 15 && x-(countmax-1) > 0) danger_user[y+(countmax-1)+1][x-(countmax-1)-1] += danger/2;
                }
              else if(count2 >= 1)            // 한쪽만 비어있으면 위험값의 25%를 추가
                { if(x+1 < 15 && y > 0)               danger_user[y-1][x+1] += danger/4;
                  if(y+(countmax-1) < 15 && x-(countmax-1) > 0) danger_user[y+(countmax-1)+1][x-(countmax-1)-1] += danger/4;
                }
              count2 = 0;
            }
          if(countmax == 4 && count == 3)      // 4개를 체크했는데 한칸 띄고 3개가 있으면
            { for(i = 0; i < countmax; i++)
                { if(board[y+i][x-i] == 0 && i > 0 && i < countmax-1)   // 빈곳이면서 사이에 들어있으면
                    danger_user[y+i][x-i] += danger/2; // 위험값의 50%를 추가
                }
            }
          count = 0;
        }
    }
  count = 0;
  count2 = 0;
}
```

☞ 이 프로그램에서 사용자는 항상 흑색 바둑돌을 사용하며 CPU는 백색 바둑돌을 사용한다. 커서는 적색의 ×표를 사용하여 표시하였다. 게임은 화면에서 원하는 위치를 직접 터치하여 바둑돌을 놓는 방법을 사용할 수도 있고, 또한 상, 하, 좌, 우, ENTER 아이콘을 터치 스크린으로 사용하여 현재 커서의 위치에 바둑돌을 놓는 방법으로 수행할 수도 있다. 터치 스크린의 입력에는 제4.8절에서 공부한 것처럼 디바운싱 및 원터치 입력 기술을 적용하였다.

게임 중에 터치 스크린을 입력하거나 승부가 결정되었을 때와 같은 이벤트가 발생할 때마다 기본적으로 비프음이 울리도록 되어 있는데, 만약 주위 환경이 정숙을 유지해야 하는 경우에는 이러한 게임 사운드가 문제가 될 수 있으므로 비프음 ON/OFF 기능을 사용하여 비프음을 금지시킬 수 있도록 하였다. 또한

이 프로그램에는 시계 기능을 포함하고 있어서 게임을 수행하는데 소요된 시간을 화면에 표시하여 준다.

3. 실습 과제

(1) 예제 프로그램 Exp20_1.c의 푸시푸시 게임에서 자신이 고안한 새로운 스테이지를 5개 이상 추가하여 수정한 프로그램 Exp20_1R1.c를 작성하라.

(2) 예제 프로그램 Exp20_1.c에서는 전원을 껐다가 다시 켜면 항상 스테이지 1에서 게임을 시작하는데, 이를 전원을 끌 당시의 스테이지를 기억했다가 다시 전원을 켰을 때 이 스테이지에서 게임을 시작하도록 수정한 프로그램 Exp20_1R2.c를 작성하라.

(3) 예제 프로그램 Exp20_2.c에서 10번의 오목 게임을 수행하여 MCU : 사용자의 스코어가 몇 대 몇으로 나오는지 기록하여 보라.

◀휴게실▶

저자 후기

코로나19라는 전세계적인 팬데믹(pandemic) 사태로 인하여 우리의 모든 일상이 흐트러지고 심각한 고난을 겪어온 것이 벌써 2년을 지나 3년째로 접어들고 있다. 이것이 산업과 경제에 미친 영향은 상상할 수 없는 정도로 막대한데, 우리가 이중에서 빼놓을 수 없는 것이 전세계적인 반도체 품귀 사태이다. 2008년 베이징 올림픽과 2010년 남아공 월드컵 무렵에 일부 반도체 품목에서 심한 품귀 사태를 경험한 적은 있으나 이렇게 반도체 전체 품목에 대하여 2년 이상의 긴 시간동안 극심한 품귀 사태가 지속되는 것은 상상할 수 없는 일이었다. 과거에는 그 흔했던 정전압 레귤레이터 소자나 Op Amp, 트랜지스터, 다이오드조차도 지금은 구하기가 어려울 지경이다. 그중에서도 역시 가장 애로사항은 마이크로컨트롤러, 메모리 반도체, 전력용 반도체의 부족인데 이는 우리처럼 컨트롤러를 개발하여 먹고 사는 사람들에게 특별히 더 고통스러운 일이며, 이 문제가 과연 앞으로 언제쯤 해결될지 현재로서는 가늠하기도 힘들다.

이러한 상황에서 그래도 Microchip Technology에서는 Atmel사를 인수 합병한 이후에 새로 출시한 8비트 AVR-DA 시리즈의 마이크로컨트롤러를 꾸준히 시장에 공급하여 중하급 정도 성능의 컨트롤러를 개발하려는 사람들에게는 한 줄기의 빛이 되어왔다. 필자는 이 때문에 예정에 없던 이 책을 작년 중반부터 갑자기 쓰게 되었으며, 통상적으로 1년은 걸리는 일을 이 분야 시장의 긴급한 요구에 맞추어 8개월 정도에 무리하게 시간을 줄여서 작업하려다 보니 처음에 계획하였던 것에 비하여는 좀 부족하고 아쉬운 결과로 이를 마무리하게 되었다.

필자가 책을 쓰면서 키트를 만들어 사용하여 보니 이 책에서 다루고자 하는 AVR128DA64 마이크로컨트롤러는 제법 성능이나 기능이 괜찮은 제품이라고 평가할 수 있겠는데, 문제는 데이터 시트의 설명이 너무나도 부족하고 부실하다는 것이다. 마땅히 설명해주어야 하는 사항에 대하여 설명이 없거나 그나마 있는 설명도 매우 부실하여 앞뒤가 맞지 않는 경우가 허다하였다. 그러므로 필자는 일일이 이를 키트에서 사용하면서 확인하고 마치 보물찾기라도 하듯이 찾아내어 책에서 설명해야 했다. 종래에 Atmel 시절의 AVR 마이크로컨트롤러에 관한 책을 쓸 때는 이 소자가 가지는 기능을 데이터 시트를 통하여 100% 이해하고 구석구석의 기능을 활용하면서 책을 썼고, 심지어는 Atmel에서도 가르쳐주지 않는 팁이나 기능까지 일부 찾아내어 사용하기까지 했었다. 그러나, 이 책에서 다루는 AVR128DA64 마이크로컨트롤러는 8개월동안 사용하면서 이 책을 쓴 필자도 솔직히 말해서 100% 기능을 이해했다는 자신이 없다. 아직도 이 소자에서 찾아내야 할 숨겨진 기능이 얼마나 더 남았는지 알 길이 없기 때문이다. 오 마이 갓! Microchip Technology... 이것은 좀 너무한 것같다.

지난 시간 AVR128DA64 마이크로컨트롤러에 관한 책을 쓰고 이를 사용해 보면서 저자가 느꼈던 사항을 몇가지로 정리하여 보면 다음과 같다.

① AVR-DA 시리즈의 AVR128DA64는 완전히 다른 마이크로컨트롤러이다. 종래의 Atmel사 제품, 그중에서도 대표적이었던 ATmega128A와 비슷할 것이라는 생각은 버려라. 비슷한 AVR 코어를 가지고 있으니 기능이나 성능, 심지어 사용 방법도 비슷할 것이라는 생각은 완전한 착각이다. 사실 거의 C언어를 사용하여 프로그램을 작성하는 오늘날 우리의 실정에서 보면 사용자는 CPU 코어에 대하여 잘 알지도 못하고 거의 알 필요도 없다. 우리는 마이크로컨트롤러를 사용할 때 주변장치에 집중하는 것이지 CPU 코어에는 별로 관심이 없다. 그런데, AVR128DA64의 주변장치는 기존의 AVR 모델들과 전혀 관계가 없고 오히려 PIC 시리즈의 마이크로컨트롤러에서 보는 특징을 많이 가진다. 그러므로 이 소자는 ATmega128A보다 오히려 PIC에 가깝다고 보는 것이 타당할 것이다.

② 데이터 시트에 많은 기대를 갖지 마라. AVR128DA64의 데이터 시트는 끔찍할 정도로 부실하다. 지금까지 많은 반도체 회사의 마이크로컨트롤러를 사용해 봤지만 이런 경우는 없었다. 그렇다고 다른 반도체 회사의 경우처럼 응용 노트를 찾아보면 이런 문제가 보충될 것이라는 기대도 하지 마라. 이 소자의 몇 개 되지도 않는 응용 노트도 그냥 형식적인 것이다. 거기에는 기술적으로 도움되는 내용이 1도 없다. 따라서, 응용 노트는 그냥 없는 셈 치는 것이 정신 건강에 좋다. 그럼 도대체 어떻게 AVR128DA64를 공부해야 하는가? 그냥 이 책을 보시라. 정말로 이 책으로 부족하다고 느끼는 것이 있을 때는 하는 수없이 데이터 시트를 참고로 한번 뒤져보시는 정도로 족하다.

③ 종래의 AVR에서는 사용자 친화적인 초저가의 AVR-ISP 다운로드 케이블을 사용하여 사용자 프로그램을 마이크로컨트롤러에 다운로드할 수 있었고, 이보다 고가의 JTAG 에뮬레이터를 사용하면 프로그램의 다운로드는 물론이고 실시간 디버깅이 가능하였다. 그러나, AVR128DA64에서는 1선의 직렬통신을 사용하는 UPDI 방식의 에뮬레이터 1가지로 통일하여 지원한다. 따라서, AVR-ISP를 사용하던 아마추어들은 하드웨어 개발 장비가 다소 비싸졌다는 느낌을 가질 수도 있을 것이다.

④ AVR128DA64에서는 CPU 코어의 구조와 기능도 많이 달라졌다. 절대로 기존의 ATmega128A에서와 같을 것이라는 선입견을 가지고 사용하지 말아야 한다. 그러다가는 큰 낭패를 보기 쉽다. 예를 들면 CPU 코어의 아주 중요한 기능인 인터럽트 처리가 많이 달라졌는데, ATmega128A에서는 인터럽트가 발생하여 인터럽트 처리 함수로 진입하는 순간에 주변장치에서 인터럽트를 요청하였던 인터럽트 플랙이 자동으로 0으로 클리어된다. 그러나, AVR128DA64에서는 인터럽트 플랙의 자동 클리어 기능이 없어졌다. 그러므로 사용자가 인터럽트 함수 내부에서 소프트웨어적으로 이를 0으로 클리어시켜 주지 않으면 주변장치에서 한번 1이 된 인터럽트 플랙에 의하여 기관총처럼 연속으로 동일한 인터럽트가 발생하게 된다.

⑤ 인터럽트 처리 기능뿐만 아니라 퓨즈(기존의 퓨즈 비트에 해당)의 사용 방법, 플래시 메모리나 EEPROM의 액세스 방법 등의 중요한 CPU 코어 기능도 상당히 달라졌다. 예를 들면 기존의 AVR에서는 AVR-ISP 다운로드 케이블이나 JTAG 에뮬레이터를 사용해야만 퓨즈 비트를 읽고 쓸 수 있었지만, AVR128DA64에서는 사용자 프로그램에서도 퓨즈를 읽을 수 있다. 종래의 AVR에서는 몇가지 모델에서 외부 데이터 메모리를 확장하는 기능을 가지고 있었으나 이제 외부 데이터 메모리 확장은 더 이상 없다. 그밖에 시스템 클록의 최고 주파수가 16MHz에서 24MHz로 높아진 것, 내부 SRAM이 4KB에서 16KB로 늘어난 것, A/D 컨버터의 분해능이 10비트에서 12비트로 좋아진 것, 그리고 3.3V가 널리 유행하는 이 시대에 종래의 모델처럼 전원 전압을 5V에서 사용할 수 있다는 것 등은 종종 사용자를 매우 기쁘게 한다.

⑥ 몇 개의 명령에서 실행 시간이 달라졌을 뿐이고 어셈블리 명령표는 예전의 AVR과 거의 유사한데, 이것을 그대로 믿기는 좀 어렵다. 실제로 C언어로 프로그램을 해보면 AVR128DA64는 어셈블리 명령표에 있는대로 실행되지 않는 것같다. 각 어셈블리 명령의 실행 시간이 이 명령표와 상당히 다른 것으로 판단된다. 이는 참 심각한 이야기이다. 이런 중요한 자료가 사실과 다르다면 도대체 어떻게 기술자료를 믿고 사용할 수 있는가?

⑦ AVR128DA64의 주변장치는 거의 모두가 달라졌으므로 선입견을 갖지 말고 처음부터 새로 익혀서 사용해야 한다. Microchip Technology에서는 이것들이 ATmega128A에 비하여 개선되고 업그레이드된 것이라고 주장하지만, 그냥 완전히 새로운 주변장치라고 생각하는 것이 차라리 편하다. 이들 사이의 유사점이나 차이점을 세세하게 비교하는 것이 무의미할 정도로 구조와 기능이 다르므로 그냥 완전히 다시 공부하여 익힌다고 생각하라.

⑧ AVR128DA64에는 기존의 ATmega128A에 없던 전혀 새로운 주변장치가 몇가지 추가되었다. 예를 들면 10비트 D/A 컨버터(DAC), 사용자 맞춤형 로직(CCL), 이벤트 시스템(EVSYS), 영전압 검출기(ZCD), 터치 제어기(PTC) 등이 그것이다. 이것들은 종래에 없던 것이므로 좀 생소하지만, 기능을 잘 익혀두면 응용 분야에 따라 매우 요긴하게 사용할 수 있을 것이다. 그러나, 이중에서 터치 제어기는 이 회사에서 기술자료를 공개하지 않고 있으므로 사용자가 스스로 이를 공부하여 사용하기는 매우 어려우며, 이를 사용하려면 Microchip Technology사의 기술지원을 받는 것이 좋다.

⑨ 이 책에서는 전적으로 저자의 익숙함 때문에 개발 소프트웨어로 Microchip Studio 7을 사용하고, 하드웨어 개발 툴은 Atmel-ICE를 사용하였다. 그러나, 궁극적으로 이 회사는 기존의 PIC 중심이었던 소프트웨어 개발툴 MPLAB XC8과 하드웨어 개발 툴 MPLAB PICkit 4 또는 MPLAB Snap을 새로운 AVR-DA 시리즈에서도 주력으로 사용할 수 있도록 업그레이드하여 이것들로 통일시켜 갈 것으로 예상된다. 따라서, AVR 전용의 하드웨어 개발 툴이나 소프트웨어 개발 툴은 현재 잠정적이고 한시적으로만 지원하고 있다고 보아야 한다. 그러므로 장기적으로 볼 때 Microchip Studio 7과 Atmel-ICE를 계속하여 사용하는 것은 그다지 바람직하지 않아 보인다. 본 저자도 만약 향후에 AVR-DA 시리즈의 마이크로컨트롤러를 계속 사용하게 된다면 이러한 개발 툴은 점차적으로 MPLAB XC8과 MPLAB PICkit 4 및 MPLAB Snap으로 바꾸어 나갈 생각이다.

참고 문헌

[1] AVR-DA Family AVR128DA28/32/48/64 Datasheet, Microchip Technology Inc., 2021.
[2] 고성능 AVR 정복 시리즈 ⑥ - AVR ATmega128A 바이블2, 도서출판 Ohm사, 2020

저자 소개

(1) 학력
1981. 2. 서울대학교 전기공학과 졸업
1983. 2. 서울대학교 대학원 전기공학과 졸업(공학석사)
1995. 2. 단국대학교 대학원 전기공학과 졸업(공학박사)

(2) 주요 경력
1982. 12.~1984. 5. 삼성전자(주) 종합연구소 근무
1984. 6. ~1985. 2. 한독(주) 컴퓨터기술연구소 근무
1985. 3. ~2006. 2. 국립 천안공업대학 전자계산기과/제어계측과 교수
2005. 3. ~현재 국립 공주대학교 천안공과대학 전기전자제어공학부 교수

(3) 저서
마이크로프로세서 응용실습 (1988, 자유아카데미)
16비트 마이크로프로세서 및 IBM PC 하드웨어 입문 (1991, 조원사)
마이크로프로세서 응용 -Z80 MASTER- (1998, Ohm사)
DSP 마스터 시리즈 ① - TMS320C31 마스터 (1998, Ohm사)
DSP 마스터 시리즈 ② - TMS320C32 마스터 (1999, Ohm사)
어셈블리와 C언어로 익히는 80C196KC 마스터(I) (2000, Ohm사)
어셈블리와 C언어로 익히는 80C196KC 마스터(II) (2000, Ohm사)
어셈블리와 C언어로 익히는 8051 마스터 (2001, Ohm사)
어셈블리와 C언어로 익히는 AT89S52 마스터 (2006, Ohm사)
프로세서 응용 시리즈 ① - LCD 모듈의 철저 활용 (2002, Ohm사)
프로세서 응용 시리즈 ② - LCD 모듈 활용 마스터 (2004, Ohm사)
프로세서 응용 시리즈 ③ - ATmega128을 활용한 졸업작품 만들기(I) (2005, Ohm사)
프로세서 응용 시리즈 ④ - 졸업작품 만들기(VII) TFT-LCD 모듈 활용 마스터 (2009, Ohm사)
AVR 마스터 시리즈 ① - AVR ATmega128 마스터 (2004, Ohm사)
AVR 마스터 시리즈 ② - AVR ATmega162 마스터 (2004, Ohm사)
AVR 마스터 시리즈 ③ - AVR ATmega8515 마스터 (2004, Ohm사)
고성능 AVR 정복 시리즈 ① - AVR ATmega128 정복 (2006, Ohm사)
고성능 AVR 정복 시리즈 ② - AVR ATmega1281/2561 정복 (2006, Ohm사)
고성능 AVR 정복 시리즈 ③ - AVR ATmega1280/2560 정복 (2006, Ohm사)
고성능 AVR 정복 시리즈 ④ - AVR ATxmega 패밀리 정복 (2010, Ohm사)
고성능 AVR 정복 시리즈 ⑤ - AVR ATmega128A 바이블 (2011, Ohm사)
고성능 AVR 정복 시리즈 ⑥ - AVR ATmega128A 바이블2 (2020, Ohm사)
고성능 AVR 정복 시리즈 ⑦ - 8비트 MCU AVR128DA64 정복 (2022, Ohm사)
ARM 시작하기 시리즈 ① - ARM7TDMI AT91SAM7S256으로 시작하기 (2007, Ohm사)
ARM 시작하기 시리즈 ② - ARM Cortex-M0 STM32F051 마스터 (2013, Ohm사)
NXP사의 ARM Cortex-M0+ MKL25Z128VLK4 활용 (2016, Ohm사)
ARM Cortex-M 시리즈 ① - ARM Cortex-M0 STM32F091 정복 (2016, Ohm사)
ARM Cortex-M 시리즈 ② - ARM Cortex-M7 STM32F767 정복 (2017, Ohm사)
ARM Cortex-M 시리즈 ③ - ARM Cortex-M3 STM32F103 정복 (2018, Ohm사)
실용 모터제어 시리즈 ① - 직류전동기 제어 기술 (2015, Ohm사)
실용 모터제어 시리즈 ② - BLDC 모터 제어 기술 (2015, Ohm사)
실용 모터제어 시리즈 ③ - 유도전동기 벡터제어 기술 (2019, Ohm사)

(4) 주 관심 분야
벡터제어 인버터를 이용한 유도전동기 및 동기전동기 서보제어 시스템 설계
마이크로프로세서를 이용한 자동화 시스템 및 제어계측 시스템 설계
기타 마이크로프로세서, 마이크로컨트롤러 및 DSP 응용 시스템 개발
마이크로프로세서와 마이크로컨트롤러의 기초 및 응용 분야 교육

http://www.ohm.co.kr
E-mail :ohm@ohm.co.kr
소스는 홈페이지 자료실에 있습니다.

고성능 AVR 정복 시리즈 7

AVR128DA64 정복 -OK-128DA 키트-

초판인쇄 2022년 3월 20일
1 판 2쇄 2024년 6월 10일

저　　자 윤 덕 용 저
발 행 인 이 민 희
발 행 처 도서출판 Ohm사

주　　소 서울시 영등포구 대림로 170-1,1층
전　　화 02-776-4868 ~ 9
팩　　스 02-779-6757
등록번호 1975년 9월 12일 제3-3호

ISBN 978-89-7101-836-1 　　　　정가 50,000원